1001 TRAUMSTRASSEN
DER WELT ERFAHREN UND ENTDECKEN

1001 TRAUMSTRASSEN
DER WELT ERFAHREN UND ENTDECKEN

VORWORT
CHARLEY BOORMAN

HERAUSGEBER
DARRYL SLEATH

⬅ Straße entlang der Gorges du Nan im Vercors, Frankreich.

 EDITION OLMS ZÜRICH

1. Auflage 2019
EDITION OLMS AG
Willikonerstr. 10
CH-8618 Oetwil am See / Zürich
Schweiz

Mail: info@edition-olms.com
Web: www.edition-olms.com

ISBN 978-3-283-01273-1

Deutsche Ausgabe
Copyright © 2019 EDITION OLMS AG, ZÜRICH
Übersetzung: Julia Voigt, Sandra Kallmeyer
Lektorat: Beate Bücheleres-Rieppel
Covergestaltung und Satz:
Weiß-Freiburg GmbH – Graphik & Buchgestaltung

Bibliographische Information der Deutschen Bibliothek
Die Deutsche Bibliothek verzeichnet diese Publikation
in der Deutschen Nationalbibliographie; detaillierte bibliographische Daten
sind im Internet über http://dnb.ddb.de abrufbar

WICHTIGER HINWEIS:
Herausgeber und Verlag gehen davon aus, daß sich die Traumstraßen-Enthusiasten, insbesondere
vor Fernreisen in Krisengebiete oder mögliche unsichere Regionen oder Länder, gefährdet
durch Krieg, Bandenunwesen, Epidemien, politische Unruhen, Erdbeben etc., vorher bei den
betreffenden Botschaften, beim Auswärtigen Amt, über Reisebüro und Internet entsprechend
informieren. Herausgeber und Verlag übernehmen in jedem Fall keinerlei Haftung.

A Quintessence Book

Copyright © 2017 Quintessence Editions Ltd.

All rights reserved. No part of this publication may be reproduced,
stored in a retrieval system, or transmitted in any form or by any means,
electronic, mechanical, photocopying, recording, or otherwise, without
prior consent of the publishers.

Senior Editor	Elspeth Beidas
Editors	Rebecca Gee, Carol King, Fiona Plowman, Frank Ritter
Designer	Damian Jaques
Picture Researcher	Jo Walton, Emma Brown
Production Manager	Rohana Yusof
Editorial Director	Ruth Patrick

Printed in China

Inhalt

Vorwort	6
Einleitung	8
Straßen nach Ländern	12
Amerika	20
Europa	328
Afrika	718
Asien	762
Ozeanien	884
Straßen nach Länge	950
Mitarbeiter	957
Bildnachweise	958
Danksagungen	960

Vorwort | Charley Boorman

Mit viel Freude schreibe ich das Vorwort zu diesem Buch, da Straßen und Roadtrips eine große Anziehungskraft auf mich ausüben. Allein der Gedanke daran, wieder unterwegs zu sein, läßt mir das Herz aufgehen. Sich auf den Weg zu machen, ohne ein bestimmtes Ziel vor Augen zu haben – das bedeutet für mich wahres Reisen. Lange, bevor ich alt genug war, selbst Motorrad zu fahren, lauschte ich vom Garten meiner Eltern in Irland aus hingebungsvoll den Motorengeräuschen der Enduros, die auf der anderen Seite des Flusses über die Hügel bretterten. Einige Jahre später drehte ich dort selber meine Runden und träumte davon, eines Tages Motorradrennen zu fahren. Dieser Wunsch wurde 2006 mit meiner Teilnahme an der Rallye Paris-Dakar Wirklichkeit. Auf der alten Strecke durch Afrika – eine der gefährlichsten, die man fahren kann, – war ich vollkommen den Elementen und Unwägbarkeiten der Wüste ausgeliefert. Ich wurde mit Herausforderungen konfrontiert, die ich mir nie hätte vorstellen können. Die Rallye findet inzwischen aus Sicherheitsgründen nicht mehr in Afrika, sondern in Südamerika statt. Und es reizt mich sehr, auch dort einmal teilzunehmen.

Nach wie vor bin ich in Afrika mit dem Motorrad unterwegs. Zu meinen Lieblingstouren zählt unter anderem der Sani-Paß, einer jener großartigen Gebirgspässe, die in diesem Buch beschrieben sind. Er ist 9 km lang und verbindet in den mächtigen Drakensbergen Südafrika mit Lesotho. Nach einem Becher heißer Schokolade im höchstgelegenen Café Afrikas bewältigten wir einen unglaublich tückischen Abschnitt, der übersät war mit Fahrzeugteilen all jener, denen die Abfahrt nicht gelungen war – zumindest nicht mit den Rädern auf dem Asphalt.

Als Ewan McGregor und ich gemeinsam die Welt bereisten, dominierten Straßen unsere Tage, darunter befestigte Bergstraßen wie die Route de Combe Laval (ebenfalls hier beschrieben), die man vor allem wegen der atemberaubenden Aussicht befährt, oder Verbindungsstraßen wie die Kolyma zwischen Magadan und Nischni Bestjach in Sibirien. Diese trägt den Beinamen „Straße der Knochen", da bei ihrem Bau viele Gulag-Häftlinge ums Leben kamen und ihre Skelette unter dem Asphalt begraben liegen.

Viele Traumstraßen und Roadtrips gehen unter die Haut und wurden in Filmen verewigt: *Asphaltrennen* (1971) mit James Taylor und Warren Oates ist ein Beispiel, das legendäre Roadmovie *Easy Rider* (1969), in dem Peter Fonda und Dennis Hopper mit ihren umgebauten Harley-Davidson-Motorrädern von Kalifornien nach New Orleans reisen, ein anderes. Vor der im Jahr 2007 gedrehten Serie *Long Way Down* hatte ich das Glück, gemeinsam mit Fonda einen Teil des Pacific Highways fahren zu können – eine phantastische Strecke. Wie auch andere in Nordamerika, etwa die Route 66 oder der Cabot Trail. Den Cabot lernte ich während der Dreharbeiten zu *Extreme Frontiers* kennen, für die ich Kanada bereiste. Auf dieser Rundtour durch Nova Scotia passiert man eine Fülle unterschiedlichster Städte und Ortschaften mit schottischen, irischen oder akadischen Wurzeln. Die Atmosphäre dieser Reise war beeindruckend, insbesondere wenn Nebel vom Atlantik heraufzog. Dann wirkte die rauhe Landschaft fast ein bißchen gespenstisch und ließ erahnen, wie sich die ersten Siedler gefühlt haben müssen, als sie hier ankamen. In diesem Buch sind Straßen auf der ganzen Welt beschrieben, und ich hatte Glück, viele von ihnen bereits gefahren zu sein. Nicht dazu gehört jedoch zum Beispiel die unglaublich kurvenreiche Irohazaka Winding Road in Japan, auf der junge Kerle mit großem Eifer ihre Nissans zum Driften bringen. Ebenso war ich bislang noch nicht in Südamerika unterwegs, aber das soll sich in absehbarer Zeit ändern.

Gerade jetzt ist Rennsaison, und das läßt meinen Puls steigen. In diesem Buch sind auch viele Rennstrecken enthalten. Das berühmteste Motorradrennen ist wohl die Isle of Man TT, und bei diesem war ich unzählige Male dabei. Nicht als aktiver Fahrer, aber als Boxencrewmitglied – und alleine diese Erfahrung war einzigartig. Im Jahr 2008 fuhr ich den Kurs gemeinsam mit John McGuinness, der den Rundenrekord hielt, bis er von Michael Dunlop übertrumpft wurde. Auch für Autofahrer ist die Insel mit ihrer 60,725 km langen Strecke eine Reise wert.

Nun, genug der Worte – nach einem Jahr mit einer riesigen Metallschiene an meinem Bein wird es nach der Lektüre dieses Buches endlich wieder Zeit, sich den Motorradhelm zu schnappen und sich auf den Weg zu machen.

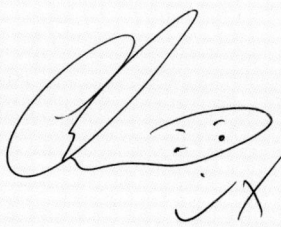

Einleitung | Darryl Sleath

Meine Begeisterung fürs Autofahren nahm in meiner Kindheit ihren Anfang, als meine Eltern mich und meine Brüder alljährlich auf die Rücksitzbank unserer Familienkutsche, eines Ford Cortina, packten und mit uns an die Küste von Wales fuhren, um dort den Sommer zu verbringen. Für mich war die Fahrt durch England der aufregendste Teil der Reise: die Landschaft veränderte sich stetig, und aus dem flachen Ackerland der East Midlands wurde eine rauhe Küstenregion. Trotz des begrenzten Platzes, den wir mit unseren Ellbogen vehement verteidigten, und der auf den heißen Vinylsitzen schmerzenden nackten Beine verspürte ich die Freude eines jungen Abenteurers.

Meinen ersten großen Roadtrip unternahm ich allerdings erst während eines Austauschjahres an der University of Northern Colorado: Ich düste nonstop und mit viel Kaffee im Blut über 2000 km nach Matamoros in Mexiko, um beim berühmten Spring Break der Studenten dabeizusein. Fliegen wäre natürlich schneller gewesen – aber dann hätte ich den Nachhilfeunterricht in puncto The Doors (von „Strange Days" bis „LA Woman") meiner amerikanischen Mitreisenden verpaßt, denen ich dafür bis heute dankbar bin. Mit ihnen verbindet mich seit unseren langen gemeinsamen Stunden auf der Straße eine tiefe Freundschaft. Ebenso hätte ich weder die melancholische Weite der Great Plains in New Mexico noch die Gastfreundschaft gegenüber Fremden in jenen Orten kennengelernt, in denen wir wegen einer Panne Station machten – oder uns, wie auf der Big Texan Steak Ranch in Amarillo, eine wahnsinnig große Menge Fleisch gönnten. Für mich als Geographiestudent, der zuvor noch nie eine Reise außerhalb Englands unternommen hatte, war die gigantische Dimension der USA ein Schlüsselerlebnis. Daher beschloß ich mit meinen damals 19 Jahren, künftig jede Roadtripmöglichkeit zu ergreifen, die sich mir bot.

Als Autojournalist habe ich das Glück, daß ich einige Fahrten auf Straßen dieses Buches im Rahmen meiner Arbeit machen konnte. So bereiste ich Frankreich für Dreharbeiten über vergessene Formel-1-Straßenkurse in einem Maserati Quattroporte, während ich in einem Aston Martin Vanquish durch Schottland fuhr und in einem wunderschönen Morgan V6 Roadster durch den Süden Irlands. Aber es muß nicht immer das beste Auto sein: Stolz bin ich auch auf die Zuverlässigkeitsfahrt im Konvoi einer Reihe britischer Blechkisten nach Casablanca in Marokko, bei der ich am Steuer eines 1,1-Liter-Austin-Metro saß. Der tapfere kleine Motor bewältigte die Strapaze nach Nordafrika bravourös – und dennoch ging er vor meinem Rückflug in die Hände eines begeisterten Cafébesitzers über, im Tausch gegen reichlich Tee und Kuchen.

Weltweit gibt es schätzungsweise 40 Millionen Kilometer Highways, Autobahnen, Schotterstraßen, Eisstraßen, Tunnel und Brücken. Dieses Buch möchte Reisebegeisterte dazu inspirieren, die faszinierendsten, malerischsten und außergewöhnlichsten Touren zu fahren, die auf unserem Planeten möglich sind. Die beschriebenen Strecken variieren in Länge und Anspruch. Sie reichen von einem Motorradabenteuer auf den Spuren von Ewan McGregor und Charley Boorman und ihrer TV-Serie *Long Way Round* (2004) bis zum Formel-1-Straßenkurs in Monaco. Viele Routen verlaufen auf glatten, gut beschilderten Asphaltstraßen, während man bei anderen Nerven aus Drahtseil, ein belastbares Fahrzeug sowie eine gute Lebensversicherung benötigt, bevor man sich überhaupt an die Planung des Abenteuers wagen sollte.

Unser Team aus erfahrenen Reisejournalisten trug einen bunten Mix spektakulärer, aufregender und traumhaft schöner Touren in fast allen Ländern der Erde zusammen, die zum Zeitpunkt der Veröffentlichung zugänglich waren. Aber natürlich verändert sich das Straßennetz kontinuierlich: neue Paßstraßen und Brücken entstehen, und immer wieder gibt es neue Ferienstraßen in sich entwickelnden Urlaubsregionen.

Jeder Eintrag ist reich an Informationen, unter anderem über die Länge, Start- und Zielpunkt, potentielle Gefahren, Steigungen und den Straßenbelag der Strecke. Meist enthält er auch einen Link zu einer Übersichtskarte. Während einige Touren nur in bestimmten Monaten, mit einer Erlaubnis oder einem speziellen Vehikel realisierbar sind, kann man die meisten Roadtrips mit dem Auto oder Motorrad unternehmen.

Die Touren sind in drei Kategorien eingeteilt: Landschaft, Abenteuer und Kultur. Straßen der ersten Kategorie führen uns in großartige, optisch besonders eindrucksvolle Regionen, die man mit einem Fahrzeug bereisen kann. Dazu zählen die Tafelberge aus rotglühendem Sandstein im Monument Valley in Utah ebenso wie beliebte Alpenstraßen vorbei an Bergwiesen und schneebedeckten Gipfeln, von Palmen gesäumte Küstenstraßen in der Karibik und karge Vulkanlandschaften auf Island. Eine Auswahl zu treffen, war schwierig, denn insbesondere in den Alpen, in Skandinavien und in den USA gibt es Hunderte offizielle Panoramastraßen, die für den Tourismus konzipiert und gekennzeichnet sind. Um auf einige weitere Routen hinzuweisen, nennen wir bei manchen Einträgen malerische Strecken in der näheren Umgebung, verlockende Nebenstraßen, sehenswerte Zwischenstopps und interessante Umwege.

Straßen der Kategorie Abenteuer mögen Sie dazu inspirieren, sich neuen Herausforderungen zu stellen, bei denen der Adrenalinspiegel gewaltig in die Höhe schnellt, oder ein Langstreckenabenteuer zu wagen. Für die ganz Unerschrockenen ist bereits der Name mancher Route sehr verlockend: die Cotopaxi Vulkanstraße in Ecuador, der Trampolín del Diablo in Kolumbien oder – natürlich – der berühmt-berüchtigte Camino a Los Yungas (die „Todesstraße") in Bolivien, um nur einige Beispiele zu nennen. In dieser Kategorie findet man einige besonders gefährliche Strecken, die Schwindelfreiheit, einen souveränen Fahrer und gelegentlich auch einen lokalen Führer erfordern, damit ein riskanter Abschnitt sicher passiert und keine Sehenswürdigkeit verpaßt wird. Als ich an der Liste dieser außergewöhnlichen Touren feilte, fielen mir zwei abenteuerliche Straßen besonders auf: die spektakuläre Skippers Canyon Road in Neuseeland sowie der über dem senkrechten Abgrund verlaufende Shafer Canyon Trail in Utah. Beide rangieren nun auf meiner persönlichen Roadtrip-Bucketliste ganz weit oben (gleich nach der Salar de Uyuni in Bolivien auf Platz eins). Diese Kategorie umfaßt auch Strecken für all jene, deren Herz für den Motorsport schlägt. Sie haben anhand der Tourenvorschläge die Möglichkeit, Rennstrecken nachzufahren, seien es historische Bergstrecken wie die am Mont Ventoux in Südfrankreich, legendäre Strecken wie der Nürburgring in der Eifel oder der anspruchsvolle Mountain Course der Isle of Man TT.

Entdeckungsreisen auf den Spuren der Geschichte oder mit gesellschaftlichem Bezug sowie schlichtweg interessante Ausflugstouren sind in der Kategorie Kultur zusammengefaßt. Dazu zählen auch Strecken, die eine Verbindung zu Musik (etwa der Blues Highway in Mississippi), zu Roadmovies – von Steven Spielbergs fesselndem Kultklassiker *Duell* (1971) bis zur Tragikomödie *Little Miss Sunshine* (2006) – oder zu literarischen Werken haben, zum Beispiel von Jack Kerouac oder Hunter S. Thompson. Darüberhinaus nahmen wir auch Routen mit politischem oder militärischem Hintergrund in das Buch auf: den Ho-Chi-Minh-Pfad in Vietnam ebenso wie den Lewis and Clark Trail Highway in den USA, die legendäre Route Napoléon durch die Provence und den etwas mißverständlich bezeichneten Harriet Tubman Byway, der an Fluchtrouten quer durch Maryland erinnert, auf denen afroamerikanische Sklaven aus dem Süden ihre Freiheit im Norden suchten.

In der Kategorie Kultur widmen wir uns zudem Pionieren des Automobilwesens und des Motorsports. Dazu zählt beispielsweise Erwin „Cannonball" Baker, der 1914 auf seiner Indien V-Twin in einer Rekordzeit von nur elf Tagen quer durch die USA fuhr. Die bedeutendste Person in diesem Buch ist allerdings wohl Bertha Benz, die Ehefrau von Carl Benz, der 1886 das Patent für sein erstes Automobil mit Verbrennungsmotor einreichte. Sie unternahm den weltweit ersten Roadtrip, als sie 1888 mit dem Patent-Motorwagen Nummer 3 ohne Wissen ihres Mannes mit ihren Söhnen von Mannheim in ihre Geburtsstadt Pforzheim fuhr. Sie erwarb in einer Apotheke Reinigungsmittel als Kraftstoff und erledigte unterwegs die kleinen notwendigen Reparaturen selbst. Die 106 km lange Strecke ist heute eine Ferienstraße. Zweifelsohne hat das Auto unsere kulturelle Entwicklung immens beinflußt. Zu Beginn des 20. Jahrhunderts war es noch ein Luxusgegenstand, den sich nur wenige privilegierte Enthusiasten leisten konnten. Inzwischen gibt es auf unserem Planeten schätzungsweise rund zwei Milliarden Kraftfahrzeuge. Autos und Motorräder haben die Welt, in der wir leben, gewaltig verändert. Heute können Menschen an nahezu jedem Ort leben, arbeiten oder Abenteuer erleben, den sie mit ihrem Gefährt sowie einer Portion Neugierde und Mut erreichen können. Die neue Mobilität läßt die Städte wachsen und den Handel zunehmen. Und sie ermöglicht der Menschheit eine noch nie dagewesene Freiheit, sich fortzubewegen. In den 1840er Jahren benötigten die amerikanischen Siedler sechs Monate, um den 3490 km langen Oregon Trail von Missouri in den Westen zu bewältigen – heute ist man auf der Asphaltstraße gut eine Woche unterwegs.

Für einige Menschen sind diese zwei Milliarden Autos, Motorräder, Lkw, Geländewagen, Wohnmobile, Busse und viele weitere Arten von Vehikeln schlichtweg komfortable Maschinen, die die Welt spürbar kleiner machen. Andere betrachten ihre Fahrzeuge wie teure Kunstwerke – sie sind Statussymbole geworden, die Wohlstand und Vorlieben repräsentieren. Doch für einen wahren Automobilabenteurer bedeuten Autoschlüssel oder Motorradhelm weit mehr: sie symbolisieren eine Welt voller Möglichkeiten – die Chance, Neues zu sehen, eigene Wege zu gehen, Menschen kennenzulernen und den Horizont zu erweitern.

Anmerkung: Die Einträge sind zur besseren Auffindbarkeit geographisch nach Kontinent, Land und Bundesstaat oder Region sortiert, von West nach Ost und von Nord nach Süd. Zudem helfen Ihnen der Index nach Ländern ab Seite 12 sowie der Index nach Länge ab Seite 950 bei der Planung der nächsten Reise auf zwei oder vier Rädern. Bei etwa zwei Drittel der Touren gibt es einen Link zu einer digitalen Karte, die mit Google Maps betrachtet werden kann. Bei den anderen Einträgen führen Links zu offiziellen Webseiten der Straßen oder der jeweiligen Region, oder aber auch zu einer Beschreibung der Strecke durch eine kompetente, andere Person. Es ist zu berücksichtigen, daß die digitalen Karten lediglich eine Übersicht geben und Lust auf die Reisen machen, jedoch keine detaillierte Orientierung geben können. Die im Buch vorgeschlagenen Touren sollten mit entsprechender Sorgfalt unternommen werden. Es ist ratsam, sich im Voraus bei Behörden über den Zustand der Strecke zu informieren und Reisehinweise staatlicher Stellen zu beachten. Überprüfen Sie Ihr Fahrzeug vor jeder Fahrt gründlich, verfolgen Sie aufmerksam die Wettervorhersagen und seien Sie sich Ihrer persönlichen Grenzen bewußt. Dann werden Sie wunderbare Roadtrips genießen, die Ihnen viel Freude bereiten. Allzeit gute Fahrt!

Index der Straßen nach Ländern

Von Afghanistan nach Kirgisistan
Pamir-Highway 785

Ägypten
Luxor-al-Hurghada Road 731
Vier-Oasen-Tour 730
Von Assuan nach Abu Simbel 731

Albanien
Tour durch Albanien 669
SH8 – Albanische Riviera 670

Algerien
Tikjda-Paß 727

Von Algerien nach Nigeria
Trans-Sahara Highway 726

Andorra
Port d'Envalira 553

Angola
Serra da Leba-Paß 734

Antigua und Barbuda
Fig Tree Drive 261

Argentinien
Avenida 9 de Julio 322
Carretera de Iruya 318
Che Guevaras *Diarios de motocicleta* 323
Cuesta del Lipán – Ruta Nacional 52 317
Halbinsel Valdés 324
Lenguas del Cochuna 320
Ruta 3, Tierra del Fuego 327
Ruta Nacional 40 326
Ruta Provincial 31 324
Túneles de Taninga 320

Argentinien/Chile
Carretera Transandina 321
Von Fiambalá nach Copiapó 319

Armenien
Meghri-Paß 710
Orgow-Station auf dem Aragaz 708
Vardenyats-Paß und Sewansee 709

Aruba
Jeep-Safari zum Natural Pool 276

Aserbaidschan
Baku City Circuit 778
Bergstraße nach Lahic 777

Äthiopien
Hochland von Abessinien 732

Australien
75-Mile-Beach-Road 907
Birdsville Track 900
Boranup Drive 886
Buntine Highway 895
Canning Stock Route 890
Caves Road 888
Convict Trail 923
Cossack Tourist Way 893
Eyre Highway 891
Galston Gorge Road 910
Gibb River Road 889
Glow Worm Tunnel Road 910
Gold Coast Scenic Byway 902
Goldfields Tourist Way 892
Gordon River Road 922
Great Alpine Road 917
Great Barrier Reef Drive 903
Great Beach Drive 905
Great Ocean Road 918
Gunbarrel Highway 896
Heritage Highway 924
Huon Trail 921
Jacob's Ladder 923
Kalamunda Zig Zag 889
Kosciuszko Road 909
Lamington-Nationalpark 906
Macquarie Pass 908
McKillops Road 920
Mereenie Loop Road 896
Moralana Scenic Drive 898
Mount Panorama Circuit 912
Outback Way 905
Peninsula Developmental Road 906
Ringstraße Highway 1 901
South Face Road 919
Steve Irwin Way 904
Stuart Highway – „The Track" 897
Sydneys Grand Pacific Drive 915
Targa Tasmania 925
Thunderbolts Way 908
Vom Uluru zum Kings Canyon 894
Von Adelaide zum Barossa Valley 899
Von Sydney nach Alice Springs 916
Wakehurst Parkway 912
Weinregion Hunter Valley 914

Bahamas
Grand Bahama Jeep Safari 254
Nassau entdecken 255

Bahrain
Manama-Rundtour 771

Bangladesch
Von Dhaka nach Mahasthangarh 815

Von Bangladesch nach Afghanistan
Grand Trunk Road 816

Belgien
Ardennenoffensive 492
Romantisches Belgien 491
Spa-Francorchamps 493

Belgien und weiter
Lüttich–Bastogne–Lüttich 493

Belgien/Frankreich
Durch die Ardennen 491

Belize
Hummingbird Highway 269

Bermuda
Bermuda entdecken 260

Bhutan
Von Paro nach Thimphu 817

Bolivien
Camino a Caranavi–Coroico Canyon 301
Camino a Los Yungas, Nordteil 304
Camino a Los Yungas, Südteil 300
Carretera de Tupiza a Quiriza 307
Cerro Chacaltaya 303
Collpani-Paß 303
Paso del Condo 307
Salar de Uyuni 308
Von La Paz nach Zongo 298

Bosnien und Herzegowina
M5 652

Bosnien und Herzegowina/Montenegro
Piva-Schlucht 651

Botswana/Sambia
Safaritour in Botswana 744

Brasilien
Küstenstraße von Santa Catarina 294
Rio-Niterói-Brücke 291
Rodovia Daniel Brüning 295
Rodovia Graciosa 293
Rodovia Presidente Dutra 291
Serra do Corvo Branco 296
Serra do Rio do Rastro 297
Transamazônica 290

Bulgarien
Buynovsko-Schlucht 673
Schipkapaß 672

Chile
Carretera Austral 315
Pazifik-Küstenstraße 311
Ruta 5 310
Ruta 11 309

Ruta 24 (Atacama-Wüste)	312
Ruta 265	316
Von Chungungo nach Conay	314

Chile/Argentinien
Paso de Los Caracoles — 314

China
24-zig	826
Aizhai-Straße	830
Guoliang-Tunnelstraße	830
Hangzhou-Bucht-Brücke	836
Hongkongs Country Parks	834
Kunshan-Tunnelstraße	837
Macau-Autotour	832
Nationalstraße 219	819
Nördliches Hongkong	833
Panoramafahrt von Xinduqiao nach Danba	823
Straße über dem Wassery	829
Straße zum Himmel	822
Tai Mo Shan Road	835
Tarim-Fernstraße	820
Tigersprung-Schlucht	825
Von Tai Tam zum Shek O Beach	834
Von Urumtschi zum Kanas-See	818
Zhongnanshan-Tunnel	820

China/Tibet
Straße zum Mount-Everest-Basislager	828
Tee-Pferde-Straße von Yunnan nach Tibet	824
Von Sichuan nach Tibet	827

Costa Rica
Cerro de la Muerte	272
Coffee Lovers' Loop	273
Costa Rica-Tour	272

Curaçao
Christoffel Nationalpark — 277

Dänemark
Alte Straße nach Sumba	335
Margeritenroute	352
Straße zum Møns Klint	352

Deutschland
A5 Frankfurt–Darmstadt	500
Bergstraße	499
Bertha Benz Memorial Route	508
Burgenstraße	508
Deutsche Alpenstraße	513
Deutsche Märchenstraße	500
Deutsche Uhrenstraße	507
Deutsche Vulkanstraße	501
Deutsche Weinstraße	504
Eifel	497
Hohenzollernstraße	509
Motorradstraße „Pan Germania"	510
Nürburgring Nordschleife	502
Ostseeküste	496
Romantische Straße	515
Route der Industriekultur	498
Schwarzwaldhochstraße	505
Straße der Romanik	512
Straße zum Kehlsteinhaus	516
Vom Titisee nach Bad Krozingen	506
Von Bad Schandau nach Hohnstein	511

Deutschland/Österreich
Roßfeld-Panoramastraße — 515

Dominica
Dr. Nicholas Liverpool Highway — 263

Dominikanische Republik
Samaná Highway — 258

Dschibuti
Von Dschibuti zum Assalse — 733

Ecuador
Cotopaxi Vulkanstraße	281
Straße der Vulkane	280

El Salvador
Maya-Ruinen — 270

Estland
Eisstraße von Rohuküla nach Heltermaa	693
Estland-Rundtour	693

Fiji
Queens Road — 926

Finnland
Nordlichtroute	361
Panoramastraße Lietvedentie	362
Tallimäki-Virojoki-Straße	364
Tenontie-Straße	361
Turkus Schärenweg	364

Finnland/Rußland
Skandinaviens Königsstraße — 363

Frankreich
Bourne Identity Verfolgungsjagd	459
Calanches de Piana	488
C'était un rendez-vous	459
Circuit d'Auvergne	471
Circuit de Pau-Ville	456
Circuit de Reims-Gueux	462
Circuit des Remparts	455
Clue de Barles	481
Col de la Bonette	480
Col de la Croix-Morand	465
Col de l'Iseran	468
Col d'Izoard	479
Col de Turini	482
Col du Chaussy	469
Côte d'Azur	475
Côte d'Opale	457
Elsäßer Weinstraße	461
Gorge de l'Aude	473
Gorges de la Restonica	488
Gorges du Cians	478
Gorges du Verdon	478
La Grande Boucle Moto	467
Le Mans	452
Mont Ventoux	477
Passage du Gois	452
Pilgerroute	464
Römerstraßen und -ruinen	482
Route de Combe Laval	471
Route de Gentelly	476
Route de Presles	466
Route der normannischen Abteien	451
Route der Tempelritter	474
Route des Crêtes	460
Route des Grandes Alpes	469
Route des Grands Crus	463
Route du Cidre	450
Route Napoléon	483
Rund um den Viadukt von Millau	472
Schlachtfelder der Somme – Circuit du Souvenir	458
Tour de Corse	490
Von Biarritz nach Bordeaux	455

Frankreich, Korsika
Col de Vergio — 489

Von Frankreich nach England
Bentley Blue Train Races — 484

Frankreich/Italien
Col de Tende — 485

Georgien
Abano-Paß in Tuschetien	706
Höhlenkloster Dawit Garedscha	707

Gibraltar
Gibraltar entdecken — 580

Griechenland
Antikes Griechenland	682
Langada-Paß	681
Parnass	680
Von Aristi nach Papingo	677
Von Ioannina nach Metéora	679
Von Kastoria zum Prespasee	682
Von Perdikaki nach Patiopoulo	679

Index der Straßen nach Ländern | 13

Index der Straßen nach Ländern

Griechenland, Chios
Vrontados-Bergstraße 684

Griechenland, Kefalonia
Karavomylos 676

Griechenland, Korfu
Idyllischer Süden von Korfu 674
Rundtour Korfu Stadt und Pantokrator 675

Griechenland, Kreta
Kotsifou-Schlucht 688
Von Chania nach Paleochora 687
Von Chora Sfakion nach Anopolis 689
Von Kallikratis nach Kapsodasos 687

Griechenland, Rhodos
Küstenstraße nach Kamiros Skala 685

Griechenland, Santorini
Straße nach Alt-Thera 686

Griechenland, Thasos
Insel der 33 Strände 684

Griechenland/Armenien
Seidenstraße am Schwarzen Meer 683

Guadeloupe
Route de la Traversée 262

Indien
Autostrand von Muzhappilangad 805
In der Rikscha von Mumbai nach Chennai 804
Indiens Goldenes Dreieck 803
Jalori-Paß 798
Jelep La und die Seidenstraße 810
Khardung La 791
Kinnaur Road 799
Kolli Hills Road 806
Lamayuru-Kloster 797
Leh-Manali-Highway 795
Marsimik La 794
National Highway 1D 794
Spiti-Tal 801
State Highway 49 806
Three Level Zigzag 809
Von Jauljibi nach Madkote 801
Von Keylong nach Kishtwar 793
Von Mumbai nach Goa 803
Von Puri nach Konark 807
Von Shimla nach Manali 797
Zoji La-Paß 792

Indonesien
Kelok Sembilan 881
Kintamani – Von der Küste zum Krater 882
Küstenstraße von Amed nach Amlapura 883

Iran
Bergstraße nach Dizin 779
Bergstraße nach Schemschak 781
Bergstraße nach Tschalus 781

Irland
Conor Pass 378
Gap of Dunloe 375
Gordon Bennett Route 374
Healy Pass 379
Lough Corrib 372
Militärstraße R115 373
Ring of Kerry 377
Slea Head Drive 376
Straße zum Sally Gap 374
Wild Atlantic Way 370

Island
Djúpvegur (61) 331
Golden Circle 332
Hringvegur (Ringstraße) 333
Kaldadalsvegur (550) 334
Svalvogarvegur (622) 330

Israel
Dead Sea Highway (Israel) 764
Highway 60 – Straße der Patriarchen 765
Ma'aleh HaRoma'im 766

Italien
Amalfitana 629
Assietta-Kammstraße 597
Circuito di Ospedaletti 599
Colle Fauniera 596
Durch Rom mit dem Fiat 500 622
Forcella Lavardet 618
Gampenpaß 609
Gaviapaß 602
Grödnerjoch 607
Große Dolomitenstraße 616
Historisches Apulien 631
James Bond 007: Ein Quantum Trost – Verfolgungsjagd 619
Karerpaß 608
Lavazèjoch 611
Martelltal 610
Mille Miglia 606
Monti Sibillini-Rundreise 626
Mortirolopaß 604
Panoramastraße zum Ätna 634
Panoramica delle Vette 622
Passo del Bocco 600
Passo del Cason di Lanza 620
Passo San Boldo 617
Pescara Circuit 627
Pompeji, Herculaneum und Paestum 630
Riviera dei Fiori – Ligurische Küstenstraße 598
Schutzhütte Fodara Vedla 612

Stilfserjoch 615
Strada Cristo Redentore di Maratea 632
Strada della Forra 601
Strada del Monte San Simeone 621
Strada Provinciale 227 di Portofino 599
Strada Statale 64 Porrettana 624
Südtiroler Weinstraße 613
Via Chiantigiana 624
Von Anfo zum Manivapaß 604
Von Sondrio zum Bacino di Campo Moro 605
Von Triest in die Dolomiten 620
Weinstraße von Alba nach Barolo 597

Italien, Sardinien
Gänsegeier-Route 633
Orientale Sarda 633

Italien, Sizilien
Giro di Sicilia 636
Targa Florio und Piccolo circuito delle Madonie 635

Italien/Schweiz
Malojapaß 603
Umbrailpaß 600

Jamaika
Piratentour 257

Japan
Akashi-Kaikyō-Brücke 864
Aso 866
Bandai-Azuma Skyline 856
Eshima-Ohashi-Brücke 865
Fuji Subaru Line 858
Hakone-Mautstraße 859
Hakusan Shirakawa-gō Weiße Straße 857
Hokkaidō entdecken 855
Irohazaka Winding Road – Perfekt zum Driften 860
Japans Romantische Straße 862
Norikura Skyline Road 862
Osado Skyline 856
Tateyama-Kurobe-Alpenroute 863

Jemen
Jabal Sabir 770
Lawdar-Paß 771

Jordanien
Dead Sea Highway (Jordanien) 767
Von Madaba nach Al-Karak 766

Kambodscha
Tempeltour mit dem Motorrad 872
Tuk-Tuk-Fahrt nach Angkor Wat 871

Kanada
Acadian Coastal Drive 52

Alberta Highway 40 – Kananaskis Trail Segment	42
Appalachian Range Route	52
Bras d'Or Lakes Scenic Drive	58
Cabot Trail	56
Chilcotin–Bella Coola Highway	33
Coquihalla/Highway Thru Hell	35
Evangeline Trail	53
Fundy Coastal Drive	51
Gray Creek Pass	34
Highway 60 Corridor	45
Icefields Parkway	40
Irish Loop	50
Lake Minnewanka Scenic Drive	41
Lighthouse Route	55
Pacific Marine Circle Route	31
Parks Route	44
Praires Historical Tour	43
Revelstoke und Lake Louise	36
Riverhurst Ice Crossing	43
Schlemmer-Route	49
St. Lawrence River Scenic Route	47
Sea-to-Sky Highway Route	32
Sunrise Trail	55
Thousand Islands Parkway	46
Tibbitt Winter Ice Road	38
Trans-Canada Highway	37
Trois-Rivières Rennstrecke	48
Viking Trail	49
Wapusk Trail	45
Waterfall Highway	38
Yoho Valley Road	34

Kanada/USA
Golden Circle	30

Kap Verde
Bergstraße nach Monte Verde	720

Kasachstan
M32 – Aral-Highway	782

Katar
Katar-Tour	772

Kirgisistan
Songköl	784

Kolumbien
Trampolín del Diablo	275

Kosovo
Rugova-Schlucht	660

Kroatien
Insel Krk	648
Sveti Jure	649
Vojak	647
Zavala-Pitve: Tunnel und Schotterstraße	650

Kroatien/Bosnien und Herzegowina
Adriatische Küstenstraße	648

Kuba
Carretera Central	253
Rund um Havanna	253

Laos
Nationalstraße 13	867

Lesotho
Moteng-Paß	755

Lettland
Lettland im Kalten Krieg – Geführte Tour	695
Rigaer Bucht und Kap Kolka	694
Schlösser von Zemgale	696

Libyen
Libysche Küstenstraße	729

Litauen
Litauische Küste und Kurische Nehrung	697
Panemunė	698
Vier-Hauptstädte-Tour	699

Madagaskar
Baobaballee	758

Malawi
M1 – Malawis Autobahn	736
Malawi-See	736

Malaysia
Reise nach Penang	877
Von Bintulu nach Miri	880
Von Johor Bahru nach Desaru	879
Von Kuala Lumpur zum Belum Forest	877
West Coast Route 5	878

Malta
Malta entdecken	636

Marokko
Circuit d'Ain-Diab	721
Dadès- und Todra-Schluchten	724
Drâa-Tal – Von Agdz nach M'hamid	725
Tizi n'Test-Paß	721
Tizi n'Tichka-Paß	722

Martinique
Route de la Trace	264

Mauritius
Mauritius	760

Mazedonien
Vom Prespasee zum Ohridsee	671

Mexiko
Autopista Durango–Mazatlán	246
Carretera Federal 1	244
Carretera a Punta Allen	250
Carretera a Urique	245
El Espinazo del Diablo	244
Küste des Golfs von Kalifornien	242
Küstenstraße von Michoacá	248
La Carrera Panamericana	248
La Rumorosa	243
Rund um die Insel Cozumel	251
Ruta Tepehuana	247

Monaco
Circuit de Monaco	486

Montenegro
Jezerski Vrh	656
Kotor-Serpentine	655
Morača-Schlucht	658
Rund um den Skadarsee	656
Tara-Schlucht	658
Von Kotor nach Sveti Stefan	654
Von Žabljak nach Suvodo	657

Myanmar
Yaza Htarni Road	841

Namibia
Sanddünen des Sossusvlei	742
Skelettküste	741
Spreetshoogte-Paß	743

Nepal
Araniko Highway	814

Neuseeland
Cape Palliser Road	932
Crown Range Road	945
Forgotten World Highway	930
French Pass Road	934
Great Alpine Highway	937
Haast Pass	939
Karamea Highway	936
Lindis Pass	940
Milford Road	948
Mount Cook Road	938
Paekakariki Hill Road	933
Port Jackson Road	930
Queen Charlotte Drive	935
Skippers Canyon Road	945
Southern Scenic Route	942
Straße zum Treble Cone	947
Surf Highway 45	931
Takarau Gorge Road	934
The Remarkables	946
Thermal Explorer Highway	929
Von Queenstown nach Glenorchy	941
Waikaremoana Road	932

Index der Straßen nach Ländern | 15

Index der Straßen nach Ländern

Whangarei-Panoramatour	928	
Nicaragua		
Nicaragua-Tour	270	
Niederlande		
Blumentour durch die Bollenstreek	494	
Oesterdam	495	
Niederlande/Deutschland		
Hamaland	495	
Norwegen		
E69 zur Nordspitze Europas	340	
Laerdaltunnel	349	
Landschaftsroute Andøya	338	
Landschaftsroute Atlanterhavsvegen (Atlantikstraße)	350	
Landschaftsroute Hardanger	344	
Landschaftsroute Havøysund	340	
Landschaftsroute Helgelandskysten	342	
Landschaftsroute Rondane	351	
Landschaftsroute Senja	336	
Landschaftsroute Sognefjellet	346	
Landschaftsroute Trollstigen	348	
Landschaftsroute Varanger	339	
Lysevegen	351	
Straße nach Lysebotn	347	
Von Mo i Rana zum Arctic Circle Raceway	342	
Norwegen/Schweden		
Nordkalotte (Dach Europas)	343	
Von Norwegen nach Rußland		
Blauer Weg	344	
Oman		
Rustaq-Rundreise	775	
Von Maskat nach Sur	776	
Wadi An Nakhr	776	
Österreich		
Arlbergpaß	539	
Fernpaß	543	
Flexenpaß	540	
Goldeck Panoramastraße	549	
Großer Oschenixsee	550	
Großer Speikkogel	551	
Großglockner-Hochalpenstraße	549	
Hahntennjoch	541	
Kaunertaler Gletscherstraße	544	
Maltatal	550	
Ötztaler Gletscherstraße	545	
Silvretta-Hochalpenstraße	541	
Strubklamm	547	
Von Tragöß nach Birkfeld	552	
Zillertaler Höhenstraße	544	
Österreich/Ungarn		
Neusiedler See	553	
Österreich/Italien		
Staller Sattel	542	
Timmelsjoch	546	
Pakistan		
Kunjirap-Paß	790	
Makran-Coastal-Highway	786	
Straße zu den Fairy Meadows	788	
Pakistan/China		
Karakoram-Highway	786	
Panama		
Panamakanal	275	
Papua-Neuguinea		
Zufahrt zum Kokoda Track	886	
Peru		
Acceso a La Rinconada	289	
Carretera de Yungay	282	
Carretera del Cañon del Pato	285	
Cotahuasi Cañon	288	
Hiram Bingham Highway	287	
Paso Ticlio	286	
Von Chacas nach Shilla	283	
Philippinen		
Commonwealth Avenue – Der Killer Highway	875	
Halsema Highway	874	
Kennon Road	874	
Pan-Philippinische Straße	873	
Polen		
Karkonosze (Riesengebirge)	638	
Przełęcz Przysłup-Paß	640	
Tour zur Wolfsschanze	638	
Polen/Slowakei		
Von Niedzica nach Kamienka	640	
Portugal		
Lissabon und die Küste von Estoril	592	
Sintra to Praia das Maças	593	
Torre, Serra da Estrela	591	
Von der Serra da Estrela zur Küste	590	
Von Estremoz über Évora nach Sines	588	
Von Lagos zum Kap St. Vincent	594	
Von Peso da Régua nach Pinhão	587	
Von Portimão nach Fóia	595	
Von São Marcos da Serra nach Monchique	594	
Westliche Algarve	589	
Portugal, Maderia		
Küstenstraße ER101	585	
Pico do Arieiro	584	
Puerto Rico		
Ruta Panorámica	259	
Ruanda		
Von Kigali nach Musanze	735	
Rumänien		
Bicaz-Klamm – Höllenschlund	665	
Bucharest Ring	669	
Lacul Negovanu	661	
Rucăr-Bran-Paß	666	
Transalpina	663	
Transbucegi	668	
Transfăgărășan	662	
Transrarau	664	
Rußland		
Entlang der Baikal-Amur-Magistrale (BAM)	854	
Goldener Ring	712	
Ice Run auf dem Baikalsee	850	
Kolyma-Trasse	853	
Pazifikküste am Tatarensund	852	
Riviera des Schwarzen Meeres	713	
Straße nach Anabar	850	
Tschegem-Wasserfälle	714	
Tscherek-Schlucht und Blauer See	716	
Tsoi-Pede	715	
Von Lidoga nach Wanino	855	
Von St. Petersburg nach Wladiwostok	711	
Von Petropawlowsk nach Kljutschki	853	
Rußland/Georgien		
Georgische Heerstraße	716	
Samoa		
Upolu-Panoramatour	927	
Saudi-Arabien		
Bergstraße von Taif	768	
Highway 10	768	
Highway Empty Quarter	769	
Schweden		
Flatruetvägen	353	
Höga Kusten	355	
Küstenlinie des Vänersees	356	
Rund um den Vätternsee	358	
Schwedische Odyssee	357	
Utvandrarnas väg (Auswandererstraße)	359	
Vildmarksvägen (Wildnisstraße)	354	
Schweden/Dänemark		
Öresundbrücke	360	

Schweiz
Albulapaß 538
Axenstraße 531
Chluse-Paßstraße 522
Col du Pillon 519
Flüelapaß 534
Furkapaß – *Goldfinger*-Verfolgungsjagd 526
Grimselpaß 522
Gotthardpaß 532
Klausenpaß 531
Lago del Sambuco und Lago del Narèt 533
Nufenenpaß 525
Oberalppaß 537
Ofenpaß 535
Panoramastraße Oberaar 520
Rund um den Genfer See 517
San-Bernardino-Paß 536
Straße von Hongrin 518
Sustenpaß 524

Schweiz/Italien
Großer St. Bernhard 527
Simplonpaß 528
Splügenpaß 538
The Italian Job – Charlie staubt Millionen ab 529

Serbien
Jerma-Schlucht 653

Seychellen
Mahé Inseltour 758

Singapur
Heritage Roads 846

Slowakei
Panoramastraße zur Burg Orava 643

Slowenien
Mangartstraße 645
Panoramastraße von Solčava 646

Spanien
Alto de l'Angliru 564
Balcón de la Rioja 569
Baskenland Küstenstraße 566
Das Beste von Andalusien 580
Desfiladero de La Hermida 565
Die Straße der tausend Kurven 574
Entlang der Atlantikküste 568
Hochpyrenäen – Von Vielha zum Nationalpark Aigüestortes 572
La Carretera del Vi 575
La Ruta Minera 573
Nationalpark Cabo de Gata-Níjar 577
Östliche Pyrenäen 573
Pico del Veleta 579
Picos de Europa-Rundtour 562

Puerto de las Palomas 578
Puerto de Velefique 576
Ruta de la Plata 579
Von Benidorm nach Guadalest 575
Von Fiscal nach Escalona 570

Spanien, El Hierro
El Hierro 554

Spanien, Formentera
Formentera entdecken 581

Spanien, Gran Canaria
Carretera GC-60 zum Roque Nublo 558
Carretera GC-210 560
Pico de las Nieves 559

Spanien, La Palma
Carretera al Roque de los Muchachos 554

Spanien, Lanzarote
Ruta de los Volcanes 561

Spanien, Mallorca
Carretera de Sa Calobra 582
Carretera Ma-1131 582
Straße zum Leuchtturm am Cap de Formentor 583

Spanien, Teneriffa
Fast & Furious 6 – Teneriffa Movie Tour 557
TF-21 – Wo die Erde den Himmel berührt 555
TF-28 – Die vergessene Straße 556
Von Masca nach Santiago del Teid 556

Spanien/Frankreich
Baskenland-Rundfahrt 567

Sri Lanka
18-Kurven-Straße 812
Inseltour von Jaffna nach Nainativu 811
Strandtour 812
Teufelstreppe 813

St. Lucia
Von Castries zur Marigot Bay und nach Sulphur Springs 265

St. Vincent und die Grenadinen
Leeward Highway 266

Südafrika
Bain's-Kloof-Paß 751
Biker-Frühstückstour 753
Blumenstraße durch das Namaqualand 745
Chapman's Peak Drive 748
Clarence Drive 747
Garden Route 750
Maloti-Drakensberg-Route 754

Route 62 752
Swartberg-Paß 746

Südafrika/Lesotho
Sani-Paß 756

Südkorea
Bugak Skyway 846
Nationalstraße 7 848
Ringstraße um Jeju 848
Vom Jungmi zum Homyeong-See 847

Tadschikistan
Ansob-Rundtour 783

Taiwan
Küstenstraße der Halbinsel Hengchun 840
Taiwans Ostküste 838
Taroko-Schlucht 839

Tansania
Am Fuße des Kilimandscharo 738
Indischer Ozean 740
Pangani Küstenstraße 739
Von Moshi zum Marangu-Tor 739

Thailand
Mae Hong Son 843
Mission Hills Drive 844
Nord-Ost-Schleife 845
Route 1249 842

Trinidad und Tobago
North Coast Road 266

Tschechische Republik
Luční hora 642
Masaryk-Ring 642
Tour durch die Tschechische Republik 641

Tunesien
Star-Wars-Wüste 729

Türkei
Bayburt D915 702
Kemaliye Taş Yolu 704
Kuş-Yuvasi-Paß 703
Nemrut Dag 705
Türkische Riviera (Türkisküste) 701

Ukraine
Baidarskie-Paß 699
Straße nach Bachtschyssaraj 700

Ungarn
Balaton 644
Quer durch Ungarn 644

Index der Straßen nach Ländern | 17

Index der Straßen nach Ländern

Uruguay
Uruguay-Tour 327

USA
49-Mile Drive 85
A1A Scenic and Historic Coastal Byway 228
Acadia All-American Road 199
Alabamas Coastal Connection Scenic Byway 179
Am Ufer des Lake Washington 65
Amish Country's Scenic Byway 173
Angst und Schrecken in Las Vegas 92
Apache Trail 117
Ashley River Road 223
Atlantic Highway 1 201
Auf den Spuren von Billy the Kid 136
Auf den Spuren von F. Scott Fitzgerald 204
Auf den Spuren von Robert M. Pirsig 153
Auf der Weinroute aus dem Film *Sideways* 86
Beartooth Highway 124
Bicentennial Highway 104
Big Bend Scenic Byway 228
Bighorn Scenic Byway 126
Black Hills Needles Highway 141
Blue Ridge Parkway 217
Bonneville Speedway 110
Brandywine 206
Bullitt – Verfolgungsjagd 80
Cannonball Run 188
Cascade Lakes Scenic Byway 68
Cascade Loop 60
Catskill Mountains Scenic Route 30 183
Chain of Craters Road 240
Charles Street in Baltimore 209
Cherohala Skyway 177
Cherokee Foothills Scenic Highway 222
Cherokee Hills Byway 145
Chesapeake Wine Trail 210
Chiniak Highway 24
Chinook Scenic Byway 64
Chuckanut Drive 61
Clinton Road 209
Cloud Peak Skyway Scenic Byway 127
Coal Heritage Trail 213
Cohutta Chattahoochee Scenic Byway 225
Colonial Parkway 215
Colorado River Headwater Byway 132
Cullasaja River Gorge 221
Daniel Boone Memorial Trail 222
Dead Horse Point Scenic Byway 103
Death Valley Highway 91
Denali Highway 22
Der Chicago-Roadtrip der *Blues Brothers* 166
Der ultimative amerikanische Roadtrip 119
Diamondback Loop 219
Die letzte Fahrt von Bonnie und Clyde 161
Die Old Coast Road von Big Sur 78
Die Reise mit Charley 190
Die Ufer des Lake Michigan 169
Die Ufer des Lake Tahoe 77
Door County Coastal Byway 164
Duncan Hines Scenic Byway 175
Duell – Sierra Highway 82
Durch die Guadalupe Mountains 139
Durch die Weingebiete Napa und Sonoma 84
Easy Rider 94
Ein ausgekochtes Schlitzohr 226
Eine wahre Geschichte 154
El Camino del Rio 148
El Mirage 89
Fahrt in die Adirondacks 182
Flaming Gorge National Scenic Byway 105
Florida Keys Scenic Highway 227
Frontier Military Historic Byway 144
George Washington Memorial Parkway 216
Geronimo Trail Scenic Byway 137
Going-to-the-Sun Road 120
Gold Belt Tour Scenic Byway 135
Grand Canyon Scenic Loop 115
Grand Loop Road im Yellowstone-Nationalpark 128
Grand Teton Loop 126
Great Lakes Seaway Trail 186
Great River Road 166
Hamakua Heritage Corridor Drive 237
Harriet Tubman Byway 210
Hawaii Belt Road 238
Hells Canyon Scenic Byway 69
Hermann Wine Trail 155
Highway 49 – Der Gold Rush Trail 81
Historic Columbia River Highway 72
Hocking Hills Scenic Byway 172
Im Land der Amish People 207
Inselhopping Lake Champlain 190
James-Dean-Memorial-Tour 83
James W. Dalton Highway 26
JFK Assasination Tour 150
Joshua Tree National Park 79
Journey Through Hallowed Ground National Scenic Byway 211
Kahekili Highway 236
Kamehameha V. Highway 233
Kau Scenic Byway 239
Kentucky Bourbon Trail 175
Kittatinny Ridge Loop 208
Kolob Terrace Road 107
Kuhio Highway 230
Küste von Connecticut 202
Lake Placid Ironman Oval 184
Lake Pontchartrain Causeway 160
Las Vegas Strip Byway 99
Lewis and Clark Trail Highway 67
Lincoln Heritage Scenic Byway 176
Litchfield Hills Loop 203
Little Miss Sunshine 138
Lombard Street und Vermont Street 76
Louisiana Bayou Byway 162
Martha's Vineyard – *Der weiße Hai* 195
Minnesota Great River Road 152
Mississippi Blues Highway 162
Mohawk Native American Trail 196
Moki Dugway 108
Monument Valley 112
Mount Desert Island 200
Mount Rainier 63
Mount Rushmore und die Badlands 140
Mount Washington Auto Road 192
Mountain Maryland Scenic Byway 212
Mulholland Drive und Highway 84
Nächtliche Busfahrt durch New York 184
Natchez Trace Parkway 163
National Road 212
Native American Scenic Byway 142
Nebraska – Der Film 121
Newfound Gap 218
Newport Loop Ocean Drive 205
North Shore Scenic Drive 151
Northwest Passage Scenic Byway 97
Northwoods 165
Nur noch 60 Sekunden 83
Ocmulgee-Piedmont Scenic Byway 224
Old Canada Road Scenic Byway 202
Old King's Highway 194
Old Spanish Trail 230
On the Road – Jack Kerouac 189
Oregon National Historic Trail 198
Oregon Pacific Coast Highway 71
Outer Banks National Scenic Byway 220
Pacific Coast Highway 74
Pali Highway 232
Parks Highway 25
Pasagshak Bay Road 29
Pikes Peak Highway 134
Quintessential New England 192
Rain Man Roadtrip 174
Red Rock Canyon Loop 100
Red Rock Scenic Byway 114
Revolutionary Road Tour 197
Richardson Highway 27
Rim Rock Drive 130
Road to Hana 235
Road Trip – Der Film 187
Roadtrip für Musikfreunde 176
Rogue–Umpqua Scenic Byway 69
Route 50 – Die einsamste Straße Amerikas 101
Route 66 – Central 146
Route 66 – East 168
Route 66 – West 118
Royal Footsteps Along the Kona Coast 241
Salmon River Scenic Byway 95
San Juan Skyway 129
Sawtooth Range Scenic Drive 96
Scenic 7 Byway 156
Selma to Montgomery March Byway 180
Seven Mile Bridge 229

Seward Highway	23
Shafer Canyon Trail	108
Silver State Classic Challenge	102
Skyline Drive	214
Spirit Lake Memorial Highway	66
Stagecoach Trail	167
Steinbeck Country	87
Sturgis Rally Black Hills Loop	143
Sunset Boulevard	88
Tail of the Dragon am Deals Gap	178
Talimena National Scenic Byway	157
Texas Forts Trail	150
Thelma & Louise	159
Top of the Rockies Scenic Byway	133
Trail of Tears	181
Trail of the Ancients	112
Trail of the Mountain Spirits	137
Trail Ridge Road	131
Turquoise Trail	135
Twisted Sisters Ranch Road Loop	149
UFO Trail	92
Utah's Scenic Byway 12	106
Valley of Fire Highway	100
Vermont's Main Street	191
Volcanic Legacy Scenic Byway	73
Vom Diamond Head zum Makapu'u Point	231
Vom Glacier-Nationalpark zum Yellowstone-Nationalpark	122
Von Banning nach Idyllwild	77
Von den Bergen zur Meerenge	62
Von Globe nach Show Low	116
Von San Marcos zum Guadalupe River State Park	148
Wabash River Scenic Byway	171
Western Skies Scenic Byway	154
White Rim Trail	109
Woodward Avenue Automotive Heritage Trail	170

USA/Kanada

Haines Highway	29
International Selkirk Loop	59

Vanuatu

Efate Ringstraße	925

Venezuela

Carretera Transandina	279
Parque Nacional Sierra Nevada	278

Vereinigte Arabische Emirate

Bergstraße zum Dschabal Hafit	773
Jebal Jais	774
Tal Mireb	772

Vereinigtes Königreich, England

Am Hadrianswall	407
Bodmin Moor und North Cornish Coast	422
Brontë Country	411
Buttertubs Pass und Yorkshire Dales	410
Cat and Fiddle Road	414
Cheddar Gorge	427
Cotswold Edge	421
Durch die Norfolk Broads	419
Durch London mit dem Mini Cooper	434
Elgar Route	419
Entlang der Ufer des Windermere	402
Exmoor-Küstenstraße	426
Hardknott Pass und Wrynose Pass	405
Isle of Wight	431
London–Bath	435
London–Brighton	435
Midlands Tick	417
New Forest-Rundreise	429
Painters' Trail	420
Poldark Country	424
Roof of England	403
Seen und Berge des Nordens	404
Snake Pass und Peak District Moorlandschaft	413
Spa	420
Strecke der Isle of Man TT	400
The Trip	406
Thomas Hardy's Wessex	425
Vale of York	411
Von Alnwick nach Lindisfarne	408
Von Holmes Chapel nach Alderley Edge	412
Von Horncastle nach Louth	417
Von St. Ives nach St. Just	423
Wiltshire and Stonehenge	428
Winnats Pass und Peak District	416

Vereinigtes Königreich, England, Jersey

Jersey-Rundtour	449

Vereinigtes Königreich, Von England nach Frankreich

Beaujolais Run	430

Vereinigtes Königreich, Von England nach Rußland

Mongol Rally	430

Vereinigtes Königreich, England/Schottland

Le Jog	425

Vereinigtes Königreich, England/Südafrika

London to Cape Town Rally	432

Vereinigtes Königreich, Von England in die USA

Long Way Round	433

Vereinigtes Königreich, Nordirland

Antrim Coast Road	366
Black-Taxi-Touren durch Belfast	367
Dundrod Circuit	368
Game of Thrones	368
Giant's Causeway Coast	365

Vereinigtes Königreich, Schottland

Applecross Pass	387
Ardnamurchan-Halbinsel	393
Barra Ring Road	380
Cape Wrath	388
Highland Perthshire	385
Im Herzen der Highlands	384
Isle of Skye	383
Jim Clark Memorial Rally	400
Kintyre-Halbinsel	393
Loch Fyne und Loch Awe	395
Malt Whisky Trail in Speyside	390
North Coast 500	382
Old Military Road	398
Panoramastraße um die Isle of Mull	394
Road to the Isles	380
Rest and Be Thankful	396
Skyfall-Tour	397
Ufer des Loch Naver	388
Ufer des Loch Ness	389
Victorian Heritage Trail in Royal Deeside	391
Von Forres nach Alford	390
Von Invergarry zur Isle of Skye	386
Von Moffat nach Selkirk	399

Vereinigtes Königreich, Wales

Black Mountain-Paß	444
Bwlch y Groes	440
Cambrian Mountains	441
Devil's Staircase	443
Elan Valley	442
Evo Triangle	441
Gospel-Paß	443
Gower-Halbinsel	446
Küste von Carmarthenshire und Pembrokeshire	445
Llanberis-Paß	437
Mid-Wales Roller Coaster	447
Rundreise durch den Norden von Pembrokeshire	436
Snowdon-Rundtour	439
Von Barmouth nach Welshpool	438
Wiege der Industriellen Revolution	448

Vietnam

Ho-Chi-Minh-Pfad	868
Von Ho-Chi-Minh-Stadt zur DMZ	869
Von Nha Trang nach Qui Nhon	868
Wolkenpaß	870

Weißrußland

Motorradtour durch Weißrußland	700

Zypern

Kirchen auf Zypern	692
Straße zur Fontana Amorosa	691
Von Panagia nach Skoulli	690

Amerika

Route durch den Canyonlands National Park in Utah, USA.

Denali Highway Alaska, USA

Start Cantwell   **Ziel** Paxson   **Länge** 217 km
Art Landschaft   **Info** goo.gl/KksONU

Der Denali Highway – offiziell Alaska Route 8 –, eröffnet 1957, verkürzte die ursprüngliche Landroute zwischen Cantwell und Paxson um 320 km, aber die Fahrt ist nicht einfach. Die ersten 3 km und die letzten 33 km ostwärts sind asphaltiert, doch dazwischen verbündet sich Schotter mit dem subarktischen Klima, um die Fahrt selbst in der kurzen Periode, in der die Strecke geöffnet ist (Ende Mai bis Anfang Oktober), gefährlich zu gestalten. Das Wetter kann innerhalb von Minuten wechseln. Folglich haben die meisten Autovermieter die Benutzung dieser Strecke untersagt.

Der Highway überquert zahlreiche Flüsse und den 1245 m hohen Maclaren Summit. Er ist die zweithöchstgelegene Straße Alaskas. Die höchste ist Teil des Dalton Highway über den Atigun Pass.

Auf der Route gibt es wenige Annehmlichkeiten, jedoch einige Campingplätze, vor allem bei den Tangle Lakes, die Ausgangsstation für die Delta River Kanuroute sind. Dies ist Jagdgebiet – daher macht Großwild einen Bogen um dieses Areal. Dennoch sind Grizzlybären hier nicht selten. Die Straße kreuzt darüber hinaus den Pfad einer Rentierherde von schätzungsweise 36 000 Tieren, die im Spätherbst und zu Beginn des Frühlings diese Region durchzieht. **JP**

❶ Der Denali Highway ist eine Route durch die Wildnis.

Seward Highway Alaska, USA

Start Seward **Ziel** Anchorage **Länge** 204 km
Art Landschaft **Info** goo.gl/HK5euy

In Alaska gibt es kaum Routen, die nicht sehenswert sind. Doch mit seinem vielfältigen Panorama – Wiesen und Berge, Wälder und Fjorde – gehört der Seward Highway zu den spektakulärsten. Er wurde 1951 als Verbindung zwischen der Hauptstadt Alaskas, Anchorage, und dem kleinen, aber bedeutenden Fischerort Seward fertiggestellt. Dessen Motto lautet: „Alaska beginnt hier."

Die Szenerie nimmt bereits mit dem ersten Kilometer ihren Anfang, wenn man die Resurrection Bay, einen monumentalen, von Bergen umgebenen Fjord, passiert. Hier sieht man nicht nur Kajaks und Fischerboote, man sollte auch nach Walen, Robben und Ottern Ausschau halten. Als nächstes fährt man durch Bear Creek. Der Name deutet an, welche Tiere hier zu entdecken sind. Gleiches gilt für Moose Pass, weiter im Norden.

Noch weiter nördlich erreicht der Highway Turnagain Arm, eine weitere spektakuläre Wasserlandschaft, und durchquert später die Ruinen der Stadt Portage, die bei einem Erdbeben im Jahr 1964 zerstört wurde. Dann folgt die Straße der Nordseite des Sees bis fast nach Anchorage. Hier gibt es Hinweise auf den sehenswerten Bird Point Scenic Outlook und den Beluga Point Outlook, bevor die letzte Etappe der Reise erreicht wird. **MG**

❶ Eine spektakuläre Landschaft entlang der Straße.

Chiniak Highway
Alaska, USA

Start Kodiak
Ziel Cape Chiniak
Länge 71 km
Art Landschaft
Info goo.gl/KKoi5l

❶ Der flache und baumlose Süden Kodiaks macht zunehmend Platz für den bewaldeten, bergigen Norden.

Es ist kaum möglich, Alaska zu bereisen, ohne irgendwo eine atemberaubende Aussicht zu erleben. Diese Route entlang der Küste von Kodiak Island ist besonders beeindruckend. Kodiak ist die zweitgrößte Insel der USA, und dieser Ausflug bietet eine Kombination aus majestätischer Berglandschaft und einem fast ständigen Meerblick.

Die Fahrt beginnt in Kodiak, dem Hauptort der Insel, der auch als Verkehrsknoten zum Festland Alaskas fungiert. Die Route führt über einige Brükken. Schon auf der zweiten, die über den Russian River führt, kann man im Spätsommer der Lachswanderung zusehen, und vielleicht entdeckt man sogar einen Kodiakbären, der nach Lachsen jagt.

Kurze Zeit später sieht man auf der linken Seite eine U-Boot-Werft aus dem Zweiten Weltkrieg. Nach der nächsten Landzunge sollten Sie Ausschau nach Schildern zum Happy Beach halten. Ein guter Platz, um eine Pause zu machen und den schwarzsandigen Strand zu bewundern. Auf der anderen Seite der Bucht bietet Mayflower Beach eine weitere Gelegenheit zum Zwischenstopp.

Verstreute Hütten kündigen das Ende der Reise an. Man erreicht das winzige Örtchen Chiniak, das Kodiak wie New York City aussehen läßt. Man kann bis Cape Chiniak weiterfahren, wo nach einem kurzen Fußweg eine der besten Aussichten der ganzen Fahrt wartet. **MG**

Parks Highway
Alaska, USA

Start Anchorage
Ziel Fairbanks
Länge 576 km
Art Landschaft
Info goo.gl/CulE6p

Wenn Sie die Frage: „Wo haben Sie Ihren Urlaub verbracht?", mit einem lässigen: „Oh, ich bin nur den Parks Highway in Alaska gefahren", beantworten, dann ist davon auszugehen, daß Ihre Zuhörer von Ihrem Wagemut beeindruckt sein werden.

Allerdings ist das Schöne am diesem Highway durch den nördlichsten US-Bundesstaat, daß er bequem per Auto, Motorrad oder Wohnmobil befahrbar ist. Die Freunde zu Hause wissen vermutlich nicht, daß er das ganze Jahr geöffnet und in sehr gutem Zustand ist.

Ja, es gibt einige beängstigende Passagen, wie zum Beispiel eine Brücke über die Hurricane Gulch, die sich in 77 m Höhe über einen Bach spannt, ein Aussichtspunkt, von dem man den höchsten Berg der USA, den Denali (6190 m), sehen kann. Aber es ist auch die Hauptverbindung zwischen Alaskas beiden größten Städten, Anchorage und Fairbanks. Sie verläuft die meiste Zeit neben den Gleisen, so daß man nicht auf Serpentinen unterwegs ist. Trotzdem gibt es phantastische Aussichten auf Wälder, Seen, Flüsse und natürlich schneebedeckte Berge zu bewundern. Und auf diese Weise erreicht man auch viele der weltbekannten Skigebiete.

Aber Vorsicht: Wenn man die Straße auch nur für einige Kilometer verläßt, findet man sich schnell in der Wildnis wieder. Und im Winter stören die Straßenverhältnisse eine problemlose Reise. **SH**

❶ Der Parks Highway bietet eine entspannte und einfache Reise durch höchst anspruchsvolles Terrain.

James W. Dalton Highway
Alaska, USA

● Der James Dalton Highway ist nicht überall so asphaltiert wie hier; teilweise ist er eine Schotterstraße.

Start Livengood
Ziel Deadhorse
Länge 666 km
Art Abenteuer
Info goo.gl/AupqXt

Der James Dalton Highway taucht oft in Listen wie „Die gefährlichsten Straßen der Welt" auf, meist unter den Top 5. Er beginnt in Livenhood, nahe Fairbanks, und führt bis nach Deadhorse, nicht weit vom arktischen Ozean entfernt.

Der Straße wurde in den 1970er Jahren als Versorgungsstraße während des Baus der Trans-Alaska-Pipeline gebaut. Benannt ist sie nach James Dalton, einem Pionier der frühen Ölindustrie in Alaska. Neben dem extremen Wetter gibt es einige herausfordernde Steigungen und Gefälle. Der höchste Punkt liegt auf etwa 1400 m.

Obwohl der Straßenbelag teilweise unbefestigt ist, wird der Highway von großen Lkw genutzt. Seit 2009 ist diese Strecke regelmäßig in Sendungen wie *Ice Road Truckers* zu sehen und war Gegenstand der BBC-Serie *World's Most Dangerous Roads*.

Auf einer Länge von 666 km führt der Dalton Highway durch eine der entlegensten Gegenden der USA. Nur drei Siedlungen (Gesamteinwohnerzahl: 57 zum Zeitpunkt der Originalveröffentlichung dieses Buches) liegen entlang der Strecke. Das heißt, es gibt nur wenige Möglichkeiten zum Tanken (was ironisch wirkt angesichts Alaskas Ölindustrie), Essen oder auch zur medizinischen Versorgung. Noch ein letzter Hinweis: Sie sollten stets wachsam sein – es könnten Ihnen Polarbären begegnen. JI

Richardson Highway
Alaska, USA

Start Valdez
Ziel Fairbanks
Länge 600 km
Art Abenteuer
Karte goo.gl/5NyMmD

Fairbanks ist nach Anchorage die zweitgrößte Stadt Alaskas. Ein Problem für die Entwicklung des Ortes war die weite Entfernung zum nächstgelegenen Hafen in Valdez. Eine erste Straße zwischen beiden Städten entstand 1910, als mit dem Richardson Highway gleichzeitig die erste große Hauptstraße Alaskas entstand. Sie war ein Projekt der Armee und trägt den Namen des verantwortlichen Generals, Wilds P. Richardson.

Die Straße ist von den üblichen Gebrauchsspuren abgesehen noch immer in gutem Zustand. Die Fahrt dauert etwa einen Tag, mit Pausen länger. Sie beginnt mit einem Blick auf die Chugach Mountains und passiert dann den Valdez Glacier Lake. Ein kleiner Umweg eröffnet einen Blick auf den Gletscher und Eisberge auf dem See.

Zwei Abschnitte der Route sind State Scenic Byways. Der höchste Punkt der Reise folgt etwa auf halber Strecke, wo Sie den Isabel Pass auf etwa 1000 m überqueren. Von dort hat man eine atemberaubende Sicht auf weitere Gletscher und vom Eis geformte Landschaften. Direkt danach liegt die sehenswerte und passend benannte Rainbow Ridge, wo Gestein in unterschiedlichsten Formen die Hänge in ein Farbenmeer verwandelt.

Es ist unmöglich jedes Highlight dieser aufregenden und langen Route aufzuzählen. Man muß das einfach selbst erfahren. **MG**

❶ Selbst die flachen Abschnitte des Richardson Highways bieten herrliche Blicke auf die Berge.

Pasagshak Bay Road
Alaska, USA

Start Olds River Inn
Ziel Olds River Inn
Länge 27 km
Art Abenteuer
Info goo.gl/9djWTO

Wollen Sie die Pasagshak Bay Road befahren, müssen Sie zunächst auf die zweitgrößte Insel der USA kommen. Kodiak Island wird durch die Shelikof Strait vom südlichen Alaska getrennt. Eine grüne Insel, von den Einwohnern Emerald Isle getauft, mit 160 km asphaltierten Straßen und Schotterpisten, die von der Stadt Kodiak in die Wildnis führen, wo 3500 Kodiakbären auf der Suche nach Lachsen sind.

Kodiak Island ist eine einzige große Wildnis, aber die gut ausgebaute Pasagshak Bay Road – ein Ableger des Chiniak Highways, beginnend am Olds River Inn – bringt Sie zur Bucht, deren Namen die Straße trägt. Es ist ein beliebter Ort zum Grillen und zur Walbeobachtung. Im November und Dezember kann man von Damm am Lake Rose Tead Weißkopfseeadler zu Hunderten nach Lachs jagen sehen. Der Pacific Spaceport Complex – Alaska (PSCA), ein Areal für Raketentests der Alaska Aerospace Corporation folgt als nächstes auf der Route und am Ende kommt man zum Fossil Beach, welcher nur über eine unausgebaute Straße und mit Allradantrieb zu erreichen ist. Hier findet man echte prähistorische Relikte in den Felsen der Steilküste.

Dies ist nur ein Bruchteil des Terrains durch das die Pasagshak Bay Road führt. Ich wette, Sie erkundigen sich bereits nach Preisen für die Fähre. **BDS**

➔ Pasagshak Bay und das Dorf Pasagshak.

Haines Highway
USA/Kanada

Start Haines, Alaska, USA
Ziel Haines Junction, Yukon, Kanada
Länge 238 km
Art Landschaft
Karte goo.gl/ZzK5PO

Der Ausflug, der vor Ihnen liegt, erscheint einfach, wenn Sie Haines erreichen. Man befindet sich auf Meereshöhe, es gibt einen Flughafen und einen Kreuzfahrthafen. In der Hauptstraße findet man Geschäfte und Restaurants und es gibt Museen aller Art. Im Sommer kann es warm und sonnig werden. Es bleibt zunächst flach, wenn Sie die Stadt auf dem Haines Highway entlang des Chilkat River verlassen und an einem Schutzgebiet für Seeadler vorbeikommen. Etwas später können Sie in einem Dorf von Tlingitindianern eine geführte Tour machen.

Sobald Sie nach Kanada kommen, geht es jedoch bergauf. Die Aussicht ist beeindruckend, wenn Sie die Straße zum Haines Summit (1070 m) erklimmen. Sie passieren Wasserfälle, Seen und viele anspruchsvolle Wanderwege. Sie werden aber auch immer wieder Warnungen vor Grizzlybären sehen.

Die zweispurige Straße ist ganzjährig befahrbar, aber Sie sollten das Wetter im Auge behalten. Im Winter kann es hier sehr kritisch werden. Außerdem gibt es keine Zwischenstoppmöglichkeit. Bevorraten Sie sich ausreichend mit Benzin, Essen und Trinken.

Am Ende geht es wieder hinab und die Straße trifft bei Haines Junction, einem entlegenen Ort mit gerade mal 240 Einwohnern, auf den Alaska Highway. Hier können die Temperaturen im Winter bis auf -48 °C fallen. Es gibt nicht viel zu tun, aber Sie können Vorräte kaufen und übernachten. **SH**

Golden Circle
Kanada/USA

❶ Bennett am Bennett Lake, einem der unzähligen Seen in Yukon.

Start Whitehorse, Yukon, Kanada
Ziel Whitehorse, Yukon, Kanada
Länge 601 km
Art Abenteuer
Info goo.gl/V2yMbX

Man bekommt einen Eindruck der Leere Yukons in Kanada, wenn man weiß, daß Whitehorse, die einzige Stadt in diesem Territorium, weniger als 30 000 Einwohner hat. Und Yukon ist größer als Kalifornien, der größte US-Bundesstaat. Die Route windet sich durch wundersame Landschaften mit Bergen, dem Ozean, Regenwäldern und sogar Sanddünen.

Verläßt man Whitehorse nach Westen, folgt die Route in Teilen dem Alaska Highway, jener bedeutenden, 2232 km langen Straße, die 1942 gebaut wurde, um Alaska mit den 48 kontinentalen Staaten der USA zu verbinden. Wenn man den ersten Halt in Haines Juction macht, hat man Berge auf der linken wie auf der rechten Seite und geradeaus sieht man das Kluane-Gebirge mit dem Mount Logan, Kanadas höchstem Berg mit 5959 m Höhe.

Biegen Sie in Haines Junction nach Süden ab und folgen Sie dem spektakulären Haines Highway vorbei an Seen und Fischerdörfern, noch immer umringt von majestätischen Bergen. Man erreicht die Stadt Haines, Alaska, zwischen dem Chilkoot und dem Chilkat Inlet des Pazifischen Ozeans. Die Route dreht wieder nach Norden in Richtung Whitehorse. Man fährt zwischen schneebedeckten Bergen und noch mehr Seen. In Carcross findet man die Sanddünen, die als kleinste Wüste der Welt bezeichnet werden. Dies ist nur ein bemerkenswertes Erlebnis auf einer bemerkenswerten Reise. **MG**

Pacific Marine Circle Route
British Columbia, Kanada

Start Victoria
Ziel Victoria
Länge 255 km
Art Landschaft
Info goo.gl/MTYMfF

Diese Reise kann zwischen einem und vier Tage dauern, je nachdem, wie viel Zeit man zur Verfügung hat. Ein Teil der Strecke liegt auf Nebenstraßen, so daß ein geländegängiges Allradfahrzeug empfohlen wird. Die Route beginnt und endet am Südende der Insel in Victoria und beinhaltet einige der atemberaubendsten Küstenlandschaften, die Vancouver Island zu bieten hat.

Folgen Sie der Straße erst nach Norden auf dem Trans-Canada Highway (Highway 1) und dann westwärts auf dem Highway 41 nach Sooke, einer malerischen Küstenstadt. Fahren Sie weiter die Westküste entlang nach Port Renfrew, von wo aus Sie wandern, fischen oder Wale beobachten können. Von dort aus geht es nordöstlich in Richtung Lake Cowichan, wo der Fahrspaß beginnt. Hier befährt man Nebenstraßen, die erst kürzlich asphaltiert wurden. Aber es ist jede Bodenwelle wert, denn der Blick über den großen Süßwassersee mit seinen bewaldeten Hängen offenbart die Schönheit der freien Natur.

Der nächste Abschnitt führt ostwärts nach Duncan, Kanadas kleinster Stadt, die für ihre 80 Totempfähle berühmt ist. Auf dem Weg nach Süden, macht man am besten Halt an einem der Weingüter zwischen Cobble Hill und Mill Bay. British Columbia ist bekannt für seine Eisweine, die in Desserts beliebt sind. Von hier aus vollendet man den Kreis und kehrt über Malahat zurück nach Victoria. **CK**

❶ Diese Dammstraße am Stadtrand von Victoria markiert den Start und das Ziel dieser Reise.

Sea-to-Sky Highway Route British Columbia, Kanada

Start Vancouver Ziel Whistler Länge 163 km
Art Landschaft Info goo.gl/3DkscU

Der Sea-to-Sky Highway ist ein passender Spitzname für Kanadas Highway 99, der ein Panorama von Meer, Flüssen und Seen bietet, während er sich an Steilküsten, Gletschern, schneebedeckten Bergen und Wasserfällen vorbei in die Höhe windet. Fährt man nach Norden, auf der Lions Gate Bridge über den Vancouver Harbour, sieht man die Gipfel der Lions Mountains in der Ferne, die einen Vorgeschmack auf die Reise geben.

Ein kurzer Umweg Richtung Westen nach Horseshoe Bay führt zu einem guten Ort für eine Rast, bevor man die Fahrt fortsetzt. Halten Sie Ausschau nach den Shannon Falls mit einer Steilküste, die 335 m hoch über den Highway ragt. Hier lohnt es sich, auszusteigen und den leichten Pfad zum Aussichtspunkt des Stawamus Chief Granitmonolithen zu gehen. Die bequeme Variante ist eine Fahrt mit der Sea-to-Sky Gondelbahn, die einen spektakulären Blick über den Howe Sound Fjord bietet.

Von hier aus sind es 58 km nordwärts nach Whistler, der wohl beeindruckendste Teil der Fahrt. Hier entdeckt man das Skigebiet Garibaldi Provincial Park mit den sehenswerten Alexander Falls. Im Winter kann man Weißkopfseeadler beobachten, da diese zwischen November und Februar Lachse im Squamish River jagen. **CK**

❶ Ein typischer Abschnitt auf dem Highway 99.

Chilcotin–Bella Coola Highway British Columbia, Kanada

Start Bella Coola   Ziel Williams Lake   Länge 454 km
Art Abenteuer   Karte goo.gl/gBECN4

Auf dem Schild steht: "Steiles Gefälle voraus, sind die Bremsen eingestellt?" – und man sollte den Hinweis ernst nehmen. Der Chilcotin–Bella Coola Highway, auch The Freedom Road genannt, verbindet die Gemeinden Bella Coola und Williams Lake über das einsame Chilcotin Plateau und die Coast Mountains. Steigungen und Gefälle bis zu 18 Prozent und 11 km Serpentinen sind zu bewältigen. Die spärlich besiedelte Strecke führt über Steilküsten und teilt die felsigen Canyons des Fraser River. Zugabe: Grizzlys und Schwarzbären im Wald und Adler in der Luft.

Der Bau begann 1953 und dauert bis heute an. Brücken wurden verbreitert und die meisten Schotterstraßen sind inzwischen asphaltiert. Bis auf den letzten nervenaufreibenden Abstieg: 1830 m bergab aus den Coast Mountains nach Bella Coola, noch immer eine Schotterpiste wie damals, als sie aus dem Berg gesprengt wurde. Schlichtweg The Hill genannt, ist dies der Rest des Highways, der noch nicht befestigt ist, inklusive eines angsteinflößenden Abschnitts durch den Tweedsmuir Provincial Park, einspurig und ohne Leitplanken, ein wahrer Höllenritt. Leute, die von Osten her diese Strecke fahren, schwören sich: Nie wieder zurück! Es ist so schlimm, daß der örtliche Tourismus darunter leidet. Klingt herausfordernd, oder etwa nicht? **BDS**

❶ Der Highway durch das Bella Coola Valley.

Yoho Valley Road
British Columbia, Kanada

Start Field
Ziel Whiskey Jack Hostel
Länge 16,8 km
Art Abenteuer
Karte goo.gl/UqNJFi

Der Bau der Yoho Valley Road begann 1904 und dauerte fünf Jahre. Der zunehmende Touristenverkehr führte zu der Entdeckung der Burgess Shale Formation, einer der bekanntesten Fossillagerstätten der Welt. Und das ist nicht das einzige Highlight. Der Highway weist auch noch zwei teuflisch anspruchsvolle Serpentinenabschnitte auf.

Serpentinen sind nötig und sorgen für Fahrspaß im Gebirge. Die zwei Abschnitte zwischen Kilometer 6,1 und 6,5 auf der Yoho Valley Road allerdings haben die steilsten Haarnadelkurven, die Ihnen je begegnen werden – harmlos für normale Autos, aber in einem Wohnmobil werden die Nerven einer echten Zerreißprobe unterzogen.

Die Straße führt am beeindruckenden Yoho Valley entlang, an der Westseite des Continental Divide. Man passiert während der Fahrt Gletscher, Granitgipfel und hohe Wasserfälle. Die Strecke ist von Ende Juni bis Mitte Oktober geöffnet und bietet Zufahrt zum Kicking Horse Campground sowie den meisten großartigen Naturerlebnissen des Valleys, einschließlich der Kreuzung der Flüsse Yoho und Kicking Horse. Am Reiseziel liegt das sehr ruhige Whiskey Jack Hostel, im Sommer Startpunkt der meisten Wanderungen und auch Klettertouren im Eis sowie für den immer beliebten Aufstieg zu den 383 m hohen Takakkaw Falls, Kanadas zweithöchstem Wasserfall. **BDS**

Gray Creek Pass
British Columbia, Kanada

Start Crawford Bay
Ziel Kimberley
Länge 129 km
Art Abenteuer
Karte goo.gl/bgFN74

Hier gibt es den steilsten Anstieg auf dem gesamten Trans Canada Trail: eine 16prozentige Steigung auf einer in den 1950er Jahren erbauten saisonalen Schotterstraße, die einer stillgelegten Stromtrasse folgt. Lange als Abkürzung zwischen Ost- und West-Kootenay gehandelt, erreichte der Weg nie sein volles Potential, weil Budgetstreichungen eine Asphaltierung immer verhinderten. Die Straße über den Gray Creek Pass wurde später jedoch teilweise ausgebaut, trotz des Nebenstraßenstatus, und im Juli 1990 eröffnet.

Auf nur 16 km von Kootenay Lake bis hoch zum felsigen und steilen Paß steigt die Straße um 1524 m an. Wettervorhersagen kann man bei der historischen Gray Creek Cabin am Kootenay Lake einholen. Sie wurde 1913 erbaut, um Holzfäller und Goldschürfer zu versorgen, und öffnet jedes Jahr am 1. Juli, jedoch erst, nachdem der Schnee geräumt wurde, und bleibt bis Ende Oktober geöffnet. An einem typischen Sommerwochenende nehmen mehr als 200 Fahrzeuge diese aufregende Herausforderung in Angriff. Am besten genießt man kurz vor dem Gipfel einen Snack sowie die herrliche Aussicht über den Oliver Lake, bevor die lange Bergabpassage um den St. Mary Lake nach Kimberley beginnt. Dies alles erfolgt auf dem Weg, der in Reiseführern „British Columbias wichtigste Nebenstraße" genannt wird. **BDS**

Coquihalla/Highway Thru Hell
British Columbia, Kanada

Start Kelowna
Ziel Vancouver
Länge 406 km
Art Kultur
Karte goo.gl/JqOGeF

Willkommen auf dem Coquihalla Highway in British Columbia, auch bekannt als Highway Thru Hell aus der gleichnamigen kanadischen Reality-TV-Serie. Im tiefen Winter zeigt sich diese Straße von ihrer härtesten Seite: motorquälende Anstiege, Gefälle, die die Bremsen zum Glühen bringen, Blizzards und bedrohliche Abhänge zu beiden Seiten.

Der Coquihalla Highway ist Teil des 524 km langen Highway 5A, der zwischen Vancouver und Edmonton in Alberta verläuft. Der Großteil ist gut asphaltiert und es stehen vier bis sechs Spuren zur Verfügung. Der Nervenkitzel kommt jedoch nahe des Coquihalla Summit. Auf diesem 200 km langen Teilstück ereignen sich jedes Jahr Hunderte von Unfällen. Der Gebirgspaß liegt auf 1200 m und im Winter wird das Wetter wirklich ungemütlich: Schneestürme und Nebel sorgen für Sichtweite null, die Straße wird extrem rutschig durch Eis und Schneematsch und die Temperatur kann auf unter -30 °C fallen.

Fahrer sollten für diese Tour gut vorbereitet sein, genug Kraftstoff tanken und warme Kleidung mitnehmen, falls man steckenbleiben sollte. Einwandfrei funktionierende Bremsen und angemessene Bereifung sind ebenfalls enorm wichtig. Im Winter ist die Fahrt auf dem „Coq", der gemeinhin als „eine der schlimmsten Straßen Nordamerikas" bezeichnet wird, ein echter Höllentrip. JI

❶ Yak Peak und Zopkios Ridge, gesehen vom Highway 5A, dem Coquihalla Highway in British Columbia.

Revelstoke und Lake Louise Von British Columbia nach Alberta

Start Revelstoke, British Columbia   **Ziel** Lake Louise, Alberta   **Länge** 227 km
Art Landschaft   **Karte** goo.gl/OUNE4n

Dieser auf einem kurzen Abschnitt des Trans-Canada Highways gelegene, spektakuläre Trip durch die Rockies bietet Wälder, Berge, Gletscher und Seen. Man kann Elche, Rentiere und nahe des Lake Louise sogar Grizzlys entdecken. In den Wintermonaten können Teile der Strecke stundenlang wegen Schneefalls oder Lawinen gesperrt sein. Die Straße fordert auch einiges an Fahrkunst, da der Highway zunehmend schmaler wird und steile Abhänge aufweist. Jedoch wird man mit einer phantastischen Aussicht belohnt.

Von Revelstoke aus geht es weiter über den Rogers Pass und dann kurz in den Rocky Mountain Trench. Das Teilstück zwischen Donald und Golden führt durch ein Flutungsgebiet, bevor die Straße am Kikking Horse River, gesäumt von Nadelwäldern, wieder ansteigt. Dann folgt die Route dem Bow River zum Lake Louise, einem auffallend blaßgrünen See mitten im Banff National Park.

Obwohl dieser Trip in wenigen Stunden zu schaffen ist, sollten Sie bei gutem Wetter mehr Zeit einplanen. Man fühlt sich klein inmitten der schieren Größe der Rockies. Und das Farbspektakel, das das Sonnenlicht auf die Berge zaubert, verschlägt einem die Sprache. **CK**

❶ Revelstoke Lake ist ein Stausee im Columbia River.

Trans-Canada Highway Von British Columbia nach Neufundland

Start Victoria, British Columbia **Ziel** St John's, Newfoundland **Länge** 8030 km
Art Abenteuer **Info** goo.gl/KAzNvD

1942 war es endlich möglich, Kanada entlang einer Kette von kleineren Straßen von Ozean zu Ozean zu durchqueren. Trotzdem dauerte es weitere vier Jahre, bevor es zwei Autofahrern, Kenneth MacGillivray und Alex Macfarlane, zum ersten Mal gelang. Erst 1971 wurde dann der Trans-Canada Highway (TCH) komplettiert. Neben seiner überwältigenden Länge gab es noch zahlreiche andere Hindernisse: die Sümpfe im Norden Ontarios, die Berge British Columbias und auf die Prinz-Edward-Inseln mußte das Straßenmaterial von New Brunswick aus über die Northumberland Strait verschifft werden.

Heute gibt es Alternativen zur Route 1 des TCH, hauptsächlich entlang der Route 16 (Yellowhead Highway). Abenteurer werden zweifellos von sehenswerten Umwegen angelockt werden. Auf der Webseite des TCH gibt es einen praktischen Routenplaner.

Die Nationalparks Lake Louise, Fundy und Gross Morne, die von Eiszeiten glatt gehobelten Terrains Saskatchewans, dazu über 3500 weitere Sehenswürdigkeiten befinden sich entlang der Strecke. Man sollte diese Reise also in einem Sabbatjahr oder im Ruhestand absolvieren – auf diesem Roadtrip können Wochen schnell zu Monaten werden und kurze Zwischenstopps zu langen Urlauben. **BDS**

❶ Der Trans-Canada Highway über den Rogers Pass.

Waterfall Highway
Northwest Territories, Kanada

Start Twin Falls Gorge Territorial Park
Ziel Fort Simpson
Länge 836 km
Art Landschaft
Karte goo.gl/mXI8vQ

Eine lange, aber wenig herausfordernde Fahrt auf guten Straßen entlang des Mackenzie River bietet eine ganze Reihe von Nordamerikas größten Naturwundern. Gleich zu Beginn kann man die spektakulären Wasserfälle Alexandra und Louise Falls, die etwa zwei Kilometer voneinander entfernt liegen, bewundern.

Zwei Stunden weiter westlich befindet sich der Lady Evelyn Falls Territorial Park, der über gut gekennzeichnete Wanderwege am Ufer des Trout River verfügt. Der nächste Stopp liegt am Redknife River, in dem Besucher Hechte und Lachse angeln können. Der Sambaa Deh Falls Territorial Park ist ein beliebter Park und Campingplatz an der Kreuzung von Highway 1 und dem Trout River. Hier findet man die Sambaa Deh und die Coral Falls, deren Wasser prähistorische Fossilien aus der Arktis transportieren.

Die Reise endet in Fort Simpson, am Zusammenfluß von Mackenzie und Liard River. Dies war ursprünglich ein Handelsposten der Hudson's Bay Company, erst seit 1971 ist die Siedlung per Auto erreichbar. Von hier aus kann man im Sommer Touren zum Nahanni National Park Reserve unternehmen. Dort befinden sich die Virginia Falls, die doppelt so hoch wie die Niagarafälle sind, jedoch aufgrund der Abgelegenheit im Vergleich nur ein Hundertstel an Besuchern aufzubieten haben. **JP**

Tibbitt Winter Ice Road
Nunavut/NWT, Kanada

Start Jericho Diamond Project, Contwoyto, Nunavut
Ziel Tibbitt Lake, Northwest Territories
Länge 595 km
Art Abenteuer
Info goo.gl/qlFVgp

Seit 1982 wird in jedem Jahr eine Eisstraße errichtet, damit die Minen und Expeditionen in Kanadas Northwest Territories und Nunavut erreichbar bleiben. Es dauert etwa sechs Wochen, bis die Straße fertiggestellt ist, und sie ist von Ende Januar an für durchschnittlich 67 Tage in Betrieb. Die Länge variiert zwischen 400 km und 600 km, abhängig von den Bedingungen. Somit ist sie die längste Schwertransporteisstraße der Welt. 85 Prozent der Strecke liegen auf gefrorenen Seen, der Rest führt über 64 Landbrücken.

Die Straße ist breit genug, daß Lkw einander problemlos passieren können, und wird ständig vom Schnee befreit, damit die Eisschicht dicker werden kann. Nach Fertigstellung werden Löcher gebohrt, um die Dicke des Eises zu prüfen. Sollte es zu dünn sein, werden mit Wasser aus Lkw weitere Schichten Eis gebildet. Es gibt ein Tempolimit von 60 km/h, und Lastwagen sind aus Sicherheitsgründen immer in Konvois mit bis zu vier Fahrzeugen unterwegs.

Dies ist keine Tour für schwache Nerven, auch wenn die Strecke einen hohen Sicherheitsstandard aufweist. Sollten Sie sich nun herausgefordert fühlen, nehmen Sie ein VHF-Funkgerät mit, so können Sie unterwegs Informationen über den Streckenzustand einholen. **SA**

➲ Die längste Eisstraße für Schwertransporte der Welt.

Icefields Parkway
Alberta, Kanada

❶ Die Athabasca Falls sind eines der Naturwunder direkt am Icefields Parkway.

Start Banff
Ziel Jasper
Länge 232 km
Art Landschaft
Info goo.gl/fPqMtO

Der Icefields Parkway ist eine spektakuläre Route im Kanadischen Rocky Moutains Park – einem UNESCO-Weltnaturerbe – und führt durch eine imposante Landschaft mit Wasserfällen, türkisblauen Seen, dichten Kiefernwäldern und 200 km² Gletscher und Eisfelder.

Man braucht eine Genehmigung (erhältlich in Banff), um den Icefields Parkway (Highway 93) zu befahren. Es gilt ein Tempolimit von 90 km/h. Man verpaßt allerdings viel zu viele Details in der Umgebung, wenn man auch nur ansatzweise zu schnell fährt. Viele aufmerksame Autofahrer sollen schon Grizzlys, Elche und Rentiere am Straßenrand des Parkway entdeckt haben.

Nach 34 km lohnt es sich, eine Rast zu machen und die Aussicht auf den überwältigenden Crowfoot Glacier zu genießen. Im Westen kann man die Bow Glacier Falls bewundern, die sich fast 120 m von einem Tal über dem See in die Tiefe stürzen. Für Ausflügler, die sich zwischendurch die Beine vertreten wollen (oder eine extreme Abkühlung suchen), ist ein kurzer Wanderweg zum unteren Ende des Wasserfalls ausgeschildert.

Dieser Roadtrip gehört zweifellos zu den landschaftlich schönsten der Welt, und es gibt nicht viele Touren, die wie diese einfache Zugänglichkeit per Auto sowie ein atemberaubendes Panorama miteinander vereinen. **DIS**

Lake Minnewanka Scenic Drive
Alberta, Kanada

Start Kreuzung Banff Avenue und Highway 1
Ziel Kreuzung Banff Avenue und Highway 1
Länge 24 km
Art Landschaft
Info goo.gl/rAIvrO

Lake Minnewanka – der Name bedeutet in der Sprache der Nakoda (auch Stoney Nation) „Wasser der Geister" – ist eine Gletscherformation im Banff National Park, etwa 5 km nordöstlich von Banff. Mit 21 km Länge und 142 m Tiefe ist er einer der längsten und der tiefste See in den Rocky Mountains.

Was man zu sehen bekommt, ist allerdings nicht das, was Mutter Natur sich ursprünglich ausgedacht hat. 1912 und 1942 wurden Dämme für Wasserkraftwerke errichtet, was den Wasserspiegel um fast 30 m steigen ließ. Dadurch wurde das Dorf Minnewanka Landing überflutet; heute ist es ein beliebtes Ausflugsziel für Taucher.

Um den See zu erreichen, startet man an der Kreuzung Banff Avenue und Highway 1 (Trans-Canada Highway). Ab dort wird die Straße Lake Minnewanka Scenic Drive genannt. Wenn man nach Osten fährt, führt eine Zubringerstraße zum kleinen Johnson Lake. Bleibt man jedoch auf der Hauptstraße, passiert man den malerischen Two Jack Lake, bevor man den westlichen Damm am Lake Minnewanka erreicht. Am besten läßt sich dieser schöne See mit dem Boot erkunden. Von hier aus geht es wieder zurück in Richtung Westen, wobei die Straße zwischen November und April oftmals wegen Schneefällen gesperrt ist. Die Fahrt lohnt sich allein schon wegen der verlassenen Kohlebergbaustadt Bankhead. **SA**

❶ Gewitterwolken hängen bedrohlich über der Straße entlang der Küste des Lake Minnewanka.

Alberta Highway 40 – Kananaskis Trail Segment
Alberta, Kanada

❶ Das spektakuläre Kananaskis Valley liegt in den vorderen Gebieten der Rocky Mountains.

Start Highway 541
Ziel Trans-Canada Highway
Länge 105 km
Art Abenteuer
Info goo.gl/kP1pnk

Albertas Highway 40 verläuft über Hunderte von Kilometern im Westen der Provinz, dicht an der Grenze zu British Columbia. Eine schöne, aber auch leicht verwirrende Strecke. Die vier Hauptsegmente sind nicht miteinander verbunden und verbergen sich hinter verschiedenen Namen und Nummern. Das zweite Segment, der Kananaskis Trail, ist eine eigenständige Route, und es ist eine Freude, sie zu erkunden.

Der vorgeschlagene Streckenabschnitt beginnt auf dem Highway 541 und führt nach Norden über den Highwood Pass, den höchsten asphaltierten Paß Kanadas, zugleich einer der spektakulärsten. Allerdings ist er zum Schutz der Tierwelt von Dezember bis Juni gesperrt. Danach führt die Strecke durch den Peter Lougheed Provincial Park, benannt nach dem Premierminister Albertas in den Jahren 1971 bis 1982, und weiter zum Spray Valley Provincial Park.

In beiden Parks kann gecampt und die Vielfalt der ansässigen Tiere wie Grizzlys, Schwarzbären, Luchse und Bergziegen beobachtet werden. Treffend ‚Alberta's Mountain Playground' bezeichnet, gibt es reichlich Aktivitäten, die man auf dieser Strecke bestreiten kann. Mountainbiking, Rafting und Wadern sind nur einige davon. Dieser Roadtrip endet an der Kreuzung zum Highway 1 (Trans-Canada Highway), einem der längsten Highways der Welt. **SA**

Riverhurst Ice Crossing
Saskatchewan, Kanada

Start Riverhurst
Ziel Lucky Lake
Länge 2,1 km
Art Abenteuer
Karte goo.gl/if8EQv

Im Jahr 1967 wurden die Staudämme Gardiner und Qu'Appelle im Süden der Provinz Saskatchewan geschlossen. Dadurch entstand hinter ihnen der riesige Lake Diefenbaker. Dieser somit neu entstandene See ist 225 km lang und bis zu 66 m tief und trennte einige bisherige Verkehrsverbindungen. Deshalb richtete man eine Kabelfähre zwischen Riverhurst am Ostufer und Lucky Lake im Westen ein.

Aufgrund der mitunter berühmt-berüchtigten harten Winter in Saskatchewan wird der Fährbetrieb in den kalten Monaten vorübergehend eingestellt. In dieser Zeit errichtet das Verkehrsministerium ersatzweise eine Eisstraße.

Die meisten Eisstraßen Kanadas (und auch anderer Länder) liegen wesentlich weiter nördlich; diese ist also erheblich leichter zugänglich. Ohne die üblichen Straßenmarkierungen ist ein gewisses Maß an Vernunft angebracht, damit man bei der Fahrt über das Eis nicht von der Straße abkommt. Es gilt ein Tempolimit von 50 km/h und ein Maximalgewicht von 4536 kg. Die andere – wenig überraschende – Einschränkung ist, daß man die Straße erst nach Freigabe der örtlichen Behörden befahren darf. Wer daher einen Ausflug hierhin in Betracht zieht, sollte erst bei der örtlichen Highway Hotline nachfragen, ob die Strecke geöffnet ist. **SA**

Prairies Historical Tour
Saskatchewan, Kanada

Start Regina
Ziel Regina
Länge 925 km
Art Kultur
Karte goo.gl/dqauAL

Einige Kanadier halten nicht viel von der Provinz Saskatchewan, was recht unfair scheint, ist es doch die Kornkammer der Nation. Während sich der Süden der Provinz für Roadtrips wirklich anbietet, liegt der Norden größtenteils unter Wasser, so viele Seen gibt es dort.

Ein guter Start- und Zielpunkt, um die Prärien zu erkunden, ist die Provinzhauptstadt Regina, Heimat des Royal Canadian Mounted Police Heritage Centre. Von dort geht es auf dem Trans-Canada Highway in Richtung Westen nach Moose Jaw, während der US-Prohibition ein Paradies für schwarz gebrannten Alkohol. Dann fährt man auf dem Highway 2 nach Norden, durch den Buffalo Pound Provincial Park. Hier kann man heute noch Büffel umherziehen sehen. Weiter geht es nach Craven und zum Last Mountain House Provincial Historic Park, einem ehemaligen Handelsposten, wo man das Leben eines Pelzhändlers im 19. Jahrhundert nachspielen kann. Highway 1 führt dann zum Western Development Museum in Yorkton, das über das Leben der Siedler informiert. Von dort fährt man über die Highways 47 und 247 nach Süden, am Qu'Appelle entlang und via Highway 9 nach Whitewood. Hier findet man bei Old George's Authentic Collectables außergewöhnliche Antiquitäten. Am Ende geht es auf den Highways 13, 35 und 33 wieder westwärts zurück nach Regina. **SA**

Parks Route
Manitoba, Kanada

❶ Der International Peace Garden überspannt die Grenze zwischen Kanada und den Vereinigten Staaten.

Start Brandon
Ziel Brandon
Länge 869 km
Art Landschaft
Info goo.gl/BUZdtZ

Diese Tour ist ideal zur Streßbewältigung. Entspannen Sie sich und lassen Sie die Schönheit dieser landwirtschaftlich geprägten Region mit ihren hügeligen Prärien und attraktiven Parks auf sich wirken. Es gibt viel zu sehen und zu erleben – viele Museen handeln vom Landleben und der Geschichte der frühen Siedler. Aber darum geht es auf diesem Trip nicht. Es geht ums Entschleunigen. Endlose Weiten, spärliche Besiedlung und ein überwältigender Himmel erwarten Sie.

Starten Sie im lebhaften Brandon nach Süden. In Souris machen Sie einen kurzen Halt, um Kanadas längste Fußgängerseilbrücke zu erleben. Dann geht es weiter zum wunderschönen Turtle Mountain Provincial Park mit seinen über 200 Seen und der Chance, den Ruf der Haubentaucher zu hören. In der Nähe liegt Kanadas International Peace Garden, in dem jedes Frühjahr 150 000 Blumen den Park in eine Farbexplosion verwandeln. Morden ist ein guter Platz zum Übernachten. Das Canadian Fossil Discovery Centre und das Pembina Threshermen's Museum sind unbedingt einen Besuch wert. Im Spruce Woods Provincial Park gibt es Wildblumen im Assiniboine Flußdelta zu bewundern.

Das Highlight des Trips ist der Riding Mountain National Park mit seinen zauberhaften Seen und Bergen, Wanderwegen und Wildtieren. Wasagaming am Südtor ist ein guter Ort zum Verweilen. **DK**

Wapusk Trail Von Manitoba nach Ontario, Kanada

Start Gillam, Manitoba
Ziel Peawanuk, Ontario
Länge 752 km
Art Abenteuer
Info goo.gl/Pd2XyV

Die Route beginnt in Gillam, Manitoba, einem der weltweit nördlichsten Orte, die das ganze Jahr über mit dem Auto erreichbar sind. Von hier aus geht es parallel zur Küste der Hudson Bay weiter in Richtung Südosten.

Der Roadtrip ist nur in den Monaten Januar bis März durchführbar, denn es handelt sich um eine Eisstraße, die längste ihrer Art. Den Rest des Jahres besteht das Terrain aus einer Art Moor, das weder Land noch Wasser ist und als unpassierbar für jede Art von Landfahrzeug gilt. Darunter liegen Permafrostboden sowie einige der reichhaltigsten Lagerstätten von Torf.

Entlang der Route existiert eine vielfältige Tierwelt mit unter anderem Polarfüchsen, Rentieren und Polarbären – *wapusk* ist das Wort der Cree-Indianer für den großen, weißen, pelzigen Fleischfresser *Ursus maritimus* (Polarbär).

Zu Beginn eines Jahres sieht man sie in der Ferne der Tundra umherstreifen. Aber wirklich sicher ist es auf der Straße auch nicht, deshalb ist es besser, einen Guide dabeizuhaben, wenn man sich in dieses Abenteuer stürzt. Peawanuk – Cree für Feuerstein – wurde errichtet, nachdem der Ort Winisk 1986 von einer Flut fortgespült wurde. Von dort aus führt eine weitere Eisstraße nach Fort Severn, Ontario. Dieser Ort ist während neun Monaten nur aus der Luft erreichbar. **JP**

Highway 60 Corridor Ontario, Kanada

Start Algonquin Park–West Gate
Ziel Algonquin Park–West Gate
Länge 55,7 km
Art Landschaft
Info goo.gl/ZkkTlw

Der älteste Provinzpark Kanadas, der Algonquin erstreckt sich über etwa 7653 km². Seine Nähe zu Toronto und Ottawa macht ihn zu einem beliebten Ziel sowohl für Stadtbewohner als auch für Touristen. Der Park bildet die geographische Grenze zwischen Nord- und Südontario, zwischen den nördlichen Nadel- und den südlichen Laubwäldern. Seine Vielfalt an Baumarten bietet einer Reihe verschiedener Pflanzen und Tieren einen idealen Lebensraum und macht den Park zu einem Naturforschungszentrum.

Der Highway 60 führt durch den Süden des Parks und ist der beste Weg, dessen wundervolle Natur zu entdecken und zu genießen. Die Straße führt an vielen Seen vorbei und zu den zahlreichen Wanderwegen sowie zum Algonquin Logging Museum. Es ist der einzige Park Ontarios, in dem das industrielle Abholzen vom Bäumen erlaubt ist.

Ein besonderer Spaß findet im August und September statt, wenn Sie mit dem Parkpersonal auf eine „Wolfsgeheul"-Expedition gehen können. Hierbei nehmen Sie Kontakt zu den Wolfsrudeln auf, indem Sie deren Geheul imitieren. Achten Sie auf Elche und Rehe, die die Straße überqueren. Der Zugang zum Park ist kostenlos, es wird jedoch eine Besuchererlaubnis für die Wanderwege, Zeltplätze und Besucherzentren benötigt – die Freude ist jedoch weitaus höher als die Kosten. **SA**

Thousand Islands Parkway Ontario, Kanada

Start Gananoque **Ziel** Butternet Bay **Länge** 39 km
Art Landschaft **Info** goo.gl/p8rZsa

Die sogenannten Thousand Islands sind, um genau zu sein, 1864 Inseln, die im Sankt-Lorenz-Strom liegen, nachdem dieser aus der Nordostecke des Ontariosees fließt. Die Inseln verteilen sich stromabwärts über etwa 80 km und liegen zwischen der kanadischen Provinz Ontario und dem US-Bundesstaat New York. Einige der Inseln sind mehr als 100 km² groß, andere hingegen nur von einem Haus besiedelt, wieder andere sind nur kleine unbewohnte Felsen.

Man kann die Inseln am besten von der Allee aus betrachten, die am Nordufer des Flusses entlangführt. Am Ausgangspunkt dieses Trips, am Rande von Gananoque, teilt sich die Straße vom Highway 401 ab und führt nach Nordosten über den Rand des Kanadischen Schilds, dem riesigen, U-förmigen Kern des nordöstlichen amerikanischen Kontinents, der aus präkrambischem Gestein besteht. Etwa auf der Hälfte der Strecke kreuzt der Parkway den Highway 137 und die kanadische Zufahrt zur Thousand Islands Bridge, die über den Fluß in Richtung US-Bundesstaat New York führt. Fahren Sie weiter durch Rockport, seit dem späten 18. Jahrhundert ein Hafen, aber mittlerweile das Kreuzfahrtzentrum der Thousand Islands. Bei Butternut Bay geht es zurück auf den Highway 401 in Richtung Osten. **SA**

❶ Einige der Thousand Islands.

St. Lawrence River Scenic Route Québec, Kanada

Start Baie-Saint-Paul   **Ziel** La Malbaie   **Länge** 47 km
Art Landschaft   **Karte** goo.gl/m8an5T

Der gute Straßenbelag bietet nur wenig Herausforderungen, aber die Route 362 durch die vorwiegend frankophone Provinz Québec ist schon wegen ihrer Landschaft äußerst sehenswert. Sie folgt dem Sankt-Lorenz-Strom an dessen Nordseite und der Fluß ist entlang der Strecke fast immer in Sicht.

Baie-Saint-Paul liegt malerisch an der Mündung des Gouffre River. Hier wurde 1984 der Cirque du Soleil gegründet. Die Gruppe aus Akrobaten und Trapezkünstlern hat sich zur größten Theaterproduktionsfirma der Welt entwickelt.

Zwei Orte entlang der Strecke sind einen Besuch wert. Aus dem Zentrum des ersten, Les Éboulements, führt eine steile Straße in Richtung Fluß hinab. Hier wurde 2016 der Weltrekord im Straßenrodeln aufgestellt: 164,00 km/h. Auch Saint-Irénée ist sehr schön, beide Orte haben viele Geschäfte, Bars und Strände zu bieten.

La Malbaie liegt am Ufer in einem natürlichen Amphitheater zwischen den Landzungen Saint Fidèle und Pointe-au-Pic. Aus dem ehemaligen Fischerort wurde ein Ferienzentrum für US-Amerikaner, weil es schnell aus den USA zu erreichen ist und die Kneipen während der Prohibition (1920–1933) geöffnet blieben. Ein weiterer netter Trip entlang des Québec-Windsor-Korridors ist die Navigators' Route. **JP**

❶ Blick nach Osten vom Nordufer des Lorenz-Stroms.

Trois-Rivières Rennstrecke
Québec, Kanada

Start Avenue Gilles-Villeneuve
Ziel Avenue Gilles-Villeneuve
Länge 2,4 km
Art Kultur
Info goo.gl/j6zPaV

❶ Fahrer der Formula Tour 1600 bieten ihren Fans regelmäßig eine actionreiche Show.

Auf einem Straßenrennkurs in Trois-Rivières, etwa in der Mitte zwischen Montreal und Québec City, kann man sich in den Reifenspuren legendärer Motorsporthelden bewegen.

Die Strecke wurde in den 1960er Jahren von Motorsportenthusiasten gebaut, die das nachbilden wollten, was sie in Monaco, dem Rennsportmekka, gesehen hatten. Das erste Rennen fand 1967 statt, nur Heuballen schützten die Zuschauer vor den Rennboliden. Seitdem wurde die Strecke modernisiert und sowohl Länge als auch Streckenführung wurden verändert. Dennoch blieb es eine der spektakulärsten Straßenrennstrecken der Welt. Zur Zeit finden dort Rennen der NASCAR Pinty's Series und der FIA Rallycross Championship statt.

Los geht es auf der Avenue Gilles Villeneuve, benannt nach Kanadas berühmtestem Formel 1-Rennfahrer. Die Strecke verläuft gegen den Uhrzeigersinn mit einigen aufregenden Kurven, von denen die Porte Duplessis Archway die bekannteste ist. Es gibt zwei lange Geraden, um Ihre Geschwindigkeit zu messen, und genug Kurven, um Ihr Können zu testen … solange die Polizei nicht hinsieht.

Richten Sie sich nach dem Terminplan des Kurses; der Grand Prix Campingplatz im Norden der Strecke ist ein lebhafter und freundlicher Platz, um ein Rennwochenende zu genießen. Außerdem gibt es einige Hotels und Gasthäuser. **SA**

Schlemmer-Route
Québec, Kanada

Start Baie-Saint-Paul
Ziel La Malbaie
Länge 48 km
Art Kultur
Karte goo.gl/Rbze6v

Dieser Trip entlang des Sankt-Lorenz-Stroms ist für Feinschmecker gemacht: Nicht weniger als 23 Nahrungsproduzenten der Spitzenklasse und 16 der besten Restaurants Kanadas kann man entdecken.

Der Start liegt bei Les Volières in Baie-Saint-Paul, einem Hof für Hasen, Fasane, Wachteln und Perlhühner. Weiter geht es auf der Route 138 vorbei an einer Mikrobrauerei, einem Biofleischer und einigen regionalen Käsereien. Vergleiche zwischen diesen Betrieben verbieten sich, jedoch besteht Einigkeit darüber, daß La Maison d'Affinage Maurice Dufour einer der besten unter den herausragenden Käseläden ist. Hier wird unter anderem Le Migneron, ein preisgekrönter Weichkäse, produziert.

Nur 4,5 km abseits des Highways, in Saint Urban, gibt es eine Emufarm. Sie gilt als die größte ihrer Art außerhalb Australiens. Zurück auf der Hauptstraße findet man eine reiche Auswahl an Konditoreien und Chocolatiers vor sowie eine Honigfarm. Man wird von der Auswahl überwältigt.

Besondere Erwähnung muß das Le Mouton Noir („Das schwarze Schaf") finden. Hier werden Zanderfilet, Büffel und Rentier, garniert mit regionalen Produkten, serviert. Auch erwähnenswert ist das Le Charlevoix, das prachtvollste der vier Restaurants im Hotel Fairmont Le Manoir Richelieu. Eine Spur günstiger ist es im Le Saint-Pub in Baie-Saint-Paul, einem Bistro mit eigener Mikrobrauerei. **JP**

Viking Trail Neufundland und Labrador, Kanada

Start Deer Lake
Ziel St. Anthony
Länge 489 km
Art Abenteuer
Info goo.gl/137B38

Jedem, der behauptet, Nordamerikas Geschichte reiche nur wenige Hundert Jahre zurück, dem sei der Viking Trail empfohlen. Das eigene Fahrzeug wird zu einer Zeitmaschine, die einen auf eine Tour entlang einiger der wichtigsten historischen Orte Neufundlands mitnimmt.

Kurz nach dem Start an der Kreuzung der Routen 1 und 430, erreicht man auf gutem Asphalt die bäuerliche Gemeinde Cormack, die von Veteranen des Zweiten Weltkriegs gegründet wurde. Zurück auf der Route 430 kommt man zum Gros Morne National Park – einer von zwei UNESCO-Welterbestätten auf der Reise. Der Park ist bekannt für seine Schönheit und die geologische Geschichte.

Weitere interessante Stationen dieser Tour sind unter anderem das frühere Wirtschaftszentrum Neufundlands, Woody Point, die Küstentiefebene bei Rocky Harbour und die Grabstätten der Ureinwohner in der Port au Choix National Historic Site, die 1967 entdeckt wurden.

Die Wikingersiedlung, die diesem Roadtrip den Namen gibt, ist die zweite UNESCO-Welterbestätte: L'Anse aux Meadows National Historic Site. Sie wurde um 986 n. Chr. von Leif Eriksson gegründet. Die heutige Stätte zollt ihm und weiteren Wikingersiedlern Tribut, indem hier die Behausungen ihrer Zeit nachgebildet sind und die Geschichte wieder auflebt. **TW**

Irish Loop
Neufundland und Labrador, Kanada

① Ein Buckelwal springt vor der Küste Neufundlands aus dem Wasser.

Start St. John's
Ziel St. John's
Länge 312 km
Art Kultur
Info goo.gl/syfql9

Unternehmen Sie eine Reise durch Kanadas Geschichte und tauchen Sie tief ins Hinterland Neufundlands ein, das Heimat für irische und britische Siedler war, deren Einfluß man heute noch sehen und hören kann.

Man startet am besten, wie es viele der Einwanderer getan haben, in St. John's am östlichsten Punkt der Avalon-Halbinsel. Nehmen Sie die Route 10 und fahren Sie nach Kilbride und Bay Bulls. Sie passieren sanfte, grüne Hügel, die noch immer von Nachfahren der irischen Siedler bewirtschaftet werden. Bay Bulls ist einer von vielen Aussichtspunkten auf der Reise, an dem Sie Wale beobachten können, die zwischen den Eisbergen in der Bucht nach Nahrung suchen. Von hier aus geht es weiter zum La Manche Provincial Park, der in einem Flußtal liegt und Heimat vieler verschiedener Tierarten ist, Wasserfälle bietet und den verlassenen Ort, der dem Park seinen Namen gibt.

Weiter auf der Route 10 erreicht man Ferryland, dessen alter Leuchtturm (wo es ein hervorragendes Picknick gibt) ein bekanntes Wahrzeichen der historischen irischen Siedlung ist.

Der letzte Abschnitt dieses langen Roadtrips führt nach Süden durch die kleinen Fischerorte Aquaforte und Renews-Cappahayden, bevor es wieder in Richtung Westen nach Trepassey und von dort aus zurück nach St. John's geht. **TW**

Fundy Coastal Drive
New Brunswick, Kanada

Start St. Stephen
Ziel Aulac
Länge 378 km
Art Landschaft
Karte goo.gl/CdwspH

Die Bay of Fundy ist ein spektakuläres Naturwunder mit dem höchsten Tidenhub der Welt. 16 m steigt und fällt der Meeresspiegel zweimal täglich und sorgt für eine ständig veränderte Aussicht entlang der Strecke.

Start ist in Aulac an der Fort Beauséjour National Historic Site, und zunächst geht es landeinwärts nach Moncton. Hier finden Sie den Magnetic Hill, der Autos scheinbar bergauf zieht (aber keine Sorge, es ist nur eine optische Täuschung). Dann fahren Sie nach Süden zurück zur Bay of Fundy, Ihr nächstes Ziel ist Hopewell Rocks Park. Nur 40 Minuten von Moncton entfernt ist dies der beste Ort, um mehr über die enormen Tiden der Bay zu erfahren. Hier gibt es ein exzellentes Informationszentrum und einen Wanderweg zum Meeresboden, der bei Niedrigwasser begehbar ist.

Die vielen Leuchttürme, Strände und Aussichtspunkte sind alle sehr schön, doch der Fundy National Park ist außergewöhnlich. Der Park, der die beliebte Touristenstadt Alma umgibt, ist 207 km² groß, besitzt 25 Wasserfälle, meilenweite ruhige Wanderwege und eine vielfältige Tierwelt.

Es gibt auf der Route noch weitere interessante Ort zu entdecken, darunter auch St. John's, wo man die berühmten Reversing Falls bewundern kann, und Sussex mit seinen malerischen überdachten Brücken. **TW**

❶ Boote bei Ebbe in Westport auf Brier Island, von der Küstenstraße durch die Bay of Fundy aus gesehen.

Acadian Coastal Drive
New Brunswick, Kanada

Start Dalhousie
Ziel Aulac
Länge 338 km
Art Landschaft
Info goo.gl/wjLXW2

Auf diesem Roadtrip erkundet man Kanadas schönste Seeprovinz New Brunswick, Heimat der akadischen Kultur. Die Akadier sind Nachfahren französischer Siedler, die seit 1604 nach Nordamerika gekommen sind. Der französische Einfluß auf Küche und Architektur ist auf der gesamten Strecke entlang der Atlantikküste sichtbar. Obwohl es möglich ist, die Fahrt an einem Tag zu bewältigen, sind die Versuchungen groß, sich etwas mehr Zeit zu lassen. So genießt man die köstlichen traditionellen Gerichte wie Chicken Fricot und entdeckt feine Sandstrände sowie perfekte Fotomotive: weiße Leuchttürme, kleine Fischerorte und typische holzverkleidete Häuser.

Der Acadian Coastal Drive führt von Norden nach Süden, entlang der Ostküste New Brunswicks und ist nicht zu verfehlen. Rote Schilder mit einem weißen Seestern markieren den Weg. Auf der Route 134 nach Süden, an der Chaleur Bay vorbei, gibt es viele Möglichkeiten, anzuhalten und frische Meeresköstlichkeiten zu probieren. Wenn Sie nicht in Eile sind, machen Sie einen Umweg nach Miscou zum ältesten noch betriebenen Leuchtturm. Le Pays de la Sagouine, der Nachbau eines Fischerdorfs aus der Zeit der Prohibition, ist ebenfalls sehenswert. Ein idealer Zwischenstopp ist Bouctouche, wo es eine der letzten großen Sanddünen an der Nordostküste Nordamerikas zu bewundern gibt. **CK**

Appalachian Range Route
New Brunswick, Kanada

Start Charlo
Ziel Perth-Andover
Länge 291 km
Art Landschaft
Karte goo.gl/EoQ3Yh

Die Appalachen erstrecken sich über fast 3200 km zwischen der nördlichen Spitze Neufundlands und dem US-Bundesstaat Alabama. Dieser Roadtrip nimmt den ersten Teil dieser großen Route in Angriff und beginnt in Charlo, im nördlichen Teil New Brunswicks in Kanada. Sie verlassen Charlo und fahren in Richtung der ersten und größten Stadt auf dieser Reise, Campbellton. Vermeiden Sie die schnellere Route 11 zugunsten der Route 134, die entlang des Ufers der Chaleur Bay führt.

In Campbellton sieht man den Sugarloaf Mountain, den ersten Gipfel der Appalachen. Es gibt zahlreiche Wanderwege zum Gipfel, von dem man eine beeindruckende Sicht über die Bucht hat. Im Winter sollte man Skier mitbringen, um schneller wieder hinunterzukommen.

Verlassen Sie Campbellton über die Route 17, bevor es ostwärts nach St. Quentin geht, eine Kleinstadt, berühmt für ihren Ahornsirup. Weiter geht es zum Mt. Carleton, dem mit 817 m höchsten Berg in New Brunswick, und dem Mt. Carleton Provincial Park – einem beliebten Ziel für Outdooraktivitäten wie Wandern und Mountainbiking. Die Sicht auf den Restigouche River belohnt für den mühsamen Aufstieg.

Von hier aus geht es weiter nach Perth-Andover, einer Stadt, die durch den St. John River geteilt wird, Perth am Ostufer und Andover am Westufer. **TW**

Evangeline Trail
Nova Scotia, Kanada

Start Yarmouth
Ziel Mount Uniacke
Länge 299 km
Art Landschaft
Karte goo.gl/HCvP62

Der Evangeline Trail, der an der Westküste Nova Scotias an der Bay of Fundy entlangführt, folgt in etwa der Strecke der ehemaligen Dominian Atlantic Railway aus den frühen 1900er Jahren, die heute nicht mehr in Betrieb ist.

Die Hauptattraktion dieser Reise ist das Naturwunder der Bay of Fundy, der enorme Tidenhub. Er ist so groß, daß Tiefwasserhäfen zweimal am Tag auf dem Trockenen liegen und den Meeresboden freigeben. Eine Folge dieser Tide ist, daß die Nähe zum Wasser für den Reisenden von der Uhrzeit abhängt. Bei Ebbe ist das Wasser meilenweit entfernt, bei Flut allerdings können Wellen bis an das Auto schlagen.

Die Route auf dem Highway 1 verbindet historische irische, französische und schottische Siedlungen. Sie beginnt im Süden in Yarmouth, mit seinen prächtigen Alleen und großen Anwesen. Dann geht es weiter nach Digby, bekannt für eine der größten Muschelfangflotten der Welt. Die Straße durchteilt die Apfelgärten des Annapolis Valley und Annapolis Royal – eine zunächst französische, dann britische Siedlung, die häufiger angegriffen wurde, als jeder andere Ort in Nordamerika – bevor sie ihren nördlichen Endpunkt Mount Uniacke erreicht.

Dies ist eine spektakuläre Tour, die Naturwunder mit den Relikten der frühesten europäischen Siedlungen in der neuen Welt verbindet. **BDS**

❶ Delaps Cove: das Meer hält sich momentan im Hintergrund – die Felsenbecken deuten seine Rückkehr an.

Lighthouse Route
Nova Scotia, Kanada

Start Halifax
Ziel Cape Forchu Lightstation
Länge 484 km
Art Landschaft
Karte goo.gl/VwTqU9

Die Küstenlinie von Nova Scotia ist 13 300 km lang, und es gibt dort rund 160 Leuchttürme. Diese spannende Reise passiert 50 von ihnen. Der Trip verbindet die maritime Geschichte mit der heutigen Zeit und führt zu einigen berühmten Leuchttürmen sowie den schönsten Städtchen und Fischerdörfern, wo Fischer noch heute in ihren traditionellen Dories zum Angeln hinausfahren.

Nicht weit von Halifax, der Provinzhauptstadt, entfernt, erreicht man auf der NS-333 eine der Attraktionen der Reise: Peggy's Cove Lighthouse am östlichen Eingang der St. Margaret's Bay (SMB). Man folgt der Küste, bis man auf den Highway 103 trifft, auf dem man bis zum Segelzentrum in Chester fährt. Dann geht es über Mahone Bay weiter nach Lunenburg, dessen Stadtkern zum Weltkulturerbe der UNESCO gehört, und anschließend nach Liverpool mit seinem holzverkleideten Fort Point Lighthouse.

Noch weiter im Süden besucht man Shelbourns historischen Hafen und sollte auf keinen Fall den Dory Shop verpassen, in dem seit 1880 über 50 000 Dories (Boote) gebaut wurden. Als letzten Wegpunkt erreicht man unterhalb von Yarmouth Bar den wunderbar erhaltenen, rot-weißen „Apfelkern", die 1840 erbaute Cape Forchu Lightstation. **BDS**

➲ Peggy's Cove, Nova Scotia.

Sunrise Trail
Nova Scotia, Kanada

Start Amherst
Ziel Auld's Cove
Länge 280 km
Art Landschaft
Info goo.gl/97kaXz

Auf der Webseite des Sunrise Trails ist zu lesen: „Sanfthügeliges Farmland bildet einen Teppich aus grünen Feldern, die auf das dunkelblaue Wasser der Northumberland Straight treffen. Landstraßen schmiegen sich an Sandstrände, die mit ihren rötlichen Felsen und Salzmarschen so lebendig sind."

Von Amherst, einem Halt der Montreal-Halifax-Bahn, geht es über den Highway 366 an die Küste nach Tidnish und weiter die Nordküste Nova Scotias ostwärts, bis die Prinz-Edward-Inseln in Sicht kommen. Nach 30 km erreicht man Pugwash, ein Dorf, dessen Größe nicht seiner Bedeutung für die Welt gerecht wird: Hier wurden 1957 die „Pugwash Conferences on Science and World Affairs" ins Leben gerufen, die 1995 den Friedensnobelpreis erhielten.

Zwischen Pugwash und Tatamagouche zweigt eine Straße nach Malagash, Kanadas erster Salzmine, ab. Sie ist heute ein Industriemuseum. Pictou hat einen historischen Hafen mit einer außerordentlichen Attraktion: Hector, das Schiff, mit dem die ersten europäischen Einwanderer 1773 aus dem alten Schottland kamen und Nova Scotia („Neuschottland") besiedelten. Der schottische Einfluß ist auch auf der anderen Seite des Hafens von Pictou zu spüren, wo Ende des 18. Jahrhunderts New Glasgow gegründet wurde und in der Universitätsstadt Antigonish die ältesten Highland Games außerhalb Schottlands ausgetragen werden. **JP**

Cabot Trail
Nova Scotia, Kanada

- Der Cabot Trail nahe Chéticamp.
- Blick auf den Highway von einer Helmkamera aus.

Start Baddeck
Ziel Baddeck
Länge 298 km
Art Landschaft
Info goo.gl/UDIIW

Wer den Cabot Trail fährt, sollte Wanderschuhe mitbringen, denn abseits der Straße gibt es viele Verlockungen: Wanderwege durchs Moor und an Küsten entlang, Wege durch Wälder mit altem Baumbestand sowie Pfade um Biberseen herum und an alten, stillgelegten Goldminen vorbei.

Der 1932 eröffnete Cabot Trail ist eine Rundtour an der Nordspitze dieser Atlantikinsel mit gemäßigtem Klima, die acht verschiedene Gemeinden verbindet, akadisch-französische mit irischen und schottischen Siedlungen. Ein guter Startpunkt ist Baddeck – von dort aus fahren Sie an der schroffen atlantischen Steilküste nach Norden, durch St. Anns bis nach Ingonish Beach. Danach machen Sie einen Umweg in den historischen Ferienort White Point, wo sich in den ruhigen Gewässern der Aspy Bay eine Kajaktour anbietet.

Weiter geht es durch den Cape Brenton Highlands National Park, mit seinen Steilküsten, Canyons und Blumenmeeren und dem herrlichen Blick über den Sankt-Lorenz-Golf. Von hier aus fahren Sie südwärts zum akadischen Dorf Chéticamp. Hier können Sie eine Walbeobachtungstour machen oder einfach schottischer Geigenmusik lauschen. Ein letzter Abstecher durch die Felder des Margaree River Valley und zum ‚Binnensee' Bras d'Or Lake, einem UNESCO-Biosphärenreservat, bringt Sie zurück ins malerische Dorf Baddeck. **BDS**

Bras d'Or Lakes Scenic Drive
Nova Scotia, Kanada

❶ Ein Segelboot spiegelt sich im Wasser bei Groves Point, einem der Dörfer entlang dieser Route.

Start Whycocomagh
Ziel Whycocomagh
Länge 290 km
Art Landschaft
Info goo.gl/iTMGXV

Der Bras d'Or Lake liegt im Zentrum von Cape Breton Island in Nova Scotia. Die Herkunft des Namens ist umstritten. Entweder kommt es aus dem französischen *bras d'or*, was „goldener Arm" heißt und sich auf die vom Wasser reflektierten Sonnenstrahlen bezieht, oder es leitet sich von *bras d'eau* ab, was „Wasserarm" bedeutet. Die meisten Reisenden starten die landschaftlich reizvolle Runde um den 100 km langen See in Whycocomagh, einer Kleinstadt im Nordwesten des Sees. Von hier aus geht es nach Westen, den Highway 105 entlang, und in Iron Mines biegt man links ab nach Orangedale. Hier bietet das Orangedale Railway Station Museum einige nostalgische Ausstellungsstücke. Die Route führt dann weiter die Marble Mountain Road entlang, vorbei an einigen hübschen Buchten mit einer reichhaltigen Tierwelt. In St. Peter's überqueren Sie den Kanal, der den See mit dem Atlantik verbindet. Der nächste Abschnitt liegt nun am Südufer des Sees. Kurz vor Iona zweigt eine Straße ab, die zu den malerischen Boisdale Hills und dem östlichen Ende des Sees führt. Von Iona aus ist es nur noch ein kurzer Trip über die Washabuck-Halbinsel zurück zum Ausgangspunkt der Reise.

Dies ist eine einfache Route, die – mit gut geplanten Zwischenstopps – einen ganzen Tag in Anspruch nimmt, wenn man alle Eindrücke in Ruhe aufnehmen will. **SA**

International Selkirk Loop
USA/Kanada

Start Newport, Washington, USA
Ziel Newport, Washington, USA
Länge 451 km
Art Landschaft
Info goo.gl/c6M9TK

Diese große Rundtour durch die schneebedeckten Selkirk Mountains überquert die Grenze zwischen Kanada und den USA. Es ist eine beliebte Touristenstrecke, gesegnet mit einer ständigen Sicht auf Seen, Wälder und Berge.

Ein Großteil der Strecke folgt Flüssen und Seen, die früher zu den Haupttransportrouten in dieser Wildnis gehörten. Eins der Highlights dieser Tour ist die Fahrt mit der Fähre über den Kootenay Lake, die längste kostenlose Fährfahrt Nordamerikas.

Die Reise wird von alten Kleinstädten untermalt, die noch aus der Zeit der Pelzjäger und Goldschürfer stammen. Die moderne Straße ist von guter Qualität, unmißverständlich ausgeschildert und verfügt über ausreichend Hotels, Restaurants und Sehenswürdigkeiten. Der empfohlene Startpunkt liegt im Süden der Strecke, in Newport, aber da es eine Rundreise ist, können Sie überall starten.

Sie können zahllose Umwege in Ihre Tour einbauen oder Pausen einlegen, um Wanderwege zu erkunden. Im Schweitzer Mountain Resort können Sie mit einer Gondelbahn zum Gipfel auf 1951 m Höhe fahren und von dort die Aussicht auf die atemberaubende Gegend genießen. Am Kootenay Lake sehen Sie die skurrilste Attraktion der Route: Das 'Glass House', das ein ehemaliger Friedhofsangestellter aus 500 000 gebrauchten Flaschen für Einbalsamierungsflüssigkeit gebaut hat. **SH**

❶ Die Ufer des Slocan Lake gehören zu den beliebtesten Fahrradstrecken in British Columbia.

Cascade Loop Washington, USA

Start Everett **Ziel** Everett **Länge** 708 km
Art Landschaft **Info** goo.gl/8ESRZp

Dieser Trip könnte leicht an einem Tag geschafft werden, aber vernünftige Reisende planen mindestens drei Tage ein, um all die Berge, Inseln und Flußtäler zu bewundern.

Everett ist ein beliebter Start in Richtung Mukilteo auf der WA-526, um die Fähre nach Whidbey Island zu erreichen. Von da aus führt die Strecke nordwärts, vorbei an Süßwasserseen und unberührten Stränden, zum Deception Pass und einige Brücken später über die kleineren Inseln, bevor man den Highway 20 nach Osten Richtung Burlington nimmt und den Eingang zum North Cascades National Park erreicht. Hier kann man Reiseführer und eine kostenlose Übernachtungserlaubnis bekommen.

Nun fährt man den berühmten North Cascades Highway entlang. Atemberaubende Landschaften und malerische Seen wie der Ross Lake begleiten Sie auf diesem Teilstück. Durch das Methow Valley erreicht man Winthrop, ein Paradies für Wanderer und Mountainbiker. Hinter Wenatchee bringt einen der Stevens Pass (Highway 2) wieder zurück nach Westen, nachdem man das „Alpendorf" Leavenworth und den Tumwater Canyon passiert hat. Dann folgt eine lange, schöne Fahrt auf dem Highway 2 durch die Alpine Lakes Wilderness und das Snohomish River Valley zurück zum Puget Sound. **DIS**

❶ Mount Shuksan, vom Highway aus gesehen.

Chuckanut Drive Washington, USA

Start Burlington   Ziel Bellingham   Länge 34 km
Art Landschaft   Info goo.gl/WVOMwr

Diese außergewöhnliche Tour ist als Washingtons Version des Big Sur bekannt. Und der Vergleich ist angebracht. Die Küstenstraße – etwa in der Mitte zwischen Vancouver und Seattle – liegt an den Klippen des Chuckanut Mountain oberhalb des Puget Sound. Die enge, zweispurige Straße windet sich mit steilen Gefällen zu den Stränden um die Klippen und bietet eine großartige Sicht über die Bucht bis nach Vancouver Island.

Fährt man in Burlington los, ist die Strecke flach und unspektakulär. Aber von Blanchard aus ändert sich dies. Schnell wird es kurvig und steil, dort, wo Washingtons Cascade Range bis runter zum Pazifik reicht.

Auf halber Strecke liegt der Larrabee State Park, wohl der beste Platz, sich eine Pause zu gönnen, die Beine zu vertreten und den Blick auf das Meer zu genießen. Das Ziel der Reise, Bellington, ist die nördlichste Stadt der Kontinental-USA.

Das Wetter ist ein wichtiger Faktor, denn auf dieser Route geht es nur um den Seeblick. Schlechtes Wetter – Regen und tiefe Wolken – schränkt die Sicht stark ein. An schönen Tagen ist der Chuckanut Drive ein beliebtes Ziel für Automobilclubs. Sehen Sie sich allerdings die Wettervorhersage genau an, bevor Sie das Cabrioverdeck öffnen. **DK**

❶ Ein Teil der Strecke führt durch das Skagit Valley.

Von den Bergen zur Meerenge Washington, USA

Start Ellensburg   **Ziel** Seattle   **Länge** 172 km
Art Landschaft   **Info** goo.gl/lmEaym

Jeder Ausflug, der an einen Ort führt, der so eigenartig klingt wie Snoqualmie Pass, muß einfach gut sein. Und das ist er auch. Beginnend in den Bergen des Staates Washington führt die Interstate bergab nach Seattle und an den Pazifik, vorbei an schneebedeckten Gipfeln, Skiresorts, wunderschönen vulkanischen Seen sowie kleinen historischen Städtchen, und endet mit ein wenig Inselhopping.

Nachdem man Ellensburg verlassen hat, dauert es nicht lange, bis man sich steile Straßen hinaufarbeitet. Dann fährt man am Keechelus Lake entlang, bevor man den Snoqualmie Pass überquert, wo man Wintersportanlagen und ein Besucherzentrum findet. Danach umkreist der Highway die Alpine Lakes Wilderness, ein Gletschergebiet mit tollen Wandermöglichkeiten. Etwas weiter auf der Route bietet North Bend eine gute Gelegenheit zum Shoppen, wenn man sich nicht die historische Innenstadt anschauen möchte. Fans der Serie *Twin Peaks* werden Twede's Café wiedererkennen und ihren Kirschkuchen probieren wollen. Die Strecke überquert dann den Lake Washington. Nähert man sich Seattle, sollte man einen Blick in den Rückspiegel werfen, um die Sicht auf den Mount Rainier und die Cascades nicht zu versäumen. Hinweis: Einige Abschnitte erfordern im Winter Schneeketten. **DK**

❶ Die Snoqualmie Falls am Snoqualmie River.

Mount Rainier Washington, USA

Start Enumclaw **Ziel** Enumclaw **Länge** 237 km
Art Landschaft **Karte** goo.gl/iUpBhE

Der Mount Rainier ist der höchste Berg im Bundesstaat Washington. Er ist auch der markanteste der Continental United States und der Berg mit den meisten Gletschern, nämlich 25.

Auf dieser Rundtour um das große Wahrzeichen kann man ihn von fast allen Seiten betrachten – vorausgesetzt, man kommt zur richtigen Zeit. Dieser Roadtrip ist etwas für den Sommer oder den Frühherbst, denn zwischen November und Juni ist die Strecke meist wegen Schneefalls gesperrt.

Start und Ziel liegt in Enumclaw am Highway 410. Sie können die Tour in beide Richtungen machen. Im Uhrzeigersinn starten Sie auf guten Straßen durch Waldgebiet zum Federation Forest State Park. Dann kommen Sie nach Greenwater, wo Sie Ihren Tank nochmals vollmachen sollten, bevor es nach Süden zum spektakulären Mount-Rainier-Nationalpark geht.

Fotografen sollten am Suntop Lookout anhalten und einen Umweg nach Paradise machen, wo es die besten Aussichten auf den Berg gibt. Die Strecke führt dann um die Westseite des Berges und passiert dabei eine Vielzahl an Wäldern, Canyons, Wasserfällen und kristallklaren Seen, bevor sie wieder über die idyllische Orville Road und den Pioneer Way zurück nach Enumclaw führt. **MG**

❶ Sonnenuntergang über dem Mount Rainier.

Chinook Scenic Byway Washington, USA

Start Enumclaw Ziel Naches Länge 156 km
Art Landschaft Info goo.gl/ddxYsA

Der White River in Washinton entspringt im Emmons Glacier am Mount Rainier. Der erste Teil dieses Scenic Byway folgt dem Wasserlauf nahe der Stadt Enumclaw. Die Route entlang der State Route 410 führt ostwärts aus der Stadt in für die Gegend typische Wälder.

Schließlich erreicht man den Mount-Rainier-Nationalpark, wo einen eine großartige Sicht auf den Gipfel erwartet. Er mag wunderschön sein, doch vergessen Sie nicht, daß er immer noch ein aktiver Vulkan ist, der unter ständiger Beobachtung steht. Es gibt mindestens ein Dutzend kleinere Ausflugsrouten innerhalb des Parks, die sich lohnen, wozu der Cayuse Pass, der Carbon River und die Sunrise Road gehören.

Man verläßt den Park über den Chinook Pass, der oft wegen Schnees geschlossen wird. Deshalb ist diese Tour nur im Sommer durchführbar. Dann sollte man allerdings unbedingt die Abzweigung zum Tipsoo Lake nehmen. Mit dem Mount Rainier im Hintergrund ist dies ein Fotomotiv, das man auf keinen Fall verpassen sollte.

Ab hier geht es wieder durch Wälder hinab und am Ende nach Süden zum Ziel, der Holzfällerstadt Naches. Für eine Übernachtungsmöglichkeit fährt man etwa 24 km weiter ostwärts nach Yakima. **MG**

❶ Im Schatten des Mount Rainier.

Am Ufer des Lake Washington Washington, USA

Start Seward Park   **Ziel** Washington Park Arboretum   **Länge** 13 km
Art Landschaft   **Karte** goo.gl/OgcI1o

Seattle ist berühmt für sein altes, restauriertes Westufer mit Blick auf den Puget Sound und die Elliott Bay. Es gibt aber noch das weniger entwickelte Ostufer des Lake Washington. Die Route folgt diesem Ufer von einem attraktiven Park zum nächsten.

Sie starten am südlichen Ende am Seward Park im Bezirk Columbia City. Diese kleine, bewaldete Halbinsel ragt in den See Richtung Mercer Island hinein. Hier kommen Sie mit dem Auto nicht weiter. Wollen Sie das Ufer erkunden, stehen Ihnen 4 km Rad- und Fußwege zur Verfügung. Die Seevillen am gegenüberliegenden Ufer von Mercer Island und der schneebedeckte Gipfel des Mount Rainier (4392 m) sind diesen kurzen Ausflug allemal wert.

Von Seward aus fahren Sie nach Norden, die Boote, die Enten und den See zu Ihrer rechten Seite immer im Blick. Dann folgen Sie dem Lake Washington Boulevard durch Parks mit Stränden, Lifeguards und verschiedenen Picknickmöglichkeiten. Mit seinen Schwimminseln und Cafés ist Madison Park Beach vermutlich der beste von allen.

Zum Schluß erreichen Sie das Washington Park Arboretum, ein Geheimtip an der Küste des Lake Washington. Hier können Sie sich in den Wäldern und Gärten mit mehr als 40 000 Bäumen und Sträuchern verlieren. **SH**

❶ Der Seattle Japanese Garden im Arboretum.

Spirit Lake Memorial Highway Washington, USA

Start Castle Rock   **Ziel** Johnston Ridge Observatory   **Länge** 82 km
Art Kultur   **Info** goo.gl/pNLGPG

Am 18. Mai 1980 ereignete sich der bislang schwerste und tödlichste Vulkanausbruch in der Geschichte der USA. Die Eruption des Mount St. Helens, in der Washington State Cascade Range gelegen, war so enorm, daß 396 m des Gipfels verschwanden. Spirit Lake – vor 4000 Jahren durch einen pyroklastischen Strom entstanden – bekam die volle Wucht der Explosion und der folgenden Lawine zu spüren. Tausende von Bäumen wurden aus der Landschaft gerissen und in den See geworfen.

Heute kann man die zerstörerischen Folgen betrachten, wenn man den Spirit Lake Memorial Highway von Castle Rock aus befährt. Nach 8 km auf dem WA-504 passiert man ein Besucherzentrum, bevor der Highway grob dem Lauf des Nordarms des Toutle Rivers folgt, der heute größtenteils wieder in ursprünglichem Zustand ist, nachdem er zunächst von Geröll verschüttet und von Dampferuptionen heimgesucht wurde.

Am Meilenstein 24 kommt der Berg plötzlich in Sicht und es ist ein einschüchternder Anblick. Ihr Ziel ist das Johnston Ridge Observatorium am Ende des WA-504. Von dort aus können Sie den Lavadom, den Krater und eine Landschaft betrachten, die surreal wirkt: meterdicke Baumstämme, die wie Streichhölzer umgeknickt sind. **BDS**

➊ Blick vom Johnston Ridge Observatorium.

Lewis and Clark Trail Highway Washington, USA

Start Clarkston   **Ziel** Cape Disappointment   **Länge** 735 km
Art Kultur   **Karte** goo.gl/DyO2pR

Im Jahr 1803 verdoppelte US-Präsident Thomas Jefferson das Gebiet der USA kurzerhand, indem er das Louisiana-Territorium von Frankreich kaufte. Um herauszufinden, was er dort erworben hatte, schickte er Hauptmann Meriwether Lewis und Leutnant William Clark los, um das Gebiet zu erkunden und zu kartographieren. Die Expedition, begleitet von Freiwilligen der Armee, startete im Mai 1804 in der Nähe von St. Louis und erreichte die Mündung des Columbia River an der Pazifikküste im November 1805. Abenteurer können versuchen, die gesamte Strecke nachzufahren, aber es ist praktischer, wenn man nur dem Teil im heutigen Bundesstaat Washington folgt.

Start ist an der Ostgrenze in Clarkston. Von dort aus fährt man den US 12 bis zu den Tri-Cities Richland, Kennewick und Pasco. Dort folgt man nun dem US 730 südwärts nach Plymouth, von wo aus die Route 14 nach Westen entlang des fotogenen Columbia River führt. In Vancouver geht es über den US 5 und die Route 4 nordwestlich und dann ein kurzes Stück über die Routes 401, 101 und 100 zum Cape Disappointment. Hier hilft Ihnen das Lewis and Clark Interpretive Center, mehr über die historische Bedeutung Ihrer gefahrenen Strecke zu verstehen. **SA**

❶   Ein Blick hinab nach Clarkston, Washington.

Cascade Lakes Scenic Byway
Oregon, USA

ⓘ Mount Bachelor ist fast durchgehend während dieser phantastischen Reise in seiner ganzen Pracht zu sehen.

Start Bend
Ziel Odell Lake
Länge 106 km
Art Landschaft
Info goo.gl/ExpjLv

Die Cascades Lakes sind eine Ansammlung von zwölf atemberaubend schönen Seen und zwei Reservoirs an der Ostseite der Cascade Range in Zentraloregon. Es ist nicht verwunderlich, daß es eine landschaftlich sehr attraktive Straße durch diese Region gibt. Es ist mehr als nur eine Fahrt von See zu See, da man durch dichte Wälder mit vielen Wandermöglichkeiten kommt. Zudem hat man meist eine gute Sicht auf den 2764 m hohen Mount Bachelor. Und es gibt noch weitere Berge und Vulkane, die diese Seen erschaffen haben.

Die Straße wurde 1998 in den Status eines National Scenic Byway erhoben. Sie beginnt in Bend, der größten Gemeinde in Zentraloregon, wo ein Besuch des High Desert Museums eine gute Vorbereitung auf Ihre Tour ist. Direkt nach Verlassen der Stadt nach Westen in Richtung des Todd Lake sind Sie von Berghängen umgeben, die von Nadelwald bedeckt sind. Zwischenstopps bieten großartige Aussichten und Gelegenheiten zum Fotografieren.

Bald danach kommt der Devil's Lake (in dem der Legende nach eine menschenfressende Kreatur lauert), wo die Strecke südlich zum Elk Lake, einem smaragdgrünen See, der bei Kanuten beliebt ist, verläuft. An den Ufern von Little Lava Lake, Crescent Lake und schließlich dem Ziel dieser Reise, dem Odell Lake, können Sie den Fliegenfischern beim Angeln zusehen. **MG**

Hells Canyon Scenic Byway
Oregon, USA

Start Baker City
Ziel La Grande
Länge 317 km
Art Landschaft
Info goo.gl/kLqI3w

Dies ist ein Roadtrip voller schwindelerregender Aussichten. Ostwärts aus Baker City heraus – einer alten Bergbausiedlung an der Union Pacific Railroad, wo der Film *Westwärts zieht der Wind* (1969) gedreht wurde – ist der erste Ort an der Route das kleine Dorf Halfway. Der Name wurde aufgrund der Lage genau auf halben Wege zwischen La Pine und Cornucopia gewählt. Letzeres war eine Goldminenstadt, die jetzt eine Geisterstadt ist.

53 km nördlich von Halfway gibt es einen Aussichtspunkt, den man nie vergessen wird. Er bietet einen unglaublicher Blick auf den Hells Canyon, mit 2436 m Nordamerikas tiefste Schlucht, in über 6 Millionen Jahren vom mächtigen Snake River an der Grenze von Oregon und Idaho in den Berg gegraben. Dies allein wäre schon ein großartiges Ziel. Aber das ist erst der Anfang.

Der National Scenic Byway bringt Sie nicht nur zum Hells Canyon, sondern auch zu den majestätischen Wallowa Mountains, einer „Wildwest"-Welt mit Kuhherden, Farmen und saftigen Tälern. Ein Netzwerk aus asphaltierten Straßen und Wald-Highways umgibt das Gebiet. Die Strecke ist gut ausgestattet, aber es gibt Abschnitte von bis zu 128 km ohne Tank- und Rastplätze in einer Gegend, die gerne als Little Switzerland bezeichnet wird. Das Ziel ist La Grande, eine weitere ehemalige Bergarbeiterstadt. **BDS**

Rogue–Umpqua Scenic Byway
Oregon, USA

Start Medford
Ziel Roseburg
Länge 275 km
Art Landschaft
Karte goo.gl/KHLDWe

Diese Route bietet einen aufregenden Abschnitt, der durch die Southern Cascade Range im Süden Oregons führt und dem Lauf zweier Flüsse folgt: dem Rogue und dem Umpqua, Flüsse mit Wildwasser, tiefen Schluchten und spektakulären Wasserfällen. Besondern schön ist es hier im Frühling, wenn in den hohen Lagen noch Schnee liegt. In jüngster Vergangenheit – geologisch betrachtet – hat vulkanische Aktivität viele der Highlights dieser Reise erschaffen, angefangen am Rogue River Gorge Viewpoint, wo der Fluß durch Basaltlava kurvt. Einen Umweg wert sind die zwei Vulkangipfel namens Rabbit Ears.

In der Nähe befinden sich die malerischen National Creek Falls. Danach umrundet die Route den sehenswerten Diamond Lake, wo Sie im Resort übernachten können. Von dort folgt die Straße dem steilen Gefälle des Clearwater River. Hier werden Sie vermutlich Angler entdecken, die die begehrten Regenbogenforellen fischen.

Hinter dem Ort Clearwater folgen Sie dem Fluß Umpqua zum Steamboat Inn, wo Angler zum Essen kommen, über den besten Köder fachsimpeln und Anglerlatein austauschen. Bevor Sie Roseburg erreichen, erwartet Sie noch ein phantastisches Fotomotiv. In Colliding Rivers treffen North Umpqua und Little River aufeinander und bilden einen spektakulären Wildwasserstrudel. **DK**

Oregon Pacific Coast Highway
Oregon, USA

Start Brookings
Ziel Portland
Länge 637 km
Art Landschaft
Karte goo.gl/aJmW9w

Der US-Highway 101 ist berühmt für den kalifornischen Abschnitt am Big Sur. Weniger bekannt, doch umso unvergeßlicher ist der nördliche Teil, der die ganze Küste Oregons entlang bis zur kanadischen Grenze führt.

Von Brookings an der kalifornischen Grenze geht es nach Norden, und schon hier gibt es Hinweise auf das, was Sie erwartet: großartige Aussichten über die Steilküste auf das Meer und pittoreske Inseln am Cape Sebastian State Scenic Corridor.

Der erste Halt ist Bandon. Fahren Sie zum Strand und bewundern Sie die Felsformationen im Meer und am Ufer. Im Fischerort Newport, etwas weiter nördlich, bietet sich ein Zwischenstopp an. Beobachten Sie die Seehunde, wie sie am Hafen in der Sonne liegen. Hier befindet sich auch das exzellente Oregon Coast Aquarium mit einem großen Aquazoo. Hinter der beeindruckenden Yaquina Bay Bridge liegen weitere schöne Küsten und Sandstrände. Ein anderer möglicher Stopp ist die Tillamook Cheese Factory, erstaunlicherweise die Top-Touristenattraktion an Oregons Küste.

Im entspannten Meerresort Cannon Beach biegen Sie schließlich landeinwärts ab, passieren den Klootchy Creek Park mit seinen riesigen Sitka-Fichten und erreichen die umweltfreundliche Stadt Portland, die berühmt für ihre Mikrobrauereien und Indie-Kaffeehäuser ist. **DK**

◐ Der Pazifik nahe Tillamook, Blick vom Highway 101.
❶ Seal Rock Beach, südlich von Newport.

Historic Columbia River Highway Oregon, USA

Start Troutdale **Ziel** The Dalles **Länge** 119 km
Art Kultur **Info** goo.gl/MFcsGa

Der Historic Columbia River Highway war der erste geplante Scenic Byway der USA. Der ab 1913 in acht Jahren erbaute Highway zählt zu den seltenen schönen Straßen, die ihre Existenz nicht nur Bulldozern, Ingenieuren und der puren Notwendigkeit verdanken, sondern auch Menschen, die in künstlerischen Arbeitsbereichen tätig sind, wie etwa Architekten, Steinmetze und Landschaftsgärtner. Als ob die Schönheit des mächtigen Columbia River, der neben ihm herfließt, nicht genug wäre, schufen die Erbauer ein Denkmal für die Kunst des Straßenbaus – eine Straße, die nur wenig Konkurrenz hat.

Maßgeblich beteiligt an der Gestaltung von Oregons erster asphaltierter Straße war der Ingenieur und Landschaftsarchitekt Samuel C. Lancaster. Ihm sind die glanzvollen Tunnel, Brücken und Viadukte zu verdanken. Ganz wie die Axenstrasse, die in der Schweiz entlang eines Seeufers verläuft, bietet der Highway wunderschöne Ausblicke. Sehenswert sind nicht nur die majestätischen Bögen der Dry Canyon Creek Bridge und die Benson Footbridge vor den Multnomah Falls, sondern auch die von örtlichen Steinmetzen errichteten steinernen Sitzbereiche und das kunstvoll gewölbte Mauerwerk sowie die Betonbarrieren, die verhindern, daß Autos über die Ränder der Straße hinausfahren. **BDS**

❶ Die Multnomah Falls.

Volcanic Legacy Scenic Byway Von Oregon nach Kalifornien, USA

Start Chemult, Oregon   Ziel Lake Almanor, California   Länge 804 km
Art Kultur   Info goo.gl/EXg938

Für Geologen ist diese Panoramastraße die Reise ihres Lebens. Vulkanologen können hier in nur wenigen Tagen vier große und eine Handvoll ebenso beeindruckender kleinerer Vulkane hautnah erleben. Die Route ist eine von nur 20 Straßen durch die USA, die wegen ihrer geologischen Bedeutung den Titel „All-American Road" tragen.

Der erste tektonische Leckerbissen auf der Oregon Route 62 nach Westen ist der Rim Drive, der in einer malerischen Schleife um den Crater Lake führt. Der Süßwassersee füllt die 5677 v. Chr. eingestürzte Magmakammer des Mount Mazama. Etwas weiter südlich, am Ufer des Upper Klamath Lake, liegt das Upper Klamath National Wildlife Refuge.

Weitere vulkanische Highlights sind das Lava Beds National Monument und der Medicine Lake Volcano, der größte Vulkan der Kaskadenkette. Schwarze Basaltwasserfälle wie die McCloud River Falls und Burney Falls säumen den Weg.

Eine letzte Schleife um den Lake Almanor markiert den Endpunkt der Route. Hier lohnt sich ein Abstecher zu den geothermischen Attraktionen des nahe gelegenen Lassen Volcanic-Nationalparks, um sich zwischen schwefligen Quellen, dampfenden Fumarolen und kochenden Schlammlöchern nach der langen Reise die Beine zu vertreten. **TW**

❶ Blick vom Straßenrand auf den Crater Lake.

Pacific Coast Highway
Kalifornien, USA

Start Monterey
Ziel Morro Bay
Länge 200 km
Art Landschaft
Info goo.gl/dMiIhL

Der Pacific Coast Highway (PCH) ist nach der legendären Route 66 die bekannteste Straße der USA.

Als Teil des ehrgeizigen Plans, Mexiko mit Kanada zu verbinden, klammert sich Kaliforniens Abschnitt des Highway 1 auf einer Strecke von 1500 km von der Grenze zu Oregon bis nach San Diego an die zerklüftete Westküste.

Die Küstenstrecke zwischen der alten spanischen Hauptstadt Monterey und der malerischen Hafenstadt Morro Bay ist das schönste Teilstück und wurde vom National Geographic mit Platz 1 seiner Top-10-Motorradtouren in den USA ausgezeichnet.

Von den schicken Kunstgalerien, breiten Stränden und malerischen Cottages in Carmel windet sich der PCH entlang des für seine dramatischen Felsen und hoch aufragenden Mammutbäume weltberühmten Küstenstreifens Big Sur, wo lange Bogenbrücken die Meeresklippen überspannen. Die breite, gut asphaltierte Straße eignet sich ideal zum gemütlichen Cruisen, doch vor dem berüchtigten Meeresnebel sollte man sich in acht nehmen.

Über San Simeon und Cambria fällt der PCH durch eichenbedeckte Hügel nach Morro Bay ab. Die Hafenstadt ist berühmt für ihre Fischrestaurants und der perfekte Ort zum Auftanken nach einer der schönsten Panoramastraßen der Welt. **DIS**

➲ Die Willow Creek Bridge am Küstenstreifen Big Sur.

Lombard Street und Vermont Street
Kalifornien, USA

❶ Diese Luftaufnahme läßt die Kurven, aber nicht die Steigung erkennen: erst zusammen ergeben sie eine unvergeßliche Kombination.

Start Ecke Hyde und Lombard Street, San Francisco
Ziel Vermont Street, San Francisco
Länge 6 km
Art Landschaft
Map goo.gl/i3twcJ

Kann man eine Route, die nur einen kurzen Häuserblock umfaßt, überhaupt als Roadtrip bezeichnen? Wenn es sich um eine der markantesten Straßen in einer der größten Städte der Welt handelt, dann kann diese Frage nur positiv beantwortet werden.

San Franciscos berühmte geschwungene Straße liegt auf dem Russian Hill zwischen Hyde Street und Leavenworth Street. Die „kurvenreichste Straße der Welt" wurde 1922 gebaut, um die 27prozentige Steigung zu bewältigen, die für die damaligen Automobile viel zu steil war.

Die mit roten Ziegelsteinen gepflasterten und von üppigen Blühpflanzen und Sträuchern gesäumten Serpentinen entwickelten sich in den 50er Jahren zu einem touristischen Ziel. Heute drängen sich in Stoßzeiten bis zu 350 Fahrzeuge pro Stunde durch die acht engen Spitzkehren.

Die Lombard Street ist in zahlreichen Fernsehsendungen und Filmen wie *Bullitt* (1968) zu sehen und soll als Inspiration für die Windy Street im Videospiel *Grand Theft Auto* gedient haben. Allerdings ist die echte Kurvenstrecke nicht so schnell befahrbar; mit einer zulässigen Höchstgeschwindigkeit von nur 8 km/h bremst sie jeden Bleifuß aus. Doch die mitten in der Stadt gelegenen Haarnadelkurven sind auch so abenteuerlich, und die nur 5 km entfernte Vermont Street, die zweitkurvenreichste Straße der Stadt, lohnt ebenfalls einen Abstecher. **BDS**

Von Banning nach Idyllwild Kalifornien, USA

Start Banning
Ziel Idyllwild
Länge 50 km
Art Landschaft
Map goo.gl/6Rs5EN

In wenigen Minuten kann man dem vorstädtischen Verkehrskollaps in Banning entkommen und mit dem Auto die Berge im Süden der Stadt erklimmen.

Fast sofort beginnt sich die Straße in Serpentinen nach oben zu schlängeln. Nach und nach werden die Häuser von der Natur abgelöst, und die zahllosen Kiefern des San Bernardino National Forest dominieren den Wegesrand. Die Straße mit der offiziellen Bezeichnung „State Route 243" erscheint auf Karten auch unter dem alternativen Namen „Esperanza Firefighters Memorial Highway", als Hommage an fünf Feuerwehrleute, die im Oktober 2006 bei einem Waldbrand ums Leben kamen.

Die gut gekennzeichnete Route führt entlang des Mount San Jacinto State Park mit seinen drei über 3300 m hohen Berggipfeln und bietet verschiedene Aussichtspunkte mit atemberaubenden Fernblicken auf das Riverside County im Westen und das San Bernardino County im Süden.

Idyllwild wird von den beliebten Kletterfelsen Tahquitz Peak und Suicide Rock flankiert und die Umgebung bietet Outdoor-Fans viele Möglichkeiten zum Wandern und Reiten. Idyllwild wurde einst zum „Best Mountain Getaway" von L. A. gewählt und ist wegen seiner blühenden Kulturszene bei Künstlern, Musikern und Schauspielern beliebt. Hier kann man A-Promis aus Hollywood über den Weg laufen, die in dieser Gegend wohnen. **TW**

Die Ufer des Lake Tahoe Kalifornien/Nevada, USA

Start Tahoe City, Kalifornien
Ziel Tahoe City, Kalifornien
Länge 124 km
Art Landschaft
Map goo.gl/dHqw5S

Der Start- und Zielpunkt der Rundfahrt ist beliebig, Tahoe City liegt aber am nächsten bei San Francisco. Die Straße bleibt zwar nicht durchgehend in Sichtweite des Wassers und entfernt sich an einigen Stellen sogar über eine Meile, doch dies macht ihre häufige Rückkehr zum Seeufer nur umso dramatischer. Zahlreiche Haltepunkte laden ein, die Aussicht in aller Ruhe zu bewundern.

Im Uhrzeigersinn erreicht man die erste Sehenswürdigkeit gleich hinter der kalifornischen Grenze in Nevada: Incline Village, eine Luxussiedlung für Superreiche. Danach folgt Glenbrook, die erste Siedlung am Seeufer und einstiger Standort eines Holzlagerplatzes. Die Bandbebauung von South Lake Tahoe folgt dem Ufer über die Grenze nach Kalifornien hinaus. Die Stadt ist auf Tourismus ausgerichtet, doch wegen der staatlichen Gesetze gibt es nur im in Nevada gelegenen Teil Casinos.

Die Emerald Bay liegt am Westufer in einen State Park eingebettet, in dem die Eagle Falls und die heute für die Öffentlichkeit zugängliche Villa Vikingsholm sehenswert sind. Dieser Abschnitt ist im Winter gesperrt, der Rest der Strecke ist ganzjährig befahrbar, wenn das Wetter es zuläßt.

Als letzte große Stadt auf der Route erreicht man Tahoma, Austragungsort der Langlauf- und Biathlonveranstaltungen bei den Olympischen Winterspielen 1960 in Squaw Valley. **JP**

Die Old Coast Road von Big Sur
Kalifornien, USA

Start Bixby Creek Bridge
Ziel Pfeiffer Beach
Länge 28,8 km
Art Landschaft
Map goo.gl/wPYfxO

❶ Zu den Wildtieren, die die Route bevölkern, zählen Rehe, Kojoten, Wildschweine und sogar Berglöwen.

Die einst von der *New York Times* als „weltweit atemberaubendstes Aufeinandertreffen von Land und Meer" beschriebene Schönheit von Big Sur bekommen Reisende auf dem 145 km langen, glatt asphaltierten Abschnitt des Pacific Coast Highway oft nur kurz zu Gesicht. Vor dem Bau des Highways durchquerte man die rauhen Flußbetten und hoch aufragenden Mammutbaumwälder von Big Sur jedoch auf einer kurvenreichen Inlandstrecke, die heute als Old Coast Road bekannt ist.

Nördlich der wunderschönen Bixby Creek Bridge beginnt die breite unbefestigte Straße, die parallel zum Bixby Creek in den dichten Wald führt und steil über die Baumgrenze klettert, wo sich im felsigen Gelände der Blick auf die wilde, zerklüftete Küste tief unten öffnet. Auf der steilen Strecke zurück zum Pacific Coast Highway fordern Serpentinen und schwindelerregend schmale Abschnitte die Fahrkünste heraus. Man ist geneigt zu beten, daß man nicht auf entgegenkommende Ausflügler trifft.

Obwohl die Old Coast Road insgesamt in gutem Zustand ist, wird ein Allradantrieb und viel Bodenfreiheit dringend empfohlen, denn die Oberflächen sind rutschig und mit Steinen und Ästen übersät. Nach diesem herausfordernden Ausflug abseits der Piste lockt ein kühles Bad am Pfeiffer Beach, einem wunderschönen, halbmondförmigen Sandstrand, der sich in die schroffen Klippen schmiegt. **DIS**

Joshua-Tree-Nationalpark
Kalifornien, USA

Start Palm Springs
Ziel Cottonwood Visitor Center
Länge 156 km
Art Abenteuer
Map goo.gl/sGyZo4

Es ist nur allzu leicht, inmitten des glitzernden Ortes Palm Springs zu vergessen, daß auf der anderen Seite der Interstate 10 eine ganze Welt voller Wüstenabenteuer wartet. An der Ausfahrt 117 auf dem Weg von Westen nach Osten fahrend, erreicht man einen der ungewöhnlichsten Nationalparks der USA, den Joshua-Tree-Nationalpark.

Der „Joshua Tree" (Josua-Palmlilie, *Yucca brevifolia*), nach dem der Park benannt ist, ist im amerikanischen Südwesten weit verbreitet, doch nur hier verleiht sein massenhaftes Auftreten der Landschaft einen fast schon unwirklichen Charakter. Der Park hat jedoch neben den Joshua Trees noch viel mehr zu bieten. So gibt es einige verblüffende Felsformationen zu entdecken, wie den abseits der Straße liegenden Arch Rock, der mit 9,1 m Höhe eine dramatische Fotokulisse bietet.

Weitere geologische Attraktionen des Parks gibt es auf der Geology Tour Road zu erkunden, die auf einigen Abschnitten einen Allradantrieb erforderlich macht, denn der 29 km lange Abstecher nach Süden führt über unbefestigte Straßen. 16 Sehenswürdigkeiten sind auf einer speziellen Karte markiert, die online abrufbar oder am Startpunkt der Tour erhältlich ist. Nach diesem etwa zweistündigen Ausflug und mit den frischen Eindrücken des Joshua-Tree-Nationalparks wird Palm Springs bei der Rückkehr völlig harmlos erscheinen. **MG**

❶ In der gewaltigen, unwirklichen Landschaft des Parks treffen Colorado- und Mojave-Wüste aufeinander.

Bullitt – Verfolgungsjagd Kalifornien, USA

Start Potrero Street und Army Street, San Francisco **Ziel** Guadalupe Canyon Parkway und North Hill Drive, San Francisco **Länge** 64 km **Art** Kultur **Map** goo.gl/JVMIpy

Die rasante Verfolgungsjagd durch die Straßen von San Francisco in *Bullitt* (1968) mit Steve McQueen und Robert Vaughn ging in die Filmgeschichte ein. Zwar ist es nicht ratsam, die legendäre Jagd nachzuahmen, doch es bleibt der Nervenkitzel, die Straßen aus dem Film zu befahren. Schaut man sich den Film zuvor an, so wird man nicht nur die Fähigkeiten der Fahrer, sondern auch die des Regisseurs Peter Yates schätzen lernen, der Szenen aus der ganzen Stadt zusammenfügte, um den Eindruck einer durchgehenden Verfolgungsjagd zu erwecken.

Es dauerte insgesamt drei Wochen, die etwa elfminütige Szene zu produzieren. McQueen übernahm gern seine eigenen Stunts, doch für 90 Prozent der Verfolgungsszenen in *Bullitt* zeichnet der berühmte Stuntfahrer Bill Hickman verantwortlich. Starke Bearbeitungen führten zu einigen Kontinuitätsfehlern, etwa Autos, die bereits vor der betreffenden Kollision sichtbar beschädigt waren, sowie zu einer ziemlich verworrenen Route.

Die Filmstrecken sind auf der oben angegebenen Karte gekennzeichnet und lassen sich zu einem großartigen Ausflug durch Downtown Frisco kombinieren, vorzugsweise zum gefühlvollen Soundtrack von Lalo Schifrin und in einem dunkelgrünen 1968er Ford Mustang GT Fastback. **MG**

❶ Eine Szene aus der Verfolgungsjagd in *Bullitt*.

Highway 49 – Der Gold Rush Trail Kalifornien/Nevada, USA

Start Oakhurst, Kalifornien   **Ziel** Reno, Nevada   **Länge** 480 km
Art Kultur   **Info** goo.gl/qt9aXS

Diese Tour durch die westlichen Ausläufer der Sierra Mountains bietet spektakuläre Landschaften, die von der Geschichte des kalifornischen Goldrausches getränkt sind. Nachdem Mitte des 19. Jahrhunderts hier Gold entdeckt wurde, strömten rund 300 000 Migranten aus aller Welt an die Westküste, um ihr Glück zu suchen. Die von ihnen ausgegrabenen Milliarden von Dollar an Edelmetall legten den Grundstein für das heutige Kalifornien. Einen Halt wert sind die historischen Goldgräberstädte Chinese Camp, Jamestown, Sonora und Angels Camp. In Jamestown bewundert man die Dampfeisenbahn der Sierra Railroad, besucht einen Weinberg oder versucht sein Glück beim Goldwaschen.

Die Route windet sich durch San Andreas, Drytown, Diamond Springs, Gold Flat und Sebastopol hinauf in die Berge und erreicht Coloma, wo 1848 das erste Gold entdeckt wurde. Die Geisterstadt im Marshall Gold Discovery State Historic Park ist nur eine von vielen in diesem Teil Kaliforniens. Hinter Nevada City schwenkt die Route nach Osten, wo die Gebirgskulisse der High Sierras immer dramatischere Züge annimmt, und fällt schließlich auf der Ostseite in die Glücksspielstadt Reno in der Wüste ab. Hier kann man etwaiges zuvor gefundenes Gold umgehend wieder verzocken. **DK**

❶ Am Ende des Regenbogens könnte es Gold geben.

Duell – Sierra Highway
Kalifornien, USA

Dennis Weaver als David Mann in Steven Spielbergs erstem abendfüllenden Fernsehfilm.

Start Sylmar
Ziel Santa Clara
Länge 119 km
Art Kultur
Map goo.gl/7THOaB

Der packende Thriller *Duell* (1971) war für Geschäftsreisende das, was *Der Weiße Hai* für Schwimmer war. Der Geschäftsmann David Mann ist in seinem roten Plymouth Valiant auf einer einsamen Straße durch die Wüste Kaliforniens unterwegs. Dort passiert er einen bedrohlich aussehenden Peterbilt 281 Tanklaster, der ihn bedrängt, überholt und absichtlich das Tempo drosselt. Mann überholt ihn erneut, rast davon und läßt den Truck hinter sich zurück. An einer Tankstelle begegnet ihm der Lkw wieder. Als Mann weiterfährt, folgt ihm der Unbekannte und das tödliche Katz-und-Maus-Spiel geht weiter.

Duell wurde unter der Regie von Steven Spielberg in nur 13 Tagen gedreht und basiert auf einer Kurzgeschichte im *Playboy*. Die Dreharbeiten fanden auf dem kalifornischen Sierra Highway (Route 14) und in der Nähe der Soledad Canyon Road in den San Gabriel Mountains statt. Der alte Highway, einst Hauptverbindung zwischen Los Angeles und der High Desert, wird heute fast vollständig durch Freeways ersetzt, doch die Sehenswürdigkeiten des Films sind geblieben: der Tunnel auf der Soledad Canyon Road, der Bahnübergang in Crown Valley und Chuck's Cafe (heute das französische Restaurant Le Chêne). Und sollte ein 1955er „Needlenose" Peterbilt im Rückspiegel auftauchen, keine Sorge: die Höchstgeschwindigkeit des Trucks beträgt in Wirklichkeit nur 119 km/h. **BDS**

Nur noch 60 Sekunden
Kalifornien, USA

Start 600 E Ocean Boulevard, Los Angeles
Ziel Vincent Thomas Bridge, Los Angeles
Länge 93 km
Art Kultur
Map goo.gl/CXIVgd

In einer der berühmtesten Verfolgungsjagden Hollywoods kollidieren Polizeiautos mit Abrissbirnen und rutschen in Müllwagen, und einer der Protagonisten springt auf der Flucht mit seinem Mustang über eine riesige Autoschlange. Die Dreharbeiten hinterließen jede Menge zerstörter kostspieliger Fahrzeuge. Die Tour auf den Spuren des Films gestaltet sich hoffentlich nicht ganz so destruktiv.

In *Nur noch 60 Sekunden* aus dem Jahr 2000, ein Remake des Kultklassikers von 1974, spielt Nicolas Cage einen legendären Autodieb, der in einer einzigen Nacht 50 wunderschöne Oldtimer aus einem Appartementkomplex in Long Beach stiehlt, zuletzt einen 1967er Ford Mustang Fastback (ein Shelby GT500 mit dem Spitznamen Eleanor). Als die Polizei die Verfolgung aufnimmt, flieht Cage Richtung Norden durch Compton nach Downtown Los Angeles. Der Mustang kann den Verfolgern vorübergehend entkommen. Cage würgt jedoch den Motor ab und beim Versuch, neu zu starten, zieht er die Aufmerksamkeit eines vorbeifahrenden Streifenwagens auf sich. Die Jagd geht weiter, diesmal nach Süden über Gardena und Carson zur Vincent Thomas Bridge.

Auf der anderen Seite der Brücke kann man die Aussicht auf die Küste von Los Angeles genießen. In einem Pony-Car aus den 60er Jahren wäre diese sowieso schon fabelhafte Tour natürlich noch etwas authentischer und spezieller. **SH**

James-Dean-Memorial-Tour
Kalifornien, USA

Start Los Angeles
Ziel James Dean Memorial Junction
Länge 298 km
Art Kultur
Map goo.gl/XLu811

James Dean war nicht nur einer der besten und aufregendsten jungen Schauspieler seiner Generation, sondern arbeitete bis zu seinem Tod im Alter von 24 Jahren parallel an einer Karriere als Rennfahrer. Am 30. September 1955 war er auf dem Weg von Los Angeles zu einem Rennen in Salinas. Er hatte gerade die Dreharbeiten zu *Denn sie wissen nicht, was sie tun* beendet, während derer das Studio ihm Rennen verboten hatte, und gierte nun danach, sich ans Steuer seines neuen Porsche 550 Spyder mit dem Spitznamen „Little Bastard" zu setzen.

Dean verließ Downtown Los Angeles in Begleitung seines Mechanikers Rolf Wütherich, der ihm vorgeschlagen hatte, den Porsche auf dem Weg zum Rennen „einzufahren". Auf ihren Spuren fährt man durch den Vorort Van Nuys auf die Interstate 5. Noch bevor man den weitläufigen Ballungsraum Los Angeles verläßt, zeichnen sich die Berge in der Ferne bereits deutlich ab und bilden schon nach kurzer Fahrt eine attraktive Kulisse.

Man verläßt die Interstate an der Ausfahrt 221. Hier hielt ein Verkehrspolizist Dean an und verpaßte ihm einen Strafzettel. Dann geht es auf ruhigen, zweispurigen Straßen durch weites Farmland zur schicksalhaften Stelle, an der Deans Porsche in einen schwarzen Ford krachte, der vor ihm abbog. Es war das tragische Ende des kurzen Lebens eines vielversprechenden jungen Schauspielers. **MG**

Mulholland Drive und Highway Kalifornien, USA

Start Hollywood Bowl Overlook
Ziel Pacific Coast Highway
Länge 85 km
Art Kultur
Map goo.gl/SLxfp9

Die nach dem revolutionären irischen Bauingenieur William Mulholland aus Los Angeles benannten Verbindungsstraßen zählen zu den berühmtesten Strecken Kaliforniens. Ironischerweise ist der Mulholland Drive nicht durchgängig befahrbar; ein kurzes, unbefestigtes Stück mit dem Spitznamen „Dirt Mulholland" erfordert einen kleinen Schlenker nach Norden. Dennoch gibt es keinen besseren Weg, die Santa Monica Mountains zu durchqueren.

Die Tour beginnt am Hollywood Bowl Overlook mit Blick auf die Skyline der Innenstadt und das legendäre Hollywood Sign. Von dort aus windet sich ein herrlich kurvenreiches Stück Asphalt in Richtung Encino Hills Drive – angeblich Jay Lenos Sonntagmorgen-Lieblingsstrecke. Die Route führt weiter nach Westen, vorbei an einigen der teuersten Immobilien der Welt, bevor sie nach Südwesten auf den Mulholland Highway abzweigt. Diese Straße wurde in den 1920er Jahren gebaut, um „die Angelenos aus der Stadt zum Meer zu bringen" und ist bei Bikern und Sportwagenfahrern gleichermaßen beliebt. Besonderes Highlight ist das 3 km lange Segment „The Snake", das in einer spektakulären 180-Grad-Haarnadelkurve an der Edwards Corner endet. In den 60er Jahren war die Strecke einer der Lieblingsorte von Steve McQueen, den er aufsuchte, um den Kopf frei zu bekommen und seine Triumph TR6 Trophy Motorräder auszufahren. **DIS**

Durch die Weingebiete Napa und Sonoma Kalifornien, USA

Start Napa
Ziel Novato
Länge 134 km
Art Kultur
Map goo.gl/1FGCPF

Die Fahrt von Napa, der Weinhauptstadt Kaliforniens, in Richtung Norden ist eine einfache und gefällige Tour durch einige der reizvollsten Landschaften der USA. Die Strecke ist äußerst beliebt und sollte daher an Sommerwochenenden besser gemieden werden, insbesondere, wenn man die Weingüter besichtigen und Verkostungen genießen möchte.

Auf dem Weg durch hübsche kleine Orte wie Yountville und St. Helena werben unzählige Schilder für diverse Weingüter und die Hänge sind mit akkurat symmetrischen Reihen von Weinreben bedeckt. Es ist eine undramatische, sehr entspannende Landschaft mit einigen bewaldeten, ländlichen Abschnitten. Ein optionaler kurzer Abstecher führt in die kleine Stadt Calistoga, wo der Geysir Old Faithful of California ungefähr alle 45 Minuten ausbricht, nach Regenfällen sogar noch häufiger.

Die Straße führt über bewaldete Hügel in das benachbarte Sonoma Valley und Richtung Süden über die Petrified Forest Road zu weiteren Weinbergen und Weingütern. Wie in Napa gibt es auch hier eine heiße Quelle. Abwechslung zu den Weingütern bietet der Abschnitt durch Petaluma, wo gut erhaltene historische Gebäude zu bewundern sind. Die Fahrt endet in Novato, zu dessen Attraktionen neben mehreren Museen auch zahlreiche Restaurants zählen, in denen man natürlich ebenfalls Weine aus Napa und Sonoma genießen kann. **MG**

49-Mile Drive
Kalifornien, USA

Start Polk Street gegenüber der City Hall, San Francisco
Ziel Polk Street gegenüber der City Hall, San Francisco
Länge 74,5km
Art Kultur
Info goo.gl/i3g8QU

Der 49-Mile Drive führt zwar nicht zu allen Sehenswürdigkeiten der Stadt an der Bay, doch wenn die Zeit nur für eine Fahrt durch San Francisco reicht, sollte es diese sein. 1938 von der Downtown Association of San Francisco geschaffen, um den Tausenden von Besuchern der Golden Gate International Exposition 1939 die Stadt zu zeigen, ist die Route heute noch genauso relevant wie damals.

Der Kurs wurde der Entwicklung der Stadt im Laufe der Jahre angepaßt. Die charakteristischen blau-weißen Wegweiser mit der Möwe führen derzeit nach Japantown, zum Union Square, nach Chinatown, in den wohlhabenden Stadtteil Nob Hill, zum Lake Merced, in den Marina District und Financial District, zum Presidio, dem Golden Gate Park, der Mission Dolores und den Twin Peaks, dann entlang des Pazifik über Ocean Beach zum herrlichen Baker Beach, wo die Golden Gate Bridge prächtig aufragt.

Die City Hall ist nur ein möglicher Start- und Zielpunkt, da es sich um eine Rundtour handelt. Der Name der Route korrespondiert nicht nur mit der Grundfläche der Stadt von 49 Quadratmeilen, sondern ehrt auch die „Miner 49ers", also die Goldgräber des Goldrausches von 1849. US-Präsident Franklin D. Roosevelt war einer der ersten, der die Strecke befuhr. Die 1955 eingeführten Möwenschilder sind mal knapp, mal im Überfluß vorhanden, doch die Sehenswürdigkeiten folgen Schlag auf Schlag. **BDS**

❶ Die Golden Gate Bridge, gesehen vom Baker Beach am Rande des Pazifiks.

Auf der Weinroute aus dem Film *Sideways* Kalifornien, USA

Start Santa Barbara **Ziel** Santa Maria **Länge** 161 km
Art Kultur **Info** goo.gl/nCNyZ8

Die Komödie *Sideways* (2004) begleitet Miles (Paul Giamatti) und Jack (Thomas Haden Church) auf einer Reise durch das Weingebiet von Santa Barbara. Aus dem Film entwickelte sich eine ganze *Sideways*-Industrie, und auch heute noch findet man *Sideways*-Führer für die Region. Einer der Drehorte änderte seinen Namen sogar in Sideways Inn.

Der exakten Route des Films zu folgen ist schwierig, da die Freunde im Film in San Diego leben, der Drehort aber Santa Barbara war. In Santa Barbara beginnt die angenehme Fahrt über den Pacific Coast Highway nach Norden zum Gaviota State Park Beach. Hier entstand die Szene, in der die Männer hinaus auf den Pazifik blicken. Weiter geht es landeinwärts in das Weingebiet und der Blick auf das Meer weicht den Weinbergen. Die Reise führt in die kleine Stadt Buellton, wo das Duo im Windmill Days Inn übernachtete und im Hitching Post II speiste. Die Freunde besuchten Solvang mit seiner ungewöhnlichen dänischen Architektur und verkosteten Weine auf den Weingütern Kalyra, Foxen und Fess Parker.

Die Tour endet in Santa Maria, im Film der Ort in San Diego, an dem Miles einen teuren Wein aus einem Pappbecher trinken muß. Die Szene wurde bei Orcutt Burgers gefilmt; das Lokal serviert allerdings in Wirklichkeit gar keinen Wein. **MG**

❶ Jack und Miles zelebrieren Wein und Freundschaft.

Steinbeck Country Kalifornien, USA

Start Monterey   Ziel San Juan Bautista   Länge 82 km
Art Kultur   Map goo.gl/dCnkEK

Der Autor John Steinbeck wurde in Salinas geboren und seine Heimat inspirierte ihn sein ganzes Leben lang. Diese Tour beginnt in Monterey, welches unter anderem in Steinbecks Roman *Die Straße der Ölsardinen* (Cannery Row, 1945) eine Rolle spielt. Heute stehen auf dem Gelände der ehemaligen Fischfabriken teure Hotels. Fans werden vor allem einen ganz besonderen Ort sehen wollen: das winzige Labor, in dem Steinbecks enger Freund, der Meeresbiologe Ed Ricketts, arbeitete.

Von der Cannery Row ist es eine kurze Fahrt entlang der Sanddünen und Strände nach Norden, bevor es ins Landesinnere Richtung Salinas geht. Schon bald erblickt man Salinas Valley, das zu den wichtigsten landwirtschaftlichen Standorten Kaliforniens zählt. In diesem flachen Tal wird so viel Gemüse angebaut, daß es den Spitznamen „Salatschüssel Amerikas" trägt. Für Steinbeck-Fans ist Salinas Valley die Kulisse für *Von Mäusen und Menschen* (1937) und *Jenseits von Eden* (1952).

Beim Stopp in Salinas bietet sich ein Besuch im National Steinbeck Center an, oder ein Mittagessen im Steinbeck House, in dem der Autor geboren und aufgewachsen ist. Der letzte Teil der Reise führt hinauf zum Fremont Peak State Park, von dessen Gipfel man einen herrlichen Blick über das Tal hat. **MG**

❶ Sonnenuntergang im Fremont Peak State Park.

Sunset Boulevard   Kalifornien, USA

Start Downtown Los Angeles   **Ziel** Pacific Coast Highway, Los Angeles   **Länge** 38 km
Art Kultur   **Map** goo.gl/ByhJz4

Gibt es einen legendäreren Straßennamen? Diese simple, tief in der westlichen Popkultur verwurzelte Straße stellt einen einzigartigen Mini-Roadtrip dar.

Mit lässig aus dem Fenster hängendem Arm und laufendem Radio im dichten Verkehr langsam durch Beverly Hills und Hollywood cruisend, fühlt man sich wie ein Statist in 100 Filmen und TV-Shows.

Der wohl coolste Teil des Boulevards ist der Sunset Strip. Hier führt die Strecke über das rauhe Pflaster West Hollywoods an riesigen bunten Plakaten, Neonschildern und einigen der bekanntesten Treffpunkten der Welt vorbei. Im Rainbow Bar and Grill geben sich seit vielen Jahrzehnten Stars die Klinke in die Hand – von Marilyn Monroe bis Lemmy von Motörhead war jeder schon hier. In der Nähe befindet sich der Viper Room, der einst Johnny Depp gehörte, sowie die Clubs Whisky a Go Go und Troubadour, die Bands wie The Doors, The Eagles und Guns N' Roses zu Ruhm verhalfen.

Auf dem Weg vorbei an wichtigen Filmstudios, Musikgeschäften, in denen Spitzenmusiker ihre Gitarren kaufen, und Restaurants mit langen Listen berühmter Gäste, wird man es sich kaum verkneifen können, die Gehwege nach Stars abzusuchen, so wie es auch die Touristen auf den Bustouren zu den Häusern der Prominenten tun. **SH**

❶ Der Nachtclub Whisky a Go Go am Sunset Strip.

El Mirage Kalifornien, USA

Start El Mirage OHV   **Ziel** El Mirage OHV   **Länge** 9,7 km
Art Kultur   **Info** goo.gl/uLk34y

Im 160 km nordöstlich von Los Angeles liegenden El Mirage tobten sich einst Kaliforniens Autofans mit ihren Hot Rods aus. Das flache Trockenseebett inmitten der Mojave-Wüste zog weniger Aufmerksamkeit der Verkehrspolizei auf sich als illegale Straßenrennen und entwickelte sich zum Treffpunkt für Zeitrennen nach offiziellen Regularien.

Die Atmosphäre ist hier ruhiger als auf den Bonneville Salt Flats in Utah, vielleicht weil der Dragstrip nur zwei Drittel so lang ist. Dennoch gibt es in der El Mirage Dry Lake Off-Highway Vehicle Recreation Area (OHV) rund 9700 Hektar knochentrockenes Seebett zu erkunden. Es existiert kein offizielles Tempolimit, aber die örtliche Polizei schaut von Zeit zu Zeit vorbei, um sicherzustellen, daß alles ordentlich abläuft und jeder eine Genehmigung am Tikket-Automaten gekauft hat. Der OHV ist nach starkem Regen häufig geschlossen, daher sollte man sich vor dem Besuch informieren.

Idealerweise fällt der Besuch mit einem der Wochenendrennen von Mai bis November zusammen, wenn viele Fans in der Wüste campen. Kein Problem, wenn man sich mit Lakestern, Streamlinern, Hot Rods und Bellytankern nicht auskennt; die Stammgäste unter den Speedfreaks brennen nur darauf, die Feinheiten ihres Sports zu erklären. **DIS**

❶ El Mirage in der Mojave-Wüste.

Death Valley Highway
Kalifornien, USA

Start Death Valley Junction
Ziel Olancha
Länge 377 km
Art Abenteuer
Map goo.gl/0f4KIi

Mit nur 60 mm Niederschlag im Jahr und Temperaturen um 49 °C ist das Death Valley wohl die extremste Landschaft, die mit dem Auto zugänglich ist. Die gewaltige Fläche von 13 650 km² ist von 480 km Highway, ebenso vielen unbefestigten Straßen und mehreren hundert Offroad-Strecken diverser Schwierigkeitsgrade durchzogen. Wer wenig Zeit hat, nimmt am besten den Death Valley Scenic Byway, der 130 km von Osten nach Westen durch einige der spektakulärsten Wüstenlandschaften des Parks führt, wobei die schneebedeckten Gipfel der Sierra Nevada die Kulisse dominieren.

Erster Stopp ist Zabriskie Point, wo sich ein herrlicher Blick auf die bizarr erodierte Landschaft bietet. Etwas weiter, kurz vor dem Furnace Creek und dem Besucherzentrum, führt ein Abstecher zur trostlosen Salzebene des Badwater Basin (dem tiefsten Punkt Nordamerikas) und zum surreal zerklüfteten Devil's Golf Course. Auf dem Rückweg zweigt von der Badwater Road der sogenannte Artist's Drive ab, der in einer landschaftlich reizvollen Schleife durch in herrlichen Farbtönen strahlende Wüstenhügel führt. Bei Beatty Junction biegen unerschrockene Abenteurer mit angemessener Bodenfreiheit nach Norden zur Goldgräberstadt Rhyolite ab – eine der am besten erhaltenen Geisterstädte im Death Valley – und kehren durch den atemberaubenden Titus Canyon zur Straße zurück. DIS

➡ Der Death Valley Highway führt durch eine Landschaft der Extreme.
➡ Die bizarr erodierten Badlands von Zabriskie Point.

Angst und Schrecken in Las Vegas Kalifornien/Nevada, USA

Start Los Angeles, Kalifornien
Ziel Las Vegas, Nevada
Länge 501 km
Art Kultur
Map goo.gl/MLmzVL

Hunter S. Thompsons Roman *Angst und Schrecken in Las Vegas: Eine wilde Reise in das Herz des Amerikanischen Traumes* (1972) basiert auf zwei Reisen des Autors von Los Angeles durch den Red Rock Canyon in Nevada nach Las Vegas. Die Panoramastraße verbindet zwei der geschäftigsten und charakterstärksten Städte der USA und führt durch einige der abgelegensten Wüstenlandschaften des Landes.

Von der Pazifikküste nach Osten fahrend, scheint es zunächst so, als würde man dem zersiedelten Los Angeles nicht entkommen können. Schließlich durchquert man jedoch die San Gabriel Mountains, die Teil der Transverse Ranges sind. Jenseits der Berge öffnet sich die weite Wüstenebene und Kakteen statt Ladenketten säumen den Weg. Das trockene Bett des Jean Lake, auf dem das legendäre Motocrossrennen Mint 400 stattfindet, über das Thompson berichten sollte, muß man gesehen haben.

Zum Ende der Reise türmen sich die Hochhäuser des Las Vegas Strip am fernen Horizont auf. Auf der To-Do-Liste für Fans des Buches (oder der Verfilmung von 1998 unter der Regie von Terry Gilliam) stehen hier die Casino-Resorts Circus Circus und Flamingo. Auf dieser Straße in die Stadt einzufahren, nachdem man die extremen Wüstenbedingungen erlebt hat, ist eine surreale Erfahrung, die erkennen lässt, daß Las Vegas, egal ob man es mag, fürchtet oder haßt, eine bemerkenswerte Stadt ist. **MG**

UFO Trail Von Kalifornien nach New Mexico, USA

Start San Diego Comic-Con, Kalifornien
Ziel Roswell UFO Museum, New Mexico
Länge 2854 km
Art Kultur
Map goo.gl/x6oaly

Für die englischen Sci-Fi-Fans Graeme und Clive sollte dies der Roadtrip ihres Lebens werden. In der Filmkomödie *Paul – Ein Alien auf der Flucht* (2011) machen sich die Helden, gespielt von Simon Pegg und Nick Frost, nach der San Diego Comic-Con in einem gemieteten Wohnmobil auf den Weg nach Roswell in New Mexico, um eine Reihe mysteriöser Orte zu besuchen, die durch Verschwörungstheoretiker, Alienjäger, UFO-Beobachter und Science-Fiction-Filme berühmt wurden.

Die meisten dieser Orte befinden sich rund um Rachel in Nevada und entlang der State Route 375, auch bekannt als „Extraterrestrial Highway". Die vorgeschlagene Tour folgt weitgehend der im Film eingeschlagenen Strecke. Über den Vasquez Rocks Natural Area Park in Kalifornien, Drehort zahlreicher Star Trek TV-Episoden führt die Route nach Süden zur berüchtigten „Black Mailbox" bei Alamo in Nevada, wo sich regelmäßig UFO-Beobachter versammeln, und es angeblich zwei bis drei Sichtungen pro Woche gibt, sowie zu den Alien-Hot-Spots Camp Verde und Apache Junction, die seit den 1950er Jahren mehrere UFO-Sichtungen gemeldet haben. Die Themenstraße richtet sich zwar vor allem an Ufologen, aber auch wer die Einsamkeit der Wüste liebt kommt auf seine Kosten. **DIS**

➲ Etwas liegt in der Luft bei Rachel in Nevada.

Easy Rider Von Kalifornien nach Louisiana, USA

Start Ballarat, Kalifornien   **Ziel** Krotz Springs, Louisiana   **Länge** 4303 km
Art Kultur   **Map** goo.gl/J3tdbL

Der coolste Film von 1969 war *Easy Rider* mit Peter Fonda und Dennis Hopper in der Rolle zweier mit Drogen handelnder Hippies, die auf ihren Harley Choppern die von kleinstädtischer Redneck-Bigotterie geprägten USA durchqueren. Der Film ist ein Kultklassiker unter Bikern, doch die Tour eignet sich ebenso gut für das Auto.

Die Reise fängt dort an, wo auch die des Duos begann, in der Geisterstadt Ballarat im Death Valley. Hier stopfte Fonda den Erlös eines großen Drogendeals in seinen Benzintank, warf seine Uhr weg und fuhr mit Hopper auf der Route 66 gen Osten. Auf der klassischen Straße bieten sich zahlreiche Retro-Diners für einen Zwischenstopp an. Die alte Route 66 ist nicht mehr vollständig befahrbar, so daß Teilstücke der Tour über moderne Highways führen. Zu den Highlights der Strecke zählt natürlich die Landschaft Arizonas, vor allem die gewaltigen Felsformationen des Monument Valley, aber auch Drehorte wie das alte Gefängnis in Las Vegas, in dem die Freunde über Nacht eingesperrt waren, und die Manby Hot Springs in New Mexico, wo sie mit zwei Mädchen nackt badeten. Schließlich führt ein ruhiger Abschnitt der US Route 105 zu der Stelle westlich von Baton Rouge, an der die Helden von einem Lkw-Fahrer erschossen wurden. **SH**

❶ In den Reifenspuren von Fonda und Hopper.

Salmon River Scenic Byway Idaho/Montana, USA

Start Stanley, Idaho   Ziel Darby, Montana   Länge 312 km
Art Landschaft   Map goo.gl/xbFXDG

Diese vielbeachtete Panoramastraße führt auf dem Weg von den schroffen Sawtooth Mountains zum dicht bewaldeten Bitterroot Valley durch vulkanische Wüstencanyons und einige der schönsten Landschaften im Hinterland von Idaho und Montana.

Der wilde Charakter dieser Ecke Nordamerikas zeigt sich entlang des Salmon River, Idahos größtem Fluß, der als tosendes Wildwasser durch die bewaldeten Schluchten prescht. Unterwegs erfährt man ganz nebenbei einiges über die Geschichte des lokalen Bergbaus, die Pelztierjagd und die Kultur der indianischen Ureinwohner.

Hier leben Hirsche, Elche, Otter und die Fische, die dem Fluß seinen Namen gaben. Früher waren es so viele, daß es der Legende nach möglich war, auf dem Rücken der Lachse den Fluß zu überqueren. Heute muß man den Laichplatz bei Indian Riffles besuchen, um sicher zu sein, daß man überhaupt welche sieht.

Die Straße verläuft durch Forstgebiete und Geisterstädte aus der Zeit des kurzen Goldrausches im 19. Jahrhundert und endet auf dem 2132 m hohen Lost Trail Pass im Gebirge Montanas.

Wunderbare Wanderwege zweigen immer wieder von der Route ab und einige heiße Quellen laden zum Entspannen ein. **SH**

◐ Der Hells Canyon am Salmon River.

Sawtooth Range Scenic Drive Idaho, USA

Start Shoshone **Ziel** Stanley **Länge** 203 km
Art Landschaft **Map** goo.gl/FMh3XI

Ob Ernest Hemingways Lieblingslandschaften oder Clint Eastwoods favorisiertes Skigebiet – die Höhepunkte dieser Route ziehen seit Jahrzehnten die Stars an. Hemingway liebte die Sawtooth Range so sehr, daß er verfügte, in der Stadt Ketchum begraben zu werden. Im nahe gelegenen Sun Valley genießen nach wie vor die Reichen und Berühmten – von Clark Gable und Errol Flynn bis Demi Moore – die exklusiven Geschäfte, Skihütten und Hotels, sowie die Wellnessoase The Spa.

Auch wenn schicke, wohlhabende Ortschaften die Route säumen, mäandert sie doch vorwiegend durch die Wildnis, hoch in die Sawtooth Mountains, vorbei an wunderschönen Lachs- und Forellenbächen, heißen Badequellen und Lavahöhlen.

Die Panoramastraße beginnt im Herzen von Idahos Magic Valley in der alten Eisenbahnstadt Shoshone, deren Vulkanhöhlen selbst im Sommer eisig kalt bleiben, und führt an Seen, Wäldern und Hügeln vorbei zu den schroffen, schneebedeckten Gipfeln der Sawtooth Range. Es gibt Goldgräbergebiete der 1860er Jahre und tiefe Schluchten zu erkunden, und im Sommer laden heiße Quellen und Strände zum Baden ein. Beim Schwimmen im Redfish Lake genießt man einen herrlichen Ausblick auf den Gipfel des 3139 m hohen Mount Heyburn. **SH**

❶ Der Redfish Lake und Mount Heyburn.

Northwest Passage Scenic Byway Idaho, USA

Start Lewiston   Ziel Lolo Pass   Länge 279 km
Art Kultur   Map goo.gl/mzqLrI

Diese Panoramastraße folgt den Spuren von Meriwether Lewis und William Clark, den ersten europäischen Pionieren im Nordwesten der Vereinigten Staaten im 19. Jahrhundert.

Mehr als 200 Jahre nachdem sich die Pioniere durch die unkartierten Flüsse, Canyons und Berge von Idaho gekämpft hatten, wurde ihre Route zum offiziellen US Scenic Byway, also zu einer der attraktivsten Straßen der USA erklärt.

Auf einem Streckenabschnitt durch das Reservat der Nez Percé erinnert vieles an den kurzen Krieg dieses Volkes gegen die US-Armee.

Die Landschaft der Region hat sich kaum verändert, seit Lewis und Clark sie durchquerten, doch heutige Reisende genießen den Vorteil, auf dem US Highway 12 deutlich schneller voranzukommen.

In den Besucherzentren erfährt man mehr über die Schwierigkeiten der Lewis-und-Clark-Expedition. So verbrachten sie im Canoe Camp Tage damit, Kanus aus Pinienstämmen zu schnitzen, um auf dem Clearwater River nach Westen paddeln zu können. Heute erleichtert eine mehrspurige Straße die Reise.

Der Byway folgt dann dem Weg, auf dem Lewis und Clark von einer Indianerin zu Fuß durch tiefen Schnee zum Gipfel des Lolo-Passes auf 1595 m Höhe geführt wurden. **SH**

❶ Der Lochsa River im Clearwater National Forest.

Las Vegas Strip Byway
Nevada, USA

Start Frank Sinatra Drive
Ziel Fremont Street
Länge 10,5 km
Art Landschaft
Info goo.gl/2FcLB

Diese einzigartige Tour führt über den im Neonlicht strahlenden legendären Las Vegas Strip – berühmt aus unzähligen Filmen wie *Ocean's Eleven* (1960 und 2001), *James Bond 007 – Diamantenfieber* (1971) und *Jason Bourne* (2016). Je nach Verkehrsaufkommen dauert die Fahrt weniger als 10 Minuten, aber was für 10 Minuten! Man möchte gleich danach eine Kehrtwendung machen und alles noch mal ansehen. Und danach noch einmal. Am attraktivsten wirkt die Strecke natürlich bei Nacht, wenn die Neonlichter leuchten, oder noch besser zur magischen Stunde, kurz nach Einbruch der Dunkelheit.

Die Route beginnt am Frank Sinatra Drive und endet in der Fremont Street im „historischen" Teil der Stadt. Der offiziell South Las Vegas Boulevard genannte Strip ist eine Ansammlung von Skurrilitäten wie die zur Musik tanzenden Fontänen des Hotel Bellagio, die halbgroße Kopie des Eiffelturms, die Kanäle, Gondeln und der Dogenpalast des Venetian Resort Hotels, die Piratenshow im Treasure Island und der 350 m hohe Stratosphere Tower. Mit dem modernen Glanz verwoben sind ältere Hotels und Casinos wie Harrah's, Caesars Palace und Flamingo. Kommt man aus der Wüste nach Las Vegas, wird die schiere Unwahrscheinlichkeit des Ganzen erst richtig deutlich. Wie kann dieser Ort überhaupt existieren? Die Antwort: durch vorteilhafte Gesetzgebung und die Liebe zum Geld. **DK**

◐ Der Las Vegas Strip.
❶ Die Berge auf der westlichen Seite der Stadt.

Valley of Fire Highway
Nevada, USA

Start Crystal
Ziel Northshore Road
Länge 38 km
Art Landschaft
Map goo.gl/CRJT4z

Tief in der Mojave-Wüste, nordöstlich von Las Vegas, findet man eine Straße, die offenkundig in die Wildnis führt. Nach 40 km auf der pfeilgeraden Interstate 15 durch die Wüstenebene biegt man rechts auf eine der dramatischsten Straßen Nevadas ab.

Der Valley of Fire Highway führt in schwungvollen Kurven, die mit jedem Fahrzeug Freude bereiten, durch die staubige Wüste in die Berge. Der Highway verläuft teilweise um den Valley of Fire State Park herum, und nimmt man ein Stück der Interstate 15 hinzu, kann man ihn ganz umrunden.

Bald führt die Straße in den State Park, der mit spektakulär erodierten, strahlend roten Sandsteinformationen gesprenkelt ist. Diese fast unwirkliche Landschaft ist ein Favorit der Location-Scouts Hollywoods; so wurden etwa die Mars-Szenen aus *Total Recall* (2012) nahezu vollständig hier gedreht.

Bei einer Pause im Besucherzentrum erfährt man mehr über die Geologie der Sehenswürdigkeiten. Von hier aus zweigen verschiedene Wanderwege in die Canyons ab. Der interessanteste führt zu einer Klippe, die mit indianischen Malereien bedeckt ist.

Die Fahrbahn wird nun schmaler und kurviger und quetscht sich zwischen surrealen Wirbeln, Streifen, Bögen und Türmen aus blutroten Felsen hindurch. So sehr man auch Autofahrer oder Biker sein mag, hier ist es fast unmöglich, nicht ständig zum Fotografieren anzuhalten. **SH**

Red Rock Canyon Loop
Nevada, USA

Start 3205 NV-159
Ziel 3205 NV-159
Länge 21 km
Art Lanschaft
Info goo.gl/JWYjq

Nur wenige Kilometer westlich der glitzernden Showstadt Las Vegas ermöglicht dieser unglaubliche Ort eine unvergeßliche Fahrt durch ein geologisches Wunder.

Der Red Rock Canyon Loop führt durch eine farbenfrohe, felsige Gegend in einer National Conservation Area inmitten der Mojave-Wüste in Nevada.

Es gibt zahlreiche Wanderwege, Kletterrouten und Touren in dieser Gegend, doch hier soll es um die Red-Rock-Panoramastraße gehen, eine 20 km lange, asphaltierte Einbahnstraße. Die Tour durch die Conservation Area, die eine kleine Gebühr von wenigen Dollar kostet, ist gespickt mit Parkplätzen und Wanderwegen, die zu weiteren Erkundungen einladen. Das Besucherzentrum informiert über die Geologie der Farben und Felsformationen und bietet natürlich im angeschlossenen Andenkengeschäft Souvenirteller und Baseballmützen zum Kauf an.

Diese Route läßt den Kommerzrummel der Stadt vergessen und ist ein großartiges Gegenmittel gegen die Exzesse in Vegas. Riesige Sandsteinfelsen ragen aus der ariden Wüste empor und bunte Mineralablagerungen färben die nackten Felsen mit einem schillernden Streifenmuster aus Rot, Orange und Braun. Dieses Naturschauspiel ist dezenter als die bunten Lichter des Las Vegas Strip, dafür existiert es schon eine ganze Weile länger: 190 Millionen Jahre, den Geologen zufolge. **SH**

Route 50 – Die einsamste Straße Amerikas
Nevada, USA

Start Ely
Ziel Fernley
Länge 459 km
Art Abenteuer
Map goo.gl/5aR8We

Der ungewöhnliche Beiname der Route 50 beruht auf einem Artikel des *LIFE*-Magazins, der der Straße in Nevada 1986 abschätzig den Titel „die einsamste Straße Amerikas" verlieh. Die Tourismusbehörde des Staates griff diesen jedoch begeistert auf, da sie darin Vermarktungsmöglichkeiten sah. Und ganz offensichtlich übt die Einsamkeit der Straße eine besondere Anziehungskraft auf den menschlichen Geist aus. Hier gibt es keinen Retro-Kitsch wie auf der Route 66. Hier ist man ganz auf sich allein gestellt; es ist die Art von Straße, die man fährt, wenn man alles hinter sich gelassen hat. Von Ely im Osten bis nach Fernley im Westen führt die Route 50 im kargen Nevada an neun Städten, einer Handvoll Tankstellen, einigen verlassenen Goldgräbercamps und ein paar einsamen Kojoten vorbei. Sonst nichts.

Die Straße führt durch das Große Becken, das größte endorheische Einzugsgebiet der USA, ein Gewässersystem ohne Abfluß in den Ozean. Auf der ereignislosen Strecke über glatten Asphalt bewegt sich die Tachonadel nur allzu leicht nach oben. Man passiert Austin, das sich als „lebende Geisterstadt" bezeichnet, und Eureka mit seinem deplaziert wirkenden Opernhaus. Es gibt keine Restaurantketten, keine Touristenfallen. Nichts als Wüste, Berge und die Straße. Und Schilder wie: „Willkommen in Middlegate. Mitten im Nirgendwo. Höhe 4600 Fuß. Bevölkerung 17 (ehemals 18)". **BDS**

❶ Ein Abschnitt der „einsamsten Straße Amerikas" zwischen Fallon und Austin in Nevada.

Silver State Classic Challenge
Nevada, USA

Start Lund
Ziel Hiko
Länge 145 km
Art Kultur
Info goo.gl/aSiSeN

Dieser etwas andere Roadtrip durch die weite, offene Wüstenlandschaft Nevadas bietet die Möglichkeit, in die hochoktane Welt des Motorsports hineinzuschnuppern. Zweimal im Jahr, im Mai und September, findet hier die Silver State Classic Challenge statt – ein 145 km langes Zeitfahren auf einem Abschnitt der Route 318 zwischen Lund und Hiko. Nach der Registrierung in Las Vegas findet im Rennhauptquartier in Ely die traditionelle Pre-Event-Party statt, an der Veteranen, prominente Fahrer und nervöse Neulinge gleichermaßen teilnehmen.

In der stärksten Klasse stellen Profi-Fahrer neue Rekorde auf öffentlichen Straßen von bis zu 338 km/h auf. Es gibt aber auch Anfängerklassen, die jedem gesetzestreuen Führerscheininhaber ab 18 Jahren mit einem normalen Straßenfahrzeug offenstehen. Statt um reine Geschwindigkeit geht es für Anfänger darum, ein konstantes Tempo zwischen 150 und 240 km/h beizubehalten, um die 90-Meilen-Marke zu präzisen Zielzeiten zu überqueren. Ein Großteil der Strecke ist kurvenlos, doch einige technisch anspruchsvolle Abschnitte fordern höchste Konzentration von den Fahrern, darunter eine 4,8 km lange Schlucht mit dem Spitznamen „The Narrows". In einer Welt voller Sicherheitsrestriktionen wirkt die Silver State Classic Challenge wie ein Relikt aus einer vergangenenen Zeit. Man sollte sie absolvieren, solange dies noch möglich ist. **DIS**

❶ Ein Streckenabschnitt bei Sonnenaufgang – die beste Zeit für diese Route, vor der Hitze des Tages.

Dead Horse Point Scenic Byway
Utah, USA

Start Crescent Junction
Ziel Grand View Point Overlook
Länge 109 km
Art Landschaft
Map goo.gl/d235me

Der Dead Horse Point Scenic Byway führt 56 km auf der SR-313 durch Utahs herrlich rotglühende Felslandschaft. Sein makabrer Name stammt aus einer Zeit, als Cowboys das Gebiet als riesiges natürliches Gehege für wilde Mustangherden nutzten und viele Tiere die rauhen, trockenen Bedingungen nicht überlebten. Heute ist die Gegend besser bekannt als Drehort für die dramatischen Schlußszenen von Ridley Scotts *Thelma & Louise* (1991).

Nach 14,5 km auf glattem, geschwungenem Asphalt durch rotbraune Sandsteinfelsen erreicht man die Abzweigung zum Dead Horse Point. Die Straße schlängelt sich 610 m hoch über dem Colorado River durch den Canyonlands-Nationalpark.

Nach den obligatorischen Selfies geht es zurück auf die SR-313 und weiter durch die Wüste, vorbei an hoch aufragenden Spitzkuppen und bröckelnden Felsgipfeln, zum Zielpunkt der Reise, dem in der weitläufigen Hochebene Island in the Sky gelegenen Grand View Point Outlook auf 457 m Höhe.

Bewaffnet mit einer in den Besucherzentren erhältlichen Karte, läßt sich die Route beliebig um Dutzende malerische Nebenstraßen und haarsträubende Jeep-Trails erweitern. Wer schwindelfrei und mit einem Geländewagen sowie Nerven aus Stahl ausgerüstet ist, kann sogar den Shafer Canyon Trail in Angriff nehmen, der sich die Klippen hinunter zum Colorado River schlängelt. **DIS**

❶ Die Wege zum Dead Horse Point sind nicht weniger spektakulär als der Gipfel selbst.

Bicentennial Highway Utah, USA

Start Blanding   **Ziel** Hanksville   **Länge** 202 km
Art Landschaft   **Info** goo.gl/PQusCC

Dieser 1976 zum 200. Jahrestag der Unabhängigkeit der USA eröffnete Highway hat Berge und Canyons, Wüsten und natürliche Felsbrücken zu bieten.

Vor Fahrtantritt in Blanding lohnt sich ein Besuch im Edge of the Cedars State Park Museum, einer archäologischen Stätte, die einst von den in weiten Teilen des Südwestens der USA verbreiteten Pueblo-Indianern besiedelt war. Gleich hinter Blanding findet man sich in einer offenen Wüstenlandschaft wieder, doch schon bald bahnt sich die Straße schlängelnd einen Weg durch die Berge, die den Reisenden über weite Strecken begleiten werden.

An einer Gabelung zweigt rechts ein kurzer Abstecher zum Natural Bridges National Monument ab. Hier lebten vor etwa 700 bis 1300 Jahren die Vorfahren der modernen Pueblo-Indianer. Unter den verblüffenden Felsformationen befinden sich drei natürliche Felsbrücken, die Kachina-, Owachomo- und die Sipapu-Brücke, die eine der weltweit größten Formationen dieser Art ist.

Im weiteren Verlauf überquert die Straße im Leprechaun Canyon den Colorado River und führt danach durch Utahs archetypische rote Felslandschaft in die kleine Stadt Hanksville. An der ungewöhnlichen in die Felsen gehauenen Tankstelle Hollow Mountain lohnt sich ein Tankstopp. **MG**

❶ Der Bicentennial Highway im Glen Canyon.

Flaming Gorge National Scenic Byway Utah, USA

Start Flaming Gorge Dam Visitor Center **Ziel** Manila **Länge** 72 km
Art Landschaft **Map** goo.gl/OMSTkb

Als 1958 mit dem Bau des Flaming Gorge Dam begonnen wurde, durchquerten nur ausgetretene Maultierpfade das östliche Uinta-Gebirge. Der 153 m hohe Damm über den Green River machte die Gegend besser zugänglich und ermöglichte moderne Highways, die dazu beitrugen, diese herrliche Region zu einem der wichtigsten Freizeitziele Utahs an den Ufern des 17 000 Hektar großen Süßwasserreservoirs zu entwickeln.

Das Besucherzentrum am Flaming Gorge Dam informiert über die kolossale Ingenieursleistung und bietet ganzjährig kostenlose Führungen an. Auf dem Highway 191 geht es dann durch die Wälder nach Südwesten zum Camperworld-Pine Forest Park, bevor die Straße an der Greendale Junction auf den Highway 44 trifft. Im Westen führt ein kurzer Abstecher zum Red Canyon Visitor Center, hoch über dem aufgestauten Green River, wo Ranger gern auf nistende Raubvögel oder grasende Dickhornschafe hinweisen. Zurück auf dem Highway 44 geht es durch zwischen Dowd Mountain und Windy Ridge eingebettete bewaldete Täler weiter nach Westen zum Sheep Creek Geological Loop. Diese 16 km lange, nur teilweise asphaltierte Straße führt durch die bizarren Felsformationen des Uinta Crest Fault. Die Reise endet in der ruhigen Stadt Manila. **DIS**

❶ Die Flaming Gorge National Recreation Area.

Utahs Scenic Byway 12
Utah, USA

ⓘ Einige der beeindruckenden Felsformationen, die den Scenic Byway 12 säumen.

Start Panguitch
Ziel Torrey
Länge 200 km
Art Landschaft
Info goo.gl/HwIU8

Diese Reise führt durch Zeit und Raum, also nur keine Eile. Es brauchte Zeit, Meeresböden auszutrocknen und Gestein zu bunten Kuppen und Hochebenen zu erodieren. Es brauchte Zeit, bis durch Wind und Regen aus Navajo-Sandsteinbergen winzige, runde Gesteinsklumpen wurden. Und es brauchte Zeit, bis Eis und Schwerkraft die Hoodoos des Bryce Canyon schufen. Auf Utahs Scenic Byway 12 sollte man also das Tempolimit beachten. Und dann halbieren. Denn nichts hatte hier je Eile.

Unter all den Straßen in diesem Buch ist dies eine der großartigsten. Sie führt zum Red Canyon im Dixie National Forest, zum Grand Staircase-Escalante National Monument, zum Kodachrome Basin State Park und zum Capitol Reef National Park. Auf der Strecke liegt der wunderschöne Boulder Mountain, winzige unerwartete Slot Canyons wie Spooky Gulch und der unglaubliche Hogback.

Man wird leicht von einem Strudel von Panoramen überwältigt und kann dem Drang, hineingezogen zu werden, nicht widerstehen. Man möchte die Route verlassen und die zahlreichen Landstraßen mit einladenden Namen wie Hell's Backbone erkunden. Doch sollte das Fahrzeug den Anforderungen gewachsen sein – Allradantrieb und viel Bodenfreiheit sind auf mancher Nebenstaße notwendig. Und auch auf das GPS sollte man sich nicht ausschließlich verlassen. **BDS**

Kolob Terrace Road
Utah, USA

Start Virgin
Ziel Lava Point Overlook
Länge 33,8 km
Art Landschaft
Info goo.gl/rligLf

Die Kolob Terrace Road ist ein Band aus rotem Asphalt, das sich durch die rauhe Schönheit des Zion-Nationalparks im Südwesten Utahs fädelt. Von der kleinen Stadt Virgin steigt die Straße stetig auf über 2500 m Höhe zum Kolob Reservoir an. Auch bei bestem Wetter ist die Straße starken Winden ausgesetzt, bei Dunkelheit oder Regen sollte man sie meiden, im Winter ist sie unpassierbar. Die beste Reisezeit ist Juni bis Oktober, dann ist die Fahrt am einfachsten und die Landschaft am schönsten. Außerhalb dieser Zeit muß man mit Schneefällen rechnen und es wird ein Allradantrieb empfohlen.

Die landschaftlich reizvolle Fahrt ist beliebt bei Naturliebhabern, vor allem bei Vogelbeobachtern und abenteuerlustigen Wanderern, die die verschiedenen Trails entlang der Route erkunden. Besonders populär ist The Subway, ein schmaler, tunnelartiger Slot Canyon im North Fork Park of the Virgin River. Genehmigungen sind erforderlich und auf 80 Besucher pro Tag begrenzt. Verschiedene andere Wege führen in die grüne Landschaft des Nationalparks und hinauf zu den spektakulären Felsspitzen, die die Kolob Terrace Road säumen.

Zurück auf der Straße geht es weiter zum Lava Point, von dem aus man das Cedar Breaks National Monument, die dramatischen Pink Cliffs und die steile Schlucht The Narrows sehen kann. In der Nähe befindet sich ein einfacher Campingplatz. **DS**

❶ Gut, daß die Strecke so einfach zu fahren ist, denn es ist schwer, sich in dieser schönen Landschaft auf die Straße zu konzentrieren.

Moki Dugway
Utah, USA

Start Fry Canyon
Ziel Mexican Hat
Länge 93 km
Art Abenteuer
Info goo.gl/Ol1pxS

Der Moki Dugway wurde 1958 von der Minengesellschaft Texas Zinc Minerals in die Seite des Cedar Mesa Plateaus gehauen, um im Fry Canyon abgebautes Uranerz zur Aufbereitung nach Mexican Hat zu transportieren. Der Moki Dugway ist ein 4,8 km langer Abschnitt der ansonsten asphaltierten Utah State Route 261 in San Juan County. Die engen Serpentinen sind auf- und abwärts eine wilde Fahrt. Oben auf der Mesa führt eine unbefestigte Straße zum Muley Point, einem beliebten Picknickplatz mit Blick auf die Canyons des San Juan River.

Der Moki Dugway war bereits Thema der Doku-Serie *Hell Roads – Die gefährlichsten Straßen der Welt* von Discovery Channel und ist nur für mutige Fahrer geeignet. Es gibt keine Leitplanken, und die Strecke eignet sich nicht für Fahrzeuge länger als 8,4 m oder schwerer als 4500 kg. Sicherlich ist mehr Vorsicht geboten, wenn man die 11prozentige Steigung hinunterfährt als hinauf, man sollte sich aber nicht davon einschüchtern lassen, daß der schmale Schotterpfad in 4,5 km um 335 m abfällt. Stattdessen sollte man sich genügend Zeit nehmen, an den gut plazierten Aussichtspunkten anzuhalten und die atemberaubenden Ausblicke ringsherum zu genießen, denn diese wunderbare Straße ist eine einmalige Attraktion, die buchstäblich aus dem amerikanischen Westen herausgegraben wurde. **BDS**

Shafer Canyon Trail
Utah, USA

Start Moab
Ziel Shafer Canyon Road
Länge 10 km
Art Abenteuer
Map goo.gl/JiqhZI

Ursprünglich in den 1950er Jahren von der Atomenergiekommission der USA gebaut, die diese Region während des Höhepunkts des Kalten Krieges nach Uran absuchte, werden die verbleibenden Zufahrtsstraßen, die sich an den Wänden des Canyons festzuklammern scheinen, nun von Nervenkitzel suchenden Offroad-Abenteurern genutzt.

Von der Island in the Sky Road winden sich unerbittliche Serpentinen abwärts: Auf der einen Seite füllen steile, rote Sandsteinfelsen das Blickfeld aus, und auf der anderen Seite stören keinerlei Leitplanken den atemberaubenden Ausblick über den Canyonlands-Nationalpark. Unten angekommen gönnt man sich am besten eine Verschnaufpause, um die Nerven zu beruhigen und die Bremsen abkühlen zu lassen. Am Ende der Route kann man die für ihre prähistorischen Kunstwerke und Petroglyphen berühmte alte Potash Road erkunden. Offroader auf der Suche nach mehr machen einen Abstecher zur nahe gelegenen White Rim Road.

Trotz unbefestigter Abschnitte, Steigungen, sandiger Böden und tiefer Spurrillen gilt die Strecke nicht als technisch anspruchsvoll. Trotzdem ist ein Geländewagen mit Low-Range-Getriebe und guter Bodenfreiheit die beste Wahl. Man sollte außerdem für den Notfall zusätzliche Vorräte, Treibstoff und Wasser mitnehmen und vor allen Dingen die Kamera nicht vergessen. **DIS**

White Rim Trail
Utah, USA

Start Potash Road, Moab
Ziel Mineral Canyon Road, Moab
Länge 116 km
Art Abenteuer
Map goo.gl/8q6zlE

Utah ist zwar durchzogen von Scenic Byways – zum Neid vieler anderer Bundesstaaten – doch jedes Jahr strömen hartgesottene Offroader auf der Suche nach einer echten Herausforderung vor allem zu diesem abgelegenen Ort auf dem White Rim Sandstone unterhalb der Island in the Sky Mesa, einer riesigen Hochebene im Süden Utahs. Aufgrund steiler Abfahrten und Steigungen sowie tief eingegrabener Spurrillen ist die Straße nur mit leistungsfähigen Geländewagen mit viel Bodenfreiheit befahrbar.

Um das Wildniserlebnis zu erhalten, werden täglich maximal 50 Genehmigungen für motorisierte Fahrzeuge erteilt, und Besucher dürfen nur auf einem der zehn offiziellen Campingplätze übernachten. Die Reise dauert zwei Tage oder länger, je nachdem, ob man sich von Nebenstraßen, Wanderwegen und versteckten Slot Canyons ablenken läßt. Fotografen werden in diesem verlassenen Wunderland verwöhnt, doch das Fotomotiv schlechthin ist natürlich der Sandsteinbogen Mesa Arch.

Obwohl die White Rim Road als „moderat" eingestuft wird, hat sie einige knifflige Abschnitte: Murphy's Hogback, die Mineral-Bottom-Spitzkehren und den heimtückischen Aufstieg zum Hardscrabble Hill. Schlüssel zum erfolgreichen Roadtrip ist hier die Vorbereitung: Man sollte sich bewußt sein, daß es unterwegs kein Trinkwasser gibt und der Abschleppdienst $1000 kosten kann. **DIS**

❶ Die hufeisenförmige Route führt am Rand der roten Felsschluchten entlang.

Amerika • USA | 109

Bonneville Speedway
Utah, USA

Start Wendover
Ziel Wendover
Länge 64 km
Art Kultur
Info goo.gl/mOmDUu

Zwei Stunden westlich von Salt Lake City an der Interstate 80 liegen Utahs einmalige Bonneville Salt Flats. Die 16 km lange Strecke des Speedways wird jeden Sommer neu markiert und zieht Jahr für Jahr im August Rennfahrer und Zuschauer des gesamten Kontinents an, um an den Dragsterrennen der Speed Week teilzunehmen. Die hochoktane Atmosphäre der Veranstaltung wurde im 2005 gedrehten Film *Mit Herz und Hand*, den man sich unbedingt zuvor ansehen sollte, wunderbar eingefangen.

Motorsport gibt es hier schon fast so lange wie Autos und Motorräder, doch erst die erbitterte anglo-amerikanische Rivalität, die 1935 Sir Malcolm Campbells Rekord von 484,620 km/h mit seinem Blue Bird einleitete, festigte Bonnevilles Ruf als Wiege der Geschwindigkeitsrekorde.

Wenn die Flats gerade nicht für Rennen oder Auto-Werbefilme gebraucht werden, hat man die Strecke weitestgehend für sich. Doch verläßt man den Kurs, riskiert man, in Bereiche zu fahren, in denen die Salzkruste zu dünn ist und unter dem Gewicht des Fahrzeugs bricht, so daß man einen teuren Abschleppdienst benötigt. Die Salzschicht variiert zwischen 1,5 m und nur 2,5 cm Dicke und kann mit weniger als der Hälfte der Griffigkeit von Asphalt auch überraschend glatt werden. **MG**

● Die Bonneville Salt Flats während der Speed Week.

Trail of the Ancients
Utah/Colorado, USA

Start Bluff, Utah
Ziel Durango, Colorado
Länge 301 km
Art Kultur
Map goo.gl/YrXwJu

Diese Reise führt zu den Four Corners, dem einzigen Punkt, an dem sich vier US-Bundesstaaten treffen: Arizona, Utah, Colorado und New Mexico. Interessant ist diese abgelegene Region aber vor allem wegen der bemerkenswerten Konzentration historischer Fundorte. Die zahlreichen archäologischen Stätten entlang der Route gehen auf die Anasazi zurück, eine alte Pueblo-Zivilisation, die die Region von 200 bis 1300 n. Chr. bewohnte. Es handelte sich um eine hochentwickelte, landwirtschaftlich geprägte Gemeinschaft, die komplexe Felswohnungen errichtete, deren gut erhaltene Überreste auf dieser Panoramastraße zu sehen sind.

Bei Bluff gibt es vier Hauptfundstätten, darunter eine Gruppe von seltsam geformten Steintürmen, die Teil des Hovenweep National Monument sind. Außerhalb von Pleasant View liegt das um 1060 erbaute Lowry Pueblo, das bis zu 100 Einwohner beherbergte. Im Anasazi Heritage Center in Dolores sind dekorierte Töpferwaren und andere Artefakte von den verschiedenen Fundorten zu sehen. Der Mesa Verde Nationalpark ist ein UNESCO-Weltkulturerbe mit Hunderten von Felswohnungen. Abgesehen von der Rundfahrt sollte man sich zumindest einige der Führungen durch die wichtigsten Stätten – Cliff Palace, Balcony House und Long House – gönnen. Die Fahrt endet in Durango, der Endstation einer Schmalspurbahn. **DK**

Monument Valley
Arizona/Utah, USA

Start Kayenta, Arizona
Ziel Bluff, Utah
Länge 122 km
Art Landschaft
Info goo.gl/xkPR6a

Es gibt kaum eine natürliche Skyline, die leichter zu erkennen ist als die des Monument Valley. Die Silhouette der riesigen Sandsteinfelsen inmitten der Wüste ist sofort erkennbar, verewigt in unzähligen Wildwestfilmen. Es ist die archetypische Landschaft des Great American West. Und das beste daran ist, daß man dort draußen zwischen den gewaltigen Felsenstapeln tatsächlich herumfahren kann. Monument Valley ist mit nur 13 km² nicht groß, aber als Roadtrip ein unvergeßliches Erlebnis. Der Weg dorthin ist nicht ganz einfach, denn das Tal erstreckt sich in der Four-Corners-Region über die Grenze zwischen Arizona und Utah und liegt innerhalb des halbautonomen Territoriums der Navajo Nation Reservation.

An der Einfahrt zur Zufahrtsstraße des Tals am Highway 163 befindet sich ein Besucherzentrum, in dem man das nötige Ticket kauft, bevor es auf einer 27 km langen unbefestigten Straße durch die Mitten Buttes geht, deren höchster fast 300 m hoch ist. Obwohl sie nicht befestigt ist, ist die Straße gut befahrbar – in einer Limousine machbar, in einem SUV natürlich einfacher. Das schönste Licht bietet das Monument Valley in der Morgen- oder Abenddämmerung. Übernachten kann man vor oder nach der Reise in Kayenta. **DK**

➡ Sonnenaufgang über dem Monument Valley.

Grand Canyon Scenic Loop
Arizona, USA

Start Flagstaff
Ziel Flagstaff
Länge 351 km
Art Landschaft
Map goo.gl/cuOAtZ

Es gibt viele Möglichkeiten, den Grand Canyon zu erkunden, etwa mit dem Hubschrauber oder mit dem Boot auf dem Colorado River, doch die beste Option ist eine gut geplante Autofahrt. Tatsächlich schleicht sich der Grand Canyon beim Fahren fast an. Plötzlich ist er da: riesig und tief und unwahrscheinlich. Man sollte mindestens zwei Tage für die Reise einplanen und in einem der Hotels im Grand Canyon Village (nicht in Tusayan) übernachten, die nur wenige Gehminuten vom Rand des Canyons entfernt sind. Frühaufsteher genießen den Sonnenaufgang über dem Canyon, wenn tiefe Schatten den Fels hochdramatisch wirken lassen. Mit etwas Glück sieht man sogar einige der zahlreichen wilden Hirsche.

Die landschaftlich reizvolle Rundfahrt beginnt in Flagstaff an der Route 66 und führt nach Norden durch dicht bewaldete Landschaft zum Rand des Canyons, dem sie etwa 15 km folgt. Mehrere Aussichtspunkte laden zum Anhalten ein. Die Route führt dann vom Canyon weg zurück nach Flagstaff. Finige andere Attraktionen in der Gegend sind einen Abstecher wert, wie die archäologischen Stätten Wupatki National Monument und Walnut Canyon National Monument mit Felsbehausungen der Pueblo-Stämme aus dem 12. Jahrhundert. **DK**

⊙ Navahopi Road in Richtung Grand Canyon.

Red Rock Scenic Byway
Arizona, USA

Start Sedona
Ziel Interstate 17
Länge 24 km
Art Landschaft
Info goo.gl/mGbJGb

Es ist ein seltsamer Gedanke, daß man vor einigen Millionen Jahren gar nicht durch das Red Rock Country in der Region Sedona in Arizona hätte fahren können, denn dieses ganze Areal war einst ein prähistorisches Meer, welches das Eisenerz hinterließ, das den Felsen ihre unverwechselbare rote Farbe verleiht.

Etwa 160 km nördlich von Phoenix durchquert der Red Rock Scenic Byway (Arizona State Route 179) die ungewöhnliche Landschaft mit den riesigen Türmen aus gezackten roten Felsen, die fast marsianisch anmuten. Die einzigartige Landschaft und Geologie haben der Route 2005 die Bezeichnung „All-American Road" eingebracht, ein begehrter Titel, der dem Reisenden signalisiert, daß die Straße „ein Ziel für sich selbst" ist.

Der kürzlich erneuerte Straßenbelag ist nun für alle Fahrzeugtypen geeignet. Entlang der kurzen Mäander durch den Coconino National Forest warten einige faszinierende Sehenswürdigkeiten, wie etwa die Chapel of the Holy Cross, die in einem der roten Felsmassive errichtet wurde. Bell Rock Vista mit seiner wunderbaren Aussicht über das Tal ist beliebt bei Fotografen. Der Red Rock Scenic Byway ist nur wenige Kilometer lang, doch man kann leicht einen ganzen Tag damit verbringen, immer wieder anzuhalten, um die Landschaft zu bewundern und die Wanderwege zu erkunden. **JI**

Von Globe nach Show Low
Arizona, USA

❶ Die Sonne geht über dem Fool Hollow Lake State Park bei Show Low in Arizona, auf.

Start Globe
Ziel Show Low
Länge 142 km
Art Landschaft
Map goo.gl/SXbaPS

Diese Route führt den Reisenden auf einer relativ kurzer Strecke von heißen, ariden Halbwüsten zu kühlen, klaren Berglandschaften, vorbei an zahlreichen Relikten von mindestens drei Gruppen präkolumbischer Bewohner der heutigen USA. Von Globe, einer alten Postkutschenstadt etwa 144 km östlich von Phoenix, der Hauptstadt des Bundesstaates Arizona, führt der Highway 60 nordwärts durch den Tonto National Forest in das Herz des Apachengebietes. Im San Carlos Apache Reservat gibt es ein Kulturzentrum und ein Casino. Die Straße fällt dann in einer Reihe von Kehren 600 m in den Salt River Canyon ab, wo die Felskunst am Hieroglyphic Point von der menschlichen Besiedlung seit 1000 Jahren zeugt. In diesem erstaunlich schönen Tal gibt es viel zu sehen und zu tun: Wildwasser-Rafting ist hier zum Beispiel besonders beliebt.

Hinter dem Canyon steigt die Straße steil durch eine Landschaft an, die zunächst von Kakteen und später von Kiefern dominiert wird; in der Ferne liegen die Gipfel der White Mountains. Der Zielpunkt der Reise, Show Low, liegt tief im Navajo-Territorium; es soll seinen ungewöhnlichen Namen von einem legendären Pokerspiel erhalten haben, das dort im 19. Jahrhundert gespielt wurde. Die Stadt liegt 664 m höher als Globe, und Reisende, die keine warme Kleidung eingepackt haben, werden diesen Fehler schnell bereuen. **JP**

Apache Trail
Arizona, USA

Start Apache Junction
Ziel Theodore Roosevelt Lake
Länge 71 km
Art Abenteuer
Info goo.gl/WXaqpj

Der Apache Trail in Arizona ist von der Geschichte der USA durchdrungen. Ursprünglich wurde der Pfad von Apachen benutzt, um durch die Superstition Mountains zu gelangen, später wurde daraus ein Postkutschenweg. Damals war es nur eine unbefestigte Straße, heute ist sie größtenteils asphaltiert. Was sich im Laufe der Zeit kaum verändert hat, ist die Landschaft. Im Norden der Route befindet sich die Four Peaks Wilderness Area, im Süden die Superstition Wilderness Area. Und der Begriff „Wildnis" ist keinesfalls ein Marketing-Trick; hier gibt es wirklich nur Wüste und Gestrüpp.

Der Trail mit dem offiziellen Namen State Route 88 beginnt an der Apache Junction und führt 71 km nordöstlich zum Theodore Roosevelt Lake. Es gibt zwar einige gerade Abschnitte, doch viele enge Kurven machen die Fahrt interessant. Die Landschaft erinnert an einen Wildwestfilm. Sand, Felsen und Kakteen prägen die Wildnis, aber auch Gewässer wie der Salt River, der Canyon Lake und der Apache Lake. Der Apache Trail ist schmal und in den späteren Abschnitten sogar unbefestigt. Einige steile Abhänge entlang der Strecke sind nicht durch Leitplanken geschützt. Diese Straße eignet sich nicht für große oder tiefliegende Fahrzeuge, aber mit dem richtigen fahrbaren Untersatz bietet sie eine großartige Möglichkeit, eine legendäre US-Tour zu erleben.

❶ Besonders beliebt ist der Apache Trail im Frühling, wenn die Landschaft am grünsten ist.

Route 66 – West Arizona/Kalifornien, USA

Start Lupton, Arizona **Ziel** Santa Monica Pier, Santa Monica, Kalifornien **Länge** 1144 km
Art Kultur **Maps** goo.gl/s6FsRy und goo.gl/WzQ6Pq

Dieser Teil der Route 66 – die klassische 3600 km lange Straße von Chicago nach Los Angeles – erstreckt sich von der Wüste Arizonas bis zum Santa Monica Pier am Pazifik in Kalifornien. Nach dem Aufkommen der Interstates in den 1960er Jahren ging die historische Reiseroute fast verloren. Sie wurde jedoch durch die Bemühungen von Roadtrip-Fans und Liebhabern des nostalgischen Kleinstadtlebens der USA erhalten. Heute ist die Route 66 wohl berühmter als je zuvor.

Dieser Abschnitt von „The Mother Road" beginnt in Lupton und führt durch die faszinierenden Nationalparks Painted Desert und Petrified Forest, bevor sie Flagstaff erreicht. Dieser Ort hat die populäre Kultur der Route 66 begeistert aufgenommen und dient auch als Ausgangspunkt für einen Besuch des Grand Canyon. Weitere Stationen sind Seligman, Kingman, Newberry Springs (Heimat des Bagdad Café) und Barstow. Danach geht es weiter in die Greater Los Angeles Metropolitan Area, nach San Bernardino und Pasadena, durch das Zentrum von L.A., auf den Santa Monica Boulevard und durch West Hollywood und Beverly Hills bis zur Strandpromenade in Santa Monica. Der Santa Monica Pier ist der offizielle westliche Endpunkt der Route 66. **DK**

❶ Amboy, Kalifornien, in der Nähe des Mojave National Preserve.

Der ultimative amerikanische Roadtrip 48 Staaten, USA

Start Grand Canyon, Arizona   **Ziel** Hoover Damm, Nevada   **Länge** 22.046 km
Art Kultur   **Info** goo.gl/pZA9UJ

Für die einen geht es beim perfekten Roadtrip um die Reise, für die anderen um die Orte, die sie unterwegs entdecken. Wenn man zu letzteren zählt und das ultimative transamerikanische Abenteuer sucht, dann könnte dies genau der richtige Roadtrip sein.

2016 wurde der Informatiker Randal Olson herausgefordert, den perfekten US-Roadtrip zu kreieren. Die Vorgaben waren einfach: Alle 48 zusammenhängende Bundesstaaten sollten in kürzester Zeit mit dem Auto besucht und an 50 der wichtigsten Sehenswürdigkeiten, Gebäuden und Parks des Landes sollte haltgemacht werden können. Mit Hilfe komplexer Computeralgorithmen kam Olson schließlich auf eine unglaubliche Reise, die in nur 224 Stunden zu bewältigen ist. Zu den Sehenswürdigkeiten zählen das Weiße Haus, Mount Rushmore, die Freiheitsstatue, die schönsten Naturwunder des Landes wie der Yellowstone-Nationalpark und der Grand Canyon, Alamo, die Heimat von Abraham Lincoln und Graceland in Memphis. Olson sagte: „Das Ergebnis war eine epische Reiseroute mit einer Mischung aus Stadttouren, historischen Sehenswürdigkeiten und wunderschönen Naturlandschaften ... Ein Weg, der unsere Fahrzeit minimiert und unsere Zeit, die wir mit dem Genießen der Sehenswürdigkeiten verbringen, maximiert." **DIS**

❶ Computer schufen den perfekten Roadtrip.

Going-to-the-Sun Road Montana, USA

Start West Glacier   **Ziel** St. Mary   **Länge** 80 km
Art Landschaft   **Map** goo.gl/9RoKIl

Diese herrlich malerische Fahrt durch Grizzly-Land führt durch den Glacier National Park. Nach elf Jahren Bauzeit wurde die Strecke 1932 eröffnet, und das lange Warten hat sich gelohnt.

Die Reise beginnt im winzigen West Glacier, wo wenige hundert Menschen in der Nähe des westlichen Eingangs zum Nationalpark leben. Die Straße überquert den Middle Fork Flathead River, bevor sie in die Wälder eintaucht, nach rechts schwingt und zu den Ufern des Lake McDonald führt. Die Straße schmiegt sich fast über die gesamte Länge von 16 km an das Südufer des größten Sees des Parks. Das gegenüber liegende Ufer ist ca. 1,6 km entfernt. Die Straße verläßt den See und folgt dem Verlauf des McDonald Creek, der den See speist, bevor sie sich wieder durch Wälder schlängelt. Am Straßenrand ragen Hänge empor und in der Ferne sind Berge zu sehen. Auf dem Weg nach oben wird die Aussicht immer schöner. Sollte man versucht sein, einen Spaziergang zu machen, gilt es zu bedenken, daß hier eine der größten Grizzlybärenpopulationen der 48 Kontinentalen Vereinigten Staaten lebt. Die Straße führt schließlich am St. Mary Lake vorbei in die kleinen Stadt St. Mary am östlichen Ende des Parks, wo ein rustikales Café hausgemachte Gerichte serviert. **MG**

❶ Die Going-to-the-Sun Road bei Sonnenaufgang.

Nebraska – Der Film Von Montana nach Nebraska, USA

Start Billings, Montana Ziel Lincoln, Nebraska Länge 1555 km
Art Kultur Map goo.gl/wuk8Dw

Das Roadmovie *Nebraska* (2013) erzählt die Geschichte von Woody Grant (Bruce Dern), der mit seinem Sohn David (Will Forte) in dem irrigen Glauben nach Lincoln in Nebraska fährt, er habe eine Million Dollar bei einem Gewinnspiel gewonnen.

Die Themenroute führt zu den wichtigsten Orten des Films, allerdings sollte man wissen, daß sich der Regisseur einige künstlerische Freiheiten bei den geographischen Fakten erlaubt hat. Die Reise beginnt in der Heimatstadt der Grants, Billings in Montana, einer alten Eisenbahnstadt und heute eines der Zentren der amerikanischen Ölindustrie. Die Route führt auf der Interstate 90 nach Osten, durch die weiten Graslandschaften und Hügel des südlichen Montana und in das Crow-Reservat. Eine wichtige Station ist der Schauplatz der Schlacht am Little Bighorn von 1876. Bald sind die Wolf Mountains im Osten zu sehen und, weiter in Richtung Wyoming, der Bighorn National Forest im Westen. Im Film betankten die Grants in Sheridan in Wyoming ihren Subaru. Die Bar, die Tankstelle und das Motel sehen genauso aus wie im Film. Nach einem Besuch des Mount Rushmore führt die Route nach Osten, vorbei am Badlands National Park, bevor sie durch das Farmland von Nebraska über den schönen Platte River und Richtung Süden nach Lincoln führt. MG

❶ Bruce Dern (links) und Will Forte in *Nebraska*.

Vom Glacier-Nationalpark zum Yellowstone-Nationalpark
Montana/Wyoming, USA

Start Glacier-Nationalpark, Montana
Ziel Yellowstone-Nationalpark, Wyoming
Länge 766 km
Art Landschaft
Karte goo.gl/qzyHYN

Diese spektakuläre Nord-Süd-Reise durch das bergige Montana verbindet zwei der großen Nationalparks der USA. Sie beginnt im Glacier-Nationalpark zwischen den Bergketten Lewis Range und Livingston Range und endet im Yellowstone, dem ersten Nationalpark der Welt, mit seinen imposanten Geysiren und Wasserfällen. Dazwischen führt sie durch die Ausläufer der Rocky Mountains und beeindruckt mit schneebedeckten Gipfeln auf der rechten und einem weiten Blick über die Grasebenen der Great Plains auf der linken Seite. Ein weiteres Highlight ist der 113 km lange Kings Hill Scenic Byway, der zwischen Belt und der hübschen viktorianischen Stadt White Sulphur Springs verläuft.

Im Lewis and Clark National Forest, der an die bahnbrechende Kartierungsexpedition vor über 200 Jahren erinnert, führt die Strecke durch viele der Landschaften, die das unerschrockene Team einst durchquerte. Heute ist der Wald im Winter ein beliebtes Skigebiet und lädt im Sommer zum Wandern, Angeln und Picknicken ein. Sehenswert ist auch der Devil's Slide, ein Streifen roten Felsens, der eine 38 m hohe Felswand hinabzurutschen scheint. Die letzte Etappe auf dem Highway 89 führt durch tiefe Canyons, dunkle Wälder und entlang rasanter Gebirgsflüsse, die sich ideal fürs Wildwasser-Rafting eignen. Im Wald verirren sollte man sich jedoch nicht, denn auch Grizzlybären lieben das Gebiet. **SH**

◐ Bisons ziehen am Fuß der Berge vorbei.
◓ Ein farbenprächtiger Geysir im Yellowstone-Nationalpark.

Beartooth Highway
Montana/Wyoming, USA

Start Red Lodge, Montana
Ziel Yellowstone-Nationalpark, Wyoming
Länge 109 km
Art Landschaft
Info goo.gl/T20oX6

Die als „schönste Fahrt Amerikas" gefeierte und besonders bei Motorradfahrern beliebte Tour über den Beartooth Highway beginnt in Red Lodge auf einer Höhe von 1697 m und führt durch unberührte Berglandschaft bis zum Nordost-Eingang des Yellowstone-Nationalparks. Die Winter sind hart auf diesen Höhen, als Reisezeit eignen sich daher die Monate Mai bis Oktober. Der Beartooth Pass selbst liegt etwa 48 km von Red Lodge entfernt auf 3337 m Höhe. Die Straße dorthin windet sich durch atemberaubende Serpentinen, und die Aussicht auf die Berge wird denjenigen, die nicht auf die Straße schauen müssen, schier die Sprache verschlagen.

Die Serpentinen setzen sich auf der anderen Seite fort und erlauben einen offenen und weiten Blick auf entferntere Berggipfel. Insgesamt gibt es etwa 20 Gipfel mit mehr als 3658 m Höhe. Die Route führt durch tiefe Kiefernwälder und an Wasserfällen und unberührten Gletscherseen vorbei. Der Ausdruck „schönste Fahrt Amerikas" gilt vielen daher nicht als Übertreibung, sondern einfach als genaue Beschreibung. Leider bringen Hochgebirgsstrecken oft saisonale Straßensperrungen mit sich. Wenn jedoch Schnee den Beartooth Highway für Autos unpassierbar macht, ist es immer noch möglich, die Fahrt mit dem Schneemobil anzutreten. **MG**

➔ Atemberaubende Ausblicke so weit das Auge reicht.

Grand Teton Loop
Wyoming, USA

Start Craig Thomas Discovery and Visitor Center
Ziel Craig Thomas Discovery and Visitor Center
Länge 71 km
Art Landschaft
Info goo.gl/OXuRGr

Der Grand-Teton-Nationalpark im Nordwesten Wyomings ist einer der größten Naturschätze der USA. Er ist von märchenhaften Panoramastraßen durchzogen und bietet Abenteurern eine phänomenale Aussicht auf die Berge, ruhige Gletscherseen und einen üppigen Wald voller Wildtiere.

Man kann einen ganzen Tag damit verbringen, die Nebenstraßen des Parks zu erkunden, doch die meisten Besucher interessiert die landschaftlich reizvolle Rundfahrt. Seitenstreifen am Straßenrand erlauben es dem Fahrer, für ein Foto anzuhalten und die reiche Fauna und Flora des Parks zu beobachten, ohne andere Verkehrsteilnehmer aufzuhalten. Auf der gesamten Strecke informieren Tafeln über die wichtigsten Merkmale der Landschaft, die einzigartige Geologie und die vielfältige Tierwelt. Wer sich Zeit nimmt, wird nicht nur mit fabelhaften Ausblicken und der frischen Bergluft belohnt, sondern auch mit Sichtungen von Elchen, Bisons und, mit etwas Glück, dem Weißkopfseeadler.

Abstecher führen zum Snake River Overlook, fotografiert von Ansel Adams in den 1940er Jahren, und über den Jenny Lake Scenic Drive, entlang des malerischen Seeufers durch blühende Sommerwiesen. Die schwierigste Strecke ist jedoch die Signal Mountain Summit Road, die auf 242 m Ausblicke auf die majestätische schneebedeckte Teton Range, den Jackson Lake und Jackson Hole erlaubt. **DIS**

Bighorn Scenic Byway
Wyoming, USA

Start Sheridan
Ende Greybull
Länge 151 km
Art Landschaft
Karte goo.gl/PEZTfH

Dieser Scenic Byway führt durch den Bighorn National Forest und das ihn umgebende saftige Weideland. Die Route beginnt in Sheridan, das stolz auf seine Mischung aus moderner Kultur und traditioneller Gastfreundschaft ist und dienstags abends mit Country-Musik in den Park lockt. Nach etwa zehnminütiger Fahrt nach Norden biegt man links auf den Bighorn Scenic Byway (Highway 14) ab. Schon bald steigt die Straße in die Bighorn Mountains auf und die Kulisse wechselt von Grasland zu sanften Hügeln und subalpinen Wiesen, Wald und dramatisch zerklüfteten Kalksteingipfeln. Die unendlich weite, wilde und unberührte Landschaft eignet sich ideal zum Picknicken und Zelten, aber auch für Erkundungstouren in relativer Einsamkeit – die nächste Großstadt, Denver in Colorado, liegt 800 km entfernt.

Der Granite Pass markiert mit 2752 m den höchsten Punkt des Gebirges. Von dort geht es hinab in den malerischen Shell Canyon, wo zwischen Mai und September ein Halt zur Besichtigung der beeindruckenden 36,5 m hohen Shell Falls Pflicht ist. Am Shell Creek fand 1905 ein berüchtigter Weiderechtskrieg zwischen Rinder- und Dickhornschafzüchtern statt. Greybull, die kleine Stadt am Ende der Strecke, ist ein interessantes Handelszentrum, in dem das Museum of Flight and Aerial Firefighting einen Besuch wert ist. **DK**

Cloud Peak Skyway Scenic Byway
Wyoming, USA

Start Buffalo
Ziel Ten Sleep
Länge 102 km
Art Abenteuer
Info goo.gl/ydCJvm

Der Cloud Peak Skyway ist in seiner einfachsten Form eine leichte, asphaltierte Strecke mit geringen Steigungen durch die Südspitze des Bighorn National Forest, einem der ältesten geschützten Wälder der USA mit einer gewaltigen Fläche von 4498 km². Die Fahrt bietet Ausblicke auf die Bighorn Mountains und viele Möglichkeiten zum Anhalten, Wandern und Beobachten von Wildtieren. Mit zahlreichen Nebenstraßen und Offroad-Trails können abenteuerlustige Fahrer tiefer in die Wildnis vordringen, etwa auf dem 56 km langen, unbefestigten Red Gulch / Alkali National Back Country Byway, der durch steile Canyons zur Red Gulch Dinosaur Tracksite mit ihren beeindruckenden versteinerten Fußspuren führt.

Die Strecke verläuft auf der US Route 16 und beginnt im kleinen, landwirtschaftlich geprägten Ort Buffalo, einem beliebten Ausgangspunkt für Touristen, die die Gegend erkunden möchten. Fährt man gen Westen in Richtung Berge und Wald, läßt man die Stadt rasch hinter sich. Obwohl Buffalo auf einer Höhe von 1416 m liegt, ist die Landschaft zunächst flach, doch schon bald steigt die Straße sanft an, der Wald wird dichter und die Panoramen immer imposanter. Die wunderschöne Aussicht auf den Wald erreicht ihre Höhepunkte am Powder River Pass, am Meadowlark Lake und schließlich am Ten Sleep Canyon, kurz vor dem historischen Städtchen Ten Sleep. **MG**

❶ Frühling auf der Straße durch den sinnträchtig benannten Ten Sleep Canyon.

Grand Loop Road im Yellowstone-Nationalpark
Wyoming, USA

Start Mammoth Springs
Ziel Mammoth Springs
Länge 229 km
Art Landschaft
Info goo.gl/NvWbj4

Yellowstone, der erste Nationalpark der Welt, liegt inmitten der grandiosen Rocky Mountains und verfügt über eine Fülle von Geysiren, Wasserfällen und Seen. Er läßt sich am besten mit dem Fahrzeug auf der Grand Loop Road erkunden, die als einzige Route zu allen Sehenswürdigkeiten führt.

Die Strecke in Form einer Acht verbindet alle fünf Parkeingänge mit den wichtigsten Attraktionen, so daß man nicht denselben Weg zurückfahren muß. Die Route führt entlang des Yellowstone Lake, die geflutete Caldera eines aktiven Vulkans, zum Old Faithful, dem berühmtesten der zahllosen Geysire des Parks, der alle 91 Minuten seine Wassershow veranstaltet, zu schwindelerregend tiefen Canyons, erkalteten Lavaströmen, versteinerten Wäldern und einigen der insgesamt 290 riesigen Wasserfälle, von denen der höchste 94 m hoch ist.

Die Qualität der Straße ist gut, doch zum Schutz der Tierwelt gilt im Park ein Tempolimit von etwas mehr als 70 km/h, denn Wölfe und Grizzlybären laufen hier frei umher.

Das gefährlichste Tier im Yellowstone ist jedoch weder Wolf noch Bär. Die Parkverwaltung ruft dazu auf, im Fahrzeug zu bleiben, wenn man auf eine der unberechenbaren und gefährlichen Kreaturen trifft, die dreimal schneller laufen kann als jeder Mensch. Überraschenderweise ist das Tier, das mehr Besucher verletzt hat als jedes andere, der Bison. **SH**

❶ Diese Route führt an den Lower Falls vorbei, dem größten Wasserfall des Parks.

San Juan Skyway
Colorado, USA

Start Durango
Ziel Durango
Länge 375 km
Art Landschaft
Info goo.gl/pXmuJz

Colorado ist mit 26 National Scenic and Historic Byways gesegnet, doch kann man nur einen erkunden, sollte es der fabelhafte San Juan Skyway sein, der zu Recht für seine umwerfend farbenprächtige Aussicht über einige der schönsten Berge und Wälder Nordamerikas gepriesen wird.

Von der alten Grenzstadt Durango führt die Straße über Cortez parallel zur alten Schmalspurbahn durch das Herz des San-Juan-Gebirges, nordöstlich entlang der Ufer des Dolores River durch bewaldete Canyons nach Telluride. Einst das Zentrum des Silberbergbaus der Region, ist die hübsche Stadt heute besser bekannt für ihre Musikfestivals und Skigebiete von Weltrang.

Abenteuerlustige können den Alpine Loop National Back Country Byway, die Allrad-Trails durch dichte Kiefernwälder und einige unheimliche Geisterstädte südlich von Bear Creek erkunden. Der Höhepunkt dieser Tour ist jedoch der Abschnitt zwischen Silverton und Ouray, der als Million Dollar Highway bekannt ist. Es heißt, daß es so viel Geld pro Meile gekostet hat, die Straße in den Granit der Canyon-Wände zu schlagen. Es ist eine höchst anspruchsvolle, haarsträubende Fahrt mit furchterregenden Abhängen, die sich an Felsvorsprünge klammert und schließlich durch die prächtige Uncompahgre Gorge zum Ausgangspunkt in Durango zurückkehrt. **DIS**

❶ Auf dem Million Dollar Highway zwischen Silverton und Ouray.

Rim Rock Drive Colorado, USA

Start Fruita   **Ziel** Grand Junction   **Länge** 50 km
Art Landschaft   **Karte** goo.gl/Y35wki

Start- und Ziel der Tour liegen zwar nur 14,5 km voneinander entfernt, doch die Route schlängelt sich von Fruita im Westen bis Grand Junction im Osten 50 km entlang der Ränder einiger Canyons durch das Colorado National Monument. Die Straße wurde für „größtmögliche landschaftliche Wirkung" entworfen und in den 1930er Jahren während der Weltwirtschaftskrise von einem 800 Mann starken Team im Rahmen eines öffentlichen Bauprogramms erbaut. Dabei kam die bewährte rustikale Technik des National Park Service zum Einsatz – mit nichts anderem als einfachen Werkzeugen, menschlicher Kraft und Sprengstoff entstand die beeindruckende Straße samt dreier Tunnel durch soliden Fels. Heute ist sie glatt wie eine Startbahn, die Steigungen sanft und hinter jeder Kurve wartet eine schöne Aussicht.

Der als einer der landschaftlich schönsten Roadtrips im amerikanischen Westen gelobte Rim Rock Drive führt durch rote Felsschluchten, mit Wacholder bewachsene Mesas und Wüsten. Naturfreunde und Wanderer tummeln sich auf den 14 gekennzeichneten Trails und halten nach Steinadlern, Dickhornschafen und Hopi-Streifenhörnchen Ausschau. Im Saddlehorn Visitor Center erfährt man mehr über diesen faszinierenden Ort, der mehr als zwei Milliarden Jahre alt sein soll. **DIS**

❶ Colorado National Monument bei Sonnenaufgang.

Trail Ridge Road Colorado, USA

Start Estes Park   Ziel Granby   Länge 101,3 km
Art Landschaft   Karte goo.gl/4BDu3A

Vor der schneebedeckten Bergkulisse von Estes Park in Colorado beginnt die wunderschöne Trail Ridge Road, Teil der Route 34, die bei ihrer Eröffnung 1932 von der Presse als „landschaftliches Weltwunder" gefeiert wurde.

Die erste Etappe führt durch Ausläufer der Rocky Mountains zwischen dem Fall River und dem Big Thompson River. Dann verläuft die Straße durch Zirbelkiefer-, Tannen und Fichtenwälder über sechs große Serpentinen mit einer sanften Steigung von maximal 7 Prozent zum Alpine Visitor Center hinauf. Viele Kurven sind mit breiten Seitenstreifen ausgestattet, die einen Blick auf majestätische Panoramen vom Komfort des Autos aus erlauben.

Ein Viertel der Route liegt oberhalb der Baumgrenze und windet sich auf 3713 m durch die karge alpine Tundra. Die Winde können hier heftiger und die Temperaturen deutlich kälter werden als im Tal. Dann führt die Straße nach Süden, vorbei am Grand Lake und einem baumbestandenen Picknickplatz mit einer nahe gelegenen Lodge, die müden Reisenden herzhafte Mahlzeiten und kühle Getränke anbietet. Bergab führt eine Reihe von Serpentinen zu im Frühjahr üppig blühenden Wiesen. Granby, eine schicke kleine Stadt, die bei Outdoor-Fans beliebt ist, bildet die Endstation dieser Reise. **DIS**

❶ Schneesturm auf der Trail Ridge Road.

Colorado River Headwater Byway
Colorado, USA

❶ Selbst die mächtigsten Flüsse beginnen als sanfte Bäche, wie die Quelle des Colorado River.

Start Grand Lake
Ziel Bond
Länge 116 km
Art Landschaft
Karte goo.gl/jD2Si1

Der mächtige Colorado River ist eine Ikone der nordamerikanischen Landschaft. Er fließt vom Rocky-Mountain-Nationalpark durch den Grand Canyon in den Golf von Kalifornien. Diese eindrucksvolle Fahrt folgt dem Fluß zurück zu seiner Quelle. Von der bei Einheimischen und Touristen gleichermaßen beliebten Stadt Grand Lake geht es Richtung Süden vorbei an dem See, nach dem der Ort benannt ist. Es folgen zwei größere, von Menschenhand geschaffene Seen – Shadow Mountain Lake und Lake Granby –, dann überquert die Straße den Fluß und führt nach Granby auf 2400 m Höhe, bevor sie erneut den Colorado kreuzt.

Nun folgt die Route dem Verlauf des Flusses und deckt sich zum Teil mit der Trail Ridge Road, einer weiteren phantastischen Panoramastraße, die einst von Pferdekutschen genutzt wurde. Auf dem Weg laden viele Orte zum Verweilen an. In Hot Sulphur Springs wartet ein belebendes, dampfendes Bad auf den Reisenden und die alte Silberbergbausiedlung Kremmling, die sich in unmittelbarer Nähe dreier Nationalparks befindet, ist fürs Angeln, Wildwasser-Rafting und Kajakfahren bekannt.

Durch den hervorragenden Asphaltbelag ist die Tour einfach und dennoch landschaftlich reizvoll. Ihr südlicher Endpunkt liegt in der Nähe der Stadt Bond, die ursprünglich eine Station der niemals vollendeten Denver and Salt Lake Railroad war. **JI**

Top of the Rockies Scenic Byway
Colorado, USA

Start Aspen
Ziel Leadville
Länge 299 km
Art Landschaft
Karte goo.gl/mOipfe

Dieser lange Scenic Byway hoch in den Rockies, der selten unter 2750 m fällt, bietet Zugang zu zahlreichen von ihm abzweigenden Wander-, Mountainbike- und Offroad-Strecken. Am Straßenrand tummeln sich Wildtiere, darunter Dickhornschafe, Elche und Rotfüchse, und die Flüsse und Seen bieten einige der besten Angelmöglichkeiten der USA.

Vom Wintersport-Mekka Aspen geht es auf dem Highway 82 nach Osten in Richtung Twin Lakes. Die besser als Independence Pass bekannte, in schneebedeckte Berggipfel eingebettete Strecke, wurde einst von der Zeitschrift *Forbes* zu einer der schönsten Herbsttouren Amerikas gewählt.

Auf der Route 24 biegt man nach Norden ab und fährt weiter nach Leadville. Die heute für ihre prächtige viktorianische Architektur berühmte Stadt war zur Zeit des Goldgräberbooms in Colorado ein zwielichtiger Ort mit fast 100 Saloons, Casinos, Tanzlokalen und Bordellen.

Hier gabelt sich der Weg: links geht es über den Tennessee Pass vorbei an der Geisterstadt Gilman nach Vail; rechts auf der CO-91 zum reizenden Ferienort Copper Mountain. Beide Strecken sind schön, daher lohnt es sich, sie über die I-70 zu einer Rundfahrt zurück nach Leadville zu veknüpfen. Hier ist ein Besuch im Pastime Bar and Café empfehlenswert, dem letzten erhaltenen Saloon auf der State Street, der heute ein erstklassiges Restaurant ist. **DIS**

❶ Der Independence Pass durch Mountain Boy Gulch im San Isabel National Forest.

Pikes Peak Highway
Colorado, USA

❶ Auf dem Pikes Peak International Hill Climb, wo die Straße den Himmel küsst.

Start Cascade
Ziel Gipfel des Pikes Peak
Länge 30,6 km
Art Abenteuer
Info goo.gl/HeUEd2

Der riesige Granitmonolith Pikes Peak wird oft stolz als „America's Mountain" bezeichnet. Hier findet seit 1916 mit dem Pikes Peak International Hill Climb (PPIHC) eines der größten Motorsport-Spektakel des Landes statt. Jedes Jahr an dem Wochenende, das dem 4. Juli am nächsten ist, messen sich in dieser malerischen Ecke des Pike National Forest einige der besten Rennfahrer der Welt an dem berüchtigten Asphaltstreifen, der sich durch 156 anspruchsvolle Kurven 1440 m bergan zum Gipfel windet.

Populär wurde der PPIHC durch den preisgekrönten Kurzfilm *Climb Dance* (1989), dessen Darstellung der Rekordfahrt des finnischen Rallyefahrers Ari Vatanen das Publikum in Erstaunen versetzte. Außerhalb des Rennwochenendes ist der Pikes Peak Highway eine öffentliche Straße. Die Strecke beginnt landschaftlich einladend, doch ab Glen Cove wird es ernst. Oberhalb der Baumgrenze tun sich neben den schmalen Seitenstreifen lebensgefährliche Abgründe auf, und auch die Namen der schwierigen Abschnitte – Ragged Edge, Devil's Playground und Bottomless Pit – erfüllen nicht gerade mit Zuversicht. Während man unter großer Anspannung die letzten Meter bis zum Ende der Strecke auf 4300 m überwindet, wird man von zwei Dingen beeindruckt sein: den phänomenalen Panoramen und der Furchtlosigkeit der Männer und Frauen, die jede Saison am PPIHC teilnehmen. **DIS**

Gold Belt Tour Scenic Byway Colorado, USA

Start Florence
Ziel Florissant
Länge 183 km
Art Kultur
Info goo.gl/iq3ye4

Diese Rundfahrt durch alte Goldgräberstädte aus der Zeit des Goldrausches von Colorado verbindet reizvolle Landschaften mit der Geschichte des 19. Jahrhunderts und der Vorzeit sowie markanten Siedlungen. Die Tour ist zu jeder Jahreszeit wunderschön, doch die beste Reisezeit ist der Herbst, wenn sich das Espenlaub goldgelb färbt und die Berge von frischem, knirschendem Schnee gekrönt sind.

Die Tour führt von Florence auf dem Freeway 50 nach Westen, an Cañon City vorbei und biegt nach 16 km rechts in die County Road 9 ein. Nach weiteren 14 km geht es rechts auf die High Park Road, eine entspannte Strecke durch hügeliges Ranchland mit vereinzelten Bergmannshütten. Auf der Teller County Road 1 führt die Route am unverkennbaren Dome Rock vorbei, bevor sie im Städtchen Florissant endet. Hier kann man am Stadtrand die versteinerten Redwood-Stümpfe und Fossilien der vor 34 Millionen Jahren im Schlamm eingeschlossenen Pflanzen und Insekten des Florissant Fossil Beds National Monument bestaunen.

Von Cripple Creek, dem Zentrum des Bergbaugebietes, führen zwei Wege zurück nach Florence. Die teilweise unbefestigte Shelf Road schlängelt sich auf einem Felsvorsprung entlang der Canyonwand; die ebenfalls unbefestigte Phantom Canyon Road verläuft über hohe Holzbrücken und durch zwei von Hand in den Fels gehauene Tunnel. **DIS**

Turquoise Trail New Mexico, USA

Start Tijeras
Ziel Santa Fe
Länge 80 km
Art Landschaft
Info goo.gl/DoFyvG

Der Turquoise Trail in New Mexico verdankt seinen Namen dem Halbedelstein Türkis, der in der Region bereits im Jahr 900 n. Chr. von den Anasazi abgebaut und später auf der Route von Albuquerque nach Santa Fe gehandelt wurde. Er war so wertvoll, daß sogar Eisenbahnen gebaut wurden, um den Türkis nach Osten zu transportieren.

Viele Touristen starten in Albuquerque, wo sie ihre Unterkunft haben, doch genaugenommen beginnt dieser National Scenic Byway im kleinen Dorf Tijeras. Von dort aus geht es nach Norden durch immer höhere und dichter bewaldete Hügel, bis in Sandia Park im Westen der 3255 m hohe Sandia Crest erscheint. Bei einem Abstecher dorthin kann man entweder mit dem eigenen Fahrzeug oder aber mit der Seilbahn zum Gipfel fahren.

Die Straße führt weiter nach Norden durch die Goldgräberstadt Golden und die Bergbaustadt Madrid, die heute über eine blühende Kunstszene verfügt und deren zahlreiche Galerien zu einem Besuch einladen. Tiny Cerrillos war einst eines der wichtigsten Abbaugebiete und beherbergt heute das Turquoise Mining Museum. Die Berge bleiben auf der letzten Etappe nach Santa Fe am Horizont zu sehen. In einer der schönsten Städte New Mexicos nahe der Sangre de Cristo Range kann man schließlich ein Souvenir aus Türkis zur Erinnerung an diese unvergeßliche Reise erwerben. **MG**

Billy the Kid Trail
New Mexico, USA

Start Ruidoso
Ziel Ruidoso Downs
Länge 136 km
Art Kultur
Karte goo.gl/MQUNXR

❶ Die Sierra Blanca in den Sacramento Mountains im Süden New Mexicos.

Viele Trails sind lediglich historischen Persönlichkeiten gewidmet, doch diese Route wurde von William Bonney, besser bekannt als Billy the Kid, während des Lincoln County War (1878) tatsächlich benutzt. Die Auseinandersetzung über die Kontrolle von Viehzucht und -handel, an der auf beiden Seiten Gesetzgeber und Kriminelle beteiligt waren, ist ein Beispiel dafür, daß es im Wilden Westen nicht immer eindeutig um „Gut gegen Böse" ging.

Die Themenroute beginnt in Ruidoso, einer Stadt im Lincoln National Forest. Hier gibt es ein Casino, eine Pferderennbahn und das Hubbard Museum of the American West, welches wertvolle Hintergrundinformationen für die Reise bietet.

Kurz hinter der Stadt öffnet sich die Sierra Blanca, die zum höchsten Punkt im südlichen New Mexico auf 3652 m ansteigt. Die Straße führt dann nach Süden durch bewaldete Hügel mit Aussicht auf die Gebirgszüge im Westen, und weiter nordwestlich durch das Herz von Lincoln County. Eine wichtige Station ist das Lincoln State Monument, unter dessen erhaltenen historischen Gebäuden sich auch das Lincoln County Courthouse befindet, aus dem Billy the Kid nach seiner Verhaftung entkam.

Die Route kehrt schließlich durch die typische Wüstenlandschaft New Mexicos nach Ruidoso Downs zurück. Hier treffen sich einheimische Spieler im Casino oder auf der Pferderennbahn. **MG**

Trail of the Mountain Spirits New Mexico, USA

Start Silver City
Ziel Silver City
Länge 118 km
Art Kultur
Info goo.gl/pK9xjK

Dieser National Scenic Byway führt durch die südwestliche Ecke New Mexicos, die einst Heimat der Ureinwohner, vor allem der Pueblo-Indianer, war. Er beginnt und endet in Silver City, deren Boom als Bergbaustadt bald dafür sorgte, daß der weiße Mann seine Spuren in dieser Landschaft hinterließ. Die Gegend war den Spaniern bereits als Kupferquelle bekannt, doch erst als 1870 Silber entdeckt wurde, war Silver City geboren. Bevor man die Stadt verläßt, lohnt ein Besuch im Silver City Museum, um die reiche Geschichte der Region kennenzulernen.

Die Panoramastraße führt nach Norden in die Gila Wilderness Area, in die Pinos Altos Mountains und durch die Stadt Pinos Altos (Hohe Kiefern), die auf 2137 m Höhe an der Kontinentalen Wasserscheide liegt. Weiter nördlich verläuft die Straße kurvenreich vorbei an zahllosen Kiefern und passiert dabei eine Abzweigung nach links, die einen optionalen Abstecher von etwa 29 km zu den präkolumbianischen Relikten des Gila Cliff Dwellings National Monument bietet.

Die Hauptroute schwenkt hier nach Osten, vorbei am Gila National Forest, dem sechstgrößten der USA, und am Lake Roberts, bevor sie durch die kleinen Städte Mimbres und San Lorenzo nach Süden und schließlich durch die offenen Täler, die die Apachen einst ihr Zuhause nannten, nach Westen zurück nach Silver City führt. **MG**

Geronimo Trail Scenic Byway New Mexico, USA

Start Beaverhead
Ziel San Lorenzo
Länge 240 km
Art Kultur
Info goo.gl/C7Aeu6

Als einer der mächtigsten und gefürchtetsten Apachenhäuptlinge führte Geronimo Ende des 19. Jahrhunderts einen langen Krieg gegen die USA, der zu einem Großteil in diesem Gebiet New Mexicos und dem benachbarten Arizona ausgetragen wurde. Die Themenroute bietet nicht nur eine atemberaubende Landschaft, sondern auch Einblicke in die historischen Konflikte, die den amerikanischen Westen und die heutigen USA geprägt haben.

Die Reise beginnt in Beaverhead im Gila National Forest, einem riesigen Gebiet von rund 11 000 km^2. Vor der Ankunft in San Lorenzo, auf der anderen Seite des Waldes, bietet die Route mehrere Möglichkeiten zu kleinen Abstechern. Sie führt durch die Städte Winston, Cuchillo und Chloride, bevor sie nach Süden schwenkt und eine Weile parallel zur stark befahrenen Interstate 25 verläuft.

Ein spannender Zwischenstopp ist die Stadt mit dem vielsagenden Namen Truth or Consequences, in der sich das Geronimo Trail Scenic Byway Visitor Center und das Geronimo Springs Museum befinden. Ein Besuch dieser beiden Orte liefert die notwendigen Hintergrundinformationen zur Geschichte, Kultur und Landschaft der Region.

Die Straße führt dann zurück nach Westen und auf 2438 m Höhe über den Emory Pass, von dem aus man einen unvergleichlichen Blick auf die mit Kiefern bewachsenen Berge hat. **MG**

Little Miss Sunshine Von New Mexico nach Kalifornien, USA

Start Albuquerque, New Mexico   **Ziel** Ventura Beach, Kalifornien   **Länge** 1509 km
Art Kultur   **Karte** goo.gl/WX6gkc

Der mit einem knappen Budget produzierte Film *Little Miss Sunshine* (2006) gilt als eines der besten Wohlfühl-Roadmovies aller Zeiten und gewann zwei Oscars. Fans fahren hier auf ihrem eigenen Roadtrip in den Spuren des problematischen VW T2 Bullis der Familie Hoover von Albuquerque in New Mexico nach Redondo Beach in Kalifornien, dem Ort des fiktiven Schönheitswettbewerbs.

Die Filmemacher nahmen sich zwar einige geographische Freiheiten heraus, doch um dem Geist des Films nachzuspüren, sollte man in Albuquerque beginnen und durch die Wüste New Mexicos nach Westen fahren. Die Interstate 40 führt durch die Art flacher und karger Landschaften, die im Film gezeigt wurden, nach Arizona, wo die meisten Dreharbeiten tatsächlich stattfanden. Hier erlebt man die typischen, aus Wildwestfilmen bekannten Mesas und durchquert einige der Schauplätze des Films wie etwa Flagstaff. Von dort aus wäre jedoch noch ein erheblicher Umweg nach Scottsdale erforderlich, um die aus dem Film bekannten stimmungsvollen roten Felslandschaften um Sedona zu erreichen. Die meisten identifizierbaren Drehorte liegen in Kalifornien, auf einer Strecke, die kreuz und quer durch Los Angeles und schließlich nordwestlich zum Crowne Plaza Ventura Beach Hotel führt. **MG**

❶ Die Familie mit ihrem launenhaften VW-Bus.

Durch die Guadalupe Mountains New Mexico/Texas, USA

Start Whites City, New Mexico   Ziel Whites City, New Mexico   Länge 650 km
Art Landschaft   Info goo.gl/AZKxi4

Die Guadalupe Mountains inmitten der Chihuahua-Wüste sind eine Mischung aus Salzebenen, mit Kiefern und Wacholder bewachsenem Grasland und alpinen Hochebenen mit einem Bewuchs von Ponderosa-Kiefer, Douglasie und Espe. Ihr höchster Punkt, der sich 910 m aus der umliegenden Wüste erhebt, ist der 2667 m hohe Guadalupe Peak, einer der bekanntesten Berge Nordamerikas. Ein Trail, der am US 62 südöstlich des Berges beginnt, bringt Unerschrockene zum Gipfel.

Beliebt ist die Gegend jedoch vor allem wegen des U.S.-Highway-Netzes, das die Berge umgibt, und Zugang zu den abwechslungsreichen Landschaften der abgelegenen Region bietet. Der US 70 führt vorbei am White Sands National Monument, einer riesigen Dünenlandschaft aus kristallisiertem Gips, durch Alamogordo mit seiner International Space Hall of Fame und weiter auf dem US 54 zur Three Rivers Petroglyph Site.

Die Guadalupe Mountains sind eines der weltweit besten Beispiele eines exponierten fossilen Unterwasserriffs. Das 265 Millionen Jahre alte Capitan Riff lag einst im ehemaligen Delaware Sea versunken und bildet nun die 330 m hohen Klippen des El Capitan, der zu den größten geologischen Wundern der USA gehört. **BDS**

❶ Der Highway zum Guadalupe Mountains National Park.

Mount Rushmore und die Badlands South Dakota, USA

Start Kreuzung der Interstate 90 und des South Dakota Highway 240 **Ziel** Custer **Länge** 225 km
Art Landschaft **Karte** goo.gl/R4WEYq

In einer berühmten Szene aus Alfred Hitchcocks Film *Der unsichtbare Dritte* (1959) klettern Cary Grant und Eva Marie Saint über das Mount Rushmore National Monument. Das riesige Denkmal für vier US-Präsidenten ist die Hauptattraktion der Tour, die mit zwei spannenden Fahrten durch schroffe und abweisende Landschaften komplettiert wird.

Kurz nach Beginn der Tour erreicht man das Ben Reifel Visitor Center, das Tor zur Wildnis des Badlands Nationalparks. Ein einsamer aber denkwürdiger Streckenabschnitt wartet mit außergewöhnlichem Sedimentgestein, bizarren Felsformationen und bemerkenswerten Fossilien auf. Nach einem Zwischenstopp in Rapid City geht es weiter zum Mount Rushmore, wo die etwa 18 m hohen monumentalen Antlitze von George Washington, Thomas Jefferson, Theodore Roosevelt und Abraham Lincoln in den Granitfelsen gehauen sind. Wer unbefestigte Pisten liebt, kann in Scenic einen interessanten Abstecher auf die Sage Creek Rim Road machen.

Danach verläuft die Straße vorbei an natürlichen Granittürmen kurvenreich durch die Berge. Am Norbeck Overlook bietet sich ein herrlicher Blick zurück auf den Mount Rushmore. Die Reise endet mit einem weiteren Naturwunder, dem 1912 gegründeten Custer State Park. **DK**

❶ Die berühmte Skulptur von Gutzon Borglum.

Black Hills Needles Highway South Dakota, USA

Start Custer Ziel Hill City Länge 31 km
Art Landschaft Karte goo.gl/ClLJkU

In den frühen Jahrzehnten des 20. Jahrhunderts wirkten die massiven Granitklippen der Harney Range – heute liebevoll „Needles" genannt – so beeindruckend und einschüchternd, daß viele Jahre lang keine Straßen in der zentralen Bergregion Black Hills in South Dakota gebaut wurden – bis Peter Norbeck Gouverneur wurde. Sein Engagement für den Bau eines malerischen Highways durch die Berge, die er so liebte, kannte keine Grenzen. Norbeck markierte die gesamte Strecke zu Fuß und zu Pferd und 1919 begann der Bau. Bei jeder schönen Aussicht, die er vorfand, sagte er zu seinem Ingenieur Scovel Johnson: „Laß die Straße hier entlang laufen."

Der 1922 fertiggestellte Needles Highway, der im Winter geschlossen ist, liegt vollständig im Custer State Park, der seit langem Heimat von 1500 frei lebenden Bisons ist. Die unvergeßliche Fahrt führt durch Fichten- und Kiefernwälder sowie mit Birken und Espen bewachsenes Grasland. Drei beeindruckende Tunnel wurden in den massiven Granitfels gesprengt, darunter der nur 2,5 m breite Needles Eye Tunnel. Hauptattraktion sind aber die gewaltigen Granittürme, deren Felsen vor Äonen unter der Erde entstanden und sich dann den Weg an die Oberfläche bahnten. **BDS**

❶ Die Felsnadeln sind bei Kletterern beliebt.

Native American Scenic Byway South Dakota, USA

Start Chief Standing Bear Memorial Bridge   **Ziel** Kenel   **Länge** 771 km
Art Kultur   **Info** goo.gl/ThTuyH

Der Indianerhäuptling Standing Bear wurde 1879 durch einen Gerichtsprozeß in Omaha Nebraska bekannt. In dem richtungsweisenden Urteil, das er erstritt, wurde festgestellt, daß Indianer „Personen im Sinne des Gesetzes" seien. Unsere Fahrt beginnt auf der nach ihm benannten Brücke, die den Missouri River überquert und die Grenze zwischen Nebraska und South Dakota markiert.

Der Scenic Byway folgt dem Flußlauf nach Norden bis zur Grenze zu North Dakota, wo einige Variationen der Route es erlauben, die Tour nach Wunsch zu verlängern.

Nachdem man den breiten Missouri hinter sich läßt – und hier ist er wirklich breit – führt die Straße durch eine ebene Landschaft nordwärts nach Mitchell, dann auf der Interstate 40 nach Westen, wo sie den Fluß wieder trifft. Weiter geht es entlang des Ostufers mit herrlichem Blick über das Wasser zum baumbestandenen Westufer und in das Crow Creek Reservat, in die kleine Stadt Fort Laramie, die aber die größte im Reservat ist.

Die Straße verläuft dann im Zickzack durch South Dakota und das hypnotisch wirkende, monotone Flachland der Prärie. Der Missouri versöhnt jedoch mit herrlichen Ausblicken, bevor die Reise kurz vor der Staatengrenze endet. **MG**

❶ Der Missouri River in South Dakota.

Sturgis Rally Black Hills Loop South Dakota, USA

Start Sturgis   Ziel Sturgis   Länge 406 km
Art Kultur   Karte goo.gl/EZMMCv

In der ersten Augustwoche jeden Jahres explodiert die Bevölkerung der Kleinstadt Sturgis in Meade County von rund 6000 auf über 700 000. Zehn Tage lang treffen sich hier Motorradfahrer aus aller Welt und feiern mit Rennen, Burnouts, Bike-Shows, Prominentenauftritten, Tätowierern, Ausrüstungsgeschäften, Hog Roasts und Konzerten im Full Throttle Saloon, der größten Biker-Bar der Welt.

Kaum hat der Kater am nächsten Tag nachgelassen, erkunden die Besucher mit ihren Freunden die herrlichen Black Hills von South Dakota.

Diese beliebte Rundfahrt kann mit zwei weiteren Routen in diesem Band verknüpft werden, dem Black Needles Highway und Mount Rushmore.

Auf dem Weg nach Spearfish führt der kurvenreiche US 14A durch die Goldgräberstadt Deadwood, einst Heimat von Wild Bill Hickcok. In der nahe gelegenen Broken Boot Gold Mine kann man sein Glück beim Goldwaschen versuchen. Südlich davon liegt das 1948 begonnene und noch im Bau befindliche kolossale Crazy Horse Memorial. Der US 18 führt über Hot Springs am Mount Rushmore vorbei nach Rapid City, Zentrum des Goldbergbaus im ausgehenden 19. Jahrhundert. Auf der Interstate 90 einmal kurz Gas gegeben, und man ist rechtzeitig zur nächsten Party wieder in Sturgis. **DIS**

❶ Bear Butte, zwischen Sturgis und Rapid City.

Frontier Military Historic Byway Kansas, USA

Start Fort Leavenworth   **Ziel** Fort Blair   **Länge** 270 km
Art Kultur   **Info** goo.gl/HGOIT6

Den Anfangspunkt dieser Themenstraße bildet Fort Leavenworth, das 1827 zum Schutz der Pioniere auf dem Santa Fe Trail erbaut wurde und einen Stützpunkt der Westexpansion der Vereinigten Staaten bildete. Endpunkt ist Fort Blair, das ab 1842 dem Schutz der Stadt Fort Scott und als Basis für Patrouillen am östlichen Rand der sogenannten „Permanent Indian Frontier" diente.

Dem Verlauf des einstigen Nord-Süd-Pfades zwischen den Forts folgt der Frontier Military Historic Byway. Er führt durch bedeutende Pionierstätten und Gebiete, in denen es während des „Bleeding Kansas"-Bürgerkriegs von 1854 bis 1861 bittere Konfrontationen um die Einführung der Sklaverei gab.

Sehenswert ist der Schauplatz der Schlacht von Mine Creek, des zweitgrößten Kavallerieeinsatzes des amerikanischen Bürgerkriegs (1861–1865), sowie die Fort Scott National Historic Site mit 20 historischen Gebäuden, einem Paradeplatz und einer sorgfältig renaturierten Prärie. Am Straßenrand des ersten ausgewiesenen Byways des Staates, der heute den Titel Historic Byway trägt, blühen dank einer Regierungsinitiative zahllose Wildblumen, die den vielen Museen, Siedlungen, Flußufern, Wasserfällen und Wildnisgebieten im Osten von Kansas einen farbenfrohen Anstrich verleihen. **BDS**

❶ Fort Larned auf dem Santa Fe Trail.

Cherokee Hills Byway Oklahoma, USA

Start Gore   Ziel West Siloam Springs   Länge 136 km
Art Kultur   Karte goo.gl/Ll5urR

Die Cherokee Hills sind nach der Cherokee Nation benannt, deren Hauptstadt Tahlequah mitten in einer der eindrücklichsten Landschaften im Osten Oklahomas liegt. Die schöne Gegend ist geprägt von der tragischen Geschichte der Cherokee-Stämme, die gezwungen wurden, mehrere hundert Meilen auf dem Trail of Tears zu marschieren, um hier gewaltsam angesiedelt zu werden. Eine Geschichte, die an vielen Orten dieser Reise zu hören sein wird.

Die Route beginnt an der Ausfahrt der Interstate 40 in der Nähe der Stadt Gore, der „Forellenhauptstadt Amerikas", inmitten erstklassiger Angelgewässer wie dem Illinois River und dem Tenkiller Ferry Lake. Die Fahrt führt auf baumgesäumten Landstraßen entlang des Sees und überquert die weite Wasserfläche des Cherokee Landing State Park.

Bei einem Stopp in Tahlequah erfährt man mehr über die Geschichte der Region und der Indianer und kann das hier angebotene Kunsthandwerk kennenlernen. Die Straße folgt dem Illinois River weiter nach Norden, bevor sie nach Osten schwenkt und in West Siloam Springs an der Grenze zwischen Oklahoma und Arkansas endet. Zuvor lohnt sich ein kleiner Abstecher in den Natural Falls State Park, wo Wanderwege durch dichte Wälder zu einem der höchstgelegenen Wasserfälle Oklahomas führen. **MG**

🛈 Die Natural Falls sind einen Umweg wert.

Route 66 – Central
Von Oklahoma nach Arizona, USA

Start Tulsa, Oklahoma
Ziel Lupton, Arizona
Länge 1333 km
Art Kultur
Karte goo.gl/CiHVFL and goo.gl/XYaEr1

Dies ist der mittlere Abschnitt der 3600 km langen Strecke von Chicago in Illinois nach Los Angeles in Kalifornien, die auch als „Mother Road" oder „Main Street of America" bekannt ist. Einem Song Nat King Coles zufolge bekommt man auf der Route 66 seine Kicks. Nach einer groß angelegten Kampagne zur Erhaltung der Strecke ist diese nun wieder befahrbar und hat sich in eine motorisierte Version des Mythos Amerika verwandelt, der vor Nostalgie nur so strotzt. Moderne Freizeitpilger suchen auf der Route 66 nach historischen Tankstellen, Lunchcafés und Motels.

Dieses Segment der Route 66 beginnt in Oklahoma, streift Texas und führt durch ganz New Mexico nach Lupton in Arizona. Die Straße im Herzen Amerikas wird mit jedem Meter staubiger, bis man in New Mexico das Land der Mesas und Canyons erreicht. Die Landschaft ist grandios, die Diners, Tankstellen und Kleinstädte scheinen in der Vergangenheit gestrandet zu sein. Allein die Namen der Orte auf der Strecke begeistern bereits für die Reise: Tulsa, Chandler, Bethany, Calumet, Hydro, Clinton, Sayre, McLean, Amarillo, Vega, Albuquerque, Laguna, Grants und Gallup. Viele Orte haben einen eigenen Radiosender, der den perfekten Soundtrack für diesen Roadtrip bietet. **DK**

● Eines der traditionellen Diners auf der Route 66.

El Camino del Rio
Texas, USA

Start Presidio
Ziel Lajitas
Länge 80 km
Art Landschaft
Karte goo.gl/dPaqVh

Die Panoramastraße El Camino del Rio folgt dem Rio Grande entlang der Grenze zwischen den USA und Mexiko durch Canyons und den Big Bend Ranch State Park, dem größten State Park in Texas. Die West-Ost-Route beginnt in der Grenzstadt Presidio, die Sitz der Parkverwaltung ist. Dort kann man sich über die faszinierenden und historischen Landschaften informieren, die vor einem liegen.

Presidio ist eine kleine Stadt und so findet man sich bald in der weiten, offenen Landschaft wieder, mit fernen Hügeln am Horizont und Mexiko irgendwo auf der rechten Seite. Die Straße steigt an und imposante Berge kommen in Sicht, bevor sich die Strecke durch den überraschend grünen Tapado Canyon fädelt. Kurz darauf folgt mit dem „Big Hill" eine der steilsten Steigungen in Texas, die für Wohnmobile und andere schwere Fahrzeuge nicht geeignet ist. Die Aussicht von der Spitze des Colorado Canyon wurde als eines der großartigsten Panoramen der USA beschrieben.

Die Straße verläuft dann wieder entlang des mäandernden Rio Grande in die historische Stadt Lajitas. Hier errichtete General John J. „Black Jack" Pershing einen militärischen Außenposten, um die Siedler vor den Horden des mexikanischen Revolutionärs Pancho Villa zu schützen. Heutzutage befinden sich hier Boutiquen, Reitsportzentren und Golfplätze. **MG**

Von San Marcos zum Guadalupe River State Park
Texas, USA

Start San Marcos
Ziel Guadalupe River State Park
Länge 82 km
Art Landschaft
Karte goo.gl/8yJxb1

Diese entspannte Tour auf breiten, gut ausgebauten Highways beginnt in San Marcos, einer durch Landwirtschaft und Viehzucht geprägten Stadt, die Ende des 19. Jahrhunderts zum Sitz der Southwest Texas State University wurde. Touristische Hauptattraktion ist Aquarena Springs am Oberlauf des Flusses San Marcos. Hier gibt es hängende Gärten, ein Unterwassertheater und ein Netzwerk von Höhlen.

New Braunfels liegt 29 km südwestlich des Highway 35 am Zusammenfluß von Comal und Guadalupe. Die ursprünglich von Einwanderern aus Preußen besiedelte Stadt verströmt das ganze Jahr über eine deutsche Atmosphäre, nicht nur für die Dauer des zehntägigen Wurstfestes, das jedes Jahr am ersten Freitag im November beginnt.

Vom Highway geht es 48 km nach Westen zum Guadalupe River State Park, der für fast jeden etwas zu bieten hat. Am Ufer gibt es Mietkanus, Angelplätze und ausgewiesene Badeplätze, tiefer im Park warten Wander- und Reitwege, Picknick- und Campingareale. Naturliebhaber können hier nicht nur die unterschiedlichsten Bäume entdecken, wie etwa Sumpfzypressen, Ashes Wacholder und Mesquiten, sondern auch zahlreiche Tierarten: Weißwedelhirsche sind fast allgegenwärtig, aber es gibt auch Gürteltiere, Waschbären und Stinktiere. Unter den Vögeln findet sich sogar der vom Aussterben bedrohte Goldwangen-Waldsänger. **JP**

Twisted Sisters Ranch Road Loop
Texas, USA

Start Leakey
Ziel Leakey
Länge 233 km
Art Landschaft
Karte goo.gl/qitfpM

In den USA bezeichnen Ranch Roads (oder Farm-to-Market-Roads) asphaltierte Nebenstraßen, die landwirtschaftliche Gebiete mit Städten oder Verteilungszentren verbinden. Die erste Ranch Road in Texas war nur 9 km lang und wurde 1937 fertiggestellt. Seither haben sich Straßen dieser Art so stark ausgebreitet, daß sie heute mehr als die Hälfte des gesamten Straßennetzes des Staates ausmachen.

Diese Route trägt ihren Namen wegen der vielen Kurven – allein 65 auf einem 24 km langen Abschnitt – und beginnt auf der RR-337 bei Leakey. Sie führt durch typisches Hügelland zum Little Dry Frio Creek Valley. Die Kurven und Steigungen haben es in sich, und Hirsche können die Fahrbahn kreuzen, daher sollte man es hier ruhiger angehen lassen. Auf dem Highway 41 geht es nach 22 km auf die RR-335, eine aufregend hügelige, wenn auch weniger kurvige Strecke. In Camp Wood sollte man nachtanken, bevor man auf der RR-337 nach Leakey zurückkehrt, um anschließend die östliche Schleife zu fahren, auf der ein Abstecher in Vanderpool zum ausgezeichneten Lone Star Motorcycle Museum führt, das über eine umfangreiche Sammlung klassischer amerikanischer und britischer Motorräder verfügt.

Der Twisted Sisters Loop ist aufgrund seiner achterbahnähnlichen Kurven, des glatten Asphalts und des geringen Verkehrsaufkommens ein wahrer Zweiradmagnet. **BDS**

❶ Eines von vielen empfehlenswerten Restaurants in Leakey, Start und Ziel dieser Reise.

Texas Forts Trail
Texas, USA

Start Abilene
Ziel Abilene
Länge 1046 km
Art Kultur
Info goo.gl/bXlyAb

Mitte des 19. Jahrhunderts befand sich Texas, der Lone Star State, an der Grenze der USA, doch dies war ein Zeitalter territorialer Expansion. Immer weiter drängte die Linie der Forts zwischen besiedeltem und „wildem" Land in die Gebiete der Kiowa, der Kiowa-Apachen und der Comanche vor, um den Strom der Pioniere nach Westen zu schützen. Nach dem Ende des Widerstands der amerikanischen Ureinwohner im Jahr 1879 gab es in Texas 44 große Armeeposten und mehr als 100 Militärlager mit Gebäuden aus von den Soldaten selbst gefällten Bäumen und abgebauten Steinen.

Als Teil des preisgekrönten Texas Heritage Trails Program umfaßt der Texas Forts Trail in Zentraltexas acht Forts – Belknap, Richardson, Chadbourne, Griffin, Concho (die Heimat der Buffalo Soldiers), McKavett, Mason und Phantom Hill – sowie das Presidio (eine Festung spanischer Bauart) San Luis de Las Amarillas.

Die hier vorgeschlagene Route nimmt nicht immer den direktesten Weg von Fort zu Fort sondern führt über Umwege durch die Landschaft von Zentraltexas, durch sieben State Parks und vorbei an mehr als 20 Seen. Der 1047 km lange Texas Forts Trail durch 29 Counties führt zu einigen der am besten erhaltenen militärischen Grenzposten des amerikanischen Westens. Mehr Informationen bietet die oben genannte Webseite. **BDS**

JFK Assassination Tour
Texas, USA

Start Hilton Hotel, Fort Worth
Ziel Rose Hill Cemetery, Fort Worth
Länge 122 km
Art Kultur
Karte goo.gl/lYo4Ku

Diese Tour ist weniger eine grauslige Führung zum Schauplatz des tragischen Attentats als vielmehr eine lehrreiche Erfahrung, welche hilft, die Ereignisse besser einzuordnen, die zu einem entscheidenden Moment in der modernen Geschichte geführt haben: die Ermordung des US-Präsidenten John F. Kennedy (JFK) am 22. November 1963.

Die Schauplätze können in beliebiger Reihenfolge abgefahren werden; die vorgeschlagene Route ist ungefähr chronologisch geordnet. Startpunkt ist das Hilton-Hotel in Fort Worth, in dem JFK seine letzte Nacht verbrachte, woran eine Gedenktafel erinnert. Von dort geht es auf der berühmten Autokolonnenroute Richtung Osten nach Dallas. Dealey Plaza und der Grassy Knoll sind heute beliebte Touristenattraktionen. Ein „X" auf der Straße markiert die Stelle, an der der Präsident erschossen wurde.

In der Nähe befindet sich das Sixth Floor Museum im damaligen Texas School Book Depository. Hier feuerte Lee Harvey Oswald die tödlichen Schüsse ab. Seinem Blick über den Platz zu folgen hinterlässt einen nachhaltigen Eindruck. JFK verstarb im Parklands Hospital, wo ebenfalls eine Gedenktafel angebracht ist. Oswald wurde im Texas Theater verhaftet und von Jack Ruby auf der South Harwood Street erschossen. Mit Mühe entdeckt man auf dem Rose Hill Park in Fort Worth den kleinen Grabstein mit der schlichten Inschrift „Oswald". **SH**

North Shore Scenic Drive
Minnesota, USA

Start Duluth
Ziel Grand Portage
Länge 229 km
Art Landschaft
Karte goo.gl/8YrMdI

❶ Winter am Ufer des Lake Superior – das Wasser ist gefroren, doch die Fahrbahn ist eisfrei.

Der North Shore Scenic Drive in Minnesota verläuft parallel zum Ufer des majestätischen Lake Superior, dem größten Süßwassersee der Welt. Eine Aussicht übertrifft die andere: Wasserfälle, grandiose Klippen, scheinbar endlose Trailheads, Kiefern-, Espen- und Birkenwälder, historische Städte. Und immer an der Seite des Reisenden die endlose Weite des Blaus, das 10 Prozent des Süßwassers der Welt ausmacht.

Zahlreiche Variationen dieser Tour sind möglich, wie etwa ein Abstecher in den Superior National Forest oder Kajakfahrten durch die Boundary Waters Canoe Area Wilderness oder über den Lake Superior State Water Trail, der an einigen der gewaltigen Klippen des Sees vorbeiführt. Man kann in Flüssen und Bächen fischen, einen Spaziergang am Kiesstrand von Sugarloaf Cove unternehmen oder auf einem der Pfade um den Leuchtturm von Split Rock wandern und den Ausblick genießen. Die Route ist die beliebteste der über 20 Scenic Byways Minnesotas und führt durch nicht weniger als sieben State Parks.

Von Duluth aus verläuft die Straße nach Norden auf dem State Highway 61, der an der kanadischen Grenze endet. Die einzige All-American Road des Bundesstaates ist halb Roadtrip, halb Zeitreise, entlang einer Küste, die noch nie eine Eisenbahn gesehen hat, wo Pioniere in den 1670er Jahren ankamen und ihre Nachkommen noch immer am Ufer des Binnensees leben. **BDS**

Minnesota Great River Road Minnesota, USA

Start Itasca State Park   **Ziel** Grenze zu Iowa   **Länge** 925 km
Art Kultur   **Info** goo.gl/wOPmID

Eine Fahrt entlang des Mississippi ist eine fabelhafte Möglichkeit, den North Star State Minnesota zu bereisen. Beginn der Strecke ist das Mary Gibbs Mississippi Headwaters Center im Itasca State Park, wo die mächtige 3200 km lange Wasserstraße noch auf ein paar Trittsteinen überquert werden kann.

Minnesota ist auch als das Land der 10 000 Seen bekannt, und einige von ihnen entdeckt man schon bald auf der Fahrt durch üppige Kiefernwälder nach Grand Rapids. Die spektakuläre Seenkette entlang dieser Strecke diente einst den Indianer-Kanus als Wasser-Highway.

Dann biegt die Route nach Süden ab und führt durch fruchtbares Ackerland in die lebhaften Twin Cities Minneapolis und St. Paul. Selbst in diesem riesigen Ballungsraum findet man 116 km geschützter Uferparks und zahlreiche historische Stätten vor, die man erkunden kann. Auch eine Fahrt mit einem historischen Dampfschiff ist hier möglich.

Nähert man sich der Grenze zu Iowa, verändert sich die Landschaft erneut, und die Mississippi Bluffs erheben sich bis zu 150 m über den Ufern. Diese geologischen Formationen betrachtet man am besten im John A. Latch State Park, wo die Klippen Mount Faith, Mount Hope und Mount Charity nach drei Dampfschiffkapitänen benannt wurden. **SH**

❶ Blick von den Klippen auf den Mississippi.

Nach Robert M. Pirsig Von Minnesota nach Kalifornien, USA

Start Minneapolis, Minnesota   Ziel San Francisco, Kalifornien   Länge 3862 km
Art Kultur   Karte goo.gl/kMOCNY

1974 wurde *Zen und die Kunst, ein Motorrad zu warten* zum Bestseller. Der Bericht einer 17-tägigen Reise verbindet lange philosophische Diskussionen mit der persönlichen Geschichte des Autors und ist größtenteils in der dritten Person erzählt. Tips, wie ein Motorrad tatsächlich zu warten sei, sind hingegen kaum enthalten. Obwohl das Manuskript zunächst von 121 Verlagen abgelehnt wurde, verkaufte sich der Titel schließlich mehr als fünfmillionenmal.

Nach traumatischen Erlebnissen bricht Autor Robert M. Pirsig mit seinem Sohn Chris auf einer 1964er Honda SuperHawk in Minneapolis zu einer Vater-Kind-Reise auf. Im Gegensatz zu vielen literarischen Roadtrips ist Pirsigs Route genau dokumentiert und relativ einfach nachzuverfolgen.

Die Reise führt im Nordwesten durch das flache Farmland Minnesotas und bei Fargo weiter Richtung Westen nach North Dakota durch scheinbar endlose Kornfelder. In allmählich hügeliger werdendem Gelände geht es nach Montana und in die Rocky Mountains. In Idaho durchquert die Straße mehrere National Forests, in Oregon schwenkt sie nach Süden und grandiose Landschaften begleiten den Weg nach Crescent City am Pazifischen Ozean. An der kalifornischen Küste angekommen, führt die Golden Gate Bridge schließlich nach San Francisco. **MG**

❶ Morgendämmerung am Pazifik bei Crescent City.

Western Skies Scenic Byway Iowa, USA

Start Stuart
Ziel Missouri Valley
Länge 225 km
Art Landschaft
Karte goo.gl/nU5rMD

In der Prärie des Mittleren Westens wird der weite Himmel durch die flache Landschaft dramatisch hervorgehoben. Der Western Skies Scenic Byway verläßt die belebte Interstate 80 in Stuart, einer kleinen Stadt aus den 1860er Jahren, und man findet sich auf einer sanfthügeligen Landstraße wieder, die, für die Gegend typisch, von Ackerland, und nur ab und an von Gebäuden gesäumt ist.

Von Panora führt die Straße nach Westen durch landwirtschaftliche Nutzflächen, die der wirtschaftliche Motor der Region sind. Es gibt kaum Abwechslung – im Sommer reihen sich endlose Maisfelder aneinander – oder herausragende Merkmale, aber eben diese monotone, undramatische Landschaft macht den ruhigen und stimmungsvollen Roadtrip aus. In Kimballton führt ein Abstecher nach Süden nach Elk Horn, dessen wenige hundert Einwohner ihre skandinavische Herkunft im Museum of Danish America feiern. Zurück in Kimballton geht es weiter Richtung Westen nach Harlan, wo sich der Scenic Byway gabelt. Eine Route führt nach Norden, dann westlich nach Woodbine und zurück nach Süden, wo sie sich mit der zweiten Route von Harlan nach Westen verbindet. Der Umweg über Woodbine erweitert die Strecke um 47,3 km. Beide Etappen verlaufen auf dem letzten Abschnitt durch scheinbar unendlich weite Maisfelder zur Stadt Missouri Valley, dem Endpunkt dieser Reise. **MG**

Eine wahre Geschichte Iowa/Wisconsin, USA

Start Laurens, Iowa
Ziel Blue River, Wisconsin
Länge 394 km
Art Kultur
Karte goo.gl/k1Mg8u

1994 fuhr Alvin Straight, ein 73-jähriger pensionierter Arbeiter, der kein Auto mehr fahren konnte, mit seinem 1966er John Deere 110 Rasenmäher von Laurens in Iowa nach Wisconsin, um seinen Bruder Henry zu besuchen, der einen Schlaganfall erlitten hatte. Das Fahrzeug, das einen 3 m langen Anhänger zu ziehen hatte, blieb erst in West Bend in Iowa liegen, dann ging Alvin in Charles City das Geld aus und er kampierte dort, bis seine nächste Sozialversicherungszahlung eintraf. Nur 3 km vom Haus seines Bruders entfernt blieb das Fahrzeug erneut liegen. Insgesamt dauert die 384 km lange Fahrt nach Blue River in Wisconsin mit einer Höchstgeschwindigkeit von 8 km/h sechs Wochen.

1999 wurde Alvins Reise mit Richard W. Farnsworth und Sissy Spacek unter der Regie von David Lynch verfilmt und für einen Oscar nominiert.

Auf dieser Route durch den Mittleren Westen – auf dem Highway 15 nach Norden, dann weiter auf dem Highway 18 – geht es nicht nur um die Fahrt an sich. Hier gibt es eine Lektion zu lernen. Alte Vorstellungen haben sich geändert. Straßen, einst Symbole der Moderne und des Fortschritts, haben Menschen getrennt, doch hier führen sie zur Familie zurück. Alvins Roadtrip steht nicht für Rebellion, Einsamkeit oder Freiheit, sondern für Gemeinschaft, Verbundenheit und Wiedervereinigung. Roadtrips können auch ein Weg nach Hause sein. **BDS**

Hermann Wine Trail
Missouri, USA

Start Hermann
Ziel New Haven
Länge 32 km
Art Kultur
Info goo.gl/mgbPyn

Die sieben Weingüter in Familienbesitz am Ufer des Missouri zwischen Hermann und New Haven, östlich der Landeshauptstadt, verdanken ihre Existenz Gottfried Duden, einem deutschen Entdecker, der sich 1824 in der Region niederließ. Duden verliebte sich in den Missouri River und verglich ihn oft mit dem Rhein. Von Duden inspiriert, wanderten Deutsche in den 1830er Jahren zu Tausenden in diese Gegend ein, und es dauerte nicht lange, bis sie mit der Anpflanzung von Weinbergen begannen. Die deutschsprachige Stadt Hermann wurde 1837 gegründet, und bereits 1904 produzierte die Region mehr als 11,3 Millionen Liter Wein pro Jahr.

Die Weingüter Adam Puchta, Bias, Dierberg, Hermannhof, OakGlenn, Röbller und Stone Hill können auf dieser Route an einem einzigen Tag besucht werden. Hier finden auch jährlich mehrere Weinveranstaltungen statt, darunter der Chocolate Wine Trail im Februar und der Wild Bacon Wine Trail im Mai.

Jedes Weingut ist unverwechselbar: Adam Puchta, 1855 gegründet, ist das älteste amerikanische Weingut im Dauerbesitz einer einzigen Familie; Stone Hill besitzt unterirdische Keller, und die Steinkeller und Backsteinbauten von Hermannhof zeugen davon, daß es neben dem Wein auch viel Geschichte in einem Staat zu entdecken gibt, der vor der Prohibition der zweitgrößte Weinproduzent der USA war. **BDS**

❶ Das Weingut Stone Hill wurde 1847 gegründet, zehn Jahre nach der Stadt Hermann, in der es sich befindet.

Scenic 7 Byway
Arkansas, USA

❶ Ein typischer Abschnitt des Scenic Highway 7 durch den Ouachita National Forest.

Start Bull Shoals Lake, Diamond City
Ziel Grenze zu Louisiana bei El Dorado
Länge 467 km
Art Landschaft
Info goo.gl/4JxB2y

Der Scenic 7 Byway – 1994 eingeweiht und der erste Highway seiner Art im Bundesstaat Arkansas – ist oft in den Top Ten der landschaftlich schönsten Straßen der USA vertreten. Das wundert kaum, betrachtet man die Ozark und Ouachita Mountains, die üppige West Gulf Coastal Plain, die dichten Wälder, das hügelige Farmland und die umwerfenden geologischen Formationen entlang der Strecke.

Schon bald nach Diamond City erreicht man den 4700 km² großen Ozark National Forest. Hier lohnt ein Besuch im Ozark Café, das seit seiner Eröffnung im Jahr 1909 ein Wahrzeichen des Staates ist, und eine Tour durch die „lebenden" Blanchard Springs Caverns entlang des Dripstone Trail.

Von dort geht es weiter nach Süden, hinunter ins Arkansas River Valley und in die Ouachita Mountains, die einst so hoch wie die Rocky Mountains waren, bevor die Erosion einsetzte. Heute sind sie immer noch die höchsten Gipfel zwischen den Rockies und den Appalachen. Hier erreicht man Hot Springs, eine Kurstadt aus den 1830er Jahren. Ihre berühmte Bathhouse Row ist eine der architektonisch herausragendsten Straßen Nordamerikas.

Die Fahrt endet bei El Dorado, einer wunderschönen Gegend mit niedrigen Hügeln, Flußtälern und dichten Kiefern- und Laubwäldern. Dort angekommen versteht man, warum Arkansas „The Natural State" genannt wird. **BDS**

Talimena National Scenic Byway
Arkansas/Oklahoma, USA

Start Mena, Arkansas
Ziel Talimena, Oklahoma
Länge 87 km
Art Landschaft
Info goo.gl/WGIQxF

Der Ouachita National Forest erstreckt sich auf einer Fläche von mehr als 7300 km² über die Grenze von Arkansas und Oklahoma. Zwischen ausgedehnten Wäldern und Seen bieten sich einzigartige Bergpanoramen, und die Gegend ist für die Klarheit des Wassers ihrer unzähligen Flüsse und Bäche bekannt. Der Talimena National Scenic Byway, der 1989 als National Forest Scenic Byway gegründet und eingerichtet wurde, führt entlang der Gratlinien der Ouachita's Winding Stair Mountains und des Rich Mountain, dem mit 817 m zweithöchsten Gipfel von Arkansas. Er taucht ein in eine Region alter Wälder, die nie bewirtschaftet wurden und in denen sich zahlreiche Wildtiere tummeln.

Die von 1964 bis 1969 erbaute Straße verband ursprünglich zwei Lkw-Routen und führt durch dichten Wald, der die Ränder des Highways manchmal fast verschlingen zu wollen scheint. Die beliebte Motorradroute zeigt die ganze Schönheit einer der höchsten Gebirgsketten zwischen den Rocky Mountains und den Appalachen.

Hier gibt es steile Bergstraßen, die teilweise 13 Prozent Steigung erreichen, scharfe Kurven, plötzliche Anstiege und zahlreiche Haltebuchten. Auch historisch interessante Sehenswürdigkeiten wie frühe Pionierhäuser und Indianer-Museen gibt es im Überfluß auf Arkansas' und Oklahomas schönstem Scenic Byway. **BDS**

❶ Der Wald wird immer dichter auf diesem frühen Abschnitt der vorgeschlagenen Route.

Thelma & Louise
Von Arkansas nach Arizona, USA

Start Little Rock, Arkansas
Ziel Grand Canyon, Arizona
Länge 2414 km
Art Kultur
Karte goo.gl/bN11df

Im Mittelpunkt dieses mit dem Oscar für das beste Originaldrehbuch prämierten Roadmovies stehen Thelma Dickinson (Geena Davis) und Louise Sawyer (Susan Sarandon), die in einem 1966er Ford Thunderbird Cabriolet zu einem zweitägigen Roadtrip aufbrechen. Die Reise von Little Rock in Arkansas zu den Ozark Mountains nimmt eine dramatische Wendung, als Louise einen aufdringlichen Einheimischen nach einer versuchten Vergewaltigung auf dem Parkplatz einer schäbigen Honky-Tonk-Bar erschießt.

Um nicht den Rest ihres Lebens im Gefängnis verbringen zu müssen, beschließen die beiden, über die mexikanische Grenze zu fliehen. Sie fahren auf der Interstate 44 nach Westen durch die weiten Ebenen Oklahomas und die sonnenverwöhnte Landschaft des amerikanischen Südwestens. Der Film unter der Regie von Ridley Scott wurde zu einem Kultklassiker und hat abenteuerlustige Fans dazu inspiriert, die ursprüngliche Route des Drehbuchs von Arkansas nach Arizona nachzuverfolgen. Viele Szenen wurden jedoch nicht hier, sondern in Bakersfield in Kalifornien gefilmt. Einige Sequenzen, wie die lange, einsame Fahrt auf der US 163 durch Utahs majestätisches Monument Valley, konnten jedoch nur vor Ort gedreht werden.

Die Polizei treibt Thelma und Louise 90 m vom Grand Canyon entfernt in die Enge. Doch statt sich zu stellen umarmen sich die Frauen, dann tritt Louise aufs Gas und der T-Bird schießt über den Abgrund. **DIS**

➲ Sonnenaufgang über der Hunts Mesa im Monument Valley, südlich der Grenze zwischen Utah und Arizona.
❶ Geena Davis (links) und Susan Sarandon (rechts) als Hausfrau und Kellnerin auf der Flucht

Lake Pontchartrain Causeway Louisiana, USA

Start Lewisburg **Ziel** Metairie **Länge** 42 km
Art Abenteuer **Karte** goo.gl/EIlbX2

Erst 2011 verlor die bis dahin längste Wasserbrücke der Welt ihren Titel an die Jiaozhou-Bucht-Brücke. Das amerikanische Bauwerk verfügt jedoch immer noch über die längste Spannweite über Wasser, denn die chinesische Brücke verläuft teilweise über das Festland. Und für alle, die jemals den 38 km langen Lake Pontchartrain Causeway gefahren sind, wird dieser sowieso immer der Favorit bleiben.

Die meisten Brücken führen hoch hinauf mit einem großen Abstand zur Geländeoberfläche. Diese jedoch nicht. Da der Lake Pontchartrain mit einer durchschnittlichen Tiefe von nur 4,5 m sehr flach ist, wurde sie als niedrige Trestle-Brücke gebaut und die Fahrbahn scheint fast auf der Oberfläche des Sees aufzuliegen. Die halbstündige Fahrt auf der perfekten Geraden erzeugt einen eigenartigen, leicht hypnotischen Effekt. Ringsum funkelt das Wasser, und vorne verjüngt sich der dünne Streifen Asphalt zu einem Fluchtpunkt am Horizont.

Die ursprünglich zweispurige Brücke wurde 1956 für 30,7 Millionen Dollar gebaut. Für die Bewohner des Nordufers verkürzte sich damit die Fahrtzeit nach New Orleans um ca. 50 Minuten. Der Erfolg war so groß, daß 1969 zwei weitere Fahrspuren als völlig getrennte Parallelstruktur hinzukamen. Dies ist eine Fahrt wie keine andere. **DK**

❶ Richtung Süden über die Brücke nach New Orleans.

Die letzte Fahrt von Bonnie und Clyde Louisiana, USA

Start Gibsland   Ziel Denkmal am Highway 154   Länge 13 km
Art Kultur   Karte goo.gl/uV5Ha5

Als erste Kriminelle sind die Bankräuber und Mörder Bonnie Parker und Clyde Barrow zu wahren Popstars geworden. Diese Route zeichnet die letzte Spritztour des tragischen Paares in ihrem gestohlenen grauen Ford V8 nach.

Die Reise beginnt im Bonnie & Clyde Ambush Museum in Gibsland. Hier stand einst Ma Cranfield's Café, wo das Paar an jenem schicksalhaften Morgen zum Frühstück anhielt. Zu den wertvollsten Exponaten gehören Bonnies roter Hut, eine von Clydes Remington-Flinten und seine Lieblingswaffe, ein halbautomatisches Browning-Gewehr.

In den frühen Morgenstunden des 23. Mai 1934 fuhren Bonnie und Clyde auf dem Highway 154 nach Sailes, ohne zu ahnen, daß ihnen 13 km vor der Stadt bewaffnete Gesetzeshüter auflauerten. Als die Polizei das markante Dröhnen des Ford Flathead V8 hörte, eröffnete sie das Feuer. 130 Schüsse trafen das Auto und töteten das Paar auf der Stelle.

Am Wochenende, welches dem Todestag am nächsten liegt, findet das jährliche Bonnie and Clyde Festival in Gibsland statt, ein fröhliches Treffen, das mit einer gut besuchten Ausfahrt endet, die auf breiten, von Bäumen gesäumten Landstraßen zum Ort des Hinterhalts führt, der heute mit einem steinernen Denkmal markiert ist. **DIS**

❶ Der Startpunkt in Gibsland.

Louisiana Bayou Byway
Louisiana, USA

Start New Orleans
Ziel Lafayette
Länge 249 km
Art Kultur
Karte goo.gl/cGOLCc

Nordamerikas größter Fluß, der Mississippi, mündet im Atchafalaya Basin in den Golf von Mexiko und bildet dort einen riesigen Dschungel von Zypressensümpfen und verschlafenen Buchten. Hier lebt eine bunte Mischung aus Weißen, Afroamerikanern, Cajuns und Kreolen, die ursprünglich als Exilanten, als Sklaven für die Zuckerrohrplantagen oder als freie Arbeiter auf den Bohrinseln hierherkamen. Aus ihrem Zusammentreffen entstand eine einzigartige Kultur, Lebensweise, Musik und Küche. Dieser Ausflug führt im Herzen der Region durch kleine Siedlungen entlang des Flusses Bayou Teche.

Von New Orleans geht es Richtung Süden in die Hafenstadt Morgan City und entlang des Ufers des Bayou über Franklin, Jeanerette, New Iberia und St. Martinville nach Lafayette. Es ist eine faszinierende Fahrt durch Alleen aus mit spanischem Moos bewachsenen Eichen, vorbei an großen neoklassizistischen Plantagengebäuden wie Oaklawn Manor in Franklin, das für die Öffentlichkeit zugänglich ist, und durch charmante historische Städtchen. Hier lebt man gemächlich, also sollte man sich auch für die Fahrt Zeit nehmen. Sehenswert ist das Denkmal für die USS Diana, ein konföderiertes Kanonenboot des amerikanischen Bürgerkriegs (1861–1865), und die alte Evangeline Oak in St. Martinville. Mittags gibt es gebratene Garnelen oder einen Po' boy bei Victor's oder Bon Creole in New Iberia. **DK**

Mississippi Blues Highway
Tennessee/Mississippi, USA

Start Memphis, Tennessee
Ziel Vicksburg, Mississippi
Länge 393 km
Art Kultur
Karte goo.gl/AzQTFj

Der Blues ist kommerzialisiert und sein Ursprung als Musik unterdrückter Schwarzer zum Teil aus der Geschichte getilgt worden. Die US-Route 61, besser bekannt als „The Blues Highway" rückt die Geschichte jedoch wieder gerade. Einst Teil der saisonalen Route, die Wanderarbeiter von den Plantagen im Süden zu den Fabriken im Norden nahmen, führt sie über Nebenstraßen entlang des Mississippi, vorbei an Baumwollfeldern, auf denen der Blues entstand und in deren Nähe Plantagenbesitzer in der Zeit vor dem amerikanischen Bürgerkrieg (1861–1865) imposante Herrenhäuser errichteten.

Von Memphis aus geht es südwestlich in das Mississippi-Delta, die sumpfige Landschaft von Mark Twain, durch Arkaden von Eichen, die mit spanischem Moos bedeckt sind. Hier existieren noch einige der Juke Joints, die dem Delta-Blues seine Stimme verliehen. Am nördlichen Ende der Reise befinden sich zwei der heiligsten Orte des Blues – die Musikclubs der Nelson Street in Greenville und das Clarksdale's Delta Blues Museum nahe der berühmten Kreuzung, wo Robert Johnson angeblich seine Seele an den Teufel verkaufte.

Obwohl der Mississippi Blues Highway in Vicksburg endet, muß der musikalische Roadtrip dort noch nicht vorbei sein; die US 61 führt weiter nach Louisiana, durch Baton Rouge in die Heimat des Jazz, die dampfigen Clubs von New Orleans. **DK**

Natchez Trace Parkway
Von Mississippi nach Tennessee, USA

Start Natchez, Mississippi
Ziel Nashville, Tennessee
Länge 715 km
Art Kultur
Info goo.gl/kHwvEp

Diese Route ist eine der speziell gebauten National Scenic Drives, die vom US National Park Service verwaltet werden. Es gibt nur wenige Ein- und Ausstiegspunkte und auf der Strecke gilt eine Höchstgeschwindigkeit von 80 km/h. Die Tour ist als langsame und gemütliche Fahrt angelegt, bei der man an beliebig vielen der etwa 90 markierten Sehenswürdigkeiten und ausgewiesenen Rast- und Picknickplätzen entlang des Weges anhalten kann. Sie entführt Reisende aus dem Trubel des Alltags in die Natur und eine unerwartete Ruhe.

Die großartige Landschaft bietet Wälder, Wasserfälle, Flußüberquerungen und hügeliges Grasland. Die Parkway-Route folgt so nah wie möglich einem alten Pfad, der von einstigen Waldbewohnern und später von Indianern als Fernhandelsroute zwischen dem Mississippi und dem zentralen Tennessee genutzt wurde. Teile der ursprünglichen Strecke sind bei Milemarker (MM) 41.5 zu sehen. Sehenswert sind die archäologischen Stätten aus dem frühen ersten Jahrtausend: Emerald Mound (MM 10.3), Bynum Mound and Village (MM 232.4) und Pharr Mounds (MM 286). Ansehen sollte man sich auch Mount Locust (MM 15.5) und das einzige aus dem 18. Jahrhundert erhaltene Gasthaus auf dem alten Pfad, die beeindruckenden Zypressensümpfe bei MM 122 und Birdsong Hollow (MM 438.2), einer der beliebtesten Orte zum Ausruhen und Entspannen. **DK**

❶ Die Natchez Trace Parkway Bridge über den Highway 96 in Franklin, Tennessee.

Amerika • USA | 163

Door County Coastal Byway
Wisconsin, USA

❶ Die Straße schlängelt sich durch Espen-, Eichen- und Kiefernwälder.

Start Sturgeon Bay
Ziel Sturgeon Bay
Länge 129 km
Art Landschaft
Info goo.gl/zZUIaa

Wisconsins Door-Halbinsel trennt Lake Michigan von der Green Bay und bietet einen weiten Blick über das landwirtschaftlich geprägte Hinterland des Staates, sowie außergewöhnliche Küstenblicke und kurvenreiche Strecken durch wunderschöne dichte Wälder.

Der Door County Coastal Byway beginnt in der Mitte der Halbinsel nördlich von Sturgeon Bay, wo sich der Landstreifen wie eine Fingerspitze zu verengen beginnt. Von dort kann man sich im oder gegen den Uhrzeigersinn bewegen, da sich beide Strecken bei Sister Bay wieder treffen, bevor man über den glatten, breiten Asphalt des Highway 57 nach Norden zur Spitze der Halbinsel fährt. Die Route führt auf beiden Wegen durch das flache Farmland des mittleren Westens, vorbei an zahllosen für die Region typischen Maisfeldern, durch reizende Kleinstädte und schließlich zur Küste, wo besonders der Blick über den Lake Michigan beeindruckt.

Das beliebte touristische Dorf Sister Bay eignet sich wunderbar für eine Pause, um an der historischen Uferpromenade die Boote im Hafen zu beobachten. Nach Sister Bay kommt die Green Bay in Sicht, und die beiden Gewässer treffen in der Nähe der hübschen Städtchen Gills Rock und Northport im Norden der Halbinsel aufeinander. Von dort aus geht es auf dem Highway 42 zurück zum Ausgangspunkt bei Sturgeon Bay. **MG**

Northwoods
Wisconsin, USA

Start Marinette
Ziel Park Falls
Länge 312 km
Art Landschaft
Karte goo.gl/ktz21u

Es gibt einige Orte, die niemand besucht, weil sie unangenehm oder gefährlich sind. Es gibt andere, die zwar schön sind, aber übersehen werden, weil anderswo mehr los ist. Northwoods gehört zur zweiten Kategorie: Nur wenige Besucher in Chicago brechen so weit aus der Anziehungskraft der Stadt aus, daß sie es hierher schaffen, aber diejenigen, die es tun, werden reich belohnt.

Diese Route ist nur eine von vielen, die in dieser Gegend möglich sind. Sie beginnt am Ufer der Green Bay, einem Arm des Lake Michigan: Marinette nennt sich selbst „The Waterfall Capital of Wisconsin".

Etwas mehr als 160 km landeinwärts, am Zusammenfluß der Flüsse Prairie und Wisconsin, liegt die Stadt Merrill. In ihrem Zentrum befindet sich ein riesiger Park, früher Lagerplatz der Anishinabe-Indianer, mit Möglichkeiten zum Rad- und Bootfahren, Camping, Angeln, Wandern und Schwimmen.

Die evokativ so genannte Stadt Tomahawk liegt an einer Biegung des Wisconsin River und ist das Südende des 22 km langen Hiawatha Trails entlang des alten Gleisbettes der Milwaukee Road Railroad.

Die kleine Stadt Park Falls an einem Nordarm des Flambeau River wird von Touristen gern als Ausgangspunkt für Kanufahrten, oder zum Angeln und Wildwasser-Rafting genutzt, bevor sie entweder umkehren oder nach Duluth am Lake Superior in Minnesota weiterfahren. **JP**

❶ Marinette hat mehr zu bieten als Wasserfälle – wie etwa diese Hommage der Stadt an ihre Holzindustrie.

Great River Road
Illinois, USA

Start East Dubuque
Ziel Cairo
Länge 885 km
Art Kultur
Karte goo.gl/jVCzXk

Diese Route an der westliche Grenze von Illinois mäandert entlang des Mississippi und bietet eine Momentaufnahme der Geschichte Amerikas. Als Markierung dienen Schilder in Form eines Schiffsrades mit einem Flußdampfer in der Mitte.

Dieser Abschnitt der Great River Road durch Illinois begleitet den Mississippi mehr als 3200 km durch zehn Staaten bis zum Golf von Mexiko.

Die Route beginnt im Nordwesten von Illinois und führt Richtung Süden, den Fluß stets auf der rechten Seite. Hier lernt man ein anderes Illinois kennen als das durch Chicagos Wolkenkratzer am Lake Michigan geprägte Bild. Es geht durch grünes, hügeliges Ackerland mit rotbemalten Scheunen und Gehöften, durch das ehemalige Land der Indianer, der französischen Kolonisten und der geflohenen Sklaven.

Zu den Höhepunkten der Strecke, die durch fruchtbare Überschwemmungsgebiete und verschlafene Bauerndörfer führt, zählt ein Komplex von prähistorischen Indianergräbern in Cahokia (UNESCO-Weltkulturerbe) und eine Reihe von historischen Städten, die auf die frühen europäischen Siedler zurückgehen. An vielen Orten erfährt man mehr über den amerikanischen Bürgerkrieg und mit etwas Glück wird der Ausflug in die Geschichte der USA mit der Sichtung des Nationalvogels, des Weißkopfadlers, gekrönt. **SH**

Der Chicago-Roadtrip der *Blues Brothers* Illinois, USA

Start Joliet
Ziel Downtown Chicago
Länge 209 km
Art Kultur
Karte goo.gl/2L3I8K

Diese Route folgt der „Mission from God" der Blues Brothers Jake und Elwood (John Belushi und Dan Aykroyd) im klassischen Roadmovie von 1980. Sie beginnt an der Pforte des Joliet Correctional Center, wo Jake in die dubiose Obhut seines Bruders entlassen wird, und endet am Daley Plaza in der Innenstadt von Chicago, wo es dem Duo bemerkenswerterweise gelingt, wütende Neonazis, die Chicagoer Polizei und die Nationalgarde abzuwehren.

Vom Joliet-Gefängnis (Führungen möglich) führt die Route zuerst nach Calumet am Lake Michigan, wo das Bluesmobil die 95th Street Bridge überquerte. Von dort geht es weiter zur Pilgrim Baptist Church (Gospelchorszene), zum South Shore Cultural Center (Palace Hotel Ballroom) und durch den Jackson Park (Versammlungsort der Nazis), dann weiter zu Shelly's Loan & Jewelry (Ray's Music Store), Maxwell Street Market 807 (ehemaliger Standort von Lyon's Deli, wo Aretha Franklin „Think" sang) und Wrigley Field, wohin die Nazis geschickt werden. Leider hat Chez Paul, das teure Restaurant in der 660 North Rush Street, in dem sich Jake blamierte, längst seine Türen geschlossen. Die Route führt weiter zum Quality Inn in O'Hare (Murph and the Magic Tones), das leider in Wirklichkeit gar keine Lounge besitzt, zum West Wind Motel (Cameo-Auftritt von Twiggy) und auf der Strecke der abschließenden Verfolgungsjagd über den Lower Wacker Drive zur City Hall. **DK**

Stagecoach Trail
Illinois, USA

Start Lena
Ziel Galena
Länge 61 km
Art Kultur
Karte goo.gl/NHZf5h

Spannen Sie den Wagen ein und begeben Sie sich auf diese malerische Fahrt durch den Mittleren Westen Amerikas, die den Spuren einer alten Postkutschenroute folgend durch die sanften Hügel des Nordwestens von Illinois verläuft.

Die sanften Steigungen und geschwungenen Kurven sind für Autos und Motorräder viel besser geeignet als für Kutschen, obwohl sich die weitläufigen Landschaften in den letzten anderthalb Jahrhunderten kaum oder gar nicht verändert haben.

Aus den ehemaligen Pferdewechselstationen wurden Saloons, Geschäfte und Tavernen und statt frischer Pferde gibt es hier heute Erfrischungen für Fahrer und Passagiere. Einige örtliche Unternehmen haben sich die historische Atmosphäre zunutze gemacht und bieten Touristen im Sommer kurze Fahrten in ihren eigenen Postkutschen an.

Die alten Städte entlang der Route wirken mit ihren Holzfassaden und Stoffmarkisen wie aus der Zeit gefallen. In der Nähe von Scales Mound kann man den höchsten Berg von Illinois erklimmen, was allerdings nicht allzu lange dauern sollte, denn der Charles Mound ist lediglich 376 m hoch.

Galena wirkt wie ein lebendiges Museum. Rund 85 Prozent der Gebäude sind im National Register of Historic Places verzeichnet, darunter das Museumsgebäude von Präsident Ulysses S. Grant und die Hauptstraße voller nobler Antiquitätenläden. **SH**

❶ Belvedere Mansion, eines der schönsten alten Gebäude in Galena, ist heute ein Museum.

Route 66 – East
Von Illinois nach Oklahoma, USA

Start Chicago, Illinois
Ziel Tulsa, Oklahoma
Länge 1152 km
Art Kultur
Karte goo.gl/NhY54k und goo.gl/ogmLyL

Die in Gesang, Literatur und unzähligen Roadmovies gefeierte Route 66 ist ein wichtiger Teil des Mythos Amerika. Vom industriellen Nordosten Chicagos nach Los Angeles, ins Land der unendlichen Möglichkeiten und des Sonnenscheins in Kalifornien, erstreckt sich die Route 66 über insgesamt 3600 km.

Als Teil eines großen Bauprogramms der Zwischenkriegsjahre wurde die Strecke 1926 angelegt und 1938 vollständig asphaltiert. 25 Jahre lang war sie eine wichtige Migrationsstrecke für Menschen aus dem Osten, die sich im Westen Wohlstand und eine bessere Lebensqualität erhofften. Die Straße entwickelte ein eigenes Ökosystem mit Motels, Geschäften und Musik-Hotspots. Nach der Fertigstellung der Interstate Highways in den späten 1950er und 1960er Jahren wurde die Route 66 weitgehend überflüssig und 1985 offiziell deklassifiziert.

Nach einer Kulturerbe-Kampagne ist es nun wieder möglich, die „Mother Road" zu bereisen. Diese Etappe beginnt an der Markierung „Begin Route 66" auf der East Adams Street in Downtown Chicago und führt nach Westen durch Joliet und weiter durch Missouri und Kansas nach Tulsa in Oklahoma.

Highlights sind der Dixie Truck Stop in McLean (seit mehr als 75 Jahren eine kulinarische Institution), St. Louis, Devils Elbow, Rolla, Springfield, Carthage, Riverton und Foyil. **DK**

❶ Die heutige Fußgängerbrücke Chain of Rocks Bridge trug einst die Route 66 bei St. Louis über den Mississippi.

Die Ufer des Lake Michigan
Michigan, USA

Start New Buffalo
Ziel Mackinaw City
Länge 678 km
Art Landschaft
Karte goo.gl/Ydft4t

Fernab der Zersiedelung und des postindustriellen Schrotts von Detroit wirkt die Fahrt an der Ostküste des Lake Michigan wie eine Küstenfahrt in einer ruhigen ländlichen Gegend. Die Wellen des Sees, der sich linker Hand wie ein Meer erstreckt, rollen neben der Straße auf Sandstrände und felsige Landzungen. Diese Route ist erfrischend und schön zugleich. Im Winter kann das Wetter zur Herausforderung werden, und an einem windigen Tag im Saugatuck Dunes State Park fühlt man sich wie sandgestrahlt. Auf den grünen Straßen im Landesinneren entspannt man sich hingegen in den schicken Boutiquen und Restaurants der malerischen Stadt Saugatuck. Nördlich von Petoskey mündet die Uferstraße in den sogenannten „Tunnel of Trees", der sich wunderschön durch dichte, überhängende Wälder nach Harbor Springs windet. Am Sleeping Bear Dunes National Lakeshore können Besucher die bis zu 137 m hohen Sandhänge erklimmen. Weiter nördlich gelangt man in den berühmten Mackinac Island State Park, der sich auf eine hübsche bewaldete Insel ausdehnt.

Zahlreiche kleine Häfen, weitläufige Wälder und ein Labyrinth aus Buchten, Inseln und Flüssen zeichnen diese Tour aus, und im lebhaften Ort Traverse City geht es beim National Cherry Festival im Juli bei mit Kirschen geschmückten Paraden und Kirschkuchen-Wettessen richtig heiß her. **SH**

❶ Das Holland Harbor Light, auch bekannt als „Big Red", ist nur eine von vielen Attraktionen auf dieser Route.

Woodward Avenue Automotive Heritage Trail Michigan, USA

Start Detroit Ziel Pontiac Länge 43,5 km
Art Kultur Info goo.gl/Rz9arU

Die Woodward Avenue verbindet zwei der bedeutendsten amerikanischen Städte der Automobilindustrie. Sie beginnt in der „Motor City" Detroit und endet in Pontiac, jener Stadt, in der General Motors ein Werk betreibt und und nach der eine bekannte Automarke benannt ist. 84 Jahre lang wurden Pontiacs produziert, bis man 2010 die Marke einstellte, nachdem der letzte Pontiac G6 Sedan vom Band gerollt war. Bevor man Detroit verläßt, laden interessante Museen zum Besuch ein. Autoliebhaber sollten die Ford Piquette Avenue Plant besichtigen. In dieser ehemaligen Fabrik entstand das Modell T von Ford, und als weltweit ältestes Autowerk ist es heute für die Öffentlichkeit zugänglich.

Außerhalb von Detroit führt die Woodward Avenue in nordwestlicher Richtung durch einige der ältesten Vororte der Stadt. Man befindet sich hier auf dem Saginaw Trail, einer uralten Route der Ureinwohner Amerikas. 50 Schilder weisen auf Sehenswürdigkeiten hin. An der Woodward Avenue liegt auch das Highland Park Ford-Werk, in dem Henry Ford 1913 das erste Montageband im Automobilbau einführte. Am dritten Samstag im August fahren alljährlich Hunderte heißer Öfen die Woodward Avenue rauf und runter und locken eine Million Zuschauer zum Woodward Dream Cruise. MG

❶ Ein Pontiac GTO Cabrio beim Woodward Dream Cruise.

Wabash River Scenic Byway Indiana, USA

Start Prophetstown State Park   Ziel Ross Camp   Länge 31 km
Art Landschaft   Karte goo.gl/tGKhlu

Diese Tour folgt dem Lauf des Wabash River, größtenteils auf der treffend benannten River Road. Die Strecke ist kurz, aber sehr schön. Ausgangspunkt ist der Eingang des Prophetstown State Park, den man, sofern Zeit besteht, ausreichend erkunden sollte. Er ist nach einem spirituellen Führer der Ureinwohner benannt und zeigt eine nachgebaute Indianersiedlung sowie eine Farm, wie sie in den 1920er Jahren bewirtschaftet worden ist und ausgesehen hat.

Zunächst passiert die River Road Wälder, Felder und Wiesen, doch schon bald sieht man zur Linken durch die Bäume hindurch den Wabash River. Der insgesamt 810 km lange Fluß durchzieht ganz Indiana – die Route verläuft nur ein relativ kurzes Stück an seinem Ufer entlang. Nachdem man dem Wabash eine Zeitlang gefolgt ist, erreicht man die Stadt West Lafayette mit der Purdue University. Auf der anderen Seite des Flusses befindet sich die Schwesterstadt Lafayette.

Nach einer kurzen Stadtpassage fährt man erneut durch Waldgebiet und trifft dann wieder auf den Fluß. Zweimal ändert die Straße nun ihren Namen – erst in Base Line Road, dann in Division Road –, bevor sie kurvenreich das Ziel Ross Camp ansteuert. Hier gibt es einen Zeltplatz, eine Hochzeitskapelle und gut gepflegte Wanderwege. MG

❶ Eisenbahnbrücke bei West Lafayette.

Hocking Hills Scenic Byway Ohio, USA

Start Rockbridge   **Ziel** South Bloomingville   **Länge** 51,5 km
Art Landschaft   **Info** goo.gl/OHSCyz

Ohio im Mittleren Westen ist für seine flache, agrarisch genutzte Landschaft bekannt. Doch diese Route führt südöstlich von Columbus in eine eher ungewöhnliche Gegend mit Bergen, Höhlen und Felsformationen. In dem 162 ha großen Hocking Hills State Park gibt es zudem Wälder, Seen, Wasserfälle und Schluchten. Die Tour folgt zumeist dem Highway 374 und führt zu den schönsten Aussichten und interessantesten Plätzen. Sie ist wegen ihrer geschmeidigen Kurven auch bei Bikern sehr beliebt.

Das Landschaftspanorama kann man am besten genießen, wenn man am Straßenrand hält und einige der Fußwege erkundet. Besonders reizvoll ist der beschilderte Pfad zu den Cantwell Cliffs. Eine Felsspalte trägt hier den Namen Fat Woman's Squeeze. Nicht weit davon befindet sich das Rock House, eine Naturhöhle mit einer fensterähnlichen Öffnung. Jahrhundertelang lebten hier Indianer, Banditen und Schmuggler. Etwas weiter trifft man auf die 60 m tiefe Schlucht Conkle's Hollow, die zu einem malerischen Wasserfall führt. Highlight der Region ist jedoch die Old Man's Cave, eine Felsformation inmitten weiterer idyllischer Wasserfälle. Wer mutig ist, gönnt sich ein besonderes Abenteuer hoch oben in den Baumkronen: In dieser Gegend gibt es entlang der Straße mehrere Zipline-Tour-Anbieter. **SH**

❶ Morgens an der Iselboro Road in den Hocking Hills.

Amish Country's Scenic Byway Ohio, USA

Start Sugarcreek   Ziel Sugarcreek   Länge 116 km
Art Kultur   Info goo.gl/BH5PLm

Die Amish People sind eine traditionsreiche christliche Religionsgemeinschaft mit Schweizer Wurzeln. Ihre Mitglieder führen ein einfaches, ländlich geprägtes Leben, in dem Nachhaltigkeit, Bescheidenheit, Gelassenheit, Selbstversorgung und Gemeinschaftssinn besonders wichtig sind. Diese kurvenreiche Rundreise führt als faszinierender Roadtrip zu Amish-Siedlungen in Ohio im Mittleren Westen der USA. Dabei lernt man die Kultur und die Lebensweise der Amish People inmitten der herrlichen, saftig grünen, sanfthügeligen Landschaft kennen. Man passiert alte Holzkirchen, strahlend weiße Schulen und gepflegte Bauernhöfe. In Hotels und Gasthöfen kann man die Gerichte der Amish People probieren. Da diese modernen Komfort in der Regel vermeiden, sieht man sie in Pferdekutschen fahren. Am Straßenrand bieten Bauern mit Hüten und langen Bärten ihre Produkte in Körben an. Besonders eindrucksvoll ist der traditionelle Bau einer Scheune, bei dem die gesamte Gemeinschaft für ein Mitglied eine Holzscheune errichtet.

Die Fahrt ist sehr geruhsam: die Straßen sind glatt, breit und in gutem Zustand und der Verkehr gering. Dieser Amish Country's Scenic Byway läßt auf recht angenehme Weise kulturell über den eigenen Tellerrand schauen. **SH**

❶ Eine Amish-Siedlung in der Nähe von Sugarcreek.

Rain Man Roadtrip
Von Ohio nach Kalifornien, USA

Start Cincinnati, Ohio
Ziel Los Angeles, Kalifornien
Länge 4796 km
Art Kultur
Karte goo.gl/CpGqyo

In dem mit vier Oscars prämierten Film *Rain Man* (1988) fahren zwei ungleiche Brüder in einem 1949er Buick Roadmaster Serie 70 Cabriolet 4800 km quer durch die USA. Diese Reise läßt sich nur schwer exakt nachfahren, unter anderem, weil sich der autistische Raymond (Dustin Hoffman) nach einem Unfall weigert, Highways zu benutzen. Je nach zur Verfügung stehender Zeit kann man ebenfalls die Nebenstraßen nehmen. Grundsätzlich führt die Route zu den Schlüsselorten des Films und läßt dessen Atmosphäre nachspüren.

Nach dem Start in Ohio fährt man zunächst durch die flache Landschaft des Mittleren Westens und passiert unzählige Mais- und Getreidefelder. Im ebenso flachen Oklahoma erreicht man El Reno. Hier entstand die Szene, in der Charlie (Tom Cruise) realisiert, daß Raymond der Rain Man seiner Kindheit ist. Die marode Tankstelle, an der das Paar später anhält, befindet sich weiter südlich in Cogar.

Von dort geht es in westlicher Richtung, durch Texas Panhandle und New Mexico, bevor die kaktenreichen Wüsten und Tafelberge Arizonas am Horizont auftauchen. Von Kingman führt ein Abstecher nach Las Vegas, dessen Neonlichter einen krassen Kontrast zur Wüste bilden. Dann steuert man Los Angeles an. Diese Reise ist ein unvergeßliches Erlebnis, inspiriert durch einen ebenfalls unvergeßlichen Kinofilm. **MG**

❶ Ein Buick Cabriolet – das perfekte Auto für diesen Roadtrip – fährt auf der Route 66 durch El Reno.

Duncan Hines Scenic Byway Kentucky, USA

Start Bowling Green
Ziel Bowling Green
Länge 138 km
Art Kultur
Info goo.gl/K7BXFZ

Kentucky ist mehr als Bourbon, Hähnchen und Pferderennen, und dieser beschauliche Scenic Byway führt zu einigen Geheimecken dieses Bundesstaates. Die Panoramastraße beginnt und endet in der hübschen Kleinstadt Bowling Green, wo der Autor und Gourmet Duncan Hines das Licht der Welt erblickte. Er ist durch die nach ihm benannte Lebensmittelmarke bekannt, Hines war aber auch ein Pionier der Restaurantkritik und versorgte viele USA-Reisende mit wertvollen Informationen.

Die Fahrt startet am 1940 House, in dem sich das Zuhause und Büro des Autors befanden. Automobilliebhaber besuchen das National Corvette Museum am Stadtrand und nehmen an einer Führung teil, bei der ein laufendes Montageband gezeigt wird, an dem der beliebte Sportwagen gebaut wird. Weiter geht es durch üppig grünes Farmland zum Mammoth Cave National Park. Um diesen zu erreichen, muß man mit einer Fähre den Green River überqueren. Dann kann man das längste Höhlensystem der Welt erkunden.

Anschließend führt die Tour erneut durch die herrlich sanfthügelige Landschaft von Kentucky, wobei man alte Herrenhäuser und verschlafene kleine Ortschaften passiert, bevor man wieder nach Bowling gelangt. Wer mag, probiert den weltberühmten Bourbon, vielleicht in der prämierten Corsair Distillery. **MG**

Kentucky Bourbon Trail Kentucky, USA

Start Louisville
Ziel Lexington
Länge variabel
Art Kultur
Info goo.gl/J8VdLc

Die Ursprünge der Bourbonherstellung in Kentucky reichen bis zu den Anfängen des Bundesstaates im 18. Jahrhundert zurück, als die Farmer Mais und andere Getreidearten in Whiskey verwandelten, um überschüssige Mengen Getreide sinnvoll zu nutzen. Vom Bezirk Bourbon County aus transportierten sie das wertvolle Gut auf dem Ohio und dem Mississippi nach New Orleans; während der Fahrt wurde der Whiskey milder und erhielt in den Eichenfässern seine Bernsteinfarbe. Der US-Kongreß schützte 1964 die Bezeichnung *Bourbon*; er gilt als „Official Native Spirit" des Landes. 95 Prozent des weltweit konsumierten Bourbon Whiskeys stammen noch heute aus Kentucky.

Der Kentucky Bourbon Trail wurde 1999 eröffnet und ist ganz anders als etwa eine Weinstraße – er führt mitten hinein in das Herz und die Seele der USA. Jim Beam, Four Roses und Wild Turkey sind nur einige Brennereien, zu denen man auf idyllisch geschwungenen Landstraßen gelangt. Auch andere Destillerien, die nicht direkt auf der Route liegen, sind einen Abstecher wert, zum Beispiel die Barton 1792 Distillery in Bardstown.

Aktuell gehören neun Brennereien zwischen Louisville und Lexington zum Kentucky Bourbon Trail, aber alternative Strecken führen zu vielen weiteren. Lassen Sie jemand anderen fahren, um den „Spirit" zu genießen. **BDS**

Lincoln Heritage Scenic Byway   Kentucky, USA

Start Hodgenville
Ziel Danville
Länge 120 km
Art Kultur
Karte goo.gl/Ltm16b

Vier Aspekte prägen den Lincoln Heritage Scenic Byway: Bürgerkrieg, Religion, Bourbon und der 16. US-Präsident Abraham Lincoln. Die Route beginnt in Hodgenville am Abraham Lincoln Birthplace National Historic Park und führt dann nach Trappist zur Abbey of Gethsemani. Dies ist das älteste amerikanische Kloster, das noch heute Bestand hat. Nächste Station ist Bardstown, das Zentrum der Bourbonerzeugung und einst „Schönste Stadt der USA". Im Civil War Museum of the Western Theatre sieht man die landesweit wohl eindrucksvollste Sammlung von Union- und Konföderierten-Uniformen. Dann locken die Brennereien: Heaven Hill, Maker's Mark und ein kleiner Abstecher zum Jim Beam American Stillhouse sind ein Muß – ebenso wie der Kentucky Bourbon Trail.

Nun führt die Panoramastraße nach Springfield und zum Lincoln Homestead State Park mit dem Originalhaus von Lincolns Mutter sowie einer Nachbildung der Hütte seines Vater, in der dieser seine Kindheit verbrachte. Nächste Station ist die Stadt Perryville, die 1973 ins National Register of Historic Places aufgenommen wurde. Im Perryville Battlefield State Park wird der größten Schlacht des Amerikanischen Bürgerkrieges gedacht, die auf dem Boden von Kentucky stattgefunden hat. Die Reise auf einem der kürzesten Byways der USA endet in Danville, wo der erste Verfassungskonvent tagte. **BDS**

Roadtrip für Musikfreunde   Von Tennessee nach Louisiana

Start Nashville, Tennessee
Ziel New Orleans, Louisiana
Länge 978 km
Art Kultur
Karte goo.gl/QJhTSj

Jeder, der sich für das außergewöhnliche musikalische Erbe Nordamerikas des 20. Jahrhunderts interessiert – für Blues, Jazz, Gospel, Country, Soul sowie Rock'n'Roll –, wird diesen Roadtrip lieben. Die Interstate 40, besser bekannt als Music Highway, verbindet zunächst Nashville mit Memphis, bevor man südwärts auf der Interstate 55 zur Wiege des Jazz, nach New Orleans, gelangt. Man könnte auch im Flugzeug zu diesen Orten reisen, aber um die Region wirklich kennenzulernen, die all diese Musik hervorgebracht hat, muß man auf der Straße unterwegs sein und den Boden unter den Füßen spüren.

Man sollte ruhig die schnellen Highways verlassen und auf den weniger befahrenen Nebenstraßen die Gegend erkunden. Nur so bekommt man ein Gespür dafür, warum hier diese musikalischen Strömungen entstanden sind – auf den um ihre Existenz ringenden Farmen, in den Zentren der Mühlenindustrie, auf den Baumwollplantagen. Über diese Route sind bereits unzählige Bücher erschienen, aber hier im Süden der USA zählen die Kontraste: Idylle und Problemviertel, Reich und Arm, Schwarz und Weiß. Bei jeder Rast kann man phantastische Live-Musik hören. Empfehlenswerte Stopps entlang der Strecke sind Nashville (Music Row, Grand Ole Opry), Memphis (Graceland, Sun Studio, Stax Records, Beale Street) und New Orleans (French Quarter, Bourbon Street, Louis Armstrong Park). **DK**

Cherohala Skyway
Tennessee/North Carolina, USA

Start Tellico Plains, Tennessee
Ziel Robbinsville, North Carolina
Länge 82 km
Art Landschaft
Karte goo.gl/H7KxhK

Dieser National Scenic Byway führt auf seinem Weg von Tennessee nach North Carolina durch zwei staatliche Waldgebiete. Sein Name leitet sich von diesen beiden Wäldern ab: „Chero" vom Cherokee National Forest, der sich vor allem im Osten von Tennessee befindet, und „hala" von Nantahala, ein Fluß und Staatsforst in North Carolina.

Die Route beginnt in Tellico Plains. Es ist ratsam, sich im Cherohala Skyway Visitor Center am Anfang der Tour mit Infomaterial einzudecken. Auch sollte der Tank gut gefüllt sein, da man unterwegs auf keine Tankstelle trifft. Und dann taucht die Straße auch schon in den Cherokee National Forest ein, dem Tellico River folgend. Mit etwas Glück sieht man Angler, die jene Forellen fangen möchten, für die der Fluß bekannt ist. Dann windet sich die Straße nach oben, die Bäume werden immer dichter. Wenn man bei Unicoi Crest die Grenze zwischen den Bundesstaaten überquert, sollte man anhalten und den grandiosen Blick über das Tal des Tellico River genießen. Jenseits der Grenze bleibt der Wald dicht und trägt den Cherokee-Namen Nantahala, was „Land der Mittagssonne" bedeutet, denn nur wenn die Sonne hoch am Himmel steht, reichen ihre Strahlen bis zum Boden hinab. Doch keine Sorge: zahlreiche malerische Ausblicke gibt es auf dem Weg hinab nach Robbinsville, das durch die TV-Show *Moonshiners* des Discovery Channels bekannt wurde. **MG**

❶ Am höchsten Punkt (Haw Knob) liegt der Cherohala Skyway 1646 m über dem Meeresspiegel.

Tail of the Dragon am Deals Gap
Von Tennessee nach North Carolina, USA

❶ Wenngleich die meisten wegen des Adrenalinkicks kommen, ist der Tail of the Dragon auch sehr malerisch.

Start Tabcat Bridge, Tennessee
Ziel Fugitive Bridge, North Carolina
Länge 18 km
Art Abenteuer
Karte goo.gl/k8Xc6V

Die Gebirgsstraße Tail of the Dragon („Schwanz des Drachen") ist für viele die beste Motorradstrecke in Nordamerika. Auf nur 18 km weist der glatte, zweispurige Asphalt 318 Kurven auf. Es gibt keine Kreuzungen und Einfahrten, keinen Schwerlastverkehr oder sonstige Ablenkung am Straßenrand. Deshalb lockt die Straße mit ihrem Rennstreckencharakter jedes Wochenende zahlreiche begeisterte Biker und Sportwagenfahrer aus den ganzen USA an.

Dieser wunderbare Serpentinenabschnitt des Highway 129 windet sich durch die nördlichen Laubholzwälder der Great Smoky Mountains in den Appalachen. Die Strecke endet unweit der Fugitive Bridge, die nach einem in der Nähe entstandenen Harrison-Ford-Film benannt ist. Die Straße selbst spielt die Hauptrolle in dem Drag-Races-Kultklassiker *Asphaltrennen* (1971).

Doch die Straße fordert jährlich mehrere Todesopfer – wegen ihrer tückischen Kuppen, gekrümmten Serpentinenkurven, tiefen Abhängen neben nur schmalen Seitenstreifen und fehlenden Leitplanken. Daran erinnern die bunten Scherben zerbrochener Motorräder, die vom Tree of Shame („Baum der Schande") am Deals Gap Motorcycle Resort hängen – ein makaberes Gedenken an alle Biker, die seit 1981 auf der Straße ums Leben kamen. Man sollte den Tail of the Dragon daher mit dem nötigen Respekt fahren. **DIS**

Alabamas Coastal Connection Scenic Byway
Alabama, USA

Start Grand Bay
Ziel Mobile
Länge 209 km
Art Landschaft
Info goo.gl/bdpxSk

Die Webseite von Alabamas Coastal Connection verkündet stolz: „Hier erleben Sie wunderschöne Strände, authentische Innenstädte, Naturschutzgebiete, historische Sehenswürdigkeiten und die frischesten Meeresfrüchte der ganzen Golfküste Alabamas."

Nachdem man in Grand Bay in der Nähe des waldreichen Grand Bay National Wildlife Refuge losgefahren ist, geht es zunächst südwärts Richtung Bucht. Bevor man jedoch die Küste erreicht, legt man in Bayou La Batre eine Pause ein. In dieser als „Meeresfrüchte-Hauptstadt Alabamas" bekannten Stadt gibt es mehrere ausgezeichnete Restaurants. Über eine 4,8 km lange Brücke erreicht man Dauphin Island, und wer Zeit hat, sollte die Gegend ausgiebig erkunden. Die gesamte Insel ist ein Vogelschutzgebiet, und auf schönen Wanderwegen und an zahlreichen Aussichtspunkten lassen sich Zugvögel bei ihrem Zwischenstopp gut beobachten. Am Fährhafen am östlichen Ende der Insel befindet sich Fort Gaines, eine 1821 erbaute Festung, die im Amerikanischen Bürgerkrieg (1861–1865) von großer Bedeutung war.

Dann passiert man das 2800 ha große Schutzgebiet Bon Secour, den Gulf State Park und Orange Beach, bevor es nach Foley geht. Nun fährt man an der Weeks Bay entlang und nimmt die Straße nach Fairhope. An der Küste schwenkt man gen Norden, und schließlich westwärts nach Mobile. **TW**

❶ Zu den vielen Biotopen des Bon Secour National Wildlife Refuge gehören auch Sumpfgebiete.

Selma to Montgomery March Byway Alabama, USA

Start Selma   **Ziel** Montgomery   **Länge** 84 km
Art Kultur   **Karte** goo.gl/ZsOx5w

Der Selma to Montgomery March Byway ist mehr als eine Panoramastraße. Mit ihm ist ein Wendepunkt der jüngeren US-Geschichte verknüpft. 1965 rief Martin Luther King Jr. in Selma zum zweiten sogenannten Selma-nach-Montgomery-Marsch auf, um gegen den Ausschluß der meisten Afroamerikaner aus dem Wählerregister zu protestieren.

Am 7. März versuchten die Demonstranten, die Edmund-Pettus-Brücke nach Montgomery, der Hauptstadt des Bundesstaates, zu überqueren. Die Polizei verhinderte dies gewaltsam – der Tag wurde als „Bloody Sunday" bekannt.

Doch Ende März 1965 wurde den Demonstranten die Überquerung der Brücke erlaubt. Sie erreichten Montgomery, nachdem sie auf Feldern von sympathisierenden Bauern übernachtet hatten. In der Hauptstadt angekommen, wurde ihnen jedoch die Übergabe der Petition an den Gouverneur verwehrt.

Die Strecke beginnt an der Brown Chapel African Methodist Episcopal (AME) in Selma, wo der Marsch seinen Anfang nahm. Sie überquert die Edmund-Pettus-Brücke und passiert jene Felder, auf denen die Demonstranten schliefen, bevor sie nach Montgomery führt. Es handelt sich zwar nur um einen Highway-Abschnitt, für den man eine Stunde benötigt – aber auf diesem wurde Geschichte geschrieben. JI

❶ Montgomery, die Hauptstadt von Alabama.

Trail of Tears Von Alabama nach Oklahoma, USA

Start Bridgeport, Alabama   Ziel Tahlequah, Oklahoma   Länge 1030 km
Art Kultur   Info goo.gl/JxiQmf

Es gibt nicht nur einen Trail of Tears. Mit dieser Bezeichnung wird aller Märsche von Indianern gedacht, die in den 1930er Jahren im Südosten der USA gewaltsam dazu gezwungen wurden, ihr Land zu verlassen und zu Fuß Hunderte Kilometer zurückzulegen, um sich im Indian Territory in Oklahoma niederzulassen.

Diese Route wurde gewählt, weil auf ihr an jedem dritten Samstag im September der Trail of Tears Commemorative Motorcycle Ride stattfindet. Dieser beginnt in Bridgeport bei Chattanooga, einer einstigen Hauptsiedlung der Cherokee, und führt dann größtenteils entlang des Ufers des Tennessee. Die Route überquert mehrere Nebenarme des Flusses, folgt diesem aber bis nach Florence, wo eine kurze Abzweigung nach Tom's Wall führt. Mit dieser Gedenkstätte erinnert ein Mann namens Tom an seine Urgroßmutter, die den Weg in beide Richtungen gegangen ist, da sie sich unmittelbar nach der Ankunft entschloß, nach Hause zurückzukehren.

In Tennessee und in Arkansas ist die Landschaft sehr waldreich, aber flach. Die Strecke folgt hier dem Arkansas River. Später knickt die Route nach Norden ab und passiert dichte Wälder, bevor man westwärts Oklahoma ansteuert, wo die neue Zwangsheimat der Ureinwohner lag. MG

❶ Gedenkstätte am Flußufer in Chattanooga.

Fahrt in die Adirondacks New York, USA

Start Lake Placid   **Ziel** Lake Placid   **Länge** 195 km
Art Landschaft   **Karte** goo.gl/sciEa6

Diese Rundreise durch die Adirondack Mountains im Norden des Bundesstaates New York vereint mehrere landschaftlich reizvolle Routen, die die Tourist-Information von Lake Placid als Touren durch die Berge entlang von Seen empfiehlt.

In Lake Placid fanden 1932 und 1980 die Olympischen Winterspiele statt. Von hier fährt man im Uhrzeigersinn zunächst nach Saranac Lake. Dieser Ort, in dem der Schriftstellers Robert Louis Stevenson gelebt hat, wurde einst zur Best Small Town im Bundesstaat New York gekürt.

Auf der kurvenreichen Route 18A überquert man die bewaldeten Ausläufer des McKenzie Mountain und erreicht Santa's Workshop im Örtchen North Pole. Es lohnt ein Abstecher auf dem Whiteface Veterans Memorial Highway, um den herrlichen Blick auf das Olympische Dorf zu genießen.

Nach einer langen Passage ostwärts gelangt man zur faszinierenden Ausable Chasm, einer Sandsteinschlucht, deren Fluß in den Lake Champlain mündet. Nun fährt man für rund eine Stunde am Wasser entlang über Essex nach Westport. Von dort führt die malerische, kurvige Route 9-N über Elizabethtown nach Lake Placid. Dabei passiert man das Pleasant Valley. Am schönsten ist es hier im Herbst, in der „leaf-peeper season". **DIS**

❶ Die Schlucht des Ausable River.

Catskill Mountains Scenic Route 30 New York, USA

Start Hancock   Ziel Grand Gorge   Länge 114 km
Art Landschaft   Karte goo.gl/APOHXO

Die Catskills im Südosten des Bundesstaates New York sind mehr die Überreste eines erodierten Plateaus als wahre Berge, aber dennoch waren sie die erste Wildnis, die frühe niederländische Siedler in ihren Bann zog. Heute führen zahlreiche Panoramastraßen durch diese Ausleger der Appalachen, einschließlich Routen am Fluß Delaware entlang und durch das Durham Valley sowie Strecken, die von einer Holzbrücke aus dem 19. Jahrhundert zur nächsten führen. Der hier empfohlene Roadtrip folgt dem östlichen Ufer des Delaware River.

Hancock liegt am westlichen Ende des Catskill Parks, einem 283 000 ha großen Naturschutzgebiet, in dem immer noch Hunderte Exemplare von Rotluchsen, Nerzen und Schwarzbären leben. Auf dem Weg nach Grand Gorge passiert man Colchester, Middletown und Roxbury, doch Abstecher sind lohnenswert. Man kann einen Tag am Zusammenfluß der beiden Arme des Delaware verbringen, das Sommerhaus des literarischen Naturforschers John Burroughs in Roxbury besichtigen und auf der NY23A bei Palenville zu den Kaaterskill Falls abbiegen, mit 79 m der höchste zweistufige Wasserfall in New York. Diese dünn besiedelte Gegend in einem der beliebtesten US-Bundesstaaten lädt darüber hinaus zu vielen weiteren Touren ein. **BDS**

❶ Die Catskills im Herbst.

Lake Placid Ironman Oval
New York, USA

Start Lake Placid
Ziel Lake Placid
Länge 90 km
Art Kultur
Karte goo.gl/un3bES

In Lake Placid in den Adirondack Mountains im Norden des Bundesstaates New York wurden 1932 und 1980 die Olympischen Winterspiele ausgetragen. Die sportlichen Aktivitäten finden seitdem mit dem berühmt-berüchtigten Ironman Triathlon ihre Fortsetzung, dem zweitältesten Ironman-Event der USA (nach dem Ironman Hawaii). Jedes Jahr im Juli schwimmen rund 2500 Athleten im Mirror Lake, bewältigen dann zwei Runden der 90 km langen Radstrecke um die Sentinel Range Wilderness Area, bevor sie einen ganzen Marathon von 42,195 km Länge durch die Stadt und um den See laufen.

Freunde von Roadtrips finden das alles womöglich ein wenig zu anstrengend und bevorzugen es, die Radstrecke ganz enstpannt im Auto oder auf dem Motorrad zu fahren. Dabei bekommen sie ebenfalls ein Gespür für das große Sportevent und genießen gleichzeitig die herrliche Landschaft.

Die Route beginnt beim James B. Sheffield Olympic Skating Rink im Zentrum von Lake Placid. Von dort verläßt man auf der Route 73 die Stadt in Richtung Süden, passiert die olympischen Skisprung-Anlagen sowie die Cascade Lakes und fährt dann den Keene Hill hinab. In Keene geht es links auf die Route 9N und nordwärts nach Jay, wo die Athleten links auf die Route 86 nach Wilmington abbiegen und nach Lake Placid zurückfahren. Unsere Route ist etwas länger und landschaftlich reizvoller. **SA**

Nächtliche Busfahrt durch New York
New York, USA

Start Manhattan
Ziel Manhattan
Länge 29 km
Art Kultur
Info goo.gl/ZunSep

New York ist die Stadt, die niemals schläft. Und somit gibt es in New York auch mehr nächtliche Sightseeing-Touren als in jeder anderen Stadt. Diese sind vielfältig und mit unterschiedlichen Vehikeln möglich – mit dem Bus, Auto, Taxi, Kleinbus, der Stretchlimousine oder sogar einem geländegängigen Humvee. Vielleicht nicht am exotischsten, aber am besten, um alle Lichter der Stadt zu sehen, ist eine Fahrt im Cabrio-Bus. Denn schließlich stehen die leuchtenden Hochhausschluchten Manhattans im Mittelpunkt. Viele Touren bieten Hop-On-Hop-Off-Tickets an, und diese sind auch sinnvoll. Mit ihnen kann man die Fahrt beliebig unterbrechen, etwa am Times Square, dem ruhelosen Zentrum von Manhattan. Empfehlenswert ist eine Fahrt mit dem Aufzug zur Aussichtsplattform im 100. Stockwerk des One World Trade Centers, mit einem Ausblick über die Stadt und die Bucht bis New Jersey.

Weitere Höhepunkte sind der Broadway, das Empire State Building, das Chrysler Building, die Radio City Music Hall, das Flatiron Building, das Rockefeller Center und der Trump Tower. Reizvoll ist eine Tour über die Brooklyn Bridge. Illuminiert ist sie bereits selbst ein Hingucker, aber von Brooklyn aus über den East River bietet sich der beste Blick auf die berühmte Skyline von Manhattan. **DK**

⬤ Der Times Square in New York.

Great Lakes Seaway Trail New York/Pennsylvania, USA

Start Massena, New York **Ziel** Erie, Pennsylvania **Länge** 834 km
Art Kultur **Info** goo.gl/VQq71j

Lange bevor es am Sankt-Lorenz-Seeweg einen offiziellen Scenic Byway gab, erkundeten naturliebende Autofahrer die Landschaft der Thousand Islands am Sankt-Lorenz-Strom anhand der vorhandenen Straßen auf eigene Faust. Warum auch nicht? Der Sankt-Lorenz-Seeweg mit seinen Kanälen und Schleusen wurde 1959 fertiggestellt und verbindet den Atlantischen Ozean mit den Great Lakes, den Großen Seen. Er ist ebenso reizvoll wie die sagenhaft schönen Niagarafälle. Die hier empfohlene Route war schon lange beliebt, bevor sie offiziell anerkannt wurde.

Den Great Lakes Seaway Trail gibt es seit 1978. Er sieht einen Zwischenstopp an der Seaway International Bridge vor, die von den USA über den Sankt-Lorenz-Strom nach Kanada führt. Von der Brücke aus fährt man am Ufer des Lake Ontario entlang Richtung Süden. Bis zum Jahr 1984 führte die Route nicht bis zu den Niagarafällen und zum Lake Erie, doch heute endet ihr Streckenverlauf erst im County Erie in Pennsylvania.

Auf der Fahrt bieten sich herrliche Blicke über den Eriesee und den Ontariosee. Zudem passiert man 29 Leuchttürme und viele bedeutende Orte des Krieges von 1812. Die Straße ist angenehm, der Verkehr gering und die Landschaft traumhaft. **BDS**

❶ Die US-amerikanische Seite der Niagarafälle.

Road Trip – Der Film   Von New York nach Texas, USA

Start Ithaca, New York   **Ziel** Austin, Texas   **Länge** 2868 km
Art Kultur   **Karte** goo.gl/XieyWl

Es war wohl abzusehen, daß es irgendwann ein Roadmovie geben würde, das *Road Trip* heißt, und im Jahr 2000 kam es mit dieser College-Komödie in die Kinos. Vier Studenten des Ithaca-Colleges in New York rasen nach Austin, Texas, um ein Sex-Tape abzufangen, das Rubin aus Versehen an die Freundin von Josh geschickt hat.

Wie es bei Roadmovies üblich ist, kann man die im Film gezeigte Route nicht identisch nachfahren, da hier und da getrickst wurde. Einige Szenen hat man in Georgia gedreht, wohin man angesichts des Zeitfaktors kaum während dieser Tour fahren wird, während eine andere Szene in Kalifornien entstand, was definitiv viel zu weit weg liegt.

Die Filmroute führt von Ithaca durch die sanfthügelige Landschaft von Pennsylvania und passiert dabei Wälder und State Parks. Dann durchquert sie Maryland und verläuft weiter westwärts nach Tennessee. Auf der Interstate 40 gelangt man wie die vier Jungs nach Knoxville, Nashville (wo sie „I Wanna Rock" sangen) und Memphis.

Der nächste Abschnitt führt durch die Wälder und vorbei an den Feldern von Arkansas, bevor man weiter südlich die scheinbar unendlichen Randbezirke von Dallas durchfährt, bis man Austin und damit ein perfektes Ziel für einen Roadtrip erreicht. **MG**

❶ Die vier Studenten stehen vor einem Problem.

Cannonball Run
Von New York nach Kalifornien, USA

❶ Die Stadtautobahn von Los Angeles bildet die letzte Etappe des Cannonball Run.

Start New York, New York
Ziel Los Angeles, Kalifornien
Länge 4506 km
Art Kultur
Info goo.gl/jhWynV

Viele kennen den Cannonball Run aus jener Actionkomödie des Jahres 1981, die in Deutschland unter dem Titel *Auf dem Highway ist die Hölle los* in die Kinos kam. Zu der Starbesetzung gehörten Burt Reynolds, Jackie Chan, Roger Moore und die ferrarifahrenden katholischen Priester Sammy Davis Jr. und Dean Martin, die sich ein Rennen von Connecticut nach Kalifornien lieferten. Das Drehbuch basierte lose auf dem originalen illegalen Cannonball-Rennen, das erstmals 1971 stattfand. Zwei US-Journalisten hatten es ins Leben gerufen, um zum einen das Highway-System zu feiern, das solche langen Fahrten ermöglichte, aber aber auch um verschärfte Verkehrsgesetze zu kritisieren, von denen sie sich um Fahrspaß gebracht glaubten. Der Name geht auf Erwin „Cannonball" Baker zurück, der 1914 diesen Roadtrip erstmals unternahm.

Die einzige Regel des Cannonball Run lautete, die Red Ball Garage in New York City (später Darien, Connecticut) frühmorgens zu verlassen und so schnell wie möglich zum Portofino Inn in Redondo Beach, Kalifornien, zu fahren.

1979 fuhren Dave Heinz und Dave Yarborough in ihrem Jaguar XJS einen Rekord von 32 Stunden und 51 Minuten mit durchschnittlich 140 km/h. In verschiedenen Ausgestaltungen fand das Rennen immer wieder statt, jedoch nicht mehr unter der Leitung der ursprünglichen Initiatoren. **MG**

On the Road – Jack Kerouac
Von New York nach Kalifornien, USA

Start New York, New York
Ziel San Francisco, Kalifornien
Länge 4989 km
Art Kultur
Info goo.gl/0uxQBi

Der 1957 veröffentlichte Roman *On the Road* (*Unterwegs*) gilt als einer der wichtigsten Texte der Beat Generation. Das Werk erzählt von den Abenteuern des Autors Jack Kerouac im Kontext eines melancholischen Nachkriegsamerikas, geprägt von Jazzmusik und Poesie. In nur drei Wochen hatte Kerouac das Buch in einer amphetaminbeschwingten kreativen Phase in einem rasenden Tempo auf eine einzige, 36 m lange Papierrolle geschrieben. Lose chronologisch erzählt es von Kerouacs zwischen 1947 und 1950 gemeinsam mit seinem Freund Neal Cassady erlebten USA-Reisen.

Auf der ersten und bekanntesten Reise macht sich der Protagonist Sal Paradise von New York auf den Weg nach Kalifornien, im Gepäck nur 50 US-Dollar und die „blöde Idee, daß es wunderbar sein müsse, einer einzigen großen roten Linie quer durch Amerika zu folgen".

Es gibt Stopps in Chicago, Des Moines, Cheyenne und Denver. Fans von Kerouac haben mittlerweile eine interaktive Karte erstellt, die Textauszüge über die Route von 1947 mit heutigen Plätzen und Standorten verknüpft. In San Francisco gibt es sogar eine geführte Kerouac-Tour, um mehr über die Subkultur der Beatniks zu erfahren.

Kerouacs Wunsch, *On the Road* möge eines Tages verfilmt werden, erfüllte sich 2012 dank des Regisseurs Francis Ford Coppola. **DIS**

❶ Vorreiter der Beat Generation: Neal Cassady (links) und Jack Kerouac, aufgenommen 1952.

Die Reise mit Charley
New York und weitere, USA

Start Sag Harbor, New York
Ziel Sag Harbor, New York
Länge 15 710 km
Art Kultur
Karte goo.gl/VOudmW

Es ist unmöglich, die exakte Route nachzufahren, die John Steinbeck in seinem Buch *Die Reise mit Charley* (1962) „auf der Suche nach Amerika" beschrieb. Bekanntermaßen ist einiges in dem Buch eher Fiktion als Wirklichkeit; zudem unterbrach der Autor seine Fahrt einige Male, um seine Frau zu treffen, und übernachtete dann in Hotels, die in dem Buch keine Erwähnung finden. Doch in Anlehnung an das Werk läßt sich eine faszinierende Rundreise unternehmen, die annähernd jener Strecke folgt, mit der Steinbeck einmal die USA umkreisen wollte.

Am 23. September 1960 verließ der Schriftsteller gemeinsam mit seinem Pudel Charley an Bord eines Pickup-Trucks seinen Heimatort Sag Harbor auf Long Island, New York. Um den Verkehr der Metropole zu vermeiden, reiste er per Fähre nach Connecticut, danach besuchte er seinen Sohn in Deerfield, Massachusetts.

Weiter ging es nordwärts nach New Hampshire und durch den Mittleren Westen nach Montana, wo er spontan in den Yellowstone National Park reiste. Auf dem Pacific Coast Highway konnte er die Mammutbäume bewundern, bevor er Monterey County erreichte, wo er aufgewachsen war.

Schließlich fuhr Steinbeck durch den Südwesten und Süden der USA, dann wieder nordwärts zurück nach Sag Harbor. Ein herrlicher Roadtrip für alle, die ausreichend Zeit haben! **MG**

Inselhopping Lake Champlain
New York/Vermont, USA

Start Champlain, New York
Ziel Colchester, Vermont
Länge 77 km
Art Landschaft
Karte goo.gl/jMKREO

Bei dieser relativ kurzen Tour sieht man eine traumhaft schöne Landschaft, oder genauer gesagt Seenlandschaft, indem man sich ein Inselhopping auf dem Lake Champlain gönnt, dem sechstgrößten Süßwassersee Nordamerikas. Unterwegs passiert man spektakuläre Brücken und idyllische Strände. Mit etwas Glück sieht man sogar „Champ", das Pendant zu Schottlands Ungeheuer von Loch Ness.

Man startet in Champlain im Norden New Yorks und erreicht schon bald die erste der vielen Brücken, wenn die Straße auf dem Weg nach Vermont erstmalig den See überquert. Am Alburg Dunes State Park gelangt man zu unberührten Stränden und wilden Dünen, an denen sich gut Vögel und sogar Elche beobachten lassen. Nach der Überfahrt nach North Hero Island fährt man südwärts, bis die Route den See erneut überquert, diesmal auf einer Zugbrücke nach Grand Isle. Die Panoramablicke über das Wasser reichen bis zu den Adirondack Mountains. Man entdeckt Hinweise auf die Hyde Log Cabin, die Siedler 1783 errichteten und die als älteste Blockhütte der USA gilt. Der Grand Isle State Park eignet sich für eine Rast mit wunderbarem Ausblick. Nach der letzten Brücke ist man wieder auf dem Festland und nach einem weiteren Stopp in Colchester endet die Tour im Sand Bar State Park. Flaches Wasser, herrlicher Sandstrand – ein perfektes Ziel einer eindrücklichen Reise. **DK**

Vermont's Main Street
Vermont, USA

Start Brattleboro
Ziel Newport
Länge 354 km
Art Landschaft
Karte goo.gl/QUPuoz

Man kann sich nur schwer einen beschaulicheren Roadtrip als diesen vorstellen. Neuengland ist für seine Bilderbuchorte in einer sanfthügeligen, dicht bewaldeten Landschaft bekannt. Die Route verläuft entlang der sogenannten Vermont's Main Street und führt zu den schönsten Fleckchen der Region. Man startet in Brattleboro, der viertgrößten Stadt des Bundesstaates, und fährt dann nordwärts durch die Green Mountains bis zur kanadischen Grenze.

Nachdem man Brattleboro verlassen hat, geht es auf dem Highway 100 zunächst nach Westen und dann in Richtung Norden. Ein kurzer 5-Minuten-Abstecher führt zur reizvollen Holzbrücke Scott Covered Bridge – sie ist ein phantastisches Fotomotiv! Einen kleinen Kontrast zur herrlichen Landschaft bietet das quirlige Weston mit seinen Restaurants, Galerien und Antiquitätenläden. Man passiert Ludlow und Killington. Nun wird die Gegend bergiger und noch dichter bewaldet, und man erreicht die Skigebiete. Hinter Rochester ändert sich das Bild wieder und man ist umgeben von Weiden und grünen Hügeln. Im Mad River Valley bei Warren gibt es acht weitere historische gedeckte Brücken. Durch Waterbury zu fahren, ohne an einer Führung durch die Eisfabrik Ben & Jerry's teilzunehmen, scheint unmöglich. Entlang der gesamten Route sieht man bezaubernde Ortschaften, von denen Stowe kurz vor dem Ziel nur ein hübsches Beispiel ist. **DK**

❶ Im Herbst leuchten die Bäume entlang der Straße in strahlenden Rot-, Orange- und Goldtönen.

New England
New Hampshire, USA

Start Sanbornville
Ziel Conway
Länge 58 km
Art Landschaft
Info goo.gl/BwhM6h

Sind das nicht die schönsten Berge, Seen und Wälder der ganzen Welt? Dieses Fleckchen Erde in New Hampshire ist so malerisch, daß es schon unwirklich scheint. Zweifellos echt ist allerdings der sanft geschwungene Highway 153. Diese Route ist eine einfache Möglichkeit, das klassische Neuengland mit seiner hügeligen Landschaft zu entdecken, mit den klaren, blauen Seen, den unberührten Laubwäldern und den strahlend weißen Gehöften mit ihren typischen Lattenzäunen. In Hofläden kann man Honig kaufen und alte Gerätschaften bestaunen. Oder man genießt in einem Café in der Stadt die regionale Spezialität: eine cremige Muschelsuppe.

Am besten hält man die Drehzahl niedrig und erfreut sich einer entspannten Ausflugsfahrt auf dem glatten Aspalt der großzügig breiten Straße. Gleiten Sie durch die uralten Wälder und sehen Sie, wie an glitzernden Teichen Reiher geduldig auf Fische warten. Und erleben Sie, daß in einer kleinen Ortschaft ein Süßwarenladen in einem Holzhaus aus dem 18. Jahrhundert der belebteste Laden der Hauptstraße ist. Bei einem Abstecher nach Eaton besichtigen Sie die kleine weiße Kirche zwischen den Bäumen. Sie nennt sich stolz die „am meisten fotografierte Kirche Neuenglands". Und wer im Herbst in der Region ist, setzt sich der Gefahr aus, daß die zauberhafte Herbstfärbung der Blätter einen dauerhaft glückseligen Blick hinterläßt. **SH**

Mt. Washington Auto Road
New Hampshire, USA

Start Jackson
Ziel Jackson
Länge 12,2 km
Art Abenteuer
Karte goo.gl/TgHJ1W

Der Mount Washington in den Appalachen ist der höchste Berg der USA östlich des Mississippi. Auf dem 1917 m hohen Gipfel herrschen Klimaextreme. Zum Beispiel wurde hier mit 372 km/h ein Rekord der Windgeschwindigkeit für die Nordhalbkugel gemessen. Stürme mit Hurrikanstärke beuteln den Gipfel durchschnittlich an 110 Tagen im Jahr, und es wurden Temperaturen von bis zu -51 °C gemessen.

Vom State Highway 16 führt eine Mautstraße mit durchschnittlich 11,6 Prozent Steigung ganze 1408 m auf den Gipfel hinauf. Die steile, ungesicherte Straße war schon im 19. Jahrhundert eine Strecke, auf der neugierige, solvente Reisende in Kutschen auf den Berg gebracht wurden. Ein anderes Relikt aus dieser Zeit ist eine Zahnradbahn.

Und noch heute ist dieser unwirtliche Ort eine beliebte Touristenattraktion. Einige gehen zu Fuß, ein paar versuchen es mit dem Rad. Nicht viele setzen sich selbst ans Steuer; die meisten buchen eine Busfahrt. Einige Touranbieter bringen die Touristen auch im Winter nach oben, dann mit speziellen Pistenfahrzeugen. Im Sommer ist es relativ leicht, mit dem Auto auf den Gipfel zu fahren. Erstaunlicherweise gibt es dort auch gelegentlich schönes Wetter und eine gute Sicht. Als Höchsttemperatur wurden milde 22 °C aufgezeichnet. **SH**

➤ Diese Fahrt unternimmt man am besten im Sommer.

Old King's Highway Massachusetts, USA

Start Bourne   Ziel Provincetown   Länge 105 km
Art Landschaft   Info goo.gl/hnEAMT

Cape Cod war lange Zeit der beliebteste Rückzugsort für anspruchsvolle New Yorker. Sie fühlten sich von den abgeschiedenen, windigen Stränden und den urwüchsigen Dünen angezogen. Cape Code ist eine schmale, 97 km lange Halbinsel im Nordatlantik, deren Geographie ebenso ungewöhnlich ist wie ihre Historie. Die direkteste Route über die gesamte Halbinsel ist der Highway 6, aber auf diesem verpaßt man so ziemlich alles, was sehenswert ist. Daher nimmt man besser den Old King's Highway und erkundet auf diesem die historischen Städte Sandwich, Barnstable, Yarmouth, Dennis und Truro, bevor man das Ziel Provincetown erreicht. In Hülle und Fülle sieht man verschindelte Holzhäuser, alte Leuchttürme sowie unberührte Buchten und Strände; ebenso Antiquitätenläden und Kunstgalerien, die zum Zwischenstopp einladen. Frische Meeresfrüchte sind auf jeder Speisekarte zu finden.

Die Passage durch Barnstable gehört zum National Register of Historic Places. In Hyannis urlaubte die Kennedy-Familie, so daß es hier das John F. Kennedy Museum gibt. In der Stadt Dennis bietet sich vom Scargo Tower auf dem Scargo Hill und somit vom höchsten Punkt der Halbinsel ein herrlicher Blick. Und in Provincetown erinnert ein Denkmal an die Siedler, die 1620 hier mit der *Mayflower* ankamen. **DK**

❶ Das Pilgrim Monument in Provincetown.

Martha's Vineyard – *Der weiße Hai* Massachusetts, USA

Start Edgartown **Ziel** Chilmark **Länge** 51 km
Art Kultur **Karte** goo.gl/E4c6vG

Eine Fahrt über die Insel Martha's Vineyard ist immer ein Vergnügen, ob man ein bestimmtes Ziel hat oder nicht – es sei denn, viele Menschen haben genau dieselbe Idee. Daher unternimmt man diese Reise am besten außerhalb der Saison, bevor die Touristen kommen. Die Route führt zu Drehorten von Steven Steven Spielbergs oscarprämiertem Film *Der weiße Hai* (1975).

Im South Beach State Park enstand die Szene, in der eine junge Frau das erste Opfer des Hais wurde. Es handelt sich um einen wunderbaren langen Strandabschnitt, am dem man gefahrlos schwimmen kann … ehrlich! Nun fährt man ein kurzes Stück nordwärts unter dem endlos blauen Himmel vorbei an weiten Feldern nach Edgartown, einer historischen Stadt auf Martha's Vineyard, die 1642 gegründet worden ist.

Auf der Küstenstraße nach Oak Bluffs erreicht man den Joseph Sylvia State Beach, wo eine weitere Haiattacke gedreht worden ist. Und die American Legion Memorial Bridge kennt man auch als Jaws Bridge, weil sie in dem Film auftaucht, der im Englischen *Jaws* heißt. Von Oak Bluffs gelangt man auf mehreren Routen zum westlichen Ende von Martha's Vineyard und zum historischen Gay Head-Leuchtturm, der ebenfalls in dem Thriller zu sehen ist. **MG**

❶ Der Hafen von Menemsha auf Martha's Vineyard.

Mohawk Native American Trail
Massachusetts, USA

Die Statue „Hail to the Sunrise" in Charlemont, gefertigt 1932 von Joseph Pollia, zeigt einen Mohawkindianer.

Start Athol
Ziel Williamstown
Länge 109 km
Art Kultur
Karte goo.gl/tMFhmg

Jahrhundertelang nutzten die Ureinwohner Amerikas diese Route durch die Wälder und Berge sowie entlang der Flüsse von Massachusetts. Sie überquert die Berkshire-Höhenzüge zwischen den Flußtälern des Connecticut und des Hudson.

Vor mehr als hundert Jahren ließen die Behörden den Weg asphaltieren, und somit zählte er schon bald zu den ersten Panoramastraßen der USA. Heute verlaufen auf der Route Abschnitte der State Highways 2 und 2A. Sie gilt als eine der landschaftlich schönsten Strecken in Neuengland.

Man sieht, daß die Straße noch heute an die Ureinwohner erinnert. Auf der Beschilderung finden sich Indianersymbole, und eine Sehenswürdigkeit der Strecke ist die eindrucksvolle Bronzestatue „Hail to the Sunrise". Diese zeigt einen Mohawkindianer, der rituell zu Ehren des Manitu im Osten die aufgehende Sonne begrüßt. Indianer aus ganz Nordamerika trugen zu diesem Denkmal im Mohawk Park bei.

Weiter in den Bergen windet sich die Straße durch den Mohawk Trail State Forest, den man auf vielen alten Pfaden der Ureinwohner zu Fuß erkunden kann. In den Flüssen der Region kann man schwimmen oder Forellen angeln. Doch Augen auf: der Wald ist für seine Schwarzbären bekannt.

Natürlich ist der Mohawk Trail im Herbst am schönsten, wenn man die berühmte Herbstfärbung der Wälder von Neuengland bestaunen kann. **SH**

Revolutionary Road Tour
Massachusetts, USA

Start Pittsfield
Ziel Boston
Länge 270 km
Art Kultur
Karte goo.gl/euDGSP

Für alle, die sich für den Amerikanischen Unabhängigkeitskrieg interessieren, gibt es mehrere Strecken, die sich dem Kampf zwischen den Patrioten und den Briten widmen. Auf der Route 5 durch New York liegt das Fort Oswego, wo am 25. Juli 1777 die britische Invasion begann. Zur Route 9, die ebenfalls durch New York führt, gehört hingegen die Stadt Albany, in der besonders viele Angriffe der Briten stattfanden. Und um den amerikanischen Helden Henry Knox und Paul Revere ganz nah zu kommen, muß man die Route 20 in Massachusetts befahren.

Wenn man in Pittsfield losfährt, von wo aus Knox versuchte, den Transport einiger im Fort Ticonderoga erbeuteter Kanonen zu organisieren, durchquert man die Berkshire Mountains, bevor man Sudbury's Wayside Inn erreicht. An diesem Ort versammelten sich regelmäßig Patrioten, und später wurde er in dem Gedichtband *Tales of a Wayside Inn* (1863) von Henry Wadsworth Longfellow verewigt. Auf der Battle Road folgen Lexington und Concord, wo die ersten Kämpfe des Krieges stattfanden; schließlich erreicht man Bunker Hill, das bei der Belagerung von Boston eine wichtige Rolle spielte. Dann geht man auf dem Freedom Trail durch Charlestown und besucht das Paul Revere's House, die Faneuil Hall, das Old South Meeting House und den Granary Burying Ground, bevor man im Boston Common Park den kulturreichen Tag ausklingen läßt. **BDS**

❶ Haus des amerikanischen Unabhängigkeitskämpfers Captain William Smith zwischen Lexington und Concord.

Oregon National Historic Trail — Von Massachusetts nach Oregon

Start Plymouth, Massachusetts **Ziel** Oregon City, Oregon **Länge** 5310 km
Art Kultur **Info** goo.gl/7atwnS

Keine Route symbolisiert die Sehnsüchte der Siedler während der amerikanischen Westexpansion der ersten Jahrzehnte besser als der Oregon Trail. Rund 400 000 Menschen – Bauern, Minenarbeiter, Idealisten und ihre Familien – begaben sich westwärts auf die Strecke vom Missouri River bis nach Oregon, um sich ein neues Leben aufzubauen. Heute kann man ihrer Reise ab Plymouth, Massachusetts, mit dem Auto auf diversen Highways nachspüren.

Man fährt durch Boston, Concord, New York, auf dem Mohawk Trail (dem ersten Scenic Byway der USA) und hinein in die Wildnis der Adirondack Mountains. Auf der US 20 passiert man Buffalo und gelangt am Südufer des Eriesees nach Ohio. Dann fährt man durch Indiana und Illinois bis nach Chicago. Immer noch auf der US 20 überquert man den Mississippi und reist schließlich durch Nebraska, South Dakota und Wyoming. Die US 287 erlaubt vor dem Yellowstone Park noch einen Abstecher in die Grand Teton Mountains. Dann kommen Idaho und der Snake River, bevor man Oregon erreicht.

Auch mit Pausen ist die Tour lang und anstrengend, schließlich befinden sich zwischen Missouri und Oregon über 125 offizielle historische Orte. Daher eignet sich diese Reise am besten für ein Sabbatjahr. **BDS**

❶ Bisons grasen am Fuße der Grand Teton Mountains.

Acadia All-American Road Maine, USA

Start Ellsworth **Ziel** Bar Harbor **Länge** 33 km
Art Landschaft **Karte** goo.gl/lAOVkO

Die Schleife um die größte Insel von Maine, um Mount Desert Island, ist der Höhepunkt dieser Tour durch den Acadia National Park. Sie beginnt in dem Urlaubsort Ellsworth, der für seine historischen Gebäude und eine besonders ungewöhnliche Attraktion bekannt ist, das Telephone Museum.

Von hier verläuft die Route in südlicher Richtung durch eine waldreiche Region bis nach Trenton. Anschließend überquert man die Mount Desert Narrows und erreicht die bergige Landschaft von Mount Desert Island. Mit einer Fläche von 280 km² ist sie nach Long Island die zweitgrößte Insel vor der Ostküste der USA. Dann geht es ostwärts durch weitere Wälder, bis man die Küste nördlich des Acadia National Park Visitor Centers bei Hulls erreicht. Hier erhält man Landkarten und Infomaterial.

Von dort biegt man rechts auf die Park Loop Road ab. Man fährt durch eine herrliche Szenerie mit traumhaften Blicken über das Meer. Zahlreiche Wanderwege bieten sich zur Erkundung an. Auf einem eindrucksvollen und kurvenreichen Abschnitt entlang der Süd- und Ostküste erreicht man die Stadt Bar Harbor, wo man Hotels und Restaurants mit frischem Hummer im Angebot vorfindet. Nun kann man entweder zurückfahren oder noch einen weiteren Tag an diesem idyllischen Ort verbringen. **MG**

❶ Die felsige Küste der Schoodic-Halbinsel.

Mount Desert Island Maine, USA

Start Trenton **Ziel** Trenton **Länge** 60 km
Art Landschaft **Karte** goo.gl/rT827I

Die Insel Mount Desert Island hat so viel zu bieten, daß sie gleich zweimal in diesem Buch vertreten ist; die andere beschriebene Panoramastraße ist die Acadia All-American Road. Man fährt beide Routen am besten an zwei verschiedenen Tagen, um ausreichend Zeit für die wunderbaren Küstenabschnitte, Strände und Kunsthandwerkergeschäfte entlang der Strecke zu haben.

Diese Tour beginnt in dem kleinen Städtchen Trenton. Der Name der Insel leitet sich von der ursprünglichen Bezeichnung ab, die ihr ein französischer Forschungsreisender gegeben hat: L'isle des Monts Déserts, was „Insel der kahlen Berge" bedeutet, denn einige Gipfel sind gänzlich unbewaldet.

Die Route umrundet den westlichen Teil der Insel und verläuft dann auf gerader Strecke über eine Landstraße durch kleine, dörfliche Ortschaften. Nach einigen Kilometern bieten sich erste Blicke auf das Wasser. Wenn sich die Straße um das südliche Ende der Insel schlängelt, kann man einen kurzen Abstecher zum Bass Harbor Head Lighthouse machen. Der Leuchtturm ist heute ein privates Wohnhaus. Dann passiert die Straße den Fischerort Bass Harbor und den Seal Cove Pond, bevor man durch dichte Wälder – mit gelegentlicher Sicht auf das Wasser – nach Trenton und zum Festland zurückkehrt. **MG**

❶ Die Park Loop Road im Acadia National Park.

Atlantic Highway 1 Maine, USA

Start Brunswick   Ziel Calais   Länge 385 km
Art Landschaft   Karte goo.gl/WFPv9T

Kalifornien ist für seinen Pacific Coast Highway berühmt, aber an der Ostküste der USA existiert der nicht minder eindrucksvolle Atlantic Highway 1. Dieser verläuft durch die Küstenregion in Maine, die auch als „Maine's Big Sur" bezeichnet wird. Doch ein Vergleich ist nicht nötig, da die hiesige rauhe Küste ihren ganz besonderen Charme hat.

Der Name des Highways geht auf seine Erbauung im Jahre 1911 zurück, als er von der kanadischen Grenze bis ans südliche Ende von Florida reichte. Heute trägt die längste Nord-Süd-Straße in den USA offiziell die Bezeichnung US Route 1.

Ein landschaftlich sehr reizvoller Abschnitt beginnt in der Kleinstadt Brunswick, in der man unzählige Museen besichtigen kann, bevor man Richtung Calais an der kanadischen Grenze aufbricht. Man fährt entlang der Küste, vorbei an Seen und durch herrliche Wälder, während der Atlantik von Zeit zu Zeit ein Begleiter ist. In kleinen Hafenstädtchen kann man eine Pause einlegen und sich mit unsagbar frischen Meeresfrüchten stärken. Auch laden Leuchttürme, Naturschutzgebiete und andere Attraktionen zu Zwischenstopps ein. Ein anderes Kontinuum dieser traumhaft schönen Reise ist die Grenze zu Kanada, an der man vor allem auf dem letzten Teil der Strecke dicht entlangfährt. **MG**

❶ Das Portland Head Light von Cape Elizabeth.

Old Canada Road Scenic Byway Maine, USA

Start Solon
Ziel Sandy Bay Township
Länge 126 km
Art Landschaft
Info goo.gl/QMssl3

Ähnlich wie der Atlantic Highway an der Küste von Maine zeigt uns dieser Scenic Byway den Norden des Bundesstaates unweit der kanadischen Grenze. Die historische Route trägt heute den weniger romantischen offiziellen Namen US Route 201.

Die Reise beginnt in der Kleinstadt Solon und man passiert einige wunderschöne Häuser mit Schindelfassaden, bevor man in dichte Wälder abbiegt und dem Lauf des Kennebec River folgt. Diesen Weg nahmen einst die Ureinwohner des in Neuengland lebenden Stammes der Abenaki, um Handel zu betreiben. Kurz nach einem auf der Karte als Forks bezeichneten Ort verläuft die Straße nun entlang des Dead River, bis sie nordwärts in noch tiefere Wälder eintaucht. In dieser Region gibt es viele Rastplätze mit herrlichen Wanderwegen. Doch zu der vielfältigen Fauna gehören im Hochsommer auch erbarmungslose Moskitos. Ortschaften entlang der Strecke sind eher selten, daher ist ein Aufenthalt in Bingham oder in Moscow an den Ufern des Wyman Lake empfehlenswert.

Wenn man nicht gerade durch ein Waldgebiet fährt, bieten sich traumhafte Bergpanoramen, die umso schöner werden, je näher man der Grenze zu Kanada und dessen Bergen kommt. Am Ende der Reise stellt man fest, daß die Bezeichnung „Scenic Byway" für diese Route eine Untertreibung ist – so malerisch präsentiert sich die Strecke. **MG**

Küste von Connecticut Connecticut, USA

Start Mystic
Ziel Bridgeport
Länge 121 km
Art Landschaft
Karte goo.gl/2ITZyd

Bevor man sich auf diese Küstenstraße begibt, sollte man in Mystic den Mystic Seaport besichtigen. Dies ist das größte Schiffahrtsmuseum der USA mit einem integrierten Museumshafen und informiert über die Besonderheiten der hiesigen Küste. Wer sich für das Leben im Meer interessiert, wird auch vom Mystic Aquarium begeistert sein. Hier erfährt man alles über die vor Connecticut lebenden Tiere, inklusive des Beluga.

Auf der Interstate 95 verläßt man Mystic in westlicher Richtung und überquert den Connecticut River. Nun verabschiedet man sich von der Hauptstraße und reist auf herrlichen Küstenstraßen weiter. Ab und zu kehrt man zur Interstate 95 zurück, um einige Gewässer überqueren zu können, aber schon bald wählt man wieder die landschaftlich schöneren Strecken anstatt der schnelleren Varianten.

Bleibt man an der Küste, passiert man hübsche kleine Fischerorte wie Niantic und Sound View Beach. Aber auch landeinwärts gibt es romantische Passagen. Und entlang der Route existieren zahlreiche Attraktionen wie der Rocky Neck State Park, in dem man Salzwiesen und weiße Sandstrände erkunden kann. Zudem liegen auf dem Weg Naturschutzgebiete und Sehenswürdigkeiten wie etwa das Henry Whitfield State Museum. Die Landschaft ist von zeitloser Schönheit und zeigt Connecticuts Küste von ihrer schönsten Seite. **MG**

Litchfield Hills Loop
Connecticut, USA

Start New Milford
Ziel New Milford
Länge 122 km
Art Landschaft
Karte goo.gl/9nciy6

❶ Einer der vielen stufenartigen Wasserfälle im Kent Falls State Park, Connecticut.

Diese vielseitige Route durch die Berglandschaft von Connecticut führt zu State Parks, Wäldern, historischen Gebäuden, Seen, gedeckten Brücken und vielem mehr. Sie beginnt in der attraktiven Kleinstadt New Milford, die 2007 ihr 300jähriges Bestehen feierte. Von dort fährt man durch eine waldreiche Region zum Mount Tom State Park, von dessen Mount Tom Tower man einen sagenhaften Blick bis zum Long Island Sound und den Catskills im Bundesstaat New York hat.

Ein Abstecher führt nach Litchfield, einer der ältesten Städte Connecticuts, bevor man den Mohawk State Forest passiert und den Mohawk Mountain umfährt. Ruhige Landstraßen führen zum Seven Falls State Park, wo es je nach Regenmenge auch einige Wasserfälle mehr geben kann. Wer etwas wandern möchte, dem sei der Macedonia Brook State Park mit seinem Wegenetz und ebenfalls herrlichen Blicken auf die Catskills empfohlen.

Schließlich bringt uns die Route nach Kent, dessen Wurzeln bis in die 1730er Jahre zurückreichen. Kurz nach der Stadt überspannt die Bull's Bridge den Housatonic River. Sie ist eine von zwei mit Fahrzeugen passierbaren gedeckten Brücken dieses Bundesstaates. Zu guter Letzt bietet der Lake Waramaug State Park schöne Möglichkeiten zur Rast und Erholung, bevor man durch malerisch ländliche Gegenden zurück nach New Milford fährt. **MG**

Auf den Spuren von F. Scott Fitzgerald Connecticut – Alabama

Start Westport, Connecticut   **Ziel** Montgomery, Alabama   **Länge** 1819 km
Art Kultur   **Karte** goo.gl/tfow0m

In *Die Straße der Pfirsiche* (1924) beschreibt F. Scott Fitzgerald die lange Reise, die er scheinbar recht spontan mit seiner Frau Zelda von ihrem Zuhause in Connecticut nach Alabama unternahm, wo Zelda aufgewachsen war. Das Paar fuhr die Strecke 1920, kurz nach dem Erscheinen von Fitzgeralds erstem Roman *Diesseits vom Paradies*.

Die Fitzgeralds verließen die alte Kolonialstadt Westport an der Ostküste und fuhren in ihrem gebrauchten Marmon 34 durch die ländliche Landschaft von Connecticut. Wer die Strecke heute nachfährt, möge bedenken, daß die Straßen in den 1920er Jahren noch nicht den glatten Asphalt der heutigen Highways hatten. Es gab viele holprige Abschnitte; daher befand sich das Auto der Fitzgeralds am Ende der Reise in einem noch erbärmlicheren Zustand als bereits zu Beginn der Tour.

Auf der Strecke passiert man die Metropolen New York, Philadelphia und Washington D.C., bevor man mit dem Erreichen von Virginia im Süden angelangt ist. Nun wird die Vegetation üppiger und es dominieren zunehmend Wälder und Felder das Landschaftsbild. Angekommen ist man schließlich im Land der Pfirsiche, jener Objekte der Begierde von Zelda, die ausschlaggebend waren für die ungeplante Reise des Paares. **MG**

❶ Das Fitzgerald Museum in Montgomery.

Newport Loop Ocean Drive Rhode Island, USA

Start Newport   Ziel Newport   Länge 22 km
Art Kultur   Karte goo.gl/VW3CmE

Newport ist ein von Wohlstand geprägter Ort, seitdem die Vanderbilts und die Astors im Gilded Age am Ende des 19. Jahrhunderts hier ihre prunkvollen Villen erbauten. Damals schien es für die Industriellen und Plantagenbesitzer keine Grenzen zu geben. Auf dieser Küstenrundreise sieht man viele ihrer eindrucksvollen Bauten, die heute öffentlich zugänglich sind. Besonders bekannt sind The Breakers und The Elms. Da man die Besichtigung aller Villen aber nicht schafft, muß man sich entscheiden. Ob im viktorianischen, neoklassizistischen, neogotischen oder italienischen Stil: hier sieht man alles, und wohl noch eindrucksvoller als zuvor erwartet. Die Luxusautos der Reichen zeigt das Audrain Automobile Museum.

Und auch heute leben hier viele begüterte Menschen in Herrenhäusern. Die meisten von ihnen sehnen sich nicht nach Abgeschiedenheit, sondern stellen ihren Status übertrieben zur Schau, mit neogriechisch-römischer Architektur und auch mitunter voll funktionsfähigen Minikanonen, die an Nationalfeiertagen zum Einsatz kommen dürfen. Nach der Tour kann man vom Fort Adams State Park den herrlichen Blick über das Meer genießen. Und wem der Sinn nach noch mehr Abwechslung steht, erreicht 15 Autominuten weiter nördlich den ungewöhnlichen Green Animals Topiary Garden. **DK**

❶ Das Castle Hill Lighthouse und die Newport Bridge.

Brandywine Pennsylvania/Delaware, USA

Start Chadds Ford, Pennsylvania   **Ziel** Dover, Delaware   **Länge** 109 km
Art Landschaft   **Info** goo.gl/jQ3ZrW

Auf dieser beschaulichen Reise fährt man am Ufer des Brandywine River durch eine sanfthügelige Landschaft. Man sieht einen eindrucksvollen formalen Garten, Zeugnisse der Militärgeschichte sowie eine vielfältige Tierwelt.

Die Tour beginnt am Brandywine Battlefield Park. Hier trafen 1777 US-amerikanische und britische Streitkräfte aufeinander, was in der Eroberung von Philadelphia gipfelte. Dann folgen die Herrenhäuser und Gärten, die einst der wohlhabenden Familie Du Pont gehörten: Longwood Gardens, Winterthur Museum, Garden and Library, Mount Cuba Center sowie Nemours Mansion and Garden. Longwood Gardens ist der größte formale Garten in den USA.

Weiter südlich zeigt das Delaware Art Museum eine großartige Gemäldesammlung englischer Präraffaeliten. Nun ändert sich die Landschaft und öffnet den Blick auf den Delaware River. Dessen einstige militärische Bedeutung im Bürgerkrieg zeigt sich im Fort Delaware, das auf einer Insel thront und heute mit der Fähre erreichbar ist. Die Region ist zudem ein Paradies für wildlebende Tiere. Auf der 19 km langen Route des Bombay Hook National Wildlife Refuge sieht man mit etwas Glück Zugvögel, Blaureiher und Biber. Die Reise endet in Dover, Delawares zweitgrößter Stadt. **DK**

❶ Das Feuchtraumhabitat am Leipsic River.

Im Land der Amish People   Pennsylvania, USA

Start Lancaster   Ziel Lancaster   Länge 160 km
Art Kultur   Karte goo.gl/8WM7EN

Die Amish People, auch als Pennsylvania Dutch bezeichnet, sind dafür bekannt, auf moderne Techniken zu verzichten. Sie leben vor allem in Pennsylvania und Ohio. Diese Tour führt in ihre ländlichen Siedlungen inmitten einer naturbelassenen Landschaft. Und man sieht gewiß Amish People in ihren typischen Pferdewagen. Für diese existieren auf vielen Straßen Extraspuren. Man sollte berücksichtigen, daß Amische nicht gerne fotografiert werden.

Die Route beginnt und endet in Lancaster. In dieser 1734 gegründeten Stadt befindet sich der älteste Bauernmarkt der USA. In dessen Hauptgebäude, das seit 1889 existiert, bieten Amish People Kunst und handwerkliche Erzeugnisse an.

Verläßt man die Stadt ostwärts, passiert man einen flachen, aber fruchtbaren Landstrich. Man gelangt in den Ort mit dem seltsamen Namen Intercourse, dessen Umgebung Drehort für Peter Weirs Film *Der einzige Zeuge* (1985) war, in dem Harrison Ford die Hauptrolle spielte.

Etwas später sieht man einige der für die Region typischen gedeckten Brücken. Auch ein Schokoladenmuseum, eine Brezelfabrik sowie ein Schutzgebiet für Wölfe liegen auf dem Weg. Die Landschaft zurück nach Lancaster läßt verstehen, warum sich die Amish People hier so gerne niederließen. **MG**

❶ Amish-Kinder in Lancaster County, Pennsylvania.

Kittatinny Ridge Loop
New Jersey, USA

❶ In der Abenddämmerung ist der Panoramablick von der Delaware Water Gap besonders schön.

Start Delaware Water Gap
Ziel Newton
Länge 121 km
Art Landschaft
Info goo.gl/Au79om

Diese Fahrt beginnt an jenem Ort, an dem New Jersey an Pennsylvania grenzt und der Delaware River durch einen Einschnitt in den Appalachian Mountains fließt. Auf der Seite von New Jersey folgt man auf der Old Mine Road (die im Winter gesperrt ist) eine Zeitlang dem Fluß. Eine Reihe von Bäumen wachsen zwischen Delaware und Straße, an den Hängen erstreckt sich der Worthington State Forest.

Dann trennen sich Fluß und Straße und man gelangt zur Walpack Fish and Wildlife Management Area, die sich wegen ihrer Wanderwege sowie Jagd- und Angelmöglichkeiten großer Beliebtheit erfreut. Nach dem Ort Walpack Township führt die Straße unter der Interstate 84 hindurch und knickt stark Richtung Süden ab, den High Point State Park passierend. Nun gelangt man zum höchsten Punkt in New Jersey, der treffend bezeichneten Anhöhe High Point auf 550 m.

Der dicht bewaldete Park veranschaulicht, wie malerisch die Landschaft in New Jersey sein kann. Im Herbst sind Spaziergänge durch den Laubwald einfach phantastisch. Südlich des Parks verläuft die Route an der Bear Swamp Wildlife Management Area sowie an einigen Seen entlang, bevor sie die Stadt Newton ansteuert, deren Geschichte bis in die Mitte des 18. Jahrhunderts zurückreicht. Aus jener Zeit stammt auch der sehenswerte, historische Friedhof Old Newton Burial Ground. **MG**

Clinton Road
New Jersey, USA

Start West Milford
Ziel Newfoundland
Länge 20 km
Art Kultur
Karte goo.gl/1XcItN

An diesem Abschnitt der so harmlos wirkenden Asphaltstraße lebt kein Mensch, und wenn man die furchteinflößenden Geschichten über ihn zu Ohren bekommt, weiß man auch warum – für viele liegt auf der Clinton Road in New Jersey ein Fluch.

Die schmale, zweispurige Straße, links und rechts von dunklem Wald gesäumt und gänzlich unbeleuchtet, wirkt tatsächlich gruselig. Gäbe es nicht schon Schauermärchen über sie, würde man sicherlich eines erfinden. Es heißt, hier würden sich die Killer, Gangster und Ganoven aus New York ihrer Opfer entledigen. Tatsächlich gibt es jedoch bislang nur einen derartigen, offiziell belegten Fall – aber vielleicht wurden all die anderen Leichen einfach noch nicht entdeckt?

Zudem ist die Rede von Phantomscheinwerfern, die auf einen zukommen, obwohl sich auf der Straße gar kein anderes Fahrzeug befindet. Und natürlich kursieren noch die üblichen Geistergeschichten von schattenhaften Gestalten auf gespenstischen Pferden. In den umliegenden Wäldern treffen sich angeblich Geheimbünde wie Satanisten, Hexen und der Ku-Klux-Klan, auch wenn fraglich ist, ob geheime Treffen wirklich an Orten stattfinden, die für geheime Treffen bekannt sind …

Was auch immer man von übernatürlichen Phänomenen hält, am besten fährt man die Clinton Road in einer dunklen, nebligen Nacht. **MG**

Charles Street in Baltimore
Maryland, USA

Start Charles Street
Ziel Charles Street
Länge 18 km
Art Kultur
Info goo.gl/oQbSmy

Von einigen kleinen Kurven abgesehen, verläuft die Charles Street schnurgerade in Nord-Süd-Richtung durch das Zentrum von Baltimore und endet schließlich in der Nähe des Patapsco River. Sie ist eine von nur vier US-amerikanischen Scenic Byways, die überwiegend durch Stadtgebiet führen.

Die Straße ist so alt wie die Stadt selbst. Da es in Baltimore mehr öffentliche Denkmäler gibt als in jeder anderen Stadt der USA, wundert es nicht, daß sich zahlreiche von ihnen entlang der Charles Street befinden. Die Straße ist eine wichtige Verkehrsader, die von der Geschichte der Stadt erzählt, viele Museen beherbergt und durch historische Viertel führt.

Unübersehbar ist das mächtige, 54,46 m hohe Washington Monument. Wer es erklimmt, genießt einen weiten Blick über die Stadt. Ganz in der Nähe befindet sich das Walters Art Museum, das Werke von Manet, Monet, Turner und weiteren weltberühmten Künstlern zeigt.

Zehn Autominuten weiter nördlich ist man am Baltimore Museum of Art. Zu dessen herausragender Sammlung zählen Arbeiten von Picasso, Renoir, Manet, Degas, Gaugin und Van Gogh. Hier befindet sich auch die weltweit größte öffentlich zugängliche Sammlung von Werken von Matisse. Sherwood Gardens wartet im Frühling mit Tausenden bunten Tulpen auf. Sie erinnern daran, daß Baltimore mehr als eine kulturelle Großstadt ist. **MG**

Chesapeake Wine Trail
Maryland, USA

Start Baltimore
Ziel Ocean Pines
Länge 377 km
Art Kultur
Info goo.gl/zAaB37 Karte goo.gl/ZZiXtZ

Der Chesapeake Wine Trail besteht aus mehreren Highways und Nebenstraßen – doch bei allen Routenvarianten hat der Trail doch immer nur ein Ziel: zu möglichst vielen Weingütern auf der Delmarva-Halbinsel zu führen. Die hier vorgeschlagene Tour enthält nur wenige Zwischenstopps. Legt man mehr von ihnen ein, dauert die Reise einige Tage. Wem für die komplette Tour Zeit oder Ausdauer fehlen, dem seien Rundtouren rund um Baltimore empfohlen. Diese können ebenso reizvoll sein wie die gesamte Fahrt nach Ocean Pines.

Vor der Abfahrt in Baltimore sollte man sich über die Öffnungszeiten der Weingüter informieren, die man besuchen möchte, denn einige haben zum Beispiel nur am Wochenende geöffnet.

Nun fährt man in nordöstlicher Richtung und läßt die Stadt schon bald hinter sich, um durch das ländliche Herz von Maryland zu fahren. Dann führt der Weg südwärts zur anderen Seite der Chesapeake Bay. Die Weinlandschaft ist nicht spektakulär – anders als das Napa Valley in Kalifornien –, sondern überwiegend flach. Aber an einem sonnigen Tag im Frühling, Sommer oder Herbst ist dies ein sehr idyllischer Landstrich. Und gerade weil es nicht das Napa Valley ist, bleibt man von Touristenströmen verschont. Die Winzer haben Zeit für ihre Besucher und freuen sich, daß man den Weg zu ihren Weingütern auf sich genommen hat. **MG**

Harriet Tubman Byway
Maryland/Delaware, USA

Start Bucktown, Maryland
Ziel Bucktown, Maryland
Länge 201 km
Art Kultur
Info goo.gl/Muf8oZ

Harriet Tubman kam 1822 als mittleres Kind von neun Geschwistern in Maryland zur Welt, ihre Eltern waren Sklaven. Sie wurde zu einer der bekanntesten Gegnerinnen der Sklaverei und einer Persönlichkeit der USA. Nach ihrer eigenen Flucht 1849 gründete sie die Organisation Underground Railroad, die afroamerikanischen Sklaven über ein Netzwerk an Straßen, Gewässern und zuverlässigen Helfern bei der Flucht aus den Südstaaten in den Norden half. Zu Ehren ihres Lebenswerks entstand diese Tour mit Stationen in den Counties Kent und New Castle in Delaware sowie Dorchester und Caroline in Maryland. Dort hat Tubman gelebt und gearbeitet, dort wurde sie gequält und vergöttert, während sie unzähligen Menschen bei ihrer Flucht in die Freiheit half.

Diese als Scenic Byway ausgeschilderte Route führt zum Blackwater National Wildlife Refuge, wo Tubman als Kind arbeiten mußte, sowie zur Linchester Mill am Hunting Creek, einem wichtigen Übergang der Flüchtenden. Man fährt auf Landstraßen durch Wälder und Sümpfe. Entlang der Chesapeake Bay und der Delaware Bay gelangt man an Orte wie dem Bucktown Village Store, wo Tubman von einem weißen Aufseher fast getötet worden wäre. Um 1860 war sie ein Symbol der Hoffnung. Man nannte sie Moses, weil sie so viele Menschen aus der Sklaverei in die Freiheit geführt hatte. **BDS**

Journey Through Hallowed Ground National Scenic Byway Von Pennsylvania nach Virginia, USA

Start Gettysburg, Pennsylvania
Ziel Monticello, Virginia
Länge 290 km
Art Kultur
Info goo.gl/D1lCho

Dieser Roadtrip durch drei Bundesstaaten an der Ostküste der USA führt zu Dutzenden historischen Orten, einstigen Schlachtfeldern, Herrenhäusern von Plantagenbesitzern und Nationalparks.

Die Route war im Unabhängigkeitskrieg (1775–1783) eine wichtige Transportstrecke und im Bürgerkrieg (1861–1865) eine bedeutende Kampfzone. Daher eignet sie sich ideal, um sich mit der Geschichte des Landes auseinanderzusetzen.

Die Wohnhäuser von neun ehemaligen US-Präsidenten liegen auf der Strecke, darunter das von Thomas Jefferson in Monticello, das zum UNESCO-Weltkulturerbe zählt. Auch die Bürgerkriegsschlachten von Manassas, Gettysburg, Antietam und Appomattox fanden in dieser Gegend statt. Mit der Route sind zudem die Unabhängigkeitserklärung, die Emanzipationsproklamation, die Gettysburg Address sowie der Marshallplan verknüpft.

Doch es geht nicht nur um geschichtsträchtige Ereignisse. Man fährt auch durch eine traumhaft schöne Landschaft mit vielen Obstbäumen, Weinbergen und verstreuten Farmen zwischen beschaulichen Städtchen wie Frederick, Culpeper und Madison. Und wem das noch nicht reicht, der freut sich über die 13 Nationalparks, die sich in der Journey Through Hallowed Ground Heritage Area befinden. Dort kann man wandern, reiten, ein Picknick machen oder Abenteuersport ausprobieren. **SH**

❶ Living-History-Vereine inszinieren entlang dieser Route gerne den Amerikanischen Bürgerkrieg.

National Road
Von Maryland nach Illinois, USA

Start Cumberland, Maryland
Ziel Vandalia, Illinois
Länge 1326 km
Art Kultur
Karte goo.gl/o2P1NL

Nach dem Zusammenschluß der amerikanischen Bundesstaaten vor über 200 Jahren war der Transport ein Hauptproblem. Ohio war gerade zur Union hinzugekommen – und es gab keinen verläßlichen Weg, dorthin zu gelangen.

Die meisten Strecken waren Waldwege. Also beschlossen die Behörden der Ostküste den Bau der ersten von der Regierung bezahlten Straße.

Es handelte sich um ein enormes Projekt, das sich über West Virginia, Pennsylvania, Maryland, Ohio, Indiana und Illinois erstreckte. Man wollte den Ohio River erreichen, doch irgendwann ging das Geld aus und nach 20 Jahren Bauzeit kamen die Arbeiten bei Vandalia zum Erliegen, 96 km vor dem Ziel.

Heute ermöglicht die National Road eine phantastische Reise durch diesen Teil der USA – ein buntes Mosaik an Farmen und kleinen, halbvergessenen Gemeinden in ländlicher Umgebung. Man sieht, wie die Straße, ähnlich einem Korridor, das Entstehen kleiner Ortschaften bewirkte. Und man passiert historische Zeugnisse der Straße wie etwa Zollhäuschen, Gasthöfe und Kilometersteine.

Eine besondere Sehenswürdigkeit befindet sich am Casselman River in Maryland. Hier verläuft die Straße über einen anmutigen steinernen Bogen, dessen Spanne 15 m lang ist und der zur Zeit seiner Erbauung im Jahr 1814 die längste einbogige Steinbrücke der Welt darstellte. **SH**

Mountain Maryland Scenic Byway
Maryland, USA

Start Keysers Ridge
Ziel Cumberland
Länge 311 km
Art Landschaft
Info goo.gl/Z8zpcX

In einem Bundesstaat, der für seine 13 000 km lange bezaubernde Küste bekannt ist, mag eine Panoramastraße namens Mountain Maryland Scenic Byway ein wenig verwundern. Sie beginnt auf 910 m Höhe auf dem Keysers Ridge und windet sich durch die westlichen Appalachen. Westwärts geht es auf der Interstate 68 hinab nach Friendsville (berühmt für seine Weine und dem Wildwasserrafting auf dem Youghiogheny River) und weiter auf der US 219 nach McHenry mit dem Deep Creek Lake State Park. Entlang des Seeufers fährt man dann in die hübsche historische Stadt Oakland. Man sollte sich die Zeit nehmen, dessen Mainstreet mit der viktorianischen Architektur, den Boutiquen und Antiquitätenläden zu erkunden.

Der zweite Teil des Byways besteht im Grunde aus mehreren Straßen und nicht aus einer einzigen. Man kann durch Swanton und die uralten Sumpfgebiete Allegheny Highlands nach Grantsville fahren, bevor es auf der Big Run Road durch den Savage River State Forest wieder zurückgeht. Dieses Waldgebiet ist bei Wanderern und Anglern sehr beliebt. Nun schlängelt sich der glatte Asphalt nach Westernport, bevor man auf der MD 36 die historischen Eisenhütten von Lonaconing sowie Frostburg erreicht. Schließlich passiert man noch die Cumberland Narrows sowie die Stadt Cumberland, die für ihre Festivals und Straßenfeste bekannt ist. **DIS**

Coal Heritage Trail
West Virginia, USA

Start Bluefield
Ziel Fayetteville
Länge 114 km
Art Kultur
Info goo.gl/CE5MoR

Die Appalachen in West Virginia sind für ihre unvergleichliche Schönheit bekannt. Im 19. Jahrhundert erlebten sie eine signifikante Zunahme der Bevölkerung, als infolge der hohen Nachfrage nach Kohle viele europäische Einwanderer hierher geschickt wurden, um die „Schwarzen Diamanten" abzubauen. Dem industriellen Erbe der Region widmet sich der Coal Heritage Trail, eine der beliebtesten Ferienstraßen in the USA.

Die Route beginnt in der Stadt Bluefield, die einst ein kleiner, unbedeutender Ort war, bevor man dort das weltweit größte Steinkohlevorkommen seiner Art entdeckte – der Coal Rush hatte seinen Anfang genommen.

Die Strecke führt in nordwestlicher Richtung nach Bramwell, dessen Museum über die Geschichte der Kohleförderung informiert. Der Ort selbst war ebenfalls ein bedeutendes Zentrum des Bergbaus. Man mag es kaum glauben, aber an diesem Fleck auf der Landkarte, an dem nur einige hundert Menschen leben, gab es einmal prozentual mehr Millionäre als an irgend einem anderen Ort in den USA.

Die Route führt nordwärts durch dichte Wälder, vorbei an Erinnerungsstätten der Kohleära, und endet in Fayetteville, das sich von einer Bergwerksstadt zu einem Urlaubsort gewandelt hat. Heute locken die oberirdischen Schätze und nicht mehr die unterirdischen Ressourcen die Menschen an. **MG**

❶ Die Coal Camp Cabin im Beckley Exhibition Coal and Youth Museum ist eine Sehenswürdigkeit dieser Route.

Skyline Drive
Virginia, USA

Start Front Royal
Ziel Rockfish Gap
Länge 172 km
Art Landschaft
Info goo.gl/ZDkpxb

ⓘ Der Skyline Drive windet sich durch die felsreiche Landschaft und ist vor allem im Herbst sehr reizvoll.

Dies ist eine der ältesten und schönsten Ferienstraßen der USA. Sie verläuft in Nord-Süd-Richtung durch den gesamten Shenandoah National Park, der auf 80 000 ha unberührte Natur beherbergt. Der Skyline Drive ist die einzige öffentliche Straße durch den Nationalpark, und vom Anfangs- und Endpunkt abgesehen gibt es nur noch zwei weitere Zufahrten. Daher sollte man alles, was man für die Fahrt benötigt, an Bord haben, beispielsweise Proviant und Wanderschuhe. Dies ist besonders relevant, wenn man in die Tour eine kurze Wanderung integrieren möchte, etwa zu einem der vielen Wasserfälle der Region.

Zum Schutz der Tierwelt gibt es ein Tempolimit von 55 km/h. Die Tiere sind meist der Hauptgrund – neben der Ruhe und Abgeschiedenheit –, warum Menschen hierherkommen. Man kann Schwarzbären, Hirsche, Truthähne und weitere Tiere beobachten. Zudem bietet sich über das dicht bewaldete Shenandoah Valley ein phantastischer Blick – insgesamt existieren entlang der Strecke 75 offizielle Aussichtspunkte, die perfekte Fotomotive ermöglichen.

An seinem Ende trifft der Skyline Drive auf den Blue Ridge Parkway, der weiter durch die Appalachen verläuft. Man sollte wissen, daß für das Durchqueren des Parks eine Gebühr verlangt wird. Die Straße ist ganzjährig geöffnet und nur an wenigen Herbstabenden wegen Jagden gesperrt. **DK**

Colonial Parkway
Virginia, USA

Start Jamestown
Ziel Yorktown
Länge 37 km
Art Kultur
Info goo.gl/iFSvXz

Der Colonial Parkway in Virginia verbindet die drei berühmten historischen Städte des Bundesstaates: Jamestown, Williamsburg und Yorktown. Die Strecke ist bequem in 40 Minuten zu fahren.

Diese drei Orte eignen sich für eine kleine Geschichtsstunde über die 200jährige englische Kolonialzeit in Nordamerika. Jamestown war Anfang des 17. Jahrhunderts die erste Kolonie Englands auf dem Kontinent; ab 1699 war Williamsburg Hauptstadt der königlich britischen Kolonie von Virginia; und in Yorktown endete mit der britischen Kapitulation 1781 der Unabhängigkeitskrieg.

Wie viele Parkways in den USA hat auch diese Route nur wenige andere Zufahrtsstraßen. Zudem herrscht ein striktes Tempolimit von 70 km/h. Sobald man sich auf der Straße befindet, ist der städtische Trubel weit weg und man kann ungestört die Landschaft und die historischen Sehenswürdigkeiten genießen. Für deren Besichtigung muß man in der Regel Eintritt zahlen.

Historic Jamestowne zeigt das original James Fort von 1607. Colonial Williamsburg ist ein Freilichtmuseum mit über 90 Gebäuden aus dem 18. Jahrhundert sowie vielen Nachbauten. Und am Ende der Straße befindet sich der Ort der Kapitulation, wo sich die Briten unter Lord Cornwallis im Amerikanischen Unabhängigkeitskrieg George Washington und der französischen Armee ergaben. **DK**

❶ Eine zeitgenössische Pferdekutsche fährt durch das Freilichtmuseum Colonial Williamsburg.

George Washington Memorial Parkway Virginia/D.C., USA

Start Mt. Vernon, Virginia **Ziel** Langley, Virginia **Länge** 43 km
Art Kultur **Info** goo.gl/ZKTv5z

Der George Washington (GW) Memorial Parkway ist eine ungewöhnliche Ferienstraße, da sie durch das Stadtzentrum von Washington D.C. verläuft und dabei den berühmten Blick über den Potomac River auf das Kapitol bietet. Wenngleich sie eigentlich der Erholung dienen soll, herrscht auf ihr reger Verkehr. Sie ist eine viel genutzte Pendlerstrecke und eine der schnellsten Verbindungen vom und zum Washington Dulles International Airport. Zu Stoßzeiten kann es auf ihr richtig voll werden. Der GW Memorial Parkway teilt sich am Lady Bird Johnson Park, gegenüber der National Mall am Ufer des Potomac, und es ist die nördliche Route, die den Autofahrern die bessere Aussicht bietet.

Man startet am Mount Vernon, dem Landsitz des US-Präsidenten und Ort seiner Grabstätte. Dann geht es in nordöstlicher Richtung nach Jones Point, von wo man einen herrlichen Blick über den Potomac hat. Es folgen die Woodrow Wilson Memorial Bridge und das Jones Point Lighthouse. Etwas weiter sieht man das Lincoln Memorial sowie das Washington Monument. Vom Lady Bird Johnson Park führt ein kurzer Abstecher zum Arlington Cemetery mit dem Grabmal der Unbekannten, dem Robert E. Lee Memorial und dem Grab von John F. Kennedy. Die Fahrt endet am CIA-Hauptquartier in Langley. **DK**

❶ Das CIA-Hauptquartier in Langley, Virginia.

Blue Ridge Parkway Virginia/North Carolina, USA

Start Rockfish Gap, Virginia   **Ziel** Chimney Rock, North Carolina   **Länge** 587 km
Art Landschaft   **Info** goo.gl/aJ2iv9

Wer in den USA einen „Parkway" befährt, darf sich auf eine besonders reizvolle Strecke freuen. Das Konzept dieser Straßen entwickelte im 19. Jahrhundert Frederick Olmsted, Gestalter des Central Parks in New York. Ursprünglich handelte es sich um Erholungsstraßen, die von der Stadt zu den Parks ihrer Vororte führte. Heute greift die Definition weiter. Auf alle Fälle sind die Strecken frei von den typischen Reklametafeln. Nur die Natur säumt die Straße. Der Blue Ridge Parkway mit seinen Buchen, Ulmen, Hickory-, Ahorn- und Kastanienbäumen ist der längste Parkway der USA.

Diese in den 1920er Jahren konzipierte und 1966 weitgehend fertiggestellte Straße wird oft als „America's Favourite Country Road" bezeichnet. Sie verläuft entlang des Gebirgszugs Blue Ridge (einem Teil der Appalachen) durch Virginia und North Carolina. Von den 26 Tunneln können viele zwischen November und April gesperrt sein. Zudem gibt es über 160 Brücken und sechs Viadukte. Motorradfahrer lieben insbesondere die beiden Abstecher Diamondback und Tail of the Dragon.

Mit dem Blue Ridge Parkway haben die Straßenplaner ihr Ziel erreicht, eine Fahrt wie keine andere zu ermöglichen, auf einer Strecke, die „alle Täler und Erhebungen, Ausläufer und Senken in diesen beiden Appalachenstaaten miteinander verbindet". **BDS**

❶ Chimney Rock im gleichnamigen Park.

Newfound Gap — North Carolina/Tennessee, USA

Start Cherokee, North Carolina **Ziel** Gatlinburg, Tennessee **Länge** 58 km
Art Landschaft **Karte** goo.gl/xLSltK

In dieser Region überquerte eine alte Straße die Great Smoky Mountains an einer Stelle, die man Indian Gap nannte, bis ein Schweizer Geograph einen leichteren und nicht so hoch gelegenen Paß entdeckte. Dort, am Newfound Gap, baute man 1932 eine moderne Straße. Heute zählt die Newfound Gap Road, die sich an der Grenze zwischen North Carolina und Tennessee durch den Great Smoky Mountains National Park windet, zu den beliebtesten Panoramastraßen der USA. Für die Touristen hält man sie das ganze Jahr über (bis auf Tage mit schweren Schneestürmen) offen.

Auf dieser Strecke fährt man 900 m hoch in die Berge. Zu den schönsten Erlebnissen auf dieser steilen, kurvenreichen Straße zählen die Blätterdachtunnel, die plätschernden Bäche und Wasserfälle, die Panoramablicke über nebelverhangene Gipfel sowie die Adler, Elche und Bären, die es durchaus zu sehen gibt. Von Besucherzentren, Camping- und Parkplätzen führen unzählige Wanderwege in die Natur. Ein beliebter Abstecher ist die Clingmans Dome Road zu einem Parkplatz hoch oben in den Bergen. Von hier führt ein befestigter Weg hinauf zum Clingmans Dome, dem mit 2015 m höchsten Punkt der Gegend, der einen atemberaubenden 360-Grad-Rundumblick bietet. **SH**

❶ Blick von der Straße auf die Great Smoky Mountains.

Diamondback Loop North Carolina, USA

Start Little Switzerland **Ziel** Little Switzerland **Länge** 62 km
Art Landschaft **Karte** goo.gl/BjinIU

Der Diamondback Loop war bei Bikern außerhalb North Carolinas lange unbekannt. Doch heute erfreut er sich als Bonusstrecke bei all jenen großer Beliebtheit, die wegen des legendären Tail of the Dragon und Blue Ridge Parkway in der Gegend sind.

Die Route erinnert in ihrer Form grob an einen Diamanten und beginnt in der beschaulichen Siedlung Little Switzerland. Gleich von Beginn an geht es auf einer langen, kurvenreichen Bergabpassage durch Wälder voller Kiefern, Zuckerahorn und Buchen. Dann führt ein schneller zu befahrender Highway nach Süden. Auf dem spektakulärsten Abschnitt nach dem Lake Tahoma gilt es, fast 200 Serpentinen und Spitzkehren auf einer nur 19 km kurzen Strecke zu bewältigen. Dabei schlängelt sich die Straße mit ihrem herrlich glatten Asphalt durch dichte Wälder bis auf eine Höhe von 1056 m. Mitunter beträgt die Steigung 15 Prozent, und hier oben ist es merklich kühler.

Besondere Vorsicht ist bei Kurven geboten, die den Beinamen Devil's Whip („Teufelspeitsche") tragen. Hier, auf dem Rückweg nach Little Switzerland, bekommt man einen Vorgeschmack auf den Blue Ridge Parkway. In der Diamondback Motorcycle Lodge kann man sich wunderbar stärken. Sie liegt – äußerst praktisch – nah am Switzerland Inn. **DIS**

❶ Das Schild zeigt es – es folgen viele Kurven.

Outer Banks National Scenic Byway North Carolina, USA

Start Whalebone Junction   **Ziel** Beaufort   **Länge** 222 km
Art Landschaft   **Info** goo.gl/EfQh45

Die insgesamt neun Barriereinseln (Currituck Banks, Bodie Island, Pea Island, Hatteras Island, Ocracoke Island, Portsmouth Island, Core Banks, Shackleford Banks und Bogue Banks), welche die Küste und das Festland von North Carolina vor heftigen atlantischen Stürmen schützen, entstanden vor 3500 bis 5000 Jahren.

Sie überlebten den allmählichen Anstieg des Meeresspiegels, indem sie seit ihrer Entstehung bis zu 80 km in Richtung Küste wanderten. Die zerbrechlich wirkenden Inseln bilden die Outer Banks, ein Bollwerk gegen die Gefahren des Ozeans. Sie verfügen über eine reiche Vogelwelt, Sumpfgebiete und Dünen und erzählen Geschichten von Piraten und Geistern, die auf dem „Friedhof des Atlantiks" aus versunkenen Schiffen aufsteigen.

1955 führte die US Route 64 erstmals über die William B. Umstead Bridge zur Whalebone Junction. Heute erschließen mehrere Brücken und Autofähren die Naturschutzgebiete der Outer Banks, vorbei an Stränden und dem höchsten Backstein-Leuchtturm des Landes (Cape Hatteras). Hier, in der Nähe von Kitty Hawk, führten die Gebrüder Wright ihren ersten kontrollierten Motorflug durch. Auf der flachen, geraden Straße durch eine längst vergangene Welt passiert man 21 Ortschaften. **BDS**

❶ Bodie Island Lighthouse auf den Outer Banks.

Cullasaja River Gorge   North Carolina, USA

Start Franklin   **Ziel** Highlands   **Länge** 31,4 km
Art Abenteuer   **Karte** goo.gl/3y6pBp

Dies ist eine der beliebtesten Strecken in North Carolina. Ihre engen Abschnitte und vielen Kurven durch den wunderschönen Nantahala National Forest sind ein wahrer Genuß für jeden begeisterten Biker oder Autofahrer. Die Cullasaja River Gorge, auch bekannt als Waterfall Byway, folgt dem natürlichen Verlauf des Cullasaja River, der sich spektakulär über mehrere große Wasserfälle ergießt. Der Mountain Waters Scenic Byway deckt sich zum Teil mit dieser Route.

Von der historischen Stadt Franklin, deren Wurzeln bis ins Jahr 1799 zurückreichen, führt die kurvige Straße entlang des Cullasaja River durch die hügelige Waldlandschaft North Carolinas, Felsenklippen auf der einen Straßenseite und auf der anderen ein bewaldetes Tal, in welches sich der mit 76,2 m längste Wasserfall der Route stürzt: die Cullasaja Falls. Leider kann man nur einen kurzen Blick auf ihn werfen, denn es gibt lediglich einen einzigen kleinen Haltepunkt, von dem aus ein gefährlicher Fußmarsch zu einer etwas besseren Aussicht führt.

Bevor man Highlands erreicht, sollte man möglichst noch die Dry Falls besichtigen. Den Namen trägt dieser Wasserfall, da er über eine überhängende Klippe fließt, so daß man hinter ihm her laufen kann, ohne naß zu werden. **MG**

❶ Die Cullasaja Falls, der dramatischste Wasserfall der Tour.

Amerika • USA | 221

Daniel Boone Memorial Trail North Carolina, USA

Start Salisbury
Ziel Boone
Länge 285 km
Art Kultur
Karte goo.gl/KIRff2

Der Grenzbewohner und Entdecker Daniel Boone, einer der ersten US-Helden, bereiste weite Teile dieser Ecke der Vereinigten Staaten, vor allem aber Kentucky, Virginia und North Carolina. Es gibt unterschiedliche offizielle und inoffizielle Fahr- und Wanderrouten zu den mit ihm verbundenen Orten, doch diese Tour ermöglicht es, die meisten von ihnen an einem einzigen Tag zu besuchen.

Die Themenroute beginnt in der historischen Stadt Salisbury, wo das Rowan Museum viel Wissenswertes über Daniel Boone bereithält. Dann geht es nach Norden durch hügeliges Waldgebiet zum Boone's Cave Park, dem Angelplatz der Familie des Entdeckers in den 1750er Jahren, und über reizvolle ländliche Straßen vorbei an zahlreichen interessanten Sehenswürdigkeiten. Das Freilichtmuseum Historic Bethabara Park widmet sich nicht nur Boone, sondern veranschaulicht auch das hiesige Leben zu seiner Zeit. Auf dem Joppa Cemetary liegen Boones Eltern begraben, in Fort Dobbs suchte die Familie während des Cherokee-Krieges Schutz und das Hickory Ridge Living History Museum läßt das harte Leben der Pionierzeit lebendig werden.

Auch Virginia im Norden ist stolz auf seine Verbindung zu Boone. Die Tour läßt sich hier mit dem offiziellen Daniel Boone Heritage Trail verlängern, der an der Staatsgrenze nördlich von Kingsport beginnt. **MG**

Cherokee Foothills Scenic Highway South Carolina, USA

Start Fair Play
Ziel Gaffney
Länge 193 km
Art Landschaft
Karte goo.gl/8gPWEW

Der Cherokee Foothills Scenic Highway ist eine wunderbare Möglichkeit, die Interstate 85 zu umgehen. Die landschaftlich reizvolle Route führt durch Ackerland und Hügel vorbei an Pfirsichplantagen, Seen und Wasserfällen durch idyllische Dörfer vor der malerischen Kulisse der Blue Ridge Mountains. Die Strecke war einst eine Handelsroute der Cherokee. Sie verband Tennessee mit der Hafenstadt Charleston in South Carolina und wurde später von europäischen Pelzhändlern genutzt.

Nachdem man sich im South Carolina Welcome Center mit Literatur und Informationen zur Route eingedeckt hat, verläßt man die Interstate 85 in nördlicher Richtung an der Ausfahrt 1. Sofort findet man sich in den dichten Wäldern des Lake Hartwell State Park wieder und überquert den Lake Keowee, der eigentlich ein von Menschenhand geschaffenes Reservoir ist. Kurz danach bietet sich die Gelegenheit, den Keowee-Toxaway State Park zu besuchen und die blauen Hügel der Jocassee Gorges zu bestaunen.

Es gibt keine großen Touristenstädte entlang des Weges. Die ländlichen Siedlungen wie Cleveland, Campobello und Chesnee sind aber dank ihrer kompromißlosen Authentizität umso interessanter. Die Route endet in der kleinen Stadt Gaffney, die ein perfektes Beispiel dafür ist, welche Schätze es abseits der geschäftigen Interstates zu entdecken gibt. **MG**

Ashley River Road
South Carolina, USA

Start West Oaks
Ziel Mount Pleasant
Länge 22 km
Art Kultur
Karte goo.gl/yTs1h1

Dieser Roadtrip wird allen Erwartungen an den tiefen Süden der USA mehr als gerecht. Er fürt vorbei an Plantagenhäusern und durch lange Eichenalleen, die mit spanischem Moos bewachsen sind und einen lebendigen Baldachin bilden.

Die Ashley River Road ist einer der kürzesten Scenic Byways der USA, hat aber trotzdem jede Menge zu bieten. Der Scenic Byway ist nur 17,7 km lang, doch die Straße folgt auch im weiteren Verlauf dem Ashley River, der in den historischen Charleston Harbor mündet. Die Route kann in beide Richtungen gefahren werden, in Charleston beginnend oder endend, und führt zum Großteil über eine einfache einspurige Asphaltstraße. Obwohl die Strecke relativ kurz ist, kann sie den ganzen Tag in Anspruch nehmen, wenn man die für die Öffentlichkeit zugänglichen Plantagenhäuser besichtigen möchte. Von den einst 20 prächtigen Häusern gibt es nur noch drei: Drayton Hall, Middleton Place und Magnolia Plantation and Gardens. Drayton Hall ist das einzige Haus, das seit dem Erstbezug in den 1750er Jahren vollständig erhalten geblieben ist.

Middleton Place bietet Besuchern neben der Besichtigung des opulenten Hauses und der atemberaubenden Gärten auch Zugang zu den Plantation Stableyards. Hier erläutern kostümierte Führer das damalige Leben der versklavten afrikanischen Plantagenarbeiter. **MG**

❶ Drayton Hall in Charleston, gebaut von John Drayton, ist ein herausragendes Beispiel des Palladianismus.

Ocmulgee-Piedmont Scenic Byway Georgia, USA

Start Juliette **Ziel** Gray **Länge** 34 km
Art Landschaft **Karte** goo.gl/N6jUOH

Der geschichtsträchtige Ocmulgee-Piedmont Scenic Byway ist vergleichsweise kurz. Ohne Zwischenstopps würde die Fahrt kaum mehr als eine Stunde dauern, doch die meisten Besucher lassen sich viel mehr Zeit. Schließlich kann man hier die Geschichte der Region vom 17. Jahrhundert bis heute in handlich kompakter Form kennenlernen.

So war die Route 200 Jahre vor der Gründung der USA ein wichtiger Handelsweg der Muskogee, der indigenen Bevölkerung. Im Piedmont National Wildlife Refuge findet man Überreste von Gebäuden der frühen europäischen Siedler. Ein 9,6 km langer Abstecher durch das Naturschutzgebiet bietet die Möglichkeit, bedrohte Vogelarten, Kiefernwälder, Bäche und Feuchtgebiete zu erleben. Im Jahre 1864, während des Bürgerkrieges, trafen die gegnerischen Truppen beim Battle of Sunshine Church entlang der Route aufeinander. Darüber hinaus veranschaulicht die State Historic Site Jarrell Plantation das Leben auf einer Baumwollplantage zu Beginn des 20. Jahrhunderts.

Die Stadt Juliette, jenseits des Ocmulgee River, war Schauplatz des Films *Grüne Tomaten* (1991). Hier ist das Whistle Stop Café ein denkwürdiger Ort, um am Ende dieser Reise durch die reiche Geschichte Georgias aufzutanken. **DK**

❶ Der Konzertsaal Opry House in Juliette.

Cohutta Chattahoochee Scenic Byway Georgia, USA

Start Cohutta   Ziel Ellijay   Länge 90,1 km
Art Kultur   Karte goo.gl/kaEdv6

Der Name dieses Scenic Byways deutet den indianischen Hintergrund an, der auf dieser außergewöhnlichen Fahrt zu erleben ist. Darüber hinaus bietet die Route Naturliebhabern herrliche Bergpanoramen und zwei National Forests, deren Besuch sich vor allem im Herbst lohnt, wenn das Farbenspiel des Laubs eine zusätzliche Dimension eröffnet.

Die Fahrt beginnt in der kleinen Stadt Cohutta, deren Name in der Sprache der Cherokee „Berge, die den Himmel halten" bedeutet. Chattahoochee ist ein Wort der Muskogee und bedeutet „Bach mit bemalten Felsen", was sich auf Hieroglyphen in der Nähe bezieht. Die Route verläuft entlang des Waldsaums. Etwa auf halbem Weg befindet sich in der malerischen Stadt Chatsworth ein bequemer Haltepunkt. Von hier aus führt ein kleiner Umweg nach Osten in den Fort Mountain State Park oder nach Westen zur Chief Vann House Historic Site. Häuptling James Vann war ein reicher Geschäftsmann und der erste Cherokee, der in einem Steinhaus lebte.

Die Straße umrundet dann den südlichen Rand des National Forests, bevor sie in Ellijay, der Apfelhauptstadt Georgias, endet. Hier sollte man unbedingt die Apple Orchard Alley entlang fahren und all die schmackhaften Apfelsorten probieren, die man kaum im Supermarktregal finden wird. MG

❶ Frühnebel über dem Chattahoochee River.

Ein ausgekochtes Schlitzohr Von Georgia nach Texas, USA

Start Atlanta, Georgia   **Ziel** Texarkana, Texas   **Länge** 1131 km
Art Kultur   **Karte** goo.gl/YWesef

Die Wette gilt: einmal von Georgia nach Texas, eine illegale Fuhre Bier abholen und wieder zurück, alles in 28 Stunden. Kein Problem für Burt Reynolds im Film *Ein ausgekochtes Schlitzohr* (1977). Er hat sogar zehn Minuten Zeit übrig, obwohl er unterwegs noch eine Anhalterin (Sally Field) mitnimmt.

Bevor man sich auf diese verrückte Odyssee begibt, empfiehlt sich zur Einstimmung ein kurzer Abstecher zu den Hauptschauplätzen des Films: die Lakewood Fairgrounds, wo der Film beginnt und endet, der Ort Jonesboro (der im Film Texarkana darstellt) und die Reste der Brücke über den Flint River, Schauplatz des legendären Brückensprungs mit dem Trans-Am. Danach geht es auf die Reise.

Mit den heutigen, verbesserten Straßenverhältnissen wäre der Hin-und-Rückweg in 28 Stunden viel leichter zu schaffen als 1977. Trotzdem möchte man die Fahrt wahrscheinlich nur in eine Richtung machen und sich dafür mehr Zeit nehmen.

Die auch ungeachtet des Films großartige Strecke führt durch vier südliche Bundesstaaten, und die Orte auf dem Weg könnten amerikanischer kaum klingen: Waco, Birmingham, Tuscaloosa, Jackson, Vicksburg, Monroe und Shreveport. Natürlich sollte man auch darauf achten, die Geschwindigkeitsbeschränkungen einzuhalten, um Bußgelder zu vermeiden. **DK**

❶ Burt Reynolds als Bo Darville, der „Bandit".

Florida Keys Scenic Highway   Florida, USA

Start Miami   Ziel Key West   Länge 267 km
Art Kultur   Info goo.gl/5vPbJV

Diese wunderschöne Tour vermittelt einen Eindruck davon, wie es ist, in der Karibik von Insel zu Insel zu hüpfen. Knapp über dem türkisfarbenen tropischen Meer folgt ihr Verlauf einer Kette von 43 kleinen Korallen- und Kalksteininseln, den „Keys", an der Spitze der Halbinsel Florida. Die Reise führt über lange, niedrige Brücken, die über der Wasseroberfläche zu schweben scheinen. Unterwegs auf dem glatten, breiten Highway öffnen sich Meerespanoramen mit Mangroven, Palmen und Pelikanen.

Von den Wolkenkratzern und Art-Déco-Verzierungen Miamis geht es auf dem Highway 1 Richtung Süden zur ersten Insel, Key Largo. Von dort folgt man dem Straßenverlauf bis nach Key West, der letzten Insel. Sie bildet den südlichsten Punkt der zusammenhängenden 48 US-Bundesstaaten und ist ein beliebtes und windiges Ziel für Wassersportler. Hier lohnt sich ein Besuch in Sloppy Joe's Bar, Ernest Hemingways Stammlokal. Während man die glamourösen, teuren Häuser am Strand betrachtet, spürt man, daß man Kuba näher ist als dem amerikanischen Festland. Der kubanische Einfluß ist in der hiesigen Kultur ebenso deutlich zu erkennen wie der Einfluß der Bahamas. Insgesamt gibt es 84 Brücken auf dieser Tour, von denen sich die längste 11 km weit über den Golf von Mexiko erstreckt. **SH**

❶ Der Florida Highway 1 führt in den Golf von Mexiko.

Big Bend Scenic Byway
Florida, USA

Start Tallahassee
Ziel Tallahassee
Länge 354 km
Art Landschaft
Info goo.gl/Lc5JIM

Die Westseite der Landzunge Floridas ist eine Welt abseits des Massentourismus, der Neonlichter und der Themenparks von South Beach und Orlando. Und welch ein Segen das ist! Das Land ist über Hunderte von Hektar von feuchten Prärien, Flachwäldern, Auenwäldern und Sumpfgebieten geprägt und schließt den größten noch existierenden Kiefernwald der USA ein. Hier, im Land der Priele, Küstenmoore, 300 Jahre alten Zwergzypressen und rund 300 Vogelarten, verbindet der Big Bend Scenic Byway neun State Parks und drei State Forests.

Die Erkundungsfahrt des Big Bend, der „großen Krümmung" der Golfküste Floridas, führt entlang der Küste und durch das Landesinnere und setzt sich aus einer komplexen Mischung von Highways und Nebenstraßen zusammen. Die oben angeführte Webseite bietet glücklicherweise einen ausgezeichneten Routenplaner zum Herunterladen an.

Entlang des Küstenweges, der 1528 von spanischen Eroberern kartiert wurde, befinden sich drei Leuchttürme aus dem 18. Jahrhundert, eine spanische Festung aus dem 16. Jahrhundert, zahlreiche Fischerdörfer und Sümpfe, Dünen und Seegraswiesen. Die Strecke fällt 70 m auf Meereshöhe ab und führt durch den Apalachicola National Forest, dessen Überschwemmungsgebiete durch eine gut ausgebaute Straße erschlossen sind, die den Reisenden tief in das Herz von „Old Florida" führt. **BDS**

A1A Scenic and Historic Coastal Byway
Florida, USA

Start Ponte Vedra Beach
Ziel Port Orange
Länge 130 km
Art Kultur
Karte goo.gl/qSP1y9

Man könnte meinen, ein Roadtrip entlang der Küste Floridas würde sich nur um Strände, azurblaues Wasser und schicke Urlaubsorte drehen. Doch die atemberaubende Hauptroute entlang der Atlantikküste Floridas hat überraschend Interessantes über die Geschichte von Mensch und Natur zu erzählen und bietet daneben einiges für Motorsportfans.

Die Traumstraße beginnt im Ferienort Ponte Vedra Beach und führt über eine schmale Landzunge mit Atlantikstränden auf der einen und dem Guana River auf der anderen Seite. Jenseits des Flusses liegt die geschützte Guana River Wildlife Management Area. Möchte man sich über die Tierwelt der Küste Floridas informieren, überquert man am südlichen Ende den Fluß und besucht das Guana Tolomato Matanzas National Estuarine Research Reserve. Hier leben unter anderem Pelikane, Seekühe, Schweinswale und Alligatoren, und es gibt reichlich Informationen über die Naturschutzaktivitäten an dieser Küste.

Wenn die Straße den Tolomato River überquert, erblickt man das Castillo de San Marcos National Monument, ein spanisches Fort von 1672. Ein Highlight für Motorsportfans ist Daytona Beach, die Heimat der NASCAR und der berühmten Bike Week, die jedes Jahr Anfang März fast eine halbe Million Menschen anzieht. Es scheint, daß dieser Roadtrip für jeden etwas zu bieten hat. **MG**

Seven Mile Bridge
Florida, USA

Start Marathon
Ziel Little Duck Key
Länge 12 km
Art Kultur
Karte goo.gl/OLtHqW

❶ Luftaufnahme eines Abschnitts der Seven Mile Bridge in den Florida Keys.

Auch viele Jahre später wird man sich an das einmalige Gefühl erinnern, das einen bei der Fahrt über die Seven Mile Bridge in Florida begleitet. Bei ihrer Fertigstellung 1982 war sie eine der längsten Überwasserbrücken der Welt. Sie ersetzte die alte, 1912 vom Öl-Magnaten Henry Flagler gebaute Seven Mile Bridge und verläuft parallel zu dieser. Die Strecke von Knight's Key in den Middle Keys nach Little Duck Key in the Lower Keys bildet einen wesentlichen Teil des südlichsten Abschnitts des US Highway 1 über die Florida Keys. Die neue Brücke führt im Gegensatz zur alten jedoch nicht über Pigeon Key.

Die Seven Mile Bridge ist eine vorgefertigte, vorgespannte Hohlkastenbrücke mit stolzen 440 Segmenten. Sie wölbt sich nah der Mitte in sanftem Bogen zu einer Höhe von 20 m über dem Wasser auf, um die Durchfahrt von Schiffen zu ermöglichen. Ihre Länge beträgt genaugenommen nur 6,7 Meilen; sie ist damit kürzer als die alte Brücke. Die angegebene Gesamtlänge der Tour wird durch die Zufahrtsstraßen auf beiden Seiten erreicht. Die Brücke verläuft flach über dem Meer, und es ist ein außergewöhnliches und erfrischendes Gefühl, auf beiden Seiten nichts als Wasser zu sehen.

Wenn man diese kurze Entdeckungstour zu einer längeren Reise ausdehnen möchte, führt der Florida Keys Scenic Highway über 177 km und 43 Inseln bis nach Key West. **BDS**

Old Spanish Trail
Von Florida nach Kalifornien, USA

Start St. Augustine, Florida
Ziel San Diego, Kalifornien
Länge 4426 km
Art Kultur
Info goo.gl/IFA7u3

In den frühen Tagen der Automobilgeschichte der USA, viele Jahre bevor es üblich wurde, ein Auto zu besitzen und die tiefe Liebe zu Autoreisen entstand, lange noch, bevor es die Route 66 gab, nahm der Old Spanish Trail seinen Weg durch den Süden der Nation, von St. Augustine in Florida nach San Diego in Kalifornien. Die 1915 begonnene und 1929 eröffnete Straße bestand aus einer wilden Mischung aus Asphalt, Beton, Erde, handverlegten Steinen und Holzbohlen. Die Route soll jahrhundertealten Pfaden folgen, die einst von spanischen Konquistadoren beschritten wurden. Die genaue Strecke wurde aber nie von den Konquistadoren markiert und ist zum größten Teil nicht erhalten, weshalb sie auch als „America's Ghost Highway" bezeichnet wird.

Glücklicherweise plant die Freiwilligenorganisation Old Spanish Trail Centennial Celebration Association (OST100), die glorreichen Tage jener Straße wieder aufleben zu lassen, die seit ihrem Bau vor 100 Jahren geheimnisumwittert ist. Die Organisation befragt mit hingebungsvollem Aufwand jeden in der Gegend, der alt genug ist, sich daran zu erinnern, wo die alte Straße verlaufen sein könnte, bevor sie von der Interstate 10 verschlungen wurde. Es ist heute schon möglich, wenn auch nicht gerade einfach, sie zu fahren. Wenn je ein Highway eine Graswurzelkampagne brauchte, dann diese „Mother Road" durch die Geschichte Amerikas. **BDS**

Kuhio Highway
Kauai, Hawaii, USA

Start Princeville
Ziel Lihue
Länge 54 km
Art Landschaft
Karte goo.gl/pdSgmM

Diese landschaftlich reizvolle Tour umfaßt rund ein Viertel der Küste von Kauai, einer kleinen, fast kreisrunden hawaiianischen Insel im Pazifik, etwa 112 km nordwestlich von Oahu. Einige Ausblicke dürften Kinobesuchern aus Steven Spielbergs *Jurassic Park* (1993) bekannt sein, der teilweise hier gedreht wurde. Ein außergewöhnlich guter Aussichtspunkt befindet sich in der Nähe des Startpunktes am Hanalei Valley Lookout.

Von Princeville, wo es eine moderne Siedlung von Luxus-Ferienhäusern gibt, führt die auch als Highway 56 ausgeschilderte Straße nach Anahola, nahe des alten Surfgebiets Kanahawale.

Ein Stück weiter entlang der Küste erreicht man in Kealia einen langen Sandstrand, der sich hervorragend zum Wandern und Radfahren eignet, aber nicht so ruhig ist, wie es scheint: Es gibt starke Strömungen in Ufernähe, und heftige Winde können ohne Vorwarnung vom Meer her aufziehen, daher sollte man sich beim Baden und Wassersport vorsichtig verhalten. Der nächste interessante Ort ist Wailua, eine kleine Gemeinde, die durch den Berg Nounou in zwei Teile geteilt wird. Sein 366 m langer Grat ist auch als schlafender Riese bekannt, weil er einer liegenden menschlichen Figur ähnelt. Die Reise endet in Lihue, dem wichtigsten Hafen und Geschäftszentrum der Insel mit einer großen Auswahl an Geschäften, Hotels und Restaurants. **JP**

Vom Diamond Head zum Makapu'u Point
Oahu, Hawaii, USA

Start Diamond Head, Honolulu
Ziel Makapu'u Point, Waimanalo
Länge 24,1 km
Art Landschaft
Karte goo.gl/7NQBy9

Absolviert man die Fahrt vom Diamond Head zum Makapu'u Point, ohne aus dem Auto auszusteigen, verpaßt man einen Leckerbissen. Vor Fahrtantritt sollte man sich zu Fuß auf den 1,3 km langen Weg zum Gipfel des vulkanischen Tuffsteinkegels des Diamond Head State Monument machen. Dort bietet sich ein herrlicher Blick über den Ozean und in Richtung Waikiki sowie zur Hauptstadt Honolulu im Nordwesten. Die Bucht am Fuß des Berges lädt zum Schnorcheln oder Tauchen im klaren Wasser ein, in dem sich das Leben nur so tummelt.

Die Coastal Route 72 führt durch weitere atemberaubende Landschaften. Einer der Höhepunkte auf dem Weg ist das Halona Blowhole, das die Naturgewalten demonstriert, die die Insellandschaft geprägt haben. Die Kraft des Meeres ist auch am Sandy Beach zu sehen, wo die weltberühmten Wellen regelmäßig erfahrene Surfer anziehen.

Den Endpunkt der Fahrt markiert der Leuchtturm auf dem Makapu'u Point. Eine kurze Wanderung führt zu einem Aussichtspunkt von 1909. Hier kann man Ausschau nach migrierenden Buckelwalen halten, die von Mai bis November vor der Küste gesichtet werden können. Die Tour läßt sich verlängern, indem man auf der Route 72 nach Norden und auf der Route 61 nach Westen fährt, bevor man durch das vulkanische Landesinnere nach Honolulu und zum Diamond Head zurückkehrt. **TW**

❶ Blick auf den Leuchtturm am Makapu'u Point vom Strand auf der Luvseite von Oahu.

Pali Highway
Oahu, Hawaii, USA

① Typische Landschaft entlang des Pali Highway über die grüne Ko'olau Range.

Start Honolulu
Ziel Kailua
Länge 34 km
Art Landschaft
Karte goo.gl/HJZWQ6

Der Pali Highway ist der direkte Weg von der Hauptstadt Hawaiis zur gegenüberliegenden Seite des Big Island. Die Strecke kann in weniger als einer halben Stunde zurückgelegt werden, doch die Landschaft am Wegesrand ist zu schön, um sie nur eines flüchtigen Blickes zu würdigen: das herrlich abwechslungsreiche Terrain will eingehend studiert werden.

Von Honolulu führt der Pali Highway – offiziell Hawaii Route 61 – über die Berge der Ko'olau Range, durch die Nu'uanu Pali Tunnel und vorbei am Kawainui Marsh zum Stadtrand von Kailua. Die 16 km lange Fahrt dauert zwar nur 20 Minuten, doch die Aussicht bittet geradezu darum anzuhalten, aus dem Auto auszusteigen und auf dem Gipfel zu verweilen, um das Panorama zu genießen.

Der Old Pali Highway führte direkt über den Gipfel des Berges, ein Ort mit einer tiefen spirituellen Bedeutung. Er wurde durch einen modernen Straßentunnel ersetzt. Besucher können die alte Route aber immer noch zu Fuß gehen und sogar einen kurzen Abschnitt fahren, um den Aussichtspunkt Nu'uanu Pali zu erreichen. Von dort aus kann man die atemberaubende Kulisse des Pazifik und der Berge im Inselinneren bewundern. Dies ist nur einer von mehreren Aussichtspunkten auf der Route, jeder mit seinem eigenen Charme und mit idyllischen Panoramen, die sich weit über das Wasser erstrecken. **TW**

Kamehameha V. Highway
Molokai, Hawaii, USA

Start Ho'olehua
Ziel Kaunakakai
Länge 60 km
Art Landschaft
Karte goo.gl/fj0zYA

Molokai, die fünftgrößte der hawaiianischen Inseln, liegt östlich von Oahu und nordwestlich von Maui. Sie ist 61 km lang und 16 km breit. Ihre Nordküste ist fast vollständig von Klippen gesäumt und nicht durch Straßen erschlossen. Die Strände im Süden sind hingegen über einen Highway erreichbar, welcher nach Kamehameha V. benannt ist, der von 1863 bis 1872 König von Hawaii war.

Die Halbinsel Kalaupapa im Palaau State Park war einst Standort einer Leprakolonie, wo Betroffene der heute als Morbus Hansen bekannten Krankheit isoliert wurden. Hier widmete der belgische Priester Joseph de Veuster im 19. Jahrhundert sein Leben der Betreuung der Opfer, bis er selbst der Krankheit erlag. Besser bekannt als Pater Damien, wurde er 2009 von der römisch-katholischen Kirche heiliggesprochen; die Kolonie ist heute ein Wallfahrtsort.

Der Highway verläuft in Serpentinen und kann, dem Pazifik ausgesetzt, sehr windig sein – zudem überschwemmt der Ozean oft den Asphalt. Am Ende der Straße befindet sich einer der wenigen geschützten Bereiche der Insel: Der Haleiwa Beach Park mit den beiden Stränden Kawili und Kamalaea. Kawili ist felsig und kann von Brandungsrückströmen getroffen werden, der Sandstrand Kamalaea liegt geschützter und eignet sich ideal zum Angeln und für Wassersport; vor allem zum Surfen und Bodyboarden sind die Wellen perfekt geeignet. **JP**

❶ Straßenschilder auf dem Kamehameha V. Highway fangen den Geist der Surf-Ortes am North Shore ein.

Road to Hana
Maui, Hawaii, USA

Start Kahului
Ziel Hana
Länge 82 km
Art Landschaft
Karte goo.gl/7l7liA

Der berühmte Hana Highway von Maui verläuft entlang der Küste der Insel durch 620 Kurven und über 59 meist einspurige Brücken. Auf der einen Seite blicken Unerschrockene über den wilden, azurblauen Pazifik, auf der anderen Seite erhebt sich ein üppiger Dschungel mit Bambus, exotischen Früchten und tropischen Blumen.

Mit vielen einspurigen Abschnitten und schwindelerregenden Steilhängen zum Meer ist dies keine malerische Fahrt für schwache Nerven. Es gilt ein strenges Tempolimit von 40 km/h, doch bei so viel atemberaubender Naturschönheit ist man auch nicht in Eile. Meilenmarker weisen den Weg zu populären touristischen Attraktionen wie die Lower Puohokamos Falls (nahe Meilenmarker 10), die 40 m tief in ein glasklares Becken stürzen. Bei Meilenmarker 32 befindet sich der Wai'anapanapa State Park („glitzerndes Wasser"), eine der dramatischsten Küstenlandschaften Mauis mit schwarzen Sandstränden, natürlichen Buchten und türkisfarbenem Wasser vor der Kulisse grüner Wälder.

Der Hana Highway hat so viele botanisch interessante Orte, Schwimmgelegenheiten, Wanderwege und Aussichtspunkte zu bieten, daß man ihm mindestens einen ganzen Tag widmen sollte. Obwohl es sich um eine der kürzeren Routen in diesem Buch handelt, ist sie unglaublich schön und ein absolutes Muß für jeden echten Automobil-Abenteurer. **DIS**

❶ Der Hana Highway überquert Wasserfälle …
⇐ … und windet sich durch tropische Wälder.

Kahekili Highway Maui, Hawaii, USA

Start Kapalua   **Ziel** Kahakuloa   **Länge** 22 km
Art Landschaft   **Info** goo.gl/4rmIGd

Idealerweise fährt man diese Tour von Westen nach Osten, da das Auto in diese Richtung mehr Abstand von den Felswänden hat. Die Route ist überwältigend schön, aber auch ebenso gefährlich. Einige Reiseblogger bezeichnen sie gar als Mauis „Straße des Todes".

Nach Kapalua, das bereits zu „America's Best Beach" gewählt wurde, ist der erste Zwischenstopp das Meeresschutzgebiet Honolua Bay. Hier kann man schnorcheln, surfen oder einfach nur sitzen und die Brandung beobachten. Das nächste Highlight ist das Nakalele Blowhole, ein Loch in der Felsspitze, durch das Meerwasser bis zu 30 m in die Luft schießen kann.

Zwischen den Meilenmarkern 40 und 41 befindet sich der Einstieg in den kurzen Ohai Loop Trail um die Landzunge, ein guter Platz, um Wale zu beobachten. Danach erreicht man die Olivine Pools – erstarrte Lavabecken, die sich mit den Gezeiten füllen und leeren. In Kahakuloa lohnt ein Besuch im kaum zu verfehlenden Bananenbrotladen. Hinter dem Dorf befindet sich eine 197 m hohe Klippe, die die Herkunft des Namens des Highways erklärt: Hier soll König Kahekili II. im 18. Jahrhundert jeden Morgen vor dem Frühstück von einem Felsvorsprung 60 m tief ins Wasser gesprungen sein. **JP**

❶ Der Straßenbelag läßt oft etwas zu wünschen übrig.

Hamakua Heritage Corridor Drive   Hawaii, Hawaii, USA

Start Hilo   Ziel Waipi'o Valley Overlook   Länge 72,4 km
Art Landschaft   Info goo.gl/zKPBuh

Die Nordostküste von Hawaiis Big Island erhält mehr als 200 cm Niederschlag pro Jahr, welcher für die üppig bewachsenen Meeresklippen, Wasserfälle, moosbedeckten Brücken und den Regenwald mit mehr als 5000 Pflanzenarten verantwortlich ist.

Der Hamakua Heritage Corridor Drive führt entlang einer Küste, die von zwei der spektakulärsten Vulkane Hawaiis, dem 4207 m hohen Mauna Kea und dem 1670 m hohen Kohala, gebildet wurde. Hier überquert man Schluchten mit Namen wie Maulua, Laupahoehoe und Ka'awali'i und passiert zahlreiche verlockende Nebenstraßen zu Wasserfällen und schwarzen Sandstränden zwischen zerklüfteten vulkanischen Felsen.

Keinesfalls entgehen lassen sollte man sich einen Abstecher auf dem Highway 220 zu den 134 m hohen Akaka Falls. Auf der Mauna Kea Tea Farm läßt man sich einen Kräutertee schmecken, bevor es weiter durch einst blühende aber inzwischen vergessene Zuckerplantagen wie den winzigen Ort Pepeekepo geht. In Honoka'a ankommen, hält man nicht an, sondern fährt weiter zum Aussichtspunkt über das Waipi'o Valley und läßt sich von der Größe der schönsten Schlucht Hawaiis beeindrucken, dem Tal der Könige, einst politisches und religiöses Herz der Insel und Königssitz. **BDS**

❶ Die Straße verläuft über steile Klippen.

Hawaii Belt Road
Hawaii, Hawaii, USA

Start Hilo
Ziel Hilo
Länge 412 km
Art Landschaft
Karte goo.gl/neHDnf

Sie mag auf der Karte wie ein Punkt im Pazifik aussehen, doch die größte Insel von Hawaii gibt einen ausgezeichneten langen Tagesausflug ab. Die Einheimischen nennen sie „The Big Island" oder „TBI". Sie ist mit über 10 000 km² Fläche die nach Neuseeland größte Insel zwischen Australien und den USA. Die auch als Māmalahoa Highway bekannte Hawaii Belt Road setzt sich unter anderem aus den Routen 11, 19 und 190 zusammen.

Diese Traumstraße umrundet unter anderem den größten Berg der Insel, den 4207 m hohen Mauna Kea. Einheimische behaupten, er sei – gemessen von seiner Basis unter dem Meer – höher als der Mount Everest. Eine Straße zum Gipfel bietet sich für einen Abstecher an, hat allerdings eine so extreme Steigung, daß man höhenkrank werden kann.

Auf der Fahrt entlang der Küste von TBI eröffnen sich zahlreiche Ausblicke auf den Mauna Kea und den Ozean, die Route führt aber auch durch Macadamia- und Kaffeeplantagen, Fischerdörfer und Badeorte. Man entdeckt Wasserfälle, Zuckerrohrfelder und neblige Eukalyptuswälder und die tropisch warme Luft duftet nach Blumen.

Als Kontrast zu dieser Idylle erinnert ein Denkmal an der Wailoa Bridge an eine Katastrophe in der Geschichte der Insel: Die Zeiger der Hilo Clock stehen still, seit am 23. Mai 1960 ein tödlicher Tsunami The Big Island traf. **SH**

❶ Mauna Kea von der Kieszufahrt aus gesehen, die nur mit Allradantrieb befahren werden sollte.

Kau Scenic Byway
Hawaii, Hawaii, USA

Start Kailua-Kona
Ziel Hawai'i-Volcanoes-Nationalpark
Länge 132 km
Art Landschaft
Info goo.gl/omfzwf

Der Kau Scenic Byway bietet dem Reisenden einige Attraktionen, ist aber irreführend benannt, da ein Großteil des Weges über den viel befahrenen Highway 11 führt. Dennoch ist die Route phantastisch und abwechslungsreich. Sie folgt einem Kurs um den Fuß des Mauna Loa, dem mit 4169 m größten Vulkan der Welt, der sogar immer noch aktiv ist. Zu den Highlights der Tour gehören die Übergangszonen von Gelände mit üppiger Vegetation zu frisch abgelagerten Lavaströmen.

Die Siedlung Naalehu ist einen kurzen Zwischenstopp wert. Sie liegt geschützt in einem Tal des Hauptstroms des Mauna Loa und ist die südlichste Stadt der USA. Wenn der Highway in der Nähe der Südspitze der Insel nach Osten abbiegt, erblickt man in der Ferne Kilauea, Hawaiis zweitgrößten Vulkan mit einer Höhe von 1247 m. Geologisch interessant sind auch die Ninole Hills. Die Basaltformationen entstanden noch vor den Vulkanen.

Die Streckenführung durch den Nationalpark kann sich wegen der vielen aktiv eruptiven Stellen und der zäh fließenden Lava gelegentlich ändern. Die reizvolle Reise führt durch die unterschiedlichsten Landschaften: Ein Teil des Parks besteht aus prächtigem tropischem Regenwald; andere Gebiete, wie die trockenen Lavafelder der Kau-Wüste, sind unfruchtbare Ödlandschaften, in denen sich noch keine Pflanzen etabliert haben. **JP**

❶ Schwarzer Sand und tropische Vegetation sind typisch für das Gelände auf dieser Route.

Chain of Craters Road
Hawaii, Hawaii, USA

Start Kīlauea Visitor Center
Ziel Holei Sea Arch
Länge 35,2 km
Art Abenteuer
Karte goo.gl/sllEvW

Die Chain of Craters Road durch den grünen und einsamen Hawai'i-Volcanoes-Nationalpark beginnt auf 1127 m Höhe in den Regenwäldern entlang der östlichen Riftzone des Mount Kīlauea, führt durch eine urzeitliche Lavalandschaft mit Klüften, rauchenden Schloten und Schlackenkegeln und endet abrupt auf Meereshöhe hinter dem Holei Sea Arch. Hier wurde die Straße 2003 abgeschnitten, als sich Ströme aus geschmolzenem Gestein ihren Weg an die Küste bahnten. Dort erstarrte die Lava, als sie das kühle Wasser des Pazifischen Ozeans erreichte, wodurch Hawaiis Big Island noch größer wurde.

Die Pitkrater, die der Straße ihren Namen geben – Lua Manu, Puhimau, Ko'oko'olau, Hi'iaka, Pauahi und Nāpau – entstanden, als Lava aus unterirdischen Lavaröhren strömte, was zu Hohlräumen und dramatischen Oberflächeneinbrüchen führte. Unterwegs gibt es auch zahlreiche Felszeichnungen zu entdecken, darunter das Petroglyphenfeld Pu'u Loa mit über 15 000 Motiven. Vor Fahrtantritt sollte man aktuelle Hinweise der US Geological Survey zum Streckenverlauf einholen. Die Straße führte 1928 zum Makaopuhi-Krater, wurde 1965 erweitert, 1969 teilweise unter Lavaströmen begraben, 1979 neu ausgerichtet und wiedereröffnet und wird seit 1986 ständig unter frischen Strömen begraben. Es gibt kaum eine Straße, deren Verlauf von der Natur mehr beeinflußt wurde. **BDS**

❶ Die Chain of Craters Road wird von erstarrten Lavaströmen blockiert.

Royal Footsteps Along the Kona Coast
Hawaii, Hawaii, USA

Start Kailua-Kona
Ziel Keauhou
Länge 10 km
Art Kultur
Karte goo.gl/GqpjTb

Dieser kurze Roadtrip entlang des Ali'i Drive an der Küste von Kona ist eine faszinierende Reise durch 700 Jahre hawaiianische Geschichte und ihre königlichen und kulturellen Traditionen. Das ergibt etwas mehr als ein Jahrhundert pro Meile.

Ausgangspunkt ist Kailua-Kona, dessen Hulihee Palast einst Heimat des hawaiianischen Königshauses war. In jüngerer Zeit war es die Residenz des Gouverneurs; heute ist es ein Möbelmuseum, das von den Daughters of Hawai'i geleitet wird, einer Organisation, die darauf abzielt, die Erinnerung, den Geist des alten Hawaii, die historischen Fakten und die traditionelle Nomenklatur und korrekte Aussprache der hawaiianischen Sprache zu bewahren.

Die heutigen Surfstrände in Kahaluu waren einst dem polynesischen Königtum vorbehalten, stehen jetzt aber jedem offen, der sich die Ausrüstung leisten kann. In Kahaluu befindet sich auch die älteste christliche Kirche der Insel und mehrere heiau – Tempel der vorchristlichen polytheistischen Religionen. Am Ende der Tour liegt Keauhou an einer Bucht, die Kultur und Erholung bietet: alte Tempel und Fischteiche sowie Gelegenheiten zum Schnorcheln, Tauchen und Kajakfahren. Tagsüber entdeckt man grüne Meeresschildkröten (Chelonia mydas), die sich in flachen Felsenbecken sonnen; nachts kann man auf einer Bootsfahrt Mantas beobachten, die sich in der Bucht von Plankton ernähren. **JP**

❶ Holzgötter bewachen den heiau Hale o Keawe im Pu'uhonua o Hōnaunau National Historical Park.

Küste des Golfs von Kalifornien
Baja California, Mexiko

❶ Die Küste des Golfs von Kalifornien bei San Evaristo, mit der Isla San José rechts im Bild.

Start La Paz
Ziel San Evaristo
Länge 129 km
Art Landschaft
Karte goo.gl/Rqe6fF

Baja California ist eine schmale Halbinsel in Mexiko, die an Kalifornien angrenzt. Es ist ein weitgehend ungezähmtes Gebiet mit Kaktuswüsten, Sanddünen und langen, wilden Stränden.

Diese Reise führt durch einen der schönsten Teile von Baja California – entlang der Ostküste, mit Blick auf den Golf von Kalifornien und das mexikanische Festland. Los geht es in der Hauptstadt der Provinz Baja, La Paz, einer alten Hafenstadt, die auf einem spanischen Kolonialplatz errichtet wurde und oft das Ziel der berühmten Baja 1000 Offroad-Rennen ist. Die Straße führt nach Westen, dann nach Norden aus der Stadt heraus entlang der Küste und der Strände. Sie ist vollständig asphaltiert, doch die Straßenränder können in der Hitze brüchig werden. Achtung: Nur einige der Krater sind markiert, andere nicht!

Die Panoramastraße schwingt sich auf und ab durch eine trockene Landschaft aus Felsen und Sand, mit dem strahlend blauen Meer auf der rechten Seite und den Inseln Espirito Santo und Partida am Horizont. In dieser nur sehr spärlich besiedelten Gegend gibt es noch menschenleere Strände. Die Straße wird immer schmaler und sandiger, je weiter man nach Norden kommt, und bei der Ankunft in der winzigen Strandsiedlung San Evaristo wirbelt man mit ziemlicher Sicherheit eine dichte Staubwolke auf. **SH**

La Rumorosa
Baja California, Mexiko

Start Mexicali
Ziel Mexicali
Länge 196 km
Art Abenteuer
Karte goo.gl/CbsjMz

Wenn man allen Artikeln über La Rumorosa in der Presse glauben schenkt, würde man nie hierher kommen. „Fahren Sie hin und kehren Sie niemals zurück", so titelt der eine. „Ein Schrecken, ein Mythos, ein Friedhof", der andere. Auf dem sogenannten Ghost Highway sollen die Geister der auf ihm ums Leben Gekommenen oder die rätselhafte Whispering Woman die Fahrer von heute verfolgen. Doch was bleibt übrig, wenn man die Gerüchte von der Realität trennt? Eine Straße mit starken Steigungen, fast senkrecht abfallenden Steilhängen und allgegenwärtigem Wind – *las colas del diablo* (Teufelsschwänze) – der durch die rostroten Felsen der Sierra de Juárez heult.

Ursprünglich gab es nur eine tückische einspurige Straße, doch angesichts einer steigenden Zahl von Todesopfern kam eine zweite hinzu, die ungefähr parallel verläuft, so daß nun eine Straße bergauf, die andere bergab führt. Je nach Fahrtrichtung steigt oder fällt die Route 1220 m auf dem steilen Cantú Grade mit seinen dunstigen Aussichten über die Colorado-Wüste.

Die einst wirklich gefährliche La Rumorosa wurde etwas gezähmt, ist dadurch aber nicht weniger aufregend. Hier kann man die Worte des berühmten Baja-Dichters Jorge Ortega verstehen, der diese Landschaften als Orte beschrieb, an denen der Wind mit dem Menschen in der stillen Sprache von Staub und Licht spricht. **BDS**

❶ Dieser einsame Roadtrip ist immer eine Herausforderung, umso mehr, wenn der Wind heftig weht.

Carretera Federal 1
Baja California, Mexiko

Start Tijuana
Ziel Cabo San Lucas
Länge 1685 km
Art Abenteuer
Karte goo.gl/QUWjkW

Die Carretera Federal 1 auf der sonnenverwöhnten Halbinsel Baja California ist nicht gerade mit vielen Straßenschildern gesegnet, und die vereinzelten Leitplanken scheinen auch eher als Nachgedanke installiert worden zu sein. Die Straße ist voller Baustellen und blinder Ecken, hat keinen festen Seitenstreifen und nur allzu häufig sieht man Unfallkreuze. Sporadische Schwellen zur Geschwindigkeitsbegrenzung sollen den Verkehr auf einer Straße beruhigen, die für hohes Tempo gebaut zu sein scheint.

Nimmt man all dies in Kauf, führt die Straße tief in das idealisierte alte Mexiko. Von Tijuana im Norden bis zu den von Speerfischen wimmelnden Gewässern von Cabo San Lucas – einst Heimat von Ernest Hemingway und John Steinbeck und der südlichste Punkt der zweitlängsten Halbinsel der Welt – weiß die Strecke immer aufs Neue zu begeistern. Die Carretera Federal 1 küßt beide Seiten der Baja California, im Osten am Golf von Kalifornien und im Westen am Pazifik. Dazwischen durchquert sie auf verschlungenen Bergstraßen die einsame Sierra de la Asamblea.

Es lohnt sich, so oft wie möglich aus dem Auto auszusteigen und die Wüstenlandschaften zu bewundern. Haltebuchten gibt es so gut wie keine, daher hält man einfach am Straßenrand, um die Aussicht auf dieser unwirklichen, ungezähmten Halbinsel zu genießen. **BDS**

El Espinazo del Diablo
Sinaloa/Durango, Mexiko

Start Mazatlán, Sinaloa
Ziel Victoria de Durango, Durango
Länge 319 km
Art Abenteuer
Karte goo.gl/Gv4Plh

El Espinazo del Diablo („das Rückgrat des Teufels") ist ein zutreffender Name für den Bergpaß zwischen dem Pazifik und Victoria de Durango, der Hauptstadt des Bundesstaates Durango. Die gesamte Route erstreckt sich über rund 319 km, wobei der Abschnitt Devil's Backbone – zum Glück für nervöse Fahrer – nur etwa 10 km beträgt. Er läßt sich auch komplett vermeiden, wenn man auf dem Highway 400 durch die untertunnelten Berge fährt, statt auf dem Highway 40 bergauf und um sie herum. So oder so wird man mit herrlichen Ausblicken auf die beeindruckenden und sattgrünen Berge belohnt.

Der erste Abschnitt der Fahrt ist eben und wenig aufregend, und man bezweifelt schon den Sinn der Reise, da die Berge nur ein Fleck am Horizont sind. Doch schon bald verläßt man die Industriestädte und fährt durch grünes Ackerland, während die Straße langsam ansteigt. In den Bergen angekommen, erkennt man schließlich die anstehende Herausforderung. Inmitten des Gebirgszugs Sierra Madre Occidental klammert sich die Straße an die Berge, steile Felswände auf der einen Seite und haarsträubende Abhänge auf der anderen. Der Highway windet sich durch zahlreiche Serpentinen und durchquert tiefe Schluchten. Die Straße ist aber gut gepflegt und einigermaßen sicher, wenn man vorsichtig fährt. Man muß lediglich hoffen, daß andere Fahrer das gleiche tun. **MG**

Carretera a Urique
Chihuahua, Mexiko

Start Cerocahui
Ziel Urique
Länge 38 km
Art Abenteuer
Karte goo.gl/YgrdSN

Das charmante Dorf Urique ist bei einer wachsenden Gruppe von abenteuerlustigen Reisenden ein immer beliebteres Reiseziel und gilt als einer der einladendsten Orte im Norden Mexikos. Die in einem tiefen Tal gelegene alte Bergbaustadt wird von begeisterten Wanderern als Basis genutzt und veranstaltet sogar einen Ultramarathon. Das einzige Problem mit Urique ist, erstmal dorthin zu kommen.

Die Straße zum Dorf führt an der Seite der gewaltigen, über 1,9 km tiefen Schlucht Barranca de Urique hinunter. Ihre Oberfläche ist unbefestigt, so daß man das Vergnügen mit losem Kies und Sand unter den Rädern hat, und viele der mehr als 100 engen Kurven sind entweder blinde Ecken oder Serpentinen. Leitplanken gibt es keine, denn die sind für Angsthasen und ängstliche Fahrer nutzen die Straße nach Urique nicht. Mit anderen Worten gibt es nichts, was das Auto vor den schwindelerregenden Abhängen schützt, außer dem eigenen Fahrkönnen und einigen Stoßgebeten. Zudem gibt es nur wenige Überholmöglichkeiten, was Lkw- und Busfahrer aber nicht davon abhält, die Route zu nehmen, denn sie wissen ja, daß die Autofahrer zurücksetzen werden, um den Weg freizugeben.

Hier im Gebirge können die Wetterbedingungen sehr wechselhaft sein, daher ist es ratsam, vor der Abfahrt auf die aktuelle Vorhersage zu achten.

❶ Hoch aufragende, mit Vegetation bedeckte Klippen säumen die unbefestigte Straße hinunter zum Dorf am Fuße der Schlucht.

Autopista Durango–Mazatlán
Durango/Sinaloa, Mexiko

❶ Mit dem Bau der Puente Baluarte wurde 2008 begonnen, Ende 2013 wurde sie für den Verkehr freigegeben.

Start Durango, Durango
Ziel Mazatlán, Sinaloa
Länge 248 km
Art Landschaft
Karte goo.gl/PGKaOX

El Espinazo del Diablo („das Rückgrat des Teufels") – ein Abschnitt der alten Hauptstraße von Durango zur Pazifikküste bei Mazatlán – ist berühmt für seine Höhenlagen und verschlungenen, engen Kurven. Mit der Zeit war die Straße dem Verkehrsaufkommen nicht mehr gewachsen und Ersatz musste her: Der 2013 für den Verkehr freigegebene Highway 40 ist nicht weniger als ein Wunderwerk der Technik.

Er beginnt im Landesinneren von Durango auf 1880 m Höhe, überquert die westliche Sierra Madre und steigt stellenweise auf fast 2745 m an. Im Winter besteht Gefahr von Eisglätte, und die Straße kann jederzeit wegen Schnees gesperrt werden. Sie durchquert insgesamt 61 Tunnel, von denen der Túnel el Sinaloense mit 2,7 km der längste ist. Noch beeindruckender sind die 115 Brücken, allen voran die Puente Baluarte. Dieses schöne Bauwerk überspannt ein 403 m tiefes Flußtal und ist die höchste Schrägseilbrücke der Welt, die dritthöchste Brücke der Welt und die höchste Amerikas. Ihre majestätische Spannweite von 1124 m sollte langsam überquert werden, um die herrliche Aussicht am besten genießen zu können.

In einer wahren Achterbahnfahrt fällt die Straße schließlich zur Pazifikküste bei Mazatlán ab. Der Name der Stadt stammt aus der aztekischen Nahuatl-Sprache und hat die wunderbare Bedeutung „Ort des Hirsches". **SA**

Ruta Tepehuana
Durango/Nayarit, Mexiko

Start Victoria de Durango, Durango
Ziel San Juan Peyotán, Nayarit
Länge 288 km
Art Abenteuer
Karte goo.gl/thDMZu

Wo immer große Höhen sind, ist eine spektakuläre Fahrtroute garantiert, besonders aber im Herzen der mächtigen Sierra Madre in Mexiko. Die Ruta Tepehuana kann gelegentlich recht einsam sein, doch die bis zu 2 km langen Gefällestrecken sind beeindruckender als vieles, was man nördlich der Grenze findet. Betrachtet man dazu die phantastische Vielfalt an Biomen, bunten Felsen, Kakteenwüsten, Kiefern- und Eichenwäldern, weiß man, daß man eine der wirklich großartigen Straßen Mexikos erlebt.

Die Ruta Tepehuana, auch bekannt als Camino a Huzamota, ist eine imposante Straße, die sich einen zunehmend guten Ruf unter Automobil-Abenteurern erwirbt. Sie ist bekannt für ihre Serpentinen und gefürchtet für ihre starken Winde, und nur selten steigt hier der Tacho über 65 km/h. Nachts sollte man die Strecke nach Möglichkeit meiden, da viele Abschnitte, insbesondere entlang der Schluchten, keine Leitplanken haben und der Handyempfang schlecht ist. Nebel ist eine weitere häufige Gefahr, darüber hinaus ist das Gebiet auch für seinen Drogenhandel bekannt. Gefälle werden in Hunderten von Metern gemessen und stellen die Bremsen auf eine harte Probe. Auch Straßenmarkierungen fehlen gelegentlich, so daß man stets den Gegenverkehr im Blick behalten muß. Obwohl es zahlreiche Schlaglöcher gibt, ist der Straßenbelag insgesamt meist als gut zu bezeichnen. **BDS**

◔ Kurz nach Durango genießt man die Landschaften in den Bergen der Sierra Madre.

Küstenstraße von Michoacán
Michoacán, Mexiko

Start Playa Arenas Blancas
Ziel Solera de Agua
Länge 84 km
Art Landschaft
Karte goo.gl/xeEin9

Die Carretera Federal 200 bietet die Möglichkeit, die märchenhafte Pazifikküste von Michoacán im Südwesten Mexikos zu erkunden. Sie verläuft rund 2000 km entlang der sonnigen Westküste des Landes von Nayarit bis zur Grenze zu Guatemala.

Diese Tour umfaßt einen 83 km langen Abschnitt abseits der Städte und entlang eines ruhigen Küstenstreifens. Die Küste ist unerschlossen und wild wie die meisten in Mexiko, doch die glatte, breite Asphaltstraße ist gut ausgebaut und bietet herrliche Ausblicke auf den Ozean zur einen und grüne Hügel und dichte Wälder zur anderen Seite. Zwischen Kokospalmen, Mangobäumen und Bananenplantagen erstrecken sich lange, menschenleere Strände. Auf der anderen Seite der Landzunge laden kleine Restaurants und Bars mit Meeresblick zum Verweilen ein. An einigen dieser unentdeckten Strände herrscht eine rauhe Brandung, andere liegen geschützt an einer hübschen Flußmündung. Manchmal findet man vereinzelte Hütten und Händler; die meisten sind jedoch menschenleer.

Die Tour beginnt am wunderschönen Playa Arenas Blancas mit Blick auf felsige Inseln und vereinzelte Häuser inmitten der üppigen Vegetation und führt mit dem Meer zur Rechten nach Osten ins grüne Dorf Solera de Agua. Von dort kann man zur Hafenstadt Lázaro Cárdenas oder ins Landesinnere in die schicke Stadt Uruapan weiterfahren. **SH**

La Carrera Panamericana
Chiapas/Chihuahua, Mexiko

Start Tuxtla Gutiérrez, Chiapas
Ziel Ciudad Juárez, Chihuahua
Länge 3219 km
Art Kultur
Karte goo.gl/2TV1ot

Die mexikanische Carrera Panamericana wurde zwar nur fünfmal ausgetragen, bevor sie 1954 verboten wurde, gilt aber als eines der größten Straßenrennen. Sie war auch eines der gefährlichsten; von 1950 bis 1954 kamen 27 Fahrer und Zuschauer ums Leben.

Das Überlandrennen von der Grenze zu Guatemala zur US-Grenze in Ciudad Juárez wurde erstmals anläßlich der Fertigstellung der Panamericana veranstaltet. Die Strecke bot alles, vom 3048 m hohen Berganstieg bis zum Beschleunigungsrennen durch die Wüstenebenen. Mexikos neueste Straße führte durch tropische Wälder, vorbei an alten Maya-Ruinen und verband einige der größten Ortschaften. Während der Blütezeit des Rennens unterstützten 65 Flugzeuge und fast 45 000 Marshalls, Mediziner und Soldaten die rund 100 konkurrierenden Autos. 1952 stellte ein Mercedes-Benz-Werksteam einen Streckenrekord von 18 Stunden 51 Minuten bei einer unglaublichen Durchschnittsgeschwindigkeit von 166 km/h auf. 1988 wurde das Rennen wiederbelebt.

Für einen gemütlichen Roadtrip plant man heute am besten viel Zeit für Pausen, Umwege und Sightseeing ein. Für einen Motorsportler gibt es keine bessere Möglichkeit, das mexikanische Hinterland zu erkunden, als über Puebla, León, Durango und Chihuahua durch die Sierra Madre zu fahren. **DIS**

➔ Unfall bei der Carrera Panamericana in den 1950ern.

Carretera a Punta Allen
Quintana Roo, Mexiko

Start Tulum
Ziel Punta Allen
Länge 54 km
Art Landschaft
Karte goo.gl/QjtFn1

Ohne Boot ist das Dorf Punta Allen nur über diese eine Straße erreichbar. Die hier vorgeschlagene Tour ist ein rauhes und anspruchsvolles Fahrabenteuer, das mit der entspannten Atmosphäre eines verschlafenen Fischerdorfes an der Spitze einer langen, sandigen Halbinsel belohnt.

Mexikos südliche Region Yucatán erstreckt sich in die Karibik. Tulum, an der Ostküste mit Blick auf die Kaimaninseln gelegen, ist ein beliebter Urlaubsort mit traumhaften Stränden und Maya-Ruinen. Folgt man dem Ufer weiter nach Süden, entdeckt man jenseits der Touristenbusse und Souvenirläden eine ganz andere Atmosphäre. Die unbefestigte Route 15 führt in das dünn besiedelte UNESCO-Biosphärenreservat Sian Ka'an, ein Weltnaturerbe mit archäologischen Relikten der Maya und wichtigen Naturschutzgebieten, darunter ein Teil eines Korallenriffs, tropische Wälder und Mangroven. Entlang dieser Route kann man erstaunliche Tiere beobachten, wie etwa Tapire, Flamingos, Krokodile, Brüllaffen und – mit etwas Glück – sogar Jaguare.

Die Strände, Lagunen und Dschungelblicke sind spektakulär, doch auf der Fahrt ist Vorsicht geboten – es gibt gefährliche Schlaglöcher und Furchen, tiefen Sand und nach Regenfällen rutschige, schlammige Abschnitte. Bei trockenem Wetter mag ein normaler Mietwagen reichen; wenn es naß ist, empfiehlt sich jedoch ein Allradantrieb. **SH**

❶ Das *castillo* in der alten Festungsstadt Tulum wurde mit Blick auf die Gewässer der Karibik errichtet.

Rund um die Insel Cozumel
Cozumel, Mexiko

Start San Miguel
Ziel San Miguel
Länge 66 km
Art Landschaft
Karte goo.gl/y1W0X1

Cozumel liegt etwa 16 km vor der Ostküste der Halbinsel Yucatán. Mit einer Länge von 46 km und einer durchschnittlichen Breite von 14 km ist sie die größte Karibikinsel Mexikos. Ihr Name stammt aus der Sprache der Maya: *ah cuzamil peten* bedeutet soviel wie „Insel der Schwalben". Das aus Kalkstein bestehende Land ist fast völlig flach – der höchste Punkt liegt nur 15 m über dem Meeresspiegel – und von Mangrovenwäldern bedeckt. Durch Erosion des weichen Kalksteins entstanden tiefe Cenoten (Kalksteinlöcher), die den Boden perforieren; nur qualifizierte Taucher haben hier Zugang.

Die faszinierende Insel läßt sich am besten mit dem Mietwagen erkunden. Eine Rundstrecke führt in der südlichen Hälfte der Insel durch den Nationalpark Punta Sur. Von San Miguel, dem Hauptort der Insel, kann man in beide Richtungen fahren; die abgelegene Ostküste bietet einige fabelhafte Sandstrände, an denen man die Sonne genießen und sich an der Strandbar einen Drink gönnen kann; die Westküste fasziniert mit Korallenriffen und Fischen. Entlang der Route kann man exotische Tiere entdecken, darunter große orangefarbene Leguane und Salzwasserkrokodile. Ende April lohnt sich ein Abstecher von der Westseite der Rundtour in die Stadt El Cedral im Landesinneren. Zwischen Ruinen der Maya kann man hier beim jährlichen Fest Rodeos traditionelle Musik und Speisen genießen. **SA**

❶ Einer der Höhepunkte dieser Reise sind die Maya-Ruinen von San Gervasio.

Carretera Central Von Pinar del Río nach Guatánamo, Kuba

Start La Fe, Pinar del Río
Ziel Baracoa, Guatánamo
Länge 1443 km
Art Abenteuer
Karte goo.gl/pN3hxK

Die 1927 auf Wunsch des US-Schifffahrtsmagnaten Henry J. Kaiser eröffnete Carretera Central führt durch das gesamte Land. Sie war ursprünglich 6 m breit und mit Stein und Bitumenzement gepflastert. Heerscharen kubanischer Arbeiter formten die lokale Geographie, um einen gut befahrbaren Highway mit minimalen Steigungen und Krümmungen zu schaffen. Sie schlugen tiefe Einschnitte durch Berge, verfüllten poröse Vertiefungen, verstärkten Übergänge für Ochsenkarren und bauten Hunderte von Brücken. Die mit typisch kubanischer Effizienz ein Jahr früher als geplant fertiggestellte Straße war ein Triumph des Tiefbaus. In den 1940er Jahren strömten Amerikaner mit ihren Autos auf Fähren aus Key West und Miami hierher, nur um sie zu bereisen.

Viele Abschnitte werden inzwischen von modernen Highways umgangen, doch die Straße verbindet weiterhin die meisten größeren Städte der Insel. Die Binnenstraße, die nur an drei Stellen an der Küste entlang führt, bildet eine wichtige Verbindung zu mehr als 16 000 km des kubanischen Straßennetzes. Kuba ist berühmt für seine US-Autos aus den 1940er und 1950er Jahren. Um die Reise mit Stil anzutreten, mietet man einen klassischen Ford Thunderbird, Chevy Bel Air oder ähnliches bei einer der in Havanna ansässigen Verleihfirmen. **BDS**

➲ Die Straße erschließt die ländlichen Gebiete Kubas.

Rund um Havanna Havanna, Kuba

Start Havanna
Ziel Havanna
Länge 1551 km
Art Abenteuer
Info goo.gl/PpJZLb

Früher war die Planung einer Reise um die Karibikinsel Kuba ein gewaltiges bürokratisches Unterfangen. Die öffentlichen Verkehrsmittel waren marode und schmutzig, und der Papierkram für die Anmietung eines Autos war komplizierter als ein multinationales Handels- und Rüstungsabkommen. Zum Glück ändern sich die Dinge inzwischen.

Aufgrund der Länge dieser Tour ist es ratsam, ein modernes Allradfahrzeug zu mieten. Das karibische Abenteuer führt von Havanna in einer großen achtförmigen Schleife über die Insel. Der erste Anlaufpunkt auf dem Highway 1 ist der wunderschöne, wenig bekannte weißsandige Playa Rancho Luna. Von dort geht es nach Norden zur Inselkette Jardines del Rey, wo man rosa Flamingos, wunderschöne Lagunen und Korallenriffe bewundern kann. Die charmante Stadt Camagüey aus dem 16. Jahrhundert ist der Wendepunkt der Tour. Ihr Labyrinth aus engen, verwinkelten Gassen diente dazu, Piraten in die Falle zu treiben und zu töten. Die Rückfahrt führt an der Tabakstadt Trinidad vorbei, bevor es an der langen Nordküste zurück in die Hauptstadt geht.

Trampen zählt hier zur Lebensart; mit ein wenig Spanischkenntnissen kann man durch das Mitnehmen von Anhaltern viel über das wahre Kuba erfahren. Biker können bei speziellen Reiseveranstaltern ein Motorrad für eine sehr ähnliche Reiseroute mieten. **DIS**

Grand Bahama Jeep Safari Grand Bahama, Bahamas

Start Freeport   **Ziel** Freeport   **Länge** 70 km
Art Abenteuer   **Karte** goo.gl/aspKHq

Als Kontrastprogramm zum gemütlichen Spaziergang an den goldenen Stränden der bahamaischen Atlantikküste führt diese beliebte Safari-Expedition fernab ausgetretener Pfade tief ins dicht bewachsene Landesinnere. Idealerweise mietet man sich erfahrene einheimische Führer und einen Jeep Wrangler und macht sich im Konvoi auf den Weg zu den historisch bedeutsamsten und idyllischsten Plätzen der Insel. Jeder Jeep ist mit einem CB-Funkgerät ausgestattet, über das man unterwegs Navigationsanweisungen und Informationen zu den Sehenswürdigkeiten erhält.

Auf zerfurchten Waldwegen geht es langsam, aber stetig voran – eine wunderbare Art, die Kiefernwälder der Insel zu genießen, in denen sich Leguane, Bahamaspechte, das Bahama-Gelbkehlchen und die Gelbbraune Blütenfledermaus tummeln. Der kurze Ausflug ist der beste Weg, die versteckten Schätze der Insel, fernab der überfüllten Badeorte, zu erkunden.

Aus dem Wald heraus führt die Route auf der Casuarina Bridge über den Grand Lucayan Waterway, welcher die Insel in zwei Teile teilt, und weiter zum privaten Junkanoo Beach Club. Die Tour endet mit einem Besuch des tropischen und idyllischen Garden of the Groves. **TW**

❶ Mangroven-Feuchtgebiet im Lucayan-Nationalpark.

Nassau entdecken New Providence, Bahamas

Start Montagu Beach, Nassau   **Ziel** Albany, Nassau   **Länge** 42 km
Art Kultur   **Karte** goo.gl/ItQfhq

Viele Bustouren führen entlang der Nord- und Westküste der Insel New Providence, vorbei an einigen der schönsten Strände und teuersten Immobilien der Welt. Wer die Strecke lieber unabhängig fahren möchte, startet am Montagu Beach, über dem ein britisches Fort aus dem Jahr 1741 thront. Von dort aus geht es nach Westen durch die Innenstadt von Nassau, vorbei am Cable Beach, zur Old Fort Bay über einen Ententeich, in dem sich auch regelmäßig Schildkröten tummeln.

Gambier ist in der Rockmusikgeschichte für die 1977 von Chris Blackwell (Island Records) gegründeten Compass Point Studios bekannt. Eins der berühmten hier aufgenommenen Alben ist *Back in Black* (1980) von AC/DC. Das heute geschlossene Studio ist als nostalgisches Wahrzeichen erhalten.

Die westlichste Spitze der Insel diente als Kulisse für eine Liebesszene in *Feuerball* (1965), einer von mehreren James-Bond-Drehorten auf den Bahamas. Ganz in der Nähe in der Clifton Bay liegt Jaws Beach, benannt nach seinem Auftritt in *Der weiße Hai – Die Abrechnung* (1987), dem vierten und letzten Hai-Schocker. Endpunkt der Reise ist Albany House. Das pinkfarbene Herrenhaus am Strand war im Remake von *Casino Royale* (2006), Daniel Craigs erstem Bond-Film, Wohnsitz des Bösewichts. **JP**

❶ Ein Korallenriff im türkisblauen Wasser von Nassau.

Piratentour
Surrey und weiter, Jamaika

Start Port Royal, Kingston
Ziel Port Royal, Kingston
Länge 674 km
Art Kultur
Karte goo.gl/fWV3Fm

Jamaika ist heute berühmt für Sport, Rum, Reggae, und wunderschöne Strände. Für einen Großteil seiner Geschichte war es aber auch gefürchtet wegen seiner Piraten. Die Insel lag auf der Hauptschiffahrtsroute, welche die Spanier im 16. und 17. Jahrhundert nutzten, um Gold aus ihrem amerikanischen Reich in die Heimat zu transportieren, und bot Piraten eine perfekte Basis zum Plündern der Schatzschiffe. Heute gibt es in diesen Gewässern keine Piraten mehr, doch die Erinnerung an sie ist noch lebendig, wie diese Rundfahrt über die Insel deutlich macht.

Startpunkt ist Port Royal an der Südküste. Hierher kehrte Captain Henry Morgan 1668 zurück, nachdem er die spanische Schatzkammer von Portobelo in Panama ausgeraubt hatte. Dann geht es weiter nach Spanish Town, der ehemaligen Hauptstadt der Insel, wo John „Calico Jack" Rackham wegen Piraterie verurteilt wurde, und über Bloody Bay nach Montego Bay zum Fort auf Round Hill, welches das Land vor marodierenden Seeräubern schützte. Der Rückweg entlang der Nordküste führt am Firefly Estate vorbei, das dem britischen Dramatiker Sir Noël Coward gehörte. Sein Arbeitszimmer bietet Blick auf die Piratenhütte, in der Captain Morgan einst Unterschlupf fand. Die letzte Etappe der Route führt durch Zuckerrohrfelder entlang der Ostküste zurück nach Port Royal, das einst als „böseste Stadt der Christenheit" galt. **SA**

❶ Skulptur von Sir Noël Coward auf dem Gelände des Firefly Estate.
❷ Rodney's Monument Memorial in Spanish Town.

Samaná Highway   Distrito Nacional / Samaná, Dominikanische Republik

Start Santo Domingo, Distrito Nacional   **Ziel** Las Terrenas, Samaná   **Länge** 158 km
Art Landschaft   **Karte** goo.gl/3P7JRm

Der Samaná Highway ist die sicherste und schönste Strecke von Santo Domingo – der Hauptstadt der Dominikanischen Republik – zu den boomenden Touristenzentren der Provinz Samaná. Vorbei am azurblauen Ozean und dem üppigen tropischen Dschungel wird diese herrliche Fahrt entlang der D-7 nur von einigen Mautstellen unterbrochen.

Die am 1. Juni 2009 eröffnete, 150 Millionen Dollar teure Straße überquert zwölf Brücken und verbindet die Städte Monte Plata und Arenoso, den Nationalpark Los Haitises und an der östlichsten Spitze über den Boulevard Turístico del Atlántico (Route 133) die Atlantikküste bei Las Terrenas. Aus dem ehemaligen britischen Sklavenhafen Las Terrenas wurde erst ein geschäftiges Fischerdorf und später ein beliebtes Reiseziel. Dazu trug sicher auch der Highway bei, der die Reisezeit vom Flughafen von viereinhalb anstrengenden Stunden über die tückische D-1 und bergige Nebenstraßen auf nur zwei durch und durch angenehme reduzierte.

In der Nähe von Las Terrenas liegt der beliebte Surfstrand Playa Bonita, dessen Küste von einer großen Auswahl guter Hotels und Restaurants gesäumt ist. Wer die Einsamkeit bevorzugt, fährt etwas weiter aus der Stadt heraus zum wunderschönen Palmenstrand Playa Moron. **DIS**

❶ Ein atemberaubender Wasserfall in El Limón.

Ruta Panorámica Von Mayagüez nach Maunabo, Puerto Rico

Start Mayagüez, Mayagüez   Ziel Maunabo, Maunabo   Länge 241 km
Art Landschaft   Karte goo.gl/mmFbt3

Die prachtvolle, tropische Karibikinsel Puerto Rico ist nur 180 km lang und 65 km breit. La Ruta Panorámica Luis Muñoz Marin, benannt nach dem ersten gewählten Gouverneur von Puerto Rico, entstand in den 1970er Jahren, um gezielt US-Touristen anzuziehen. Die Route windet sich auf mehr als 40 verschiedenen Straßen über Gipfel, durch Schluchten und Ausläufer des Mittelgebirges. Im Rahmen eines erfolgreichen, mehrere Millionen Dollar kostenden Projekts wurden zahlreiche Aussichtspunkte und Raststätten errichtet.

Die heute zu den wichtigsten Touristenattraktionen Puerto Ricos zählende Strecke gilt als eine der besten Autotouren der gesamten Karibik. Von einer palmengesäumten Küste zur anderen geht es durch tiefen, feuchten Regenwald, vorbei an verschlafenen Bergdörfern und alten Plantagen in bis zu 1200 m hohe Gebirgslandschaften. Auf der geruhsamen, hügeligen und kurvigen Fahrt gibt es exotische Wildblumen, Bananenbäume und Badeseen zu entdecken. Plötzliche sintflutartige Regenfälle können das Fahren allerdings erschweren.

Einheimische schießen gelegentlich mit absurden Geschwindigkeiten vorbei, doch vernünftige Besucher werden kaum irgendwo auf der Strecke in den höchsten Gang schalten. **SH**

❶ Die historische Feuerwache in Ponce.

Bermuda entdecken Pembroke und weiter, Bermuda

Start Hamilton, Pembroke **Ziel** Hamilton **Länge** 93 km
Art Kultur   **Karte** goo.gl/8ebQ60

Der Name Bermuda lässt vermuten, dass es sich um eine einzige Insel handelt, doch das britische Atlantikterritorium umfaßt insgesamt 181 Inseln, von denen acht besiedelt sind. Die Inseln wurden von den Spitzen eines riesigen Vulkans gebildet, der heute unter den Wellen versunken ist.

Ausflüge über die Inseln beginnen in der Regel auf der Hauptinsel in Hamilton. Die Hauptstadt der Insel und ihr wichtigstes Finanzzentrum und Hafen hat nur etwas mehr als tausend Einwohner, die einander vermutlich mit Vornamen kennen. Von Hamilton aus führt die Strecke in einem langen Bogen um den Großen Sund. Die Horseshoe Bay ist unvorstellbar fotogen, und Gibb's Hill Lighthouse ist allein schon für die Aussicht einen Besuch wert. Der Kurve folgend überquert man die Somerset Bridge, die kleinste Zugbrücke der Welt, bevor man das Ende der Halbinsel und das historische Royal Naval Dockyard erreicht. Von hier aus geht es auf demselben Weg zurück in den Nordosten der Insel zum UNESCO-Weltkulturerbe Saint George's. Die ehemalige Hauptstadt der Insel wurde 1616 gegründet und ist die älteste kontinuierlich bewohnte englische Stadt der Neuen Welt. Eine entspannte Fahrt entlang des Nordufers und ein kleiner Hüpfer über die Insel führen zurück nach Hamilton. **SA**

❶ Blick auf Tucker's Town Bay in Saint George's.

Fig Tree Drive — Von St. Paul nach St. Mary, Antigua und Barbuda

Start Jonas Road, Swetes, St. Paul **Ziel** Old Road, St. Mary **Länge** 8 km
Art Landschaft **Karte** goo.gl/AVAumg

Auf der kleinen Insel Antigua mit einem Umfang von nur 87 km gelangt man überall leicht zur Jonas Road im flachen, zentralen Farmland. Von dort verläuft der Fig Tree Drive kurvenreich durch verschlafene Dörfer, den Regenwald und die vulkanischen Berge im Südwesten. Die Straße kann nach dem Regen schlammig und zerfurcht sein, daher sollte man sich nicht zu sehr von der Aussicht auf den Falmouth Harbour und den höchsten Punkt der Insel, den 402 m hohen Mount Obama, ablenken lassen. Der ehemalige Boggy Peak wurde 2009 zu Ehren des 44. Präsidenten der USA umbenannt.

Fast schon zu nah kommt man den alten Mangobäumen und den großen flatternden Blättern der Bananen, die in der Landessprache „Feigen" (Fig) genannt werden, wodurch sich der Name der Route erklärt. Auf dem Weg vorbei an hohen, wiegenden Palmen bieten farbenfrohe Stände am grünen Straßenrand frischen Ingwer, Guaven, Ananas und Passionsfrüchte an.

Vom Kamm des Fig Tree Hill schlängelt sich die Straße hinunter zur Küste nach Old Road. Von hier aus führt eine optionale Erkundungsfahrt vorbei an abgelegenen Luxusresorts und ruhigen Stränden nach Jolly Harbour und durch Jennings zurück zum Ausgangspunkt. **SH**

❶ Fig Tree Studio Art Gallery.

Route de la Traversée Basse-Terre, Guadeloupe

Start Pointe-Noire   **Ziel** Petit-Bourg   **Länge** 41 km
Art Landschaft   **Karte** goo.gl/95oEdb

Guadeloupe ist ein französisches Überseedépartement aus einer Gruppe von Inseln der Kleinen Antillen in der Karibik. Die beiden Hauptinseln sind durch die Meeresenge Rivière Salée getrennt. Östlich der Passage liegt Grande-Terre (Großes Land) und westlich Basse-Terre (Unteres Land). Letzteres ist etwas irreführend benannt, denn hier befindet sich der höchste Berg der Insel, der 1467 m hohe Vulkan Soufrière.

Basse-Terre ist durchgehend mit Kastanien, Mahagoni, Feigenbäumen, Farnen und Philodendren dicht bewaldet. Eine gute Möglichkeit, diese Region zu erkunden, bietet die Route de la Traversée, die sich von Osten nach Westen über die Insel erstreckt.

Die Hauptstraße N-2 führt von Pointe-Noire nach Süden, bevor die Route de la Traversée am nördlichen Ende des Guadeloupe-Nationalparks in den tropischen Regenwald abzweigt. Auf der berauschenden und kurvenreichen Strecke zeigen die lokalen Fahrer wenig Respekt vor Geschwindigkeitsbegrenzungen, obwohl die Straße durch den Wald oft sehr naß und rutschig werden kann. An ihrem östlichen Ende fällt die malerische Route in Barbotteau wieder ab, bevor sie auf die Hauptstraße N-1 trifft und rechts nach Petit-Bourg an der Ostküste der Insel abbiegt. **SA**

❶ Aussicht von der Route de la Traversée.

Dr. Nicholas Liverpool Highway Saint George, Dominica

Start Roseau **Ziel** Nationalpark Morne Trois Pitons **Länge** 97 km
Art Abenteuer **Karte** goo.gl/RByOa3

Die Karibikinsel Dominica verfügt über einige der am besten erhaltenen tropischen Regenwälder der Welt, die wegen ihrer einzigartigen Flora und Fauna zum Weltnaturerbe erklärt wurden. Der Regenwald ist ein Wunder der Natur, und die Reise gleicht einer Fahrt durch ein Märchenland. Dominica ist geologisch betrachtet jung, und die gebirgige Landschaft ist noch immer geothermisch aktiv. Neben heißen Quellen gibt es hier neun aktive Vulkane, die aber seit über 300 Jahren nicht mehr ausgebrochen sind.

Die frisch renovierte ehemalige Pond Case Road, die heute zu Ehren eines Präsidenten Dr. Nicholas Liverpool Highway heißt, beginnt am Hauptflughafen und führt quer über die gesamte Insel durch das hügelige Landesinnere zwischen dem Northern und dem Central Forest Reserve. Der Asphalt ist gut, aber wegen des vielen Niederschlags oft naß.

Der Highway endet in der entspannten Hauptstadt Roseau, die sich durch historischen Charme mit einer Mischung aus kreolischer und französischer Kolonialarchitektur des 18. Jahrhunderts auszeichnet. Die Tour setzt sich in den Nationalpark Morne Trois Pitons fort, wo eine kurze Wanderung zu kochenden Schlammlöchern und Geysiren führt und der schimmernd grüne Emerald Pool am Fuße eines Wasserfalls zum Schwimmen einlädt. **DK**

❶ Der Boiling Lake im Nationalpark Morne Trois Pitons.

Route de la Trace
Martinique, Französische Antillen

Start Fort-de-France
Ziel Le Morne-Rouge
Länge 26 km
Art Kultur
Karte goo.gl/ye4GgY

Wer die französische Karibikinsel Martinique nur wegen ihrer einmalig schönen Strände besucht, verpaßt dabei die ebenso herrliche Landschaft im Landesinneren. Der beste Weg, diesen Fehler zu vermeiden, ist die kurvenreiche Route de la Trace von der Hauptstadt Fort-de-France nach Le Morne-Rouge im Norden der Insel.

Die Straße mit dem offiziellen Namen N-3 folgt einer Route, welche von den Jesuiten erschlossen wurde, die 1640 Martinique erreichten. Die Inselbewohner behaupten, die zahlreichen Kurven seien auf die Vorliebe der Jesuiten für Rum zurückzuführen. Wenige Minuten weiter oben befindet sich das Dorf Balata mit einer verkleinerten Nachbildung der Basilika Sacré-Cœur in Paris, die hier ebenfalls auf einem beeindruckenden Hügel steht. Etwas weiter entfernt, mitten im Regenwald, liegt der botanische Garten Jardin de Balata. Von hier aus steigt die Straße weiter an und erreicht eine Höhe von 600 m, bevor sie nach La Revière de l'Alma abfällt, wo ein Fluß durch eine sattgrüne Schlucht fließt. Weiter nördlich führt die Straße durch Bananenplantagen und Blumenfelder nach Le Morne-Rouge, der mit 450 m höchstgelegenen Stadt der Insel.

Für Abenteuerlustige geht es auf der D-39 weiter zum Fuß des Vulkanberges Pelée. Hier führt eine anspruchsvolle zweistündige Fahrt den Südhang hinauf zum Gipfel. **SA**

❶ Die zwischen 1924 und 1925 erbaute Kirche Sacré-Cœur de Balata liegt hoch in den Bergen.

Von Castries zur Marigot Bay und nach Sulphur Springs
Von Castries nach Soufrière, St. Lucia

Start Castries, Castries
Ziel Sulphur Springs, Soufrière
Länge 50 km
Art Abenteuer
Karte goo.gl/tcSBcL

Die Geschichte der westindischen Insel St. Lucia nahm viele Wendungen, seit Frankreich 1660 einen Vertrag mit den Einheimischen unterzeichnete. England eroberte die Insel von 1663 bis 1667 und beide Nationen wetteiferten fortan um die Kontrolle, wobei jede die Insel siebenmal regierte, bis die Briten 1814 die Oberhand behielten. Daraus entstand ein reiches, buntes kulturelles Erbe.

Ein Ausflug auf St. Lucia muß in der Hauptstadt beginnen, die 1650 von den Franzosen als Carénage („sicherer Ankerplatz") gegründet wurde und später nach dem französischen Marquis, der 1756 die Insel beherrschte, in Castries umbenannt wurde. Hier kann man ein Auto mieten; die beste Option ist ein kleiner Jeep, den man auf den Nebenstraßen schätzen lernen wird. Von Castries aus führt eine kurze, aber schöne Fahrt nach Süden entlang der Westküste und vorbei am Kreuzfahrtterminal zur Marigot Bay, die der US-Autor James A. Michener als schönste Bucht der Karibik bezeichnete.

Einladende Bars und Restaurants säumen die Ufer und machen die Bucht zu einem idyllischen Ausflugsziel. Der beste Teil des Abenteuers steht jedoch noch aus, denn der eigentliche Grund für diesen Roadtrip ist der spannende, sich gefährlich windende Abschnitt durch Canaries nach Sulphur Springs. Das Kästchen „Verzicht bei Unfallschäden" sollte man vorsichtshalber angekreuzt haben. **SA**

❶ Einheimische und Touristen strömen zum Markt in Castries, um Obst, Gemüse und Kunsthandwerk zu erwerben.

Leeward Highway
St. Vincent und die Grenadinen

Start Kingstown, St. George
Ziel Richmond Beach, St. David
Länge 40 km
Art Landschaft
Karte goo.gl/OTDKYO

Starke Winde vom Atlantik schütteln die rauhe Ostküste der westindischen Insel St. Vincent. Die Westküste liegt hingegen geschützt und lockt mit hübschen kleinen Buchten und Sandstränden. Die beste Art, diese bezaubernde Küstenlinie zu erkunden, ist der malerische Leeward Highway. Er beginnt in der Hauptstadt Kingstown, einem geschäftigen landwirtschaftlichen und touristischen Zentrum, das 1722 von den Franzosen gegründet wurde. Um 1793 führte der britische Seefahrer William Bligh, Kommandant der HMS Bounty vor der berühmten Meuterei, Samen des Brotfruchtbaums aus Tahiti hierher ein.

Von Kingstown aus verläuft die Straße nach Norden vorbei an Dörfern, schwarzen Sandstränden und Kokosnußplantagen. Auf der Route sind viele Petroglyphen zu bewundern. So zeigt der Carib Rock ein Gesicht aus dem 6. Jahrhundert, und in Barrouallie sind neben einem karibischen Steinaltar weitere Felszeichnungen zu sehen. Nach 35 km schlängelt sich die Straße durch sattgrüne Wälder hinunter zum schwarzen Sand des Richmond Beach. Das warme Meer lockt Badegäste an, und der Blick nach oben trifft auf den noch aktiven Vulkan La Soufrière, den mit 1234 m höchsten Gipfel der Insel. Am Strand starten regelmäßig Touren zu den Falls of Baleine im Norden der Insel, einem malerischen, 18 m hohen Wasserfall, der nur mit dem Boot erreichbar ist. **SA**

North Coast Road
St. George, Trinidad und Tobago

Start Port of Spain
Ziel Maracas Beach, Maracas Bay Village
Länge 14 km
Art Landschaft
Info goo.gl/crW4Vg

1940 erhielten die USA von den britischen Kolonialherrschern Trinidads zwei Marinestützpunkte auf der westindischen Insel als Gegenleistung für die Bereitstellung von Zerstörern für eine Nation, die im Zweiten Weltkrieg um ihr Überleben kämpfte. Einer der Stützpunkte beansprucht die gesamte Halbinsel Chaguaramas im Nordwesten der Insel und nahm den Einheimischen ihren Badestrand. Als Entschädigung bauten die Amerikaner eine neue Straße zur Hauptstadt Port of Spain.

Die Route, die sich entlang 300 m hoher Klippen durch den Regenwald fädelt, ist bis heute eine der besten Straßen der Insel und wird zu Ehren ihrer Erbauer auch American Road genannt. Die atemberaubende Aussicht reicht weit in die Ferne nach Port of Spain, über das Maraval Valley zum kleinen Gewürzzentrum Paramin und tief hinunter in die unendliche Weite der Karibik. Aus mineralischen Quellen fließt kaltes Trinkwasser über die Straße und örtliche Verkäufer bieten Leckerbissen wie Kokos-Fudge, würzige Tamarindenbällchen und Kurma (frittiertes, mit Ingwer überzogenes Gebäck) an. So erfrischt ist man in bester Stimmung für ein Bad am wunderschönen Maracas Beach, der sicher geschützt in einer tiefen Bucht liegt. **SA**

◐ Trinidads Küste bei Sonnenuntergang.

Hummingbird Highway
Cayo / Stann Creek, Belize

Start Belmopan, Cayo
Ziel Dangriga, Stann Creek
Länge 87 km
Art Landschaft
Karte goo.gl/IiF8XR

Belmopan, die mit nur 16 000 Einwohnern kleinste Landeshauptstadt Amerikas, liegt am Belize River inmitten von Regenwald und Dschungel in den Ausläufern der Berge. Die Straßen in Belize sind oft ziemlich holprig, doch die Hauptroute von Belmopan zur Küste ist auf der gesamten Länge glatt asphaltiert und zieht den dichten Verkehr glücklicherweise vom malerischen Hummingbird Highway ab. Diese beliebte Strecke, die sich zur Küstenstadt Dangriga schlängelt, ist nach den kleinen bunten Kolibris (hummingbirds) benannt, die unterwegs in großer Zahl zu sehen sind.

Der Hummingbird Highway ist eine der wenigen Straßen durch die Berge und den Dschungel und auf der Karte sind große leere Stellen als „unbekannt" und manche Strecken als „saisonal" markiert. Dennoch ist die Fahrt durch die Täler zwischen den grünen Bergen sehr angenehm. Obstplantagen säumen die Straße und Wildtiere aus dem Dschungel jenseits der Farmen laufen oft unerwartet über die Fahrbahn. Dennoch braucht man viel Glück, um einen Jaguar zu sehen; die seltenen, einzelgängerischen Großkatzen besiedeln das Gebiet südlich der Straße. Häufiger zu entdecken sind marschierende Kolonien von Blattschneiderameisen, Tukane in den Baumkronen und grasende Tapire. **SH**

➜ Die idyllische Küste von Dangriga.

Maya-Ruinen
La Libertad/Santa Ana, El Salvador

Start Joya de Ceren, La Libertad
Ziel Vulkan Santa Ana, Santa Ana
Länge 111 km
Art Landschaft
Karte goo.gl/lZYKRc

Die Maya in Mittelamerika waren eine der größten Hochkulturen der Welt. Seit etwa 750 n. Chr. bauten sie zahlreiche steinerne Städte mit monumentalen Tempeln und prächtigen Palästen.

Überreste dieser Siedlungen liegen versteckt im Dschungel von El Salvador und in angrenzenden Ländern. Ein guter Ausgangspunkt für eine Erkundungstour ist Joya de Ceren mitten in El Salvador. Dieses Maya-Dorf wurde vor 1400 Jahren durch einen Vulkanausbruch verschüttet und wird seit 1976 als El Salvadors Pompeji ausgegraben. Die unter der Asche hervorragend erhalten gebliebenen Bauten geben einen phantastischen Einblick in des Alltagsleben der Maya. In der Nähe befinden sich die Ruinen von San Andrés. Hier sind die meisten Tempelpyramiden von Urwaldgrün bedeckt.

Von dort kann man westwärts zur Ruinenstätte Tazumal bei Chalchuapa fahren, deren Tempel alle gen Westen ausgerichtet sind. Zu den Ruinen gehört auch ein Ballspielplatz, wo die Maya vermutlich eine frühe Version unseres Handballs spielten.

Wer die Touristenpfade verlassen und mehr von der wildromantischen, eindrucksvollen Landschaft sehen möchte, umrundet südlich von El Congo auf der RN 10N den Lago de Coatepeque – einen zu Maya-Zeiten heiligen Kratersee – und erkundet, in Serpentinen fahrend, die unteren Hänge des einst verehrten Vulkans Santa Ana. SA

Nicaragua-Tour Von León nach Granada, Nicaragua

Start León, León
Ziel Granada, Granada
Länge 134 km
Art Kultur
Karte goo.gl/qOHiHP

Nicaragua ist kein klassisches Touristenziel, aber die Altstädte von León und Granada würden durchaus dafür sprechen. Sie entstanden im 16. Jahrhundert als Kolonialstädte und sind reich an Geschichte und Architektur. Die Straße, die sie miteinander verbindet, ermöglicht einen guten Einblick in die Vergangenheit und Gegenwart Nicaraguas. León ist nach der Hauptstadt Managua die zweitgrößte Stadt des Landes. Bemerkenswert ist, daß es hier 17 verschiedene katholische Orden gab, jeweils mit eigenen Kirchen. Viele von ihnen, wie die Haupt-Kathedrale, ist im Barockstil erbaut. Einst war León die Hauptstadt, obwohl die konservativen Regierungen des 19. Jahrhunderts Granada bevorzugten. 1858 entschied man sich als Kompromiß für Managua, zwischen beiden Städten liegend, als Hauptstadt.

Von León fährt man am Managuasee (Xolotlán) entlang, passiert die Vororte Managuas und erreicht den aktiven Vulkan Masaya im ältesten Nationalpark des Landes. Danach geht es nach Granada am Westufer des Nicaraguasees (Cocibolca). Die Stadt wurde 1524 vom spanischen Eroberer Francisco Hernández de Córdoba gegründet und gilt als älteste Stadt Amerikas. Heute ist Granada für seine kulinarischen Spezialitäten bekannt – ein weiteres Argument, um als touristisches Reiseziel zu gelten. SA

➔ Der Vulkan Masaya stößt Schwefeldioxid aus.

Costa Rica-Tour
Puntarenas/San José, Costa Rica

Start Malpais, Puntarenas
Ziel San Isidro del General, San José
Länge 310 km
Art Abenteuer
Karte goo.gl/LkayBQ

Diese Route führt zu einigen der schönsten und unberührtesten Surfstränden der gesamten Pazifikküste Amerikas. Doch die machen nicht alleine den Charme dieser Tour aus. Der Ausgangspunkt Malpais ist ein kleiner Fischerort, der durch seine Entfernung zu den Touristenhochburgen Superstars anlockt, die etwas Privatsphäre suchen. Zu den Reichen und Schönen, die sich hier eine Villa mit Meeresblick gönnen, zählen der Schauspieler Mel Gibson ebenso wie das Model Gisele Bündchen. In Naranjo endet die Straße. Mit der Autofähre überquert man den ruhigen und flachen Golf von Nicoya. Während der einstündigen Fährfahrt passiert man viele kleine, nur von Vögeln bewohnte Inseln.

Nach der Ankunft in Caldera, dem Hafen von Puntarenas, schlängelt sich die Straße entlang der Küste und Klippen durch Jaco sowie Quepos mit seinem pulsierenden Nachtleben. Der Urlaubsort Jaco ist nach seinem Gründer benannt, einem US-amerikanischen Öl-Magnaten. Bei Dominical führt die Route landeinwärts die Berge hinauf und ermöglicht sagenhafte Ausblicke. Der Stopp am Nauyaca-Wasserfall ist ein Muß.

Diese Tour endet in San Isidro del General, einem Verkehrsknotenpunkt der Panamericana. Um mehr Gäste anzulocken, wirbt die örtliche Touristen-Information damit, daß hier die schönsten Menschen von ganz Costa Rica geboren werden. **JP**

Cerro de la Muerte
San José/Cartago, Costa Rica

Start Cañón, San José
Ziel Cerro de la Muerte, Cartago
Länge 32 km
Art Abenteuer
Karte goo.gl/tVkJsG

Diese Nebenroute der Panamericana ist nichts für zartbesaitete Reisende. Wer es durch Mittelamerika bis hierher geschafft hat, weiß bereits, daß die Talamanca-Gebirgskette kein entspanntes Fahren bedeutet. Obwohl die Straße kurz vor der Abzweigung bereits 3000 m Höhe erreicht, ist sie doch nur eine kleine Vorbereitung auf das, was noch vor uns liegt: der letzte kurvenreiche Anstieg auf den imposanten Cerro de la Muerte (Todesberg).

An der 89 km-Marke in Cañón biegt man auf einen Feldweg ab, der zum Gipfel auf 3491 m führt. Bei klarem Wetter sind die Mobilfunk-Masten auf dem Gipfel gut zu sehen, aber leider gibt es hier nicht viele klare Tage, jedenfalls wenige, an denen es lange klar ist. Man beginnt den steilen Anstieg am besten im Morgengrauen bei niedrigen Temperaturen, wenn die Sonne noch nicht brennt, kein Wind pfeift und kein Nebel die Sicht behindert.

Die Landschaft der letzten Etappe ist von Torfmooren und Sumpfgräsern geprägt. Auf dem Gipfel angekommen, zeigt sich das Panorama des Valle del General mit dem Pazifik im Hintergrund. Ein phantastischer Anblick! Der englische Dichter John Keats schrieb über den Moment, als im 16. Jahrhundert der spanische Eroberer Hernán Cortés und sein Team vom benachbarten Panama aus denselben Ausblick genossen: „And all his men look'd at each other with a wild surmise." **JP**

Coffee Lovers' Loop
Cartago, Costa Rica

Start Orosí
Ziel Orosí
Länge 36 km
Art Kultur
Karte goo.gl/F8TJlY

Diese Rundreise beginnt in Orosí, 32 km südlich von San José, der Hauptstadt von Costa Rica. In dem Städtchen befindet sich die älteste römisch-katholische Kirche des Landes, erbaut 1743. Ein wahres Wunder erwartet uns allerdings außerhalb des Ortes, wo der Regenwald nahtlos in Kaffee- und Zuckerrohrplantagen übergeht. Es scheint ein ökologisches Wunder zu sein: nirgendwo sonst auf der Welt dürfte sich der Motor einer nationalen Wirtschaft in einer derart unberührten Natur befinden.

Fährt man den „Loop" gegen den Uhrzeigersinn, schlängelt sich die Straße in Kurven, bevor sie entlang des Ufers des Cachí-Sees gerade verläuft. Dieser entstand durch die Aufstauung des Reventazón für ein Wasserkraftwerk. Hinter dem Damm passiert die Strecke den Ort Ujarrás, bevor man die Abzweigung zur Finca Cristina erreicht. Diese Kaffeeplantage bietet bei weitem nicht als einzige Touren an (das machen nahezu alle), aber sie ist besonders beliebt: preisgünstig kann man hier Kaffee probieren und viel über ihn lernen, während man durch wunderbare Haine voller farbenprächtiger Vögel und Pflanzen fährt. Die 3-Stunden-Tour endet mit der Möglichkeit, in einer heißen Quelle zu baden. Zurück nach Orosí geht es durch Paraíso mit seinen prächtigen botanischen Gärten voller Orchideen und Bromelien, die zahlreiche exotische Vögel anlocken, insbesondere zwischen Februar und April. **JP**

❶ Orosí ist ein kleines, beschauliches Städtchen im malerischen Orosí-Tal.

Panamakanal
Panamá/Colón, Panama

Start Balboa, Panamá
Ziel Colón, Colón
Länge 103 km
Art Kultur
Karte goo.gl/iqgRwz

Wer nach Panama reist, muß den Panamakanal gesehen haben. Dieser wurde 1914 als Meisterwerk der Ingenieurskunst eröffnet. Mit beträchtlichem Aufwand entstand er als Verbindung zwischen Pazifik und Atlantik, damit Schiffe nicht mehr die gefährliche Route um das Kap Hoorn nehmen mußten. Beim Bau dachte man zwar noch nicht an Autos, aber das soll uns nicht von unserer Tour abhalten.

Der beste Startpunkt ist Balboa am Pazifik. Von hier fährt man am nordöstlichen Rand des Kanals zu den Schleusen von Miraflores und Pedro Miguel, welche die Schiffe in den Gatúnsee heben. Man kann sehen, wie PS-starke Schlepper die Schiffe im Kanal in die richtige Position bringen. Tagestouren laden zu einer Fahrt auf dem Kanal ein. Die Straße verläuft anschließend am Gaillard-Durchstich entlang zum Ort Gamboa, den man über eine Brücke erreicht, auf der auch Züge fahren. Nun öffnet sich der Kanal in den Gatúnsee, der entstand, als man für den Kanalbau den Rio Chagres aufstaute. Leider gibt es an seinem Ufer keine Straße – obwohl der Bahndamm quer durch den See führt –, so daß man von Gamboa auf dem Highway 3 landeinwärts nach Colón fährt. Hier senkt die Gatún-Schleuse die Schiffe zurück auf Meeresspiegel, bevor sie die letzte Etappe zum Karibischen Meer antreten. **SA**

➔ Ein eindrucksvoller Blick auf den Kanal.

Trampolín del Diablo
Putumayo, Kolumbien

Start Mocoa
Ziel San Francisco
Länge 70 km
Art Abenteuer
Karte goo.gl/VZFFcO

Jede Straße mit dem Namen Trampolín del Diablo (Trampolin des Teufels) oder der noch beängstigenderen Bezeichnung Adiós mi Vida (Auf Wiedersehen, mein Leben) flößt zweifellos Respekt ein. Und aus gutem Grund zählt die Trampolín del Diablo in der Provinz Puntumayo zu den weltweit gefährlichsten Strecken. 1989 kamen schätzungsweise rund 300 Menschen ums Leben, als ein Teil der Straße am Hang wegbrach. Und allein 2011 starben infolge von Unfällen 500 Reisende.

Die kolumbianische Regierung hatte die Straße in den 1930er Jahren auf die Schnelle für Armeebewegungen erbauen lassen, nachdem mit Peru unerwartet ein Krieg um Regionen im Amazonasbecken ausgebrochen war. Die Straße schmiegt sich eng an die steilen Hänge der Anden und verläuft im aufregenden Zick-Zack-Kurs mit rund 100 Spitzkehren und unzähligen engen Pässen. Steile Abhänge und blanke Felswände sorgen für weiteren Nervenkitzel. Bei schlechtem Wetter ist die Straße matschig und rutschig, und bei Nebel ist die Sicht erheblich beeinträchtigt. Für Busse und Lkw ist sie auch bei gutem Wetter nicht befahrbar.

Obwohl es vermehrt Sicherheitsmaßnahmen gibt, erfordert diese riskante Straße dennoch eine gute Vorbereitung. Da bei schlechtem Wetter auch auf Allrad kein Verlaß ist, sollte man Zeit genug einplanen, den Trip verschieben zu können. **SA**

Jeep-Safari zum Natural Pool
Oranjestad/Santa Cruz, Aruba

❶ Mit einem herkömmlichen Auto ist der Natural Pool nicht zu erreichen – die Ausblicke sind aber grandios.

Start Oranjestad, Oranjestad
Ziel Natural Pool, Santa Cruz
Länge 12,9 km
Art Abenteuer
Info goo.gl/cXOVDp

Die Karibikinsel Aruba vor der Küste Venezuelas ist ein autonomes Land des Königreichs der Niederlande. Die Landschaft mutet nicht gerade tropisch an, da sie aufgrund der geringen Niederschläge von felsigem Boden, zahlreichen Kakteen und anderen dornigen Sträuchern geprägt ist. Doch hier kann man fabelhafte Off-Road-Touren unternehmen, die an anderen Orten kaum möglich sind.

Der Natural Pool ist eine von Vulkangestein gebildete, runde Felsformation an einer entlegenen Stelle an Aurubas Nordküste. Der Wind läßt die Wellen des Ozeans hineinschwappen, so daß ein natürlicher Pool entsteht. In diesem kann man, anders als im wilden Meer, wunderbar schwimmen und schnorcheln. Der Aufwand, zum Pool zu gelangen, lohnt sich definitiv. Die Fahrt kann mit viel Staub und Dreck verbunden sein, insbesondere nach einer langen Regenpause. An entsprechende Kleidung und Trinkwasser sollte man denken.

Ein Auto mit Allradantrieb ist unbedingt erforderlich. Die Route ist nicht ausgeschildert und der Pool nur schwer zu finden. Kurz vor dem Ziel gibt es eine schroffe Bergab-Passage. Einige Autovermieter der Insel untersagen es, daß man auf eigene Faust zum Pool fährt. Man kann sich ruhig, dem Rat folgend, einem Tour-Guide anvertrauen, und sich dieses eine Mal bequem zurücklehnen und denjenigen fahren lassen, der die Strecke kennt. **BDS**

Christoffelpark
Curaçao, Niederländische Antillen

Start Barber
Ziel Westpunt
Länge 21 km
Art Landschaft
Info goo.gl/NnR9lq

Der Christoffelpark ist der größte Nationalpark der niederländischen Karibikinsel Curaçao. Er liegt im Nordwesten der Insel und beheimatet eine enorme Vielfalt an heimischer Fauna und Flora. Hier leben unter anderem die Palabrua-Eule sowie die Hirschart *Odocoileus virginianus curassavicus*, von der es schätzungsweise nur noch 250 Exemplare gibt. Man sollte also vorsichtig fahren … Im Park liegt mit der historischen Savonet Plantation auch die älteste Plantage der Insel. Heute sind hier das Haupthaus, Lagerräume, Brunnen und Dämme sowie ein eindrucksvolles Museum zu besichtigen. Der Parkeingang befindet sich fast in der Mitte zwischen der Orten Barber und Westpunt.

Es gibt mehrere Touren durch den Park. Die 9 km lange Savonet Plantation Route führt an Feldern und ehemaligen Bewässerungsanlagen vorbei zur Nordküste der Insel. Hier sieht man Höhlenmalereien indianischen Ursprungs sowie interessante Felsformationen. Die 12 km lange Mountain Route führt zu den Überresten des Landhuis Zorgvlied und bietet einen herrlichen Blick über den Christoffel sowie den Shete Boka Nationalpark. Eine kürzere Bergroute endet am Fuße des Christoffelbergs, von wo aus man in zwei Stunden durch die semiaride Landschaft bis zum Gipfel wandern kann. Der 5 km lange Orchid Trail ist für herkömmliche Autos gesperrt. Spezielle Pick-up-Trucks dürfen ihn aber befahren. **SA**

❶ Der Christoffelberg ist mit seinen 375 m der höchste Punkt der Karibikinsel Curaçao.

Parque Nacional Sierra Nevada
Mérida, Venezuela

Kurvenreiche Straße durch die spektakulären Berge des Sierra Nevada Nationalparks.

Start Mérida
Ziel Laguna Mucubají
Länge 85 km
Art Landschaft
Karte goo.gl/Xa59qL

Im Westen Venezuelas befindet sich in den Anden, verteilt auf die beiden Bundesstaaten Mérida und Barinas, ein eindrucksvoller Nationalpark. Der Parque Nacional Sierra Nevada wurde 1952 zum Schutz der vielfältigen Tierwelt gegründet, zu der Bären, Pumas, Luchse sowie der vom Aussterben bedrohte Andenkondor gehören. Nur wenige Straßen führen weit in den Park hinein. Auf der Carretera Trasandina gelangt man auf bester Asphaltstrecke in den nördlichen Bereich des Nationalparks.

Vor dem Start lohnt sich eine Fahrt mit der berühmten Seilbahn von Mérida, der weltweit höchsten und zweitlängsten ihrer Art. Sie führt auf den Pico Espejo in 4765 m Höhe.

Zurück und mit festem Boden unter den Füßen, beginnt die Tour auf der Troncal 7 Richtung Tabay. Sobald sich die Straße in die Ausläufer der Anden zu winden beginnt, wird die glatte Asphaltstraße von weißen Betonpfeilern gesäumt, die so geschickt gestaltet sind, daß sie einen stets guten Blick auf die rauhen Berge und weiten Wälder ermöglichen. Am im Osten gelegenen Zielpunkt dieser landschaftlich so reizvollen Tour erwartet uns mit der forellenreichen Laguna Mucubají ein traumhaft schöner Gletschersee – dieses kesselförmige Gewässer ist ein krönender Abschluß für ein Tour, die sicherlich lange in Erinnerung bleiben wird. **DIS**

Carretera Transandina
Lara/Táchira, Venezuela

Start Agua Viva, Lara
Ziel San Cristóbal, Táchira
Länge 615 km
Art Abenteuer
Karte goo.gl/WupEB5

Die Carretera Transandina verläuft parallel zur Cordillera de Mérida und teilweise auch durch diesen nordöstlichen Andenausläufer hindurch. Sie entstand während der Amtszeit von Präsident Juan Vicente Gómez, der viele Häftlinge für die schweren, von Hand ausgeführten Arbeiten einsetzen ließ.

Der höchste Punkt liegt bei Collado del Cóndor in einer umwerfenden Höhe von 4118 m. Auf diesem Gipfel steht eine bronzene Kondorstatue. Sie erinnert an die Errungenschaften des Freiheitskämpfers Simón Bolívar, der mit seinen Truppen gegen die spanische Kolonialherrschaft kämpfte. Darüber hinaus befinden sich hier eine kleine Kapelle, ein Café und ein Souvenirgeschäft. Letzteres scheint als Symbol des Kommerzes in dieser unberührten Natur etwas fehl am Platz zu sein – aber jeder, der hier oben ankommt, freut sich über ein Andenken an die eindrucksvolle Fahrt zum Gipfel.

Dies ist eine aufregende Etappe der Transandina mit unzähligen Kurven und Serpentinen und vor allem einer langen Abfahrt nach dem Paß. Der Straßenzustand ist generell gut, aber eine Gefahr sind die Wetterumschwünge in den Bergen. Sicherheitsschranken sind selten und liegen weit auseinander. Nach Mérida steuern wir San Cristóbal als Ziel der Tour an. Die Hauptstadt des Bundesstaates Táchira ist ein wichtiger Handelsort und berühmt für seinen phantastischen Kaffee. **JP**

❶ Ein Teilabschnitt der Transandina (Troncal 7) verläuft durch den Sierra de la Culata Nationalpark.

Straße der Vulkane Von Pichincha nach Tungurahua, Ecuador

Start Quito, Pichincha **Ziel** Baños de Agua Santa, Tungurahua **Länge** 193 km
Art Abenteuer **Karte** goo.gl/s32Lhg

Als Teil der Panamericana verläuft diese Route mitten durch Ecuador. Sie befindet sich in 2000 bis 3000 m Höhe, aber wegen ihrer Nähe zum Äquator ist die Landschaft relativ grün und wird auch bewirtschaftet. In der Ferne sieht man die Anden, darunter die aktiven Vulkane Antisana und Tungurahua.

Nach dem Verlassen von Quito kommt man zunächst nur langsam voran. Für die 90 km bis Saquisilí benötigt man rund drei Stunden. Auf dem dortigen Markt wird nahezu alles angeboten – von Fleisch bis zu Heilkräutern. Das nächste Etappenziel, Salcedo, rühmt sich damit, das beste Eis der Welt herzustellen. Etwa 145 km nach Quito erreicht man Pillaro in der Nähe des Llanganates Nationalparks, der sich bis in die Anden erstreckt. Er hat im Westen einen wüstenähnlichen Bereich, im Osten hingegen üppige Vegetation. Diese ist so dicht, daß man hier nur zu Fuß vorankommt.

Hinter Pelileo (bekannt für seine Jeans) liegt Baños de Agua Santa. Von hier aus führen Fußwege zu den Wasserfällen von Río Pastaza und zu den heißen Quellen an den Hängen des Tungurahua. Knapp 2 km außerhalb der Stadt, allerdings nach drei Stunden Fußmarsch, genießt man – aber nur als Adrenalinjunkie – von der „Schaukel am Ende der Welt" einen herrlichen Blick auf die Anden. **JP**

❶ Schichten von Vulkanasche am Chimborazo.

Cotopaxi Vulkanstraße Cotopaxi, Ecuador

Start El Chaupi   **Ziel** Cotopaxi   **Länge** 43 km
Art Abenteuer   **Karte** goo.gl/xmKOSx

Der Ausgangspunkt dieser kurzen, aber anspruchsvollen Tour liegt am Ende eines 7 km langen Weges, der von der E 35 abgeht. El Chaupi ist ein kleiner Ort mit einem grandiosen Blick auf die umliegenden Anden. Im Westen sieht man die beiden Gipfel des Vulkans Ilinizas, doch die Vulkanstraße führt uns ostwärts, zurück über den Highway, und steil hinauf fast bis zum Gipfel des Cotopaxi.

Der Cotopaxi ist mit seinen 5911 m einer der höchsten Vulkane der Welt und mit seinem fast vollkommen symmetrischen Kegel besonders markant geformt. Da er sehr aktiv ist, kann die Wegführung an seinen oberen Hängen durch die letzten Lavaströme oder Abgänge von Vulkangestein variieren.

Nach seiner größten Eruption im 20. Jahrhundert erstreckten sich zwei Lahare (Schuttströme) über mehr als 100 km – einer bis zum Pazifik, ein anderer bis zum Amazonas. Die offizielle Route ist so reich an Schlaglöchern, daß man stellenweise abseits der Strecke fahren muß. Besondere Vorsicht sollte man beim Überqueren von trockenen Flußbetten walten lassen. Bei gutem Wetter scheinen sie ein Musterbeispiel für Wüstenbildung zu sein, aber beim geringsten Niederschlag verwandeln sie sich in gefährliche Wildbäche: Sturzfluten sind in dieser Region die Hauptursache für Todesfälle. **JP**

❶ Blick auf den Vulkan Cotopaxi im Nationalpark.

Carretera de Yungay
Ancash, Peru

❶ Die Lagunas Llanganuco am Santa-Cruz-Trek im Huascarán Nationalpark.

Start Yungay
Ziel Yanama
Länge 69 km
Art Landschaft
Karte goo.gl/oV4xtU

Es ist ein atemberaubender Anblick: zwei leuchtend blaue Seen, dicht an dicht, umgeben von nahezu senkrechten Felswänden, die zu schneebedeckten Berggipfeln führen.

Schwierig ist allerdings die Anreise. Die Lagunas Llanganuco liegen hoch in der Cordillera Blanca am Fuße des höchsten Berges von Peru. Sie befinden sich auf 3850 m Höhe. Die Route von der nächstgelegenen Ortschaft, Yungay, mißt nur 25 km, doch sie ist schlecht ausgebaut, steinig und gefährlich.

Der offizielle Name der Straße – Ruta 106 – läßt sie größer wirken, als sie wirklich ist. An manchen Stellen gleicht sie eher einem Fußweg. Doch wer zu den Seen gelangen möchte, muß hier entlang.

Zu den fahrerischen Herausforderungen zählen Haarnadelkurven an steilen Abschnitten auf Sand und Kies. Es gibt ungesicherte Abgründe in mehrere hundert Meter Tiefe und blanke Felswände mit Steinschlaggefahr. Je höher man kommt, desto dünner wird die Luft; Höhenkrankheit und Atemnot können die Fahrt beeinträchtigen. Als Entschädigung wird der Blick über Perus Huascarán Nationalpark immer spektakulärer.

Von den Lagunas Llanganuca führt die 106 weiter nach Yanama. Die Strecke, die man ostwärts zurücklegen muß, bis man wieder eine befestigte Straße erreicht, ist jedoch lang. Daher ist es ratsam, denselben Weg für die Rückfahrt zu nehmen. **SH**

Von Chacas nach Shilla
Ancash, Peru

Start Chacas
Ziel Shilla
Länge 68 km
Art Landschaft
Karte goo.gl/fRqCl3

Hier haben Sie die Wahl! Es gibt eine sagenhafte, atemberaubend schöne Route ohne Lebensgefahr. Und es gibt eine andere.

Wer sich für die zweite, die legendäre AN 107 über die Anden entscheidet, bezwingt eine der höchsten Straßen in Amerika. Sie galt einst als eine der gefährlichsten Routen weltweit. Doch mittlerweile haben die peruanischen Behörden viel für die Sicherheit getan. Heute ist die AN 107 ein gut ausgebauter, zweispuriger Highway mit einem 1,3 km langen Tunnel am höchsten Abschnitt. Dennoch bietet er nach wie vor traumhafte Ausblicke auf die schneebedeckten Berge der Cordillera Blanca sowie die berühmten „1000 Kurven" mit 46 Spitzkehren in einer kurzen Passage.

Einige Fragen wird man sich sicherlich immer stellen: Hätte man den ursprünglichen Paß bewältigen können? Wie wäre es gewesen, auf dem unbefestigten, kurvenreichen Punta Olimpica den Berg in 4900 m Höhe zu überwinden?

Wer darauf Lust hast – der Paß existiert noch immer. Doch seit der Öffnung des Tunnels weiter unten hat sich der Straßenzustand noch verschlechtert. Somit ist die Straße zweifellos eine der spektakulärsten und aufregendsten Routen in diesem Buch. Die schmale, steile, aus Kies und Schlamm bestehende Strecke ist reich an Schlaglöchern, unbefestigten Abbruchkanten und Geröll. **SH**

❶ Typisch karges Terrain des hoch gelegenen Huascarán Nationalparks.

Carretera del Cañon del Pato
Ancash, Peru

Start Yungay
Ziel Calipuy National Reservation
Länge 122 km
Art Abenteuer
Karte goo.gl/Cfawp1

Die Carretera del Cañon del Pato (Straße zur Entenschlucht) punktet mit viel Eindrucksvollem, allem voran mit ihren Tunneln. Davon gibt es auf dieser anspruchsvollen Strecke in Nordperu über 40 Stück, und die meisten von ihnen bieten nur Platz für eine Autobreite. In Handarbeit wurden sie in den Fels geschlagen, und ihre Wände sind schroff und uneben. Man fühlt sich ein wenig wie in einer anderen Welt – wie in einem Tolkien-Roman.

Auch jenseits der Tunnel ist die Szenerie abenteuerlich und erzeugt das Gefühl, auf einem anderen Planeten zu sein. Die steinigen Felswände der Schlucht sind eng und wirken düster. Unterbrochen werden sie nur durch befremdliche Geisterstädte oder eingefallene Brücken. Der Straßenbelag besteht aus Kies – er ist grau und staubig. Dennoch kennzeichnet diese Route zweifellos eine spröde Schönheit.

Die Carretera del Cañon del Pato erreicht eine Höhe von 2000 m. Je höher man kommt, desto enger wird die Straße. Manchmal ist sie extrem schmal, mit einem steilen Abhang zu einer Seite. Bei Regen verschlechtert sich der Zustand rapide und Sturzfluten drohen. Daher ist diese Tour definitiv eine gefährliche Wahl. Aber sie bringt mit Sicherheit den echten Abenteurer in einem zum Vorschein. JI

➜ Ein SUV auf der Carretera del Cañon del Pato.

Paso Ticlio
Lima, Peru

❶ Die durchschnittliche Steigung ist mit 3,5 Prozent nicht besonders groß, man sollte aber auf Lkw achten.

Start Lima
Ziel La Oroya
Länge 185 km
Art Abenteuer
Karte goo.gl/Y5T8cR

Perus Hauptverkehrsader, die Ruta 22A, beginnt in Lima an der Pazifikküste, verläuft dann quer durch die Cordillera Central der peruanischen Anden und erreicht schließlich die Großstadt La Oroya. Auf der Route liegt der Hochgebirgspaß Paso Ticlio, auch Abra Anticona genannt. An seiner höchsten Stelle befindet er sich auf 4818 m Höhe. Er wird oft, wenngleich auch fälschlicherweise, als höchste ausgebaute Straße Südamerikas bezeichnet. Eine Zeitlang lag hier jedoch der höchste Eisenbahnknotenpunkt der Welt: die Ferrocarril Central Andino versorgte die Blei- und Zinkminen von La Oroya und Morococha, bis etwas tiefer ein neuer Tunnel entstand und seitdem durch das Herz des Berges führt.

Die Fahrt über den Paß ist eine kühne Unternehmung. Da die Straße wegen der Höhe oft schneebedeckt ist, sollte man mit entsprechend guten Reifen und Schneeketten ausgestattet sein. Noch gefährlicher sind die großen Geröllbrocken, die sich vom Berg lösen können, sowie die häufigen Erdrutsche. Auch wird von Lamas berichtet, die plötzlich auf die Straße laufen. Ein Zusammenstoß mit einem Lama sollte unbedingt vermieden werden. Die Straße ist eng und kurvenreich, aber die Serpentinen, Haarnadelkurven und schroffen Abgründe halten den Fahrer wach und aufmerksam. Die Schönheit der Landschaft und das phänomenale Panorama entschädigen jedoch für jede Mühe. **SA**

Hiram Bingham Highway
Cusco, Peru

Start Aguas Calientes
Ziel Machu Picchu
Länge 9 km
Art Abenteuer
Karte goo.gl/M1r8kV

Wer in die Berge Perus reist, sieht sich bald einer Entscheidung gegenübergestellt: Um zu den Ruinen der berühmten Inka-Siedlung Machu Picchu zu gelangen, kann man entweder eine Stunde lang steil den Berg hinaufwandern – oder an Bord eines Touristenbusses viel schneller nach oben gelangen.

Bevor man in den Bus steigt, sollte man einiges über diesen Highway (Carretera al Machu Picchu) wissen. Er wurde 1948 erbaut und ist nach dem US-amerikanischen Forschungsreisenden und Politiker Hiram Bingham benannt. Er hatte die Ruinen von Machu Picchu entdeckt und die Route für Touristen geöffnet. Über 65 Jahre später ist die Straße ein schmaler, staubiger Kiesweg. Zunächst folgt sie durch dichten Regenwald einem Fluß, dann beginnt der Anstieg auf 2430 m Höhe, dabei 14 unglaublich enge Spitzkehren passierend. Steinschläge und Überflutungen machen die Strecke manchmal vollkommen unbefahrbar. Auch Nebel, sintflutartiger Regen und Schnee sind keine Seltenheit. Die einzigen erlaubten Fahrzeuge auf dieser Strecke gehören zur maroden Flotte der 22 Shuttle-Busse, für die die Touristen tief in die Tasche greifen. Das Busunternehmen muß im Gegenzug die Straße instand halten.

Der Hiram Bingham Highway ist eng, die Kanten abgebrochen. Die Busse setzen zurück, um einander vorbeizulassen. Die Aussicht ist wunderbar – das eigene Wohlbefinden nicht unbedingt … **SH**

❶ Die 550 Jahre alte Festung von Machu Picchu befindet sich zwischen zwei Gipfeln in den Anden.

Cotahuasi Cañon Arequipa, Peru

Start Cotahuasi   **Ziel** Puica   **Länge** 35 km
Art Abenteuer   **Karte** goo.gl/AXkWrP

Der Cotahuasi Cañon ist fast doppelt so tief wie der Grand Canyon in Arizona – und liefert somit einen phantastischen Blick in unseren Planeten. Zwischen zwei Bergmassiven liegend, reicht er 3535 m in die Tiefe und umfaßt zwölf Ökosysteme, von fruchtbaren Quinoa-Terrassen, Wein- und Zitronenanbaugebieten bis zu blanken Felsplateaus und Kakteenwäldern. Am Grund des Canyons schlängelt sich der Cotahuasi, während an seinen Wänden eine Straße bergauf und bergab führt, mitunter zu einer Siedlung abzweigt. Die Inkas transportierten durch den Canyon Fisch von der Küste nach Cusco. Wir brauchen ein Allradauto.

Cotahuasi liegt sehr lange 368 km von Arequipa entfernt, ist aber ein idealer Ausgangspunkt für eine Erkundung des Canyons. Von hier kann man gut an der Südseite entlangfahren, über weite Strecken am Grund des Tales und mit einem Stopp an den Thermalquellen von Lucha. Serpentinen und Panoramablicke erwarten uns bei Puica, wo Nebenschluchten auf den Canyon treffen. Anspruchsvoller ist die Fahrt von Cotahuasi stromabwärts Richtung Quechualla, dem tiefsten Teil der Schlucht, wo die Straße endet. Diese schwierige Route belohnt uns mit Wasserfällen, Gräbern aus der Zeit vor den Inkas und Kandelaberkakteen. Man sollte allerdings stets konzentriert fahren – selbst beim Anblick eines Andenkondors. **DS**

❶ Die Straße ist mitunter nicht mehr als ein Kiesweg.

La Rinconada Puno, Peru

Start Puno   Ziel La Rinconada   Länge 177 km
Art Abenteuer   Karte goo.gl/Iyi932

La Rinconada ist die am höchsten gelegene Siedlung weltweit. Der abgeschiedene Bergwerksort liegt in 5100 m Höhe in den Anden, unweit der Grenze zu Bolivien. Von Schönheit ist dieser Ort nicht geprägt. Die dem kalten Wind ausgesetzte Siedlung besteht weitgehend aus provisorischen Hütten, die sich an den steilen Berghang schmiegen. Weit und breit ist kein Baum in Sicht. Kinder spielen auf Müllbergen und matschigen Straßen. Eine Kanalisation gibt es nicht. Die Luft ist so dünn, daß Neuankömmlinge kaum atmen können und Besucher die Höhenkrankheit fürchten müssen.

Von all dem abgesehen, übt die Fahrt auf der holprigen Straße nach La Rinconada einen großen Reiz aus. Es ist faszinierend, wie sich Menschen widrigen Umständen anpassen. Das Bergpanorama sieht großartig aus, aber die Durchschnittstemperatur liegt nur knapp über 0 °C. Und durch den Bergbau ist der Ort stark mit Quecksilber belastet.

Die meisten Besucher fahren am Hafen Puno am Titicacasee los. Von hier aus sind es 200 km bis La Rinconada. Zunächst geht es auf einer guten Straße durch das Reserva Nacional del Titicaca. Nach Iuatasani wird die Straße zunehmend schlechter, bis man zum Schluß auf Kies und Geröll und relativ riskant die Bergwerkstadt ansteuert. SH

❶ Die Hütten der Bergleute stehen in unmittelbarer Gletschernähe.

Transamazônica
Von Paraíba nach Amazonas, Brasilien

Start Taperoá, Paraíba
Ziel Lábrea, Amazonas
Länge 4049 km
Art Abenteuer
Karte goo.gl/MkZrw5

Diese Straße ist einerseits eine enorme Ingenieursleistung, andererseits zerstört sie den Regenwald erheblich. Als Korridor verbindet sie sieben brasilianische Bundesstaaten miteinander. 1970 nahm sie als Feldweg ihren Anfang, heute wird sie nach und nach ausgebaut. Nichts darf ihr im Wege stehen. Sie durchschneidet und zerstört die Heimat indigener Völker und bringt Rodungen sowie Bodenerosionen unvergleichlichen Ausmaßes mit sich. Mit Völkermorden und Umsiedlungen geht die ehrgeizige Ankurbelung der Wirtschaft einher, und keine andere Straße weltweit schädigt die Umwelt so sehr wie die Transamazônica.

Noch unbefestigte, staubige Streckenabschnitte verwandeln sich bei Regen in glitschige Erdoberflächen – was in einem Äquatorial-Regenwald nicht selten vorkommt. Dies macht die Straße fast das halbe Jahr lang stellenweise unpassierbar – Spekulanten und reiche Farmer befürworten das Projekt dennoch. Nahezu jeder andere verachtet es.

Natürlich ist die Fahrt auf der Transamazônica ein eindrucksvolles Erlebnis und ein spannendes Abenteuer. Aufgrund der vielen negativen Aspekte läßt sich dieser Trip aber nur schwer empfehlen. Der ehemalige englische Cricketspieler Andrew „Freddie" Flintoff fuhr fast 1200 km der Transamazônica mit dem Rad und sagte später: „Diese Straße hat allerhand auf dem Kerbholz." **BDS**

❶ Die Transamazônica durchschneidet den Regenwald.

Rodovia Presidente Dutra
Rio de Janeiro, Brasilien

Start Rio de Janeiro
Ziel Itatiaia Nationalpark
Länge 208 km
Art Kultur
Karte goo.gl/9jhsNI

Diese nicht sehr schwierige Tour kombiniert gleich zwei brasilianische Attraktionen: Rio de Janeiro und den Itatiaia Nationalpark. Man fährt größtenteils auf der gut ausgebauten BR 116, die die beiden großen Städte Brasiliens, Rio und São Paulo, verbindet. Der Highway ist die längste und wichtigste Straße des Landes. Er führt von der Nordküste bis zur Grenze nach Uruguay. Für diesen Tourvorschlag fährt man auf dem als „Rodovia Presidente Dutra" bezeichneten Abschnitt, benannt nach einem Politiker der 1950er Jahre. Man verläßt Rio nördlich des Zuckerhuts, mit der Küste der Guanabara-Bucht zur Rechten und der Christusstatue Cristo Redentor auf dem Corcovado zur Linken. Auf dem Highway passiert man schon bald den Flughafen Antonio Carlos Jobim International und trifft in den nördlichen Vororten sodann auf die BR 116. Bis man sich aus den Klauen der Stadt gelöst hat, dauert es ein wenig, aber dann tauchen am Horizont die berühmten grüne Berge auf.

Die Route schlängelt sich durch die sanfthügelige Landschaft. In langen Kurven fährt man immer höher in die Berge, vorbei an Seen, Wäldern und Flüssen. In Itatiaia verläßt man die BR 116 und fährt auf einer Asphaltstraße in den Nationalpark, der Berge und Regenwälder unter Schutz stellt. Mit etwas Glück sieht man Affen, Faultiere und Vertreter von über 400 Arten tropischer Vögel. **SH**

Rio-Niterói-Brücke
Rio de Janeiro, Brasilien

Start Rio de Janeiro
Ziel Niterói
Länge 13,4 km
Art Abenteuer
Karte goo.gl/yNGCHb

Diese Balkenbrücke ist mit knapp 13,3 km Gesamtlänge die längste Brücke auf der Südhalbkugel und die sechstlängste Brücke der Welt. Obwohl sie nach sechs Jahren Bauzeit 1974 eröffnet worden ist, entstand die Idee für dieses Bauwerk bereits fast ein Jahrhundert zuvor im Jahr 1875. Sie bringt 100 km Wegersparnis im Vergleich zur Fahrt entlang der Bucht im Norden.

Offiziell – aber nur selten so bezeichnet – heißt die Brücke Ponte Presidente Costa e Silva, zu Ehren des brasilianischen Politikers, der ihren Bau einst initiierte. *The Fast and the Furious*-Fans dürften sie aus dem fünften Film der Reihe kennen, *Fast Five* (2011), in dem sich Vin Diesel und Paul Walker auf der Brücke eine rasante, waghalsige Verfolgungsjagd mit der Polizei liefern.

Um die Brücke gemächlicher zu genießen, empfiehlt es sich, alternativ Niterói als Ausgangspunkt zu wählen. Hier lohnt auch ein Besuch des eindrucksvollen, von Oscar Niemeyer entworfenen Museu de Arte Contemporânea de Niterói. Bei der anschließenden Fahrt sieht man einige von Rios berühmtesten Attraktionen, etwa die weltbekannte Christusstatue Cristo Redentor sowie wie das Naturwunder Zuckerhut. Noch entspannter wird die Rückfahrt zum Ausgangspunkt, wenn man sich für eine Fährfahrt über die wunderschöne Guanabara-Bucht entscheidet. **TW**

Rodovia Graciosa
Paraná, Brasilien

Start Portal da Graciosa
Ziel Antonina
Länge 39 km
Art Landschaft
Karte goo.gl/Elnk71

Rodovia Graciosa ist die offizielle, wenngleich ziemlich hochtrabende Bezeichnung für einen einstigen Saumpfad im Regenwald des südbrasilianischen Bundesstaates Paraná. Diese historische Straße schlängelt sich durch den Bergwald des Parque Estadual do Pico do Marumbi. Viele Abschnitte sind atemberaubend schön, mit einer farbenprächtigen Vegetation voller exotischer Pflanzen, murmelnden Bächen und idyllischen Wasserfällen. Von den Aussichtspunkten aus lassen sich moosüberzogene Brücken und die im Nebel liegenden grünen Berge fotografieren. Sporadisch gibt es Rastplätze und Cafés. Neben der Straße sieht man häufig noch den alten, ursprünglichen Saumpfad für die Packtiere.

Es gilt jedoch zu beachten, daß manche Passagen gefährlich sind. Die Straße ist oft naß und an steilen Abschnitten aufgrund des Pflastersteinbelags sehr rutschig. Enge Spitzkehren und die üppigen, in die Straße ragenden Regenwaldpflanzen halten den Fahrer jedoch immer wachsam.

Als der Weg im 17. Jahrhundert entstand, war er die einzige Verbindung von der Stadt Curitiba zur Küste. Die sehr abgelegene Route war auch noch 1873, als sie gepflastert wurde, die einzige Straße in Paraná und blieb auch die folgenden 50 Jahre einzigartig in diesem Bundesstaat. **TW**

➲ Diese Straße ist durchgängig gepflastert.

Küstenstraße von Santa Catarina Santa Catarina, Brasilien

Start Blumenau   Ziel Praia do Rosa   Länge 365 km
Art Landschaft   Karte goo.gl/UD4Y6n

Zum brasilianischen Bundesstaat Santa Catarina gehören 563 km spektakuläre Atlantikküste. Hier befinden sich idyllische Fischerdörfer ebenso wie Surfcenter und Städte mit einer bunten Partyszene. Als Autofahrer bekommt man auf dieser Route von der ganzen Vielfalt etwas geboten.

Unsere Tour beginnt in Blumenau, das von deutschen Siedlern gegründet worden ist. Sie brachten alpine Architektur und ihre Liebe zum Bier nach Südamerika – das Oktoberfest in Blumenau ist das zweitgrößte Straßenfest Brasiliens, gleich nach dem Karneval in Rio de Janeiro. Von Blumenau fährt man ostwärts nach Balneário Camboriú. Hier erwarten einen Bars, Strandhotels und Nachtclubs.

Dann geht es Richtung Süden nach Florianópolis auf die Insel Santa Catarina. Mit 60 Stränden ist dies einer der begehrtesten Orte für Ferienhausbesitzer. Weiter südlich geht die Entschleunigung weiter. Die alte Küstenstraße führt zu zwei der beliebtesten Surfresorts Brasiliens. Guarda do Embaú ist ein hübscher Ort mit 400 Einwohnern sowie Surfshops, Boutiquen, auf Meeresfrüchte spezialisierten Restaurants und Künstlerateliers. Praia do Rosa ist etwas trendiger und bei A-Promis als Yogahochburg beliebt. Unzählige Pflasterstraßen verlaufen oberhalb der Steilküste und des Sandstrandes. **DIS**

❶ Balneário Camboriú, die Copacabana Südbrasiliens.

Rodovia Daniel Brüning Santa Catarina, Brasilien

Start SC 390 in São Joaquim   **Ziel** Lauro Müller   **Länge** 62 km
Art Landschaft   **Karte** goo.gl/3csibF

Daniel Brüning war der erste Bürgermeister von Braço do Norte und ein angesehener Politiker. Eine faszinierende Straße im Bundesstaat Santa Catarina im Südosten Brasiliens trägt seinen Namen. Auf Fotos lassen sich die Zick-Zack-Kurven am Berghang kaum einfangen. Mit mehr als 250 Spitzkehren ist die Rodovia Daniel Brüning eine Herausforderung für jeden Fahrer; der Straßenbelag ist jedoch gut, und Leitplanken sind vorhanden.

Die SC 390 beginnt nördlich von Bom Jardim da Serra und ist hier in einem sehr guten Zustand. Erst mit Beginn der Serra do Rio do Rastro beginnen die Kurven. Im Zick-Zack-Kurs fährt man bis Lauro Müller. Die Abfahrt ist enorm: 1460 m geht es hinab, fast bis auf Meeresspiegel-Höhe. Man passiert wunderbare Wasserfälle und Seen, durchquert Canyons und ist umgeben von üppiger Vegetation.

Am besten fährt man die Strecke im brasilianischen Sommer. Im Winter zieht vom Meer dicker Nebel auf und nimmt die Sicht, zudem kann Schnee die Straße unpassierbar machen. Feuchter Dunst ist das ganze Jahr problematisch, ebenso drohen Bodensenkungen. Aber davon sollte man sich nicht abschrecken lassen – die idyllische Landschaft macht bei dieser Tour alles wieder wett. **SA**

❶ Die Straße ist so kurvig wie Brüning unbeirrbar war.

Serra do Corvo Branco
Santa Catarina, Brasilien

❶ Tiefe Felseinschnitte behindern normalerweise die Aussicht, aber dieser ist spektakulär.

Start Urubici
Ziel Braço do Norte
Länge 74 km
Art Landschaft
Karte goo.gl/CKgWj4

Die SC 370, die auf dem Weg zur Küste im Südosten Brasiliens über den Paß Serra do Corvo Branco führt, sieht auf der Karte nicht außergewöhnlich aus, hat es in der Realität aber in sich. Sie beginnt im Landesinneren bei Urubici, einem Touristenort, und erinnert die ersten 30 km fast an einen Schotterweg. So schlängelt sie sich durch das Tal des Río Canoas, bevor es hoch in die Berge geht. Ab diesem Punkt wird es immer steiler und steiler – in nur 5 km werden 1470 m Höhenmeter überwunden. Die Straße wartet mit zahlreichen Serpentinen, enormen Anstiegen und ebensolchen Bergab-Passagen auf. An den Seiten der Straße erwarten uns atemberaubend steile Berghänge.

Die Ausblicke sind auf der ganzen Route unvergeßlich schön. Ganz oben am Berg befindet sich der längste vertikale Felseinschnitt Brasiliens: imposante 90 m ragen die Wände in die Höhe. Von hier aus führt die Straße wieder kontinuierlich bergab. Die engen Kurven und steilen Abhänge erfordern die volle Konzentration des Fahrers. Die meisten Aussichtspunkte in den Kurven verfügen über eine Plattform, von der sich das Bergpanorama hervorragend fotografieren läßt. Gleich nach dem Örtchen Igreja wird die Straße zur 475 und passiert Grão-Pará, bevor das Ziel Braço do Norte erreicht wird. Von hier aus ist es nur eine Autostunde bis zu den Stränden der Atlantikküste. **SA**

Serra do Rio do Rastro
Santa Catarina, Brasilien

Start Bom Jardim da Serra
Ziel Lauro Müller
Länge 24 km
Art Abenteuer
Karte goo.gl/MsZq6j

Diese Straße schlängelt sich durch die dichten, grünen, von Nebel und Dunst verhangenen Bergtäler der Gebirgskette Serra do Rio do Rastro im brasilianischen Bundesstaat Santa Catarina. Auf Luftbildern sieht sie aus wie eine Python mit einer Haut aus Asphalt. Die unzähligen Haarnadelkurven muß man selbst erlebt haben, sonst glaubt man kaum, wie sich die Kurven aneinanderreihen und man ununterbrochen mit Lenkmanövern beschäftigt ist.

Vom Startpunkt aus, dem Mensageiro da Montanha Café e Restaurante in Bom Jardim da Serra, führt die Straße vorbei an phantastischen Wasserfällen sowie Aussichtspunkten an Seen, Canyons und Wäldern. Sie zählt zweifelsohne zu den schönsten Zick-Zack-Routen auf unserem Planeten. Nach nur 12,8 km ist man von 1460 m auf Meeresspiegel-Höhe angelangt. Über 250 Kurven verbinden das brasilianische Plateau mit der Küstenebene.

Die 1903 gebaute Serra do Rio do Rastro ist dank dreier Windkraftanlagen gut beleuchtet. Sie befindet sich in einer gemäßigten Zone, wo im Winter dichter Nebel an der Tagesordnung ist und Schnee zur Sperrung des Gipfels führen kann. Am besten befährt man sie im Sommer. Bei gutem Wetter sieht man sogar den Atlantik. Doch auch dann ist Vorsicht geboten: Die Straße ist nicht besonders breit und man sollte sich nicht von faszinierend steilen Abhängen ablenken lassen. **BDS**

❶ Diese Wahnsinnsstraße ist definitiv keine gute Wahl für Fahranfänger.

Von La Paz nach Zongo
La Paz, Bolivien

Start La Paz
Ziel Zongo
Länge 70 km
Art Landschaft
Karte goo.gl/hFdBZs

La Paz ist der Regierungssitz Boliviens, aber Sucre ist die konstitutionelle Hauptstadt des Landes und Sitz des Obersten Gerichtshofs. Ein Titel ist La Paz sicher: der höchstgelegene Regierungssitz der Welt zu sein. Die Stadt befindet sich auf 3650 m Höhe und ist von einem subtropischen Höhenklima gekennzeichnet. Das bedeutet regenreiche Sommer und trockene Winter. Sie liegt in einem Talkessel, umgeben von schneebedeckten Bergen, insbesondere den vier Gipfeln des mächtigen Illimani. Dessen höchster Punkt überragt mit 6438 m Höhe die Stadt um ganze 2788 m!

So reizvoll die Stadt auch ist, so lohnenswert ist doch die Erkundung der Region. Ein Ausflugsziel ist das abgelegene Hotel Mollinedo im Zongo-Tal. Am besten verläßt man La Paz über die Ruta Nacional 3. Man folgt dieser, bis sie nach einer großen Schleife aus der Stadt herausführt. Dann geht es scharf rechts ab auf die Ruta Nacional 41, die größtenteils als Avenida Chacaltaya bekannt ist, weil sie westlich am Berg Chacaltaya vorbeiführt. Schon bald nimmt die Straße einen ländlichen Charakter an, mit langen geraden Abschnitten, gefolgt von Passagen mit vielen Spitzkehren. Kurz vor dem Ziel Zongo erreicht man das Hotel Mollinedo – ein farbenfroher, charmanter Gebäudekomplex, der mit einer gemütlichen Bar aufwartet. **SA**

➲ Das weltweit höchste Skiresort auf dem Chacaltaya.

Camino a Los Yungas, Südteil
La Paz, Bolivien

❶ Der hier abgebildete Wegzustand ist typisch für den gesamten Straßenverlauf.

Start Coripata
Ziel Coripata
Länge 120 km
Art Abenteuer
Karte goo.gl/RWq4di

Der nördliche Teil der Yungas-Straße gilt als besonders heimtückisch und wird auch „Todesstraße" genannt. Ihr etwas längerer, weiter südlich verlaufender Bruder, der hier beschrieben wird, ist angenehmer zu befahren. Doch auch diese Route, die einst die einzige Verbindung zwischen La Paz und Chulumani war, ist berüchtigt, und es gilt, einige Regeln einzuhalten: Wer bergauf fährt, hat Vorfahrt vor entgegenkommenden Autos, denn auf der oft morastigen und rutschigen Straße kann man nur schwer zurücksetzen. Und: Wo die Straße breit genug ist, sollten die Fahrer die Position ihrer Autos immer so verändern, daß jeder gut abschätzen kann, wie weit er von der Klippe oder vom Berghang entfernt ist. Leider gibt es keine Leitplanken und zahlreiche Stellen, an denen die Reifen ihren Halt verlieren können, so daß der Abgrund gefährlich nah kommt.

Diese Rundroute ist auch bei Mountainbikern sehr beliebt. Sie folgt dem tief eingeschnittenen Tal des Río Unduavi und verbindet die Straßen 40 und 25. Ob man den Fluß überqueren kann, hängt von der Jahreszeit und dem Gefährt ab, mit dem man unterwegs ist. Der Südteil der Camino a Los Yungas ist auf den staatlichen Karten nicht als durchgehende Straße eingezeichnet. So möchte man den Verkehr auf die neuere und sicherere Straße nach Chulumani umleiten. Doch mit etwas Einfallsreichtum kommt man in den Genuß dieser reizvollen Strecke. **SA**

Camino a Caranavi–Coroico Canyon
La Paz, Bolivien

Start Coroico
Ziel Caranavi
Länge 77 km
Art Abenteuer
Karte goo.gl/XOzco3

Natürlich weiß man, daß man in Bolivien nicht damit rechnen kann, auf hervorragend ausgebauten Straßen und perfekt abgesicherten Highways zu reisen. Dennoch ist man wohl kaum auf die Gefahren vorbereitet, die der 77 km lange Weg von Coroico nach Caranavi mit sich bringt. Diese Straße mit ihrem losen Untergrund und dem steilen Berghang auf der einen sowie dem massiven Flußcanyon auf der anderen Seite, entspringt der Hölle.

Die Route beginnt in Coroico und verläuft etwas unübersichtlich Richtung Süden, bevor sie sich in einer Spitzkehre wieder nordwärts wendet, entlang des Coroico-Canyons. Von jetzt an windet sie sich an den bewaldeten Berghängen der heiß-feuchten Yungas entlang. Schilder weisen die Fahrer an, sich links zu halten – das bedeutet, daß Richtung Norden Reisende immer mit zwei Rädern fast über dem Abhang hängen. Entgegenkommende Lkw und Busse sorgen für weiteren Nervenkitzel, wenn sie sich an den Autos vorbeiquetschen.

Die Berghänge sind sehr steil und das Klima oft regnerisch, so daß Erdrutsche häufig sind. Die Situation wird durch Rodungen und das Abholzen der Hänge zusätzlich verschlimmert. Anfangs liegt die Straße 150 m oberhalb des Flusses, später, wenn sich die Schlucht verengt, sind es nur noch 10 m. Letztendlich erreicht man die Kleinstadt Caranavi – und ist froh über eine Erfrischung. **SA**

❶ Diese gefährliche Bergstraße befindet sich zwischen La Paz und Coroico, unweit der Paßhöhe La Cumbre.

Cerro Chacaltaya
La Paz, Bolivien

Start La Paz
Ziel Chacaltaya
Länge 30 km
Art Abenteuer
Karte goo.gl/Dsp7Fl

Auf dem Cerro Chacaltaya in der Cordillera Real der bolivianischen Anden befindet sich eine ehemalige Skistation. Einst war sie die höchstgelegene, mit einem Lift betriebene Skistation der Welt. Bis 2009 lockte sie zahlreiche Wintersportler an, doch nun ist der Gletscher, von dem ihre Existenz abhing, weitgehend geschmolzen, so daß sie schließen mußte. Glücklicherweise blieb die schmale Straße erhalten und ist nun ein Erlebnis für mutige Autofahrer.

Dieser Roadtrip beginnt in den Vororten von La Paz. Auf der Avenida Chacaltaya geht es langsam nordwärts. Man erreicht das Zongo-Flußtal und schließlich das Basiscamp des Huayna Potosí. Nach rund 5 km biegt die Straße nach links ab. Anfangs ist die Steigung mäßig, aber auf den letzten 5 km bis zur Skistation nimmt sie deutlich zu.

Wer noch Energie zur Verfügung hat, kann auf einem Wanderweg den Gipfel des Cerro Chacaltaya erklimmen – man bedenke allerdings, daß man sich auf 5260 m Höhe befindet. Der Ausblick ist phänomenal, nicht nur auf die umliegenden Berge, sondern auch auf die kleine Ecke des Titicacasees, die im Westen zu sehen ist. Es versteht sich von selbst, daß man diesen Paß nicht bei schlechtem Wetter bereisen sollte. Schnee, Lawinen und Erdrutsche sind ständige Gefahren. **SA**

➲ Eindrucksvolle Serpentinen am Cerro Chacaltaya.

Collpani-Paß
La Paz, Bolivien

Start Tankstelle ES Cruce Luribay
Ziel Collpani
Länge 43 km
Art Abenteuer
Karte goo.gl/eabW2R

Auf der Liste der Straßen mit den weltweit meisten Serpentinen darf eine nicht fehlen: jene über den Collpani-Paß. Sie ist nicht besonders lang, verfügt aber auf einem nur 9,6 km langen Abschnitt über 52 unbarmherzige Spitzkehren. Selbst der erfahrenste Fahrer ist hier unentwegt mit dem Kurbeln des Lenkrads beschäftigt. Nicht nur bei Autofahrern ist diese Tour mit ihrer atemberaubenden Abfahrt sehr beliebt, sondern auch bei Motorrad- und Fahrradfahrern, die in Südamerika ihren Mut und ihr Können unter Beweis stellen möchten.

Die Paßstraße befindet sich im gebirgigen Departamento La Paz im Westen Bolivien, südwestlich der Hauptstadt. Man erreicht sie von La Paz über die Autovía La Paz–Oruro. An der Tankstelle ES Cruce Luribay, kurz hinter Lahuachaca, biegt man links ab. Von hier führt eine Schotterstraße entlang eines ausgetrockneten Flußbettes in die Berge, vorbei an der Ortschaft Kollpa Khuchu Belén. Dann durchquert man einen Abschnitt mit karger Vegetation, bevor man zunächst ein langes Tal und nach unzähligen Felsbrocken links und rechts den Fuß des Passes erreicht. Jetzt beginnen die Serpentinen: erst 11 harmlosere, dann 33, die es in sich haben. Am Gipfel kommen einige überraschende Nachzügler hinzu. Einige Passagen sind mit bis zu 15 Prozent Steigung sehr steil. Aber der grandiose Ausblick ist ein Grund, weshalb diese Tour so lohnenswert ist. **SA**

Camino a Los Yungas, Nordteil La Paz, Bolivien

Start Highway 3
Ziel Coroica
Länge 44 km
Art Abenteuer
Karte goo.gl/cEEdGM

Die in den 1930er Jahren von Kriegsgefangenen im dicht bewaldeten Vorgebirge der Anden gebaute Yungas-Straße mit dem Beinamen „Camino de la Muerte" gilt als eine der gefährlichsten auf der Welt. In den BBC-Serien *Top Gear* und *World's Most Dangerous Roads* wurde schon über sie berichtet.

Es ist nicht selten, einheimische Fahrer zu Beginn der Route ein stilles Gebet sprechen zu sehen, bevor sie diese Straße mit ihren steilen Abhängen in Angriff nehmen – jährlich kommen hier rund 300 Menschen ums Leben. Von der Gebirgsstraße aus kann es seitlich, ohne Leitplanken, über 600 m in die Tiefe gehen. Darüber hinaus ist der Nordteil der Yungas-Straße so schmal, daß kaum zwei Autos nebeneinander Platz haben, geschweige denn Busse oder Lkw. Es herrscht Linksverkehr, damit man als Fahrer, sich aus dem Fenster lehnend, gut den Abstand zum Fahrbahnrand einschätzen kann.

Es gibt keine ideale Jahreszeit, um diesen Roadtrip zu unternehmen: im Winter machen Starkregen, Schlammlawinen und Nebel diese Todesstraße noch tödlicher, und im Sommer kommen Steinschlag und Staubwolken hinzu. Dennoch gibt es Schätzungen, daß jährlich rund 25 000 Touristen die Camino a Los Yungas befahren. Nicht alle kehren nach Hause zurück. **DIS**

● Kurzum: diese Route ist absolut furchteinflößend.

Carretera de Tupiza a Quiriza Potosí, Bolivien

Start Tupiza
Ziel Quiriza
Länge 65 km
Art Abenteuer
Karte goo.gl/Aj2Hef

Wem der Sinn nach Off-Road und Abenteuer steht, sei dieser Trip wärmstens empfohlen. Hoch in den Anden im Departamento La Paz im Westen Boliviens gelegen, befindet sich diese Schotterstraße von Tupiza nach Quiriza durchgehend mindestens auf 3100 m Höhe. Die wilde Landschaft scheint weltabgeschieden, und die Straße ist nicht mehr als ein sandiger Weg mit lockerer Oberfläche, ab und zu ein trockenes Flußbett überquerend. Winterreifen und Schneeketten können jederzeit benötigt werden. Darauf sollte man unbedingt eingestellt sein.

Die Carretera de Tupiza a Quiriza beginnt in der Kleinstadt Tupiza weit im Süden des Landes, umgeben von roten Sandsteinhängen im Tal des gleichnamigen Flusses. Es heißt, nordwestlich von hier hätten die berühmt-berüchtigten Bankräuber Butch Cassidy und Sundance Kid ihr blutiges Ende durch die bolivianische Armee gefunden. Daher kann man an einem Tagesausflug per Jeep oder Pferd zu einer Gedenkstätte teilnehmen. Die Straße verläuft durch das Tal südwärts und biegt dann gen Westen in die Berge ab. Ihre rote Farbe paßt gut zu den rötlich-grauen Berghängen, durch die sie sich windet. Die Landschaft ohne eine einzige Siedlung wirkt grandios. Manchmal begegnet man den ganzen Tag lang keiner Menschenseele. **SA**

➲ Die Cordillera de Chichas unweit von Tupiza.

Paso del Condor Potosí, Bolivien

Start Laguna Blanca
Ziel Laguna Colorada
Länge 89 km
Art Abenteuer
Karte goo.gl/sQaZyW

Aus nicht ganz plausiblen Gründen trägt das karge Tal im Departamento Potosí im Südwesten Boliviens den Namen Salvador-Dalí-Wüste. Möglicherweise erhielt es diese Bezeichnung, weil es der Landschaft auf dem berühmten Gemälde *Die Beständigkeit der Erinnerung* (1931) des surrealistischen Malers ähnlich sieht. Die seltsamen, vom Wind geschaffenen Felsformationen Piedras de Dalí im Osten erinnern ebenfalls an Werke des Künstlers. Der Landschaft wohnt definitv etwas Surreales inne, seien es von Flamingos bevölkerte Seen oder Vulkankegel. Diese Route sollte man nicht verpassen.

Sie beginnt am unwirtlich wirkenden Salzsee der Laguna Blanca unweit der wesentlich farbintensiveren Laguna Verde. Nun geht es in nördlicher und nordöstlicher Richtung über den Paß nach Aguas Termales de Polques. Dabei erreicht man eine Höhe von 4730 m. Die Straße selbst ist zumeist eben, mit Sand- oder Schotterbelag. Gespenstisch leer sieht die Landschaft aus; nur am Horizont erblickt man zahlreiche Vulkane, darunter den Cerro Nelly und den Juriques. Da man auf dieser abgeschiedenen Paßstraße kaum Menschen antrifft, sollte man sich gut für die Tour vorbereiten. Allradantrieb ist unabdingbar, und das Tempo sollte man behutsam niedrig halten. Auf dieser Route genießt man vor allem die wahrhaft phantastische Landschaft – und normalerweise hat man sie ganz für sich alleine. **SA**

Salar de Uyuni
Antonio Quijarro, Bolivien

Start Uyuni
Ziel Isla Incahuasi
Länge 97 km
Art Abenteuer
Karte goo.gl/LQwEjD

❶ Da markante Anhaltspunkte fehlen, kann man auf dem Salar de Uyuni schnell die Orientierung verlieren.

Wer zu den Glücklichen zählt, den Salar de Uyuni in Bolivien und somit den größten Salzsee der Welt erkundet zu haben, hat wohl bereits die Reise seines Lebens gemacht. Nicht alle Geheimecken dieser Mondlandschaft sind leicht zu finden, und bei einer Größe von 10 582 qm ist die Fläche auch nicht ganz ungefährlich. Man sollte sich einem Guide anvertrauen, um das Beste aus diesem Trip herauszuholen.

Die meisten Besucher buchen einen Fahrer samt Allradwagen. Wer aber im Besitz eines Motorradführerscheins ist, kann sich vor Ort auch ein geländetaugliches Kraftrad leihen. Die meisten Touren beginnen am Stadtrand von Uyuni beim bizarren „Friedhof der Züge", wo sich unzählige alte Dampflokomotiven befinden. Von hier führt eine befestigte Straße über 29 km vorbei an Colchani, einem Zentrum der Salzgewinnung, zum einzigartigen Hotel de Sal Luna Salada. Dieses besteht vollständig aus Salz: Wände, Möbel, Dekoration – einfach alles.

Aber der Höhepunkt der Reise ist zweifellos die Salzstraße zur Insel Incahuasi; würde man die sengende Hitze nicht spüren, könnte man die Oberfläche für Schnee halten. Nach 60 km erreicht man die Insel, eine riesige, surreal wirkende Erhebung. Sie ist 25 ha groß und mit mächtigen Kakteen bewachsen. Zwischen Felsen befinden sich Fossilien mit aquatischer Herkunft und korallenähnliche Strukturen. Dies ist wahrlich ein magischer Ort auf Erden! **DIS**

Ruta 11
Arica y Parinacota, Chile

Start Arica
Ziel Chungara
Länge 203 km
Art Abenteuer
Karte goo.gl/4X7fmv

Diese Route beginnt relativ unspektakulär in der Stadt Arica am Fuße der Anden. Die Landschaft ist zwar eindrucksvoll, aber noch kein Vergleich zu dem, was noch folgt. Kaum eine Straße auf der Welt ermöglicht eine ähnliche Tour: von Meeresspiegel-Niveau führt sie hinauf bis auf 4480 m in die Höhenlagen des Lauca Nationalparks unweit der Grenze zu Bolivien. Hin und zurück ist man sieben Stunden unterwegs; deshalb sollte man ausreichend Zeit sowie auch eine Übernachtung einplanen.

Im Valle de Lluta bekommen wir an einem Berghang zunächst interessante Geoglyphen zu sehen. Der Anstieg der Straße beginnt westlich von Arica bei Poconchile. Im Handumdrehen befindet man sich auf 2000 m Höhe, umgeben von Kandelaberkakteen, die in der Wüste gedeihen. Die Nacht verbringt man am besten in Putre. Hier kann man sich akklimatisieren und an die dünne Luft in 3500 m Höhe gewöhnen. Am nächsten Morgen lohnt ein Abstecher zu den heißen Quellen Termas de Las Cuevas – sie sind angeblich ein Jungbrunnen.

Auf der Ruta 11 fährt man ostwärts in den atemberaubend schönen Lauca Nationalpark hinein, der gleich oberhalb von Putre beginnt und sich bis nach Bolivien erstreckt. In diesem Biosphärenreservat liegt am Fuße des Vulkankomplexes Payachata und somit in der berühmten Hochebene Altiplano der idyllische Lago Chungará. **BDS**

❶ Eine relativ flache Passage – aber man beachte, welche Steigung sich am Horizont abzeichnet.

Ruta 5   Von Arica y Parinacota nach Los Lagos, Chile

Start Arica, Arica y Parinacota   **Ziel** Puerto Montt, Los Lagos   **Länge** 3066 km
Art Abenteuer   **Karte** goo.gl/0QX7rc

Die Ruta 5 ist Teil der Panamericana und die längste Straße Chiles. Sie ist zudem die einzige durchgehende Nord-Süd-Verbindung des Landes. Aus der zweispurigen Straße von der Atacama-Wüste an der Grenze zu Peru bis nach La Serena wird eine vierspurige Schnellstraße, die nach Puerto Montt weiterführt. Von hier aus kommt man per Fähre zur Isla Grande de Chiloé. Auf der gesamten Strecke kreuzt die Ruta 5 mehrere Ost-West-Verbindungen zwischen dem Pazifik und Argentinien. Da man außer der Hauptstadt Santiago alle Städte umfährt, scheint die Tour leicht zu sein. Aber man sollte sich nicht täuschen. Mit einem kontinuierlich starken Wind und einem so weiten Horizont, daß man von ihm verschlungen zu werden scheint, durchschneidet die Ruta 5 eine riesige konturlose, graue Wüste. Das verleitet zur Erhöhung des Tempos. Doch die Kombination von zu hoher Geschwindigkeit mit ebener Strecke kann in der Wüste tödlich sein.

Alle 50 km gibt es abwechselnd rechts und links einen Rastplatz mit Tankstelle, Dusche und Trinkwasser – eine wesentliche Infrastruktur an Chiles wichtigster Transportstrecke. Die vier imposanten Tunnel reichen von 298 m bis 2543 m Länge. Auf der Schnellstraße wird Maut fällig, und durch Santiago führt die sechsspurige Autopista Central. **BDS**

❶ Eine breite Straße durch ein schmales Land.

Pazifik-Küstenstraße Tarapacá/Antofagasta, Chile

Start Iquique, Tarapacá   **Ziel** Antofagasta, Antofagasta   **Länge** 418 km
Art Landschaft   **Karte** goo.gl/atoDRi

Dieser Roadtrip ist eine entspannte Fahrt entlang der Westküste Südamerikas, teilweise auf der landschaftlich sehr reizvollen Ruta 1. Wir reisen vom historischen Kolonialhafen Iquique nach Antofagasta mit seinen modernen Wolkenkratzern. Die Straße ist immer angenehm breit und gut zu befahren. Zu sehen bekommt man Salzseen und Geysire ebenso wie Sanddünen und Vulkane. Auf dem Weg hinab zur Pazifikküste passiert man bizarre Felsformationen und rosafarbene Berghänge.

Während der gesamten Tour fährt man entlang der Atacama-Wüste. Diese aride Region gilt als trockenster Ort weltweit. Es gibt hier Stellen, von denen man annimmt, daß es dort noch nie geregnet hat.

Weniger attraktiv ist der auf der Route liegende Ort Tocopilla. Dieser von Industrie geprägte Nitrathafen muß kein langer Zwischenstopp werden, zumal es hier bereits schwere Erdeben gab. Stattdessen gilt es, das pulsierende Antofagasta zu erkunden. Ein Wirtschaftsboom brachte der Stadt Wohlstand und heute bietet sie gepflegte Parks, Einkaufscenter, Appartementhochhäuser und Sandstrände. Sehenswert ist auch das Wahrzeichen der Stadt: eine monumentale Skulptur in der Wüste markiert den Beginn des Breitengrads Wendekreis des Steinbocks. **SA**

❶ Der Hafen von Iquique.

Ruta 24 (Atacama-Wüste)
Antofagasta, Chile

Start Tocopilla
Ziel Calama
Länge 156 km
Art Landschaft
Karte goo.gl/iRMD8Z

Zwischen dem Pazifik und den Anden befindet sich die trockenste Region unsere Erde, ohne Schatten, Vegetation oder Bewohner: die Atacama-Wüste. Diese Tour führt geradewegs durch das gnadenlose Areal hindurch. Auf der Ruta 24 erlebt man eine eindrucksvoll staubige Landschaft mit Wüstensand, Vulkanzeugnissen und geheimnisvollen Salzseen.

Die Straße verläuft östlich des Industriehafens Tocopilla durch das Herz der Wüste bis nach Calama, einer der trockensten Städte der Welt. Bedenkenlos kann man das Verdeck öffnen: pro Jahr fallen hier insgesamt durchschnittlich weniger als 5 mm Niederschlag. Hinter Calama beginnen sich die Anden in die Höhe zu erheben, aber auch die Stadt selbst lohnt als Ausflugsziel. Hier befindet sich das größte Kupferbergwerk der Erde. Selbst der Kirchturm der Stadt ist aus Kupfer.

Auf der Ruta 24 kann man seine Kurven-Fahrkünste kaum unter Beweis stellen. Vielmehr gleicht sie einem Test, am Steuer nicht einzuschlafen. Die Straße führt zumeist gerade und eben durch die flache Wüste. Das karge, verbrannt wirkende Panorama hat seinen ganz eigenen Reiz. Man könnte sich vorstellen, über den Mars zu fahren. Und in der Tat werden in diesem Teil der Atacama-Wüste Vehikel für Mars-Expeditionen der NASA getestet. **SH**

➲ Typische Landschaft entlang der Ruta 24.

Von Chungungo nach Conay
Coquimbo/Atacama, Chile

Start Chungungo, Coquimbo
Ziel Conay, Alto del Carmen, Atacama
Länge 253 km
Art Landschaft
Karte goo.gl/h9dYua

Die Sehenswürdigkeiten von Chungungo sind seine historischen Eisenerzminen und die Fischotter am Pazifik. Von der Küste aus fährt man Richtung Osten ins Landesinnere, bis man auf die Panamericana trifft und dort nach links abbiegt.

Mit den Anden zur Rechten folgt man der Straße nordwärts 80 km bis zur Ausfahrt nach Vallenar – der Name ist eine Verfälschung von Ballenary, dem im irischen County Sligo liegenden Geburtsort von Ambrose O'Higgins. Dieser gründete 1789 die Stadt Vallenar und war Vater von Bernardo O'Higgins, dem ersten Führer eines unabhängigen Chile.

Von nun schraubt sich die Straße mit rund 30 Haarnadelkurven und zunehmender Steigung in die Berge. Den höchsten Punkt erreicht man auf 3573 m Höhe – da man sich einige Stunden zuvor noch an der Küste aufgehalten hat, ist die Höhenkrankheit eine ernst zu nehmende Gefahr: normalerweise macht sie sich ab 2500 m Höhe bemerkbar. Zudem gibt es hier viel Schnee, der oftmals eine Sperrung der Straße zur Folge hat. Daher sollte man diesen Roadtrip in die Sommermonate legen.

Chollay, der vorletzte Ort dieser Route, ist ein sympathisches Bergdorf, dessen Ziegenhirten ihre Tiere zwischen Pfirsich- und Walnußbäumen weiden lassen. Conay als Ziel dieser Reise ist ebenso reizvoll, infrastrukturell jedoch besser ausgestattet und angebunden. **JP**

Paso de Los Caracoles
Chile/Argentinien

Start Parada Caracoles, Valparaíso, Chile
Ziel Las Cuevas, Mendoza, Argentinen
Länge 17 km
Art Abenteuer
Karte goo.gl/EeoubP

Um den Namen dieses südamerikanischen Gebirgspasses gibt es so manche Verwirrung. Offiziell heißt er El Paso Internacional Los Libertadores, wobei sich das „Internacional" auf den schweren Lastverkehr zwischen der chilenischen Hauptstadt Santiago und der Region rund um die argentinische Stadt Mendoza bezieht. Zudem kennt man ihn als El Paso del Cristo Redentor, in Anlehnung an die 1904 errichtete gigantische Christusstatue Cristo Redentor de los Andes auf argentinischer Seite der Grenze. Einheimische sprechen verständlicherweise vom Paso de Los Caracoles, dem Schneckenpaß, angesichts des Tempos, mit dem man ihn erklimmt.

Auf chilenischer Seite ist die Straße zum Paß zunächst steil – bis es mit 19 Serpentinen plötzlich sogar scheinbar senkrecht nach oben geht. Auf dem Gipfel in 3207 m Höhe verschwindet die Straße im 3080 m langen Túnel Cristo Redentor. Beim Überqueren der Grenze wird die CH-60 zur argentinschen RN 7, auf der es weitaus entspannter bergab nach Mendoza geht. Hier sollte man sich einen guten Drink und eine Übernachtung gönnen.

Die eigentliche Christusstatue befindet sich noch höher auf dem Berg. Dorthin bewältigte die Straße einst mit zusätzlichen 65 Spitzkehren einen weiteren Anstieg um 632 m, bevor der Tunnel erbaut wurde – ein Hoch auf die Leistung der Bauingenieure! **SA**

Carretera Austral
Los Lagos/Aysén, Chile

Start Puerto Montt, Los Lagos
Ziel Villa O'Higgins, Aysén
Länge 1223 km
Art Abenteuer
Karte goo.gl/3pYm65

Bestimmt ist es schmeichelhaft, wenn eine Straße nach einem benannt ist, insbesondere eine Straße durch eine atemberaubend schöne Landschaft mit Bergen, Schnee und Seen. Aber wenn man, wie General Augusto Pinochet, ein Militärdiktator ist, darf man sich nicht wundern, wenn die Bevölkerung die Straße bei der nächsten Gelegenheit wieder umbenennt. So gab es einst die Carretera General Augusto Pinochet, die durch Patagonien führte. Sie entstand in den 1970er und 1980er Jahren während Pinochets Herrschaft. Nach dem Ende des Regimes erhielt sie den Namen Carretera Austral.

Die Straße schlängelt sich durch den Süden Chiles und erschließt, einst aus militärischen Gründen, abgelegene Regionen. Der Belag variiert, oft ist es Schotter. Allradantrieb wird empfohlen, da es zahlreiche Schlaglöcher geben kann. Die Landschaft zeigt sich faszinierend abwechslungsreich, von schneebedeckten Bergen über üppig grüne Wälder bis zu riesigen Seen und sogar Gletschern. Da die Gegend sehr einsam ist, sollte man gut ausgerüstet sein. Immer im Gepäck ist eine phantastische Aussicht. Es gibt einige starke Steigungen und Abfahrten, und zahlreiche Kurven und Spitzkehren erfordern hohe Konzentration. Glücklicherweise befinden sich entlang der Strecke Campingplätze, so daß man entspannt und voller Begeisterung die Landschaft und die Tour genießen kann. JI

❶ Der Straßenbelag ist nicht einheitlich. Manchmal fährt man auf Asphalt, manchmal auf Schotter und Kies.

Ruta 265
Aysén, Chile

Start Puerta Guadal
Ziel Chile Chico
Länge 106 km
Art Landschaft
Karte goo.gl/QqaYyj

Diese Route entlang des Südufers des Lago General Carrera – im benachbarten Argentinien Lago Buenos Aires genannt – beginnt in der Stadt Puerto Guadal. Diese wird im Reiseführer *Lonely Planet* als ein Ort beschrieben, der durchgehend Siesta hält.

Von nun an ist die Straße niemals langweilig und zugleich selten vollkommen ungefährlich. Linker Hand befindet sich der von den Andenausläufern eingerahmte See – ein Bilderbuchpanorama für das Angeln von Forellen und Lachs; rechter Hand sieht man die Reste von seit langem stillgelegten Gold- und Silberminen. Es gibt nur wenige Leitplanken, die einen unachtsamen Wagenlenker vor einem Absturz von der Straße bewahren würden. Diese verläuft häufig auf beängstigend schmalen Felsvorsprüngen hoch über dem Wasser. Eine weiteres Risiko sind andere Fahrer: fern von Radarfallen wähnt sich hier so mancher auf einer Formel-Eins-Strecke.

Richtung Argentinien wird die Straße besser: die Schotterpiste verwandelt sich in eine glatte Asphaltstraße. Auch das Wetter wird erträglicher. Das warme Mikroklima bildet einen angenehmen Kontrast zum restlichen Patagonien, das weithin für seinen fast unablässigen Wind bekannt ist.

Obwohl sich die Stadt Chile Chico direkt an der Grenze befindet, reisen viele über Puerto Ingeniero Ibáñez nach Argentinien ein. Diesen Ort erreicht man mit einer Fähre im Norden des Sees. **JP**

❶ Die Capillas del Marmol (Marmorkapellen) im Lago General Carrera. Die Straße verläuft oberhalb.

Cuesta del Lipán – Ruta Nacional 52
Jujuy, Argentinien

Start Purmamarca
Ziel Salinas Grandes
Länge 65 km
Art Landschaft
Karte goo.gl/qmDRIC

Neun von zehn Besuchern der Provinz Jujuy im Nordwesten Argentiniens kommen aus Lateinamerika. Für die meisten anderen Menschen bleibt diese Region eine unbekannte Gebirgswelt des Altiplano, einer semiariden, wüstenartigen Hochebene. Hier befindet sich die Cuesta del Lipán. Ein Abschnitt der Ruta Nacional 52 beginnt in der aus vorspanischer Zeit stammenden Stadt Purmamarca; mit dem Cerro de los Siete Colores (Berg der sieben Farben) als traumhafter Kulisse windet sich die Straße ab hier 34 km lang in die Höhe.

Nach Purmamarca erfolgt der Anstieg um 1980 Höhenmeter auf einer Straße, die so schön wie gleichermaßen gefährlich ist – ein asphaltierter Zick-Zack-Highway erreicht in 4170 m Höhe bei Abra de Potrerillos den Gipfel. Nun geht es hinab zu den Salzwüsten Salinas Grandes, die sich auf insgesamt 525 Quadratkilometern erstrecken.

Von einem Aussichtspunkt unweit von Abra de Potrerillos aus kann man die unzähligen Spitzkehren bewundern, die man soeben bewältigt hat – auf einer Straße, die jahrhundertelang nur ein schmaler Trampelpfad gewesen ist. In den 1970ern erweiterte man diesen zu einer Schotterstraße, 2000 folgten die ersten asphaltierten Abschnitte. Dennoch hat sich nicht vieles verändert. Die Cuesta del Lipán bleibt ein harmonisch wirkendes Zeugnis der Menschheit inmitten unberührter Natur. **BDS**

❶ Die Cuesta del Lipán ist Teil einer wichtigen Verbindung zwischen Argentinien und Chile.

Carretera de Iruya
Jujuy/Salta, Argentinien

Start Humahuaca, Jujuy
Ziel Iruya, Salta
Länge 74 km
Art Abenteuer
Karte goo.gl/sa5mJl

Herzlich willkommen im wilden Nordwesten Argentiniens, wo man auch einfach mit einem normalen Bus in die nächste Stadt fahren könnte – aber dann doch einen Roadtrip wie diesen hier unternimmt. Ob als Fahrer oder Beifahrer, die erste Etappe dieser Tour kommt einem noch recht harmlos vor. Die RN 9 ist eine unspektakuläre zweispurige Asphaltstraße. Man sieht zwar die zerklüfteten Berge am Horizont, findet sie aber lediglich attraktiv und wittert noch keinerlei Gefahr. Dies ändert sich schlagartig an der Abzweigung auf die RP 13. Hier gibt es kein Hinweisschild – aber eine Schotterstraße führt geradewegs in die Berge hinein und die Kurven und Anstiege sind bei Regenwetter Herausforderungen, die es in sich haben. Und hier kann es oft und reichlich regnen.

Aber die Route bietet großartige Bergpanoramen, besonders hervorzuheben sind die tiefen Schluchten kurz vor dem Ziel. Die Straße überwindet einen Paß auf 4100 m Höhe, bevor es 2800 m hinab nach Iruya geht, einer Siedlung mit eindrucksvollen Lehmhäusern. Ein phantastisches Fotomotiv sind die idyllischen Gebäude rund um die alte Kirche mit den hohen Bergen im Hintergrund. Touristen geraten auch in Versuchung, die Einheimischen zu fotografieren – viele von ihnen stammen von den Inkas ab. Man muß aber wissen, daß Aufnahmen ohne Einwilligung der Personen gesetzlich verboten sind. **SH**

❶ Ein eher leichterer Streckenabschnitt schon kurz vor Iruya in den Ausläufern der Anden.

Von Fiambalá nach Copiapó
Argentinien/Chile

Start Fiambalá, Catamarca, Argentinien
Ziel Copiapó, Atacama, Chile
Länge 481 km
Art Abenteuer
Karte goo.gl/eg3jlC

Diese abgelegene Paßstraße in den Anden führt durch eine trockene, wüstenähnliche, von Vulkanen geprägte Landschaft, die die argentinische Provinz Catamarca mit Copiapó in Chile verbindet. Mit einer maximalen Höhe von 4726 m liegt die Route fast 1340 m höher als die höchste Straße in Europa, jener auf den spanischen Berg Pico del Veleta. Daher sollte man bei sich und anderen stets auf erste Anzeichen der Höhenkrankheit achten.

Wer im Sommer hierherkommt, vermeidet zwar die eiskalten Temperaturen des Winters, aber der Wind ist ein ständiger Begleiter – wie aus dem Nichts taucht der gefürchtete *viento blanco* (weißer Wind) auf und fegt mit unerbittlicher Macht über die Straße. Die Landschaft läßt dies jedoch vergessen. Ganz in der Nähe befindet sich der 6893 m hohe Ojos del Salado, der höchste aktive Vulkan der Welt und der zweithöchste Berg der westlichen Hemisphäre. Mit einem Allradwagen kann man relativ nah an ihn heranfahren. Weitere Highlights sind in Chile die karge Salzwüste Salar de Maricunga sowie das Vulkanmassiv Nevado Tres Cruces.

Auf argentinischem Boden ist die Straße asphaltiert, aber jenseits der Grenze fährt man auf lockerem Untergrund hinab nach Copiapó. Jetzt wird die Route gefährlich, da sich der Straßenzustand rapide verschlechtert, doch das Panorama wird immer grandioser und zieht alle Aufmerksamkeit auf sich. **BDS**

❶ Hier überquert die Straße die Grenze zwischen Argentinien und Chile.

Lenguas del Cochuna
Tucumán, Argentinien

Start Yunka Suma
Ziel Alpachiri
Länge 45 km
Art Landschaft
Karte goo.gl/5a2W1S

Einige der in diesem Buch beschriebenen Roadtrips sind auf der Karte fast eine gerade Linie. Diese Route aber ähnelt stellenweise einer eingerollten Schlange. Sie befindet sich im Nordwesten Argentiniens in der Provinz Tucumán. Diese zählt zwar zu den am weitesten entwickelten Regionen des Landes, doch hier an der RN 15, die durch den Campo de los Alisos Nationalpark führt, zeigt sich ein anderes, ein ländliches Bild. In diesem geschützten Areal befinden sich im Regenwald bedeutende Zeugnisse der Inka-Zeit, aber kaum Spuren moderner Zivilisation.

Der Abschnitt Lenguas del Cochuna verbindet die abgeschiedenen Ortschaften Yunka Suma und Alpachiri. Die Region ist von tiefen, üppig grünen Tälern gekennzeichnet, umgeben von steilen, bewaldeten Berghängen, die oft wolkenverhangen sind.

Besonders schnörkelig zeigt sich auf der Karte ein loser Schotterweg, der durch den Regenwald von der Talsohle bis auf den Berg hinaufführt. Er ist schmal und rutschig, besonders nach den häufigen Regenfällen. In nur 6 km hat man nicht weniger als 31 Serpentinen zu bewältigen – ohne Leitplanken vor dem Hunderte Meter tiefen, steilen Abgrund.

Überraschenderweise kann man dieser wildromantischen Route via Google Street View folgen – und wenn es der Kamerawagen von Google geschafft hat, dann sollte diese Tour auch für uns zu bewerkstelligen sein. **SH**

Túneles de Taninga
Córdoba, Argentinien

Start Taninga
Ziel El Cadillo
Länge 52 km
Art Abenteuer
Karte goo.gl/S9Tw05

Diese Strecke findet nicht in jedem Reiseführer Erwähnung – aber wer sich in der Nähe der Stadt Taninga in der argentinischen Region Córdoba aufhält, findet hier eine reizvolle Schotterstraße – *un ripio*, wie die Einheimischen dazu sagen –, die von den Toren der Stadt in die umliegenden Berge führt. Sie ist nicht die einzige, die aus dieser abgeschiedenen Ortschaft herausführt, aber man wird kein Problem haben, sie zu finden. Egal, wen man nach dem Weg zu *los túneles* („den Tunneln") fragt – er weiß genau, wovon man redet und was man sucht.

Diese fünf Tunnel am Fuße der Sierra Chicas entstanden, wie auch einige hübsche Brücken, in den 1930er Jahren auf Initiative des italienischen Einwanderers Don Juan Breggia als Anbindung von Taninga an die argentinische Hauptstadt Buenos Aires. Uneinsehbare Kurven, Serpentinen und eine seltene spiralförmige Brücke sind Charakteristika der Route.

Die Tunnel wurden an jener Stelle in den felsigen Berg gegraben, wo die Sierra fast abrupt zur weiten Ebene von La Rioja abfällt. Es gibt kaum Verkehr und somit zahlreiche Möglichkeiten, das Auto zu verlassen und die kunstvollen Bauwerke aus der Nähe zu betrachten. Dabei sollte man dennoch Vorsicht walten lassen: einige morsche Holzleitplanken sowie kniehohe Mäuerchen am Straßenrand, die bereits bröckeln, erlauben an den höchsten Streckenabschnitten keine Fehler. **BDS**

Carretera Transandina
Argentinien/Chile

Start Mendoza, Argentinien
Ziel Santiago, Chile
Länge 364 km
Art Landschaft
Karte goo.gl/LmsJKW

Die Carretera Transandina, offiziell Troncal 7, durchquert Argentinien von Ost nach West. Sie beginnt in der Hauptstadt Buenos Aires und führt über die Anden nach Chile, wo sie als CH-60 und CH-57 weit jenseits der Berge zur Hauptstadt Santiago und zur Hafenstadt Valparaiso am Pazifik führt.

Die gesamte Strecke bietet ein wunderbares Roadtrip-Abenteuer, aber der hier beschriebene Abschnitt deckt nur einen kleinen Teil ab. Die Etappe erstreckt sich von der Weinstadt Mendoza über die Anden und verläuft dabei in unmittelbarer Nähe von Südamerikas höchstem Berg, dem Aconcagua (6962 m).

Die Straße ist größtenteils hervorragend ausgebaut, mit glattem Asphalt und guter Beschilderung. Gefährlicher wird es an Baustellen oder wenn Lkw die freie Fahrt behindern. Kurz vor dem Ziel muß man auch mit einigen Haarnadelkurven rechnen, die die volle Konzentration des Fahrers erfordern.

An der Grenze zu Chile in 3832 m Höhe markiert die Christusstatue Cristo Redentor de los Andes den Beginn des Bergpasses Paso Internacional Los Libertadores. Zwischen den Ländern befindet sich ein Tunnel, so daß man unter der Erde ist, wenn man seinen Ausweis vorzeigen muß. Insgesamt ist die Strecke sicher und eine gute Möglichkeit, das Andenpanorama zu genießen. Im Winter ist allerdings Vorsicht geboten. Man sollte den Wetterbericht verfolgen und sich nicht auf lokale Angaben verlassen. **SH**

❶ Von Küste zu Küste windet sich die Straße durch die zerklüfteten Berge der Anden.

Avenida 9 de Julio Buenos Aires, Argentinien

Start Presidente Arturo Illia 212, Retiro   Ziel Ruta Nacional 205, Avellaneda   Länge 8 km
Art Kultur   Karte goo.gl/rSzxEX

Die Avenida 9 de Julio in Buenos Aires ist die breiteste Straße der Welt: sie ist einen Straßenblock breit und hat 16 Fahrspuren. Obwohl die Route kurz ist, sollte man für die am meisten frequentierte Nord-Süd-Verkehrsader in Argentiniens Hauptstadt je nach Verkehrsaufkommen ausreichend Zeit einplanen.

Der Name der Straße erinnert an den Unabhängigkeitstag des Landes. Das spiegelt sich auch in den Monumentalbauten entlang der Strecke wider.

Von der Arturo-Illia-Schnellstraße (mautpflichtig) biegt man südwärts auf die Avenida 9 de Julio ein. Das erste imposante Gebäude ist das Teatro Colón. Es wurde 1908 errichtet, um zu demonstrieren, daß Buenos Aires eine Kulturstadt ist. Kurze Zeit später passiert man einen 67 m hohen Obelisken. Das weiße Denkmal befindet sich auf einem Grünstreifen am Plaza de la República, Ecke Avenida Corrientes. Seit seiner Fertigstellung 1936 versammeln sich auf dem Platz regelmäßig Bürger – sei es für nationale Festlichkeiten oder politische Proteste. Nun geht es weiter geradeaus zur Kreuzung mit der Agenda de Mayo. Hier sieht man die Statue von Don Quixote, dem Helden aus Miguel de Cervantes' Roman von 1605. Auf beiden Seiten säumt viel Grün die Prachtstraße, die mit einer Brücke über den Matanza-Riachuelo führt und an der Ruta Nacional 25 endet. **CK**

❶ Der Obelisk inmitten der Avenida 9 de Julio.

Che Guevaras *Diarios de motocicleta* Argentinien und weiter

Start San Francisco, Santa Fe, Argentinien **Ziel** Buenos Aires, Argentinien **Länge** 18 864 km
Art Kultur   **Info** goo.gl/s4B9pD

1952 unterbrachen der Medizinstudent Che Guevara und sein Freund Alberto Granado ihr Studium für eine 9-monatige Motorradtour durch Südamerika.

Nur mit viel Ausdauer läßt sich ihre Route heute nachfahren. Von ihrer Universitätsstadt aus steuerten sie zunächst Buenos Aires an, dann durchquerten sie die Anden, den Amazonas-Regenwald und die Atacama-Wüste. Ihre Reise führte sie in insgesamt sechs Länder: Argentinien, Chile, Peru, Kolumbien, Venezuela und USA. Auf welchem Weg auch immer man eine derartig lange Strecke bewältigt – es ist eine Reise, die das Leben verändert. So erging es auch Che, der durch die Armut, die er sah, bekanntermaßen zum Revolutionär wurde.

Die oben genannte Webseite beschreibt die gesamte Route. Aber es wäre unrealistisch, sie komplett in Angriff zu nehmen; und die vorletzte Etappe, die die jungen Männer nach Caracas, Venezuela und Miami führte, ist nur per Flugzeug umsetzbar.

Che schrieb seine Reiseerinnerungen nieder, und *Diarios de Motocicleta* (*Die Reise des jungen Che*) wurde 2004 verfilmt. Der brasilianische Regisseur Walter Salles besetzte die Rolle des Che mit dem Mexikaner Gael García Bernal. Rodrigo de la Serna, der Granado spielte, ist tatsächlich ein entfernter Verwandter von Che, der 1967 in Bolivien ermordet wurde. **SH**

❶ Standfoto aus dem Road Movie von 2004.

Halbinsel Valdés
Chubut, Argentinien

Start Puerto Madryn
Ziel Punta Pardelas
Länge 315 km
Art Landschaft
Karte goo.gl/sdBqbU

Dieser Roadtrip ist eine Rundreise um die flache, sehr windige Halbinsel Valdés im Süden Argentiniens. Sie befindet sich in einer warmen, trockenen Region Patagoniens und wird von langen, geraden Straßen unterteilt. In der kargen Landschaft sind höchstens einige Schafe zu sehen, mit etwas Glück auch ein Nandu, der in der dortigen Steppe lebt.

Die Halbinsel hat etwas Einsames, Melancholisches. Zwischen den schnurgeraden, glatten Highways liegen geheimnisvolle Salzseen. Einige von ihnen sind mit 40 m unter dem Meeresspiegel die tiefsten Punkte Südamerikas. Der eigentliche Grund, weshalb man auf die Halbinsel Valdés reist, sind die Pinguine. Ihre Kolonien aus Hunderten und Tausenden Tieren lassen sich hier ideal beobachten. Zudem bekommt man auch Seelöwen und See-Elefanten zu Gesicht. Und als Sahnehäubchen kann man Zeuge eines besonders aufregenden Naturschauspiels werden: Man sieht, wie riesige Orkas am Strand Jagd auf Robben machen.

Vor Ort erfährt man, an welcher Stelle der Küste aktuell die besten Beobachtungen möglich sind. Buchbar sind unzählige Führungen und Bootsausflüge. Die Tierwelt der Halbinsel Valdés ist so einzigartig, daß sie als Naturreservat zur Welterbeliste der UNESCO gehört. **SH**

Ruta Provincial 31
Chubut, Argentinien

Start Kreuzung zwischen RN 25 und RP 31
Ziel Estancia la Concepción
Länge 89 km
Art Landschaft
Karte goo.gl/6tbCpi

Inmitten einer riesigen, trockenen Ebene im Süden Argentiniens biegt man von der RN 25 mit ihrer glatten Asphaltdecke in südlicher Richtung auf eine unbefestigte Straße ab. Diese ist ohne Steigung, schnurgerade und schnörkellos – wie die Strecke eines Dragsterrennens. Kilometerlang rast man durch die staubige Savanne, ohne lenken zu müssen. Doch einnicken darf man nicht. Denn plötzlich gibt es eine Kurve und dann noch eine, und die nun asphaltierte Straße windet sich hinab durch Felsbögen und zerklüftete Schluchten. So erreicht man den spektakulären, nach einem einheimischen Naturforscher benannten Staudamm Florentino Ameghino. Man fährt geradewegs über das Bauwerk hinweg – ein idealer Fotostopp. Auf der einen Seite fließt das Wasser wieder ab, auf der anderen befindet sich im Tal ein Dorf.

Die Straße schlängelt sich mit Kurven und Kehren durch grobe Felstunnel und zwischen roten Felsformationen hindurch. Man meint, in Arizona zu sein, wenn man an den zerklüfteten Felsen und riesigen Steinsäulen vorbei durch die Schlucht des Chubutflusses fährt. Schließlich führt die Route auf eine Anhöhe, wo es wieder eben geradeaus geht, und plötzlich erreicht man bei der Estancia La Concepción die RN 3: Das surreale Abenteuer ist zu Ende. **SH**

➡ Der See hinter dem Staudamm des Chubut.

Ruta Nacional 40
Von Santa Cruz nach Jujuy, Argentinien

Start Punta Loyola, Santa Cruz
Ziel La Quiaca, Jujuy
Länge 5024 km
Art Abenteuer
Info goo.gl/WlhkLk

Wie wäre es mit einem netten, kleinen Roadtrip? Die Ruta Nacional 40 ist die längste Nationalstraße Argentiniens und eine der längsten Fernstraßen der Welt. Sie mißt über 5000 km und verbindet den Südzipfel des Landes, der dicht an der Antarktis liegt, mit der Grenze zu Bolivien hoch in den Anden.

Ein Roadtrip dieser Länge gleicht einer riesigen Expedition. Wer durch ganz Argentinien reist, wird mit einer Fülle an Sehenswürdigkeiten und Erfahrungen beschenkt. Zu den Höhepunkten der Reise könnten die prähistorischen Hand-Höhlenmalereien der UNESCO-Weltkulturerbestätte Cueva de las Manos oder die 47 Gletscher im Los Glaciares Nationalpark zählen. Es bietet sich auch die Möglichkeit, die farbenprächtigen Felsen und Berge der Valles Calchaquíes sowie Argentiniens Weinhauptstadt Mendoza zu besichtigen. Die von den Einheimischen La Cuarenta genannte Straße folgt auf ihrer gesamten Länge dem östlichen Rand der Anden, so daß atemberaubende Aussichten vorprogrammiert sind.

Ein Großteil der Straße ist befestigt. Um Handel und Tourismus anzukurbeln, soll künftig die ganze Strecke asphaltiert werden. Für Argentinier hat sie eine ähnliche Bedeutung wie die Route 66 für US-Amerikaner: Sie ist Quelle zahlreicher Mythen und Lieder und definitiv eine Strecke, die jeder Argentinier einmal in seinem Leben fahren möchte. **SH**

ⓘ Die Ruta Nacional 40 unweit des Berges Fitz Roy am Südpatagonischen Eisfeld.

Ruta 3, Tierra del Fuego
Ushuaia, Argentinien

Start Grenze zwischen Argentinien und Chile
Ziel Ushuaia
Länge 399 km
Art Abenteuer
Karte goo.gl/KHkrKO

Wer auf der südlichsten Asphaltstraße der Welt, der argentinischen Ruta 3, von Buenos Aires Richtung Süden unterwegs ist, dem werden auf dem Weg nach Feuerland (Tierra del Fuego) zweimal Grenzen gesetzt: einmal von Menschenhand (die Einreise nach Chile), und einmal von der Natur (Magellanstraße). Nach der Überquerung des Wassers kehrt man auf der Ruta 3 nach Argentinien zurück, um schließlich durch das karge, nicht ungefährliche und einsame Hinterland des Archipels nach Ushuaia zu fahren, der südlichsten Stadt der Welt.

Der Tierra del Fuego-Abschnitt der Ruta 3 beginnt als schmale, schlecht ausgebaute Schotterstraße, die Richtung Süden immer besser wird. Das Wetter ist hier sehr wechselhaft, und das subpolare Klima der Region bringt zwischen April und September eisige Winde und häufigen Schneefall mit sich. In wärmeren Monaten genießt man allerdings einen Roadtrip in wunderschöner Natur und Abgeschiedenheit.

In der Mitte der Strecke befindet sich die Provinzhauptstadt Río Grande. Hier gibt es Unterkünfte in jeder Preisklasse. Mit einem Allradwagen hat man die Möglichkeit, auf einer der umliegenden Estanzias zu übernachten, die oft abseits der Hauptstraße an unbefestigten Wegen liegen. Alternativ fährt man einfach weiter. Jede Tankgelegenheit sollte man nutzen. Und versichern Sie sich vorab, daß es keine Sperrungen von Straßenabschnitten gibt. **BDS**

Uruguay-Tour
Maldonado/Rocha, Uruguay

Start Punta del Este, Maldonado
Ziel Punta del Diablo, Rocha
Länge 193 km
Art Abenteuer
Karte goo.gl/aYY2zr

Dies ist ein Abenteuertrip zwischen zwei Badeorten, die unterschiedlicher nicht sein könnten. Er beginnt in Punta del Este, einer der schicksten Küstenstädte von Uruguay (und von ganz Südamerika). Die Appartementblocks und Luxusvillen befinden sich auf einer Halbinsel mit Sandstrand an der Mündung des Río de la Plata, östlich der Hauptstadt Montevideo. Neben den teuren Yachten, exklusiven Restaurants und attraktiven Menschen gehören zu den Sehenswürdigkeiten von Punta del Este eine Steinskulptur in Form einer Hand, die aus dem Sandstrand emporragt, sowie ein Stadtrennkurs à la Monte-Carlo. Wir fahren kein Rennen, sondern begeben uns entlang der Küste weiter ostwärts.

Man folgt der Ruta 10, so weit es geht, und gelangt an Strände wie El Caracol und La Paloma. Allmählich verwandelt sich Uruguay von einer Riviera in das südamerikanische Pedant zum Wilden Westen der USA. Der Highway wird etappenweise zu einer groben Schotterstraße, und die Ferienorte zunehmend bescheidener. Manchmal sind Umwege erforderlich, um einen See oder eine Flußmündung zu umfahren, die Ruta 10 ist keine konstant gut zu befahrende Straße. In Punta del Diablo angekommen, trägt man vermultich ein Bandaña und ein Batik-T-Shirt, denn hier entspannt man gemeinsam mit Backpackern und Künstlern gemütlich am Lagerfeuer und an provisorischen Strandbars. **SH**

Europa

↳ Die spektakuläre Transalpina in Rumänien ist ein echtes Erlebnis.

Svalvogarvegur (622) Westfjorde, Island

Start Þingeyri   **Ziel** Fossdalur   **Länge** 37 km
Art Abenteuer   **Karte** goo.gl/lrPYS3

Dies ist ein Roadtrip für Unerschrockene am Rande einer abgelegenen Landzunge zwischen den Fjorden Dyrafjördur und Arnafjördur im äußersten Nordwesten Islands. Auch bei gutem Wetter ist die 622 nur mit robusten Allradfahrzeugen mit viel Bodenfreiheit befahrbar. Allerdings ist das Wetter, wie auf diesem Breitengrad zu erwarten, selten gut. Von der Landseite her besteht die ständige Gefahr von Steinschlag, der Ozean ist unangenehm nah, und die Flut spült die Strecke mindestens ein paarmal im Jahr weg. Die Straße ist häufiger gesperrt als geöffnet (am besten versucht man es im Frühjahr), und der einzige Weg, den aktuellen Stand zu erfahren, ist, an der Tankstelle in Þingeyri nachzufragen.

Der Himmel kann anfangs klar und die Straße frei sein, doch das kann sich jederzeit während der einstündigen Fahrt ändern: Stürme ziehen hier sehr plötzlich auf, schon ein kleiner Regenschauer macht die Strecke rutschig, und hinter dem Fahrbahnrand liegt nichts als der Ozean.

Die 622 wird gelegentlich als „Traumstraße" bezeichnet, aber normalerweise nur von jenen, die sie noch nie gefahren sind oder einen ausgeprägten Sinn für Ironie haben. Doch Alpträume kann man überleben, und dieser ist während der Fahrt aufregend und im Rückblick unterhaltsam. **JP**

❶ Auf der 622 bei Þingeyri.

Djúpvegur (61) Westfjorde, Island

Start Hólmavík   Ziel Ísafjörður   Länge 220 km
Art Abenteuer   Karte goo.gl/aCPnC6

Der Süden Islands stellt für die meisten Touristen bereits eine Herausforderung dar, doch dieser Teil des äußersten Nordwestens der Insel läßt Reykjavik und den Golden Circle (Þingvellir, Gullfoss und Großer Geysir) im Vergleich zahm und lieblich erscheinen. Nur jeder zehnte Besucher Islands kommt so weit hinaus, doch für naturverbundene Ausflügler ist die Strecke äußerst empfehlenswert.

Die 61 zwischen Hólmavík und Ísafjörður nimmt den einzig möglichen Verlauf, und der schmiegt sich für den größten Teil der Strecke an die Küste. Da das Meer hier fünf Fjorde bildet, die sich tief in die Landmasse fressen, bedeutet das viele Schlenker und zahlreiche enge Haarnadelkurven. Fast die einzige Unterbrechung des Zickzackkurses bietet die Brücke über die Mündung des zweiten Fjordes, Mjólfjordur, dafür wehen dort die eisigen Winde des Fjordes Ísafjarðardjúp, der sich nur 64 km südlich des Polarkreises in den Nordatlantik öffnet.

Die Bedingungen auf der 61 sind selten mild. Die beste Reisezeit ist vom 10. bis 29. Juni, wenn die Tagestemperaturen auf 10 °C steigen und das Tageslicht rund um die Uhr scheint, denn dies ist das Land der Mitternachtssonne. Einen Besuch lohnt auch das älteste Haus Islands in Ísafjörður. Es wurde 1734 erbaut und ist heute ein Volksmuseum. **JP**

◐ Die herbe Schönheit von Ísafjörður.

Golden Circle Hauptstadtregion / Region Süd, Island

Start Reykjavík   **Ziel** Reykjavík   **Länge** 319 km
Art Landschaft   **Karte** goo.gl/8rhrG8

Der Golden Circle ist ein beliebter Tagesausflug auf einer glatten, gut gepflegten Straße. Die Rundfahrt führt an einigen landschaftlichen und historischen Sehenswürdigkeiten Islands vorbei, darunter der Nationalpark Þingvellir, Sitz des ersten isländischen Parlaments – eines der ältesten der Welt – und seit kurzem Drehort für die Fernsehserie *Game of Thrones*.

Die geologischen Highlights folgen bald. Ein Fußweg führt entlang der Trennlinie zwischen der nordamerikanischen und der eurasischen Platte – dem Mittelatlantischen Rücken –, welche immer noch auseinanderdriften. Es ist der einzige Ort auf der Erde, an dem sich solche Formationen dieser Gebirgskette oberhalb des Meeresspiegels befinden.

In Haukadalur warten geothermische Attraktionen wie der Geysir Strokkur, der alle paar Minuten brühendes Wasser 30 m hoch in die Luft schleudert, und der Gullfoss, der zwei aufeinandertreffende Wasserfälle bildet, die mit 140 m³ pro Sekunde über drei riesige Stufen erstarrter Lava stürzen.

Interessant ist auch der Kratersee Kerið, der von Moosen und leuchtend roten und grünen mineralisierten Böden umgeben ist. Der Fußmarsch vom Kraterrand hinunter zum See dauert nur fünf Minuten und bietet eine fabelhafte Einführung in dieses bemerkenswerte Land aus Feuer und Eis. **BDS**

❶ Ein Teil des Wasserfalls Gullfoss.

Hringvegur (Ringstraße) Hauptstadtregion und weiter, Island

Start Reykjavík Ziel Reykjavík Länge 1286 km
Art Abenteuer Karte goo.gl/qHroMI

Es gibt so viele Naturwunder auf dieser Rundfahrt zu bestaunen, daß eine Woche dazu kaum ausreicht; zehn Tage sind schon nötig, um der Tour gerecht zu werden. Die gut gepflegte Nationalstraße 1 führt von der Hauptstadt zum Seljalandsfoss, einem malerischen Wasserfall, zwischen dessen Kaskade und dem Fels man entlanglaufen kann. Als nächstes erreicht man in Vík den ersten von vielen Stränden aus schwarzem, vulkanischem Sand.

Bei Jökulsárlón überquert man eine kurze Metallbrücke. An deren Nordseite befindet sich eine kleine Bucht, in der das ganze Jahr Eisberge treiben, die sich vom Gletscher am Ufer abgelöst haben. Hier sieht und hört man, wie sie sich auf dem Weg zum Meer in greifbarer Nähe drehen und aneinander rumpeln. Im Fischereihafen Höfn bietet sich eine fantastische Aussicht auf den Vatnajökull, den größten Gletscher des Landes. Dann geht es weiter durch düstere Aschefelder, die durch die jüngsten vulkanischen Aktivitäten entstanden sind, zum nur 2,5 m tiefen See Myvatn, der für seine enorme Enten- und Mückenpopulation bekannt ist. Bald erreicht man die Stadt Akureyri mit dem nördlichsten 18-Loch-Golfplatz der Welt. Hinter Laugarbakki biegt die Straße wieder ins Landesinnere ab; von hier aus ist es eine leichte Fahrt zurück nach Reykjavik. **JP**

❶ In Jökulsárlón kann man die Eisberge fast berühren.

Kaldadalsvegur (550) Region Süd / Region West, Island

Start Þingvellir, Region Süd   Ziel Husafell, Region West   Länge 70 km
Art Abenteuer   Karte goo.gl/8y855e

Der Kaldadalsvegur (Hochlandstraße 550) ist kürzer als die meisten anderen Straßen durch das Landesinnere des überraschend gemäßigten Island, doch eben seine Kürze und die Nähe zur Hauptstadt Reykjavik machen ihn so beliebt.

Die gut ausgebaute Schotterstraße eignet sich für Autos mit Allradantrieb (oder Zweiradantrieb mit viel Bodenfreiheit) und ist ideal für Gelände-Einsteiger. Auf der Hochlandstraße 550, die auch „Hochland für Anfänger" genannt wird, warten keine unüberbrückten Bäche oder andere böse Überraschungen, nur eine lange, flache Strecke aus losen und verdichteten Steinen. Kaum hat man sich daran gewöhnt, lockt auch schon das gefrorene Herz des Landes – das zentrale Hochland, welches durchzogen ist von einem Netz ausgewiesener Allradstraßen. Die 550 beginnt nördlich des 930 gegründeten Orts Þingvellir, Sitz des ersten Parlaments des Landes, und führt nach Norden, vorbei am kleinen Gletschervulkan Thórisjökull und dem Schildvulkan Ok, bevor sie Húsafell erreicht. Und während eine Reise auf Islands asphaltierter Nationalstraße 1, der berühmten Ringstraße, zum Pflichtprogramm gehört, wird kaum etwas so nachhaltig in Erinnerung bleiben, wie diese aufregende Fahrt über isländischen Kies. **BDS**

❶ Die Hvítá vom Kaldadalsvegur gesehen.

Alte Straße nach Sumba   Suðuroy, Färöer-Inseln

Start Lopra   Ziel Sumba   Länge 11 km
Art Landschaft   Karte goo.gl/uVwxLP

Die Landschaft der Färöer-Inseln zwischen Norwegen und Island wirkt wie eine Miniaturversion beider Länder. Die alte Straße führt quer über die südlichste Insel Suðuroy in Serpentinen ins hügelige Landesinnere bis auf 610 m Höhe. Im Winter kann die Strecke gefährlich sein und darf bei extremen Wetterbedingungen, die es auf den Färöer-Inseln oft gibt, nicht befahren werden.

Die asphaltierte Straße ist größtenteils einspurig mit sehr wenigen Ausweichbuchten, allerdings trifft man auch nicht auf viel Gegenverkehr. Es gibt eine alternative Route durch den Straßentunnel Sumbiartunnilin zwischen Lopra und Sumba, doch die rissige, alte Straße ist perfekt für alle, die eine Herausforderung lieben und eine malerische Route bevorzugen.

Hinter Lopra steigt die Straße an und führt in ein Gebiet, das so friedlich und ruhig ist, daß es Lopra mit seinen weniger als 100 Einwohnern wie eine blühende Metropole erscheinen läßt. Eine Sehenswürdigkeit, die man kaum verpassen kann, da die Straße ganz in der Nähe vorbeiführt, ist Beinisvørð, die mit 470 m höchste Klippe der Insel. Wer nicht schwindelfrei ist, sucht vielleicht lieber einen der vielen Orte auf der Insel auf, an denen man sie von der Seite oder von unten betrachten kann. **MG**

❶ Klippen auf dem Weg von Lopra nach Sumba.

Landschaftsroute
Senja Nord-Norge, Norwegen

Start Gryllefjord
Ziel Botnhamn
Länge 101 km
Art Landschaft
Info goo.gl/m9X0jC

Die Insel Senja vor der Nordküste Norwegens, in der Nähe von Tromsø, hat bei einer Fläche von 1586 km² lediglich 7800 Einwohner. Staus sind hier also nicht zu erwarten.

Die geschützte Südküste ist eine sanfte, grüne Region mit üppigen Feldern und weichen Hügeln. Der Norden dagegen ist dem Arktischen Ozean ausgesetzt, und die Fjorde haben die Küste in lange Finger aus steilem Fels verwandelt. Zwischen den zerklüfteten Klippen klammern sich Fischerdörfer ans Ufer. Die Aussicht ist phantastisch. In Bergsbotn ragt eine hölzerne Aussichtsplattform hoch oben über den Fjord. An Ersfjords nahe gelegenem weißen Sandstrand kann man herrlich spazieren gehen, nur schwimmen möchte man hier sicherlich nicht. Im Fischerdorf auf der Insel Husøy, die durch einen Tunnel mit dem Festland verbunden ist, sind die Holzhäuser mit Drahtseilen an den Felsen festgezurrt, um zu verhindern, daß sie von den heftigen Winden weggerissen werden.

Die Nordküste von Senja bietet traumhafte Panoramen, doch es erfordert ein wenig Planung, sie zu erreichen. Eine Brücke im Süden und Fähren führen zum Festland. Idealerweise verbindet man diese Tour mit einer Fahrt auf einem Schiff der Hurtigruten („die schnelle Route"), der traditionellen Postschifflinie. **SH**

➲ Ersfjord von Senja aus gesehen.

Landschaftsroute Andøya
Nord-Norge, Norwegen

Start Andenes
Ziel Akneskrysset
Länge 58 km
Art Landschaft
Info goo.gl/hLU5Lf

Das Überraschende auf einer Fahrt durch Nord-Norge ist, daß das Leben auf den Straßen trotz des unwirtlichen Klimas völlig normal ist. Bei klirrender Kälte kommt man an Einwohnern vorbei, die ganz alltägliche Dinge tun, wie etwa Radfahren oder mit dem Hund spazieren gehen.

Die Strecke entlang der Küste von Andøya, einer Insel des Vesterålen Archipels zeigt, daher eine Momentaufnahme des Lebens 300 km nördlich des Polarkreises zwischen Narvik und Tromsø. Die Landschaft ist wild, doch die Straßen sind glatt asphaltiert, gut ausgeschildert und von zahlreichen schicken Cafés gesäumt. Eine der schönsten Küsten der Welt bietet herrliche Ausblicke auf weiße Sandstrände, schroffe Berge, die sich aus einem Meer voller kleiner Inseln erheben, und Fischerdörfer, die sich an die Küste anzuklammern scheinen.

Einheimischen zufolge ist das Wasser hier so nährstoffreich, daß es eine Chance von 95 Prozent gibt, Wale zu sichten. Und mit etwas Glück kann man sogar die Polarlichter sehen. Auch ein Besuch des Raumfahrtmuseums lohnt sich, schließlich befindet sich auf Andøya die Raketenabschußstation für Norwegens blühendes Weltraumprogramm.

Im Sommer verbindet eine Autofähre Andenes mit der Insel Senja, wo eine weitere spektakuläre norwegische Landschaftsroute zum Weiterfahren einlädt. **SH**

❶ Ein Ausflug entlang der Westküste von Andøya bietet traumhafte Ausblicke auf lange, weiße Sandstrände.

Landschaftsroute Varanger
Nord-Norge, Norwegen

Start Varangabotn
Ziel Hamningberg
Länge 159 km
Art Landschaft
Info goo.gl/VCjVUm

Diese Straße schlängelt sich entlang der Küste des äußersten Nordostens Norwegens, nahe der Grenze zu Rußland. Wie bei der Nähe zum Nordpol zu erwarten, ist diese Route nur zwischen Mai und November geöffnet – für den Rest des Jahres liegt sie in ständiger Dunkelheit unter einer Schneedecke. Auch in den Sommermonaten ist es eine trostlose, karge Gegend, die man nicht vergessen wird – nie warm, selten hübsch, aber immer fesselnd.

Die Reise beginnt in Varangerbotn, einer kleinen Stadt am Kopf des Varangerfjords, deren Geschäfte, Bars und Autowerkstatt Menschen aus dem ganzen Umkreis anziehen. Inmitten zerklüfteter Klippen und eisiger Winde fühlt sich der Ort an wie das Ende der Welt – und das ist er in gewisser Weise auch. Die Straße wird entlang des Fjordufers schmaler und die Landschaft unwirtlicher. Wo die Pflanzenwelt aufgegeben hat, erinnert die Gegend an eine Mondlandschaft. Auf Abschnitten ohne Leitplanken sollte man besondere Vorsicht walten lassen.

Zu einer solchen Reise paßt es, in Hamningberg festzustellen, daß es nur eine Geisterstadt ist. In dem verlassenen Fischerdorf starren alte, grasbewachsene Holzhäuser ausdruckslos über einen Sandstrand auf den Arktischen Ozean. Man selbst wird für eine Weile dasselbe tun, während man sich vor den eisigen Winden zu schützen versucht, bevor man in die Zivilisation zurückkehrt. **SH**

❶ Je näher man Hamningberg kommt, desto mehr ähnelt die Gegend einer Mondlandschaft.

Landschaftsroute Havøysund
Nord-Norge, Norwegen

Start Kokelv
Ziel Havøysund
Länge 66 km
Art Landschaft
Info goo.gl/tSpxNN

Die meisten Menschen sehen die Küste Norwegens vom Kreuzfahrtschiff aus, aber in den vollen Genuß der Landschaft kommt man nur auf einem Roadtrip. Diese Tour in der Polarregion dauert wenige Stunden und ist ein Appetithäppchen im Vergleich zur Landschaftsroute Helgelandskysten oder der Atlantikstraße, doch mit grünen Fjorden, Aussichtspunkten, Rastplätzen, Brücken und Wildtieren durchaus reizvoll. Im Winter kann man das Nordlicht sehen, im Sommer die Mitternachtssonne und mit etwas Glück entdeckt man Rentiere, Robben und Seeadler.

Von den verstreut liegenden Häusern der Gemeinde Kokelv schlängelt sich die 889 nach Norden durch die zerklüftete Landschaft, nähert sich stellenweise bis auf wenige Zentimeter dem Wasser und windet sich dann wieder um Felsvorsprünge. Nach 14 km bietet Lillefjord eine erste architektonische Besonderheit – einen weißen Unterstand und die „Bank der Liebe" mit Blick auf den Strand. Auch im 18 km weiter entfernten Snefjord schützen hölzerne Unterstände ihre Besucher vor den peitschenden arktischen Winden. Das malerische Fischerdorf Havøysund markiert mit roten, gelben und blauen Häusern, die lose um eine Kirche mit einem hölzernen Turm gruppiert sind, 38 km später das Ende der Tour. Im Dorf, das auch ein Haltepunkt der Hurtigruten („die schnelle Route") ist, findet man Einkehr- und Übernachtungsmöglichkeiten. **DS**

E69 zur Nordspitze Europas
Nord-Norge, Norwegen

Start Olderfjord
Ziel Nordkap
Länge 111 km
Art Abenteuer
Info goo.gl/ApK6Md

Die E69 führt von Olderfjord am Porsangerfjord, einem der größten Fjorde Norwegens, an dessen Ufer unter kargen Hügeln aus gebrochenem Fels und mit Glimmerschiefer bedeckten Klippen entlang. Nur vereinzelt trifft man auf *Rorbu*, die traditionellen Fischerhütten. Sie ist vielleicht nicht die nördlichste Asphaltstraße der Welt (Straßen auf Svalbard und Grönland liegen in noch höheren Breiten), aber die nördlichste, die mit anderen internationalen Straßen verbunden ist. Das Ende der E69 befindet sich am Nordkap auf der Insel Magerøya, nur 2100 km vom Nordpol entfernt.

Die einst nur mit der Fähre erreichbare Insel Magerøya ist eine baumlose Tundra-Landschaft mit 300 m hohen Klippen, die eine herrliche Aussicht auf den Atlantik und die Barentssee bieten. Dorthin gelangt man durch fünf Tunnel, darunter der spektakuläre 6,9 km lange Nordkaptunnel, einer der längsten Unterwassertunnel des Landes mit 9–10 Prozent Steigung an beiden Enden, der Magerøya mit dem Festland verbindet.

Viele Reisende fahren die E69, um die Mitternachtssonne zu sehen, die hier von Mitte Mai bis Ende Juli scheint, und vielleicht die 16 km lange Wanderung zur Nordspitze des europäischen Festlandes bei Knivskjellodden zu absolvieren. **BDS**

● Der lange und kurvenreiche Weg zum Nordkap.

Von Mo i Rana zum Arctic Circle Raceway
Nord-Norge, Norwegen

Start Mo i Rana
Ziel Storforshei
Länge 25,7 km
Art Abenteuer
Info goo.gl/jvNvG6

Mo i Rana in Nord-Norge wird oft als Tor zur Arktis bezeichnet. Die meisten Reisenden kommen hierher, um die E12 und den 910 km langen Blauen Weg Richtung Südosten nach Helsinki in Finnland zu fahren. Bevorzugt man aber einen Roadtrip mit einer etwas höheren Oktanzahl, dann gibt es ein weniger bekanntes Reiseziel nur eine halbe Autostunde nördlich von Mo i Rana.

Der 3,75 km lange Arctic Circle Raceway wurde 1995 auf dem Gelände eines stillgelegten Eisenhüttenwerks eröffnet. Der komplexe Parcour mit 31 m Höhenunterschied wurde vor allem für Motorräder konzipiert, aber auch die Schwedische Tourenwagen-Meisterschaft fand hier lange Zeit statt. Bei konstantem Sommerlicht – dies ist das Land der Mitternachtssonne – eignet sie sich ebenfalls für skandinavische 24-Stunden-Langstreckenrennen. Da die Rennstrecke aber 13 Autostunden von Oslo entfernt ist, bleibt sie dennoch eher unbekannt.

Um dorthin zu gelangen, fährt man über die E6 nördlich von Mo i Rana durch dichte Kiefernwälder und folgt ab dem Dorf Storforshei nur 30 km südlich des Polarkreises den Wegweisern. An Tagen ohne offizielle Veranstaltung können mutige Besucher gegen eine relativ geringe Gebühr einige Runden auf der nördlichsten Rennstrecke der Welt drehen. **DIS**

Landschaftsroute Helgelandskysten
Nord-Norge, Norwegen

Start Holm
Ziel Godøystraumen
Länge 433 km
Art Abenteuer
Info goo.gl/iJkEww

Auf der längsten der 18 norwegischen Landschaftsrouten erkunden motorisierte Reisende das Helgeland, ein felsiges Netz aus Tausenden von Inseln, Inselchen und Schären, die größeren durch Brücken und Dämme aneinandergereiht oder durch Fähren verbunden. Die Fahrt nach Norden beinhaltet sechs im Voraus zu buchende Fährüberfahrten, beginnend mit einem Sprung von Holm nach Vennesund. Die Route überquert den Polarkreis kurz vor Jetvic.

Architektonisch gestaltete Rastplätze – sauber, klar und minimalistisch – laden zum Verweilen und Ausprobieren des norwegischen *allemansrätten* (Jedermannsrecht) ein. Vom Rastplatz in Braset hat man einen fabelhaften Blick auf den Gletscher Engenbreen. Auch die Bergkette Sieben Schwestern, die sich südlich von Sandnessjøen über die Küstenebene erhebt, und der Strand von Storvika sind einen Halt wert. In Horn fährt eine Fähre zum UNESCO-Weltnaturerbe Vega. Der Archipel aus rund 6500 Inseln und Schären ist seit dem 9. Jahrhundert ein Zentrum für die Daunenherstellung.

Falls die Fahrt entlang der komplexen Einbuchtungen der Fjorde zu zeitaufwendig wird, lassen sich Abschnitte der Route umgehen, indem man auf die E6 ins Landesinnere wechselt. Sie führt durch den Saltfjellet-Svartisen-Nationalpark zum Gezeitenstrom Godøystraumen. **DS**

Nordkalotte (Dach Europas)
Norwegen/Schweden

Start Narvik, Nord-Norge, Norwegen
Ziel Kiruna, Lappland, Schweden
Länge 179 km
Art Abenteuer
Karte goo.gl/syvphK

Der Nordkalottvägen ist der Abschnitt der E10, der Narvik an der norwegischen Küste mit Kiruna, der nördlichsten Stadt Schwedens, verbindet. Vor der Fertigstellung dieser Straße im Jahr 1984 gab es zwischen den beiden Städten lediglich eine Zugverbindung. Dies ist eine Reise durch eine der letzten Wildnisregionen Europas, eine ursprüngliche nordische Landschaft im Norden Lapplands.

Fast die Hälfte der Zeit verläuft die Strecke entlang des Südufers des wunderschönen, 70 km langen Torneträsk, Schwedens zweittiefstem See, der aus einem Gletscher entstand. Er liegt 200 km nördlich des Polarkreises und ist einer der beliebtesten Orte Skandinaviens, um die Nordlichter zu sehen. Auf der beschaulichen Fahrt zwischen bis zu 1700 m hohen Berggipfeln gibt es sehr wenig Verkehr, der das wandernde Auge ablenken könnte.

Südlich des Torneträsk liegt der Nationalpark Abisko. Im nur 7700 Hektar kleinen Park, der 1909 angelegt wurde, beginnt der Kungsleden („Königspfad"), einer der beliebtesten Fernwanderwege Schwedens. Von der Straße aus ist auch Lapporten zu sehen, Schwedens berühmtes U-förmiges Tal, das von Zwillingsgipfeln – dem legendären Tor nach Lappland – eingefaßt wird. Hier möchte man sich gleich auf die Suche nach einem Weg ins Herz der Region machen. **BDS**

❶ Lapporten (Lappenpforte) ist ein Tal zwischen zwei Bergen im Nationalpark Abisko.

Der Blaue Weg
Von Norwegen nach Rußland

Start Mo i Rana, Norwegen
Ziel Pudosch, Rußland
Länge 1790 km
Art Abenteuer
Karte goo.gl/dFoOfR

Das Konzept des Blauen Weges als Touristenstraße von Norwegen über Schweden nach Finnland stammt aus der Zeit des Kalten Krieges (1947–1991). Nach dem Zusammenbruch des Kommunismus öffnete Rußland seine Grenze bei Vyartsilya, und im Jahr 2000 wurde die Route nach Pudosch am Onegasee in der russischen Republik Karelien erweitert. Die Straße verläuft entlang einer Reihe von Seen und Flüssen durch einige der schönsten nordischen Landschaften, berührt den südlichen Rand Lapplands und zelebriert die karelische Kultur.

Die Tour beginnt nahe des Polarkreises in Mo i Rana im norwegischen Helgeland und folgt der E12 bis zur schwedischen Grenze in Storuman. Auf dem schwedischen Teil der E12 geht es weiter nach Südosten, vorbei an Seen und Wäldern zum Hafen von Umeå. Von hier aus erreicht man mit einer kurzen Fährfahrt durch das himmlische Kvarken-Archipel Vaasa. Von dort führt die Route (jetzt auf den Straßen 16, 77 und 9) in die finnische Seenplatte. Das feinmaschige Labyrinth aus Land und Wasser bildet das größte Seengebiet Europas. Hier gibt es viel zu erleben: man kann herrliche Holzhäuser mit Sauna mieten, zwischen den Schären Kajak fahren und Kirchen mit hölzernen Glockentürmen besichtigen. Niirala an der russischen Grenze ist das Tor zum letzten Abschnitt der Reise, eine 500 km lange Fahrt nach Pudosch in der Republik Karelien. **DS**

Landschaftsroute Hardanger
Westnorwegen, Norwegen

Start Granvin
Ziel Wasserfall Låtefossen
Länge 158 km
Art Landschaft
Info goo.gl/XNvU6S

Diese Route beginnt in Granvin, einer kleinen Stadt mit wenigen hundert Einwohnern, die zwischen dem See Granvinsvatnet und dem Granvinfjord liegt. Es ist der einzige Teil Westnorwegens, in dem man Fichtenwälder findet, und landschaftlich ist das ganze Gebiet ein absolutes Juwel der Natur.

Der erste Teil der Reise verläuft auf der Westseite des Fjords, dessen steile, bewaldete Hänge sich zu beiden Seiten des Wassers erheben. Als wäre dies nicht schon beeindruckend genug, führt der Granvinfjord in den Hardangerfjord, den viertlängsten Fjord der Welt, und von hier aus wird die Fahrt immer nur noch schöner. Sie erstreckt sich aber nicht über die gesamte Länge des Fjords zum Atlantik, sondern führt ins Dorf Tørvikbygd, wo sich der Fjord leicht verengt. Mit der Fähre erreicht man hier die Gemeinde Jondal, von wo aus die Route die Ostseite des Hardangerfjords erklimmt.

Bei Utne überquert eine weitere Fähre die Gewässer, in denen der Sørfjord und der Eidfjord auf den Granvinfjord und den Hardangerfjord treffen. Die Route endet am Wasserfall Låtefossen, dessen zwei Kaskaden den Hang hinunterstürzen und sich in der Mitte treffen, um in einem einzigen reißenden Strom zu enden. **MG**

➤ Der Låtefossen stürzt rauschend in den Fjord.

Landschaftsroute Sognefjellet Westnorwegen, Norwegen

Start Gaupne, Sogn og Fjordane **Ziel** Lom, Oppland **Länge** 108 km
Art Landschaft **Info** goo.gl/usDq8j

Nordeuropas höchste Paßstraße bereist man am besten im Mai, wenn sie nach dem langen dunklen Winter wieder geöffnet wird. Die Route verläuft zwischen riesigen Schneeverwehungen, zugefrorenen Seen und weißen Bergen, doch die Straße ist so gut ausgebaut und sicher wie jede Sommerautobahn. Sie schlängelt sich bis zum Paß im Herzen des wilden Jotunheimen-Nationalparks auf eine Höhe von 1430 m. In diesem rauhen Gebiet Zentralnorwegens befinden sich die höchsten Gipfel des Landes. Hier bieten sich wunderbare Fotomotive, wie etwa Wasserfälle, die an den Seiten der Berge in die Fjorde hinabstürzen, oder die hübschen traditionellen hölzernen Stabkirchen vor dichter Waldkulisse. Eines der meistfotografierten Motive ist die moderne quadratische Steinskulptur inmitten karger Wildnis auf dem Rastplatz beim Storevasskrysset. Am Aussichtspunkt Nedre Oscarhaug lernt man beim Blick durch eine beschriftete Glasscheibe die Berggipfel kennen.

Historisch gesehen war die R55 über den Sognefjellet ein wichtiger Weg von den Küstenfjorden ins Landesinnere in die landwirtschaftlich geprägten fruchtbaren Täler Ostnorwegens. Heute bietet die beliebte Touristenroute neben der Landschaft viele typisch norwegische Gebirgsaktivitäten wie Gletscherwandern oder Eisklettern. **SH**

❶ Die Straße verläuft direkt am Berghang entlang.

Straße nach Lysebotn Westnorwegen/Südnorwegen, Norwegen

Start Lysebotn, Westnorwegen   Ziel Sinnes, Südnorwegen   Länge 45 km
Art Abenteuer   Karte goo.gl/3EPOLW

Großartige Autoabenteuer leben von Aussichten, Höhenunterschieden, fließenden Geraden, Serpentinen und Tunneln. Der Lysevegen, der über und neben dem dramatischen Lysefjord verläuft, bietet all das und noch etwas mehr: einen 1103 m langen Tunnel mit einer Haarnadelkurve.

Der grob ins Herz des hoch aufragenden Granits des Lysefjords gebohrte Tunnel ist eine von 27 Spitzkehren auf einer Straße, die 1984 als Zubringer zum Wasserkraftwerk Tjodan fertiggestellt wurde.

Die von Ende Mai bis Anfang September geöffnete Straße beginnt am See Andersvatnet auf 932 m Höhe und schlängelt sich mit einer durchschnittlichen Steigung von mehr als 9 Prozent auf einer abwechselnd ein- und zweispurigen Strecke in einer wahren Achterbahnfahrt durch 32 Spitzkehren. Bergab ist die Aussicht grandios, denn die Route führt gesichert von Leitplanken über erstklassigen Asphalt durch felsige Ausläufer, steinige Berghänge, Fjorde und Wälder.

Man sollte sich die Gelegenheit nicht entgehen lassen, auf den mächtigen, 1084 m hohen Kjerag zu wandern und auf dem Kjeragbolten zu stehen, einem riesigen Felsbrocken, der in eine tiefe Felsspalte verkeilt ist. Im Vergleich dazu wirkt der Lysevegen plötzlich gar nicht mehr so beängstigend. **BDS**

❶ Lysebotn am Ende des Fjords.

Landschaftsroute Trollstigen Westnorwegen, Norwegen

Start Andalsnes   Ziel Valldall   Länge 106 km
Art Abenteuer   Info goo.gl/Pngw1D

Der im Juli 1936 nach achtjähriger Bauzeit eröffnete Trollstigen hoch über dem Geirangerfjord begeistert mit einer durchschnittlichen Steigung von zehn Prozent, dem unvergeßlichen Aussichtspunkt Ørnesvingen und elf Haarnadelkurven am Berghang zwischen Fjordrand und Stigrora auf 858 m Höhe.

Teile des ehmaligen alten, 1913 fertiggestellten Reitweges sind noch zu erkennen, und die Straße führt an einigen der schönsten Wasserfälle Norwegens vorbei, darunter die Sieben Schwestern, Friaren, Stigfossen und der Brautschleier.

Von den zahlreichen Aussichtspunkten bieten sich unübertroffene Blicke auf die Schlucht Gudbrandsjuvet und das Valldalen, und vom Trollstigen-Plateau überblickt man die gesamten Serpentinen. Heute ist es die beliebteste Landschaftsroute Norwegens: Obwohl der Trollstigen nur in den Sommermonaten geöffnet ist, zieht er jedes Jahr mehr als 500 000 Besucher an.

Die Fahrt führt zur 1000 m hohen Trollveggen („Trollwand"), der höchsten senkrechten Felswand Europas. Der norwegischen Legende nach ist dies eine Welt, in der häßliche, bösartige Trolle die Hügel und Bergpfade durchstreifen und ihr Unwesen treiben. **BDS**

❶ Die Straße vom Gipfel aus gesehen.

Laerdaltunnel Westnorwegen, Norwegen

Start Laerdalsøyri   Ziel Laerdalsøyri   Länge 71,5 km
Art Abenteuer   Karte goo.gl/j7vixR

König Harald von Norwegen durchschnitt das Band bei der Eröffnung des längsten Straßentunnels der Welt im November 2000. Der 24,5 km lange Tunnel auf der E16 zwischen Laerdal und Aurland schuf eine wichtige, wetterunabhängige Straßenverbindung zwischen Bergen und Oslo.

Damit auch die regelmäßigen Verkehrsteilnehmer bei der Durchfahrt aufmerksam bleiben, wurde der Tunnel in vier Abschnitte aufgeteilt und drei große Hallen im Abstand von 6 km geschaffen. Diese riesigen Höhlen mit Rastplätzen (und Wendepunkten für Klaustrophobiker) sind in hellblaues und goldenes Licht getaucht, um die Illusion zu erzeugen, in den Sonnenaufgang zu fahren und so das Gehirn des Fahrers zu stimulieren.

Die auch als „Schneestraße" bekannte Landschaftsroute Aurlandsfjellet bietet eine atemberaubende Rückfahrt über den 1306 m hohen Paß hoch über dem Laerdaltunnel. Die in der Regel von Juni bis November geöffnete, 47 km lange Strecke verläuft durch verlassene Berglandschaften, karge Schneefelder und einsame Kiefernwälder.

Auf dieser Rückfahrt sollte man sich auf jeden Fall Zeit nehmen, den preisgekrönten Aussichtspunkt Stegastein zu besuchen – eine Plattform, die vom Berghang über den Aurlandsfjord hinausragt. **DIS**

❶ Künstlicher Sonnenscheineffekt im Laerdaltunnel.

Landschaftsroute Atlanterhavsvegen (Atlantikstraße)
Westnorwegen, Norwegen

Start Vervang
Ziel Kårvåg
Länge 8,4 km
Art Abenteuer
Info goo.gl/O3fONS

Wegen ihrer acht atemberaubenden Brücken, die weite Panoramablicke auf Berge, Meer und Himmel eröffnen, wird die Atlantikstraße gern mit dem Rücken einer Seeschlange verglichen, der sich aus dem Ozean wölbt. Dies ist zwar nicht der allerlängste Roadtrip, aber sicherlich einer der eindrucksvollsten.

Die Atlantikstraße verläuft von Vervang auf dem Festland von Insel zu Insel entlang der Westküste Norwegens bis nach Kårvåg auf der Insel Averøy.

Auf der 1989 fertiggestellten Landschaftsroute kann man an einem klaren Tag in Küstennähe Wale und Robben beobachten. Doch die Straße kommt erst dann richtig zur Geltung, wenn ein Sturm über diese Küste fegt und die Fahrt in ein unberechenbares Abenteuer verwandelt, während die atlantischen Brecher an den Fahrdamm schlagen. Auf halbem Weg erhebt sich die freitragende Storseisund-Brücke wie eine gewaltige Asphaltachterbahn, die bei schlechtem Wetter die Nerven der Fahrer strapaziert.

Diese Straße bietet aber nicht nur eine atemberaubende Fahrt über einen herrlichen Archipel. So kann man etwa auf speziell angelegten Angelplattformen entlang der Myrbærholm-Brücke sein eigenes Abendessen angeln. Darüber hinaus läßt sich die Tour mit einer Fährfahrt zum Fischerdorf aus dem 18. Jahrhundert auf der malerischen Insel Haholmen kombinieren, um in einem der dortigen Fischrestaurants einzukehren. **DIS**

❶ Die Storseisund-Brücke ist nur eine der atemberaubenden Sehenswürdigkeiten auf der Atlantikstraße.

Landschaftsroute Rondane

Ostnorwegen, Norwegen

Start Enden
Ziel Folldal
Länge 75km
Art Landschaft
Info goo.gl/k6WftM

Eine der beliebtesten Touristenstraßen Norwegens, die Landschaftsroute Rondane, zeigt die skandinavische Landschaft in ihrer spektakulärsten Form mit einmaligen Aussichten auf Seen, Berge und Wälder. Unterwegs gibt es aber auch einige von Menschenhand geschaffene architektonische Leckerbissen.

Von Enden aus folgt die Route dem Ostrand des Rondane-Nationalparks, und man wird kaum widerstehen können, ihm einen Besuch abzustatten. Der Park ist einer der wenigen Orte in Europa, wo man wilde, nicht domestizierte Rentierherden, Rehe und Elche beobachten kann. Auch Wölfe und Braunbären leben hier, sind aber schwieriger zu entdecken. Darüber hinaus kann man die Aussicht auf zehn über 2000 m hohe Berggipfel genießen, der höchste von ihnen ist mit 2178 m der Rondeslottet. Diese Landschaft inspirierte den norwegischen Schriftsteller Henrik Ibsen zu seinem Stück *Peer Gynt* (1867) und sie findet sich auch in den Werken des norwegischen Malers Harald Sohlberg wieder.

Bleibt man auf der Straße, wird man mit einer atemberaubenden Aussicht auf den See Atnsjøen belohnt. Auf dem Weg nach Folldal gibt es endlose herrliche Ausblicke auf Flüsse, Birkenwälder, Seen und heidekrautbedeckte Hänge. Der Begriff Postkartenlandschaft wird ihr kaum gerecht. Man muß aussteigen, in die Postkarte treten und alles in sich aufnehmen. **MG**

Lysevegen Südnorwegen/Westnorwegen, Norwegen

Start Flatstølåna, Südnorwegen
Ziel Lysebotn, Westnorwegen
Länge 33 km
Art Abenteuer
Karte goo.gl/a2HnOx

Der Lysevegen ist eine der außergewöhnlichsten Strecken in Europa, die jeden herausfordern und begeistern wird, der sie in Angriff nimmt. In scheinbar endlosen Serpentinen verläuft die Route durch einen tiefen Fjord im Südwesten Norwegens.

Die Straße besteht aus 32 engen Kurven, steilen Steigungen und engen Passagen, an denen keine zwei Autos aneinander vorbeifahren können. Das Finale ist ein schmaler Tunnel, der sich in einem fast kompletten Kreis durch das Innere des Felses schraubt, bevor er im verschlafenen Ort Lysebotn am Fjord auftaucht. Von dort führt eine Fähre nach Stavanger oder man fährt denselben Weg zurück.

Lysebotn war bis 1984 vom Straßennetz abgeschnitten und nur mit dem Boot erreichbar. Der Lysevegen wurde gebaut, um Steine für den Bau eines Wasserkraftwerks in den Bergen zu transportieren. Heute ist er eine Touristenattraktion. Rallyefahrer absolvieren den gesamten Kurs in weniger als zehn Minuten. Man nimmt sich aber besser etwas mehr Zeit, nicht zuletzt wegen der Geschwindigkeitsbegrenzung von 80 km/h. Der Lysevegen ist nur im Sommer geöffnet, und selbst dann kann man von hohen Schneeverwehungen umgeben sein. Die letzte kurze, scharfe Abfahrt hat auf wenigen Kilometern fast 1000 m Gefälle. Während den Fahrgästen vor Freude die Augen tränen, bekommen die Fahrer müde Arme. **SH**

Margeritenroute
Dänemark

Start Irgendwo in Dänemark
Ziel Irgendwo in Dänemark
Länge 3600 km
Art Kultur
Info goo.gl/mD6aah

Wenn man alles, aber auch wirklich alles sehen möchte, was Dänemark zu bieten hat, dann ist die Margeritenroute die Antwort. Sie wurde von der dänischen Regierung initiiert und geplant, um über 1000 Attraktionen und Sehenswürdigkeiten des Landes über die malerischsten Straßen zu verbinden. Sie ist mit einer Margeritenblüte auf braunem Hintergrund ausgeschildert.

Natürlich kann man auch nur einzelne Streckenabschnitte befahren. Man könnte zum Beispiel von England aus mit der Fähre in Esbjerg anlegen, um die wilden Strände und Dünen der Westküste zu erkunden, und von dort weiter zum Nationalpark Thy fahren, wo Kiefernwälder bis zum Meer hinunterführen. Alternativ kann man nach Kopenhagen fliegen und ein Auto oder Motorrad mieten, um die Sehenswürdigkeiten der Ostküste Dänemarks zu besuchen, darunter die beeindruckenden Schlösser von Kronborg (die fiktive Kulisse von William Shakespeares *Hamlet*), Frederiksborg und Holsteinborg.

Kein Teil Dänemarks bleibt von der verschlungenen Margeritenroute unberührt. Per Auto oder Pferd erreicht man im Süden das Fünische Dorf, ein Nachbau einer ländlichen Siedlung mit Fachwerkhäusern, die die Zeit von Hans Christian Andersen veranschaulichen; und im Norden liegt Skandinaviens größtes altes Gräberfeld Lindholm Høje, wo 700 Steine die Wikingergräber markieren. **SH**

Straße zum Møns Klint
Seeland, Dänemark

Start Vordingborg
Ziel GeoCenter Møns Klint, Borre
Länge 48 km
Art Landschaft
Karte goo.gl/f9Rai7

Nach ausgedehnten topfebenen, ruhigen Landschaften mit weit entfernten, schnurgeraden Horizonten kommt das Ende der Straße zum Møns Klint überraschend. Plötzlich findet man sich inmitten sanfter Hügel und wilder Wälder, die zu riesigen Klippen aus weißem Fels führen. Nach der Fahrt auf glatter, offener Straße durch grüne Dörfer und riesige Getreidefelder unter weitem Himmel fühlt sich diese Gegend überhaupt nicht sehr dänisch an. Vielleicht ist die Gegend um Møns deshalb ein beliebtes Urlaubsziel der Dänen geworden.

Zu den Höhepunkten gehören die Kreidefelsen des Møns Klint, die höchsten Dänemarks. Von den Kiesstränden an der Ostsee betrachtet, wirken die 120 m hohen Felswände äußerst imposant. Oben angekommen, bieten die steilen Waldwege hervorragende Aussichtspunkte, von denen aus man den Blick nach Osten schweifen lassen kann, und ein Hightech-Besucherzentrum informiert über die Geologie des Gebietes. Von hier aus windet sich eine eindrucksvolle Holztreppe durch den Wald hinunter zum Strand.

Das Gebiet läßt sich wunderbar auf der Straße erkunden; zwischen den Wäldern liegen Dutzende idyllische Seen und vereinzelte charakteristische Fachwerkhäuser. Die Hügel gehören zwar zu den höchsten des Landes, die Steigeisen kann man aber zu Hause lassen. **SH**

Flatruetvägen
Jämtland, Schweden

Start Funäsdalen
Ziel Åsarna
Länge 148 km
Art Landschaft
Karte goo.gl/p1c34L

Alles in Schweden ist gut organisiert und sicher. Die Straßen sind gepflegt, breit und deutlich ausgeschildert; die Fahrer sind höflich und vorsichtig. Doch selbst die Schweden können nichts gegen das Wetter tun, und so kann dieser Bergpaß, die höchste Straße Schwedens, zu fast jeder Jahreszeit wegen unvorhersehbarer Bedingungen gesperrt werden.

Es lohnt sich jedoch, sich der Mühe zu unterziehen, den Paß zu erreichen. Von Funäsdalen aus geht es durch das samische Rentierzüchterdorf Mittådalen und auf 975 m Höhe über das Hochplateau Flatruet. Ein eindrucksvolles Seitental führt nach Ruändan, wo man über einen Wanderweg 4000 Jahre alte steinzeitliche Felsbilder erreichen kann. Von hier aus fällt die Straße steil ins Tal von Ljungdalen ab, ein hübsches Dorf, tief in der Kluft der Berge. Von hier aus wandern aktive Entdecker ins Helagsfjäll und zum Helagsgletscher, dem „Heiligen Berg" Schwedens.

Die Straße führt weiter nach Osten durch eine kaum besiedelte Wildnis aus Tundra, Sumpf, Wald und Seen, die weit entfernt vom Klischee schwedischer Raffinesse und schicken Designs ist. Dies ist das Land der Holzfäller, wo gewaltige Stapel von geschlagenem Holz am Straßenrand auf ihren Abtransport warten. Schließlich schwenkt die Straße in die an einem See gelegene Stadt Åsarna. Von hier führt die E45 in die Zivilisation zurück. **SH**

❶ Diese Route durch Mittelschweden fängt viel von der Essenz des Lebens in Skandinavien ein.

Vildmarksvägen (Wildnisstraße)
Jämtland/Lappland, Schweden

ⓘ Dieser Abschnitt über das Hochplateau Stekenjokk ist nur in den Sommermonaten geöffnet.

Start Strömsund, Jämtland
Ziel Vilhelmina, Lappland
Länge 364 km
Art Abenteuer
Info goo.gl/7e31xe

Der Vildmarksvägen (Wildnisstraße) ist eine der dramatischsten Fahrten in Skandinavien und äußerst treffend benannt. Wildnis ist genau das richtige Wort für diese Landschaft, obwohl das nicht unbedingt bedeutet, daß man unterwegs keiner Seele begegnen wird, denn die Straße ist vor allem im Sommer äußerst beliebt. Plant man die Tour im Winter, muß man einkalkulieren, daß Teile der Strecke gesperrt sein können, da der Schnee stellenweise bis zu 7 m hoch liegen kann.

Die Reise in die Wildnis beginnt in der kleinen Stadt Strömsund. Von dort führt der Vildmarksvägen nicht auf dem direkten Weg zum Endpunkt Vilhelmina, sondern schlängelt sich durch einige abgelegene Gemeinden in der Umgebung. Auf der Fahrt durch die Kiefernwälder lohnt es sich, Ausschau nach Braunbären zu halten, denn hier lebt die größte Population der Welt. Auch Luchse, Polarfüchse und Vielfraße lassen sich beobachten.

An ausgedehnten Seen entlang führt die Route zu den Bergen um Gäddede und weiter nördlich nach Stora Blåsjön. In der Stadt am See bietet sich ein Zwischenstopp im Wintersportzentrum an.

Noch mehr Seen und Pinienwälder säumen den letzten Abschnitt zum Zielort Vilhelmina, dessen malerische Altstadt nach der Fahrt durch die scheinbar unendliche Landschaft besonders gemütlich und einladend wirkt. **MG**

Höga Kusten
Västernorrland, Schweden

Start Härnösand
Ziel Örnköldsvik
Länge 105 km
Art Landschaft
Info goo.gl/7s9ACl

Das schwedische UNESCO-Weltnaturerbe Höga Kusten (Hohe Küste) entstand am Ende der letzten Eiszeit, als die kontinentale Eisdecke schmolz. Inseln wurden angehoben und es entstanden hohe Klippen; gleichzeitig schnitten Gletscher tiefe Buchten.

Etwa auf halbem Weg zwischen Stockholm und dem Polarkreis bildet die kleine Stadt Härnösand das Tor zur Küste. Von dort aus führt die E4 nach Norden und überquert nach 25 km den Fluß Ångermanälven auf der Högakustenbron, die der Golden Gate Bridge ähnelt. Die Straße verläuft dann zwischen Küste und Wald, mit einem weiten Blick über die Inseln im Bottnischen Meerbusen. Es gibt kleine Buchten, in denen man baden kann, und die Moosböden in den Wäldern laden zu einer Rast ein. Ein skandinavisches Picknick erhält man in den Hofläden (Gårdsbutiker), wo man auch Fika (Kaffee und Kuchen) genießen kann.

Kurz hinter Docksta, 66 km nördlich von Härnösand, erhebt sich links der gewaltige Osthang des Skuleberget. Wo einst Räuber in den Höhlen lauerten, ist heute ein Paradies für Wanderer, und an schönen Tagen sieht man zahlreiche Kletterer in der Felswand. Von hier aus führt die E4 vorbei am Nationalpark Skuleskogen, dessen außergewöhnliche geologische Attraktionen begeistern, darunter etwa eine riesige, begehbare Schlucht. Schließlich verläßt man die Höga Kusten bei Örnköldsvik. **DS**

❶ Der Nationalpark Skuleskogen ist bekannt für Seen, Fichtenwälder und spannende geologische Phänomene.

Küstenlinie des Vänersees Värmland, Schweden

Start Karlstad   **Ziel** Karlstad   **Länge** 499 km
Art Landschaft   **Info** goo.gl/WLmTKS

Der Vänersee, ein Binnenmeer mit rund 22 000 Inseln und Inselchen, ist einer der schönsten Seen Europas. Hierher kommen die Einheimischen, um zu segeln, Kajak zu fahren, Vögel zu beobachten, zu angeln und zu jagen; es gibt viele Campingplätze und Cafés in den umliegenden Kiefern- und Fichtenwäldern sowie unzählige Orte, die zu einem erfrischenden Bad einladen.

Die Hauptstraßen rund um den See – die E18, 26, E20, 44 und für den größten Teil der Westseite die E45 – halten für weite Teile der Reise Abstand zum See, doch viele kleinere Straßen führen zum Ufer. Bei Sjötorp überquert die Route den Göta-Kanal, der zum Zwilling des Vänersees, dem Vätternsee, führt. Weitere Höhepunkte sind Schloß Läckö aus dem 13. Jahrhundert bei Lidköping, das Fischerdorf Spiken, wo man Fische aus dem See genießen oder mit einem Boot einige der Inseln besuchen kann, sowie der lange Sandstrand um Svalnas. Eine Brücke ein paar Kilometer südlich von Sjötorp führt nach Torsö, der größten Insel des Sees, wo es mehrere weiße Holzkirchen zu bestaunen gibt. Die Hauptattraktion des Vänersees ist jedoch die Natur, daher sollte man den Fuß vom Gas nehmen und häufig anhalten. Die beste Reisezeit ist der frühe Frühling, zwischen dem letzten Schneefall und der Ankunft der Mücken. **DS**

❶ Der idyllische Vänersee nahe Schloß Läckö.

Schwedische Odyssee Götaland, Schweden

Start Göteborg   **Ziel** Malmö   **Länge** 275 km
Art Landschaft   **Karte** goo.gl/N7vB3o

Die Westküste Schwedens ist ein Ort, an dem Besucher tief Luft holen – nicht nur wegen der klaren Luft, sondern vor allem angesichts der Schönheit der Landschaft. Die Region ist geprägt von Seen, Wäldern, Ackerland und dem Kattegat zwischen Schweden und Dänemark. Diese Fahrt zwischen zwei der größten Städte des Landes zeigt Schweden von seiner schönsten Seite.

Göteborg ist eine pulsierende Stadt, die man nur ungern verläßt, doch die anfängliche Enttäuschung wird sich auf dem Weg nach Süden durch die atemberaubende Landschaft bald legen. Wenn die Zeit knapp ist, bleibt man einfach auf der Hauptstraße nach Malmö. Schöner ist es jedoch, von der Hauptstraße zu einigen der friedlichen Küstenstädtchen zu fahren, die ein weites Panorama der Küste und des Meeres bieten. Es gibt keine feste Route entlang der Küste, man erkundet und experimentiert auf eigene Faust, indem man von Zeit zu Zeit auf die Hauptstraße zurückkehrt und sie dann wieder verläßt, wenn sich die Gelegenheit bietet.

In Malmö angekommen möchte man wahrscheinlich einfach für immer weiterfahren. Wenn es die Zeit erlaubt, kann man sich noch weiter nach Süden begeben, um dann über die Ostküste doch wieder in die wirkliche Welt zurückzukehren. **MG**

❶ Fachwerkhaus aus dem 16. Jahrhundert in Malmö.

Rund um den Vätternsee
Götaland, Schweden

❶ Einer von zwei Leuchttürmen, die den Hafen von Hjo am Westufer des Vätternsees schützen.

Start Jönköping
Ziel Jönköping
Länge 300 km
Art Landschaft
Info goo.gl/6Lx4zZ

Auf der Karte wirkt der Vätternsee im Vergleich zum benachbarten Vänersee wie ein schmaler Wasserlauf. Mit 135 km Länge und einer Breite von 30 km ist er jedoch der zweitgrößte See Schwedens. Die dreitägige Rundfahrt um den See ist 300 km lang und läßt genügend Zeit für berauschende Fahrten entlang des Seeufers, Gourmet-Mittagessen und erfrischenden Badespaß. Am besten tritt man die Reise außerhalb der Schulferien an, wenn sich hier die Wohnmobile versammeln, denn dann sind die Straßen rund um den See herrlich leer. Man sollte Zeit einplanen, um durch die Dörfer zu schlendern, die Schlösser zu erkunden oder mit dem Boot aufs Wasser hinauszufahren. Lachs und Seesaibling – ein Überlebender der letzten Eiszeit, als der Vätternsee mit der Ostsee verbunden war – machen den See zu einem beliebten Ziel für Angler.

Die Tour beginnt an der Südspitze des Sees in Jönköping und verläuft auf der E4 gegen den Uhrzeigersinn 57 km am Ostufer entlang. Der Rastplatz an der Burgruine Brahehus bietet einen herrlichen Blick über den See. Ab Ödeshög führt die E4 weiter nach Stockholm, daher folgt man nun den mäandernden Straßen um den See in die historischen Orte Vadstena und Karlsborg und das malerische Hjo. Zum Sonnenuntergang ist nichts schöner, als auf einem Steg am See zu sitzen und zuzusehen, wie sich See und Himmel in Gold verwandeln. **DS**

Utvandrarnas väg (Auswandererstraße)
Von Blekinge nach Kalmar, Schweden

Start Karlshamn, Blekinge
Ziel Eriksmåla, Kalmar
Länge 92 km
Art Kultur
Karte goo.gl/c0p9Sx

Die schwedische Odyssee von Göteborg nach Malmö läßt sich erweitern, indem man an der Küste nach Karlshamn weiterfährt und auf der sogenannten Auswandererstraße landeinwärts reist. Die Straße ist nach der Migration von rund 1,3 Millionen Schweden benannt, die im frühen 19. Jahrhundert ihre verarmte Heimat verließen, um ein besseres Leben zu finden, viele von ihnen in den USA.

Während die Auswanderer natürlich Richtung Küste und Häfen zogen, fahren heutige Besucher normalerweise in die andere Richtung. An zahlreichen Orten auf der Route 29 nach Norden erfährt man mehr über die Massenmigration. Das Glasreich in der Provinz Småland ist nicht, wie der Name vermuten läßt, ein Kaufhaus oder ein Filmdrehort, sondern ein Gebiet, das seit dem 18. Jahrhundert für seine Glaskunst berühmt ist.

Die letzte Etappe führt von Lessebo nach Osten. Die Landschaft ist geprägt von der Schönheit der Natur, mittelalterlichen Wäldern und menschenleeren Gegenden. Die Geschichten über den Exodus, denen man unterwegs begegnet, vermitteln ein Gefühl dafür, was für eine herzzerreißende Entscheidung es für diese Menschen gewesen sein muß, ihr Heimatland zu verlassen. Wenn es die Zeit erlaubt, führt ein 26 km langer Umweg nach Westen zum Museum in Växjö, welches der Massenmigration gewidmet ist, die vor fast 200 Jahren begann. **MG**

❶ Der Rottnen bei Lessebo ist nur einer von vielen schönen Seen entlang dieser historischen Route.

Öresundbrücke
Schweden/Dänemark

Start Malmö, Schweden
Ziel Kopenhagen, Dänemark
Länge 41 km
Art Kultur
Karte goo.gl/6C7PLk

Die obere Körperhälfte einer Frau und die untere Hälfte einer anderen werden zu beiden Seiten der Grenze zwischen Schweden und Dänemark auf der Öresundbrücke gefunden. Der grausame Doppelmord wird von zwei Kommissaren, einem Schweden und einem Dänen, untersucht. So beginnt die Handlung von *Die Brücke – Transit in den Tod*, einem preisgekrönten schwedisch-dänischen Fernsehkrimi, der in mehr als 100 Ländern ausgestrahlt wurde.

Aber auch ohne den beispiellosen Bekanntheitsgrad des Films wäre die 7845 m lange Brücke über den Öresund, die Malmö in Schweden mit Kopenhagen in Dänemark verbindet, einen Besuch wert. Sie überspannt die Hälfte der Strecke zwischen Schweden und der dänischen Insel Amager, bevor die Öresundverbindung auf der künstlichen Insel Peberholm für den Rest der Fahrt ins Zentrum von Kopenhagen in den 4050 m langen Drogdentunnel eintaucht.

Die Schrägseilbrücke, deren Seile an zwei Pylonen befestigt sind, die das Brückendeck tragen, wiegt 82 000 Tonnen und verfügt über vier Fahrspuren oben und eine zweigleisige Eisenbahn unten. Die Fahrt über die Brücke mit Blick auf die beiden 204 m hohen Pylone, die die 490 m Spannweite stützen, ist ein unvergeßliches Erlebnis. Beton und Drahtseile haben selten so elegant ausgesehen. **BDS**

❶ Die Öresundbrücke hat die Fahrzeit zwischen Dänemark und Schweden auf 10 Minuten reduziert.

Tenontie-Straße
Lappland, Finnland

Start Karigasniemi
Ziel Utsjoki
Länge 105 km
Art Landschaft
Karte goo.gl/Ino8rn

Die Tenontie-Straße nördlich des Polarkreises wird oft als die schönste Straße Finnlands bezeichnet. Die 970 verläuft parallel zur E6 und folgt dem Verlauf des von Lachsen wimmelnden Flusses Tenojoki, der die Grenze zwischen beiden Ländern bildet. Nicht, daß nationale Grenzen hier im Vordergrund stehen. Das Tal ist eine alte Handels- und Hirtenroute der Sami, der Ureinwohner Nordfinnlands, Norwegens, Schwedens und Rußlands. Samische Dörfer sind im Tal verstreut und an den Hängen grasen Rentiere.

Obwohl dieser Ausflug an einem Tag oder sogar an einem langen Nachmittag gemacht werden kann, lohnt es sich, die Fahrt auszukosten. An einigen Stellen trennen sich Straße und Fluß, an anderen steigt die Straße in die Fjells und bietet einen Panoramablick auf den Fluß und seine Inseln, von denen einige zu Norwegen gehören. Der beste Aussichtspunkt ist Nuvvus Aligas („heiliger Fjell").

Licht und Farbe füllen das Tal das ganze Jahr. Im Sommer geht die Sonne 70 Tage lang nicht unter und während drei Wochen im Herbst, in der Ruska-Saison, leuchten die Fjells, wenn sich die Blätter der Blaubeeren purpurrot und die der Espen goldgelb verfärben. Frühling und Herbst sind die besten Jahreszeiten für Aurora Borealis (Nordlichter), obwohl die natürliche Lichtshow auch in den Mittwinterpolarnächten stattfindet, wenn die Sonne nicht über den schneebedeckten Horizont steigt. **DS**

Nordlichtroute
Von Finnland nach Norwegen

Start Kemi, Lappland, Finnland
Ziel Tromsø, Nord-Norge, Norwegen
Länge 647 km
Art Landschaft
Karte goo.gl/3C7MbV

Die meisten Menschen sind von den Nordlichtern verzaubert, und diese berauschende Fahrt nach Tromsø, der nördlichsten Stadt der Welt, bietet die Chance, sie mit eigenen Augen zu sehen. Wie so oft bei Naturphänomenen gibt es dafür keine Garantie, sicher ist aber, daß man diese magische Reise durch drei skandinavische Länder genießen wird.

Die Route beginnt in Kemi, wo jeden Winter die größte Schneeburg der Welt im Hafen entsteht. Es gibt mehrere mögliche Routen (diese ist die direkteste), mit vielen Nord-Süd-Straßen auf der finnischen und schwedischen Seite der Grenze, doch auf allen wird man Wälder, Felder und weiten Himmel sehen, während man parallel zum Fluß Torne nach Norden fährt.

Das gesamte Gebiet hält das ganze Jahr zahlreiche Aktivitätsmöglichkeiten bereit und aufgrund der Länge der Fahrt ist es sinnvoll, unterwegs anzuhalten, um einige der Wander-, Ski- und Wildwasser-Rafting-Angebote zu genießen.

Auf halber Strecke erreicht man Muonio nördlich des Polarkreises, dem Land der Mitternachtssonne, und ist von Seen und Wäldern umgeben. Je weiter man nach Norden fährt, desto größer sind die Chancen, die Nordlichter zu sehen, und wenn man einmal in Lappland ist, erscheinen sie zwischen September und März im Durchschnitt in jeder zweiten klaren Nacht. **MG**

Panoramastraße Lietvedentie
Südsavonien, Finnland

Die Brücke bei Lietvesi, westlich von Puumala: Ein Großteil dieser Route verläuft über das Wasser.

Start Puumala
Ziel Mikkeli
Länge 71 km
Art Landschaft
Karte goo.gl/THUj40

Die Panoramastraße Lietvedentie zwischen Puumala und Mikkeli führt im Herzen der finnischen Seenplatte über den See Saimaa und berührt manchmal kaum das Land, bevor sie über die nächste Brücke oder einen künstlichen Damm fortzufliegen scheint. Attraktive Haltepunkte und Rastplätze laden zum Verweilen und Betrachten der Natur ein, doch das eigentliche Vergnügen ist die Fahrt selbst und die faszinierende Abfolge von Wasser, Inseln, Kiefern und Fichten. Die Landschaft breitet sich von den Hügeln betrachtet wie ein Tableau aus und fächert sich sanft in ihre einzelnen Teile auf, wenn die Straße hinabsteigt, nur um sich bald zu einem neuen Crescendo und einer anderen Aussicht aufzubauen.

Mikkeli und Puumala sind interessante Start- und Zielpunkte, die es zu erkunden gilt, auch wenn es verlockend ist, die Musik aufzudrehen und einfach loszufahren. Historische Herrenhäuser, von denen einige heute Hotels und Restaurants sind, und Militärkasernen spiegeln in Mikkeli das wechselnde Verhältnis Finnlands zum nur zwei Stunden entfernten Rußland wider. Puumala ist ein beliebter Ferienort und lockt mit Booten, Wanderwegen und einer spektakulären Brücke. In Kuutinvuori, 10 km vor Puumala, kann man auf der rechten Straßenseite direkt über dem Wasser ockerfarbene Überreste steinzeitlicher Felskunst entdecken; für eine genauere Betrachtung ist ein Boot erforderlich. **DS**

Skandinaviens Königsstraße
Finnland/Rußland

Start Turku, Südwestfinnland, Finnland
Ziel St. Petersburg, Rußland
Länge 550 km
Art Abenteuer
Karte goo.gl/bYcztx

Eine der ältesten Reiserouten Europas, die Königsstraße, begann als mittelalterliche Postroute von den Bergen an der norwegischen Nordseeküste bis nach St. Petersburg, der russischen Hafenstadt an der Ostsee. Der Abschnitt durch Südfinnland nach Rußland folgt einem Pfad, der im 13. Jahrhundert von schwedischen Königen und Adligen beschritten wurde, zu einer Zeit, als Finnland ein Vasallenstaat des schwedischen Reiches war. Auf diesem Weg zogen plündernde Horden nach Rußland.

Die Straße beginnt im finnischen Turku und führt durch eine Reihe von ländlichen Dörfern mit Herrenhäusern, Gasthäusern, Tavernen und Kirchen, von denen viele seit Jahrhunderten unverändert sind. Dann erreicht sie die finnische Hauptstadt Helsinki und von dort geht es weiter nach Porvoo, Finnlands besterhaltener mittelalterlichen Stadt. Hinter Kotka folgt ein 32 km langer Abschnitt durch typisch finnische Birken- und Kiefernwälder.

Die Straßen sind ausgezeichnet, und die Schilder in schwedischer und finnischer Sprache mit der goldenen Krone sind nicht zu übersehen. Von der finnischen Grenze nach St. Petersburg wechselt die Straßenbezeichnung auf M10, eine derzeit zweispurige Autobahn, die auf sechs Spuren ausgebaut werden soll. Es ist jedoch der finnische Abschnitt, der besonders begeistert und Einblicke in Geschichte und Lebensart des Landes bietet. **BDS**

❶ Innenansicht des Doms von Porvoo. Die Stadt liegt etwa 50 km östlich von Helsinki.

Turkus Schärenweg
Südwestfinnland, Finnland

Start Turku
Ziel Turku
Länge 232 km
Art Kultur
Karte goo.gl/uQ6D8i

Der Schärenweg beginnt und endet an der Mündung des Aura in Turku, der im 13. Jahrhundert gegründeten ältesten Stadt Finnlands. Von hier aus kann man die vorgeschlagene Route in beide Richtungen fahren, beide Varianten sind ähnlich reizvoll. In jedem Fall findet man sich bald in offenem Ackerland unter dem endlosen skandinavischen Himmel wieder und durchquert Kiefernwälder, die an die Existenz von Trollen und Elfen glauben lassen.

Wer nicht gerne auf demselben Weg zurückfährt, sollte die Tour im Juni, Juli oder August einplanen, denn außerhalb dieser Monate sind die saisonalen Fähren geschlossen. Während des herrlichen finnischen Sommers hingegen kann man in einem riesigen, weitläufigen Kreis durch Wälder und von Insel zu Insel über die Ostsee fahren und die meist kostenlosen Fähren nehmen.

Der Weg führt über Brücken von einer Insel zur nächsten. Auf den Fähren bieten sich interessante Einblick in die Lebensweise der Fischer- und Bauerngemeinden. Empfehlenswert ist ein Zwischenstopp in Näsby mit Besuch im Schärenmuseum sowie mindestens eine Übernachtung, vielleicht in Nagu, um frischen Fisch in einem Hafenrestaurant zu genießen. Wieder in Turku angekommen, wünscht man sich, die Fahrt würde niemals enden, und man ist versucht, umzudrehen und nochmals in die andere Richtung zu fahren. **MG**

Tallimäki-Virojoki-Straße
Kymenlaakso, Finnland

Start Hamina
Ziel Virojoki
Länge 38 km
Art Kultur
Karte goo.gl/DdA4jS

Die 3513 zwischen Hamina und Virolahti im Südosten Finnlands, nahe der Grenze zu Rußland, wird von den Finnen als „Museumsstraße" bezeichnet, was auf ihre historische Bedeutung hinweist. Der Bau der Straße durch das vom Wasser fragmentierte Land war alles andere als einfach. Sie ist Teil der Küstenstraße oder Königsstraße aus dem 14. Jahrhundert zwischen den mittelalterlichen Städten Turku, der ersten Hauptstadt Finnlands, und Wyborg, der einst zweitgrößten Stadt Finnlands, die seit 1940 zu Rußland gehört. Die im Hochsommer oft leere, gut asphaltierte Straße führt in weiten Schleifen und engen Kurven durch sanft hügelige Felder und Wälder, vorbei an kleinen Dörfern und abgelegenen Bauernhöfen. (LKW, die zur russischen Grenze fahren, bevorzugen die schnelle Autobahn E18 nördlich der 3513.) Die Route streift an einigen Stellen den Finnischen Meerbusen und bietet Ausblicke auf dessen Inseln und Inselchen.

Historische Steinbrücken zeugen vom Alter der Route, wie etwa die Brücke über den Fluß Salmenvirta in Hamina, einer kreisförmigen Stadt mit alten Holzhäusern und einer sternförmigen Festung aus dem 16. Jahrhundert. Virojoki steht auf der Salpa-Linie, einer 1200 km langen Verteidigungslinie, die während des Zweiten Weltkriegs gebaut wurde, um Finnland vor einer sowjetischen Invasion zu schützen. Das Bunkermuseum erinnert daran. **DS**

Causeway Coastal Route
Antrim, Nordirland

Start Ballycastle
Ziel Portrush
Länge 34,1 km
Art Landschaft
Karte goo.gl/fhzyfZ

Auf diesem Abschnitt der nordirischen Küste von Antrim führt eine attraktive Küstenstraße über Klippen, Strände und Landzungen. Ein kurzer Abstecher führt zum einzigartigen UNESCO-Weltnaturerbe Giant's Causeway. Die Tour beginnt im Badeort Ballycastle, von wo aus man die Insel Rathlin und am Horizont den Mull of Kintyre in Schottland sehen kann. Rathlin Island bleibt auf dem Weg nach Westen stets in Sicht, mit Hügeln auf der einen und dem Nordkanal auf der anderen Seite.

Etwa 8 km von Ballycastle entfernt lohnt sich ein Halt, um die bemerkenswerte Carrick-a-Rede-Hängebrücke zu besuchen. Die über dem wilden Gewässer schwankende Brücke, die das Festland mit der kleinen Insel Carrick-a-Rede verbindet, wurde jahrhundertelang von Lachsfischern benutzt, die von der Insel aus in See stachen.

Ein paar Meilen weiter gibt es mehrere Abzweigungen zur Causeway Road direkt an der Küste. Alle führen zum Giant's Causeway Visitor Centre, wo man ein bemerkenswertes Naturphänomen aus nächster Nähe betrachten kann. Etwa 40 000 Basaltsäulen scheinen hier ins Meer zu marschieren und unter dem Wasserspiegel zu verschwinden. Die Straße führt dann durch Bushmills, Standort der bekannten Destillerie, und weiter nach Portrush, einem weiteren reizvollen Badeort an der westlichen Grenze des County Antrim. **MG**

❶ Diese dramatische Landschaft entstand vor etwa 50 bis 60 Millionen Jahren durch vulkanische Aktivitäten.

Antrim Coast Road Antrim, Nordirland

Start Belfast   Ziel Ballycastle   Länge 106 km
Art Landschaft   Karte goo.gl/79iAFl

Diese kurze Tour entlang der Ostküste von Antrim und der Glens of Antrim läßt sich zu einem ganztägigen Roadtrip ausdehnen, wenn man mehr sehen möchte. Aus der Autobahn aus Richtung Belfast wird nach einiger Zeit eine Bundesstraße, die sich an die Küste der Bucht von Belfast schmiegt. Sie passiert die historische Stadt Carrickfergus und erreicht dann den Badeort Whitehead, der seltsamerweise den Spitznamen „Stadt ohne Straßen" trägt. Vor Ort findet man schnell heraus warum. Ab Larne führt die Straße dann direkt am Meer entlang.

Im Dorf Glenarm beginnen die Glens of Antrim. Ab hier gibt es viele Möglichkeiten, die Küstenstraße zu verlassen und in die bewaldeten Hügel zu fahren, um so viele der Täler zu erkunden, wie man möchte. Es gibt Wasserfälle und Wanderwege, archäologische Stätten, Wälder, Schluchten, malerische Dörfer und viele andere schöne Dinge zu entdecken.

Zurück auf der Küstenstraße endet die Route in der reizvollen Küstenstadt Ballycastle. Von hier aus kann man Rathlin Island vor der Küste und dahinter das schottische Mull of Kintyre sehen. Diese Route läßt sich wunderbar mit dem Giant's Causeway Coast Drive kombinieren, der die ebenso herrliche Nordküste von Antrim abdeckt. **MG**

❶ Der Red Arch zwischen Waterfoot und Cushendall.

Black-Taxi-Touren durch Belfast Antrim, Nordirland

Start Belfast   Ziel Belfast   Länge 16 km
Art Kultur   Info goo.gl/nse9Yd

Belfast ist heute eine blühende, moderne europäische Stadt, aber sie ist auch für ihre turbulente Vergangenheit bekannt, die fast drei Jahrzehnte lang bis zum Karfreitagsabkommen von 1998 dauerte.

Über den Nordirlandkonflikt („The Troubles") erfährt man am meisten von jemandem, der in dieser Zeit in der Stadt gelebt und gearbeitet hat, und niemand erzählt Geschichten bereitwilliger und besser als ein Taxifahrer. Mehrere Taxiunternehmen bieten Touren zu den politischen Sehenswürdigkeiten in Belfast an. Von der Ecke Falls Road und Shankill Road führen sie zu den Friedensmauern, die einst pro-britische und pro-irische Wohngebiete trennten. Heute sind die Mauern mit Graffiti, Wandmalereien und politischen Botschaften geschmückt, die die Hoffnungen und Ängste der Menschen ausdrücken, die den Konflikt durchlebt haben. Die Taxifahrer haben viel über die Straßenkunst zu erzählen.

Die viktorianischen Gebäude Crumlin Road Gaol und Court House haben ebenfalls viel zu berichten. Als Schauplatz von Morden, Bombenanschlägen und Fluchtversuchen spielten sie eine tragende Rolle in Irlands Geschichte. Nach der Tour ist man bereit, bei einem „pint of the black stuff" (Guinness) im Crown Liquor Saloon, einem der ältesten und beliebtesten Pubs Nordirlands, zu entspannen. **TW**

❶ Ein schwarzes Taxi in der Republican Falls Road.

Dundrod Circuit
Antrim, Nordirland

Start Rushyhill
Ziel Rushyhill
Länge 11,9 km
Art Kultur
Karte goo.gl/qHACO6

Die Grüne Insel verfügt über ein reiches Motorsporterbe und viele halbvergessene Rennstrecken, die der neugierige Autoabenteurer wiederentdecken kann. Nordirlands goldenes Zeitalter des Motorsports begann 1950, als sich ein junger Stirling Moss am Vorabend seines 21. Geburtstags in seinem Jaguar XK120 beim ersten Rennen der Ulster Tourist Trophy (TT) auf dem Dundrod Circuit, einem Fünfeck aus Landstraßen westlich von Belfast, austobte. 1953 schlossen sich Motorradfreunde dem Spaß an, und Dundrod wurde zur Heimat des Ulster Grand Prix.

Zunehmende Sicherheitsbedenken führten 1955 zur Einstellung der TT-Rennen. Doch Biker sind von ganz anderem Schlag: Trotz der offensichtlichen Gefahren auf der engen, von Bäumen, Telegrafenmasten und Stacheldrahtzäunen gesäumten Landstraße, gibt es den Ulster GP bis heute. Die hochkarätige Rennstrecke von Dundrod ist die schnellste der Welt und verzeiht keinen einzigen Fahrfehler.

Die Tour beginnt am provisorischen Boxenkomplex in der Nähe von Rushyhill; einige schwarz-weiße Bordsteine markieren die Strecke. Auf der vielseitigen Überlandfahrt erfordern uneinsehbare Kämme, Steilkurven und alternder Asphalt auch unterhalb der aktuell gültigen Geschwindigkeitsbegrenzung Großbritanniens von 112 km/h die nötige Konzentration. Bei 216 km/h, dem Rundenrekord, muß die Fahrt geradezu beängstigend sein. **DIS**

Game of Thrones
Antrim, Nordirland

Start Belfast
Ziel Belfast
Länge 235 km
Art Kultur
Karte goo.gl/U7MxAc

George R. R. Martins Fantasy-Saga *Das Lied von Eis und Feuer* gewann einen riesigen neuen Fanclub, als sie zur Vorlage der beliebten Fernsehserie *Game of Thrones* wurde. Die Romane spielen auf den fiktiven Kontinenten Westeros und Essos, gefilmt wird in den Titanic Studios in Belfast in Nordirland und an verschiedenen Schauplätzen in der Provinz und anderswo. Findige Reiseveranstalter in Nordirland machen ein gutes Geschäft mit der Organisation von Touren zu den Drehorten der Serie, aber natürlich braucht man keinen Bus, um auf seine Kosten zu kommen.

Nach der Besichtigung der Studios in Belfast geht es nach Nordwesten zum Carrickfergus Castle und entlang der Küste von Antrim vorbei am Hafen von Carnlough, der in der sechsten Staffel gezeigt wird, und den Cushendun Caves. Das größte Highlight ist jedoch die ebenfalls aus der Serie bekannte Carrick-a-Rede-Hängebrücke. Man wird allen Mut zusammennehmen müssen, um sie zu überqueren. Von dort führt die Route weiter nach Larrybane, zu Nordirlands achtem Weltwunder, dem geologisch außergewöhnlichen Giant's Causeway, zur Ruine Dunluce Castle und den Dark Hedges (King's Road), bevor es zurück nach Belfast geht. Diesen Tag läßt man am besten mit einigen Folgen der Serie ausklingen. **SA**

◯ Dark Hedges, Schauplatz der fiktiven King's Road.

Wild Atlantic Way
Donegal/Cork, Irland

Start Halbinsel Inishowen, Donegal
Ziel Kinsale, Cork
Länge 2575 km
Art Landschaft
Info goo.gl/3lVIOn

Eng an Irlands dramatische Westküste geschmiegt führt der Wild Atlantic Way von der Halbinsel Inishowen im County Donegal im Norden durch neun Grafschaften bis zur hübschen Küstenstadt Kinsale im County Cork. Mit rund 2575 km soll er die längste ausgewiesene Küstenroute der Welt sein.

Die meisten Touristen fahren nicht die gesamte Route, sondern nur einige der 14 mundgerechten Abschnitte. Unerschrockene Abenteurer, die sich der kompletten Herausforderung stellen wollen, sollten mindestens drei Wochen Zeit mitbringen, denn Irlands Landstraßen sind eng und kurvenreich, so daß große Entfernungen nur langsam zurückgelegt werden können. Doch diesen Roadtrip sollte man sowieso nicht überstürzen, denn das entspricht nicht der irischen Lebensart. Damit man die Landschaften, die pulsierende Kultur und die reiche lokale Geschichte in vollen Zügen genießen kann, sind 157 interessante Orte und 1000 Besucherattraktionen auf den offiziellen Routenkarten verzeichnet. Beliebte Abstecher führen zu den Cliffs of Moher, auf die Dingle-Halbinsel und malerische Abschnitte der Panoramaküstenstraße Ring of Kerry.

Bezaubernde Küstendörfer, Zwischenstopps in lebhaften Pubs und der ständige Ausblick auf die faszinierenden Panoramen des rastlosen Atlantik machen die Fahrt auf dem Wild Atlantic Way zu einem unvergesslichen Erlebnis. **DIS**

❶ Einer der spektakulären Wasserfälle auf der Route.
➲ Die Straße schmiegt sich an die Küste der Dingle-Halbinsel.

Lough Corrib Galway, Irland

Start Galway **Ziel** Galway **Länge** 140 km
Art Landschaft **Info** goo.gl/mWElWX

Die Westküste Irlands ist berühmt für ihre Schönheit, doch Lough Corrib ist ein ganz besonderes Schmuckstück. Hier gibt es wilde Moorlandschaften, Naturschutzgebiete mit Weltnaturerbestatus, jede Menge Geschichte, Burgen in Hülle und Fülle und so viele Angelmöglichkeiten, wie man sich nur wünschen kann. Diese Rundfahrt mit dem Lough Corrib als Schwerpunkt kann an einem Tag absolviert werden. Schon bald weicht die sanfte grüne Landschaft auf dem Weg nach Norden in Richtung County Mayo malerisch naturbelassenen Mooren und grandiosen Bergpanoramen. Und von der Spitze des Hill of Doon in der Nähe von Oughterard hat man einen herrlichen Blick auf den Lough.

Die jahrhundertelang umkämpfte Region ist übersät mit faszinierenden mittelalterlichen Burgen und anderen Ruinen, darunter Aughnanure Castle (bei Oughterard), Caislean-na-Circe (bei Maum, im 16. Jahrhundert Heimat der Piratenkönigin Grace O'Malley), Ashford Castle (bei Cong), die Ruinen von Ross Errilly Friary (bei Headford, eine der besterhaltenen mittelalterlichen Klosteranlagen Irlands) und Annaghdown Priory and Cathedral (12. Jahrhundert). Im Lough Corrib gibt es angeblich für jeden Tag des Jahres eine Insel, in jedem Fall aber zu viele, um sie während der Fahrt zu zählen. **DK**

❶ Der Berg Lackavrea am Ufer des Lough Corrib.

Militärstraße R115 Dublin/Wicklow, Irland

Start Rathfarnham, Dublin Ziel Aghavannagh, Wicklow Länge 59 km
Art Kultur Karte goo.gl/sWtsNs

Während Großbritannien durch den Krieg gegen Frankreich abgelenkt war, revoltierte die republikanische Society of United Irishmen 1798 gegen die britische Herrschaft nach dem altehrwürdigen irischen Prinzip: „Englands Problem ist Irlands Chance". Die Rebellion wurde brutal niedergeschlagen, doch sie demonstrierte den Mangel an militärischer Präsenz der Briten in Irland. Abhilfe schaffen sollte eine neue Straße vom Süden Dublins über die Wicklow Mountains zur Grafschaft Wicklow, auf der britische Soldaten die sich immer noch in den Bergen versteckt haltenden Rebellen zusammentrieben. Die 1800–1809 erbaute Straße war eine der ersten für einen speziellen Zweck gebauten Straßen Irlands.

Chefingenieur Alexander Taylor war auch für den Bau der vier Kasernen auf der Strecke verantwortlich sowie für viele andere Straßen in Irland. Heute genießt man hier die malerische Aussicht auf die Berge und die historischen Dörfer entlang der Strecke. Die R115 führt bis nach Laragh, von wo aus sie sich als lokale Straße weiter nach Süden fortsetzt und in Aghavannagh endet. Der sumpfige Boden der Torfmoore läßt den Asphalt stellenweise alarmierend durchhängen. Die Straße kann im Winter bei Schnee und Eis gesperrt sein und auch das Frühjahrshochwasser kann die Fahrt riskant machen. **SA**

❶ White Hill in den Wicklow Mountains.

Straße zum Sally Gap
Wicklow, Irland

Start Roundwood
Ziel Blessington
Länge 30 km
Art Kultur
Karte goo.gl/ARhIJA

Die Wicklow Mountains südlich von Dublin sind das größte Hochlandgebiet Irlands. 500 km² des Gebiets liegen mehr als 300 m über dem Meeresspiegel und Lugnaquilla, der höchste Gipfel des Gebirges, ist 925 m hoch. Das ist im globalen Vergleich nicht viel, aber seine grüne Schönheit gleicht die mangelnde Höhe mehr als aus. Nur wenige Straßen führen durch die Berge und die R759 (Sally Gap) und die R756 (Wicklow Gap) durchqueren das Gebiet als einzige von Ost nach West. Sind diese beiden Strecken gesperrt, muß man auf die oft überfüllte M50 um den Süden von Dublin herum ausweichen.

Die R756 beginnt an der R755 nördlich von Roundwood im Osten der Grafschaft Wicklow. Von dort führt sie nordwestlich über die Berge zur N81 im Westen des County. Ihr höchster Punkt in den Bergen ist Sally Gap (eine Verfälschung des alten irischen Wortes für „Sattel"), wo sie die MIlitärstraße R115 auf einer Höhe von 503 m kreuzt. Der größte Teil der Strecke führt durch Torfmoore inmitten der einmalig schönen Landschaft der Wicklow Mountains, entlang der Ufer des tiefen Sees Lough Tay unterhalb von Luggala in den östlichen Hügeln und durch das Tal des Flusses Liffey auf dem Weg hinunter zur N81.

Diese Tour lohnt sich zu jeder Jahreszeit, aber es ist zu beachten, daß die Strecke im Winter oft durch Schnee und Eis blockiert ist. **SA**

Gordon Bennett Route
Carlow, Irland

Start Ballyshannon Crossroads
Ziel Ballyshannon Crossroads
Länge 167km
Art Kultur
Info goo.gl/7xbdk

Gordon Bennett Jr. (1841–1918) war ein trinkfester amerikanischer Millionär, Playboy und Erbe des Verlagsimperiums seines Vaters, der den *New York Herald* gegründet hatte. Nachdem er sich mit dem Bruder seiner Verlobten geprügelt und in einen Konzertflügel uriniert hatte, wurde Gordon 1900 nach Paris „versetzt", wo er eines der ersten französischen Straßenrennen miterlebte. Um für seine Zeitung zu werben, sponserte er 1902 das erste internationale Autorennen der Welt.

Der britische Rennfahrer Selwyn Edge gewann dieses Rennen in seinem 6,4 L Napier, und Großbritannien richtete den Gordon Bennett Cup im Folgejahr aus. Im ländlichen Südosten Irlands wurde eine achtförmige Strecke angelegt, deren Start sich an der Kreuzung in Ballyshannon auf der heutigen N78 befand. Die westliche Schleife führte gegen den Uhrzeigersinn durch Kildare und Stradbally, die kürzere östliche im Uhrzeigersinn durch Castledermot und Carlow. Das Rennen, das der Belgier Camille Jenatzy gewann, war ein großer kommerzieller Erfolg.

Heute ist die mit braunen Schildern gekennzeichnete Strecke eine schöne Landschaftsroute auf glattem Asphalt. Wenn möglich, sollten man den Besuch für Mitte Juni planen, wenn zur Gordon Bennett Classic Car Rally ein imposantes Ensemble von Oldtimern und Motorrädern in der Nähe von Portlaoise für eine malerische Tour über die historische Rennstrecke zusammentrifft. **DIS**

Gap of Dunloe
Kerry, Irland

Start Kate Kearney's Cottage, Killarney
Ziel Lord Brandon's Cottage, Gearhameen
Länge 11 km
Art Landschaft
Info goo.gl/qwFJWz

Das Gap of Dunloe ist eine schmale, kurvenreiche und hügelige Paßstraße durch felsiges Bergland. Die größte Gefahr für Autofahrer stellen aber andere Touristen dar. Man sollte eine ruhige Tages- oder Jahreszeit wählen, wenn man nicht im ersten Gang zwischen Wanderern, Oldtimer-Bussen und Kutschen über den Bergpaß schleichen möchte. Es lohnt sich auf jeden Fall zu versuchen, die wunderschöne Szenerie ganz für sich allein zu haben. Die kurze Fahrt ist erfüllt von keltischer Poesie, ganz wie man es sich von einem Roadtrip in Irland wünscht.

Auf der Strecke zwischen dem trefflich benannten 832 m hohen Purple Mountain und der bis zu 1038 m hohen Bergkette Macgillycuddy's Reeks ist die Landschaft einfach nur spektakulär. Die fünf kleinen Seen entlang der Panoramastraße sind ganz nach irischer Tradition mit mystischen Legenden umwoben. Eine kleine alte Steinbrücke über den Fluß Loe trägt den lyrischen Namen Wishing Bridge.

Ausgangspunkt der vorgeschlagenen Route ist Kate Kearney's Cottage, ein touristischer Bar- und Restaurantkomplex, der aus einem alten Steinhaus entstanden ist. Die Reise endet am viktorianischen Jagdschloß Lord Brandon's Cottage, welches heute ein Café mit Außengastronomie ist. Im Sommer kann man das Naturerlebnis wunderbar mit einer Bootsfahrt über den von Bäumen gesäumten See abrunden. **SH**

❶ Ein einsamer Radfahrer auf dem Gap of Dunloe während einer ruhigen Zeit außerhalb der Saison.

Slea Head Drive Kerry, Irland

Start Dingle **Ziel** Dingle **Länge** 48 km
Art Landschaft **Info** goo.gl/9cSHkY

Die Dingle-Halbinsel ist die nördlichste der drei großen Halbinseln, die in Kerry in den Atlantik ragen. Vom Slea Head im Süden der Halbinsel hat man eine phantastische Aussicht auf den Dunmore Head, den westlichsten Punkt Irlands, und die Dingle Bay mit den heute unbewohnten Blasket Islands.

Von Dingle in der irischsprachigen Region, der Gaeltacht, führt die R559 rund um die gesamte Halbinsel und bietet spektakuläre Ausblicke auf Land und Meer. Am besten folgt man diesem Rundkurs im Uhrzeigersinn, um nicht hinter den großen Reisebussen herfahren zu müssen, die im Sommer die Straßen blockieren. Das reiche historische Erbe der Region zeigt sich in den bienenstockförmigen Steinhütten der prähistorischen Siedler und verschiedenen frühchristlichen Stätten. St. Brendan soll in Cuas an Bhodaigh (Brandon Creek) 1000 Jahre vor Kolumbus nach Amerika in See gestochen sein. Die Straße verläßt die Küste und führt wieder Richtung Süden nach Dingle. Sie streift den Fuß des Mt. Brandon, den mit 954 m zweithöchsten Berg Irlands, an der Stelle, an der sich Pilger auf den Weg zum Gipfel machen. Ein Teil der Szenerie könnte bekannt erscheinen, denn hier wurde David Leans *Ryans Tochter* (1970) gefilmt, ebenso wie Szenen von Ron Howards *In einem fernen Land* (1992). **SA**

❶ Die Dingle-Halbinsel bei Sonnenuntergang.

Ring of Kerry Kerry, Irland

Start Killarney **Ziel** Killarney **Länge** 172 km
Art Landschaft **Karte** goo.gl/Lhq7sQ

Der Ring of Kerry um die Iveragh-Halbinsel ist eine der beliebtesten Ausflugsfahrten in Irland. Besonders populär ist er allerdings auch bei Reisebussen. Da diese die Strecke in der Regel im Uhrzeigersinn fahren, sollten Autofahrer und Biker die entgegengesetzte Richtung wählen, um auf den oft engen und kurvenreichen Straßen nicht hinter einem langsamen Fahrzeug steckenzubleiben.

Die Route beginnt im lebhaften Killarney und führt vorbei am Lough Leane in Richtung Killorglin, mit Blick auf die Berglandschaft im Süden und danach auf den Atlantik im Norden. Je weiter die Straße nach Westen führt, desto schöner werden die Meerespanoramen. Vorbei an Bauernhöfen und durch hübsche kleine Dörfer erreicht man Cahersiveen. Die kaum 1500 Einwohner zählende Hauptstadt der Halbinsel ist ein perfekter Ort für Spaziergänge, Erfrischungen oder einen Einkaufsbummel.

Von hier aus führt der Ring of Kerry nach Süden und dann zurück nach Killarney am südlichen Rand der Iveragh-Halbinsel, wo das Dorf Sneem zu einer weiteren Pause einlädt. Kurz vor Kenmare biegt die Route nach Norden ab und führt durch zerklüftete Hügel über den Paß Moll's Gap und wieder hinunter, vorbei an den Wäldern und Seen des Killarney-Nationalparks zurück zum Ausgangspunkt. **MG**

❶ Die Berglandschaft prägt den Ring of Kerry.

Conor Pass Cork/Kerry, Irland

Start Dingle   **Ziel** Brandon   **Länge** 19,7 km
Art Landschaft   **Karte** goo.gl/Fmd3fE

Dieser Roadtrip beweist, daß eine phantastische Fahrt nicht lang sein muß. Er führt auf einer der höchstgelegenen Asphaltstraßen Irlands quer über die Dingle-Halbinsel. Die Route beginnt im beliebten Fischer- und Feriendorf Dingle, zu dessen Attraktionen der Delphin Fungie (der berühmteste Bewohner des Hafens) und die Dingle Distillery zählen. Von hier aus führt die R560 ins Landesinnere durch die Art saftiger grüner Felder, die der Grünen Insel ihren Namen gaben. Zu beiden Seiten erheben sich Hügel und die Bebauung versiegt, wenn die Straße ihren langsamen, aber stetigen Anstieg beginnt. An manchen Stellen, an den Seiten der Hügel, wird die Straße vorübergehend einspurig.

Auf dem Paß auf 456 m Höhe befindet sich ein Parkplatz, der motorisierte Besucher zu einer Pause einlädt und ihnen die Möglichkeit gibt, die sich darbietenden Aussichten zu genießen. In beide Richtungen sind die Panoramen großartig und heben die Stimmung eines jeden Reisenden. Einmal über dem Kamm, verengt sich die Straße wieder auf eine einzige Fahrspur mit gelegentlichen Ausweichbuchten, so daß der Conor Pass nichts für nervöse Fahrer ist. Die Fahrt endet im kleinen Dorf Brandon, das ruhiger als Dingle, aber nicht weniger charmant ist. **MG**

❶ Blick vom Conor Pass zwischen Dingle und Tralee.

Healy Pass Cork/Kerry, Irland

Start Adrigole, Cork **Ziel** R571 in der Nähe von Lauragh, Kerry **Länge** 12 km
Art Kultur **Karte** goo.gl/WBCWlG

1845 bis 1849 führte die Kartoffelfäule zu folgenschweren Mißernten in Irland, wo die Kartoffel die Hauptnahrungsquelle der armen Landbevölkerung darstellte. Diese verursachten den Tod von einer Million Iren und zwangen 1,5 Millionen zur Auswanderung.

Die britische Regierung unternahm wenig, um das Leiden zu lindern, obwohl ihr Arbeitsausschuß durch den Bau neuer Straßen so manchen dringend benötigten Arbeitsplatz schuf. Eine dieser Straßen überquerte die Caha Mountains auf der Beara-Halbinsel zwischen den Grafschaften Cork und Kerry.

Vom verstreuten Dorf Adrigole führt der Healy Pass nach Norden über die Halbinsel und erreicht eine Höhe von 334 m. Von hier aus hat man einen herrlichen Blick auf die Bantry Bay und die Kenmare Bay. Die wunderbar wilde und malerische schmale Straße, die oft von niedrigen Steinmauern begrenzt ist, schmiegt sich kurvig in die Konturen der Landschaft. Doch angesichts ihrer Geschichte ruft sie auch gemischte Gefühle hervor.

Die Straße fällt dann nach Lauragh in Kerry ab, wo der Derreen Garden mit exotischen Pflanzen zu einem Besuch einlädt. Erfrischungen gibt es in McCarthy's Bar in Castletownbere. Die Reiseberichte des verstorbenen Pete McCarthy sind eine ideale Vorbereitung auf diese Tour. **SA**

❶ Der Healy Pass kurz vor dem Gipfel.

Barra Ring Road
Äußere Hebriden, Schottland

Start Castlebay
Ziel Castlebay
Länge 29 km
Art Landschaft
Karte goo.gl/nkS6XS

Die Insel Barra erscheint mit nur einer einzigen klassifizierten Straße nicht gerade wie ein Autoparadies. Die A888 führt jedoch um die ganze Insel herum und bietet einen ungestörten Blick auf steile, graswachsene Berghänge und den weiten, grauen Ozean. Es ist unmöglich, sich hier zu verirren, daher kann man die Tour frei gestalten und jederzeit anhalten, um verlassene Bauernhöfe, neblige Buchten und einsame weiße Sandstrände zu erkunden. Barra mag eine wilde und zerklüftete Insel sein, aber sie ist von natürlicher und melancholischer Schönheit.

Die Rundfahrt kann an jeder beliebigen Stelle begonnen werden, aber als Besucher der Insel kommt man höchstwahrscheinlich mit der Fähre in Castlebay an, eine fünfstündige Fahrt vom schottischen Festland entfernt. Auf dem Weg nach Osten umarmt die glatte Asphaltschleife die felsige Küste, bevor sie das bergige Innere der Insel im Norden durchquert. Nach der Rückfahrt über die Westküste sollte man sich Zeit nehmen, die Inselfestung Kisimul Castle in Castlebay zu besuchen, die seit dem 11. Jahrhundert Stammsitz des MacNeil-Clans ist.

Barra ist vor allem für die Ealing-Komödie *Freut euch des Lebens* (1949) bekannt, die auf der Insel gedreht wurde. Berühmt ist auch der Beach Airport an der Nordspitze der Insel, der als einziger Flughafen der Welt einen Strand als Start- und Landebahn nutzt. **TW**

Road to the Isles
Highland, Schottland

Start Fort William
Ziel Mallaig
Länge 72 km
Art Scenic
Karte goo.gl/Pc82g7

Diese Tour beginnt im Schatten des höchsten Berges Großbritanniens, des 1344 m hohen Ben Nevis, und führt von Fort William nach Westen. Die Straße, die den Kaledonischen Kanal an der Schleusenanlage Neptune's Staircase überquert, ist als A830 kartiert, doch sollte man keine Autobahn erwarten: Die Route ist größtenteils kurvenreich und schmal, allerdings nicht für rasante Kurvenfahrten angelegt; es geht hier nur um die Aussicht.

Die beeindruckenden Viadukte Loch nan Uamh und Glenfinnan sollte man keinesfalls verpassen. Der Glenfinnan-Viadukt verfügt über 21 Bögen und führt in einer eleganten Kurve über eine Kluft am Ufer des Loch Shiel. Die hier verkehrenden Dampfzüge erinnern daran, daß der Viadukt als Kulisse für den Hogwarts-Express in *Harry Potter* diente.

In der Nähe markiert ein Denkmal den Ort, an dem Bonnie Prince Charlie 1745 den Jakobitenaufstand begann, der in der Schlacht von Culloden mit einer Niederlage endete. Es folgen Ausblicke auf das offene Meer, weiße Sandstrände und bergige Inseln am Horizont. Die Tour endet in Mallaig, einer faszinierenden, geschäftigen kleinen Festung gegen die Elemente, in der es von Fischern und Lastwagen wimmelt, die auf Fähren zur Insel Skye und kleineren Außenposten der Hebriden unterwegs sind. **SH**

➜ Dampflokomotive auf dem Glenfinnan-Viadukt.

North Coast 500
Highland, Schottland

❶ Bealach na Bà bedeutet „Vieh-Paß" in der gälischen Sprache.

Start Inverness
Ziel Inverness
Länge 803 km
Art Landschaft
Karte goo.gl/g07ikS

Diese Tour wird als Großbritanniens Antwort auf die Route 66 beworben. Der Vergleich ist etwas irreführend, führt die Strecke doch durch saftig grüne Landschaften und nicht durch eine ausgetrocknete Wüste. Doch obwohl es Ullapool und Thurso vielleicht an der Romantik von Flagstaff und Amarillo mangelt, ist dies eine wirklich sensationelle Reise, die eine ebenso atemberaubende und majestätische Landschaft bietet wie jede in den USA.

Die Rundfahrt durch die schottischen Highlands beginnt im Osten bei Inverness und zeigt die komplex zerklüftete, unendlich schöne Westküste von ihrer beeindruckendsten Seite. Sie führt durch die trostlose Moorlandschaft der Nordküste zum nördlichsten Punkt Großbritanniens, John o'Groats. Das Besucherzentrum ist ein guter Ort für obligatorische „Wegweiser"-Fotos. Die North Coast 500 führt dann entlang der Nordseeküste nach Süden zurück zum Ausgangspunkt. Die wichtigsten Höhepunkte sind der westliche Küstenabschnitt durch Wester Ross über den tückischen Paß Bealach na Bà nach Applecross sowie die Uferabschnitte entlang des Loch Maree und Loch Broom. In der wilden, unberührten Wildnis Sutherlands und der Nordküste kann es passieren, daß ein Hirsch den Verkehr aufhält, während er darauf wartet, daß sein Harem die Straße überquert. Dies zu sehen, ist ein seltenes Privileg, für das es sich lohnt, früh aufzustehen. **DK**

Isle of Skye
Highland, Schottland

Start Kyle of Lochalsh
Ziel Aird of Sleat
Länge 227 km
Art Landschaft
Karte goo.gl/SdmZDS

Die Isle of Skye ist die größte und nördlichste Insel der Inneren Hebriden. Es ist ein Ort der Romantik und des Mysteriums, der Geschichte und der Tragödie und wahrscheinlich einer der schönsten und beeindruckendsten Teile Schottlands. Das Zentrum wird von den Black Cuillin Hills dominiert, die mit dem Sgurr Alasdair auf 992 m ansteigen. Von diesen Gipfeln strahlen die vielen Halbinseln Skyes aus, auf denen zahlreiche Steinadler und Rothirsche leben.

Die Zufahrt vom Festland zur Insel erfolgt über die Skye Bridge in Kyle of Lochalsh. Die A850 verläuft entlang der Ostküste bis nach Portree, der größten Stadt der Insel, die für ihren schönen Hafen bekannt ist. Von dort aus kann man die Nordspitze der Insel auf der Halbinsel Trotternish umrunden. Romantisch wird es in Kilmuir, wo Flora MacDonald begraben liegt. Sie half Bonnie Prince Charlie nach der Niederschlagung seines Jakobiteraufstandes in Culloden durch die Briten 1745 ins Exil. Geschichte ist auch in den vielen Schlössern der Insel lebendig und in den verlassenen Dörfern, aus denen 30 000 Bauern von 1840 bis 1880 vertrieben wurden, da ihre Kleinbetriebe für die Schafzucht geräumt wurden. Auf den westlichsten Straßen über Bracadale und Armadale geht es auf einer kurvenreichen, landschaftlich reizvollen Route zur wilden Südspitze von Skye mit ihren magischen Aussichten auf die Inseln Rum und Eigg. **SA**

❶ Teil des Hauptkammes der Cuillin Hills, die das Rückgrat von Skye bilden.

Im Herzen der Highlands
Highland, Schottland

❶ Tief hängende Wolken zerstreuen sich über dem von Menschenhand geschaffenen Loch Faskally.

Start Pitlochry
Ziel Pitlochry
Länge 127 km
Art Landschaft
Karte goo.gl/IF4jNj

Das ländliche Perthshire könnte schottischer kaum sein: Loch Tummel und Loch Rannoch sind umgeben von bewaldeten Hügeln und einsamen Mooren. Der beste Ausgangspunkt, um die Gegend zu erkunden, ist Pitlochry. Die geschäftige Touristenstadt mit den Whisky-Destillerien liegt an einem nur scheinbar alten Süßwassersee: Loch Faskally entstand erst 1950 als Teil einer Wasserkraftanlage.

Von Pitlochry aus geht es nach Westen und dann nach Norden auf der B8079 über den Pass of Killiecrankie, wo die Jakobiter bei ihrem letztlich erfolglosen Versuch, die Stuarts wieder auf den britischen Thron zu bringen, 1689 den ersten militärischen Sieg errangen. Ihr Kommandant wurde allerdings im Moment des Triumphes von einer verirrten Kugel getötet. Dann erreicht man das stattliche Blair Castle, welches zum Teil aus dem Jahr 1269 stammt. Die Straße verläuft weiter durch ländliches Gebiet nach Kinloch Rannoch und zum östlichen Ende des Loch Rannoch. Dort folgt sie dem Nordufer bis zum Ende, und führt dann die Hügel hinauf zum Rannoch Moor und seinem einsamen Bahnhof auf der Strecke von Glasgow nach Fort William.

Der Black Wood of Rannoch, der sich entlang der Südseite des Lochs zieht, wurde einst von Whisky-Schmugglern heimgesucht. Auf dem Weg nach Westen befindet sich der Queen's View, wo Victoria die schöne Seenlandschaft bewunderte. **SA**

Highland Perthshire
Highland, Schottland

Start Pitlochry
Ziel Inverness
Länge 143 km
Art Landschaft
Karte goo.gl/XZv7Tc

Als malerische Momentaufnahme der schottischen Highlands ist die Straße von Pitlochry nach Inverness kaum zu überbieten. Startet man früh morgens, hat man die typischen Zutaten der Highlands wie lachsreiche Flüsse, inselgesprenkelte Seen und heidebedeckte Berge schon vor dem Mittagessen gesehen. Es gibt jedoch viele Gründe, sich für die Fahrt nach Norden länger Zeit zu nehmen.

Einer liegt ein paar Meilen von der Hauptstraße entfernt, etwas außerhalb von Pitlochry. Eine Linkskurve zwängt sich zwischen dem Nordufer des Loch Tummel und dem Tay Forest Park hindurch und ein Fußweg führt vom Parkplatz der Forstverwaltung zum Queen's View und entlang des Lochs zum Schiehallion, dem mit 1083 m höchsten Gipfel der Gegend, der aber leicht zu besteigen ist. Zurück auf der Straße türmen sich auf dem Weg nach Norden durch den Cairngorms-Nationalpark die prächtigen Highlands auf. Blair Castle erhebt sich 5 km nördlich von Killiecrankie. Die ansteigende Straße folgt dem Fluß Spey ab der Stadt Kingussie, hinter der sich mehrere Seen befinden. Im Loch an Eilein steht eine romantische Burgruine auf einer Insel.

Hinter Aviemore zweigt die Straße Richtung Westen nach Inverness am Moray Firth ab. Die Stadt ist ein Sprungbrett für weitere großartige Fahrten – zum Beispiel entlang des Great Glen nach Fort William und um die Nordostküste herum. **DS**

❶ Die Straße verläuft durch grüne Hügel, Heidekraut- und Moorlandschaften im Cairngorms-Nationalpark.

Von Invergarry zur Isle of Skye Highland, Schottland

Start Invergarry   **Ziel** Kyle of Lochalsh   **Länge** 84 km
Art Landschaft   **Karte** goo.gl/mHJGJi

Die Routen der schottischen Highlands zählen zu den schönsten in Großbritannien. Gut ausgebaute Straßen, grandiose Landschaften und anspruchsvolle Kurven bilden eine phantastische Kombination. Die Straße von Invergarry zur Isle of Skye ist ein gutes Beispiel. Kurz hinter Invergarry findet man sich in einer Serie weit geschwungener Kehren, die sich ans Ufer des Loch Garry schmiegen und den Ton für den Rest der Reise vorgeben. Die Straße verläuft in einer Abfolge schneller Kurven und kurzer Geraden an fünf wunderschönen Seen vorbei.

Schließlich erreicht man Kyle of Lochalsh, ein Dorf, das als Tor zur Isle of Skye bezeichnet wird. Von hier aus führt eine Brücke über das Wasser zum Ziel der Tour. Die Brücke wurde in den 1990er Jahren gebaut (vorher musste man mit der Fähre übersetzen) und ist heute gebührenfrei. Sie führt über den Inner Sound nach Skye. Auf der Insel gibt es eine landschaftlich reizvolle Schleife, die an anderer Stelle im vorliegenden Band beschrieben wird.

Die Fahrt auf dem glatten Asphalt ist sicher, doch im Winter sollte man vor Fahrtantritt die Wettervorhersage prüfen, denn im Hochland kann man plötzlich mit Schnee, Stürmen oder starkem Wind konfrontiert werden. Im Sommer oder Frühling ist diese Reise jedoch ein einziger Genuß. JI

❶ Die Skye Bridge, vom Festland aus gesehen.

Applecross Pass Highland, Schottland

Start Lochcarron **Ziel** Applecross **Länge** 28 km
Art Abenteuer **Karte** goo.gl/6yI2rG

Diese bei Einheimischen als Bealach na Bà („Vieh-Paß") bekannte anspruchsvolle schottische Straße folgt dem historischen Wanderweg über die Berge der Applecross-Halbinsel in den westschottischen Highlands.

Von Lochcarron geht es auf die A896, dann kurz vor dem Bealach Cafe links auf die Nebenstraße nach Applecross. Hier erklärt ein mit verwitterten Clubaufklebern von Bikern und Radfahrern bedecktes Warnschild, daß dies keine Route für unerfahrene Fahrer oder große Fahrzeuge ist. Der auf 626 m ansteigende Paß ist der dritthöchste befahrbare Schottlands und weist mit 20 Prozent die größte Steigung aller britischen Straßen auf.

Die Auffahrt fühlt sich ausgesprochen alpin an, mit engen, felsigen Serpentinen, die sich nach oben winden, während sich die zerklüfteten Highlands bedrohlich schließen. Nähert man sich dem felsigen Gipfel, wird die Straße flacher und gerader; eine kleine Schotterfläche lädt zur wohlverdienten Verschnaufpause ein. An klaren Tagen ist der Blick über die Applecross Bay und den Inner Sound zur Isle of Skye ein unvergeßliches Erlebnis.

Auf der viel leichteren Abfahrt zur Küste kann man die Landschaft genießen und zum Mittagessen im Applecross Inn einkehren. **DIS**

❶ Die kurvige Straße über die Halbinsel.

Ufer des Loch Naver
Highland, Schottland

Start Altanharra
Ziel Syre
Länge 19 km
Art Abenteuer
Karte goo.gl/nwIPSn

Im Schatten des einsamen Ben Klibreck, einem einzigartigen, isolierten Hügel im hohen Norden Schottlands, der sich 962 m hoch aus den Mooren erhebt, fließt der Fluß Naver nach Osten durch Loch Naver und dann nach Norden zur Küste bei Bettyhill. Der Fluß ist berühmt für seinen Lachs, der See für seine Schönheit. Hier gibt es Überreste von antiken Siedlungen, die ihr prähistorisches Erbe offenbaren.

Durch diese faszinierende und abgeschiedene Gegend verläuft die B873 östlich der Nordseite des Lochs von Altanharra, dessen 1820 eröffnetes Hotel bei Anglern beliebt ist. Der Lachs lockt die Leute an, aber der Naver brachte einst auch eine florierende Perlenfischerei hervor. Es ist unwahrscheinlich, auf der langsamen, aber anspruchsvollen Fahrt durch diesen abgelegenen Teil der Highlands einem anderen Auto zu begegnen. Die kurze Reise sollte in Abschnitte unterteilt werden, damit der Reisende innehalten, die wilden Landschaften in sich aufnehmen und die Einsamkeit genießen kann.

Die schmale und hügelige Uferstraße – gut asphaltiert, aber zum Zeitpunkt der Veröffentlichung des vorliegenden Bandes an den Rändern etwas ausfransend – endet im Naver Valley in der Ortschaft Syre, die wenig Grund zum Anhalten bietet. Man fährt besser weiter nach Bettyhill, wo es zwei Pubs und einen Kunsthandwerksladen gibt und am Wochenende Fish and Chips. **SA**

Cape Wrath
Highland, Schottland

Start Kyle of Durness
Ziel Cape Wrath
Länge 18 km
Art Abenteuer
Info goo.gl/emjc5p

Die meisten Menschen würden John o' Groats als nördlichste Spitze des britischen Festlandes betrachten, obwohl Dunnet Head diese Auszeichnung korrekterweise verdient. In diesem ungebührlichen Kampf um die nördlichen Ehren wird oft der majestätische Cape Wrath übersehen, der nordwestlichste Punkt des Festlandes und ein Ort wütender Meere und stürmischer Orkane. Sein Name leitet sich vom altnordischen *hvarf* („Wendepunkt") ab, da die Wikinger die Landzunge als Navigationspunkt nutzten, um ihre Schiffe auf Kurs zur Plünderfahrt oder nach Hause zu bringen.

Am Rande des Kaps warnt ein heute unbemannter Leuchtturm, der 1828 von dem berühmten Ingenieur Robert Stevenson erbaut wurde, Seefahrer vor den darunter liegenden Felsen. Etwas östlich der Landzunge liegen die 281 m hohen Klippen von Clò Mòr, die höchsten Klippen Großbritanniens und saisonale Heimat für unzählige brütende Seevögel. Der Zugang zu dieser Gegend erfolgt mit der Passagierfähre über den Kyle of Durness im Osten. Da man das Auto auf der anderen Seite des Wassers zurückgelassen hat, geht es hier mit dem Minibus weiter, der in den Sommermonaten auf dem 18 km langen Weg zum Leuchtturm verkehrt. Da das britische Verteidigungsministerium einen großen Teil des Landes als Übungsgelände nutzt, wird die Fahrt vom Klang militärischer Geschütze begleitet. **SA**

Ufer des Loch Ness
Highland, Schottland

Start Inverness
Ziel Inverness
Länge 146 km
Art Kultur
Karte goo.gl/ReC43G

Loch Ness, die Heimat der furchterregenden Clans Chisholm und Fraser, ist ein Ort von bemerkenswerter natürlicher Schönheit, dessen tiefes, spitz zulaufendes Gewässer die dicht bewaldeten Hügel teilt. Die von der britischen Automobilvereinigung als „die energetischste Straße Schottlands" bezeichnete Seeschleife ist bei begeisterten Auto- und Motorradfahrern gleichermaßen beliebt. Aber natürlich sind es die Geschichten um das bisher unentdeckte Monster von Loch Ness, die vor allem in den Sommerferien die Massen anziehen.

Von Inverness auf der A831 in Richtung Crask of Aigas führt die Route durch schöne Laubwälder, an einsamen Bergbauernhöfen und gelegentlich auch an grasenden Rothirschen vorbei. Jenseits des Dorfes Cannich führt die Straße zurück zum Seeufer, wo die nahe gelegene Ruine der Burg Urquhart aus dem 13. Jahrhundert einen Besuch wert ist; ebenso die Loch Ness Monster Exhibition in Drumnadrochit, die die lokale Legende am Leben erhält.

Auf den nächsten 22,5 km verläuft die A82 entlang des Ufers nach Fort Augustus, wo der Kaledonische Kanal eine beeindruckende fünfstufige Schleusenanlage passiert. Der Rückweg führt nach Nordosten über die schmale, von Bäumen gesäumte B852 parallel zum Wasser. Wenn es die Zeit erlaubt, kann man am beliebten Aussichtspunkt Inverfarigaig einen herrlichen Blick über den See genießen. **DIS**

❶ Urquhart Castle ist nur eine der bedeutenden Attraktionen am Ufer des Lochs.

Von Forres nach Alford
Moray/Aberdeenshire, Schottland

Start Forres, Moray
Ziel Alford, Aberdeenshire
Länge 132 km
Art Landschaft
Karte goo.gl/bwltW1

Der Cairngorms-Nationalpark in den Highlands von Schottland ist flächenmäßig größer als Luxemburg, wird aber von wesentlich weniger Menschen bewohnt. Auf dieser Fahrt von Forres nach Alford hat man sehr gute Chancen, eine lange Strecke zu fahren, ohne einem anderen Auto oder Motorrad zu begegnen, so daß man die wilde Schönheit der Straße in Ruhe genießen kann.

Von Forres an der Küste von Moray führt die kurvenreiche Straße nach Süden Richtung Grantown-on-Spey und hinauf zum Dava Moor. Durch das Hochmoor geht es in den 2003 gegründeten Cairngorms-Nationalpark. Nach Grantown-on-Spey folgt man der Straße weiter nach Tomintoul. An diesem Punkt öffnet sich die Straße und bietet spektakuläre Ausblicke nach allen Seiten, so daß man diesen Abschnitt langsam fahren und genießen sollte. Tomintoul, das höchstgelegene Dorf Schottlands, liegt unweit von Lecht, einem der beliebtesten Skigebiete des Landes. Danach biegt die Straße scharf nach rechts ab und schießt wie eine Achterbahn zur Cock Bridge hinunter. Das Corgarff Castle aus dem 16. Jahrhundert, ein ehemaliger Adelssitz, der später als Kaserne genutzt wurde, befindet sich nahe der Brücke und ist für die Öffentlichkeit zugänglich. Von hier geht es durch Strathdon vorbei an Glenkindie und Kildrummy Castle nach Mossat entlang des Flusses Don bis Alford. **TW**

Malt Whisky Trail in Speyside
Moray, Schottland

Start Forres
Ziel Grantown-on-Spey
Länge 108 km
Art Kultur
Karte goo.gl/Uf3Biu

Für Whisky-Liebhaber ist der Spey der berühmteste Fluß der Welt. In Speyside sind Glen Grant, Glenfiddich und Glenlivet ansässig und diese Tour bietet die Möglichkeit einige Destillerien zu besuchen.

Die Fahrt beginnt in der historischen Stadt Forres an der Küste von Moray. In der Nähe befindet sich die Whiskybrennerei Benromach, die auf das Jahr 1898 zurückgeht. Von Forres aus lohnt sich ein kurzer Abstecher in den Süden zur Dallas Dhu Historic Distillery. Hier wird kein Whisky mehr hergestellt, die Gebäude wurden in ein faszinierendes Whisky-Museum umgewandelt, eine perfekte Möglichkeit, sich einen Überblick zu verschaffen, bevor man durch Forres zurück nach Osten nach Elgin und zur Glen Moray Distillery fährt.

Die Straße führt dann nach Süden zur Glen Grant Distillery in Rothes, hinter der man einen ersten Blick auf den lachsreichen Spey werfen kann. Es ist eine landschaftlich reizvolle Fahrt durch Ackerland und vorbei an heidekrautbedeckten Hügeln.

Der Malt Whisky Trail hat jedoch weit mehr zu bieten als nur Destilleriebesuche, wie etwa die Küferei in Speyside, in der die Kunst der Faßherstellung demonstriert wird. In Dufftown bietet *The Whisky Shop* mehr als 600 Whiskys und weitere Artikel für Whiskyliebhaber an. Die Reise endet in Grantown-on-Spey, wo der historische Friedhof von Inverallan einen Besuch wert ist. **MG**

Victorian Heritage Trail in Royal Deeside
Aberdeenshire, Schottland

Start Aberdeen
Ziel Braemar
Länge 122 km
Art Kultur
Info goo.gl/H8qwx0

Königin Victoria brachte Deeside auf die Landkarte, als sie und ihr Mann Prinz Albert 1848 Balmoral Castle kauften und damit eine königliche Verbindung aufbauten, die bis heute andauert. Folglich ist die Fahrt auf der A93 von Aberdeen nach Westen mit schottischen Schlössern und Herrenhäusern gesäumt, die von den Königen selbst oder von schottischen Adligen, oft auf den Grundmauern mittelalterlicher Turmhäuser, errichtet wurden.

Diese beschilderte Fahrt beginnt mit Drum Castle, dem nahe gelegenen Finzean Estate, das eine große viktorianische Kunstsammlung besitzt, und Crathes Castle, das sich durch sein Arboretum aus dem 19. Jahrhundert auszeichnet. Die Landschaft ändert sich von offenen Auen, die den Unterlauf des Dee River flankieren, zu finsteren Bergen, die sich neben der Straße und dem Fluß hinter Balmoral auftürmen. Wenn das Anwesen, das Victoria „mein liebes Paradies in den Highlands" nannte, Ende August bis März geschlossen ist, besucht man das Dorf Ballator, das um Balmoral entstand. Hier findet jedes Jahr im August eine Victoria-Woche statt.

Die Fahrt endet in Braemar, einer Stadt, die um ihr Schloß herum am Zusammenfluß von Dee und Clunie errichtet wurde. Als malerische Erweiterung eignet sich die Old Military Road durch Glen Clunie zum Cairnwell Pass, der mit 670 m Höhe die höchstgelegene Hauptstraße Großbritanniens ist. **DS**

❶ Crathes Castle wurde 1323 gegründet; die heutigen Gebäude stammen aus dem 17. Jahrhundert.

Ardnamurchan-Halbinsel
Argyll and Bute, Schottland

Start Fort William
Ziel Fort William
Länge 212 km
Art Landschaft
Karte goo.gl/87AHYs

Fort William ist ein beliebter Ausgangspunkt für die Highlands, fährt man aber nach Westen statt nach Norden oder Osten, kann man die ursprüngliche Landschaft und bäuerlichen Dörfer der Ardnamurchan-Halbinsel erkunden. So kommt man an den westlichsten Punkt des schottischen Festlands. Von Fort William folgt man der Hauptstraße entlang des Loch Linnhe nach Corran, wo man mit der Fähre in etwa vier Minuten zum gegenüber liegenden Ufer übersetzt; eine Reise, die den Eindruck erweckt, ein völlig anderes Land zu besuchen. Dann geht es weiter nach Strontian, einst Zentrum einer blühenden Bleibergbauindustrie, und um das Nordufer des Loch Sunart zur eigentlichen Halbinsel. Nach 47 km wird die Straße bei Salen einspurig und führt nach Kilchoan, der Hauptgemeinde der Halbinsel. Es lohnt ein kurzer Abstecher zum Ardnamurchan Point, der von einem Leuchtturm im ägyptischen Stil (Besucherzentrum, Café und Blick auf die Äußeren Hebriden) überragt wird, und nach Sanna, wo weiße Sandstrände wie ein Petticoat aus einem Rock aus schwarzen Felsen und Marmorgras hervorblitzen. Zurück auf der Hauptstraße erreicht man den Glenfinnan-Viadukt, der in den *Harry-Potter*-Filmen vom Hogwarts-Express überquert wird. Von dort geht es entlang des Loch Eil zurück nach Fort William. **DS**

Eine atemberaubende Strecke nahe Loch Sunart.

Kintyre-Halbinsel
Argyll and Bute, Schottland

Start Tarbert
Ziel Tarbert
Länge 183 km
Art Landschaft
Karte goo.gl/Yruyvs

Die Geographie Schottlands bringt einige außergewöhnliche Orte hervor, aber nur wenige sind sonderbarer als Kintyre. Die mit Knapdale nur durch eine schmale Landenge zwischen zwei Seen bei Tarbert verbundene Kintyre-Halbinsel erstreckt sich 48 km nach Süden bis zum Mull of Kintyre. Kintyre ist nirgendwo breiter als 18 km und geprägt von Wäldern, Schaffarmen, kleinen Küstensiedlungen und nur einer Stadt, die diesen Titel verdient.

Die Route um Kintyre beginnt in Tarbert, von wo aus die A83 die Westküste hinunter nach Campbeltown führt, einer alten Stadt, die bis 1667 als Kinlochkilkerran („Kopf des Sees bei der Kirche von Ciaran") bekannt war. Hier befindet sich ein Zentrum der Whiskyindustrie, wo die drei Destillerien Glen Scotia, Mitchell's Glengyle und Springbank einige feine Single Malts herstellen.

Von dort aus kann man nach Süden zum Mull of Kintyre fahren, berühmt durch den Welthit von 1977, der aus der Feder von Beatle Paul McCartney und Denny Laine stammte und von ihrer Band Wings eingespielt wurde. An einem klaren Tag, wenn kein Nebel aus dem Meer aufzieht, hat man Sicht bis zur Küste von Antrim in Nordirland. Zurück auf dem Rundkurs geht es die Ostküste entlang über die schmalen und kurvenreichen Straßen B842 und B8001 durch Wälder und Flußtäler zurück nach Tarbert. **SA**

Panoramastraße um die Isle of Mull Argyll and Bute, Schottland

Start Craignure **Ziel** Craignure **Länge** 196 km
Art Landschaft **Karte** goo.gl/RfPaIv

Die Anreise zur Isle of Mull ist ein Abenteuer für sich, denn die Hebrideninsel ist nur mit der Fähre von der Westküste Schottlands aus leicht erreichbar. Diese Fähren verkehren regelmäßig das ganze Jahr über; eine frühe Überfahrt bietet viel Zeit für die malerische Inselrundfahrt vom Hafen aus. Es gibt wenige Straßen auf der Isle of Mull, daher hat man ab Craignure nur die Wahl im oder gegen den Uhrzeigersinn zu fahren. Im Uhrzeigersinn erreicht man bald das restaurierte Schloß aus dem 13. Jahrhundert in Duart mit Blick auf die Bucht.

An der Mündung des Loch Beg befindet sich die erste und einzige große Kreuzung auf der Route, und es lohnt sich, nach links zum westlichsten Punkt der Insel bei Fionnphort abzubiegen. Für die Fährübersetzung zur Insel Iona muß man das eigene Fahrzeug zurücklassen; nur Inselbewohner dürfen dort mit dem Auto fahren.

Der Rückweg führt dieselbe Straße zurück, um den unerbittlichen Berg Ben More, dann über Gruline und Kilninian die Westküste hinauf und nach Osten am Loch Peallach vorbei zur größten Stadt der Insel, Tobermory, mit ihren bunt gestrichenen Gebäuden. Liebhaber schottischen Whiskys werden der gleichnamigen Brennerei einen Besuch abstatten wollen, bevor sie zur Fähre zurückkehren. **TW**

❶ Einspurige Straße durch unberührte Landschaften.

Loch Fyne und Loch Awe Argyll and Bute, Schottland

Start Inveraray   **Ziel** Inveraray   **Länge** 117 km
Art Landschaft   **Karte** goo.gl/3a2ZD3

Diese beliebte Tour der britischen Automobile Association (AA) erkundet die Ufer zweier wunderschöner, langer Seen, die von längst vergangenen Gletschern geformt und von dichtem Nadelwald flankiert werden. Jeder der beiden hat einen ganz eigenen Charakter, denn Loch Fyne enthält Meerwasser, während Loch Awe ein Süßwassersee ist.

Die Rundfahrt beginnt am imposanten Inveraray Castle, dem Stammsitz der Herzöge von Argyll. Wenn man auf der A819 durch Glen Aray gegen den Uhrzeigersinn fährt, erreicht man das für seinen Angelsport berühmte Loch Awe und das Portsonachan Hotel, ein altehrwürdiger Treffpunkt für Angler. Die B840 am Südufer ist ein reines Vergnügen. Die malerische, mit Efeu bedeckte Ruine auf einer Insel in der Nähe war einst die Hochburg des Campbell-Clans, der diese Gegend beherrschte.

Am Carnassarie Castle aus dem 16. Jahrhundert führt die Route zum Segelhafen Crinan, dann weiter nach Achnaba und zurück zum Loch Fyne. Im Auchindrain Folk Museum erfährt man mehr über die reiche Kulturgeschichte der Region.

Hat man nun schon Appetit, mangelt es hier nicht an Restaurants. Frisch gefangene Forellen stehen stets auf der Speisekarte, zusammen mit einer großen Whisky-Auswahl. **DIS**

❶ Glen Fyne neben dem gleichnamigen See.

Rest and Be Thankful Argyll and Bute, Schottland

Start Tarbet **Ziel** Aussichtspunkt Rest and Be Thankful **Länge** 13,2km
Art Kultur **Karte** goo.gl/oYRB6b

Von Tarbet am Loch Lomond führt die A83 in der Nähe des Loch Long durch eine der schönsten Berglandschaften Schottlands.

Wenn man durch Glen Croe hinauffährt und über die Leitplanken ins Tal schaut, kann man die Old Military Road sehen, die General George Wade während des Jakobitenaufstands bauen ließ. Es war keine leichte Aufgabe, über den unerbittlichen, 245 m hohen Paß Vieh zu treiben oder mit Armeen zu marschieren, daher errichteten Soldaten 1753 einen Gedenkstein am Sattel, auf dem ein weiser Ratschlag für müde Reisende steht: „Raste und sei dankbar". Man sollte ihrem Rat folgen und die spektakuläre Aussicht in Ruhe bewundern.

Von 1906 bis Ende der 1970er Jahre gab es auf einem 1303 m langen Abschnitt regelmäßig Hill-Climbing-Events. Viele Renngrößen, darunter auch der schottische Formel-1-Weltmeister Jackie Stewart, perfektionierten ihre Kunst auf dieser kurvenreichen Strecke. Bis vor kurzem war es möglich, den Grundbesitzer mit einer guten Flasche Whisky zu bestechen und selbst eine Runde zu drehen. Doch inzwischen gibt es Pläne, die Rennstrecke in ihren alten Glanz zurückzuversetzen und ein Kulturerbezentrum zu errichten, in dem die zahlreichen Motorsporterfolge Schottlands gewürdigt werden. **DIS**

❶ Die A83 durch das Glen Croe.

Skyfall-Tour Argyll and Bute / Highland, Schottland

Start Loch Lomond, Argyll and Bute   Ziel Glencoe, Highland   Länge 146 km
Art Kultur   Karte goo.gl/uec3uO

In den spannenden Szenen dieses 2012er-Blockbusters begleitet man 007 mit seiner MI6-Vorgesetzten M in sein Elternhaus Skyfall Lodge, ein trostloses, nebelverhangenes Anwesen in den schottischen Highlands. Auf der Flucht nach Norden in Bonds berühmtem Aston Martin DB5 sieht man einige der großartigsten Straßen, die Schottland zu bieten hat.

Wie in Filmen üblich nahm man sich im Drehbuch gewisse künstlerische Freiheiten mit der Geographie heraus; bei der „A9", die im Film als direkteste Route zur Skyfall Lodge zitiert wird, handelt es sich sicherlich um die A82, die am Ufer des Loch Lomond durch die weiten zerklüfteten Täler des Glen Coe verläuft, wo die meisten Luftaufnahmen des Films entstanden.

Die Szene, in der der Aston auf einer einsamen, von Kiefernwäldern gesäumten Hochlandstraße fährt, wurde zwischen der Bridge of Orchy und dem Skigebiet Glen Coe gedreht. 007-Fans auf der Suche nach präzisen Drehorten können den Ort aufsuchen, an dem Bond und M anhalten, um die Berge von Buachaille Etive Mòr zu bewundern, indem sie die einspurige Straße nach Glen Etive nehmen, die die A82 in der Nähe des Kingshouse Hotels verläßt.

Die Skyfall Lodge selbst ist kein Teil dieser Tour, denn sie war nur ein nachgebautes Modell in einer stillgelegten Militärbasis in Surrey in England. **DIS**

❶ Die wunderschönen Ufer des Loch Lomond.

Old Military Road Perth and Kinross/Highland, Schottland

Start Blairgowrie, Perth and Kinross   **Ziel** Grantown-on-Spey, Highland   **Länge** 129 km
Art Kultur   **Karte** goo.gl/jLXaGv

Die höchstgelegene öffentliche Straße Großbritanniens überquert den Cairnwell Pass in den Cairngorm Mountains im Nordosten Schottlands.

Normalerweise ist es eine großartige, rasante Strecke durch eine weite, offene Landschaft mit wenig Verkehr. Doch der Marketingname des Fremdenverkehrsamtes „The Snow Roads Scenic Route", deutet auf mögliche saisonale Probleme hin. Bei Spittal of Glenshee passiert man Schneetore, die die Straße bei widrigen Wetterbedingungen zwischen Oktober und April sperren. Die Tore sollen verhindern, daß Autofahrer über Nacht im Schnee stekkenbleiben. Man sollte also unbedingt vor Fahrtantritt die Wettervorhersage beachten.

Der Gipfel liegt auf 670 m Höhe nahe Glenshee, Schottlands größtem Skigebiet. Die moderne Straße umgeht die als „The Devil's Elbow" berüchtigten Haarnadelkurven. Heute sind die Kurven viel milder und die Steigungen weniger anspruchsvoll.

Die Old Military Road ist eine Achterbahn aus Senken und Kuppen, die die umgebende Landschaft widerspiegelt, welche sich ebenfalls in sanften Wellen hebt und senkt. Wenn sie nicht mit Schnee bedeckt sind, liegen die Berge in einer rauhen, baumlosen, tundraartigen Umgebung, in der exponierte Felsen die Straße säumen. **SH**

❶ Richtung Norden auf der A93.

Von Moffat nach Selkirk Dumfries and Galloway/Scottish Borders

Start Moffat, Dumfries and Galloway **Ziel** Selkirk, Scottish Borders **Länge** 56 km
Art Landschaft **Karte** goo.gl/hgmxsV

Straßen in den schottischen Highlands werden zu den großartigsten der Welt gezählt, doch auf dieser Strecke in den Lowlands kann man die eigenen Fahrkünste beweisen. Dazu muß man jedoch kein Tempolimit brechen oder Risiko eingehen. Auf der buckligen, sich windenden Straße, die quer durch ein einsames Moor zwischen zwei schönen Städten verläuft, fährt man einfach schwungvoll und sanft durch die Wellen und Kurven, während die Landschaft ringsherum auf und ab gleitet.

Es gibt kaum ein Haus entlang der Straße, nur Trockenmauern und die trostlosen Hügel der Southern Uplands. Auf der unvergeßlichen Alternativroute von England nach Edinburgh läßt man die Hauptstraße hinter sich und genießt stattdessen Senken, Kuppen und Kurven auf der meist gut gepflegten Fahrbahn. Landschaftliches Highlight ist die Strecke am Ufer des St. Mary's Loch, das der Legende nach keinen Boden hat und den Einheimischen zufolge der kälteste See Schottlands ist. Ganz sicher ist er aber der größte natürliche See in der Lowland-Region. Vom abgelegenen Gordon Arms Hotel fährt man links auf eine landschaftlich reizvolle Route nach Edinburgh, geradeaus nach Selkirk oder rechts auf eine noch anspruchsvollere Strecke über die Hügel nach Lockerbie. **SH**

❶ Das Talla Reservoir liegt auf dem Weg nach Edinburgh.

Jim Clark Memorial Rally
Scottish Borders, Schottland

Start Auchencrow
Ziel Duns
Länge 22 km
Art Kultur
Karte goo.gl/E7zDVC

Strecke der Isle of Man TT
Isle of Man

Start Douglas
Ziel Douglas
Länge 60,7 km
Art Kultur
Info goo.gl/WnuGLm

Der schottische Bauernsohn Jim Clark erwies sich als Genie am Steuer, ob für Aston Martin, NASCAR, Lotus GP oder in Limousinen-Rallyeautos. Seine beiden Formel-1-Weltmeistertitel 1963 und 1965 errang er durch Geschicklichkeit und nicht durch pure Aggression. Nachdem Clark 1968 auf dem Hockenheimring ums Leben kam, machten sich Legionen von Bewunderern daran, ihm ein würdiges Denkmal zu setzen.

Jahrelang fand die Jim Clark Memorial Rally (JCMR) auf Privatgelände in den Scottish Borders statt, wo der große Champion aufwuchs, doch 1996 wurde das derzeit einzige Closed-Road-Rennen Großbritanniens offiziell genehmigt.

Fans, die die alljährliche Rallye gesehen haben, werden die abwechslungsreiche und wunderschöne Landschaft, auf der die Etappen verlaufen, mögen. Einen Eindruck von der JCMR vermittelt die Edrom Stage, die von der B6437 nach Westen in Richtung Blanerne, Edrom und Sümpfe führt, bevor sie nach Norden zur Ziellinie bei Preston schwenkt. Motorsportfans werden ihren Roadtrip zweifellos im Jim Clark Room in Duns beenden wollen. Zu dieser intimen Sammlung von Fotografien, Renn-overalls und Helmen gehört eine funkelnde Sammlung von Pokalen und anderen Trophäen aus der schillernden, aber allzu kurzen Karriere von Schottlands „Gentleman Jim". **DIS**

Der von Motorradfahrern als letztes großes Straßenrennen der Welt gefeierte Snaefell Mountain Course ist eine brutale Hochgeschwindigkeitsstrecke, die von der Inselhauptstadt Douglas über die nebelverhangenen Berge des Inselinneren, durch verschlafene Dörfer und Dutzende von tückischen Kurven führt, die oft in Erinnerung an die Fahrer, die hier getötet wurden, umbenannt werden.

Das erste Autorennen fand hier 1904 statt, aber die Motorradvereinigung machte sich die Strecke nach dem ersten Rennen der Tourist Trophy (TT) von 1907 zu eigen. Man sollte den Besuch zur TT Fortnight Ende Mai planen, wenn rund 40.000 Motorsportfans und 15.000 Motorräder auf die Insel strömen. Zu sehen, wie die besten Fahrer mit einer Durchschnittsgeschwindigkeit von über 209 km/h nur wenige Zentimeter an soliden Wänden und Gebäuden vorbeischießen und über schmale Brücken fliegen, ist ein überwältigendes Schauspiel.

Der TT-Kurs ist deutlich an den schwarz-weiß bemalten Bordsteinen zu erkennen. Obwohl die Kursrekordhalter die Strecke in weniger als 17 Minuten bewältigen können, ist es sinnvoll, einen ganzen Vormittag einzuplanen, bevor es zurück nach Douglas zu einem gemütlichen Mittagessen auf der eleganten viktorianischen Promenade geht. **DIS**

➡ TT-Rennfahrer auf dem Weg zum Snaefell Mountain.

Entlang der Ufer des Windermere
Cumbria, England

❶ Die Straße schlängelt sich durch das Tal, mit Hügeln und schneebedeckten Berggipfeln zu beiden Seiten.

Start Ambleside
Ziel Ambleside
Länge 46 km
Art Landschaft
Karte goo.gl/EiyvTJ

Die Seen und Berge von Cumbria inspirieren seit Jahrhunderten Dichter und Künstler, und dieser Ausflug bietet Autofahrern und Bikern die Möglichkeit, ebenjene Landschaften zu genießen. Die Route führt um den beliebtesten See im Herzen des Lake District Nationalparks, und beginnt und endet in der hübschen Touristenstadt Ambleside am Nordende von Windermere. Man sollte jedoch die Hochsaison meiden, wenn Menschenmassen die Städte verstopfen und Reisebusse die engen, gewundenen Straßen blockieren. Außerhalb der Saison kann man die Tour mit Muße genießen und die Panoramen von Englands größtem See und den dahinter liegenden Hügeln und Bergen bestaunen.

Die Strecke zeichnet sich durch eine Kombination normaler und enger Landstraßen mit scharfen Kurven und hügeligen Abschnitten aus. Man fährt durch schmucke Dörfer, alte Wälder und einen Flickenteppich aus Weiden, auf denen zwischen wackeligen Trockenmauern robuste Bergschafe grasen. Die Strecke ist gespickt mit Attraktionen, vom malerischen Haus der Autorin Beatrix Potter – heute im Besitz des National Trust – bis hin zu prämierten Wanderwegen in alle Richtungen. Ein phantastischer Abstecher auf der A592 nach Norden führt in die schwindelerregenden Höhen des Kirkstone Passes auf 454 m. An einem klaren Tag fühlt es sich an, als ob der gesamte Lake District unter einem liegt. **SH**

Roof of England
Cumbria/Northumberland, England

Start Penrith, Cumbria
Ziel Haydon Bridge, Northumberland
Länge 60 km
Art Landschaft
Karte goo.gl/HegNCl

Der Norden Englands hat den Ruf, nass, grau und windig zu sein. Er bietet jedoch auch einige atemberaubende Landschaften und viele phantastische Straßen. Die Route von Penrith in Cumbria zur Haydon Bridge in Northumberland ist ein schönes Beispiel. Sie überspannt das „Roof of England", einen Teil der Hügel der North Pennines.

Kurz hinter Penrith findet man sich bereits im ländlichen England und die Strecke ist von Trockenmauern und sanfthügeligen Feldern gesäumt. Obwohl die Straße nur einspurig ist, kommt man gut voran. Die Gegend ist aber auch ein Mekka für Wochenendbiker und fanatische Autofahrer, daher ist es eine gute Idee, auf übermotivierte Verkehrsteilnehmer und versteckte Radargeräte zu achten.

In Langwathby überquert man den Fluß Eden auf einer einspurigen Metallbrücke. Dann geht es weiter nach Melmerby und hinauf zum Hartside Summit, wo das Hartside Top Cafe, ein beliebter Bikertreff auf 580 m Höhe, den Blick über den Solway Firth nach Südschottland und Englands höchste Gipfel öffnet. Man sollte sich Zeit nehmen, die Aussicht zu genießen, bevor die Straße hinunter nach Alston, der höchstgelegenenen Marktstadt Englands, führt. Die letzte Etappe der Reise ist eine weitere Abfahrt durch enge Kurven zur Haydon Bridge. Ob Regen oder Sonnenschein, dies ist ein Ausflug, der begeistert. JI

❶ Der Hartside Pass ist mit seinem glatten Asphalt und dem weiten Blick in die Ferne ein Traum für jeden Fahrer.

Seen und Berge des Nordens
Cumbria, England

Ashness Bridge und Derwentwater in Borrowdale bei Keswick.

Start Keswick
Ziel Keswick
Länge 97 km
Art Landschaft
Karte goo.gl/YptVCn

Der Lake District in Nordengland umfaßt rund 2243 km² und ist seit 1951 ein Nationalpark.

Die nördliche Hälfte dieser schönen Region läßt sich am besten von der alten Marktstadt Keswick aus erkunden, die seit langem mit Dichtern wie Samuel Taylor Coleridge und Robert Southey in Zusammenhang gebracht wird. Von dort aus geht es südlich nach Borrowdale, vorbei an Derwentwater und dann gegen den Uhrzeigersinn vorbei an Buttermere und Crummock Water. Ein kurzer Weg führt weiter östlich über High Lorton nach Braithwaite und zum südlichen Ende des Bassenthwaite Lake. In einer verwirrenden Anomalie des britischen Englisch ist der Bassenthwaite Lake das einzige Gewässer im Lake District, das offiziell als See bezeichnet wird: alle anderen heißen „Weiher", „Tümpel" oder „Gewässer". Auf der Ostseite des Sees liegt Skiddaw, der mit 931 m sechsthöchste Berg Englands und angeblich der am leichtesten zu erklimmende Gipfel des Lake District.

Am nördlichen Ende des Bassenthwaite führt die einsame Landstraße in einer großen malerischen Schleife um die Fells Uldale, Caldbeck und Lonscale zurück nach Süden und Westen bis Keswick.

Die Straßen des Lake District sind in der Hochsaison völlig überlastet. Damit Staus diese schöne Fahrt am See nicht verderben, sollte man den Aufenthalt mit Sorgfalt planen. **SA**

Hardknott Pass und Wrynose Pass
Cumbria, England

Start Ambleside
Ziel Holmrook
Länge 27 km
Art Landschaft
Karte goo.gl/IrJqdW

❶ Die abschüssige Westseite des Wrynose Pass ist einer der leichtesten Abschnitte dieser Route.

Auf der Karte wirkt diese Route wie eine einfache ländliche Fahrt durch das malerische Herz des Lake District-Nationalparks. Aber Vorsicht, denn sie gilt als „Großbritanniens ungeheuerlichste Straße".

Schilder warnen: „Schmale Straße" und „Enge Kurven", doch dann ist es schon zu spät. Man kann nur konzentriert bleiben und das Erlebnis genießen.

Man passiert den Scafell Pike (978 m), den höchsten Berg Englands, und erreicht das wunderschöne, grüne abgelegene Eskdale Valley.

Unterwegs wird man an den steilen Hängen und Haarnadelkurven herunterschalten wollen, obwohl man bereits im ersten Gang ist. Gelegentlich ist die Straße schmal wie ein Reitweg, die Steigungen erreichen 33 Prozent und an den ungesicherten Abhängen sollte man nicht nach unten schauen.

Dann wäre da noch das Wetter. An einem der seltenen sonnigen Tage ist die Strecke schwierig genug. Doch meist erschweren waagerechter Regen, Seitenwind und rutschiger Asphalt die Fahrt und im Winter ist die Straße oft unpassierbar.

Der Lohn für all das konzentrierte Lenken und Schalten ist eine Landschaft von wilder Schönheit mit Wasserfällen, steilen Felswänden und überraschenden Ausblicken. Dramatisches Terrain erhebt sich zu beiden Seiten in die Wolken, während Herdwick-Schafe gravitätisch umherziehen, da sie wissen, daß die Autos hier die Außenseiter sind. **SH**

The Trip Cumbria/Yorkshire, England

Start Grasmere, Cumbria   **Ziel** The Yorke Arms, Yorkshire   **Länge** 222 km
Art Kultur   **Karte** goo.gl/cbwIor

Diese Fahrt folgt der Route von *The Trip*, dem preisgekrönten Film und der BBC-TV-Serie von 2010 mit Steve Coogan und Rob Brydon. Man kann in denselben Restaurants essen, die gleichen inspirierenden Ausblicke genießen und in denselben Räumen Michael-Caine-Imitationen üben wie im Film.

Diese Reise für Foodies wurde von unzähligen Fans der Show nachgefahren; es ist aber auch eine wunderschöne Strecke für jeden, der die Landschaften des Lake District und der Yorkshire Dales erkunden möchte. Man muß also nicht unbedingt all die teuren Restaurants und Hotels des Films besuchen.

Von Dove Cottage, dem Haus des Dichters William Wordsworth, geht es nach Süden zur kalksteingepflasterten Malham Cove, wo Coogans Träumerei durch eine Begegnung mit einem langweiligen Amateur-Geologen gestört wird, und die stimmungsvollen Ruinen von Bolton Abbey, wo das Duo darüber streitet, wem sie besser gefallen.

Finale der persönlichen Version von *The Trip* sind die sanften grünen Hügel von Nidderdale in den Yorkshire Dales. Wie Coogan und Brydon kann man hier im luxuriösen Gasthaus *The Yorke Arms* aus dem 18. Jahrhundert übernachten. Man muß ja nicht unbedingt versuchen, beim Essen die beste Peter-Sellers-Imitation abzuliefern. **SH**

❶ Bolton Abbey wurde von König Heinrich VIII. zerstört.

Am Hadrianswall   Von Tyne and Wear nach Cumbria, England

Start Wallsend, Tyne and Wear   **Ziel** Bowness-on-Solway, Cumbria   **Länge** 126 km
Art Landschaft   **Karte** goo.gl/OkW2Fa

Das größte erhaltene römische Artefakt der Welt gibt Historikern noch immer Rätsel auf. Die als Hadrianswall bekannte Linie von Gräben und Steinmauern, die von Milecastles sowie alle fünf römische Meilen (pro Meile berührt der linke Fuß beim Marschieren 1000 mal den Boden) von einem Kastell unterbrochen wird, ist heute eine beliebte Touristenattraktion zwischen dem Tyne River an der Nordsee und dem Solway Firth an der Irischen See.

Die Arbeiten an der Mauer begannen 122 während der Herrschaft von Kaiser Hadrian, aber es ist unklar, ob die Befestigung der Abwehr feindlicher Briten im Norden, der Markierung der nördlichen Grenze des Römischen Reiches oder dem Schutz gegen Viehdiebe und als Zoll- und Einwanderungskontrolle diente. Was auch immer ihr Zweck war, lange Abschnitte der Mauer haben die Jahrhunderte gut überstanden. Auf der A69, B6318 und B6264 kann man die gesamte Länge des Walls abfahren und die sanften Hügel der Grenzregion bilden eine wunderschöne Kulisse, doch leider ist die Mauer von der Straße aus oft nur schwer zu sehen, daher sollte man immer wieder anhalten und sie zu Fuß erkunden. Sehenswert sind unter anderem das Römerkastell Birdoswald und das Römische Armeemuseum am Kastell Vindolanda. **SA**

❶ Der wahre Zweck des Hadrianswalls ist unbekannt.

Von Alnwick nach Lindisfarne
Northumberland, England

Start Alnwick Castle
Ziel Lindisfarne
Länge 63 km
Art Kultur
Karte goo.gl/sieub4

Eine magische Küstenfahrt kann kaum besser beginnen als auf dem Gelände von Alnwick Castle, wo Großbritanniens berühmtester Zauberer im ersten *Harry-Potter*-Film auf seinem Besenstiel ritt.

Von hier führt die Küstenstraße vorbei an einem der ältesten Golfplätze der Welt durch Longhoughton und Craster, wo die imposante Ruine von Dunstanburgh Castle, Wohnsitz von John of Gaunt, am Horizont aufragt. Zurück auf der B1339 passiert man den Embleton Tower, der 1395 erbaut wurde, um das Gebiet vor den Schotten zu schützen.

Auf der B1340 nach Bamburgh erscheint bald die zweite große Festung dieser Reise. Hoch oben klammert sie sich an die Felsen und blickt über die Sanddünen nach Lindisfarne. Ein kurzer Abstecher auf der A1 durch das hügelige Ackerland von Northumberland führt zum 3 km langen Damm auf die Insel, dem „Causeway". Das richtige Timing der Gezeiten ist hier absolut entscheidend; hier mußten bereits Dutzende von Autofahrern aus dem schnell ansteigenden Meer gerettet werden.

Die auch Holy Island genannte Insel Lindisfarne ist berühmt für ihr mittelalterliches religiöses Erbe und ihre malerische Burg aus dem 16. Jahrhundert – die dritte und letzte große Festung dieser Reise auf dem höchsten Felsvorsprung der Insel. **TW**

➲ Der teilweise überflutete Lindisfarne Causeway.

Buttertubs Pass und Yorkshire Dales
Yorkshire, England

> Der Buttertubs Pass ist das ganze Jahr über fotogen, aber am ruhigsten im Winter.

Start Hawes
Ziel Thwaite
Länge 11 km
Art Landschaft
Karte goo.gl/tFj4zj

Die zerklüfteten Sand- und Kalksteinhügel und die grünen Gletschertäler der Yorkshire Dales gehören zu den dramatischsten Landschaften Großbritanniens. Als schönste von allen gilt die Landschaft um den Buttertubs Pass im Norden der Grafschaft. Jeremy Clarkson von der BBC-Fernsehsendung *Top Gear* bezeichnete diese Strecke als „Englands einzige wirklich spektakuläre Straße", und sie wird regelmäßig von Motorjournalisten, die neue Autos testen, und von Filmteams als Kulisse benutzt.

Buttertubs ist nach den 20 m tiefen Kalksteintöpfen benannt, die sich in der Felswand gebildet haben. Die örtlichen Bauern nutzten diese Löcher einst als natürliche Kühlschränke, um ihre Butter während der Sommermonate kühl zu halten.

Von der kleinen Marktstadt Hawes in Wensleydale, die für ihren Käse berühmt ist, führt die Straße nördlich von Fossdale durch Simonstone und High Shaw nach Abbotside Common am Stags Fell. Links der Straße steigt das Land am Great Shunner Fell auf 714 m an. Auf dem Buttertubs Pass genießt man eine phantastische Aussicht, bevor ein steiler Abstieg hinunter nach Thwaite führt.

Es sei darauf hingewiesen, daß dies auch eine großartige Gegend für Radfahrer ist: Der Paß war der zweite von drei Anstiegen in Etappe 1 der Tour de France 2014. Man achte also auf schnelle Leute auf zwei Rädern. **SA**

Brontë Country
Yorkshire, England

Start Batley
Ziel Top Withens
Länge 55 km
Art Kultur
Karte goo.gl/wgMFzb

Dies ist eine Tour durch das literarische Erbe Großbritanniens und das persönliche Leben und die bekannten Werke der berühmten Familie Brontë.

Hier, in einem verschlafenen kleinen Weiler hoch über den windgepeitschten Mooren Yorkshires, produzierten die drei Brontë-Schwestern Charlotte, Emily und Anne einige der populärsten und meistgelesenen Romane.

Höhepunkt der Themenroute ist The Parsonage, das Haus der Familie Brontë in Haworth, wo der Vater als Pfarrer tätig war. Im Inneren des Hauses sind die Möbel und Besitztümer noch genau so zu sehen, wie sie angeordnet waren, als Emily *Sturmhöhe* verfaßte, Charlotte *Jane Eyre* schrieb und Anne an *Die Herrin von Wildfell Hall* arbeitete. Weiter auf der gepflasterten Hauptstraße von Haworth erreicht man die Familiengruft im Kirchhof, sowie Souvenirläden und Cafés zum Thema Brontë.

Die Route umfaßt auch das Victorian Red House Museum in Gomersal und die Elizabethan Oakwell Hall in Batley, die beide als Schauplätze für Charlottes Romane dienten. Man besucht den Geburtsort der Schwestern in Thornton und folgt dem Pfad hinauf zum Moornach Top Withens, dem zerstörten Bauernhaus, das angeblich als Schauplatz für *Sturmhöhe* diente. Man kann einen Teil des Weges fahren, muß aber das letzte Stück, genau wie einst die Schwestern, über das Moor laufen. **SH**

Vale of York
Yorkshire, England

Start York
Ziel York
Länge 114 km
Art Kultur
Karte goo.gl/qJWFrj

Diese Route beginnt und endet in York, einem der beliebtesten Städteparadiese Großbritanniens. York ist voll von historischen Attraktionen, wie dem Münster, den Shambles und den römischen Mauern, und modernen Boutiquen, Restaurants und Hotels. Ein Volltreffer für einen Tagesausflug.

Diese Route führt nach Norden entlang der Ufer des Ouse, vorbei an Steinhäusern und traditionellen Pfarrkirchen von Dörfern wie Shipton und Linton-on-Ouse und weiter nach Osten durch das wilde Moor und über hübsche kleine Landstraßen nach Easingwold am Fuße der Howardian Hills.

Die als Area of Outstanding Natural Beauty klassifizierten Hügel haben eine Gesamtfläche von 204 km². Die Landschaft ist hier die Hauptattraktion, aber auch Gilling Castle, ein befestigtes Schloß, und Hovingham Hall, ein palladianisches Herrenhaus mit dem ältesten Cricketplatz Großbritanniens, sind sehenswert. Das bauliche Highlight der Gegend ist Castle Howard, einer der schönsten Herrensitze Großbritanniens, entworfen vom Architekten und Dramatiker John Vanbrugh.

Durch die Hügel geht es vorbei an den fotogenen Ruinen von Sheriff Hutton Castle und dem Landhaus und Garten von Sutton Park. Dann biegt man nach Süden durch das fruchtbare Ackerland des Vale of York ab und fährt zurück zum Ausgangspunkt in der großartigen Stadt York. **SH**

Von Holmes Chapel nach Alderley Edge
Cheshire, England

❶ Im von Mythen und Legenden durchdrungenen Alderley Edge findet man „Einsiedlerhöhlen" im Sandstein.

Start Holmes Chapel
Ziel Alderley Edge
Länge 16 km
Art Landschaft
Karte goo.gl/B6iVrZ

Holmes Chapel und Alderley Edge sind Teil von Cheshires „goldenem Dreieck" aus begrünten, wohlhabenden Dörfern, die von Millionären, selbständigen Unternehmern und Medienpersönlichkeiten aus dem urbanen Manchester im Norden bewohnt werden. Der Reichtum anderer Verkehrsteilnehmer ist auf dieser schönen Landstraße, wo überhängende Bäume, gepflegtes Ackerland und offene, weit geschwungene Kurven einen wunderschönen Ausflug an einem ruhigen, sonnigen Tag versprechen, auch leicht zu erkennen.

Der landschaftliche Höhepunkt der Straße wird in der Nähe von Withington erreicht, wenn man durch die Hecken am Straßenrand etwas Unerwartetes entdeckt, denn hier dominieren die massiven Radioschüsseln des Jodrell Bank Observatoriums den westlichen Horizont. Das größte dieser astrophysischen Instrumente hat einen Durchmesser von 76 m und ist das größte seiner Art in der Welt. Hier lohnt sich eine Pause, um das Jodrell Bank Discovery Centre zu erkunden und mehr über die Schüsseln zu erfahren. Vom angeschlossenen Café aus kann man die Teleskope beim Essen aus der Nähe betrachten.

Als Finale der Route bietet sich vom Steilhang, der Alderley Edge seinen Namen gibt, ein schönes Dorfpanorama von Cheshire und dem Peak District. Die besten Aussichtspunkte erreicht man von der kleineren B5087 östlich des Dorfes. **SH**

Snake Pass und Peak District Moorlandschaft
Derbyshire, England

Start Glossop
Ziel Snake Pass
Länge 76 km
Art Landschaft
Info goo.gl/YS9dEL

Großbritannien ist dicht besiedelt, aber diese Tour führt durch das, was in England einer Wildnis am nächsten kommt. Obwohl der Peak District Nationalpark nur 32 km von Manchester und Sheffield entfernt ist, durchqueren nur wenige Nebenstraßen seine trostlosen Moore. Diese berauschende Route verläuft über die schönsten Straßen der Region.

Von Glossops Häusern aus dem 17. Jahrhundert und viktorianischen Baumwollspinnereien führt die Devil's Elbow Road vorbei an zahlreichen kleinen Stauseen zur charmanten alten Mühlenstadt Holmfirth. 37 Jahre lang wurde hier die britische Sitcom *Last of the Summer Wine* gedreht.

Nachdem man eine Handvoll verschlafener Dörfer hinter sich gelassen hat, führt die A57 auf der wildesten Straße des High Peak, dem Snake Pass, ins offene Land. Mit bis zu 512 m Höhe sind die geschwungenen Kurven und der glatte Asphalt der Snake Road ein ewiger Magnet für Biker und Autofahrer. Aber Vorsicht, diese Straße hat es in sich: sie wird sehr rutschig, wenn sich der Bergnebel setzt, und schwierige Kurven und Höhenunterschiede erwischen häufig die Unvorsichtigen und Übermütigen.

Die „Oopnorthring" genannte Route ist bestens geeignet, sich an einem lauen Sommerabend mit Gleichgesinnten im Snake Pass Inn in der Nähe des Gipfels auf einen Drink zu treffen und sich über Erlebnisse auf der Straße auszutauschen. **DIS**

❶ Von der Rowlee Pasture in der Nähe von Edale kann man leicht erkennen, wie die Straße zu ihrem Namen kam.

Cat and Fiddle Road
Derbyshire/Cheshire, England

Start Buxton, Derbyshire
Ziel Macclesfield, Cheshire
Länge 19 km
Art Abenteuer
Karte goo.gl/jGmHeC

Diese Straße ist nach der Gaststätte benannt, die auf ihrem Gipfel, hoch im Peak District von Nordengland, liegt. Doch ihr malerischer Name täuscht über ihren furchterregenden Ruf als gefährlichste Straße Großbritanniens hinweg. Grund dafür sind die vielen engen, unübersichtlichen Kurven auf der gesamten Strecke, die im Laufe der Jahre zahlreiche Verkehrsunfälle verursachten. Auf einer Straße wie dieser ist Abbremsen aber sowieso keine schlechte Idee, denn man wird mit atemberaubenden Aussichten belohnt, die sich über die Landschaft von Derbyshire und Cheshire, über den Macclesfield Forest und darüber hinaus erstrecken.

Auf der A53 geht es durch den westlichen Stadtrand von Buxton, dann rechts auf die A54 bei Ladmanlow und weiter zur flachen Moorlandschaft von Goyt's Moss. Nach dem Pub führt die Straße durch noch engere Serpentinen bergab bis zur Marktstadt Macclesfield.

Obwohl die Straße immer noch Wochenendbiker und Sportwagenliebhaber anzieht, hat die Bekanntheit der Cat and Fiddle zu einem reduzierten Tempolimit von 80 km/h, der Einführung von Blitzern und regelmäßigen Patrouillen durch Zivilpolizei geführt. Nichtsdestotrotz ist es immer noch eine wunderbare Straße, die von ihrem höchsten Punkt einen herrlichen Blick auf den High Peak bietet. **TW**

❶ Das Opernhaus in Buxton.
➲ Die Cat and Fiddle Road im Winter.

Winnats Pass und Peak District
Derbyshire, England

❶ Die Straße führt über den Winnats Pass zum Gipfel des Mam Tor.

Start Grindleford
Ziel Mapleton
Länge 47 km
Art Kultur
Karte goo.gl/QQ7xfl

Vom Parkplatz am treffend benannten Surprise View führt die A6187 hinauf nach Hathersage durch das wilde, hügelige Herz der Region Derbyshire zum landschaftlichen Höhepunkt dieser Fahrt, dem spektakulären Winnats Pass.

Die Paßstraße führt aber nicht über einen hochalpinen Sattel, sondern fädelt sich dramatisch durch eine Spalte zwischen Kalksteinklippen, aus denen markante Felsvorsprünge ragen. Auf der bedrohlich wirkenden, engen Strecke gibt es steile Abschnitte mit bis zu 28 Prozent Steigung.

Der Paß liegt westlich des malerischen Dorfes Castleton, einem klassischen Touristenort im Nationalpark und idealer Ausgangspunkt für Wanderungen, Höhlenexpeditionen oder einfach nur einen Bummel durch die vielen einladenden Teeshops.

Nach einem kurzen Abstecher in das faszinierende „Pest-Dorf" Eyam und die hübsche Stadt Bakewell (berühmt für ihre köstlichen Torten und Puddings), endet die Fahrt im charmanten kleinen Ort Mapleton im Dove Valley am südlichen Rand des Nationalparks. Zwischen alten Backsteinhäusern und einer ungewöhnlichen Pfarrkirche findet man hier noch weitere traditionelle Teehäuser.

Für eine längere Reise kann diese landschaftlich attraktive Fahrt mit der anspruchsvollen Snake-Pass-Tour in der nördlichen Hälfte des Peak District Nationalparks kombiniert werden. **SH**

Midlands Tick
Nottinghamshire/Rutland, England

Start Bingham, Nottinghamshire
Ziel Uppingham, Rutland
Länge 85 km
Art Landschaft
Karte goo.gl/tEx36f

Im Herzen Englands liegt eine fabelhafte kleine Autoroute, die auf den ersten Blick auf einer Karte nicht sofort ersichtlich ist. Statt einer Punkt-zu-Punkt- oder Rundfahrt ist sie wie ein „Tick", also ein geschriebener Haken geformt (√), daher ihr Name.

Von Bingham geht es zunächst auf der Bingham Road nach Süden über Langar, Harby und Eastwell, wo man an der Kreuzung rechts abbiegt. Zusätzlich zur Landschaft und den malerischen Dörfern sollte man den Himmel im Auge behalten, da die Route an zwei alten Royal-Air-Force-Basen vorbeiführt, so daß man mit etwas Glück ein oder zwei Segelflugzeuge sehen kann. Schließlich erreicht man die hübsche kleine Marktstadt Melton Mowbray, die sich nicht zuletzt wegen ihrer köstlichen Schweinepasteten gut für eine Pause vor der zweiten Etappe eignet.

Frisch gestärkt geht es weiter durch Great Dalby, Twyford und Tilton on the Hill, bevor man durch Sutton Bassett und Stockerston das Ziel der Reise erreicht. Die alte Marktstadt Uppingham ist heute vor allem für ihre im 16. Jahrhundert gegründete Privatschule bekannt.

Die Route besteht aus schnellen Geraden und weiten Kurven, mit vielen unterhaltsamen Höhenunterschieden auf den letzten Streckenabschnitten. Die ruhige und landschaftlich reizvolle Fahrt durch die ländliche Region East Midlands ist kurz vor der Sommerernte am schönsten. **TW**

Von Horncastle nach Louth
Lincolnshire, England

Start Horncastle
Ziel Louth
Länge 23 km
Art Landschaft
Karte goo.gl/ZniFVp

Selbst für ein Land, das nicht unbedingt für Berge bekannt ist, ist Lincolnshire sehr flach. Der sanfte Steilhang Lincoln Cliff verläuft im Westen der Grafschaft und trägt stolz die prächtige gotische Lincoln Cathedral, doch mit einer weiteren Ausnahme ist der Rest der Grafschaft etwa so flach wie ein Billardtisch. Diese Ausnahme sind die Lincolnshire Wolds, eine Reihe von niedrigen Kreidehügeln, die sanft durch den Nordosten von Lincolnshire verlaufen. Ihr höchster Punkt befindet sich auf 168 m Höhe auf dem Wolds Top. Über diese Hügel führt eine ebenso bescheidene Straße von Horncastle nach Louth.

Das Städtchen Horncastle bezeichnet sich selbst als „Tor zu den Wolds", während das kaum größere Louth noch eins drauf legt und sich „Hauptstadt der Wolds" nennt. Sie sind aber keine Metropolen, und die A153, die sie verbindet, keine belebte Autobahn, sondern ein gemütlicher Bummel durch gepflegte Felder und weitläufige, offene Landschaften, die dem Auge schmeicheln.

Die Strecke ist beliebt bei Bikern, die zum Cadwell Park Circuit fahren, und begeistert mit einer abwechslungsreichen Mischung aus weiten und engen Kurven, Höhenunterschieden und langen, schnellen Geraden, die eine interessante Fahrt garantieren. Und ganz nebenbei kann man noch die herrliche englische Landschaft von ihrer besten Seite genießen. **SA**

Durch die Norfolk Broads
Norfolk, England

Start Wroxham
Ziel Wroxham
Länge 58 km
Art Landschaft
Karte goo.gl/vGpHIY

Bis in die 1960er Jahre hielt man die Broads für natürliche Seen. Der Ökologe Dr. Joyce Lambert bewies jedoch, daß es sich um die Überreste mittelalterlicher Torfgrabungen handelt, die bei einem Anstieg des Meeresspiegels überflutet wurden. Allein die Norwich Cathedral verbrauchte 320 000 Tonnen des fossilen Brennstoffs pro Jahr, so entstanden die zahlreichen Gewässer, die es heute gibt. Auf der größtenteils in Norfolk liegenden Fläche von 303 km² sind die Broads mit ihren zahllosen miteinander verbundenen Flußläufen ein Paradies für Vögel, Fische und Binnenkapitäne.

Eine Tour durch die Broads gegen den Uhrzeigersinn, die in Wroxham am Bure River beginnt und endet, gibt eine gute Vorstellung davon, worum es in dieser sonderbaren Wasserwelt geht. Die Route führt vorbei an den Broads Ranworth und South Walsham im Westen, über die schmalen Broads Filby und Ormesby im Osten und schließlich entlang des Hickling Broad, der größten Wasserfläche Norfolks und nationales Naturschutzgebiet. Von Mai bis Juli findet man hier den Schwalbenschwanz, Großbritanniens größten und seltensten Schmetterling. Hat man kein Interesse an Wildtieren und Wasser, gibt es hier viele Pubs, in denen Autofahrer genauso glücklich werden wie Angler und Segler. **SA**

➔ Reetgedeckte Bootshäuser auf dem Hickling Broad.

Elgar Route
Worcestershire, England

Start Lower Broadheath
Ziel Lower Broadheath
Länge 71 km
Art Kultur
Karte goo.gl/CEqoKp

Sir Edward Elgar (1857–1934), der bekannteste englische Komponist, verbrachte die meiste Zeit seines Lebens in den malerischen Malvern Hills, wo die sanfthügelige Landschaft seine Hauptinspirationsquelle gewesen sein soll. Der begeisterte Radfahrer erkundete oft die Umgebung und diese Themenroute folgt seinen Lieblingsstrecken, vorbei an Gehöften und Häusern, die in Elgars langer, produktiver Karriere eine Rolle spielten.

Der vielleicht naheliegendste Startpunkt ist das Elgar Birthplace Museum in Lower Broadheath, das über den Künstler informiert, und es gibt keinen passenderen Endpunkt als die Kirche St. Wulstan, wo er begraben ist.

Die Elgar-Route bietet eine großartige Möglichkeit, diesen schönen, wenig bekannten Teil von Worcestershire zu erkunden, auch wenn man kein Klassik-Fan ist. Die Straßen hier sind oft schmal, aber die Strecke ist gut mit braunen Schildern markiert.

Ein Abstecher zur Morgan Motor Company, dem ältesten privaten Automobilhersteller der Welt, der in Malvern seit 1909 Sportwagen in Handarbeit baut, lohnt sich. Gegen eine kleine Gebühr kann man die Fabrik besichtigen oder eine kurze Fahrt in einem klassischen Zweisitzer unternehmen; gut betuchte Ausflügler können einen Morgan Roadster für den Tag mieten, um diese hübsche Ecke des ländlichen Südwestens Englands zu erkunden. **DIS**

Spa Northamptonshire/Cambridgeshire, England

Start Higham Ferrers, Northamptonshire
Ziel St. Neots, Cambridgeshire
Länge 32 km
Art Landschaft
Karte goo.gl/CJJiPF

Einheimische Autofahrer und Biker nennen diese Strecke „Spa", nach der anspruchsvollen Formel-1-Rennstrecke in Belgien. Bei der Umfrage eines Autokonzerns zu den besten Fahrstrecken Großbritanniens war sie unter den Gewinnern.

Leider kann man nicht erwarten, die Straße wie ein Formel-1-Pilot befahren zu können. Neben einigen plötzlichen Kurven und uneinsehbaren Kreuzungen gibt es mehrere Ortsdurchfahrten durch geschäftige kleine Dörfer wie Stonely und Kimbolton. Dennoch lockt der ambitionierte Ruf der Strecke viele begeisterte Mobilisten an, so daß die Polizei versteckte Radarfallen aufstellt.

Die Route verläuft über das sanft geschwungene Ackerland am Rande von East Anglia zwischen der A6 und der A1. Die zarte Landschaft bietet einen weiten Himmel, ferne Ausblicke und gute Sicht. Es gibt zwar zahlreiche Kurven auf der Strecke, doch in der Regel kann man sehen, ob Gefahren hinter der nächsten Ecke lauern, und viele faszinierende, lange, leere Abschnitte scheinen direkt zum Horizont zu führen.

Ein Abstecher nach Norden führt zum Grafham Water in Dillington. Er ist mit fast 4,8 km Durchmesser einer der größten Stauseen Englands und ein beliebter Ort für Picknicks und Wanderungen durch das Naturschutzgebiet. Ein Besucherzentrum und ein Restaurant laden zu einer Pause ein. **SH**

Painters' Trail Suffolk/Essex, England

Start Sudbury, Suffolk
Ziel Ipswich, Suffolk
Länge 54 km
Art Kultur
Karte goo.gl/WCFSAk

Diese Tour führt durch einige der Orte, welche die großen Landschaftsmaler von East Anglia beflügelt und inspiriert haben: Thomas Gainsborough und John Constable im 18. Jahrhundert und Alfred Munnings im 19. und 20. Jahrhundert.

Die Route folgt den saftig grünen Ufern des River Stour, der die Grenze zu Essex bildet, durch landwirtschaftlich genutzte Wiesen mit reetgedeckten Fachwerkhäusern. Viele Szenen wirken unverändert, seit die Künstler sie in ihren Bildern verewigten.

Höhepunkt ist die Gegend um Flatford Mill, wo mit Constables *Der Heuwagen* (1821) eines der beliebtesten Landschaftsgemälde Großbritanniens entstand. Willy Lott's House und Bridge Cottage am Ufer sind heute National Trust-Attraktionen.

Ausgangspunkt ist die im 8. Jahrhundert von Sachsen gegründete hübsche Marktstadt Sudbury. Hier befindet sich Gainsboroughs Geburtshaus, heute ein Museum, das seinem Lebenswerk gewidmet ist. Constable ging in Dedham gleich hinter der Grenze zu Essex in die Schule und malte das Dorf später viele Male. Eines seiner Gemälde ist in der dortigen Kirche zu sehen. Castle House, der Wohnsitz Munnings, ist heute ein Museum über sein Leben und Werk. Möchte man mehr von den Künstlern sehen, befindet sich eine renommierte Sammlung ihrer Werke im Christchurch Mansion, einem herrlichen Tudor-Palast in Ipswich. **SH**

Cotswold Edge
Gloucestershire/Wiltshire, England

Start Stroud, Gloucestershire
Ziel Stroud, Gloucestershire
Länge 97 km
Art Landschaft
Karte goo.gl/R4kJra

Die Cotswold Hills im Westen Englands erheben sich sanft aus den Auen des oberen Themse-Tals und erreichen bei Cleeve Hill in der Nähe von Cheltenham eine Höhe von 330 m, bevor sie am steilen Abhang Cotswold Edge hinunter ins Tal des Severn, des längsten Flusses Großbritanniens, abfallen. Die Hügel bestehen aus Jurakalkstein, einem honigfarbenen Gestein, das als Baumaterial für die hiesigen Häuser diente. Die außergewöhnliche natürliche Schönheit der Städte und des Landes läßt sich am besten auf einer Rundfahrt genießen, die in der einstigen Mühlenstadt Stroud beginnt und endet.

Von Dudbridge aus führt die B4066 nach Süden entlang der Anhöhe mit guter Sicht nach Westen über das Severn Valley zum Forest of Dean und bei klarem Wetter bis zu den walisischen Bergen. Das nahe gelegene Tyndale Monument erinnert an den protestantischen Märtyrer William Tyndale aus dem 16. Jahrhundert, der die Bibel ins Englische übersetzte und dafür auf dem Scheiterhaufen verbrannt wurde. Unterwegs passiert man Badminton House, den Wohnsitz der Herzöge von Beaufort. Hier wurde 1872 das gleichnamige Rückschlagspiel vorgestellt. Über die Autobahn M4 und vorbei an Yatton Keynell schwenkt die Route nach Osten und dann nach Norden durch Malmesbury, Tetbury und Avening, wo am Pig Face Sunday Mitte September ein jährliches Hog Roasting stattfindet, und führt zurück nach Stroud. SA

❶ Cleeve Hill ist der höchste Punkt in den Cotswolds, die sich über rund 145 km erstrecken.

Bodmin Moor und North Cornish Coast
Cornwall, England

① Dieser Straßenabschnitt bei Porteath ist typisch für das dortige Gelände.

Start Wadebridge
Ziel Wadebridge
Länge 121 km
Art Landschaft
Karte goo.gl/VSl0rR

Anders als die schmucke Südküste ist North Cornwall ein schroffer Abschnitt aus tückischen Felsen und sandigen Buchten. Dieser Roadtrip erkundet diese inspirierende atlantische Küste und führt über die abgelegenen Dörfer im Bodmin Moor zum Ausgangspunkt zurück. Startpunkt ist das vergleichsweise zivilisierte Wadebridge, wo ein beliebter Rad- und Wanderweg entlang des Flusses Camel zu den Fischrestaurants in Padstow führt. Von dort geht es nach Norden zum windigen Surfstrand in Polzeath und den hübschen Fischerdörfern Port Isaac und Port Gaverne, vorbei am massiven Krater des Delabole-Schieferbruchs und dem Trebarwith Strand nach Tintagel. Hier lohnt es sich, sich durch die Souvenirmeile zu arbeiten, um auf der anderen Seite der Brücke eines der aufregendsten Schlösser Großbritanniens zu besuchen.

Boscastle besitzt einen spektakulären Naturhafen und in Crackington Haven, Widemouth Bay und Bude rollen die Atlantikwellen auf die Sandstrände. Dann kehrt man ins Landesinnere zurück, um die Randgebiete des Bodmin Moor mit seinen wilden Ponys und windgepeitschten Felsvorsprüngen, den sogenannten „Tors", zu erkunden. Von Hallworthy aus sieht man die höchsten Punkte, Rough Tor und Brown Willy, am südlichen Horizont. Man kann nicht sehr nah heranfahren, aber bei schönem Wetter ist es ein wunderbarer Spaziergang. **SH**

Von St. Ives nach St. Just
Cornwall, England

Start St. Ives
Ziel St. Just
Länge 25 km
Art Landschaft
Karte goo.gl/Y7vXfM

Diese Tour führt durch einen Teil Cornwalls, der sich stark von den gepflegten Sandstränden und schicken Luxushotels der beliebten Ferienorte unterscheidet. Die Straße kurvt über fast baumlose Klippen, zerklüftete Küstenpanoramen auf der einen und windgepeitschte Moorlandschaft auf der anderen Seite. Verfallende Türme und Schornsteine stillgelegter Minen und geheimnisvolle keltische Steinkreise säumen den Weg. Granitfelsen übersäen die Landschaft, und aus diesen Felsen gebaute Hütten ragen in die Straße, wenn man sie am wenigsten erwartet.

Die Enge der Straße wird durch imposante, moosbewachsene Steinmauern und abrupte Steigungen und Gefälle noch betont. Auf einer der markantesten Routen im Westen des Landes ist höchste Konzentration gefragt und man wird nirgendwo in den höchsten Gang schalten können.

Etwas entspannter geht es im Dorf Zennor zu. Der Weg vom charmanten Tinners Arms zum Gurnard's Head ist ein erfrischendes Erlebnis, insbesondere während eines heftigen Atlantiksturms. Das Abenteuer endet auf dem Granitplatz in St. Just, wo inmitten der Bergmannshäuser einige Pubs und Geschäfte geduldig auf Touristen hoffen. Eine kleine Gasse im Westen führt zu einem markanten Aussichtspunkt am Cape Cornwall, der die berühmte Landzunge Land's End ein paar Meilen weiter südlich im Vergleich zahm erscheinen läßt. **SH**

❶ Blick von der Straße zwischen Gurnard's Head und Zennor Head.

Poldark Country
Cornwall, England

❶ Der Hafen von Charlestown, Cornwall, mit seinen Segelschiffen war ein Drehort für die BBC-Serie *Poldark*.

Start Charlestown
Ziel Lizard Point
Länge 124 km
Art Kultur
Karte goo.gl/PTG3lf

Okay, man wird auf dieser Tour nicht Ross Poldark mit freiem Oberkörper bei der Heuernte sehen – aber diese Tour vereint die Essenz der britischen BBC-Serie *Poldark*, die auf dem gleichnamigen Roman von Winston Graham basiert, und die schönsten Ecken von Cornwalls Südküste.

Die Route beginnt in dem bezaubernden georgianischen Hafenstädtchen Charlestown, einem Schauplatz der Serie. Normalerweise liegt im Hafen zur Ausschmückung des historischen Ambientes ein großes Segelschiff. Die nach Westen führende Küstenstraße bietet herrliche Meeresblicke. Bei Trelissick überquert man den Fluß Fal mit der Autofähre King Harry. Man passiert den Hafen von Falmouth und die idyllische Helford-Mündung, um zur Poldark Mine in Wendron zu gelangen. Diese alte Zinnmine ist Weltkulturerbe und Drehort für die *Poldark*-Serie.

An Sandstrand von Gunwalloe entstand die Szene mit dem dramatischen Schiffbruch, und in dem großen Hotel oberhalb von Mullion Cove waren Schauspieler und Crew untergebracht. Auch die malerischen Buchten von Landewednack und Kynance sind in der Serie zu sehen.

Die Tour endet schließlich auf der wunderschönen Halbinsel The Lizard. Vergessen Sie das überkommerzialisierte Land's End weiter westlich – The Lizard hat eine weitaus reizvollere Landschaft und ist der südlichste Punkt Großbritanniens. **SH**

Le Jog
England/Schottland

Start Land's End, Cornwall, England
Ziel John o' Groats, Highland, Schottland
Länge 1347 km
Art Kultur
Karte goo.gl/VoXmSX

Man läßt die Tagesausflügler hinter sich, sobald man vom Parkplatz von Land's End abbiegt und sich auf die längste Route Großbritanniens begibt – die vom äußersten Zipfel Cornwalls bis zur nördlichsten Ecke Schottlands führt. Der Sinn ist zunächst fraglich: Stundenlang sitzt man im Auto, nur um am anderen Ende des britischen Festlandes eine ebenso kahle, windgepeitsche Klippe zu erreichen. Dennoch übt Land's End–John o' Groats, abgekürzt mit Le Jog, einen seltsamen Reiz aus. Dieser Straßenmarathon fühlt sich auf einzigartige Weise doch sinnvoll an: Es ist, als erobere man ganz Großbritannien.

Für einen guten Zweck machen sich Menschen zu Fuß, per Rad, mit dem Kinderwagen oder auch einem Kühlschrank auf den Weg – doch insgeheim genießen sie es, am Ende mit der Bewältigung dieser langen Strecke prahlen zu können. Auto- und Motorradfahrer haben die Wahl, ob sie die Route an einem langen Tag (wie auf der Karte verlinkt) oder über mehrere Tage oder Wochen verteilt fahren, indem sie kleinere Straßen und Abstecher wählen. (Es sei übrigens angemerkt, daß Lizard Point südlicher als Land's End liegt und Dunnet Head nördlicher als John o' Groats.)

Man kann auch von Nord nach Süd fahren, aber der Anblick der Orkney Islands von John o' Groats aus ist ein weitaus eindrucksvolleres Ziel als der gebührenpflichtige Parkplatz von Land's End. **SH**

Thomas Hardy's Wessex
Dorset, England

Start Dorchester
Ziel Dorchester
Länge 114 km
Art Kultur
Karte goo.gl/rO2TCL

Auf dieser Rundreise entdeckt man die wildromantische Landschaft Dorsets, der Heimat des Schriftstellers Thomas Hardy. Seine berühmten Romane wie etwa *Tess of the d'Urbervilles*, *Jude the Obscure* und *Far from the Madding Crowd* sind in dieser sanfthügeligen Landschaft angesiedelt, die er Wessex nannte.

Für seine Bücher veränderte Hardy stets die Ortsnamen. Dorchester am Beginn dieser Route ist Hardy's Casterbridge. Heute handelt es sich um eine große Marktgemeinde. Etwas außerhalb der Stadt kann man auf dem Stinsford Churchyard Hardy's Grab „Max Gate" besichtigen. Das County Museum zeigt zahlreiche Gegenstände des Autors. Und sein Geburtshaus unweit von Stinsford gehört dem National Trust und ist öffentlich zugänglich.

Von Dorchester fährt man westwärts nach Bridport – Port Bredy in Hardy's Kurzgeschichte *Fellow Townsmen* und heute bei Künstlern sehr beliebt. Hier gibt es idyllische Strände und 12 km westlich mit Charmouth sogar einen recht großen, für seine Fossilien bekannten Küstenabschnitt. Richtung Norden geht es dann durch die Blackdown Hills zu den quirligen Städtchen Axminster und Beaminster.

Bevor man zurück nach Dorchester fährt, lohnt ein Stopp in Cerne Abbas, Hardy's Abbot's-Cernel in *The Woodlanders* und *Tess of the d'Urbervilles*. Dort befindet sich am Berghang das riesige Scharrbild eines nackten Mannes als Fruchtbarkeitssymbol. **SH**

Exmoor-Küstenstraße Somerset/Devon, England

Start Minehead, Somerset **Ziel** Barnstaple, Devon **Länge** 66 km
Art Landschaft **Karte** goo.gl/5iZb24

Roadtrips, die sämtliche Wünsche erfüllen, sind selten. Aber dieser von Minehead nach Barnstaple ist keineswegs nur Durchschnitt. Normalerweise ist dies eine ruhige Gegend, aber man sollte dennoch früh aufbrechen, um eine besonders idyllische Atmosphäre zu erleben. Die ersten Kilometer westlich von Minehead sind normale Landstaße: breit, asphaltiert, von Hecken gesäumt. Erst ab dem Ort Porlock merkt man, warum diese Route so reizvoll ist. Plötzlich steigt die Straße rapide an – die Steigung kann bis zu 25 Prozent betragen – und überwindet 396 Höhenmeter in weniger als 3,2 km. Nun weitet sich die Landschaft zu beiden Seiten, und Felder und Moore erstrecken sich bis zum Horizont.

Manchmal sieht man rechter Hand den Bristolkanal, eine trichterförmige Meeresbucht. So fährt man knapp 18 km weiter, den nicht ganz so steilen Countisbury Hill hinab nach Lynton und Lynmouth. Diese beiden Nachbarorte liegen an einer Schlucht.

Weitere Anstiege bieten sich wieder im Inland bei der Durchquerung des Exmoor-Nationalparks. Nahezu alpine Serpentinen fordern Fahrer und Fahrzeug gleichermaßen. Das letzte Stück bis Barnstaple wartet mit engen Kehren sowie dynamischen Geraden und dem ein oder anderen Schaf auf, so daß große Achtsamkeit geboten ist. **TW**

❶ Schafe an der Küstenstraße bei Lynmouth.

Cheddar Gorge Somerset, England

Start Cheddar   **Ziel** Wells   **Länge** 29 km
Art Landschaft   **Karte** goo.gl/KArJNe

Diese Traumstraße durch den Norden der Grafschaft Somerset bietet ein besonders malerisches Bild des ländlichen Englands: mittelalterliche Cottages, hübsche Dorfkirchen sowie Blütenpracht und Grün so weit das Auge reicht. Doch die Landschaft ändert sich schlagartig, sobald man sich nach dem Ort Cheddar in östlicher Richtung auf der Cliff Road befindet. Vor uns liegen kurvenreiche 6,4 km inmitten der Cheddar Gorge. Der erste Abschnitt dieser Straße durch die riesige, uralte Kalkstein-Felsschlucht ist besonders anspruchsvoll: enge Kurven winden sich zwischen senkrechten, bis zu 137 m hohen Felswänden hindurch. Vor allem an Sommerabenden, wenn die Sonne in die Schlucht scheint und deren faszinierende Gesteinsschichten illuminiert, bietet sich das Bild einer wundersamen Welt. Hat man die Schlucht wieder verlassen, sieht man Laubbäume anstelle von Fels und Gestein, und die Spitzkehren verwandeln sich in weit geschwungene Kurven. Nicht minder reizvoll ist die weitere Fahrt über die Mendip Hills zur historischen Stadt Wells.

Bei dieser Tour muß das Timing stimmen: jährlich kommen 500 000 Touristen hierher und entern mit ihren Reisebussen die Cliff Road. Am besten fährt man am frühen Morgen oder – für einen Perspektivwechsel – von Wells nach Cheddar. **DIS**

❶ Die Straße schlängelt sich durch die Felsschlucht.

Wiltshire und Stonehenge Wiltshire, England

Start Westonbirt Ziel Stonehenge Länge 122 km
Art Landschaft Karte goo.gl/MZMhmr

Genau genommen beginnt diese Tour in Gloucestershire, aber das Westonbirt National Arboretum ist nur zwei Minuten von der Grafschaft Wiltshire entfernt und es wäre schade, die Bäume dort nicht zu besichtigen. Danach beginnt ein herrlicher Ausflug durch Bilderbuch-Ortschaften wie Sherston, Castle Combe und Lacock. Das letztgenannte Dorf gehört fast vollständig dem National Trust und blieb nahezu ursprünglich erhalten. Hier befindet sich auch Lacock Abbey. In diesem ehemaligen Klostergebäude wohnte einst der Fotopionier Henry Fox Talbot. Ein Museum widmet sich den Anfängen der Fotografie. Anschließend passiert die Route zwei Wunder der frühen Industrialisierung:

Am Kennet-und-Avon-Kanal sieht man bei Devizes die Schleusentreppe Caen Hill Locks mit 16 Schleusen und unweit des Pewsey Valley die Crofton Beam Engines – ein eindrucksvolles, seit 200 Jahren in Betrieb befindliches Wasserkraftwerk.

Zuletzt fährt man durch das sanfthügelige Landschaftsschutzgebiet North Wessex Downs und erreicht das Ziel – die berühmteste und zugleich geheimnisvollste prähistorische Anlage Europas: Stonehenge, entstanden vermutlich zwischen 3000 und 1520 v. Chr. Neueste Forschungen gehen sogar von einer noch älteren Geschichte aus. **DK**

❶ Die Megalith-Steinkreise von Stonehenge.

New Forest-Rundreise Wiltshire/Hampshire, England

Start Winchester **Ziel** Winchester **Länge** 119 km
Art Landschaft **Karte** goo.gl/g7Asg8

Nachdem man Winchester, den Verwaltungssitz von Hampshire und die ehemalige Hauptstadt Englands, verlassen hat, führt diese Rundtour in zwei Kathedralstädte, zu einer römischen Villa und in die wildromantische Waldlandschaft von New Forest.

Im Uhrzeigersinn fahrend erreicht man zunächst Romsey am Ufer des River Test mit eindrucksvoller normannischer und früher englischer Architektur.

Von Bramshaw blickt man herrlich über New Forest. 90 Prozent dieser Landschaft gehören der britischen Krone und werden zur Jagd oder zur Gewinnung von Eichen für den Schiffsbau genutzt.

Der New-Forest-Nationalpark ist mit unzähligen markierten Wegen ein Paradies für Wanderer. Oldtimerfreaks freuen sich über alte Automobile im National Motor Museum in Beaulieu, während historisch Interessierte die römische Villa bei Rockbourne besichtigen. Und Kinder lieben die Peppa Pig World.

Nach dem mittelalterlichen Salisbury mit seiner imposanten Kathedrale geht es ostwärts kurvenreich weiter, bevor man auf der A36 durch die offene Heidelandschaft fährt. Mottisfont Abbey mit seinem prächtigen Garten lädt zur Teepause ein. Geschichte, Ingenieurskunst, uralte Wälder und eine weitläufige Hügellandschaft: diese Erlebnisstraße hat für jeden etwas zu bieten. **DIS**

❶ Straße mitten im Herzen von New Forest.

Beaujolais Run
Von England nach Frankreich

Start Goodwood, Chichester, West Sussex, England
Ziel Beaujolais, Burgund, Frankreich
Länge 805 km
Art Abenteuer
Info goo.gl/FyzKXV

Alljährlich am dritten Donnerstag im November startet der Verkauf des Beaujolais Nouveau. Es handelt sich um einen *vin de primeur* – einen Wein, der im Jahr seiner Lese getrunken wird. Rund um den Termin wird die Werbetrommel ordentlich angekurbelt, aber nichts bietet eine schönere Beaujolais-Erfahrung als der jährliche Beaujolais Run.

Seit dem 18. November 1970 findet dieses einzigartige Event statt. Damals saßen der Weinhändler Joseph Berkmann und der Politiker und Bonvivant Clement Freud im Hotel Maritonnes in Romanèche-Thorins mitten im Anbaugebiet Beaujolais zusammen, und nach einigen Gläsern stand die Wette fest: Wer würde mit seiner Ladung Beaujolais Nouveau schneller in London sein?

1973 erweiterte Alan Hall, Kolumnist der *Sunday Times*, dieses private Rennen und versprach derjenigen Person, die ihm als erste den neuen Beaujolais auf seinen Schreibtisch in London stellte, eine Flasche Champagner. Seit 2006 findet alljährlich in entgegengesetzter Richtung eine Rallye statt. Diese gewinnt, wer zwischen bestimmten Punkten raffiniert die kürzeste Strecke findet, indem er auf Feldwegen und vergessenen Seitenstraßen fährt.

Es kann jeder mitmachen, der für wohltätige Zwecke große Summen sammeln möchte – eine herrliche Mischung aus modernen Sportwagen, edlen Oldtimern und historischen Rennwagen. **SA**

Mongol Rally
Von England nach Rußland

Start Goodwood Race Circuit, West Sussex, England
Ziel Ulan Ude, Sibirien, Rußland
Länge Mindestens 8700 km
Art Abenteuer
Info goo.gl/dY7SQA

Dies hier ist das Original. Die Mutter aller Rallyes für Wahnsinnige, Waghalsige und Verrückte. Eine kleine Gruppe Abenteurer, The Adventurists, organisierte die erste Mongol Rally 2004 mit nur einer Handvoll Teilnehmern. Damals war diese Art „Erlebnisurlaub" noch ganz neu. Über ein Jahrzehnt später lockt die Rallye inzwischen jährlich Hunderte Teilnehmer an und sorgt für die Erfindung zahlreicher ähnlicher Events auf der ganzen Welt. Doch nichts kommt an das Original heran. Dessen Idee lautet: Man nehme einen Gebrauchtwagen mit maximal 1,2 Liter Hubraum – vollkommen unbrauchbar für ein transkontinentales Reiseabenteuer –, rüste ihn ein wenig auf und fahre dann Tausende Kilometer von England durch die Mongolei bis nach Sibirien.

Viel mehr wird nicht gefordert. Die Rallye ist nicht genau überwacht. Stattdessen ist man weitgehend auf sich allein gestellt: Schwierigkeiten sind Dein Problem, für das Du die Lösung finden mußt.

Eine genaue Route gibt es nicht, aber einige Vorschläge. Eine Option ist Österreich–Rumänien–Ukraine–Kasachstan–Mongolei, eine andere über Deutschland–Polen–Rußland. Die Organisatoren empfehlen sogar die „Un-Route". Die Welt sei inzwischen so sicher und berechenbar geworden, da sei es gut, ab und zu mit dem Unerwarteten konfrontiert zu werden, nicht zu wissen, was einen als nächstes erwarte. Nicht zu viel im Voraus zu planen. **DK**

Isle of Wight
Isle of Wight, England

Start Cowes
Ziel Cowes
Länge 111 km
Art Landschaft
Karte goo.gl/s2xG42

Englands größte Insel liegt etwa 6 km vor der Südküste von Hampshire und ist vom Festland durch zwei Flußarme des Solent getrennt. Auf der Insel leben rund 133 000 Menschen, und berühmt ist sie für ihre Segelregatta und das alljährlich im Juni stattfindende Rockfestival.

Diese Rundreise, gegen den Uhrzeigersinn, beginnt und endet in Cowes. Hier findet jedes Jahr die älteste Segelregatta der Welt statt: Cowes Week. Seit 1815 ist Cowes Sitz des altehrwürdigen Yachtclubs Royal Yacht Squadron. Danach geht es an der Nordküste entlang durch die Inselhauptstadt Newport zu den mehrfarbigen Sandsteinklippen der Alum Bay und den Kalkfelsen The Needles.

An der Südwestküste fährt man teilweise auf der Military Road, erbaut durch eine Artillerieeinheit in den frühen 1860er Jahren, als England die Invasion durch Napoleon III. fürchtete. Die Strecke zwischen Freshwater und Chale gilt als eine von Englands landschaftlich schönsten Straßen. Die A3055 verläuft oberhalb der Klippen, folgt den Konturen der hügeligen Kalklandschaft und passiert ein Landschaftsschutzgebiet (Area of Outstanding Natural Beauty), bevor es wieder langsam Richtung Ärmelkanal hinabgeht. Nun hält man sich kontinuierlich in nordöstlicher Richtung und gelangt nach Shanklin und Ryde, bevor sich die Straße nach Westen wendet und man Cowes erreicht. **SA**

❶ Die Alum Bay am westlichen Punkt der Isle of Wight ist für ihre mehrfarbigen Sandsteinklippen bekannt.

London to Cape Town Rally
Von England nach Südafrika

Start London, England
Ziel Kapstadt, Südafrika
Länge 14 371 km
Art Abenteuer
Info goo.gl/GNPhjl

Wer diese Fahrt von London nach Kapstadt unternimmt, erlebt weniger einen Roadtrip als vielmehr das Abenteuer seines Lebens. Diese Tour ist nichts für Zartbesaitete. Allein die Logistik, sein Gefährt vom Start bis ins Ziel zu bringen, ist auch für den erfahrensten Fahrer eine mächtige Herausforderung. Und die politische Lage in vielen Ländern entlang der Strecke darf nicht unterschätzt werden.

2012 unternahmen 48 Teams diese gigantische Reise als Teil einer World Cup Rally, die an ähnliche Abenteuer der 1970er Jahre anknüpfte. Ziel war es, Geld zu sammeln, um die Lebensbedingungen der Menschen entlang der Route zu verbessern. Der Zeitplan war tagtäglich streng vorgegeben.

Bei der Rallye fuhren die Fahrer zunächst durch Frankreich nach Italien und Griechenland und überquerten dann das Mittelmeer, um nach Ägypten zu gelangen. Wo es notwendig war, nahm man eine Fähre. Weiter ging es durch Saudi Arabien und über das Rote Meer in den Sudan, die Konfliktzonen Nordafrikas umgehend. Durch Ostafrika, Sambia und Namibia steuerte man Südafrika an. Am 29. Tag erreichten die Fahrer schließlich Kapstadt. Preise erhielten die Gesamtsieger sowie Gewinner in fünf Kategorien, darunter Oldtimer und Allradfahrzeuge.

Inspiriert? Weitere Details und eine komplette Reisebeschreibung findet man auf der Webseite der Endurance Rally Association (E.R.A.). **SA**

❶ Ein Crane-Simplex von 1917 (links) und ein Lagonda von 1927 (rechts) in Jordanien bei der Rallye 1998.

Long Way Round
Von England in die USA

Start London, England
Ziel New York, USA
Länge 32.187 km
Art Abenteuer
Info goo.gl/6bAIyA

Der Schauspieler Ewan McGregor und der britische Autor und Schauspieler Charley Boorman dokumentierten in einer TV-Serie ihr 2004 begonnenes Motorradabenteuer auf ihren BMW R1150 GS. Sie waren von London an die russische Ostküste gefahren, nach Alaska geflogen und von dort weiter nach New York gefahren. Wer mindestens 3 Monate Zeit hat, kann auf ihrer Route einen phantastischen Roadtrip erleben.

Nur wenige Streckenabschnitte fuhren sie nicht mit ihren Bikes: über den Ärmelkanal, die Beringstraße und einige unpassierbare Flüsse in Sibirien. Ihre Ankunft in New York eskortierten unzählige Motorradfahrer.

Eine Reise dieser Dimension birgt viele Gefahren. McGregor und Boorman wurden von einem Filmteam, einem Sicherheitsberater und einem Arzt begleitet. Wer sich diesen Luxus nicht leisten kann, sollte sich auf so manche Hürde gefaßt machen.

Das rauhe Terrain in Sibirien erforderte mehrere Reparaturen, unter anderem mußte der Rahmen einer Maschine geschweißt werden. Sie erlebten auch einige Unfälle: So fuhr ein Auto in ihre parkenden Motorräder, ihnen wurden die Brieftaschen gestohlen, als sie in Kanada in heißen Quellen badeten, und an einer Tankstelle gelangte Benzin in Ewans Augen. Noch schlimmer dürfte der Insektenstich mit schmerzhafter Schwellung an sehr ungünstiger Stelle gewesen sein: an Ewans Penis. **SH**

❶ Charley Boorman (links) und Ewan McGregor starteten 2004 in London zu ihrem Motorradabenteuer.

Durch London mit dem Mini Cooper
London, England

① Spritzig und stylisch – der Mini ist ein ideales Gefährt, um die Stadt London zu erkunden.

Start London
Ziel London
Länge 48 km
Art Kultur
Info goo.gl/FoYkuK

London ist eine riesige, pulsierende Großstadt mit über 50 000 Straßen, 30 000 Restaurants und 250 Museen. Um die verborgenen Schätze der Stadt zu erkunden, braucht man ein kompaktes, wendiges Gefährt, mit dem man sich durch den dichten Verkehr schlängeln kann. Für diesen Job gibt es nichts Britischeres als den klassischen Mini Cooper.

Die Firma smallcarBIGCITY bietet sechs Mini-Oldtimer an. Diese kann man mit oder ohne Chauffeur mieten, um London zu erkunden. Innerhalb von 2 Stunden hat man die wichtigsten Sehenswürdigkeiten gesehen, darunter den Buckingham Palace, die St. Paul's Cathedral und die Houses of Parliament. Mit dem kleinen Alleskönner steht es einem aber frei, die Tour nach Belieben zu gestalten.

Einige Geheimtips der Hauptstadt befinden sich in kleinen Seitenstraßen, die nur mit einem Mini bequem zu befahren sind. Eine Tour von smallcarBIGCITY führt durch Covent Garden mit der berühmten Street Art. Oder wie wäre es mit dem berüchtigten Cross Bones Graveyard, wo einst Prostituierte beerdigt wurden? Andere Themenrouten widmen sich zum Beispiel den Bereichen Mode, Musik, Krieg oder Monarchie.

Der klassische Mini ist womöglich etwas laut, eng und unbequem – aber es gibt wohl kaum eine britischere Möglichkeit, um die Straßen von London mit dem Auto zu erkunden. **DIS**

Veteran Car Run Von London nach Sussex, England

Start London Bridge, London
Ziel Brighton, Sussex
Länge 174 km
Art Kultur
Karte goo.gl/PCzOXm

Der jährlich stattfindende London to Brighton Veteran Car Run gilt als die älteste Zuverlässigkeitsfahrt der Welt. Erstmalig wurde sie 1896 ausgetragen, und noch heute entstauben die Teilnehmer dafür ihre Oldtimer, die vor 1905 gebaut wurden.

Wer an dem offiziellen Ereignis nicht teilnehmen kann (es findet meist Anfang November statt), erhält hiermit die entsprechende Route. Sie führt zu bekannten Sehenswürdigkeiten und durch die schönsten Landstriche im Südosten Englands.

Von der London Bridge geht es zunächst ostwärts. Beim Verlassen der Hauptstadt passiert man den Hochhauskomplex Canary Wharf und die östlichen Vororte. Dann überquert man die Queen Elizabeth II Bridge und steuert südwärts die historischen Städte Sevenoaks, Tonbridge und Royal Tunbridge Wells an. Nun wird es ländlicher. Die Strecke führt über die sanften Hügel von High Weald zur Stadt Battle, wo 1066 die Schlacht bei Hastings stattfand. Eine Abtei erinnert an den Ort, wo der normannische Herzog Wilhelm der Eroberer einst den angelsächsischen König Harald II. besiegte.

Brighton ist ein stattlicher Badeort. Motorsportfans sollten diese Reise Anfang September unternehmen, wenn die Brighton Speed Trials stattfinden. Das Beschleunigungsrennen über eine Viertelmeile, erstmalig 1905 ausgetragen, zählt zu den ältesten Motorsportrennen der Welt. **SH**

London–Bath Von London nach Somerset, England

Start Kew, London
Ziel Bath, Somerset
Länge 311 km
Art Kultur
Karte goo.gl/ev2wGG

Dieser durch und durch englische Roadtrip verbindet London mit dem Kurort Bath, der seit der Römerzeit für seine Thermalquellen bekannt ist. Auf der Route durchquert man eine herrliche Hügellandschaft voller historischer Sehenswürdigkeiten.

Der Motor wird im Londoner Vorort Kew gestartet, wo sich die berühmten Royal Botanic Gardens und der Kew Palace befinden. Einige Kilometer weiter westlich erreicht man Windsor Castle – seit Wilhelm dem Eroberer und somit seit 1000 Jahren eine Hauptresidenz des britischen Monarchen. Weiter geht es zum prächtigen Herrenhaus Cliveden, zur einstigen römischen Stadt bei Silchester und zur Burgruine Ludgershall Castle. Auf der Salisbury Plain thront der berühmte Steinkreis Stonehenge – das Besucherzentrum erklärt dessen Geheimnisse.

Nur einen Katzensprung entfernt sind das Landhaus und der Landschaftsgarten Stourhead aus dem 18. Jahrhundert. Dieser Teil Englands ist sehr geschichtsträchtig: So erreicht man einige Kilometer weiter die Ruinen der Glastonbury Abbey sowie den sagenumwobenen Hügel Glastonbury Tor, der mit den Legenden um König Artus verknüpft ist.

Das Ziel dieser Reise ist das von der georgianischen Epoche geprägte Bath. Wahrzeichen sind unter anderem die Abteikirche und die römischen Bäder. Die gesamte Stadt zählt zum Weltkulturerbe der UNESCO. **SH**

Rundreise durch den Norden von Pembrokeshire
Pembrokeshire, Wales

❶ Die runden Türme von Cilgerran Castle, einer Burg aus dem 13. Jahrhundert am Fluß Teifi.

Start Fishguard
Ziel Fishguard
Länge 78 km
Art Landschaft
Karte goo.gl/2xHeJy

Fishguard in Wales ist heute als Hafenstadt bekannt, von der Fähren Richtung Rosslare in Irland ablegen. Es ist aber auch der Ort der letzten Invasion in Großbritannien – 1797 durch die Franzosen. Es heißt, die Eindringlinge seien bald wieder von einheimischen Frauen in walisischer Tracht vertrieben worden, da sie deren große schwarze Hüte und rote Mäntel mit den Uniformen der britischen Armee verwechselten. Eine von ihnen, Jemima Nicholas, habe 12 Franzosen mit einer Mistgabel in Schach gehalten und schließlich in der St. Mary's Church eingesperrt.

Fishguard ist zudem ein idealer Ausgangspunkt für Erkundungen der Küste im Norden von Pembrokeshire sowie der Preseli Hills im Inland. Auf der A487 passiert man Newport unweit des Pembrokeshire Coastal Path, der an der Küste des Landes verläuft. Ganz im Norden von Pembrokeshire biegt die Straße an der Mündung des Teifi Richtung Inland ab und führt ins benachbarte County Ceredigion (ehemals Cardiganshire). Schließlich gelangt man in die Stadt Cardigan.

Nach der mittlalterlichen Burgruine Cilgerran Castle verläuft die Straße in südwestlicher Richtung durch die Preseli Hills. Diese Hügelkette ist für ihre prähistorischen Stätten sowie als Quelle für die Steine des inneren Kreises von Stonehenge bekannt. Am Rosebush Reservoir macht die Straße eine Rechtskurve und führt nach Fishguard zurück. **SA**

Llanberis Pass
Gwynedd, Wales

Start Capel Curig
Ziel Caernarfon
Länge 29 km
Art Landschaft
Karte goo.gl/rK5eMp

Der Snowdonia-Nationalpark in Nordwales ist nicht nur bei Wanderern beliebt, sondern verfügt auch über phantastische Straßen, allen voran die A4086 über den Llanberis Pass, die von Capel Curig hoch auf den Snowdon und nach Caernarfon auf Meereshöhe führt. Manchmal ist die Landschaft karg – Geröllhänge, die zu reißenden Flüssen und einsamen Seen hinabreichen –, manchmal aber auch prächtig grün wie ein sanfthügeliges Arkadien. Das Reiseerlebnis hängt stark von Jahreszeit und Wetter ab. Nahezu unübertroffen ist ein klarer Herbsttag, an dem sich goldenes Farnkraut und die schneebedeckten Gipfel idyllisch von den saphirblauen Seen und dem Himmel abheben. Dann möchte man das Auto parken und sich zu Fuß auf den Weg machen.

Von Capel Curig aus schlängelt sich die Straße westlich der Llynnau Mymbyr-Seen entlang. Hier genießt man den besten Blick auf Snowdonias höchste Gipfel, vor allem auf den 1085 m hohen Snowdon. Bei Pen Y Gwryd hält man sich rechts und folgt dem Pen-y-Paß nach Llanberis. Diese alte Bergbaustadt zwischen zwei Seen ist die Endstation der Snowdon Mountain Railway und Heimat des National Slate Museum. An den Hängen nördlich von Llyn Padarn sieht man riesige Schiefergruben. Von Llanberis ist es nur eine kurze Strecke nach Caernarfon, in dessen imposanter Burganlage 1969 die Amtseinführung von Charles, Prince of Wales, stattfand. **DS**

❶ Die karge Erhabenheit des Llanberis-Passes inmitten der Snowdon-Bergkette.

Von Barmouth nach Welshpool Gwynedd/Powys, Wales

Start Barmouth, Gwynedd **Ziel** Welshpool, Powys **Länge** 76 km
Art Landschaft **Karte** goo.gl/A2Lvez

Für viele ist die Mitte von Wales eine *terra incognita* – ein Land mit Bergen und Schafen, wenigen Menschen und noch weniger Straßen. Doch das macht diesen Roadtrip von der Westküste bis an die Landesgrenze im Osten zu einem ganz besonderen Erlebnis.

Das Seebad Barmouth liegt an der Mündung des Mawddach unweit des Snowdonia-Nationalparks, und ist somit ein reizvoller Ausgangsort. Zunächst fährt man auf der A496 ostwärts, mit bewaldeten Hängen zur linken und der Flußmündung zur rechten Seite. Bei niedrigem Wasserstand sieht man Austernfischer und Fischreiher am Ufer.

Nach 16 km erreicht man die Marktstadt Dogellau, ein beliebtes Zentrum für Wanderfreunde. Es ist die letzte Stadt, bevor man nach Welshpool gelangt, von wo aus die Straßen A470 und A458 in die Berge führen. Nun passiert man die Gebirgszüge der Cambrian Mountains im Herzen von Wales. Aufgrund der geringen Bevölkerungsdichte spricht man auch von der Desert of Wales – obwohl hier gleich zwei Flüsse, Severn und Wye, entspringen und unzählige Schafe ihr Weideland finden.

Die Reise endet in Welshpool, 6 km von der englischen Grenze entfernt. Einst hieß der Ort Pool. Man änderte aber 1835 den Namen, um Verwechslungen mit der englischen Stadt Poole auszuschließen. **SA**

❶ Barmouth, versteckt in den Küstenklippen.

Snowdon-Rundtour Gwynedd/Powys, Wales

Start Caernarfon, Gwynedd   **Ziel** Caernarfon, Gwynedd   **Länge** 55 km
Art Landschaft   **Karte** goo.gl/XTYbAA

Der Snowdon, auf Walisisch Yr Wyddfa genannt, ist mit 1085 m der höchste Berg in Wales. Er wird auch am meisten besucht, da man seinen Gipfel im Sommer über zahlreiche Pfade sowie mit einer Zahnradbahn auf einer 7,6 km langen Strecke erreichen kann. Der Name bedeutet im Angelsächsischen „Schneeberg", im Walisischen „Gruft".

Grob ein Dreieck bildend, führt diese Rundtour durch drei einst durch Gletscher entstandene Täler. Diese sind von zerklüfteten Berghängen umgeben, an denen sich im Frühling nach starken Regenfällen Wasserfälle zeigen. Man startet an der Meerenge Menaistraße in Caernarfon mit seiner dominanten Burgruine. Auf der A4085 gelangt man zur Südseite des Berges, vorbei an Llyn Cwellyn und dem Snowdon Ranger Hostel, wo der Ranger Path zum Gipfel beginnt.

An der von viktorianischer Tradition geprägten Stadt Beddgelert am Fluß Glaslyn biegt man links auf die A498 ab. Ein paar Kilometer weiter geht es erneut links auf die A4086, die entlang der Nordseite des Berges und über den Llanberis-Paß zurück nach Caernarfon führt. Im November dröhnen aus östlicher Richtung die Motoren der WRC-Teilnehmer (Wales Rally GB) herüber, die durch die Wälder donnern. Ein Plus- oder Minuspunkt, je nach Interesse. **SA**

❶ Blick auf das Massiv des Snowdon.

Bwlch y Groes
Gwynedd, Wales

Start Bala
Ziel Llanwddyn
Länge 32 km
Art Kultur
Karte goo.gl/2XPAXM

Am Südufer des Bala-Sees im Snowdonia-Nationalpark im Norden von Wales gibt es eine einspurige, fast vergessene Straße, die auf jene Anhöhe führt, die englische Reisende einst Hellfire Pass („Höllenfeuer-Paß") tauften. Die Straße trägt den Namen Bwlch y Groes („Kreuzpaß") und ist eine steile Schotterstraße. Ursprünglich war sie Teil des mittelalterlichen Pilgerwegs nach St. Davids. Daran erinnert ein eisernes Kreuz auf dem Gipfel.

In der Zeit zwischen den Kriegen testeten die größten britischen Automobilhersteller, darunter Austin, MG und Triumph, an den gnadenlosen Steigungen der hiesigen Täler (walisisch *cwms*) ihre neuesten Modelle. Heute stellt die Route eine idyllische Strecke zum See Vyrnwy dar, der aufgestaut wurde, um Liverpool mit Trinkwasser zu versorgen.

Die Straße in dem V-förmigen, fast baumlosen Tal führt durch eine rauhe Schafgegend zu einem kleinen Schotterparkplatz auf 545 m Höhe. Außer den Geländewagen der Bauern sieht man nur wenige andere Autos; allerdings ist die Straße bei Radfahrern sehr beliebt. Der nächste Abschnitt führt durch moriges Hochland zum eindrucksvollen Nordufer des Gewässers. Über den Damm aus viktorianischer Zeit gelangt man nach Llanwddyn. Hier bieten Cafés hervorragende regionale Spezialitäten wie *cawl* (Lammeintopf) und das Früchtebrot Bara Brith an. Vorzüglich! **DIS**

❶ Vom Bala-See im Snowdonia-Nationalpark geht es hinauf auf den Hellfire Pass.

Evo Triangle
Denbighshire, Wales

Start Cerrigydrudion
Ziel Cerrigydrudion
Länge 32 km
Art Landschaft
Info goo.gl/O2UHz9

Diese fabelhafte, im Endeffekt ein Dreieck bildende 32 km lange Rundtour durch die naturbelassene Landschaft von Wales erfreut sich erst seit kurzem bei Autoenthusiasten des frühen 21. Jahrhunderts zunehmender Beliebtheit.

Sie zeigt auf der Karte ein nahezu perfekt gleichschenkliges Dreieck und ist nach dem bekannten britischen Motorsport-Magazin *Evo* benannt. Dieses widmet sich dem „Thrill of Driving" und testet am liebsten auf dieser Route die neu auf den Markt gekommenden Automodelle.

Die Strecke selbst ist einfach und kann in jeder Richtung gefahren werden. Die Autotester bevorzugen den Uhrzeigersinn und starten in Cerrigydrudion auf der A5. So hat man den am wenigsten interessanten Abschnitt am schnellsten hinter sich. Nordwärts geht es auf der A543 weiter, den Schildern nach Dinbych/Denbigh folgend. Diese Etappe ist zunächst von Enge und Trockenmauern an den Seiten geprägt. Doch schon bald öffnet sich eine Moorlandschaft, und anspruchsvolle Kurven fordern Auto und Fahrer heraus. Man sollte auf Bodenwellen achten – manch mutiger *Evo*-Journalist berichtete bereits von „Luftsprüngen".

Auf der B4501 angelangt, wird die Oberfläche glatter. Doch auch hier gibt es Herausforderungen, zum Beispiel ein scharfe Kurve gleich nach einer steilen Bergabpassage. **TW**

Cambrian Mountains
Ceredigion/Powys, Wales

Start Aberystwyth, Ceredigion
Ziel Rhayader, Powys
Länge 49,7 km
Art Landschaft
Karte goo.gl/I3CJrC

Obwohl Wales so klein ist, hat es eine unglaubliche Fülle eindrucksvoller Landschaften zu bieten. Ein schönes Beispiel ist diese Route von der Küste zu den Cambrian Mountains. Sie beginnt in Aberystwyth, einem Seebad mit Universität, führt dann auf der A4120 landeinwärts und erklimmt langsam die Berge, während Felder und einsame Cottages an einem vorbeiziehen.

Gleich hinter der Ortschaft Pontarfynachis befindet sich Devil's Bridge, die wunderschön gelegene Bergstation der Vale of Rheidol Railway. Diese Schmalspur-Museumseisenbahn verbindet Aberystwyth mit Devil's Bridge. Vom Aussichtspunkt unweit des Wasserfalls Mynach Falls hat man einen wunderbaren Blick auf die drei übereinander gebauten Brücken; es heißt, deren Konstruktion sei so anspruchsvoll, daß nur der Teufel sie erbaut haben könne. Nun führt die B4574 auf die Cambrian Mountains. Man passiert die alte Minenstadt Cwmystwyth. Ab jetzt werden die Ausblicke wahrlich imposant: die immer schmaler werdende Straße durchquert mehrere Täler und führt zu Ortschaften mit scheinbar unaussprechlichen Namen wie zum Beispiel Llansantffraed-Cwmdeuddwr. Anschließend fährt man wieder bergab in die Stadt Rhayader, am Ufer des Flusses Wye gelegen. Wer diese Reise bei bestem Wetter unternommen hat, wird sie wohl immer in Erinnerung behalten. **MG**

Elan Valley
Powys, Wales

Start Rhayader
Ziel Rhayader
Länge 60 km
Art Landschaft
Karte goo.gl/41oIN3

Ende des 19. Jahrhunderts baute man im Elan Valley in Mittelwales eine Reihe von Dämmen und Stauseen, um die dicht besiedelten West Midlands in England mit Wasser versorgen zu können. Für die Stauseen mußte alles weichen, was diesen im Wege stand, darunter zwei Gutshäuser, 18 Farmen, eine Schule und eine Kirche. Über 100 Menschen wurden umgesiedelt. Heute sieht man nur noch wenige Zeugnisse dieser Umbrüche, sondern herrliche Seen und Dämme inmitten der sanften Hügel.

Man verläßt Rhayader in südwestlicher Richtung und gelangt ins Claerwen Valley. Auf dem Weg dorthin hat man einen wunderbaren Blick über das gesamte System an Stauseen. Bei der Tourist-Information im Ort Elan erhält man weitere interessante, detaillierte Informationen.

Von dort geht es entlang des Ufers eines See zum Craig-Goch-Damm, bevor man weiter zum flacheren Ende des Stausees fährt. Hier verläuft der letzte Abschnitt zum Ausgangspunkt der Route nun auf einer alten Straße durch das Tal des Afon Elan.

Auf der gesamten Strecke sind die Straßen zwar schmal, aber in einem guten Zustand. Zwischen den geschwungenen Kurven geht es bergauf und bergab, so daß die Route attraktiv zu fahren ist. Man ist zwar nicht schnell unterwegs, aber die natürlichen wie auch künstlichen Landschaftselemente haben gleichermaßen ihren besonderen Reiz. **SA**

❶ Ein Pumpenhaus aus dem 19. Jahrhundert thront auf einem Staudaum im Elan Valley in Mittelwales.

Gospel Pass
Powys, Wales

Start Abergavenny
Ziel Hay-on-Wye
Länge 32 km
Art Landschaft
Karte goo.gl/QYIqvT

Die höchste Paßstraße in Wales ist mit 549 m der Gospel Pass. Er verläuft zwischen dem Berg Twmpa im Süden und dem Hay Bluff der Black Mountains im Norden. Der Name steht wohl im Zusammenhang mit Kreuzfahrern, die im 12. Jahrhundert durch diese Region zogen, um für den Dritten Kreuzzug ins Heilige Land (1189–1192) Freiwillige zu rekrutieren.

Den besten Zugang zum Paß hat man von Abergavenny im Süden durch das Vale of Ewyas. Die Straße ist zumeist einspurig mit einigen Ausweichstellen. Nach 14 km erreicht man die Ruinen von Llanthony Priory. Dieses Augustinerkloster aus dem 12. Jahrhundert wurde 1538 von König Heinrich VIII. aufgelöst. Oben auf dem Paß angelangt, hat man eine phantastische Sicht über die Hügel sowie über Offa's Dyke; diese mittelalterliche Wallanlage ist heute Teil der Grenze zwischen England und Wales.

Literaturfreunden sei gesagt, daß Hay-on-Wye die Buchhauptstadt Großbritanniens ist und hier alljährlich Ende Mai ein berühmtes Literaturfestival stattfindet. Das *Top Gear Magazine* bezeichnete 2014 den Gospel Pass als eine der schönsten Straßen in Wales, darauf hinweisend, das Land auch jenseits seines industrialisierten Südens zu erkunden: „Für richtigen Fahrspaß müssen Sie in Wales etwas weiter fahren. Besorgen Sie sich einen Straßenatlas, achten Sie auf die Schafe und freuen Sie sich auf die nächste Kurve." **SA**

Devil's Staircase
Powys/Dyfed, Wales

Start Abergwesyn, Powys
Ziel Tregaron, Dyfed
Länge 22,5 km
Art Landschaft
Karte goo.gl/8uVjze

In vergangenen Jahrhunderten trieben die Bergbauern der Cambrian Mountains in Mittelwales ihr Vieh über den Abergwesyn Pass zum Markt. Heute ist dieser Weg ab dem Örtchen Abergwesyn eine schmale, gewundene Straße mit scharfen Spitzkehren und 25 Prozent Steigung – Herausforderungen, die der Straße den Beinamen Devil's Staircase („Teufelstreppe") verliehen.

Aufgrund der Steigung und der Serpentinen sollte man diese Tour nicht bei nassem oder eisigem Wetter unternehmen. Hier zeigt sich das wilde Wales von seiner schönsten Seite: ein rauhes Hochland, auch als Elenydd bekannt, mit der geringsten Bevölkerungsdichte des Landes.

Die Strecke beginnt im kleinen Abergwesyn und verläuft zunächst 5 km am Ufer des Irfon River durch dichte Nadelwälder. Weiter oben öffnet sich die Landschaft. Man fährt durch ein weites, einsames Tal, durch Moorlandschaft mit einigen Schafen hier und dort sowie etwas Wald. Der Irfon staut sich zu einigen Becken, in denen man herrlich romantisch schwimmen kann. Nach etwa 10 km folgt eine steile, 13 km lange Abfahrt. Kleine Felder passierend, erreicht man Tregaron. In diesem hübschen, einladenden Städtchen gibt es viele Gasthäuser, aber vermutlich versteht man nicht viel von dem, was die Einheimischen sagen – 67 Prozent der Bürger sprechen Walisisch. **SA**

Black Mountain Pass
Carmarthenshire, Wales

① Wenngleich der Black Mountain-Paß anspruchsvoll zu befahren ist, gibt es doch Abschnitte mit guter Sicht.

Start Upper Brynamman
Ziel Llangadog
Länge 19 km
Art Landschaft
Karte goo.gl/7Fvyo3

Der Black Mountain Pass zwischen Upper Brynamman und Llangadog ist eine derart atemberaubend schöne Strecke durch die Anhöhen des Brecon-Beacons-Nationalparks, daß er der Bezeichnung „Traumstraße" mehr als gerecht wird. Für die britische TV-Serie *Top Gear* düste Jeremy Clarkson in einem Mercedes CLK hier entlang.

Von der alten Bergbaustadt Upper Brynamman führt die Straße zweispurig in die Brecon Beacons hinauf. Die langgezogenen Kurven werden von engeren Abschnitten unterbrochen, und kurze, gerade Passagen ermöglichen Überholmanöver und kurze Abstecher zu Fuß hinab zu alten Steinbrücken unten am Bach. Als Beifahrer kommt man in den vollen Genuß der fulminanten Aussicht. Es gibt einige Parkplätze entlang der Strecke, und am Mountain Road Viewpoint erwarten den Reisenden Bänke und Tische für ein Picknick, Infotafeln zu den alten Kalkbrüchen sowie in der Saison ein Kiosk.

Die Straße und die Aussichten sind vor allem an klaren, sonnigen Tagen phantastisch, und auch ein dunkler Himmel mit Wolkentürmen hat seinen Reiz, solange es nicht tatsächlich regnet. Wenn man wieder hinab ins bewaldete Tal des Sawdde und zur Stadt Llangadog fährt, sollte man auf plötzlich aus dem Nichts auftauchende Schafe oder Herden frei lebender Ponys achten und die Spitzkehren in den idyllischen Schluchten vorsichtig durchfahren. **DS**

Küste von Carmarthenshire und Pembrokeshire
Carmarthenshire/Pembrokeshire, Wales

Start St. Clears, Carmarthenshire
Ziel St. Davids, Pembrokeshire
Länge 103 km
Art Landschaft
Karte goo.gl/WWhD68

Dylan Thomas, Wales berühmtester Schriftsteller, bezeichnete die Grafschaft Carmarthenshire in seinem Gedicht „Fern Hill" einst als „fields of praise". Die Landschaft war ihm stets Quell der Inspiration, und seine letzten, produktivsten Jahre verbrachte er in Laugharne, „einer zeitlosen, schönen, verrückten, verzückten Stadt", Vorbild für den fiktiven Ort Llareggub (*Unter dem Milchwald*). Ein Muß ist der Besuch von Dylan Thomas' Bootshaus mit dem herrlichen Blick auf die Mündung des Taf. Thomas' Lieblingskneipe befindet sich nur einen Steinwurf von hier entfernt.

Durch ein Labyrinth an engen, von Hecken gesäumten Landstraßen fährt man Richtung Pendine Sands. Während sich die Straße westwärts windet, kommt immer wieder die Carmarthen Bay ins Blickfeld. An einem Strand dieser Bucht stellte Sir Malcolm Campbell 1924 mit seinem Sunbeam 350HP Bluebird einen Geschwindigkeitsrekord von 235,22 km/h auf. Die Vintage Hot Rod Association veranstaltet hier noch heute jährlich im September Dragsterrennen. Danach führt die Straße durch karge Heidelandschaft nach Tenby, einem Badeort mit engen Kopfsteingassen, einem hübschen Hafen und Sandstränden. Die letzte Etappe verläuft in nordwestlicher Richtung über den Naturhafen Solva nach St. Davids. Seit dem 12. Jahrhundert ist diese kleinste Stadt Großbritanniens mit ihrer berühmten Kathedrale ein beliebtes Pilgerziel. **DIS**

❶ Pendine Sands, wo Sir Malcolm Campbell 1924 mit seinem Auto einen Geschwindigkeitsrekord aufstellte.

Gower-Halbinsel West Glamorgan, Wales

Start Swansea   **Ziel** The Mumbles   **Länge** 80 km
Art Landschaft   **Karte** goo.gl/y6sAaQ

1956 wurde die Gower-Halbinsel in Südwales als erste Region in Großbritannien als Area of Outstanding Natural Beauty unter Schutz gestellt. Zu Recht, denn diese in den Bristol Channel hineinragende Insel hat eine kilometerlange spektakuläre Küste.

Der beste Ausgangspunkt für eine Erkundung dieser Ecke von Wales ist Swansea. Die Stadt war früher ein Zentrum der Kupferindustrie und in ihrer Blütezeit im 19. Jahrhundert als Copperopolis bekannt. Heute ist Swansea vor allem eine Universitätsstadt. Von hier gelangt man auf die Halbinsel. Der Norden mit den dünn besiedelten Salzwiesen und Schlickflächen hat sich rund um Penclawdd mit seinen Muscheln einen Namen gemacht. Auf der Küstenstraße gelangt man zügig ans westliche Ende der Halbinsel zu den Stränden von Llangennith und Rhossili. Die für ihre warmen Strömungen und großartige Brandung bekannten Strände erstrecken sich südwärts bis zur hügeligen Landzunge Worms Head.

Kehren Sie in einem der schönen Pubs ein, die es hier gibt, bevor Sie zurück an die Südküste mit ihren herrlichen Stränden wie Oxwich, Caswell und Three Cliffs fahren. Wenn man auf der A4118 bleibt, erreicht man schließlich wieder Swansea, die Heimatstadt Dylan Thomas', und das Fischerdorf Mumbles. **DIS**

❶ Three Cliffs Bay auf der Halbinsel Gower.

Mid-Wales Roller Coaster   Von South Glamorgan nach Clwyd, Wales

Start Cardiff, South Glamorgan   **Ziel** Llandudno, Clwyd   **Länge** 314 km
Art Abenteuer   **Karte** goo.gl/VrsKXq

Wales Geographie macht es relativ leicht, das Land entlang seiner Flußtäler von Ost nach West zu durchfahren. Etwas schwieriger ist es jedoch, das gebirgige Zentrum von Süd nach Nord zu überqueren. Eine Straße ermöglicht diese Unternehmung: die A470, auch Glan Conwy Trunk Road genannt.

Man startet in der Landeshauptstadt Cardiff im Süden und fährt zunächst durch das Taff Vale nach Merthyr Tydfil und weiter in die Brecon Beacons. Auf dem Weg in die Berge steigt die Straße an den östlichen Ausläufern vom Cadair Idris, dem zweithöchsten walisischen Berg nach dem Snowdon, steil an. Dann geht es deutlich hinab nach Dolgellau. Nun steuert man erneut die Berge an und erreicht nach Ffestiniog die Hochebenen von Snowdonia, bevor man wieder gemütilch hinabfährt ins Vale of Conwy. Schließlich erreicht man Llandudno an der Nordküste von Wales.

Die einst nur langsam zu befahrende, kurvenreiche A470 ist heute eine Hauptverkehrsstraße, im Süden hochwertig ausgebaut. Studierende pendeln auf ihr von Cardiff zur Universitätsstadt Aberystwyth und nennen sie Mid-Wales Roller Coaster (Achterbahn von Mittelwales). Die Straße ist nach wie vor reizvoll zu fahren, da sie in die Brecon Beacons und zum Snowdonia-Nationalpark führt. **SA**

❶ Eine Kurve nach der anderen auf der A470.

Wiege der Industriellen Revolution   Monmouthshire/Torfaen, Wales

Start Abergavenny, Monmouthshire   **Ziel** Abergavenny, Monmouthshire   **Länge** 31 km
Art Kultur   **Karte** goo.gl/ITgQwP

Dieses Weltkulturerbe in den südwalisischen Black Mountains veränderte zweifellos die Welt. 1878 perfektionierten die Brüder Gilchrist in den Hochöfen von Blaenavon Ironworks die Methode zur Herstellung von hochwertigem Stahl.

Diese sich der Industriekultur widmende Straße beginnt in Llanfoist unweit von Abergavenny, einem Paradies für Feinschmecker. Vom Parkplatz aus erreicht man zu Fuß relativ schnell die malerische Anlegestelle am Monmouthshire and Brecon Canal, von der der Blaenavon-Stahl abtransportiert wurde. Auch eine Stadtbahn samt Tunnel ist zu besichtigen.

Auf dem Weg nach Blaenavon steigt die Straße am Blorenge eindrucksvoll an. Auf dieser Serpentinenroute finden mitunter Radrennen statt. Von Keeper's Pond auf dem Gipfel bietet sich eine herrliche Sicht über den Brecon-Beacons-Nationalpark. In Blaenavon kann man die Eisenhütte aus dem 19. Jahrhundert, eine Museumsbahn und das Big Pit National Mining Museum besichtigen. Hier besteht die Möglichkeit, zu einer ehemaligen Kohlemine hinabzusteigen (Eintritt ist frei).

Die Rückkehr nach Abergavenny erfolgt auf einer steilen, einspurigen Straße (1,6 km nach Blaenavon rechts halten); drei Parkplätze entlang der Stecke ermöglichen wunderbare Ausblicke. **DK**

❶ Blaenavon Ironworks zählt zu Wales Industrieerbe.

Jersey-Rundtour Jersey, Kanalinseln

Start St. Helier   **Ziel** St. Helier   **Länge** 68 km
Art Kultur   **Karte** goo.gl/JuM8XY

Auf der Landkarte mißt der Umfang der Insel Jersey nicht mehr als 80 km, aber wenn man die Küste entlangfährt, kommt diese einem viel länger vor. Dies liegt daran, daß man nur langsam vorankommt. Schmale Landstraßen winden sich um Landzungen und Buchten, führen stetig bergauf und bergab.

Man fährt gegen den Uhrzeigersinn und passiert nach dem Verlassen von St. Helier zahlreiche sandige Buchten, heidebestandene Klippen, Burgruinen, Leuchttürme, Relikte aus Kriegszeiten und verschlafene Dörfer. Mit dem Meer immer zur Rechten kann man sich nicht verfahren. Zusätzliche touristisch attraktive Punkte sind gut ausgeschildert. Man merkt schnell, daß Jersey ein sehr freundliches Fleckchen Erde ist, immer ein bißchen in der Vergangenheit geblieben (um genau zu sein: in den 1950er Jahren).

Jerseys grandiose Küste reicht von den Seepromenaden im Süden bis zu den 120 m hohen Klippen im Norden. Im Westen gibt es Sanddünen, während im Osten die Türme des Mont Orgueil Castle imposant über dem malerischen Hafen von Gorey aufragen. Durch den weltweit größten Tidenhub wird die Insel zweimal täglich um ein Drittel größer. Man sieht, daß sich das Meer bis zu 3 km weit zurückzieht und schroffe Felsformationen freigibt.   **SH**

❶ Mont Orgueil Castle oberhalb von Gorey.

Route du Cidre Normandie, Frankreich

Start Beuvron en-Auge   Ziel Beuvron en-Auge   Länge 40 km
Art Kultur   Info goo.gl/suKNLz

Die Route du Cidre (Apfelweinstraße) verbindet die wichtigsten Orte der Cidre-Herstellung im Pays d'Auge – Beuvron en-Auge, Bonnebosq, Saint Ouen-le-Pin und Cambremer – und viele kleinere Orte dazwischen. Die mit einem roten Apfel markierte Straße ermöglicht eine reizvolle Tour durch diese herrliche Landschaft der Normandie und kann an vielen Stellen begonnen und beendet werden.

Die Route kann man gut an einem Vormittag bewältigen, aber man benötigt einen ganzen Tag, wenn man Wein verkosten, Hofläden besuchen (auch Käse ist eine hiesige Spezialität) und zu Mittag essen möchte (Crêperies gibt es in Hülle und Fülle). Am schönsten ist die Reise im Frühling, wenn die Obstbäume voll mit weißen und rosafarbenen Blüten sind, oder im Oktober, wenn die gesamte Bevölkerung dieser kleinen Region mit der Abfüllung des Cidre beschäftigt zu sein scheint.

„Cru de Cambremer"-Schilder weisen auf Erzeuger hin. Während große Kellereien wie Manoir de Grandouet in einem ganzen Fachwerkhaus operieren, arbeiten kleinere Hersteller in einer Scheune oder einem scheinbaren Hof-Chaos. Neben Cidre und *Cidre fermier* gibt es unter anderem *Poiré* (Cidre aus Birnen), *Pommeau* (Apfelsaft mit Calvados) und Calvados (Apfelbranntwein). **DS**

❶ Beuvron en-Auge im Herzen der Normandie.

Route der normannischen Abteien Normandie, Frankreich

Start Le Havre   Ziel Mont-Saint-Michel   Länge 357 km
Art Kultur   Info goo.gl/grw8n2

Die normannische Architektur veränderte Europa. Auf dieser Route durch die Territorien normannischer Herzöge sieht man, wie sich der Baustil entwickelt hat: von der gemäßigten romanischen Architektur mit ihren Rundbögen und klaren Linien zu den Strebebögen, Spitzbögen und Fensterrosen der Gotik.

Für die Besichtigung der von der Touristen-Information empfohlenen 50 Abteien würde man einen Monat benötigen, daher empfiehlt sich eine Auswahl. Die östlich von Le Havre beginnende Tour führt ins Tal der Seine. Man verläßt die A131 (E5) und fährt auf der kleineren D982 nach Rouen. Die Ruinen der Abtei Jumièges, in einer Seine-Schleife gelegen, lassen das größte romanische Kirchenschiff der Normandie erkennen, während die Abtei Saint-Georges de Boscherville ein gut erhaltenes Juwel der Romanik ist. Einen Kontrast bildet 30 km entfernt die Kathedrale von Rouen mit ihrer 400-jährigen gotischen Baugeschichte; in ihr befindet sich der Steinsarg mit dem Herz von Richard Löwenherz.

Für eine längere Tour fährt man auf der A13 nach Caen (129 km) zur Abtei Sainte-Trinité und zur Abtei Saint-Étienne, gestiftet von Wilhelm dem Eroberer. Rund 120 km weiter befindet sich Mont-Saint-Michel, ein imposantes normannisches Kloster auf einer Felsinsel an der Mündung des Flusses Couesnon. **DS**

❶ Kloster Mont-Saint-Michel im normannischen Baustil.

Passage du Gois
Pays de la Loire, Frankreich

Start Beauvoir-sur-Mer
Ziel Barbâtre
Länge 12 km
Art Abenteuer
Info goo.gl/i3Fwpi

Wer im Internet nach dieser Straße googelt, findet vermutlich das Bild eines Autos, das gerade vom Meer verschlungen wird.

Und wer traut sich danach noch, diese gezeitenabhängige Fahrbahn zu benutzen? Sie verbindet die Insel Noirmoutier mit der Westküste des französischen Festlandes. Zweimal täglich ist Fahrzeugen bei Niedrigwasser die 4,5 km lange Überfahrt erlaubt. Je nach Jahreszeit ist die Strecke dann zwischen ein und zwei Stunden passierbar.

Das klingt machbar. Man muß jedoch folgendes zusätzlich bedenken: In der recht flachen Bucht von Bourgneuf kann die Flut sehr plötzlich kommen. Für Entscheidungen bleibt nur wenig Zeit. Darüber hinaus ist der alte Straßenbelag sehr rutschig – was nicht verwundert, da er die meiste Zeit des Tages von Wasser bedeckt ist … Und zu guter Letzt kann die Straße zudem von unzähligen Fußgängern, Läufern, Radfahrern und anderen Verkehrsteilnehmern bevölkert sein.

Immer noch neugierig? Als Ziel erwartet einen eine 19 × 6 km große Insel voller Salzwiesen, Sandbänke und Dünen. Hier angelangt, fühlt man sich durchaus um eine mutige Tat reicher. Und wie kommt man zurück? Oh, wurde das nicht erwähnt? Es existiert auch eine neue Brücke, die zwar eine trockene, aber auch sehr langweilige Alternative zur Insel und von ihr wieder weg darstellt. **SH**

Le Mans
Pays de la Loire, Frankreich

Start Mulsanne
Ziel Mulsanne
Länge 16 km
Art Kultur
Karte goo.gl/OTkgB1

Es gibt Motorsport-Events mit mehr Glamour. Es gibt Rennstrecken, die anspruchsvoller und ausgereifter sind. Und es gibt auch längere Rennstrecken. Aber kein anderes Rennen hat einen so festen Platz im Herzen von Motorsportenthusiasten gefunden wie das 24-Stunden-Rennen von Le Mans.

Die *24 Heures du Mans* fanden erstmalig 1923 auf 17,3 km öffentlicher Straße statt – eine Rundstrecke, die damals von Bentley dominiert wurde. Während der 1950er und 1960er Jahre wuchs das Interesse an Le Mans, und die Geschwindigkeit nahm zu. So entschied man sich für eine schnellere und zugleich sicherere Strecke von 13,5 km. Viele der ursprünglichen Kurven, Schikanen und Geraden sind heute Teil des französischen Straßennetzes.

Dieser Tourenvorschlag beginnt an der Tertre Rouge an der N138, führt dann über die berühmte, 6 km lange Mulsanne-Gerade und durch ihre zwei Schikanen. Dreifach-Leitplanken aus Stahl erinnern an die Gefahr, sollte man hier mit über 300 km/h fahren. Eine scharfe Rechtskurve an einem Kreisverkehr lenkt uns Richtung Indianapolis, einem der technisch anspruchsvollsten Abschnitte von Le Mans. Nach den Porsche-Kurven verläuft die Route parallel zur heute aktuellen Rennstrecke auf jener Straße, auf der bis 1932 das Rennen ausgetragen wurde. **DIS**

➲ Fahrt auf den Spuren von Motorsporthelden.

Circuit des Remparts
Nouvelle-Aquitaine, Frankreich

Start Angoulême
Ziel Angoulême
Länge 167 km
Art Landschaft
Info goo.gl/PmpoAQ Karte goo.gl/CgQThW

Alljährlich im September reisen Hunderte Besitzer von Oldtimern nach Angoulême, um am Circuit des Remparts teilzunehmen. Bei dieser dreitägigen Veranstaltung steht am ersten Tag eine gemächliche Ausfahrt durch die mittelalterlichen Dörfer der Region auf dem Programm. Erst an den nächsten zwei Tagen finden historische Autorennen entlang der Mauern (*remparts*) der Stadt statt. Ein Höhepunkt ist das Rennen klassischer Bugattiwagen, deren Fahrer mit Lederhaube und Schutzbrille alles geben, um ihr Gefährt durch die malerische Altstadt zu jagen. Es gibt mehrere Rennen in unterschiedlichen Klassen, und jedesmal stehen Tausende Zuschauer an der Strecke. Sowohl der Stadtkurs als auch die Überlandfahrt finden auf öffentlichen Straßen statt, die man jenseits des Events befahren kann. Vielleicht hat man Glück und kommt unmittelbar vor der Veranstaltung noch auf die bereits präparierte Strecke. Die verlinkten Karten zeigen die Routen im Uhrzeigersinn. Bei der Überlandfahrt findet traditionell eine Rast in Chalais statt, aber dazu verleiten auch viele andere reizvolle verschlafene Nester mit ihren romanischen Dorfkirchen. Sehr zu empfehlen ist ein Abstecher nach Aubeterre-sur-Dronne. Hier befindet sich eine Höhlenkirche aus dem 7. Jahrhundert, aus dem Felsgestein herausgehauen. **DK**

➔ Historischer Bugatti-Rennwagen vor dem Start.

Von Biarritz nach Bordeaux
Nouvelle-Aquitaine, Frankreich

Start Biarritz
Ziel Bordeaux
Länge 254 km
Art Landschaft
Karte goo.gl/X2mJVk

Wenn man von der elegant anmutenden Küste von Biarritz wegfährt, sieht man am Sandstrand von La Grande die Brandung ihre Wellen schlagen – doch vom Meer muß man sich noch nicht verabschieden.

Richtung Norden wechseln sich an der Küste Sandstrände und dichte Pinienwälder ab. Die Strände laden allerdings nicht zum Baden ein. Im Gegenteil: die herandonnernden, weißen Atlantikwellen schäumen nur so vor Kraft und Gischt.

Auf der A63 kann man Bordeaux in rund 150 Autominuten erreichen. Viel schöner ist es jedoch, auf Nebenstraßen die Wälder, kleinen Ortschaften und Strände der Region zu erkunden.

Die Küste in der Region Aquitanien ist flach, die Straßen eben und gut befahrbar. Von einigen Staus während der Hochsaison abgesehen, verspricht die Strecke ein entspanntes Fahrvergnügen. Familienfreundliche Strände gibt es unter anderem in Messanges, Vielle-Saint-Girons und Mimizan. Und besonders malerisch wird es im Gascony-Naturpark.

Kurz vor Bordeaux lohnt ein Abstecher nach Arcachon. Diese historische Stadt verfügt über eine bemerkenswerte Bucht, in der Austernzucht betrieben wird. Testen Sie die Köstlichkeit vor Ort! Schließlich steuert man Bordeaux an. Die Hafenstadt ist fast noch ein Geheimtip in Frankreich. Ihre wunderbare historische Altstadt lädt gleichermaßen zum Besichtigen, Einkaufen und Essengehen ein. **SH**

Circuit de Pau-Ville Nouvelle-Aquitaine, Frankreich

Start Pau **Ziel** Pau **Länge** 2,7 km
Art Kultur **Info** goo.gl/C3eZZT

Die Stadt Pau liegt idyllisch am Fuße der Pyrenäen zwischen Biarritz und Toulouse und ist bekannt für seine Motorsportgeschichte. 1901 fand hier erstmals ein Straßenrennen statt, und seit den 1960er Jahren wurden auf dem engen Stadtkurs Rennen der Formel 1, 2, 3 und 3000 ausgetragen. Höhepunkt des Jahres ist heute der Grand Prix Historique Mitte Mai, bei dem Autos aus den goldenen Zeiten der Rennstrecke an den Start gehen.

1963 gewann Jim Clark in seinem Lotus 25 den Pau Grand Prix mit einem Rundenrekord von nur 1:35,5. Wir müssen uns jedoch an die Geschwindigkeitsbegrenzung halten – was allerdings nicht schwerfällt, da es in dieser Touristenstadt allerhand eindrucksvolle Architektur und gepflegte Parkanlagen zu sehen gibt. Auch bei geringem Fahrtempo ist Rennsportatmosphäre vorhanden: durch die farbigen Bordsteine, die hohen Leitplanken sowie die Spuren der Startaufstellungen.

Für einen authentischen Rundkurs startet man an der Avenue Gaston Lacoste und biegt nach einer dynamischen Rechtskurve auf die Gerade des Boulevard des Pyrénées ab, bevor bei Point Oscar eine anspruchsvolle Linkskurve folgt; nach weiteren ausladenden Kurven weiß man, warum Pau als Barometer für potentielle Rennsporttalente gilt. **DIS**

❶ Eine der Kurven des Circuit de Pau-Ville.

Côte d'Opale Hauts-de-France, Frankreich

Start Bray-Dunes   **Ziel** Berck   **Länge** 121 km
Art Landschaft   **Karte** goo.gl/be6SQy

Die Küste zwischen Bray-Dunes an der Grenze zu Belgien und Berck im Marquenterre ist von langen Dünenstränden geprägt. Mit Ausnahme des schicken Badeortes Le Touquet (auch bekannt als „Paris am Meer") und den quirligen Städten Calais und Boulogne am Ärmelkanal ist dieser Küstenabschnitt ein idealer Ort, um abzuschalten und aufzutanken. J.M.W. Turner malte hier seine Meereslandschaften, und etwas später sprach der französische Künstler Édouard Lévêque wegen der Lichtverhältnisse von der *Côte d'Opale* (Opalküste).

Entlang der Küste verläuft die D940 – manchmal sehr dicht, manchmal vergrößern ausgedehnte Feuchtwiesen und Strandhaferbewuchs den Abstand. Abzweigende Straße führen in Orte und Naturschutzgebiete. Gastronomisch interessant sind Wissant, Audresselles, Ambleteuse und Wimereux. Es gibt zudem Straßenstände mit frischen Krabben, Austern und Hummer. Richtung Calais sind die Deux Caps ausgeschildert. Diese beiden Steilklippen sehen aus wie Spiegelbilder der Kreidefelsen von Dover. Bei Escalles biegt man zum Cap Blanc Nez ab, und nördlich von Audresselles geht es zum Cap Gris Nez. Der darauf befindliche Obelisk erinnert an das Royal-Navi-Kommando Dover Patrol, das im Ersten Weltkrieg vor deutschen U-Booten warnte. **DS**

❶ Vor der Küste herrscht sichtbarer Schiffsverkehr.

Schlachtfelder der Somme – Circuit du Souvenir
Hauts-de-France, Frankreich

Start Historial de la Grande Guerre, Péronne, Somme
Ziel Historial de la Grande Guerre, Péronne, Somme
Länge 124 km
Art Kultur
Karte goo.gl/FzHyNZ

Die Schlacht an der Somme im Ersten Weltkrieg begann am 1. Juli 1916 und dauerte fünf Monate. Sie war eine der blutigsten Schlachten des Krieges und forderte auf beiden Seiten insgesamt mehr als eine Million Todesopfer. Allein am ersten Tag starben rund 19 000 britische Soldaten.

Diese Zahlen sind unfaßbar. Um das Ausmaß irgendwie zu begreifen, kann man die Orte des Grauens besichtigen. Der Circuit du Souvenir (Rundweg der Erinnerung) beginnt und endet am Historial de la Grande Guerre in Péronne, einem Museum zum Ersten Weltkrieg. Auf dem Circuit passiert man unter anderem die Memorial Chappelle à Rancourt, das Südafrikanische Museum und das Denkmal im Delville-Wald, die Denkmäler und Friedhöfe in Pozières, das neufundländische Denkmal in Beaumont-Hamel, das Thiepval-Denkmal für britische und südafrikanische Soldaten, das australische Denkmal in Villers-Bretonneux sowie den deutschen Soldatenfriedhof in Fricourt.

Weitere Stationen des Circuit du Souvenir sind der am ersten Tag der Schlacht durch eine britische Mine entstandene Trichter Lochnagar Crater, das Museum „Somme 1916" in Albert sowie das Eisenbahnmuseum in Froissy mit der Schmalspurbahn für die Truppenversorgung an der Front. Eine traurige und erschütternde Tour – aber eine, die vermutlich jeder einmal unternommen haben sollte. **DK**

❶ Die Gedenkstätte in Thiepval erinnert an die gefallenen britischen und südafrikanischen Soldaten.

Verfolgungsjagd durch Paris Île-de-France, Frankreich

Start Gare du Nord, 97 Rue de Maubeuge, Paris
Ziel Hotel de la Paix, Rue de l'Orillon, Paris
Länge 32 km
Art Kultur
Karte goo.gl/dIKWjM

Jason Bourne, Auftragsmörder für die CIA, sitzt in seinem vor dem Bahnhof Paris-Nord geparkten, schrottreifen Mini, als er von der Polizei entdeckt wird. Um seiner Festnahme zu entgehen, flieht er Richtung Place Vendôme. Polizisten mit Autos und Motorrädern folgen ihm – und eine der besten Verfolgungsszenen des Kinos hat begonnen.

Aufgrund von künstlerischer Freiheit und viel Bildbearbeitung ist das, was man auf der Leinwand sieht, leider keine Route in der Realität. Bei der Verfolgungsjagd biegt der Mini rechts in die Rue du Transvaal ab (die eigentlich 5 km weiter östlich liegt) und danach in die unglaublich schmale Passage Plantin. Anschließend geht es viele Treppenstufen hinab, bevor Bourne auf der Rue des Couronnes weiterdüst. Sekunden später befindet er sich, wie auch immer, an der Brücke Pont Mirabeau im Westen von Paris und heizt am Ufer der Seine den Quai Louis-Blériot entlang.

Wer der empfohlenen Route in der verlinkten Karte folgt, kann in einer guten Stunde eine ungefähre Entsprechung dieser Verfolgungsjagd abfahren (ohne die Abkürzung über die Treppenstufen). 2002 fühlte sich Doug Liman, Regisseur von *The Bourne Identity*, der Geographie von Paris allerdings nicht sehr verpflichtet: die Filmszene dauert lediglich 3 Minuten und 35 Sekunden. So rasant kann nicht einmal Jason Bourne fahren. **BDS**

C'était un rendez-vous Île-de-France, Frankreich

Start Bois de Boulogne, Paris
Ziel Sacré-Coeur, Montmartre, Paris
Länge 13 km
Art Kultur
Karte goo.gl/LOWaQw

Der französische Film *C'était un rendez-vous* (1976) hat nur eine Dauer von 8 Minuten. Aber dieser Low-Budget-Film, gedreht ohne einen einzigen Schnitt unter der Regie von Claude Lelouch, wurde weltweit zum Kultklassiker unter Autoenthusiasten.

Es geht darin um einen Mann, der frühmorgens durch Paris fährt, um auf den Stufen der Sacré-Cœur de Montmartre seine blonde Freundin zu treffen. Dabei ist er in einer unfaßbar schnellen Geschwindigkeit unterwegs und steuert seinen leistungsstarken Wagen durch die Hauptstraßen der Stadt. Die an der Frontstoßstange angebrachte Kamera zeigt jeden Schlenker, jede Kurve, jede Beschleunigung, während das Auto vorbei am Eiffelturm und der Pariser Oper, entlang der Champs Élysées und über den Place de la Concorde rast.

Der Fahrer ignoriert rote Ampeln, fährt auf der falschen Seite und mitunter gar auf dem Bürgersteig. Gedreht wurde der Film mit einem Mercedes-Benz 450 SEL, und für mehr Dramatik unterlegte man ihn später mit dem Sound eines Ferrari 275GTB.

Niemand mit gesundem Menschenverstand würde die Strecke heute mit dieser Geschwindigkeit fahren – aber eine ähnliche Route durch das Zentrum von Paris (wegen neuer Einbahnstraßen etwas abgewandelt) ist durchaus möglich. Allerdings sollte man anders als im Film weitaus mehr als 8 Minuten für die Fahrt einkalkulieren. **SH**

Route des Crêtes
Elsaß, Frankreich

Start Sainte-Marie-aux-Mines
Ziel Cernay
Länge 92 km
Art Landschaft
Karte goo.gl/cIrPVr

Die Vogesen sind ein Mittelgebirge im Elsaß, westlich von Straßburg gelegen, und bei vielen Touristen weit unbekannter als die Alpen. Aber mit einer Höhe von bis zu 1424 m bieten auch sie eindrucksvolle Bergpanoramen ... und sind zudem höher als jeder Berg in Großbritannien, Finnland oder Irland.

Am besten kann man die Vogesen auf der 88,5 km langen Route des Crêtes, der Vogesenkammstraße, erkunden. Diese imposante Bergstraße beginnt an der D148 und folgt dem Hauptkamm, der einst die Grenze zwischen Frankreich und Deutschland bildete. An manchen Stellen führt die Straße bis auf 1340 m Höhe und ermöglicht traumhafte Ausblicke auf die darunter liegende Landschaft. Zwischen Dezember und März wird die Straße manchmal wegen Schnee gesperrt, aber im Sommer kann man die sich bis zum Horizont erstreckenden grünen Hänge sehen.

Einheimische nennen die Gipfel *ballons*, weil sie so rund und glatt sind. Die Straße führt direkt unterhalb des höchsten Gipfels entlang, dem Grand Ballon (Großer Belchen), der gut an der Radarstation erkennbar ist. An klaren Tagen kann man über den Rhein bis nach Deutschland und zu den Alpen blicken. Und in seltenen Fällen sieht man sogar den Mont Blanc. Ist das Wetter nicht so gut, erfreut man sich immer noch an den Dörfern, Burgen, Seen und Wäldern ... und den vielen Haarnadelkurven. **SH**

❶ Die Route des Crêtes ist eine relativ unbekannte Panoramastraße in den Vogesen.

Elsäßer Weinstraße
Grand-Est, Frankreich

Start Marlenheim
Ziel Thann
Länge 129 km
Art Kultur
Info goo.gl/biJ8nE

An der Route des Vins zwischen Marlenheim und Thann gibt es rund 100 Weinstädte. In manchen kooperieren für die Lese (*vendange*) und Weinerzeugung bis zu 200 Familien; andere Kellereien gehören namhaften Familiendynastien. Der Startpunkt unserer Tour, Marlenheim, ist nur 16 km vom internationalen Flughafen in Straßburg entfernt. Hier kann man sich für den kulinarischen Ausflugstrip ein bequemes, stilgerechtes Auto mieten.

Wer diese Route fährt, sollte viele Zwischenstopps einplanen: Abstecher zu Weinverkostungen, romanischen Kirchen und Burgen. Zu den Höhepunkten zählen die mittelalterlichen Städte Bergheim, Ribeauvillé, Riquewihr und Eguisheim. Sie alle befinden sich unweit von Colmar. Gutes Essen ist mindestens so wichtig wie guter Wein. In dieser Region gibt es so viele Sterne-Restaurants, daß man einen Monat lang ausgehen könnte, ohne ein Lokal zweimal zu besuchen. Es gibt hervorragende Gasthäuser und Bäckereien, Feinkostläden und Käsereien.

Während der Weinlese (September bis November) kann die Reise besonders unterhaltsam sein: Jedes Dorf feiert ein Fest. Aber dann sind auch Staus oder andere Engpässe wahrscheinlich. Viel entspannter fährt es sich im Frühsommer, wenn man in den Weinbergen hier und da für eine Verkostung anhält und ein oder zwei Kisten *grand cru* an Bord verstaut. **DS**

❶ Kopfsteinpflaster und Fachwerkhäuser in Eguisheim – ein typisches Stadtbild an der Elsäßer Weinstraße.

Circuit de Reims-Gueux Grand-Est, Frankreich

Start Boxengasse des Circuit de Reims-Gueux   **Ziel** Boxengasse des Circuit de Reims-Gueux   **Länge** 7,8 km
Art Kultur   **Karte** goo.gl/otIbsz

Auch wer sich nicht besonders für Motorsport interessiert, ist von den leer stehenden, an eine Geisterstadt erinnernden Tribünen, Boxengassen und Kontrolltürmen der Rennstrecke Reims-Gueux fasziniert. Sie befindet sich nur 7,3 km außerhalb von Reims, im Herzen der Champagne. Die bröckelnden Fassaden thronen über der Start-und-Ziel-Geraden, auf der bis 1966 der Große Preis von Frankreich ausgetragen worden ist. Heute versucht ein Verein, die historischen Zeugnisse vor dem weiteren Verfall zu bewahren, und die Strecke ist zu einem Mekka von Motorsportfreunden geworden.

Der ursprüngliche Dreieckskurs, von 1926 bis 1951, war schnell und gefährlich, und die Fahrer wurden durch verlockende Preisgelder zu noch höheren Geschwindigkeiten angespornt. Wer im Gedenken an die Rennsportgrößen, die hier angetreten (und umgekommen) sind, selbst eine Runde drehen möchte, fährt von den Boxengassen aus im Uhrzeigersinn Richtung Gueux. Zwischen einem ehemaligen Lebensmittelgeschäft und einem Teich beschreibt der Originalkurs eine Kurve nordwärts nach Virage de la Garenne, bevor die schnellste Etappe auf der Thillois-Geraden folgt. Der letzte F1-Gewinner, Ferraris Lorenzo Bandini, fuhr hier eine Spitzengeschwindigkeit von 228,62 km/h. **DIS**

❶ Historischer Charme auf dem Circuit de Reims-Gueux.

Route des Grands Crus — Bourgogne-Franche-Comté, Frankreich

Start Dijon Ziel Santenay Länge 60 km
Art Kultur Info goo.gl/LQZmsm

Eine wesentliche Rolle spielt bei der Erzeugung von Wein neben der Rebsorte vor allem das *terroir* – wo sind die Trauben gewachsen, auf welchem Boden und in welchem Klima. Das ideale *terroir* gibt es an nur sehr wenigen Orten. Deshalb arbeiten die besten Winzer des Burgund dicht an dicht auf einem sehr schmalen Streifen Land von nur 110 km Länge und etwas mehr als 3 km Breite. Von hier kommen Namen wie Nuits-St.-Georges, Volnay, Montrachet, Mercurey, Pommard, Meursault, Pouilly-Fuissé und viele weitere mehr.

Dieser Routenvorschlag ist besonders reizvoll – bezaubernde Ortschaften, eine Fülle an hervorragenden Restaurants und natürlich zahlreiche Weingüter, die man besuchen kann (auf diesem Abschnitt mehr als 40). Darüber hinaus lassen sich Weine verkosten, Weine kaufen und das Burgundische Weinmuseum in Beaune besichtigen. Eine lohnenswerte Ergänzung sind die imposanten Schlösser und historischen Klöster dieser Region.

Auch das Essen hat seinen Stellenwert: Es gibt Kochkurse und die Möglichkeit, Trüffel oder *escargots* (Schnecken) zu probieren. Und die Urlaubsregion bietet noch mehr: Citroën 2CV-Touren, Kutschfahrten, Helikopterflüge, Heißluftballonfahrten und Kreuzfahrten auf der Saône. **DK**

❶ Weinberge rund um Beaune.

Pilgerroute Bourgogne-Franche-Comté, Frankreich

Start Vézelay   **Ziel** Montbard   **Länge** 121 km
Art Kultur   **Karte** goo.gl/t3JDz6

Dieser reizvolle Tagesausflug zu Pilgerstätten im westfranzösischen Burgund beginnt im Wallfahrtsort Vézelay im Naturpark Morvan. Die eindrucksvolle romanische Basilika Sainte Marie-Madeleine aus dem 12. Jahrhundert ist ein UNESCO-Weltkulturerbe; ihre Krypta enthielt Reliquien von Maria Magdalena.

Etwas weiter südlich locken die bezaubernde gotische Kirche von Saint-Père sowie die römischen Thermen von Les Fontaines-Salées in der Nähe von Salzquellen. Ein hübscher Ort ist auch Bazoches mit seiner kleinen Kirche. Wer zwischen den Bäumen nach einem Schloß Ausschau hält, entdeckt das Château de Bazoches. Es war der Wohnsitz des Festungsbaumeisters Seigneur de Vauban.

Auf einer schmalen Landstraße erreicht man etwas weiter östlich das Kloster Quarré-les-Tombes, das unter anderem eigenen Käse anbietet. Von dort fährt man nach Saulieu. Dessen Basilika aus dem 12. Jahrhundert zeigt phantastische Steinmetzarbeiten mit biblischen Motiven.

Semur-en-Auxois thront über dem Fluß Armançon. Durch ein mittelalterliches Torhaus gelangt man zu einem Platz mit einer weiteren faszinierenden Kirche: Bei Montbard lohnt die Besichtigung der Abtei Fontenay mit ihren Kreuzgängen, Schlafsaal und Refektorium – ebenfalls ein Weltkulturerbe. **SH**

❶ Das verträumte Städtchen Semur-en-Auxois.

Col de la Croix-Morand   Auvergne-Rhône-Alpes, Frankreich

Start Le Mont-Dore   **Ziel** Chambon-sur-Lac   **Länge** 16 km
Art Landschaft   **Karte** goo.gl/uNEE6r

Diese abgelegene und steile Paßstraße befindet sich tief im Zentralmassiv in der Mitte des südlichen Frankreichs. Die kurvenreiche Strecke folgt der kleinen Landstraße D996 durch dichte Wälder und über den Paß auf 1401 m Höhe.

Man muß viele Kurven und Steigungen bewältigen, kommt aber auf entspannteren Abschnitten in den Genuß einer herrlichen Sicht über die grüne Gebirgslandschaft. Auf dem Gipfel gibt es gegenüber vom Parkplatz zwar ein nettes kleines Café mit einer Sonnenterrasse, aber der Ausblick von dort ist nicht so wunderbar wie von unterwegs. Nur ein Stückchen weiter zum Beispiel blickt man herrlich über die bis zum Horizont reichenden Anhöhen.

Der Belag ist gut, die Straße breit und der Verkehr in der Regel gering. Deshalb ist diese Route bei gutem Wetter vor allem bei Motorradfahrern und jenen Autofahrern beliebt, die auf den kurzen Geraden gerne beschleunigen und die langen Kurven auskosten. Doch oft ist es kalt und naß – daher sind die Gefahren der Strecke nicht zu unterschätzen, wenngleich man nicht in den Alpen ist.

Und man sollte auch jenen Respekt zollen, die im Rahmen der Tour de France diese Paßstraße und somit eine der schwersten Etappen des berühmten Rennens mit dem Fahrrad in Angriff nehmen. **SH**

❶ Le Mont-Dore vor der Erhebung Puy de Sancy.

Route de Presles
Auvergne-Rhône-Alpes, Frankreich

❶ Dieser Abschnitt ist besonders einschüchternd – sogar mit der seitlichen Schutzmauer am Straßenrand.

Start Metrière
Ziel Ruisseau de Presles
Länge 9 km
Art Abenteuer
Karte goo.gl/aZv2h7

Wenn es um verschiedene Arten von Straßen geht, vermitteln nur wenige ein derartiges Gefühl von Abenteuer wie jene, die direkt in einen Felshang hineingehauen sind. Oft verfügen sie über Tunnel, und manchmal sind auch Brücken integriert. Diese Straßen sind keine neue Erfindung. Bereits im 4. Jahrhundert v. Chr. gab es sie bei den Chinesen, später auch bei Caesar und Napoleon. Und was ist ihr Nachteil? Nun, meist sind sie zu kurz. Man hat sie sehr schnell durchfahren, und danach kommt die Ernüchterung: keine andere Gebirgsstraße fühlt sich dann noch annähernd so aufregend zu fahren an.

Die beeindruckende Route de Presles (D292) im Südosten Frankreichs ist eine solche besondere Straße. Auf 7 km ist sie in den Fels gehauen und sorgt für den gewünschten Nervenkitzel: mit uneinsehbaren Kurven, einspurigen Abschnitten sowie der Gefahr von Erdrutschen und Steinschlägen. Der Blick über die Hauts Plateaux du Vercors begleitet einen lange, ebenso wie die Furcht vor Gegenverkehr auf dem einspurigen Abschnitt vor der Gorges du Nan. Wer ungern rückwärts fährt, sollte auf diese Tour vielleicht besser verzichten.

Das Presles-Massiv erfreut sich bei allen Abenteurern großer Beliebtheit – ob auf vier oder zwei Rädern oder ganz ohne Räder. Denn hier kann man auch sehr gut Rennradfahren sowie an den Hängen, wie an kaum einem anderen Ort, klettern. **BDS**

La Grande Boucle Moto
Auvergne-Rhône-Alpes, Frankreich

Start Clermont-Ferrand
Ziel Clermont-Ferrand
Länge 1100 km
Art Abenteuer
Info goo.gl/RpeUy3

Frankreichs Auvergne ist bei Motorradfahrern eine beliebte Region. Sie schätzen die Kombination von anspruchsvollen, kurvenreichen Straßen und dem umwerfenden Panorama der einst durch Vulkane entstandenen Landschaft. Diese einwöchige Tour beginnt in Clermont-Ferrand und hinterläßt klare Spuren auf dem Kilometerzähler, da man zwischen Vichy und Saint-Flour hin- und herfährt sowie von Salers nach Amber. Es geht bei diesem Roadtrip nicht nur um erstklassige Fahrerlebnisse, sondern auch darum, sich Zeit für die regionale Küche zu nehmen, historische Städte zu besichtigen und die atemberaubenden Ausblicke zu genießen.

Hinter der Bezeichnung La Grande Boucle Moto verbergen sich rund 20 kürzere Routen, die gemeinsam eine Rundtour bilden. Mann kann gut selbst entscheiden, wie viele Etappen man fahren möchte. Ein Höhepunkt ist die Bergfahrt zu den vier Gipfeln der Monts du Cantal im Parc Naturel Régional des Volcans d'Auvergne – Le Mont Dore, La Bourboule, La Godivelle und Pas de Peyrol.

Sehenswert sind auch das berühmte Heilbad Vichy sowie die mittelalterlichen Städte Salers, Le Puy-en-Velay und Saint-Flour. Einige Attraktionen lassen besonders Bikerherzen höher schlagen – etwa das geniale Motorradmuseum Musée Baster in Riom, das eine schöne Sammlung klassischer Indians aus Springfield beherbergt. **DK**

❶ Diese Straße durch die Gemeinde Mandailles-Saint-Julien ist ein besonders malerischer Abschnitt.

Col de l'Iseran
Auvergne-Rhône-Alpes, Frankreich

Start Bonneval-sur-Arc
Ziel Val d'Isère
Länge 30 km
Art Abenteuer
Karte goo.gl/pg74G1

❶ Der Lac du Chevril unweit von Val d'Isère dient dem Tignes-Damm als Wasserreservoir.

Die französischen Alpen sind mit einer Fülle beeindruckender Straßen gesegnet und es macht keinen Sinn, sich in dieser atemberaubend schönen Region aufzuhalten und dabei nicht die höchste Straße Frankreichs zu befahren. Für dieses Erlebnis begibt man sich auf den Col de l'Iseran im Département Savoie unweit der Grenze zu Italien. Der als König der Alpen bekannte Gebirgspaß ist 2764 m hoch.

Die Straße verbindet die Hochtäler des Arc und der Isère und ist auf vielen Wegen erreichbar. Eine beliebte Route beginnt im rustikalen Dorf Bonneval-sur-Arc. Man kann aber auch in entgegengesetzter Richtung fahren und im berühmten Wintersportort Val d'Isère starten.

In jedem Fall fährt man auf einer Asphaltstraße bis zum Gipfel, mit nahtlos aufeinanderfolgenden Serpentinen. Die Paßstraße schlängelt sich von rechts nach links und wieder zurück bergauf. Manchmal scheint man rundum von Felswänden umgeben, manchmal schweift der Blick weit über die umliegenden Berge.

Der Col de l'Iseran ist nur im Sommer zu befahren, da zu anderen Zeiten Eis und Schnee für Behinderungen sorgen. Auch Radfahrer fahren diese Strecke sehr gerne – und müssen sich mehr als einmal die schmerzenden Waden lockern. Die Straße ist leicht zu befahren, nur sollte man den Tachometer hin und wieder im Blick behalten. JI

Route des Grandes Alpes
Von der Auvergne in die Provence

Start Thonon-les-Bains, Auvergne-Rhône-Alpes
Ziel Menton, Provence-Alpes-Côte d'Azur
Länge 684 km
Art Abenteuer
Info goo.gl/toABoc

Der Touring Club de France war ursprünglich gegründet worden, um den Fahrradtourismus zu fördern. Anfang des 20. Jahrhunderts tat man sich allerdings mit den Autofahrern zusammen, um sich für bessere Straßen, mehr Wegweiser sowie Annehmlichkeiten am Straßenrand einzusetzen. Der Verband konzipierte zudem lange Erlebnisrouten, so auch 1911 die Route des Grandes Alpes.

Die französischen Alpen vereinen Schönheit und einsame Weite, so daß sie ebenso romantisch wie auch bedrohlich sein können. Ihre Kulisse ist einzigartig: kurvige Bergstraßen vor hohen Gipfeln, überwältigende Ausblicke in tiefer liegende Täler, rapide Abfahrten und ebenso mächtige Anstiege.

Diese berühmte – und bei Radfahrern berüchtigte – Touristikstraße durchquert die Alpen von Nord nach Süd, beginnend in Thonon-les-Bains am Genfersee und endend in Menton an der Côte d'Azur am Mittelmeer. Die Fahrt ist phantastisch. Allein schon die Namen der auf dem Weg liegenden Ortschaften sind Musik in den Ohren: Bourg-Saint-Maurice, Mont Blanc, Val d'Isère, Les Ecrins, Briançon, Col d'Izoard und Col de Castillon.

Die Route des Grandes Alpes überquert 16 Alpenpässe. Daher sollte man dem Wetter größte Aufmerksamkeit widmen. Die beste Zeit für diese einzigartige Hochalpenstraße ist zwischen Juli und September. **DK**

Col du Chaussy Auvergne-Rhône-Alpes, Frankreich

Start Pontamafrey-Montpascal
Ziel Col du Chaussy
Länge 14 km
Art Abenteuer
Karte goo.gl/7OHLcl

Wenn man die Straße zum Paß Col du Chaussy zum ersten Mal auf einer Karte aus Papier ansieht, meint man, beim Druck müßten gravierende Fehler passiert sein. Denn 17 Spitzkehren folgen so dicht aufeinander, daß man den genauen Verlauf der Straße fast nicht erkennen kann. Dieser Abschnitt wird markanterweise Les Lacets de Montvernier genannt (die Schnürsenkel von Montvernier) – eine Abfolge unglaublicher Serpentinen hinauf zum Paß.

Nach dem Verlassen von Pontamafrey-Montpascal steigt die Straße schon bald an und wird zunehmend schmaler, so daß am Schluß kaum noch zwei Autos nebeneinander Platz finden. Bergauf fahrende Autos haben immer Vorfahrt, dadurch kommt es zu mancher Slalomfahrt. Die dünnen Eisengeländer am Straßenrand scheinen vor allem Dekoration anstelle von Schutz zu sein; aber immerhin behindern sie nicht die Aussicht. Der Straßenbelag ist gut und kann nur weiter oben durch die Witterung etwas gelitten haben.

Nach den Haarnadelkurven geht es mit moderater Steigung weiter. Man passiert idyllische Almwiesen sowie kleinere Ortschaften wie Le Noirey, Montbrunal und Montpascal.

Der Paß befindet sich auf 1553 m Höhe und ist von schicken französischen Skiresorts umgeben. Hat man den Anstieg bewältigt, entdeckt man mit Freude das Schild zum Gipfelrestaurant. **DIS**

Route de Combe Laval
Auvergne-Rhône-Alpes, Frankreich

Start Saint-Jean-en-Royans
Ziel Vassieux-en-Vercours
Länge 32 km
Art Abenteuer
Karte goo.gl/iffGRO

Beim europäischen Handel und Transport stellten die Alpen immer ein natürliches Hindernis dar. Heutzutage kann man mit modernen Maschinen Tunnel quer durch ganze Berge bohren. In früheren Zeiten war dies jedoch nicht möglich. Die Straßenbauingenieure folgten damals dem Verlauf des Gesteins und ließen Straßen direkt in den Fels hauen, so daß sich sie wie schmale Balkone am Hang befanden.

Die Route de Combe Laval in den französischen Alpen ist ein besonders faszinierendes Beispiel für diese Art des Straßenbaus. Sie entstand Ende des 19. Jahrhunderts in mehreren Etappen über einen Zeitraum von 40 Jahren, damit Holz aus den hochalpinen Wäldern zu den Sägewerken in Saint-Jean-en-Royans transportiert werden konnte.

Heute fahren vor allem Touristen diese Strecke, um den herrlichen Blick auf das Vercors-Gebirge zu genießen. Am imposantesten sind die ersten 13 km von Saint-Jean-en-Royans zum Col de la Machine, dem höchsten Paß der Vercours-Region. Auf diesem Abschnitt wechseln sich Tunnel und Felsvorsprünge ab. Die Aussicht über den Nationalpark ist überwältigend. Am Col de la Machine gibt es ein Restaurant, das sich wunderbar für eine längere Pause mit Panoramablick anbietet. **DK**

◯ Die Straße wurde direkt in den Fels gehauen.

Circuit d'Auvergne
Auvergne-Rhône-Alpes, Frankreich

Start Clermont-Ferrand
Ziel Clermont-Ferrand
Länge 137 km
Art Kultur
Karte goo.gl/eqSog7

Der in mehreren europäischen Ländern zwischen 1900 und 1905 ausgetragene Gordon-Bennett-Cup fand auf Initiative des US-amerikanischen Zeitungsverlegers Bennett statt, der damit seine Sportberichterstattung aufpeppen wollte. Er brachte die besten Rennfahrer jener Zeit zusammen und gilt als Vater der heutigen Formel 1.

1905 veranstaltete Frankreich den sechsten Gordon-Bennett-Cup. Um sich den Heimvorteil zu erhalten, suchten die französischen Offiziellen nach einer neuen, technisch anspruchsvollen Rennstrecke. Fündig wurden sie am Puy-de-Dôme in den Vulkanausläufern der Auvergne.

Mit großen Höhenunterschieden, steilen Abfahrten und fast 3000 Kurven ist der Circuit d'Auvergne noch heute eine großartige Strecke. Lediglich einige der engsten Kurven wurden durch Baumaßnahmen entschärft. Man startet in Clermont-Ferrand, der Heimat der Michelin-Reifen, und fährt auf der D943 zunächst gen Norden, bevor man nach Osten Richtung Pontaumur abbiegt. Dann geht es südwärts nach Gimard und schließlich wieder zur Start-Ziel-Geraden zurück. Zu Ehren ihres Initiators ist die Strecke mit braunen „Coupe Gordon Bennett 1905"-Schildern markiert. Ironischerweise besaß Gordon Bennett selbst nie ein eigenes Automobil – aber angeblich fuhr er häufig mitten in der Nacht mit seiner Kutsche, splitterfasernackt. **DIS**

Rund um den Viadukt von Millau Okzitanien, Frankreich

Start Millau   Ziel Millau   Länge 64 km
Art Abenteuer   Karte goo.gl/WOGC76

In der Gebirgsregion Cevennen in Südfrankreich überquert die Autobahn A75 den Fluß Tarn auf der höchsten Brücke der Welt. Diese achtförmige Route führt über die Brücke und unter ihr hindurch.

Ausgangspunkt ist Millau, dessen Bewohner noch immer über den Rückgang des Straßenverkehrs seit der Umgehung durch die Brücke 2004 staunen. Jetzt kann man die hübsche kleine, traditionelle französische Marktstadt weitgehend ungestört von durchfahrenden Touristen erkunden. Auf der A75 geht es dann über die Brücke nach Süden. Hier heißt es langsam fahren, die Aussicht genießen und sich nicht irritieren lassen – auch wenn der höchste Punkt der Brücke 343 m hoch liegt und die meisten Stützpfeiler höher als der Eiffelturm sind. Die Strecke liegt so hoch, daß man gelegentlich über den Wolken fährt, die das Tal einhüllen.

Der vom britischen Architekten Norman Foster und dem französischen Bauingenieur Michel Virlogeux entworfene Viadukt von Millau gilt als eine der schönsten Brücken der Welt und man sollte ihn unbedingt von allen Seiten betrachten. Abseits der Hauptstraße führt eine malerische Schleife durch die verschlafenen Dörfer Saint-Rome-de-Cernon und Saint-Rome-de-Tarn, auf der man durch das Tal direkt unter dem Bauwerk hindurch fährt. **SH**

❶ Der Viadukt will von allen Seiten betrachtet werden.

Gorges de l'Aude Okzitanien, Frankreich

Start Axat   **Ziel** Quillan   **Länge** 13 km
Art Abenteuer   **Karte** goo.gl/lRsCjU

Viele Abschnitte dieser wunderschönen Route sind so schmal, daß keine zwei Fahrzeuge aneinander vorbeifahren können. Man muß also damit rechnen, längere Strecken zurückzusetzen, oft um uneinsehbare Kurven mit ungesicherten Steilhängen.

Der Fluß Aude hat viele herrliche, tiefe Schluchten durch die felsige Landschaft in dieser Ecke Südwestfrankreichs gegraben. Das Gebiet ist bei Kletterern, Wildwasser-Raftern, Höhlenforschern und Wanderern sehr beliebt, bei Auto- und Motorradfahrern aber bislang eher unbekannt.

Die aufregenden Straßen schlängeln sich entlang 200 m hoher Kalksteinklippen über reißende Wildbäche hinweg und unter überhängenden Felsen hindurch. Man durchquert enge, unbeleuchtete Tunnel, die durch die Klippen gesprengt wurden, und fährt teilweise auf sehr altem, rauhem Asphalt. Oft gibt es nur einen symbolischen Aufprallschutz und gefährliche Abhänge auf der einen Seite, während sich auf der anderen steile Felswände auftürmen.

Man sollte diese Route langsam und vorsichtig angehen. Leider scheint das den Einheimischen, die oft mit unangemessen hohen Geschwindigkeiten fahren, niemand gesagt zu haben. Sie sind sicherlich frustriert über Ströme verängstigter Touristen, die es nicht wagen, sie passieren zu lassen. **SH**

❶ Die Eremitage von Galamus in Quillan.

Route der Tempelritter Okzitanien, Frankreich

Start Millau   **Ziel** Sainte-Eulalie-de-Cernon   **Länge** 85 km
Art Kultur   **Info** goo.gl/EUTpaE

Diese Rundfahrt führt zu einigen beeindruckenden mittelalterlichen Stätten der Templer. 200 Jahre lang, zur Zeit der Kreuzzüge, war der wohlhabende Ritterorden in diesem kleinen ländlichen Gebiet angesiedelt. Die sechs befestigten Siedlungen, die er hinterließ, ergeben eine faszinierende historische Reise durch die zerklüfteten Hügel von Larzac.

Der Templerorden rekrutierte seine Rittermönche aus dem Adel und sammelte enorme Reichtümer an, mit denen er prunkvolle, reich verzierte Gebäude errichtete.

Diese Route führt von Norden auf der A75 über den Viadukt von Millau nach La Cavalerie, das ein imposantes Tor und einen Festungswall aufweist.

La Couvertoirade ist ein intaktes ehemaliges, von mächtigen Stadtmauern umgebenes Templerdorf. In Saint-Jean d'Alcas gibt es Reihen von kleinen, identischen Häusern, die durch vier große Steintürme geschützt sind. Das nahe gelegene Viala-du-Pas-de-Jaux vefügt über einen riesigen Wehrturm.

Ziel ist der Hauptsitz der Templer in Saint-Eulaliede-Cernon, wo eine befestigte Kirche an einem hübschen Platz mit einem alten Brunnen liegt, der von mittelalterlichen Stadtmauern und Türmen umgeben ist. Im Sommer tragen die Reiseleiter historische Kreuzritterkostüme. **SH**

❶ Das befestigte Dorf La Cavalerie.

Côte d'Azur Provence-Alpes-Côte d'Azur, Frankreich

Start Nizza   **Ziel** Saint-Tropez   **Länge** 122 km
Art Landschaft   **Karte** goo.gl/H3A5UE

Wem wichtig ist, was andere denken, wird sich fragen, ob ein preiswerter Mietwagen für diese Fahrt entlang der Mittelmeerküste gut genug ist, auf einer Strecke, auf der Ferraris und Lamborghinis so unauffällig wirken wie andernorts Chryslers und Toyotas.

Am Ausgangspunkt Nizza sollte man sich unbedingt den Parc de la Colline du Château und das Matisse-Museum ansehen, bevor es über die Promenade des Anglais auf die Mautstraße A0 geht.

Antibes, die erste Stadt auf der Tour, ist dem britischen Schriftsteller Graham Greene zufolge der einzige Ort an der französischen Riviera, der seine Seele bewahrt hat. Hier kann man das Picasso-Museum besuchen oder die Villen in Cap d'Antibes bewundern, in denen die Filmstars während des berühmten Filmfestivals wohnen, das alljährlich im Mai in Cannes stattfindet, und das immer prunkvoller wird, besonders am Strand von La Croisette .

Sainte-Maxime erinnert daran, daß das Leben nicht in Höchstgeschwindigkeit gelebt werden muß. Hier kann man Kraft sammeln, bevor man das lebhafte Saint-Tropez erreicht, in dem sich seit Ende des 19. Jahrhunderts Künstler und Bohemiens niederließen. Nachdem Roger Vadim die Stadt als Schauplatz seines Films *Und immer lockt das Weib* (1956) nutzte, wurde sie zu einem Favoriten des Jet-Sets. **JP**

❶ Blick auf das Mittelmeer in Nizza.

Route de Gentelly Provence-Alpes-Côte d'Azur, Frankreich

Start Vence **Ziel** Gréolières-les-Neiges **Länge** 60 km
Art Landschaft **Karte** goo.gl/KZvSvA

Diese Panoramatour hat in kurzer Zeit viel zu bieten. Sie beginnt im mittelalterlichen befestigten Dorf Vence, 32 km landeinwärts von der Küste bei Nizza, wo man von den Hügeln einen herrlichen Blick auf das Mittelmeer hat.

Die Weiterfahrt in die Seealpen ist ein reines Fahrvergnügen. Holzzäune säumen beide Seiten der kurvenreichen Straße, die durch eine felsige Landschaft oberhalb eines hinreißenden Tales führt, welches fast das ganze Jahr über grün ist.

Die nächste Siedlung auf der Strecke ist Gréolières, ein Dorf mit vier Restaurants – fast eines pro hundert Einwohner. Eine lange und anspruchsvolle Schlußetappe führt zum Endpunkt dieser unvergeßlichen Reise. Obwohl sich Gréolières-les-Neiges auf nur 1000 m Höhe befindet, ist es zwischen Weihnachten und März gut zum Skifahren geeignet, da es an einem Nordhang liegt. Oberhalb einer Gruppe von Chalets verläuft die Straße in einer kleinen Schleife, um umständliche Wendemanöver vor dem Abstieg zurück nach Gréolières zu vermeiden.

Filmfans könnten einige Abschnitte aus dem Bond-Film *Goldeneye* von 1995 wiedererkennen. Hier, zwischen diesen Felswänden, duellierte 007 sich in seinem DB5 mit einem Ferrari 355. Auch Verfolgungsszenen des Kultklassikers *Ronin* (1998) wurden hier gedreht. **JP**

❶ Ein Felsbogen außerhalb von Gréolières.

Mont Ventoux Provence-Alpes-Côte d'Azur, Frankreich

Start Les Bruns   **Ziel** Malaucène   **Länge** 39 km
Art Abenteuer   **Karte** goo.gl/CuvwaW

Dieser 1903 m hohe erloschene Vulkan, den Radfahrer als „Gigant der Provence" bezeichnen, thront über dem malerischen Rhonetal. Die Straße, die kurvenreich und steil seine Hänge hinaufführt, stand 1951 erstmals auf dem Streckenplan der Tour de France und hat sich seither den Ruf als härteste Bergetappe des Rennens erworben.

Von 1902 bis 1971 zog der Mont Ventoux auch Motorsportfans an. In den 1930ern waren Bergrennen so bedeutend wie heute die Formel 1, und der Ventoux war der absolute Höhepunkt des Rennkalenders. Unübertroffener Meister dieses Berges war Hans Stuck, der 1934 mit seinem 550 PS starken V16-Grand-Prix-Auto einen der spektakulärsten Siege in der Geschichte des Sports erzielte. Die grün-weißen Bordsteine aus jener Zeit sind teilweise noch erhalten.

Heute fährt man auf der mit Leitplanken gesicherten D974 auf glattem, gepflegtem Asphalt, doch es ist immer noch eine berauschende Strecke, die mit schnellen Geraden, vielen Kurven und brutalen Serpentinen ein Magnet für enthusiastische Autofahrer und Biker aus ganz Europa ist.

Der berühmte Radfahrertreff Chalet Reynard auf halber Strecke ist ein idealer Zwischenstopp, wenn man sich an verschwitzen Radlern nicht stört. **DIS**

❶ Der Gipfel des Mont Ventoux.

Gorges du Cians Provence-Alpes-Côte d'Azur, Frankreich

Start Touët-sur-Var
Ziel Beuil
Länge 24 km
Art Abenteuer
Karte goo.gl/dK2CNK

Die D28 durch die Gorges du Cians in Südfrankreich ist nichts für Ängstliche. Als eine von Frankreichs treffend benannten Routes des Balcons – in Felswände gehauene Ingenieurskunstwerke – steigt sie von Touët-sur-Var abrupt an und fädelt sich durch Tunnel wie durch riesige Mauselöcher. Enge Kurven und steile Abfahrten erfordern volle Konzentration, aber wenn man die „Nicht runtersehen!"-Schreie der Beifahrer beherzigt, verpaßt man beeindruckende Ausblicke auf die baumbestandene Schlucht und den darin verlaufenden Fluß Cians. Der Abschnitt rund um das Dorf Rigaud, 10 km nach Beginn der Fahrt, bietet einen beängstigenden Blick auf die noch zu erwartenden Serpentinen.

Wenn man von Beuil nicht denselben Weg zurückfahren möchte, kann man die Fahrt verlängern, indem man auf der D28 weitere 20 km nach Guillaumes fährt, durch das lokale Skigebiet und dann weitere 25 km über die D2202 und D902 nach Entrevaux. Der Abschnitt zwischen Guillaumes und Entrevaux führt durch die Gorges de Daluis, eine faszinierende Schlucht mit hoch gelegenen Dörfern und wagemutig positionierten Brücken, die von Einheimischen als Mini-Grand Canyon bezeichnet wird. Wenn man die herrliche Natur näher erforschen möchte, parkt man an einem der vorgesehenen Plätze und macht sich auf einen der vielen gut ausgeschilderten Wanderwege. **DS**

Gorges du Verdon Provence-Alpes-Côte d'Azur, Frankreich

Start Moustiers-Sainte-Marie
Ziel Castellane
Länge 45 km
Art Abenteuer
Info goo.gl/MOrl1P

Die wie ein geheimes Tal am Ende des Lac de Sainte-Croix in den Alpes-de-Haute-Provence gelegene Gorges du Verdon ist mit 700 m die tiefste Schlucht Frankreichs. Das türkisfarbene Band des Verdon verläuft durch herrliche Kalksteinlandschaft. Abenteuerlustige lieben die Schlucht, Kletterer klammern sich an die steilen Wände und Wildwasser-Kanuten kämpfen mit dem turbulenten Fluß.

Von Moustiers-Sainte-Marie aus kann man den Rand der Schlucht befahren, entweder auf der Nordseite (D952: Route des Gorges) oder der Südseite (D957 und D71: Route de la Corniche Sublime). Ein optionaler Abstecher nach Norden hat gleich hinter dem Dorf La Palud-sur-Verdon Anschluß an die Route des Crêtes (D23). Diese eigenständige Langstreckentour führt an die Spitze der Schlucht mit Blick über das Massiv, sie ist allerdings von November bis Mitte April geschlossen.

Zurück auf der Route des Gorges geht es weiter zum treffend benannten Aussichtspunkt Point Sublime, hinter dem sich die Schlucht bis nach Castellane erstreckt. Die vielen Wohnwagen, Reisebusse und Fußgänger erfordern eine umsichtige Fahrweise, trotzdem ist es eine aufregende Fahrt. In den kleinen Dörfern in den felsigen Ausläufern gibt es Einkehrmöglichkeiten. Am besten wählt man ein Dorf, das nicht schon von Radfahrern belagert ist, die im Sommer in Schwärmen hierher strömen. **DS**

Col d'Izoard
Provence-Alpes-Côte d'Azur, Frankreich

Start Briançon
Ziel Col d'Izoard
Länge 20 km
Art Abenteuer
Karte goo.gl/QoCPt2

Wenn man glaubt, in den Alpen eine tolle neue Fahrstrecke entdeckt zu haben, wird man oft feststellen, daß die Radfahrer einem zuvorgekommen sind. Der Col d'Izoard in der Region Hautes-Alpes in Frankreich ist ein wahrer Magnet für Leistungs- und Freizeitsportler; einer seiner beeindruckendsten Anstiege führt auf 2360 m Höhe.

Die D902, Teil der berühmten Route des Grandes Alpes, führt von der Stadt Briançon in die Berge hinauf. Sie spielte bei der Tour de France über Jahrzehnte eine Schlüsselrolle, und verschwommene, schwarz-weiße Fotos zeigen mutige Radfahrer, die den strapaziösen Anstieg bewältigten, als die Straße nur wenig mehr als verdichteter Schotter war.

Heute ist es eine glatte Asphaltstraße und es gibt einen mit einer gestrichelten weißen Linie markierten Radweg. Die Kurvenfolge des alpinen Fahrerlebnisses wirkt beinahe hypnotisch. Die Straße hat so viele Spitzkehren, daß man den anderen Verkehr direkt über oder unter sich sehen kann. Das Terrain variiert von Wäldern in den niedrigen Lagen bis zu kargen Geröllfeldern am Gipfel.

In den Serpentinen und enge Kurven kann man sein Fahrkönnen testen und kurze Geraden reizen dazu, ordentlich aufs Gaspedal zu treten. Die Route ist nur in den Sommermonaten geöffnet und ist generell sicher, aber man sollte auf erschöpfte, unberechenbare Fahrer achten. **JI**

❶ Eine lange Belichtungszeit verwandelt den Col d'Izoard in ein glühendes Band durch die Alpen.

Col de la Bonette
Provence-Alpes-Côte d'Azur, Frankreich

Start Saint-Étienne-de-Tinée
Ziel Col de la Bonette, Saint-Dalmas-le-Selvage
Länge 25 km
Art Abenteuer
Karte goo.gl/WAh2Pz

Der in der Nähe der französisch-italienischen Grenze liegende Alpenpaß Col de la Bonette führt auf eine Höhe von 2700 m und wird oft als die höchste Straße Europas bezeichnet. Obwohl das genaugenommen nicht stimmt, da dieser Titel an die Veleta-Straße in der Sierra Nevada in Spanien geht, ist dies eine tolle Fahrt in schwindelerregende Höhen.

Von Saint-Étienne-de-Tinée führt die Straße teilweise mit Steigungen von bis zu 10 Prozent etwa 1650 m hoch zum Gipfel. Die Asphaltdecke ist aber sehr gut (obwohl die Straße nur in den Sommermonaten geöffnet ist), und es ist eine Freude, die zahlreichen Serpentinen zu bezwingen. Nach jeder Kurve warten neue phantastische Panoramaausblicke, wie man sie sonst nur von Puzzle-Motiven kennt.

Der Bergpaß belohnt den passionierten Fahrer mit ineinander übergehenden Kurven und Spitzkehren, die in den ersten Gang zwingen. In manchen Bereichen gibt es nur wenige Leitplanken und kaum Ausweichmöglichkeiten, aber man kann den Verkehr in die entgegengesetzte Richtung zumindest rechtzeitig sehen.

Der Col de la Bonette ist keine schnelle Strecke, doch er stellt die Konzentration auf die Probe, und man wird mit phänomenalen Ausblicken belohnt, während man sich unter dem neugierigen Blick der Murmeltiere, die auf diesen Hängen leben, den Weg zum Gipfel bahnt. **JI**

❶ Eine Straße, die fast alles hat: anspruchsvolle Kehren und Kurven und eine atemberaubende Alpenlandschaft.

Clue de Barles
Provence-Alpes-Côte d'Azur, Frankreich

Start Digne-les-Bains
Ziel Verdaches
Länge 29 km
Art Abenteuer
Karte goo.gl/hq5kUk

Der größte Teil dieser Route ist ein hübscher Bummel durch das Tal des Flusses Bes in den Voralpen. Die asphaltierte Landstraße schlängelt sich um grüne Hügel, die sich in alle Richtungen erstrecken und man zweifelt fast schon am Sinn der Fahrt, bis man etwa 24 km hinter Digne bemerkt, wie die Straße in einer soliden Felswand zu verschwinden scheint. Ein Straßenschild verkündet „Clue de Barles", was soviel wie „Barles-Sackgasse" bedeutet. Doch im Laufe der Jahrtausende hat sich der Fluß einen Weg durch die bergige Kalksteinbarrikade gebahnt und man fährt direkt durch sie hindurch.

Auch der nächste Abschnitt ist garantiert unvergeßlich. Die D900A führt weiter entlang des Flusses durch eine extrem enge Schlucht. An einigen Stellen sind die mächtigen senkrechten Felswände nur 10 m voneinander entfernt und Straße und Fluß quetschen sich nebeneinander durch diese Lücke.

Die furchterregend schmale Straße verläuft teilweise unter riesigen Felsvorsprüngen und auf einigen Abschnitten beträgt die Durchfahrtshöhe nur 2,8 m. Diese Route eignet sich nicht für superbreite Hummer oder Doppeldeckerbusse und Gegenverkehr erfordert oft beträchtliches Zurücksetzen.

Zudem warnen Hinweisschilder vor Lawinen und Steinschlägen, es gibt jedoch keine Empfehlungen, welche Maßnahmen im Falle ihres Auftretens zu ergreifen sind. **SH**

❶ Eine der wenigen Ausweichbuchten auf dieser schmalen und hohe Anforderungen stellenden Straße.

Col de Turini Provence-Alpes-Côte d'Azur, Frankreich

Start Sospel
Ziel La Bollène-Vésubie
Länge 36 km
Art Kultur
Karte goo.gl/VyioON

Die ursprüngliche Rallye Monte Carlo von 1911 war eine bizarre Angelegenheit, die wohlhabende französische Autobesitzer in die teuren Hotels, Restaurants und Casinos von Monaco locken sollte. Oft vom Chauffeur gefahren, erzielten die Autobesitzer Punkte für Fahrzeugkomfort, Präsentation und Anzahl der beförderten Passagiere sowie für Geschwindigkeit und Zuverlässigkeit. Erst 1961 verwandelte sich die Rallye in die fahrerische Wertungsprüfung der modernen Weltmeisterschaften.

Es gibt viele berühmte Etappen in den Bergen oberhalb von Monaco, doch die wohl berühmteste ist der Col de Turini.

Von der mittelalterlichen Stadt Sospel aus geht es mit kurzen, schnellen Geraden los, bis man bei Notre Dame de la Menour die ersten Haarnadelkurven erreicht und in einen tiefen, dunklen Kiefernwald kommt. Vorbei an Holzchalets, Picknickplätzen und hübschen Cafés voller Motorradfahrer schlängelt sich die Rallye-Etappe bergauf. Auf dem Gipfel befindet sich ein oft von Autoclubs ausgebuchtes Hotel und in einem kleinen Restaurant sind Fotos von Rallye-Legenden zu sehen. Die vielleicht berühmtesten waren die wackeren Minicooper, die diese Etappe Mitte der 60er Jahre beherrschten. Als Hommage an die goldenen Jahre könnte man diese magische Straße in einem modernen, am Flughafen von Nizza gemieteten Mini fahren. **DIS**

Römerstraßen und -ruinen Provence-Alpes-Côte d'Azur, Frankreich

Start Saint-Gilles
Ziel Saint-Gilles
Länge 246 km
Art Kultur
Karte goo.gl/zuKiQV

Diese Themenroute verbindet die bedeutendsten römischen archäologischen Stätten Südfrankreichs und ist ein guter Vorwand, durch die Camargue und die schönsten Gegenden der Provence zu kurven.

Die von den Römern im 1. Jahrhundert gebaute Via Domitia war die wichtigste Transportroute von Italien nach Spanien. Fast alle archäologischen Stätten auf dieser Tour liegen an dieser alten Straße. Der Ausgangspunkt Saint-Gilles birgt einige der schönsten Beispiele. In Ambrussum sind ausgezeichnet erhaltene gepflasterte Straßenabschnitte zu sehen. In Nîmes steht das besterhaltene römische Amphitheater außerhalb Italiens sowie das Maison Carrée, ein korinthischer Tempel aus dem 1. Jahrhundert. Das beliebte Fotomotiv Pont du Gard ist das bedeutendste Beispiel eines römischen Aquädukts, in Glanum gibt es ein eindrucksvolles römisches Mausoleum und einen Triumphbogen, in Barbegal eine römische Mühle und ein Aquädukt, und schließlich beherbergt Arles die Überreste eines römischen Theaters sowie eine eigene schöne römische Arena.

Aber bei dieser Reise geht es auch um die Landschaft – die Schönheit der Provence, die kleinen Dörfer, die flachen Feuchtgebiete der Camargue mit den berühmten weißen Pferden und Flamingos und natürlich das Essen und den Wein. Bei einem zweitägigen Ausflug lohnt sich eine Übernachtung in der Regionalhauptstadt Nîmes. **DK**

Route Napoléon
Provence-Alpes-Côte d'Azur / Auvergne-Rhône-Alpes, Frankreich

Start Golfe-Juan, Provence-Alpes-Côte d'Azur
Ziel Grenoble, Auvergne-Rhône-Alpes
Länge 322 km
Art Kultur
Info goo.gl/Y5a5od

Die Route Napoléon ist eine Traumstraße für jeden Fahrer: schnell, mit anspruchsvollen Abschnitten und einer grandiosen Landschaft. Sie folgt der Marschroute des Kaisers nach seiner Rückkehr im März 1815 aus dem Exil auf der Insel Elba, um König Ludwig XVIII. zu stürzen. Damit begann die Herrschaft der Hundert Tage, der letzte Versuch, wieder an die Macht zu kommen, der im Juni desselben Jahres in der Schlacht von Waterloo endete.

Die Route wurde 1932 in ihrer heutigen Form eröffnet. Sie verläuft in zahllosen geschwungenen Kurven und ist mit vergoldeten Statuen des Französischen Kaiseradlers markiert. Von Golfe-Juan führt sie in östlicher Richtung entlang der Côte d'Azur nach Antibes, dann durch Grasse und Saint-Vallier-de-Thiey, wo zahlreiche alte Dolmen und bronzezeitliche Relikte zu bewundern sind.

Nördlich von Castellane wird die Straße steiler, und überquert den 1146 m hohen Col des Lèques. Von Digne-les-Bains geht es am Ufer des Flusses Bléone entlang nach Malijai, wo Napoleon eine Nacht verbrachte.

Danach erreicht man Sisteron, eine Stadt in der engen Lücke, die der Fluß Durance durch zwei Bergrücken gefressen hat. Nördlich von Gap überquert die Route den Col Bayard auf 1248 m, bevor sie durch die Städte Corps und La Mure hinunterführt und auf 500 m Höhe in Grenoble endet. **JP**

❶ Blickfang dieses kurvenreichen Abschnitts der Route Napoléon ist ein beeindruckender Felsbogen.

Bentley Blue Train Races — Von Frankreich nach England

Start Carlton Hotel, Cannes, Frankreich   **Ziel** St. James's Club, London, England   **Länge** 1378 km
Art Abenteuer   **Karte** goo.gl/jVQuCy

Bentley-Chef Woolf Barnato wettete mit anderen Gästen des Carlton Hotels in Cannes, daß er mit seiner Sportlimousine eher in seinem Londoner Club sei als der Expreßzug Train Bleu aus der französischen Riviera in Calais. Am folgenden Nachmittag im März 1930 verließ der Train Bleu Cannes und Barnato brach auf, seine Behauptung zu beweisen. Trotz eines geplatzten Reifens und heftigen Regens und obwohl er sich verfuhr und auf ein Paketschiff verladen werden musste, um den Ärmelkanal zu überqueren, erreichte der Bentley vier Minuten vor Eintreffen des Zuges in Calais sein Ziel in London.

Barnato gewann die 100-Pfund-Wette, mußte aber wegen Rasens eine hohe Geldstrafe zahlen.

2004 stellte die BBC-Sendung *Top Gear* das Rennen nach, wobei einer der drei Moderatoren einen Aston Martin DB9 fuhr, während die anderen öffentliche Verkehrsmittel nutzten. Wie erwartet gewann das Auto. Die Route ist heute noch eine schöne Fahrt zwischen der französischen Riviera und London. Barnato schaffte sie nur in 21 Stunden und 35 Minuten, indem er das Tempolimit ignorierte. Selbst auf modernen französischen Autobahnen ist es noch schwierig, den Expreß mit legaler Geschwindigkeit zu schlagen. Auf Barnatos Landstraßenroute von 1930 war es ein echtes Abenteuer. **SH**

❶ Der 1929er Speed Six Blue Train Bentley.

Col de Tende Frankreich/Italien

Start Tende, Provence-Alpes-Côte d'Azur, Frankreich   **Ziel** Limone Piemonte, Piemont, Italien   **Länge** 32 km
Art Abenteuer   **Karte** goo.gl/gpbqkC

In den europäischen Alpen gibt es zwei Arten von haarnadelkurvenreichen Bergstraßen: die asphaltierten, die beängstigend genug sein können, und die nicht asphaltierten, die einfach nur furchterregend sind. Die Schotterstraße des 1870 m hohen Col de Tende an der französisch-italienischen Grenze beschrieb der Journalist George Sala im 19. Jahrhundert als „genau die Art von Qual, die ich meinem schlimmsten Feind wünschen würde".

Der alte Paß, der von den Römern, Griechen und vor ihnen von den Phöniziern benutzt wurde, verbindet auch heute noch die Seealpen mit den Ligurischen Alpen, obwohl er seit 1882 von einem 3,18 km langen Tunnel umgangen wird, der ebenfalls eine Reise wert ist. Der im Winter geschlossene Col de Tende ist mit einer durchschnittlichen Steigung von 3 bis 4 Prozent nicht besonders steil, aber die unerbittlichen Serpentinen und die instabile Fahrbahn verleihen ihm seine Bissigkeit.

Obwohl die Straße nach und nach asphaltiert wird, war sie zum Zeitpunkt der Veröffentlichung des vorliegenden Buches noch von losem Schotter geprägt. Auf der italienischen Seite ist die Strecke etwas steiler, aber egal in welche Richtung man fährt, die 48 Haarnadelkurven, die man in nur 6 km überwindet, sorgen dafür, daß man sie nie vergißt. **BDS**

❶ Ein unwiderstehlicher Anblick für waghalsige Fahrer.

Circuit de Monaco
Monaco

Start Port Hercule
Ziel Port Hercule
Länge 3,4 km
Art Kultur
Karte goo.gl/r9TyBN

Der Verkehr ist entsetzlich, die Hotelpreise sind exorbitant und man kommt auf der kleinen Schleife kaum in den dritten Gang – aber wen kümmert's?

Dieser legendäre Formel-1-Kurs auf den gepflegten, parallel zum Yachthafen verlaufenden Straßen ist seit seinem Debüt im Jahr 1928 praktisch unverändert geblieben. Man kann seine eigene heiße Runde auf dem Parkplatz des Hafens beginnen und durch die Schwimmbadkurve fahren, bevor man rechts durch die Rascasse und Virage abbiegt. Auf der Zielgeraden fährt man über die Markierung für die Startaufstellung, dann geht es rechts bergauf vorbei an Designer-Boutiquen und um die Hypercars, die den Place du Casino übersäen, in die Grand-Hotel-Haarnadelkurve. Man wird sich fragen, wie ein sperriges F1-Auto die absurd engen Kurven bewältigen kann, während man aus dem berühmten Tunnel auftaucht und neben einer Flottille von Superyachten ins Sonnenlicht blinzelt.

Lewis Hamilton schafft den Parcours in 1 Minute und 50. Zwischen Scharen rücksichtsloser Mopedfahrer und schleichender Touristenbusse braucht man leicht fünfmal so lange. Dennoch wird man nach nur einer Runde von Monaco begeistert sein und verstehen, warum dieser Spielplatz der Milliardäre das Juwel des F1-Kalenders ist. **DIS**

➲ Der Große Preis von Monaco 2014.

Gorges de la Restonica
Korsika, Frankreich

Start Corte
Ziel Bergeries de Grotelle
Länge 16 km
Art Landschaft
Karte goo.gl/FgjVFL

Nachdem man die alte korsische Hauptstadt Corte mit der imposanten Zitadelle auf einem Fels hoch über der Stadt erkundet hat, führt diese Route die bewaldeten Ausläufer des Monte Rotondo hinauf.

Die Gorges de la Restonica ist eine der schönsten Gegenden der Insel und bei Bikern, Wanderern und Radfahrern beliebt. Der lange, kurvenreiche Aufstieg auf der D623 führt 960 m hoch durch dichte Kiefern- und Birkenwälder, die im Frühjahr zusätzlich mit rosa, weißen und grünen Blüten übersät sind. Die Straße in der Schlucht ist stellenweise schmal, mit gelegentlichen Schlaglöchern und Kurven, die mit Vorsicht zu meistern sind. Der Mangel an Leitplanken ist Fluch und Segen zugleich. Nur das eigene Urteilsvermögen verhindert einen Sturz in den Abgrund, aber ebenso behindert nichts den Ausblick. Man sollte auf jeden Fall langsam fahren.

Diese schöne, kurvenreiche Strecke kann in der Hochsaison sehr stark frequentiert sein – Gletscherlandschaften, kristallklare Seen und herrliche Panoramen machen sie zu einem beliebten Ziel für Naturliebhaber. Am Ende des Restonicatals erreicht man den großen Parkplatz von Bergeries de Grotelle. Von dort aus machen sich die meisten Wanderer auf den Weg in die Wildnis oder nehmen den kurzen Aufstieg zum Lac de Mélo, der reichlich Forellen für Angler und kühles, klares Wasser für Schwimmer bereithält. **DIS**

Calanques de Piana
Korsika, Frankreich

Start Ota
Ziel Piana
Länge 11,8 km
Art Abenteuer
Karte goo.gl/9xYsdA

Hoch über dem Golf von Porto führt die D81 von Ota nach Piana über diese korsische Balkonstraße, und bietet atemberaubende Panoramen und haarsträubendes Entsetzen in fast gleichem Maße. Diese Strecke mit langen Abschnitten steilen und staubigen einspurigen Asphalts, der sich durch zerklüftete Felsvorsprünge schlängelt, eignet sich nur für selbstbewußte Fahrer, die sich zutrauen, kilometerweit zurückzusetzen, wenn sie auf ein entgegenkommendes Fahrzeug treffen.

Wirklich erschreckend ist, daß die Calanques de Piana einst Teil der Tour de Corse war, bei der leistungsstarke Rallye-Fahrzeuge bei vollem Tempo über die Straße schossen, während nur eine schienbeinhohe Steinmauer sie daran hinderte, 400 Meter tief in das azurblaue Wasser zu stürzen.

Zweifellos lohnt sich das Risiko aber. Das Gebiet wurde von der UNESCO zum Weltnaturerbe erklärt, dank seiner außergewöhnlichen landschaftlichen Schönheit, seiner vielfältigen Ökologie und seiner einzigartigen Geologie. Der späte Nachmittag ist die schönste Zeit für einen Besuch, wenn die untergehende Sonne lange Schatten wirft und die Granitfelsen in ein tiefes, rotes Licht taucht.

Man wird es auf dieser Fahrt nicht eilig haben. Unterwegs lädt eine terrassenförmig angelegte Bar ein zu verweilen, einen Espresso zu trinken und die herrliche Aussicht zu genießen. **DIS**

Col de Vergio
Korsika, Frankreich

Start Porto
Ziel Ponte Castirla
Länge 76 km
Art Abenteuer
Karte goo.gl/MKGQLp

Der Col de Vergio (Bocca Verghju) ist der höchste Bergpaß Korsikas. Er steigt auf der 38 km langen Strecke vom Hafen von Porto mit einer maximalen Steigung von 13 Prozent und einem Durchschnitt von 4 Prozent zum 1468 m hohen Gipfel an. Der Anstieg auf der D84 hält die typischen Herausforderungen für automobile Abenteurer auf den weniger befahrenen Landstraßen Korsikas bereit, wie z.B. Felsbrocken, enge einspurige Abschnitte und einen besorgniserregenden Mangel an Leitplanken. Bei der Überquerung des Col de Vergio besteht jedoch darüber hinaus noch Gefahr durch Wildschweine, die ohne Rücksicht auf den Verkehr in der Umgebung herumstreunen und Unheil anrichten.

Die Straße verläuft kurvenreich durch den Regionalen Naturpark Korsika und ist von Lärchen, Buchen und Zwergwacholder gesäumt, bis sie die letzten Kilometer über den kargen, windgepeitschten Paß auf 1478 m Höhe führt. Der Gipfel ist von einer 9,5 m hohen Christusstatue aus rosafarbenem Granit geprägt und das Straßencafé wird in den Sommermonaten von Rennradfahrern, die diesen Paß bezwingen, gut besucht.

Der Abstieg nach Osten erfolgt langsam unter die Baumgrenze und endet im hübschen Bergdorf Ponte Castirla – ein idealer Boxenstopp für ein Mittagessen. *Civet de Sanglier* (Wildschweineintopf) ist ein beliebtes regionales Gericht. **DIS**

❶ Einer der wenigen Abschnitte der Straße mit Sicherheitsmauern: Man stelle sich das Szenario ohne sie vor.

Tour de Corse
Korsika, Frankreich

Start Vico
Ziel Bastelica
Länge 106 km
Art Kultur
Info goo.gl/ME1f86

① Ein Mercedes 350SLC donnert bei der Tour de Corse Historique 2016 über eine Landstraße.

Die 1956 erstmals ausgetragene Tour de Corse, die den Spitznamen „Tour der 10 000 Kurven" trägt, ist eine strapaziöse, früher einwöchige Tour über die französische Mittelmeerinsel. Selbst auf modernen Asphaltstraßen ist die hier beschriebene Route über die Küstenstraßen Korsikas eine anspruchsvolle, aber äußerst lohnende Autofahrt.

Armeen von Bikern und Motorsportfanatikern besuchen jedes Jahr einzelne Abschnitte der phantastischen Straßen, die auf den berüchtigten Etappen der Rallye-Weltmeisterschaft (WRC) der Insel eine Rolle spielen. Die wohl berühmteste ist das 34,2 km lange Teilstück, das von den Hügeln bei Vico bergab nach Plage di Liamone führt, einem Strand nördlich der Inselhauptstadt Ajaccio. Die Straße, die sich an die roten Klippen klammert, verläuft gefährlich schmal und kurvenreich durch eine Reihe hübscher Bergdörfer, bevor sie in die flachere Küstenebene mündet. Diese Strecke stellt die Rallyeautos auf eine harte Probe. Oft erreichen sie das Ziel mit zerfetzten Bremsbelägen und Reifen. Um weitere Höhepunkte der Tour de Corse zu erleben, fährt man nach Osten und nimmt die 26 km lange Etappe Ucciani-Bastelica in Angriff, die auf 1193 m über den spektakulären Col de Scalella führt.

Bei der Rallye-Weltmeisterschaft im April kann man sich hier anschauen, wie professionelle Fahrer diese Straßen bewältigen. **DIS**

Romantisches Belgien
Brüssel und weiter, Belgien

Start Brüssel
Ziel Durbuy
Länge 291 km
Art Landschaft
Karte goo.gl/cA0gJB

Köstliche Schokolade, unnachahmliches Bier, wunderschöne Landschaften und historische Architektur – Belgien hat auf seiner kleinen Fläche viel zu bieten. Dieser Routenvorschlag ist als zweitägige Reise angelegt.

Mit dem Flugzeug, dem Zug oder dem Auto in Brüssel angekommen, fährt man auf der E411 in die historische Stadt Namur, deren Geschichte bis ins Mittelalter zurückreicht. Sehenswert ist die Zitadelle von Namur, eine 937 erbaute Festung am Zusammenfluß der beiden Flüsse Sambre und Maas. Wer unterwegs hungrig geworden ist, sollte beim Chocolatier Galler anhalten, der die köstlichsten Süßwaren Belgiens produziert.

Von Namur geht es nach Osten an der Maas entlang nach Dinant, einer weiteren kleinen Stadt am Ufer des Flusses. Auf der riesigen Felswand, die sich über dem Stadtzentrum auftürmt, befindet sich ebenfalls eine historische Zitadelle. Die Stadt ist bekannt für ihre gotische Kirche aus dem 13. Jahrhundert, die Collégiale Notre Dame de Dinant. Noch am ersten Tag sollte man das Dorf Habaye la Neuve erreichen, wo man in alten Gebäuden wie dem Château de Pont d'Oye übernachten kann.

Am nächsten Tag geht es dann weiter nach Durbuy, wo die Versuchung groß sein könnte, die Biere der Stadt zu verkosten, die zu den besten in ganz Belgien zählen. **TW**

Durch die Ardennen
Belgien/Frankreich

Start Dinant, Namur, Belgien
Ziel Rochehaut, Luxemburg, Belgien
Länge 79 km
Art Landschaft
Karte goo.gl/AD3LqB

Im Herzen eines der am dichtesten besiedelten Teile Europas, dem Dreieck Paris-Amsterdam-Köln, liegen die Ardennen, eine weitgehend unbesiedelte Hügel- und Waldlandschaft, durch welche sich die schiffbare Maas auf ihrem Weg von Zentralfrankreich zur Nordsee ein tief eingeschnittenes Bett gegraben hat.

Wenn die Straße frei ist (und das ist sie normalerweise; sie ist gut gepflegt und schnell), kann man diese Route in unter 90 Minuten fahren, aber man sollte mindestens einen halben Tag einplanen, um die Landschaft wirklich genießen zu können.

Die Fahrt beginnt in Dinant, einer hübschen Stadt beidseits des Flusses, die von steilen Klippen umgeben ist. Von hier aus folgt die Route in südlicher Richtung der Maas flußaufwärts durch dichte Wälder bis nach Hierges, wo sich eine mittelalterliche Burg befindet, deren Bewohner im 11. Jahrhundert am Ersten Kreuzzug teilnahmen. (Sie ist nicht für Besucher geöffnet, aber von außen schon beeindruckend genug.)

Inzwischen hat die Straße völlig unmerklich die Grenze nach Frankreich überquert. In Vireux-Molhain verläßt die Route die Maas und führt in Richtung Osten zurück nach Belgien zum Ende der Reise in Rochehaut, einer traditionell landwirtschaftlich geprägten Stadt, deren Hotels und Restaurants gut für jeden Geldbeutel geeignet sind. **JP**

Ardennenoffensive
Lüttich, Belgien

Start Amerikanischer Friedhof Henri-Chapelle
Ziel Bastogne
Länge 113 km
Art Kultur
Karte goo.gl/z9za6y

① In Houffalize steht ein deutscher Panzer am Straßenrand.

Diese Route verläuft in Nord-Süd-Richtung auf der Linie der berühmten Schlacht in der Endphase des Zweiten Weltkriegs, als die Nazis versuchten, den Vormarsch der Alliierten abzuwehren.

Die Reise beginnt auf dem amerikanischen Friedhof Henri-Chapelle, auf dem 8000 US-Soldaten begraben liegen. Die nächste Station ist Spa, das den Heilquellen in aller Welt seinen Namen gab.

In La Gleize, dem Zentrum der deutschen Gegenoffensive, zeigt das Museum December 1944 einen amerikanischen Willys-Jeep und einen Panzer der Wehrmacht. Auch die romanische Steinkirche aus dem 12. Jahrhundert, die im Krieg schwer beschädigt, aber inzwischen vollständig restauriert wurde, sollte man auf keinen Fall verpassen.

Die meisten der 7000 Gräber auf dem deutschen Kriegsfriedhof von Recogne gehören zu den Opfern im Kampf um die nächste Stadt auf dem Weg, Foy, das von der 101. US-Luftwaffendivision befreit wurde. Die Ereignisse im Dezember 1944 und Januar 1945 zeigt die HBO-Serie *Band of Brothers – Wir waren wie Brüder* (2001).

Das amerikanische Kriegsdenkmal in Mardaßon hat die Form eines fünfzackigen Sterns und die Namen der damals 48 Staaten der USA sind um den äußeren Rand herum eingraviert. Am Ende der Reise in Bastogne befindet sich ein Museum, das der 101. US-Luftwaffendivision gewidmet ist. **JP**

Spa-Francorchamps
Lüttich, Belgien

Start Virage de Malmedy
Ziel Blanchimont
Länge 13 km
Art Kultur
Karte goo.gl/mdyGih

Die moderne Rennstrecke von Spa-Francorchamps, eingebettet in die malerische Region der Ardennen, ist länger als jede andere im aktuellen Formel-1-Kalender und vielleicht eine der letzten wirklich großartigen Ausdauerstrecken der Formel 1. Doch der ursprüngliche Kurs, auf dem von 1921 bis 1970 Rennen stattfanden – ein ungefähres Dreieck aus mehreren öffentlichen Straßen – stellt diese Strecke weit in den Schatten. Ihre beängstigend engen Kurven, kniffligen Schikanen und langen, schnellen Geraden forderten zahlreiche Menschenleben.

Man kann diese historischen Straßen wiederentdecken, indem man auf der N62 Route de Spa in einer langgezogenen Kurve nach Malmedy und weiter zum berüchtigten Masta Kink fährt. Diese Links-Rechts-Schikane war ein Nerventest und ist immer noch an alten Randsteinen zu erkennen, die heute einen Parkplatz am Straßenrand säumen. Eine Rechtskurve führt nach Stavelot und weiter nach Norden in Richtung Blanchimont. Der ungepflegte Abschnitt mit dem abgefahrenen Asphalt endet an der neuen Strecke und es geht weiter hinauf zur Clubhouse-Kurve.

Wenn man sich entschließt, diese historische Tour mit einer Runde auf der aktuellen GP-Strecke zu verbinden, sollte man an einem der vielen Trackdays oder den Public Driving Experiences teilnehmen, die das ganze Jahr über stattfinden. **DIS**

Lüttich–Brescia–Lüttich
Belgien und weiter

Start Lüttich, Belgien
Ziel Lüttich, Belgien
Länge 3219 km
Art Kultur
Karte goo.gl/C0dEk4

Die erste internationale Rallye für Kleinwagen fand 1958 auf dieser anspruchsvollen Strecke von Belgien nach Italien statt, zwei Jahre nach der Suezkrise, als das Interesse an Fahrzeugen mit kleinen Motoren und geringem Verbrauch groß war.

27 kleine „Bubble"-Autos starteten in Lüttich, um zu demonstrieren, daß Autos mit maximal 500 cm^3 Hubraum eine solche Strecke bewältigen können. Die Konkurrenten, darunter winzige Messerschmitts, Fiats und Citroëns, fuhren nonstop durch Deutschland, überquerten in Österreich die Alpen, bewältigten die Dolomiten im damaligen Jugoslawien und erreichten über das berüchtigte Stilfserjoch Brescia in Italien. Nach einer achtstündigen Pause kehrten sie auf demselben Weg zurück.

Die gesamte Hin- und Rückfahrt über insgesamt mehr als 3200 km dauerte in den winzigen, engen Fahrzeuge volle drei Tage und Nächte und lediglich 13 Autos erreichten das Ziel.

Seitdem haben mehrere Oldtimer-Rallyes das Rennen auf ungefähr der gleichen Marathonstrecke wiederholt, die wir hier vorstellen, weil sie für jedermann in jedem Fahrzeug geeignet ist.

Heutzutage sind die Straßen besser als 1958, die Grenzübergänge schneller und einfacher, und der knifflige jugoslawische Abschnitt liegt nun in Slowenien. Wird es aber gelingen, die Hin- und Rückreise in nur drei Tagen zu meistern? **SH**

Blumentour durch die Bollenstreek
Von Südholland nach Nordholland, Niederlande

❶ Jedes Jahr im Frühling sieht der größte Teil der westlichen Niederlande genau so aus.

Start Naaldwijk
Ziel Haarlem
Länge 72 km
Art Landschaft
Karte goo.gl/ZWol9b

Die Niederlande sind das Zentrum des weltweiten Blumenhandels und dieser kaleidoskopische Ausflug, den man am besten Mitte April unternimmt, führt durch die ausgedehnten Blumenfelder im Westen des Landes.

Vom Handelszentrum Naaldwijk, wo Blüten aus aller Welt für 5 Milliarden US-Dollar Jahresumsatz unter den Hammer kommen, geht es hinaus in die Felder, durch das Treibhausviertel. Nach einer kurzen Fahrt auf der A4, vorbei an Delft und Den Haag, gelangt man in das Hauptanbaugebiet, wo unzählige Krokusse, Narzissen, Rosen und Tulpen wachsen. In Leiden befindet sich der Hortus Botanicus, der älteste botanische Garten des Landes. Ein kleiner Hüpfer führt nach Lisse und zum Highlight der Reise, den Keukenhof-Gärten. Dieser öffentliche Garten ist geradezu überwältigend: Jedes Jahr werden sieben Millionen Zwiebeln auf dem 28 Hektar großen Gelände gepflanzt, das von einer dreiviertel Million Besuchern auf insgesamt 14 km Wegen begangen wird. Es folgen weitere farbenprächtige geometrische Landschaften (man sollte die Fenster öffnen, denn bei dieser Reise geht es neben der Aussicht auch um den Duft), bevor man Haarlem mit seinen malerischen Kanälen und Ufergebäuden erreicht. Diese Stadt trug die Hauptlast des Finanzcrashs der Tulpenblase im 17. Jahrhundert, ist aber bis heute das Zentrum des Tulpenhandels. **DK**

Oesterdam
Zeeland, Niederlande

Start Tholen
Ziel Rilland
Länge 23 km
Art Landschaft
Karte goo.gl/AGzzle

Hamaland
Niederlande/Deutschland

Start Aalten, Gelderland, Niederlande
Ziel Aalten, Gelderland, Niederlande
Länge 253 km
Art Landschaft
Info goo.gl/KTiOhp

Dies ist eine Gelegenheit, durch das Herz der Deltawerke zu fahren – ein riesiges Areal mit Dämmen, Schleusen, Kanälen und Toren, die für die Wasserbewirtschaftung der südwestlichen Region der Niederlande bestimmt sind. Die Deltawerke sind das größte Hochwasserschutzsystem der Welt und schützen ein Land, in dem mehr als ein Viertel der Landfläche unter dem Meeresspiegel liegt.

Der Bau dieses technischen Wunderwerks nahm etwa 50 Jahre in Anspruch. Man kann große Teile davon mit dem Auto erkunden und einige Schleusentore in Betrieb sehen. Besonders beeindruckend ist das Oosterschelde-Sturmflutwehr, das eine komplette Flußmündung absperren kann.

Die Route führt über den Oesterdam (Austerndamm), denn er ist die längste Anlage der Deltawerke – und man kann direkt darüber fahren. Der Damm wurde 1986 fertiggestellt und ist 11 km lang. Die Strecke verbindet die Dörfer Tholen im Norden und Rilland im Süden über die N659.

Die Fahrt über den Damm auf der langen, glatten, geraden, zweispurigen Straße ist sehr leicht zu bewältigen. Nach all den Jahren wachsen inzwischen Gras und Gestrüpp am Fahrbahnrand und auf beiden Seiten kann man das Meer sehen und weite Ausblicke auf Windkraftanlagen und Frachtkähne genießen. Wie in den Niederlanden nicht anders zu erwarten, ist die Strecke vollkommen flach. **SH**

Hamaland ist das flache Land, das sich über die Grenze zwischen Deutschland und den Niederlanden erstreckt. Seinen Namen erhielt es wahrscheinlich vom Stamm der Chamaven, die hier zur Zeit des Römischen Reiches lebten. Ihre Ländereien wurden später Teil des Reiches Karls des Großen und wurden im 9. Jahrhundet zum Herzogtum. Zu den Besitztümern der Familie gehörten große Teile der heutigen östlichen Niederlande sowie Ländereien im Münsterland. Nach dem Aussterben der Linie der Grafen von Hamaland wurde das Gebiet Teil des niederländischen Herzogtums Geldern.

Heute kann man dieses geteilte Reich auf der Hamaland-Route erkunden, einer malerischen Rundreise durch Kultur und Geschichte, die vorbei an Wasserschlössern und romantischen Burgen, über baumgesäumte Alleen und durch eine lange Reihe pittoresker Dörfer führt.

Da es sich um einen Rundkurs handelt, kann man an jeder beliebigen Stelle starten und enden und in beide Richtungen fahren, wenngleich Aalten in den Niederlanden und Ahaus in Deutschland gute Ausgangspunkte sind. Bei so viel Sehenswertem auf der Strecke sollte man nichts übereilen und vielleicht noch einen Abstecher in den Merfelder Bruch westlich von Dülmen machen, wo etwa 250 Wildpferde des Herzogs von Croÿ auf den Wiesen weiden. **SH**

Ostseeküste Schleswig-Holstein, Deutschland

Start Kiel   **Ziel** Usedom   **Länge** 599 km
Art Landschaft   **Karte** goo.gl/Fcbz8Q

Die Sandstrände, Inseln und historischen Städte des Nordens haben noch nie viele ausländische Touristen angezogen, denn um in der Ostsee zu schwimmen, muß man eine recht hohe Schmerzgrenze überwinden. Aber auf dieser Rundfahrt braucht man nicht auf den Komfort seines Autos zu verzichten.

Los geht es im Kieler Hafen, wo der verkehrsreichste Kanal der Welt in die Ostsee mündet, der Nord-Ostsee-Kanal. Die Kieler Woche Ende Juni ist eins der größten Feste Europas, aber während dieser Tage sind die meisten Straßen der Stadt für den Autoverkehr gesperrt. Von hier geht es nach Lübeck zu den Kaufmannshäusern und gotischen Kirchen im malerischen mittelalterlichen Stadtkern.

In Küstennähe hat man von der Straße aus die besten Aussichten, vor allem auf Deutschlands größte Insel Rügen. Am Ende einer Dammstraße, die mit dem Festland verbunden ist, wird man feststellen, daß dies ein Urlaubsgebiet für Norddeutsche ist. Das Meer ist flach und ruhig, daher sind die Ferienorte auf Familien ausgerichtet. Es gibt lange Sandstrände, weiße Klippen und die geschützten grünen Landschaften des Nationalparks Jasmund.

Schließlich schwenkt man zur polnischen Grenze und zur Insel Usedom, die mit historischen Kurorten aus der Zeit Kaiser Wilhelms II. übersät ist. **SH**

❶ Kreidefelsen auf Rügen.

Eifel Nordrhein-Westfalen/Rheinland-Pfalz, Deutschland

Start Aachen, Nordrhein-Westfalen   **Ziel** Mayen, Rheinland-Pfalz   **Länge** 137 km
Art Landschaft   **Karte** goo.gl/3lQit3

Nur wenige Menschen außerhalb von Rheinland-Pfalz kennen die landschaftlich reizvollen Straßen, die durch die dunklen Kiefernwälder der Eifel führen. Die meisten Besucher sind so darauf fokussiert, den legendären Nürburgring zu erreichen, der mitten in der Region liegt, daß sie vergessen, daß beim perfekten Roadtrip der Reise dieselbe Bedeutung zukommt wie der Ankunft. Diese Strecke ist ein Genuß für jeden begeisterten Auto- oder Motorradfahrer.

Die Bundesstraße 258 verläuft von Aachen aus entlang der belgischen Grenze in Richtung Monschau, bevor sie nach Osten in Richtung Blankenheim durch das atemberaubende Ahrtal führt, das für seine Rotweine bekannt ist. Von Müsch aus geht es auf den Nürburgring, wo sich die Mutigen gegen eine geringe Gebühr auf die alte Nordschleife und den neuen Grand-Prix-Kurs wagen können. Einkaufspassagen, Motorsportrestaurants und Museen bieten allerlei Abwechslung am Ring.

Von hier aus führt eine malerische, hügelige und sanft geschwungene Straße nach Mayen. Während man die Landschaft genießt, sollte man im Rückspiegel auf übereifrige Biker und rasende Sportwagen auf dem Weg zum Ring Ausschau halten und gleichzeitig auf die stationären und mobilen Radarkontrollen achten, die hier aufgestellt sind. **DIS**

❶ Kurvenreiche Straße durch die malerische Landschaft.

Route der Industriekultur
Nordrhein-Westfalen, Deutschland

Start Zeche Zollverein, Essen   **Ziel** Phoenix-See, Dortmund   **Länge** 402 km
Art Kultur   **Info** goo.gl/4eqkyb

Das Ruhrgebiet ist berühmt als Standort des industriellen Erbes Deutschlands. Die Route der Industriekultur verbindet als touristische Themenstraße die wichtigsten Industriedenkmäler – riesige Stahlwerke, Steinkohlebergwerke und Hüttenanlagen – der Region, wobei die wichtigsten Stationen mit braunen Schildern gekennzeichnet sind.

Auf der insgesamt 400 km langen Ferienstraße passiert man ehemalige Gaswerke, Kokereien und Bergbaustädte, von denen viele historische Attraktionen geworden sind. Die passioniertesten Industriearchäologen werden die gesamte Strecke abfahren wollen, aber weniger engagierte und zeitlich limitierte Besucher sollten sich an der Zeche Zollverein in Essen auf den Weg machen. Die Zeche, heute UNESCO-Weltkulturerbe, wurde 1993 stillgelegt, und die gigantischen Industriegebäude beherbergen heute verschiedene Museen, Restaurants und Cafés sowie ein Designzentrum.

Das Deutsche Bergbaumuseum in Bochum empfängt jährlich 400 000 Besucher. Eine originalgetreue Nachbildung eines Bergwerks vermittelt hier einen Eindruck des Alltags der Bergleute unter Tage. Dies ist keine Route, die man einfach so abfährt. 150 Jahre Industriegeschichte sollte man in Ruhe auf sich wirken lassen. **JI**

❶ Ein erhaltener Förderturm bei Dortmund.

Bergstraße Hessen/Baden-Württemberg, Deutschland

Start Darmstadt, Hessen   Ziel Wiesloch, Baden-Württemberg   Länge 76 km
Art Landschaft   Karte goo.gl/UmeQP4

Die Bergstraße war einst eine Handelsroute durch die Rheinauen. Heute schlängelt sich die kleine B3 zwischen Darmstadt und Wiesloch durch reizvolle Landschaften oberhalb der Rheinebene und an den Ausläufern des Odenwaldes vorbei.

Die beschauliche Nord-Süd-Strecke ist eine touristisch gekennzeichnete Route durch Weinberge, alte Marktstädte, verschlafene Dörfer und wunderschöne Obstplantagen und Wälder. Die Bergstraße – manchmal auch Strata Montana genannt – folgt dem Verlauf einer alten Römerstraße, von der in Heppenheim noch Spuren zu erkennen sind.

Zu den Höhepunkten dieser beschaulichen Fahrt gehört das prächtige Heidelberger Schloß, das die barocke Altstadt entlang des Neckars überblickt, der berühmte mittelalterliche Stadtkern und Dom in Heppenheim und das schöne 1200 Jahre alte Kloster Lorsch. Die Darmstädter Künstlerkolonie, der Heidelberger Philosophenweg und das Gerberbachviertel in Weinheim vermitteln einzigartige Einblicke in die Kultur der Region.

Die Bergstraße bietet außerdem Gelegenheit, in eine traditionelle deutsche Bauernlandschaft einzutauchen. Es lohnt sich, oft anzuhalten und die Geschäfte, Kirchen und Cafés entlang der Route zu erkunden. **SH**

❶ Der Marktplatz in Heppenheim.

A5 Frankfurt–Darmstadt
Hessen, Deutschland

Start Frankfurt Flughafen
Ziel Weiterstadt
Länge 16 km
Art Kultur
Karte goo.gl/4whTRi

Deutschland ist das einzige Land der Welt ohne Tempolimit; generell gilt: Wenn kein Tempolimit angezeigt wird, ist es erlaubt, so schnell zu fahren, wie es im Rahmen der Möglichkeiten von Fahrer und Fahrzeug liegt. Dies gilt für etwa die Hälfte der Autobahnkilometer.

Deutsche Automobilclubs haben sich dafür eingesetzt, dieses Recht aufrechtzuerhalten, und jedes Jahr kommen Menschen aus ganz Europa, um ihr Fahrkönnen und ihre Maschinen bis an ihre Grenzen zu testen.

Diese Route verläuft auf einem geraden Abschnitt der A5, die inzwischen von moderneren Autobahnen umgangen wird, aber wegen ihrer interessanten Vergangenheit für Autofahrer nach wie vor attraktiv ist.

1938 waren Mercedes und die Auto Union in eine Motorsport-Rivalität verstrickt. Bei einem Rekordversuch auf der damals gerade fertiggestellten Autobahn Frankfurt – Darmstadt wurde der 6,3-Liter-V16-Silberpfeil von Bernd Rosemeyer, Werksfahrer der Auto Union, bei 429 km/h von einer Windböe erfaßt. Der Wagen überschlug sich, Rosemeyer wurde aus dem Auto in den Wald geschleudert und war sofort tot. Heute erinnert ein Denkmal am Rastplatz Bornbruch-Ost an das tragische Ereignis und dient heutigen Geschwindigkeitsfreaks als Warnung. **DIS**

Deutsche Märchenstraße
Hessen, Deutschland

Start Hanau
Ziel Hameln
Länge 595 km
Art Kultur
Info goo.gl/C8KCOt

Die Deutsche Märchenstraße wurde 1975 ins Leben gerufen, um den Schauplätzen der gruseligen Märchen der Gebrüder Grimm Leben einzuhauchen, und diese Aufgabe erfüllt sie wunderbar. Durch Fachwerkdörfer mit schiefen Kaminen, vorbei an Schlössern mit hexenhutförmigen Türmchen und durch kilometerlange dunkle Wälder (manche mit großen bösen Wölfen!), könnte man meinen, man sei in die Seiten eines Märchenbuchs geraten.

Die Tour führt auf Autobahnen und Landstraßen durch 70 Städte und Dörfer in Hessen und Niedersachsen, beginnend in Hanau, dem Geburtsort der Brüder, und endend in Hameln, wo der Rattenfänger die Ratten vertrieb und die Kinder entführte, eine Geschichte, die auf Fakten basiert und von der Stadt brillant und tourismusfördernd erzählt wird. Zu den Höhepunkten der Märchenstraße gehören das Brüder-Grimm-Haus in Steinau, die Altstadt von Marburg und ihr Aschenputtelschloß, das Schneewittchenhaus in Bergfreiheit und die im Volksmund Dornröschenschloß genannte Sababurg im sagenumwobenen Reinhardswald.

Auf den Spuren der Grimms und der Volkserzählungen, die ihre Arbeit inspirierten, verbindet die Route Geschichte, Legende und Phantasie mit unverhohlenem Kommerz. Unterwegs begegnet man häufig Figuren aus den Märchen und in jeder Stadt stehen ein oder zwei Prinzen am Wegesrand. **DS**

Deutsche Vulkanstraße
Rheinland-Pfalz, Deutschland

Start Laacher See
Ziel Manderscheid
Länge 280 km
Art Landschaft
Info goo.gl/L4A7g9

Diese Route beginnt in der ruhigen grünen Eifel an einem vermeintlich hübschen See. Tatsächlich entdeckt man aber bald, daß es sich beim Laacher See eigentlich um den Krater eines erloschenen Vulkans handelt und man im Begriff ist, die bedrohlich klingende Vulkanstraße in Angriff zu nehmen.

Die markierte touristische Route durch die Eifel führt zu den Relikten und Stätten einer einst äußerst aktiven Vulkanlandschaft. Heute gibt es jedoch keinen Grund zur Sorge mehr, die Landschaft zeigt sich von ihrer beschaulichsten und attraktivsten Seite.

Neben den Vulkanmuseen und Besucherzentren finden sich auch andere touristische Sehenswürdigkeiten, wie etwa die große alte Benediktinerabtei in Glees, die Wallfahrtskirche aus dem 12. Jahrhundert in Arensberg und viele idyllische kleine Dörfer entlang der Strecke.

Doch das Hauptinteresse gilt natürlich den überaus zahlreichen Spuren von Lava, Magma und heftigen Eruptionen auf der gewundenen, S-förmigen Route. Zu bestaunen sind unter anderem vulkanische unterirdische Tunnel, ein Basaltsteinbruch, ein Schlackenkegel-Vulkan, der 60 m hoch sprudelnde Andernacher Geysir und der Kaltwassergeysir „wallender Born" in Wallenborn. Auch geologische Besonderheiten wie Dolinen, Bimssteinmauern, kohlensäurehaltige Quellen und heiße Stellen im Boden gibt es zu entdecken. **SH**

❶ Der Andernacher Geysir sprudelt bis zu 60 m in die Höhe, höher als jeder andere Kaltwassergeysir der Welt.

Nürburgring Nordschleife
Rheinland-Pfalz, Deutschland

Start Nürburg
Ziel Nürburg
Länge 20,8 km
Art Abenteuer
Info goo.gl/ax6ObV

Durch die dichten Kiefernwälder der Eifel schlängelt sich die berüchtigte Nordschleife, eine Strecke, die in den 1920er Jahren konzipiert wurde, um mit der Schönheit, den Herausforderungen und dem Charakter des italienischen Straßenrennens Targa Florio mithalten zu können. Formel-1-Weltmeister Jackie Stewart bezeichnete die Strecke mit mehr als 100 Kurven, großen Höhenunterschieden und feuchten Straßenbelägen in den tief bewaldeten Abschnitten als „Grüne Hölle". Hier fand der Große Preis von Deutschland statt, bis der schreckliche Unfall des österreichischen Weltmeisters Niki Lauda die Strecke 1976 aus dem Formel-1-Kalender strich.

Die hier stattfindenden Tourenwagenrennen sind bei Autoherstellern sehr beliebt, die auf dieser strapaziösen Strecke ihre sportlichsten Modelle bis an ihre absoluten Grenzen testen. Ansonsten ist die Nordschleife jedoch praktisch eine deregulierte Mautstraße, die es jedem Bürger ermöglicht, gegen eine angemessene Gebühr über das geheiligte Band aus mit Graffiti überzogenem Asphalt zu jagen. In Spitzenzeiten wimmelt es auf der Strecke von leistungsstarken Autos und Motorrädern, für Neulinge ein wahrhaft haarsträubendes Abenteuer. Die beste Art, die Strecke in relativer Sicherheit zu erleben, ist eine Fahrt mit einem der offiziellen BMW Ring-Taxis, die oft von professionellen Rennfahrern gesteuert werden. **DIS**

❶ Das 24-Stunden-Tourenwagenrennen im Mai.
➲ Luftaufnahme der Strecke in der Eifel.

Deutsche Weinstraße Rheinland-Pfalz, Deutschland

Start Schweigen-Rechtenbach   Ziel Kirzenheim   Länge 84 km
Art Kultur   Info goo.gl/WBYXLN

Die 1935 eingeweihte Deutsche Weinstraße durch die Pfalz ist die älteste Weinstraße Deutschlands. Wie der Eingang in einen Tempel zur Verehrung des Rieslings wirkt das monumentale Deutsche Weintor am Ausgangsort Schweigen-Rechtenbach an der Grenze zwischen Deutschland und Frankreich.

Durch das Tor geht es auf der B38 Richtung Norden nach Bad Bergzabern und den gelben Traubenschildern folgend weiter auf der B48. Die Route mäandert nach Eschbach über die Landstraßen und verbindet Weindörfer wie St. Martin und namhafte Weingüter wie Bassermann-Jordan in Deidesheim und Bürklin-Wolf in Wachenheim. Es gibt unterwegs viele Gelegenheiten, die schmackhaften Rieslinge zu verkosten; man muß nur auf die Schilder achten, die Weinproben und Weinverkäufe anpreisen.

Jeder Monat hat seine eigenen Attraktionen. Höhepunkte sind der März, wenn Mandelblüten die Route schmücken, und der September, wenn die Erntefeste in vollem Gange sind, wie etwa der Dürkheimer Wurstmarkt in Bad Dürkheim. Im Oktober wird neuer Wein am Straßenrand verkauft. Er wird innerhalb von zwei Tagen nach der Abfüllung getrunken und ist überraschend stark. Daher ist Vorsicht geboten, wenn man man mit dem Auto unterwegs ist. **DS**

❶ Das Tor zur Route in Schweigen-Rechtenbach.

Schwarzwaldhochstraße Baden-Württemberg, Deutschland

Start Freudenstadt   Ziel Baden-Baden   Länge 61 km
Art Landschaft   Karte goo.gl/DLb9gt

Die 1930 eröffnete Schwarzwaldhochstraße war die erste deutsche Panoramastraße und führt durch ein Gebiet von herausragender Schönheit. Die schöne, anmutig geschwungene Strecke verläuft als Teil der Bundesstraße B500 über perfekten Asphalt durch eine atemberaubende Hochgebirgslandschaft .

Von der Marktgemeinde Freudenstadt aus geht es zunächst bergauf. Die nächsten zwei Drittel der Strecke verlaufen dann relativ flach über einen hohen Granitrücken und bieten herrliche Ausblicke nach links und rechts – auch wenn man manchmal einfach nur damit beschäftigt ist, das Fahrgefühl zu genießen. Auf halber Strecke liegt der Mummelsee, ein fast kreisrunder Gletschersee, und kurz danach die Hornisgrinde, der höchste Punkt des Nordschwarzwaldes. Hier gibt es einen Parkplatz, wo man die Luft des Kiefernwaldes einatmen und bei gutem Wetter bis in die Vogesen schauen kann.

Danach ändert sich das Tempo der Straße und die Strecke windet sich steil durch dichten Wald bergab, bevor sie die berühmte Kurstadt Baden-Baden erreicht. Hier kann man sich von der Fahrt erholen und verwöhnen lassen. Die Schwarzwaldhochstraße ist sehr stark befahren, wenn man also eher das Fahrabenteuer als die Aussicht sucht, muß man früh aufstehen. **DK**

❶ Die Straße ist ganzjährig bei jedem Wetter geöffnet.

Vom Titisee nach Bad Krozingen
Baden-Württemberg, Deutschland

❶ Das schöne Tal bei Todtnau im Herzen des Schwarzwaldes.

Start Titisee-Neustadt
Ziel Bad Krozingen
Länge 64 km
Art Landschaft
Karte goo.gl/nanoZk

Dies ist die Art von Ausflug, bei dem man den Blick auf die Straße richten muß, obwohl man viel lieber die Schwarzwälder Landschaft genießen möchte. Wer zu zweit unterwegs ist, sollte daher die Möglichkeit nutzen, die kurze, aber spektakuläre Fahrt in beide Richtungen zu unternehmen und sich mit dem Fahren abzuwechseln.

Der Schwarzwald gilt mit seinen bewaldeten Berghängen, Flüssen und Seen als eine der schönsten Gegenden Deutschlands. Diese Strecke erschließt zwar nur einen kleinen Teil der Region, bereichert das Fahrabenteuer aber mit einer schnellen Abfolge zahlreicher Serpentinen.

Sie beginnt in der Stadt Titisee-Neustadt, führt am Titisee vorbei und abwechselnd durch dichten Wald und ländliches Ackerland. Ungefähr auf halber Strecke bietet die gemütliche Stadt Todtnau eine gute Gelegenheit für einen Zwischenstopp. Die Todtnauer Wasserfälle sind eine beliebte und fotogene Sehenswürdigkeit.

Von hier aus führt der Weg durch weitere Waldgebiete vorbei am ehemaligen Benediktinerkloster St. Trudpert, das ebenfalls einen Besuch wert ist.

Die Reise endet am Ufer des Flusses Neumagen in Bad Krozingen, einem schmucken Kurort, dessen weltberühmte Thermalbäder nach einem anstrengenden Tag am Steuer oder im Sattel die perfekte Erholung bieten. **MG**

Deutsche Uhrenstraße
Baden-Württemberg, Deutschland

Start Villingen-Schwenningen
Ziel Titisee
Länge 320 km
Art Kultur
Info goo.gl/fuObmo

Wenn man den Schwarzwald einmal neu erleben und dabei einige Sehenswürdigkeiten entdecken möchte, dann ist diese Themenstraße genau das richtige. Die Deutsche Uhrenstraße führt in einem langen Bogen durch den Südwesten des Landes vom Mittleren Schwarzwald bis in die Baar durch das Herz der heimischen Uhrenindustrie.

Man erfährt unterwegs viel Wissenswertes über die Geschichte der deutschen Uhrmacherei, zum Beispiel, daß die Kuckucksuhr das Symbol des Schwarzwaldes ist und daß seit mindestens 1667 in dieser Region Uhren in allen Formen und Größen hergestellt werden.

Museen und Fabriken entlang der Strecke bieten weitere Gelegenheiten, noch mehr über dieses filigrane Handwerk zu erfahren, und in zahlreichen Werkstätten und Verkaufsstellen kann man eine eigene Uhr erwerben.

In Triberg bei Schönberg befindet sich die im *Guinness-Buch der Rekorde* verzeichnete größte Kuckucksuhr der Welt. Das Uhrwerk der 15 m hohen Spezialanfertigung ist sogar begehbar.

Zwischen den einzelnen Städten führt die Strecke durch traditionelle süddeutsche Holzhausdörfer, vorbei an abgelegenen Bauernhäusern und dichten Wäldern und man wird sich wünschen, daß die Zeit langsamer vergeht, damit man alles in Ruhe genießen kann. JI

❶ Jeder Tourist sollte sich Zeit für einen Besuch im Haus der 1000 Uhren in Triberg nehmen.

Bertha Benz Memorial Route

Baden-Württemberg, Deutschland

Start Mannhein
Ziel Pforzheim
Länge 103 km
Art Kultur
Info goo.gl/TmbvJK

1888 unternahm Bertha Benz die weltweit erste Autoreise von ihrer Heimat Mannheim zum Haus ihrer Mutter in Pforzheim im Schwarzwald. Nur zwei Jahre zuvor hatte ihr Mann, der renommierte Ingenieur Karl Benz, das allererste motorisierte Automobil patentieren lassen, und Bertha sah eine Chance, die phantastische neue Erfindung zu vermarkten. Mit ihren beiden Söhnen im Schlepptau führte sie den Benz Patent-Motorwagen auf die erste Langstreckenfahrt – zuvor waren die fragilen Prototypen nur auf kurzen, kontrollierten Testfahrten unterwegs.

Der dreirädrige Wagen mit weniger als zwei PS musste unterwegs ständig gewartet und repariert werden. In Wiesloch erwarb Bertha in der Dorfapotheke Lösungsmittel als Treibstoff und in Bruchsal reparierte ein Schmied die Antriebskette. Als die Bremsklötze verschlissen waren, befestigte ein Schuster in Neulingen Lederbeläge darauf und erfand so ganz nebenbei die ersten Bremsbeläge.

Nach der dreitägigen Reise kehrten Bertha und ihre Söhne nach Mannheim zurück, wo ihr Abenteuer, wie erhofft, die Aufmerksamkeit der Medien auf sich zog und zu ersten Verkäufen führte.

2008 wurde die Bertha Benz Memorial Route offiziell eröffnet. Die mit Schildern markierte Strecke zeichnet Berthas Fernfahrt nach; eine passende und landschaftlich reizvolle Hommage an das erste Marketing-Genie von Mercedes-Benz. **DIS**

Burgenstraße

Baden-Württemberg, Deutschland

Start Mannheim
Ziel Bayreuth
Länge 344 km
Art Kultur
Karte goo.gl/kK3SkC

Deutschland ist berühmt für seine Schlösser. Mit Türmchen und Zinnen besetzt erheben sie sich prächtig aus Hügeln und Felsen und bewachen Täler und Städte, einige sind historische Adelssitze, andere Extravaganzen des 19. Jahrhunderts, die von der romantischen Bewegung inspiriert wurden.

Es gibt mehrere „Burgenstraßen", aber diese Burgenstraße im Süden Deutschlands ist mit rund 65 Burgen besonders gut ausgestattet. Die Route, die auf kleinen Autobahnen und Schnellstraßen verläuft, ist in sechs Abschnitte unterteilt, ein siebter umfaßt weitere 15 Burgen und erstreckt sich bis nach Prag in der Tschechischen Republik. Schilder mit einem Burgsymbol weisen den Weg.

Zu den Sehenswürdigkeiten gehören das Schloß Heidelberg, einst Sitz der Wittelsbacher Dynastie, heute eine riesige Ruine über der Stadt, und eine 85 km lange Strecke durch das Neckartal, auf der die Burgen dicht beisammen stehen. Zwischen Eberbach und Gundelsheim kann man in Mosbach das einmalige Fachwerkstadtzentrum besichtigen.

Bayreuth, bekannt für seine Rokoko-Architektur, Opernfestspiele, Thermen und vier Schlösser, beendet den deutschen Streckenabschnitt. Statt weiter nach Prag kann man von hier aus auch Richtung Norden nach Eisenach zur 410 m hoch gelegenen Wartburg fahren. Hier übersetzte Martin Luther 1522 das Neue Testament ins Deutsche. **DS**

Hohenzollernstraße
Baden-Württemberg, Deutschland

Start Glatt
Ziel Glatt
Länge 300 km
Art Kultur
Info goo.gl/qoFD8I

Mit Wurzeln, die bis ins 11. Jahrhundert zurückreichen, war das Haus Hohenzollern eine bedeutende Dynastie in diesem Teil Deutschlands. Im Laufe seiner langen Geschichte hatte es immer eine Vorliebe für den Bau von Festungsanlagen. Der Familiensitz, die Burg Hohenzollern, ist nur eines der historischen Schlösser und anderen Sehenswürdigkeiten, die auf dieser Rundfahrt durch die herrliche Landschaft Baden-Württembergs zu sehen sind. In Baden-Württemberg liegt der Schwarzwald, und hier entspringt auch die Donau.

Start und Ziel dieser beliebten Themenstraße ist das Dorf Glatt, wo die Tour mit einem Besuch des Schlosses Glatt beginnt, das aus dem 13. Jahrhundert stammt und eines der wenigen noch erhaltenen Wasserschlösser in Deutschland ist. Die Route führt von dort nach Osten durch Ackerland und Waldgebiete nach Haigerloch. Sehenswert sind hier die mittelalterlichen Häuser, die Kirche aus dem 18. Jahrhundert und das Atomkeller-Museum, Standort des berüchtigten Forschungsreaktors aus dem Zweiten Weltkrieg.

Weiter östlich befindet sich die Burg Hohenzollern, die um das Jahr 1000 gegründet wurde, und die ebenfalls sehr interessante Stadt Hechingen in ihrem Schatten, für die sich eine längere Pause lohnt. Geschichtsliebhaber können diese Strecke immer wieder aufs Neue entdecken. **MG**

❶ Die Burg Hohenzollern erhebt sich über dem Morgennebel, der die Stadt Hechingen umhüllt.

Motorradstraße „Pan Germania"
Berlin und weiter, Deutschland

❶ Harley-Davidsons bei der jährlichen Parade 2016 durch die Hamburger Innenstadt.

Start Berlin
Ziel Berlin
Länge 9978 km
Art Abenteuer
Info goo.gl/Ackrao

Deutschland ist ein ideales Land für jeden Motorradfahrer – die Straßen sind geschwungen und fließend, die Landschaft ist abwechslungsreich und wunderschön. Diese komplexe und, seien wir ehrlich, extrem lange Strecke – erdacht von der deutschen Tourismusbranche – besteht im wesentlichen aus den besten Motorradstraßen, die es in Deutschland gibt. Es ist für jeden etwas dabei – Bergtouren in den Bayerischen Alpen, malerische Täler, die Nordseeküste, das Moselweinbaugebiet, so ziemlich jede historische Stadt und natürlich viele berühmte Sehenswürdigkeiten rund ums Motorrad: Rennstrecken, Motorradmuseen, Werkshallen sowie eine umfangreiche Auswahl an bikerfreundlichen Einkehr- und Übernachtungsmöglichkeiten.

Diese Route führt als Komplettpaket für Biker fast durch ganz Deutschland, eine beachtliche Strecke. Für diejenigen, die nicht die gesamte Tour in Angriff nehmen möchten, ist die Pan Germania in mundgerechte Stücke aufgeteilt, jede mit einer eigenen detaillierten Routenkarte. Höhepunkte sind die Bergtouren von Freiburg zum Schauinsland und durch den Kyffhäuser, das BMW Museum in München, das Motorradmuseum in Ibbenbüren und die historische Rennstrecke Schottenring, eine der ältesten und bekanntesten Motorrad-Grand-Prix-Strecken Deutschlands, die einst Austragungsort der Weltmeisterschaften war. **DK**

Von Bad Schandau nach Hohnstein
Sachsen-Anhalt, Deutschland

Start Bad Schandau
Ziel Hohnstein
Länge 14,5 km
Art Abenteuer
Karte goo.gl/L6FDbr

Sachsen ist nicht nur durchtränkt von seiner Geschichte, die in die Zeit der Römer und weit darüber hinaus zurückreicht, sondern auch ein außergewöhnlich schöner Teil Deutschlands. Diese Fahrt beginnt am Elbufer und führt durch kurvenreiche Abschnitte und knifflige Serpentinen hoch hinauf in die Sächsische Schweiz und das Elbsandsteingebirge. Vor allem auf den letzten Kilometern müssen die Fahrer auf Nummer Sicher gehen.

Die Tour beginnt in der beliebten Kurstadt Bad Schandau. Langsam läßt sie die Gebäude hinter sich und die Landschaft wird immer schöner, je weiter die Straße durch dichten Wald führt, der einst einen großen Teil Europas bedeckte, am Lachsbach entlang, einem der wichtigsten Nebenflüsse der Elbe. Im hübschen kleinen Dorf Porschdorf nimmt man statt des schnellsten Weges nach Hohnstein Richtung Norden die Abzweigung nach Westen, die etwas länger, aber viel aufregender ist. Nach einigen geraden Abschitten durch Ackerland und ländliche Gemeinden führt eine Rechtskurve in ein Waldgebiet, bevor es in die historische Stadt Hohnstein geht, deren berühmte Burg die Landschaft prägt.

Das aus dem Jahr 1200 stammende Gebäude erlebte eine wechselvolle Geschichte als Gefängnis, Konzentrationslager und schließlich Jugendherberge. Heute dient es als Familienferienstätte und als Unterkunft für Kinder- und Jugendreisen. **MG**

❶ Die traditionellen Fachwerkhäuser im Dorf Bad Schandau sind typisch für die Region.

Straße der Romanik
Sachsen-Anhalt, Deutschland

❶ Diese Kirche in Quedlinburg sollte man sich nicht entgehen lassen.

Start Magdeburg
Ziel Hecklingen
Länge 1200 km
Art Kultur
Info goo.gl/KDw8qo

Im 11. Jahrhundert florierte Deutschland. Der Handel boomte, Städte expandierten und Kirche und Adel gaben Gebäude in nie dagewesenem Ausmaß in Auftrag. Die Romanik war mit ihren monumentalen Mauern, Rundbögen und Gewölben der dominierende Baustil. Erst im 13. Jahrhundert setzte sich die Gotik durch.

Auf einer großen achtförmigen Schleife durch Sachsen-Anhalt weist die Straße der Romanik im Osten Deutschlands 80 sehenswerte Gebäude aus. Sie beginnt in Magdeburg, Standort des ersten gotischen Doms Deutschlands, erbaut an der Stelle des romanischen Vorgängerbaus.

Von hier aus führt die Route durch unberührte Natur, vorbei an Schlössern, Kathedralen und hübschen Dorfkirchen. Sehenswert sind die spätromanischen Wandmalereien in der Thomaskirche in Pretzien und die Stephanikirche, ein Kleinod im Fachwerkstädtchen Osterwieck. Das wahre Juwel der romanischen Krone ist jedoch die Stiftskirche St. Servatius in Quedlinburg. Die Krypta der Kirche verfügt über Kreuzgewölbe, Gräber, reich verzierte Kapitelle und Wandmalereien.

Als Abwechslung zur mittelalterlichen Architektur bietet sich der 55 km lange Harzweg bei Quedlinburg an, der durch bewaldete Hügel und eine Reihe von verschlafenen Dörfern führt und zu Höhlenbesichtigungen und Wanderungen einlädt. **DS**

Deutsche Alpenstraße
Bayern, Deutschland

Start Lindau, Bodensee
Ziel Schönau, Königssee
Länge 451 km
Art Landschaft
Info goo.gl/f9cM3B

Von der Riviera-Atmosphäre der Lindauer Promenadenrestaurants bis zum klassischen Panorama des Königssees führt diese lange West-Ost-Reise durch Deutschlands schönste Alpenlandschaften.

Die Route verbindet den herrlichen Bodensee, das Herrgottsschnitzerdorf Oberammergau und die traumhaften Märchenschlösser Neuschwanstein und Hohenschwangau. Man überquert in 106 Kurven den Oberjochpaß, entdeckt die beliebten Inseln des Chiemsees und erreicht schließlich die berühmte Berchtesgadener Landschaft. Entlang der Route gibt es rund 25 Burgen, Schlösser und Klöster.

Aber die schönste aller Sehenswürdigkeiten ist vielleicht auch ein einfaches Bauerndorf, umgeben von saftig grünen Weiden in einem tiefen Tal zwischen schneebedeckten Bergen oder ein kleiner glitzernder See, umgeben von dunklen Wäldern.

Wohlhabende Reisende wußten Ausflüge durch die Berge südlich von München bereits vor mehr als 100 Jahren zu schätzen, doch die asphaltierte Strecke zwischen Konstanz und Königssee wurde erst 1960 fertiggestellt. Heute ist sie sehr gut ausgeschildert, kartiert und mit allen notwendigen Einrichtungen ausgestattet, vom Parkplatz bis zum Gästehaus. Lokale Unternehmen vermieten deutsche Oldtimer, in denen man die Strecke besonders stilvoll fahren kann, darunter Modelle wie Mercedes SL Pagoda oder Porsche 911 und 356 Speedster. **SH**

❶ Ein typischer Abschnitt der Deutschen Alpenstraße mit dem Hohen Göll im Hintergrund.

Roßfeld-Panoramastraße
Deutschland/Österreich

Start Unterau, Deutschland
Ziel Roßfeld-Panoramastraße, Deutschland
Länge 13 km
Art Landschaft
Karte goo.gl/UinhvO

Die Ende der 1930er Jahre von den Nazis erbaute Straße war ursprünglich als Teilstück der Alpenstraße gedacht, einer durchgehenden Panoramastraße durch die Bayerischen Alpen zwischen Oberau und Königssee. Die Verbindung wurde nie wie geplant realisiert, teils wegen des Ausbruchs des Zweiten Weltkriegs, teils weil ein Teil der Straße durch österreichisches Gebiet führt. Letzteres war zwar kein Problem für Adolf Hitler, der Österreich im Anschluß von 1938 in das nationalsozialistische Deutsche Reich eingliederte, doch nach dem Krieg nahmen die Nationen ihre eigene Identität wieder an. Obwohl es heute keine Grenzkontrollen mehr gibt und die Durchfahrt in beide Richtungen uneingeschränkt ist, verweisen touristische Karten oft auf alternative Strecken. Die komplette Route passiert die Grenze; kürzere Varianten bleiben innerhalb Deutschlands. Da die Straße nirgendwohin führt, lehnten die Österreicher die Verantwortung für ihre Instandhaltung ab, und so wird sie von der deutschen Regierung mit Geldern aus der Kfz-Maut unterhalten. Diese Tour führt mit einer durchschnittlichen Steigung von 13 Prozent bis zum Ende der Straße und passiert auf 1500 Metern den höchsten Punkt aller Straßen in Deutschland. Die Purtschellerstraße zurück nach Berchtesgaden ist mit bis zu 24 Prozent noch steiler. **JP**

↪ Roßfeld-Panoramastraße im Winter.

Romantische Straße
Bayern, Deutschland

Start Würzburg
Ziel Füssen
Länge 370 km
Art Kultur
Info goo.gl/ZI8UYH

Lose dem Verlauf alter Handelswege und Römerstraßen folgend, wurde die Romantische Straße nach dem Zweiten Weltkrieg in Deutschland gebaut, um die Infrastruktur wieder aufzubauen und den Tourismus zu fördern. Sie wurde 1950 mit einem Schwerpunkt auf Natur, Kultur und Gastfreundschaft eröffnet und ist heute die beliebteste der zahlreichen Themenstraßen des Landes.

Von der Würzburger Residenz aus dem 18. Jahrhundert, Deutschlands prunkvollstem Barockschloß, führt die Route durch das Taubertal zum mittelalterlichen Kleinod Rothenburg ob der Tauber mit seinen zahlreichen Fachwerkhäusern und dem Glockenturm, der atemberaubende Ausblicke garantiert. Der kleine Ort Nördlingen liegt in einem alten Vulkankrater und ist von Stadtmauern umgeben. Die Straße führt dann durch Augsburg, die drittälteste Stadt Deutschlands, und durch den Pfaffenwinkel, dessen Rokoko-Meisterwerk, die Wallfahrtskirche zum Gegeißelten Heiland auf der Wies sehenswert ist. Die Romantische Straße endet in Füssen, im Schatten der Bayerischen Alpen, nur einen Steinwurf von der österreichischen Grenze entfernt. Ein Abstecher führt nach Neuschwanstein, dem Märchenschloß König Ludwigs II.

Die Romantische Straße ist gut ausgeschildert, aber ein unbeabsichtigter Umweg wird hier kaum Anlaß zur Sorge geben. **BDS**

Straße zum Kehlsteinhaus
Bayern, Deutschland

Das Bergrestaurant mit den Alpen im Hintergrund.

Start Berchtesgaden
Ziel Kehlsteinhaus
Länge 12 km
Art Kultur
Karte goo.gl/L27vnP

Adolf Hitlers Kehlsteinhaus, sein Rückzugsort in den Bergen, liegt auf einem 1834 m hohen Nebengipfel des 2522 m hohen Berges Hoher Göll.

Es ist schwierig, die Erwartungshaltung zu beschreiben, die einen auf dieser kurzen Fahrt auf der schönen Salzbergstraße begleitet. Der Lern- und Erinnerungsort Dokumentation Obersalzberg verbindet die Ortsgeschichte mit der Geschichte des Nationalsozialismus. Von hier aus steigt die Straße in nur 6,4 km auf 792 m an; die tückisch steile letzte Etappe muß mit einem Shuttle-Bus bewältigt werden, der alle 25 Minuten verkehrt. Die Zufahrt zum Kehlsteinhaus umfaßt mehrere Kehren und fünf Tunnel, die alle in nur 13 Monaten aus solidem Fels gesprengt wurden.

Man weiß, was einen am Ende der Straße erwartet, denn deshalb ist man schließlich hier. Man kennt die schreckliche Geschichte und die Bedeutung des Hauses und man kennt die Person, für die es als Geschenk zum 50. Geburtstag gebaut wurde. Es ist es ein seltsames Erlebnis, in dem als gepflegtes, holzvertäfeltes Restaurant eingerichteten Gebäude an dem Ort Kaffee zu trinken, an dem Hitler, Himmler, Goebbels und andere ihre Bankette abhielten. Doch von den Terrassen, auf Augenhöhe mit den Alpen, sind die weiten Ausblicke über die zerklüfteten Gipfel Deutschlands und Hitlers Heimat Österreichs unbestreitbar schön. **BDS**

Rund um den Genfer See
Schweiz/Frankreich

Start Genf, Schweiz
Ziel Genf, Schweiz
Länge 186 km
Art Landschaft
Karte goo.gl/PjVOjZ

Die ruhigen, glatten Straßen rund um den Genfer See führen durch steile Weinberge, üppiges grünes Ackerland und malerische mittelalterliche Dörfer. Es ist eine der attraktivsten Rundfahrten Europas, die zum gemütlichen Bummeln und Bewundern der Landschaft einlädt. Und entlang der gesamten Strecke bietet der See eine ständig funkelnde Kulisse, aus der sich immer wieder Berge erheben.

Dann ist da noch Genf, die wunderschöne, wohlhabende Stadt mit Blick auf den Mont Blanc, und ihr Wahrzeichen, der Jet d'Eau, dessen 137 m hohe Wasserfontäne aus dem See schießt.

Am Südufer gelangt man nach Frankreich und erlebt stilvolle Kurorte wie Évian-les-Bains und alte Uferdörfer wie Yvoire. Außerdem fährt man durch die winzigen Terrassen des Weinbaugebietes Lavaux, die im 12. Jahrhundert von Mönchen in die steilen Hänge gehauen wurden und heute zum UNESCO-Weltkulturerbe gehören.

Am östlichen Ende des Sees führt die Straße am märchenhaften Schloß Chillon vorbei, das auf einer Insel im See liegt und die Touristenattraktion Nummer eins der Schweiz ist. In der Nähe befindet sich das musikalische Montreux, wo man die Statue von Freddie Mercury am Wasser und ein eigenes Museum über die Band Queen finden kann. Hier sahen Deep Purple 1972 ein Feuer über dem See und nahmen davon inspiriert „Smoke on the Water" auf. **SH**

❶ Die Ufer des Sees bei Montreux sind ein fruchtbares Weinbaugebiet.

Straße von Hongrin
Waadt, Schweiz

Der Lac de l'Hongrin ist ein Ort der Ruhe am Rande einer aufregenden Straße.

Start Aigle
Ziel Lac de l'Hongrin
Länge 35 km
Art Abenteuer
Karte goo.gl/53b8OC

Der Lac de l'Hongrin, ein Stausee im Kanton Waadt nördlich des Genfer Sees, reicht zwar visuell nicht an Schweizer Alpenseen wie den Thunersee oder den Oeschinensee heran, doch die adrenalingeschwängerte Straße rund um das südliche und östliche Ufer läßt eventuelle ästhetische Mängel vergessen.

Von der Stadt Aigle aus führt diese Asphaltstraße, kaum breit genug für zwei Autos, durch Weinberge und Ackerland, bevor sie zum See ansteigt. Ein Highlight ist die Fahrt durch den (mit Ausnahme einiger Ausschnitte, durch die natürliches Licht hineingelangt) unbeleuchteten, aber außerordentlichen einspurigen Tunnel de la Sarse, auch Agites Tunnel genannt, der zwischen 1938 und 1940 gebaut wurde und nach einem strengen Fahrplan funktioniert. Durchfahrtszeiten auf Schildern an beiden Endpunkten sollen Kollisionen im Tunnel vermeiden.

Die Straße führt hinauf nach Les Agites, einem Bergpaß auf 1569 m Höhe mit einigen gravierenden Steigungen, darunter ein 12,8 km langer Abschnitt mit einer Steigung von 9 Prozent, und einige kurze Anstiege mit nervenaufreibenden 20 Prozent. Die im Winter gesperrte Straße führt durch eine militärische Zone, den Petit Hongrin, und ist nur am Wochenende für den zivilen Verkehr geöffnet. Bei einer solch anspruchsvollen Bergtour mag der Gedanke, durch ein Schießübungsgelände zu fahren, allerdings kaum noch beängstigend erscheinen. **BDS**

Col du Pillon
Waadt, Schweiz

Start Aigle
Ziel Les Diablerets
Länge 28 km
Art Abenteuer
Info goo.gl/qvKwKL

Der Col du Pillon ist ein eng gewundener Paß von der Stadt Aigle durch die Westschweizer Alpen. Trotz rasch aufeinanderfolgender Serpentinen, während der Paß um Le Sépey an Höhe gewinnt, ist die Route 11 eine unbeschwerte, spannende Strecke mit gut gepflegtem Straßenbelag, und es gibt viele Gelegenheiten, die herrlichen Alpentäler zu betrachten, die sich zu beiden Seiten erstrecken.

Je höher man gelangt, desto beeindruckender wird die Aussicht. Der Endpunkt, das Weihnachtskartendorf Les Diablerets, liegt in den Ausläufern des gleichnamigen Gebirgsmassivs, einer 10 km langen Gipfelkette mit ganzjähriger Schneedecke. Im Herzen des Massivs befindet sich 10 Autominuten hinter Les Diablerets der Tsanfleurongletscher (mit der Seilbahn von der Paßhöhe des Col du Pillon zu erreichen). Er ist Teil des Skigebiets Glacier 3000, ein Winterort mit Blick auf Matterhorn, Eiger und Mont Blanc sowie verschiedenen Attraktionen wie eine Alpen-Achterbahn und eine erstaunliche 107 m hohe Hängebrücke zwischen zwei Gipfeln.

In Les Diablerets kann man auf dem Paß umkehren oder weitere 21 km zum opulenten Wintersportort Gstaad fahren. Eine weitere Möglichkeit ist die Rückkehr nach Aigle über den weniger befahrenen, bis Ende Mai geschlossenen Col de la Croix, der über mehrere kleine Landstraßen an abgelegenen Bauernhöfen und idyllischen Dörfern vorbeiführt. **DS**

❶ Der Viadukt, der die Straße über ein Tal in der Nähe des Dorfes Le Sépey führt.

Panoramastraße Oberaar
Bern, Schweiz

Start Murmeltierpark Grimselpaß
Ziel Berghaus Oberaar
Länge 5,6 km
Art Landschaft
Karte goo.gl/TzpLJS

Diese kurze und außergewöhnliche Straße bringt Auto- und Motorradfahrer mitten ins Herz der Schweizer Alpen. Los geht es auf 2303 m Höhe in der Nähe des Grimselpasses, der das Haslital im Berner Oberland mit Goms im Kanton Wallis verbindet. Von dort windet sich die steile Straße weitere 185 m nach oben. Die Steigung beträgt durchschnittlich 3,4 Prozent, und zu beiden Seiten geht es steil in die Tiefe. Zur Rechten befindet sich der Grimselsee – ein Speichersee für ein Wasserkraftwerk, und zur Linken sieht man den imposanten Gipfel des 2764 m hohen Sidelhorns.

Am Ende der Fahrt liegt am Oberaarsee das Hotel und Restaurant Berghaus, von dem Wanderwege zum Oberaargletscher führen. Die Staumauer des Oberaarsees wurde 1953 fertiggestellt. Nach der Staumauer fließt der Oberaarbach aus dem See und mündet wenig später in den Grimselsee.

Die Panoramastraße vom Grimselpaß zum Oberaarsee ist nur im Sommer geöffnet. Sie ist so schmal, daß sie zum größten Teil nur in eine Richtung befahrbar ist: vom Grimselpaß zum Berghaus Oberaar während der ersten 10 Minuten einer Stunde, vom Hotel zurück zum Paß zwischen halb und zwanzig vor. Ein Ampelsystem regelt den Verkehr dementsprechend. **JP**

➲ Eine breite Stelle der Panoramastraße Oberaar.

Chluse-Paßstraße
Bern, Schweiz

Start Kandersteg
Ziel Gasteretal
Länge 6,4 km
Art Abenteuer
Karte goo.gl/GMHxOQ

Diese Paßstraße ist atemberaubend eindrucksvoll. Ende des 19. Jahrhunderts wurde sie in die Chluse, eine enge, ins Gasteretal führende Schlucht im Berner Oberland, gesprengt. Über die Jahrzehnte blieb sie unverändert, so daß sie sich noch heute als schmale Straße mit vielen Kurven am blanken Fels entlangschlängelt.

Die Schlucht entstand durch den Fluß Kander unweit des heutigen Skisportzentrums Kandersteg im Schweizer Kanton Bern. Die Straße ist asphaltiert, jedoch – für die Schweiz unüblich – in einem nicht sehr guten Zustand. Sie ist mit Steinchen und Geröll bedeckt, das von den Wänden der Schlucht herabgefallen ist. Man sollte gut auf Gegenverkehr achten. Mauern und Brüstungen sind seitliche Schutzvorrichtungen, begrenzen aber auch den Platz zum Ausweichen.

An manchen Passagen ragt die Schlucht über die Straße. Weil es hier feucht und dunkel ist, und weil man zudem durch einige unbeleuchtete Tunnel fährt, sollte man, wie in der ganzen Schweiz üblich, auch am Tag immer mit Licht fahren.

In einem Land, das für seine Effizienz bekannt ist, ist diese Paßstraße ein wunderbarer Rückblick in die Vergangenheit. Sie ist nicht sehr gefährlich, erfordert aber dennoch Konzentration und behutsames Gasgeben. Und wenngleich sie nicht sehr lang ist, sollte man doch genug Zeit einplanen. **JI**

Grimselpaß
Bern/Wallis, Schweiz

Start Meiringen, Bern
Ziel Gletsch, Kanton Wallis
Länge 39 km
Art Abenteuer
Karte goo.gl/cDNB95

Einer der höchsten Gebirgspässe der Alpen, der Grimselpaß auf 2164 m, entstand 1894. Er folgt einem alten Saumpfad in den Berner Alpen und verbindet das Berner Oberland mit der Po-Ebene. Auch im Sommer kann es hier ab und zu schneien, und im Winter leisten die Schneepflüge Schwerstarbeit, da man die Straße als einzige wirkliche Verbindung zwischen den Kantonen Wallis und Bern möglichst lange befahrbar halten möchte.

Die zwischen den 1920er bis 1950er Jahren entstandenen Wasserkraftwerke entlang der Strecke würden das Augenmerk auf sich lenken, befänden sie sich an einem anderen Standort. Aber hier, in dieser faszinierend schönen Landschaft, gehen sie eher ein wenig unter. Zahlreiche Haltebuchten erlauben die Betrachtung des Bergpanoramas, ohne den Verkehr zu gefährden.

Startend in Meiringen, erreicht man zunächst Handegg, wo sich die höchste Standseilbahn Europas befindet, bevor sich die Straße mit unzähligen Serpentinen zum Gipfel windet. Vom Hotel Alpenröesli führt eine Straße zum Speicher Oberaarsee. Von hier hat man einen grandiosen Blick auf den Grimselpaß und den idyllischen Totensee. Nach weiteren zahlreichen Haarnadelkurven kommt man ans Ziel: Gletsch im oberen Rhonetal. **BDS**

➲ Die Grimselpaßstraße schlängelt sich den Berg hinauf.

Sustenpaß Bern/Uri, Schweiz

Start Innertkirchen, Bern   **Ziel** Wassen, Uri   **Länge** 43 km
Art Landschaft   **Karte** goo.gl/ludVqi

Bei seiner Eröffnung im Jahr 1945 galt der Sustenpaß als ein modernes Wunderwerk, als eine der besten Straßen seiner Zeit. Er war extra für den Motorverkehr neu angelegt worden und war kein Ausbau eines bereits vorhandenen Saumpfades.

Touristen reisen gezielt an, um über Susten am Fuße des Gotthard im Reusstal ins Haslital im Berner Oberland zu fahren und dabei die 26 Brücken und Tunnel zu passieren.

Die Paßstraße ist allerdings insofern nicht besonders zweckmäßig, als sie keine Hauptrouten oder Städte miteinander verbindet. Sie wird vor allem von Menschen genutzt, die sich an den herrlichen Ausblicken erfreuen. Dies bedeutet, daß die Straße bei den Behörden keinen hohen Stellenwert hat und im Winter auf der Liste der Schneeräumarbeiten ganz unten steht. Daher ist der Sustenpaß zwischen November und Juni häufig geschlossen; zu anderen Zeiten zieht er reichlich Motorradfahrer an, die die engen Kurven und herausfordernden Bergabpassagen voll auskosten.

Die Ausblicke sind phantastisch, besonders über den Steingletscher. Kurz vor dem Gipfel auf 2260 m Höhe durchfährt man einen Tunnel. Hier sollte man zweimal anhalten, um das Panorama auf jeder Seite zu genießen. **SH**

❶ Der Sustenpaß im Sommer.

Nufenenpaß Wallis/Tessin, Schweiz

Start Ulrichen, Wallis **Ziel** Airolo, Tessin **Länge** 38 km
Art Abenteuer **Karte** goo.gl/RJbGtk

Wer über den Nufenenpaß fährt, begibt sich auf die zweithöchste asphaltierte Bergstraße der Schweiz. Bei dem Anstieg auf letztendlich 2478 m wiegen die einfachen Abschnitte zu Beginn den Besucher zunächst in Sicherheit – die anspruchsvollen Etappen warten weiter oben am Berg. Doch das grandiose Schweizer Bergpanorama ist der Lohn für alle kühnen Motorrad- und Autofahrer.

Die Fahrt beginnt in der Ortschaft Ulrichen, wo man sich bereits auf 1346 m Höhe befindet. Von hier fährt man mit einigen Spitzkehren zum Aufwärmen in südlicher Richtung in einen dunklen Kiefernwald hinein. Sobald sich die Bäume lichten, sieht man zur Linken mit dem Finsteraarhorn den höchsten Gipfel der Berner Alpen. Mit einer Höhe von 4274 m ist er einer der bekanntesten Gipfel der Schweiz.

Da die Steigung so zurückhaltend erfolgt, realisiert man kaum, wie hoch man bereits ist. Allerdings ist zu spüren, daß die Luft dünner wird. Oben auf dem Paß lädt ein Restaurant zur Rast ein. Bei einem warmen Getränk genießt man den Blick über den Griesgletscher und die spitzen, schneebedeckten Gipfel. Die Abfahrt bietet eine ebenso eindrucksvolle Landschaft, ist aber erheblich schwieriger zu fahren. Die Route endet schließlich in dem malerischen Dorf Airolo. **MG**

❶ Der Nufenenpaß ist eine ruhig-romantische Straße.

Furkapaß – *Goldfinger*-Verfolgungsjagd Wallis, Schweiz

Start Gletsch **Ziel** Furkapaß **Länge** 10 km
Art Kultur **Karte** goo.gl/jKPv5K

Der Furkapaß ist mit 2431 m einer der höchsten Pässe der Schweiz. In der Ortschaft Gletsch im oberen Rhonetal zweigt die Straße scharf ab. Nach einigen engen Kehren mäandert sie in langen Kurven durch das Tal. Der Belag befindet sich, wie in der Schweiz üblich, in einem tadellosen Zustand. Nach einer Reihe eindrucksvoller Serpentinen erreicht man das historische Hotel Belvédère, einen beliebten Ausgangspunkt für Wanderungen zum Rhonegletscher. Doch leider ist dieser nicht mehr so imposant wie zu Auric Goldfingers Zeiten.

Als der Film *Goldfinger* 1964 in die Kinos kam, erlebten die Zuschauer eine Verfolgungsjagd der Superlative: ein Aston Martin DB5, das damals begehrteste Auto der Welt, mit James Bond am Steuer (gespielt von Sean Connery) heizte über eine der schönsten Gebirgsstraßen Europas. Ihm folgte in einem cremeweißen Ford Mustang Tilly Masterson (Tania Mallet). Das Wettrennen fand ein abruptes Ende, als 007 mit seinem raffiniert technisch aufgerüsteten Aston einen Reifen des Fords zum Platzen brachte. Das war wirklich schade! Nicht nur, weil die spannende Verfolgungsjagd nun vorüber war – sondern weil die Zuschauer so nicht mehr sehen konnten, welch' grandioses Panorama sich hinter der nächsten Kurve verbarg. **BDS**

❶ Der Furkapaß ist einer der höchsten Schweizer Straßenpässe.

Großer St. Bernhard Schweiz/Italien

Start Martigny, Wallis, Schweiz   Ziel Aosta, Italien   Länge 82 km
Art Landschaft   Karte goo.gl/602aY4

Der Große St. Bernhard ist die dritthöchste Paßstraße der Schweiz und der älteste Paß der Alpen. Schon Julius Caesar und Napoleon Bonaparte nutzten diese Route, um Gallien und Italien zu erobern.

Auf dem Gipfel in 2469 m Höhe und nur wenige Meter von der Grenze zu Italien entfernt, befindet sich das Hospice du Grand-Saint-Bernard. Diese Herberge bietet Reisenden seit über 1000 Jahren Unterkunft und Verpflegung.

An diesem Ort wurden traditionell Bernhardiner gezüchtet und ausgebildet, um im Tiefschnee verschüttete Personen aufzuspüren. Daß sie Fässer mit Alkohol am Hals trugen, ist vermutlich ein Gerücht.

Dies ist ein großartiger Roadtrip, der sowohl fahrerisches Können verlangt als auch mit herrlichen Ausblicken aufwartet: Haarnadelkurven, steile Anstiege, Wasserfälle, Kühe mit bimmelnden Glocken, die Rhone tief im Tal sowie ein Bergpanorama, so weit das Auge reicht.

Auf der gut ausgebauten, an den Abgründen gesicherten Straße fährt es sich leicht; aber in der Dämmerung und unter widrigen Umständen sollte man Vorsicht walten lassen. Der See am Gipfel ist an 265 Tagen im Jahr zugefroren, und auf der Straße, die von November bis Juni geschlossen ist, kann der Schnee bis zu 10 m hoch liegen. **SH**

❶ Blick vom Großen St. Bernhard.

Simplonpaß Schweiz/Italien

Start Brig, Wallis, Schweiz   **Ziel** Domodossola, Piedmont, Italien   **Länge** 79 km
Art Landschaft   **Info** goo.gl/4yc697

Für etwas zögerlichere Auto- und Motorradfahrer ist diese Route eine ideale Möglichkeit, eine wunderschöne europäische Paßstraße zu befahren. Sie ist so breit und problemlos zu meistern, daß man fast von einer „Gebirgs-Autobahn" sprechen könnte.

Das ist zwar etwas übertrieben – die Straße ist meist zweispurig, nur selten dreispurig –, aber Steigung und Gefälle betragen nie mehr als 9 Prozent und die Kurven sind selbst für Lkw gut zu bewältigen. Nur bei extremem Wetter gibt es Sperrungen.

Dieser einfach zu befahrende Alpenpaß belohnt mit fabelhaften Ausblicken. Der Paß erreicht eine Höhe von 2005 m Höhe und windet sich durch fünf Gipfel hindurch, die bis zu 4500 m hoch sind.

Die Originalroute war ein von Napoleon Bonapartes Konstrukteuren erstellter befestigter Weg. Auf ihm gelangte vor mehr als 200 Jahren die Artillerie nach Italien. In den 1950er Jahren entschied die Schweizer Regierung, den Paß mit teuren Lawinenschutzvorrichtungen und Tunneln in eine ganzjährig zu befahrende Straße zu verwandeln. Heute nutzen jährlich rund 100 000 schwere Lkw die Straße.

Wem der Simplonpaß zu leicht ist, kann ein paar Abstecher fahren, zum Beispiel Richtung Zwischbergen. Hier zweigt der Weg südwärts in ein idyllisch abgelegenes Tal ab. **SH**

❶ Die lange und schöne Simplonpaßstraße.

The Italian Job – Charlie staubt Millionen ab Schweiz/Italien

Start Großer St. Bernard, Wallis, Schweiz **Ziel** Colle del Nivolet, Piedmont, Italien **Länge** 406 km
Art Kultur **Karte** goo.gl/O0moqx

Es heißt, in dem Originalfilm *The Italian Job* aus dem Jahr 1969 sähe man die eindrucksvollste Verfolgungsjagd aller Zeiten. Und für die meisten Fans dieser britischen Kriminalkomödie sind – noch vor Michael Caine und Nöel Coward – die drei klassischen Mini Cooper die wahren Stars auf der Leinwand, patriotisch lackiert in Rot, Weiß und Blau.

Auf dieser Route kann man die Verfolgungsjagd in annähernd chronologischer Reihenfolge nachfahren. Los geht es mit dem Vorspann, in dem ein Lamborghini Miura zu „On Days Like These" von Matt Monro über den Großen St. Bernhard rast.

Kurze Abstecher nach Westen und Süden führen an jene Stellen, wo die Mafia-Gefolgsleute den Miura von der Straße drängen (verfolgt zudem von Caines Konvoi, bestehend aus seinem Aston Martin und einigen Jaguars). Dann erreicht man den Weg nach Turin, wo die Minis auftauchen.

Einigen Filmsequenzen in Turin spürt man besser zu Fuß nach: etwa jener, in der es die Treppen der Kirche Gran Madre di Dio hinab und durch die Einkaufsgalerien Subalpina und San Federico geht. Nach der Besichtigung der ehemaligen Teststrecke auf dem Dach des Fiat-Werks Lingotto fährt man zurück in die Alpen. Für die Straße zum Colle del Nivolet sollte man eine Quincy Jones-CD einpacken. **DIS**

❶ Im Film war ein Lamborghini Miura das Gefährt.

Axenstraße
Schwyz/Uri, Schweiz

Start Brunnen, Schwyz
Ziel Flüelen, Uri
Länge 14 km
Art Abenteuer
Karte goo.gl/78X1G4

Die direkt in die steilen Felswände am Ostufer des Vierwaldstättersees gebaute Axenstraße verbindet die Schweizer Hauptstraße 2 und die Autobahn A4. Rund 600 m hoch ist das Gestein am besonders eindrucksvollen Abschnitt zwischen Flüelen und Sisikon am Seeufer. Die usprüngliche Axenstraße entstand 1860, um am Urnersee (dem unteren Teil des Vierwaldstättersees) nicht mehr auf das Schiff angewiesen zu sein. Sie wurde stetig ausgebaut und in Tunnel verlegt, während die alte Straße großteils Fußgängern und Radfahrern zur Verfügung steht.

Der scheinbar endlose, sanftkurvige Straßenverlauf wirkt beinahe schon hypnotisch. Die Axenstraße ist von unzähligen aufeinanderfolgenden Tunneln und Felsüberhängen gekennzeichnet. Steinschlaggalerien erlauben Fensterblicke auf das strahlend blaue Wasser. Für eine optimale Sicht auf den See fährt man am besten von Nord nach Süd. So gelangt man auch einfacher zu den Haltebuchten und den kleinen Straßen, die zu Hotels und Gaststätten am Seeufer hinabführen.

Als Teil der Europastraße 41 erfüllt die Axenstraße heute noch denselben Zweck wie damals: Man umfährt den Vierwaldstättersee auf unvergleichlich atemberaubende Art und Weise. **BDS**

◓ Galeriefenster der Axenstraße mit Blick auf den See.

Klausenpaß
Glarus, Schweiz

Start Linthal
Ziel Klausenpaß
Länge 23 km
Art Kultur
Info goo.gl/6M3Jq1

Durch das seit 1955 bestehende Verbot von öffentlichen Rundstreckenrennen werden die Worte „Schweiz" und „Geschwindigkeit" nur selten in einem Atemzug genannt. Zwischen 1922 und 1934 fand auf dem Klausenpaß allerdings das Klausenrennen statt. Dieses Bergrennen galt mit seinen 136 Kurven (inklusive 35 sehr engen Spitzkehren) und einem riskant unbeleuchteten Tunnel als Europas härteste Probe für Fahrer und Fahrzeuge.

An das legendäre Klausenrennen erinnern Motorsportfreunde mit auf den Boden aufgemalten Start- und Ziellinien, wobei sich erstere unweit der Ortschaft Linthal am Fuße des Passes befindet. Während man auf dem glatten Asphalt dahingleitet, fällt der Blick durch die Windschutzscheibe stets auf die spektakuläre Bergstraße. Den heute stillgelegten Tunnel umfahrend, gelangt man zu der ersten Serie von Serpentinen. Anschließend erreicht man das Hochtal Urner Boden – eine Gerade, vorbei an Kiefern und Almwiesen, auf der die Fahrer einst bis zu 258 km/h schnell waren.

Nach erneuten Spitzkehren ist man schließlich auf 1947 m Höhe angelangt und uberquert die gelbe Ziellinie. Voller Zufriedenheit und Respekt für die Leistungen der Vorkriegs-Rennfahrer genießt man nun einen wunderbaren Blick über das Tal und sieht hinab auf die Straße, die sich wie ein grauer Schnürsenkel den Berg hinaufschlängelt. **DIS**

Gotthardpaß Tessin/Uri, Schweiz

Start Airolo, Tessin **Ziel** Andermatt, Uri **Länge** 27 km
Art Abenteuer   **Karte** goo.gl/QJtbMz

Der 2091 m hohe Gotthardpaß hat alles, was man von einem perfekten Gebirgspaß erwartet: die Gotthardstraße ist breit, schnell und bietet ein phantastisches Panorama. Sie erfordert aber auch fahrerisches Geschick und verlangt den Bremsen allerhand ab. Dank der Eröffnung des Gotthard-Straßentunnels 1980 ist sie weniger befahren als andere kurvenreiche Bergstraßen, kann aber dennoch vor allem im Sommer gut ausgelastet sein. Es gibt einige uneinsehbare Stellen ebenso wie Abschnitte, an denen Wohnmobile und Sonntagsfahrer problemlos zu überholen sind.

Nachdem man die vielen Serpentinen nördlich von Airolo hinter sich gelassen hat, erreicht man eine 5 km lange, flache, gepflasterte Passage, die zum Gipfel und zum Nationalen St. Gotthard-Museum führt, das die Geschichte der Paßstraße erzählt.

Von hier aus fährt man abwärts Richtung Andermatt. Die Strecke wartet mit allen Facetten einer fulminanten Straße auf: Spitzkehren, Geraden und langgezogenen Kurven. Im Dunkeln oder bei Nebel macht das Fahren keine Freude, aber das Erblicken der Teufelsbrücke ist Lohn für die Strapazen. Der britische Maler J. M. W. Turner verewigte dieses technische Meisterwerk 1802 bei einem Besuch in den Alpen in einem Gemälde. **BDS**

❶ Schwungvoll über den Gotthardpaß.

Lago del Sambuco und Lago del Narèt Tessin, Schweiz

Start Locarno   Ziel Lago del Narèt   Länge 61 km
Art Abenteuer   Karte goo.gl/CGtU69

Diese herrliche Tour in die Lepontinischen Alpen beginnt in Locarno am Schweizer Ende des Lago Maggiore und führt hinauf in die Berge. Dabei passiert man das Val Sambuco und einige zauberhafte Seen. Höher und höher geht es nach oben, bis man schließlich auf 2310 m den Lago del Narèt erreicht. Man sollte ein souveräner Fahrer sein und ein gutes Gespür für diese Höhenlage haben. Die Straße entstand als gelegentlich genutzter Zufahrtsweg zum Wasserkraftwerk im Tal und ist nicht für ein großes Verkehrsaufkommen ausgelegt.

Diese Route führt durch eine ganz besondere Gegend, deren friedliche Ruhe nur ab und an von einem vorbeifahrenden Auto oder dem Rauschen des Wasserfalls unterbrochen wird. Vielleicht stellt sich eine Bergziege vehement in den Weg. Der Schnee bleibt bis spät im Jahr liegen, so daß die weißen Berge besonders malerisch aussehen.

Hinter dem Lago del Sambuco windet sich die Straße geradezu anmutig durch das von einem Gletscher geschaffene Tal. Man ist von schneebedeckten Gipfeln umgeben, bevor man den Lago del Narèt und somit im wahrsten Sinne des Wortes den Endpunkt dieses Ausflugs erreicht. Denn hier geht es nicht weiter. Man muß umdrehen und genießt die Bergstraße auf dem Rückweg ein zweites Mal. **DK**

❶ Der Lago del Narèt in den Lepontinischen Alpen.

Flüelapaß
Graubünden, Schweiz

● Zum steilen Anstieg des Flüelapasses gehören 19 enge Haarnadelkurven.

Start Davos
Ziel Susch
Länge 27 km
Art Landschaft
Karte goo.gl/FTFyr2

Natürlich könnte man sich auch dafür entscheiden, per Autozug durch den Vereinatunnel zu fahren. Dieser ist ganzjährig passierbar und führt geradewegs unter dem Flüelapaß im Kanton Graubünden hindurch. Im Handumdrehen wäre man in Susch und könnte die Autobahn nutzen. Aber warum sollte man dies tun?

Der Eisenbahntunnel wurde für jene Menschen konzipiert, die lieber rasch ankommen anstatt genußvoll zu reisen. Wer faszinierend schöne Straßen bevorzugt, sollte auf den Autozug verzichten.

Die vorgeschlagene Route ist eine der eindrucksvollsten Asphaltstraßen der Ostschweiz. Auf dem Weg zum Gipfel muß man 37 Kehren bewältigen, davon 19 enge Haarnadelkurven. Oben angekommen, befindet man sich auf 2383 m Höhe.

Der Weg dorthin ist nicht einfach: Es gilt anspruchsvolle Steigungen in scharfen Kurven zu bewältigen. Zudem besteht wie häufig in den Alpen Lawinengefahr. Wegen Schnee oder Steinschlag ist die Straße im Winter oft gesperrt. Vor der Abfahrt sollte man die Wettervorhersage beachten.

Aber wenn man durch die herrliche Landschaft gleitet, vorbei am Davosersee und umgeben von sonnenbeschienenen Berghängen, das bewaldete Tal zu Füßen, weiß man ganz genau, warum man sich für diese Strecke und nicht für die Tunnelvariante entschieden hat. **SH**

Ofenpaß
Graubünden, Schweiz

Start Zernez
Ziel Val Müstair
Länge 35 km
Art Landschaft
Karte goo.gl/jSOiuf

Der Ofenpaß, rätoromanisch auch Passo del Forno genannt, erhielt seinen Namen von den Schmelzen des Mittelalters, die Eisenerze aus den Bergwerken der Region verarbeiteten. Wer das Auto verläßt und etwas in die Landschaft hineinwandert, kann heute noch Zeugnisse jener Zeit sehen.

Die Route verläuft auf der Hauptstraße 28 und führt durch den Schweizerischen Nationalpark. Man startet in Zernez, wo man im Nationalparkzentrum interessante Details über Flora, Fauna und Geschichte des Parks erfahren kann, bevor man aufbricht.

Die Paßstraße durchquert dunkle Nadelwälder und windet sich auf 2149 m Höhe. Oberhalb der Baumgrenze öffnet sich eine zerklüftete Landschaft mit grauen, weißen und rost-roten Felsformationen. Am Horizont sieht man bewaldete Hänge sowie noch höhere Gipfel – ein zu jeder Jahreszeit eindrucksvolles Bergpanorama! Normalerweise ist der Ofenpaß ganzjährig befahrbar; nur bei extremen Winterbedingungen wird er gesperrt.

Das malerische Val Müstair ist Teil des UNESCO-Biosphärenreservats. Es wird vom Rom durchflossen, der später in die Etsch mündet. Der letzte Abschnitt dieser Route erfreut ambitionierte Fahrer mit einigen reizvollen Kurven – wenngleich sich die legendären und wirklich herausfordernden Pässe Umbrail und Stelvio noch etwas weiter südlich befinden. **MG**

❶ Durch den guten Straßenzustand kann man das herrliche Alpenpanorama besonders unbeschwert genießen.

San-Bernardino-Paß
Graubünden/Tessin, Schweiz

❶ Auf dem San-Bernardino-Paß passiert man mehrere idyllisch gelegene Bergseen.

Start Hinterrhein, Graubünden
Ziel Arbedo-Castione, Tessin
Länge 54 km
Art Landschaft
Info goo.gl/xASw4k

Zwar fährt man hier auf einem Gebirgspaß durch die Alpen – aber man befindet sich in der Schweiz, und somit ist der Zustand der Straße hervorragend. Sie stellt eine malerische, langsamere Alternative zum 6,6 km langen San-Bernardino-Tunnel dar.

Während die meisten Autos durch den Berg fahren, führt die Paßstraße an mehreren Burgruinen vorbei hinauf in eine karge, tundraähnliche Landschaft mit Seen und einem einst durch Gletscher geschliffenen Felssattel.

Der gepflegte Asphalt der Hauptstraße 13 ist zwar glatt, aber der Paß befindet sich nach wie vor 2066 m über dem Meeresspiegel. Die Straße ist daher nur im Sommer geöffnet, und auch nur dann, wenn kein Schnee liegt.

Der San-Bernadino-Paß zählt zu den ruhigeren, idylischen Alpenpässen. Es ist eine jener Strecken, auf denen man plötzlich einer Gruppe Oldtimer- oder Motorradfahrer begegnen kann, die sich ebenso begeistert an dem Panorama erfreuen.

Bei der Auffahrt muß man einige anspruchsvolle Kurven bewältigen, aber die Steigung ist mit maximal 9 Prozent relativ gemäßigt. Bei aller Konzentration bleibt genug Zeit, die Landschaft zu genießen. Manchmal ist die Straße angenehm breit und die Kurven überraschend sanft, aber man sollte sich nicht täuschen lassen: plötzlich kann sie wieder mit engen Serpentinen aufwarten. **SH**

Oberalppaß
Graubünden/Uri, Schweiz

Start Andermatt, Graubünden
Ziel Disentis, Uri
Länge 32 km
Art Abenteuer
Karte goo.gl/KLRmo2

Der Oberalppaß auf 2044 m hat keine spektakulären Steigungen, und er liegt auch nicht so weit oben wie berühmtere Pässe der Schweiz, aber da man schneller fahren kann, wenn die Steigung nicht so extrem ist, und man in einer niedrigeren Höhenlage wunderbar zu den Bergen hinaufschauen kann, hat diese Paßstraße durchaus ihre Vorteile.

Von Andermatt aus ist man in kürzester Zeit mit einer Reihe von Haarnadelkurven konfrontiert. Auf dem Weg zum Gipfel folgt man mehr oder weniger der Furka-Oberalp-Schmalspurbahn. Wenn diese in einem Tunnel verschwindet, bleibt dem Autofahrer die wunderbare Aussicht erhalten. Der Blick schweift über weite Alpentäler bis zum 2431 m hohen Furkapaß. Auf der Paßhöhe lädt das Gasthaus Piz Calmot am Ufer des Oberalpsees zum Verweilen ein. Etwas südlich sieht man den Tomasee, der als Rheinquelle gilt. Hier befindet sich auch der weltweit am höchsten gelegene Leuchtturm. Das Original dieses Nachbaus steht in Rotterdam.

Nach dem Gipfel geht es erneut mit unzähligen Spitzkehren die Straße entlang, bis man den Skiort Disentis erreicht. Nun kann man den gleichen Weg zurück nehmen oder rechts abbiegen und über den berühmten Gotthardpaß nach Andermatt fahren. So kombiniert man mehrere Pässe in einer Tour. Diese ist leicht an einem Tag zu bewältigen, wird aber noch lange im Gedächtnis bleiben. **BDS**

❶ Lange, breite Kurven statt steiler Anstiege – hier ist man etwas schneller unterwegs.

Albulapaß
Graubünden, Schweiz

Start Thusis
Ziel La Punt-Chamues
Länge 53 km
Art Abenteuer
Karte goo.gl/Kot8wn

Dieser relativ wenig bekannte Paß führt von der Gemeinde Thusis südwärts über die Berge hinein ins Engadin und endet bei La Punt. Er vereint in harter Kombination enge Streckenpassagen, extreme Steigungen, einen unsicheren Straßenbelag, lockere Wegkanten, uneinsehbare Spitzkehren und verwirrende Ortsbezeichnungen.

Wie bei vielen Alpenrouten findet man auch hier unterschiedliche Schreibweisen und Aussprachen. So heißt der Paß auf Italienisch Passo dell'Albula und im Oberengadin Pass da l'Alvra. Wie auch immer man diese Straße nennen möchte, sie windet sich bis auf 2315 m Höhe und befindet sich zwischen den eindrucksvollen, schneebedeckten Gipfeln des Piz Calderas und des Älplihorns in der Ostschweiz. Der größte Teil der Straße verläuft parallel zu einer Bahnstrecke. Diese verschwindet jedoch kurz nach Preda in einem Tunnel und umgeht so den höchsten Part des Passes.

Obwohl der Paß im Winter geschlossen ist, ist er keinesfalls menschenleer. Abenteuerlustige Einheimische fahren mit dem Zug bis Preda und rodeln dann die Straße hinab nach Bergun. Im Sommer erwarten einen auf der Paßhöhe ein Hotel, ein Café und ein Laden. Vor allem Touristen legen hier gerne einen Stopp ein, um auf der Sonnenterrasse die herrliche Rundumsicht auf die schneebedeckten Berge zu genießen. **SH**

Splügenpaß
Schweiz/Italien

Start Splügen, Graubünden, Schweiz
Ziel Chiavenna, Lombardei, Italien
Länge 124 km
Art Abenteuer
Info goo.gl/o1txfS

Der Splügenpaß auf 2115 m Höhe verbindet das Alpental Valle Spluga in der italienischen Provinz Sondrio mit dem Tal des Hinterrheins in der Schweiz. Er befindet sich an der Grenze zwischen den Lepontinischen und den Rätischen Alpen, wo auch die Rhein/Po-Wasserscheide liegt. Zuerst hatten die Römer diese Route entdeckt; im Mittelalter war sie ein bedeutender Saumpfad. In den 1820er Jahren bauten die Herrscher des Königreichs Lombardo-Venetien den Weg zu einer Straße aus. Die Schriftstellerin Mary Shelley, zu deren bekanntesten Werken *Frankenstein* zählt, bereiste 1840 den Paß und sprach danach von der „wunderbarsten Straße".

Mit seinen berühmt-berüchtigten Spitzkehren mit einer Steigung von durchschnittlich 8 Prozent erfordert dieser Paß viel Konzentration. Die Lawinengalerie war eine der ersten (1824) der Alpen.

Von der Schweizer Seite kommend, folgt den Spitzkehren eine phantastische, schnell zu fahrende 30 km lange Abfahrt bis nach Chiavenna am Ufer der Mera. Durch den Bau des San-Bernardino-Tunnels 1967 wurde der Splügenpaß zu einer Touristenroute. Und das Automagazin *Top Gear* kürte ihn 2007 zu einer der besten Autostraßen in Europa. Auch Motorradfreunde haben den Paß inzwischen lieben gelernt, so daß man ihn im Sommer kaum für sich alleine hat. Und im Winter ist er wegen Schnee leider gesperrt. **BDS**

Arlbergpaß
Vorarlberg/Tirol, Österreich

Start Bludenz, Vorarlberg
Ziel Strengen, Tirol
Länge 61 km
Art Landschaft
Karte goo.gl/ZzeAsV

Die Arlbergstraße war lange Zeit eine wichtige Verbindung zwischen Bludenz (Vorarlberg) südlich des Bodensees unweit der Grenze zwischen Deutschland, der Schweiz und Österreich und Innsbruck (Tirol). Natürlich existiert die Route noch heute; wer aber nicht ganz so viel Zeit mitgebracht hat, um über den 1793 m hohen Arlbergpaß zu fahren, kann den 1978 erbauten Arlbergtunnel nutzen.

Der Tunnel ist zweifellos eine technische Meisterleistung – aber er ermöglicht in keinster Weise, wenn überhaupt, solch grandiose Ausblicke wie die Paßstraße. Wer daher das Alpenpanorama in seiner ganzen Schönheit (und noch dazu mautfrei) genießen möchte, auf den wartet nach wie vor die alte Straße über den Arlberg. Der Paß befindet sich in einem hervorragenden Zustand und ist auch bei Motorradfahrern sehr beliebt. Auf ihm passiert man den Ferienort St. Anton, und dem Fluß Rosanna folgend erreicht man schließlich Strengen in Tirol.

Der Arlberg war bereits im 14. Jahrhundert ein fahrbarer Weg, der vor allem von Salzhändlern genutzt wurde. Heute ist die Paßstraße die Landesstraße B197 und ermöglicht immer noch eine eindrucksvolle Arlbergüberquerung. Entlang der Strecke befinden sich exzellente Hotels und gute Restaurants, die im Sommer von Wanderern und im Winter von den zahlreichen Wintersporttouristen der Region aufgesucht werden. **BDS**

❶ Der Arlberg liegt in einer bekannten Wintersportregion und bietet herrliches Alpenpanorama.

Flexenpaß
Vorarlberg, Österreich

① Die massiv gebaute Flexengalerie schützt die Straße bei Lawinenabgängen.

Start Warth
Ziel Stuben
Länge 17 km
Art Abenteuer
Karte goo.gl/tTRdWB

Tief in den österreichischen Westalpen, geradewegs nördlich von Tirols berühmtesten Gipfeln, existiert eine kleine, weniger bekannte Straße, die mitten durch die Berge führt. Der Flexenpaß in Vorarlberg verläuft von Nord nach Süd und erreicht eine Höhe von 1793 m. Die Paßstraße ist eine asphaltierte Version des alten Saumpfades aus dem 14. Jahrhundert, der sich von den Wäldern des Lechtals steil bergauf über den Gipfel des Gebirges schlängelte. 1895 begann man mit dem Bau der neuen Flexenstraße.

Im Winter nutzen zahlreiche Wintersportler den Paß, um zu ihren Abfahrten zu gelangen. Und im Sommer sind es vor allem Motorradfahrer und Besitzer schneller Autos, die diese schmale, kurvenreiche Straße voll auskosten möchten. Ein atemberaubend schönes Bergpanorama erwartet sie hinter jeder Kehre. Zahlreiche Cafés und Gasthäuser in Lech und Zürs laden zu Pausen ein. Hier kann man bei einer kleinen Erfrischung den Blick über die schneebedeckten Berge schweifen lassen, während sich der Motor ein wenig abkühlt.

Zum Schutz vor Lawinen gibt es die Flexengalerie, durch die man wie durch einen Tunnel hindurchfährt. Seit zehn Jahren wird sie instand gesetzt. Dort, wo sie einspurig ist, regelt ein Ampelsystem den Verkehr. Wessen Abenteuerlust mit diesem Paß noch nicht gestillt ist, dem sei der Arlbergpaß bei Stuben empfohlen. **SH**

Silvretta-Hochalpenstraße
Vorarlberg/Tirol, Österreich

Start Partenen, Vorarlberg
Ziel Galtür, Tirol
Länge 26 km
Art Abenteuer
Karte goo.gl/2zmpdS

Die Silvretta-Hochalpenstraße ist eine der beliebtesten Gebirgsstraßen in Europa und durchquert mit den österreichischen Zentralen Ostalpen eine Region, in der sich rund 70 Gipfel von mindestens 3000 m Höhe befinden. In den 1920er Jahren erkannte das Unternehmen Voralberger Illwerke das Potential dieser Gegend zur Energiegewinnung und schuf jene Infrastruktur, die heute dort zu sehen ist: Speicherseen, Staudämme, Wasserkraftwerke und Stromleitungen.

Sobald man Partenen verlassen hat, windet sich die Straße den Berg hinauf, vorbei an fruchtbaren Feldern und tiefen Wäldern. Oberhalb der Baumgrenze liegt im Talende des Montafon der Vermunt-Stausee. Von hier geht es weiter bis zur Bielerhöhe (2034 m). Dort lohnt ein Stopp, um den grandiosen Anblick des 3312 m hohen Piz Buin an der Grenze zwischen Österreich und der Schweiz sowie der phantastischen Gipfel rund um den 2 km langen Silvretta-Stausee genießen zu können. Wer im Winter mit der Seilbahn (die Straße ist ab November gesperrt) hierher kommt, findet einen zugefrorenen See vor, auf dem man perfekt eislaufen kann.

Nach der Bielerhöhe folgt die Straße dem Vermuntbach hinab ins Paznauntal und passiert auf ihrem Weg mehrere Tunnel. Seit ihrer Eröffnung 1954 ermöglicht die Silvretta-Hochalpenstraße einen wunderbaren Zugang ins Montafon. **BDS**

Hahntennjoch
Tirol, Österreich

Start Elmen
Ziel Imst
Länge 30 km
Art Landschaft
Karte goo.gl/sTMMVD

Mit 1884 m Höhe ist der Gebirgspaß Hahntennjoch, der Elmen im Lechtal mit Imst am Inn verbindet, zwar nicht so hoch wie andere Paßstraßen in den Alpen, aber er ist hoch genug. Die umliegenden Gipfel sind phantastisch anzusehen, und der Belag gleicht dem einer Landebahn. So verwundert es nicht, daß er sich vor allem bei Motorradfreunden aus aller Welt größter Beliebtheit erfreut.

Der Anstieg beginnt in Elmen am Ufer des Lech, einem Zufluß der Donau. Sofort sieht man sich einer Reihe von 180-Grad-Kurve gegenüber, doch dann öffnet sich die Straße und verläuft entlang eines breites Tales. Dies ist zwar eine Tiroler Route in relativ niedriger Höhenlage, dennoch sollte man auf Steine oder Schlamm auf der Straße gefaßt sein; Steinschläge können das ganze Jahr über eine Gefahr darstellen.

Jenseits des Passes ist die Landschaft etwas einsamer. Hier erwartet den Fahrer eine aufregende Abfahrt hinab in die historische Kleinstadt Imst. Eine Aneinanderreihung breiter, geschwungener Kurven prägt den Streckenabschnitt, der direkt in den Fels gehauen ist, gefolgt von 20 rechtwinkligen Kurven auf einer Passage von nicht weniger als 3 km. Dieser fulminante Abschluß einer attraktiven Route stellt nicht nur die Nerven des Wagenlenkers auf die Probe, sondern auch die Bremsen seines Fahrzeugs. **BDS**

Staller Sattel Österreich/Italien

Start St. Jakob in Defereggen, Tirol, Österreich **Ziel** Arbusti, Südtirol, Italien **Länge** 23 km
Art Landschaft   **Karte** goo.gl/QtGlG1

Einspurige Straßen mit langsam schaltenden Ampelsystemen sind nicht gerade das, was wir von einem phantatischen Roadtrip erwarten – aber in der Realität gibt es kaum schönere Routen als den Gebirgspaß Staller Sattel in den Ostalpen.

Auf der Paßhöhe sehen wir die wohl am einsamsten und idyllischsten gelegene Ampel der Welt. Sie tut dort ihren Dienst, da die Straße auf der italienischen Seite des Berges besonders eng und kurvig ist – so eng, daß es zu gefährlich ist, an einem anderen Fahrzeug vorbeizufahren. Daher gestaltete man die Straße einspurig, und Autos und Motorräder können nun abwechselnd bergauf oder bergab diesen Paßabschnitt befahren.

Wer diese Route zum Vergnügen bereist, nähert sich dem Paß am besten von der österreichischen Seite. Mit der Ampelregelung wird der Verkehr immer nur für eine viertel Stunde in die jeweilige Richtung freigegeben. Von der 1. bis zur 15. Minute ist die Fahrt von Österreich Richtung Südtirol, von der 30. bis zur 45. Minute einer jeden Stunde hingegen nach Österreich möglich. Wer warten muß, genießt den Blick über das Antholztal in Südtirol mit dem Obersee und den Villgratner Bergen.

Der Staller Sattel ist von Mai bis Oktober und nur zwischen 5.30 Uhr und 22.15 Uhr geöffnet. **TW**

❶ Das Defereggental in Tirol.

Fernpaß Tirol, Österreich

Start Lermoos, Lechtaler Alpen **Ziel** Wiesenmühle **Länge** 23 km
Art Landschaft **Karte** goo.gl/pWev6p

Wer eine relativ schnell und leicht zu befahrende Route in die wunderschönen Tiroler Alpen sucht, dem sei der Fernpaß empfohlen. Die Fernpaßstraße ist gut ausgebaut und asphaltiert und windet sich zwischen Deutschland und Österreich durch die malerische Bergwelt.

Sie beginnt bei Lermoos unweit der über allem thronenden Zugspitze. Der erste Abschnitt kann vor allem im Sommer voller Reisebusse, Wohnwagen und Lkw sein. In Kombination mit engen Spitzkehren sind hier starke Nerven und vor allem Geduld gefragt.

Der Fernpaß selbst erreicht 1200 m. Von der Paßhöhe bietet sich ein wunderbarer Blick auf die Zugspitze und den Blindsee, den größten See in dieser Region.

Nun führt die Straße in weichen und meist ungefährlichen Kurven bergab. Es gibt eine Einbahnregelung, aber bei wenig Verkehr genießt man Kehre um Kehre. Im Winter kann das Verkehrsaufkommen höher sein, da der Fernpaß zu zahlreichen Wintersportorten in den Alpen führt.

Die Fernpaßstraße kann man entweder lieben oder hassen. Sie bringt einen direkt in das Herz der österreichischen Alpen – aber oft muß man die Straße mit vielen anderen teilen. **JI**

❶ Der von den Tiroler Alpen eingerahmte Blindsee.

Kaunertaler Gletscherstraße Tirol, Österreich

Start Feichten im Kaunertal
Ziel Weisseeferner
Länge 27 km
Art Landschaft
Karte goo.gl/OzftQU

Diese eher wenig bekannte Straße in Tirol unweit der Grenze zu Italien beginnt auf 1273 m Höhe und erreicht nach relativ kurzer Zeit nach 29 Kehren eine Höhe von 2750 m. Der Ausgangspunkt Feichten im Kaunertal ist beispielsweise von Innsbruck oder München leicht erreichbar.

In den oberen Höhenlagen ist permanent eine Eisdecke vorhanden, aber die Straße ist das ganze Jahr über passierbar: im Juni, Juli und August von 7.00 Uhr bis 19.30 Uhr, in den anderen Monaten von 7.00 Uhr bis 17.00 Uhr. Auch bei schönstem Wetter ist die Straße eine Herausforderung, aber das Panorama ist aller Mühe wert. Zusätzlich zu den herrlichen Bergen sind der Gepatschspeicher (ein in den 1960er Jahren geschaffener Stausee bei Prutz) sowie die einmalig schönen Wildblumenwiesen im Frühling und Frühsommer zwei von vielen weiteren Attraktionen, die diese Route so reizvoll machen.

Die Straße endet beim Weisseeferner am Kaunertaler Gletscher, von wo eine Seilbahn auf 3108 m Höhe führt. Dort oben hat man einen grandiosen Blick über drei Länder: Österreich, Italien und die Schweiz. Zwischen September und Juni ist die Region von unzähligen Skifahrern und Snowboardern bevölkert. Es gibt Anfängerpisten, zum Beispiel am Falginjoch, und eine schwarze Piste von der Karlesspitze zur Ochsenalm, die durch einen 140 m langen beleuchteten Tunnel führt. **JP**

Zillertaler Höhenstraße Tirol, Österreich

Start Strass im Zillertal
Ziel Hippach
Länge 27 km
Art Landschaft
Info goo.gl/RgFj7D

Die in den 1960er Jahren erbaute Zillertaler Höhenstraße war einst den Bergbauern ein Zugang zu ihren Almwiesen, bevor diese kurze Route durch das malerische Zillertal mautpflichtig für den öffentlichen Verkehr geöffnet wurde. Die Höhenstraße beginnt an den Ufern des Inn und verläuft im Tal der Ziller, einem Nebenfluß, fast bis zu deren Quelle am Hauptkamm der Zillertaler Alpen. Zur Südseite geht es nun wieder hinab.

Der Ausgangspunkt Strass im Zillertal ist ein hübscher Urlaubsort in der Nähe von Zell am Ziller und Haltepunkt der Zillertalbahn, die als Schmalspurbahn Jenbach mit Mayrhofen verbindet. Die Szenerie entlang des Tals ist schlichtweg atemberaubend, und so ist es auch auf dem höchsten Punkt der Strecke. Dort hat man mit 2020 m Höhe weitere 1500 m vom Start aus gesehen erklommen.

Nachdem man den Blick auf die Berge genossen hat, fährt man weiter durch die Ortschaften Ried, Kaltenbach und Aschau und gelangt in jene Gemeinde, die die schönste Sicht auf das Bergpanorama verspricht – Hippach. Im Frühling und Sommer gibt es hier unzählige Wildblumenwiesen, im Winter ist der Ort ein Eldorado für Wintersportler – inklusive Rodelrennen, Schlittschuhbahn und der steilsten Piste des Landes. Wenn die Höhenstraße gesperrt ist, erreicht man Hippach über die Straße, die durch das Tal führt. **JP**

Ötztaler Gletscherstraße
Tirol, Österreich

Start Sölden
Ziel Skiliftstation am Ötztaler Gletscher
Länge 16 km
Art Landschaft
Karte goo.gl/Nzw3wI

Mit einer Höhe von 2830 m ist die Ötztaler Gletscherstraße Europas zweithöchste asphaltierte Straße. Sie entstand 1972 als Abzweigung der Straße nach Hochsölden in der Nähe von Sölden und führt zunächst zum in einem Tal und daher im Schatten liegenden Rettenbachgletscher, bevor es durch den schwach beleuchteten, 1,7 km langen Rosi-Mittermaier-Tunnel geht, Europas höchstgelegenem Straßentunnel. An dessen Ende gelangt man zum sonnigeren Tiefenbachgletscher auf 3250 m Höhe. Und dies alles erlebt man innerhalb von nur 16 km.

Die Ötztaler Gletscherstraße ist von Juni bis Oktober geöffnet, allerdings nur, wenn kein Lawinenabgang droht. Sie bietet Steigungen zwischen 11 und 14 Prozent und zahlreiche reizvolle Serpentinen. Das Mitführen von Schneeketten ist immer ratsam, auch im Frühsommer, da die Region für ihre selbst für Alpenmaßstäbe plötzlichen und drastischen Temperaturstürze bekannt ist.

Nicht-Wintersportler müssen eine geringe Maut bezahlen. Da es sich um keine Verbindungsstraße handelt, wird sie auch häufig anderweitig genutzt, zum Beispiel für Radrennen oder als Filmkulisse. 2015 kam eine 500 Mann starke Filmcrew hierher, um für den James-Bond-Film *Spectre* 15 Tage lang eine packende Verfolgungsjagd per Auto und Flugzeug zu filmen – dies wird der Straße für Jahrzehnte Berühmtheit bescheren. **BDS**

❶ Abgelegene Kirche in der Nähe der Ortschaft Sölden an der Ötztaler Gletscherstraße.

Timmelsjoch
Österreich/Italien

❶ Wenngleich der Paß stellenweise sehr steil ist, so gibt es genug Möglichkeiten, das Panorama zu genießen.

Start Obergurgl, Tirol, Österreich
Ziel San Leonardo in Passiria, Südtirol, Italien
Länge 43 km
Art Abenteuer
Karte goo.gl/ZkkjS7

Mit einer Höhe von 2509 m ist das Timmelsjoch, auf italienisch Passo del Rombo, einer der höchsten Gebirgspässe der Alpen. Zudem handelt es sich um eine der ruhigeren Paßstraßen, da der Großteil des Alpenverkehrs über die nahe gelegenen Pässe Brenner und Reschen verläuft. Dort geht es erheblich trubeliger zu.

Nach der Grenze zwischen Österreich und Italien schlängelt sich die schmale, kurvige Straße 43 km durch die Landschaft, bis man die Paßhöhe zwischen Jochköpfl (3141 m) und Wurmkogel (3082 m) erreicht. Sie ermöglicht – gutes Wetter vorausgesetzt – großartige Blick über die schneebedeckten Ötztaler Alpen, die im Grenzbereich beider Länder liegen. In dieser Höhenlage sind allerdings plötzliche Wetterumschläge eine stete Gefahr; die lückenhaften Schutzmauern bieten kaum ausreichend Sicherheit, wenn der notwendige Respekt für diesen Gebirgspaß fehlt. Die Steigung ist enorm und es gibt mindestens 60 extreme Spitzkehren, die es zu bewältigen gilt. Die Überquerung des Timmelsjochs sollte man sorgfältig planen: normalerweise ist es nur von Anfang Juni bis Ende Oktober zwischen 7.00 Uhr und 20.00 Uhr geöffnet. Von Österreich kommend, wird eine Maut fällig, die jedoch jeden Cent wert ist. Denn abgesehen von den Ausblicken erwartet einen ein spannendes Fahrerlebnis auf diesem Geheimtip in den Ostalpen. **TW**

Strubklamm
Salzburg, Österreich

Start Faistenau
Ziel Ebenau
Länge 6,9 km
Art Abenteuer
Karte goo.gl/xK0pI6

Manchmal haben Straßen keine andere Alternative, als sich den Gegebenheiten der Landschaft anzupassen, und es gibt nur wenige Orte auf der Welt, an denen dies offensichtlicher wird als bei der Strubklamm in Österreich. Durch diese enge Talschlucht zwischen Faistenau und Ebenau schlängelt sich der Almbach. Und entlang dem nördlichen Absatz der Schlucht verläuft die Straße. Sobald man die Felsenge in westlicher Richtung verlassen hat, öffnet sich die Landschaft und man passiert Wälder und Felder, bevor man Ebenau erreicht.

Die Straße durch die Strubklamm ist eine der engsten Straßen Österreichs; die Felswände ragen teilweise fast senkrecht in die Höhe. An manchen Passagen ist nicht einmal genug Platz für Schutzvorrichtungen am Straßenrand. Die Abfahrt hinunter zum Fluß wartet mit den üblichen Serpentinen auf. Die Schlucht selbst ist ein beliebtes Ziel für Wanderer, die sich auf die Spuren von Wanderpionieren der 1890er Jahre begeben. Die Strubklamm zählt zu den schönsten und längsten Schluchten der Ostalpen. Mit einer Höhe von 700 m über dem Meeresspiegel liegt sie hoch genug, um im Winter durch Schneefall und Lawinen gefährlich zu werden. Auch im Sommer ist diese Route nicht zu unterschätzen. Man sollte sich auf dieser engen Straßen nicht von der verlockenden Sicht auf die imposante Schlucht ablenken lassen. **BDS**

❶ Entlang des Almbaches gibt es zahlreiche Wanderwege unterschiedlicher Schwierigkeitsgrade.

Glocknerstraße Salzburg/Steiermark, Österreich

Start Fusch, Salzburg
Ziel Hochtor, Steiermark
Länge 26 km
Art Abenteuer
Karte goo.gl/2NtjJY

Lange war die eindrucksvolle Bergwelt des Großglockners nur Skifahrern vorbehalten, aber 1930 begann man hier mit dem Bau einer Straße zwischen Österreich und Italien. Fünf Jahre lang waren 3200 Arbeiter damit beschäftigt, 1,5 Mio. t Felsgestein zu sprengen und zu bearbeiten, um für die Großglockner-Hochalpenstraße Einschnitte, Trassen und 67 Brücken zu schaffen. Um diese technische Meisterleistung zu feiern, fand einen Tag nach der Eröffnung ein internationales Bergrennen statt, für das die weltbesten Rennfahrer anreisten.

Obwohl die engsten der 37 Kurven für die heutigen Touristenbusse bereits abgeschwächt wurden, handelt es sich nach wie vor um eine aufregend zu fahrende Route. Nach Fusch fährt man im Zickzackkurs, bevor man mehrere Spitzkehren weiter das Fuscher Törl erreicht und über eine Serpentine vom Berg hinab zum Hochtor fährt. Heute gleitet man auf glattem, grauem Asphalt dahin (der komplett erneuert wurde, nachdem Panzer im Zweiten Weltkrieg den Belag aufgerissen hatten); anders als 1935 sind die Kehren wie auch die Stichstraße zur Edelweißspitze gepflastert. Dort befindet sich auf 2564 m Höhe ein Aussichtsturm mit grandioser Rundumsicht. Der Großglockner vereint somit einmaliges Fahrerlebnis und großartiges Bergpanorama. **DIS**

→ Österreichs höchste Asphaltstraße am Großglockner.

Goldeck Panoramastraße Kärnten, Österreich

Start Zlan
Ziel Seetal
Länge 14,5 km
Art Landschaft
Info goo.gl/T3ORfU

Der meisten Einheimischen nutzen die schnellen, schattigen Straßen im dicht bewaldeten Drautal, um sich rund um Stockenboi in Kärnten fortzubewegen. Die meisten Ausflügler halten sich jedoch viel lieber Tausende Meter weiter oben an den sonnigen Hängen des Goldecks auf. Glücklichweise hat ein unerschrockenes Team genialer Straßenbauer deren Bedürfnisse bereits erfüllt, indem es für Auto- und Motorradfahrer hier oben eine perfekte Straße geschaffen hat.

Für das Befahren der Goldeck Panoramastraße wird eine geringe Maut fällig, aber diese lohnt sich. Die gut asphaltierte Straße führt am Rand eines Tales mit unzähligen Spitzkehren steil den Berg hinauf. Bei dem Anstieg auf 1895 m muß man auf einer atemberaubend kurzen Strecke Steigungen von bis zu 10 Prozent bewältigen. Man beachte, daß die Straße nur in den Sommermonaten befahrbar ist; und auch dann nur, wenn das Wetter es erlaubt.

Die Straße wurde gebaut, weil sich vom Gipfel ein spektakulärer Blick bietet. Wie spektakulär? Nun, sogar Einheimische fahren regelmäßig hier herauf und genießen die malerische Aussicht auf die Gipfel sowie die Seen, Wälder und Felder in den Tälern. Oben gibt es einen Parkplatz und ein Café mit Sonnenterrasse. Doch für bewegungsfreudige Besucher ist das nicht genug: sie wandern noch 45 Minuten bis zum 2142 m hohen Berggipfel. **SH**

Maltatal
Kärnten, Österreich

Start Gmünd
Ziel Maltatal
Länge 29 km
Art Landschaft
Karte goo.gl/jRsf3c

Bis in die 1970er Jahre gab es im steilen Maltatal nichts anderes als den Fluß, nach dem es benannt ist. Dann wurde es jedoch durch den Bau der Kölnbreinsperre geflutet. Dadurch war eine neue Zufahrtsstraße notwendig geworden – und diese zählt seither zu den landschaftlich schönsten Routen in ganz Europa. Sie ist zudem eine der abwechslungsreichsten Straßen, mit unzähligen herausfordernden Kurven und sechs Tunneln.

Von der ersten Maiwoche bis zur letzten Oktoberwoche ist die Straße bis zum Anbruch der Dämmerung geöffnet. Der beste Reisezeitpunkt ist der Saisonbeginn, wenn die Talhänge von Wildblumenwiesen überzogen sind und die Schneeschmelze bezaubernde Wasserfälle hervorbringt.

Die Fahrt beginnt in Gmünd, der Geburtsstätte des Automobilherstellers Porsche, und windet sich auf einer Länge von 29 km bis auf 1450 m Höhe. Hier befindet man sich nun auf der Staudammauer. Die Gegend rund um die Sperre, auf fast 2000 m, ist zu einem touristischen Anziehungspunkt mit Hotel und Informationscenter geworden. Es gibt Führungen durch das gigantische Kraftwerk, Bungee-Jumping und einen hufeisenförmigen Skywalk über dem Abgrund. Auf dem türkisfarbenen Wasser des Kölnbreinspeichers darunter absolviert die österreichische Olympiamannschaft der Ruderer ihr Höhentraining. **JP**

Großer Oscheniksee
Kärnten, Österreich

Start Innerfragant
Ziel Großer Oscheniksee
Länge 10 km
Art Abenteuer
Karte goo.gl/MuESxr

Obwohl diese Route in weniger als einer halben Stunde zu befahren ist, ist sie dennoch ein kleines Abenteuer. Sie beginnt auf einer relativ unscheinbaren Landstraße, die durch ein sympathisches Tal in Kärnten in Österreich führt. Sobald man jedoch nach etwa 1 km auf eine schmale Seitenstraße abbiegt, ändert sich alles …

Wie ein Aufzug schraubt sich die Straße durch die Bäume nach oben. Auf einer Länge von 11,2 km überwindet man eine Höhe von 1429 m; dies entspricht einer durchschnittlichen Steigung von fast 12 Prozent, und oft liegt sie bei nahezu 20 Prozent. Hinzu kommt, daß dieser waghalsige Straßenabschnitt wahnsinnig schmal ist und nur über wenige Schutzbarrieren, aber über 40 Haarnadelkurven verfügt. Auf gar keinen Fall sollte man diese Fahrt zwischen September und Juni planen – Schnee würde dies zu einem unberechenbaren Risiko machen.

Die Straße führt oberhalb der Baumgrenze in eine karge, felsige Berglandschaft. Auf 2394 m Höhe angelangt, kann man über die Staumauer des Oscheniksees fahren. Das Rundumpanorama lenkt vorübergehend von der bevorstehenden Abfahrt ab.

Wer diese Route und somit eine der am schwierigsten zu befahrenden Straßen der Alpen bewältigt hat, darf keine Anerkennung erwarten. Diese bleibt wohl jenen vorbehalten, die den Anstieg nicht motorisiert in Angriff nehmen – sondern per Rad. **SH**

Großer Speikkogel
Kärnten/Steiermark, Österreich

Start Wolfsberg, Kärnten
Ziel Deutschlandsberg, Steiermark
Länge 47 km
Art Landschaft
Karte goo.gl/pFpL81

Diese kurze, aber landschaftlich sehr schöne Fahrt bietet einen idealen Zugang zum eindrucksvollen Gebirgszug der Koralpe im Süden Österreichs und derem höchsten Gipfel, dem 2140 m hohen Großen Speikkogel.

Wolfsberg liegt an der Lavant, einem Zufluß der Drau. Im benachbarten Priel befand sich im Zweiten Weltkrieg das Kriegsgefangenenlager Stalag XVIII A.

Nördlich von Wolfsberg wendet sich die Straße schon bald in östlicher Richtung und passiert die Marktgemeinde Frantschach-Sankt Gertraud. Der nächste Abschnitt auf der L148 ist zunächst gerade, bevor eine Spitzkehre den Beginn einer kurvenreichen Passage einläutet, die von zahlreichen Parkplätzen flankiert ist, an denen man noch am Fuße des Berges ein Picknick machen kann.

Nach dem Alpenpaß Weinebene verläßt man Kärnten und erreicht das Bundesland Steiermark. Der Ort Trahütten wirkt recht unscheinbar, aber immerhin entstanden hier die Opern *Wozzeck* (1922) und *Lulu* (1935) des Komponisten Alban Berg.

Oberhalb von Deutschlandsberg, das seit langem Handelsbeziehungen zum nur 10 km entfernten Slowenien führt, thront eine Felsenburg. Die Stadt spielte beim Unabhängigkeitsprozeß von Jugoslawien 1991 eine bedeutende Rolle und half, Auseinandersetzungen, wie sie in anderen Regionen entstanden, zu verhindern. **JP**

❶ Am frühen Morgen hängen die Wolken im Lavanttal noch tief über der Hauptverkehrsstraße.

Von Tragöß nach Birkfeld
Steiermark, Österreich

① Ein Taucher erkundet die Unterwasserwelt des Grünen Sees, der manchmal auch vollständig austrocknet.

Start Tragöß
Ziel Birkfeld
Länge 84 km
Art Landschaft
Karte goo.gl/YoiqZN

Diese kurvenreiche und doch recht schnell zu fahrende Straße durch die Steiermark erfreut sich vor allem bei Motorradfahrern großer Beliebtheit. Sie beginnt bei Tragöß am Fuße mächtiger Alpengipfel südlich des Grünen Sees, der dafür bekannt ist, daß sein Wasserstand je nach Jahreszeit stark schwankt. Manchmal trocknet er im Herbst völlig aus, und in manchen Frühlingen bringt die Schneeschmelze so viel Wasser, daß Taucher die überschwemmten Wanderwege samt Bänken ergründen können.

Zunächst folgt man südwärts einer ruhigen Landstraße durch das bewaldete Lamingtal, bevor man auf die Mürz trifft und an deren Ufer bis zum quirligen Städtchen Mürzhofen fährt. Dann passiert man auf Nebenstraßen Felder und Wälder.

Nach einigen verschlafenen Dörfern und Bauernhöfen erreicht man schließlich Fischbach, das für seine luxuriösen Spa-Hotels unterhalb des 1498 m hohen Teufelsteins bekannt ist. Das Bergpanorama dieser Region ist phantastisch und lädt zu zahlreichen Zwischenstopps am Wegesrand ein.

Einige Kilometer weiter ist man im hübschen Birkfeld. Die Laurentibergkirche ist ein spätgotisches Juwel. Eine andere Attraktion ist der Galgen am Nordrand des Ortes: bis zum Ende des 17. Jahrhunderts wurden hier öffentlich Verbrecher gehängt. Zu sehen sind heute noch die drei sich nach oben verjüngenden, im Dreieck angeordneten Bruchsteinpfeiler. **SH**

Neusiedler See
Österreich/Ungarn

Start Rust, Burgenland, Österreich
Ziel Rust, Burgenland, Österreich
Länge 126 km
Art Landschaft
Karte goo.gl/6mD2sp

Der an der Grenze zwischen Österreich und Ungarn liegende Neusiedler See – 36 km lang, an seiner breitesten Stelle 12 km breit und niemals tiefer als 2 m – ist bei Einheimischen und zunehmend auch bei Touristen ein beliebtes Ausflugsziel. Die Österreicher nennen ihn auch das „Meer der Wiener", weil viele Städter ihn für Tagesausflüge nutzen.

Die hier vorgeschlagene Route umrundet den See und passiert dabei beide Länder. Der Einstieg kann beliebig gewählt werden. Ein möglicher Beginn ist das historische, von Weinbergen umgebene Städtchen Rust, das mit einem kleinen Hafen am Seeufer, guten Restaurants und heimeligen Buschenschenken (Winzerstuben) punktet.

Man fährt am wunderschönen Seeufer entlang. Es gibt zahlreiche Rastmöglichkeiten, und immer fällt der Blick von der Straße auf den See, weil die Landschaft dazwischen flach ist.

Die besten Badestrände befinden sich am Ostufer. Im Westen gibt es hingegen dichten Schilfbestand, der wiederum Ornithologen erfreut: Sie können bis zu 300 verschiedene Vogelarten beobachten, die hier brüten.

Weil der See so flach ist, erwärmt er sich in den durchschnittlich 300 Sonnentagen des Jahres sehr schnell – und ist somit ein ideales Erholungsgebiet zum Schwimmen, aber auch Windsurfen, Campen, Segeln, Angeln und Radfahren. **SH**

Port d'Envalira
Andorra

Start El Tarter
Ziel El Pas de la Casa
Länge 33 km
Art Abenteuer
Karte goo.gl/rvmVlJ

Es gibt Straßen, bei denen man, sobald man sie auf der Karte sieht, sofort denkt: „Da muß ich hin!" Ein Beispiel für eine derartige Route ist für viele der Port d'Envalira in Andorra. Port d'Envalira ist nicht der eigentliche Name dieser Straße, sondern der des Gebirgspasses, der die Pyrenäen überquert – aber solche Details werden schnell unwichtig, wenn das Fahren die volle Konzentration erfordert. Zum Ende der Straße folgt Spitzkehre auf Spitzkehre und Kurve auf Kurve, während man sich zur französischen Grenze hochkämpft. Es handelt sich um eine anspruchsvolle Straße, die auf dem kleinen Bildschirm des Navis wie sinnfreies Gekritzel aussieht.

Positiv sind auch die durchgängigen Leitplanken sowie der glatte Straßenbelag. Dies verwundert nicht, da es sich bei Andorra um ein kleines, aber reiches Fürstentum handelt, das zwischen Spanien und Frankreich liegt. Der Port d'Envalira ist die höchste asphaltierte Straße der Pyrenäen und die höchstgelegene ganzjährig befahrbare Straße in Europa. Daher bietet sie Zugang zu vielen Skigebieten.

An ihrem höchsten Punkt befindet sich die Straße auf fast 2400 m; ab Routenbeginn überwindet man somit einen Höhenunterschied von 1400 m. Ein Großteil des Verkehrsaufkommens verläuft heute durch einen 2002 eröffneten Tunnel, so daß man als Ausflügler den langen, steilen Aufstieg genießen kann, der auch Teil der Tour de France ist. **JI**

El Hierro
El Hierro, Spanien

Start Valverde
Ziel Valverde
Länge 127 km
Art Landschaft
Karte goo.gl/tAkGsb

Die sichelförmige Insel El Hierro ist die kleinste und südlichste der Kanarischen Inseln und ein beliebtes Reiseziele für Naturliebhaber, Wanderer und Taucher. Am Flughafen findet man mehrere Autovermietungen, so daß man von hier die empfohlene Tour im Uhrzeigersinn beginnen kann. Am besten mietet man das kleinste verfügbare Fahrzeug; auf den schmalen Küstenstraßen wird man sich über diese Entscheidung freuen.

Wer das Meer immer zu Linken behält, kann sich nicht verfahren – die Insel ist nur 269 km² groß. Die reizvolle Straße führt nach Timijiraque mit seinem Strand aus schwarzem Vulkansand, bevor man auf einer etwas abenteuerlichen Etappe hinauf nach Isora und zum Biosphere Reserve Interpretation Center kommt, das über El Hierro als UNESCO-Geopark informiert. Nun fährt man südwärts bis zur idyllischen Hafenstadt Restinga. Auf diesem Abschnitt der Route passiert man Lorbeerbäume, Kiefernwälder und Wacholderhaine sowie Lavafelder, die bei einem Ausbruch im Jahr 1793 entstanden sind. Unbedingt halten sollte man am Aussichtspunkt Mirador de Las Playas, einem natürlichen Amphitheater 1500 m über der Bucht.

Zweifellos am schönsten sind die Straßen im Westen: die Kringel auf der Landkarte zeugen von einer kurvenreichen Strecke, die Teil der Rundtour entlang der Nordküste nach Valverde ist. **DIS**

Carretera al Roque de los Muchachos
La Palma, Spanien

Start Santa Cruz de la Palma
Ziel Roque de Santa Domingo de Garafia
Länge 74 km
Art Abenteuer
Karte goo.gl/qIMz7q

La Palma – die fünftgrößte Insel der Kanaren – ist genaugenommen ein Vulkanpaar, das aus dem Meer ragt. Noch kann man die Insel als Geheimtip bezeichnen. Ihr Mangel an Sandstränden hat dazu geführt, daß sie ihren traditionellen Charme behalten hat und nicht wie manche Nachbarinsel den Bau von gigantischen Hotels und Ferienhaussiedlungen erdulden mußte.

Diese grandiose Straße durchquert die Bergregion im Herzen der Insel und führt entlang des Kraters ihres ältesten Vulkans, des 2423 m hohen Caldera Taburiente.

Die Tour beginnt in der kulturhistorisch interessanten Hauptstadt Santa Cruz de la Palma. Nach dem Verlassen der Kopfsteinstraßen gewinnt man schnell an Höhe, während man auf zahllosen engen Kurven in einen verwunschenen Nebelwald hineinfährt. Nach einer rund 90-minütigen Bergauffahrt ist man am höchsten Punkt der Insel, am Roque de los Muchachos. Von hier schweift der Blick weit über die Insel. Und hier befindet sich auch die Sternwarte Roque-de-los-Muchachos-Observatorium.

Nun geht es bergab zu der einsameren, wilderen Nordwestküste. Man passiert kleinere Ortschaften wie Las Tricias, Don Pedro, El Castillo und Franceses sowie die Stadt Santo Domingo de Garafia. Wie wäre es mit einer Erfrischung? Etwa ein Stückchen Luna de Awara-Ziegenkäse mit einem Glas Wein ... **DK**

TF-21 – Wo die Erde den Himmel berührt
Teneriffa, Spanien

Start La Orotava
Ziel Vilaflor
Länge 60 km
Art Landschaft
Karte goo.gl/kTN8EH

Die Stadt La Orotava im Norden von Teneriffa ist umgeben von alten Plantagen der Kolonialzeit. Die wohl schönste Stadt der Insel ist Ausgangspunkt für eine wunderbare Tour, mit dem Auto oder Roller, auf einer der eindrucksvollsten Straßen Europas.

Die Kanarische Insel ist bei allen sehr beliebt, die vor dem Winter in die Sonne flüchten. Sie halten sich meist an der Südküste auf. Viele von ihnen wissen nicht, daß sie sich auf einem Vulkanmassiv befinden, dessen höchster Berg, der Teide, sich 3718 m in die Höhe erhebt. Die Einheimschen sprechen auch von dem Ort „an dem die Erde den Himmel berührt."

Von La Orotava und dem grünen Tal windet sich die Straße steil durch Pinienwälder nach oben. Der Blick zurück über die Stadt und die Küste ist phantastisch – aber es wird noch besser: nach Verlassen des Waldes erreicht man eine wahre Mondlandschaft. Eruptionen vor Hunderten von Jahren haben Lavageröll, dunkles Basaltgestein und orangefarbene Felsformationen in diese Region gebracht. Man fährt um den Fuß des Vulkans und gelangt zu einer Seilbahn, die die Besucher fast bis zum Gipfel befördert. Auf der Straße geht es wieder bergab Richtung Vilaflor. Wer möchte, taucht nun in die Welt der Touristen ein, mit schwarzem Sandstrand, Bars und Cafés. Eine berühmte Strandpromenade ist zum Beispiel Playa de las Américas an der quirligen Südküste. **SH**

❶ Was an eine lädierte Flugzeuglandebahn erinnert, ist in Wahrheit Teil dieser außergewöhnlichen Straße.

Von Masca nach Santiago del Teide Teneriffa, Spanien

Start Masca
Ziel Santiago del Teide
Länge 6 km
Art Abenteuer
Karte goo.gl/OrvPI1

Die kurze, steile Straße von Masca – in den Augen vieler das schönste Bergdorf auf Teneriffa – in die Stadt Santiago del Teide ist eine zweispurige, enge Straße – breit genug für zwei Autos, aber nicht so breit, daß man bei Gegenverkehr nicht automatisch auf die Bremse treten würde. Da Schutzvorrichtungen aus Beton die Strecke säumen, braucht man allerdings keinen Absturz über den furchteinflößenden Rand zu befürchten.

Die Straße befindet sich in einem guten Zustand, und hübsch anzusehende Steinmauern schützen vor Erdrutschen. Die Route gilt als eine der schönsten Europas. Mit einer durchschnittlichen Steigung von 16 Prozent gelangt man im Handumdrehen zu herrlichen Aussichtspunkten. Nach der Überwindung von 308 Höhenmetern innerhalb von 5 km bietet sich ein großartiger Blick über den Atlantik.

Die größte Herausforderung liegt darin, die Augen auf der Straße zu halten, während die Szenerie die Aufmerksamkeit auf sich lenkt. Glücklicherweise gibt es viele Haltebuchten, um die Aussicht ausgiebig zu genießen. So sieht man den mächtigen, 3718 m hohen Berg Teide. Eine Eruption dieses schlafenden Schichtvulkans schuf einst die Insel Teneriffa. Nun fährt man westlich entlang des Vulkans nach Santiago del Teide – ein Gedanke, der dieser Autofahrt ein wenig Nervenkitzel verleiht. **BDS**

TF-28 – Die vergessene Straße Teneriffa, Spanien

Start San Cristóbal de La Laguna
Ziel Playa de las Américas
Länge 103 km
Art Abenteuer
Karte goo.gl/fc4KpC

Die Universitätsstadt San Cristóbal de La Laguna liegt in der Nähe von Santa Cruz de Tenerife, der Hauptstadt von Teneriffa und mit Las Palmas eine der beiden Hauptstädte der Kanarischen Inseln. Sie gehört zum Weltkulturerbe der UNESCO.

Den kürzesten und schnellsten Weg zwischen dieser wunderhübschen historischen Stadt und den großen Ferienzentren im Süden der Insel stellt die Küstenstraße TF-1 dar. Auf dieser gut ausgebauten Autobahn, die auch einige phantastische Ausblicke über den Atlantik bietet, herrscht reger Verkehr.

Im Gegensatz dazu sieht man auf der parallel verlaufenden TF-28 nur wenige Lkw und Busse (denn sie ist schmal und kurvenreich). Die Ausblicke sind hier fast noch besser, weil die Straße insgesamt höher liegt. Aus diesen Gründen entscheiden sich abenteuerlustige Ausflügler meist für die TF-28. Da sich darunter allerdings auch sehr viele Radfahrer befinden, muß man sich als Autofahrer hinter den Grüppchen auf der Straße häufig in Geduld üben.

Der nördliche Abschnitt der Route zeigt sich wild und karg – spektakuläre Felsformationen vulkanischen Ursprungs prägen die Landschaft. Weiter südlich nehmen die Ferienanlagen zu. Kurz hinter Chayofa – jener „Gartenstadt", deren Unterkünfte vor allem von Briten und Deutschen gebucht werden, – stößt die TF-28 in den Randbezirken der Feriensiedlung Playa de las Américas wieder auf die TF-1. **SH**

Fast & Furious 6 – Teneriffa Movie Tour
Teneriffa, Spanien

Start Adeje
Ziel Punta de Teno
Länge 55 km
Art Kultur
Karte goo.gl/2EEz5k

Wenn es darum geht, auf Autobahnen Autos in die Luft zu sprengen, haben Englands Gesetzeshüter keinen Sinn für Humor. Daher wurden die actionreichen Verfolgungsjagden des Filmes *Fast & Furious 6* auf der kanarischen Insel Teneriffa gedreht. Es wurden auch andere Locations in Erwägung gezogen, aber die Kombination aus perfektem Wetter, einem günstigen Steuersystem sowie einer Regierung, die dem Filmteam die Sprengung von allem möglichen erlaubte, ließ die Entscheidung auf Teneriffa fallen.

Zwischen September und November 2012 jagte die Crew scheinbar alles in die Luft, was ihr in die Quere kam. Zurück blieben verrußte Straßenabschnitte und auch ein unfertiges Autobahnteilstück zwischen Adeje und Guía de Isora im Südwesten der Insel. Hier enstand die Szene mit dem getunten, 70 t schweren Chieftain-Panzer. Die längste Autobahn der Inselgruppe, die TF-1, verbindet die Hauptstadt Santa Cruz mit Santiago del Teide.

Der unbestrittene Höhepunkt dieser Film-Tour ist allerdings die Fahrt auf der TF-445 zwischen Buenavista del Norte und Punta de Teno, dem westlichsten Punkt der Insel. Auf der schmalen Küstenstraße wurde die Verfolgungsjagd zwischen O'Conners Nissan GT-R R35 und Doms Dodge Challenger gedreht, die spektakulär durch die Felstunnel oberhalb der donnernden Brandung rasen. Unsere Devise lautet jedoch: langsam und vorsichtig. **BDS**

❶ Ein in den Fels gehauener Tunnel auf der Straße nach Punta de Teno: diese Anblicke prägen die Filmszenen.

Carretera GC-60 zum Roque Nublo Gran Canaria, Spanien

Start Maspalomas   **Ziel** Roque Nublo   **Länge** 38 km
Art Abenteuer   **Karte** goo.gl/OHPYVm

Die GC-60 ist vor allem bei masochistisch veranlagten Radfahrern beliebt. Sie führt von der Stadt Maspalomas, die für ihre weitläufigen Sanddünen bekannt ist, hinein ins Herz dieser Vulkaninsel, die sich vor 10 Mio. Jahren aus dem Meer erhoben hat. Auf grauem Asphalt erfolgt der gnadenlose Anstieg ins felsige, staubtrockene Inselinnere.

Eine spannende Herausforderung ist der Abzweig GC-602 kurz vor Fataga, auf dem man alternativ nach Maspalomas zurückkehrt. Wer es etwas entspannter mag, genießt in Fataga in der Bar El Labrador zunächst einen Kaffee.

Nun sieht man das erste wirkliche Grün – Pinien, die in dieser Höhe überleben können. Es wird auch ein wenig kühler. Zwischen Felsformationen hindurch windet sich die GC-60 am Rand V-förmiger Täler bergauf Richtung San Bartolomé. Dann fährt man durch eine schmale Schlucht in ein weiteres Tal und kann den Blick über schroffe Berghänge, bestanden mit Dornenbüschen und Kakteen, schweifen lassen.

In Ayacata sind die Bars normalerweise mit Radfahrern bevölkert, die sich vor dem letzten Antritt auf den Roque Nublo stärken. Der „Wolkenfels" ist der Rest eines Stratovulkans und bietet das vielleicht schönste Panorama der Kanaren. **DIS**

❶ Traumhafte Aussicht auf der Straße bei Fataga.

Pico de las Nieves Gran Canaria, Spanien

Start La Pasadilla   **Ziel** Cruz de Tejeda   **Länge** 23 km
Art Landschaft   **Karte** goo.gl/PvnuuN

Eine Fahrt zu Gran Canarias höchster Erhebung ist ein beliebter Tagesausflug von Urlaubern der Süd- und Ostküste. In das vulkanische Hinterland der Insel führen viele phantastische Straßen, aber besonders reizvoll ist die wenig befahrene GC-120 ab La Pasadilla. So vermeidet man die Touristenströme.

Auf einem 7,1 km langen Abschnitt dieser Straße finden regelmäßig Bergrennen statt. Die Subida a La Pasadilla zählt zu den längsten und härtesten Etappen – glatter Asphalt entlang karger, sonnenbeschienener Hänge, begleitet von massiven Leitplanken an den steilen Abgründen.

Sich mit der GC-130 vereinend, schlängelt sich die Straße nach oben und passiert den kleinen See Presa de Cuevas Blancas. Man biegt links auf die GC-134 ab und erreicht schon bald den Gipfel. Im Sommer mag man es kaum glauben, aber der Name der Erhebung bedeutet „Schneeberg". In der Nähe hatte man in Gruben einst Schnee gelagert, um diesen später für die Herstellung von Eis oder für medizinische Zwecke zu nutzen.

Auf dem Gipfel befindet sich eine militärische Radarstation. An klaren Tagen blickt man von der Besucherplattform in der Nähe dieser Station weit über die halbe Insel. **DIS**

❶ Das eindrucksvolle Landschaftsbild Gran Canarias.

Carretera GC-210 Gran Canaria, Spanien

Start Los Cardones   **Ziel** El Majuelo   **Länge** 35 km
Art Abenteuer   **Karte** goo.gl/7Bszut

Dies ist die Schwesterroute zu einer Küstenstraße, die im Jahr 2016 zu weiten Teilen ins Meer gestürzt ist. Während die zerstörte Straße steile Klippen aufwies, führt die GC-210 mit heftigen Anstiegen ins bergige Zentrum der Insel. Einige Szenen aus dem Actionfilm *Fast & Furious 6* (2013) wurden hier gedreht. Die Straße gilt als die einsamste Strecke von Gran Canaria, da sie von einem Nirgendwo ins nächste führt.

Dadurch wird sie auch gefährlich. Auf ihrer gesamten Länge steigt sie kontinuierlich an, zudem umfaßt sie 32 Haarnadelkurven. Schließlich erreicht man Artenara, die mit 1250 m höchstgelegene Gemeinde der Insel. Wer kühn genug ist, die Straße in die andere Richtung zu befahren, sollte ganz sicher sein, daß seine Bremsen zuverlässig funktionieren. Denn schließlich wird man über einen sehr langen Zeitraum das Bremspedal beherzt drücken müssen.

Erdrutsche und Steinschläge sind eine ständige Gefahr. Daher ist vor Abfahrt unbedingt zu prüfen, ob die Straße nicht eventuell gesperrt ist. Bei Nässe wird sie sehr rutschig. Und auch rasche Wetterumschwünge sind einzukalkulieren. Plötzliche, sintflutartige Regenfälle verwandeln die Straße in eine unerwartet gefährliche Strecke. **DK**

❶ Ihr Gefahrenpotential verleiht der Straße ihren Reiz.

Ruta de los Volcanes Lanzarote, Spanien

Start Islote de Hilario   **Ziel** Islote de Hilario   **Länge** 10 km
Art Abenteuer   **Karte** goo.gl/G3TGu9

Der Nationalpark Timanfaya mit seinen Vulkanen ist zweifellos die Nummer eins der Touristenattraktionen auf der Insel Lanzarote. Jedes Jahr kommen über 1 Mio. Besucher hierher, um die von Lava, Kratern und Schlackenkegeln geprägte Landschaft zu bestaunen. Viele von ihnen nehmen an geführten Bustouren teil, aber mit einem kleinen Mietwagen kann man auch auf eigene Faust auf einer schmalen Straße durch den Park fahren. Die Route beginnt am Parkplatz von Islote de Hilario, der von allen Ferienorten an der Küste unschwer zu erreichen ist. Die Ruta de los Volcanes ist eine 10 km lange Rundtour durch eine Gegend, in der vor 300 Jahren gewaltige Eruptionen stattgefunden haben. Geplant hat die Straße César Manrique, Künstler und Aushängeschild der Insel. Er wählte die beste Route zwischen den Kratern, um ideale Blicke auf das karge, fremdartige Terrain zu gewährleisten. Man sieht die Schlackenkegel der Vulkane, Krater, farbigen Sand, seltsame Lavaformationen und vulkanisches Geröll.

Zurück in Islote de Hilario lohnt ein Besuch des Restaurants *El Diablo*. Hier wird das Fleisch mit der Hitze des Vulkans gegrillt. Auf den Boden gegossenes Wasser schießt als Fontäne wieder empor und man gibt den Touristen gerne siedend heißen Sand in die Hand. **SH**

❶ Diese Tour durch die Vulkanlandschaft macht Freude.

Picos de Europa-Rundtour
Asturien, Spanien

Start Cangas de Onís
Ziel Cangas de Onís
Länge 254 km
Art Abenteuer
Karte goo.gl/pn1lko

Das Schöne am spanischen Kalkstein-Massiv Picos de Europa ist, daß man kurze Ausflüge zu ausgewählten Zielen unternehmen kann – oder eine große Rundtour wie diese. Dafür startet man in der Stadt Cangas de Onís, nicht weit vom großen Fährhafen Santander entfernt, und steuert die Schlucht Desfiladero de los Beyos sowie den Fluß Sella an. Diese Fahrt durch Ortschaften und vorbei an Feldern ist landschaftlich außerordentlich reizvoll. Über der Schlucht ragen schneebedeckte Berge 800 m in die Höhe.

Wem der Sinn nach etwas Nervenkitzel steht, freut sich über die zahlreichen Kurven und Kehren entlang der Route. Im Tal muß man auch mehrere Brücken überqueren. Dann führt die Straße hinauf nach Oseja de Sajambre, einem abgelegenen Dorf mit nur 300 Einwohnern. Von hier geht es über den Panderruedas-Paß auf 1450 m und sodann über den noch höheren, imposanten San-Glorio-Paß.

Die kurvenreiche N-621 bietet wahren Fahrspaß. Sie schlängelt sich in nordöstlicher Richtung durch eine bewaldete Bergregion nach Ojedo. Von dort fährt man weiter auf der N-621 und passiert die eindrucksvolle Schlucht La Hermida. Wer seine Fahrkünste weiter unter Beweis stellen möchte, macht noch eine zusätzliche Schleife durch die Sierra de Peña Sagra zum Bergdorf Puentenansa. Von dort geht es wieder zurück zum Ausgangspunkt der Rundtour. JI

❶ Basilika und Kloster von Covadonga.
⮕ Die schroffen Gipfel der Picos de Europa.

Alto de l'Angliru Asturien, Spanien

Start La Vega, Riosa   **Ziel** Alto de l'Angliru   **Länge** 12,2 km
Art Kultur   **Karte** goo.gl/th4FpO

Professionelle Radrennfahrer sind hart im Nehmen und daran gewöhnt, sich mit schonungslosem Training, schwierigen Straßen und furchterregenden Anstiegen zu quälen. Aber selbst für ihre Verhältnisse ist der Alto de l'Angliru eine Herausforderung. Dieser sehr steile Anstieg in Asturien in Nordspanien ist häufig Teil des Radrennens Vuelta a España.

Nach dem Start in La Vega überwindet man auf der 12,2 km langen Strecke rund 1200 Höhenmeter. Die Steigung beträgt durchschnittlich 10 Prozent, kurz vor dem 1570 m hohen Gipfel sind es gar unglaubliche 23,5 Prozent.

Die Härte dieser Strecke hat manche Profis dazu bewogen, sich dieser Etappe zu verweigern. Es erübrigt sich zu betonen, daß die Fahrt für die Motoren von Autos und Motorrädern ebenfalls belastend ist. Tatsächlich hatten bei regenreichen Rennen manche Begleitfahrzeuge Schwierigkeiten mit der Traktion, wenn die Straße von Fans bemalt worden war. Zwar ist sie asphaltiert, aber der Belag hat dennoch hier und da seine Schwächen.

Die Straße ist zudem sehr schmal und äußerst kurvenreich. Die Begrenzung ist entweder unnachgiebiger Fels oder schlichtweg nicht existent. Schneeketten mitzunehmen, ist das ganze Jahr über ratsam. Und schwindelfrei sollte man sein. JI

❶ Kurve am Alto de l'Angliru.

Desfiladero de La Hermida   Kantabrien, Spanien

Start Panes   **Ziel** Ojedo   **Länge** 27 km
Art Abenteuer   **Karte** goo.gl/XDHv7M

Diese umwerfende Route durchquert die gewaltigen Picos de Europa im Kantabrischen Gebirge Nordspaniens. Die „Gipfel Europas" bewahren als Nationalpark eine unberührte Natur mit tiefen Tälern und schroffen Bergen von über 2600 m Höhe. Auf dieser Straße ist die eindrucksvolle Natur ein permanenter Begleiter, wenn man dem Deva in südlicher Richtung bis zu seiner Quelle bei Ojedo folgt. Die Landschaft ist Teil eines mächtigen Kalkstein-Massivs, und dessen Geologie hat es dem Fluß ermöglicht, durch das Gestein hindurch zahlreiche tiefe, fast senkrechte Einschnitte zu graben. Wohin man in der beeindruckenden Schlucht Desfiladero de la Hermida auch blickt, sieht man gezackte Berge und schroffe Abgründe. Doch bei der Straße handelt es sich nicht um eine wenig befahrene Bergstraße. Es ist die N-621, eine Nationalstraße mit viel Verkehr. An einigen Stellen ist sie dennoch sehr schmal und wartet auch mit uneinsehbaren Kurven auf. Dadurch zählen einige Abschnitte zu den gefährlichsten Europas. Falls etwas Unerwartetes passiert, gibt es keine Ausweichmöglichkeit: seitlich geht es steil eine Felswand hinauf oder ebenso steil einen Abhang hinunter. Zum Ende der Reise lohnt in Santa María de Lebeña die Besichtigung der mozarabischen Kirche aus dem 10. Jahrhundert.   **DK**

❶ Der Deva in der Desfiladero de la Hermida.

Baskenland Küstenstraße Baskenland, Spanien

Start Zumaia   **Ziel** Zarautz   **Länge** 12 km
Art Landschaft   **Karte** goo.gl/x2Bpl1

Diese Fahrt auf der N-634 zwischen den Küstendörfern Zumaia und Zarautz verspricht eine kurze, aber interessante Reise entlang der zerklüfteten Küste des Baskenlandes. Auf der einen Seite bieten sich spektakuläre Ausblicke auf die Klippen hinunter zum Meer und auf der anderen Seite auf die über sanfte Hügel verstreuten Weinberge. Der Fahrer kann nicht nur auf den Golf von Biskaya blicken, sondern in 22 Kurven seine Fahrkünste testen. Die Straßendecke ist gut, aber auf der zweispurigen Landstraße muß man auch auf Radfahrer und langsame Lastwagen hinter unübersichtlichen Kurven achten. Unterwegs gibt es jedoch viele Möglichkeiten zum Anhalten. Ein Teil der Straße ist mit einem Bürgersteig entlang der Seemauer versehen; dieser ist besonders beliebt bei Pilgern, die auf der nördlichen Route des Camino de Santiago nach Santiago de Compostela wandern.

Wenn Zeit keine Rolle spielt, kann man am kleinen Hafen in Getaría anhalten. Andernfalls fährt man weiter bis nach Zarautz, wo sich der längste Sandstrand des Baskenlandes befindet. Muß man sich nicht mehr ans Steuer setzen, sollte man die Gelegenheit nutzen, den lokalen Weißwein Txakolí zu probieren. Leicht prickelnd und trocken ist er ein exzellenter Begleiter für einen sonnigen Tag am Meer. **CK**

❶ Der Strand von Zarautz ist perfekt zum Surfen.

Baskenland-Rundfahrt Spanien/Frankreich

Start Bilbao, Spanien **Ziel** Biarritz, Frankreich **Länge** 303 km
Art Landschaft **Karte** goo.gl/0g4gtV

Sie gilt als eine der großen Autoreisen Europas, doch es gibt keine verbindliche Route für die Baskenland-Rundfahrt. Von Bilbao aus fährt man einfach eine Schleife nach Süden durch die Pyrenäen bis nach Biarritz. Man kann so schnell oder so langsam sein, wie man möchte, je nachdem, welchen Straßen man folgt. Die Mautstraße von Bilbao nach Vitoria-Gasteiz führt auf einer schönen Route durch die Berge, die jedoch nicht so unvergeßlich ist wie die BI-623, die über einen winzigen Bergpaß dreimal so viel Zeit benötigt. Und dann gibt es auch noch die malerische Alternative über Durango.

Vitoria-Gasteiz ist ein Juwel. Die typisch spanische Stadt in den Hügeln hat einen mittelalterlichen Stadtkern und breite, von Bäumen gesäumte Straßen. Auf dem Weg von hier aus nach Pamplona hat man die Wahl zwischen Autobahnen, Landstraßen oder kurvenreichen Bergsträßchen durch die Sierra de Urbasa. Dann überquert man die Pyrenäen durch die alte Grenzstadt Roncesvalles auf einer herrlich kurvenreichen Strecke, die jeden außer den besonders ungeduldigen Reisenden zufriedenstellen wird. Schließlich geht es aus den Bergen hinunter zum Golf von Biskaya und zum schicken Badeort Biarritz, wo riesige Wellen auf den langen Sandstrand vor der historischen Promenade rollen. **SH**

❶ Eine historische Villa an der Felsenküste von Biarritz.

Entlang der Atlantikküste Baskenland, Spanien

Start San Sebastián, Guipúzcoa **Ziel** Vigo, Pontevedra **Länge** 810 km
Art Kultur   **Karte** goo.gl/A86jna

Diese Tour führt über den höchsten Punkt Spaniens, entlang der Küste des Golfes von Biskaya und dann weiter um das Ende herum zum Atlantik. Hier kann man die ruhigere, grünere Seite Spaniens erkunden, weit weg von den mit Touristen überfüllten Costas.

Das iberische Abenteuer beginnt an der französischen Grenze im schicken Ferienort San Sebastián. Vom langen Strand und der atmosphärischen Altstadt geht es dann in die geschäftige Hafenstadt Bilbao, wo sich ein Besuch im Guggenheim-Museum anbietet, und weiter zu den Stränden und der Altstadt in der Bucht von Santander.

Weiter westlich gelangt man in die Region Asturien, in der die grünen Berge der Picos de Europe bis zum Meer herabreichen. Hier erkundet man die Küstenstädte Llanes, Ribadesella und Gijon und genießt lokales Eis, Meeresfrüchte und Apfelwein.

In der urwüchsigen keltischen Provinz Galicien durchziehen große Flußmündungen die schroffe Felsküste. Unbedingt sehenswert sind der alte Leuchtturm und der Hafen von A Coruña sowie die Kathedrale von Santiago de Compostela, die seit über tausend Jahren ein Wallfahrtszentrum ist.

Ziel ist der große alte Hafen von Vigo. Von dort aus führt eine kurze Bootsfahrt zu den Islas Cies, deren Küsten zu den schönsten Europas zählen. **SH**

❶ Die sandige, sichelförmige Bucht von San Sebastián.

Balcón de la Rioja Baskenland, Spanien

Start Vitoria-Gasteiz   **Ziel** Rioja Alavesa   **Länge** 51 km
Art Kultur   **Karte** goo.gl/NOvrHd

Die Region Rioja in Nordspanien ist vor allem für ihre kräftigen Rotweine bekannt, doch es gibt hier auch einige wunderbare Straßen. Die schönste von ihnen verläuft auf 1000 m Höhe über den Paß Puerto de Herrera.

Von Vitoria-Gasteiz geht es südwärts auf der A-2124 durch Ackerland und Weinberge. Es gibt in jeder Richtung nur eine Spur, doch die Strecke ist schnell und flach und wird nur gelegentlich von der einen oder anderen Kurve aufgelockert; die interessantesten Abschnitte folgen, wenn man tiefer in die baskische Region eintaucht und in einer Abfolge von Auf- und Abstiegen mit Serpentinen und engen Kurven langsam die Berge erklimmt.

Barrieren schützen vor dem Sturz in die Tiefe, aber glücklicherweise behindern sie nicht den Blick über das Ebrotal auf die Sierra de la Demanda, einen Flickenteppich aus Weinbergen, Weizenfeldern und hübschen kleinen Dörfern, die nur darauf warten, entdeckt zu werden. Es gibt zahlreiche Aussichtspunkte, so daß es nicht nötig ist, an der Seite der schmalen Straße anzuhalten.

Am Ende der Fahrt kann man sich in der Rioja Alavesa erholen, bevor man zurück zum Ausgangspunkt fährt, wo mit ziemlicher Sicherheit ein schönes Glas Rotwein wartet. JI

❶ Das Ebrotal bei Logroño.

Von Fiscal nach Escalona
Aragonien/Kastilien-La Mancha

Start Fiscal, Aragonien
Ziel Escalona, Kastilien-La Mancha
Länge 46 km
Art Landschaft
Karte goo.gl/S167Df

Die Provinz Huesca im Nordosten Spaniens liegt am Fuße der Pyrenäen, wo jeder Meter Asphalt durch beeindruckende Berglandschaften führt. Diese Route ist jedoch etwas Besonderes und eine der schönsten Bergtouren in Spanien. Es ist nicht der längste Roadtrip, aber angesichts der Beschaffenheit der Straße an manchen Stellen mag dies für Fahrer ein Segen sein.

Der erste Teil der Strecke von Fiscal aus folgt dem Río Ara auf einer ausgebauten Straße bis zu seiner Quelle in den Bergen. Auf der einen Seite liegen baumbestandene Berghänge, auf der anderen Seite bewaldete Täler. Im Bergdorf Sarvisé verläßt die Route die Hauptstraße. Obwohl die Aussicht nicht minder spektakulär bleibt, verengt sich die Straße und innerhalb weniger Minuten fährt man langsam um 90-Grad-Kurven und solche, die sich beim Aufstieg um volle 360 Grad drehen. Trotz dieser steilen Anstiege und kaum Platz, um an einem anderen Auto vorbeizukommen ist dies ein aufregendes, aber keineswegs nervenaufreibendes Abenteuer. Die Landschaft öffnet sich zu herrlichen Ausblicken über die Täler zu den weit entfernten Bergen, und schließlich, 73 Kurven später, fährt man in das hübsche Bergdorf Escalona hinab, ein herrlicher Abschluß der Reise. **MG**

➲ Der malerische Ordesa-Nationalpark.

Hochpyrenäen – Von Vielha zum Nationalpark Aigüestortes
Katalonien, Spanien

❶ Dieser Bach im Arantal ist ein Zufluß der Garonne, einer der wirtschaftlich wichtigsten Flüsse Frankreichs.

Start Vielha
Ziel Espot
Länge 55 km
Art Landschaft
Karte goo.gl/QdJIH6

Hoch in den Pyrenäen, auf der spanischen Seite der Grenze zu Frankreich, befindet sich diese wunderschöne kurvenreiche Strecke.

Sie verbindet die entlegene Ortschaft Vielha mit dem alten Bergdorf Espot. Man überquert den Gebirgspaß Port de la Bonaigua auf der C-28 entlang des Arantals und des Aneutals. Die asphaltierte Bergstraße ist eine der höchstgelegenen Spaniens. Sie erreicht eine Höhe von 2072 m und ist im Winter oft unpassierbar.

In der Nähe der Paßhöhe befindet sich das größte Skigebiet Spaniens, Baqueira-Beret. Es bietet 146 km markierte Loipen und 35 Skilifte. Im Sommer ist es auch ein beliebter Ort zum Jagen, Fischen, Wandern und Kajakfahren.

Ob mit dem Auto oder mit dem Motorrad, diese Strecke eignet sich ideal für einen Tagesausflug, der großartige Bergpanoramen mit anspruchsvollen Serpentinen und extremen Steigungen verbindet. Kiefernwälder, Hochgebirgsseen, Wasserfälle und lange, tiefe Täler säumen den Weg zum Paß hinauf und auf der anderen Seite wieder herunter.

Die Route endet in Espot im Nationalpark Aigüestortes. Dieses abgelegene Bauerndorf hat sich allmählich dem Tourismus und dem Wintersport verschrieben. Im Sommer sieht man das Vieh auf den Wiesen außerhalb des Ortes grasen, im Winter werden die Weideflächen zu Skipisten. **SH**

La Ruta Minera
Katalonien, Spanien

Start Berga
Ziel Berga
Länge 166 km
Art Landschaft
Karte goo.gl/Gb8Zbq

Diese Strecke ist unter Radsportlern als Zeitfahrstrecke geschätzt. Sie liegt hoch in den Pyrenäen, etwa 100 km nördlich von Barcelona. Radrennfahrer sind natürlich wesentlich schmerzfreier als der durchschnittliche Radler, daher ist es für die meisten Besucher ratsam, diese Strecke als eine malerische Tour für motorisierte Fahrzeuge zu betrachten. Mit sieben Gipfeln über 1000 m Höhe und einer Höhendifferenz von insgesamt 14 150 m bietet sie ein wahres Auf und Ab.

Auf der Ruta Minera muß man auf zahlreiche Kurven und schnelle Gangwechsel vorbereitet sein. Die Straße verläuft auf hochwertigem, ebenem Asphalt in einem kurvigen Rundkurs durch wunderschöne Kiefernwälder, zwischen hoch aufragenden Felswänden und fernen Gipfeln. Außerdem bietet sie die Gelegenheit, Bergdörfer, bewaldete Schluchten, glitzernde Seen und hohe Bergpässe zu erkunden. Das Gebiet um Berga war einst für den Kohlebergbau bekannt, heute ist es eine wenig besuchte Gebirgslandschaft mit ruhigen Straßen. Besucherzentren und stillgelegte Bergwerke zeugen vom industriellen Erbe der Region. Der Höhepunkt der Tour ist jedoch der Coll de Pradell, der mit einem sehr steilen Anstieg von 23 Prozent aufwartet. Wenn man oben angekommen die weite Aussicht genießt, wird man froh sein, daß man die Fahrt mit dem Auto angetreten hat. **SH**

Östliche Pyrenäen
Katalonien, Spanien

Start Ribes de Freser
Ziel Puigcerdà
Länge 47 km
Art Landschaft
Karte goo.gl/RNE4lr

Die Straße von Barcelona zur französischen Grenze in Puigcerdà ist bei Bikern auf der Suche nach der ultimativen Fahrt durch die Pyrenäen sehr beliebt. Aber auch für Autofahrer ist es eine schöne Route, wie Jeremy Clarkson während seiner Zeit als Moderator der BBC-Fernsehsendung *Top Gear* entdeckte: Am Ende seiner Fahrt durch die Berge erklärte er die Straße prompt zu seiner Favoritin.

Diese Tour umfaßt die letzte und schönste Etappe der Strecke. Hier schraubt sich die N-260 von Ribes de Freser aus in einer Abfolge von Serpentinen in die Höhe.

Die Straße verfügt über eine einwandfreie Asphaltdecke und gute Sicht, trotz scharfer Kurven und Felswände über fast die gesamte Länge. Es ist zweifellos hilfreich zu wissen, ob Schafe, Rinder oder Pferde auf der Straße unterwegs sind, die sich in den abgelegenen Landstrichen oftmals aufhalten.

Ein vielversprechendes Schild warnt gleich zu Beginn vor „Kurven auf den nächsten 45 km". Der Aufstieg führt über den Col de Toses, wo man in einem gemütlichen Café eine Pause einlegen kann. Die Aussicht vom Gipfel ist märchenhaft.

Wenn dies noch nicht ausreicht, bieten die ebenfalls sehr guten Straßen auf der französischen Seite der Pyrenäen, wie etwa die N-116 nach Prades oder die D-618 nach Mont-Louis, noch mehr spannenden Fahrspaß. **SH**

Die Straße der tausend Kurven
Katalonien, Spanien

Start Sant Feliu de Guixols
Ziel Tossa de Mar
Länge 23 km
Art Landschaft
Karte goo.gl/zHHRCc

Die Costa Brava ist weit mehr als ein dicht bebautes Gebiet von Badeorten. Dieser kleine Abschnitt der Gl-682 zwischen zwei der größten Ferienorte an der Küste wird von den Einheimischen „Die Straße der tausend Kurven" genannt.

Die international bekannten modernen Ferienorte Sant Feliu und Tossa de Mar sind oft überfüllt, doch die kleine malerische Straße entlang der Klippen, die sie verbindet, ist ein Vorgeschmack auf diese Gegend Nordostspaniens. Sie ist unerschlossen, unberührt und wunderschön rauh.

Die Gl-682 schlängelt sich an den Felswänden entlang, das schimmernde Mittelmeer tief darunter. Man wird die Haarnadelkurven nicht mehr zählen können, und es gibt wenig Gelegenheiten, aus dem niedrigen Gang herauszukommen. Es ist kaum möglich, die Meerespanoramen zu bewundern und gleichzeitig die Kurven und Steigungen zu meistern, so daß man oft Fotostopps machen sollte.

Die steilen Hänge sind durch Sicherheitsbarrieren gut abgesichert, dennoch ist die Strecke eine Herausforderung. Sonntagmorgens testen viele einheimische Biker auf der Gl-682 ihr Können. Zu anderen Zeiten hat man die Straße oft für sich allein.

Alternativ gibt es eine halb so lange sichere, einfache Inlandroute. Ohne Kurven kann man sogar schneller fahren. Aber sicher möchte man die hübschere und kurvigere Küstenstrecke genießen. **SH**

❶ Die schnelle, moderne Autobahn entlang der Costa Brava ist keine Konkurrenz für diese Straße.

La Carretera del Vi
Katalonien, Spanien

Start Sant Marti Sarroca
Ziel Sitges
Länge 40 km
Art Kultur
Info goo.gl/9h7BB8

La Carretera del Vi, Spaniens erste offizielle „Weinstraße", entstand auf Initiative von zwölf lokalen Winzern und verbindet nicht nur deren Weingüter, sondern auch verschiedene historische und kulturelle Sehenswürdigkeiten. Sie beginnt am mittelalterlichen Castillo de Sant Marti Sarroca und der angrenzenden romanisch-normannischen Kirche und führt dann nach Südosten zur Küstenstadt Sitges. Auf der gut asphaltierten Straße kann man beliebig viele Stopps einlegen und der Nase nach fahren, denn es geht nicht so sehr um den Nervenkitzel der Fahrt, sondern um die Liebe zur Traube.

Zu den Weingütern zählen: Pares Balta, seit 1790 in Familienbesitz, mit Weinen von „Persönlichkeit" aus ökologischem Anbau; Colet, seit Jahrhunderten in Familienbesitz und spezialisiert auf Xarel-lo, eine katalanische Weinsorte aus weißen Trauben. Bodegas Torre del Veguer ist ein von Weinbergen umgebenes Landgut aus dem 14. Jahrhundert, in dem Gemälde des Surrealisten Salvador Dalí, einem engen Freund der Winzerfamilie, zu bewundern sind. Die Weine der Finca Viladellops in Viladellops tragen die charakteristischen Eigenschaften des kalziumsulfat- und jodhaltigen Kalksteinbodens sowie von Thymian, Rosmarin und Fenchel. Unverwechselbare Weine, die mit katalanischer Sprache sprechen und entlang einer unverwechselbaren katalanischen Straße wachsen. **BDS**

Von Benidorm nach Guadalest
Valencia, Spanien

Start Benidorm
Ziel Guadalest
Länge 23 km
Art Landschaft
Karte goo.gl/2HRrze

Benidorm entwickelte sich seit den 1960er Jahren von einem kleinen Fischerdorf zu einem der größten Ferienorte Europas. Es war einst der beliebteste Urlaubsort für britische Touristen und verfügt über die weltweit größte Zahl von Wolkenkratzern pro Kopf, darunter auch das höchste Hotel Europas.

Warum also sollte man diesen Ort als Ausgangspunkt für eine der schönsten Autofahrten der Welt wählen? Auf der CV-70 vom geschäftigen, modernen Stadtzentrum aus in Richtung Norden wird man es bald herausfinden. In nur wenigen Minuten überquert man die Autobahn E-15 und findet sich in einer Halbwüstenlandschaft mit hoch aufragenden Bergen wieder.

Hinter dem Dorf Polop beginnt die Straße durch eine Reihe von sanften Serpentinen anzusteigen. Die allmählichen Steigungen schrecken die vielen Reisebusse nicht ab, die mit den abenteuerlustigeren Besuchern Benidorms unterwegs sind.

Vorbei an den weiß getünchten, terrakottagedeckten Bauernhöfen Alicantes mit terrassierten Olivenhainen geht es schließlich hinauf nach Guadalest zu einer weiteren Touristenattraktion. Trotz der Souvenirläden und Cafés lohnt es sich, das alte Dorf und die Burg auf den steilen Felswänden zu erkunden. Die Aussicht auf die umliegenden Berge und den darunter liegenden Stausee läßt die Hotelburgen von Benidorm schnell vergessen. **SH**

Puerto de Velefique Andalusien, Spanien

Start Camino de Bacares a Tahal **Ziel** Velefique **Länge** 12 km
Art Landschaft **Karte** goo.gl/wfhFSg

Diese verschlungene Bergstraße führt durch die Trockenhänge der zerklüfteten Sierra de los Filabres, über den Paß Puerto de Velefique und hinunter zum Dorf Velefique. Um den Paß auf 1820 m zu erreichen, muß man eine Serie von Haarnadelkurven hinter sich bringen, die sich durch die Hänge winden. Auf der anderen Seite des Passes führen noch schärfere Kurven zum Dorf hinunter. Der Weg ist jedoch einfach: Man folgt der glatten, asphaltierten Straße AL-3102 von der Kreuzung mit dem Camino de Bacares a Tahal aus. Es gibt wenig Verkehr und die Straße ist in ausgezeichnetem Zustand.

Die trockene Landschaft mit nackten Felsen ist mit Kaktusfeigen und Büscheln von gelbem Gras übersät und es ist oft sehr heiß und diesig. Zu den Höhepunkten gehören Fernblicke über die wilde Berglandschaft, die Weinberge und die Wüstenebene von Tabernas. Hier gibt es auch Wildtiere wie Wildschweine und Steinböcke; im Sommer machen sich die hiesigen Jäger auf die Suche nach ihnen.

Das Dorf Velefique war ein wichtiger Rückzugsort in der Zeit der Mauren und galt als Zufluchtsort für Dichter und religiöse Extremisten. Dank der Straße ist es nicht mehr so abgelegen, und wenn man die Gegend erkundet, sieht man, daß viele der alten Häuser aus dieser Zeit stammen. **SH**

❶ Auf dem Paß ist wenig Verkehr, perfekt für Radfahrer.

Nationalpark Cabo de Gata-Níjar Andalusien, Spanien

Start Agua Amarga **Ziel** San Miguel de Cabo de Gata **Länge** 61 km
Art Landschaft **Karte** goo.gl/fVB6am

Almerías Küste zählt zu den unberührtesten Spaniens, und dieser Abschnitt im Nationalpark ist besonders reizvoll. Die Route beginnt in Agua Amarga, einem charmanten Strandort mit Restaurants direkt am Wasser. Dann führt sie ins Landesinnere, bevor sie an die Küste zurückkehrt und vorbei an den reizenden Fischerdörfern Las Negras und La Isleta del Moro in San José eintrifft. Trotz des Yachthafens und der neueren Appartements ist es immer noch sehr ruhig und ein großartiger Ort, um vor dem Höhepunkt der Reise zu übernachten: die Straße zwischen San José und San Miguel de Cabo de Gata.

Die Straßenqualität ist schlecht und die Zufahrt kann in den Sommermonaten eingeschränkt sein, wenn man nicht sehr früh aufsteht. Die Mühe lohnt sich aber, denn der Strand von Mónsul ist einer der schönsten in Spanien. Dies liegt zum Teil daran, daß es überhaupt keinen menschlichen Eingriff gibt – nicht einmal ein Café –, aber auch an dem gewaltigen Lavastrom, der einst über einen Teil des Strandes floss, sich zu seltsamen Formen verfestigte und eine großartige Kulisse für Harrison Ford in *Indiana Jones und der letzte Kreuzzug* (1989) bildete. Jenseits von Mónsul führt die Straße an die Klippen zum Kap und zum Leuchtturm, bevor sie in eine Salzebene abfällt und bei San Miguel endet. **DK**

❶ Die Straße mit dem Cabo de Gata in der Ferne.

Puerto de las Palomas
Andalusien, Spanien

❶ Zahara de la Sierra ist eines der *pueblos blancos* (weißen Dörfer) Andalusiens.

Start Grazalema
Ziel Zahara de la Sierra
Länge 16 km
Art Abenteuer
Karte goo.gl/Ohzw9N

Dies ist eine Reise für all jene, die fälschlicherweise glauben, daß das südliche Andalusien nur Golfplätze, Nachtleben und All-Inclusive-Ferienclubs zu bieten hat. Doch im Landesinneren, nur ein kurzes Stück von der Küste entfernt, gibt es eine Fülle von unberührten, atemberaubenden Berglandschaften, durch die diese Route verläuft.

Der Puerto de las Palomas (Taubenpaß) führt durch das UNESCO-Biosphärenreservat Sierra de Grazalema über eine schroffe Paßhöhe mit weiten Aussichten nach Norden und Süden. Die Straße ist sehr schmal, steil und kurvenreich. Der Abschnitt bei Zahara de la Sierra führt in Serpentinen über ungesicherte Steilhänge während man die einheimischen Geier über dem Kopf kreisen sehen kann. Die Route beginnt im Dorf Grazalema inmitten der Ausläufer der Berge. Dieser verschlafene, staubige und abgelegene Ort ist es wert, für seinen typischen Charakter des alten ländlichen Spaniens entdeckt zu werden. Ein ungewöhnliches touristisches Highlight ist das Mantelmuseum.

Auf dem Weg nach Zahara merkt man, warum man besser von Süden nach Norden fährt: Die Aussicht auf das weiß getünchte Dorf, das sich an einer Felsspitze festklammert, ist sensationell. Das malerische Dorf ist selbst eine Sehenswürdigkeit. Hier kann man in einem von Orangenbäumen beschatteten Café auf dem Dorfplatz entspannen. **SH**

Pico del Veleta
Andalusien, Spanien

Start Granada
Ziel Pico del Veleta
Länge 45 km
Art Abenteuer
Karte goo.gl/zMp4rq

Für abenteuerlustige Radfahrer ist das Erklimmen dieses Berges auf der höchsten asphaltierten Straße Europas ein Muß. An jedem Wochenende, ehe der Schnee fällt, sind die Hänge voll von keuchenden Masochisten in Lycrakleidung, die an den Straßenrändern vor Erschöpfung und Sauerstoffmangel keuchen und zittern, während sie sich dem Gipfel auf 3384 m Höhe nähern, und das bei Temperaturen, die bis zu 20 °C niedriger sein können als auf Meereshöhe. Auf der Liste der härtesten Aufstiege der Welt steht Veleta auf Platz 16, gleich nach einem Bergpaß im Himalaya. Echte Autoabenteurer lassen sich davon natürlich nicht abschrecken, aber wenn man ein Auto für diese Tour mietet, sollte man eines mit viel PS unter der Haube wählen. Kleinwagen sind hier überfordert.

Veleta bedeutet „Wetterfahne", eine Anspielung auf den seltsam geformten Gipfel des Berges, dem zweithöchsten der Sierra Nevada. Die Zufahrt zur Skistation endet kurz vor dem Gipfel. Sie ist nicht für den allgemeinen Verkehr geöffnet, aber verdient ihren Platz in den Rekordbüchern. Erwartungsgemäß gibt es wenig Leitplanken und viele Haarnadelkurven. Der Straßenbelag verschlechtert sich mit der Höhe rapide; er ist auf dem letzten Kilometer so zerfurcht und brüchig, daß Radfahrer ihre fragilen Rennräder oft das letzte Stück tragen. Vielleicht ist ein Mietwagen also sowieso eine gute Idee. **DIS**

Ruta de la Plata
Andalusien/Asturien, Spanien

Start Sevilla, Andalusien
Ziel Gijón, Asturien
Länge 861 km
Art Kultur
Karte goo.gl/17JLwy

Seit der Bronzezeit war der Fluß Guadalquivir in Südspanien, der im Landesinneren bis nach Sevilla gut schiffbar ist, eine wichtige Handelsroute auf der iberischen Halbinsel. Als die Römer kamen, optimierte ihr ehrgeiziges Infrastrukturprogramm die bestehenden Verkehrsverbindungen und schuf die Ruta de la Plata (Silberstraße) – die alte Überlandhandelsstraße zur Nordküste Spaniens, die jahrhundertelang ein wichtiger Weg für militärische, kommerzielle und religiöse Kommunikation war.

Heute hat die Ruta de la Plata diese Bedeutung verloren, ist aber immer noch eine großartige Strecke durch die touristisch kaum erschlossenen westlichen Regionen Spaniens. Auf der Schnellstraße E-803 sieht man zwar die Landschaft, verpaßt aber viel von der Geschichte. Besser ist es, sich an die alten kurvigen Straßen zu halten und die herrlichen Altstädte von Mérida, Cáceres, Salamanca und Astorga zu erkunden. Jede dieser Städte war ursprünglich eine Station der alten Route und zeugt heute von dieser Geschichte mit alten Befestigungen und Kathedralen. Von besonderer Bedeutung sind die römischen Altertümer in Mérida, der ehemaligen iberischen Hauptstadt Roms; die Architektur der Gotik und Renaissance in Cáceres; die Antike Universität in Salamanca; die ummauerte Stadt Zamora und die romanischen und gotischen Architektur-Perlen in Astorga and León. **DK**

Das Beste von Andalusien
Andalusien, Spanien

Start Malaga
Ziel Malaga
Länge 748 km
Art Kultur
Karte goo.gl/AhtRcR

Dieser Ausflug hat einfach alles: antike Stätten, grandiose aride Landschaften, hervorragende regionale Küche und die charakteristische Musik der Region – Flamenco. Hier dreht sich alles um das Erbe der Mauren, die aus Nordafrika kamen und ab 711 die Region Andalusien eroberten. Ihre Herrschaft dauerte bis ins 15. Jahrhundert.

Es gibt fast zu viel zu entdecken: das auf einem Hügel gelegene *pueblo blanco* (weißes Dorf) Ronda mit der prächtigen Stierkampfarena und der eindrucksvollen Brücke über die Schlucht, die die beiden Hälften der Gemeinde trennt; die Kathedrale von Sevilla aus dem 16. Jahrhundert mit der Giralda, dem erhaltenen islamischen Minarett, der Alcázar, ein maurischer Palast aus dem 14. Jahrhundert und schließlich die Alhambra in Granada – der außergewöhnliche maurische Palast und Garten aus dem 13. und 14. Jahrhundert.

Außerdem ist die Straße selbst spektakulär. Die Route schlängelt sich in die Hügel in Richtung Ronda und weiter nach Sevilla. Auch wenn ein Großteil der Reise von da an auf breiten Schnellstraßen unternommen wird, bleibt die staubige Halbwüstenlandschaft unvergeßlich.

Zum Abschluß streift die Route einen kurzen Abschnitt der Mittelmeerküste und führt unter anderem in die malerische Altstadt von Almuñécar. **DK**

Gibraltar entdecken
Gibraltar

Start Winston Churchill Avenue
Ziel North Mole Road
Länge 18 km
Art Kultur
Karte goo.gl/pv1oTJ

Das kleine britische Territorium Gibraltar an der Südspitze Spaniens ist nur 6,7 km^2 groß. Die Fahrt durch das Herz der Stadt dauert etwa zwei Stunden und führt über kurvenreiche Straßen zu faszinierenden Aussichtspunkten und interessanten historischen Sehenswürdigkeiten.

Die Route beginnt am spanischen Grenzübergang an der Winston Churchill Avenue. Danach hat man die einzigartige Gelegenheit, über die Startbahn des internationalen Flughafens in den anderen Teil der Stadt zu fahren. Der Weg führt um die Ostseite des Felsens auf eindrucksvoller Straße, die sich an die Klippen schmiegt, durch einen Tunnel zum Europa Point am südlichen Ende Gibraltars, wo sich ein Leuchtturm und die Moschee der örtlichen muslimischen Gemeinde befinden. Am Horizont ist Nordafrika zu sehen.

Dann kehrt man zu den Hochhäusern des Stadtteils auf der Westseite des Felsens zurück. Auf der steilen, kurvigen Straße geht es hinauf zum Gipfel auf 426 m. Inmitten alter Festungsanlagen und Geschützstellungen kann man die Aussicht genießen und Affen beobachten, oder die alten Militärtunnel besichtigen, die einst als bombensichere Unterstände und Munitionslager dienten.

Weitere Highlights Gibraltars sind die Maurische Burg, die kosmopolitischen Hafencafés und das beeindruckende Angebot an Geschäften. **SH**

Formentera entdecken
Formentera, Spanien

Start La Savina
Ziel Far de la Mola
Länge 23 km
Art Kultur
Karte goo.gl/GOEhfi

Auf den ersten Blick mag die kleinste der Balearischen Inseln eine seltsame Wahl für einen Roadtrip sein. Der kleine mediterrane Felsen ist immerhin nur 19 km lang und 6 km breit und an einigen Stellen kann man in wenigen Minuten von einer Seite der Insel zur anderen laufen. Aber dieses sonnige, unberührte Strandparadies hat ein ausgezeichnetes Straßennetz, und es wäre ein Versäumnis, es im vorliegenden Band nicht zu erwähnen.

Formentera ist nur mit der Fähre von Ibiza aus zu erreichen. Man kann das Auto mitnehmen oder bei der Ankunft ein Auto oder Fahrrad mieten.

Die Straßen sind ebenso ruhig wie die Insel und die Fahrt durch die flache, sandige Landschaft mit Palmen und Stränden macht Spaß. Die Insel ist so klein, daß man das Meer von jedem Punkt der Insel aus sehen kann. Auch die Bevölkerung ist überschaubar, und das sorgt für eine entspannte Atmosphäre – vielleicht haben die Formenteraner deshalb die längste Lebenserwartung in Spanien.

Die Hauptstraßen sind asphaltiert, doch die kleineren Straßen sind ruppiger und verzeihen weniger Fehler. Nichtsdestotrotz kann man ein tolles Abenteuer erleben, egal ob man einen Vierradantrieb oder ein Moped benutzt. Die vorgeschlagene Route führt hinunter zum prächtigen Leuchtturm Far de la Mola, aber man kann überall hinfahren. Auf Formentera kann man sich kaum verirren. **SH**

❶ Formentera ist bekannt für die Strände, und dieser Strand in Iletas gilt als der schönste von allen.

Carretera de Sa Calobra
Mallorca, Spanien

Start Escorca
Ziel Port de Sa Calobra
Länge 24 km
Art Landschaft
Karte goo.gl/3lM89Q

Große Teile Mallorcas entsprechen nicht dem gängigen Image billiger Ferienresorts. Diese Gebiete, meist entlang der Nordküste der Insel, sind ursprüngliche, dünn besiedelte Orte mit dramatischen felsigen Steilhängen hinunter zum perfekt blauen Meer. Hier befindet sich die schmale Route Carretera de Sa Calobra. Sie wurde 1932 vom italienischen Ingenieur Antonio Paretti entworfen und ist die berühmteste Straße Mallorcas. Zwei Abschnitte sind besonders bemerkenswert. Eine davon ist die Nus de Sa Calobra („Krawatte") – eine Kurve, die von der Serra de Tramuntana zur Mittelmeerküste in einer Schlaufe unter sich selbst hindurchführt. Die andere ist eine kurze, aber extrem schmale Spalte, die durch den Fels geschnitten wurde und fast, aber nicht ganz, ein Tunnel ist. Da die Strecke komplett von Hand gebaut wurde, schlängelt sich die Straße um die Konturen der Berge herum und zwischen ihnen hindurch. Die Meerespanoramen auf der kurvenreichen Strecke sind wunderschön.

In Sa Calobra führt ein Weg durch mehrere Tunnel zu einem Strand an einem Süßwassersee und einer spektakulären engen Schlucht, dem Torrent de Pareis. In der Hochsaison kann es ziemlich hektisch werden, wenn man also Ruhe sucht, nimmt man die linke Abzweigung am Ende nach Cala Tuent, wo es eine mittelalterliche Kirche, eine ruhige Bucht und ein einladendes Restaurant gibt. **DK**

Carretera Ma-1131
Mallorca, Spanien

Start Valldemossa
Ziel Port de Valldemossa
Länge 7 km
Art Abenteuer
Karte goo.gl/4ngW8G

Auf den ersten Blick wirkt eine Fahrt auf der Ma-1131 nicht besonders spannend. Weiß man aber, daß sie gelegentlich als „verschlungenste Straße der Welt nach fast nirgendwo" bezeichnet wird, macht sie das schon interessanter. Hier heißt es allerdings anschnallen, denn es wird eine holprige Fahrt.

Die Straße ist nicht nur etwas speziell, sondern auch heute noch ziemlich gefährlich: Sie ist eine der schmalsten Bergstraßen Europas und hat in vielen Bereichen keine solch neumodischen Ausstattungen wie Sicherheitsbarrieren. Die Route umfaßt neun Haarnadelkurven, von denen einige außerordentlich eng sind. Busse, deren Fahrer waghalsig genug für diese Fahrt sind – und die gibt es tatsächlich –, müssen abwechselnd fahren. Selbst mit dem Auto ist oft zu wenig Platz, um ein Fahrzeug zu passieren, und es gibt nur wenige Ausweichstellen.

Auf dem steilen Abstieg bietet sich eine herrliche Sicht aufs Meer. Immer wieder gibt es Ausblicke auf den noch relativ touristenfreien Port de Valldemossa – und es scheint ein unfassbar langer Weg nach unten: ein Vorgeschmack auf die harte Bewährungsprobe, die den Bremsen bevorsteht. Dies ist keine Straße, auf der man aggressiv fahren kann. Ruhe ist gefragt. Zur Entspannung könnte eins der Präludien von Chopin dienen, die er im nahegelegenen Kloster von Valldemossa fertigstellte – das Museum ist ein Muß für Musikliebhaber. **DK**

Straße zum Leuchtturm am Cap de Formentor
Mallorca, Spanien

Start Port de Pollença
Ziel Cap de Formentor
Länge 18 km
Art Abenteuer
Karte goo.gl/xj2FsN

An der rauhen Nordostküste Mallorcas endet die Serra de Tramuntana in brachialen Kalksteinklippen, die steil ins Mittelmeer abfallen. Die wunderschön zu fahrende Straße bietet phantastische Aussichten. Die Tour beginnt in der charmanten Stadt Pollença im Landesinneren und entwickelt sich rasch zu einer Prüfung des Fahrkönnens. Es ist eine von zwei berühmten Straßen (die andere ist Sa Calobra), die der italienische Ingenieur Antonio Paretti in den 1930er Jahren baute. Die Route wurde von Hand an die Konturen der Felsen angepaßt, und das Ergebnis ist ein außergewöhnliches Fahrerlebnis.

Nach 1,6 km erreicht die Straße die Nordküste, wo sich der Parkplatz am Mirador Es Colomer, dem wohl spektakulärsten Aussichtspunkt der Insel, für einen Halt anbietet. Dann windet sie sich weiter zum Ende der Halbinsel am Cap de Formentor, einer einzigartig kargen Landzunge mit einem imposanten Leuchtturm und, je nach Wetterlage, einer traumhaften Aussicht auf die Nachbarinsel Menorca. Auf der Rückfahrt empfiehlt sich ein Zwischenstopp am Playa de Formentor. Dort liegt das Grand Formentor Hotel, eine Luxusoase der alten Schule mit terrassenförmig angelegten Gärten, die zu einer halbmondförmigen Bucht führen. In den 1950er Jahren war es ein bedeutender Treffpunkt für die Reichen und Berühmten, und heute serviert es einige der besten Cocktails in Europa. **DK**

❶ Die letzte Etappe zum Leuchtturm: Wo der Anstieg zu steil war, fügte Paretti eine Kurve hinzu.

Pico do Arieiro Madeira, Portugal

Start Funchal   **Ziel** Pico do Arieiro   **Länge** 19 km
Art Landschaft   **Karte** goo.gl/pwPzre

Die milde, feuchtwarme portugiesische Urlaubsinsel Madeira liegt 1000 km südwestlich vom europäischen Festland im Atlantik. Die Landschaft ist üppig und grün mit schroffen Vulkangipfeln im Zentrum. Erwischt man den richtigen Zeitpunkt, fährt man vom Meeresspiegel hinauf in eine himmlische Welt aus Wattewolken, die von gelegentlichen Felsspitzen durchbrochen wird. Erwischt man den falschen Zeitpunkt, sieht man nur Nieselregen.

Der Pico do Arieiro ist der dritthöchste Berg Madeiras, eine sehr gute Straße führt zu seinem Gipfel. Von der Hauptstadt Funchal aus geht es über die steile, kurvenreiche Straße zum malerischen Dorf Monte und hinauf durch den Wald. Oben angekommen kann man bei gutem Wetter einen 360-Grad-Blick genießen. Es ist eine der beliebtesten Touren der Insel, so daß man den Menschenmassen ausweichen sollte, indem man die Route vor oder nach den Tourbussen fährt. Wenn auf dem Gipfel Schnee liegt, ist es Tradition, mit einem kleinen Schneemann auf der Motorhaube zurück in die Sonne zu fahren. Ein Tip: Man sollte nicht den üblichen Fehler machen, sich in Sommerkleidung auf den Weg zu machen. Sie eignet sich vielleicht perfekt zum Entspannen am Meer, aber in 1818 m Höhe wird man darin vor Kälte bibbern. **SH**

❶ Blick von der Straße auf den Pico do Arieiro.

Küstenstraße ER101 Madeira, Portugal

Start Funchal   Ziel Funchal   Länge 185 km
Art Abenteuer   Info goo.gl/VocXql

Madeira ist eher für seine Wanderwege und subtropischen botanischen Gärten bekannt als für seine Straßen. Schade, denn die alte Route Antigo Traçado ist einfach phantastisch. Der verschlungene Küstenparcours ist ein kompletter Rundkurs, der dort endet, wo man angefangen hat. Wenn man die gesamte Strecke kennenlernen möchte, muß man sie aber gegen den Uhrzeigersinn fahren. Einer der besten Abschnitte der ursprünglichen Küstenstraße – der ER101 – im Nordosten wurde nämlich inzwischen umgangen. Aber gerade die alte Straße zieht die Touristen wegen ihrer steilen Kurven an; sie ist jetzt nur noch in diese eine Richtung befahrbar.

Unterwegs gibt es viele Sehenswürdigkeiten, wie die Seilbahn von der Hauptstadt Funchal nach Monte, die Halbinsel Caniçal im Osten, eine wilde und windige vulkanische Landzunge mit einigen schönen Aussichtspunkten, und Ribeira de Janela, ein hübsches, von Weinbergen umgebenes Dorf am Meer. In der Nähe, in Porto Moniz, gibt es einige natürliche Salzwasserschwimmbecken. Von Ponta di Parco – dem westlichsten Punkt – hat man einen herrlichen Blick auf die Klippen am Leuchtturm. Unterwegs kann man lokale Köstlichkeiten wie gegrillte Napfschnecken und saftige Honigkuchen probieren. **DK**

❶ Die Straße bei Seixal, östlich von Porto Moniz.

Von Peso da Régua nach Pinhão
Porto, Portugal

Start Peso da Régua
Ziel Pinhão
Länge 28 km
Art Landschaft
Karte goo.gl/uSROGj

Diese Strecke durch die portugiesische Weinregion im Norden des Landes wurde 2015 in einer Online-Umfrage zur besten Fahrstrecke der Welt gewählt und setzte sich gegen die starke Konkurrenz von Kaliforniens Pacific Coast Highway, dem Stilfserjoch in Norditalien und der Amalfitana in der italienischen Region Kampanien durch.

Die kurvenreiche Estrada Nacional 222 verläuft 28,2 km durch das UNESCO-Welterbe Alto Douro. Sie schlängelt sich um 93 Kurven in den Schieferhängen, über denen sich Ackerland und terrassierte Weinberge wie die vielen Schichten einer Hochzeitstorte erheben. Diese Straße bittet nur darum, gefahren zu werden; man sollte das Fahrzeug mit Bedacht wählen, damit maximaler Fahrspaß garantiert ist. Die Aussichten sind wirklich bezaubernd, der Talboden reicht bis ans Ufer des breiten Douro. Doch das Land ist mehr als nur schön – es wird von stolzen einheimischen Familien bewirtschaftet und gepflegt, die seit Jahrhunderten hier leben.

Die Fahrt endet im verschlafenen Pinhão, der Heimat der Winzer von Porto und der hübschen, blau gefliesten Stadthäuser. Um den Charme dieser faszinierenden Region wirklich zu genießen, sollte man langsamer fahren und bei einer wohlverdienten Pause an einer der vielen geführten Weintouren teilnehmen, die hier beginnen. JI

❶ Entlang des Flußufers gibt es viele Weinberge.
❷ Die malerische Route folgt dem Fluß Douro.

Von Estremoz über Évora nach Sines Alentejo, Portugal

Start Estremoz **Ziel** Sines **Länge** 182 km
Art Kultur **Karte** goo.gl/plkdIJ

Diese Reise führt durch die zeitlosen Ebenen der portugiesischen Region Alentejo. Sie beginnt in Estremoz, einem hübschen Städtchen auf einer Anhöhe. Innerhalb ihrer Stadtmauern aus dem 13. Jahrhundert befinden sich alte, weiß getünchte Häuser mit Terrakotta-Dächern. Estremoz ist berühmt für seinen Marmor, der hier überall verwendet wird, für Straßen, Gebäude und Denkmäler.

Abseits der Hauptstraße fährt man auf der ruhigen N18 durch flache, trockene Olivenhaine. Vorbei an der königlichen Burg von Évora Monte erreicht man Évora. Der alte, ummauerte Außenposten ist eine der historisch wertvollsten Städte Portugals und wurde von der UNESCO zum Weltkulturerbe erklärt. In den engen Gassen der Altstadt befinden sich ein römischer Tempel, eine gotische Kathedrale und ein beeindruckender Königspalast.

Von dort geht es auf kleinen Straßen zur Küste. Sines ist heute bekannt für seine Hafenanlagen, aber der alte Fischerhafen, die Burg und die Altstadt sind leicht zu finden. Der lange Sandstrand von São Torpes vor den Toren der Stadt lädt zum Entspannen ein. Ein Denkmal erinnert an den unerschrockenen Entdecker Vasco da Gama, der im 15. Jahrhundert hier geboren wurde. Als erster Europäer umsegelte er das Kap der Guten Hoffnung. **SH**

❶ Die Burg von Évora Monte ist einen Abstecher wert.

Westliche Algarve Alentejo/Algarve, Portugal

Start Vila Nova de Milfontes, Alentejo   Ziel Sagres, Algarve   Länge 113 km
Art Landschaft   Karte goo.gl/1MM7Yx

Als Algarve bezeichnet man in der Regel den geschäftigen, hoch entwickelten Touristenstreifen entlang der Südküste Portugals. Doch das ist noch nicht alles. Wenn man um das Kap St. Vincent an der Südwestspitze Portugals herum und weiter nach Norden fährt, kann man die herrliche westliche Algarve erkunden, eine völlig andere Landschaft.

161 km der Westküste sind ein Naturpark mit kaum einer Stadt oder einem Dorf. Stattdessen gibt es viele lange, leere Sandstrände an der Atlantikküste. Nur eine einzige Straße führt durch die grünen Hügel und Wälder im Landesinneren. Um zum Meer zu gelangen, nimmt man eine der zahlreichen kleinen Abzweigungen Richtung Westen. Jede von ihnen ist ein Abenteuer, das meist in einer herrlichen Meereslandschaft inmitten riesiger Klippen, Dünen und Gischt endet. So wird der riesige Strand von Odeceixe von baumbestandenen Klippen eingerahmt, und abgelegene Strände wie die von Bordeira und Amado sind häufig menschenleer. Hier und da bietet eine kleine Hütte oder ein Wohnwagen Meeresfrüchte als Snacks an, und gelegentlich klimpern ein paar Surfer an einem provisorischen Lagerfeuer auf ihren Gitarren. Wer keine Lust auf Timesharing-Resorts und Minigolf hat, für den ist die Wildnis der Costa Vicentina die perfekte Wahl. **SH**

❶ Blick vom Torre de Aspa auf die Küste von Vicentina.

Von der Serra da Estrela zur Küste Centro, Portugal

Start Guarda **Ziel** Lissabon **Länge** 460 km
Art Kultur **Karte** goo.gl/5oE1sb

Dies ist die portugiesische Etappe einer beliebten Tour von Madrid nach Lissabon. Sie beginnt in Guarda, der höchstgelegenen Stadt Portugals, und endet auf Meereshöhe in der Hauptstadt Lissabon.

Nach der Besichtigung der Kathedrale von Guarda geht es nach Westen durch den Parque Natural da Serra da Estrela. Im imposanten Granitgebirgszug liegt der höchste Punkt des Landes. Dann folgt man den gewaltigen Felsen und Schluchten durch die Wälder hinunter zur mittelalterlichen Stadt Coimbra. Die ehemalige Hauptstadt am Flußufer beherbergt römische Ruinen und eine Universität aus dem 13. Jahrhundert. Weiter geht es durch den Parque Natural das Serras de Aire e Candeeiros – bekannt für seine Kalksteinhöhlen – zur Küste von Peniche. Der traditionelle Fischereihafen ist ein Ausgangspunkt für den Schiffstourismus. Von hier führt die Route entlang der Küste nach Sintra, einer der wichtigsten Touristenattraktionen Portugals. Man sollte sich nicht vom Gedränge abschrecken lassen, denn die Stadt der romantischen Märchenschlösser ist etwas Besonderes. Sintra hat viel zu bieten, darunter das Castelo dos Mouros und den Palácio Nacional da Pena. Entlang von Stränden und durch Cascais und Estoril führt die Tour über die Uferpromenade des Tejo in das Herz von Lissabon. **DK**

❶ In Coimbra steht die älteste Universität Portugals.

Torre, Serra da Estrela Centro, Portugal

Start Covilha   Ziel Torre   Länge 23 km
Art Landschaft   Karte goo.gl/gAh5Qs

Dieses Hochplateau befindet sich im Parque Natural da Serra da Estrela in der Region Centro. Die Straße von Covilha führt auf dem Weg ins Hochland durch eine beeindruckende Abfolge von Kehren, aber man kann auch von Coimbra aus starten. Das GPS zeigt in jedem Fall nur 40 Minuten Fahrzeit an. Es ist aber besser, einen ganzen Vormittag einzuplanen, um alle Vorzüge zu entdecken. Auf der Route gibt es die typischen Attraktionen der schönsten Bergtouren Europas: Ausblicke, Haarnadelkurven, zerklüftete Landschaften, Seen und verschlafene Hotels in abgelegenen Gegenden. Im Sommer hat man gute Chancen auf freie Fahrt, im Winter ist die Landschaft verschneit und oft voller Skifahrer.

Die einfache Provinzstraße führt am höchsten Punkt Portugals vorbei. Dieser liegt erstaunlicherweise in der Mitte eines Kreisverkehrs, wo ein trigonometrischer Punkt die höchste Stelle auf 1993 m markiert. Neben dem höchstgelegenen Kreisverkehr des Landes befindet sich ein verlassener Militärstützpunkt mit eigenwilligen Türmen sowie ein paar Souvenirläden und Cafés. Eine holprige Piste führt in die Wildnis, doch man muß gar nicht erst überlegen, ob man diese bewältigen kann, denn sie endet bereits nach ein paar Hundert Metern im Nirgendwo. **SH**

❶ Talsperre Covão do Meio in der Serra da Estrela.

Lissabon und die Küste von Estoril Lissabon, Portugal

Start Lissabon   **Ziel** Cascais   **Länge** 34 km
Art Landschaft   **Karte** goo.gl/aEapx6

Lissabon gilt als die attraktivste Hauptstadt Westeuropas für einen Kurzurlaub, und diese einfache Fahrt entlang des Nordufers des Tejo bietet eine Momentaufnahme von allem, was die Stadt auszeichnet. Die Straßen sind gut, die Fahrer sind wohlerzogen und selbst die Verkehrspolizei ist meist freundlich.

Vom Rossio aus dem 18. Jahrhundert im Herzen Lissabons fährt man zwischen klapprigen alten Straßenbahnen entlang der historischen Uferpromenade und unterquert die 1966 eingeweihte Hängebrücke Ponte 25 de Abril, die nach dem Datum des Sturzes des portugiesischen Diktators in den 70er Jahren umbenannt wurde. Die kunstvolle Fassade des Mosteiro dos Jerónimos erscheint auf der rechten Seite, und fast nebenan serviert die Lissaboner Institution Café Pastéis de Belém täglich über 14 000 köstliche Eierkuchen. An der Straße liegen außerdem der Turm von Belém, ein hübsches Schloß im Fluß, und das Denkmal der Entdeckungen, ein markantes Wahrzeichen, das an die portugiesischen Entdecker des Mittelalters erinnert.

Nach einer Weile mündet der Fluß ins Meer und man durchquert die grünen Vororte. Im stilvollen Estoril und dem Strandbad Cascais verläuft die Route dann weiter zwischen Millionärsvillen mit Blick auf das Meer. **SH**

❶ Das kosmopolitische Cascais war ein Fischerdorf.

Von Sintra nach Praia das Maçãs Lissabon, Portugal

Start Sintra   Ziel Praia das Maçãs   Länge 12 km
Art Landschaft   Karte goo.gl/D9Ctje

Eine Fahrt ans Meer macht immer Spaß und man kann es kaum erwarten, den ersten Blick auf die glitzernden Wellen zu werfen. Diese Tour zur Küstenstadt Praia das Maçãs an der Atlantikküste beginnt in der historischen und gut erhaltenen Stadt Sintra, die zum UNESCO-Weltkulturerbe zählt. In früheren Zeiten verbrachte das portugiesische Königshaus seine Sommer im 1854 fertiggestellten Palácio Nacional da Pena.

Auf dem Weg nach Westen verläuft die Straße in zahlreichen Kurven, während man Sintra hinter sich läßt, und geht schließlich in schnell aufeinander folgende, offene Kehren über. Gelegentliche Haarnadelkurven halten die Fahrer auf Trab. Begleitet werden sie dabei von einer lokalen Straßenbahnlinie, die ab und zu hinter Bäumen und Gebäuden veschwindet, kurz darauf aber wieder auftaucht.

Die Route führt in die Berge und wieder hinunter zum Meer, daher sind steile Steigungen zu erwarten. Oberhalb der Straße befinden sich Bauernhöfe und Terrassenfelder, die sich an die Hänge klammern. In der bei Surfern beliebten Küstenstadt Praia das Maçãs angekommen steht man vor der schweren Entscheidung, für einen kühlen Drink an einer der Bars am Meer zu verweilen oder die Reise sofort in umgekehrter Richtung zu wiederholen. JI

❶ Der Palácio Nacional da Pena hoch über der Stadt.

Von Lagos zum Kap St. Vincent Algarve, Portugal

Start Lagos
Ziel Kap St. Vincent
Länge 39 km
Art Landschaft
Karte goo.gl/jTv72I

Diese kurvige Route erkundet den äußersten Südwesten des europäischen Festlandes und führt durch einen ursprünglichen und reizvollen Teil Portugals. Ausgangspunkt ist der Badeort Lagos, am sanfteren westlichen Ende der Algarve. Lagos ist noch nicht überlaufen und bewahrt den Charme eines alten, weiß getünchten Fischerdorfes mit kopfsteingepflasterten Gassen und behelfsmäßigen Restaurants, die rund um den Hafen den Tagesfang offerieren.

Viele Straßen führen zum Ufer hinunter und bieten herrliche Meerespanoramen mit orangefarbenen Felsformationen, die menschenleere Buchten einrahmen. Im Landesinneren ahnt man kaum etwas vom Tourismus im Osten, während man durch verschlafene Dörfer inmitten des hügeligen Ackerlandes fährt oder in Cafés traditionelle Eierkuchen kostet. Gegen Ende der Reise geht es zur Festung von Sagres wo man den kühnen Geschichten von Heinrich dem Seefahrer, einem portugiesischen Prinzen des 15. Jahrhunderts, und Francis Drake begegnet. Von hier geht es zum Kap St. Vincent, einer zerklüfteten Landzunge mit einem stämmigen Leuchtturm, einem Café, einem Besucherzentrum und bunten Souvenirständen. Die Römer hielten diesen Ort für das Ende der Welt – und wenn man sieht, wie die atlantischen Wellen gegen die gewaltigen Felsen donnern, kann man verstehen, warum. **SH**

Von São Marcos da Serra nach Monchique Algarve, Portugal

Start São Marcos da Serra
Ziel Monchique
Länge 35 km
Art Landschaft
Karte goo.gl/Bck6Bp

Diese Strecke mag nur eine relativ kurze Fahrt durch die schroffen Hügel der nördlichen Algarve sein, aber die Straße, die ständig auf und ab führt und dabei insgesamt von 100 m auf 450 m ansteigt, ist eine Herausforderung, die Fahrspaß garantiert. Auf dem Weg über vier immer höher werdende Pässe gilt es, mehr als 80 Kurven zu bewältigen.

Neben der Freude am Kurvenfahren auf einer gepflegten Fahrbahn kann man die Landschaft in dieser ländlichen Gegend in vollen Zügen genießen. Entlang des Weges gibt es viele Möglichkeiten zum Anhalten, darunter kleine bewaldete Rastplätze und traditionelle Bauerndörfer der Algarve, wie zum Beispiel Alferce mit seiner rustikalen Kirche und verfallenen traditionellen Gebäuden.

Die Straße ist zwar kurvenreich, aber auf der gesamten Länge gibt es Barrieren, die ein Abstürzen der Fahrzeuge verhindern. Die Biegungen greifen ineinander und führen einen durch eine Schleife nach der anderen. Auch die Landschaft zu beiden Seiten ist ein Genuss: eine Mischung aus Wäldern, Buschwerk und trockenem Bergland.

Monchique ist das Ziel dieser Tour. Die Marktstadt mit zahlreichen Cafés und Restaurants ist berühmt für ihre römischen Bäder und Thermalquellen, die eine perfekte Möglichkeit darstellen, sich nach einem Nachmittag am Steuer zu entspannen. **JI**

Von Portimão nach Fóia
Algarve, Portugal

Start Portimão
Ziel Fóia
Länge 31 km
Art Landschaft
Karte goo.gl/geh2N6

Portugal hat einige sehr schöne Straßen, und diese ist ein Paradebeispiel. Von der Küstenstadt Portimão in Richtung Norden fährt man landeinwärts in die Berge. Das erste Teilstück ist jedoch noch ziemlich gerade, mit einigen weiten Bögen und der ein oder anderen engen Kurve.

Caldas de Monchique ist ein Kurort, der bei den Römern sehr beliebt war, da das Wasser angeblich alle Krankheiten heilen konnte. Skeptiker können stattdessen Medizin in Form der lokalen Spirituose Medronho probieren, die aus der Frucht des Erdbeerbaums hergestellt wird. Hinter der Stadt wird die Straße nach Norden immer kurviger und hügeliger. Bei Gil Bordalo verläuft sie wieder gerade und erstreckt sich bis nach Monchique, einem traditionellen Dorf an der Algarve mit weiß getünchten Häusern und römischen Elementen, das für seine traditionelle Möbelherstellung bekannt ist. Ab Monchique gibt es einige phantastische Haarnadelkurven und ineinander übergehende 180-Grad-Kehren. Nur wenige kurze Abschnitte geraden Asphalts unterbrechen die engen Kurven, so daß man den Blick kaum von der Straße abwenden kann, um die terrassenförmig angelegten landwirtschaftlichen Betriebe und Weinberge zu betrachten. In Fóia angekommen bietet sich ein herrlicher Blick von der Serra de Monchique auf das Meer, und man spürt, daß man sich diese Aussicht redlich verdient hat. JI

❶ Ein Abstecher führt zu einem der für diese Region im Süden Portugals typischen Korkeichenwald.

Colle Fauniera
Piemont, Italien

Start Pradleves
Ziel Colle Fauniera
Länge 23 km
Art Abenteuer
Karte goo.gl/9z7PKL

Vom traditionellen Käsedorf Pradleves aus sieht man zunächst nur einen Ausschnitt der wunderschönen Pianura Padana, der Po-Ebene, der riesigen, mit Sedimenten gefüllten Mulde mit Bewässerungsanlagen, Bauernhöfen und allem, was das ländliche Leben in Italien ausmacht. Schaut man jedoch nach Westen, sieht man, was einem bevorsteht. Über die SP23, SP112 und SP333 geht es mit einer Steigung von 7,5 Prozent unerbittlich bergauf. Das „Slow Food"-Phänomen entstand in dieser Gegend.

Der Colle Fauniera, auch Colle dei Morti genannt, ist ein 2511 m hoher Paß in den Cottischen Alpen an der französisch-italienischen Grenze. Von Pradleves aus (man kann auch in Ponte Marmora oder Demonte beginnen) gewinnt man über die gesamte Strecke beeindruckende 1689 Höhenmeter.

Der Abschnitt des Giro d'Italia ist seit seiner Asphaltierung im Jahr 1999 bei Radfahrern beliebt, denen man oft auf dem Weg zur Statue der Rennradlegende Marco Pantani begegnet, die sich auf dem Gipfel befindet.

Einer der schönsten Pässe der Alpen ist auch einer der schmalsten und man hat den Eindruck, die Route sei eher für Fahrräder als für Autos geschaffen, während man auf der wenig bekannten „Radfahrerstraße" des Piemont durch das Land der Alpenblumen und Murmeltiere kurvt. **BDS**

❶ Die Statue des italienischen Rennfahrers Marco Pantani am Colle Fauniera.

Assietta-Kammstraße
Piemont, Italien

Start Sestriere
Ziel Colle delle Finestre
Länge 39 km
Art Abenteuer
Karte goo.gl/5EU6Tf

Die Strada Provinciale (SP) 173 im äußersten Norden Italiens, nahe der französischen Grenze, ist eine atemberaubende Bergstraße, die offiziell als Militärstraße ausgewiesen, aber jährlich von Anfang Juni bis Ende Oktober für die Öffentlichkeit zugänglich ist. Sie ist größtenteils nicht asphaltiert, so daß man Kies und Geröll unter den Rädern hat, wenn man den steilen Bergrücken erklimmt.

Die SP173 ist selbst mit einem Geländewagen eine Herausforderung. Der größte Teil der Strecke verläuft auf mehr als 2000 m Höhe durch die Wolken. Sie beginnt in Sestriere, einem der größten Skiorte Italiens, der von vier großen Gipfeln umgeben ist: Monte Fraiteve (2701 m), Monte Sises (2658 m), Punta Rognosa di Sestriere (3280 m) und Monte Motta (2850 m). Auf dem Weg zum Colle delle Finestre sichern keine Leitplanken den felsigen Abhang, der zur einen Seite abfällt, nur hier und da schützt eine niedrige Steinmauer mehr schlecht als recht vor dem Sturz in die Tiefe.

Neben der Sperrung der Straße im Winter und für einen Großteil des Frühlings gibt es weitere Verkehrsbeschränkungen. Große Fahrzeuge sind nicht zugelassen und das Überholen ist auf der engen Straße verboten. Schilder warnen vor Steinschlag, Abhängen und sogar vor wilden Tieren. Aber der Lohn ist großartig, denn die Aussicht auf die Alpen ist phänomenal. **JI**

Weinstraße von Alba nach Barolo
Piemont, Italien

Start Alba
Ziel Barolo
Länge 20 km
Art Kultur
Karte goo.gl/3Fnjxa

Diese gemütliche Weinstraße durch das Piemont verbindet Alba, 62 km südlich von Turin, mit Barolo, einem kleinen Juwel, das dank seines berühmten Rotweins einen großen Namen trägt. Die Strecke ist in 15 Minuten ohne Zwischenstopps zu bewältigen, aber das hieße, die vielen rotgeschindelten Dörfer zu umgehen und an den herrlichen Aussichten über die Schachbretthügel vor den schneebedeckten Alpen vorbeizueilen. Kurz, man verpaßt alles.

Von Alba, einer schicken Stadt mit einem ausgezeichneten Lebensmittelmarkt, geht es auf der SP3 nach Süden. Mehrere Weindörfer, die sowohl Barbaresco als auch Barolo produzieren, reihen sich entlang dieser Route: ruhige Nebenstraßen, einige davon nur Wege, verbinden romantische Dörfer wie Grinzane Cavour, Serralunga d'Alba und La Morra, die jeweils dicht um eine Burg gruppiert sind (fast jedes Dorf in dieser einst umkämpften Region kann damit aufwarten). Die Burg von Barolo, ein paar Kilometer weiter südlich, ist heute die Enetoca Regionale del Barolo. Hier kann man die ganze Palette der regionalen Weine verkosten.

Das Piemont ist eine Bastion der Gastronomie, deren Speisen zum ausgezeichneten Wein passen. Zu den Spezialitäten zählen Trüffel, Gorgonzola, Wild und Pilze sowie Haselnüsse, mit denen die Schokoladenfabrik Ferrero Rocher in Alba beliefert wird. Die kandierten Kastanien muß man probiert haben! **DS**

Riviera dei Fiori – Ligurische Küstenstraße
Ligurien, Italien

Start Ventimiglia
Ziel Savona
Länge 122 km
Art Landschaft
Karte goo.gl/58snbl

Die Opulenz der französischen Riviera ist bekannt: Ferraris, Superyachten, Promi-Villen, Casinos. Wenn man jedoch weiter östlich über die Grenze nach Italien fährt, entdeckt man einen weitaus weniger bekannten Teil der Mittelmeerküste – die Riviera dei Fiori (Blumenriviera), die größtenteils nach Osten zum Ligurischen Meer hin ausgerichtet ist.

Dieser landschaftlich reizvolle Ausflug beginnt in der italienischen Grenzstadt Ventimiglia und führt über die SS1 entlang der Küste nach Savona, wobei sie um Klippen und Landzungen verläuft und Ausblicke auf Strände und Yachthäfen bietet.

Dieses Gebiet ist durch die Alpen vor dem Wetter des Nordens geschützt und hat die gleiche Sonnenscheindauer wie die französische Riviera. Nicht verwunderlich, daß es für seine bunte Blumenpracht bekannt ist, die üppig aus Fensterkästen sprießt, Wände hinaufrankt und in Terrakottatöpfen blüht, wohin man auch geht.

Auf dieser Tour entdeckt man eine Reihe klassischer viktorianischer Badeorte wie San Remo und Finale. Zu den Höhepunkten gehören die befestigten Häfen von Imperia und Savona sowie die bunt bemalten Häuser von Cervo auf einem Hügel mit Blick auf das Meer. Wenn man Zeit für einen Abstecher hat, folgt man der SP64 ein Stück landeinwärts bis zum Dorf Dolceaqua, einem der fotogensten Orte der Region. **SH**

❶ Die Skyline von Imperia wird von der Basilika San Maurizio aus dem späten 18. Jahrhundert dominiert.

Strada Provinciale 227 di Portofino
Ligurien, Italien

Start Rapallo
Ziel Portofino
Länge 8,1 km
Art Landschaft
Karte goo.gl/JNP18n

In einem teuren Straßencafé an der glamourösen Uferpromenade von Rapallo wird man meinen, daß es nichts Typischeres für den Jetset geben kann als dieses Juwel der italienischen Riviera. Jeder auf der palmengesäumten Promenade zwischen den liebevoll restaurierten Burgtürmen scheint ein teures Auto zu haben. Das ist jedoch nichts gegen Portofino. Dieses „Fischerdorf" gleich um die Ecke übertrifft alles. Entlang der schmalen, kurvenreichen Straße durch Santa Margherita Ligure und Paraggi reihen sich Villen, Schlösser, erstklassige Restaurants, gepflegte Privatstrände, Yachthäfen und Fünf-Sterne-Hotels aneinander. Da heißt es, bloß nicht die entgegenkommenden Ferraris zu zerkratzen.

Nur schwer gelangt man in das pastellfarbene Herz von Portofino, denn oft blockiert ein Foto-Shooting oder das Gefolge eines Prominenten die Straße. Doch schließlich betritt man die Traumwelt von Superyachten, Supermodels und Supercars, die das einst idyllische Dorf an der bewaldeten Bucht komplett erobert haben. Die mit Blauregen bewachsenen Villen mit Meerblick gehören heute europäischen Präsidenten, Rennfahrern und Mode-Ikonen. Im Hotel Splendido läßt man sich eine Tasse Kaffee, je nach Geldbörse mit oder ohne ein Schälchen Kaviar, schmecken. Man sollte nur nicht auf dem Parkplatz neben dem Eingang parken, der für George Clooneys Motorrad reserviert ist. **SH**

Circuito di Ospedaletti
Ligurien, Italien

Start Ospedaletti
Ziel Ospedaletti
Länge 3,4 km
Art Kultur
Info goo.gl/9HvVrI

Die Rennen auf dem Circuito di Ospedaletti in der gleichnamigen italienischen Stadt endeten zwar 1972, doch kann man die Strecke immer noch befahren, wenn auch nicht mit der Geschwindigkeit der damaligen Kontrahenten. An der Nordwestküste Italiens gelegen, weniger als eine Autostunde vom glamourösen Nachbarn Monaco entfernt, war die Strecke ein Highlight im Motorsportkalender.

Der Wettkampf begann 1937 als Grand Prix von San Remo und fand, wenig überraschend, in San Remo, 6 km östlich von Ospedaletti statt. 1947 war die Strecke jedoch nicht mehr für die sich ständig weiterentwickelnden Grand-Prix-Autos geeignet, und das Rennen wurde auf die Straßen von Ospedaletti verlegt. Der letzte Grand Prix von San Remo wurde hier 1951 ausgetragen, doch ein Straßenrennen auf dem engen und hügeligen Circuito di Ospedaletti fand noch bis 1972 jährlich statt.

Die Strecke wurde ständig modifiziert und führte schließlich 3,38 km über die Straßen des Ferienortes. Der Rundenrekord von Alberto Ascari in seinem Ferrari 375 lag bei einer Durchschnittsgeschwindigkeit von 105,53 km/h. Wenn man die Strecke langsamer erkunden will, nimmt man den Stadtplan und fährt gegen den Uhrzeigersinn um die sieben berühmten Kurven (immer noch erkennbar an den schwarz-weiß gestrichenen Ecken) dieses einst angesehenen F1-Stadtkurses. **MG**

Passo del Bocco
Ligurien/Emilia-Romagna, Italien

Start Borgonovo Ligure, Ligurien
Ziel Santa Maria del Taro, Emilia-Romagna
Länge 23 km
Art Landschaft
Karte goo.gl/TDou1R

Der Giro d'Italia 2011 führte durch die Wälder dieser Region. Die Radfahrer hatten den Passo del Bocco erklommen, rasten auf der anderen Seite hinunter, und der junge belgische Profi Wouter Weylandt hatte eine gute Position erreicht, als er plötzlich bei 80 km/h die Kontrolle verlor, gegen eine Mauer prallte und noch an der Unfallstelle starb. Seitdem ist die Straße berüchtigt. Autofahrer können nur staunen über den Mut, die Ausdauer und Geschicklichkeit der Radfahrer, die mit hoher Geschwindigkeit über Straßen wie diese fahren, welche für eine motorisierte Maschine schon schwierig genug sind.

Ausgangspunkt ist Borgonovo Ligure, ein Dorf hoch über der italienischen Riviera zwischen Genua und La Spezia. Die Route führt von Ligurien in die benachbarte Provinz Emilia-Romagna. Dort kann man sich auf kleinen Landstraßen Richtung Osten einen Tag lang auf Entdeckungsreise begeben oder direkt umkehren und über die Paßstraße zurück zur Küste fahren. Der Paß selbst erreicht eine Höhe von 956 m. Aus westlicher Richtung ist es ein unerbittlicher Anstieg mit einer durchschnittlichen Steigung von 5,6 Prozent auf den ersten 15 km. Diese wunderschöne, grüne Route schlängelt sich durch die Berge, durch Dörfer und Bauernhöfe, die bis an die Straße reichen. Wo die Bäume etwas lichter stehen, eröffnet sich ein herrlicher Blick auf die Wälder in alle Richtungen bis zum Horizont. **SH**

Umbrailpaß
Italien/Schweiz

Start Stilfserjochstraße, Lombardei, Italien
Ziel Santa Maria Val Müstair, Graubünden, Schweiz
Länge 13 km
Art Abenteuer
Karte goo.gl/qNSW3b

Unter allen Paßstraßen in den europäischen Alpen ist diese zum südlichen Grenzübergang zwischen der Schweiz und Italien eine besonders abenteuerliche. Mit einer Höhe von 2501 m ist sie die höchstgelegene befestigte Straße der Schweiz. Und das gilt erst seit 2015 – vorher waren Abschnitte der Strecke noch eine Schotterpiste. Schneebedingt ist die Straße nur von Mai bis Dezember geöffnet. Sie beginnt unter der Paßhöhe des Stilfserjochs in Italien. Etwa eine Minute nachdem man Richtung Umbrail abgebogen ist, erreicht man die Schweizer Grenze. Sie ist nicht immer besetzt, doch es werden regelmäßig Autos angehalten. Von der italienischen Seite kommend ist die Route trügerisch, denn sie scheint gar nicht sehr steil zu sein, da der größte Teil des Aufstiegs bereits zu Beginn der Fahrt erfolgt ist. Nach der Gipfelüberquerung, im Schatten des Piz Umbrail, wird es jedoch schwierig. Von hier bis zum Ziel fällt die Straße mehr als 1100 m ab.

Auf dem Weg hinunter ins Val Müstair führt die Straße durch 34 Haarnadelkurven. Einige gut plazierte Haltebuchten bieten einen fabelhaften Blick auf die Sesvennagruppe. Zwischen saftig grünen Wiesen am Fuße des Passes, im Ort Santa Maria Val Müstair, kann man zum Mittagessen einkehren und die Bremsen abkühlen lassen. Anschließend geht es weiter zum 3 km nördlich gelegenen Weltkulturerbe Benediktinerinnenkloster St. Johann. **DK**

Strada della Forra
Lombardei, Italien

Start Campione
Ziel Tremosine
Länge 13 km
Art Landschaft
Karte goo.gl/Hyrarw

Vom wunderschönen Westufer des Gardasees windet sich die Route, die Luftline nur etwa 4 km überbrückt, in Serpentinen von dreifacher Länge durch die Landschaft.

Der Grund für all die Kurven ist natürlich das unwirtliche Gelände. Die Straße muß sich vom See die Berghänge hinaufschrauben, durch eine tiefe, enge Schlucht fädeln und sich um gewaltige Felsklippen schlingen. Das Ergebnis ist eine traumhaft schöne Strecke, die dem Fahrer aber volle Konzentration abverlangt. Empfohlen sind Motorräder oder Kleinwagen; breite Fahrzeuge werden sich die Kotflügel verbeulen oder in einem engen Felstunnel stecken bleiben und sich fragen, wie sie nach Hause kommen. Es ist meistens so eng, daß Gegenverkehr in den Haarnadelkurven oder Tunnels dazu zwingt, zu einer Ausweichstelle zurückzusetzen.

Die Straße zwängt sich durch zerklüftete Felsspalten, durch in die Berge gesprengte Löcher und unter aus dem Fels gehauenen Bögen entlang. Auf der vor mehr als 100 Jahren erbauten Strecke bewies sich auch schon der unerwartet abenteuerlustige Sir Winston Churchill. Der britische Staatsmann erklärte die Straße zum „achten Weltwunder".

James Bonds Aston Martin raste in der Eröffnungsjagd des Films *Ein Quantum Trost* (2008) über einen Abschnitt dieser Strecke. Dieses Kunststück sollte man jedoch nicht nachmachen. **SH**

❶ Die kurvenreiche Straße am Westufer des Gardasees ist eine fahrerische Herausforderung.

Gaviapaß
Lombardei, Italien

Start Bormio
Ziel Ponte di Legno
Länge 43 km
Art Landschaft
Karte goo.gl/Awp1Pi

Der Gaviapaß ist ein absoluter Favorit begeisterter Alpinisten. In den Sommermonaten müssen sich die Besucher diesen zum Teil einspurigen gewundenen Asphaltstreifen jedoch mit zahllosen Radfahrern teilen, die dank seines Rufs als eine der anspruchsvollsten Etappen des Giro d'Italia aus ganz Europa hierher strömen.

Von Bormio, einem lombardischen Skigebiet mit Thermalquellen, führt die Route entlang der Ufer des Flusses Adda und seines Nebenflusses, dem Torrente Frigidolfo, in den Nationalpark Stilfserjoch. Die Strecke verläuft im Schatten zweier Alpengipfel: rechts der Monte Gavia (3223 m) und links der Corno dei Tre Signori (3360 m).

Am Ufer der nächsten Sehenswürdigkeit, dem Lago Bianco, steht ein großes Kreuz, das aus Dankbarkeit von einem Mann errichtet wurde, der 1929 hier mit seiner Frau und seiner Mutter eine Nacht in einem Schneesturm überlebte.

Jenseits des Sees führt der Aufstieg in einer Abfolge von Serpentinen am Lago Nero vorbei zum Gipfel auf 2545 m Höhe. Hier befindet sich eine Alpenhütte und ein pyramidenförmiges Denkmal zu Ehren der Gefallenen des Gefechts am San Matteo (1918), einer der höchstgelegenen Schlachten der Geschichte. Der steile Abstieg in die Provinz Brescia führt durch einen 800 m langen, feuchten, dunklen und engen Tunnel. **JP**

❶ Der Gaviapaß ist eine anspruchsvolle Strecke mit wenigen Leitplanken; die Aussicht ist spektakulär.

Malojapaß
Italien/Schweiz

Start Chiavenna, Lombardei, Italien
Ziel Silvaplana, Graubünden, Schweiz
Länge 43 km
Art Landschaft
Karte goo.gl/xfClqR

Zwischen Chiavenna in Norditalien und dem Engadiner Ferienort St. Moritz in der Schweiz erhebt sich eine Gruppe von zerklüfteten Berggipfeln. Es gibt keinen sauberen Einschnitt, der sich als Paß anbietet, doch vor Hunderten von Jahren muß jemand entschieden haben, daß diese Route geeignet sei. Die Straße führt von Chiavenna aus 20 km ohne Kurven und Hügel durch die Landschaft. Dann plötzlich steigt sie über wenige Kilometer in einer scheinbar endlosen Reihe von Serpentinen bis nach Maloja auf 1815 m. Anschließend verläuft die Route auf gleichbleibender Höhe bis zum 11 km entfernten Silvaplana. Wegen ihres ungewöhnlichen Verlaufes trägt die Straße den Spitznamen „der Paß, der keiner ist". Man hätte sie genauso gut „Treppe mit einer Stufe" nennen können, da sie nur eine einzige steile Steigung hat.

Natürlich macht genau das die unvergeßliche Fahrt aus. Autofahrer müssen in den schweren Serpentinen nach Maloja ordentlich Lenkarbeit leisten, während Motorradfahrer durch das ganze Hin- und Herschwanken seekrank werden. Im kleinen Dorf Maloja auf dem Gipfel gibt es ein Café, in dem man verschnaufen und die Ankunft mit einigen Panoramafotos feiern kann. Von dort aus führt eine landschaftlich reizvolle, glatte Schweizer Straße entlang des Ufers des Silvaplanersees. Auf dieser Etappe gibt es kaum eine Steigung. **SH**

❶ Diese gut gepflegte Serpentinenroute durch Wälder und Berge macht einfach Spaß.

Von Anfo zum Manivapaß
Lombardei, Italien

Start Anfo
Ziel Skigebiet Maniva, Giogo del Maniva
Länge 27 km
Art Abenteuer
Karte goo.gl/s9wvFe

Dies mag zwar nur eine relativ kurze Strecke sein, aber es ist eine Fahrt, für die man Nerven aus Stahl braucht. Nicht umsonst gilt sie als eine der gefährlichsten Strecken der Welt.

Die Route beginnt gemütlich im kleinen Ort Anfo am Ufer des Idrosees, der 368 m über dem Meeresspiegel liegt. Die Straße verläuft parallel zum Seeufer, mit Rundumblick auf die Berge, bis man sich dem nördlichen Ende des Sees nähert und links auf die SP669 einbiegt. In den Bergamasker Alpen steigt die Strecke über mehrere immer höhere Bergpässe an. Auf dem Passo del Dosso Alto (auch Passo delle Portole genannt) befindet man sich auf einer Höhe von 1727 m.

Die alte Militärstraße verläuft in zahllosen Kurven und die Fahrbahn verschlechtert sich zunehmend, wobei einige Abschnitte zu losem Schotter verwittert sind. An manchen Stellen ist es so eng, daß nur ein Auto Platz hat. Man muß also damit rechnen, um Kurven herum rückwärts zu fahren, bis man eine geeignete Ausweichstelle erreicht.

Die dürftigen Geländer zwischen dem Fahrzeug und den steilen Hängen sind nicht vertrauenerweckend. Aufgrund des furchterregenden Rufes dieser Route hat man zumindest das Privileg, während der Fahrt einige wundervolle Alpenpanoramen zu erleben. Die Steinschlaggefahr ist allerdings allgegenwärtig. **MG**

Mortirolopaß
Lombardei, Italien

Start Mazzo di Valtellina
Ziel Mortirolopaß
Länge 11 km
Art Abenteuer
Karte goo.gl/4DDCVl

Sie schwitzen, ringen nach Luft und ihre Beine bersten fast vor Anstrengung – während man im Auto gemütlich an den Radfahrern vorbeifährt, laufen diese beim Versuch, den heiligen Gral des Radfahrens zu erklimmen, puterrot an.

Lucho Herrera betitelte den Alpenpaß als „Queen climb of Europe" und viele Profis beschreiben ihn als härteste Fahrt, die sie je gemacht haben. Als Auto- oder Motorradfahrer fragt man sich aber vielleicht, worum es denn hier geht. Ja, die Strecke ist steil und hat einige Haarnadelkurven, aber das scheint nur ein geringer Preis für die faszinierende Aussicht über die umliegenden Berge zu sein.

Vom hübschen lombardischen Dorf Mazzo di Valtellina aus steigt diese lange, schmale und steile Route mit einer durchschnittlichen Steigung von 11 Prozent zur Paßhöhe auf 1852 m an. Der steilste Abschnitt der Straße hat sogar beachtliche 18 Prozent. Kein Wunder also, daß im Rahmen des alljährlichen Radklassikers Giro d'Italia der erste Fahrer auf dem Paß einen Sonderpreis gewinnt. Die Route ist auf ihrer gesamten Länge mit Radsportdenkmälern und Graffiti versehen. Man sollte unterwegs also an die nicht motorisierten Kameraden denken, die sich auf dieser landschaftlich reizvollen Strecke plagen. Man selbst weiß die Aussicht, den glatten Asphalt und die alten Gebäude zu schätzen. Die Radfahrer wahrscheinlich nicht. **SH**

Von Sondrio zum Bacino di Campo Moro
Lombardei, Italien

Start Sondrio
Ziel Bacino di Campo Moro
Länge 35 km
Art Abenteuer
Karte goo.gl/cAe289

Von der sympathischen, geschäftigen Alpenstadt Sondrio aus betrachtet wirken die umliegenden Gipfel wie eine Panorama aus einem Puzzle. Fährt man jedoch in das Herz der Berge, beginnt die Natur eine dunklere Gestalt anzunehmen. Der Weg zum abgelegenen Bacino di Compo Moro beginnt mit dem Aufstieg aus Sondrio und verläuft anmutig zwischen terrassenförmigen Gärten und prächtigen Häusern. Mit jedem Kilometer scheint die Straße jedoch schmaler zu werden und die Bäume etwas mehr überzuhängen. Die Kurven werden schwieriger, die Steigung spürbarer und die Berge rücken näher, fast bis zum Asphalt.

Auf der Route durch Dörfer wie Tornadri und Lanzada sind lichte Durchfahrten nur eine ferne Erinnerung. Dann beginnen die Serpentinen. Man sollte sich aber nicht durch Bremsspuren auf dem Asphalt oder ungesicherte Hänge ängstigen lassen und sich lieber auf eine einzigartige Abfolge von engen Tunneln freuen, die in die Gebirgswände gehauen wurden. Von schroffem Fels umgeben durchquert man sie auf Kopfsteinpflaster. In die Seiten der Tunnel gesprengte „Fenster" erlauben unglaubliche Ausblicke auf die Berge.

Die noblen Hotels und Cafés rund um den Seeparkplatz wirken dagegen eher ernüchternd, doch sollte man sich nicht zu sehr entspannen, denn die Rückfahrt steht noch bevor. **SH**

❶ Dieser Turm ist eine von mehreren ehemaligen Verteidigungsanlagen der italienischen Armee.

Mille Miglia Südtirol, Italien

Start Brescia Ziel Brescia Länge 1609 km
Art Kultur Info goo.gl/2yWAAH

Die Mille Miglia (Tausend Meilen) war eines der berühmtesten Straßenrennen der Welt. Wie das 24-Stunden-Rennen von Le Mans war es ein anstrengender Härtetest für Fahrer und Maschine. Es wurde 1927 erstmals veranstaltet und führte von Brescia durch die Berge Norditaliens Richtung Süden nach Rom und zurück zum Ausgangspunkt. Abgesehen von einer Unterbrechung während des Zweiten Weltkriegs wurde die Mille Miglia bis 1957 veranstaltet, als sie nach mehreren Todesfällen zur Rallye 1000 Miglia umgestaltet wurde.

Es ist einfach, eine Karte der Strecke zu besorgen und die Fahrt in einem gemächlicheren Tempo zu genießen, da sie durch viele berühmte Orte führt, an denen es sich lohnt anzuhalten statt hindurchzurasen. Die Durchschnittsgeschwindigkeit für das Rennen betrug erstaunliche 157,65 km/h, die komplette Fahrt von Brescia nach Rom und zurück dauerte also nur etwa zehn Stunden.

Brescia ist einen Besuch wert, denn es verfügt über mehrere UNESCO-Weltkulturerbestätten. Die Route führt auch durch Ravenna und Modena, die Heimatstädte von Ferrari, Lamborghini und Maserati, durch San Marino und durch Florenz. Vor allem die Rückfahrt von Rom nach Brescia verläuft dann durch eine typische italienische Hügellandschaft. **MG**

❶ Oldtimer auf dem berühmten Kurs.

Grödnerjoch Südtirol, Italien

Start Wolkenstein in Gröden **Ziel** Corvara **Länge** 18 km
Art Landschaft **Karte** goo.gl/oTGOiM

Dieser Paß im landschaftlich besonders reizvollen Südtirol erreicht eine Höhe von 2136 m. Statt einfach nur hinüberzufahren, bietet sich Besuchern die Möglichkeit, in der dortigen Unterkunft zu übernachten, um einige der Wandermöglichkeiten und anderen Freizeitaktivitäten zu nutzen. Wer jedoch lieber auf der Straße bleiben möchte, erlebt dennoch eine der aufregendsten Touren der Region.

Das Grödnerjoch ist gut asphaltiert, und das ist auch notwendig, da es eine sehr beliebte Strecke ist, die man in den Sommermonaten nur selten für sich allein hat.

Es gibt einige packende Auf- und Abstiege, und es ist ratsam, sie in ruhigeren Zeiten des Jahres zu fahren, wenn man die Straßen in seinem eigenen Tempo genießen kann. Außerdem wird man die Landschaft auskosten wollen. Im Frühling sind die Alpenwiesen an den Berghängen besonders schön, wenn sie von bunten Blüten übersät sind.

Durch die nicht enden wollenden Serpentinen kann man zwar nicht immer genau dort anhalten, wo man möchte, aber es gibt viele Haltemöglichkeiten, an denen man über die Täler in die Berge blicken kann, die sich bis in weite Ferne erstrecken. Dies ist die vielleicht schönste Panoramafahrt durch die Dolomiten. **MG**

❶ Die Form der Dolomiten macht ihren Charme aus.

Karerpaß Südtirol, Italien

Start Bozen Ziel Vigo di Fassa Länge 39 km
Art Landschaft Karte goo.gl/fMpZRV

Der Karerpaß oder Passo di Costalunga ist mit einer Höhe von 1754 m weder der höchste Alpenpaß noch der anspruchsvollste, da die Straße im allgemeinen eben, breit und gut ausgeschildert ist und die Kurven und Steigungen recht leicht sind, doch er ist sicherlich einer der schönsten. Die Panoramastraße durch das Eggental und Welschnofen führt mit atemberaubenden Ausblicken auf entfernte schneebedeckte Gipfel und dicht bewaldete Berghänge gemütlich über den Paß.

Der Karersee oder Lago di Carezza ist der Höhepunkt der Tour. Der kleine türkisblaue See liegt idyllisch inmitten steiler, immergrüner Waldhänge. Schroffe Berge und Bäume spiegeln sich herrlich im Wasser und machen den See zu einem der beliebtesten Fotomotive der Dolomiten.

Auch die Wanderwege rund um das Ufer sind es wert, erkundet zu werden, wenn man etwas mehr Zeit mitbringt. Der Karersee liegt ein paar Kilometer von der Paßhöhe entfernt. Eine Reihe von Berghotels, Hütten und Cafés laden auf dem grasbewachsenen Hochplateau zum Verweilen und Bewundern der Landschaft ein. Im Hochsommer ist der Paß ein populäres Ziel für Touristenbusse; in der Frühlings- oder Herbstsaison macht die Fahrt daher weitaus mehr Spaß. **SH**

❶ Die Rosengartengruppe ist bei Bergsteigern beliebt.

Gampenpaß Südtirol, Italien

Start Fondo   Ziel Lana   Länge 33 km
Art Landschaft   Karte goo.gl/wz97Wt

Schon im Mittelalter erkannten die Tiroler Grafen, wie nützlich diese Route durch die Berge Nordostitaliens für die Reisenden war, und setzten deshalb Mautbeamte ein, um hoch oben auf dem Paß Geld von allen Händlern auf dem Weg zwischen dem Etschtal und dem Nonstal zu kassieren. Zum Glück trifft man heute niemanden mehr mit einer Gebührenliste auf dem Gipfel an. Stattdessen bietet sich etwas Unerwartetes: ein unterirdisches Museum und eine Galerie. Der riesige Komplex unterirdischer Tunnel wurde vor dem Zweiten Weltkrieg von den Italienern zur Verteidigung gegen einen möglichen deutschen Angriff errichtet, aber nie benutzt. Der mehrstöckige Gampen-Bunker wurde restauriert und dient heute als Ausstellungszentrum, kuratiert von der Bergsteigerlegende Reinhold Messner. Unterirdische Galerien präsentieren auf lehrreiche Weise die Geologie und Geographie der Berge und ihrer Bewohner.

Der Rest der Panoramaroute ist eine typische Strecke durch die Südalpen. Die zweispurige Straße führt steil über den Paß auf 1518 m durch wunderschöne bewaldete Hänge. Es gibt einige Haarnadelkurven, aber die ebene Straße ist angenehm breit. Das Schönste sind die weitläufigen Ausblicke in die grünen Täler auf beiden Seiten des Passes. **SH**

❶ Die Dolomiten verschmelzen mit den Wolken.

Martelltal
Südtirol, Italien

① Diese Tour ist anspruchsvoll, aber der Blick vom Gipfel lohnt die Mühen.

Start Goldrain
Ziel Zufrittsee
Länge 21 km
Art Landschaft
Karte goo.gl/gcVo5d

Dieser anspruchsvolle Aufstieg in die Berge Südtirols liegt nur wenige Kilometer östlich des Stilserjochs. Hat man nach dieser weithin als schwierigste von allen geltenden Strecke also noch nicht genug, so bietet sich hier ein zusätzlicher Nervenkitzel. Mit dem Stilserjoch kann diese kleine Bergstrecke zwar nicht konkurrieren, doch ist sie viel ruhiger, fast genauso anspruchsvoll und ebenso schön.

Vom kleinen Dorf Goldrain im Etschtal führt die Straße umgeben von schwierigem Gebirgsterrain Richtung Bozen durch Obstplantagen, Weinberge und Wiesen mit verstreuten Bauernhäusern, bevor sie in gemütlichen Schleifen zwischen bewaldeten Hängen ansteigt. Kleine Dörfer, Berghotels und Haltepunkte bieten phantastische Fotomöglichkeiten. Auf den letzten Kilometern ist Konzentration gefragt, da sich die Straße verengt und beginnt, sich steil durch den Wald zu winden.

Schließlich erreicht man einen Damm und den Stausee. Der Höhepunkt der Tour ist die Fahrt auf der Straße rund um den malerischen Zufrittsee.

Ein paar Kilometer weiter erreicht man einen kleinen Wendepunkt, von dem aus man denselben Weg zurück nach unten nimmt. Hier oben, am Ende des glatten Asphalts, gibt es zwar einige unbefestigte Pisten, die noch höher in die Berge führen, aber die offiziellen Schilder warnen: „Dies ist das Ende der Straße." **SH**

Lavazèjoch
Südtirol, Italien

Start Bozen
Ziel Varena
Länge 31 km
Art Landschaft
Karte goo.gl/X2Yhn3

Diese Tour beginnt in der tief in einem Tal der Südtiroler Alpen gelegenen charmanten Altstadt von Bozen. Märkte, prächtige Gebäude, Denkmäler und Parks prägen das Stadtbild und in alle Himmelsrichtungen sind schneebedeckte Gipfel zu sehen. Von hier aus geht es durch das Etschtal, über die Autobahn und dann nach Süden, wo man durch einen langen Tunnel in die Bergwelt eintaucht. Die breite asphaltierte Straße verläuft durch Felsschluchten, steile Waldtäler und Lawinenschutzwälle. Gelegentlich bietet eine schnelle Gerade Gelegenheit zum bequemen Überholen langsamer Lastwagen.

Nach Birchabruck wird die Steigung etwas stärker und die Straße führt allmählich durch den Kiefernwald zum Lavazèjoch hinauf. Es sind zwar einige Serpentinen zu überwinden, doch auf der beliebten Touristenroute sind die Steigungen eher einfach und bequem zu meistern. Man gelangt auf ein grasbewachsenes Plateau mit schöner Aussicht und einigen Cafés. Da der Paß eher ein breiter Sattel als ein steiler Grat ist, bieten sich hier hervorragende Möglichkeiten zum Einkehren und Spazierengehen. Auf der anderen Seite geht es anschließend genauso gemütlich und einfach bergab. Es gibt ein paar engere Abschnitte, aber nur wenige abrupte Kurven. Diese Tour ist ein besonders einfacher Weg, die atemberaubende Landschaft eines hochalpinen Passes zu erleben. **SH**

❶ Anders als die meisten anderen schönen italienischen Städte liegt Bozen abseits der Touristenrouten.

Schutzhütte Fodara Vedla
Südtirol, Italien

Start St. Martin in Thurn
Ziel Schutzhütte Fodara Vedla, Enneberg
Länge 24 km
Art Abenteuer
Karte goo.gl/ibzfIe

Diese sensationelle Bergtour endet in einem Gebiet, das für seine schönen Sommerwanderwege berühmt ist. Es ist eine unterhaltsame Fahrt mit einem herrlichen Blick über die Südtiroler Dolomiten. Im Winter macht der Schnee diese Reise beschwerlich, wenn nicht gar unmöglich. Die beste Reisezeit ist im späten Frühjahr, wenn die Sonne scheint und die Wiesen in voller Blüte stehen.

Vom charmanten Städtchen St. Martin in Thurn steigt die Bergstraße steil durch das hübsche Dorf St. Vigil – Basis des weitläufigen Ski- und Wandergebietes Kronplatz – hinauf in die Hochalpen.

Bis zum Berggasthaus Pederü ist die Fahrt relativ einfach, doch die letzte Etappe beinhaltet einen schwierigen Anstieg über mehr als 20 aufeinanderfolgende Serpentinen. Von oben sind die Aussichten allerdings überwältigend.

Die Schutzhütte Fodara Vedla liegt im Naturpark Fanes-Sennes-Prags, wo im Frühling Anemonen, Ochsenaugen, Gänseblümchen und Enziane auf den Alpenwiesen blühen.

Wenn man morgens früh genug losfährt, kann man vom Parkplatz am Ende der Route noch eine 3 km lange Wanderung über die Hochalm zur Senneshütte unternehmen. Die Berghütte liegt auf 2126 m Höhe und bietet herrliche Panoramablicke über die Gipfel der Dolomiten, darunter die Hohe Gaisl und das Cristallo-Massiv. **DK**

❶ Die Schutzhütte Fodara Vedla liegt im Herzen des Naturparks Fanes-Sennes-Prags.

Südtiroler Weinstraße
Südtirol, Italien

Start Bozen
Ziel Bozen
Länge 137 km
Art Kultur
Info goo.gl/mVnOL1

Die Weine aus Südtirol sind vielleicht nicht ganz so bekannt wie die kräftigen italienischen Rotweine aus dem Süden, doch diese Fahrt durch die imposante Tiroler Landschaft beweist, wie gut Trauben aus dem Norden sein können. Die vorgeschlagene Route führt durch eine der schönsten Weinregionen der Welt, die an die Voralpen grenzt.

Auch wenn Bozen ein guter Ausgangspunkt ist, kann man die Tour an jedem beliebigen Punkt beginnen und auch andere Weinberge besuchen, die nicht auf der offiziellen Route stehen. Bozen, die Landeshauptstadt Südtirols, verfügt über einen herrlichen mittelalterlichen Stadtkern und ein Archäologiemuseum. Hier befindet sich die Mumie von Ötzi, dem Mann aus dem Eis, der von etwa 3300 v. Chr. bis 1991 unentdeckt in den Bergen lag.

Von hier aus geht es nordwärts nach Andrian, wo sich der älteste Weinkeller des Etschtals, dem Herzen des Weinlandes, befindet. Hier kann man die berühmten köstlichen Gewürztraminer und Rieslinge probieren, aber auch weniger verbreitete Trauben wie Silvaner und Veltliner.

Die Fahrt nach Norden nach Meran und dann gegen den Uhrzeigersinn zurück nach Süden führt vorbei an malerischen Weinbergen und in Orte wie Pfatten mit seiner mittelalterlichen Burg. Eine herrliche Fahrt, die Landschaft, Geschichte und Wein miteinander verbindet. MG

❶ Zwischen den felsigen Gipfeln der Alpen liegen grüne Täler voller Weinstöcke.

Stilfserjoch
Südtirol, Italien

Start Prad am Stilfserjoch
Ziel Bormio
Länge 47 km
Art Abenteuer
Karte goo.gl/cBkuSJ

Die von den Moderatoren der BBC-Sendung *Top Gear* als eine der „großartigsten Fahrstrecken der Welt" ausgezeichnete Stilfserjoch-Paßstraße ist die dritthöchste öffentliche Straße der Alpen und steigt durch eine Reihe von engen Serpentinen auf 2757 m an.

Sie wurde in den 1820er Jahren im damaligen Kaisertum Österreich erbaut und war mit einer Höhendifferenz von 1838 m ein Meisterwerk des Straßenbaus. Heute ist das schneebedingt für die Hälfte des Jahres geschlossene Stilfserjoch vor allem eine Touristenattraktion und ein Mekka für abenteuerlustige Auto- und Motorradfahrer aus ganz Europa. Von Prad im Norden kommend verläuft die Straße durch die kühlen Alpenwälder im Herzen des Nationalparks Stilfserjoch, bevor oberhalb der Baumgrenze der steile Anstieg beginnt. Sie findet sich in den verschiedensten „Top Ten" der gefährlichsten Straßen der Welt, und die 48 Serpentinen des Passes stellen Fahrer und Maschine auf eine harte Probe. Die spektakulären Ausblicke vom Gipfel über die Gletscher des Ortlers und die Ostalpen sind jedoch eine angemessene Belohnung für die Strapaze. Oben angekommen können sich Fahrer und Motor eine wohlverdiente Verschnaufpause gönnen.

Auf dem Abstieg warten weitere 39 Kehren und mehrere Felstunnel, so daß die Thermalbäder in Bormio eine perfekte Möglichkeit bieten, nach einem anstrengenden Tag zu entspannen. **DIS**

◐ Die Straße vom Gipfel aus gesehen.
◐ Niedrige Betonbarrieren sichern die Strecke.

Große Dolomitenstraße
Südtirol/Venetien, Italien

❶ Vom Karersee (Lago di Carezza) bietet sich ein schöner Blick auf das Latemargebirge.

Start Bozen, Südtirol
Ziel Cortina d'Ampezzo, Venetien
Länge 111 km
Art Abenteuer
Karte goo.gl/noHTPC

Bereits durch ihren Namen suggeriert die Große Dolomitenstraße, oder auf Italienisch Grande Strada delle Dolomiti, eine traumhafte Route zu sein – und sie hält ihr Versprechen. Die Straße ist steil, schmal und an einigen Stellen ein wenig furchteinflößend, aber man hat dennoch ausreichend Möglichkeiten, anzuhalten und das herrliche Bergpanorama zu fotografieren oder es einfach nur mit allen Sinnen zu genießen.

Die Route beginnt in Bozen in Südtirol auf einer moderaten Höhe von 262 m. Von dort geht es ostwärts in die Berge. Bis auf die Tunnelpassagen ist man stets von den Gipfeln der Dolomiten umgeben. Die Straße windet sich durch dichte Nadelwälder und über Brücken, durch enge Haarnadelkurven und schmale Passagen, auf denen nur ein Auto Platz hat. Es dauert nicht lange, bis man den Karersee erreicht, an dem die österreichische Kaiserin Sisi 1897 ihren Urlaub verbracht hatte. Auch heute noch ist er, selbst bei großem Andrang, ein malerischer Ort für eine erholsame Pause.

Die Dolomitenstraße bietet zahlreiche phantastische Ausblicke und Fahrerlebnisse. Nach dem Pordoijoch auf 2239 m Höhe geht es hinab nach Venetien. Bevor man in den Wintersportort Cortina d'Ampezzo gelangt, befährt man noch eine kurvenreiche Etappe mit grandioser Fernsicht über die weiten Täler und mächtigen Berge. **MG**

Passo San Boldo
Venetien, Italien

Start Trichiana
Ziel Tovena
Länge 16,3 km
Art Abenteuer
Karte goo.gl/hkKw14

Der Gebirgspaß Passo San Boldo in Venetien im Nordosten Italiens befindet sich am südlichen Ende der Alpen. Die Paßstraße zählt zwar – mit nur 706 m Höhe – nicht zu den höchstgelegenen dieser Region, stellt aber mit ihren Kehrtunneln und Serpentinen einen unvergeßlichen Roadtrip dar.

Man startet in Trichiana, umgeben von hohen Bergen, und kann kaum glauben, keine 70 km von den Touristenströmen in Venedig entfernt zu sein. Die Fahrt beginnt sehr entspannt mit nur leichten Anstiegen, durch Dörfer und vorbei an Feldern. Man ahnt nicht, welche Dramatik vor einem liegt. Doch langsam werden die Kurven enger und der Anstieg steiler, bis man zum eigentlichen Paßbeginn gelangt.

Nun folgt eine Reihe von Tunneln, die durch die Berge führen, darunter sechs Kehrtunnel, bei denen sich im Tunnel eine Kurve befindet. Auf der anderen Paßseite gibt es sieben aufeinanderfolgende Serpentinen. Hier geht es steil bergab, und somit setzt sich die Faszination dieser Straße fort. Bei seiner Eröffnung im Juni 1918 erhielt der Passo San Boldo den Beinamen „Straße der 100 Tage", da die rund 7000 Arbeiter für den Bau ungefähr diese Zeitspanne benötigt hatten.

Wer in Erwägung zieht, den Passo San Boldo im Wohnmobil oder mit einem Wohnwagen zu befahren, sollte die Maximalhöhe von 3,20 m beachten, die durch die Tunnel vorgegeben ist. MG

❶ Die Fahrt durch die faszinierenden Tunnel des einspurigen Passo San Boldo wird durch Ampeln geregelt.

Forcella Lavardet
Venetien/Friaul-Julisch Venetien, Italien

❶ Die Forcella Lavardet ist ein hoch gelegener Gebirgspaß in den Dolomiten.

Start Campolongo, Venetien
Ziel Comeglians, Friaul-Julisch Venetien
Länge 23 km
Art Abenteuer
Karte goo.gl/lUWxTT

Die Dolomiten in Norditalien ermöglichen zahlreiche fabelhafte Roadtrips durch eine atemberaubend schöne Berglandschaft. Bei dieser Route liegt die Herausforderung vor allem im Anstieg.

Die Strada Statale 465 führt als Gebirgspaß über die Forcella Lavardet. Bei den 14 Haarnadelkurven ist eine enger als die andere – und Fotos können dieser wunderbaren Straße bei weitem nicht gerecht werden. Sie schlängelt sich grüne Hänge hinauf, wobei sich zur Linken ein ausgetrocknetes Flußbett und zur Rechten ein felsreicher Gebirgsbach befinden. Die ursprüngliche Straße war vom Militär in Eile erstellt worden, um schwere Artillerie über den Paß bringen zu können. Dadurch erklären sich die geringen Steigungen und die unzähligen Kehren. Während diese heute zumeist asphaltiert sind, ist der Rest der Straße oft nur geschottert.

Am besten steuert man den Paß von Norden an, indem man von Campolongo auf der SS465 südwärts fährt. Vor den Serpentinen überquert man eine Brücke, dann beginnt der Aufstieg zum Gipfel. Auf 1542 m ist man schließlich von Bergen umgeben. Nun verläuft die Straße erst in südlicher, dann in östlicher Richtung, bis man Comeglians am Degano erreicht. Dessen Flußbett erweitert sich hier deutlich. Man beachte, daß die Straße oft wegen Murenabgängen und Steinschlag gesperrt ist. Darüber sollte man sich vorab informieren. **SA**

James Bond 007: Ein Quantum Trost – Verfolgungsjagd
Von Venetien in die Toskana, Italien

Start Malcesine, Venetien
Ziel Siena, Toskana
Länge 518 km
Art Kultur
Karte goo.gl/bFwlqH

Ob mit Flugzeugen, Schneemobilen, Motorrädern, Helikoptern, Rennbooten oder einem getunten Aston Martin – in James-Bond-Filmen sind die Verfolgungsjagden immer das Highlight, und jene in *Ein Quantum Trost* (2008) war sogar für Bond-Verhältnisse herausragend.

Natürlich sollte man nicht erwarten, diese Fahrt in einer ähnlich kurzen Zeit zu absolvieren. Der Regisseur nahm sich beim geographischen Streckenverlauf einige Freiheiten heraus, um den rasanten 007 Hunderte Kilometer in wenigen Sekunden bewältigen zu lassen. Aber dies ist ohnehin keine Landschaft, durch die man hindurchhetzen möchte – man sollte sie ausgiebig genießen.

Die Route beginnt in Malcesine am Gardasee, das vom weißen Turm seiner Scaligerburg überragt wird. Von hier raste Bond mit seinem DBS V12 um den See, bevor er südwärts durch die bewaldeten Hänge von Verona fuhr und die Mittelmeerküste bei Carrara ansteuerte. Gott sei Dank werden wir nicht von einem Alfa Romeo verfolgt, der spektakulär den Berghang hinabstürzt.

Nachdem man ein Stückchen die Küste entlanggefahren ist, führt die Strecke durch die sanfthügelige Toskana mit ihren Wäldern und Weinbergen und den Städten Lucca und Florenz. Die Fahrt endet im traumhaften Siena – einem perfekten Ort, um zum Abschluß des Tages einen Cocktail zu genießen. MG

❶ Zu Beginn der Route verläuft die Straße entlang des malerischen Ufers des Gardasees.

Von Triest in die Dolomiten
Friaul-Julisch Venetien, Italien

Start Triest, Friaul-Julisch Venetien
Ziel Cortina d'Ampezzo, Venetien
Länge 241 km
Art Abenteuer
Karte goo.gl/bLJnc0

Diese Route durch die nordöstliche Ecke Italiens ist eine abenteuerliche Fahrt durch eine geschichtsträchtige Landschaft, die von Touristenscharen verschont ist. Man startet im romantischen Triest mit seinem großen Hafen und der historischen Altstadt. Auf der Küstenstraße fährt man am Golf von Triest entlang und passiert das zauberhafte Schloß Miramare – im 19. Jahrhundert die Residenz von Erzherzog Ferdinand Maximilian von Österreich –, das auf einer Felsenklippe liegt. In Palmanova sollte man Halt machen, um den sternförmigen Grundriß dieser Planstadt mit ihrer Renaissancearchitektur zu bewundern. Von dort führen Alleestraßen nach Udine, wo es weitere Festungsanlagen und Renaissancebauten zu sehen gibt. Die Universitätsstadt bietet zudem zahlreiche Restaurants und Kneipen.

Auf dem Weg nach Maniago mit der eindrucksvollen Piazza d'Italia tauchen am Horizont die schroffen Gipfel der Dolomiten auf. Nun steigt die Straße langsam an und schlängelt sich durch dichte Wälder, während man reißende Gebirgsbäche überquert und durch Felstunnel fährt. Bald rücken die Berge näher. Dieser Abschnitt ist für seinen Ausblick auf das Bergpanorama berühmt. Man fährt durch Schluchten und erreicht den Skiort Cortina d'Ampezzo. Hier sollte man aufmerksam sein: Der Ort wimmelt von Motiven des Films *James Bond 007 – In tödlicher Mission* (1981). **SH**

Passo del Cason di Lanza
Friaul-Julisch Venetien, Italien

Start Pontebba
Ziel Paularo
Länge 30 km
Art Landschaft
Karte goo.gl/d4gdYM

Wer sich in den Bergen im Norden Italiens aufhält, unweit der Grenze zu Österreich, und sich entscheidet, von Pontebba nach Paularo zu fahren, hat zwei Möglichkeiten: eine etwa 65 km lange, einfache Route über Tolmezzo, die mit jedem Fahrzeug problemlos zu bewältigen ist, oder eine kürzere, weit anspruchsvollere Strecke, die vor allem abenteuerlustige Fahrer zu schätzen wissen.

Aber man sei gewarnt: die zweite Route ist unter mehreren Aspekten schwierig. Zum einen wartet sie mit einigen deutlichen Anstiegen auf. Pontebba liegt 600 m tiefer als Paularo, und die mittlere Steigung zwischen beiden Orten beträgt 6,4 Prozent. Zudem ist die Straße so schmal, daß man nur mit einem kleinen, zuverlässigen Vehikel unterwegs sein sollte. Zweiräder, ob mit oder ohne Motor, eignen sich wunderbar (die Strecke war Teil der Giro d'Italia). Hingegen wäre es unklug, ein größeres Auto als einen Kleinwagen zu wählen; Ausweichmöglichkeiten sind rar, und vorausschauendes Fahren dringend vonnöten.

Diese Straße im Miniaturformat hat einen wunderbaren Nebeneffekt: Durch die Proportionen versinkt man förmlich in der Landschaft, wenn man über die dicht bewaldeten Hänge flitzt, vorbei an Felsvorsprüngen und Aussichtspunkten, die zur Rast einladen. Zweifellos gehört diese Straße über den Lanzenpaß zu den Geheimtips Italiens. **JP**

Strada del Monte San Simeone
Friaul-Julisch Venetien, Italien

Start Bordano
Ziel Monte San Simeone
Länge 13 km
Art Abenteuer
Karte goo.gl/XRNnfa

In der beschaulichen, üppig grünen Schmetterlingsstadt Bordano ahnt man nicht, welches fahrerische Geschick die Strada del Monte San Simeone uns in Kürze abverlangt. Die Stadt wurde 1976 durch ein Erdbeben zerstört und danach sehr reizvoll wieder aufgebaut. An Häuserwände malte man zahlreiche Schmetterlinge, und das Schmetterlingshaus ist eine beliebte Touristenattraktion. Doch das ändert nichts an der Tatsache, daß am Rande der Stadt eine der berüchtigsten Asphaltstraßen des Landes beginnt – eine aufregende Aneinanderreihung von Spitzkehren und Tunneln entlang des Monte Simeone.

Die Route erklimmt auf einer Straße, die grob befestigt und erschreckend steil ist, eine Höhe von 1204 m. Man muß auf Schlaglöcher, große Risse und lose Abbruchkanten achten. Noch gefährlicher sind die metertiefen Abhänge, an denen kein Schutz vorhanden ist. Die Augen sollten auf der Straße bleiben, so faszinierend die Landschaft auch ist. An manchen Stellen passen keine zwei Autos nebeneinander; dann muß man zurücksetzen. Dies kann auch an uneinsehbaren Kurven der Fall sein.

Am höchsten Punkt der Route beruhigt sich der Puls wieder. Wer möchte, kann einen 300 m langen Weg zum Gipfel wandern (45 Minuten). Dies ist zwar anstrengend, aber die 360-Grad-Sicht auf die Dolomiten ist allemal ein Lohn für die Mühe. **SH**

❶ Außer der Strada del Monte San Simeone bieten nur wenige Straßen eine so gute Sicht auf die Dolomiten.

Panoramica delle Vette
Friaul-Julisch Venetien, Italien

Start Ravascletto
Ziel Ravascletto
Länge 33,5 km
Art Abenteuer
Karte goo.gl/l9z4K6

Dies ist kein Roadtrip für leichtsinnige, zartbesaitete oder unerfahrene Fahrer. Einst hatte man erwogen, die Strecke zum Bestandteil der Giro d'Italia zu machen, aber die Organisatoren und Radrennfahrer waren davon überzeugt, daß sie zu gefährlich sei.

Die Route ist eine kurze, aber anspruchsvolle Rundstrecke in den italienischen Alpen, 1982 m hoch im Schatten des Monte Crostis unweit der Grenze zu Österreich und etwa 64 km nördlich von Udine gelegen. Sie ist teilweise befestigt, und das ist schon der einzige Komfort, den sie zu bieten hat. Sehr oft fährt man auf losem Schotter, der rutschig und tückisch sein kann. Darüber hinaus gibt es keinen Abschnitt, der nennenswert gerade oder eben ist. Die durchschnittliche Steigung beträgt 11 Prozent, und die anspruchsvollsten Anstiege sind fast doppelt so steil. Zwischen dem tiefsten und höchsten Punkt der Strecke liegen 1400 m Höhenunterschied.

Die Tour beginnt und endet im Wintersportort Ravascletto. Ganz Mutige fahren von hier gegen den Uhrzeigersinn und bewältigen Serpentinen mit steilen Abhängen an einer oder beiden Seiten, vor denen keinerlei Schutzbarrieren existieren. Als weiteres Indiz für den Schwierigkeitsgrad der Panoramica delle Vette sei angeführt, daß erfahrene Motorradfahrer etwa 45 Minuten für die Runde benötigen – bei einer durchschnittlichen Geschwindigkeit von weniger als 30 km/h. **JP**

Durch Rom mit dem Fiat 500
Latium, Italien

Start Via Ostilia 48, Rom
Ziel Piazzale Giuseppe Garibaldi, Rom
Länge ca. 16 km
Art Kultur
Info goo.gl/BzwEGr

Diese Fahrt ähnelt jener aus dem Film *The Italian Job*. Zwar fährt man nicht mit einem Mini Cooper durch Turin, aber mit einem echten italienischen Kultauto, dem Fiat 500, durch Rom. Wer sich nicht traut, selbst am Steuer in den schnellen Stadtverkehr einzutauchen, kann sich auch chauffieren lassen – was vielleicht noch unterhaltsamer ist.

Der erste Fiat 500 kam 1957 auf den Markt. Er wies 479 cm^3 Hubraum auf und bot vier Personen Platz, wenngleich dies für große Menschen eine Herausforderung darstellte.

Man kann sich einfach einen Cinquecento mieten und auf eigene Faust durch Rom fahren, aber die Firma Rom 500 EXP bietet alte restaurierte Fiats sowie Touren an, um die Ewige Stadt zu erkunden. Als Konvoi startet die Fahrt an der Firmengarage in der Nähe des Colosseums und führt zum Beispiel zur Villa del Priorato di Malta, zum Orangengarten, zur Cestius-Pyramide, durch den Stadtteil Trastevere und über den Gianicolo-Hügel mit Blick über Rom.

Andere Touren thematisieren Essen und Wein oder auch die Geschichte der Stadt. Außergewöhnlich ist die „Tour der sieben versteckten Schätze Roms". Für welche Tour man sich auch entscheidet – sie alle ermöglichen einen unvergleichlichen Roadtrip durch die Stadt am Tiber. **MG**

➲ Eine Schar historischer Cinquecentos in Rom.

Strada Statale 64 Porrettana
Toskana/Emilia-Romagna, Italien

Start Pistoia, Toskana
Ziel Sasso Marconi, Emilia-Romagna
Länge 77 km
Art Landschaft
Karte goo.gl/2Oy8Jh

Der Apennin durchzieht Italien in Nordwest-Südost-Richtung und bildet eine natürliche Grenze zwischen der Ost- und der Westküste. Erdbeben, die die Ortschaften entlang des Gebirgszugs in Mitleidenschaft ziehen, sind hier keine Seltenheit.

Über das Gebirge führte man Straßen und Eisenbahnlinien. Zu den eindrucksvollsten Strecken zählt die Strada Statale 64 Porrettana, die die Regionen Toskana und Emilia-Romagna miteinander verbindet. Seit ihrer Eröffnung 1928 gab es mehrere Veränderungen. Ihr heutiger Verlauf beginnt in der malerischen Stadt Pistoia und passiert Il Signorino, bevor es über den 932 m hohen Passo della Porretta geht. Diesen nutzte vermutlich bereits Hannibal mit seinen Elefanten.

In der Emilia-Romagna folgt die Straße dem Renotal und führt durch Porretta Terme und Vergato nach Sasso Marconi, 17 km südwestlich von Bologna gelegen. *Sasso* bedeutet „Stein" auf Italienisch, und Marconi bezieht sich auf Guglielmo Marconi, einem 1902 in Bologna geborenen Radiopionier.

Diese Panoramastraße unterhalb der reizvoll bewaldeten Hänge des Parco Storico di Monte Sole, einem Wasserlauf folgend, ist attraktiv zu fahren. Sie ist besonders unter den glücklichen Besitzern eines Ferrari, Ducati, Pagani oder einer der anderen Automarken bekannt, die Exportschlager dieser italienischen Region sind. **SA**

Via Chiantigiana
Toskana, Italien

Start Florenz
Ziel Siena
Länge 82 km
Art Landschaft
Karte goo.gl/XbftkX

Die Via Chiantigiana ist für viele die schönste Straße durch die Toskana, jener beliebten Region, die weltweit für ihre hervorragenden Weine bekannt ist. Hier gönnen sich viele Europäer einen Zweitwohnsitz. Doch davon abgesehen ist diese Gegend weitgehend unberührt. Von Florenz aus führt ein 31 km langer, leicht zu befahrender Abschnitt nach Greve in Chianti. Die historische Stadt bietet ein Franziskanerkloster, einen hübschen dreieckigen Marktplatz und ein jährliches Weinfest im September. Auf halbem Weg liegt auf einem Bergrücken Panzano mit einer eindrucksvollen Burg. Die Metzgerei des Ortes ist weit über dessen Grenzen hinaus bekannt, und in dem beliebten Restaurant Solociccia sitzen alle Gäste gemeinsam an einem Tisch.

Castellina in Chianti befindet sich auf einer anderen Anhöhe. Zu den architektonischen Höhepunkten zählen das Castello aus dem 14. Jahrhundert, eine Kirche aus dem 16. Jahrhundert sowie die Via delle Volte, ein Tunnelgang aus dem Mittelalter. Etwas außerhalb befinden sich eine Grabstätte der Etrusker und das Hügelgrab Monte Calvario.

Die entspannte Reise endet in Siena, das für seine Kunst, Architektur, Pferderennen auf dem Piazza del Campo, seine Küche und – selbstverständlich – erstklassige Weine bekannt ist. **JP**

➡ Eine der weltweit besten Weinanbauregionen.

Monti Sibillini-Rundreise
Umbrien/Le Marche, Italien

❶ Das Aquädukt Il Ponte delle Torri (Brücke der Türme) bei Spoleto ist 230 m lang und 76 m hoch.

Start Spoleto, Umbrien
Ziel Monte Sibilla, Marken
Länge 124 km
Art Landschaft
Karte goo.gl/DAoBau

Die Monti Sibillini sind Teil des Zentralen Apennins und befinden sich im Osten Italiens zwischen Umbrien und den Marken. Seit 1993 ist die wunderschöne Landschaft dieses Kalkgebirges als Nationalpark unter Schutz gestellt. Für eine Erkundung dieses Teils Umbriens empfiehlt sich die Straße von Spoleto zum Monte Sibilla.

Man startet in der Stadt Spoleto, die malerisch auf einem Hügel in einem fruchtbaren Tal, umgeben von Bergen liegt. Die geschichtsträchtige Stadt wurde 217 v. Chr. durch Hannibal angegriffen, blühte im Römischen Reich auf, wurde um 570 Herzogtum und war 1809 unter Napoleon Bonaparte Verwaltungssitz eines französischen Départments.

Auf der kurvenreichen Strada Statale 395 erreicht man Valnerina und fährt dann durch einen fruchtbaren Landstrich nach Norcia, das für seine Gastronomie (Würste und Trüffel) sowie sein Kloster bekannt ist. Die Basilika aus dem 14. Jahrhundert wurde allerdings 2016 durch ein Erdbeben schwer beschädigt. Von Norcia führt die landschaftlich sehr schöne Straße in den Parco Nazionale dei Monti Sibillini und zum Plateau Piano Grande – eine Gegend wie aus dem Bilderbuch, mit vielen herrlichen Tälern. Wer Ende Mai oder im Juni hierher reist, sieht die Krokusse und Schachblumen in voller Blüte. Dennoch sollte man auf dieser Höhe von 1452 m immer noch auf Schnee gefaßt sein. **SA**

Circuito di Pescara
Abruzzen, Italien

Start Pescara
Ziel Pescara
Länge 25,7 km
Art Kultur
Karte goo.gl/JgD9y0

Von 1924 bis 1961 fand in der Nähe des beliebten Badeortes Pescara an der Adriaküste auf dem Straßenkurs Circuito di Pescara regelmäßig eines der wohl gefährlichsten Motorsportrennen statt. Bis die Strecke aus Sicherheitsgründen als Austragungsort gestrichen wurde, fanden auf dem fast dreieckigen Kurs unterschiedliche Rennen statt. Heute kann man die anspruchsvollen Kurven genießen und dabei weit mehr von der herrlichen Landschaft sehen, als es den Rennfahrern damals möglich gewesen war.

Die Region ist eher idyllisch als spektakulär. Man fährt von Pescara hinauf in die umliegenden Hügel, dabei Felder und Dörfer passierend, bevor die Straße wieder Richtung Küste abfällt und schließlich in südlicher Richtung durch die Vororte von Pescara zum Ausgangspunkt zurückführt. Mit 25,75 km Länge pro Runde war der Kurs die jemals größte existierende Formel-1-Strecke.

Im gemächlichen Tempo befahren, stellt die Route Fahrer nur vor wenige Herausforderungen. Um ihre Risiken zu verstehen, muß man sich einfach vorstellen, sie mit halsbrecherischer Geschwindigkeit zu bewältigen. Den Rundenrekord stellte der britische Rennfahrer Stirling Moss beim Formel-1-Rennen von 1957 mit 9 Minuten und 44,6 Sekunden auf. In jenem Jahr weigerte sich Enzo Ferrari aus Sicherheitsbedenken, sein Ferrari-Team am Großen Preis von Pescara teilnehmen zu lassen. **MG**

❶ Beim Großen Preis von Pescara 1957 fuhr Stirling Moss die schnellste Runde dieses Straßenkurses.

Amalfitana
Kampanien, Italien

Start Salerno
Ziel Sorrent
Länge 76 km
Art Landschaft
Karte goo.gl/HWCCS8

Die Straße entlang der Amalfiküste zählt zu den berühmtesten Küstenstraßen der Welt und war Drehort zahlreicher Filme, inklusive *Schach dem Teufel* (1953) mit Humphrey Bogart. Oberhalb des Tyrrhenischen Meeres verläuft die kurvenreiche Strecke direkt an der Küste oder auf den Klippen. Sie ist nur teilweise, aber nicht immer am Rand gesichert. Vorsichtige Fahrer nehmen die hier empfohlene Route in westlicher Richtung. Abenteuerlustige fahren entgegengesetzt und sind somit dem Abgrund stets ein wenig näher.

Nach dem Start in Salerno passiert man Vietri sul Mare. Etwas später liegt majestätisch auf einem Felsen Ravello mit einem unvergleichlichen Ausblick. Das Örtchen war auch Wohnort berühmter Persönlichkeiten, darunter Richard Wagner, D. H. Lawrence, Virginia Woolf und Gore Vidal. Weiter geht es nach Amalfi. Vor 1000 Jahren war die Kleinstadt Sitz einer mächtigen Seerepublik. Heute kann man hier hübsch, aber teuer eine Pizza genießen. Weitere Stationen sind die Grotta dello Smeraldo (eine Besichtigung der Höhle lohnt sich), die imposante Schlucht Vallone di Furore und die zauberhaften Orte Praiano und Positano, bevor man Sorrent an der Bucht von Neapel erreicht. Diese Küstenstadt ist quirlig und geschichtsträchtig zugleich. Man kann hier zahlreiche Gemälde und Skulpturen der Antike und des Mittelalters besichtigen. **JP**

➊ Sorrent thront oberhalb der Bucht von Neapel.
➋ Die Straße nach Positano ist spektakulär.

Pompeji, Herculaneum und Paestum Kampanien, Italien

Start Neapel **Ziel** Paestum **Länge** 183 km
Art Kultur **Karte** goo.gl/Avq7Qd

Der Ausbruch des Vesuv im Jahr 79 n. Chr. verschüttete Pompeji und Herculaneum unter Lava und Asche und konservierte beide Städte für eine halbe Ewigkeit. Sie zählen zu den am besten erhaltenen archäologischen Stätten der Welt.

Die in Neapel beginnende Tour führt zu elf Attraktionen. Da es so viel zu sehen gibt – Pompeji alleine ist 40 ha groß –, sollte man mehrere Tage einplanen. Das Archäologische Nationalmuseum in Neapel ist ein guter Einstieg. Hier erhält man auch günstige Kombitickets für die Sehenswürdigkeiten.

Von Neapel gelangt man rasch zu den historischen römischen Stätten, beginnend mit dem Amphitheater und dem Tempio di Serapide in Pozzuoli westlich der Stadt oder auch den Phlegräischen Feldern. Von dort führt die Route zurück zur Küste östlich von Neapel. Auf der Passeggiata Archeologica gelangt man nach Herculaneum, zur Villa von Oplontis, zum Antiquarium di Boscoreale sowie nach Pompeji und Stabiae mit den römischen Villen von St. Marco, Arianna und Dei Cesari.

Die Tour führt dann entlang der Küste zu einem etwas anderen Ort, der antiken griechischen Stadt Paestum. Um diese Ruinenstätte zu erreichen, sollte man die längere, aber landschaftlich schönere Küstenstraße über Sorrent und Amalfi wählen. **DK**

❶ Der Tempel des Apollon in Pompeji.

Historisches Apulien Apulien, Italien

Start Manfredonia   **Ziel** Brindisi   **Länge** 282 km
Art Kultur   **Karte** goo.gl/HQkq16

Jahrzehntelang war Apulien eine touristisch unbeachtete Region. Während sich die Toskana großer Beliebtheit erfreute, fristete Apulien diesbezüglich ein Schattendasein. Auf dieser Route entdeckt man die idyllische Region mit ihren Städten und Olivenhainen am „Absatz" Italiens.

Los geht es in der Hafenstadt Manfredonia im Nationalpark Gargano mit seinen Buchenwäldern und der Felsküste. Am Meer entlang fährt man nach Andria mit dem Castel del Monte aus dem 13. Jahrhundert. Das Weltkulturerbe entstand zur Zeit des Staufenkaisers Friedrich II. Warum der Grundriß achteckig ist und jeder der acht Türme acht Zimmer aufweist, ist heute noch ein Rätsel.

Die Hafenstadt Bari begeistert unter anderem mit ihren zahlreichen kleinen Gassen in der Altstadt und der Basilika San Nicola, in der die Gebeine des heiligen Nikolaus aufbewahrt werden. Weiter südlich gelangt man nach Alberobello, das für seine kegelförmigen Häuser, den *Trulli*, bekannt ist.

Die „weiße Stadt" Ostuni wirkt vor allem in der Mittagssonne strahlend weiß. Herrlich ist ein Spaziergang über die schattigen Plätze und durch die Kopfsteinpflastergassen. Ein krönender Abschluß ist die Fahrt auf der geschichtsträchtigen Via Appia, die von Rom zur Hafenstadt Brindisi führt. **SH**

❶ Die kegelförmigen *Trulli*-Häuser von Alberobello.

Strada Cristo Redentore di Maratea
Basilikata/Latium, Italien

Start Maratea, Basilikata
Ziel Monte San Biagio, Latium
Länge 7 km
Art Landschaft
Karte goo.gl/lkjEX3

❶ Blick auf eine der verrückten Haarnadelkurven – aufgenommen von einer identischen Kurve darüber.

Bereit für eine der außergewöhnlichsten Straßen im gesamten Mittelmeerraum? Dieser kurze Abschnitt führt von der kleinen Küstenstadt Maratea in Süditalien über 18 Spitzkehren, die sich auf hohen Zementpfeilern befinden, nach oben auf einen Felsen. Bei jeder Kurve muß man fürchterlich lenken oder sich ins Lenkrad werfen, um die Route gut zu bewältigen. Zwar ist die Fahrt anstrengend, doch der Ausblick auf die Küste der Region Basilikata am Tyrrhenischen Meer ist atemberaubend.

Am Ende der Straße gibt es einen kurzen, befestigten Fußweg zum Gipfel des Monte San Biagio (623 m). Dort befindet sich eine 21 m hohe weiße Christusstatue mit ausgestreckten Armen, die als italienische Version der monumentalen Statue Cristo Redentor in Rio de Janeiro gilt. Den Christus von Maratea schuf 1965 der Florentiner Bildhauer Bruno Innocenti aus einer Mischung aus Zement und Marmor. Die Figur erhebt sich direkt aus dem nackten Felsen und beobachtet scheinbar das Meer.

Von hier oben schweift der Blick weit über die Stadt und den Ozean sowie die gebirgige Küstenlinie der Region Basilikata, die sich nach Norden und Süden erstreckt. Und man sieht die Straße im atemberaubenden Zick-Zack-Verlauf, die es nun bergab zu bewältigen gilt, um sicher wieder in der Welt unterhalb dieses eindrucksvollen Ausflugsziels anzukommen. **SH**

Gänsegeier-Route
Sardinien, Italien

Start Alghero
Ziel Bosa Marina
Länge 45 km
Art Landschaft
Karte goo.gl/QTMaFd

Auf dieser etwa einstündigen Tour fährt man von Alghero auf einer gut ausgebauten Straße an der Westküste Sardiniens entlang nach Bosa Marina. Am schönsten ist es, im Cabrio zu fahren. So genießt man den Blick über die offene Straße zum glitzernden Mittelmeer auf der einen und zu den felsigen, mit Macchien und Olivenbäumen bewachsenen Hügeln auf der anderen Seite am besten. Ohne Verdeck erspäht man auch den Gänsegeier (*Gyps fulvus*) viel besser, nach dem diese Route benannt ist.

Die Region rund um Bosa ist Heimat der beiden letzten Gänsegeier-Kolonien der Insel. Auf dieser Route gibt es mehrere besonders gute Aussichtspunkte auf die weiter unten befindlichen Klippen. Im Sommer stehen die Chancen gut, daß man den majestätischen Vogel mit seinen deutlich zweifarbigen Flügeln zu Gesicht bekommt. Deren Spannweite kann bis zu 3 m betragen.

Um die Szenerie gut genießen zu können und den vielen Autos zu entfliehen, die auf dieser schmalen, kurvenreichen Straße unterwegs sind, lohnt es sich, früh aufzubrechen. So hat man auch Zeit für ein Bad im Meer. Damit wartet man vorzugsweise bis nach Capo Marrargiu. Dann gibt es schöne Möglichkeiten, auf Pfaden zu einem Strand in einer der vielen Buchten zu gelangen. Alternativ fährt man bis zum Sandstrand von Bosa Marina, der zu den saubersten in ganz Italien zählt. **CK**

Orientale Sarda
Sardinien, Italien

Start Santa Maria Navarrese
Ziel Dorgali
Länge 57 km
Art Landschaft
Karte goo.gl/KIkLuT

An der Ostküste von Sardinien befindet sich diese grandiose Kurvenstraße. Für manche ist sie eine der schönsten Straßen Europas – andere halten sie für sehr gefährlich. Der Reiseführer *Lonely Planet* nannte sie „furchterregend". Wie auch immer – sie schindet zweifellos Eindruck.

Die Orientale Sarda ist eine aufregende Aneinanderreihung von Haarnadelkurven, Kehren und ungeschützten Felsvorsprüngen im wenig bekannten Nationalpark Gennargentu. Diese Gegend mag nicht gerade das sein, was man von einer sonnigen Mittelmeerinsel erwartet: Der Park umfaßt 730 km^2 mit schneebedeckten Bergen, die sich bis zum Meer oder in dicht bewaldete Schluchten erstrecken. In dieser Region kann man nach Geiern, Adlern und Wildkatzen Ausschau halten. Doch als Fahrer freut man sich nicht über alle Tiere: In der Dämmerung queren manchmal urplötzlich Wildschweinrotten oder Ziegenherden die Fahrbahn. Davon abgesehen ist Steinschlag eine häufige Gefahr.

Die Straße selbst ist gut ausgebaut und beschildert, wenngleich die Gegend recht ursprünglich ist. Ortschaften gibt es entlang der Strecke nahezu keine. Man fährt durch den Nationalpark, passiert dabei Tunnel und Felsvorsprünge, die aus steilen Abhängen ragen. Der Lohn sind phantastische Ausblicke und das Gefühl, eine durchaus anspruchsvolle Route fahrerisch gut bewältigt zu haben. **SH**

Panoramastraße zum Ätna Sizilien, Italien

Start Taormina, Messina   **Ziel** Seilbahnstation Funivia dell'Etna, Catania   **Länge** 68 km
Art Landschaft   **Karte** goo.gl/kCIids

Die beste Zeit für diese Tour ist außerhalb der Saison, denn an heißen Sommertagen kann die Straße von Taormina, dem Top-Touristenort der Insel, sehr belebt sein, wenn Italiener und Besucher an die Strände fahren. Die meiste Zeit über befindet man sich auf der A18, die zu den wenigen mautpflichtigen Straßen der Insel zählt. Die Gebühr lohnt sich aber, da man herrliche Blicke auf den Ätna und über die seltsame, schwarze Vulkanlandschaft genießt.

Vor dem Start sollte man sich über Vulkanaktivitäten informieren, da diese zu Straßensperrungen führen können. Und nicht nur vor der Lava muß man sich als Fahrer in acht nehmen: Bei einer Eruption kann die gesamte Umgebung kilometerweit in schwarze Asche gehüllt sein und nah am Ätna gelegene Straßen kann das sehr rutschig machen.

Der Weg hinauf zum Ätna ist wahrlich eindrucksvoll. Nach zahlreichen Kurven verwandelt sich die sizilianische Landschaft mit ihren Olivenhainen und Steinhäusern in ein karges, schwarzes Terrain, das an eine Mondlandschaft erinnert. Der Ätna ist der höchste aktive Vulkan in Europa. Die aus den dunklen, zerklüfteten Felsen herausragenden Gebäudereste erinnern daran, daß auf diesem Teil der Insel zweifellos die Natur und nicht die Menschheit das Sagen hat. **CK**

❶ Die Straße schlängelt sich durch die Vulkanlandschaft.

Targa Florio und Piccolo circuito delle Madonie Sizilien, Italien

Start Cerda **Ziel** Cerda **Länge** 75 km
Art Kultur **Karte** goo.gl/OgP9tJ

Die Targa Floria ist für viele Motorsport-Enthusiasten die wichtigste Rennsportveranstaltung aller Zeiten. 1906 hatte der Industrielle Vincenzo Florio ein erstes Rennen durch die schroffe Landschaft Siziliens ins Leben gerufen. Der Sieger benötigte 9 Stunden.

In den 1950er Jahren war die Targa der Höhepunkt im Kalender der Sportwagen-Weltmeisterschaft und zog Größen wie Stirling Moss, Tazio Nuvolari und Juan Manuel Fangio an. 1951 bis 1977 (bevor das Rennen wegen Todesfällen eingestellt wurde) befuhr man die kürzere Streckenvariante Piccolo circuito delle Madonie. Rund 700 Kurven auf einer Strecke von nur 72 km forderten den Fahrern und ihren Maschinen alles ab.

Um sich auf die Spuren der Legende zu begeben, startet man in der geisterhaft leeren Boxengasse vor den maroden Tribünen nördlich von Cerda und fährt dann gegen den Uhrzeigersinn Richtung Caltavuturo. In Collesano kann man kaum glauben, daß Ferraris mit bis zu 500 PS Leistung durch die engen Geschäftsstraßen rasten.

Seit den Glanzzeiten des Rennens hat sich der Straßenbelag der Bergabschnitte der Targa Florio stark verschlechtert. Man sollte langsam fahren, auf Schlaglöcher achten und die Landschaft Siziliens auf dem Weg hinab zur Küste genießen. **DIS**

❶ Action auf dem Piccolo circuito delle Madonie (1970).

Giro di Sicilia
Sizilien, Italien

Start Palermo
Ziel Palermo
Länge 956 km
Art Kultur
Karte goo.gl/neM4rJ

1898 wurde der sizilianische Unternehmer Vincenzo Florio vom Automobilfieber befallen, nachdem er in Paris erstmals ein De-Dion-Bouton-Motordreirad gesehen hatte. Begeistert erwarb er das Fahrzeug und ließ es nach Palermo bringen. Doch dort sah er sich zwei Problemen gegenüber: auf Sizilien gab es weder Kraftstoff noch geeignete Straßen.

Aber die Leidenschaft des Reeders und Rennfahrers für den Motorsport war so groß, daß acht Jahre später auf einer präparierten Bergstraße die erste Targa Florio (italienisch für Schild, Plakette), stattfand. 1912 folgte mit dem Giro di Sicilia das erste Rennen über öffentliche Straßen. Das motivierte die Behörden zum weiteren Ausbau der Straßen auf der Insel. 26 Autos nahmen an dem aufreibenden Rennen teil. Nach 24 Stunden, 37 Minuten und 19 Sekunden stand der Brite Cyril Snipe als Sieger fest.

Trotz des heute so glatten Straßenbelags wird es schwerfallen, die Runde viel schneller als Snipe vor einem Jahrhundert zu fahren. Aber die Strecke des Giro di Sicilia ist ein wunderbarer Grund, um eine Woche lang die schönsten Geheimecken Siziliens zu entdecken. Dazu zählen das hoch auf einem Felsen gelegene Erice ebenso wie die unberührten Strände im Süden wie Foce del Fiume Belice unweit des malerischen Fischerortes Porto Palo. Und das nahe gelegene Sciacca ist ein perfekter Ort, um ein *al fresco*-Mittagessen im Freien zu sich zu nehmen. **DIS**

Malta-Rundtour
Malta

Start Valetta
Ziel Valetta
Länge 69 km
Art Kultur
Karte goo.gl/Sq3YKV

Malta ist nicht sehr groß – die Insel mißt lediglich 30 km Länge –, hat aber mit dieser Rundtour allerhand zu bieten. Zwischen Nordafrika und Europa gelegen, war Malta jahrhundertelang ein begehrter militärischer Stützpunkt. Davon zeugen mittelalterliche Festungen, Kirchen des Templerordens sowie Verteidigungsstellungen aus dem Zweiten Weltkrieg. Hinzu kommen Megalithanlagen. Diese Tour vereint Historie mit vielen anderen Reizen der Insel.

Nachdem man Valetta verlassen hat, verschlechtert sich der Zustand der Straßen und man sollte zwei Tage für diese Tour einplanen. Vor den Toren der Hauptstadt befindet sich eine Top-Attraktion der Insel, das Hypogäum von Ħal-Saflieni. Die neolithische unterirdische Anlage wurde ab 4000 v. Chr. als Grabstätte genutzt (man sollte Tickets im Voraus reservieren). Etwas weiter südlich gelangt man zu den Tempelanlagen Tarxien, Ħaġar Qim und Mnajdra. An der Küste lohnt ein Besuch von Marsaxlokk sowie der Ferienorte St. Julian's und Sliema.

Wunderbare Übernachtungsmöglichkeiten bietet die ehemalige Hauptstadt Mdina mit ihrem maurischen Charakter im Gegensatz zum europäisch wirkenden Valetta. Sehr reizvoll ist ein Domizil in der für den Autoverkehr gesperrten Altstadt – Parkplätze befinden sich in unmittelbarer Nähe. **DK**

➲ Die Tempelanlage Mnajdra auf Malta.

Tour zur Wolfsschanze
Ermland-Masuren, Polen

Start Kętrzyn (Rastenburg)
Ziel Wolfsschanze
Länge 9 km
Art Kultur
Karte goo.gl/jIRYuE

Polen ist bekannt für seine endlosen Wälder und über 2000 Seen. In Masuren im Norden des Landes befinden sich bedeutende Zeugnisse des Zweiten Weltkrieges, darunter Adolf Hitlers Wolfsschanze nur 9 km östlich von Kętrzyn. Das militärische Lagezentrum entstand zwischen 1940 und 1941 und umfaßte mehr als 80 Gebäude. Sie alle wurden im Januar 1945 von der Wehrmacht angesichts der anrückenden Roten Armee weitgehend zerstört.

Die Landstraßen, die von Kętrzyn zum ehemaligen Führerhauptquartier führen, sind typisch für die Region. Die Stadt verläßt man auf der 592, dann biegt man bei Karolewo (Karlshof) links auf eine zweispurige Straße ab. Nach einigen Kilometern, vorbei an fruchtbaren Feldern, taucht man in die Wälder Masurens ein. Hier befanden sich einst über 10 000 Landminen. Nun geht es links ab auf die schmale Zufahrtsstraße mit den original erhaltenen Pflastersteinen, bevor man nach kurzer Fahrt das Gelände erreicht.

Hitler verbrachte über 800 Tage in der Wolfsschanze und koordinierte die Operationen an der russischen Front. Hier mißglückte auch am 20. Juli 1944 der berühmte Attentatsversuch von Oberst Claus Schenk Graf von Stauffenberg. Die Bunker, Baracken und Luftschutzräume zu besichtigen – manche nur als Trümmer, manche fast intakt –, kann leicht einen ganzen Tag füllen. **BDS**

Karkonosze (Riesengebirge)
Niederschlesien, Polen

Start Wrocław (Breslau)
Ziel Kłodzko (Glatz)
Länge 241 km
Art Landschaft
Karte goo.gl/MbfPev

Diese Reise durch Niederschlesien beginnt am Ufer der Oder in Wrocław. Die Stadt wurde zwar im Zweiten Weltkrieg fast vollständig zerstört, doch zu großen Teilen wieder originalgetreu aufgebaut. Einen besonderen Charme versprüht der mittelalterliche Marktplatz Rynek (Großer Ring).

Unsere Route bis zum Dorf Kostomloty (Kostenblut) verläuft entlang der längsten Autobahn Europas, die sich von Calais in Frankreich bis nach Ridder in Kasachstan nah an der Grenze zu China erstreckt. Auf einer etwas ruhigeren Straße fahrend, erreicht man nach 112 km Jelenia Góra (Hirschberg). Die Stadt ist von vier Gebirgszügen umgeben und ein guter Ausgangspunkt für Ausflüge in den Karkonoski Park Narodowy (Nationalpark Riesengebirge). Bevor man dorthin aufbricht, sollte man sich jedoch die Altstadt mit ihren barocken Bauten ansehen. Weiter südwärts passiert man den Skiort Karpacz (Krummhübel), bevor man Kłodzko erreicht.

Diese Stadt ist ungewöhnlich: sie ist zwar polnisch, aber stark vom benachbarten Tschechien beeinflußt, das an drei Seiten angrenzt. Zu den Sehenswürdigkeiten zählen die Festung, die Brücktorbrücke sowie die Gänge unterhalb des Stadtkerns. Von Kłodzko kann man gut westwärts in das 196 km entfernte Prag in Tschechien reisen. **JP**

➲ Blick über den Nationalpark Riesengebirge.

Przełęcz Przysłup-Paß
Kleinpolen, Polen

Start Tyrawa Wołoska
Ziel Solina
Länge 40 km
Art Kultur
Karte goo.gl/SU0xSt

Im östlichen Mitteleuropa, knapp 400 km südlich von Warschau, befindet sich dieser malerische, aber anspruchsvolle Gebirgspaß im Herzen der Beskiden zwischen der Slowakei und der Ukraine.

Die Beskiden sind Teil der mächtigen Karpaten. Das erste Drittel dieser von Nord nach Süd verlaufenden Route führt bergauf – die Steigung beträgt durchschnittlich 6, maximal 13 Prozent. Für motorisierte Vehikel ist dies leicht zu bewältigen, die zahlreichen Radfahrer kommen allerdings schon gewaltig ins Schwitzen. Ist man am höchsten Punkt des Passes angelangt, hat man einen Höhenunterschied von 298 m überwunden und befindet sich auf 2626 m. Von hier oben schweift bei klarer Sicht der Blick weit über die sich bis zum Horizont erstreckenden Berge.

Das zweite Drittel der Reise hinab ins Tal des San ist von sanft geschwungenen Kurven sowie neun Spitzkehren geprägt. Der Przełęcz Przysłup-Paß endet an der Ruine einer ehemaligen Festung, die zwischen 1333 und 1370 während der Herrschaft von König Kasimir III. erbaut worden war.

Die letzte Etappe verläuft entlang des Flußufers bis zum Solina-Stausee. Dieser entstand 1968 durch den Bau einer Staumauer zur Betreibung des Wasserkraftwerkes Zapora Wodna. Der See ist die Haupttouristenattraktion der Region und erfreut sich bei Wassersportlern großer Beliebtheit. **JP**

Von Niedzica nach Kamienka
Polen/Slowakei

Start Niedzica (Netzdorf)
Ziel Kamienka (Stein)
Länge 29 km
Art Landschaft
Karte goo.gl/Y4T3yp

Diese zwei Länder verbindende Strecke ist gut ausgebaut, weitgehend gerade und trotz ihrer Länge ingesamt leicht zu befahren. Dadurch ist sie bei Radfahrern wie auch bei Motorradfahrern, die Osteuropa erkunden möchten, relativ beliebt.

Der Ausgangspunkt Niedzica (Netzdorf) ist ein bekannter Urlaubsort am Ufer des großen Stausees Jezioro Czorsztyńskie. Dieser existiert seit dem Bau eines Staudamms 1995, der eine Überflutung durch den Fluß Dunajec verhindern soll und Energie für ein Wasserkraftwerk liefert. Der Aufstieg zum Schloß oberhalb des Gewässers ist empfehlenswert.

Von Niedzica fährt man in östlicher Richtung in die Slowakei. Bei Drucklegung dieses Buches war die Grenze nur durch einige Schilder erkennbar. Schon bald befindet man sich im Nationalpark Pieniny mit seiner herrlichen Dunajec-Schlucht. Ebenso reizvoll ist das ehemalige Rote Kloster Červený Kláštor aus dem 14. Jahrhundert. Die Anlage blickt auf eine bewegte Geschichte zurück. 1563, nach der Reformation, wurde es eine Adelsresidenz, und im 20. Jahrhundert diente es als Rückzugsort für kommunistische Funktionäre. Heute ist es ein Museum.

Die Route endet in Kamienka (Stein), in der sich im 16. Jahrhundert Russinen, auch Karpatorussen genannt, ansiedelten. Diese ukrainische Bevölkerungsgruppe wurde während der sowjetischen Herrschaft als Minderheit unterdrückt. **JP**

Tour durch die Tschechische Republik
Mittelböhmische Region, Tschechische Republik

Start Prag
Ziel Prag
Länge 668 km
Art Kultur
Karte goo.gl/45Il2o

Diese Böhmische Rhapsodie durch den Südwesten der Tschechischen Republik begeistert Kulturliebhaber ebenso wie Weingourmets und Geschichtsfreunde. Um die Reise mit ihren zahlreichen Burgen, Schlössern und Altstädten voll auskosten zu können, sollte man mindestens eine Woche einplanen.

Drei Autostunden von Prag entfernt gelangt man zum herrlichen Barockschloß Valtice (Feldsberg), das heute ein Weinmuseum beherbergt, sowie zum Schloß Lednice (Eisgrub) im Stil der Neugotik. In den beiden Ortschaften sowie im nahe gelegenen Mikulov (Nikolsburg) kann man gut einkehren. Nächste Station ist Znojmo (Znaim) im Herzen der mährischen Weinregion. Die Städte Slavonice (Zlabings) und Telč (Teltsch) sind Juwele der Renaissance und Weltkulturerbestätten der UNESCO.

Třeboň (Wittingau) ist wegen seiner traditionsreichen Karpfenzucht von idyllischen Teichen umgeben und verfügt über gute Übernachtungsmöglichkeiten, bevor man nach Český Krumlov (Krumau) weiterreist. Diese Stadt ist nach Prag die meistbesuchte Tschechiens. Ihre abgelegene Lage an der Grenze zu Österreich bewirkte, daß viel von der mittelalterlichen und barocken Bausubstanz erhalten geblieben ist. Im prächtigen Schloß aus dem 13. Jahrhundert befindet sich ein imposantes barockes Theater. Die letzte Station der Rundreise ist Tábor (Tabor), das Zentrum von Anhängern des Reformators Jan Hus. **DK**

❶ Die Altstadt von Prag ist Start- und Endpunkt dieser Rundreise durch die Tschechische Republik.

Luční hora   Hradec Králové, Tschechische Republik

Start Pec Pod Sněžkou (Petzer)
Ziel Hotel Luční Bouda
Länge 8 km
Art Landschaft
Karte goo.gl/Hfz9mW

Mitten im Riesengebirge, an der Grenze zwischen Tschechien und Polen, windet sich eine schmale Bergstraße vom kleinen Wintersportort Pec Pod Sněžkou hinauf ins Gebirge. Nördlich davon befindet sich mit der 1603 m hohen Sněžka (Schneekoppe) die höchste Erhebung der Tschechischen Republik. Unsere Route verläuft jedoch in westlicher Richtung vorbei an Bergwiesen und durch Kiefernwälder bis in den Krkonošský národní park (Nationalpark Riesengebirge). Die Straße führt die Hänge des Luční hora (Hochwiesenberg) hinauf, mit 1555 m der zweithöchste Berg des Landes.

Bei gutem Wetter ist die Fahrt traumhaft, aber bei einem Wetterumschwung sofort anspruchsvoll. Denn bei rutschigem Asphalt werden die Serpentinen und steilen Abhänge durchaus riskant. Auf der Fahrt nach oben ist man stets von einem phantastischen Bergpanorama umgeben. Kurz vor dem Gipfel erreicht man eine baumlose Tundralandschaft, die als Biosphärenreservat unter dem Schutz der UNESCO steht. Hier entspringt zudem die Elbe, die sich durch Deutschland bis zur Nordsee ihren 1091 km langen Weg bahnt.

Man kann in Gipfelnähe parken und die letzten Meter bis ganz nach oben wandern. Überraschenderweise befindet sich dort ein Hotel, wo man im höchstgelegenen Restaurant Tschechiens ein leckeres Mahl zu sich nehmen kann. **SH**

Masaryk-Ring   Südmähren, Tschechische Republik

Start Brno-Nový Lískovec
Ziel Brno-Nový Lískovec
Länge 31 km
Art Kultur
Karte goo.gl/aBrJVO

Der Masaryk-Ring (besser bekannt als Automotodrom Brno, benannt nach der zweitgrößten Stadt Tschechiens) befindet sich rund 200 km südöstlich von Prag. Die ursprünglich 1930 erbaute Motorsport-Rennstrecke wurde in den folgenden sechs Jahrzehnten stetig korrigiert, um sie schneller, sicherer und für das Publikum besser einsehbar zu machen. Bis 1987 verlief sie auf öffentlichen Hauptstraßen vor den Toren der kontinuierlich wachsenden Stadt Brno (Brünn), dann verlegte man sie, den Namen beibehaltend, in ein Waldgebiet ganz in der Nähe.

Einst galt die Strecke als eine der schönsten im Motorsport – doch heute existieren nur noch wenige Zeugnisse ihrer glorreichen Vergangenheit, abgesehen von den heruntergekommenen Boxengassen und den langen, inzwischen verrosteten Leitplanken. Den Streckenverlauf von 1930 bis 1937, als man gegen den Uhrzeigersinn fuhr und in Nový Lískovec (Neu Leskau) startete, kann man jedoch immer noch befahren. Auf glattem Asphalt passiert man nordwärts bewaldete Hänge, die nahezu noch so unberührt erscheinen wie in den 1930er Jahren. Dann geht es durch weitere Vororte, bis man auf einer Allee den Brünner Stadtbezirk Žebětín (Schebetein) erreicht. Auf herrlichen Chausseen, die seit den Motorsport-Jahren erhalten geblieben sind, kehrt man schließlich zum Ausgangspunkt der Route, nach Nový Lískovec zurück. **MG**

Panoramastraße zur Burg Orava
Zilina (Sillein), Slowakei

Start Oravský Podzámok (Unterschloß)
Ziel Oravský Podzámok (Unterschloß)
Länge 14 km
Art Landschaft
Karte goo.gl/x2KsFN

In der Grenzregion zwischen der Slowakei und Polen gibt es einige traumhaft schöne Bergstraßen, die sich auf und ab durch die herrliche Landschaft schlängeln. Hier findet man auch reißende Gebirgsbäche, unberührte Seen, historische Brücken und hübsche Ortschaften. Zu den prächtigsten Bauten zählt die Burg Orava (Oravsky hrad).

Sie ist eine der größten Festungen der Slowakei und thront auf einem Felsen über Oravský Podzámok. Sie erinnert ein wenig an die *Harry Potter*-Filme oder an ein Versteck des Bösewichts in einem James Bond-Film (tatsächlich war sie 1922 Drehort des Horrorklassikers *Nosferatu*). Auf dem kurzen, aber spannenden Weg nach oben, hat man die Burg stets im Blick. Sie entstand im 14. Jahrhundert, wurde 1800 durch einen Brand zerstört und nach dem Zweiten Weltkrieg restauriert. Benannt ist sie nach dem Fluß Orava, den man auf dieser Tour neunmal überquert.

Die Route zählt zu den fünf schönsten Panoramastraßen der Slowakei. Der Belag ist glatt und in einem sehr guten Zustand; mit schnellen Geraden und weit geschwungenen Kurven fährt man über die R3. Inmitten der Bilderbuchlandschaft fällt der Blick immer wieder auf die hoch gelegene Burg Orava, die auch Arwaburg genannt wird. Wer in der Region nächtigt, sollte an einer Nachtführung oder einer Theaterveranstaltung teilnehmen, um die Burgatmosphäre voll auszukosten. JI

❶ Hoch oben auf einem Felsen thront die Burg Orava mit ihren Türmen und Verteidigungsanlagen.

Plattensee
Transdanubien, Ungarn

Start Flughafen Budapest Liszt Ferenc
Ziel Flughafen Budapest Liszt Ferenc
Länge 338 km
Art Landschaft
Karte goo.gl/VgHdJI

Fliegen Sie nach Budapest. Mieten Sie sich ein Auto. Fahren Sie in westlicher Richtung zum 133 km entfernten Urlaubsort Siófok – und Sie befinden sich am Ufer des größten Binnensees zwischen der Schweiz und der russisch-finnischen Grenze. Diese Reise erfreut sich großer Beliebtheit, weil man am Plattensee (Balaton) so viel unternehmen kann: Schwimmen und Segeln im Sommer, Eissegeln im Winter, Angeln das ganze Jahr hindurch. Von Siófok führt eine gerade und eben verlaufende Straße recht schnell nach Keszthely. Sie Stadt besitzt seit 1421 das Marktrecht. Von hier lohnt ein 8 km langer Abstecher nach Hévíz, wo sich der weltweit zweitgrößte Thermalsee befindet (der größte liegt in Neuseeland). In der Nähe gibt es zahlreiche Weinberge und man realisiert, daß Ungarn viel mehr als Erlauer Stierblut zu bieten hat. Als Fahrer muß man sich zurückhalten, da die Null-Promillegrenze gilt.

An der Nordseite des Balaton verläuft die Straße zwischen dem Seeufer und den Ausläufern des Bakonygebirges. An diesem Abschnitt gibt es zahlreiche Urlaubsorte, bis man genau gegenüber von Siófok Balatonfüred erreicht, das Mekka des hiesigen Nachtlebens. Dann fährt man nach Siófok zurück und vollendet somit die Rundreise, bevor man links abbiegt und wieder den Flughafen Budapest Liszt Ferenc ansteuert, um das Auto bei der Mietstation zurückzugeben. **JP**

Quer durch Ungarn
Budapest, Ungarn

Start Budapest
Ziel Budapest
Länge 1254 km
Art Kultur
Karte goo.gl/xV4b00

Budapest ist ein beliebtes Wochenend-Ausflugsziel für Europatouristen, aber nur wenige erkunden das Land jenseits seiner Hauptstadt. Diese einwöchige Rundreise durch Ungarn führt zu wunderbaren Orten, die den meisten Touristen entgehen. Man folgt der mächtigen Donau und passiert beschauliche Dörfer an Seeufern, erkundet Weinanbaugebiete und Wälder mit spektakulären Wasserfällen.

Nach Budapest fährt man Richtung Westen durch Szentendre und Visegrád nach Esztergom mit seiner Sankt-Adalbert-Kathedrale und Komárom mit der Festung Monostor. Es folgen die mittelalterliche Stadt Sopron sowie an der Grenze zu Österreich der Neusiedler See (Fertő-tó). Etwas weiter südlich kann man gut in Körmend übernachten. Von dort steuert man Tapolka an und passiert idyllische Ortschaften am Plattensee, bevor es quer durchs Land nach Kecskemét (Ketschkemet) geht. Entlang des Flusses Tisza (Theiß) wird die Landschaft flacher. Nun erreicht man die Weinanbaugebiete Ungarns und kann unter anderem den Dessertwein Tokajer erwerben.

Auf dem Rückweg nach Budapest lohnt ein Besuch der Burg in Szerencs. Man quert das Mátra-Gebirge und den Bükk-Nationalpark, bevor man in der historischen Stadt Eger ankommt. Diese gehört zum Weltkulturerbe der UNESCO und besteht aus zahlreichen charakteristischen Holz- und Backsteinhäusern aus der Zeit vor der Industrialisierung. **DK**

Mangartstraße
Primorska, Slowenien

Start Bovec (Flitsch)
Ziel Mangartsko sedlo (Lahnscharte)
Länge 26 km
Art Abenteuer
Karte goo.gl/MpzyW5

Die 1938, als diese Bergregion Sloweniens noch zu Italien gehörte, erbaute Mangartska Cesta (Mangartstraße) versucht, dem Zahn der Zeit zu trotzen. Sie ist die höchstgelegene Straße des Landes und auf ihrer gesamten Länge asphaltiert; einige Passagen sind dennoch in keinem guten Zustand. An manchen Stellen geht es am Fahrbahnrand steil in die Tiefe, und nur selten bieten Leitplanken einen Schutz. Ab und an säumen Steine aus nahe gelegenen Steinbrüchen den Straßenrand. (Die großen davon schützen, die kleineren würden das Auto eher auf dem Weg in die Tiefe begleiten …) Mitunter ist die Straße beängstigend schmal und bietet kaum Ausweichmöglichkeiten. Die einfachen Tunnel sind in den Fels gehauen und unbeleuchtet.

All diese Herausforderungen erhöhen natürlich den Reiz dieser Straße, die als Sackgasse mit knapp 20 Kehren auf die 2055 m hohe Lahnscharte führt. Von diesem Sattel aus schweift der Blick weit über die Julischen Alpen und die Wanderroute, auf der ambitionierte Kletterfreunde die Erklimmung des 2679 m hohen Mangart-Gipfels in Angriff nehmen. Das Ende der Mangartstraße zu befahren, das als Schleife mit einer Fahrtrichtung ausgeführt ist, vermittelt das Gefühl von unermeßlicher Freiheit. Durch das Fehlen des Gegenverkehrs hat man hier das herrliche Gefühl, die Straße sei ganz für einen allein erbaut worden. **BDS**

❶ Die Mangartstraße gilt als eine der schönsten Bergstraßen in ganz Slowenien.

Panoramastraße von Solčava Sulzbach, Slowenien

Start Solčava (Sulzbach)   **Ziel** Solčava (Sulzbach)   **Länge** 37 km
Art Landschaft   **Info** goo.gl/myeBAU

Nach dem Vorbild von Österreich und Italien mit ihren wunderbaren Panoramastraßen findet man nun auch in Slowenien zunehmend hervorragende asphaltierte Routen, die Auto- und Motorradfahrer ebenso erfreuen wie Radfahrer. Zu erleben gibt es allerhand, von historischen Burgen und hohen Gipfeln bis zu intensiver Landwirtschaft und abgelegenen Bergbauernhöfen. Ein Höhepunkt der Panoramastraße von Solčava ist das unvergleichlich malerische Logartal (Logarska dolina), das zu den schönsten Gletschertälern Europas zählt.

Die Region ist auch für ihre Sagen bekannt, in denen Drachen ebenso vorkommen wie Schafhirten. Die Panoramastraße verknüpft die Märchen und die Landschaft. Hier genießt man nicht nur die Natur, sondern erfährt auch etwas über die Kultur Sloweniens. Die traditionellen Selbstversorgerhöfe in den Bergen pflegen sie in Form von Sagen, Tänzen und Musik.

80 Prozent des Gemeindegebietes von Solčava ist zum Landschaftspark erklärt worden, und auf dieser idyllischen Straße mit angenehmem Gefälle kann man ihn binnen eines Tages erkunden. Anders als etwa am Großglockner wird keine Maut fällig, und auch das Verkehrsaufkommen hält sich in diesem Bereich der Steiner-Kamniker Alpen in Grenzen. **BDS**

❶ Eines der schönsten Alpentäler in Slowenien.

Vojak Istrien, Kroatien

Start Vela Učka **Ziel** Vojak **Länge** 7 km
Art Landschaft **Info** goo.gl/u8kG3a

Auf dieser kurzen, steilen und sehr reizvollen Straße gelangt man von 955 m auf 1369 m Höhe und ist mit einer durchschnittlichen Steigung von 7 Prozent konfrontiert; an manchen Stellen beträgt sie jedoch bis zu 23 Prozent. Zweifellos eignet sich diese Route nicht für große Fahrzeuge. Es gilt eine Geschwindigkeitsbegrenzung von 30 km/h, aber das ist schon die einzige Regel: Es ist erlaubt, die Straße zu verlassen und über die karg bewachsenen Berghänge zu fahren – aber das sollte man nur mit Offroad-Erfahrung in Erwägung ziehen.

Die vorgeschlagene Route passiert den Naturpark Učka, einen der wenigen Orte in Europa, an denen Gänsegeier und Steinadler leben. Die Landschaft entlang der Strecke ist malerisch, aber noch kein Vergleich zu dem phantastischen Ausblick, den man vom Gipfel des 1401 m hohen Vojak genießt, dem höchsten Punkt der Halbinsel Istrien. Dort gibt es einen Aussichtspunkt, von dem der Blick bis zu den Inseln Krk, Lošinj und Cres in der Adria schweift. An besonders klaren Tagen sieht man sogar die Schweiz, die Dolomiten und Venedig.

Den Ausgangspunkt Vela Učka erreicht man über eine Abzweigung von der E751, die als Autobahn die zwei wichtigsten Städte der Region, Rijeka und Pula, miteinander verbindet. **JP**

❶ Blick vom Vojak über die Adria-Inseln.

Insel Krk
Krk, Kroatien

Start D8 Autobahnkreuz Šmrika
Ziel Baška
Länge 48 km
Art Landschaft
Karte goo.gl/oL8Hxd

Krk – die bekannteste und größte Adria-Insel – lockt in den heißen Sommermonaten Sonnenanbeter aus ganz Europa an. Doch ihre günstige Lage mit der guten Anbindung, ihr mildes Klima und ihre karge Schönheit machen sie auch im Winter zu einem beliebten Reiseziel.

Die Insel ist seit neolithischen Zeiten besiedelt und beherbergt unzählige Anlagen der Eisen- und Bronzezeit sowie römische Zeugnisse. Sie war von Venedig, Österreich und Italien besetzt gewesen und gehörte ab 1921 zu Jugoslawien. Seit 1991 ist Krk Teil des unabhängigen Landes Kroatien. 1980 erbaute man als Verbindung zum Festland die 1430 m lange Krk-Brücke – ein imposantes Bauwerk, das bei seiner Eröffnung die am weitesten gespannte Beton-Bogenbrücke der Welt war. Bei der Überquerung wird eine geringe Mautgebühr fällig.

Auf der Brücke und auch anschließend fährt man auf der D102 von Norden kommend bis zum Südzipfel der Insel. Diese Nationalstraße verläuft parallel zur Nordwestküste der Insel und biegt dann südwärts zur Stadt Krk ab, eine seit den Römern bedeutende Hafenstadt. Dort wendet sich die Straße in südöstlicher Richtung und führt bis nach Baška, das für seinen 1800 m langen Strand Vela Plaža bekannt ist. In diesem Urlaubsort können sowohl Fahrer als auch Fahrzeug ihre Reserven wieder auffüllen. **SA**

Adriatische Küstenstraße
Kroatien/Bosnien u. Herzegowina

Start Rijeka, Kroatien
Ziel Dubrovnik, Kroatien
Länge 533 km
Art Landschaft
Karte goo.gl/dZyZXT

Sie schlängelt sich über Felsklippen und ermöglicht einen herrlichen Blick über das Meer und die Inseln bis zum Horizont, und sie verläuft dabei entlang bewaldeter Berghänge oberhalb traumhafter Sandstrände – die Adriatische Küstenstraße (Jadranska Magistrala) zählt zu den schönsten Straßen am Mittelmeer. Sie führt von Triest entlang der Küste Kroatiens und Bosniens bis nach Montenegro.

Dieser wunderbare Abschnitt beginnt im gepflegten Urlaubsort Rijeka im Norden und endet in Dubrovnik, dessen Altstadt UNESCO-Weltkulturerbe ist. Zumeist befährt man dafür die E65. Man passiert sonnenverwöhnte Ortschaften und Städte voller alter Steinhäuser mit Terracotta-Dächern. Richtung Meer durchquert man Felsschluchten und grüne Täler. Am Wegesrand bieten Bauern ihre frischen Orangen an, und in den Restaurants kann man fangfrische Meeresspezialitäten genießen.

An der bosnischen Grenze kann es Kontrollen geben. Die Straße befindet sich in einem guten Zustand, doch an der kroatischen Küste sollte man dennoch auf zahlreiche Kurven gefaßt sein. Die Schutzbarrieren an den Abhängen sind nicht immer so sicher, wie man sie sich vielleicht wünscht.

Mit Dubrovnik erwartet uns ein prächtiges Ziel. Die von einer Mauer umgebene Altstadt beherbergt ein Labyrinth idyllischer Gassen mit barocken Kirchen und anderen Bauten. **SH**

Sveti Jure
Split-Dalmatien, Kroatien

Start Podgora
Ziel Sveti Jure
Länge 26 km
Art Abenteuer
Info goo.gl/eTBVUQ

Mit einer Höhe von 1762 m ist diese Straße die am höchsten gelegene in ganz Kroatien. Sie führt vom blauen Meer der Dalmatinischen Adriaküste zum höchsten Punkt des Biokovo-Gebirges, dem zweithöchsten Massiv des Landes. Diese Tour ist somit ausgesprochen facettenreich.

Vom kleinen Badeort Podgora führt die Straße ins Landesinnere und windet sich sogleich im Zick-Zack-Kurs durch dichte Wälder aufwärts. Schon bald kann man auf die Küste weiter unten sowie bis zu den großen Inseln Brač und Hvar blicken, die sich unmittelbar vor der Küste befinden. An manchen Stellen erstreckt sich zur einen Seite das Meerpanorama, während an der anderen Seite die Berge steil in die Höhe ragen. Auf anderen Abschnitten führt die Straße durch Tunnel und schraubt sich Stück für Stück um den Fels nach oben.

Zunächst ist die Straße breit und gut ausgebaut, aber man sollte auch auf enge Passagen vorbereitet sein, an denen man bei Gegenverkehr zurücksetzen muß. Da es nicht immer Leitplanken gibt, ist dies mit Vorsicht zu tun. Bei feuchten oder rutschigen Verhältnissen ist von der Fahrt abzuraten.

Und was macht man ganz oben auf dem Sveti Jure (Heiliger Georg)? Nun, man genießt die Aussicht und die Freude über die vollbrachte Leistung – und fährt wieder hinab. Diesmal ist es jemand anderes, der zurücksetzen muß. **MG**

❶ Die Karstlandschaft des Biokovo-Gebirges ist von Mulden und Vertiefungen im Kalkgestein geprägt.

Zavala–Pitve: Tunnel und Schotterstraße
Split–Dalmatien, Kroatien

Start Zavala
Ziel Zavala
Länge 18 km
Art Abenteuer
Karte goo.gl/qYatT5

Die kroatische Insel Hvar gilt als eine der schönsten Adria-Inseln, und die Stadt Hvar ist für viele bereits das neue Saint-Tropez. Weniger bekannt ist, daß sich auf der Insel eine der aufregendsten Straßen Europas befindet – eine wahre Achterbahnfahrt, die im malerischen Urlaubsort Zavala an der Südküste beginnt und wieder endet.

Einst konnte man Zavala und seine Strände nur durch einen etwas unheimlichen, 1400 m langen Tunnel erreichen, der 1962 grob in den Fels geschlagen worden war, um Wasser in den Norden zu transportieren. Später wurde er eine öffentliche Straße. Mit seinen Schlaglöchern, dem von der Decke tropfenden Wasser, tiefen Pfützen und seiner vollkommenen Dunkelheit – und einer Breite, die nur einem Auto Platz bietet – schreckt er viele Reisende ab, so schön die Strände dahinter auch sein mögen.

Glücklicherweise gibt es zusätzlich zum Pitve-Zavala-Tunnel eine als Feuerschneise dienende Schotterstraße über den Berg. Die Zufahrt befindet sich rechts vom Tunneleingang. Allerdings ist die Straße zu den steilen Abhängen hin schlecht gesichert. Dennoch sind Sicht und Luftqualität hier oben deutlich besser als im Tunnel.

Dieser Roadtrip vereint beide Strecken, Tunnel und Bergstraße, bevor man wieder in Zavala ankommt und sich dort in einer der vielen Bars oder in einem Café erholen kann. **SA**

❶ Der über 1 km lange, unbeleuchtete Pitve-Zavala-Tunnel ist nichts für Fahrer mit schwachen Nerven.

Piva-Schlucht
Bosnien und Herzegowina/Montenegro

Start Vučevo, Bosnien und Herzegowina
Ziel Plužine, Montenegro
Länge 27 km
Art Landschaft
Karte goo.gl/G3HYmb

Bei dieser Route befährt man einen kurzen Abschnitt der E762, die drei europäische Hauptstädte miteinander verbindet: Sarajevo (Bosnien und Herzegowina), Podgorica (Montenegro) und Tirana (Albanien). Die Herausforderungen dieser Strecke – nur zwei Fahrspuren, enge Kurven, steile Abhänge und Felswände zu beiden Seiten, schmale Brücken und knapp dimensionierte Tunnel – werden zusätzlich erschwert durch ein reges Verkehrsaufkommen inklusive großer Reisebusse und schwerer Lkw.

Wer sich davon nicht abschrecken läßt, wird durch grandiose Ausblicke belohnt, die jeglichen Fahrstreß wieder wettmachen. Die Piva-Schlucht zählt zu den schönsten Landschaftselementen in dieser Region des Balkans. Auf TripAdvisor ist zum Beispiel zu lesen: „Diese Schlucht wäre ein Highlight für nahezu jeden Nationalpark in den USA, und doch befindet sie sich in Montenegro."

Ab der bosnischen Grenze bei Vučevo verläuft der Großteil der Strecke entlang des Flusses Piva. Dieser schlängelte sich bis 1975 weit unterhalb der Straße, dann aber wurde er mit der Mratinje-Talsperre aufgestaut, so daß sich das tiefe Tal in einen Ort von unvergleichlicher Schönheit verwandelte.

Das südliche Ziel der Fahrt ist die Stadt Plužine. Diese befand sich einst am ursprünglichen Flußufer und wurde vor der Flutung des Tals weiter oben am Hang vollständig neu errichtet. **JP**

❶ Ein Durchblick im Felsen an der Straße zur Piva-Schlucht gewährt großartige Ansichten der Landschaft.

M5 Republika Srpska/FBIH, Bosnien und Herzegowina

Start Pale **Ziel** Ustiprača **Länge** 60 km
Art Abenteuer **Karte** goo.gl/x8QMiw

Nach Ende des Bosnienkrieges 1995 wurden einige Eisenbahnstrecken des Landes durch eine neue Verwendung wiederbelebt. Ein gutes Beispiel dafür ist die Straße M5, die zwischen Pale und dem südöstlich gelegenen Sarajevo eine alte Trasse der Bosnischen Ostbahn nutzt.

In der Nähe der großen Städte ist die Straße gut ausgebaut, aber ein besonderer Reiz obliegt dem 20 km langen Abschnitt durch die idyllische Prača-Schlucht zwischen dem Fluß Rakitnica und Hrenovica. Die einspurige Schotterstraße war einst eine Eisenbahntrasse zwischen Sarajevo und Pale und wartet mit 40 Tunneln auf, die die Nerven selbst der euphorischsten Tunnelliebhaber auf die Probe stellen. Manchmal befinden sich zwischen zwei Tunneln nur wenige Meter, so daß man sehr rasch von einer dunklen Passage in die nächste wechselt. An anderen Stellen, wenn man Felsnasen umfährt, kann es am Straßenrand erschreckend steil in die Tiefe gehen.

Es existieren nur wenige Abschnitte, an denen zwei Autos entspannt aneinander vorbeifahren können. Und in dem mit 852 m längsten Tunnel befinden sich zwei Kurven, die ein so dunkles Areal erzeugen, daß hier ein einzigartiger Lebensraum für Fledermäuse entstanden ist. **BDS**

❶ Einer der vielen engen Tunnel der Route.

Jerma-Schlucht Pirot, Serbien

Start Petačinci   **Ziel** Vlasi   **Länge** 18 km
Art Abenteuer   **Karte** goo.gl/LsR4Zl

Der Fluß Jerma im Südosten Serbiens ist nur 74 km lang, aber er überquert die Grenze zu Bulgarien (wo er den Namen Erma trägt) zweimal, bevor er sich nordwärts wendet und in die Nišava mündet. Diese Route folgt der sich schlängelnden Jerma durch eine spektakuläre Schlucht, die sie mit der Kraft ihres Wassers selbst geschaffen hat.

Man gelangt auf der 223 nördlich von Petačinci zum Eingang der Schlucht. Der Ort liegt auf der Grenze zwischen Serbien und Bulgarien, wobei der serbische Teil nur knapp 20 Einwohner zählt. Von hier aus windet sich die Schlucht durch die Berge. Die Straße selbst ist schmal und oftmals nur einspurig, jedoch mit Ausweichmöglichkeiten. Bis zu 230 m hohe Felswände säumen die Strecke und bilden an manchen Stellen gar einen Tunnel, durch den man hindurchfährt. Aufgrund von Steinschlag und Schnee kann die Straße gesperrt sein. Darüber sollte man sich vorab informieren.

Die Straße ist noch relativ jung. Lange Zeit war die Schlucht unpassierbar, bis man 1927 zur Versorgung des Kohlebergwerks Rakita eine Trasse für eine Schmalspurbahn baute. Nach Schließung des Bergwerks in den 1960er Jahren wurde die alte Eisenbahnlinie in eine der aufregendsten Straßen Serbiens umgewandelt, die man nicht verpassen sollte! **SA**

❶ Die Fahrt durch die Jerma-Schlucht ist abenteuerlich.

Von Kotor nach Sveti Stefan
Kotor, Montenegro

❶ Die exklusive Hotelinsel Sveti Stefan ist ein beliebtes Reiseziel der High Society.

Start Kotor
Ziel Sveti Stefan
Länge 44 km
Art Abenteuer
Karte goo.gl/RjBUFM

Die mediterrane Hafenstadt Kotor liegt an der Bucht von Kotor, einem der schönsten, fjordähnlichen Meeresarme der Welt. Die von einer Stadtmauer umgebene Altstadt ist prächtig, sollte aber gemieden werden, wenn die Touristenschiffe im Hafen anlegen.

Von Kotor aus fährt man zunächst in südlicher Richtung durch eine idyllische Landschaft, bevor man den etwas spektakuläreren Donjogrbaljski Put erreicht. Wer bequemer und schneller fahren möchte, wählt als Alternative die E65. Das wahre Abenteuer beginnt jedoch erst vor den Toren des beliebten Urlaubsortes Budva. Nun folgt die Straße mit unzähligen engen Kurven dem Verlauf der Küste und führt nach Sveti Stefan. Diese kleine Adria-Insel ist über einen Damm mit dem Festland verbunden.

Im urwüchsig-felsigen Montenegro ist dies eine der ruhigeren Touren. Wer auf der Fahrt zwischen den beiden Städten mehr Adrenalin spüren möchte, wählt die kleinere Straße entlang der Bucht. Zwischen Kotor und dem Flughafen bei Tivat ist die Straße oft so schmal, daß man bei Gegenverkehr (zu dem auch Busse und Lkw gehören können) zurücksetzen oder in Hauseinfahrten ausweichen muß. Rechter Hand befinden sich häufig, aber nicht immer Leitplanken vor dem Meer – was wie eine Abzweigung aussieht, kann schnell zum Absturz ins Wasser führen. In der Nacht macht das Fehlen einer Beleuchtung die Straße zum Wagnis. **JP**

Kotor-Serpentine
Kotor, Montenegro

Start Kotor
Ziel Cetinje
Länge 46,7 km
Art Abenteuer
Info goo.gl/PhmCLW **Karte** goo.gl/H5hXYC

Der Charme dieser Straße liegt in dem herrlichen Blick über die Bucht von Kotor, der mit jeder Kehre der Serpentine phantastischer wird. Über 25 Haarnadelkurven erklimmt man in weniger als 8 km eine Höhe von 881 m. Und dabei hat man viele Möglichkeiten, das Panorama zu genießen, denn nicht einmal der waghalsigste Fahrer fährt hier schneller als 25 km/h. Das wäre schlichtweg zu riskant. Die Straße befindet sich zwar in einem vorbildlichen Zustand, doch die enorme Steigung – 5 Prozent ist das Minimum – sowie die wenigen Schutzbarrieren am Straßenrand erfordern vom Fahrer ständige Vorsicht und Konzentration.

Auf dem Gipfel entschwindet die Bucht dem Blickfeld, sobald die Straße den Lovćen-Nationalpark erreicht. Hier lohnt ein Besuch des imposanten Mausoleums des Fürstbischofs Petar II. Petrović-Njegoš. Wer die 461 Stufen vom Parkplatz zum höchstgelegenen Grabtempel der Welt auf sich nimmt, wird mit einem sagenhaften Blick über nahezu ganz Montenegro und noch weiter belohnt, von der Hauptstadt Podgorica bis zur Adria und von Bosnien bis Albanien.

Wieder hinab verläuft die Straße etwas unspektakulärer bis zur ehemaligen, landschaftlich schön gelegenen königlichen Hauptstadt Cetinje. Sehenswert sind hier das Kloster aus dem 15. Jahrhundert sowie das Museum im Vladin Dom. **JP**

❶ In Gipfelnähe schweift der Blick nicht mehr über das Meer, sondern über nahezu ganz Montenegro.

Jezerski Vrh
Budva/Cetinje, Montenegro

Start Budva, Budva
Ziel Mausoleum von Petar II. Petrović-Njegoš, Cetinje
Länge 53 km
Art Landschaft
Karte goo.gl/jrzd5q

Petar II. Petrović-Njegoš hatte eine genau Vorstellung davon, wo er begraben werden wollte. Der Dichter, Fürstbischof und Landesheld Montenegros aus dem 19. Jarhrhundert verfügte, daß sich sein Grab auf dem Lovćen befinden solle, einem Gebirge in Küstennähe. So wurden seine sterblichen Überreste 1855 und somit einige Jahre nach seinem Tod im höchstgelegenen Mausoelum der Welt beigesetzt – auf dem Gipfel des Jezerski Vrh, dem mit 1655 m zweithöchsten Berg des Lovćen-Nationalparks.

Unsere Tour beginnt im Küstenort Budva. Mit seiner Architektur im venezianischen Stil und den Luxusappartements ist er ein nobler Kontrast zu dem, was kommt. Östlich der Stadt folgt man der M2.3.

Nach einigen Kilometern fährt man hinauf in die Berge. Phantastische Momente, in denen man den herrlichen Panoramablick genießt, wechseln sich ab mit aufregenden Schrecksekunden, wenn die Straße zur Seite plötzlich steil abfällt.

Die Straße selbst ist in einem guten Zustand und verfügt über eine extra Spur, auf der man die sich am Hang abmühenden Lastwagen überholen kann. Nach der Stadt Cetinje erreicht man den Lovćen-Nationalpark, und die Straße ähnelt nun mehr einer Landstraße. Sie windet sich auf den Jezerski Vrh bis zu einem kleinen Parkplatz. Von dort gelangt man zu Fuß durch einen Tunnel zu einer Treppe, die zu Petars Mausoleum auf dem Gipfel führt. **SH**

Rund um den Skadarsee
Bar/Ulcinj, Montenegro

Start Virpazar, Bar
Ziel Vladimir, Ulcinj
Länge 52 km
Art Landschaft
Karte goo.gl/wtsNZc

Diese Tour sollte niemand fahren, der furchtsam ist oder Höhenangst hat. Noch ganz harmlos beginnt die Reise in Virpaza am Ufer des Skadarsees (oder Skutarisee), dem größten See in Südeuropa. Für die Montenegriner bildet er das Herz ihres Landes, und an seinen steinigen Ufern verbrachte die einstige Königsfamilie ihre Sommeraufenthalte.

Doch die Route bleibt nicht lang am Wasser, sondern schraubt sich auf einer unbarmherzig schmalen Straße in imposante Höhenlagen. Nur vereinzelt gibt es Ausweichstellen, und fast immer ragt zur rechten Seite der Berg steil in die Höhe, während es auf der linken Seite abenteuerlich in die Tiefe geht.

Die Angst, daß ein großes Fahrzeug entgegenkommt, ist ständig präsent. Zudem sollte man auf Schafherden gefaßt sein, die quer über die Straße getrieben oder am Rand gehütet werden. Vorzugsweise trifft man an uneinsehbaren Stellen auf sie, und die Hirten machen dem motorisierten Verkehr in der Regel wenige Zugeständnisse.

Wenn man denkt, der Anstieg nimmt gar kein Ende, erreicht man die Grenze zu Albanien und fährt ab hier wieder bergab hinunter nach Vladimir, wo man gut Rast machen und einkehren kann.

Viele Reisende fahren weitere 20 km auf der E851 nach Ulcinj. In diesem kosmopolitischen Badeort verschmilzt die Musik des Nachtlebens mit den Rufen der Muezzins von den Minaretten. **JP**

Von Žabljak nach Suvodo
Žabljak, Montenegro

Start Žabljak
Ziel Suvodo
Länge 41 km
Art Abenteuer
Karte goo.gl/9dwSOl

Diese kurze, aber eindrucksvolle Strecke über einen Berg im Norden Montenegros ist zwar auf ganzer Länge asphaltiert, aber das ist schon der einzige Komfort, den sie zu bieten hat. Ununterbrochen reihen sich Kehren und Kurven aneinander, ergänzt um enge Felstunnel und bedrohliche Abhänge zu beiden Straßenseiten – die man, sollte es geschehen, nur einmal in seinem Leben hinabstürzt.

Die Tour startet auf 1456 m Höhe in Žabljak. Diese hübsche Kleinstadt wurde zweimal zerstört, einmal im Balkankrieg 1912–1913 und dann noch einmal während des Zweiten Weltkriegs. Doch man baute sie jedes Mal wieder neu auf und etablierte sie als beliebten Wintersportort. Die Route verläuft über den Prevoj Sedlo, einen Gebirgspaß des Durmitor-Bergmassivs. Man befindet sich auf 1907 m Höhe, bevor es wieder hinab in die in einem Tal gelegene Ortschaft Suvodo geht. Es lohnt ein Abstecher zum Stausee Pivsko jezero (Piva-See) auf 675 m Höhe, der als höchstgelegener künstlicher See weltweit gilt.

Dieser Roadtrip von Žabljak nach Suvodo ist eine spektakuläre und spannende Exkursion für alle Fahrbegeisterten, die sich in dieser Region aufhalten. Die Einheimischen freuen sich allerdings verständlicherweise auf die Eröffnung der Autobahn, mit der sich die Fahrt über diesen unglaublich schönen, aber gefährlichen Gebirgspaß vermeiden läßt. **JP**

❶ Die Straße führt in die kargen Höhenlagen des Durmitor-Nationalparks.

Tara-Schlucht
Mojkovac, Montenegro

Start Mojkovac
Ziel Đurđevića-Tara-Brücke
Länge 47 km
Art Abenteuer
Karte goo.gl/e3q6Tm

Die Tara-Schlucht, nach dem Grand Canyon die weltweit zweitgrößte Schlucht ihrer Art, gehört zum Welterbe der UNESCO. Fährt man Richtung Norden, wo die Schlucht immer enger wird, nähert sich die Straße Kurve für Kurve immer mehr dem Fluß, bis beide letztlich auf der Landkarte kaum noch zu unterscheiden sind. Die grobe Asphaltstrecke schneidet sich mit zahlreichen Tunneln durch die Felswände. Nur gelegentlich schützen kniehohe Barrieren vor dem steilen Abgrund. Die Straße ist eng und kurvenreich, aber die traumhaft schöne Szenerie macht alle Mühen wett, die der Fahrer für diese Tour auf sich nimmt.

So spektakulär die Fahrt durch die Tara-Schlucht auch ist, der Höhepunkt kommt erst noch: die Đurđevića-Tara-Brücke. Sie wurde im Jahr 1940 fertiggestellt und überspannt mit fünf imposanten Bögen eine Länge von 365 m über dem 172 m tiefer liegenden Fluß. Ein Denkmal erinnert an Božidar Žugić, einen Leutnant der jugoslawischen Armee, der 1941 getötet wurde, als er die Brücke gegen italienische Invasoren verteidigte. 1946 erfolgte der Wiederaufbau der Brücke. Heute ist sie ein Anziehungspunkt für Touristen. Sie war Drehort in dem Actionfilm *Der wilde Haufen von Navarone* (1978), ist ein beliebter Ort für Bungeespringen sowie eine bewährte Einstiegstelle für Raftingtouren auf der Tara. **JP**

Morača-Schlucht
Podgorica, Montenegro

Start Podgorica
Ziel Kolašin
Länge 71 km
Art Abenteuer
Karte goo.gl/AOhDD9

Viele aufregende Routen in diesem Buch sind geheime Nebenstraßen über schmale Gebirgspässe, die von den Einheimischen nicht mehr genutzt werden. Bei dieser hier verhält es sich jedoch anders. Die E65 und E80 durch die Morača-Schlucht sind zwei der größten Straßen in Montenegro.

Sie bilden die Hauptverkehrsader zwischen der Küste und der Hauptstadt Podgorica und führen weiter bis an die Grenze zu Serbien. Für manche zählen die Straßen zu den gefährlichsten in ganz Europa – zu den schönsten gehören sie zweifellos. Der Straßenverlauf durch die Morača-Schlucht ist von Tunneln und Steinbögen, von Kurven um Felsvorsprünge und nur minimalen Schutzbarrieren an den steilen Abhängen gekennzeichnet. Man sieht sehr viel Gestein, und ab und zu taucht auch das blaugrüne Wasser des weiter unten fließenden Flusses im Blickfeld auf.

Wie gefährlich die Straßen sind, zeigt ein Unfall von 2013, bei dem 47 rumänische Insassen eines Busses ums Leben kamen, der nach heftigen Regenfällen den Hang hinabgestürzt war. Rumänien und Montenegro ordneten daraufhin Staatstrauer an. Heute informiert zum Beispiel das Außenministerium Großbritanniens britische Touristen über die Gefahren der Morača-Schlucht. **SH**

➔ Die Morača-Schlucht aus der Vogelperspektive.

Rugova-Schlucht
Peć, Kosovo

Start Peja
Ziel Kuqishtë
Länge 22 km
Art Abenteuer
Karte goo.gl/0vfvvu

Die Bistrica e Pejës – in Albanien Lumbardhi i Pejës genannt – ist ein Nebenfluß des Weißen Drin an der Ostseite des Gebirgszuges Mokra Planina an der Grenze zwischen dem Kosovo und Montenegro. Zunächst fließt er in südlicher Richtung, dann in östlicher. Hier verändert der bisher eher unscheinbare Fluß nun seine Gestalt, da er jetzt auf einer Länge von 25 km durch die majestätische Rugova-Schlucht fließt. Mit einer Tiefe von bis zu 1000 m zählt diese zu den längsten und tiefsten Schluchten in ganz Europa. Sie entstand sowohl durch das Wasser des Flusses als auch durch den Rückzug des Peć-Gletschers am Ende der letzten Eiszeit. Sie hat sich nicht nur in die oberen Kalk- und Schieferschichten gegraben, sondern auch in die darunterliegenden härteren Marmorschichten. Heute zeigt sie eine großartige geologische Struktur.

Die beste Route zu diesem Naturwunder beginnt am östlichen Ende in Peja. Von dort führt die M9 in westlicher Richtung durch die Schlucht, bevor sie unweit der Grenze zu Montenegro endet.

In ihrem Verlauf passiert die Straße mehrere einspurige Felstunnel, eine traumhaft schöne Brücke sowie einige scharfe Kurven. Wasserfälle plätschern an den Wänden hinab, und hier und da gibt es riesige, zum Teil noch unerforschte Höhlen, die im Berg verschwinden. In einigen von ihnen lebten in früheren Zeiten Menschen. **SA**

❶ Die Straße verläuft durch die Rugova-Schlucht, eine der längsten Schluchten Europas.

Lacul Negovanu
Transsilvanien, Rumänien

Start Tălmaciu
Ziel Lacul Negovanu
Länge 39 km
Art Abenteuer
Karte goo.gl/lICuYO

Nichts, was Sie über die kleine, historische Stadt Tălmaciu im Herzen von Rumänien wissen, bereitet Sie wirklich auf diese abenteuerliche Fahrt vor. Das verschlafene Örtchen liegt an einer der Hauptstraßen zwischen den Regionen Walachei im Süden und Transsilvanien im Nordwesten. Die Stadt ist für ihre Faserherstellung, Spinnindustrie und die Abfüllung von Quellwasser bekannt.

Von Tălmaciu führt die Straße im Zick-Zack-Kurs zum See Lacul Negovanu in den Südkarpaten – einer dicht bewaldeten Region, in der Wölfe und Braunbären zu Hause sind. Der See auf 1150 m Höhe entstand durch die Aufstauung des Sadu. Hier ist die Landschaft idyllisch und beschaulich.

Am besten unternimmt man die Fahrt mit einem Allradwagen, wenngleich der See nicht sehr weit von Tălmaciu entfernt ist. Die Straße ist jedoch so unscheinbar, daß sie weder auf Karten eingezeichnet noch durch Schilder markiert ist. Daher kann es leicht passieren, daß man eine falsche Abzweigung nimmt und sich verfährt oder festfährt – oder beides. Selbst auf der richtigen Route wird der Asphalt manchmal von Sand und Schotter abgelöst, und die uneinsehbaren Kurven sind nicht durch Leitplanken gesichert. Da die Straße mitunter nur für ein Fahrzeug breit genug ist, sollte man langsam fahren. Auf dem Weg zum See kommt man durch einige der ärmsten Ortschaften des Landes. **SA**

❶ Der Lacul Negovanu befindet sich in den Südkarpaten, einer sehr einsamen Region Rumäniens.

Transfăgărășan Transsilvanien/Muntenien, Rumänien

Start Cârțișoara, Transsilvanien **Ziel** Albestii de Arges, Muntenien **Länge** 106 km
Art Abenteuer **Karte** goo.gl/zyWyai

Bestandteile dieser Tour sind die Dracula-Burg, ein 2042 m hoher Gebirgspaß sowie Europas höchster Staudamm. Und keiner dieser Punkte stellt die anderen in den Schatten.

Die Transfogarascher Hochstraße (Transfăgărășan) wurde 2009 von der BBC-Sendung *Top Gear* als „beste Straße der Welt" bezeichnet, bei der sich Kurven und schnelle Geraden nur so abwechseln. Und Kurven hat die Straße definitiv. Auf der Landkarte wird sichtbar, wie sie sich wild durch die Karpaten, genauer gesagt über die Transsilvanischen Alpen schlängelt. Zur Transfăgărășan gehören auch fünf unbeleuchtete Tunnel, unzählige Spitzkehren, hohe Talbrücken und ungesicherte Abhänge am Straßenrand.

Dieses Stückchen Asphalt hat es in sich. Auf der Route liegen der Bâlea-See mit seinem Wasserfall, die Burg Poenari, auf die sich 1462 Vlad III. Draculea geflüchtet hatte, sowie die Vidraru-Talsperre. Man befindet sich inmitten der höchsten Berge und der unberührtesten Landschaft Rumäniens.

Die Straße war in den 1970er Jahren ein Projekt des kommunistischen Diktators Nicolae Ceaușescu. Das selbsternannte „Genie der Karpaten" ließ Bergleute und vor allem Soldaten die Paßstraße durch das unwirtliche Terrain bauen. Dabei gab es viele Todesopfer – vermutlich über 100. **SH**

❶ Eine etwas leichtere Passage der Route.

Transalpina — Von Oltenien nach Transsilvanien, Rumänien

Start Sebeș, Oltenien   **Ziel** Novaci, Transsilvanien   **Länge** 132 km
Art Abenteuer   **Karte** goo.gl/LOoHia

Die Transalpina wird von den Einheimischen auch „Pfad des Teufels" genannt. Sie ist eine der höchsten Gebirgspässe der Südkarpaten und wurde vermutlich schon von den Römern während der Dakerkriege genutzt, um ihre Siedlung Sarmizegetusa zu erreichen. Bis zum Zweiten Weltkrieg war sie in einem miserablen Zustand, dann setzten sie die deutschen Truppen instand. Doch erst 2012 verwandelte sie sich von einer schmalen Schotterpiste in die Erlebnisstraße, die sie heute ist.

Die auch als Nationalstraße 67C bezeichnete Transalpina eignet sich für jedes herkömmliche Fahrzeug. Ihr höchster Punkt ist mit 2145 m der Urdele-Paß, der das Gebirge Muntii Parâng in Nord-Süd-Richtung überquert. Dabei folgt man dessen Kamm sowie Plateaus und Hängen oberhalb des Olt- und des Jiu-Tals. Unterwegs passiert man drei Gletscherseen und sieht traditionelle Landwirtschaft mit Viehherden, die gehütet werden.

Auf dem Rückweg kommt man zwischen Rânca und Obârşia Lotrului in den Genuß einer 29 km langen, kurvenreichen Strecke, die den Adrenalinpegel in die Höhe schnellen läßt. Mit dem ersten Schneefall wird die Transalpina gesperrt, daher ist ihre Saison kurz. Winterwetter und das Fehlen von Leitplanken passen einfach nicht zusammen. **BDS**

❶ Auf der Transalpina hoch über den Wolken.

Transrarau Moldau, Rumänien

Start Chiril **Ziel** Pojorâta **Länge** 27 km
Art Landschaft **Karte** goo.gl/ii5XWB

Bis vor wenigen Jahren wagten es nur die mutigsten oder leichtsinnigsten Autoreisenden, sich auf diese Route durch die Rarau-Berge im Osten der Karpaten zu begeben. 2014 wurde in Rumänien jedoch ein umfassendes staatliches Strukturverbesserungsprogramm abgeschlossen, das auch die Tranrarau auf internationalen Standard brachte; heute ist es eine wahre Freude, über den glatten Asphalt durch das herrliche Panorama zu fahren.

Am höchsten Punkt der Straße auf 1400 m Höhe befindet sich unweit der berühmten Felsformation der Pietrele Doamnei ein Gasthaus. Der Legende nach fand in dieser Gegend 1541 der damalige Herrscher Petru IV. Rareş mit seiner Frau und seinem Sohn Zuflucht vor den einfallenden Tataren. Das Hotel ist ein beliebter Ausgangspunkt für Wanderer in dieser waldreichen Region.

Auf der anderen, der nördlichen Seite des Gebirgspasses führt die Straße im Zick-Zack-Kurs, mit geschwungenen Geraden und tückischen Spitzkehren, zum Ufer der (rumänischen) Moldau und endet in Pojorâta. In dieser kleinen Gemeinde gibt es interessanterweise ein Fußballstadion mit 1000 Sitzplätzen – es gehörte seit 1950 zum ACS Bucovina Pojorâta, der jedoch finanziell in Schieflage geriet und im Jahr 2016 aufgelöst wurde. **JP**

❶ Typischer Blick von der Transrarau in Rumänien.

Bicaz-Klamm – Höllenschlund Moldau/Transsilvanien, Rumänien

Start Bicaz, Moldau **Ziel** Gheorgheni, Transsilvanien **Länge** 60 km
Art Abenteuer **Karte** goo.gl/KbKrdc

Wenn eine Straße den Beinamen „Höllenschlund" trägt, ist man geneigt, einen großen Bogen um sie zu machen. Aber hier, bei der Bicaz-Klamm, würde man etwas ganz Besonderes verpassen.

Die Schlucht, entstanden durch den Fluß Bicaz, befindet sich in Rumänien zwischen den Regionen Transsilvanien und Moldau. Wenn man durch sie hindurchfährt, ist man von steilen, schroffen Felswänden umgeben. Noch furchteinflößender als deren Höhe ist ihre Nähe zur Straße. An manchen Abschnitten säumt das Gestein die Straße, aber an anderen Stellen neigt es sich über die Fahrbahn. So hat man den Eindruck, direkt durch den Fels hindurchzufahren – daher der unheilvolle Beiname.

Nach zwei Dritteln der Strecke erreicht man den ungewöhnlichen Lacul Roşu (Roten See), ein beliebtes Ausflugsziel. Da er durch einen Erdrutsch entstanden ist, ragen noch heute Baumstümpfe aus dem trüben, rötlichen Wasser heraus.

Die DN12C befindet sich in einem guten Zustand. Allerdings muß man mit vielen scharfen Kehren und uneinsehbaren Kurven rechnen. Durch den Fels ist an diesen der Blick zur einen Seite versperrt, während es an der anderen Seite steil in die Tiefe geht. Wenn man angemessen fährt, ist die Route nicht gefährlich, sondern traumhaft schön. JI

❶ Die Straße scheint im Fels zu verschwinden.

Rucâr-Bran-Paß
Muntenien, Rumänien

Start Râşnov
Ziel Câmpulung
Länge 69 km
Art Landschaft
Karte goo.gl/yssTph

Diese Straße ist ein noch wenig bekanntes Juwel, das durch unzählige abgeschiedene Ecken und über mehrere Pässe mitten in Rumänien führt.

Man durchfährt beschauliche Kleinstädte und malerische Dörfer, unberührte Wälder sowie landwirtschaftlich genutzte Flächen und überquert grüne Hügel mit Blick über die sanft gewellte Landschaft bis hin zu den Gipfeln am Horizont. Die DJ73 ist Teil der Europastraße E574, verbindet Brasov mit Pitesti und verläuft durch die idyllische Landschaft zwischen diesen beiden Städten.

Zu den Höhepunkten der Strecke gehören der Rucăr-Bran-Paß auf 1275 m und der Posada-Paß auf 836 m. Einheimischen zufolge ist der Panoramablick vom Rucăr-Bran-Paß der schönste des Landes. Der höchste Punkt der Route liegt auf 1300 m.

Die Gemeinde Moieciu ist für ihre Wanderwege und Wasserfälle bekannt, und Cheile ist im Winter ein beliebter Skiort.

Zur Stadt Bran gehört das gleichnamige Schloß (Törzburg), das Touristen als „Draculaschloß" präsentiert wird. Mit seinen gotischen Türmen und dunklen Gängen paßt es zur Vampirgeschichte – wurde aber vom historischen Vorbild der Romanfigur vermutlich nie betreten. Eine Besichtigung lohnt sich dennoch; das Schloß ist ganzjährig für Besucher geöffnet. **SH**

➲ Blick von der Straße über das Făgăraş-Gebirge.

Transbucegi
Muntenien, Rumänien

Start Sinaia
Ziel Cabana Piatra Arsâ
Länge 36 km
Art Landschaft
Info goo.gl/lLj2fz

Das Bucegi-Gebirge ist Teil der Südkarpaten. Der Name der Straße – „Transbucegi" – täuscht, da sie über nichts hinwegführt. Und sie führt auch nirgendwohin: sie ist eine Sackgasse. Aber die Landschaft ist so wunderbar, und das Fahrerlebnis so phantastisch, daß man sie durchaus zweimal befahren kann – solange das Wetter mitspielt.

Sinaia ist ein beliebter Urlaubs- und Wintersportort. Historischer Ursprung der Kleinstadt ist das gleichnamige Kloster aus dem 17. Jahrhundert. Weitere Sehenswürdigkeiten sind das Schloß Peles als ehemalige Residenz der rumänischen Königsfamilie sowie das Schloß Pelişor, nur 300 m weiter.

Die Straße führt mit zahlreichen Spitzkehren durch den Naturpark Bucegi bergauf. Am Wegesrand oder nicht weit entfernt sind die Felsformationen Babele (Großmütter) und Sfinxul din Bucegi (Bucegi-Sphinx) sowie die 2384 m hohe Caraiman-Spitze besonders bemerkenswert. Auf letzterer befindet sich das Crucea Eroilor-Denkmal zu Ehren der im Ersten Weltkrieg gefallenen rumänischen Soldaten.

Anschließend verläuft die Straße im Schatten zweier weiterer Berge, dem Costila (2491 m) und dem Omu (2508 m), bevor sie die Cabana Piatra Arsa auf 1925 m Höhe erreicht. Hier trainieren rumänische Spitzensportler verschiedener Disziplinen für ihre Wettkämpfe. **JP**

❶ Das Bucegi-Gebirge ist eine von vier Gebirgsgruppen der Karpaten. Höchster Punkt ist der Omu (2505 m).

Bucharest Ring
Bukarest, Rumänien

Start Bulevardul Liberatii
Ziel Bulevardul Liberatii
Länge 3,2 km
Art Kultur
Karte goo.gl/OxWYpv

Mit ihrer einzigartigen Mischung aus Gewöhnlichem – weißen Straßenmarkierungen, Schildern, Ampeln – und den legendären Rekorden vergangener Zeiten üben Rennstrecken in Städten einen ganz besonderen Reiz aus. Ein Stadtkurs ist eine ideale Möglichkeit, einen Ort kennenzulernen.

Bei dieser Fahrt folgt man dem Streckenverlauf des Bucharest Rings durch die Innenstadt von Bukarest. Er bildet, mit Ausnahme einer herauskragenden Ecke, nahezu ein Viereck und beinhaltet 14 Kurven und fünf Geraden mit mehreren Schikanen.

Im Zentrum des Bucharest Rings befindet sich der Parlamentspalast, erbaut in den 1980er Jahren für den rumänischen Diktator Nicolae Ceaușescu. Es ist eines der flächenmäßig größten Gebäude der Welt und nach dem Pentagon in den USA das zweitgrößte Verwaltungsgebäude.

Den Stadtkurs entwarf der deutsche Bauingenieur Hermann Tilke. Ausgetragen wurden unter anderem 2007 und 2008 FIA-GT-Meisterschaften. In den vergangenen Jahren gab es kaum mehr Events. Nicht-Rennfahrer müssen sich natürlich an Tempolimits halten, bekommen aber dennoch ein Gefühl dafür, wie es sein muß, hier an einem Rennen teilzunehmen. Mehr als einen Blick wert ist die neubarocke Architektur der Stadt, die dafür sorgte, daß Bukarest heute den Beinamen *Micul Paris* („Kleines Paris" oder „Paris des Ostens") trägt. **JI**

Tour durch Albanien
Shkodër, Albanien

Start Shkodër
Ziel Gjirokastër
Länge 373 km
Art Kultur
Karte goo.gl/CzYfUu

Albanien war im 20. Jahrhundert für viele hinter dem Eisernen Vorhang versteckt gewesen. Doch für Touristen hat das Land allerhand zu bieten, seien es Burgen und Schlösser, UNESCO-Weltkulturstätten oder authentische, bezaubernde Städte und Dörfer. Bei einer Rundtour durch Albanien kann man das Land gut erkunden. Ein möglicher Ausgangspunkt ist Shkodër im Norden. Die Stadt liegt zwischen den Flüssen Buna und Drin und war schon 300 v. Chr. ein militärisch interessanter Stützpunkt.

Man fährt südwärts Richtung Kruja. Der gute Zustand des Asphalts zeugt von den Strukturreformen seit Ende des Kommunismus. Einige Abschnitte und Brücken sind dennoch bislang nicht perfekt.

Kruja selbst beherbergt eine mittelalterliche Festung mit dem Skanderbeg-Museum und einem Museum für Ethnographie. Nach einer Besichtigung fährt man weiter und erreicht Berat – die „Stadt der tausend Fenster", die sich über die steilen Hänge oberhalb des Flusses Osum erstreckt.

Weiter südlich gelangt man nach Gjirokastër, Geburtsort des ehemaligen Diktators Enver Hoxha. Als seltenes Beispiel einer Stadt aus der Zeit der Osmanen gehört sie zum UNESCO-Weltkulturerbe. In der Burgfestung befindet sich ein Museum.

Albanien bietet ausreichend viele Tankstellen, sehr freundliche Menschen und gute Hinweise auf die schönsten Ecken des Landes. **JI**

SH8 – Albanische Riviera Vlorë, Albanien

Start Vlorë   **Ziel** Sarandë   **Länge** 230 km
Art Landschaft   **Karte** goo.gl/5vtEkK

Die Nationalstraße SH8 verbindet Albaniens zweitgrößten Hafen, Vlorë an der Adria, mit dem größten Urlaubsort des Landes, Sarandë am Ionischen Meer. Zwar nutzte bereits Julius Caesar in der Antike diese Route, asphaltiert wurde sie aber erst nach Ende des Kommunismus in den 1990er Jahren.

Von den Hafenanlagen in Vlorë führt die Straße südwärts an der Küste entlang bis nach Orikum und biegt dann Richtung Inland ab, mit dem Meer zur rechten und dem Berg Maja e Çikës zur linken Seite. Steil arbeitet sie sich bis zum Llogara-Paß auf 1027 m hinauf. Von hier hat man einen traumhaften Blick über die Inseln im Ionischen Meer und auf die italienische Küste Apuliens.

Nun fährt man bergab bis nach Himarë mit seinen schönen Stränden, bevor es wieder bergauf geht, wenngleich nicht so steil wie zuvor. So erreicht man schließlich Sarandë unweit der Insel Korfu.

Die SH8 ist kein Kinderspiel: Um das Panorama genießen zu können, muß man bewußt anhalten – denn während der Fahrt gilt jede Aufmerksamkeit der Straße mit ihren vielen Kurven, ihrer geringen Breite und den steilen Abhängen, vor denen keine Leitplanken angebracht sind. Und in der hier beschriebenen Nord-Süd-Fahrtrichtung befindet man sich immer besonders nah am Abhang. **JP**

↑ Der Llogara-Paß im Hochsommer.

Vom Prespasee zum Ohridsee
Von Resen nach Struga, Mazedonien

Start Krani, Resen **Ziel** Struga, Struga **Länge** 101 km
Art Landschaft **Karte** goo.gl/SP3bRj

Diese Reise durch das südliche Mazedonien folgt einer unvergleichlich malerischen Route zwischen den zwei höchstgelegenen Seen der Balkanregion. Man startet in Krani unweit der Grenze zu Griechenland. Die Fischerei hat in diesem Ort eine bis ins 4. Jahrhundert v. Chr. zurückreichende Tradition.

Von dort verläuft die Straße an der Westseite des Baba-Gebirges – mit 2601 m die dritthöchste Erhebung in Mazedonien – nach Kozjak. In dieser Stadt leben nur knapp 10 000 Menschen.

Es folgen Wälder mit vielen engen Kurven, bevor man ans Ufer des Prespasees gelangt und dann durch den Galičica-Nationalpark zum Ohridsee fährt, dem tiefsten See der Balkanhalbinsel.

Anschließend erreicht man die Stadt Ohrid, die wegen ihrer zahlreichen Kirchen den Beinamen „Jerusalem des Balkans" trägt – in einem Reisebericht aus dem 17. Jahrhundert heißt es, für jeden Tag des Jahres gäbe es eine Kirche. Dies stimmt zwar nicht ganz, aber das ist auch nicht ausschlaggebend. Zu sehen gibt es immer noch genug Sakralbauten, zum Beispiel die St. Panteleon-und-Kliment-Kirche.

Ziel der Reise ist Struga. Von den 17 000 Einwohnern sind 55 Prozent orthodoxe Christen und 43 Prozent Muslime. Auf der anderen Seite des drei Millionen Jahre alten Sees befindet sich Albanien. **JP**

❶ Der Ohridsee ist einer der ältesten Seen der Erde.

Schipkapaß Gabrowo, Bulgarien

Start Südlich von Gabrowo   **Ziel** Nördlich von Kasanlak   **Länge** 13 km
Art Landschaft   **Karte** goo.gl/k3iVaf

Diese Route ist Teil der E85, jener Europastraße, die von Litauen durch das bulgarische Balkangebirge bis nach Griechenland führt. Der Paß liegt im Naturpark Balgarka, der für seine einzigartige Flora und Fauna bekannt ist, zu der auch der Braunbär gehört.

Die Straße ist dreispurig mit langen Kurven. Ihr Zustand ist gut, und überall sind Leitplanken vorhanden. Im Winter sollte man sich vorab über etwaige Sperrungen informieren. Der höchste Punkt der Strecke liegt auf 1150 m Höhe unweit des Gipfels des 1441 m hohen Chadschi Dimitar (Busludscha). Auf diesem thront das Busludscha-Denkmal zu Ehren der sozialistischen Bewegung des Landes, erreichbar über einen 12 km langen Abstecher.

Als einzige Route durch das Gebirge hatte der Schipkapaß historisch eine große Bedeutung, insbesondere während des Russisch-Osmanischen Krieges 1877–1878, als sich Bulgarien mithilfe Rußlands vom Osmanischen Reich lösen wollte. In Sichtweite des Passes erinnert das mächtige Schipkadenkmal an die Gefallenen des Krieges – sein pyramidenartiger Turm aus Feldsteinen ist 31,5 m hoch, und über dem Eingang befindet sich ein riesiger Löwe aus Bronze, 8 m lang und 4 m hoch. Nach der Besteigung der 890 Stufen bietet sich ein idealer Rundblick auf die Umgebung. **JP**

ℹ Mehrere Denkmäler erinnern an frühere Schlachten.

Buynovsko-Schlucht Smoljan, Bulgarien

Start Yagodina **Ziel** Teshel **Länge** 16 km
Art Abenteuer **Karte** goo.gl/ckDOej

Rund 100 km südlich von Plowdiw, nahe der Grenze zu Griechenland, liegt die Stadt Yagodina in der Gebirgslandschaft der Rhodopen. Hier befindet sich eines der eindrucksvollsten Höhlensysteme der Welt; die bis zu 8,5 km langen Galerien der Yagodina-Höhle wurden durch den Buynovska-Fluß geschaffen. Im Neolithikum bewohnten Menschen die Höhle – und heute können sich Paare im Ritualsaal das Ja-Wort geben.

Die kurze, aber nicht ganz leicht zu fahrende Straße durch die Buynovsko-Schlucht folgt dem Lauf der Buynovska, wenn sie aus dem Kalkgestein wieder hervortritt. Auch an den breitesten Abschnitten der Straße kann ein Passieren des Gegenverkehrs eine Herausforderung sein. Man sollte auf Zurücksetzen gefaßt sein – was angesichts der losen Straßenkanten und der steilen Abhänge kein Leichtes ist.

Bedrohlich wirkt auch der Vuclhi Skok (Wolfssprung), an dem die Felswände zu beiden Seiten steil nach oben ragen und sich in nur 3 m Höhe über dem Asphalt fast berühren.

Am Ende der Fahrt öffnet sich die Landschaft wieder. Das Dorf Teshel befindet sich in der Nähe eines Stausees. Nicht weit entfernt liegt das Naturschutzgebiet Kastrakliy, das insbesondere für seine seltenen Schmetterlinge bekannt ist. **JP**

❶ Die Gebirgslandschaft der wilden Rhodopen.

Idyllischer Süden von Korfu Korfu, Griechenland

Start Korfu Stadt   Ziel Korfu Stadt   Länge 66 km
Art Landschaft   Karte goo.gl/m0dIoD

Die Stadt Korfu zählt zu den am stärksten europäisch geprägten Städten der griechischen Inseln. Das liegt sowohl an ihrer Nähe zu Italien als auch an ihrer spannenden Geschichte: Korfu wurde unter anderem von den Normannen, Briten und Venezianern erorbert, aber nie von den Türken. Auf der Fahrt über den Süden der Insel sieht man inmitten der traumhaft schönen Landschaft die historischen Spuren.

Das erste große Ziel ist das Achilleion. Dieser 1890 erbaute Palast war Sommerresidenz der Kaiserin Elisabeth von Österreich und blickt auf eine bewegte Geschichte zurück: er war Lazarett, Museum, Kino-Drehort und Casino. Heute ist er umfassend restauriert und für Besucher zugänglich.

Jenseits des Palasts führt die Straße zunächst zum quirligen Urlaubsort Benitses hinab und dann in südlicher Richtung entlang der Küste zu den beiden Ferienorten Moraitika und Messonghi. Dann wird die Fahrt etwas ruhiger und man gelangt in das idyllische Fischerdorf Boukari. Am Wochenende ziehen seine Restaurants jedoch viele Ausflügler an.

Nun biegt die Straße Richung Inselinneres ab und man fährt nordwärts über bewaldete Hügel und durch hübsche Ortschaften – ein reizvoller Kontrast zu den belebten Stränden der Küste – zurück zur Stadt Korfu. **MG**

❶ Statue *Sterbender Achill* im Park des Achilleion.

Rundtour Korfu Stadt und Pantokrator Korfu, Griechenland

Start Korfu Stadt **Ziel** Korfu Stadt **Länge** 90 km
Art Abenteuer **Karte** goo.gl/EMnXEj

Wer mag schon nur am Strand liegen, wenn es im Hinterland von Korfu mit dem Auto oder Motorrad so viel zu entdecken gibt? Dies ist eine herrliche Rundtour über den Nordosten der Insel, beginnend und endend in Korfu Stadt.

Man fährt auf der Küstenstraße, vorbei an den Urlaubsorten im Osten und im Norden, nach Acharavi, bevor man sich ins wilde, rauhe Innere der Insel begibt. Hier wird die Straße zusehends schmaler und windet sich zwischen Olivenhainen am Fuße der Berge hindurch. Dann folgt der steile Abstecher hinauf auf den Pantokrator.

Der mühsame Weg lohnt sich. Es handelt sich mit 906 m um den höchsten Berg auf Korfu, und vom Gipfel schweift der Blick weit über die gesamte Insel und das Meer bis zur Küste von Albanien.

Auf dieser Rundtour fährt man, bis auf die Passage oben auf dem Pantokrator, auf Asphalt. Dieser ist gut in Schuß und ermöglicht ein angenehmes Fahrerlebnis. Doch bevor man dorthin zurückkehrt, gilt es, 25 enge Spitzkehren auf einer Strecke von nur 4 km hinab nach Ipsos zu bewältigen. Die oft ungesicherte Bergstraße führt durch die Oliventerrassen dieser Region – ein malerischer Anblick, falls man es wagt, die Augen auch nur für einige Sekunden von der schmalen Straße zu nehmen! **SH**

❶ Festung und Hafen von Korfu Stadt.

Karavomylos
Kefalonia, Griechenland

❶ Agia Paraskevi ist einer der großen und angenehm abgeschiedenen Strände entlang dieser Route.

Start Agia Effimia
Ziel Karavomylos
Länge 7 km
Art Landschaft
Karte goo.gl/DSLGeS

Kefalonia ist die größte griechische Insel im Ionischen Meer und liegt am Ausgang des Golfs von Patras. Ihre höchste Erhebung ist der Berg Enos mit 1628 m. Die meisten Bewohner leben in der Inselhauptstadt Argostoli oder in Lixouri.

Diese Tour beginnt in einem Ort, der einst ein Fischerdorf mit langer Tradition war, nach seiner Zerstörung infolge eines Erdbebens 1953 aber vollkommen neu aufgebaut worden ist. Seither hat sich Agia Effimia zu einer Touristenhochburg gewandelt und ist vor allem bei Yachtbesitzern sehr beliebt.

Die Straße schmiegt sich auf ihrer gesamten Länge an die Küste und führt dadurch kurvenreich bergauf und bergab. Der Mangel an Leitplanken ist sowohl auf Meeresniveau als auch auf den Klippen ein Problem. Zudem ist der Asphalt nicht immer so breit, daß zwei Fahrzeuge aneinander vorbeifahren können – daher sind Zurücksetzen und Rangieren auf dieser Route unvermeidbar.

Diese griechische Insel hat nicht nur ein faszinierendes Panorama zu bieten – ebenso interessant sind die Spuren des Meeres an den Klippen. Sie sind höher, als das Wasser durch die Gezeiten jemals steigen kann. Dies ist keine saisonale Erscheinung, sondern dadurch bedingt, daß Kefalonia beim letzten schweren Erdbeben, dessen Epizentrum genau unter der Insel lag, tektonisch bis zu 60 cm angehoben wurde und nicht wieder zurücksank. **JP**

Von Aristi nach Papingo
Epirus, Griechenland

Start Aristi
Ziel Papingo
Länge 11 km
Art Landschaft
Karte goo.gl/4KmIWe

Fast am Ende dieser Fahrt gibt es einen Ausblick, den man unbedingt fotografisch verewigen sollte, so schön ist er.

Wenn sich dieser Roadtrip dem Ende zuneigt, steigt man am besten aus dem Auto aus und hält folgendes fest: Die Straße schlängelt sich mit Dutzenden Haarnadelkurven zwischen den Bäumen hindurch, mit steilen, jähen Abgründen hinter den Leitplanken und dunkelgrünen, bewaldeten Berghängen – und am Horizont sieht man eine gigantische, oben abgeflachte Felsformation, die die Einheimischen die „Türme" nennen.

Von den phantastischen Ausblicken abgesehen, ist auch der Rest dieser Eparchiaki-Odos-Route durch den Nationalpark Vikos-Aoos eindrucksvoll. Der Zustand der Straße ist meist gut, wenngleich stellenweise Steigungen von bis zu 10 Prozent zu bewältigen sind.

Dies ist der einzige Weg, um ins Dorf Papingo mit seinen gemütlichen Gasthäusern zu gelangen. Man muß 23 Spitzkehren hinter sich bringen, um den Kamm zu erreichen. Doch inmitten üppiger Vegetation blickt man weit über das Tal des Voidomatis.

An einer anderen Stelle überquert man unter dichten Baumkronen eine entzückende kleine Brücke – auch hier sollte man nach Möglichkeit einen Fotostopp einlegen. Am schönsten ist die Region im Frühling, aber Charme hat sie das ganze Jahr. **SH**

❶ Auch die am wenigsten spektakulären Abschnitte dieser Fahrt sind ein Genuß für Fahrer und Fotografen.

Von Ioannina nach Metéora
Epirus/Thessalien, Griechenland

Start Ioannina, Epirus
Ziel Metéora, Thessalien
Länge 103 km
Art Landschaft
Karte goo.gl/7X8SJO

Ioannina ist die historische Hauptstadt der griechischen Region Epirus und liegt traumhaft schön am Ufer des Pamvotida-Sees. Von hier aus schlängelt sich die Straße hinauf ins Pindosgebirge, überquert dieses und führt dann hinab in die thessalische Ebene.

Wenn man Ioannina in nördlicher Richtung verläßt, erreicht man zunächst die Kleinstadt Perama. Deren 5 km lange Tropfsteinhöhle ist eine beliebte Touristenattraktion. Dann folgt die Straße dem Ufer des Pamvotida-Sees, bevor sie sich bergauf in die Berge windet. Im Winter sollte man sich vorab über mögliche Sperrungen informieren – und sich nur mit ausreichend Sprit im Tank auf den Weg machen.

Die einzige größere Stadt auf dieser Route ist Metsovo. Hier lohnt es, Station zu machen und die Museen und stattlichen Kaufmannshäuser zu besichtigen. Wer möchte, kehrt in einem Restaurant mit Blick auf die Berge ein und probiert die heimische Spezialität, den Käse aus Metsovo.

Nach Metsovo ist das Panorama vom Pindosgebirge bestimmt. Die Strecke führt weiter bis nach Kalambaka, das unterhalb der einzigartigen und prächtigen Metéora-Klöster liegt. Sie befinden sich auf steilen Klippen, die aus der thessalischen Ebene herausragen, und gehören zum UNESCO-Weltkulturerbe. **MG**

➲ Ein orthodoxes Refugium auf einem Felsvorsprung.

Von Perdikaki nach Patiopoulo
Zentralgriechenland, Griechenland

Start Perdikaki
Ziel Patiopoulo
Länge 24,3 km
Art Abenteuer
Karte goo.gl/kBG1dr

Autofahren in Griechenland kann furchteinflößend sein, aber für keine andere Route trifft dies mehr zu als für diese hier, die regelmäßig in den Top Ten der weltweit gefährlichsten Straßen auftaucht. Vom Fuße des Patiopoulo blickt man steil hinauf zum Zick-Zack-Verlauf der Strecke und weiß sofort, daß ein Abenteuer vor einem liegt. Wer Höhenangst hat oder nervös wird, wenn beim Blick aus dem Autofenster nichts als ein tiefer Abgrund zu sehen ist, sollte diese Straße meiden. An manchen Stellen gilt ein Tempolimit von 30 km/h; daran sollte man sich unbedingt halten, da die dürftigen, kniehohen Barrieren kaum Schutz vor einem Absturz bieten.

Die Route beginnt in dem malerischen Örtchen Perdikaki, in dem nur wenige Hundert Einwohner leben. Man befindet sich bereits auf 750 m Höhe, und zum Ende der aufregenden Fahrt wird man 1160 m erreicht haben.

Zu den schwindelerregenden Abhängen kommt eine recht geringe Breite der Straße hinzu, die mit ihrem Schotterbelag nur wenig Grip bietet. Zudem ist sie reich an Schlaglöchern, denen man geschickt ausweichen muß. Auch sollte man auf Fußgänger oder Viehherden gefaßt sein und darauf hoffen, daß kein Gegenverkehr kommt. Aber von all diesen Aspekten abgesehen, bietet die Straße von Perdikaki nach Patiopoulo ein herrliches Bergpanorama mit zauberhaften Ausblicken. **MG**

Parnaß Zentralgriechenland, Griechenland

Start Delphi   **Ziel** Liakoura   **Länge** 45 km
Art Kultur   **Karte** goo.gl/OebiSF

Ein Besuch der antiken Stadt Delphi ist von Athen aus ein beliebter Tagesausflug. Hier kann man nicht nur die historische Weissagungsstätte besichtigen, sondern auch das phantastische Panorama genießen. Unterhalb der Kultstätte erstrecken sich Olivenhaine, und auf der anderen Seite ragt der Parnaß in die Höhe. Die hier vorgeschlagene Route führt weit in die Berge hinauf bis zum höchsten Gipfel.

Zunächst fährt man von Delphi auf der Hauptstraße Richtung Athen, bevor man kurz vor der beschaulichen Kleinstadt Arachova gen Norden abbiegt. Mit engen Kurven geht es hinauf in die Berge. Man passiert das Naturschutzgebiet Arachova, das Teil des Parnaß-Nationalparks ist. Hier sieht man mit etwas Glück Adler und Geier sowie Bären, Wildschweine, Dachse, Füchse und weitere Tiere, die hier leben. Man muß unbedingt auch auf unvermittelt die Landstraße überquerende Schildkröten und Echsen achten.

Im Zick-Zack-Kurs erklimmt die Straße schließlich den Gipfel des 2455 m hohen Parnaß. Der Ausblick von hier oben übertrifft noch das Panorama von Delphi. Man versteht sofort, warum der Parnaß heilig war und als Heimat der Musen galt, die als Göttinnen der Künste die Menschen dazu inspirierten, ihre kreativen Ziele zu erreichen. **MG**

❶ Athenatempel von Delphi.

Langada-Paß Peloponnes, Griechenland

Start Kalamata   Ziel Sparta   Länge 58 km
Art Abenteuer   Karte goo.gl/duploq

Im Süden der Peloponnes befinden sich einige der schönsten Gebirgszüge Griechenlands. Diese Fahrt durch das Taygetos-Gebirge zählt zu den eindrucksvollsten und malerischsten Routen der Region.

Sobald man Kalamata verlassen hat, passiert man die wunderbaren Olivenhaine, die der Stadt ihre weltweite Berühmtheit gebracht haben. Wie ein hellgrüner Teppich erstrecken sie sich scheinbar endlos bis zu den Bergen am Horizont. Auf der 82, dem Langada-Paß zwischen Kalamata und Sparta, fährt man zunächst maßvoll bergauf, bevor es immer steiler wird und man schließlich mit zahlreichen engen Haarnadelkurven die ungefähre Mitte dieser Paßstraße erreicht.

Doch erst mit der Langada-Schlucht beginnt das wahre Abenteuer. Die steilen Felswände ragen direkt am Fahrbahnrand empor, und es scheint, als nähmen die Spitzkehren kein Ende. Doch endlich erreicht man auf 1524 m den höchsten Punkt der Route. Statt von Olivenbäumen ist man nun von Kiefern umgeben.

Die Abfahrt ist ebenso aufregend. Manchmal windet sich die Straße wie ein Korkenzieher, bevor man endlich die Gemeinde Sparta erreicht. Sie liegt unweit der antiken gleichnamigen Stadt, von der einige Überreste noch erhalten sind.   **MG**

❶ Eine Felsgalerie in der Langada-Schlucht.

Antikes Griechenland
Peloponnes, Griechenland

Start Korinth
Ziel Korinth
Länge 167 km
Art Kultur
Karte goo.gl/rKufPd

Diese zweitägige Rundtour beginnt am Kanal von Korinth, jenem Bauwerk, das zu seiner Eröffnung 1893 als technisches Meisterwerk gefeiert wurde, heute aber für moderne Frachtschiffe viel zu klein ist. Nachdem man vom Auto aus etwa eine Stunde lang den Blick auf das türkisfarbene Wasser des Saronischen Golfs genossen hat, erreicht man Epidauros. Dessen berühmtes Theater entstand im 4. Jahrhundert v. Chr., und sein Architekt verstand etwas von Akustik: stellen Sie sich auf die Bühne und lassen Sie eine andere Person auf einem der hintersten Sitze Platz nehmen. Sie wird Sie verstehen, selbst wenn Sie flüstern.

Nafplio ist ein schöner Ort für eine Übernachtung. Die Küstenstadt gehörte einst zur Republik Venedig und bietet mit der Palamidi-Festung eine imposante Sehenswürdigkeit. Über knapp 900 Stufen erreicht man den Westeingang und hat einen phantastischen Blick über den Argolischen Golf.

Am nächsten Morgen gelangt man nach einer 30-minütigen Fahrt zu einem weiteren Juwel – der antiken Stadt Mykene. Die meisten der heute noch zu sehenden Ruinen stammen aus der Zeit um 1300 v. Chr. Eindrucksvoll sind unter anderem das berühmte Löwentor aus gigantischen Monolithblöcken sowie das Schatzhaus des Atreus und das Tholosgrab der Klytaimnestra, der Gattin des mykenischen Herrschers Agamemnon. **DK**

Von Kastoria zum Prespasee
Mazedonien, Griechenland

Start Kastoria
Ziel Agios Germanos
Länge 59 km
Art Landschaft
Karte goo.gl/sSjrdn

Reisende, die nur die großen Städte und die Inseln Griechenlands besuchen, verpassen eine der Hauptattraktionen des Landes: seine Bergregion im Norden. Hier befinden sich in der Nähe von malerischen Seen reizvolle Städte wie zum Beispiel Kastoria. Diese vereinen eine interessante Geschichte und eine Bilderbuchlandschaft – das ist Grund genug, den Norden zu erkunden. An der Grenze zu Albanien findet man sogar noch beschaulichere Seen.

Für die hier empfohlene Route benötigt man gut eine Stunde. Aus Sicherheitsgründen war es vor einigen Jahren noch untersagt, in diese Grenzregion zu reisen. Zum Zeitpunkt der Drucklegung dieses Buches war es aber kein Problem. Die Straße verläuft nördlich von Kastoria entlang der bewaldeten Hänge des Pindosgebirges, dessen höchster Gipfel, der Smolikas, mit 2637 m nach dem Olymp das zweithöchste Bergmassiv in Griechenland ist.

Nach einer (leicht zu übersehenden) Linksabzweigung schlängelt sich die Straße durch ein Waldgebiet, bis man den Kleinen Prespasee erreicht. Er ist nur durch eine schmale Landbrücke vom Großen Prespasee getrennt, in dessen Mitte die drei Länder Albanien, Mazedonien und Griechenland aneinandergrenzen. Das mazedonische Kleinstädtchen Agios Germanos zählt nur knapp 200 Einwohner. Hier gibt es gemütliche Unterkünfte mit viel Ruhe und einem herrlichen Blick auf See und Berge. **MG**

Seidenstraße am Schwarzen Meer
Griechenland/Armenien

Start Thessaloníki, Mazedonien, Griechenland
Ziel Meghri, Sjunik, Armenien
Länge 3058 km
Art Kultur
Info https://bit.ly/2x3U3cQ

Die Seidenstraße bezeichnet ein uraltes Netz von Handelsstraßen zwischen Europa und Asien, auf denen exotische Güter transportiert worden sind, unter anderem Seide aus China.

Heute existiert das im Aufbau befindliche Projekt „Neue Seidenstraße", das den Handel Chinas mit 64 Ländern in Afrika, Asien und Europa intensivieren soll. Seit 2013 gibt es das EU-Projekt BSSRC (Black Sea Silk Road Corridor), das eine 3000 km lange Route entlang der historischen Seidenstraße am Schwarzen Meer fördert. Es soll die Industrie und Wirtschaft, aber auch den Tourismus vor allem in den vier Ländern Armenien, Georgien, Türkei und Griechenland unterstützen. Künftig ist auch eine Erweiterung auf Aserbaidschan und Turkmenistan und schließlich die Anbindung an China geplant.

Was gibt es für Abenteurer Schöneres, als vom Rand Europas in jenen Teil Asiens zu reisen, den die meisten Westeuropäer niemals zu Gesicht bekommen? Milliarden Euro werden in die Wiederbelebung der Seidenstraße investiert, und ein Baustein ist die Schaffung einer Touristenroute von Thessaloniki in Griechenland nach Meghri in Armenien.

Ziel ist es, Reisenden über verschiedene digitale Kanäle Informationen zur Strecke zur Verfügung zu stellen. Das Projekt ist ambitioniert, aber eine gute Möglichkeit, die beiden Kontinente wieder enger miteinander zu verbinden. JI

❶ Die Bergstraße am Meghri-Paß in Armenien soll zu einer wichtigen Verkehrsader ausgebaut werden.

Insel der 33 Strände
Thasos, Griechenland

Start Limenas Thasou
Ziel Limenas Thasou
Länge 132 km
Art Abenteuer
Karte goo.gl/u39QCr

Thasos unterscheidet sich insofern von anderen griechischen Inseln, als sie die perfekte Größe und Topographie hat, daß man sie an einem Tag umrunden kann und dabei nie das Meer aus dem Blickfeld verliert. Die meisten anderen Inseln sind entweder zu groß oder zu klein oder haben unzugängliche Küstenbereiche. Ob mit oder gegen den Uhrzeigersinn – der Ausblick ist immer phantastisch: zur einen Seite sieht man das Meer, zur anderen die sich stets wandelnde, von Pinien dominierte, sanfthügelige Landschaft. Die Hauptattraktion dieser Ägäisinsel sind jedoch ihre 33 Strände. Jeder Sonnenanbeter würde nur zu gerne mehrere Tage damit verbringen, sie alle kennenzulernen.

Zu den beliebtesten Sandstränden zählen Paradise Beach, Makriamos und Potos, während sich in Livadi ein ruhig gelegener Kiesstrand befindet.

Wem der Sinn nicht nach Strandurlaub steht, der genießt die Fahrt über die Küstenstraße und macht kleine Abstecher zu Klöstern und Bergdörfern im Inland. Hier sind weniger Touristen anzutreffen. Wer während der Rundtour nur einen Zwischenstopp einlegen möchte, dem sei dafür Limenaria an der Südküste empfohlen. Die Stadt ist nach Limenas Thasou an der Nordküste der zweitgrößte Ort der Insel. Hier wird die heimische Kultur wunderbar gepflegt, und regionale Spezialitäten lassen sich hier besonders gut verköstigen. **MG**

Vrontados-Bergstraße
Chios, Griechenland

Start Vrontados
Ziel Mesta
Länge 72 km
Art Landschaft
Karte goo.gl/WoODCf

Chios ist eine griechische Insel in der Ägäis, nur 8 km von der türkischen Westküste entfernt. Mir ihr sind mehrere Legenden verbunden. So soll hier der Dichter Homer geboren worden sein, und angeblich besuchte der junge Christoph Kolumbus die Insel, um sich Grundkenntnisse des Segelns anzueignen.

Chios ist vulkanischen Ursprungs und in Nord-Süd-Richtung auf fast 50 km Länge durch Bergmassive charakterisiert. Die Route in die Berge beginnt im Osten, auf einer der größeren Ebenen der Insel.

Vom Küstenort Vrontados windet sich die Straße schon bald über acht enge Spitzkehren den steilen Hang hinauf. Zu den historischen Sehenswürdigkeiten entlang der Strecke gehört die Kapelle von St. Makarios unweit jener Höhle, in der dieser Eremit des 4. Jahrhunderts gelebt hat.

Vom Gipfel des Epos auf 450 m Höhe bietet sich ein atemberaubend schöner Blick sowohl auf die Meerenge zwischen Chios und der türkischen Küstenstadt Çesme als auch auf das Zentrum der Insel, das von ihrem höchsten Gipfel, dem Pelinaíon, beherrscht wird. Nun steuert man die Westküste und die mittelalterlichen Mastixstädtchen Elata, Olimpi und Mesta an (wo das medizinisch genutzte Harz seit der Antike erzeugt wird). Hier kann man gemütlich die engen Gassen und die historischen Stadttore erkunden, mit denen sich die Insulaner einst gegen plündernde Piraten schützen wollten. **JP**

Küstenstraße nach Kamiros Skala
Rhodos, Griechenland

Start Stadt Rhodos
Ziel Kamiros Skala
Länge 50 km
Art Landschaft
Karte goo.gl/xqlNbx

Rhodos ist die größte Insel des Dodekanes, einer griechischen Inselgruppe in der Ägäis. Sein Hauptort, die Stadt Rhodos, befindet sich ganz im Norden in Sichtweite des türkischen Festlandes, das jenseits des Marmarameers liegt. Bevor man zur Fahrt aufbricht, sollte man in der Stadt Rhodos die Festungsmauer, den Großmeisterpalast des Johanniterordens, die Süleyman-Pascha-Moschee aus dem 16. Jahrhundert und die Franz von Assisi geweihte Kathedrale besichtigen.

Dann fährt man in südlicher Richtung entlang der Küste und passiert die Urlaubsorte Ialysos, das vor allem bei Windsurfern beliebt ist, und Vagies, zu dem einer der schönsten Strände der Insel gehört. Hinter Theologos, dessen ganzer Stolz die Kirche Agios Spiridoas und ihr strahlend weißer Turm ist, kommt das Örtchen Fanes mit seinem Yachthafen.

Nun wird die Strecke weniger touristisch. Man gelangt zu den traditionellen Bauerndörfern Kalavarda (ein guter Ausgangsort für Wanderungen in das bewaldete Inselinnere) und Mandriko, wo fast ein Drittel des Gemüses der Insel erzeugt wird.

In der Stadt Kamiros Skala trifft man auf relativ wenige Touristen, weil der hiesige Strand im Vergleich zu den anderen Stränden von Rhodos nicht sonderlich attraktiv ist. Dennoch lebt der Ort durch seine Fischerei und seinen Fähranleger, von dem man auch die 6 km entfernte Insel Halki erreicht. **JP**

❶ Die Burg Kritinia nahe Kamiros Skala wurde im 15. Jahrhundert zum Schutz gegen die Osmanen gebaut.

Straße nach Alt-Thera
Santorin, Griechenland

Start Kamari
Ziel Alt-Thera
Länge 3,5 km
Art Kultur
Karte goo.gl/f28yEv

Diese kurze Strecke, die es allerdings in sich hat, beginnt auf Meereshöhe bei der 2500 Jahre alten Nekropole am Rand der heutigen Stadt Kamari und endet in Alt-Thera, einer antiken Stadt, die auf dem Grat des 360 m hohen Berges Mesa Vouno liegt. Von hier oben schweift der Blick weit über die Südostküste der Insel. Alt-Thera war einst ein pulsierendes Zentrum der minoischen Kultur, wurde aber bei einem Vulkanausbruch um 1620 v. Chr., wie der Rest der Insel auch, weitgehend zerstört. Jahrhundertelang war sie für menschliche Besiedelung ungeeignet. So faszinerend wie die Geschichte ist die Straße.

Die Strecke von Kamari hinauf nach Alt-Thera wird durch die sogenannte Kamari-Serpentine, die auf einem Abschnitt von nur 2,3 km ganze 22 Spitzkehren vereint, zu einer schwindelerregenden Angelegenheit. So überwindet man einen Höhenunterschied von 198 m mit einer durchschnittlichen Steigung von 8,6 Prozent.

Die Straße folgt einem alten Pfad der Minoer, den später auch die Griechen und Römer nutzten. In Alt-Thera angekommen, kann man (täglich außer montags) unter anderem die minoischen, griechischen und römischen Tempel sowie die Agora (Hauptplatz), eine Säulenhalle und das Theater aus dem 2. Jahrhundert v. Chr. mit 1500 Plätzen besichtigen. Alle Bauten sind kunstvoll aus dem Kalkstein des Berges selbst errichtet. **BDS**

❶ Auf dem Gipfel des Mesa Vouna befinden sich Zeugnisse der minoischen Hochkultur.

Von Chania nach Paleochora
Kreta, Griechenland

Start Chania
Ziel Paleochora
Länge 71 km
Art Landschaft
Karte goo.gl/eYwSiO

Kreta ist zwar die größte griechische Insel; da sie aber sehr schmal – an der breitesten Stelle nur 59,5 km – und sehr gebirgig ist, ist es nicht so einfach, von der Nordküste in den weniger besiedelten Süden zu gelangen. Dieser Tourenvorschlag über den westlichen Teil der Insel zum quirligen Urlaubsort Paleochora ist eine der leichteren und landschaftlich besonders reizvollen Routen.

Die Strecke beginnt in Chania, einem der schönsten Orte Kretas. Sein venezianisch geprägter Hafen zählt zu den hübschesten Plätzen der gesamten Insel. Die Hauptstraße, auf der man Chania verläßt, ist noch nichts Besonderes, aber das ändert sich schlagartig, wenn man auf die Straße nach Süden abbiegt. Diese schlängelt sich nun die Berge hinauf, vorbei an Olivenhainen, und offenbart schon bald einen wunderbar weiten Blick über die fruchtbaren Täler bis zu den Bergen am fernen Horizont.

Die zweispurige Straße befindet sich in einem guten Zustand und bietet ein angenehmes Fahrerlebnis; lediglich Tiere (oder Wanderer) können ab und zu den Weg kreuzen. Die Route passiert mehrere Bergdörfer, und jedes von ihnen ist es wert, hier einen Kaffee oder ein typisch kretisches Gericht wie etwa gebratene Schnecken zu sich zu nehmen. Zum Ende der Tour werden die Kurven weniger und das in Sicht kommende Libysche Meer signalisiert, daß Palaeochora nicht mehr fern ist. **MG**

Von Kallikratis nach Kapsodasos
Kreta, Griechenland

Start Kallikratis
Ziel Kapsodasos
Länge 11 km
Art Abenteuer
Karte goo.gl/SydZDx

Die Route vom Dorf Kallikratis in der Askifou-Hochebene nach Kapsodasos auf Meereshöhe am Fuße der Weißen Berge ist abenteuerlich und wartet mit interessanten Daten auf: 27 Haarnadelkurven und eine Höhendifferenz von 800 m, einschließlich einem furchteinflößenden 2,1 km langen Abschnitt mit 7 Haarnadelkurven mit fast 9 Prozent Steigung. Auf der Strecke kann man nicht Gas geben – meist gilt ein Tempolimit von 30 km/h, so daß man für die 11 km lange Route etwa 25 Minuten benötigt. Auf Fotos aus der Vogelperspektive sieht der sich schlängelnder Asphalt aus wie eine Spur Zuckerguß auf einem Kuchen.

Auf dem Weg nach oben schweift der Blick über Kretas weite Küstenebene von Frangokastello und über das Libysche Meer – aber man muß achtsam bleiben. Zwischen den Kurven wird die Straße merklich schmaler, und die meiste Zeit ist ein steiler Abhang vorhanden. Um das Panorama zu genießen, sollte man anhalten, und zwar vorzugsweise auf einer Schotterfläche am Ende einer Spitzkehre. Die Straße nachts zu befahren, ist gefährlich.

Diese Route zählt zu den berühmtesten Serpentinenstraßen der Welt und wurde erst 2006 asphaltiert. Das muß recht teuer gewesen sein – so scheint es zumindest, da offensichtlich kein Geld mehr zur Verfügung stand, um auch nur eine einzige Leitplanke anzubringen. **BDS**

Kotsifou-Schlucht Kreta, Griechenland

Start Kanevos   **Ziel** Sellia   **Länge** 4,3 km
Art Abenteuer   **Karte** goo.gl/KoDQMq

Die Strecke von Krioneritis auf 1312 m Höhe nach Kouroupa auf 984 m im Süden von Kreta verläuft durch die Kotsifou-Schlucht und ist eine kurze, aber unvergeßliche Fahrt durch die engste Schlucht, die es von ihrer Art auf einer Insel gibt. Obwohl der Belag gut und die Straße breit genug für zwei Fahrzeuge ist, erscheint sie dennoch an manchen Stellen so schmal, daß man automatisch auf Nummer Sicher geht, wenn Gegenverkehr auftaucht.

Die bis zu 600 m hohen, fast senkrechten Felswände ragen bedrohlich in die Höhe. Es gibt unzählige uneinsehbare Spitzkehren. Eine von ihnen befindet sich an der kleinen, malerisch in den Fels gebauten Kapelle Agios Nikolaos. Die kaminähnliche Struktur der Schlucht macht sie zu einer Art Windkanal, so daß „einem Esel die Ohren weggeblasen" würden, wie eine Redensart sagt.

In der Schlucht sind viele endemische Pflanzen beheimatet. Zu sehen gibt es zudem eine einsame Wassermühle und eine alte Steinbrücke. Die Fahrt ermöglicht an heißen Sommertagen eine angenehme Verschnaufpause vom Trubel an den Stränden. Und im Winter und Frühling lohnt sich der Ausflug wegen der herrlichen Wasserfälle. Es ist wunderbar, eine so ursprüngliche Schlucht einfach mit dem Auto oder Motorrad ansteuern zu können. **BDS**

❶ Die Kotsifou-Schlucht in der Nähe von Armenoi.

Von Chora Sfakion nach Anopolis Kreta, Griechenland

Start Chora Sfakion   Ziel Anopolis   Länge 12 km
Art Abenteuer   Karte goo.gl/PFnE14

Wer sich entscheidet, an der Südküste von Kreta ein Ferienhaus und einen Mietwagen zu buchen, sollte sich vorab über die Straßenverhältnisse informieren. Hier gibt es zwar unzählige abgeschieden gelegene Häuschen mit einem hübschen Pool und Meeresblick, und entlang der Küste kann man wunderbare Spaziergänge machen – im Prospekt wirken die Ferienhäuser wirklich verlockend. Aber man sei gewarnt: Wer kein begeisterter Fan von Serpentinenstraßen oder ein erfahrener Rallyefahrer ist, der wird angesichts der täglichen Fahrt zum Strand und zurück eine Umbuchung in Erwägung ziehen.

Diese Asphaltstraße verbindet mit zahllosen extrem steilen und engen Kurven Chora Sfakion an der Küste mit Anopolis auf einer Hochebene südlich der Weißen Berge. Die maximale Steigung beträgt sagenhafte 10 Prozent, und ganze 19 Haarnadelkurven liegen auf der Route. Ja, der Ausblick ist traumhaft, und man erreicht sein Ziel auch – aber die Gefahr, den Hang drastisch schneller hinabzukommen, als einem lieb ist, besteht durchaus.

Anopolis ist ein verträumtes Bergdorf in einer karg besiedelten Landschaft. Wenn man vergessen hat, vor der Rückfahrt Brot zu kaufen, gibt es keine andere Möglichkeit, als die Straße mit den endlosen Zick-Zack-Kurven erneut auf sich zu nehmen. **SH**

❶ Auf dem Weg nach Anopolis.

Von Panagia nach Skoulli Paphos, Zypern

Start Panagia   Ziel Skoulli   Länge 149 km
Art Abenteuer   Karte goo.gl/ZF9bz1

Die Ortschaft Panagia verdankt ihren Namen den vielen Kirchen und Klöstern der Region, die nach einem Marienbild in der byzantinischen Ikonographie (Panaghia) benannt worden sind. Die Gegend ist für ihre seltene Tierwelt bekannt, zu der auch das Zypern-Mufflon als ein Vorfahre aller heutigen Schafrassen gehört. Und wer sich nicht für Schafe interessiert: hier wachsen die besten Weine der Insel.

Für leidenschaftliche Autofahrer sind die Straßen wohl die größte Attraktion – die kurvenreichen Strecken gelten als die technisch anspruchsvollsten von ganz Zypern. Eine Linksabzweigung in Panagia ist der Startpunkt dieser Bergstraße nach Skoulli. Es folgen 55 km voller enger Kurven und Kehren durch das Koilada ton Kedron (Tal der Zedern). Nach etwa 20 km biegt man rechts ab und gelangt zum Kloster Kykkos im Troodos-Gebirge. Ein großer Bogen in westlicher Richtung über Kalopanayiotis führt zur Forststation Stavros tis Psokas, wo man einen Kaffee zu sich nehmen kann. Danach bleibt man auf der B7 und fährt nordwärts bis nach Skoulli. Die gesamte Strecke von Panagia bis Skoulli ist angenehm zu fahren, nicht zuletzt deshalb, weil man kaum einem anderen Auto begegnet. Da das Bergpanorama beeindruckend schön ist, sollte man sich die Zeit fürs Anhalten und Genießen nehmen. SA

❶ Kloster in der Nähe von Panagia.

Straße zur Fontana Amoroza Paphos, Zypern

Start Bad der Aphrodite Ziel Fontana Amoroza Länge 6 km
Art Abenteuer Karte goo.gl/8bIjjo

Ganz im Nordwesten von Zypern liegt die Halbinsel Akamas. Ihre rauhe, unberührte, abgeschiedene Landschaft steht unter Naturschutz. Die Wälder, Berge und ursprüngliche Küste bilden einen reizvollen Kontrast zu den modernen Touristenorten auf dem Rest der Insel.

Da es auf der Halbinsel keine asphaltierten Straßen gibt, ist es schwierig, zu ihren Sehenswürdigkeiten zu gelangen. Von Lakki aus führt wohl ein kleiner Weg zum Bad der Aphrodite – ein Teich in einer Felsgrotte, in dem die Liebesgöttin gebadet haben soll. Wer aber die Nordküste von Akamas weiter erkunden möchte, bucht entweder eine Bootsfahrt oder nimmt diesen Hardcore-Weg.

Es ist eine staubige, holprige Schotterstraße, die steil und kurvenreich verläuft. Sie ist recht schmal, mit losen Kanten, und schmiegt sich ohne Leitplanken an Felsvorsprünge und tiefe Abhänge. Natürlich ist der Blick phantastisch. Man sieht hinab auf die Blaue Lagune und die Fontana Amoroza – eine herrliche Sandbucht, die untypisch für die Mittelmeerregion noch relativ unberührt geblieben ist.

Die Route ist auf heimischen Karten eingezeichnet, jedoch mit dem Warnhinweis, daß sie gefährlich sei und besser gemieden werden solle. Nun, das muß jeder selbst entscheiden. **SH**

❶ Blick von der Akamas-Halbinsel auf das Mittelmeer.

Kirchen auf Zypern
Nikosia, Zypern

Start Beginn der A9, vor den Toren von Nikosia
Ziel Beginn der A9, vor den Toren von Nikosia
Länge 183 km
Art Kultur
Karte goo.gl/lZna9B

Diese Rundreise scheint stark byzantinisch geprägt zu sein – und das ist sie auch. Sie führt als eindrucksvolle Kulturreise durch die Troodos-Region im griechischen Teil der Republik Zypern. In den Ausläufern der Berge befinden sich zehn hevorragend erhaltene Kirchen des Mittelalters, alle im byzantinischen Stil erbaut und reich an Malereien, Wandbildern, Fresken und religiösen Bildnissen.

Die Reise beginnt etwas willkürlich am Beginn der A9 in der Nähe der Hauptstadt Nikosia und des Hauptflughafens. Von dort geht es kurvenreich die Hänge hinauf, um folgende Kirchen bewundern zu können: Panagia Forviotissa in Nikitari, Agios Ioannis Lampadistis in Kalopanayiotis, Panagia tou Moutoulla im Bergdorf Moutoullas, Archangelos Michaelis in Pedoulas, Panagia tis Podithou in Galata, Agios Nikolaos tis Stegis in Kakopetria, Timios Stavros in Pelentri, Panagia tou Arakou in Lagoudera, Stavros Ayiasmati in Platanistasa und Metamorfosis tou Sotiros Soteros in Palaichori. Alle Kirchen entstanden zwischen dem 11. und 16. Jahrhundert. Höhepunkte sind der Kirchenkomplex in Kalopanayiotis sowie die Kirche in Palaichori, die die detailliertesten und umfangreichsten Wandmalereien aufweist. Man beachte, sich für den Besuch der Kirchen dezent zu kleiden – Arme, Beine und Dekolleté sollten bedeckt sein. Auch das Fotografieren mit Blitzlicht ist unerwünscht. **DK**

❶ Teil des Kirchenkomplexes Agios Ioannis Lampadistis in Kalopanayiotis in den Troodos-Bergen.

Eisstraße von Rohuküla nach Heltermaa Lääne, Estland

Start Rohuküla
Ziel Heltermaa
Länge 27 km
Art Abenteuer
Karte goo.gl/JufPBz

Wenn das Laufen über Wasser ein Wunder ist, dann ist es nicht minder berauschend, im Rahmen einer 26,5 km langen Autotour darüber zu fahren. Man benötigt nur eine halbe Stunde vom estnischen Festland bis zur Insel Hiiuma, aber diese Minuten auf Europas längster Eisstraße sind in punkto Fahrerlebnis kaum zu übertreffen.

Die Strecke von Rohuküla nach Heltermaa ist erst ab einer Eisdicke von 22 cm sicher. Das scheint angesichts der Dimensionen moderner Autos wenig zu sein, macht aber deutlich, welch enormes Gewicht Eis tragen kann. Die Ostsee ist in diesem Gebiet nicht besonders tief – nicht mehr als etwa 10 m –, aber dennoch bleibt ein flaues Gefühl im Magen, wenn man sich und sein Gefährt dem Eis anvertraut.

Um diese einzigartige Erfahrung zu machen, muß man sich zunächst zum Hafen von Rohuküla in der estnischen Stadtgemeinde Haapsalu begeben – nachdem man sich vergewissert hat, daß die Eisstraße befahrbar ist, denn in den vergangenen Jahren war das Eis oft nicht dick genug, um eine sichere Überfahrt zu gewähren. Nach dem Schlukken einiger Beruhigungspillen fährt man sodann auf der zweispurigen, markierten Eisstraße zur Insel Heltermaa. Um Vibrationen zu vermeiden, wird ein Tempo von 40 km/h empfohlen. Und auf Sicherheitsgurte sollte man verzichten – um im Notfall schnell aus dem Auto kommen zu können. **MG**

Estland-Rundtour Harju, Estland

Start Tallinn
Ziel Tallinn
Länge 908 km
Art Landschaft
Karte goo.gl/oHE82t

An vielen Orten wirkt Estland noch heute ursprünglich und unberührt, und eine Reise dorthin gleicht einem Eintauchen in eine beschauliche Vergangenheit. Diese lange Rundtour (man sollte mindestens eine Woche für sie einplanen) führt in jene idyllischen Ecken, beginnt und endet aber in der Hauptstadt und passiert zwei weitere große Städte.

Tallinn zählt zu den ältesten Hauptstädten Europas und es lohnt sich, die zum UNESCO-Weltkulturerbe gehörende Altstadt zu erkunden. Dann fährt man ostwärts durch Wälder sowie eine offene, landwirtschaftlich genutzte Region. Man erreicht dabei den mit 318 m höchsten Punkt des Landes.

Narva an der Grenze zu Rußland ist die drittälteste Stadt Estlands und wird von der Hermannsfeste aus dem 14. Jahrhundert überragt. Von hier führt die empfohlene Route in südlicher Richtung durch waldreiches Gebiet vorbei am Peipussee nach Tartu (zweitgrößte Stadt des Landes) und weiter nach Pärnu. Nächster Halt ist Virtsu, von wo es mit einer 30-minütigen Fährfahrt zur Insel Muhu geht. Diese ist durch eine Brücke mit Saaremaa verbunden, der größten von Estlands rund 2222 Inseln und ein perfekter Ort zum Ausspannen. Mehr als 40 Prozent der Insel sind mit Wald bedeckt – ein Paradies für Wildtiere und Naturliebhaber. Hier kann man zur Ruhe kommen, bevor man sich durch weitere Kiefernwälder auf den Rückweg nach Tallin begibt. **MG**

Rigaer Bucht und Kap Kolka   Riga, Lettland

Start Riga   Ziel Kap Kolka   Länge 158 km
Art Landschaft   Karte goo.gl/6NSnI3

Diese Tour entlang der Küste der Rigaer Bucht (Rigaischer Meerbusen) führt durch eine herrliche Landschaft, die zum größten Teil unter Naturschutz steht. Es gibt hier auch Fischerdöfer, die man erkunden kann, aber der Hauptfokus liegt auf den einzigartigen Biotopen mit ihrer Flora und Fauna.

Riga liegt nah am Meer, und unsere Route erreicht nur 4 km außerhalb der Stadt die Küste. Die nächste größere Ortschaft ist Jermala mit ihren langen Stränden und hübschen Art Nouveau-Häusern. Zu Sowjetzeiten verbrachten sowohl Breschnew als auch Chruschtschow hier ihren Urlaub. Jenseits der Stadt beginnt der Nationalpark Ķemeri. Dort ist vor allem der Fischerort Lapmežciems mit seinem Markt eine interessante Station. Im Nationalpark selbst gibt es am Großen Ķemerimoor einen Bohlenweg und unter anderem am Kaņiera-See Vogelbeobachtungstürme. Nun wird es immer waldiger. Man erreicht die ebenfalls unter Schutz stehenden Weißen Dünen von Plieņciems, die mehr als 6000 Jahre alt sind und sich über 20 km erstrecken. Die Fahrt endet im Nationalpark Slītere am Kap Kolka – hier grenzt die Rigaer Bucht an die Ostsee. Oft ist das Meer auf der einen Seite des Kaps ruhig wie ein Mühlweiher, während es auf der anderen Seite tosend hohe Wellen schlägt. **DK**

❶ Riga liegt an der Mündung der Düna (Daugava).

Lettland im Kalten Krieg – Geführte Tour Vidzeme, Lettland

Start Riga   Ziel Riga   Länge 32 km
Art Kultur   Info goo.gl/ObWQDs

Als die Sowjetunion 1991 zusammenbrach, verließen viele Russen Lettland und nahmen nur das mit, was sie tragen konnten. Zu den Dingen, die sie nicht mit in die Heimat nehmen konnten, gehört diese Militäranlage.

An Bord eines russischen GAZ-66 Militärtrucks begibt man sich bei dieser geführten Tour ins geheime Zentrum des Kalten Krieges, auf ehemals verbotenes Militärgebiet – ein riesiger, verlassener sowjetischer Militärkomplex, einst „Zvaigznite" (Sternchen) genannt. Man stelle sich eine Geisterstadt wie Tschernobyl im Kleinformat vor, nur ohne Radioaktivität. Nachdem man mit dem Auto rund eine Stunde von Riga in den Norden Kurzemes (Kurland) gefahren ist, steigt man in einen ehemaligen klobigen Militärtruck um – und los geht die Tour über das verlassene, vom Verfall gezeichnete, einst so geheime Gelände unweit der Ostseeküste. Der Komplex war reich an Equipment zur flächendeckenden Überwachung von militärischen Strukturen. Besichtigt werden die Parabolantenne in Ventspils ebenso wie ein ehemaliges Armee-Städtchen mit Wohnblocks, Baracken und sogar Schulen. Die Parabolantenne wurde repariert und wird heute wissenschaftlich genutzt. Am Ende des Tages kann man sich mit einem Teller Suppe stärken. **DK**

❶ Zu sehen sind auch Wehranlagen aus der Zarenzeit.

Schlösser von Zemgale Vidzeme, Lettland

Start Riga   **Ziel** Mežotne   **Länge** 103 km
Art Kultur   **Info** goo.gl/mKE4yp

Diese Reise führt zu den drei schönsten Schlössern in Zemgale (Semgallen). Doch auch hier gilt: Die Anreise ist ebenso spannend wie das Ziel selbst. Die Fahrt von der Hauptstadt Riga durch Zemgale, einer überwiegend landwirtschaftlich genutzten Region im Herzen Lettlands, dauert über eine Stunde. Beschauliche Sommerweiden und gemächlich plätschernde Flüsse – idyllisch ist es hier. Die erste Station ist Schloß Bauska, das strategisch günstig zwischen zwei Flüssen vom Deutschherrenorden im 15. Jahrhundert errichtet und Ende des 16. Jahrhunderts stark erweitert wurde. Es diente dem Schutz der wichtigen Handelsoute von Litauen nach Riga. Nun geht es weiter zur Lielupe, an deren Ufer sich zwei sehr unterschiedliche Prachtbauten gegenüberstehen. Am Nordufer ist das aus dem 18. Jahrhundert stammende Schloß Rundāle mit seinem französischen Garten ein Meisterwerk der Barockarchitektur und Rokokoausstattung. Am anderen Ufer befindet sich hingegen aus dem 18. Jahrhundert das Schloß Mežotne im klassizistischen Stil mit einem englischen Landschaftsgarten. Rundāle zählt zu den prächtigsten Gebäuden in ganz Lettland und erfuhr umfangreiche Restaurationen. Mežotne ist heute zum Teil ein luxuriöses Hotel und daher ein idealer Endpunkt der Reise. **DK**

❶ Schloß Rundāle und ein Teil seiner Parkanlage.

Litauische Küste und Kurische Nehrung Klaipėda, Litauen

Start Palanga **Ziel** Nida **Länge** 78 km
Art Landschaft **Karte** goo.gl/7HVOuH

Auf dieser Fahrt erkundet man die malerische Ostseeküste Litauens. Die Route beginnt an den beliebten Stränden, Bars und Restaurants von Palanga und führt dann südwärts in eine etwas rauhere Landschaft mit Wanderdünen und Fischerdörfern. Nach einer etwa 33 km langen Fahrt durch eine dicht bewaldete Küstenregion erreicht man die Hafenstadt Klaipėda, deren Altstadt viele Häuser im deutschen und skandinavischen Stil aufweist. Es folgt eine 15-minütige Fährfahrt zur Kurischen Nehrung – einer fast 100 km langen und 1,5 km breiten Halbinsel, auf der sich einige der größten Dünen Europas befinden. Auf der einen Seite der Nehrung liegt die Ostsee, auf der anderen das Kurische Haff.

Der nördliche Teil gehört zu Litauen, der südliche zur russischen Oblast Kaliningrad.

Die Kurische Nehrung ist für ihre riesigen Wanderdünen (einst „ostpreußische Sahara" genannt) und ihre malerischen Holzhäuser bekannt. Die Ortschaft Nida war zu Beginn des 20. Jahrhunderts eine Künstlerkolonie. Heute ist sie ein gepflegter Urlaubsort mit Kunstgalerien, einem Thomas-Mann-Kulturzentrum sowie Festivals und Konzerten. Von Nida kann man weiter nach Kaliningrad reisen, aber die Grenzüberquerung ist nicht ganz unkompliziert. **DK**

❶ Segelboote im Hafen von Nida.

Von Kaunas nach Klaipėda
Kaunas, Litauen

Start Kaunas
Ziel Klaipėda (Memel)
Länge 216 km
Art Landschaft
Karte goo.gl/IM7ORm

Diese Tour folgt dem Unterlauf der Memel (Nemunas), die zwar flach ist und langsam fließt, aber zu den wichtigsten Wasserstraßen Mitteleuropas zählt.

Der Startpunkt Kaunas ist die zweitgrößte Stadt Litauens und blickt auf eine vielseitige Geschichte zurück – nicht nur auf diejenige der Einheimischen, sondern auch der Kolonisten und Besatzer, des Deutschen Ordens, der Deutschen und der Russen.

Zu den Höhepunkten der Route gehören zwei prächtige historische Bauten. Das erste ist das „Rote Schloß" Raudondvaris, das eher einem Herrenhaus ähnelt als einem Schloß. Es ist jedoch nicht minder eindrucksvoll und beherbergt heute ein Museum.

Die zweite Sehenswürdigkeit ist das Schloß Raudoné. Trotz seines 33,5 m hohen Zinnenturms im neugotischen Stil erfüllt es architektonisch jedoch nicht ganz die Erwartungen, die mit seinem Namen verknüpft sind. Im 16. Jahrhundert vom Deutschherrenorden erbaut, ist es heute eine Schule.

Die Route passiert anschließend eine Reihe malerischer Ortschaften, bevor man das Ziel an der Ostseeküste erreicht. Klaipėda entwickelte sich unter sowjetischer Herrschaft (1944–1991) zu einer bedeutenden Hafenstadt mit Schiffswerft, ist aber als Teil des ehemaligen preußischen Ordensstaates stark deutsch geprägt. Klaipėda ist das Tor zum Kurischen Haff, das von der Ostsee nur durch eine schmale Landzunge, der Kurischen Nehrung, getrennt ist. **JP**

❶ Schloß Raudoné wurde oft wieder aufgebaut und erhielt im 19. Jahrhundert seinen neugotischen Turm.

Vier-Hauptstädte-Tour
Vilnius, Litauen

Start Vilnius
Ziel Kaunas
Länge 161 km
Art Kultur
Karte goo.gl/Q1uP3S

Diese kurze, informative und angenehme Reise führt von Litauens heutiger Hauptstadt Vilnius durch den relativ unberührten Südosten des Landes zu drei ehemaligen Hauptstädten. Vilnius, das seit dem 14. Jahrhundert das Stadtrecht hat, verläßt man zunächst durch den 162 ha großen Vingis-Park, der selbst auf eine vielfältige, jahrhundertelange Geschichte zurückblickt.

Obwohl man auf den belebten Straßen A16 und A107 unterwegs ist, ist die Fahrt angenehm. Oft säumen Alleebäume den Weg, während man sich Trakai nähert. Hier ist die spätmittelalterliche Wasserburg eine beliebte Sehenswürdigkeit. Die Stadt wurde vom Großfürsten Gediminas erbaut, der sie 1316 zur Hauptstadt des Großfürstentums Litauen machte, bevor er Vilnius gründete und zur neuen Hauptstadt erhob.

Nördlich von Trakai passiert man auf dem Weg nach Kernavė zwei der rund 200 Seen der Region. Im 13. Jahrhundert war diese feudale Stadt die Hauptstadt Litauens. Anschließend fährt man erst in nördlicher, dann in westlicher Richtung, folgt dem Lauf der Neris und durchquert flaches Ackerland und Wälder, bevor man Kaunas erreicht. Die Stadt war von 1920 bis 1939 Hauptstadt Litauens, als Vilnius von polnischen Truppen besetzt war. Auf dieser Route sieht man die herrliche Natur des Landes, erfährt aber auch viel über dessen Vergangenheit. **MG**

Baidarskie-Paß
Krim, Ukraine

Start Honcharne
Ziel Alupka
Länge 39 km
Art Landschaft
Karte goo.gl/I7nke8

Im russischen Zarenreich wußte man, wie man eine Straße zu etwas Besonderem machte. 1848 entstand in der traumhaft schönen Bergregion zwischen Jalta und Sewastopol diese kurvenreiche Strecke. Mit dem Gespür für Erhabenheit wurde am höchsten Punkt des Bairdarskie-Passes ein riesiges, neoklassizistisches Tor errichtet, was sich nach wie vor dort befindet.

Am besten startet man in Alupka, obwohl auch die Gegenrichtung schöne Ausblicke gewährt. Auf 1650 m Höhe durchfährt man das Baydar-Tor, das an einen prächtigen griechischen Säulentempel erinnert. Von hier oben sieht man die auf einem steilen Felsen befindliche, aus dem 19. Jahrhundert stammende Foros-Kirche, die einst der Zar besucht hat.

Heute verläuft der meiste Verkehr über die neue Laspi-Paßstraße, während die alte, idyllische T2709 vor allem den Touristen vorbehalten bleibt. Der schönste Abschnitt ist das kurze Stück über den Berg hinab ins Baydar-Tal. Es verbindet Alupka am Schwarzen Meer über die neue Jalta-Straße mit der Kleinstadt Honcharne.

Wenn man Honcharne erreicht hat, sieht man, daß sich der Ort östlich von Sewastopol in einer abgeschiedenen Ebene befindet. Hier fand 1854 im Krimkrieg die Schlacht von Balaklawa mit der berühmten Attacke der Leichten Brigade statt, einem Angriff britischer Kavalleristen . **SH**

Straße nach Bachtschyssaraj
Krim, Ukraine

Start Jalta
Ziel Bachtschyssaraj
Länge 84 km
Art Landschaft
Karte goo.gl/ssxsXX

Die Krim war lange Zeit ein beliebtes Urlaubsziel der Russen. Zaren und Diktatoren aus der Zeit des Kommunismus ließen sich an der Küste prächtige Paläste erbauen, und Jalta avancierte zum Hauptbadeort. Der Territorialkonflikt zwischen der unabhängigen Ukraine und Rußland mindert zwar die Reiselust der meisten, aber die Region bietet nach wie vor eine phantastische Landschaft … und, am wichtigsten, eindrucksvolle Straßen.

Die T0117 – die Straße nach Bachtschyssaraj – zählt zu den spektakulärsten und auch gefährlichsten Routen auf der Krim. Sie verbindet Jalta mit der alten tatarischen Hauptstadt in den Bergen der Halbinsel. Die Straße weist mehr Haarnadelkurven auf als fast jede andere Route in diesem Buch mit vergleichbarer Länge – über 50. Weiteren Nervenkitzel bringen die ungesicherten Abhänge an den losen Straßenrändern und uneinsehbare Stellen.

Doch der Blick hinab über die bewaldeten Hänge bis zum glitzernden Schwarzen Meer macht alles wieder wett. Auf dem Hochplateau angekommen, fährt man durch eine grüne Ebene und passiert kleine Dörfer und Höfe. In der Ferne sieht man einige Gipfel. Die Straße windet sich dann durch felsige Täler bis nach Bachtschyssaraj. Hier gilt es, die Stadt und ihren prächtigen Khanpalast aus dem 16. Jahrhundert zu bewundern, der es leicht mit der Alhambra im spanischen Granada aufnehmen kann. **SH**

Motorradtour durch Weißrußland
Minsk, Weißrußland

Start Minsk
Ziel Minsk
Länge 1207 km
Art Kultur
Karte goo.gl/k6yUAW

Wer eine Motorradtour in Europa plant, denkt vielleicht zunächst an Südfrankreich oder die italienischen Alpen. Aber wie wäre es mit etwas Besonderem? Mit einem osteuropäischen Land, das Jahrzehnte nach Ende des Kalten Krieges immer noch ein Geheimtip für Reisende ist?

Die hier empfohlene Reiseroute ist eine gute Möglichkeit, die schönsten Ecken von Weißrußland zu sehen. Sie beginnt in Minsk, obwohl viele Motorradfahrer in Vilnius im benachbarten Litauen starten, weil das eine bessere Straßenanbindung hat.

Von Minsk aus beginnt die Rundreise in südwestlicher Richtung. Unterwegs passiert man viele Schlösser, UNESCO-Welterbestätten und Orte mit Bezug zum Zweiten Weltkrieg – Weißrußland war ein bedeutendes Gebiet innerhalb der Ostfront. Etwas außerhalb von Minsk kann man das Stalin-Linie-Museum besuchen, das sich der Verteidigungslinie der Roten Armee widmet. Wer möchte, kann eine Runde in einem Panzer mitfahren. In der Stadt selbst befindet sich das gigantische Hauptquartier des KGB. Während die weißrussische Architektur eher nüchtern ist, sind die sanfthügelige Landschaft, die dichten Wälder, rund 3000 Flüsse und 4000 Seen des Landes ein wahrer Genuß für das Auge und die Seele. Die Straßen sind meist eben und in gutem Zustand. Aber man beachte, daß die Winter in Weißrußland kalt und ungemütlich sein können. **JI**

Türkische Riviera (Türkisküste)
Ägäisregion/Mittelmeerregion, Türkei

Start Datça, Ägäisregion
Ziel Antalya, Mittelmeerregion
Länge 483 km
Art Landschaft
Karte goo.gl/H4KaFx

Die lange, geschwungene D400 verläuft von der türkischen Ägäisküste im Westen des Landes bis zur iranischen Grenze 2057 km weiter östlich. Eine Reise durch den Osten der Türkei ist landschaftlich zwar besonders reizvoll, aber aus Sicherheitsgründen bedenklich. Daher befindet sich diese Route etwas weiter westlich, wo es nicht minder schön ist.

Dieser Abschnitt der D400 ermöglicht einen herrlichen Roadtrip entlang der Türkischen Riviera, auch Türkisküste genannt, und führt zu bedeutenden Urlaubsorten und Sehenswürdigkeiten.

Man startet im Hafenstädtchen Datça, in dem es viele mit Bougainvilleen (Drillingsblumen) berankte Häuser sowie griechische Ruinen gibt. Weiter geht es durch Marmaris mit seinem bunten Nachtleben, Dalyan mit seinen Schlammbädern, Felsengräbern und traumhaften Stränden sowie Fethiye mit ebenso schönen Stränden und interessanten Zeugnissen des lyikschen Volkes. Weitere Stationen sind Kemer mit einer Seilbahn zum Gipfel des Tahtali und die seltsamen brennenden Steine von Yanartas.

Auf dem Weg zwischen den Urlaubsorten sieht man die ländliche Türkei. Hier ist es ruhig, und Berge und Pinienwälder reichen bis zum Meer. Bauern bieten ihr Obst und Gemüse am Straßenrand an, und man entdeckt verwilderte antike Ruinen, einsame Buchten mit Sandstrand und lauschige Ecken mit herrlichem Blick über die Ägäisküste. **SH**

❶ Die Türkisküste läßt sich auch gut von einem Gulet (zwei- oder dreimastiger Motorsegler) aus erkunden.

Bayburt D915
Schwarzmeerregion, Türkei

❶ Die berühmt-berüchtigte Straße D915 von Of nach Bayburt verläuft teilweise durch das Çoruh-Tal.

Start Of
Ziel Bayburt
Länge 56 km
Art Abenteuer
Karte goo.gl/xPRp2Z

Bitte schnallen Sie sich an – bevor Sie anfangen, etwas über die Straße zu lesen, geschweige denn, sie zu fahren. Die D915 zählt zu den gefährlichsten Straßen, die auf dem ganzen Planeten zu finden sind. Beim kleinsten Fahrfehler stürzt man den Berg hinab in die Tiefe.

Die Bayburt D915 verläuft im Nordosten der Türkei in der Nähe von Trabzon unweit des Schwarzen Meeres in Nord-Süd-Richtung. Sie wurde im Ersten Weltkrieg von russischen Truppen gebaut und erreicht eine Höhe von 2035 m. Auf dem Großteil der insgesamt 56 km langen Strecke gibt es keine Leitplanken; vielmehr säumen fast das ganze Jahr über dreckige Schneewehen die Straße, die sich mit unzähligen Spitzkehren den Hang hinaufschraubt.

Ein Hauptproblem liegt darin (abgesehen von den fehlenden Leitplanken), daß es so scheint, als habe sich nie wieder jemand um die Straße gekümmert, seitdem die Russen sie fertiggestellt haben. An vielen Stellen löst Schotter den brüchigen Asphalt ab. Oftmals passen nicht zwei Autos nebeneinander, so daß man bei Gegenverkehr langsam und riskant zurücksetzen muß. Nimmt man das Risiko von Lawinen, Nebel, Schnee und Erdrutschen hinzu, wagen sich nur erfahrene oder verrückte Fahrer auf die D915. Aber Reisende soll man nicht aufhalten – wer die Strecke fahren möchte, wird sich von all dem nicht abschrecken lassen. JI

Kuş-Yuvasi-Paß
Zentralanatolien, Türkei

Start Alanya
Ziel Karapinar Köyü
Länge 58 km
Art Abenteuer
Karte goo.gl/WRauge

Der Kuş-Yuvasi-Paß – auch als Paßstraße Karapınar-Gümüşkavak bezeichnet – ist eine bekannte gefährliche Bergroute in Zentralanatolien, mit der man innerhalb recht kurzer Zeit eine Höhe von 1400 m erreicht. Wer nach Karapinar reisen möchte, hat keine andere Möglichkeit, als diesen steilen Weg zu nehmen. Aber nicht viele der Fahrer wollen den Ort erreichen – sie genießen das abenteuerliche, reichlich Adrenalin erzeugende Fahrerlebnis.

Gefährlich ist die Fahrt wegen des losen Belags, der Haarnadelkurven und Spitzkehren, der steilen Abhänge ohne Leitplanken und nicht zuletzt wegen der unvorhersehbaren heftigen Seitenwinde. Und hierbei sprechen wir von guten Reisebedingungen. Je nach Jahreszeit muß man sich zudem auf Lawinen, Erdrutsche, Schneestürme und Glatteis einstellen. Jeder normale Mensch fragt sich, warum man sich und sein Fahrzeug diesen Faktoren freiwillig aussetzt. Doch alljährlich kommen Hunderte begeisterte Abenteurer extra hierher, um diese berüchtigte Straße in der Türkei zu befahren.

Wem das alles eine Nummer zu groß ist, der kann im unteren Streckenbereich vom Dim-Tal bis zum Wasserkraftwerk der Dim-Talsperre wunderbar spazierengehen oder auch wandern.

Nach einem erlebnisreichen Tag schmeckt das Efes-Bier (oder auch zwei) am Strand von Alanya umso besser. **DK**

❶ Die Dim-Talsperre liegt in einem Tal zwischen den höchsten Gipfeln von Zentralanatolien.

Kemaliye Taş Yolu Ostanatolien, Türkei

Start Ergü   Ziel Divriği   Länge 80 km
Art Abenteuer   Karte goo.gl/WEyS2w

Der Taş Yolu („Steinweg") nördlich der Ortschaft Kemaliye ist eine Schotterstraße, die in der Osttürkei eng an den Fels geschmiegt dem unterhalb der Straße fließenden Euphrat folgt.

Es heißt, der Bau der Straße habe über 100 Jahre gedauert, da die Arbeiter per Hand den Weg in das Gestein schlagen und insgesamt 5 km Tunnel graben mußten. Unterwegs passiert man ein Denkmal für jene, die dabei ums Leben gekommen sind.

Die schmale Strecke überquert auch die „dunkle Schlucht", wo die Felswände so hoch und eng sind, daß kein Sonnenlicht bis zum Fluß hinabreicht.

Der Taş Yolu verbindet Kemaliye im malerischen Munzur-Gebirge mit Divriği, wo sich eine prächtige Moschee aus dem 13. Jahrhundert befindet. Die Fahrt von einem Ort zum anderen ist beängstigend, sei es mit dem Auto oder dem Motorrad. Sie bringt sämtliche Risiken mit sich, die alle gefährlichen Straßen dieser Welt aufweisen: uneinsehbare Spitzkehren, eine schmale Fahrbahn und ungesicherte, abbröckelnde Straßenränder. Bei Starkregen werden die Brücken und Furten zur großen Gefahr.

Dennoch hat sich der Weg zu einer Touristenattraktion gemausert – so kann man hinter der nächsten Haarnadelkurve auch auf einen kleinen Reisebus oder einen Radfahrer treffen. **SH**

❶ Das Städtchen Kemaliye liegt am Euphrat.

Nemrut Dağ Südostanatolien, Türkei

Start Cendere Köprüsü (Chabinas-Brücke)   **Ziel** Karadut   **Länge** 38 km
Art Kultur   **Karte** goo.gl/q5L1Cs

Im abgeschiedenen, dünn besiedelten Osten der Türkei trafen einst die hellenistische und die persische Welt aufeinander, so daß sich auf dem Hochplateau der Region heute Tempel und Grabstätten befinden. Auch auf dem Nemrut Dağ existiert eine antike Stätte, zu der unter anderem das im 1. Jahrhundert v. Chr. errichtete Mausoleum von König Antiochus I. von Kommagene gehört.

Von Westen führt eine breite Asphaltstraße zu dieser Grabstätte. Am Fuß des Berges überquert man die römische Chabinas-Brücke mit ihren dorischen Säulen und Ehreninschriften für Kaiser Septimius Severus. Von hier führt eine 8 km lange Pflasterstraße zum Gipfel-Parkplatz. Ein interessanter Abstecher ist die antike Stadt Eski Kale (Arsameia am Nymphaios) aus dem 13. Jahrhundert. Vom Parkplatz gelangt man über einen Fußweg zu den Terrassen des Mausoleums, wo sich große Statuen befinden, unter anderen von Antiochus. Die Köpfe sind, eventuell durch Erdbeben, von den Körpern herabgefallen und wurden dann vor diesen aufgestellt. Einige Reliefs zeigen Antiochus beim Handschlag mit den Göttern Apollo, Zeus und Herkules.

Vom Nemrut-Dağ-Nationalpark fährt man südwärts bis zum Dorf Karadut unweit des Westufers des Atatürk-Stausees. **DS**

❶ Das antike Heiligtum auf dem Nemrut.

Abano-Paß in Tuschetien Kachetien, Georgien

Start Pshaveli   **Ziel** Omalo   **Länge** 84,5 km
Art Abenteuer   **Karte** goo.gl/Jyi33V

Der risikoreiche Abano-Paß wurde 1978 erbaut und ist der Hauptzugang zur Ortschaft Omalo hoch oben im Großen Kaukasus. Der Weg auf 2950 m Höhe zählt zu den höchstgelegenen Autostraßen in ganz Europa und ist ausschließlich im Sommer und nur mit einem Allradfahrzeug befahrbar.

2014 wurde diese Straße in der historischen Region Tuschetien bei der BBC-Fernsehserie *World's Most Dangerous Roads* vorgestellt – man konnte kaum mitansehen, wie sich die prominenten Fahrer auf der einspurigen Schlamm- und Schotterstraße durch Nebel, Regen und Hagel den Berg hinaufquälten. Selbst die erfahrensten Offroad-Fahrer benötigen für die Strecke über sechs Stunden.

Und auch die vielen kleinen Schreine am Straßenrand tragen nicht gerade dazu bei, daß man sich auf dieser Route sicher fühlt. Man passiert unterwegs eine Quelle, der nachgesagt wird, sie habe bei unzähligen Beschwerden eine heilende Wirkung … allerdings nicht bei Höhenangst.

Wenngleich man die Straße im Blick behalten sollte – das Panorama ist atemberaubend schön. Tiefe Schluchten, schneebedeckte Gipfel, reißende Flüsse und Bergwiesen voller Wildblumen – kombiniert mit der Herzlichkeit der Georgier ist dieser Roadtrip eine wunderbare Erfahrung. **DIS**

❶ In der Nähe des Gipfels vom Abano-Paß.

Höhlenkloster Dawit Garedscha Kachetien, Georgien

Start Sagaredscho   **Ziel** Höhlenkloster Dawit Garedscha   **Länge** 45 km
Art Kultur   **Karte** goo.gl/ecbDDY

In 6. Jahrhundert ließen sich 13 Mönche aus Syrien in Georgien nieder. Einer von ihnen, David, gründete in der Wüste Garedscha ein Kloster, das später zu einem bedeutenden Zentrum der Georgischen Orthodoxen Kirche wurde. Ein Teil der Anlage befindet sich auf dem Gebiet Aserbeidschans, was in der Vergangenheit zu Streitereien geführt hat.

Die Tour beginnt bereits in der Hauptstadt Tiflis. Von dort fährt man auf der S5 nach Sagaredscho und dann auf der D172 in südlicher Richtung durch Udabno bis zum Kloster. Die lose Schotterstraße befindet sich in keinem guten Zustand und leidet bei jedem starken Wolkenbruch. Ein robuster Allradwagen ist eine clevere Entscheidung. Die Abhänge am Straßenrand sind meist nur mäßig steil und grasbewachsen. Jedoch lauert eine andere Gefahr: in dieser Gegend leben giftige Schlangen.

Im heißen Sommer Georgiens wird die karge Landschaft noch staubiger und trockener. Schöner ist es, am Ende des Frühlings hier zu sein, wenn die Steppe grün ist und die Wildblumen blühen. Diese Tour ist nicht sehr komfortabel, aber das eindrucksvolle Kloster macht alle Mühe wett. Faszinierend sind die alten Freskomalereien, aber auch die Gebäude selbst mit ihren Ziegeldächern haben einen besonderen Charme. **SA**

❶ Das Kloster am Ende des Weges.

Orgow-Station auf dem Aragaz
Aragazotn, Armenien

❶ Der Kari-See am Vulkan Aragaz wird vor allem von schmelzendem Schnee und Eis gespeist.

Start Agarak
Ziel Orgow-Station auf dem Aragaz
Länge 31,5 km
Art Abenteuer
Karte goo.gl/CjEE7q

Unweit des Gipfels des Aragaz erforscht eine Gruppe Wissenschaftler die Eigenschaften kosmischer Teilchen. Die Orgow-Station in Armenien wurde 1943 gegründet, um Astroteilchenphysik, solar-terrestrische Beziehungen, Weltraumwetter und Weltraumgeophysik zu untersuchen – was für einen persönlich vermutlich gerade nicht von so großem Interesse ist, wenn man sich auf der H20 mühsam den Vulkan hinaufkämpft.

Im Sommer ist die Fahrt zwar sehr anstrengend, aber traumhaft schön. Die Station liegt auf 3200 m Höhe in der Nähe des Gipfels am Ende einer schmalen, steilen Teerstraße, die reich an Spitzkehren ist. Nach dem Start in der Stadt Agarak in Südarmenien überwindet man eine Höhendifferenz von 2100 m. Oben auf dem Aragaz gibt es auf einem Plateau sogar einen See: den Kari Lij (Kari-See).

Aber diese Strecke hat einen Haken: Hier liegt an 250 Tagen im Jahr Schnee, und im Winter sind die Forscher sogar einige Wochen lang eingeschlossen, bei Temperaturen von bis zu -40 °C. Um die Straße zu räumen, braucht man riesige Schneefahrzeuge, und selbst die schaffen es nur mühsam.

Ist die Straße frei, säumen hohe Schneemauern den Fahrbahnrand. Eine Gefahr sind auch Nebel und Seitenwinde. Doch am Ziel angekommen, genießt man den unvergleichlichen Blick über das Land weit unten und in den Himmel hoch oben. **JI**

Vardenyats-Paß und Sevan-See
Aragazotn, Armenien

Start Schatin
Ziel Sevan
Länge 114 km
Art Kultur
Karte goo.gl/TxExp6

Etwa auf halbem Weg zwischen Jeghegnadsor und Sewan – einer Strecke von insgesamt 129 km – verläßt die M10 die sumpfige Hochebene, die bisher die Landschaft geprägt hat, und windet sich nun durch das Vardenis-Gebirge, bis man die Selim Caravanserai erreicht. Diese war mindestens seit dem 14. Jahrhundert eine Herberge für Reisende, die auf der viel genutzten Seidenstraße zwischen Europa und China unterwegs waren. In dieser Region leben außergewöhnlich viele Vögel – zu den zahlreichen Arten, die man zu verschiedenen Zeiten im Jahr sehen kann, zählen unter anderem Adler, Wiedehopfe und Würger.

Nach dem historischen Ort, der zu Sowjetzeit dem Verfall preisgegeben war, jetzt aber eine Restaurierung erfahren hat, führt die gut ausgebaute Straße mit zahlreichen Spitzkehren zum Ufer des fast 2400 m tiefer gelegenen Sewansees. Er ist der größte Süßwassersee des gesamten Kaukasus und ein beliebtes Urlaubsziel in Armenien.

Die Aussicht vom Berg ist phantastisch, und der Kontrast zwischen dem felsigen, fast unbewachsenen Terrain auf dem Gipfel und dem üppig grünen Seeufer ist eindrucksvoll – in weniger als einer Stunde wechselt die Steppe in eine grüne Oase. Nach Bewältigung der Abfahrt kann man in Martuni Reste von Befestigungsanlagen besichtigen, bevor man die Fahrt am Seeufer entlang genießt. **JP**

❶ Das Kloster Hayrawank liegt auf einer felsigen Anhöhe zwischen der Straße und dem Sewansee.

Meghri-Paß
Sjunik, Armenien

Die Surp Hovhannes-Kapelle im Meghri-Tal stammt aus dem 10. Jahrhundert.

Start Kapan
Ziel Meghri
Länge 89 km
Art Landschaft
Karte goo.gl/TMi5oc

1810 bezeichnete der britische Offizier William Monteith das Meghri-Tal in Armenien als eines der schönsten weltweit. Ihn faszinierten die mächtigen Berge mit ihren bewaldeten Hängen und die Gebäude, welche in der Landschaft verteilt sind. Dazu gehört auch eine große Anzahl Kirchen. Bis heute hat sich hier nur wenig verändert.

Auf dem Meghri-Paß durchquert man das Tal in 2500 m Höhe. Der Weg ist asphaltiert und Teil der Schnellstraße M17 von Kapan nach Meghri. Pro Fahrtrichtung gibt es nur eine Spur, obwohl es die Hauptverbindung zwischen Südarmenien und dem Iran und der armenischen Hauptstadt Jerewan ist.

Die Route weist zwar einige Kurven auf, aber es überwiegen die zügig zu fahrenden Passagen mit guter Sicht auf die vorausliegende Strecke. Im mittleren Abschnitt windet sich die Straße jedoch am Shikahogh-Reservat mit Spitzkehren den Hang hinauf. Hier erheben sich zu beiden Seiten der Straße imposante Berge in die Höhe, deren Ausläufer bis nach Aserbeidschan und in den Iran reichen.

Die M17 ist relativ sicher, mit Leitplanken und Notfallspuren ausgestattet. Doch im Winter kann Schnee die Fahrt behindern; in dieser Region besteht eine hohe Lawinengefahr. Gepaart mit Seitenwinden, Nebel, Eis und Steinschlag wird diese Strecke schnell zu einer abenteuerlichen Fahrt … die sich jedoch allemal lohnt. JI

Von St. Petersburg nach Wladiwostok
Von Nordwestrußland zum Fernen Osten (Föderationskreis), Rußland

Start St. Petersburg, Nordwestrußland
Ziel Wladiwostok, Ferner Osten
Länge 10 944 km
Art Abenteuer
Info bit.ly/2x3U3cQ

Im Englischen spricht man vom Trans-Siberian Highway – der jedoch nicht eine Straße ist, sondern ein Netzwerk an Bundesstraßen, die quer durch Rußland durch acht Zeitzonen führen. Erbaut wurden sie größtenteils von Häftlingen und politischen Gefangenen unzähliger Gulags. Die Routen durchqueren einige der unwirtlichsten Gebiete unseres Planeten.

Die Oberfläche ist mal Asphalt, mal Schotter. Es gilt: Je weiter östlich man sich befindet, desto schlechter wird der Straßenzustand. Dieser Roadtrip erfordert eine umfassende Planung. Man sollte ihn unbedingt zwischen Juni und September durchführen, da ansonsten Schneestürme und Eis ein jähes Ende der Fahrt bedeuten können.

Üblicherweise startet man in St. Petersburg und nimmt dann die M10 nach Moskau, die M5 nach Tscheljabinsk, die M55 nach Tschita und schließlich die M60 nach Wladiwostok. Man passiert den Ural, macht einen kurzen Abstecher nach Kasachstan und sieht den Baikalsee sowie die Wälder der Taiga – die Menge und Vielfalt der Landschaften ist schlichtweg überwältigend.

Doch die Route hat auch ihre Kritiker. Der russische Präsident Wladimir Putin befuhr 2010 einen 350 km langen Abschnitt zwischen Tschita und Chabarowsk in einem gelben Lada Kalina und meinte später, die Strecke sei zwar eine vertrauenswürdige, moderne Landstraße, aber keine Autobahn. **BDS**

❶ Einheimische fahren die Strecke sowohl im Reisebus als auch in ihren privaten Pkw.

Goldener Ring Moskau, Rußland

Start Wladimir   **Ziel** Sergijew Possad   **Länge** 499 km
Art Kultur   **Info** goo.gl/VLfF6v

Wer es schafft, das Verkehrschaos, das regelmäßig Moskaus Ausfallstraßen verstopft, bravourös zu bewältigen, den erwartet etwas Wunderbares. Lange bevor es die Sowjetunion gab, dominierte die Russisch-Orthodoxe Kirche das religiöse Volk, dessen Glaube den Marxismus-Leninismus überdauert hat. Eine Rundreise nördlich von Moskau, der Goldene Ring altrussischer Städte – Wladimir, Susdal, Iwanowo, Kostroma, Jaroslawl, Rostow, Pereslawl-Salesski und Sergijew Possad – führt zu prächtigen Klöstern, Kathedralen und Kirchen. Auf der in den 1960er Jahren entstandenen Route gelangt man zu den imposanten Gebäuden mit ihren Zwiebeltürmen und Kreuzgängen inmitten einer traditionsbewußten, ländlichen Region und taucht ein in das opulente Herz Rußlands vor der Sowjetepoche.

Man kann die Tour mit dem Auto oder dem Zug unternehmen. Einige Agenturen bieten mehrtägige Reisen zu den Hauptsehenswürdigkeiten an. Heute ist es jedoch einfach, sich in Moskau einen Wagen zu mieten und selbst loszufahren. Gegen den Uhrzeigersinn folgt man der M7 von Moskau nach Wladimir und kehrt von Sergijew Possad auf der M8 wieder zurück. Die Route ist gut ausgeschildert und passiert auch interessante Freilichtmuseen. **BDS**

❶ Jede russische Stadt hat einen Kreml – hier Rostow.

Riviera des Schwarzen Meeres Nordkaukasus, Rußland

Start Sotschi   Ziel Noworossijsk   Länge 285 km
Art Landschaft   Karte goo.gl/9lajK8

Diese Tour durchquert jene Küstenregion, die in der Antike bei den Griechen Kolchis hieß und der Sage nach das Ziel der Argonauten auf der Suche nach dem Goldenen Vlies war. Die Wirklichkeit ist etwas nüchterner, aber dennoch für all jene überraschend, die Rußland nur als Land im ewigen Griff von Eiseskälte betrachten. In diesem Bereich der Schwarzmeerregion herrscht ein feuchtes, subtropisches Klima, das 1896 zur Gründung von Sotschi geführt hat, einem noch heute beliebten Urlaubsort. Die ganzjährig milden Temperaturen und die Nähe zum Kaukasus trugen zur Entscheidung bei, Sotschi als Austragungsort der Olympischen Winterspiele und der Winter-Paralympics 2014 auszuwählen. Alle Schnee-, Bob- und Rodelwettbewerbe fanden im 68 km entfernten Krasnaja Poljana statt.

Auf der A147 erreicht man nördlich der Stadt die 150 km lange Riviera des Schwarzen Meeres mit Hotels, Heilbädern und anderen Urlaubsangeboten. Anschließend fährt man an einem ruhigen Küstenabschnitt entlang bis nach Gelendschik, das mit seinen Stränden ein bedeutendes Touristenzentrum ist.

Noworossijsk ist eine wichtige Hafenstadt, in der die Öl-Pipeline aus Baku endet. Zudem befindet sich hier eine große Zementfabrik. Dennoch hat die Stadt auch touristisch ihren Reiz. **JP**

❶ Hochstraße in der Nähe von Sotschi.

Tschegem-Wasserfälle Nordkaukasus, Rußland

Start Naltschik **Ziel** Tschegem-Wasserfälle **Länge** 46 km
Art Landschaft **Karte** goo.gl/w3Chft

Naltschik ist die Hauptstadt von Kabardino-Balkarien im Südwesten Rußlands, nahe der Grenze zu Georgien. Die Stadt ging aus einer Festung hervor und wurde 1822 gegründet. Heute ist sie eine wichtige Industriestadt und ein beliebter Urlaubsort. Naltschik vermarktet sich touristisch als Mittelpunkt vieler Heilbäder sowie als Kletterzentrum.

Diese schmale, kurvenreiche, unbefestigte Straße verläuft entlang des Flusses Tschegem durch ein tiefes Tal und passiert den Ort Khushto-Syrt, bevor man die Tschegem-Wasserfälle erreicht. Diese donnern 300 m in die Tiefe, geradewegs in den Fluß.

Der regionale Name für die Wasserfälle lautet Su-Auzu, was in der Sprache der Balkaren so viel wie „Wasser aus der Kehle" bedeutet. Dieser Begriff ist recht passend für einen Wasserfall, der aus dem Nichts zu kommen scheint und laut gurgelnd hinabstürzt. Je nach Jahreszeit ist er oben zwischen 30 und 50 m breit. Das Wasser der Kaskade prallt von den vorspringenden Felsen ab, bildet bei sonnigem Wetter herrliche Regenbögen und im Winter traumhafte Eisskulpturen aus Säulen und Bögen.

Archäologische Funde belegen, daß das Tal seit Urzeiten von Menschen bewohnt ist. Heute ist es für sein Mineralwasser bekannt. Rund um die Wasserfälle gibt es einige Cafés und Souvenirläden. **JP**

❶ Historische Grabstätten im Tschegem-Tal.

Tsoi-Pede Nordkaukasus, Rußland

Start Grosny **Ziel** Tsoi-Pede **Länge** 111 km
Art Abenteuer **Karte** goo.gl/IwFmYh

Hierbei handelt es sich um eine relativ gefährliche Fahrt zu einer Stadt der Toten. Wer nicht aufpaßt, kann diesen bald Gesellschaft leisten. Zunächst das Ziel: Tsoi-Pede ist eine Nekropole an einem abgeschiedenen Berghang in Tschetschenien unweit der Grenze zu Georgien. Diese historische Totenstadt ist eine der größten mittelalterliche Begräbnisstätten im Kaukasus. Eine Mauer mit einem Wachturm umgibt rund 40 alte Gräber. Einsam, düster ist es hier weit weg von allem Vertrauten. Man muß dazusagen, daß man das Spektakuläre kaum sieht, wenn man nicht gerade ein Archäologe ist. Für die Fahrt benötigt man ein Fahrzeug mit Allradantrieb. Die Tour beginnt zwar noch leicht, wenn man die Hauptstadt der russischen Teilrepublik Tschetschenien südwärts verläßt. Doch nach der Kreuzung mit der E50 bei Krasnodar wird es abenteuerlich. Der Belag wird zunehmend loser, und seitlich des steilen Weges durch die Argun-Schlucht nach oben befinden sich tiefe, ungesicherte Abhänge, die erst jüngst wieder Reisenden das Leben kosteten. Für einige Opfer wurden Gedenktafeln angebracht. Es scheint, als nähme die Fahrt kein Ende – 90 km auf einer unbefestigten Straße sind lang, bevor das Ziel erreicht ist. Hinzu kommt die Gefahr von Überfällen in dieser krisengeschüttelten Region. **DK**

❶ Die Straße durch die Argun-Schlucht.

Tscherek-Schlucht und Blauer See Nordkaukasus, Rußland

Start Babugent
Ziel Werchnjaja Balkarija
Länge 21 km
Art Abenteuer
Karte goo.gl/p2Yqmk

Für viele leidenschaftliche Reisende und Autofahrer ist es ein Dilemma, daß einige der faszinierendsten Orte der Welt nur über Straßen erreichbar sind, die Meter für Meter lebensgefährlich sind. Ein gutes Beispiel dafür ist die Tscherek-Schlucht in Rußland.

Diese Schlucht am Fuße des Kaukasus ist traumhaft schön. Zu ihr gehört auch der 12 km lange Bezengi-Bergkamm, der das ganze Jahr über mit Eis und Schnee bedeckt ist. Tiefer im Tal sieht man üppig grüne Wälder, mächtige Wasserfälle und den Blauen See – mit 258 m Tiefe ist er einer der tiefsten Karstseen weltweit. Er wird von unterirdischen Strömen gespeist und ist reich an Lebewesen. An einer einzigen Stelle fließt das Wasser als Fluß wieder ab.

So weit, so gut. Aber die Fahrt dorthin gleicht einem Alptraum. Die Straße durch die Tscherek-Schlucht wurde geradewegs in das Gestein geschlagen, und oft ähnelt sie einem Tunnel, bei dem eine Seite einfach fehlt. Es gibt keine Notfallspur, sondern nur Fels auf der einen und viel frische Luft auf der anderen Seite. Ab und zu existieren Barrieren aus Stein, aber diese sind nicht sehr hoch und schützen eher symbolisch vor einem Sturz in die bedrohliche Tiefe.

Einige Stellen sind so schmal, daß der Rückwärtsgang zum engen Vertrauten wird. Bei schlechtem Wetter wird alles noch gruseliger. Doch am Ende dieser Höhlenstraße erwartet uns ein Paradies. **JI**

Georgische Heerstraße Rußland/Georgien

Start Wladikawkas, Nordkaukasus, Rußland
Ziel Tiflis, Georgien
Länge 198 km
Art Abenteuer
Karte goo.gl/YHrvJ2

Ein Handelsweg über den Kreuzpaß im Kaukasus existierte bereits seit dem 1. Jahrhundert v. Chr. Durch eine russische Initiative erfolgte Ende des 18. Jahrhunderts der Ausbau zu einer Straße.

Die Georgische Heerstraße ist Teil der E117 und zeigt sich in niederen Höhenlagen als breite Straße mit guter Oberfläche. Je höher man aber kommt, desto mehr ist der Belag durch das Bergklima in Mitleidenschaft gezogen, und man fährt stellenweise auf einer schmalen Schotterstraße. Von Lawinen und Steinschlägen abgesehen, ist die Straße das ganze Jahr über befahrbar. Sie ist eine wichtige Verkehrsader zwischen zwei Ländern, mit drei Millionen Autos jährlich, die die Grenze überqueren.

Die Heerstraße führt durch das Terek-Tal auf 2379 m Höhe und passiert die Gergetier Dreifaltigkeitskirche, bevor man den mit einem großen, roten Steinkreuz markierten Gipfel am Kreuzpaß erreicht. Der Ausblick über den Kaukasus ist phantastisch, aber man sollte nicht zu lange verweilen – denn dies ist eine der höchsten Straßen Europas, und Höhenkrankheit ist nicht ausgeschlossen.

Bei ihrer Fertigstellung galt die Heerstraße als ein Meisterwerk der Bauingenieurskunst. Heute wirkt sie etwas urig und altmodisch, aber eine Herausforderung und ein Abenteuer ist sie allemal. **DIS**

➲ Diese kleine Straße verbindet Georgien mit Rußland.

Afrika

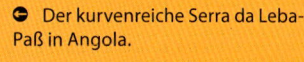

Der kurvenreiche Serra da Leba-Paß in Angola.

Bergstraße nach Monte Verde
São Vicente, Kap Verde

Start Mindelo
Ziel Monte Verde
Länge 12km
Art Abenteuer
Karte goo.gl/zrQ5TA

① Auf dem Gipfel des Monte Verde bietet sich ein herrlicher Blick über die Kapverden.

São Vicente – eine der Ilhas de Barlavento der Kapverdischen Inseln – ist weitgehend desertifiziert. Es gibt nur noch einen Bruchteil der natürlichen Vegetation, die hier einst gedieh. Die markanteste Landform, der 750 m hohe Monte Verde (Grüner Berg), ist unzutreffend benannt, denn der erloschene Vulkan ist überwiegend sandbraun, doch durch seine Bekanntheit ist er ein Magnet für alle, die in diesen Teil Westafrikas kommen.

Der Weg zum Gipfel ist meist windig, oft kalt und nicht selten in Nebel gehüllt. Das sollte die Reisenden jedoch nicht abschrecken: Wenn das Wetter es zuläßt, bieten sich vom Gipfel herrliche Ausblicke und es wäre sehr bedauerlich, die Insel zu verlassen, ohne diese Exkursion gemacht zu haben.

Die meisten befestigten Straßen wecken Vertrauen, doch diese schafft das nicht ganz, denn die Mischung aus Fels und Schiefer erinnert eigentlich mehr an ein Kopfsteinpflaster. Dazu ist sie schmal und windet sich durch mehrere Serpentinen. Auf dem Gipfel ist es so eng, daß man vor dem Abstieg eine Dreipunktwende machen muß.

Wenn möglich sollte man früh morgens aufbrechen, nachdem man sich die Wettervorhersage am Vortag angesehen hat. Dann breitet sich ganz São Vicente unter einem aus und der Blick reicht bis zu den Nachbarinseln. Es gibt nur wenige Verkehrsschilder, daher ist eine gute Karte wichtig. **BDS**

Circuit d'Ain-Diab
Casablanca-Settat, Marokko

Start Casablanca Küstenstraße
Ziel Casablanca Küstenstraße
Länge 7,6 km
Art Kultur
Info goo.gl/t1IPYd

Motorsporthistoriker und Formel-1-Fans kennen den kurzlebigen Stadtkurs als Ort des letzten Showdowns der Formel-1-Saison 1958, als Sir Stirling Moss, der nie eine F1-Meisterschaft gewann, von seinem Freund und Rivalen Mike Hawthorn nach einem zermürbenden 53-Runden-Rennen um Haaresbreite geschlagen wurde. Die in sechs Wochen errichtete Strecke führt entlang der Atlantikküste und über die Parallelstraße nach Azemmour und kann auch heute noch gefahren werden.

Von Marokkos einzigem F1-Parcours ist heute nur noch wenig zu sehen. Dennoch sind die Straßen von Casablanca ein unvergeßliches Erlebnis. Vorsicht und Höflichkeit werden von den meisten marokkanischen Pendlern als Zeichen der Schwäche angesehen und Ampeln und Straßenmarkierungen gelten eher als Vorschläge denn als Gesetz.

Mit angespannten Nerven und dem Lärm von Autohupen und quietschenden Reifen, der immer noch in den Ohren klingelt, möchte man die Fahrt an einem ruhigen und zivilisierten Ort beenden. Rick's Café, von einem früheren amerikanischen Diplomaten konzipiert, ist eine gelungene Nachbildung der durch Humphrey Bogart und Ingrid Bergman im Filmklassiker *Casablanca* (1942) berühmt gewordenen Bar. Issam, der Pianist der Bar, behauptet, er habe den Gig nur wegen seines Namens bekommen. **DIS**

Tizi n'Test-Paß
Marrakesch-Safi/Drâa-Tafilalet, Marokko

Start Marrakesh, Marrakesh-Safi
Ziel Taroudant, Drâa-Tafilalet
Länge 227 km
Art Abenteuer
Karte goo.gl/UcU4eO

Diese Route durch das marokkanische Atlasgebirge – offiziell als R203 bekannt – ist gefährlich. Die Fahrbahn ist schlecht, es gibt keine Straßenmarkierungen, dafür aber eine beträchtliche Anzahl von Lastkraftwagen sowie ungesicherte Steilhänge. Es ist nicht ratsam, die Strecke im Dunkeln oder bei Regen zu fahren, da es häufig zu Steinschlag kommt. In den Wintermonaten ist sie wegen des Schnees unpassierbar.

Solche Faktoren mögen den einen oder anderen abschrecken, doch für die Mutigeren ist dies eine der aufregendsten Touren in Nordafrika. Der schönste Streckenabschnitt ist das mittlere Drittel auf dem steilen und kurvenreichen Anstieg durch den Hohen Atlas – eine 1240 km lange Strecke zwischen Tahanaout und der Kreuzung mit der N10 bei Oulad Berhil. Der höchste Punkt, der Tizi n'Test-Paß, liegt 2100 m über dem Meeresspiegel.

Dort angekommen ist man sicher erschöpft und dankbar, daß es ganz oben ein kleines Café und weniger als 1 km weiter ein Hotel und Restaurant mit Außenterrassen gibt. Bei gutem Wetter bieten sich hier atemberaubende Aussichten ins Souss Tal und nach Süden bis zum Antiatlas-Gebirge.

Mit frischer Kraft geht es schließlich über berauschende Serpentinen rasant bergab zur interessanten und touristisch kaum erschlossenen befestigten Marktstadt Taroudant. **DK**

Tizi n'Tichka-Paß
Marrakesh-Safi/Drâa-Tafilalet, Marokko

Start Marrakesh, Marrakesh-Safi
Ziel Ouarzazate, Drâa-Tafilalet
Länge 196 km
Art Abenteuer
Karte goo.gl/prVdvF

Das Atlasgebirge, eine der großen Gebirgsketten Afrikas, liegt zwischen der Mittelmeer- und Atlantikküste und der weiter südlich gelegenen Sahara. Die Berge erstrecken sich über rund 2575 km durch Algerien, Marokko und Tunesien, und obwohl es einfachere Wege gibt, sie zu überqueren, ist der Tizi n'Tichka-Paß die bei weitem aufregendste Art, das mächtige Gebirge zu erkunden.

Die Route ist gut gepflegt und relativ leicht zu fahren, doch ein voller Tank, ein voll aufgeladenes Handy und fünf gute Reifen sind unerläßlich. Nachdem man Marrakesch verlassen hat, wird die Landschaft überraschend grün, eine Erinnerung daran, wie fruchtbar nordafrikanische Länder sein können.

Wenn man aus dem Wald von Touflihit auftaucht, wird die Straße auf dem Weg in die Berge kurviger. Mit quietschenden Reifen geht es durch die berüchtigten Serpentinen der N9 zur Paßhöhe auf 2260 m. Die extrem verwinkelten, von der Sonne verwitterten Kurven sind häufig in Automobilzeitschriften zu sehen und wurden sogar für Top Gears „Drives of a Lifetime" nominiert.

Dahinter beginnt der Abstieg durch karge Höhen, die von *Ksour* (der Sandburgarchitektur Südmarokkos) überragt werden. Hier wird offensichtlich, daß man geradewegs auf die größte Wüste der Welt zufährt und man sollte die Reise in Ouarzazate, dem Tor zur Sahara, beenden. **MG**

❶ Markante *Ksour*-Architektur in der Nähe des Passes.
➲ Der Tizi n'Tichka-Paß durch das Atlasgebirge.

Dadès- und Todra-Schluchten Drâa-Tafilalet, Marokko

Start Tinghir **Ziel** Tinghir **Länge** 264 km
Art Abenteuer **Karte** goo.gl/zBw4Dy

Diese abgelegene Route durch den Hohen Atlas steht auf vielen Listen der gefährlichsten Straßen der Welt. Die Strecke ist steil und riskant, aber auch eine der schönsten, und die Dadès- und Todra-Schluchten sind definitiv einen Besuch wert. Die sehr schöne, wenn auch unwirtliche, rote Wüstenlandschaft wird von fruchtbaren Oasen unterbrochen und ist übersät mit Hunderten von alten, zinnenbewehrten Berber-Festungen oder Kasbahs. Die Hauptstadt der Region, die Oasenstadt Tinghir, ist ein guter Ausgangspunkt für Entdeckungsreisen.

Die N10 nach Boumalne Dadès ist ein gemütliches Warm-up für die kantigen, stakkatoartigen Serpentinen der Dadès-Schlucht. Die ersten 63 km sind Fahrspaß pur; auf glattem, schwarzem Asphalt schlängelt sich die Straße die Schluchtwände hinauf, wobei nur eine bröckelnde, kniehohe Mauer den Fall in die Tiefe verhindert. Der Aussichtspunkt in der Nähe des Gipfels bietet einen einmaligen Blick zurück auf das Gewirr von Haarnadelkurven. Doch die Natur der Straße verändert sich im nördlichen Abschnitt drastisch; statt eines tiefergelegten Sportwagens wünscht man sich jetzt einen soliden Geländewagen. Falls man den rauhen nördlichen Teil nicht mag, kann man auch einfach nur die wilden Serpentinen der befestigten südlichen Abschnitte genießen. **DK**

❶ Die kurvenreiche Straße durch die Dadès-Schlucht.

Drâa-Tal – Von Agdz nach M'hamid Drâa-Tafilalet, Marokko

Start Ouarzazate   Ziel M'hamid   Länge 261 km
Art Abenteuer   Karte goo.gl/AnEDtY

Diese Reise führt an den Rand der Sahara. M'hamid, das Ziel, ist einer von nur zwei leicht zugänglichen Orten in Marokko, die sich mitten in der Wüste befinden. Der andere – Merzouga – ist zweifellos touristischer und weniger authentisch. Wer die Sahara der populären Phantasie – also goldenen Sand und Wanderdünen so weit das Auge reicht – erleben will, ist hier genau richtig. Ohne Zwischenstopp ist M'hamid etwa fünf Autostunden von Ouarzazate entfernt, welches seinerseits etwa vier Stunden von Marrakesch entfernt ist. Die N9 ist in einem gewöhnlichen Auto gut und leicht zu fahren.

Unvergeßlich ist die Fahrt durch kleine Dörfer nach Agdz, einer archetypischen Karawanserei-Oase mit erhaltenen Lehmziegelkasbahs und Palmenhainen. Dahinter liegt die Provinzhauptstadt Zagora am Rande der Sahara, wo ein berühmtes Schild verkündet, daß es von hier aus ein 52tägiger Kamelritt nach Timbuktu ist.

Dann steigt die Straße über einen Paß in die offene Wüste und endet nach etwa anderthalb Stunden Fahrt in M'hamid. Hier versammelten sich einst riesige Handelskarawanen mit bis zu 5000 Kamelen, bevor sie in die Sahara aufbrachen; heute ist es ein Ausgangspunkt für organisierte Camping- und Trekkingtouren in die Wüste. **DK**

❶ Die Oase Agdz, was soviel wie „Ruheplatz" bedeutet.

Trans-Sahara Highway
Von Algerien nach Nigeria

Start Algier, Algerien
Ziel Lagos, Nigeria
Länge 4506 km
Art Abenteuer
Karte goo.gl/lk1uo5

❶ Diese karge Landschaft in Tamanrasset in Algerien vermittelt einen Eindruck von der Einsamkeit der Route.

Der Trans-Sahara Highway steht ganz oben auf der Liste der „Gefährlichsten Straßen der Welt", obwohl er nach mehr als vier Jahrzehnten ununterbrochenen Bauens fast vollständig asphaltiert ist. Doch auch die befestigten Abschnitte können tagelang unter hartnäckigen Sandverwehungen verschwinden, und auch bürokratische Hürden an Grenzübergängen und Sicherheitsbedenken sind allgegenwärtig.

Mit Treibstoff, Nahrung und Wasser muß man sich selbst versorgen, Sandstürme können die Sicht auf Null reduzieren, und Schlaglöcher und Risse in der Fahrbahn sind regelmäßige Hindernisse in der brennenden Sonne der Sahara. Darüber hinaus gibt es häufig Berichte von Gangsterbanden. Die Qualität der Straßenoberfläche variiert von Land zu Land. In Nigeria ist sie komplett asphaltiert, mit etwa 480 km vierspuriger Autobahn; im Süden Algeriens sind einige Abschnitte überschwemmungsgefährdet; und in Niger ist ein Großteil der Strecke zwar asphaltiert, aber dennoch in schlechtem Zustand.

Die Anfang der 60er Jahre zur Förderung des Handels und Zusammenführung des Kontinents konzipierte Straße verläuft durch die größte Wüste der Welt vom Mittelmeer im Norden bis zum Golf von Guinea im Süden, und zieht weiterhin Abenteuerlustige an, für die Straßenschilder mit roten Schädeln und gekreuzten Knochen kaum mehr als Köder sind. **BDS**

Tikjda-Paß
Bouïra, Algerien

Start Bouïra
Ziel Tikjda
Länge 32 km
Art Abenteuer
Karte goo.gl/tXuL5j

Diese Tour führt durch das Djurdjura-Gebirge im Norden Algeriens, eine kleine, nur 60 km lange Gebirgskette mit schroffen Felsgipfeln, die sich eindrucksvoll über zedernbewachsene Hänge und grüne Almwiesen erheben. Über den wichtigsten Bergpaß führt eine kurvenreiche Straße, deren Zustand aufgrund von Steinschlag, Temperaturschwankungen und allgemeinem Mangel an Wartung und Sicherheitseinrichtungen variiert. Aber das soll kein Grund sein, nicht hierher zu kommen.

Die N33, der Tikjda-Paß, ist eine nervenaufreibende Gebirgsstraße auf 1600 m Höhe, die hoch genug liegt, um an einem klaren Tag einen Blick auf das Mittelmeer zu werfen. Im Dorf Tikjda kann man die Tour durch das Zentralmassiv der Kabylei ausklingen lassen und traditionelle Behausungen der Berber besichtigen. Von Dezember bis März ist dies ein beliebtes Skigebiet, daher sollte man Schneeketten oder Winterreifen dabeihaben. Ein 3,2 km langer Abstecher führt zum kleinen Gletscher Takouatz Guerissene im Nationalpark Djurdjura.

Unterwegs gibt es viel zu sehen, aber der Fahrer muß sich voll und ganz konzentrieren. Asphaltbrüche oder Schnee können aus der zweispurigen Straße einen schmalen, unebenen Pfad machen. Das Fehlen von Leitplanken und die steilen Gefälle unmittelbar jenseits der Asphaltkante bieten starke Anreize, stets konzentriert zu bleiben. **BDS**

❶ Die gefährliche Straße ist weit entfernt von Krankenhäusern und Infrastruktur. Ein großes Abenteuer.

Star Wars-Wüste Von
Medenine nach Gafsa, Tunesien

Start Djerba, Medenine
Ziel Sidi Bouhlel, Gafsa
Länge 512 km
Art Kultur
Karte goo.gl/lMRRvY

Wie *Star Wars*-Fans wissen, lagen viele der Landschaften, die Planeten in weit, weit entfernten Galaxien darstellten, tatsächlich nur einen kurzen Sprung über das Mittelmeer in den Wüsten Tunesiens. Diese Traumreise für Science-Fiction-Fans zu faszinierenden Drehorten beginnt in Djerba, wo Obi-Wan Kenobi im Exil lebte und sich die die berühmte Fassade der Cantina befindet. Im nahe gelegenen Ajim stoppten die Sandtruppen Luke und die Droiden und jagte der *Millennium Falcon* vom Weltraumbahnhof Mos Eisley los. Medenine diente in *Episode I – Die dunkle Bedrohung* (1999) als Drehort für die Sklavenquartiere. Tataouine war zwar kein Drehort, inspirierte aber offensichtlich den Namen des Planeten. Experten möchten sicher auch Sidi Jemour besuchen, das in einigen gelöschten Szenen als Anchorhead und Tosche-Station fungierte. In Matmata kann man im Hotel Sidi Driss übernachten, das die Innenräume der Feuchtfarm darstellte. Der Sidi Bouhlel Canyon bei Tozeur ist als *Star Wars*-Canyon bekannt, da dort zahlreiche Szenen gedreht wurden. Inmitten der legendären Filmkulissen sollte man bedenken, daß man sich in den Wüsten Tunesiens leicht verläuft. Man kann natürlich die Macht nutzen, aber sicherer ist es, die Dienste eines einheimischen Führers in Anspruch zu nehmen. **SA**

➲ *Star Wars*-Szene in der tunesischen Wüste bei Tozeur.

Libysche Küstenstraße Von
Nuqat al Khams nach Butnan, Libyen

Start Ras Ajdir, Nuqat al Khams
Ziel Musaid, Butnan
Länge 1778 km
Art Kultur
Karte goo.gl/onklEz

Die vom italienischen Generalgouverneur Italo Balbo in den 1930er Jahren errichtete und von Benito Mussolini im März 1937 eröffnete libysche Küstenstraße ist Teil des längeren Kairo-Dakar-Highways. Sie ist die einzige größere Straße, die die gesamte Länge der Mittelmeerküste des Landes durchquert.

Von der Grenze zu Tunesien im Westen bis zur Grenze zu Ägypten im Osten verbindet die Hauptverkehrsader die Hauptstadt Tripolis mit der Hafenstadt Benghazi und sämtlichen libyschen Küstenorten. Sie führt zur Ruinenstätte Leptis Magna mit einigen der schönsten römischen Ruinen der Welt und außerhalb der Stadt Al Bayda in den Ausläufern des Jebel Akhdar zu den Ruinen der griechischen Stadt Kyrene. Sie kreuzt außerdem mehrere Straßen, die nach Süden in die Wüsten und Trockentäler der Region Fezzan und in die Weite der Sahara führen.

Während des Afrikafeldzuges im Zweiten Weltkrieg diente die damalige „Via Balbia" beiden Seiten als strategisch wichtige Verkehrsachse. Sie wurde während des Krieges schwer beschädigt und erst 1967 im unabhängigen Libyen vollständig saniert. Ein Dutzend neuer Brücken sind für die nächste Zukunft geplant, um die wichtigste Strecke Libyens – die Straße nach Ägypten – zu erhalten und weiter zu verbessern. **BDS**

Vier-Oasen-Tour
Kairo/Asyut, Ägypten

● Die Kalksteinformationen der Weißen Wüste bei Farafra sind eine der Hauptattraktionen dieser Route.

Start Kairo
Ziel Asyut
Länge 1334 km
Art Abenteuer
Karte goo.gl/r6qdji

Die Sahara erstreckt sich vom Westufer des Nils zum 5000 km entfernten Atlantik und ihre Landschaft wechselt zwischen ausgedehnten Steinwüsten und wogenden Sanddünen. Doch das riesige Sandmeer ist nicht völlig unfruchtbar. Oasen übersäen die Wüste, gespeist von einem unterirdischen Grundwasserleiter, der als ein alter Zweig des Nils gilt und seit der Antike Siedlungen versorgt. Vier Oasen in Ägypten – Bahariya, Farafra, Dakhla und Kharga – sind über schnelle, befestigte Straßen miteinander verbunden und bieten eine spannende Abwechslung zum ausgetretenen Niltal.

Man sollte an einer organisierten Geländewagen-Tour teilnehmen, die die notwendigen Genehmigungen des Militärs und der Sicherheitsdienste beinhaltet, wenn man die antiken Stätten rund um die Oasen sehen, eine Dünentour machen oder einfach unter den Sternen schlafen möchte.

Es gibt viel zu sehen, wie etwa die vom Wind geformte Kreide der Weißen Wüste in Farafra und die Hügel aus schwarzem Quarz sowie die goldenen Mumien in Bahariya. Wenn die Zeit knapp ist, sollte man sich allein auf diese beiden Oasen konzentrieren und dort das Leben genießen, die heißen Quellen ausprobieren, frisch gepflückte Datteln und Granatäpfel kosten oder einfach nur in Cafés sitzen und zusehen, wie die Säume der Abayas der Frauen Spitzenmuster in den Sand zeichnen. **DS**

Luxor-al-Hurghada Road
Luxor/Rotes Meer, Ägypten

Start Luxor
Ziel Hurghada, Rotes Meer
Länge 294 km
Art Abenteuer
Karte goo.gl/ZJOZkR

Diese Tour beginnt am Nil in der Stadt Luxor, welche am ehemaligen Standort Thebens, der Hauptstadt Ägyptens zur Zeit der Pharaonen, erbaut wurde. Hier im Tal der Könige befinden sich die Gräber der meisten Herrscher von 1500 bis 1000 v. Chr.

Die Straße ist gut ausgebaut, doch der Luxus hört beim Asphalt auf: Die Wüste, die sie durchquert, bietet keinerlei Infrastruktur, so daß es katastrophal enden kann, wenn man einen Unfall hat oder das Benzin ausgeht. Dazu kommt, daß es sich hier um Banditenland handelt und da die Gesetzlosen nachts operieren, sind viele Autos ohne Licht unterwegs, um unbemerkt zu bleiben. Das alles erklärt, warum die Straße als eine der gefährlichsten der Welt gilt. Man sollte auf jeden Fall tagsüber fahren und für alle Fälle ein Nachtsichtgerät mitnehmen.

In Safaga erreicht man das Rote Meer. Die Wirtschaft der Kleinstadt basiert neben dem Phosphatabbau auf den Urlaubern, die den Strand und die angeblich gesundheitsfördernden Mineralquellen aufsuchen. Safaga ist auch eine Station für Fähren von und nach Duba in Saudi-Arabien.

Hurghada war zu Beginn des 20. Jahrhunderts kaum mehr als ein Punkt auf den detailliertesten Karten; bis zum Jahrtausendwechsel hatte es Sharm el-Sheikh als wichtigstes Urlaubsziel Ägyptens überholt. Ein großer Teil des derzeitigen Wohlstands ist den russischen Touristen zu verdanken. **JP**

Von Assuan nach Abu Simbel
Assuan, Ägypten

Start Assuan
Ziel Abu Simbel
Länge 288 km
Art Abenteuer
Karte goo.gl/M7GPBo

Einst war die Straße zwischen Assuan und Abu Simbel eine hauptsächlich von Einheimischen geschaffene unbefestigte Nebenstraße. Für den Bau des Assuan-Staudamms in den 1960er Jahren wurden der Große Tempel zum Ruhm Ramses II. und der Hathor-Tempel zur Erinnerung an Nefertari 200 m zurück und 60 m höher als die Hochwassermarke des zukünftigen Nassersees versetzt. Das von der UNESCO initiierte Zerlegen und präzise Umsetzen der Tempel war die vielleicht größte archäologische Bergung, die je unternommen wurde.

Heute ist die Straße von Assuan nach Süden zum Ufer des Nassersees, dem heutigen Standort dieser majestätischen Tempel, keine besonders anspruchsvolle Fahrt. Früher verließen täglich Konvois mit Polizeieskorte Assuan für die dreistündige einfache Fahrt, doch heute gilt die Straße als sicher und es sind keine Konvois notwendig, man mietet einfach ein Auto oder einen Fahrer. Wenn man um 4.00 Uhr morgens abreist, ist der Sonnenaufgang auf der gut gepflegten und asphaltierten Straße spektakulär.

Auch wenn es wenige Sehenswürdigkeiten gibt, kann man argumentieren, daß die Wüste selbst die Hauptattraktion ist. Ganz zu schweigen von den großen nubischen Monumenten, welche, vergessen und halb im Sand verschüttet erst 1813 wiederentdeckt wurden. Noch nie war eine sechsstündige Hin- und Rückfahrt die Mühe so wert. **BDS**

Hochland von Abessinien Tigray, Äthiopien

Start Adigrat **Ziel** Axum **Länge** 126 km
Art Landschaft **Karte** goo.gl/apXAQ0

Das äthiopische Verkehrsministerium hat viel in sein Straßennetz investiert, um das es von Ostafrika beneidet wird. Diese zweieinhalbstündige Fahrt auf der Route 2 in der nördlichsten Region des Landes ist ein wahrer Genuß. Sie beginnt im Hochland von Abessinien auf 2438 m in der Universitätsstadt Adigrat und steigt für die nächsten 12 km schnell in die Berge hinauf zum Gipfel in Mugulat, während sich die Landschaft von blättrigem Grün zu stacheligem Braun und felsigem Grau verändert.

Die glatten, modernen Straßen sind bei europäischen Radsportlern als Höhentraining beliebt und frei von störenden Leitplanken, die die phantastische Aussicht verderben würden. Der Abstieg über Bizet nach Enticho durch einen weitläufigen Komplex von Serpentinen ist eine landschaftlich besonders reizvolle Strecke, da die imposanten Panoramen des hoch aufragenden Adwa-Gebirges die Windschutzscheibe füllen.

Von hier aus schlängelt sich die Straße durch eine Reihe von kurzen, steilen Anstiegen in die Altstadt von Adwa, bevor ein letzter Aufstieg nach Axum führt. Als UNESCO-Weltkulturerbe gilt diese antike Stadt als die älteste ununterbrochen bewohnte Stadt Afrikas und war der Legende nach einst die Heimat der Königin von Saba. **DIS**

❶ Die Aussicht auf der Straße nach Axum ist fabelhaft.

Von Dschibuti zum Assalsee Von Dschibuti nach Tadjourah, Dschibuti

Start Dschibuti, Dschibuti   **Ziel** Assalsee, Tadjourah   **Länge** 114 km
Art Abenteuer   **Karte** goo.gl/xTQ26i

Eine nur eine Stunde und 45 Minuten lange Fahrt führt von Dschibuti über die Danakil-Depression zum westlichen Ufer des Assalsees, dem mit 155 m unter dem Meeresspiegel tiefsten Punkt Afrikas. Die RN9 zum See wurde kürzlich ausgebaut und gilt allgemein als „ziemlich gut" – kaum zwei Fahrspuren breit, aber zum Glück befestigt. Die Fahrt erinnert an den Highway durch das Death Valley in Kalifornien: ebenso heiß und potentiell lebensbedrohlich, jedoch ohne Infrastruktur und Rettungsdienste und mit weitaus weniger Besuchern.

Auf dem Weg zum See wird die Erdkruste dünner und die Straße ist von Thermalquellen, Fumarolen und Lavatunneln gesäumt. Der Assalsee ist ein Kratersee, der von ruhenden Vulkanen und Lavafeldern umgeben ist; sein Wasser ist salziger als das des Toten Meeres und so dicht, daß es unmöglich ist darin zu versinken.

Die Temperaturen können im Frühjahr und Herbst 50 °C erreichen (den Sommer sollte man meiden), daher muß man viel Wasser mitführen. Mit einem Geländewagen kann man über die strandähnlichen Salzflächen am Rand des Sees fahren und beobachten, wie die Kamelhirten der Afar vom schimmernden weißen Rand des Sees Salzsteine schneiden. **BDS**

❶ Einheimische ernten Salzkristalle am Assalsee.

Serra da Leba-Paß
Huíla/Namibe, Angola

Start Humpata, Huíla
Ziel Caraculo, Namibe
Länge 97 km
Art Abenteuer
Karte goo.gl/LpVzGW

❶ Zwei der sieben aufeinanderfolgenden Kehren des atemberaubenden Gebirgspasses des Serra da Leba.

Die Hauptverkehrsstraße EN280 wurde in den 70er Jahren von den Chinesen zwischen Lubango und Namibe gebaut und hat eine Gesamtlänge von 185 km. Ihr Mittelteil führt über die steile Flanke des 1000 m hohen Berges Serra da Leba. Der Paß ist eines der Wahrzeichen des Landes und Teil der Großen Randstufe, die parallel zur Küste um einen Großteil des südlichen Afrika verläuft.

Dieser kurze, aber intensive Abschnitt der Asphaltstraße windet sich auf nur 1,7 km durch 95 Kurven, von denen sieben aufeinanderfolgende Haarnadelkurven sind. Der Gipfel – der Plano alto – ist 1845 m hoch; zwischen ihm und dem Talboden, der fast auf Meereshöhe liegt, durchquert man drei bis vier verschiedene Klimazonen.

Auf dem Weg vom Landesinneren nach Westen in Richtung Atlantikküste erreicht man eine Mautstelle, in deren Nähe sich Telekommunikationsmasten und ein Aussichtspunkt über dem Tal befinden. Danach beginnt der eigentliche Spaß – zumindest bei gutem Wetter. An nassen oder windigen Tagen kann es ratsam sein, die Fahrt gar nicht erst zu versuchen, denn nicht alle Kurven haben Leitplanken und unabhängig von den Wetterbedingungen begegnet man schweren Nutzfahrzeugen. Im Dunkeln sollte man die Fahrt ebenfalls nicht antreten. Um die verpaßte Aussicht wäre es nur schade; eine verpaßte Kurve kann jedoch tödlich enden. **JP**

Von Kigali nach Musanze
Kigali/Nordprovinz, Ruanda

Start Kigali, Kigali
Ziel Musanze, Nordprovinz
Länge 109 km
Art Landschaft
Karte goo.gl/y3XetV

Die einen bezeichnen sie als landschaftliches Wunder, die anderen als furchterregende Herausforderung. Eines ist jedoch garantiert: Auf der RN4 von Kigali nach Musanze wird es nicht langweilig. Die Tatsache, daß auf der gesamten Strecke eine Höchstgeschwindigkeit von 60 km/h gilt, läßt den Zustand der Straße bereits erahnen. Eine glatte Autobahn ist hier nicht zu erwarten.

Die meisten ausländischen Besucher erreichen Ruanda am Internationalen Flughafen Kigali. Auf der RN 4 geht es nordwestlich durch den Dschungel nach Ruhengeri, das häufig Musanze genannt wird. Es ist eine beliebte Touristenroute, da Musanze am Fuße des Vulkan-Nationalparks liegt. Die Straße ist heute asphaltiert, führt aber durch sehr hügeliges Gelände mit scharfen Kurven, gelegentlichen Schlaglöchern und unvorhersehbarem Verhalten anderer Fahrer. Die wenigen Siedlungen, wie Tare und Nyarutovu, sind klein und ländlich.

Musanze ist die drittgrößte Stadt Ruandas und um einen lebhaften Marktplatz herum entstanden, ein guter Ausgangspunkt zur Erkundung des Parks, in dem *Gorillas im Nebel* (1988) gedreht wurde. Das dicht bewaldete Naturschutzgebiet erstreckt sich zwischen fünf erloschenen Vulkanen, die zum Wandern einladen. Auf Wildlife-Touren kann man nicht nur die berühmten Gorillas sondern auch Goldaffen, Büffel und Tüpfelhyänen beobachten. **SH**

❶ Ruandische Frauen auf dem Weg zur Arbeit in der Nähe von Musanze, wo diese Reise endet.

Afrika • Ruanda | 735

Malawi-See Central Region/ Northern Region, Malawi

Start Senga Bay, Central Region
Ziel Mzuzu, Northern Region
Länge 365 km
Art Landschaft
Karte goo.gl/CvkOmY

Malawi gilt als das „warme Herz Afrikas" und eine Fahrt durch die reizvolle Landschaft und entlang des Malawi-Sees ist der beste Weg, das kleine Land kennenzulernen. In einer der am wenigsten entwickelten Nationen der Welt lebt eine überwiegend ländliche Bevölkerung.

Die Reise führt von den Stränden der Senga Bay vorbei an hübschen Bauerndörfern zur M5, eine schmale, aber gut ausgebaute Asphaltstraße, die das gesamte Land durchquert. Die Straße ist leicht zu fahren und es gibt nur wenig Verkehr. Einheimische Kinder erlauben sich aber gern einen Spaß damit, Autos dazu zu bringen, auf den unbefestigten Seitenstreifen auszuweichen.

Das erste Drittel der vorgeschlagenen Tour führt größtenteils über Ackerland. In der Nähe von Nkhotakota befindet sich ein neu gegründeter Nationalpark, eine unberührte Wildnis mit Elefanten und vielen exotischen Vögeln. Danach führt die Route dicht am Ufer des Malawi-Sees entlang zur Nkhata Bay. Hier kann man Fische aus dem See kosten – Chambo, Usipa oder Mpasa. Nach Nkhata beginnt die Route einen langen Aufstieg in hügeliges Gelände, bevor sie in Mzuzu, der drittgrößten Stadt des Landes, ankommt. Während der ganzen Reise kann man leicht Übernachtungsmöglichkeiten finden, und auf der M5 gibt es viele Rastplätze mit Treibstoff, Lebensmitteln und gekühlten Getränken. **DK**

M1 – Malawis Autobahn Central Region, Malawi

Start Lilongwe
Ziel Dedza
Länge 89 km
Art Kultur
Karte goo.gl/JE26ld

Der Binnenstaat Malawi im südlichen Afrika ist ein langes, schmales Stück Land zwischen den Ufern des Malawi-Sees im Osten und Sambia im Westen. Seine Hauptstraße von Norden nach Süden ist die M1, die 1100 km lange Hauptverkehrsader des Landes. Es lohnt sich eine ganze Erkundungstour auf dieser Straße, aber für diejenigen, die nur wenig Zeit haben, ist ein kurzer Abstecher von der Hauptstadt Lilongwe in die hoch gelegene Stadt Dedza eine gute Momentaufnahme dieses herrlichen Landes.

Das einst verschlafene Fischerdorf Lilongwe am gleichnamigen Fluß entwickelte sich rasch zur einer Stadt und ist seit 1975 die Hauptstadt Malawis. Von hier aus führt die M1 nach Osten durch sanfte Hügel nach Dedza. Der Verkehr nimmt ab, sobald man die Hauptstadt hinter sich läßt.

Mit 1590 m über dem Meeresspiegel ist Dedza die höchste Stadt Malawis. Morgens und abends im Juni und Juli ist es hier daher kühl. Auf einer Wartungsstraße für Kommunikationsantennen führt ein kurzer Spaziergang aus der Stadt hinauf zum Berg Dedza, dessen 12.198 m hoher Gipfel einen herrlichen Ausblick auf die umliegende Landschaft ermöglicht. Übernachtungsmöglichkeiten gibt es in der Dedza Pottery Lodge, die außerdem handgefertigte Keramikprodukte anbietet. **SA**

◗ Fischen im Malawi-See.

Am Fuße des Kilimandscharo
Mara/Arusha, Tansania

Start Seronera, Mara
Ziel Arusha, Arusha
Länge 306 km
Art Abenteuer
Karte goo.gl/XEfdwW

Diese Route beginnt im Serengeti-Nationalpark, der 14 763 km² Grassteppe und Savanne umschließt und der einzige Ort auf der Erde ist, an dem noch regelmäßig Massentierwanderungen stattfinden.

Wenn man den Park verläßt, gelangt man in das Naturschutzgebiet Ngorongoro, das nach der riesigen vulkanischen Caldera in seiner Mitte benannt ist. Hier entdeckten Archäologen in der Olduvai-Schlucht Überreste der frühen Menschen, die dort vor mehr als drei Millionen Jahren lebten.

Die Straße führt dann am Nordufer des 50 km langen und 16 km breiten Manyara-Sees entlang, der als wichtigste Wasserquelle der Region ein Magnet für eine große Vielfalt von Tieren ist, darunter Löwen, Leoparden, Elefanten, Nashörner und Büffel. Der See ist manchmal so dicht mit Flamingos besiedelt, daß seine Oberfläche aus der Ferne rosa erscheint.

Die Route endet 100 km nordöstlich in Arusha, im Herzen eines wichtigen Kaffeeanbaugebietes, in Sichtweite des Kilimandscharo, dem mit 5895 m höchsten Gipfel Afrikas.

Der überwiegende Teil der Touristen fährt diese Strecke in Reisegruppen, man kann aber auch auf eigene Faust ein Auto oder einen Geländewagen mieten. Das Fahrzeug sollte mit einem doppelten Tank ausgestattet sein, um den Mangel an Tankstellen in der Region auszugleichen. **JP**

❶ Am Manyara-See gibt es eine vielfältige Flora und Fauna, darunter Flamingos und Löwen.

Von Moshi zum Marangu-Tor
Kilimandscharo, Tansania

Start Moshi
Ziel Mandara-Hütten
Länge 53 km
Art Abenteuer
Karte goo.gl/nybvNT

Der höchste Berg Afrikas, der Kilimandscharo, erhebt sich 5895 m über dem Meeresspiegel. Der inaktive Vulkan brach zuletzt vor rund 200 000 Jahren aus. Der Ursprung des Namens ist nicht ganz geklärt, scheint aber von Swahili für „Weißer Berg" zu stammen. Heute ist der Gipfel ein beliebtes Ziel für Bergsteiger, die eine Herausforderung suchen.

Die Straße beginnt in Moshi zunächst in gutem Zustand, verschlechtert sich aber bald zu holprigen und staubigen Wegen, die steil durch dichte Wälder zu den Toren des Kilimandscharo-Nationalparks führen. Hier beginnt die Marangu-Route, der beliebteste Trekkingpfad zum Gipfel. Die erste registrierte Besteigung zu Fuß erfolgte 1889 durch zwei Deutsche mit einem einheimischen Führer; 1974 schlugen acht Spanier den Höhenweltrekord, indem sie den Kilimandscharo auf modifizierten Bultaco-Trial-Motorrädern erklommen. Der höchste für Geländewagen erreichbare Punkt ist das Marangu-Tor, von wo aus eine kurze Wanderung zu den Mandara-Hütten führt, einer Gruppe von Holzhäusern auf einer Waldlichtung in 2743 m Höhe. Die vergleichsweise luxuriösen Unterkünfte verfügen über Köche, solarbetriebene Beleuchtung und fließendes Wasser. Auch für Nicht-Bergsteiger ist in der Umgebung viel geboten, darunter der Chala-See, der Arusha-Nationalpark, Kaffee- und Bananenplantagen und organisierte Tagessafaris. **DIS**

Pangani Küstenstraße
Tanga, Tansania

Start Pangani
Ziel Ushongo
Länge 35 km
Art Landschaft
Karte goo.gl/OR3DmN

Afrika-Touristen vernachlässigen die Küste des Indischen Ozeans oft zugunsten von Safaris, doch dieser lange Küstenstreifen ist bemerkenswert schön und unberührt. Der Sand ist goldgelb, das Meer überraschend warm und die Strände gesäumt von hohen Palmen, ausladenden Affenbrotbäumen und bunten Drillingsblumen. All diesen Luxus kann man in Pangani genießen, einer kleinen Swahili-Stadt nördlich von Dar es Salaam. Die Stadt war einst wichtiges Handelszentrum, Endstation für Karawanen aus dem Landesinneren und der Sklavenroute zu den großen Zuckerplantagen Tansanias. Heute ist Pangani ein verschlafener Ferienort mit organisierten Stadtführungen durch das historische Zentrum. Zu beiden Seiten der Stadt erstrecken sich fast menschenleere Strände, die durch gute Asphaltstraßen verbunden sind. Ein besonders schöner Strand befindet sich 20 km nördlich. Etwa 15 km südlich liegt die idyllische palmengesäumte Ushongo Bay, die nur mit der (malerischen, aber unregelmäßigen) Autofähre über den Fluß zu erreichen ist. Dieser Strand ist noch breiter und länger als sein Gegenüber im Norden, und da die Gezeiten nicht stark sind, kann man hier den ganzen Tag schwimmen. An beiden Stränden gibt es kleine Unterkünfte sowie Bars und Restaurants. Eine einfache, entspannte und dennoch eindrucksvolle Tour, die man genießen sollte, bevor alle anderen sie entdecken. **SA**

Indischer Ozean Dar es Salaam/Lindi, Tansania

Start Dar es Salaam   Ziel Kilwa, Lindi   Länge 323 km
Art Abenteuer   Karte goo.gl/hFcbTg

Die meisten Besucher Tansanias begeben sich auf eine Safari ins Landesinnere und fahren dann weiter zu den wunderschönen Stränden Sansibars. Doch neben wilden Tieren und Stränden hat Tansania auch eine reiche Geschichte zu bieten. Von Dar es Salaam („Haus des Friedens"), bis 1974 Hauptstadt und größte Stadt Tansanias, geht es auf der B2 nach Süden entlang der Küste vorbei an der Insel mit dem interessanten Namen Mafia Island.

Die Küste unterstand einst dem Kilwa-Sultanat, einem im 10. Jahrhundert von einem persischen Prinzen gegründeten muslimischen Handelsimperium. In der Sprache der Küstenregion, Swahili, finden sich daher viele arabische Wörter. Überreste des Imperiums sind in Kilwa zu sehen: eine Festungsruine, eine Moschee und historische Gebäude auf der Insel Kilwa Kisiwani, einige davon aus dem 11. Jahrhundert und Teil des UNESCO-Weltkulturerbes. Besucher können in der kleinen Hafenstadt Kilwa Masoko übernachten oder nach Kilwa Kivinje fahren. Das heutige friedliche Fischerdorf war einst die Hauptstadt der Region, als Tanganyika, wie das Land früher genannt wurde, eine deutsche Kolonie war. Wer nach der heißen, staubigen Fahrt einfach nur die Seele baumeln lassen will, kann dies im weißen Sand des benachbarten Jimbizi Beach tun. **SA**

❶ Eine Burgruine in Kilwa Kisiwani.

Skelettküste Ohangwena, Namibia

Start Swakopmund **Ziel** Terrace Bay **Länge** 459 km
Art Abenteuer **Info** goo.gl/hfyEeF

Namibia ist anders als alle anderen afrikanischen Länder, und diese Fahrt entlang der Nordwestküste ist unvergleichlich. Man fragt sich gelegentlich, ob man sich noch auf demselben Planeten befindet, da die Landschaften und Meerespanoramen geradezu außerirdisch wirken, und auch die Straße selbst ist abenteuerlich. Die Oberfläche der C34 wechselt für die Hälfte der Strecke zwischen Wüstensand und Meersalz, der Rest ist eine Schotterpiste. An nassen oder nebligen Tagen ist der Sand glatt wie Eis.

Ausgangspunkt ist die deutsche Kolonialstadt Swakopmund, ein Badeort vor der Kulisse der Wüste Namib. Auf dem Weg nach Norden bietet sich ein endloser Blick auf die Wüste auf der rechten Seite und den Südatlantik auf der linken Seite; Sehenswürdigkeiten oder Infrastruktur gibt es kaum. Schon der Name der Skelettküste weckt die Abenteuerlust. John Henry Marsh prägte ihn 1944 im Titel eines Buches über einen Schiffbruch in dieser Gegend und der Name blieb haften. Die namibischen Buschmänner bezeichneten die Küste in der Vergangenheit als „Das Land, das Gott im Zorn erschuf".

Die zahlreichen gestrandeten Schiffswracks, die auf der Panoramastraße zu sehen sind, unterstreichen die unheimliche Schönheit einer Küste, die ihresgleichen sucht. **MG**

❶ Schiffswracks sorgen für gespenstische Atmosphäre.

Sanddünen des Sossusvlei
Hardap, Namibia

❶ Spektakuläre rote Sanddünen dominieren die Landschaft auf dem Weg nach Sossusvlei.

Start Campingplatz Sesriem, Sesriem
Ziel Düne 45, Hardap
Länge 45 km
Art Abenteuer
Karte goo.gl/6nIf85

Das weitläufige und eindrucksvolle Land Namibia ist berühmt für die faszinierende Landschaft der Wüste Namib, Heimat des Namib-Naukluft-Nationalparks, des größten Wildparks in Afrika und des viertgrößten der Welt. Ein beliebtes Ziel ist das Sossusvlei, einer Salz-Ton-Pfanne, die nach dem namibischen Wort *sossus* („keine Wiederkehr") und *vlei* (Afrikaans für „Sumpf") benannt ist.

Das Sossusvlei ist berühmt für seine über 400 m hohen rosa-orangenen Sanddünen und bemerkenswert gerade Straße. Diese Tour beginnt am Campingplatz Sesriem an der C27, dem Hauptzugang zum Park und zum Sossusvlei. In südlicher und dann westlicher Richtung führt die Route auf der flachen Salzpfanne zwischen den hoch aufragenden Dünen hindurch. Auf der linken Seite erhebt sich Düne 45, die ihren Namen dem Umstand verdankt, daß sie 45 km von Sesriem entfernt liegt. Nahe des Dorfes Sossusvlei endet der Asphalt und die Straße verläuft die letzten 6 km durch den Sand. Nur Fahrzeuge mit Allradantrieb oder geländegängige Motorräder sollten auf dieser rauhen letzten Etappe weiterfahren.

Abschließend noch einige Tips: Man sollte sich nicht in der Wüste verirren, den Kopf bedecken, sich daran erinnern, daß Namibia ein sehr trockenes Land ist, also viel Wasser mitnehmen, auf Skorpione und Schlangen achten und, was vielleicht am wichtigsten ist, die Kamera nicht vergessen. **SA**

Spreetshoogte-Paß
Khomas/Hardap, Namibia

Start Solitaire, Khomas
Ziel Rehoboth, Hardap
Länge 161 km
Art Abenteuer
Karte goo.gl/ltEMZu

In den 1940er Jahren hatte Farmer Nicolaas Spreeth ein Problem. Seine Farm im heutigen Namibia lag am Fuße der Großen Randstufe, einer monumentalen geologischen Formation, die um den unteren Rand des südafrikanischen Zentralplateaus verläuft. Lieferungen für seine Farm wurden an einer Bushaltestelle oben am Steilhang abgestellt. Um sie abzuholen, hatte er die Wahl, über den fernen Remhoogte-Paß zu fahren oder über Zebrapfade zu laufen. Er entschied sich für letzteres und jedesmal, wenn er seine Pakete abholte, befestigte er den Weg ein wenig mehr mit Quarzitgestein. Allmählich nahm sein Weg Gestalt an, die leuchtend weißen Steine bedeckten die Strecke, und mit Dynamit beseitigte er die hartnäckigsten Hindernisse.

Heute ist der Spreetshoogte-Paß Teil der D1275, die die Wüste Namib mit dem Khomashochland der Großen Randstufe verbindet. Der Paß ist der steilste in Namibia, an einer Stelle steigt er in nur 4 km fast 1000 m an. Fahrzeuge mit Anhänger, Lastwagen und Wohnwagen sind auf dem Paß verboten. Auch die schweren Fahrzeuge der namibischen Straßenverkehrsbehörde können wegen der Steigung nur bergauf fahren. Die vorgeschlagene Route führt von Solitaire über den Paß nach Rehoboth, doch man kann den Fahrspaß verdoppeln, indem man über die M47, die D1274 und den Remhoogte-Paß nach Solitaire zurückkehrt. **SA**

❶ Blick vom Spreetshoogte-Paß in den Rantbergen auf die Wüste Namib.

Safaritour in Botswana Botswana/Sambia

Start Nxai Pan, Botswana **Ziel** Victoriafälle, Sambia **Länge** 917 km
Art Abenteuer **Info** goo.gl/C21tUn

Eine Tour durch den Norden Botswanas ist einzigartig. Das Fahrzeug gleitet um felsige Hügel und taucht tief in sandige Schluchten. An jeder Ecke gibt es Überraschungen – vielleicht ein Rudel Löwen unter einem Baum, ein Zebra an einem Wasserloch oder eine herrliche Aussicht auf die afrikanische Ebene.

Viele Safarianbieter sind im Land aktiv, aber die Unabhängigkeit einer Selbstfahrertour intensiviert die Erfahrung beträchtlich. Es gibt einige Unternehmen, die den Einstieg erleichtern und Flüge, Routen, Fahrzeuge und Unterkünfte organisieren, aber es ist auch leicht, eine eigene Route zu planen und durchzuführen, wenn man ein erfahrener Geländefahrer ist. In nur zwei Wochen erlebt man das Grasland und die Salzseen von Nxai Pan, den für seine großen Elefantenherden bekannten Chobe-Nationalpark sowie das Moremi-Wildreservat am Rande des Okavangodeltas, wo man die vielfältige Vogelwelt und die „Big Five" (Löwe, Elefant, Büffel, Nashorn und Leopard) beobachten kann. Mit einem Wink des Reisepasses gelangt man über die Grenze nach Sambia, wo der Sambesi an den Victoriafällen 100 m in die Tiefe stürzt. Unterkünfte müssen zeitig reserviert werden. Ein Fahrzeug mit Allradantrieb ist unerlässlich und es sollte mit Sandblechen, einem Dachzelt und GPS ausgerüstet sein. **DS**

❶ Auf Tuchfühlung mit afrikanischen Buschelefanten.

Blumenstraße durch das Namaqualand   Nordkap, Südafrika

Start Nieuwoudtville   **Ziel** Springbok   **Länge** 270 km
Art Landschaft   **Info** goo.gl/SjTWA7

Im August und September bietet die Blumenstraße durch das Namaqualand in der südafrikanischen Provinz Nordkap ein ganz besonderes Erlebnis. Der Winterregen hüllt die küstennahe Wüste in ein farbenfrohes Kleid und rosafarbene, violette, orangefarbene und gelbe Blüten von rund 4000 Pflanzenarten buhlen um die Aufmerksamkeit der Bestäuber.

Das Blumenspektakel erstreckt sich über mehrere Nationalparks, darunter Richtersveld (nur für Allradfahrzeuge), Namaqua nahe Springbok und Goegap, wo am Hester Malan Wildflower Garden eine 16 km lange Rundfahrt durch den Park beginnt.

Um den nördlichen Teil der Region zu erkunden, startet man in Nieuwoudtville und folgt der N7

272 km nach Süden bis nach Springbok (die Blumen blühen später auf, je weiter man nach Süden kommt, daher ist diese Richtung zu bevorzugen). Die Blüten variieren je nach Jahreszeit, daher ist es ratsam, sich von den Mitarbeitern der Tourismusbüros die besten Tips für den Zeitpunkt des Besuchs geben zu lassen. Rosa und violette Mittagsblumen, gelbe Gänseblümchen, blauer Sonnenfreund und orangefarbene Sonnentaler sind verbreitet, aber auch zahlreiche andere Blumen sind zu finden. Die Blüten öffnen sich allerdings erst, wenn die Sonne das Gelände erwärmt hat, in der Regel gegen 10.00 Uhr. **DS**

❶ Die leuchtend orangefarbenen Blüten von Namaqua.

Swartberg-Paß
Westkap, Südafrika

① Ein einsamer Radfahrer auf der unbefestigten Straße eines der faszinierendsten Gebirgspässe der Welt.

Start Oudtshoorn
Ziel Prince Albert
Länge 27 km
Art Landschaft
Info goo.gl/dWWexb

Die Swartberge („Schwarze Berge") verlaufen ungefähr von Ost nach West entlang des nördlichen Randes der Halbwüste Kleines Karoo in der Provinz Westkap. Für Geologen ist das Gebirge ein ausgezeichnetes Beispiel für Gebirgsfaltungen, denn die Felsen sind in alle Richtungen geneigt. Quarzit verleiht den Swartbergen seltsamerweise jede Farbe außer Schwarz. Die Berge waren einst ein großes Hindernis für den Zugang zum Landesinneren. In den 1880er Jahren baute der bedeutende Straßenbauingenieur Thomas Bain einen Paß, der sich so mit den Konturen der Landschaft verband, daß die Steigungen so gering wie möglich blieben. Er wurde als „Rubikon der Schotterstraßenpässe" bezeichnet, eine Meisterleistung der Ingenieurskunst mit primitivsten Werkzeugen, und ist heute ein Nationaldenkmal.

Der Swartberg-Paß (ausgeschildert als R328/P0369) verläuft nördlich von Oudtshoorn, der „Straußenhauptstadt der Welt", in die Große Karoo und endet in der kleinen Stadt Prince Albert, die 1845 zu Ehren von Königin Victorias Ehemann ihren Namen bekam. Man passiert Etappen wie Stalletjie (Kleiner Stall) und Skelmdraai (Hinterhältige Kurve). Die Phantasie bei der Namensgebung endet allerdings am Gipfel auf 1575 m. Er heißt prosaisch Die Top (Der Gipfel). Vier Picknickplätze auf dem Weg nach oben bieten mit zunehmender Höhe immer spektakulärere Aussichten. **SA**

Clarence Drive
Westkap, Südafrika

Start Rooi-Els
Ziel Gordon's Bay
Länge 23 km
Art Landschaft
Karte goo.gl/EESSMJ

Rund um das Kap der Guten Hoffnung und die False Bay, die ihren Namen im 16. Jahrhundert von Seefahrern erhielt, die den Hafen von Kapstadt verpaßt hatten, liegen die Hottentots-Holland-Berge. Dieses majestätische Gebirge bildet eine Barriere zwischen Kapstadt und der Küste von Overberg. Als 1835 die ersten europäischen Siedler Kapstadt auf dem Großen Trek verließen, führte ihr beschwerlicher Weg nach Norden über diese Berge. Spuren der Räder ihrer Wagen sind teilweise noch zu sehen.

Heute schmiegt sich der landschaftlich reizvolle Clarence Drive vom Dorf Rooi-Els im Süden bis zur Marinestadt Gordon's Bay im Norden eng an die Küste. Die Straße mit dem amtlichen Namen R44 verdankt ihren volkstümlichen Namen Jack Clarence, der die Strecke anlegte. Neben der ausgezeichneten Aussicht auf das Meer und die Berge kann man im Winter, von Mai bis Oktober, Wale beobachten, die in den warmen und geschützten Gewässern der False Bay kalben.

Größtenteils ist diese Tour eine gemütliche Fahrt durch wunderschöne Küstenlandschaften, doch 77 Kurven (vier davon enger als 150 Grad) verleihen der Fahrt eine gewisse Würze. Der Asphalt ist durchgehend makellos und zieht an den Wochenenden der Hochsaison Schwärme von Radfahrern an. Früh morgens an einem Wochentag kann man das Beste aus dem Clarence Drive herausholen. **SA**

❶ Diese glatte und kurvenreiche Küstenstraße hat eine hochwertige Asphaltdecke und eine herrliche Aussicht.

Chapman's Peak Drive
Westkap, Südafrika

Start Noordhoek
Ziel Hout Bay
Länge 9 km
Art Landschaft
Info goo.gl/O39GB2

Das erste, was man in Kapstadt unternehmen sollte, ist eine Fahrt um den Chapman's Peak, einen Berg auf der Westseite der Kaphalbinsel, etwa 15 km vom Stadtzentrum entfernt. Nichts enthüllt die atemberaubende Schönheit der Landschaft besser.

Die kurvenreiche Strecke ist wie eine Theatervorstellung: Jede der 114 Kurven offenbart eine neue Perspektive auf die landschaftlichen Reize Kapstadts. Die schönste Inszenierung mit Blick auf die Gipfel des Tafelberg-Nationalparks bietet sich, wenn man von Süden nach Norden fährt. Die sanft hügelige Straße von Noordhoek mit Aussicht auf den traumhaft weißen Strand fällt in engen Kurven zum hübschen Fischerdorf Hout Bay ab, das von Bergen umgeben ist, darunter der amboßförmige Sentinel.

Die bei Einheimischen als „Chappies" bekannte Route ist das ganze Jahr über sehr beliebt, also sollte man Stoßzeiten vermeiden. Viele Aussichtspunkte, Picknickplätze und Startpunkte für Wanderungen säumen den Chapman's, auf dem man am späten Nachmittag den Sonnenuntergang genießen kann. Mit einem Fernglas lassen sich im Frühjahr, von Juni bis November, Wale beobachten, die die Gewässer des Westkaps aufsuchen, um zu kalben. Bei starkem Wind oder Steinschlag ist die Straße gelegentlich gesperrt, daher sollte man vor der Abfahrt Informationen einholen. Die Mautstationen auf der Strecke akzeptieren Bargeld und Kreditkarten. **DS**

- Blick vom Chapman's Peak Drive auf Hout Bay.
- Die Straße bei Einbruch der Dunkelheit.

Garden Route Westkap/Ostkap, Südafrika

Start Mossel Bay, Westkap   **Ziel** Storms River, Ostkap   **Länge** 233 km
Art Landschaft   **Info** goo.gl/hnosdp

Die Garden Route verbindet eine wunderschöne Küste und lange Sandstrände mit leicht erreichbaren Binnenseen, bezaubernden Wäldern, Wildreservaten und Naturparks. Die außergewöhnliche Schönheit der Region und das milde Klima zogen schon lange Künstler und Schriftsteller in ihren Bann. Charmante Städte und Dörfer entwickelten sich und die Region ist heute ein wichtiges Reiseziel.

Die Fahrt entlang des Westkaps beginnt in der geschäftigen Hafenstadt Mossel Bay und endet im entspannten Dorf Storms River. Dazwischen gibt es für alle Interessen eine große Auswahl an Aktivitäten – Strandausflüge, Natur, Geschichte, Wandern, Bootfahren, Golfen, Weinkellereien und sogar Straußenreiten. Höhepunkte sind das Wildreservat Botlierskop, das Outeniqua Transport Museum, die Straußenfarmen in Oudtshoorn, die Halbwüste Klein Karoo, das Goukamma Nature Reserve, die Lagune und das Old Gaol Museum in Knysna, das Robberg Nature and Marine Reserve, der Garden-Route-Nationalpark und die Farne und bunte Vogelwelt des fantastischen Tsitsikamma-Nationalparks.

Für die Route sollte man mindestens eine Woche einplanen. Als Zwischenstopps oder Ausgangspunkte eignen sich George, Sedgefield, Knysna und die Plettenberg Bay. **DK**

❶ Auf der Garden Route in Südafrika.

Bain's-Kloof-Paß Westkap, Südafrika

Start Wellington   Ziel Ceres   Länge 26,7 km
Art Abenteuer   Info goo.gl/rCUQiP

Es gibt nicht viele Straßen, die mit einem Schädel und gekreuzten Knochen als Warnung auf der Karte markiert sind, doch der Bain's-Kloof-Paß auf der R301 zwischen Wellington und Ceres in der Provinz Westkap ist eine davon. Kein Wunder, wenn man bedenkt, daß die schmale Straße die Limietberge auf fast 600 m Höhe überquert und sich dabei ununterbrochen windet, mit Felswänden auf der einen Seite und nichts als frischer Luft auf der anderen. Nur eine bunte Mischung aus groben Felsblöcken am Fahrbahnrand schützt vor dem Sturz in den Fluß. Die R301 ist zwar asphaltiert, aber der Straßenbelag ist teilweise baufällig. Weitere Gefahren sind Steinschläge und Felsüberhänge sowie feuchte Stellen. Trotz aller Gefahren wird die Route jedoch von Motorradfahrern geliebt, die sich unterwegs im renommierten Calabash Bush Pub treffen.

Die zerklüftete Landschaft, die Tierwelt und das Erfolgserlebnis nach der Eroberung des Passes lohnen das Risiko. Um sich von den Gefahren abzulenken, möchte man unter Umständen etwas über die Geschichte des Passes erfahren: Er wurde Mitte des 19. Jahrhunderts von einem Schotten ohne technischen Hintergrund entworfen und von Zwangsarbeitern gebaut ... Vielleicht sollte man darüber aber doch auch nicht zu lange nachdenken. JI

❶ Blick vom Paß über das Wellington Valley.

Route 62 Westkap/Ostkap, Südafrika

Start Kapstadt, Westkap **Ziel** Port Elizabeth, Ostkap **Länge** 848 km
Art Kultur **Info** goo.gl/D3wNDF

Einige Touren muß man mit Vollgas unternehmen, um den Nervenkitzel zu spüren. Andere wollen langsam genossen werden wie der feine Wein, den man sich auf der malerischen Route durch die wunderschönen Weinberge der südafrikanischen Provinzen West- und Ostkap schmecken lassen kann. Während man die Aromen und die Landschaft im eigenen Tempo genießt, darf man natürlich nicht vergessen, daß es auch in Südafrika Gesetze zum Fahren unter Alkoholeinfluß gibt. Die Straße ist lang, aber man muß keinesfalls die ganze Strecke auf einmal zurücklegen. Man kann auch einfach nur ein paar gute Jahrgänge verkosten, die Gegend kennenlernen und irgendwann wiederkommen.

Die Route 62 ist nicht so stark befahren wie die N2 nach Süden und bietet viele Gelegenheiten für Zwischenstopps, wie etwa in Montagu mit seinen Thermalbädern und Obstbäumen, den ehemaligen Missionsstationen Zoar und Amalienstein, in Oudtshoorn, dem südafrikanischen Zentrum der Straußenindustrie, und in Calitzdorp, dem Zentrum der südafrikanischen Portweinproduktion. Unterwegs werden zahlreiche Weintouren, Safarifahrten, Museen und kulturelle Veranstaltungen sowie für Abenteuerlustige Wanderungen, Bergtouren und Kanufahrten angeboten. **DS**

❶ In der Nähe von Ladismith in der Kleinen Karoo.

Biker-Frühstückstour Gauteng/Nordwest, Südafrika

Start Johannesburg, Gauteng   Ziel Johannesburg, Gauteng   Länge 221 km
Art Landschaft   Karte goo.gl/RR1WUF

Die Magaliesberge liegen nordwestlich von Johannesburg. An ihrem höchsten Punkt bei Nooitgedacht bilden die bis zu 1852 m hohen Gipfel eine natürliche Barriere zwischen dem tief liegenden Bushveld-Plateau im Norden und dem kühleren Highveld im Süden. Gibt es einen besseren Weg, diese wunderschöne Region zu erkunden, als einer beliebten Motorradroute aus Johannesburg zu folgen und sich den Wind ins Gesicht blasen zu lassen?

Von Johannesburg aus fährt man auf der M1 nach Norden, dann auf der R511 nach Nordwesten. Schließlich erreicht man den Hartbeespoort-Stausee – im Volksmund bekannt als „Harties" – am treffend benannten Crocodile River, einem Nebenfluß des Limpopo. Hier angekommen, macht man wie jeder Biker einen Boxenstopp, streckt die Beine aus und genießt die Aussicht. Es lohnt sich, die schönen Häuser im abgelegenen Dorf Kosmos, benannt nach den hübschen Blumen, die hier wild wachsen, zu besichtigen. Dann geht es auf der R560 über Hekpoort nach Westen in Richtung Magliesburg und weiter auf der R563 und M47 zurück nach Johannesburg. Abenteuer-Bike-Besitzer wird es vielleicht interessieren, daß es alternativ zu diesem beliebten Sonntagmorgenausflug auch eine etwas längere Schotterstrecke gibt. **SA**

❶ Hoch oben in den Magaliesbergen.

Maloti-Drakensberg-Route Freistaat, Südafrika

Start Phuthaditjhaba   **Ziel** Wepener   **Länge** 280 km
Art Landschaft   **Info** goo.gl/YfX74

Die Maloti-Drakensberg-Route (MDR) verläuft kurvenreich über die R712, R711 und R26 entlang der nördlichen Grenze von Lesotho. Sie wurde entwickelt, um die abgelegene Gegend für Besucher zu erschließen, die hier die beeindruckende Landschaft und die reiche Tierwelt bewundern können. Die Route ist nach dem Maloti-Gebirge in Lesotho und in der Provinz Freistaat benannt, einem beeindruckenden Gebirgszug von bis zu 3400 m Höhe und Teil der Drakensberge, die den östlichen Rand der Großen Randstufe bilden.

Von Phuthaditjhaba aus führt die MDR bald in den Golden-Gate-Highlands-Nationalpark, der sich durch seine gold- und ockerfarbenen Sandsteinfelsen und Aufschlüsse auszeichnet. In vielen der Höhlen und Unterstände befinden sich Felsmalereien der San. Von dort aus führt die Straße vorbei an atemberaubenden Berggipfeln und grünen Tälern durch das traditionelle Heimatland der Basotho und Xhosa, deren Kulturen und Handwerk in den Dörfern zu entdecken sind.

Man kann auf der mehrtägigen Reise aus einem breiten Angebot an Unterkünften wählen, von spartanisch bis luxuriös. Für Abenteuerlustige gibt es Outdoor-Aktivitäten vom Fischen und Ballonfahren bis zu Wildwasser-Rafting und Quad-Safaris. **SA**

❶ Naude's-Nek-Paß, der höchste Punkt der Route.

Moteng-Paß Butha-Buthe/Mokhotlong, Lesotho

Start Butha-Buthe   Ziel Mokhotlong   Länge 126 km
Art Abenteuer   Karte goo.gl/kYpyLF

Das verarmte Binnenland Lesotho hat einen außergewöhnlichen Anspruch auf Berühmtheit: Es ist der einzige unabhängige Staat der Welt, der vollständig über 1000 m liegt. Tatsächlich ist selbst der tiefste Punkt mit 1300 m der höchstgelegene tiefste Punkt eines Landes der Welt; mehr als 80 Prozent von Lesotho liegen über 1900 m.

Lesotho lebt von Viehzucht und Bergbau, doch sein bergiges Terrain erschwert die Fortbewegung innerhalb des Landes. Im Maloti-Gebirge im Norden befindet sich der mit 3482 m höchste Gipfel Afrikas südlich des Kilimandscharo. Durch diese Gebirgskette verläuft der Moteng-Paß und verbindet Butha-Buthe mit der Diamantenstadt Mokhotlong. Die Zufahrt zum Hochgebirgspaß führt über eine 25 km lange, steil ansteigende Straße, die das Maloti-Gebirge auf einer Höhe von 2820 m überquert. Die Panoramen sind grandios, doch diese Tour sollte nur von erfahrenen Fahrern unternommen werden, denn die Kurven sind geradezu beängstigend. Der gefährlichste Abschnitt ist die letzte Etappe nach Mokhotlong. Zahlreiche Schlaglöcher und große Eisflächen erschweren hier die Fahrt. Schneeketten oder Winterreifen werden ganzjährig benötigt, im Winter ist der Paß oft wegen starker Schneefälle vollständig geschlossen. **SA**

❶ Blick vom Moteng-Paß über das östliche Lesotho.

Sani-Paß
Südafrika/Lesotho

Start Himeville, KwaZulu-Natal, Südafrika
Ziel Mokhotlong, Mokhotlong, Lesotho
Länge 9 km
Art Abenteuer
Info goo.gl/Z7I74R

- Auf dem Schotterpaß ist ein Allradantrieb Pflicht.
- Dramatischer Blick vom Paß zu den Drakensbergen.

Lesotho, eine parlamentarische Monarchie und Enklave von Südafrika, verfügt über einige der schönsten Gebirgslandschaften der Welt. Im Westen bilden die Drakensberge als Teil der Großen Randstufe eine natürliche Grenze zur südafrikanischen Provinz KwaZulu-Natal, die nur vom berüchtigten Sani-Paß durchbrochen wird.

Die furchterregende Straße beginnt auf 1544 m Höhe und überwindet mit einer Steigung von bis zu 33 Prozent 1332 Höhenmeter. Die Paßstraße hat eine Schotteroberfläche und kann im Winter mit Schnee und Eis bedeckt sein, was eine schlechte Bodenhaftung zur Folge hat. Sie ist täglich von 6.00 bis 18.00 Uhr geöffnet, bei schlechtem Wetter allerdings immer geschlossen. Nach dem am Fuße des Passes geltenden südafrikanischen Gesetz sind nur Allradfahrzeuge zugelassen, während es die Behörden von Lesotho auf dem Gipfel nicht so genau nehmen. Grenzkontrollen finden an beiden Enden des Passes statt, obwohl der Paß genaugenommen vollständig in Südafrika liegt.

Es muß nicht weiter erwähnt werden, daß bei der Überquerung des Sani-Passes äußerste Vorsicht geboten ist, denn die verunglückten Fahrzeuge am Wegesrand erinnern einen ständig daran. Selbst in einem Geländewagen ist diese spannende Fahrt höchst anspruchsvoll und definitiv nicht für schwache Nerven geeignet. **SA**

Mahé Inseltour
Mahé, Seychellen

Start Victoria
Ziel Victoria
Länge 97 km
Art Kultur
Karte goo.gl/n8lGgB

Eine Fahrt über die Insel Mahé, die größte der Seychellen und eine von nur zwei Inseln, auf der man ein Auto mieten kann, bietet viele Attraktionen, aber sie hat auch ihre Besonderheiten.

Es herrscht zum Glück kaum Verkehr auf den schmalen, gut gepflegten und mit Steinmauern gesäumten Straßen, aber es gibt viele Steilhänge, aus irgendeinem Grund kaum Straßenbeleuchtung und die Sicht ist insgesamt schlecht. Und weil es außerhalb der ehemaligen britischen Kolonialhauptstadt Victoria keine Bürgersteige gibt, muß man außerdem auf Fußgänger achten, für die jede Straße ein hübscher Wanderweg ist.

Die Inselrundfahrt ist nur ungefähr 96,5 km lang, doch man sollte mindestens zwei Tage einplanen, um Mahé auf den steilen, kurvigen Straßen durch den dichten Dschungel im Landesinneren in Ruhe erkunden zu können. Die Abschnitte entlang der Küste verlaufen zwar etwas gerader, aber auch nicht viel. Haarnadelkurven und eingeschränkte Sicht auf Gegenverkehr sind keine Seltenheit, doch die atemberaubende Landschaft gleicht das mehr als aus.

An den idyllischen Stränden Turtle Bay, Carana Beach, Anse à la Mouche und Anse Forbans bietet sich Gelegenheit zum Schwimmen und Schnorcheln. Ein guter Ratschlag noch zum Schluß: Die Busfahrer von Mahé haben immer Vorfahrt, denn sie machen keine Gefangenen. **BDS**

Baobaballee Menabe/
Betsiboka, Madagaskar

Start Flughafen Morondava, Menabe
Ziel Andriamena, Betsiboka
Länge 15,8 km
Art Landschaft
Karte goo.gl/U6Jq4F

Diese unbefestigte Straße ist eine der beliebtesten Touristentouren Madagaskars. Der holprige, staubige Weg führt in der Nähe von Morondava an der Westküste der Insel durch Reisfelder, Zuckerrohrplantagen und Buschflächen. Die prächtige Baobaballee prägt die Landschaft so eindrucksvoll, daß Touristen die schwierige Fahrt mit dem Geländewagen zu diesem abgelegenen Ort auf sich nehmen. Viele heuern einheimische Fahrer an, die mit der rauhen, anspruchsvollen Straße vertraut sind, doch Abenteuerlustige mieten ein geeignetes Fahrzeug und unternehmen die Reise auf eigene Faust.

Immer mehr Touristen aus Übersee besuchen die Allee, um die Bäume bei Sonnenaufgang und -untergang zu fotografieren. Es gibt keine Gebühr, doch die Dorfbewohner bieten auf einem kleinen Parkplatz oft kunsthandwerkliche Arbeiten aus dem jahrhundertealten Holz der Affenbrotbäume zum Kauf an.

Baobabs gibt es in vielen Ländern Afrikas, aber diese gigantische madagassische Variante ist außergewöhnlich groß. Die massiven Stämme erreichen bis zu 3 m Durchmesser und 30 m Höhe. Die Bäume, die bis zu 800 Jahre alt werden können, stehen unter Naturschutz und die Baobaballee ist inzwischen zu einem inoffiziellen Nationaldenkmal geworden. **SH**

⬤ Ein ruhiger Tag auf der Allee.

Mauritius Von Port Louis nach Moka, Mauritius

Start Port Louis
Ziel Moka
Länge 235 km
Art Landschaft
Karte goo.gl/srNJ9R

Diese einfache Rundfahrt auf gut ausgeschilderten und gepflegten Straßen ist für Besucher gedacht, die der Versuchung widerstehen wollen, in der tropischen Hitze nur am Pool oder am Meer zu entspannen. Nachdem man die Hauptstadt Port Louis erkundet hat, folgt man der Royal Road nach Cap Malheureux, einem malerischen Fischerdorf an der nördlichsten Spitze von Mauritius. Vor der Küste liegen drei Inseln: Île Plate (Flat Island) hat einen Leuchtturm und ist bei Tauchern beliebt, um Haie zu beobachten; im unbewohnten Vogelschutzgebiet Île Ronde (Round Island) leben Arten, die nirgendwo sonst vorkommen, und auf Coin de Mire gibt es ein Luxushotel und ein Nachttauchzentrum.

An der Ostküste führt die Straße durch die Ortschaften Goodlands und Roches Noires entlang einer Reihe von Stränden, darunter Poste Lafayette, der oft als der schönste Strand von Mauritius bezeichnet wird. Jenseits des aufstrebenden Ferienortes Mahébourg schlängelt sich die Straße durch Mangrovenwälder ins Landesinnere, bevor sie bei Souillac, einer kleinen Stadt in der Nähe des südlichsten Punktes der Insel wieder die Küste erreicht. Die Panoramafahrt entlang der Westküste führt an hochklassigen Wohngebieten vorbei, darunter die bekannten Touristenorte Flic en Flac und Moka. **JP**

➲ Les Trois Mamelles und Montagne du Rempart.

Asien

● Die Kunshan-Tunnelstraße im chinesischen Taihang-Gebirge.

Dead Sea Highway (Israel)
Vom Nordbezirk zum Südbezirk, Israel

Start Metula, Nordbezirk
Ziel Eilat, Südbezirk
Länge 468 km
Art Landschaft
Karte goo.gl/eDc5o6

❶ Das westliche Ufer des Toten Meeres; auf der anderen Seeseite erkennt man Jordanien.

Der Dead Sea Highway verläuft 393 m unter dem Meeresspiegel und ist somit die zweittiefste Straße der Welt. Tiefer ist nur die parallel dazu verlaufende Straße am jordanischen Ufer des Toten Meeres.

Wer Israels längsten Verkehrsweg, den Highway 90, von Metulla nach Eilat in seiner ganzen Länge befährt, lernt eine außergewöhnliche Landschaft des Mittleren Ostens kennen. Die Straße beginnt im Norden an der Grenze zum Libanon in der Kleinstadt Metulla unweit der biblischen Orte Dan und Abel-Beth-Maacha.

Im Handumdrehen befindet man sich in einer gestrüppreichen Wüste. Weiter südlich verläuft die Straße am See Genezareth entlang, dem tiefstgelegenen Süßwassersee der Welt und nach dem Toten Meer das zweittiefst gelegene Gewässer der Erde.

Ein Stopp 120 km weiter am Toten Meer, dem berühmten Salzsee, ist ein Muß. Seinem Schlamm werden heilende Kräfte zugeschrieben, und beim Schwimmen erlebt man den Auftrieb durch den hohen Salzgehalt des Wassers. Es zahlt sich aus, beim Fahren erfrischt zu sein, da die Straße nicht nur die längste, sondern auch eine der gefährlichsten des Landes ist. Bei den langen Passagen durch die monotone Landschaft können einem durchaus die Augen zufallen – daher sind Unfälle auf dieser Landstraße leider keine Seltenheit, obwohl der Straßenbelag ebenso wie die Sicht gut ist. **MG**

Highway 60 – Straße der Patriarchen
Vom Nordbezirk zum Südbezirk, Israel

Start Nazareth, Nordbezirk
Ziel Beersheba, Südbezirk
Länge 251 km
Art Kultur
Karte goo.gl/DROl9S

Das Land Israel hat eine ungewöhnliche Historie, und nur wenige Straßen sind so eng mit dieser verknüpft wie der Highway 60. Er wird auch die „Straße der Patriarchen" genannt, verläuft in Nord-Süd-Richtung über die Wasserscheide zwischen Mittelmeer und Jordan und entspricht ungefähr dem Reiseweg der biblischen Patriarchen (Urväter) Abraham, Isaak und Jakob sowie später von Jesus und seinen Aposteln. Er teilt das besetzte Westjordanland und führt von Nazareth über Hebron, Bethlehem und Jerusalem nach Beer Scheva.

Man sollte sich keine Illusionen machen: durch das Westjordanland zu reisen, kann problematisch sein. Überprüfen Sie die Versicherung Ihres Leihwagens und stellen Sie sich auf enge, kurvenreiche Abschnitte ein, die für schlimme Unfälle bekannt sind. Von der Region Galiläa bis nach Jerusalem könnte man sogar auf die Landstraße 6 über Tel Aviv ausweichen. Landschaftlich ist diese zwar nicht so reizvoll, aber die Fahrt ist definitiv sicherer.

Entlang der Route sieht man viele *Trempiadas*, also Plätze, an denen Tramper auf eine Mitfahrgelegenheit warten. Diese Fortbewegung ist in Israel noch recht häufig. Es gibt Tunnel und Umgehungsstraßen, so daß man nicht durch die von Unruhen geprägten Städte Hebron und Bethlehem fahren muß. Dadurch erlebt man die Tour vor allem als inspirierendes Erlebnis durch das Heilige Land. **BDS**

❶ Die Straße durchquert Buschland und Wüsten; hier passiert sie eine palästinensische Ortschaft.

Highway 1 – Ma'aleh HaRoma'im Tel Aviv, Israel

Start Tel Aviv
Ziel bei Beit HaArava
Länge 93 km
Art Kultur
Karte goo.gl/bOaXtA

Der Highway 1 in Israel ist die Hauptverbindung zwischen Tel Aviv an der Küste, dem Ben Gurion International Airport und Jerusalem und führt dann weiter ostwärts ins Jordantal. Zunächst ist er eine sechsspurige Autobahn, hinauf in die Judäischen Berge verengt er sich jedoch auf vier Spuren. Er folgt dem Ma'aleh HaRoma'im, einer antiken Straße, die in den 1860er Jahren durch die Osmanen ausgebaut worden ist. Vor den Toren Jerusalems erreicht der Highway bei der Kreuzung Sha'ar Mizrach mit 815 m seinen höchsten Punkt, bevor er ins Jordantal hinabführt und der historischen Straße nach Jericho folgt. Dieser Weg zum Toten Meer wurde in den 1920er Jahren durch die Briten erneuert. Nun befindet sich der Highway unter dem Meeresspiegel und führt in die Nähe von Nabi Musa. Dort soll nach muslimischem Glauben das Grab des Propheten Moses sein. Die Reise endet kurz vor Beit HaArava, einem 1939 gegründeten Kibbuz im Westjordanland unweit des Highway 90.

Wie überall in Israel sind auch auf dieser Tour Zeugnisse der Vergangenheit stets präsent. Bei fast allen Erdbauarbeiten wird etwas historisch Bedeutsames gefunden. So stieß man 2015 beim Ausbau des Highway in der Nähe der arabischen Stadt Abu Ghosch auf eine byzantinische Kirche aus dem 5. Jahrhundert – ein weiterer Hinweis auf das große Erbe dieser schon lange genutzten Route. **BDS**

Von Madaba nach Al-Karak Madaba/Karak, Jordanien

Start Madaba, Madaba
Ziel Al-Karak, Karak
Länge 90 km
Art Abenteuer
Karte goo.gl/BDyUbT

Sie sind schon auf einem Kamel zur Ruinenstätte Petra geritten? Und haben bereits ein Bad im Toten Meer genommen? Und nun möchten Sie in Jordanien etwas Neues erleben? Dann sei Ihnen die R35 von Madaba nach Al-Karak empfohlen. Die Straße entstand während der Regentschaft von König Hussein (1952–1999) und folgt der historischen Königsstraße. Dieser alte Handels- und Pilgerweg erstreckt sich vom Nildelta durch Jordanien bis nach Damaskus in Syrien und zu den Ufern des Euphrat.

Madaba liegt südwestlich der jordanischen Hauptstadt Amman und tauchte schon im Alten Testament als Moabiterstadt auf. Heute ist die Stadt für ihre Mosaikkarte aus dem 6. Jahrhundert bekannt, die die Region inklusive Jerusalem zeigt und als Bodenmosaik in der St.-Georgs-Kirche in Madaba zu sehen ist.

Von Madaba aus verläuft die R35 östlich des Toten Meeres durch eine herrliche Berglandschaft. Die Straße ist von steilen Abhängen und Spitzkehren geprägt. In der Nähe des Ziels knickt sie scharf nach Westen ab und führt nach Al-Karak. Diese fast dreieckige Stadt auf etwa 1000 m Höhe ist an drei Seiten von einem Tal umgeben und ermöglicht phantastische Ausblicke auf das Tote Meer. Besonders bekannt ist Al-Karak für die Ruinen einer Burg der Kreuzfahrer des Königreiches Jerusalem aus dem 12. Jahrhundert. **SA**

Dead Sea Highway (Jordanien)
Amman/Aqaba, Jordanien

Start Amman, Amman
Ziel Aqaba, Aqaba
Länge 333 km
Art Abenteuer
Karte goo.gl/BRpaQ7

Er ist schnell zu fahren, er ist malerisch und er liegt so tief wie keine andere Straße: der Dead Sea Highway in Jordanien. Diese Straße verläuft von Norden nach Süden entlang des Ostufers des riesigen Salzsees auf 430 m unter dem Meeresspiegel.

Anders als am israelischen Ufer (siehe Seite 764) gibt es hier keinen breiten Küstenbereich, sondern vielmehr kommt man sich wie Sand in einer Sanduhr vor: Man fährt eingequetscht zwischen dem Wasser auf der einen und den bis zu 1311 m hoch aufragenden Bergen von Moab auf der anderen Seite. Hier gibt es im Winter und Frühling sogar Schnee – ein starker Kontrast zur allgegenwärtigen Trockenheit der Judäischen Wüste im Westen.

Zur Fahrt von der Hauptstadt Amman über Madaba gehört eine steile Bergabpassage von 1097 m Höhe bis zum tiefsten Punkt auf der Erde. Man bewältigt eine Serie von Haarnadelkurven und sieht Beduinensiedlungen ebenso wie uralte Terrassenfelder. Weiter unten taucht man in eine Welt aus Kupferoxiden, Zinnober und Eisenerz ein – wie gemalt sieht die Wüste links und rechts der Straße aus. Man gelangt zu den schönsten Wadis und Trockenlandschaften des Mittleren Ostens. Was in dieser Region besonders auffällig wächst, ist die Zahl der Touristen. Sie alle trifft man garantiert am Dead Sea Panoramic Complex, der aus einer Aussichtsplattform, einem Museum und einem Restaurant besteht. **BDS**

❶ Die Straße verläuft am jordanischen Ufer des Toten Meeres; im Hintergrund sieht man Israel.

Bergstraße von Taif
Mekka, Saudi-Arabien

Start Taif
Ziel Mekka
Länge 109 km
Art Abenteuer
Karte goo.gl/gkePK9

Weit weg von der Hitze, der feuchten Luft und dem Prunk der Moderne in Dschidda und Mekka bietet die Weite der Berglandschaft rund um die Stadt Taif eine willkommene Abwechslung. Hier kann man den heißen Temperaturen und den stetig wachsenden Städten Saudi-Arabiens entfliehen. Die kurvenreiche Bergstraße von Taif nach Mekka (und weiter nach Dschidda), erbaut von der Saudi Binladin Construction Group, führt als moderner, insgesamt vierspuriger Highway durch die Al-Shafa-Berge.

Wer gerne im Gebirge fährt, kommt hier auf seine Kosten: 93 Kehren und ein steiler Anstieg zur Überwindung von 1981 Höhenmetern werden geboten. Oben angekommen, wird man vom Hotel Ramada Al-Hada sowie einer Horde hier lebender Paviane empfangen. Taif liegt in einer von Rosenduft erfüllten Senke, umgeben von den Granit- und Basalthügeln des Hedschas.

Die Region ist geschichtsträchtig. Taif kam 631 unter islamische Herrschaft, und Mekka und Taif sind die beiden in Sure 43 des Korans erwähnten Ortschaften. Von Suks bis Festungen findet man hier alles. Grund für die Fahrt hierher ist aber vermutlich die überwältigende Bergpassage mit ihren traumhaften Ausblicken, perfekten Kurven und auch Kameras zur Überwachung des Tempolimits – denn gerade bergab könnte man dies leicht einmal aus den Augen verlieren. **BDS**

Highway 10
Östliche Provinz, Saudi-Arabien

Start Haradh
Ziel Al Batha
Länge 261 km
Art Abenteuer
Karte goo.gl/Ghxy5i

Wenn Sie zu Müdigkeit am Steuer neigen oder nicht besonders gerne in einer scheinbar öden Landschaft nach etwas Interessantem Ausschau halten, sollten Sie diese Tour vielleicht vermeiden. Für alle anderen hat die scheinbare Unbeugsamkeit dieser Region ihren ganz besonderen Reiz.

Der Highway 10 in Saudi-Arabien befindet sich östlich der Kleinstadt Haradh, die vor allem für ihre wertvollen Öl- und Gasvorkommen bekannt ist. Er ist der längste geradlinige Straßenabschnitt der Welt. Natürlich sind nicht alle vermeintlich geraden Straßen auch immer gerade. Nur zu oft gibt es dann doch einen kleinen Knick, einen Schlenker, ein paar Grad Abweichung. Auf den Highway 10 zwischen Haradh und der Grenze zu den Vereinigten Arabischen Emiraten trifft das jedoch nicht zu. Selbst bei der Mini-Kurve direkt vor der Grenze muß man kaum das Lenkrad bewegen.

Die Höchstgeschwindigkeit in Saudi Arabien beträgt 120 km/h; da man aber keine Anhaltspunkte rechts und links der Straße hat, überschreitet man diese sehr leicht und sollte daher achtsam bleiben. Der Highway 10 passiert auch ein Eckchen der Rub al-Chali („Leeres Viertel"), der größten Sandwüste der Welt. In dieser Gegend übersteigt die Anzahl der Fossilien und Meteoritenfragmente die der Lebewesen wie Skorpione, Schlangen und – natürlich – Menschen deutlich. **BDS**

Highway Empty Quarter
Asch-Scharqiyya, Saudi-Arabien

Start Salwa
Ziel Shaybah
Länge 486 km
Art Abenteuer
Karte goo.gl/TgD5gX

Die Wüste Rub al-Chali in Saudi-Arabien ist auch unter ihrem Namen Empty Quarter („Leeres Viertel") bekannt, der sie ganz gut charakterisiert. Auf einer Länge von rund 1000 km und etwa 600 km Breite verteilen sich bis zu 250 m hohe, rötlich-orange Sanddünen, durchsetzt von typischen Schotterebenen. Da es hier kaum regnet, die Temperaturen tagsüber auf 50 °C ansteigen und nachts bis zum Gefrierpunkt fallen können, meiden selbst Beduinen diese unwirtliche und unzugängliche Region.

So überrascht es nicht, daß es außer dem großen Highway, der Saudi-Arabien mit dem Oman im Osten verbindet, kaum Straßen gibt, die dieses Gebiet durchqueren. Nach dem Verlassen der Küstenstadt Salwa an der Grenze zu Katar im Norden begibt man sich nach Überquerung des Highway 10 auf diese moderne Straße. Sie führt zunächst südwärts in die Rub al-Chali hinein und durchquert dann in östlicher Richtung das riesige Ölfeld Shaybah. Die Vereinigten Arabischen Emirate liegen nördlich dieser Route.

Die Straße gilt als technisches Wunderwerk: Je Fahrtrichtung hat sie drei asphaltierte Spuren, erbaut auf losem Flugsand. Zwischen den höchsten Dünen war der Bau von Brücken notwendig. Autofreaks können nach getarnten Prototypen Ausschau halten, die hier unter den extremen Klimabedingungen getestet werden. **SA**

❶ Ein erhöhter Mittelstreifen teilt den Highway auf seiner gesamten Länge.

Jabal Sabir
Ta'izz, Jemen

❶ In dieser kargen Landschaft des Jemen stehen an fast unzugänglichen Stellen Häuser auf Felsgraten.

Start Ta'izz
Ziel Ad Dimnah
Länge 46 km
Art Abenteuer
Karte goo.gl/NQhYyZ

Die Berge im Gouvernement Ta'izz im Süden des Jemen sind über 3000 m hoch und erschweren somit den Handel und das Reisen. Die wohl interessanteste Route über dieses natürliche Hindernis ist der Gebirgspaß Jabal Sabir auf 2883 m Höhe. Über ihn führt der Highway 412 mit 55 Spitzkehren und weiteren engen Kurven, wobei der Asphalt breit, glatt und gut gepflegt ist. Die Steigung mit bis zu 13 Prozent an einigen Stellen der Strecke kann dennoch eine Herausforderung sein.

Die Straße beginnt am Sheikh Zayeds Park im Süden der gleichnamigen Gouvernementshauptstadt Ta'izz und verläuft grob in südlicher Richtung über die Berge, bevor sie ostwärts nach Ad Dimnah abknickt. Die Szenerie ist spektakulär, und zum Panorama gehört auch ein phantastischer Blick auf die von Mauern umgebene Stadt Ta'izz.

Der Jabal Sabir erfreut sich als Roadtrip zunehmend großer Beliebtheit. Das liegt an den grandiosen Ausblicken, aber auch an den Obstfarmen, Mineralquellen und religiösen Stätten, wie etwa Moscheen, deren Besichtigung lohnt. Die Festungen im Umkreis zeugen von der turbulenten Vergangenheit von Ta'izz, die bis heute anhält. Vor Fahrtantritt sollte man daher die aktuellen Sicherheitshinweise für den Jemen beachten. Dennoch lohnt es sich, auch diese Reise auf die persönliche Roadtrip-Wunschliste zu setzen. **SA**

Lawdar-Paß
Abyan/Al-Baida, Jemen

Start Lawdar, Abyan
Ziel Mukayris, Al-Bayda
Länge 32 km
Art Abenteuer
Karte goo.gl/q9f2HY

Das Gouvernement Abyan liegt im Süden des Jemen, etwas nordöstlich der Hafenstadt und des Gouvernements Aden. Wer ins Landesinnere reist, findet sich recht schnell in den Bergen wieder. Mit 3666 m ist zwar der Dschabal an-Nabi Schu'aib die höchste Erhebung des Landes, am eindrucksvollsten ist für viele aber der Gebirgspaß Lawdar auf 2267 m Höhe.

Dies ist eine Route für Abenteurer. Auf sie warten 34 Spitzkehren und unzählige weitere riskante Kurven. Die Straße – offiziell N6 oder R4234 – beginnt im Ort Lawdar und führt zunächst scheinbar harmlos Richtung Westen, bevor sie nordwärts in die Berge abbiegt und der Zick-Zack-Kurs seinen Anfang nimmt. Die Kurven kommen in kleinen Guppen und erlauben so immer eine kurze Erholung, bevor das nächste Bündel ansteht. Während der Fahrer seinen Blick nicht von der Strecke abwenden darf, können Beifahrer die spektakuläre Aussicht hinab auf die asphaltierte Schlangenlinie genießen. Das Panorama ist ursprünglich, mit nur wenig Vegetation und viel nacktem Felsen an den Berghängen. Auf der Paßhöhe angekommen, schlängelt sich die Straße in weiten Bögen über das Plateau. Man passiert Aryab, bevor man Mukayris erreicht.

Der militärische Stützpunkt in der Nähe erinnert an die politischen Unruhen des Landes. Man sollte sich daher gut auf die Reise vorbereiten. **SA**

Manama-Rundtour
Manama/Muharraq, Bahrain

Start Manama
Ziel Muharraq, Gouvernement Muharraq
Länge 16 km
Art Kultur
Karte goo.gl/6A6iSJ

Manche Städte lassen sich wunderbar zu Fuß erkunden, aber in Manama, der Hauptstadt des Königreichs Bahrain, kann es im Hochsommer bis zu 48 °C heiß werden, während im Winter die Luftfeuchtigkeit mitunter 90 Prozent beträgt. Darüber hinaus liegen viele der Sehenswürdigkeiten der Stadt und des Umlandes nicht gerade dicht beieinander, so daß die Fahrt von einem Ort zum anderen in einem klimatisierten Auto der angenehmste Weg ist.

Man kann sich ein Auto mieten, eine Route überlegen und losfahren – aber in Manama gibt es viele heimische Führer, die Einzelpersonen oder kleinen Gruppen gegen eine angemessene Gebühr die interessantesten Plätze zeigen. Gemeinsam erkundet man so zum Beispiel die Festung Arad aus dem 15. Jahrhundert, die Moschee Shaikh Isa Bin Ali als wohl prächtigstes Beispiel islamischer Architektur in der Golfregion sowie den Suk von Muharraq.

Weitere Ausflugsziele in der Umgebung sind der 25 km lange Dschisr al-Malik Fahd (König-Fahd-Damm), der Bahrain mit Saudi-Arabien verbindet, sowie natürlich die 2004 eröffnete Formel-1-Rennstrecke Bahrain International Circuit. Sie liegt 35 km südwestlich von Manama und läßt sich am besten im Rahmen einer Führung besichtigen, bei der man die Strecke, die Zuschauertribünen, die VIP-Bereiche, den achtstöckigen Aussichtsturm Sakhir Tower und das Media-Center zu Gesicht bekommt. **TW**

Katar-Tour
Doha, Katar

Start Doha
Ziel Doha
Länge 381 km
Art Kultur
Karte goo.gl/2Qt43U

Über die relativ flache Halbinsel Katar zieht regelmäßig der Sommerwind Schamal hinweg. Nahezu die gesamte Fläche von 11 610 km² besteht im Untergrund aus Kalkstein, der an einigen Stellen in Form flach ansteigender Felsen zu sehen ist. Von einigen Sanddünen im Südosten abgesehen, ist das Land ziemlich eintönig, so daß die Straßen schnurgerade verlaufen, da es keine Hindernisse gibt, denen sie ausweichen müßten. Auf den mehrspurigen Asphaltstraßen, die die flache, heiße Landschaft überziehen, fahren die reichen Kataris – und die meisten von ihnen sind reich – mit ihren überaus schnellen Autos. Letzteres könnte der Grund für die rund 4000 Verkehrsunfälle jährlich sein. Inzwischen verfügen die Straßen in diesem Land, in dem Geschwindigkeit eine allgegenwärtige Gefahr ist, über verbesserte Sicherheitsmaßnahmen, über Rüttelstreifen, Leitplanken und Ampeln.

Diese Rundstrecke ab Doha führt zunächst zu den Resten eines alten Fischerdorfes bei Al Ruwais, wo die Zeit (vor dem Öl-Boom) stehengeblieben zu sein scheint. Dann geht es in südwestlicher Richtung zu den Stränden in der Bucht von Dukhan, bevor man die berühmten Singenden Dünen von Mesaieed erreicht. Eine Dünenfahrt im Allradfahrzeug ist natürlich ein Muß in Katar. Zurück auf dem Asphalt geht es noch zu den Barzan-Türmen. Die ganze Tour ist innerhalb eines Tages machbar. **BDS**

Tal Mireb Abu Dhabi, Vereinigte Arabische Emirate

Start Liwa-Oase
Ziel Tal Mireb
Länge 26 km
Art Landschaft
Karte goo.gl/YD7diI

Die dunkle Asphaltstraße nach Tal Mireb führt südlich der Liwa-Oase fast 22 km in die Wüste Rub al-Chali hinein. Da es sich um den Hauptzugang zu jener Region handelt, die auch als „Leeres Viertel" (Empty Quarter) bekannt ist, paßt der nüchterne Stil der Strecke: keine Palmen stehen am Straßenrand.

Wie der Name bereits vermuten läßt, bedeutet die Liwa-Oase Wasser für die Gegend – ein seltenes und teures Gut im Herzen der größten Sandwüste der Welt. Einige Beduinenstämme haben sich rund um die Oase niedergelassen, und hier findet man Shops, Rastplätze und Auffüllmöglichkeiten.

Der sanft geschwungene Highway weist überraschend große Höhenunterschiede auf, während er durch die atemberaubend schöne, scheinbar unendliche Dünenlandschaft Richtung Tal Mireb verläuft. Diese ist an ihrem höchsten Punkt knapp 300 m hoch und auch als Moreeb-Düne („Schrecklicher Hügel") bekannt.

Nur wenige Menschen benutzen diese Straße, weil sie im Grunde ins Nirgendwo führt. Wer sie befährt, plant meistens eine Dünenfahrt in einem Allradfahrzeug. Da die Moreeb-Düne ungewöhnlich steil 50 Grad in die Höhe ragt, finden hier auch Wettbewerbe statt. Viele regionale Firmen bieten Mietwagen für Expeditionen an, so daß man diesen abgelegenen Spielplatz für Autofreaks auch auf eigene Faust erleben kann. **DIS**

Bergstraße zum Dschabal Hafit
Abu Dhabi, Vereinigte Arabische Emirate

Start Green Mubazzarah Hot Streams Pools
Ziel Gipfel des Dschabal Hafit
Länge 12 km
Art Abenteuer
Karte goo.gl/tNd2yh

Dieser relativ kurze Abschnitt aus superglattem Asphalt gilt bei vielen Motorjournalisten als eine der besten Strecken weltweit. Mit ihren 60 Kurven, die zum 1249 m hohen Gipfel des Dschabal Hafit hinaufführen, zieht sie begeisterte Autofahrer und Radfahrer aus dem ganzen Mittleren Osten an.

Die kahle, felsige Landschaft ermöglicht hervorragende Sichtachsen, so daß „temperamentvolle" Fahrer in der Lage sind, schnelle Kurven und Höhenveränderungen im Verlauf des breiten, zweispurigen Aufstieges gut einzuschätzen. Der Dschabal Hafit („Leerer Berg") ist in dieser wohlhabenden, vom Erdöl geprägten Region zu einem beliebten Treffpunkt von Supercar-Besitzern geworden. Daher sollte man im Rückspiegel immer nach einem heranrauschenden Bugatti, Ferrari, McLaren oder Ninja Ausschau halten. Porsche nutzt die Straße mit ihren heißen Klimabedingungen auch als Teststrecke.

Am besten fährt man die Route in der Morgen- oder Abenddämmerung. Dann wirft die Sonne faszinierende Schatten und die Hänge glühen eindrucksvoll rot. In der Dunkelheit beleuchten 500 Laternen die Straße wie eine Flugzeuglandebahn.

Auf dem Gipfel befinden sich das Hotel Mercure Grand Jebel Hafeet Al Ain sowie ein Palast der Herrscherfamilie. Hier endet die Straße, und es geht wieder hinab zu den beliebten Thermalquellen Green Mubazzarah, diesmal einspurig. **DIS**

❶ Blick aus der Vogelperspektive auf die spektakuläre Straße hinauf zum Gipfel des Dschabal Hafit.

Jebal Jais Ras Al Khaimah, Vereinigte Arabische Emirate

Start Wadi Bih   **Ziel** Jebal Jais   **Länge** 58 km
Art Landschaft   **Karte** goo.gl/AbOLcy

Die Straße hinauf auf den Jebal Jais – den mit 1911 m höchsten Gipfel des Hadschar-Gebirges – ist seit ihrer Eröffnung vor gut einem Jahrzehnt ein Magnet für leidenschaftliche Auto- und Radfahrer. Dieses wunderbare Asphaltband verdanken sie Scheich Sa'ud ibn Saqr al-Qasim, der es verstand, damit den Tourismus in dieser abgelegenen Ecke der Vereinigten Arabischen Emirate anzukurbeln. Zu seinen Plänen gehörten auch Cafés, Hotels, Wanderwege, eine Seilbahn, Paragliding-Möglichkeiten und sogar ein Skiresort (im arabischen Winter sinken die Temperaturen unter den Gefrierpunkt).

Für die faszinierende Strecke aus bestem Asphalt benötigt man mit dem Auto rund 30 Minuten; zwei Spuren führen hinauf, eine Spur hinunter. Der echte Fahrspaß beginnt auf halber Strecke, wenn die ersten Spitzkehren auftauchen.

Die baumlose, eintönig graue Felslandschaft, ab und zu von orangefarbenem Kalkstein oder grünem Wacholder aufgelockert, hat definitiv einen rauhen Charme. Leider hat man diesen Ort selten für sich alleine. An den Wochenenden hallt der Motorenlärm PS-starker Supercars und Rennmotorräder von den Felswänden wider. Mancher Fahrer reist für diese Straße – für jenes „Band der Perfektion"– extra aus Kuwait oder Saudi Arabien an. **DIS**

❶ Nur der Motorenlärm unterbricht die Stille.

Rustaq-Rundreise Schamal al-Batina, Oman

Start Barka **Ziel** Barka **Länge** 192 km
Art Kultur **Karte** goo.gl/r8TVr6

Schlösser und Festungen sind großartig! Ob man sich darin nun eher wie eine Prinzessin oder wie ein mutiger Kämpfer vorkommt – wir lieben das Prächtige und Abenteuerliche an diesen Bauwerken. Die Rustaq-Rundreise führt zu drei sehr gut erhaltenen Festungen im Oman, die geradewegs an *Tausendundeine Nacht* (1706) erinnern.

Bei dieser Rundreise auf glattem, gut gepflegtem Asphalt ist man vor bösen Überraschungen sicher. Sie führt 192 km von Barka am Golf von Oman zunächst zum Nakhal Fort, dann nach Rustaq und Al Hazm. Man sollte drei Stunden Fahrzeit einkalkulieren sowie zusätzlich Zeit für die Besichtigungen. Man kann die Tour auch schneller schaffen, aber es macht mehr Freude, alles ausgiebig zu erkunden. Das Nakhal Fort beispielsweise wurde in vorislamischer Zeit auf einem Felsen erbaut und im 17. Jahrhundert erneuert. Die Festung Al Rustaq mit ihren vier Türmen sowie einem Gefängnis ist eine der größten ihrer Art im Oman. Und Al Hazm ist ein Irrgarten aus Gängen und versteckten Zimmern. Ein Raum zeigt das damalige Leben im 18. Jahrhundert.

Diese Fahrt ist zwar geschichtsträchtig, aber auch ungemein phantasieanregend. Die Straßen sind gut und das Wetter immer hervorragend. Diese Kombination ist einfach unschlagbar. **JI**

❶ Die Rustaq-Festung aus dem 17. Jahrhundert.

Von Maskat nach Sur Maskat/Schamal asch-Scharqiyya, Oman

Start Ruwi, Maskat
Ziel Sur, Schamal asch-Scharqiyya
Länge 241 km
Art Landschaft
Karte goo.gl/d7PByJ

Die Küstenstraße von Maskat nach Sur wurde im ersten Jahrzehnt des 21. Jahrhunderts fertiggestellt. Sie führt von der Hauptstadt des Oman nach Sur, einer Stadt am Arabischen Golf, die als Zentrum des heimischen Schiffsbaus gilt. Wenn man über den glänzenden Asphalt fährt, hat man zur einen Seite Wasser, zur anderen Berge – und ist umgeben von spannender Geschichte.

Auf dieser Tour passiert man Wadis – nur nach Regen mit Wasser gefüllte Täler – wie das Wadi Al Arbeieen und das Wadi Shab. In deren kristallklarem Wasser kann man herrlich schwimmen.

Wer die Hauptstraße verlassen möchte (am besten mit einem Allradfahrzeug), kann das östliche Hadschar-Gebirge ansteuern und die Grabstätten von Jaylah besichtigen. Ein Muß ist die Doline Bimmah, entstanden durch einen Meteoriten und durch ein Höhlensystem mit dem Meer verbunden.

Sur selbst ist eine hübsche, geschichtsträchtige Stadt, in der Dhaus (traditionelle Holzschiffe) gebaut werden. Am Strand Ras al Jinz kann man Schildkröten beobachten, wie sie ihre Eier in den Sand legen.

Was man jedoch beachten sollte, ist die Hitze. Sogar im Januar beträgt die Durchschnittstemperatur 22 °C. Aber die Bedingungen fürs Autofahren sind hervorragend. Die vierspurige Straße ist modern, sicher und gut beschildert. Zunächst gibt es einige Kurven, später geht es geradeaus. **JI**

Wadi An Nakhr Ad-Dachiliyya, Oman

Start Al Hamra
Ziel An Nakhr
Länge 43km
Art Abenteuer
Karte goo.gl/6OFGlq

Das Wadi An Nakhr gilt als der Grand Canyon des Oman – und das aus gutem Grund. Es ist das tiefste und eindrucksvollste Trockental der Region. Wenn man die Straße zum Jebel Shams Resort fährt, kann man das Tal von oben sehen: ein phantastischer Blick über die mächtige Senke. Doch den besten Eindruck von den gigantischen Ausmaßen dieses Naturphänomens bekommt man bei einer Fahrt durch das Tal auf dessen Grund. Dafür nimmt man die Straße nordwestlich von Al Hamra und biegt nach etwa 10 Minuten bei Ghul rechts ab. Der Zugang zum Tal ist eine Schotterstraße, die sich am besten mit einem Allradwagen befahren läßt. Auch ein lokaler Führer ist empfehlenswert.

Nicht viele Menschen machen sich die Mühe, diese Straße zu finden. Deshalb trifft man kaum auf Touristen. Sie wird vor allem von Einheimischen genutzt, die in traditionellen Siedlungen im Tal wohnen. Wenn man stromaufwärts dem Wasser folgt, ist die Landschaft zunächst recht offen, aber nach dem Dorf Masirat Nakhr werden die Wände steiler und riesige Felsen tauchen auf. Nach etwa 5 km erreicht man An Nakhr. Hier muß man das Auto stehenlassen, kann aber zu Fuß das Tal weiter erkunden. Auch wer dies nicht möchte, befindet sich an einem faszinierenden Ort, um eine Rast einzulegen und das Panorama zu genießen, das grüne Palmen und steile Felsen vereint. **DK**

Bergstraße nach Lahic
Masalli/Ismailli, Aserbaidschan

Start Tazakand, Masalli
Ziel Lahic, Ismailli
Länge 20 km
Art Abenteuer
Karte goo.gl/qUJ4Uy

Fahren Sie gerne auf Schotterstraßen an Felswänden entlang einen Berg hinauf? Sind Sie von glatten, sicheren, gut beschilderten Straßen in ausgezeichnetem Zustand gelangweilt? Dann sollten Sie nach Aserbaidschan reisen und diese Strecke in Angriff nehmen, die man kaum Straße nennen kann.

Aserbaidschan liegt am Kaspischen Meer und ist ein prosperierendes, unabhängiges Land im Kaukasus. Hier gibt es viele gute, langweilige Asphaltstraßen. Und es gibt diese furchteinflößende Route.

Man verläßt die Komfortzone der R8 gleich hinter Tasakand, wenn man nördlich in die Berge abbiegt. Der erste Abschnitt ist noch leicht zu fahren. Man erreicht die Ortschaft Birinci Yeniyol, in der es auch ein Hotel gibt. Offenbar übernachten die Touristen aber lieber in den Hütten im Grünen.

Die Straße folgt dem Verlauf einer Schlucht, und der Blick ist atemberaubend. Bislang spürt man noch keine Angst. Doch peu à peu wird die Strecke schlechter. Immer mehr Schlaglöcher durchziehen den Schotterbelag, und am Rand bröckelt die Straße direkt am ungeschützten steilen Abhang.

Am Ende ist der Weg zu schmal, zu steil und zu instabil, um als Straße bezeichnet zu werden. Und doch ist das der einzige Zugang zur Siedlung Lahic, die mit ihren Kopfsteingassen, Steinhäusern und der alten Kirche recht hübsch ist. Deshalb mausert sie sich auch allmählich zum Touristenziel. **SH**

❶ Dies ist eine nicht ganz so schwierige Passage etwa auf halbem Weg nach Lahic im Großen Kaukasus.

Baku City Circuit
Abşeron, Aserbaidschan

Start Azadliq-Platz, Baku
Ziel Azadliq-Platz, Baku
Länge 6 km
Art Kultur
Info goo.gl/3wcEOS

Der volle Rennkalender der Formel 1 mit den 20 verschiedenen Rennstrecken kann an sich schon verwirrend sein, aber selbst Menschen mit einem schwachen Geographieverständis werden darüber stutzen, daß das erste Formel-1-Rennen in Aserbeidschan 2016 der Große Preis von Europa war. Von Europa? In einem Land am Kaspischen Meer, mit der Türkei und dem Iran als Nachbarn? Das war sicherlich ein Irrum, denn man befand sich doch in Asien? Aber ungeachtet der Geographie war der Grand Prix in Baku ein voller Erfolg. Der Kurs verläuft durch das Zentrum dieser historischen Stadt und bietet sowohl Fahrern als auch Zuschauern vorzügliche Blickachsen. Ein Element mit besonderem Nervenkitzel ist an der Straße Aziz Aliyev die nur 7,6 m breite Durchfahrt zwischen einem alten Turm und den Gebäuden gegenüber. Hier passen eher Handkarren hindurch als bis zu 900 PS starke Rennwagen. Jedoch blieb das Rennen unfallfrei.

Da der Grand Prix auf öffentlichen Straßen stattfand, kann jeder die Strecke nachfahren. Die Start-Ziel-Gerade befindet sich am Azadliq-Platz am Ende der Hauptstraße Neftchiler. Von dort verläuft die Route kurvenreich und gegen den Uhrzeigersinn durch die Stadt, mit langen Geraden und engen Rechts-Links-Kombinationen. Man wird zwar nicht so schnell wie Nico Rosberg sein, der Sieger von 2016, aber ein Gespür für die Strecke bleibt. **SA**

❶ Die Flammenform einiger Gebäude in Baku symbolisiert das Erdöl, dem die Stadt ihren Wohlstand verdankt.

Bergstraße nach Dizin
Teheran/Elburs, Iran

Start Schemschak, Teheran
Ziel Dizin, Elburs
Länge 16 km
Art Abenteuer
Karte goo.gl/Ddk5XS

Nur eine kurze Autofahrt vom Zentrum Teherans entfernt, im Elburs-Gebirge nördlich der Stadt, befindet sich der Wintersportort Dizin. Er ist der größte iranische Urlaubsort seiner Art und Treffpunkt wohlhabender Wintersportler. Der Kontrast zwischen dem geschäftigen Treiben in Teheran und der stillen Weite der Berge ist unglaublich, und auch der Weg hinauf nach Dizin ist eindrucksvoll.

Die Straße 425 beginnt in Schemschak, dem zweitgrößten Wintersportort des Landes, und führt nach Norden. Man ist bis zu 3200 m hoch und hat eine prächtige Aussicht über die Hochebenen. Aber Vorsicht: die Höhenkrankheit kann zum Problem werden. Je langsamer man sich nach oben fortbewegt, desto besser kann sich der Körper anpassen.

Es lohnt sich, in den kleinen Ortschaften entlang des Weges anzuhalten; viele Reisende preisen das hiesige Streetfood als unvergleichlich schmackhaft. Auf den letzten 6 km der Strecke erwarten uns plötzlich 17 enge Haarnadelkurven. Nur so kann man die Geröllhänge dieser Bergkette erklimmen. Es verwundert nicht, daß die Straße regelmäßig wegen Lawinen gesperrt ist und daß heftiger Schneefall die Sicht stark behindern kann. Oben angekommen, heißt es tief durchatmen und das grandiose Panorama des Elburs-Gebirges genießen. Und als I-Tüpfelchen kann man – eine Seltenheit im Mittleren Osten – hier auch Ski fahren. **SA**

❶ Das Phantastische an dieser Route ist, daß man geradewegs das Elburs-Gebirge überquert.

Bergstraße nach Tschalus
Teheran/Masanderan, Iran

Start Teheran, Teheran
Ziel Tschalus, Masanderan
Länge 200 km
Art Abenteuer
Karte goo.gl/lknQFC

Die Route nach Tschalus, offiziell die Straße 59, wird häufig von Bewohnern der Stadt Teheran genutzt, die in den Urlaub fahren oder sich am Wochenende erholen möchten. Die Ortschaft Tschalus an der Küste des Kaspischen Meeres ist für ihre mächtigen Buchenwälder bekannt. Aber es handelt sich nicht um eine beschauliche Ausflugsfahrt – die Strecke ist mitunter spektakulär wie auch gefährlich.

Nördlich von Teheran liegt das Elburs-Gebirge, und die Straße nach Tschalus windet sich durch dieses hindurch. Das Landschaftsbild reicht von üppig grünen Wäldern über Schluchten und Flußtäler bis hin zum Salzsee, während die Berge entlang des Weges bis zu 4000 m in die Höhe ragen. Hier leben unter anderem Bären, Wölfe und Luchse.

Tschalus ist ein zwar beliebter Urlaubsort, aber dorthin zu gelangen ist nicht ganz einfach. Die Straße ist schmal und kurvenreich, und obwohl sie asphaltiert ist, kann sie gefährlich sein. Die Tunnel und engen Kehren bieten nur wenig Platz, Gegenverkehr passieren zu lassen. Die Felswände ragen seitlich in die Höhe und nur selten gibt es Barrieren vor den Abhängen. Wer vorsichtig fährt, kommt jedoch in den Genuß eines herrlichen Panoramas.

Das *BMW Magazin* kürte die Straße zu einer des aufregendsten in ganz Asien. **JI**

◐ Imposante Felswand auf dem Weg nach Tschalus.

Bergstraße nach Schemschak Teheran, Iran

Start Oschan Fasham Road
Ziel Schemschak
Länge 29 km
Art Landschaft
Karte goo.gl/pHkF8R

Diese Fahrt beginnt vor der Toren der Hauptstadt Teheran. Dann geht es kurvenreich gen Norden in das Elburs-Gebirge. Man passiert das Naturschutzgebiet Varjin mit seinen saftig grünen Tälern, die sich zwischen kargen Berghängen befinden, deren Gipfel auch im Sommer schneebedeckt sind.

Die Straße ist in den Tälern in der Nähe der Städte und Ortschaften glatt und breit, aber je höher man in abgelegenere Regionen kommt, desto schmaler, steiler und kurvenreicher wird der Weg.

Nördlich der Ortschaft Fasham ist die Straße besonders steil. Durch felsige Schluchten und vorbei an Gebirgsbächen fährt man, unter großen Felsüberhängen hindurch, hinauf auf 2549 m.

In dieser Höhe kann die Straße jederzeit wegen Schnee gesperrt sein. Und am Straßenrand sieht man häufig hohe Verwehungen. Doch letzten Endes erreicht man das bedeutendste Skigebiet des Iran. Der beliebte Wintersportort Dizin liegt noch ein Stückchen weiter, aber die Route endet in Schemschak, dem vielleicht trendigsten Wintersport des Landes.

Zwischen November und April oder Mai gibt es zahlreiche Ski- und Snowboard-Abfahrten, darunter auch einige der schwierigsten im Iran. Ob Langlauf, Tiefschnee, illuminierte Nachtpisten oder moderne Skilifte – hier ist alles vorhanden. **SH**

M32 – Aral-Highway
Von Westkasachstan nach Südkasachstan, Kasachstan

Start Oral, Westkasachstan
Ziel Schymkent, Südkasachstan
Länge 1999 km
Art Abenteuer
Karte goo.gl/yS182q

Selbst die stärksten Verfechter des Slogans „Früher war alles besser" haben Mühe, diesen mit voller Überzeugung für die M32 in Kasachstan gelten zu lassen. Diese Straße zählte lange Zeit zu den schlechtesten Fernstraßen der Welt. Sie führt von Oral nach Schymkent von Nordosten nach Südwesten mitten durch das Land hindurch. In den vergangenen Jahren hat sie einiges mitgemacht. Die Mischung aus Schotter, Sand und Matsch war auf einigen Abschnitten so sehr von Schlaglöchern übersät, daß der Weg wie nach einem Luftangriff aussah. Und die schlammigen Passagen erschwerten das Fortkommen so sehr, daß man besser neben der Straße auf dem Wüstenboden fuhr. Heute ist die M32 zum Glück asphaltiert und auch für Fahrzeuge ohne Allradantrieb bequem befahrbar.

Der Highway führt, wie der Name vermuten läßt, am Aralsee vorbei. Einst war dieser der viertgrößte Binnensee der Erde, heute stellt er eine der größten Umweltkatastrophen dar, denn die Bewässerungsprojekte in den 1960er Jahren führten zu einer verheerenden Austrocknung. Die Steppenlandschaft ist flach und von Getreidefeldern sowie Kuh-, Schaf- und Ziegenherden geprägt. Sehenswert ist die Stadt Aral. In dem einstigen Zentrum der Fischerei sieht man einen Friedhof an verrostenden Schiffen, die in der weltweit jüngsten durch den Menschen geschaffenen Wüste liegen. **BDS**

❶ Durch die Austrocknung des Aralsees liegen Hunderte Schiffswracks verlassen auf dem Trockenen.

Ansob-Rundtour
Sughd, Tadschikistan

Start Ansob
Ziel Ansob
Länge 97 km
Art Abenteuer
Karte goo.gl/SB4VRQ

Wer im dünn besiedelten, bergreichen Tadschikistan in Zentralasien einen spannenden Tagesausflug unternehmen möchte, ist mit dieser Route fündig geworden. Die Rundtour mit dem Ansob-Paß und dem Ansob-Tunnel befindet sich nördlich der Hauptstadt Duschanbe.

Obwohl der Ansob-Paß zu den gefährlichsten Straßen in ganz Asien zählt, wird er von den Einheimischen rege genutzt. Er überquert das Serafschan-Gebirge in 3400 m Höhe und liegt damit höher als jede Bergstraße in Europa. Im tiefsten Winter und im Hochsommer sind Lawinen und Steinschläge besonders häufig. Dies sollte man bei der Reiseplanung berücksichtigen.

Wenn man die ursprüngliche, unberührte Bergwelt Tadschikistans ausgiebig genossen hat, kehrt man über die M34 und den Ansob-Tunnel zurück. Dieser wurde 2006 als sichere Abkürzung gebaut, aufgrund von Mittelknappheit aber nicht ganz vollendet. Die 5 km lange unterirdische Passage hieß bei Einheimischen lange Zeit auch der „Tunnel des Todes", da sie unbeleuchtet, feucht und voller Schlaglöcher war. Dies ist heute glücklicherweise behoben. Relativ komfortabel gelangt man nun nach Ansob, das für seine Erzaufbereitung bekannt ist. Hier kann man bei einer Schüssel *Palav* – Eintopf aus Reis mit Fleisch und Brühe – das Reiseabenteuer Revue passieren lassen. **SH**

❶ Der Ansob-Tunnel, 80 km nordwestlich von Duschanbe, am Tag seiner Eröffnung im Jahr 2006.

Songköl
Naryn, Kirgisistan

Start Sary-Bulak
Ziel Songköl
Länge 140 km
Art Abenteuer
Karte goo.gl/DQy8gj

Dies ist eine Abenteuerroute mitten durch Kirgisistan in Zentralasien, ein bergiges, dünn besiedeltes Binnenland. Die vorgeschlagene Strecke ist zwar abgelegen, aber dennoch zeigt sich die Straße in einem guten und sicheren Zustand.

Man verläßt den glatten Asphalt der A365 gleich hinter Sary-Bulak, wo von einigen Jurten aus Snacks an vorbeifahrende, chinesische Lkw-Fahrer verkauft werden. Unsere Route passiert nun ein einsam gelegenes Dorf und folgt dann dem Lauf des Tolok.

Die Landschaft ist trocken und schroff, während man an großen Felsen und verdorrten Hängen vorbeifährt. Inmitten faszinierend verwittertem Gestein entdeckt man seltsame geologische Formationen. Und ab und zu sieht man Einheimische beim Hüten ihrer Rinder- oder Yakherden. Manche nehmen denselben Weg wie wir, nur zu Pferde.

Im Sommer ist der Weg meist gut zu befahren. Dann erreicht man den traumhaften See Songköl nach etwa 90 Minuten Fahrzeit.

Der 270 km² große, von Bergen umgebene Songköl ist definitiv eine Reise wert. Sein Ufer blieb bis heute relativ unberührt und steht unter Schutz. Obwohl einige Bauern ihre Erzeugnisse anbieten oder eine Jurte vermieten, gibt es am See keine modernen Anlagen oder Einrichtungen. Zu lange sollte man sich hier aber nicht alleine aufhalten, denn zu den geschützten Tieren gehören auch Wölfe. **SH**

❶ Auf der kurvenreichen Straße zum Songköl fährt man langsam – aber wer möchte hier schon rasen?

Pamir-Highway
Von Afghanistan nach Kirgisistan

Start Masar-e Scharif, Balch, Afghanistan
Ziel Osch, Kirgisistan
Länge 1577 km
Art Abenteuer
Karte goo.gl/BNfG7d

Die gute Nachricht vorweg: Zumindest der Abschnitt des Pamir-Highway (M41) von Osch in Kirgisistan nach Chorugh im Pamirgebirge in Tadschikistan ist asphaltiert. Die nicht so gute Nachricht lautet: Es gibt unzählige andere Passagen, bei denen die Oberfläche dieses weltweit am zweithöchsten gelegenen Highway ein Mischung aus Sand, Schotter, Gestein und sogar Schlamm ist.

Je höher man kommt, desto schlechter wird das Wetter und damit auch der Zustand der Straße. In den oberen Höhenlagen ist sie zunehmend mit Schlaglöchern und Rissen übersät. Erdrutsche und Steinschläge können zu plötzlichen Sperrungen führen und niemand weiß wirklich, wann die Fahrt ein Ende hat. Aber all das sollte uns nicht zu sehr beunruhigen. Denn wer nach Zentralasien reist, erwartet keine bequeme Komfortzone.

Der Pamir-Highway folgt einer Route, welche die Einwohner seit Jahrtausenden nutzen. Erst in den 1930er Jahren baute die sowjetische Armee den Weg zu dem aus, was heute einer Straße ähnelt. Man gelangt zu faszinierenden Orten wie etwa dem Ak-Baital-Paß auf 4655 m, dem fruchtbaren Wachandarja-Tal oder der traumhaften Landschaft des Hindukusch. Die Route ist etwas für Allradfreaks und Abenteuer-Biker. Daß der Highway als „Last Frontier"-Trip gilt, also zum Rande der Zivilisation führt, macht ihn wahrlich zu etwas Seltenem. **BDS**

❶ Immer mehr Motorradfahrer entdecken den Pamir-Highway für sich – überlaufen ist er noch lange nicht.

Makran-Coastal-Highway
Sindh/Belutschistan, Pakistan

Start Karatschi, Sindh
Ziel Gwadar, Belutschistan
Länge 636 km
Art Abenteuer
Karte goo.gl/rttXfe

Bis 2004 war die einzige Verbindung zwischen Karatschi und Gwadar eine nicht fertiggestellte Schotterstraße. Für die Reise hatte man mehrere Tage einplanen müssen, und ein offroad-taugliches Fahrzeug benötigte man sowieso. Auf Sicherheit bedachte Fahrer wählten eine asphaltierte und damit risikoärmere, aber längere Alternativroute.

Doch dann beschloß die pakistanische Regierung im Rahmen eines umfassenden Entwicklungsprogramms die Planung einer neuen Straße und baute den Makran-Coastal-Highway (N10). Ziel war es, den Handel und die Industrie entlang der Südküste Pakistans zu fördern.

Heute zeigt er sich eindrucksvoll. Auf 635 km verläuft er entlang der Küste des Arabischen Meeres sowie durch den Hingol-Nationalpark und das Naturschutzgebiet Buzi Makola. Kurvenreich windet sich der Asphalt durch Schluchten und an Felsvorsprüngen vorbei. Leitplanken sind rar, und auch die Gefahr von Steinschlag ist an einigen Abschnitten gegeben. Dennoch kann man die Straße nicht als gefährlich bezeichnen. Sie erfordert lediglich Respekt und Aufmerksamkeit. Der Lohn sind grandiose Ausblicke auf das Meer, auf Wälder und Berge.

Auf diese Makran-Küstenstraße ist Pakistan sehr stolz – zu Recht, denn aus einer Zwei-Tages-Reise ist nun ein herrlicher Ausflug geworden, für den man rund sieben Stunden benötigt. **JI**

Karakoram-Highway
Pakistan/China

Start Hassan Abdal, Punjab, Pakistan
Ziel Kaxgar, Xinjiang, China
Länge 1624 km
Art Abenteuer
Karte goo.gl/3JPGr9

Diese unglaubliche Leistung menschlicher Ingenieurskunst wird oft als achtes Weltwunder gefeiert. Der Bau dieser Straße, die zu den am höchsten gelegenen Asphaltstraßen weltweit zählt, dauerte 20 Jahre und erforderte über 1000 Todesopfer. Seit der Eröffnung 1979 finden stetig Wartungsarbeiten und Nachbesserungen statt. Dazu zählte auch jüngst der Bau von neuen Tunneln auf insgesamt 24 km Länge.

Abenteuerlustige Motorrad- und Autofahrer werden durch innovative Tourismusunternehmen auf den Karakoram-Highway, der auch China–Pakistan Friendship Highway genannt wird, aufmerksam gemacht. Viele starten an der Grand Trunk Road in Hassan Abdal, einem Pilgerort der Sikh-Religion.

Während man zunächst auf der alten Seidenstraße fährt, bewegt man sich auf glattem Asphalt. Jedoch muß man langsam fahren, wenn vor einem ein überladender Bus oder einer jener berühmten, kunstvoll bemalten und verzierten Jingle Trucks unterwegs ist. Geduld ist gefragt. Unfälle sind keine Seltenheit, und Autowracks säumen die Straße. Am sichersten reist man im Frühling oder Herbst, da es im Sommer durch den Monsun oft zu Erdrutschen kommt. Wer vorausschauend plant und sich um ein Visum gekümmert hat, wird auf diesem Highway eine phantastische Fahrt erleben. **DIS**

➲ Die Landschaft ist eindrucksvoller als die Straße.

Straße zu den Fairy Meadows
Gilgit-Baltistan, Pakistan

Start Raikot-Brücke, Karakoram-Highway
Ziel südlich von Tattu
Länge 16 km
Art Abenteuer
Karte goo.gl/pAvG2j

Sie klingt harmlos, fast lieblich – aber die Straße zu den Fairy Meadows (Feenwiesen) ist ganz und gar nicht für Kinder geeignet. Diese unbefestigte Schotterstraße zweigt vom Karakoram-Highway ab und führt zum Fuße des Nanga Parbat, dem berüchtigten „Todesberg" und mit 8126 m dem neunthöchsten Berg der Welt. Die Strecke ist anstrengend, aber das Panorama umwerfend. Die Straßenkanten sind oft lose und die Abgründe sehr steil; Ausweichmöglichkeiten gibt es selten, dafür umso mehr Staub.

Ausgangspunkt ist die Raikot-Brücke. Dort kann man einen Jeep samt Fahrer buchen und, falls notwendig (je nach Sicherheitslage), eine behördliche Erlaubnis erhalten. Nun schraubt sich der Weg nach oben und folgt dabei dem von einem Gletscher gespeisten Raikot, einem Zufluß des Indus. Bei jeder Kehre fällt der Blick auf die erhabenen, schneebedeckten Gipfel. Leider gibt es kaum die Möglichkeit, anzuhalten und den Anblick zu genießen. Die Straße erfordert die Aufmerksamkeit aller Fahrzeuginsassen – zwei Augen sind nicht genug, wenn es gilt, entgegenkommende Einheimische in ihren Jeeps zu sichten, die relativ rasant der Hang herunterfahren.

Vor Tattu enden zunächst die Kurven, dann auch die Straße. Ein 5 km langer Wanderweg führt zu den Fairy Meadows – einer saftig grünen Ebene an der Nordseite des Nanga Parbat mit Hütten und Jurten als Camp sowie einigen Cafés. **DS**

❶ Ein Jeep voller Bergsteiger.
❷ Die Fairy Meadows in der Morgendämmerung.

Kunjirap-Paß Gilgit-Baltistan, Pakistan

Start Nazimabad **Ziel** Karakoram Highway **Länge** 89 km
Art Abenteuer **Karte** goo.gl/QCcxjH

Auf welchem Weg man auch anreist, sobald man den auf 4693 m Höhe befindlichen Kunjirap-Paß mitten im Karakoram-Gebirge zwischen Pakistan und China erreicht hat, kommt man in den Genuß einer der weltweit schönsten Bergstraßen. Man befindet sich am höchsten befestigten Grenzübergang der Welt – hier trifft der pakistanische Linksverkehr auf den chinesischen Rechtsverkehr.

Der lange und relativ eben verlaufende Gebirgspaß der Pamir-Hocheben wurde 1982 fertiggestellt und ist von Dezember bis April wegen Schnee und Schlammlawinen für alle Fahrzeuge außer großer Lkw gesperrt. Er kann grundsätzlich mit allen Autos befahren werden, aufgrund des schlechten Asphaltzustands auf chinesischer und des losen Schotters auf pakistanischer Seite ist jedoch ein Allradwagen ratsam. Auch leidet der Belag unter den bis auf -40 °C absinkenden Temperaturen.

Wer ein Visum hat (am Paß nicht erhältlich), kann als Tourist mit nur geringem bürokratischen Aufwand die Grenze passieren. In China sollte man einen Zwischenstopp in Taschkorgan einlegen und die Festung besichtigen. Von dieser bietet sich ein einzigartiger Blick über jene Berglandschaft, die seit über 2000 Jahren von Händlern und Reisenden auf der Seidenstraße durchquert wird . **BDS**

❶ In der Nähe des Kunjurap-Passes.

Kardung La Jammu und Kashmir, Indien

Start Leh   **Ziel** Kardung La   **Länge** 40 km
Art Abenteuer   **Karte** goo.gl/PPTIkn

Der Gebirgspaß Kardung La wurde 1988 eröffnet und folgt teilweise der alten Seidenstraße, auf der Kamelkarawanen nach Zentralasien zogen. Er überwindet die Ladakh Range und verbindet die quirlige Stadt Leh mit dem traumhaft schönen, für seine vielen Wildblumen bekannten Nubratal. Die kurvenreiche Strecke durch die Berge mit ihren schneebedeckten Gipfeln passiert Gletscher und verlassene Bauarbeitercamps. Unerschrockene Abenteurer werden im höchsten Straßencafé der Welt mit einer Tasse Tee belohnt. Hier, zwischen Steinmännchen und Gebetsfahnen, informiert ein Metallschild darüber, daß der Kardung La mit 5602 m die weltweit höchste Autostraße sei.

Die Strecke selbst ist größtenteils in einem guten Zustand, nur kurz vor dem Gipfel wird sie schmaler und instabiler. Trotz der Gefahren wie Höhenkrankheit, Erdrutsche, Steinschläge und Schneeschmelze zieht der Kardung La zwischen Mai und Oktober zahlreiche Touristen an, die die Straße bevölkern.

Der Gebirgspaß wurde von der indischen Armee gebaut und gilt als technische Meisterleistung. Nicht ganz so rühmlich ist die Vermessung. moderne GPS-Geräte zeigen eine Höhe von 5359 m und verweisen den Paß somit laut Website *Jalopnik* auf Rang 3 der höchsten Autostraßen der Welt. **DIS**

❶ Die Fahrt ist traumhaft – egal, wie hoch der Paß liegt.

Zoji La-Paß
Jammu und Kashmir, Indien

Start Sonamarg
Ziel Dras
Länge 63 km
Art Abenteuer
Karte goo.gl/Zk3LTw

Zum Zoji La-Paß als wichtige Verbindung zwischen Ladakh und Kaschmir im westlichen Himalaya gibt es drei nüchterne Fakten: er liegt auf 3530 m auf der abgelegenen Route von Srinagar nach Leh, er ist nervenaufreibend schmal, und er verfügt über keine Leitplanken. Die konischen Schluchten begünstigen kräftige Seitenwinde, und im Winter führt bis zu 20 m hoher Schnee zu Sperrungen. Durch Erdrutsche waren bereits Hunderte Reisende eingeschlossen und mußten gerettet werden. Und das Positive? Nun, man fühlt sich während der Fahrt wahnsinnig lebendig. Ringsum ist man von unendlich hohen, fast senkrechten Wänden umgeben, und da man langsam fahren muß, kann man die Szenerie ausgiebig bewundern.

Durch die Talsenken von Kaschmir und Dras geht es auf beiden Seiten viele Meter in die Tiefe – ein Moment der Unachtsamkeit kann tödlich sein. Der Belag besteht aus Gestein, Schotter, verdichteter Erde oder unerwarteterweise auch mal aus Asphalt oder Pflastersteinen. Das beste Reisewetter herrscht zwischen Spätfrühling und Winterbeginn.

Im Indisch-Pakistanischen Krieg von 1947 war der Zoji La-Paß von Pakistan besetzt worden. Ein Jahr später konnte er durch die indische Operation Bison zurückgewonnen werden. Dabei waren auch Panzer zum Einsatz gekommen – so hoch über dem Meeresspiegel wie nie zuvor in der Geschichte. **BDS**

❶ Träger transportieren Waren auf der Straße, kurz nachdem der Schnee geräumt wurde (April 2012).

Von Keylong nach Kishtwar
Jammu und Kashmir/Himachal Pradesh, Indien

Start Keylong, Jammu und Kashmir
Ziel Kishtwar, Himachal Pradesh
Länge 219 km
Art Abenteuer
Karte goo.gl/YLkmGZ

Die Bezeichnung Nationalstraße 26 klingt zunächst recht sicher und komfortabel. Aber man sollte sich nicht täuschen lassen. Diese Passage zählt zu den gefährlichsten Straßen auf der ganzen Welt. Die auch Keylong-Kishtwar Road genannte Straße möchten viele Leser sicherlich nicht einmal zu Fuß gehen, geschweige denn mit einem Vehikel befahren.

Es handelt sich um eine Schotterstraße in extremer Höhe mit blankem Gestein auf der einen und einem steilen Abhang auf der anderen Seite. Manchmal ragt der Fels so dicht über die Straße, daß man daran zweifelt hindurchzupassen.

Die Straßenränder bröckeln vor dem Abgrund, der bis zu 750 m tief ist. Wer sich mutig etwas nach vorne lehnt, kann ganz unten einen Fluß erkennen. Die Straße befindet sich auf 3080 m Höhe; daher ist die Luft zum Atmen merklich dünn und Höhenwinde können zum Problem werden.

Als wäre dies alles noch nicht genug, ist die Straße zerfurcht, von Schlaglöchern übersät und oft nur breit genug für ein Auto. Pfützen gibt es reichlich, und je nach Jahreszeit plätschern Wasserfälle vom Berghang einfach auf den Weg. Enge Kurven behindern die Sicht auf etwaige vor einem liegende Gefahren. Dies ist insofern problematisch, als es bei Gegenverkehr notwendig sein kann, mit einem Rad quasi über dem Abhang zu hängen, um den anderen vorbeizulassen. **SH**

❶ Hoch über dem Fluß Sutlej wirken die Leitplanken eher wie eine Zierde als wie eine Schutzvorrichtung.

Marsimik La
Jammu und Kashmir, Indien

Start Pangong Tso
Ziel Chang Chenmo
Länge 74 km
Art Abenteuer
Karte goo.gl/dqnSoA

Oft wird der Gebirgspaß Kardung La in Kaschmir als die höchstgelegene Autostraße der Welt genannt; aber tatsächlich ist dies der Paß Marsimik La in der Bergregion Chang Chenmo in Nordindien. Er liegt mindestens 222 m höher.

Diese rekordträchtige Straße durchquert einen faszinierenden, aber unwirtlichen und kargen Landstrich. Der 1983 ausgebaute Paß beginnt am See Pangong Tso, der sich fünf Autostunden von der nächsten größeren Stadt, Leh, entfernt befindet. Auf der Bergstraße zum See passiert man kleine Dörfer und militärische Kontrollpunkte, bevor man den Fluß Pagal Naala überquert und am Ufer des malerischen Salzsees anlangt. Dieser liegt auf der Grenze zwischen Indien und China. Nicht-Inder dürfen in diesem umkämpften Gebiet nur mit einem anerkannten Guide und einer Erlaubnis reisen.

Hier beginnt nun der 31 km lange Anstieg zur Überwindung einer Höhendifferenz von 1290 m mit zumeist 4 Prozent Steigung. Schon bald hinterfragt man den Begriff „Autostraße", da auf dem mondähnlichen Terrain zwischen Felsen und Geröll nur mit Mühe zwei Reifenspuren erkennbar sind. In der dünnen Luft unweit des Gipfels bekommen viele Motoren der Allradfahrzeuge oder Motorräder Schwierigkeiten, ebenso deren Fahrer. Und nur die mutigsten Abenteurer können die Fahrt auf dieser Paßstraße wirklich genießen. **DIS**

National Highway 1D
Jammu und Kashmir, Indien

Start Dras
Ziel Lamayuru
Länge 166 km
Art Abenteuer
Karte goo.gl/fouNzB

Dieser Highway ist eine sichere und einfach zu fahrende Alternative zu der Straße von Leh nach Manali, um vom Kaschmirtal in die Heimat des Dalai Lama in Ladakh zu gelangen. Jedoch müssen hierbei die Begriffe „sicher" und „einfach" in Bezug auf Indien und auf die Überquerung des welthöchsten Gebirges verstanden werden.

Der National Highway 1D ist eine relativ vertrauenswürdige Straße über die Berge des Subkontinents und bietet unzählige imposante Ausblicke auf Gipfel und Täler. Westwärts liegt der tückische Zoji La-Paß, der nach Srinagar hinabführt; ostwärts passiert die Straße das Kloster Lamayuru und die von rauhem Wüstenklima geprägte Stadt Leh, die durch die Seidenstraße zu Wohlstand kam. Auf diesem Abschnitt des Highways folgt man dem mächtigen Indus, überquert furchterregend hohe Gebirgspässe (auf denen Mensch und Maschine nach mehr Sauerstoff lechzen) und sieht mannigfaltige Tempel, Klöster und Festungen.

Auf dem National Highway 1D bringt die Höhe einige Probleme mit sich. Außer von Juni bis Oktober ist diese Hauptverbindung für den Verkehr gesperrt. Jeden Frühling muß die Straße vor ihrer Öffnung von Schnee und Geröll befreit und repariert werden. Im Juli kann der Monsun plötzliche Erdrutsche und Überschwemmungen verursachen, so daß erneut Sperrungen notwendig sind. **SH**

Leh-Manali-Highway
Jammu und Kashmir/Himachal Pradesh, Indien

Start Leh, Jammu und Kashmir
Ziel Manali, Himachal Pradesh
Länge 473 km
Art Abenteuer
Karte goo.gl/vjd3kG

Herzlich willkommen zu einer der bekanntesten und zugleich gefürchtetsten Straßen Indiens. Ob man diesen Trip mit dem Rad, Motorrad oder Auto unternimmt – man erlebt ein Abenteuer in einer der faszinierendsten Landschaften der Welt.

Der Gebirgspaß Taglang La auf 5328 m ist Teil dieser Route und zählt zu den höchsten Straßen der Erde. Am gefährlichsten ist der Rohtang-Paß: in Hindi bedeutet *rohtang* „Feld der Leichen".

Man sollte sich langsam an die dünne Luft gewöhnen, denn durchschnittlich befindet man sich 4000 m über dem Meeresspiegel. Zudem sollte man keine Angst vor langen, unbewohnten Abschnitten haben. Eine Notfallausrüstung sollte auf jeden Fall an Bord sein. Die Straße ist nur vier oder fünf Monate im Sommer geöffnet, und auch dann kann es hier sehr naß, kalt und windig sein.

Das Panorama ist natürlich umwerfend. Und die vielen Touristen, die Präsenz des indischen Militärs sowie einheimische Lieferwagen leisten ihren Beitrag, daß Sie auf dieser schlichten Straße in einer derart unwirtlichen Landschaft allerhand interessante Erfahrungen machen können.

An engen Kurven mit steilen Abhängen sollte man auf mühsam rangierende Lkw gefaßt sein. Nicht selten versucht ein ungeduldiger Biker, an dem Truck vorbeizukommen, indem er gefährlich nah am Abhang balanciert. **SH**

❶ Tankwagen erklimmen langsam den engen Leh-Manali-Highway am Rohtang-Paß.

Lamayuru-Kloster
Jammu und Kashmir, Indien

Start Leh
Ziel Lamayuru
Länge 126 km
Art Kultur
Karte goo.gl/f9iLzF

Bereits die Fahrt zum Ausgangspunkt Leh – der früheren Hauptstadt des abgeschieden im Himalaya gelegenen Königreichs Ladakh – ist eine Herausforderung. Man fährt auf dem Highway von Srinagar nach Leh auf einer uralten Handelsroute – der Seidenstraße. Seit Tausenden Jahren nutzen Menschen diesen Weg in großer Höhe, und jetzt können wir ihn mit dem Auto oder Motorrad erleben.

Landschaftlich ist die karge, trockene Himalayaregion einzigartig, mit imposanten, schroff zerklüfteten Bergen und Gipfeln, die in Jahrtausenden von Eis und Schnee geformt worden sind. Es gibt zwei Gründe, nach Lamayuru zu reisen: zum einen, um das bizarre felsige Terrain (die berühmte „Mondlandschaft von Ladakh") mit den unglaublichen farbigen Sedimentformationen in Goldgelb, Rosa und Ocker rund um den Ort mit eigenen Augen zu sehen, zum anderen, um das buddhistische Kloster aus dem 10. Jahrhundert zu besichtigen. Es befindet sich auf einem Felsvorsprung und umfaßt neben den ehemaligen Wohnstätten für rund 150 tibetische Mönche eine bedeutende Avalokiteshvara-Statue. Wer besondere Abenteuerlust in sich verspürt, fährt nach dem Besuch des Klosters 300 km weiter, über den Paß Fotu La nach Kargil und dann nach Srinagar in Jammu und Kashmir. **DK**

➔ In Lamayuru kann man gut eine Nacht übernachten.

Von Shimla nach Manali
Himachal Pradesh, Indien

Start Shimla
Ziel Manali
Länge 251 km
Art Abenteuer
Karte goo.gl/sKR9bO

Wenn man etwas über den Zustand der Straße erfahren möchte, die die beiden bedeutendsten Städte im Himalaya-Bundesstaat Himachal Pradesh – Shimla und Manali – miteinander verbindet, muß man sich nur die Fahrzeiten ansehen und ein wenig rechnen. Zwischen den beiden Orten liegen weniger als 255 km, man benötigt aber rund 9 Stunden. Somit liegt die Durchschnittsgeschwindigkeit unter 30 km/h.

Diese Rechnung könnte Sorgen hervorrufen, und dies zu Recht: Es gibt auf der Welt nur wenige Straßen, die wie diese Schönheit und Gefahr in sich vereinen. Man sollte früh am morgen in Shimla starten, um Manali vor Anbruch der Dunkelheit zu erreichen. Schnee stellt im Winter kein Risiko dar; die Straße ist ganzjährig geöffnet. Dennoch handelt es sich um eine Bergstraße, die in die Wände einer Schlucht gebaut wurde und einige steile Abhänge aufweist. Lkw jeglicher Größe nutzen diese Straße ebenfalls. Wenn sie vor Ihnen fahren, müssen Sie sich in Geduld üben. Wenn sie Ihnen entgegenkommen, dürfen Sie sich nicht abdrängen lassen.

Die Höhepunkte dieser Reise sind vielfältig: der Fluß Beas, der 2,8 km lange Aut-Tunnel, die hölzerne Festung von Naggar sowie überall die grandiosen Gipfel des Himalaya. Und so merkt man, daß man nicht wegen der Straße langsam fährt, sondern wegen der traumhaften Szenerie. **BDS**

Jalori-Paß
Himachal Pradesh, Indien

❶ Zunehmend entdecken Radfahrer den Jalori-Paß für sich; die Höhenlage erfordert eine ausgeprägte Fitneß.

Start Luhri
Ziel Aut
Länge 93 km
Art Abenteuer
Karte goo.gl/RWBDpi

Mitten im Bundesstaat Himachal Pradesh, mehr als 320 km nördlich von Neu-Delhi, verläuft diese Straße in 3223 m Höhe. Wirklich passierbar ist sie nur zwischen März und November – in den anderen drei Monaten liegt schlichtweg zu viel Schnee, um sie zu befahren.

96 km nördlich von Shimla, der Hauptstadt des Bundesstaates, liegt Luhri. Nach der dortigen Abzweigung zum Jalori-Paß verwandelt sich die zuvor eher unscheinbare indische Fernstraße in einen beschwerlich zu fahrenden Weg, auf dem Schnelligkeit unmöglich ist: die Steigungen sind bergauf und bergab so groß, daß selbst der erfahrendste Offroad-Fahrer kaum über den ersten Gang hinauskommt. Wenn sich die hohen Tannen und Zedern entlang der Straße ein wenig lichten, bietet sich ein phantastischer Blick über den Himalaya. Ganz oben auf dem Jalori-Paß befinden sich ein hinduistischer Tempel sowie ein Restaurant.

Bei der Abfahrt kommt als erste Ortschaft nach 12 km Shoja. Hier, wo der bedeutende Highway von Shimla nach Manali kreuzt, gibt es Holzhütten als Übernachtungsmöglichkeit. Dann erreicht man Jibhi. Das 8 km weiter gelegene Banjar ist etwas größer und verfügt über touristische Geschäfte und Gasthäuser. Der 2007 fertiggestellte Larji-Staudamm am Fluß Beas, etwas südlich des Zielortes Aut, ist ein weiteres Highlight dieser Route. **JP**

Kinnaur Road
Himachal Pradesh, Indien

Start Dakhaye
Ziel Dubling
Länge 74 km
Art Abenteuer
Karte goo.gl/rDnUFK

Sie mag zwar lauter Schlaglöcher, Risse, Furchen und abbröckelnde Ränder haben, aber immerhin ist die Kinnaur Road asphaltiert. Dies ist ein kleines Trostpflaster, wenn man an uneinsehbaren Kurven vorsichtig am steilen Abhang entlangfährt.

Diese Route verläuft hoch oben im Himalaya im nordindischen Bundesstaat Himachal Pradesh unweit der Grenze zu Tibet. Man befindet sich inmitten einer atemberaubenden Landschaft, und daran ist nicht nur die dünne Luft schuld. Das Panorama besteht aus grünen Hängen, fruchtbaren Tälern und einer Kulisse nebelverhangener, schneebedeckter Gipfel. Die wuseligen, bunten Orte sind voller Schilder, Kabel oberhalb unserer Köpfe und halbfertiger Häuser. Alles scheint etwas unwirklich, und die einzige Straße dieser Region erinnert an die Wege aus den Filmen *Herr der Ringe* (2001–2003).

Manchmal schmiegt sich die Straße eng an eine Felswand, manchmal ist sie in diese hineingebaut. Uns erwarten viele Kurven, Felsvorsprünge und einspurige Passagen mit Steinen rechts und links.

Man wird den höchsten Gang nur selten einlegen können. Stattdessen muß man auf klapprige Busse gefaßt sein, die um die Kurven gerauscht kommen. Und auf Militärkolonnen, die die Fahrbahnmitte nicht verlassen werden. Im Gegensatz dazu stellen die Bauern mit ihren Schafherden auf dieser Route eine nur kleine Gefahr dar. **SH**

❶ Die unteren Hänge des Kinnaur-Tales werden bewirtschaftet und sind für ihren Apfelanbau bekannt.

Spiti-Tal
Himachal Pradesh, Indien

Start Kaza
Ziel Gramphu
Länge 136 km
Art Abenteuer
Karte goo.gl/uYI84h

Wenn die NH505 das Plateau zwischen den beiden Bergen zu ihren Seiten erreicht, passiert man ein mit buddhistischen Schnitzereien und Bildern reich verziertes Holztor, auf dem ganz oben zu lesen ist: „Willkommen im Spiti-Tal."

Doch diese Begrüßung täuscht, denn es folgt keine vielbesuchte Touristensehenswürdigkeit, sondern ein nahezu einsam verstecktes Tal tief im nordindischen Himalaya. Der Hauptgrund für die wenigen Besucher des Tales ist die NH505.

Die Straße durch das Spiti-Tal gilt als die schlechteste Indiens. Sie besteht fast nur aus Schotter und Geröll, und das auf 3400 m Höhe. Lange Passagen sind sehr schmal und einfach in den Hang geschlagen. Man muß Flüsse queren, Sandhügel überwinden und enge Felsdurchlässe meistern. Tödliche Abstürze sind leider keine Seltenheit.

Nach einer Reihe von steinigen Spitzkehren erreicht man den Gipfel und somit den Kunzum-Paß, ein windiger, karger Ort auf 4590 m Höhe. Hier begegnet man kaum einer Menschenseele. Ein Abenteurer, der auf der Hälfte des Weges von anderen gerettet werden mußte, bestätigte später online den schlechten Zustand der Straße, fügte aber hinzu: „Dennoch zählt dieses Erlebnis zu den wertvollsten Erfahrungen meines Lebens." **SH**

➲ Ein buddhistisches Tor auf dem Weg nach oben.

Von Jauljibi nach Madkote
Uttarakhand, Indien

Start Jauljibi
Ziel Madkote
Länge 45 km
Art Abenteuer
Karte goo.gl/R5SD8P

Die Straße von Jauljibi nach Madkote trägt die Bezeichnung Cliff Road („Klippenstraße"). Das sollte uns zu denken geben. Denn was ist eine Cliff Road?

Nun, es zeigt sich, daß dieser unbefestigte Weg direkt am Gori Ganga entlangführt, einem felsenreichen Fluß, der von einem Himalayagletscher in Nepal gespeist wird und Hunderte Kilometer weiter mit dem Ganges in den Golf von Bengalen fließt.

Dieser abgelegene Straßenabschnitt im bergreichen nordindischen Bundesstaat Uttarakhand ist landschaftlich besonders reizvoll. Der reißende Fluß hat eine tiefe Schlucht in das Gestein gegraben, und es bieten sich sagenhafte Blicke entlang des Tales bis zum Gebirgsmassiv Panchchuli.

Aber die Straße ist tückisch. Sie ist schmal, kurvenreich und von Erosion gebeutelt – nicht nur durch den Fluß, sondern auch durch die kleinen Bäche, die in der Regenzeit in die Schlucht hinabfließen. Manchmal unterspülen sie die ganze Straße, und die Reparatur scheint etwas willkürlich.

Wer sich auf der verbleibenden Straße fortbewegt, muß oftmals direkt durch Wasserfälle fahren. Es verwundert nicht, daß stellenweise sehr viele Schlaglöcher vorhanden sind und der Straßenrand in Richtung Fluß wegbricht. Und hat man die steile Passage mit den Haarnadelkurven erreicht, merkt man, daß es keine Leitplanken gibt, auch nicht an metertiefen Abhängen. **SH**

Indiens Goldenes Dreieck
Neu-Delhi und mehr, Indien

Start Neu-Delhi, Delhi
Ziel Neu-Delhi, Delhi
Länge 750 km
Art Kultur
Karte goo.gl/FVhHfq

Dies ist die klassische Grand Tour durch Indien – sie vereint drei der berühmtesten Sehenswürdigkeiten des Subkontinents. Die Route beginnt im heillos überfüllten Stadtzentrum von Neu-Delhi und verläuft zunächst nach Agra, bevor es westwärts durch die ariden Landschaften von Rajasthan und Jaipur geht. Die Reise widmet sich vor allem den historischen Stätten der Mogulkaiser vom 16. bis 18. Jahrhundert. Am bekanntesten ist der Taj Mahal in Agra, ein prächtiges Mausoleum aus Marmor für die dritte Frau des Großmoguls Shah Jahan.

Zu den weiteren Hauptattraktionen der Tour gehören das Humayun-Mausoleum, das Minarett Qutb Minar sowie das Rote Fort in Delhi, der Stadtpalast Hawa Mahal sowie die historische Sternwarte Jantar Mantar in Jaipur.

Aber die Tour ist auch ein Reiseabenteuer. Hier gelten keine herkömmlichen Verkehrsregeln. Der Verkehrskollaps in Delhi erinnert an Anarchie. Und andernorts wundert man sich über langsame Verkehrsteilnehmer wie Elefanten oder Öltanker, die entgegen der Fahrtrichtung unterwegs sind. Viele fahren einfach gegen den Strom, bis sich eine geeignete Lücke im Verkehr auftut. Wie gut dieser Plan ist, kann man anhand der ausgebrannten Fahrzeuge am Straßenrand selbst beurteilen. **DK**

➲ Gurudwara Bangla Sahib: Sikh-Tempel in Neu-Delhi.

Von Mumbai nach Goa
Maharashtra/Goa, Indien

Start Mumbai, Maharashtra
Ziel Bandoli, Goa
Länge 628 km
Art Abenteuer
Karte goo.gl/EO8UbU

Die Vielfalt Indiens macht es schwer, sich bei der Reiseplanung zu entscheiden: Kultur oder Natur, Berge oder Strände? Oder von jedem ein bißchen, wie bei dieser Tour von Mumbai zum Küstenparadies Goa? Es gibt zwei mögliche Routen. Die schnellere, wenngleich längere folgt der NH48 durchs Inland; die langsamere, aber kürzere und idyllischere ist die NH66 entlang der Küste. Für letztere entscheiden sich viele Reisende, die an einer eher ländlich geprägten Küste unterwegs sein möchten.

Der Ausgangspunkt Mumbai ist mit mehr als 18,4 Millionen Einwohnern die bevölkerungsreichste Stadt Indiens. Hier ist auch die Bollywood-Filmindustrie zu Hause. Man sollte frühmorgens vor der Rushhour aufbrechen. Zunächst geht es südwärts lange geradeaus, vorbei an grünen Wäldern und Feldern zu beiden Seiten. Vogelfreunde besuchen das Karnala Bird Sanctuary, während Verehrer von Ganesha lieber in Pen Station machen, wo riesige geschnitzte Figuren der Gottheit zu bestaunen sind. Empfehlenswert ist auch ein Besuch der Festung Sindhudurg, die 1664 im Reich der Marathen auf einer Insel errichtet worden ist. Überall entlang der Straße kann man die lokale Küche kennenlernen. Nun ist es nicht mehr weit bis Bandoli, einer Stadt mitten in Goa und idealer Ausgangspunkt zur Erkundung der traumhaften Strände und Tempel dieses Bundesstaates. **SA**

In der Rikscha von Mumbai nach Chennai
Von Maharashtra nach Tamil Nadu, Indien

Start Mumbai, Maharashtra
Ziel Chennai, Tamil Nadu
Länge 1910 km
Art Abenteuer
Info goo.gl/GRlsEF

Manche Rallye-Teilnehmer wollen gewinnen, andere genießen es einfach, bei der Reise dabeizusein.

Eine verrückte, zweiwöchige Reise in einer dreirädrigen Autorikscha von einer Küste zur anderen – das ist die im Englischen als „Mumbai to Chennai Rickshaw Rally" bekannte Rallye. Der Mumbai Xpress!

Für einige Teilnehmer ist das von den Travel Scientists organisierte Abenteuer ein Wettrennen, für andere eine außergewöhnliche Sightseeing-Tour. Da man gar nicht schnell fahren kann, ist genug Zeit vorhanden, die Gegend zu erkunden. Aber man sollte dennoch achtsam bleiben, da die Verkehrsregeln in Indien eher gut gemeinte Vorschläge zu sein scheinen als verbindliche Vorschriften. Man sollte den Wettbewerbsaspekt der Reise nicht zu ernst nehmen – vielmehr gilt es, den prächtigen Aga Khan-Palast in Pune oder die Ausblicke von der Bergstation bei Wilson's Point in Mahabaleshwar zu bestaunen. Auf halbem Weg genießt man vermutlich die berühmten Sandstrände der Region. Ein Besuch von Panaji, der Hauptstadt von Goa, mit seiner portugiesisch geprägten Architektur ist ebenfalls ein Muß. Nach diesem Zwischenstopp fährt man ostwärts durch das Land nach Mysore mit seinem berühmten indo-sarazenischen Amba-Vilas-Palast, auf dessen Gelände sich auch Tempel aus dem 14. Jahrhundert befinden. Anschließend führt die Route in die High-Tech-Metropole Bangalore, bevor man erschöpft, aber glücklich die Stadt Chennai an der Küste des Golfs von Bengalen erreicht. **DK**

Autostrand von Muzhappilangad
Kerala, Indien

Start Edakkad
Ziel Muzhappilangad
Länge 3,2 km
Art Landschaft
Karte goo.gl/HxJfAS

An der Küste von Kerala im Südwesten Indiens gibt es viele eindrucksvolle Strände, aber der Abschnitt bei Muzhappilangad ist etwas ganz Besonderes: Hier ist es erlaubt, mit dem eigenen Fahrzeug direkt am Wasser entlangzufahren.

Autos steuern oft durch die flache Brandung, und Motorräder liefern sich auf dem Sand kleine Rennen. Und während Autofreaks das Driften üben, zeigen Biker ihre erstaunlichen Wheelies. Dieser Strand gilt als Indiens längster Autostrand (Drive-In Beach), und er schneidet im internationalen Vergleich auch als einer der schönsten weltweit ab.

Dies ist insofern umso erfreulicher, als Muzhappilangad ein so malerischer Ort ist. An den festen, ebenen Sand schließen sich fruchtbare Haine und grüne Vegetation an. Große Hotels oder Appartementanlagen gibt es keine. Nicht weit von der Küste entfernt befindet sich im Meer ein imposantes Riff aus schwarzem Gestein, das den Strand schützt und eine herrliche Kulisse vor dem allabendlichen Sonnenuntergang bietet. Auch liegt die seltsame Insel Dharmadam vor dem südlichen Ende des Strandabschnitts – sie sieht wie ein kleines Stückchen Dschungel aus, das auf den Wellen treibt.

An diesem Strand gibt es mehr Fahrer als Schwimmer. Eßstände und Händler versorgen die Menschen. Das ganze Jahr über ist viel Betrieb, aber besonders voll wird es zum Festival im April. **SH**

❶ Eine ruhige Szene am Strand von Muzhappilangad – der Verkehr kann hier deutlich umfangreicher sein.

State Highway 49
Tamil Nadu, Indien

Start Chennai
Ziel Puducherry
Länge 154 km
Art Landschaft
Karte goo.gl/ofMTPH

Kolli Hills Road
Tamil Nadu, Indien

Start Kalappanaickenpatti
Ziel Ariyurnadu
Länge 39 km
Art Abenteuer
Karte goo.gl/dXZc9T

Der indische State Highway 49 ist eine moderne Mautstraße in hervorragendem Zustand, die an der Ostküste des Golfs von Bengalen entlangführt. Sie bietet traumhafte Ausblicke und viele Möglichkeiten, die Fischerorte und Strände zu erkunden.

Der Ausgangsort Chennai (ehemals Madras) ist die Hauptstadt von Tamil Nadu und verzaubert durch ihren kulturellen Mix aus Antike, Kolonialzeit und Moderne. Die Sehenswürdigkeiten reichen von der Tempelanlage Mamallapuram bis zum Marina Beach als einem der größten Strände der Welt.

Man fährt auf der East Coast Road weiter Richtung Süden und passiert mehr Tempel, Festungen, Schreine, Strände und beschauliche Dörfer, als man besichtigen kann. Speedboote kann man ebenso mieten wie einen Krokodilzoo besuchen.

Schließlich erreicht man Puducherry, eine ehemalige französische Kolonie mit prächtigen Palmen an der Promenade und dem Strand am Indischen Ozean. Von den Einheimischen Pondy genannt, lockt dieser Urlaubsort mit seiner französischen Architektur und den Boulevards viele Urlauber an.

Aus Sicherheitsgründen sei ein Spuk auf etwa halber Strecke erwähnt: Rund um Devaneri treibt angeblich eine gespenstisch aussehende Frau in einem weißen Sari ihr Unwesen. Sie soll Autofahrer ablenken und wurde daher schon für mehrere Unfälle verantwortlich gemacht. **SH**

Manche Einheimische nennen diese Straße die „Road of Death". Wenn sie jedoch dieses Buch lesen würden, erschiene ihnen die Kolli Hills Road wie eine gemütlich zu fahrende Panoramastraße.

Zugegeben, sie hat rund 70 Haarnadelkurven in schneller Abfolge, während sie sich den steilen Berghang hinaufwindet – aber der Belag ist glatter Asphalt und breit genug für zwei sich passierende Autos. Hier und da gibt es durchaus einige Schlaglöcher und Stellen, an denen die Oberfläche bereits gelitten hat. Und auf ihrer Route durch den dichten Wald benötigen längere Fahrzeuge an den engsten Kurven vermutlich einige Rangiermanöver, aber insgesamt sind zahlreiche Ausweichstellen und auch Aussichtspunkte vorhanden, von denen man den phantastischen, sich in alle Richtungen bis zum Horizont erstreckenden Wald überblicken kann.

Von der Kolli Hills Road bieten sich zudem traumhafte Ausblicke über die weiten Ebenen Südindiens. Sie war bisher schon reichlich genutzt, und seitdem sie sich zu einer Touristenattraktion gewandelt hat, nehmen in der Hochsaison die Staus zu.

Im Internet findet man ein Video, in dem eine Gruppe Motorradfahrer die Kolli Hills Road mit Vollgas entlangbrettert, den Selfiestick wie einen Staffelstab weiterreichend. Am Ende verkünden sie grinsend: „Das ist nicht eine Road of Death, das ist eine Road of Fun!" Finden Sie es selbst heraus! **SH**

Von Puri nach Konark
Odisha, Indien

Start Puri
Ziel Konark
Länge 37 km
Art Landschaft
Karte goo.gl/a1zYtg

Diese Strecke am Golf von Bengalen beginnt in Puri, wo sich mit dem Jagannath-Tempel aus dem 12. Jahrhundert eine der bedeutendsten vishnuitischen Wallfahrtsstätten befindet. Der Eintritt ist jedoch nur Hindus gestattet.

Man verläßt die Stadt auf der NH203 und fährt durch Alleen in einer Ebene voller Reisfelder. Während man sich dem Indischen Ozean nähert, durchquert man das Naturschutzgebiet Balukhand-Konark. In dessen Sanddünen und immergrüner Vegetation lebt die unter Schutz stehende Hirschziegenantilope ebenso wie die Oliv-Bastardschildkröte. Da die Strecke bei Touristen sehr beliebt ist, ist man zwar nicht alleine, aber es herrscht kein Chaos wie auf vielen anderen Straßen Indiens.

Die Reise endet in Konark, wo ein weiterer bedeutsamer Hindutempel steht. Der Surya-Tempel ist dem Sonnengott Surya geweiht und soll den Wagen der Gottheit darstellen, mit zwölf steinernen Räderpaaren und sieben Pferdeskulpturen. Die Wände sind mit Schnitzkunst verziert, viele der Abbildungen sind erotischer Natur. Das Bauwerk dominiert die flache Landschaft und ist sogar von der Bucht aus zu sehen. Einst nutzten es Seefahrer als Navigationshilfe. Da dennoch Schiffbrüche keine Seltenheit waren, betrachteten Nicht-Hindus den Tempel als Unglücksbringer und verliehen ihm den Beinamen „Schwarze Pagode". **JP**

❶ Der Sonnentempel aus dem 13. Jahrhundert zieht vor allem, aber nicht nur Hindus an.

Three Level Zigzag
Sikkim, Indien

Start Rongli
Ziel Lungthung
Länge 48 km
Art Abenteuer
Karte goo.gl/qNYeFH

Viele Inder bezeichnen diese Strecke als die kurvenreichste Straße der Welt, und vermutlich haben sie recht. Der Three Level Zigzag weist auf einem Abschnitt von nur 32 km über 100 Spitzkehren auf. Auf der Landkarte sehen einige Passagen der Straße wie undefinierbares Gekritzel aus.

Diesen bizarren Ort findet man in den Himalayaausläufern im Osten des indischen Bundesstaates Sikkim. Es existieren spezielle Aussichtspunkte, von denen man gut sehen kann, wie die Straße hin und her durch die steile Landschaft verläuft.

Die Strecke scheint sich immer wieder selbst aufzurollen und nach oben und unten über den Berghang zu schlängeln. Ihr Anblick ist so außergewöhnlich, daß die Straße inzwischen zu einem Touristenmagnet geworden ist. Die Landschaft ist von unzähligen nebelverhangenen Bergkuppen und Gipfeln gekennzeichnet, und die benachbarten Hügel sind ebenfalls dicht von Asphaltbändern überzogen: sie alle gehören zum Three Level Zigzag.

Der Weg ist befestigt, hat aber viele Kurven ohne Absicherung vor dem Abhang. Zudem bringt die Höhe von 3414 m ganzjährig die Gefahr von Schnee und Unterspülungen mit sich. Und sollte sich Eis auf dem Belag dieser sonderbaren Straße zeigen, ist man am am besten gar nicht vor Ort. **SH**

◐ Diese Ansicht vermittelt einen Eindruck der Straße.

Jelep La und die Seidenstraße Sikkim, Indien

Start Gangtok   **Ziel** Gangtok   **Länge** 204 km
Art Abenteuer   **Karte** goo.gl/CzpeY7

Die Seidenstraße war ein Netz von Saumpfaden durch die Bergwelt zwischen den Zivilisationen des Westens und des Ostens. In Nordindien durchquerte sie über Jahrhunderte hinweg schwieriges, aber eindrucksvolles Gebirge. Die Wege entwickelten sich langsam zu Straßen, aber aufgrund der wiederholten Kriege in den Grenzregionen gibt es heute keine direkte Schnellstraße durch den Himalaya.

Stattdessen kann man Ausflüge auf der alten Handelsroute unternehmen, die das ehemalige Königreich Sikkim mit abgelegenen Bergstationen und Sehenswürdigkeiten wie dem tief in einer Gebirgskluft gelegenen Menmecho-See oder der Serpentinenstraße bei Zuluk verbindet.

Die farbenfrohe Stadt Gangtok, ehemals Hauptstadt von Sikkim, ist eine ideale Basis, um die Gegend zu erkunden. Sie liegt an einem so steilen Ort, daß hier eine Seilbahn verkehrt. Sehenswert sind auch die Klöster in Lingtam und der Aussichtspunkt Thambi, der einen weiten Blick auf den Kangchendzönga bietet. In der Nähe verläuft der alte Paß Jelep La auf 4267 m Höhe nach Tibet. Der einst wichtige Verbindungsweg ist durch wiederholte Konflikte in der Region schon lange geschlossen. Man kann den Paß vom Kloster im Dorf Lava aus sehen, kommt aber nicht näher an ihn heran. **SH**

❶ Seidenstraße an der indisch-chinesischen Grenze.

Inseltour von Jaffna nach Nainativu   Nordprovinz, Sri Lanka

Start Jaffna   Ziel Nainativu   Länge 37 km
Art Landschaft   Karte goo.gl/BPYS2N

Diese Inseltour beginnt in der faszinierenden Hafenstadt Jaffna, die sich weitgehend vom Bürgerkrieg (1983–2009) erholt und zu einem Reiseziel im Herzen der tamilischen Region entwickelt hat. Zu den Sehenswürdigkeiten gehören die alte holländische Kolonialarchitektur und moderne Einkaufszentren.

Jaffna ist ein idealer Ausgangspunkt zu den Inseln im Westen. Über Dämme fährt man wenige Meter über den Wellen kilometerweit über das Meer, vorbei an Fischern, die bis zur Taille im Wasser stehen. An manchen Stellen verlaufen die Wege durch Sümpfe, die so flach sind, daß Rinder darin waten. So kann man die drei Hauptinseln Mandaitivu, Kayts und Punkudutivu auf der Straße erkunden.

Auf den Märkten, in den Tempeln und in den Fischerdörfern findet man Relikte arabischer, holländischer und portugiesischer Kolonisten.

Zu den weiter entlegenen Inseln Delft und Nainativu verkehren Fähren. Es lohnt sich, die Unannehmlichkeiten der überfüllten Segelschiffe auszuhalten, um die abgelegenen Orte zu erreichen. Delft ist ein verschlafener, freundlicher Strandort, in dem man ausgezeichnete frische Meeresfrüchte probieren kann und auf Nainativu gibt es einen pittoresken Schrein, der die Insel es zu einem wichtigen Wallfahrtsort für Hindus macht. **SH**

❶ Ein typischer Damm bei Jaffna.

18-Kurven-Straße
Zentralprovinz/Uva, Sri Lanka

Start Kandy, Zentralprovinz
Ziel Mahiyanganaya, Uva
Länge 77 km
Art Landschaft
Karte goo.gl/BZWyV6

Die Bergstrecke von Kandy zur heiligen buddhistischen Stadt Mahiyanganaya war einst berüchtigt für ihre 18 Serpentinen, die sich einen dicht bewaldeten Berg hinabwinden. Ihre rauhen, engen Abschnitte waren von vielen Reisenden gefürchtet.

Heute hat die Route viel von der Herausforderung eingebüßt, ist aber immer noch ein landschaftlich reizvoller Höhepunkt der Zentralprovinz Sri Lankas. Die neue Straße hat sich zu einem beliebten Ausflugsziel entwickelt und bietet einen weiten Blick über Hügel, Tal, Seen und Flüsse. Von einigen Aussichtspunkten aus kann man die sich in die Ferne schlängelnde Straße betrachten.

Die neue 18-Kurven-Straße, oder Daha ata Wanguwa, wurde verbreitert und mit glattem Asphalt versehen. Bei der Sanierung wurde eine berühmte Kurve entfernt, so daß sie eigentlich in 17-Kurven-Straße umbenannt werden müßte. Außerdem gibt es steinerne Schutzmauern und Sicherheitsspiegel. Die gesamte Straße ist so konzipiert, daß sie von 12 m langen Lastkraftwagen befahren werden kann.

Mit zehn Brücken und vielen Kurven und Steigungen ist die Strecke immer noch anspruchsvoll. Ein Großteil ist nun aber eine Autobahn und die durchschnittliche Fahrzeit wurde halbiert. Es gibt neue Stützmauern mit Wandbildern von wilden Tieren, doch in der Regenzeit muß man immer noch mit Erdrutschen und Steinschlag rechnen. **SH**

Strandtour Westprovinz/Südprovinz, Sri Lanka

Start Colombo, Westprovinz
Ziel Rekawa Beach, Südprovinz
Länge 212 km
Art Landschaft
Karte goo.gl/GqJXaM

Sri Lankas Westküste ist der am meisten erschlossene Teil der Insel und zieht mit herrlichen Stränden und luxuriösen Hotels eine sonnenhungrige europäische Kundschaft an.

Von der Hauptstadt Colombo aus führt der Weg über die alte Küstenstraße A2 durch die gehobenen Pauschalurlaubsorte Kalutara, Beruwala und Bentota mit der langen, weichen, weißen Sandzunge zwischen dem wogenden Indischen Ozean und der azurblauen Lagune.

Von dort aus führt die weniger befahrene südliche Küstenstraße zu einigen verborgenen Schätzen Sri Lankas. Hikkaduwa war in den 1970er Jahren ein Hippie-Treffpunkt und ist beliebt bei jungen Individualtouristen. Im August findet hier ein dreitägiges Strandfestival statt, das berühmte DJs aus aller Welt anzieht. Es ist auch ein Magnet für begeisterte Surfer und Taucher. Weiter südlich liegt der silberne Sand von Unawatuna mit angrenzenden Korallenriffen und geisterhaften Schiffswracks. Ein kurzer Abstecher auf der A2 führt zum palmengesäumten Tropenparadies Mirissa Beach.

Die verschlafene holländische Kolonialstadt Tangalla ist ein großartiger Ort für eine Übernachtung, bevor die letzte Etappe landeinwärts um die Rekawa-Lagune zum Turtle Point führt, wo zwischen April und September Karett- und Lederschildkröten an Land kommen, um ihre Eier abzulegen. **DIS**

Teufelstreppe
Uva, Sri Lanka

Start Bambarakanda-Wasserfall
Ziel Ohiya
Länge 13 km
Art Abenteuer
Karte goo.gl/ZLyFoD

Diese Abkürzung zwischen den Städten Kalupahana und Ohiya im Süden Sri Lankas beträgt weniger als die Hälfte der Strecke der normalen asphaltierten Straße, aber man braucht ein Fahrzeug mit Allradantrieb, um sie zu bewältigen. Eigentlich braucht man auch etwas Geschick und Mut, denn diese berüchtigte Route macht ihrem Namen alle Ehre.

Eine kurvenreiche asphaltierte Straße führt von der A4 hinauf in die Hügel zu einer bekannten lokalen Attraktion, dem Bambarakanda-Wasserfall, dem mit 263 m höchsten in Sri Lanka. Von diesem beliebten Ort aus führt ein schlammiger Felsweg in die Kiefernwälder. Die einst bedeutende Kolonialstraße führt über die Hügel nach Ohiya und zu Aussichtspunkten mit Blick auf den Wasserfall und die Ebenen dahinter. Hoch in den grünen Hängen geht es durch eine schmale Öffnung in den Felsen, wo ein winziger Altar am Straßenrand zu sehen ist. Inmitten abgelegener Teeplantagen überquert man einen Bach, der den Wasserfall speist.

Nach einem Abschnitt auf einem Hochplateau mit herrlicher Aussicht auf die umliegende Landschaft führt der Weg über eine sehr steile Abfolge von engen, ungesicherten Serpentinen – die Teufelstreppe. Nach dem Abstieg bietet sich noch ein Abstecher zum Besucherzentrum des Horton-Plains-Nationalparks an, bevor man zum malerischen Touristenort Ohiya weiterfährt. **SH**

❶ Die Bambarakanda-Wasserfälle zählen zu den Höhepunkten dieser anspruchsvollen Exkursion.

Araniko Highway
Bagmati, Nepal

Start Kathmandu
Ziel Kodari
Länge 113 km
Art Abenteuer
Karte goo.gl/9Pa3dp

❶ Nepalesische Pendler auf dem Araniko Highway in Kathmandu.

Es wäre unverantwortlich zu verschweigen, daß der Araniko Highway eine der gefährlichsten Straßen der Welt ist. Er wurde in den 60er Jahren von den Chinesen gebaut, um Nepal mit China zu verbinden und ist eine wichtige Handelsroute zwischen den beiden Ländern. Eine scheinbar endlose Prozession schwerer Lastwagen und Busse durchquert den Himalaya auf der Straße, die sich nördlich des Kathmandutals an die Hänge klammert.

In einzelnen Abschnitten kann jeweils nur ein Fahrzeug passieren, ohne Leitplanken, die ein Abrutschen verhindern. Und es ist ein tiefer Sturz nach unten, mehrere hundert Meter über dem felsigen Talboden. Voll beladene Busse verschwanden nachweislich über den Fahrbahnrand. Die steilen Berghänge verursachen auch Steinschläge und Erdrutsche. Bei schlechtem Wetter oder gar Monsun kann die Straße komplett blockiert werden. 2014 war die Strecke 46 Tage durch Erdrutsche gesperrt, 2015 erzwangen Erdbeben eine erneute Schließung. Dennoch ist es eine wichtige Handelsroute, auf der sich, wenn sie geöffnet ist, große Nutzfahrzeuge tummeln. Aber auch bei Mountainbikern, die sich sorglos unter die großen Jungs mischen, wird sie immer beliebter. Ein Allradantrieb ist notwendig, um die Route sicher zu bewältigen. Dazu sollte man schwindelfrei sein und starke Nerven haben. **JI**

Von Dhaka nach Mahasthangarh
Dhaka, Bangladesch

Start Dhaka
Ziel Mahasthangarh
Länge 204 km
Art Kultur
Karte goo.gl/ArnWU1

Bangladesch ist mit rund 160 Millionen Einwohnern das achtbevölkerungsreichste Land der Welt, auf einem Gebiet von der Größe des Staates New York, der nur 20 Millionen Einwohner hat. Bei einer solchen Bevölkerungsdichte gibt es natürlich viel Verkehr. Bunt lackierte Lastwagen, Rikschas und Fußgänger, die enorme Lasten schleppen, bevölkern die Straßen. Bangladesch ist ein faszinierendes Land, das man gut auf der Straße erkunden kann. Man entdeckt tropische Dschungel, riesige Flüsse, weitläufige Reisfelder und turbulente Städte, Märkte, Seen, Moscheen, Ananasplantagen, Straßenhändler und Passagiere, die auf schwer beladenen Nutzfahrzeugen mitfahren.

Diese Route führt in den Norden der Hauptstadt Dhaka, eine Stadt mit sieben Millionen Einwohnern, die oft alle gleichzeitig unterwegs zu sein scheinen. Das bunte Treiben sollte man als Teil des Bangladesch-Erlebnisses genießen, bevor es auf der N4 weiter nach Norden geht.

Bald biegt die Route nach Westen ab und überquert den mächtigen Fluß Jamuna über die 5,6 km lange Bangabandhu-Mautbrücke. Die N5 führt dann nach Norden nach Bogra und zu den Ruinen von Mahasthangarh, einer alten Stadt, die diese ganze Region beherrschte, während Rom und Karthago noch um die Kontrolle über das Mittelmeer kämpften. **SH**

❶ Verkehr gibt es in allen Formen auf der Mirpur Road in Dhanmondi, einem Wohngebiet von Dhaka.

Grand Trunk Road — Von Bangladesch nach Afghanistan

Start Chittagong, Bangladesch   **Ziel** Kabul, Afghanistan   **Länge** 2500 km
Art Abenteuer   **Karte** goo.gl/O1UPiq

Eine der ältesten und längsten Straßen der Welt führt quer über den asiatischen Subkontinent und ist eine Reise wie keine andere. Die Fahrt beginnt in der geschäftigen, chaotischen Hafenstadt Chittagong am Indischen Ozean in Bangladesch und endet in Kabul, in der Bergwüste Afghanistans.

Die Straße ist fast vollständig asphaltiert, und es gibt keine größeren topografischen Schwierigkeiten. In Anbetracht des instabilen politischen Klimas und der Lebensbedingungen in den Gebieten, durch die die Route führt, ist es jedoch wahrscheinlich, daß man unterwegs auf große Herausforderungen stößt. Die Planung erfordert daher eine gewisse Sorgfalt. Einheimische nennen die Straße „GT", eine ironische Anspielung auf Gran Turismo-Sportwagen, denn schnell fahren kann man hier kaum. Verspätungen sind ein wesentlicher Bestandteil der Grand Trunk Road, ob nun ein wildes Kamel auf der Straße steht oder überladene Lastwagen kollidieren. Die seit dem 16. Jahrhundert befestigte Straße, die Rudyard Kipling als „Fluß des Lebens" bezeichnete, ist stark befahren und Sehenswürdigkeiten wie der Chaiber-Paß oder der Goldene Tempel von Amritsar in Indien verblassen beinahe gegen die intensive Erfahrung der unvorhersehbaren Ereignisse auf der Grand Trunk Road. **SH**

❶ Die Straße über den Khyberpaß.

Von Paro nach Thimphu Paro/Thimphu, Bhutan

Start Paro, Paro **Ziel** Thimphu, Thimphu **Länge** 50 km
Art Landschaft **Karte** goo.gl/Fa1LgG

Im Königreich Bhutan gibt es nur wenige asphaltierte Straßen und nur eine einzige durchquert das ganze Land. Sie ist gerade einmal 2,5 m breit und ein Großteil ist unbefestigt, unbeschildert und von schweren Erdrutschen und unvorhersehbaren Wetterbedingungen geprägt. Der am besten ausgebaute und gepflegte Straßenabschnitt liegt zwischen der internationalen Flughafenstadt Paro und der Hauptstadt und größten Stadt, Thimphu.

Man verläßt Paro auf einer asphaltierten Fahrbahn, die parallel zum Fluß Paro Chu verläuft. Auf beiden Seiten befinden sich bewaldete Hänge mit charakteristischen Häusern, Festungen und Tempeln. Manchmal muß man auf den unbefestigten Straßenrand ausweichen, um an überladenen Lastwagen und klapprigen Bussen vorbeizukommen.

Nach der Fahrt durch das hübsche Tal biegt man in das ebenso schöne Tal Thimphu Chu ein, wo grüne Berge in die Wolken ragen und tiefe Täler im Nebel verschwinden. Der letzte Abschnitt zwischen Babesa und Thimphu ist eine moderne Autobahn mit Straßenbeleuchtung, Straßenmarkierungen und Sicherheitsbarrieren. Wenn möglich, sollte man den Besuch im September oder Oktober einplanen, um das Tshechu, ein viertägiges buddhistisches Fest in der Hauptstadt, zu besuchen. **SH**

❶ Bhutan gilt als die glücklichste Nation der Welt.

Von Urumtschi zum Kanas-See
Nordwestchina, China

❶ Der Kanas fließt aus dem gleichnamigen See; er ist ein Nebenfluß des russischen Ob.

Start Urumtschi, Xinjiang
Ziel Urumtschi, Xinjiang
Länge 1679 km
Art Landschaft
Karte goo.gl/UZePOP

Diese Marathon-Straßentour durch die nördliche Region Xinjiang beginnt in Urumtschi, einer Metropole mit drei Millionen Einwohnern, riesigen Wolkenkratzern und einem internationalen Flughafen. Mit zahlreichen Sehenswürdigkeiten, die vom größten islamischen Basar der Welt bis zu einem führenden chinesischen Fußballstadion reichen, ist sie ein idealer Ausgangspunkt für Touren in die umliegenden Berge, Gletscher und Nationalparks.

Auf exzellenten Straßen geht es nach Norden zum „Himmlischen See" im Tian Shan, einem herrlichen Waldgebiet auf 2000 m Höhe. Die Landschaft um den Berg Bogeda wurde von der UNESCO zum Biosphärenreservat erklärt und ist ein beliebtes Ausflugsziel der Chinesen.

Weiter nördlich ist die abgelegene Bergstadt Altai ein günstiger Ausgangspunkt für Expeditionen zum angeblich von sagenumwobenen Kreaturen bewohnten Kanas-See an der Grenze zu Rußland.

Die Route führt dann auf guten Straßen durch eine Wüste mit massiven Felsformationen. Im wohlhabenden Karamay am Flußufer darf man die tägliche aufwendige, farbenprächtige Fontänenshow nicht verpassen, die von den größten Ölfeldern des Landes in der Nähe finanziert wird. Und bevor man nach Osten abbiegt und nach Urumtschi zurückkehrt, ist Chinas Öl-Hauptstadt wohl der perfekte Ort, um Treibstoff für die Rückfahrt zu tanken. **SH**

Nationalstraße 219
Nordwestchina, China

Start Kargilik, Xinjiang
Ziel Lhatse, Tibet
Länge 2089 km
Art Abenteuer
Karte goo.gl/GwmuPe

Wenn jemals eine Straße dafür geschaffen wurde, das Adrenalin zum Fließen zu bringen und die Sinne zu kitzeln, dann diese. Die Nationalstraße 219, eine der höchstgelegenen Straßen der Welt, verläuft nördlich der Grenze zu Nepal und Indien und überquert unzählige Hochgebirgspässe. Bevor sie 2013 vollständig asphaltiert wurde, bestand die Fahrbahn aus Sand, Kies und Spurrillen. Doch auch mit Asphalt bleibt sie eine der anspruchsvollsten Strecken der Welt und eines der aufregendsten Abenteuer, die man hinter dem Lenkrad erleben kann.

Der Bau der „geheimen" Autobahn durch die umstrittene Hochlandregion Aksai Chin in Nordindien begann 1951 und dauerte sechs Jahre. Er war einer der Auslöser des Indisch-Chinesischen Grenzkrieges von 1962. Der Konflikt ist lange beigelegt; heute besteht nur Gefahr durch Schneestürme und Blizzards, die aus heiterem Himmel aufziehen können. Die Temperaturen sinken im Winter unter -25 °C.

Die Landschaft ist umwerfend schön, was man vielleicht auf einer Straße mit einer durchschnittlichen Höhe von 4500 m auch erwarten würde. Von hier aus hat man einen wunderbaren Blick auf die Taklamakan-Wuste, eine der unwirtlichsten Gegenden des Planeten. Man muß nur ein Bild der Straße sehen, wie sie sich durch die Region um den See Pangong Tso schlängelt, und man sehnt sich danach, seine Koffer zu packen und loszufahren. **BDS**

❶ Ein Anblick, der Appetit macht: ein Abschnitt der 219 durch das Hochland von Nordwestchina.

Zhongnanshan-Tunnel
Nordwestchina, China

Start Niubeiliang-Nationalpark, Shaanxi
Ziel Wohngebiet Wangmang, Xi'an, Shaanxi
Länge 49 km
Art Abenteuer
Karte goo.gl/V1Ei1m

Der 18 km lange Zhongnanshan-Tunnel durch den Gneis und Granit des Zhongnan-Gebirges im Nordwesten Chinas war Teil der Fernverbindung zwischen Baotou in der Inneren Mongolei und Beihai in Guangxi Zhuang. Bei seiner Eröffnung 2007 war er nicht nur der zweitlängste Straßentunnel der Welt sondern auch der bunteste, denn um der Ermüdung der Fahrer entgegenzuwirken, statteten die Designer ihn mit einer speziellen Beleuchtung aus, die kaleidoskopische Muster erzeugt, und installierten künstliche Bäume. In einigen Abschnitten werden sogar Wolkenbilder an die Decke projiziert, um die Belastung der Augen zu reduzieren.

Die beiden Röhren des Tunnels sind zweispurig, wobei der Abstand zwischen den Mittellinien 30 m beträgt. Der Tunnel hat eine maximale Tiefe von 1640 m und kostete insgesamt 350 Millionen Euro. Er verfügt über die mit 661 m weltweit tiefsten Lüftungsschächte und die fortschrittlichste Überwachungstechnologie. Die Höchstgeschwindigkeit beträgt 80 km/h.

Die Erfahrung unterscheidet sich von allen, die man je zuvor mit einem Tunnel gemacht hat. Der Bau hat nichts mit einem gewöhnlichen felsigen und schlichten Betontunnel gemein: Hier wurde der Tunnel neu definiert, durchbrochen von Bäumen unten und Wolken oben – eine subterrane Phantasmagorie aus Farbe und Licht. **BDS**

Tarim-Fernstraße
Nordwestchina, China

Start Luntai, Xinjiang
Ziel Minfeng, Xinjiang
Länge 581 km
Art Abenteuer
Karte goo.gl/bUQIKK

Blickt man von einer Raumstation auf China hinunter, ist im Westen des Landes ein großes Sand-Oval zu sehen. Das Tarimbecken wird im Norden vom Tian Shan und im Süden vom Kunlun Shan am Rande des tibetischen Plateaus begrenzt. Die Taklamakan-Wüste füllt den größten Teil des Beckens, eine Wüste, die jahrtausendelang nicht von Menschen durchquert wurde. Händler auf der Seidenstraße zwischen China und dem Westen zogen um die Wüste herum.

Diese Isolation änderte sich 1993, als die Arbeiten an der Tarim-Fernstraße begannen. Die Erdölindustrie benötigte die brandneue Straße, um Öl schnell durch die Wüste zu transportieren. Heute kann man die unglaubliche Abgeschiedenheit selbst genießen. Die Strecke beginnt in Luntai und führt auf der S165 Richtung Süden durch die Wüste und auf der G315 nach Minfeng. Rund 446 km der Straße verlaufen durch Wanderdünen. Sie ist damit die längste Wüstenautobahn der Welt. Um zu verhindern, daß Sanddünen die Autobahn begraben, pflanzten chinesische Bauarbeiter Büsche und andere Gewächse am Straßenrand und errichteten ein Bewässerungssystem, um die Pflanzen am Leben zu erhalten. Auf halber Strecke gibt es eine Tankstelle und Restaurants. Ansonsten ist man auf sich allein gestellt. **SA**

● Ein Großteil der Straße ist pfeilgerade.

Straße zum Himmel Nordwestchina, China

Start Yongding, Hunan **Ziel** Tianmen, Hunan **Länge** 14 km
Art Abenteuer **Karte** goo.gl/NFRZMS

Diese extreme Straße auf den 1519 m hohen Tianmen ist zu einer bedeutenden Touristenattraktion geworden, die sich viele nur von der Seilbahn auf den Berg aus ansehen.

Doch so zaghaft geht es bei dieser Straßentour nicht zu. Mensch und Maschine müssen auf eine Spirale von 99 Haarnadelkurven in enger Folge vorbereitet sein. Man sollte die Fahrt nicht antreten, wenn man zur Reisekrankheit neigt.

Chinas Landstraße 104 hat viele inoffizielle Namen, darunter „Straße zum Himmel", „der 99 Kurven", „zum Himmelstor". Und auf dem Weg nach oben fallen einem sicherlich selbst noch ein paar – möglicherweise nicht ganz druckreife – Namen ein.

Die Fahrbahn selbst ist glatt und Betonbarrieren schützen vor tödlichen Stürzen. Oben führen 999 Stufen hinauf zu einem riesigen Felsbogen, einem wunderschönen alten Tempel und einem gläsernen Skywalk über eine klaffende Schlucht, der vielleicht noch furchteinflößender ist als die Straße.

Die Seilbahn ist eine sehr beliebte Alternative für diejenigen, die sich nicht auf die Straße trauen. Doch beim Einsteigen in die Gondel stellt man fest, daß man sich auf die mit 7,5 km längste Seilbahnfahrt der Welt eingelassen hat, die in einem ungewöhnlich steilen Winkel von 37 Grad aufsteigt. **SH**

❶ Haarnadelkurven auf dem Tianmen.

Panoramafahrt von Xinduqiao nach Danba Südwestchina, China

Start Xinduqiao, Sichuan **Ziel** Danba, Sichuan **Länge** 146 km
Art Landschaft **Karte** goo.gl/edO2Gx

Diese Reise durch Südchina bietet eine Momentaufnahme des klassischen Tibet. Ausgangspunkt ist das geschäftige Städtchen Xinduqiao hoch in den Bergen, ein moderner Ort inmitten einer Landschaft, die Fotografen aus ganz China anzieht.

Die Höhe beträgt hier 3300 m, so daß Atemnot und Höhenkrankheit auftreten können. Hat man sich aber erst einmal akklimatisiert, findet man sich in einer atemberaubenden Landschaft aus Flüssen, Wäldern und Weiden mit Tempeln und Pagoden vor einer Kulisse aus schneebedeckten Gipfeln wieder.

Auf der gut ausgebauten S303 geht es nach Norden durch ländliche Gebiete, die von nomadischen Bauern bewohnt werden. Vorsicht vor grasenden Yaks und flatternden Gebetsfahnen. In Tagong befindet sich ein großer buddhistischer Tempel mit einer goldenen Pagode, die kilometerweit zu sehen ist. An den Berghängen prangen riesige Mantras darüber wehen bunte Fahnen.

Man passiert den Huiyuan-Tempel, einen ehemaligen Sitz des Dalai Lama, und sieht den heiligen Yala-Schneeberg, der auf 5820 m Höhe durch die Wolken stößt, bevor man das Ziel der Reise erreicht. Danba ist wegen seiner kunstvollen, kleinen, traditionellen tibetischen Häuser als das „Dorf der tausend Blockhäuser" bekannt. **SH**

❶ Der Tagong-Tempel ist ein Höhepunkt dieser Reise.

Tee-Pferde-Straße von Yunnan nach Tibet
Südwestchina, China

Start Xiaguan, Yunnan
Ziel Markam, Tibet
Länge 753 km
Art Landschaft
Karte goo.gl/MZDajS

Diese abenteuerliche Tour von Südchina nach Tibet führt über das Hengduan-Gebirge, die Heimat der riesigen Pandas und Ursprung des Mekong und des Jangtse. Diesen Teil der historischen „Tee-Pferde-Straße" als landschaftlich reizvolle Fahrt zu bezeichnen, wäre eine glatte Untertreibung.

Die Straße selbst ist ausgezeichnet, mit glattem Asphalt und klaren Straßenmarkierungen. Probleme gibt es eher durch die häufigen Erdrutsche oder starken Schneefall in sehr abgelegenen Regionen. Daher sollte man sich vorab über die Bedingungen informieren, Vorräte mitnehmen und auf Verspätungen vorbereitet sein. Es wird zudem schweres Terrain geben. Der höchste Punkt der Reise ist der Paß über den Hongla-Schneeberg auf rund 4300 m. Der Baima-Schneeberg, ein 5640 m hoher Gipfel, der bis heute noch nie bestiegen wurde, liegt in der Nähe.

Während man eine scheinbar endlose Abfolge von steilen Serpentinen bewältigt, verändert sich die Umgebung drastisch. Auf relativ kurzer Strecke steigt die Straße steil in schneebedeckte Berge und fällt dann in tiefe Täler mit feuchtem Regenwald ab.

Inmitten dieser spektakulären Landschaften findet man alte buddhistische Tempel und Klöster, einfache ländliche Dörfer und geschäftige Städte. Egal, ob man in Markam die Tour beendet oder weiter in die Hauptstadt Lhasa fährt, der Kopf wird voller Erinnerungen und die Kamera voller Fotos sein. **SH**

❶ Ein tibetischer Pavillon mit einigen der Gipfel des Hengduan-Gebirges im Hintergrund.

Tigersprung-Schlucht
Südwestchina, China

Start Hutiaoxiazhen, Yunnan
Ziel Dêqên, Yunnan
Länge 37 km
Art Abenteuer
Karte goo.gl/jxX7Lg

In der Provinz Yunnan im Südwesten Chinas mündet der Fluß Jinsha in den Jangtse, der weiter in west-östlicher Richtung über eine Reihe von Stromschnellen durch die steilen Klippen der spektakulären Tigersprung-Schlucht fließt. Mit einer Tiefe von bis zu 3790 m vom Flußbett bis zum Gipfel ist die Schlucht eine der tiefsten der Welt. Sie erstreckt sich über 15 km zwischen dem Jadedrachen-Schneeberg im Süden und dem Haba Xueshan im Norden.

Ihr Name leitet sich von einer Legende ab, der zufolge ein Tiger einem Jäger entkam, indem er hier über den Fluß sprang. Da die Schlucht an ihrer engsten Stelle 25 m breit ist, ist es überaus fraglich, ob dies so stattgefunden hat, es ist aber eine schöne Geschichte. Sicher ist hingegen, daß es fast unmöglich ist, die Schlucht mit dem Boot zu durchqueren. 1986 wurde zwar ein erfolgreicher Versuch unternommen, doch Anfang der 80er Jahre verschwanden vier Rafter spurlos in der Schlucht.

Die weniger Abenteuerlustigen sollten sich auf vier Rädern am Fluß fortbewegen. Diese Straße beginnt in Hutiaoxiazhen, nördlich von Lijiang, und verläuft an der Nordseite der Schlucht, führt am Berghang entlang und durch mehrere Tunnel. Unterwegs gibt es zahlreiche Stellen, an denen man zum rauschenden Fluß hinunterklettern kann. Im Dorf Yongke verläßt die Straße die Schlucht und führt nach Norden ins Landesinnere. **SA**

❶ Eine Bogenbrücke überspannt eine der engsten Stellen der Tigersprung-Schlucht.

24-zig Südwestchina, China

Start G320, Qinglong   **Ziel** G320, Shuangshan   **Länge** 8,9 km
Art Abenteuer   **Karte** goo.gl/InRsoQ

Hier bietet sich die einmalige Gelegenkeit, auf einer Straße aus dem Zweiten Weltkrieg tief im Bergdschungel Südwestchinas zu fahren.

Sie wurde für US-Konvois gebaut, um chinesische Streitkräfte, die gegen die Japaner kämpfen, mit Kriegsmaterial zu versorgen Sie war unter den Armee-Truckern berüchtigt, die stets ein Gebet sprachen, bevor sie sich auf die Serpentinen begaben, die sich steil bergauf winden. Es gibt zahlreiche Berichte über schwer mit Waffen, Munition oder Lebensmitteln beladene Trucks, die auf den achtprozentigen Steigungen umkippten.

Damals war die Strecke Teil einer langen Straße durch den Dschungel von Burma nach China und ein Symbol der alliierten Zusammenarbeit, die weltweit propagiert wurde. Bis zu 2000 Trucks der US-Armee erklommen die 24-zig jeden Tag.

Heute bewerben die chinesischen Behörden die ruhige, abgelegene Straße als Beispiel für die langjährige chinesisch-amerikanische Freundschaft, und eine Aussichtsplattform bietet eine Gesamtansicht der Straße.

Wenn man die 24-zig erst einmal gefunden hat, stellt man fest, daß die Serpentinen noch genau wie damals völlig ungesichert sind und die Fahrbahn immer noch eine holprige Schotterpiste ist. **SH**

❶ Es ist klar, wie diese Straße ihren Namen erhielt.

Von Sichuan nach Tibet Südwestchina, China

Start Chengdu, Sichuan Ziel Lhasa, Tibet Länge 2082 km
Art Abenteuer Karte goo.gl/mVR4Ht

Um Tibet mit dem Rest Chinas zu verbinden, baute die chinesische Regierung 1954 eine Autobahn von Chengdu in der Provinz Sichuan über das Dach der Welt zur tibetischen Hauptstadt Lhasa. Die Straße ist als Teil der Nationalstraße G318 eine der großen Verkehrsachsen der Welt. Die lange und stellenweise gefährliche Strecke wird von Fernfahrern und passionierten Autofahrern genutzt. Angesichts ihrer Länge ist es nicht verwunderlich, daß sich Landschaft und Klima während der Fahrt stark verändern. Die Straße beginnt im Lärm von Chengdu, läßt aber bald die grüne Landschaft hinter sich, und die Berge ragen auf. Sie führt über 14 Gipfel mit einer durchschnittlichen Höhe von 4500 m, überquert zahlreiche Flüsse, passiert herrliche Schluchten und führt durch 99 enge Serpentinen hinunter.

Die Straße ist teilweise asphaltiert, meist besteht die Fahrbahn aber aus Sand oder Kies, was sie bei Regen zu einer Schlammfalle macht. Erdrutsche, Eis und Schnee erhöhen die Gefahr, und Verkehrsunfälle sind keine Seltenheit. All dies kann zu kilometerlangen Staus führen, daher ist Geduld geboten, während man wartet. Man sollte sich darauf einstellen, daß diese einzigartige Fahrt insgesamt etwa zwei Wochen dauert und das Fahrzeug entsprechend gut vorbereiten. **SA**

❶ Die Straße windet sich durch extremes Terrain.

Straße zum Mount-Everest-Basislager Südwestchina, China

Start Lhasa, Tibet **Ziel** Mount-Everest-Basislager, Tibet **Länge** 612 km
Art Abenteuer **Karte** goo.gl/5gCZI6

Es wird zwar nicht den Puls der Puristen beschleunigen, die das Gefühl haben, daß die einzige Möglichkeit, eine große Tour zu würdigen, darin besteht, sie zu Fuß zu gehen, aber das ändert nichts daran, daß es eine neue Straße von der tibetischen Hauptstadt Lhasa zum Everest-Basislager (EBC) gibt. Die Straße, die laut der chinesische Regierung nun das Dach der Welt erobert hat, führt in unzähligen Serpentinen über mehrere bis zu 5182 m hohe Bergpässe und füllt dabei die Windschutzscheibe mit Panoramen der verehrtesten und gefürchtetsten Gipfel des Himalaya: Lhotse, Makalu, Cho Oyu und natürlich des Mount Everest, auch „Muttergöttin der Erde" genannt. Die Straße ist eine beeindruckende Leistung.

Es gibt nur ein Problem: Straßen bringen Entwicklung. Bei Redaktionsschluß des vorliegenden Buches waren ein Besucherzentrum und ein Hotel im EBC geplant. Das sogenannte Bergsteigerzentrum dient nur dem Tourismus. Welche Umweltschäden das mit sich bringt und in welchem Maße diese Straße und die damit verbundene Infrastruktur die Erfahrung des Mount Everest mindern, wird die Zeit zeigen. Zweifellos wird der Reiz der neuen Straße abenteuerlustige Reisende aus aller Welt anziehen. Aber viele fragen sich, ob es diese Straße überhaupt geben sollte. **BDS**

❶ Der Weg zum EBC, mit dem Gipfel in der Ferne.

Straße über dem Wasser Südzentralchina, China

Start Zhaojun-Brücke, Hubei   **Ziel** Gufuzhen, Hubei   **Länge** 13 km
Art Landschaft   **Karte** goo.gl/TRV3SC

Hier schufen Straßenbauingenieure ein absolutes Unikat, eine grandiose, geschwungene Straße, die auf Pfeilern über dem Wasser verläuft. Dieses Projekt mag auf dem Papier seltsam erscheinen, aber das Ergebnis ist eigenartig schön. Die „Straße über dem Wasser" ist ein Zubringer der Autobahn G42 und sollte das chronische Stauproblem zwischen der Zhaojun-Brücke und Guzhao in der Provinz Hubei lösen. Alternative Routen durch das enge Tal hätten einen großen Einfluß auf die Wälder und die Ökologie der Region gehabt. Daher schlug jemand vor, die Straße im Fluß zu bauen und der Rest ist Geschichte. Im August 2015 wurde die „ökologische Überwasserstraße" für den Verkehr freigegeben.

Die Straße in der Mitte des Xiangxi-Flusses, die oft als „Asiens landschaftlich reizvollste Autobahn" bezeichnet wird, hat sich zu einer Touristenattraktion entwickelt. Fahrer aus aller Welt staunen über das kühne Bauwerk, während sie mit der vorgeschriebenen Höchstgeschwindigkeit von 60 km/h dahingleiten und die wunderschöne Waldlandschaft fotografieren. Die Ökobilanz der Autobahn ist zwar etwas fragwürdig, aber die Einnahmen aus dem Tourismus in diesem Teil Chinas werden sehr willkommen sein, da der Bau des Projekts schätzungsweise 60 Millionen Euro gekostet hat. **DK**

❶ Die Straße in der Mitte des Flusses.

Aizhai-Straße
Südzentralchina, China

Start Jishou, Hunan
Ziel Jishou, Hunan
Länge 20 km
Art Landschaft
Karte goo.gl/fqyOJZ

Diese Tour bildet einen kurzen Abschnitt der 2984 km langen Nationalstraße 319, die Xiamen in Fujian mit Chengdu in Sichuan verbindet.

Sie beginnt in der Nähe des Jangtse und windet sich in 13 engen Serpentinen einen steilen Hang hinauf. Am Ende des Aufstiegs führt die Straße in einen Tunnel, über die Aizhai-Brücke und auf der anderen Seite geradeaus in einen weiteren Tunnel.

Die 2007 in Auftrag gegebene und Ende 2011 fertiggestellte Hängebrücke ist 1146 m lang und steht 336 m hoch über der Dehang-Schlucht. Sie ist weder das höchste noch das längste Bauwerk seiner Art in der Welt, aber zum Zeitpunkt der Veröffentlichung des vorliegenden Buches war keine andere Brücke, die höher ist, länger und keine andere, die länger ist, höher.

Als die Aizhai-Brücke eröffnet wurde, verkürzte sie die Fahrtzeit auf diesem Abschnitt der Nationalstraße 319 um eine Stunde, doch seither zieht sie den Verkehr geradezu magisch an. Tausende von Lastwagen und Geschäftsleuten überqueren sie täglich in beide Richtungen, aber auch immer mehr Touristen, so daß die Fahrt auf diesem Streckenabschnitt nun wieder genauso lange dauern kann wie vor der Inbetriebnahme der Brücke. Wenn man einen Besuch plant, sollte man ihn daher unbedingt außerhalb der Stoßzeiten oder am Wochenende machen. **JP**

Guoliang-Tunnelstraße
Südzentralchina, China

Start Shuimocun, Henan
Ziel Landschaftsgebiet Guoliang, Henan
Länge 3 km
Art Abenteuer
Karte goo.gl/FayqSo

Der Guoliang-Tunnel, hoch in den Taihang-Bergen in Zentralchina, verbindet Guoliang mit der Außenwelt. Vor seinem Bau in den 70er Jahren war das Dorf nur über die „Himmelstreppe" erreichbar, eine rutschige, unebene, in den Fels gehauene Treppe. 13 Dorfbewohner schlugen den Tunnel von Hand durch den Fels. Für diese kolossale Leistung brauchten sie fünf Jahre und 4000 Hämmer, die sie durch den Verkauf von Getreide und Ziegen finanzierten.

Den Tunnel erreicht man von der Da Ye Straße durch das untere Ende des Tals. Man muß eine Gebühr zahlen, um in das landschaftlich reizvolle Gebiet zu gelangen. Der Tunnel wirkt eher wie eine Kulisse für Rivendell in der Filmtrilogie *Der Herr der Ringe* (2001–2003) als wie ein Teil des chinesischen Straßennetzes. Über 30 „Fenster" in der Tunnelwand blicken über die senkrechte Schlucht. Außen liegende Abschnitte sind mit Steinmauern gesichert. Da der Tunnel eine Touristenattraktion ist, hat man dem felsigen Ensemble kleine Brücken und Aussichtspunkte hinzugefügt; ein Ausblick am Ende des Tunnels zeigt einen beeindruckenden Wasserfall.

Im Tunnel folgt man einfach dem vorausfahrenden Fahrzeug, doch muß man auf Gegenverkehr und Spaziergänger achtgeben. Hier gilt die Regel: Scheinwerfer einschalten und kräftig hupen. **DS**

➡ Eine Straße für Kraftfahrzeuge und Fußgänger.

Macau-Autotour
Macau, China

❶ Der Senado-Platz ist Teil des historischen Zentrums von Macau und gehört zum UNESCO-Weltkulturerbe.

Start Fährterminal
Ziel The Venetian Macao, Estrada da Baia de N. Senhora
Länge 25 km
Art Kultur
Karte goo.gl/q7kXUR

Die kleine ehemalige portugiesische Kolonie Macau an Chinas Südküste ist mit mehr als 650 000 Einwohnern auf 115,3 km² der dichtbesiedeltste Ort der Welt. Zudem kommen jedes Jahr 30 Millionen Besucher in die Glücksspielhauptstadt Asiens, die sechsmal mehr Einnahmen hat als der Las Vegas Strip. Es ist schwierig, sich der Anziehungskraft der opulenten Bars und Roulettetische der verschiedenen Casinos zu entziehen, jedoch nicht unmöglich.

Es empfiehlt sich, am Fährterminal ein Auto mit Chauffeur zu mieten. Die Führungen dauern etwa vier Stunden und beginnen mit einem Besuch des historischen Zentrums. Laut der UNESCO geben 20 Orte ein einzigartiges Zeugnis der Begegnung von ästhetischen, kulturellen, architektonischen und technologischen Einflüssen aus Ost und West ab. Höhepunkte sind die neoklassizistische maurische Kaserne, das Monte Fort und die imposanten Ruinen der römisch-katholischen Pauluskirche aus dem 17. Jahrhundert.

Am anderen Ende der Bucht Seac Pai liegt das historische Coloane, einst Treffpunkt von Händlern, Fischern und Piraten. Wenn man ein Casino besuchen möchte, sollte man das 39-stöckige Venetian Macao aufsuchen; mit 800 Spieltischen, 3400 Spielautomaten, 350 Geschäften, 30 Restaurants und 51 Gondeln, die entlang des Kanalnetzes vermietet werden, ist es das größte der Welt. **DIS**

Nördliches Hongkong
Hongkong, China

Start Cheung Uk
Ziel Pat Heung
Länge 48 km
Art Landschaft
Karte goo.gl/43iG7L

Diese hufeisenförmige Route durch den Norden Hongkongs führt durch landwirtschaftliche Gebiete, die vor Jahrhunderten von den ersten Siedlern angelegt wurden, die im fruchtbaren Plateau der Region ein vielversprechendes Land sahen. Da die Wirtschaft in die geschäftigen Häfen des Südens abwanderte, wurden viele bäuerliche Gemeinden jedoch aufgegeben und landwirtschaftlich genutzte Flächen langsam von der Natur zurückerobert.

Die Tour beginnt bei Cheung Uk am Fuß der Berge Ping Fung Shan, Cloudy Hill und Wong Leng, eine designierte Site of Special Scientific Interest als Lebensraum für Wasserpflanzen, Fische und Insekten. Auf dem Sha Lo Tung geht es in Richtung Plover Cove Country Park und Plover Reservoir. In diesem beliebten Wochenendurlaubsort kann man Fahrräder mieten, um den Damm und die malerischen Aussichtspunkte am südlichen Ende zu erkunden.

Von Tai Mei Tuk geht es weiter in Richtung Bride's Pool Road und Hung Fa Leng (Red Flower Ridge), das zur Zeit der britischen Herrschaft Teil des mit Wachposten und Stacheldrahtzäunen markierten Grenzgebietes zwischen China und Hongkong war. Heute ist es ein ruhiger Ort mit herrlichem Blick auf den Pat Sin Leng Country Park, wo man leicht vergessen könnte, daß man in Hongkong ist, wo sich eine der am dichtesten besiedelten Städte der Welt befindet. **DIS**

❶ Ein Blick über Hongkong von einem der schönsten Plätze dieser malerischen Route.

Hongkongs Country Parks
Hongkong, China

Start Clear Water Bay
Ziel Wong Shek Pier
Länge 28 km
Art Landschaft
Karte goo.gl/PSugY5

Auf dieser Tour kann man dem Trubel von Kowloon entfliehen und die Ruhe im Sai Kung Country Park genießen. Vom Clear Water Bay Country Park in Kowloon geht es auf dem Hiram's Highway vorbei an Villen mit Blick auf Marina Cove, wo sich Freizeitboote im Hebe Haven drängen, und weiter durch grüne Dörfer und Gemüsegärten nach Sai Kung, einem alten Fischerdorf mit Uferpromenade, Pier, Tempel und Fischrestaurants am Strand. Das Sai Kung Memorial am Straßenrand erinnert an die Dorfbewohner, die während der japanischen Besatzung im Zweiten Weltkrieg starben.

Danach führt die Straße in den Sai Kung East Country Park, ein großes Naturschutzgebiet, das die hügelige, bewaldete Halbinsel bedeckt. Der Park ist beliebt für eine Vielfalt von Outdoor-Aktivitäten. Zu den zahlreichen Attraktionen gehören markierte Wanderwege und ein leicht zugänglicher Korallentauchplatz. Das Gebiet Wong Shek ist einer der Teile Hongkongs, der am wenigsten von Menschenhand berührt ist, eine völlig unverdorbene natürliche Umgebung, in der man sich in aller Ruhe entspannen und die Aussicht auf wunderschöne Inseln und Wasserwege genießen kann.

Der Park ist auch ein großartiger Ort, um die Straße einmal zu verlassen, ein kleines Boot von einem der vielen Anbieter am Kai zu mieten und die umliegenden Inseln zu erkunden. **SH**

Von Tai Tam zum Shek O Beach
Hongkong, China

Start American Club, Stanley
Ziel Shek O Beach
Länge 13 km
Art Landschaft
Karte goo.gl/gCVeHe

Das geschäftige Dorf Stanley ist ein guter Ausgangsort für einen Roadtrip, der allen Erwartungen an Hongkong widerspricht. Im Süden der Hauptinsel gelegen, ist Stanley dank des riesigen Marktes, der lebendigen Uferpromenade, der Sandstrände und dem gehobenen American Club ein beliebter Urlaubsort. Hier beginnen enthusiastische Supercar-Besitzer ihre Wochenendausflüge.

Dem Klang heulender V8-Motoren und Sechzylinder-Porsches folgend, geht es über die Tai Tam Road entlang der bewaldeten Ufer der Tai Tam Bay und des Turtle Cove Beach durch dichte Vegetation zum Stausee Tai Tam Tuk. Man sollte die Kamera bereithalten, wenn man den Damm überquert; es ist eine besonders eindrucksvolle Strecke. Dann geht es kurvig hinauf in dicht bewaldete Hügel und auf der Shek O Road in den Landschaftspark, der den größten Teil der Halbinsel D'Aguilar einnimmt. Zwischen den Bäumen am südöstlichen Ende von Hongkong bieten sich herrliche Küstenpanoramen.

Nach der Überquerung der Hügel geht es steil bergab über eine kurvenreiche Strecke in das Stranddorf Shek O. Für Hongkonger Verhältnisse ist dies ein abgelegener Ort. Das alte Fischerdorf verfügt über einen herrlichen Sandstrand und Cafés, die für Besucher mit oder ohne Supersportwagen beliebte Orte für ein Wochenendfrühstück und den Sonnenaufgang über dem Pazifik sind. **SH**

Tai Mo Shan Road
Hongkong, China

Start Tsuen Wan
Ziel Tai Mo Shan
Länge 13 km
Art Abenteuer
Karte goo.gl/0pv18c

Man kann kaum glauben, daß man sich in Hongkong befindet, während man sich in steilen Serpentinen die Hänge eines exponierten Berges hinaufschraubt. Dies ist eine der überraschendsten Straßentouren in der dicht besiedelten und weitgehend urbanisierten chinesischen Provinz.

Der Tai Mo Shan ist mit 957 m der höchste Berg der Gegend. Die kurvenreiche Fahrt zum Gipfel wird an klaren Tagen mit einem Rundumblick über die subtropischen Hügel der New Territories, kleinere Inseln, Schiffe und die Hochhäuser an der Küste belohnt. Der Berg ist auch ein beliebtes Wanderziel, denn nur zu Fuß erreicht man den höchsten Wasserfall Hongkongs.

Der Berg und der Landschaftspark um den Wasserfall sind die Überreste eines erloschenen Vulkans. Unterwegs kann man fast überall anhalten, um die warmen Luftströme zu spüren, die von weit unten durch Spalten im Fels austreten. Die Einheimischen nennen dieses geologische Phänomen „Drachenatem".

Diese Route ist eine perfekte Möglichkeit, beide Seiten Hongkongs in kurzer Zeit zu erkunden. Man beginnt inmitten der Hochhäuser, der Straßenmärkte und der Fußgänger von Ho Pui in Tsuen Wan und endet nur wenige Minuten später im kühlen Wind an Hongkongs höchstgelegenem, schroffstem und kältestem Ort. **SH**

❶ Der Tai Mo Shan ist der höchste Berg Hongkongs; sein Gipfel bietet einen herrlichen Blick auf die Stadt.

Hangzhou-Bucht-Brücke Ostchina, China

Start Jiaxing Shi, Zhejiang **Ziel** Ningbo, Zhejiang **Länge** 44 km
Art Landschaft **Karte** goo.gl/2f2HSG

Man fährt auf einer sechsspurigen Autobahn. Auf beiden Seiten blickt man auf flaches Ackerland, das allmählich sumpfig wird und schließlich in ein Wattenmeer übergeht. Dann verschwindet das Land ganz und man fährt über Wasser.

Die Hangzhou-Bucht-Brücke ist vergleichbar mit vielen großen Flußüberquerungen auf der ganzen Welt. Diese Fahrt dauert allerdings viel, viel länger.

Bei der strikt vorgeschriebenen Höchstgeschwindigkeit von 100 km/h kann die Fahrt über die bekanntermaßen rauhe und sehr stark gezeitenabhängig Hangzhou-Bucht und das Jangtse-Delta bis zu einer halben Stunde dauern. Mit 36 km ist die Brücke eine der längsten der Welt. Das verschafft viel Zeit, um ihr Design zu studieren, zumal der Nebel oft den Blick aufs Meer verdeckt.

Die Brücke wurde 2008 unter großem Beifall eröffnet. Die meisten Hauptprofile stehen auf Stahl-Pfeilern, doch zwei kurze Schrägseilabschnitte werden von eleganten Pylonen getragen. Die Brücke ist 33 m breit und liegt 62 m über dem Wasser, so daß Containerschiffe unter den Schrägseilen hindurchfahren können.

In der Mitte der Brücke befindet sich ein einzigartiges Element: eine Service-Insel mit Rastplatz und Aussichtsplattform auf Stelzen. **SH**

❶ Arbeiter auf der Brücke im Jahr 2008.

Kunshan-Tunnelstraße Ostchina, China

Start Landschaftsgebiet Wangmangling Mautstation   Ziel Kunshan-Tunnel   Länge 2,9 km
Art Abenteuer   Karte goo.gl/U7B5ff

Seltsame Dinge passieren, wenn Laien in den Straßenbau involviert werden. Ein Beispiel ist diese Straße. In den siebziger Jahren begannen die Bauern in den abgelegenen Bergdörfern der Provinz Shanxi die Dinge selbst in die Hand zu nehmen. Für eine Straße am Felshang schafft man normalerweise eine Stufe. Wenn die Steigung aber beträchtlich ist, gräbt man vielleicht besser einen Tunnel. Doch woher weiß man dann während des Baus, wo man ist? Die geniale Lösung, die für den Bau dieses von Hand geschaffenen Tunnels gefunden wurde: Man grub nah am Rand des Felsens. So wußte man, wenn man das Tageslicht sah, daß man zu weit gegraben hatte. In dem Fall konnte man das Loch nutzen, um den Aushub den Berg hinunterzuschaufeln. Das Ergebnis, von der anderen Seite des Tales aus gesehen, ist eine skurrile Kette von unregelmäßigen Unterbrechungen in der Felswand, durch die man einen Blick auf die Kunshan-Tunnelstraße werfen kann. Kurz nach ihrem Bau war die Straße lebensgefährlich. Seitdem wurde sie etwas entschärft, indem 2009 Betonbalustraden an den „Fenstern" angebracht wurden. Gefährlich bleibt die einspurige Straße dennoch, denn was soll man bei Gegenverkehr tun? Und schneebedingt ist die Route nur zwischen Mai und November zugänglich. DK

❶ Der Tunnel mit den Öffnungen in der Seite.

Taiwans Ostküste Von Taipeh nach Taitung, Taiwan

Start Keelung, Taipeh   **Ziel** Shoukatiemayi Station, Taitung   **Länge** 447 km
Art Landschaft   **Karte** goo.gl/ap4Azo

Steile Klippen und grüne Hügel bis zum türkisfarbenen Ozean hinunter, wolkenverhangene Berggipfel, neblige bewaldete Täler, felsige Landzungen und lange Sandstrände – Taiwans Ostküste trotzt den Stereotypen der Insel, denn hier gibt es keine Industrie oder überfüllten Städte; nur eine wunderbare, lange, ununterbrochene, glatt asphaltierte Straße direkt entlang der Küste.

Zu den Höhepunkten dieser Tour gehören der Taroko-Nationalpark mit seinen wunderschönen Schluchten und Wasserfällen, die Surfstrände von Taitung und die East Coast National Scenic Area mit ihren Reisfeldern, Wasserbüffeln und hübschen Fischerdörfern.

Eine kurze Bootsfahrt östlich liegt Lü Dao, eine kleine Insel mit tropischer Vegetation und dampfend heißen Salzwasserquellen, und etwas weiter die noch exotischere Orchideeninsel Lan Yu.

Zurück auf der Hauptinsel setzt sich die Route nach Süden fort und führt durch eine der berühmtesten Landschaften Taiwans. Hier stürzen sich der Xiuguluan und seine Nebenflüsse von den Bergen herab und graben tiefe Schluchten. An der Shoukatiemayi Station kann man nach Westen zurückkehren oder noch weiter zum Kenting-Nationalpark an der Südspitze der Insel fahren. **SH**

❶ Spektakuläre Wasserfälle im Taroko-Nationalpark.

Taroko-Schlucht Hualien, Taiwan

Start Taroko **Ziel** Huitouwan **Länge** 19 km
Art Abenteuer **Info** goo.gl/ghsmDY

Der Legende nach traten vor langer Zeit einige Mitglieder eines Truku-Stammes auf Taiwan aus einer Schlucht und erblickten die Schönheit des Pazifiks vor sich. „Taroko", riefen sie, was in ihrer Sprache „großartig und prächtig" bedeutete. Heute ist das Gebiet an der Ostküste Taiwans einer von neun Nationalparks des Landes und bekannt für die imposante Schlucht, die vom Fluß Liwu durchzogen wird. Eine einzigartige Straße führt durch sie hindurch; der schmale, kurvenreiche Asphaltstreifen schmiegt sich an die Berghänge und führt durch aus dem massiven Fels gehauene Tunnel.

Als Teil der 1960 eröffneten Provinzstraße 8 ist die Strecke oft voll von Reisebussen, Lastwagen, Rollern und Fußgängern sowie ortsunkundigen Touristen, was sie extrem gefährlich macht. Hinzu kommt, daß Taifune Felstrümmer auf die Straße schleudern und massive Erdrutsche verursachen und seismische Aktivitäten die Berghänge zum Einsturz bringen können. Eine der aufregendsten Straßen der Welt ist zugleich eine der gefährlichsten.

Diese einzigartige Tour führt von der Küstenstadt Taroko nach Westen ins Landesinnere bis nach Huitouwan, wo die Straße die Schlucht verläßt und durch die wunderschöne Landschaft der Insel nach Westen führt. **SA**

Eine Brücke über die Taroko-Schlucht bei Hualien.

Küstenstraße der Halbinsel Hengchun Pingtung, Taiwan

Start Hengchun **Ziel** Manzhou **Länge** 40 km
Art Landschaft **Karte** goo.gl/kHlqxu

Im Süden Taiwans befindet sich die Halbinsel Hengchun, eine schöne, dünn besiedelte, wenig entwickelte, natürliche Region. Die Straße rund um die Küste ist eine der schönsten Strecken der Insel.

Ausgangspunkt ist die Stadt Hengchun, deren alte Stadtmauer und vier Festungstore erhalten sind. Von dort geht es in die Hügel des Kenting-Nationalparks, der von Sandstränden, grünen Bergen und hohen Sanddünen geprägt ist. Zwei kleine Ferienorte liegen auf dem Weg: Nanwan ist für sein Wassersportangebot beliebt, Kenting punktet mit einem lebendigen Nachtleben und vielen Restaurants.

Ein Zwischenstopp am Kap Eluanbi, der südlichsten Spitze der Insel, lohnt sich. Auf dem ehemaligen Korallenriff befindet sich ein befestigter Leuchtturm aus dem 19. Jahrhundert und ein Park mit dichter Vegetation, die einen der artenreichsten Lebensräume der Welt für Landkrebse bietet.

Auf der Fahrt nach Norden entlang der Ostküste sollte man die Kamera bereithalten. Taiwans berühmtester Küstenabschnitt bietet kilometerlange Ausblicke auf sanfte, graswachsene Hügel und felsige Küsten. Die Tour endet in der kleinen Stadt Manzhou, die auf einem Labyrinth von Flüssen gebaut ist, die von den Bergen herabfließen. Hier kann man Wasserfälle erkunden und sogar hineinspringen. **SH**

❶ Ein unberührter Teil der taiwanesischen Küste.

Yaza Htarni Road — Unionsterritorium Naypyidaw, Myanmar

Start Thitseinbin   Ziel Regierungsviertel   Länge 16 km
Art Abenteuer   Karte goo.gl/mggfdX

Mit bis zu zehn Fahrspuren in jede Richtung ist die Yaza Htarni Road eine der breitesten Straßen der Welt, doch sie ist meist leer. Nur gelegentlich sieht man ein einzelnes Motorrad oder ein paar Straßenkehrer, die sich auf den weitläufigen Asphalt verirrt haben. Die Mega-Autobahn verbindet den armen Vorort Thitseinbin mit dem Regierungsviertel, eine Fahrt, die nur wenige Menschen machen.

Willkommen in der seltsamen Welt von Naypyidaw. Die Stadt, die seit 2005 Hauptstadt Myanmars ist, wurde von der Militärdiktatur des Landes im Herzen eines Dschungels, 320 km nördlich der alten Hauptstadt Rangoon gebaut. Das Projekt verursachte Milliardenkosten in einem der ärmsten Länder Asiens. Das planerische Desaster kann allerdings für unvergeßliche Fahrerlebnisse sorgen.

Die Yaza Htarni Road ist nur eine von vielen zehnspurigen Straßen durch die weite, weitgehend menschenleere Stadtlandschaft, die ein sechsmal größeres Gebiet umfaßt als New York City. Hier gibt es mehrstufige, blumengeschmückte Kreisverkehre, sauber gestutzte Sträucher am Straßenrand, beeindruckende Brücken über monumentale, von Wasser umgebene Regierungsgebäude und große Portale zu riesigen Parkanlagen. Nur auf Verkehr wird man hier selten treffen. **SH**

❶ Planer hoffen, daß die Straße den Verkehr anzieht.

Route 1249 Chiang Mai, Thailand

Start Mae Kah   Ziel Doi Ang Khang Royal Agricultural Station   Länge 28 km
Art Landschaft   Karte goo.gl/qUyfyr

Der Doi Ang Khang ist ein 1928 m hoher Berg im Norden Thailands, der sich über die Grenze zu Myanmar erstreckt. Er bildet das Herzstück eines wunderschönen Nationalparks und einer Fahrt, die sich durch seine Ausläufer schlängelt.

Während einige Reiseführer den Start vom nördlichen Ende aus empfehlen, beginnt diese Tour am Mae Ngon Market an der Straße 107 in Mae Kha im Süden. Die Einheimischen nennen diese Gegend wegen des kühleren Gebirgsklimas und der reizvollen Landschaft die „Kleine Schweiz" Thailands. Der Begriff „kühler" ist im Kontext des tropischen Thailand zu verstehen; hier herrscht nur im Dezember und Januar gelegentlich Frost.

Die wichtige Straße westlich von hier ist die Route 1249, die glatt asphaltiert ist, aber einige scharfe Haarnadelkurven, ungesicherte Steilhänge und starke Steigungen von bis zu 19 Prozent aufweist.

Dafür wird man mit herrlichen Ausblicken über den Norden Thailands belohnt. Die schönsten Tage bescheren bewaldete Berge, die sich aus nebligen Tälern erheben. Endpunkt der Tour ist die Royal Agricultural Station, die über einen Garten mit einem interessanten Bonsai-Bereich verfügt. Auch der ausgewiesene Wanderweg zwischen den Rhododendren zu einer Reihe von Wasserfällen ist sehr zu empfehlen. **SH**

❶ Morgennebel unter dem Doi Ang Khang.

Mae Hong Son Chiang Mai, Thailand

Start Chiang Mai   **Ziel** Chiang Mai   **Länge** 694 km
Art Kultur   **Karte** goo.gl/byccyl

Die meisten Thailand-Touristen besuchen Bangkok und die Strände im Süden; der gebirgige Norden ist weniger bekannt. Eine Rundtour, die in der Großstadt Chiang Mai beginnt und endet, ist eine gute Möglichkeit, die Region zu erkunden. Reiseveranstalter geben für die Tour eine Dauer von vier Tagen an, aber das ist kaum genug, da es so viel zu besichtigen und zu erleben gibt. Allein mit den Tempeln, Schreinen und Stadtmauern von Chiang Mai kann man viel Zeit verbringen, aber irgendwann sollte man die Stadt auf der 108 in Richtung Südwesten verlassen und einen Ausflug in den Nationalpark Doi Inthanon machen, wo sich der höchste Gipfel Thailands befindet.

Mae Sariang ist eine angenehm ruhige Stadt, umgeben von Bergen, und es lohnt sich, sie kennenzulernen. Von hier aus geht es Richtung Norden nach Mae Hong Son, einer weiteren verschlafenen Stadt an der Grenze zu Myanmar (Burma), in der Burmesen, Thai, Shan und Bergvölker leben. Nach etwas mehr als der halben Strecke geht es nun auf der 1095 Richtung Osten nach Pai. Die spannende Bergstrecke hat sagenhafte 1864 Kurven. Pai selbst liegt in einem Flußtal und bietet zahlreiche Cafés, Restaurants und Gasthäuser. Fährt man weiter nach Süden, erreicht man bald wieder Chiang Mai. **SA**

❶ Auf der Rundfahrt durch Nordthailand.

Mission Hills Drive
Phuket, Thailand

❶ Einer der Höhepunkte dieser Route ist das Kap Promthep, der südlichste Punkt der Insel Phuket.

Start Kreuzung von 402 und 4027
Ziel Kreuzung von 402 und 4027
Länge 9,7 km
Art Landschaft
Info goo.gl/59JKqW

Phuket empfängt jedes Jahr Millionen von Besuchern, aber nur sehr wenige machen sich auf, um die Insel genauer zu erkunden. Diese kurze Tour ist eine schnelle und bequeme Möglichkeit, den eigenen Horizont zu erweitern und einige der schönsten Küstenlandschaften der Welt kennenzulernen.

Sie ist leicht zu finden. Von der Hauptstraße der Insel, der 402, biegt man 600 m südlich des internationalen Flughafens ab auf die kleinere 4027. Die Strecke verläuft kurvenreich durch dichte exotische Vegetation und an Strandhäusern vorbei, mit Blick auf die Küste und das Meer. Behelfsmäßige Unterkünfte und einfache Lebensbedingungen zeugen vom Leben auf Phuket vor dem Tourismusboom.

Hinter Baan Laem Srai warten weitere natürliche Meereslandschaften mit grünen Hügeln, die sich zwischen üppigen Pflanzen und tropischen Blumen zum Ufer hinunterziehen. Die 4003 führt um das Ufer dieser kaum bebauten Halbinsel mit dem Regenwald auf der einen und dem Gefälle zum Meer auf der anderen Seite.

Dann geht es wieder landeinwärts um das Mission Hills Phuket Golf Resort mit seinem berühmten Waterfront Course und der Swim-Up Bar herum und zurück auf die 4027. Nach rechts abbiegend führt der Weg an den gepflegten Gärten und teuren Ferienhäusern des Mission High Village vorbei zurück zum Ausgangspunkt. **SH**

Nord-Ost-Schleife
Phuket, Thailand

Start Heldinnen-Denkmal, Thalang
Ziel Heldinnen-Denkmal, Thalang
Länge 34 km
Art Landschaft
Karte goo.gl/XBxLgM

Das Heldinnen-Denkmal ist ein bedeutendes Wahrzeichen an der Thepkasattri Road am verkehrsreichsten Kreisverkehr in Thalang, im Herzen der Insel Phuket. Es ist der ideale Ausgangspunkt für einen Ausflug auf die weniger bekannte Seite dieses beliebten Urlaubsortes. Die Geschichte hinter dem Denkmal ist den meisten ausländischen Besuchern, die jedes Jahr an die Strände Phukets kommen, nicht bekannt. Vor mehr als zwei Jahrhunderten führten die tapferen Schwestern Chan und Muk wie zwei thailändische Johannas von Orleans eine Armee aus Einheimischen, die größtenteils aus Frauen bestand, zum Sieg gegen burmesische Eindringlinge. Heute ist es Tradition, Blumengirlanden zum Denkmal zu bringen und um Schutz zu bitten.

Von diesem inspirierenden Ort aus biegt man von der Hauptstraße 402 ab und nimmt die kleinere 4027 durch üppige Vegetation und Plantagen nach Nordosten. Die Straße verläuft über die ruhigere Seite der Insel, mit herrlichem Blick auf die Bucht von Phang Nga, viele schöne bewaldete Inseln und bunte Fischerboote.

Die verschlafenen Dörfer bilden einen angenehmen Kontrast zu den hektischen Badeorten der Westküste. Doch der schicke neue Yachthafenkomplex in Ao Po ist ein Indiz dafür, daß der traditionelle ländliche Lebensstil auf dieser Seite von Phuket nicht mehr lange anhalten wird. **SH**

❶ Ko Panyi ist eines der schmucken kleinen Fischerdörfer entlang der Route.

Heritage Roads Zentralregion und weiter, Singapur

Start Arcadia Road, Zentralregion
Ziel South Buona Vista Road, Zentralregion
Länge 67 km
Art Landschaft
Info goo.gl/EIflN8

Die im Jahr 2001 vom National Parks Board ins Leben gerufenen fünf Verkehrsachsen, die das Straßennetz der Heritage Roads bilden, sind Teil einer Regierungsinitiative, um angesichts der ständig zunehmenden Urbanisierung die Verbindung der Stadt mit ihrer natürlichen Umgebung aufrechtzuerhalten. Die fünf Straßen Arcadia Road, Mt. Pleasant Road, Lim Chu Kang Road, South Buona Vista Road und Mandai Road zeichnen sich durch einen einzigartigen Baumbestand aus, der heute unter offiziellem Regierungsschutz steht und das Ergebnis von mehr als vier Jahrzehnten Pflege ist. Die Gesamtlänge der Heritage Roads ist mit 6,2 km bescheiden, doch ihre Bedeutung kann kaum überschätzt werden.

Jede Straße hat ihren eigenen Charme, wie etwa die Arcadia Road mit ihren schirmförmigen Baumkronen oder die eleganten Vorkriegshäuser entlang der Mt. Pleasant Road.

Die Mandai Road ist eine der ältesten Asphaltstraßen der Stadt. Sie wurde 1855 gebaut, um die Bauerndörfer der Region zu verbinden. In den späten 1800er Jahren wurden unter den breitblättrigen Mahagonibäumen entlang der Lim Chu Kang Road Pfeffer- und Kautschukplantagen angelegt. Dann ist da noch die South Buona Vista Road, die wegen ihrer Serpentinen als „Straße der 99 Kurven" bekannt ist. Dies sind mehr als nur Straßen; es sind Singapurs kostbare botanische Gärten. **BDS**

Bugak Skyway Seoul, Südkorea

Start Changuimun
Ziel Jeongneung
Länge 19 km
Art Landschaft
Info goo.gl/tkp23s

Die sanften, geschwungenen Kurven des Bugak Skyway machen ihn zu einer beliebten Fahrtroute der Einheimischen. Die Straße schlängelt sich die bewaldeten Flanken des Berges Bugaksan am nördlichen Stadtrand der Hauptstadt Seoul hinauf.

Die kurze Tour führt über den nordöstlichen Bergrücken und bietet einen beeindruckenden Blick über die Stadt und die umliegenden nördlichen Gipfel des Bukhansan-Nationalparks. Auf dem höchsten Punkt der Route gibt es einen Parkplatz und eine Aussichtsplattform, auf der sich gern Liebespaare treffen, um die Lichter der Stadt zu sehen.

Zu den Sehenswürdigkeiten zählt Palgakjeong, ein kunstvoller, traditioneller achteckiger Pavillon mit einem Café, in dem man inmitten hübscher Gärten mit exotischen, bunten Blumen die Aussicht genießen kann. Die Höhe beträgt hier nur 342 m, aber mit der Stadt und den Wolkenkratzern weit unten fühlt es sich höher an. Viele Spazierwege führen durch die Gärten, auf einigen von ihnen gelangt man zu den Überresten der alten Stadtmauer von Seoul, die durch die angrenzenden Hügel verläuft.

Der Skyway ist ganzjährig geöffnet und interessant: Im Winter sieht man die schneebedeckten Hügel, im Sommer bieten die Bäume willkommenen Schatten. Die Frühlingsblumen sind berühmt und die roten Blätter des Herbstlaubs ziehen Tausende von Besuchern aus der ganzen Welt an. **SH**

Vom Jungmi zum Homyeong-See
Gyeonggi, Südkorea

Start Jungmi
Ziel Homyeong-See
Länge 45 km
Art Abenteuer
Info goo.gl/3MDrMM

Die von der *Korea Times* als eine der schönsten Fahrstrecken des Landes bezeichnete Punkt-zu-Punkt-Achterbahn soll ein „angenehmes Maß an Spannung und Nervenkitzel" bieten, während sie sich 48 km östlich der Hauptstadt Seoul durch eine üppige, grüne Berglandschaft schlängelt.

Die Straße verläuft die ersten 11 km kurvenreich auf und ab durch die Ausläufer des Jungmi und die letzten 15 km über gut befestigten, zweispurigen Asphalt mit wenigen Höhenunterschieden, aber einigen überraschenden Serpentinen, die den Fahrer auf Trab halten. Die schöne Strecke ist sehr beliebt bei Wochenendausflüglern, die den überfüllten Städten Koreas entfliehen wollen. Doch nach Einbruch der Dunkelheit ändert sich ihr Charakter völlig, denn die kurvenreicheren Abschnitte des Berges werden zu einem beliebten Treffpunkt für Fans der Modified-Car-Szene. In den folgenden Morgenstunden füllen die exotischen Custom-Maschinen der jungen Autoenthusiasten den Parkplatz der Loco Gallery am Berg Homyeong. Das Restaurant serviert den hungrigen Motorfans kostenlos riesige Töpfe mit dampfenden Ramen.

Wenn man sich nicht für das Fahren mit hoher Oktanzahl interessiert, fährt man gleich weiter zum Homyeong-See. Über dem Stausee, der sich in den Berg schmiegt, befindet sich ein prächtiger achteckiger Pavillon im koreanischen Stil. **DIS**

❶ Am Jungmi liegt eine der schönsten und unberührtesten Landschaften der koreanischen Halbinsel.

Nationalstraße 7
Gangwon/Yeongnam, Südkorea

Start Goseong, Gangwon
Ziel Busan, Yeongnam
Länge 349 km
Art Landschaft
Info goo.gl/JuAvIy

Diese Reise führt entlang der Ostküste Südkoreas, von Goseong nahe der Grenze zu Nordkorea bis nach Busan an der Südostspitze.

Die Tour beginnt an den Aussichtsplattformen von Goseong, wo man über die Grenze nach Nordkorea auf Inseln, Berge und feindliche Militäranlagen blicken kann. Die Plattformen gehören zum Wiedervereinigungspark, in dessen Anlagen sich eine ungewöhnliche Kombination von Kriegsrelikten, religiösen Statuen und Souvenirläden befindet.

Die Straße führt in südlicher Richtung entlang der steilen, grünen Küste, wo man einige schöne Tempel erkunden kann, wie den an einem Felshang gelegenen Naksansa-Tempel oder den achteckigen Pavillon in Cheongganjeong, ein beliebter Ort, um den Sonnenaufgang zu beobachten.

Es gibt viele schöne Strände an der Ostküste; der schönste aber ist Chilpo, ein Bogen aus reinem weißen Sand mit üppiger Vegetation. Das Fischerdorf Yeongdeok muß man ebenfalls gesehen haben. Das riesige Modell einer Krabbe an einem Bogen über der Brücke in die Stadt deutet an, was auf allen Speisekarten steht.

Schließlich erreicht man Busan, die zweitgrößte Stadt Südkoreas. Der beliebteste Badestrand des Landes, der Strand von Haeundae, und das Shinsegae Centum City, das größte Kaufhaus der Welt, zählen hier zu den Highlights. **SH**

Ringstraße um Jeju
Jeju, Südkorea

Start Jeju-si
Ziel Jeju-si
Länge 180 km
Art Landschaft
Info goo.gl/OsZ61f

Die Ringstraße 1132 um Jeju, eine ovale Vulkaninsel vor der Südwestküste der koreanischen Halbinsel, ist ein seltenes Juwel. Es ist einer der wenigen Orte der Welt, der dreifach von der UNESCO ausgezeichnet wurde: als Naturerbe, Global Geopark und Biosphärenreservat.

Südkoreas größte Insel wird vom 1950 m hohen Schildvulkan Hallasan geprägt. Im Gegensatz zum bergigen Landesinneren liegt die Küstenstraße auf einer relativ flachen Ebene. Mit ständigem Blick auf den Strand geht es vorbei an Wattflächen und vulkanischen Stränden. Die Straßen 1139 (die einen schönen Blick über den südlichen Teil der Insel bietet) und 1131 führen entlang der Flanken des Hallasan durch das Landesinnere und verbinden den nördlichen und südlichen Teil der Ringstraße.

Abseits der Hauptroute führt ein beliebter Abstecher nach Seogwipo, wo eine schmale Straße zum einzigen Wasserfall Asiens führt, der direkt in den Ozean stürzt; ein anderer ist die Mysterious Road, wo Gegenstände bergauf rollen sollen. Die 13 km langen Lavatunnel von Handong-ri und der Seongsan Ilchulbong (Sunrise Peak), Jejus 5000 Jahre alter Tuffsteinkegel, sind weitere geologische Sehenswürdigkeiten auf Südkoreas Vulkaninsel Jeju. **BDS**

➲ Der Sunrise Peak auf der Insel Jeju.

Straße nach Anabar
Ostsibirien, Rußland

Start Irkutsk
Ziel Anabarbucht
Länge 4000 km
Art Abenteuer
Info goo.gl/fYghIO

Ice Run auf dem Baikalsee
Ostsibirien, Rußland

Start Irkutsk
Ziel Irkutsk
Länge 966 km
Art Abenteuer
Info goo.gl/XCz1ql

Diese 6400 km lange, schnee- und eisbedeckte Strecke, die in der Nähe des Baikalsees beginnt und in einer polaren Wildnis endet, die nur wenige Menschen je gesehen haben, ist wahrscheinlich die längste Sackgasse der Welt. Sie führt vorbei an Mirny, Standort der einst weltgrößten Diamantenmine und dem zweitgrößten von Menschenhand geschaffenen Loch im Erdreich, über einen 1600 km langen Abschnitt ohne Krankenwagen, Polizei, Handyempfang, Werkstätten und Menschen. Die Reservekanister müssen voll sein: Treibstoff ist hier selten und die Vorräte sind rationiert.

Die Landschaft ist jedoch überwältigend. Die Taiga ist das größte Landbiom der Welt und beheimatet fast ein Drittel des weltweiten Waldbestandes. Der „wildere" Teil der Straße beginnt in Udatschny. Laut einem Schild vor der Stadt sind es von hier 1050 km bis Jurjung-Chaja an der Anabarbucht. Dazwischen liegen nur wenige, halbverlassene Dörfer. Nachdem man den Polarkreis bei 66° 33' überquert hat, fährt man so weit nach Norden, wie man nur mit dem Auto fahren kann, 480 km an einem Tag, 640 km am nächsten. Dann schließlich, bei 72° 49', erreicht man den Arktischen Ozean. Alle anderen ‚nördlichsten' Straßenenden wie das Nordkap in Norwegen, die Prudhoe Bay oder Tuktoyaktuk in Kanada verblassen gegen die Straße nach Anabar, die anspruchsvoller, nördlicher als alle anderen ist. **BDS**

Die Adventurists sind eine Gruppe exzentrischer Briten, die dafür kämpfen, die Welt weniger langweilig zu machen, indem sie in aller Welt schier unglaubliche Roadtrips organisieren. Bei diesem berüchtigten Rennen in den entlegensten Gegenden Sibiriens werden die Teilnehmer mit alten russischen Motorrädern auf eine nur locker definierte Strecke von rund 1000 km über den zugefrorenen Baikalsee geschickt.

Bevor sie starten können, müssen die Teilnehmer mindestens 1000 Pfund an Spendengeldern sammeln. Die Veranstaltung beginnt im März in Irkutsk, wo die Frühlingssonne die Temperaturen auf geradezu milde -20 °C erwärmt hat. Nach einem dreitägigen Trainings- und Akklimatisierungsprogramm geht es mit einem unzuverlässigen 650 cm^3 Ural-Gespann aufs Eis, über den Baikalsee und dann über Uferwege und gefrorene Flüsse zurück.

Es mag Frühling sein, aber der Windchill senkt die Temperatur um weitere 10 °C. Das Eis ist launisch und daher schwer einzuschätzen. In der einen Minute spiegelglatt ähnelt er in der nächsten einem frisch gepflügten Feld. Es ist lebenswichtig, die Karte genau zu studieren und die Tankstellen, die in Intervallen auf dem Weg bereitgestellt werden, nicht mit den Gefahrenzonen zu verwechseln. **DK**

➜ Ein Geländewagen auf dem zugefrorenen Baikalsee.

Pazifikküste am Tatarensund
Ferner Osten, Rußland

❶ Die schwer zu erreichende Insel Sachalin ist ein perfektes Ziel für abenteuerlustige Reisende.

Start Juschno-Sachalinsk
Ziel Smirnych
Länge 509 km
Art Landschaft
Karte goo.gl/e2HyBp

Sachalin ist mit einer Nord-Süd-Ausdehnung von 948 km, bis zu 160 km Breite und einer Fläche von 76 400 km² die größte Insel Rußlands. Sie ist vom Festland durch den Tatarensund, einem Teil des Pazifiks, getrennt und der Küstenabschnitt ist die spannendste Etappe dieser Reise.

Ausgangspunkt ist das Hotel Mira in Juschno-Sachalinsk, dem Verwaltungszentrum von Sachalin. Von dort führt die Straße nach Westen über die Insel bis nach Cholmsk, dem wichtigsten Hafen für Fähren nach Wanino auf dem russischen Festland.

Die nächste und längste Etappe der Reise verläuft an der Küste entlang nach Krasnogorski. Weiter nördlich biegt die Straße wieder ins Landesinnere ab, bevor sie durch Uglegorsk, eine Stadt am Meer, nach Osten Richtung Smirnych führt.

Auf Sachalin herrscht ein rauhes Klima, selbst im Sommer, der nur von August bis September andauert. Der russische Dramatiker und Novellist Anton Tschechow nahm kein Blatt vor den Mund, als er sagte, der Ort sei die Hölle. Doch die Insel ist von herrlicher unberührter Schönheit und verfügt über einen Reichtum an seltenen und gefährdeten Tieren, darunter auch Bären, von denen manche behaupten, sie seien größer als die in Sibirien. Ein Besuch der Westküste ist besonders lohnend und mutige Reisende sollten nicht zögern, sie zu erkunden. **JP**

Petropawlowsk–Kljutschki
Ferner Osten, Rußland

Start Petropawloswk-Kamtschatski
Ziel Kljutschi
Länge 566 km
Art Abenteuer
Karte goo.gl/YEuj3V

Kaum eine Landschaft auf der Erde ähnelt der russischen Kamtschatka-Halbinsel. Sie ist größer als Deutschland und Österreich zusammen, eine eisige, wilde Landschaft mit 160 Vulkanen (29 davon aktiv). Die rund 16 000 Kamtschatkabären sind im Frühjahr so verbreitet wie andernorts Kaninchen und verschlingen gierig Lachse aus den unberührten Flüssen. Es herrscht eine urzeitliche Atmosphäre. Der menschliche Einfluß ist so gering, daß asphaltierte Straßen außerhalb der schönen Hauptstadt Petropawlowsk in Hunderten von Kilometern gemessen werden. Wenn man hier irgendwohin will, sind alternde sowjetische Mi-8 Frachthubschrauber die beste Option, es sei denn, man ist besonders kühn und entscheidet sich, nach Kljutschi zu fahren.

Kljutschi ist eine weitläufige Ansammlung von Holzhütten am Ende einer 500 km langen unbefestigten Straße in Sichtweite des größten, höchsten und fast ständig aktiven Vulkans Eurasiens, dem 4750 m hohen Kljutschewskaja Sopka. Auf der zehnstündigen Strecke verkehrt jeden Tag um 8.00 Uhr ein Bus, aber es ist auch möglich, die Tour mit dem eigenen Auto zu fahren. Wenn sich die Straße nach Milkowo teilt, nimmt man die rechte Abzweigung. In Kljutschi angekommen, sucht man das Gästehaus auf, das einem Vulkanologen namens Yury gehört. Wer Abenteuerlust verspürt ist hier genau richtig. **BDS**

Kolyma-Trasse
Ferner Osten, Rußland

Start Jakutsk
Ziel Magadan
Länge 2005 km
Art Abenteuer
Karte goo.gl/MU40aW

Während Stalins Schreckensherrschaft war diese Straße von Goldminen- und Zwangsarbeiterlagern gesäumt, die heute verfallen und verlassen sind. Internierte waren politische Aktivisten, Dichter, Generäle und Raketenwissenschaftler, die beim sowjetischen Diktator in Ungnade gefallen waren.

1932 wurden Häftlinge des Arbeitslagers Sevvostlag für das gewaltige Straßenbauprojekt herangezogen. Die Leichen der vielen Tausend, die dabei ums Leben kamen, wurden einfach unter der Fahrbahn begraben. Die „Straße der Knochen" genannte Kolyma-Trasse gilt heute als Gedenkstätte.

Seit dem Untergang des Kommunismus ist Stalins große Autobahn weitgehend verfallen; eingestürzte Brücken und Unterspülungen prägen die Straße, die sich in den wärmeren Monaten in einen Sumpf verwandelt. Der Boom des Abenteuertourismus durch die TV-Doku *Long Way Round* (2004) führte jedoch dazu, daß jedes Jahr Hunderte von Offroad-Motorradfahrern anreisen und spezialisierte Reiseveranstalter Allrad-Expeditionen über die „Straße der Knochen" anbieten.

Die Fahrt ist extrem beschwerlich. Die Straße ist furchtbar und es gibt unterwegs kaum Versorgungs- oder Rastmöglichkeiten. Die Temperaturen reichen von klirrenden -60 °C bis zu drückend heißen 40 °C im Sommer, wenn Schwärme der berüchtigten sibirischen Mücken schlüpfen. **DIS**

Entlang der Baikal-Amur-Magistrale (BAM)
Vom Fernen Osten nach Zentralrußland, Rußland

Start Tynda, Ferner Osten
Ziel Bratsky, Zentralrußland
Länge 7717 km
Art Abenteuer
Karte goo.gl/yed7x3

Wann ist eine Straße keine Straße? Wenn sie aus Schotterpisten, über die Ufer getretenen Flüssen und wackligen Holzbrücken besteht. Willkommen auf der Straße entlang der Baikal-Amur-Magistrale (BAM). Diese Strecke ist eine echte Herausforderung für Fahrer und Maschinen. Sie diente ursprünglich dem Bau der Eisenbahnlinie und man kann behaupten, daß sie derzeit nicht im besten Zustand ist.

Nur mit einem Geländewagen oder -motorrad hat man eine Chance, die Strecke erfolgreich zu bewältigen. Die Straße ist einspurig, aber das ist kein Problem, denn es gibt große Abschnitte, in denen man kaum auf andere Menschen trifft. Viele der Siedlungen entlang der Strecke sind heute verlassen, andere dienen ausschließlich der Versorgung der Transsibirischen Eisenbahn.

Man muß für alle Eventualitäten gerüstet sein und reichlich Treibstoff für das Fahrzeug und Vorräte für sich selbst mitbringen. An einigen Stellen verschwindet die Straße völlig, und man muß sich selbst den Weg durch die Taiga suchen. Manche Adventure-Biker fahren gleich auf der Bahnstrecke. Das ist natürlich illegal, aber es ist nur selten jemand in der Nähe, und die Züge fahren nicht sehr oft. Die Anforderungen dieser Route werden auf einige Reisende abschreckend wirken, für andere macht gerade der Schwierigkeitsgrad den Reiz einer Straße aus. JI

❶ Die Straße wurde zunächst für den Bau der parallel dazu verlaufenden Eisenbahn genutzt.

Von Lidoga nach Wanino
Ferner Osten, Rußland

Start Lidoga
Ziel Wanino
Länge 325 km
Art Abenteuer
Karte goo.gl/xp9OId

Der Föderationskreis Ferner Osten verdient seinen Ruf als Äquivalent des nordamerikanischen Wilden Westens im 19. Jahrhundert. Das Gebiet in Sibirien ist spärlich besiedelt und im Winter bitterkalt, oft mit Temperaturen weit unter dem Gefrierpunkt, aber während des kurzlebigen Sommers von etwas weniger als zwei Monaten fast unerträglich heiß.

Es gibt kaum Straßen oder Bahnverbindungen. Eine Straße, die für den Verkehr geöffnet ist, führt von Lidoga am Fluß Amur nach Osten zum Hafen von Wanino am Tatarensund gegenüber der Insel Sachalin. Wanino hat eine düstere Geschichte: Von hier aus wurden während der stalinistischen Zeit Sträflinge in die Gulags von Magadan verschifft. Heute gibt es hier nur Frachtschiffe und Öltanker. Überraschend für eine so abgelegene Straße ist der größte Teil der Fahrbahn asphaltiert, es gibt aber einige Schotterabschnitte und Holzbrücken. Die flache Straße verläuft entlang des Flusses Anyui.

Für diese lange Reise muß man Vorräte mitnehmen, denn es gibt keine Städte entlang der Strecke. Die Straße eignet sich außerdem nur für Sommertouren. Im Winter können jederzeit schwere Schneefälle, Lawinen und Erdrutsche auftreten und Eis macht die Oberfläche tückisch. Im Jahr 2012 wurde die Straße gesperrt, als die Wassermassen einer Überschwemmung eine Brücke mitrissen. Man sei also gewarnt. **SA**

Hokkaidō entdecken
Hokkaidō, Japan

Start Hakodate
Ziel Akan
Länge 821 km
Art Kultur
Karte goo.gl/nVYTzt

Hokkaidō, Japans nördlichste Insel, nimmt 20 Prozent der Fläche des Landes ein, ist aber nur Heimat von 5 Prozent der Bevölkerung. Das Leben im Norden ist langsamer, die Lebenshaltungskosten sind niedriger, die Landschaft ist atemberaubend und das Klima kühl und gemäßigt. Die Insel ist ein Magnet für Wintersportler, daher unternimmt man diese Tour am besten in den wärmeren Monaten.

Hakodate im Westen ist ein guter Ausgangspunkt für diese Reise, für die man sich vier Tage Zeit nehmen sollte. Die Stadt ist die Endstation des Hochgeschwindigkeitszuges und der Seefähren von und nach Honshū; hier kann man auch ein Auto mieten. Die erste Etappe nach Sapporo, berühmt für seine Brauerei und sein pulsierendes Nachtleben, führt an zahlreichen Onsens (Thermalquellen) vorbei, von denen Mizunashi Kaihin das beliebteste ist.

Nach dem Besuch des hervorragenden Biermuseums in Sapporo gibt es drei Optionen: die kürzere, weniger befahrene Südküstenroute, eine kurvenreiche Fahrt durch den einsamen Norden von Hokkaidō oder auf der Autobahn 39 vor der imposanten Kulisse der schneebedeckten Vulkangipfel von Daisetsuzan durch das Zentrum der Insel. Empfehlenswert ist die dritte Route über den Bihoro-Paß oberhalb des saphirblauen Kussharo-ko, Japans größtem Kratersee. In den touristischen Dörfern am Ufer des Akan-Sees gibt es günstige Unterkünfte. **DIS**

Bandai-Azuma Skyline
Tohokū, Japan

Start Fukushima
Ziel Ortsumgehung Tsuchiyu, Fukushima
Länge 30 km
Art Kultur
Karte goo.gl/LI9mpX

Eine der spektakulärsten Bergstraßen Japans, die Bandai-Azuma Skyline, wurde 1959 eröffnet, um den Zugang zur faszinierenden Vulkanwelt des Azuma-Gebirges und des Bandai-Asahi-Nationalparks zu ermöglichen. Die Straße beginnt in Fukushima bei den Thermalquellen von Takayu und führt durch eine Landschaft von Klüften, Kratern, Sümpfen und Teichen zu einem Wanderweg an den Rand des symmetrischen Kraters des Azuma-Kofuji, dem „kleinen Fuji", der zuletzt 1977 ausbrach.

Die Fumarolenlandschaft wirkt wie das Ende der Welt. Ein Spaziergang um den Rand des Stratovulkans bietet Ausblicke bis nach Fukushima. Zurück im Auto geht es zu den fünf farbigen Seen (Goshikinuma), die 1888 beim Ausbruch des Bandai entstanden, der fast 500 Menschen tötete.

Das japanische Bauministerium hat die Bandai-Azuma Skyline zu einer der Top 100 Straßen Japans gewählt, zahlreiche Motorradforen ernannten sie zur Nummer 1 in ganz Japan, nicht zuletzt wegen ihrer durchgehenden Kurven durch die malerische, mineralreiche Landschaft.

Die beste Reisezeit ist im Herbst, wenn die Hügel in rotes und gelbes Laub gehüllt sind. Die Straße ist zwischen Mitte November und April wegen starker Schneefälle gesperrt, eine besondere Ironie angesichts der heißen, schwefelhaltigen unterirdischen Welt, über die sie führt. **BDS**

Osado Skyline
Chūbu, Japan

Start Shinbogawa-Talsperre
Ziel Goldmine von Sado
Länge 20 km
Art Kultur
Karte goo.gl/lMLVkn

Die symmetrische, S-förmige Insel Sado ist die größte vorgelagerte Insel im Japanischen Meer. Das einstige Exil für unbeliebte Kaiser, Priester und Politiker ist heute ein Schutzgebiet, reich an traditionellen japanischen Bräuchen und geprägt von Landwirtschaft und Fischerei.

Im Norden verläuft das Osado-Gebirge von Norden nach Westen, die Kosado Mountains im Süden von Osten nach Süden und in der Mitte des S trennt die breite, von Reisfeldern bedeckte Kuninaka-Ebene die beiden bergigen Hälften der Insel.

Die offiziell als Route 463 bekannte Osado Skyline durchquert das Osado-Gebirge in der Nähe von zwei der besten Skigebiete der Insel Sado, dem Wintersportort am Kinpoku und dem Wonder Valley Snowpark am Myoken. Am höchsten Punkt der Fahrt in Hakuundai auf 942 m Höhe überblickt man die gesamte Insel von den Buchten Mano und Ryotsu über die Kuninaka-Ebene bis zum Kosado-Gebirge. Gelegentlich wird man von der üppigen Vegetation der Insel buchstäblich eingehüllt, so daß die sonst weitläufigen Ausblicke versperrt sind, doch auch diese langen, grünen Vegetationstunnel sind ein Erlebnis für sich auf einer Tour mit pausenlosen Kurven und großartigen Panoramen. Am Ende der Fahrt wartet die faszinierende restaurierte Goldmine von Sado, die 1601 eröffnet und 1989 geschlossen wurde. **BDS**

Hakusan Shirakawa-gō Weiße Straße
Chūbu, Japan

Start Hakusan Ichirino Onsen, Ishikawa
Ziel Shirakawa-gō, Gifu
Länge 33,3 km
Art Landschaft
Info goo.gl/Z5IPGO

Diese eindrucksvolle Straße durch den Hakusan-Nationalpark führt durch das Ryohaku-Gebirge und ist bekannt für ihre Panoramaaussichten. Sie ist von Juni bis Mitte November geöffnet, die beste Reisezeit ist jedoch der Herbst, denn ab Ende September ändern sich die Farben der üppigen Wälder. Die atemberaubende Herbstlaubfärbung, welche die Japaner *koyo* nennen, ist Ziel spezieller Ausflüge, die während der Saison sehr beliebt sind.

Auf dieser ganz besonderen Mautstraße kann man einige der schönsten Aussichten genießen. Die erste Hälfte der Fahrt vermittelt ein trügerisches Gefühl der Sicherheit. Ein einfacher Aufstieg führt durch dichten Wald, vorbei an vielen beeindruckenden Wasserfällen. Das Highlight auf dieser Seite des Gipfels ist jedoch die Thermalquelle mit dem Unisex-Außenbad (*onsen*), wo man sich in beruhigendem Wasser erholen und die herrliche Schönheit des Ubagataki-Wasserfalls bewundern kann.

Hinter dem Gipfel in der Präfektur Gifu verändert sich der Charakter der Straße dramatisch. Plötzlich fährt man durch zahlreiche Kurven und genießt unvergeßliche Ausblicke auf die bunten Herbstfarben. Ein Hinweis: Die Route ist nicht nur im Winter geschlossen, sondern auch an einigen Sommertagen ausschließlich für Wanderer reserviert, daher ist es am besten, sich vor der Abfahrt zu erkundigen. **DK**

❶ Das Dorf Shirakawa-gō in einem Tal des Hakusan-Nationalparks zählt zum UNESCO-Weltkulturerbe.

Fuji Subaru Line
Chūbu, Japan

❶ Der Komitake-Schrein vor der Kulisse des ausnahmsweise schneefreien Gipfels des Fuji.

Start Fujikawaguchiko
Ziel Fünfte Station der Fuji Subaru Line
Länge 31 km
Art Landschaft
Info goo.gl/eT2db8

Wie wäre es mit einer Fahrt auf den Gipfel eines der bekanntesten Berge der Erde, des 3776 m hohen Fuji? Die weltbekannte Silhouette des schneebedeckten, aktiven Vulkans ist beinahe schon ein Symbol für Japan selbst. Und es gibt in 1,5 km Entfernung zum Gipfel eine Mautstraße, auf der man ab der mittleren Hanglage 2300 m Höhendifferenz überwinden kann. Bei der steilen, rund 40-minütigen Bergauffahrt passiert man zunächst noch Kirschbäume und Wälder, bevor die Baumgrenze erreicht ist und sich der typische Blick auf den Vulkan offenbart. Mit dem Erreichen der fünften Station der Fuji Subaru Line befindet man sich am höchsten befahrbaren Punkt des Berges. Von der Aussichtsplattform hat man einen grandiosen Blick auf den Gipfel; zudem gibt es hier Restaurants und Souvenirshops.

Für Japaner ist der Fuji ein heiliger Berg. Besichtigen kann man den Shintō-Schrein Komitake. Von der Station kann man zwar zum Gipfel wandern, aber für die Strecke vom Schrein bis zum Vulkankrater benötigt man rund 10, eher 12 Stunden, und die Wanderung ist nur im Juli und August möglich. Vor der Autofahrt zur fünften Station sollte man die Wetterverhältnisse hier oben abfragen und beachten, daß die Straße im Winter zeitweise gesperrt ist. Und in der Hochsaison im Sommer kann es sein, daß privaten Fahrzeugen aufgrund von überfüllten Parkplätzen die Fahrt nach oben verboten ist. **DK**

Hakone-Mautstraße
Chūbu, Japan

Start Mautstelle Hayakawa, Odawara
Ziel Dammtrax Café, Daikanzan
Länge 14 km
Art Abenteuer
Karte goo.gl/f8dWdN

Im Jahr 2014 organisierten Mitarbeiter des *Motorhead Magazine* die Sperrung eines 14 km langen Abschnitts der Hakone-Mautstraße am Fuße des Fuji westlich von Tokio. Die Geschwindigkeitsbegrenzung wurde für diesen Tag aufgehoben (die Maut war jedoch nach wie vor fällig), und obwohl es sich um eine bekanntlich gefährliche Strecke handelt, nutzten die eingeladenen Fahrer des ersten Motorhead Hill Climb die Chance von Vollgasdrifts. Einen Tag lang war die Straße zur Rennstrecke geworden. Es ist verwunderlich, daß niemand ums Leben kam. Stattdessen war eine Legende geboren.

Die 1962 erbaute Mautstraße beginnt auf der Izu-Halbinsel unten im Tal und windet sich durch dichte Wälder fast 1006 m in die Höhe. Im Herbst ist man von buntem Herbstlaub umgeben, im Frühling von unzähligen Kirschblüten. Japanische und internationale Besitzer schneller Autos sprechen mit Ehrfurcht von der Mautstraße, die sie den „Japanischen Nürburgring" tauften. Der Belag ist glatt wie eine echte Rennstrecke, und in den Tunnels gibt es keine Blitzer. Mit sanften Schwüngen führt die Straße hinauf zum Café auf dem Gipfel.

Es handelt sich um eine private Mautstraße. In Japan bedeutet dies kaum Verkehrspolizei und grundsätzlich wenig Verkehr. Diese Hinweise sollten Sie allerdings nicht zum Rasen animieren – denn das wäre wirklich unverantwortlich. **BDS**

❶ Die Hakone-Mautstraße garantiert im Frühling eine herrliche Kirschblüte sowie ein ideales Fahrerlebnis.

Irohazaka Winding Road – Perfekt zum Driften
Chūbu, Japan

Start Kiyotaki
Ziel Kiyotaki
Länge 40 km
Art Abenteuer
Karte goo.gl/SsNPx9

Diese Bergstraße war lange eine alte Pilgerstrecke buddhistischer Mönche zum See Chūzenji. Doch seit ihrem Ausbau zu einer asphaltierten, modernen Straße kommen nun andere Pilger hierher – Motorsportliebhaber mit ihren getunten Muscle-Cars. Seit neuestem gesellen sich auch Freunde des Driftens hinzu, die mit ihren unfaßbar PS-starken Geschossen durch ein bewußtes Übersteuern höhere Kurvengeschwindigkeiten anstreben.

Die Irohazaka Winding Road besteht aus zwei Straßen: eine führt bergauf, eine bergab. Auf jeder fährt der Verkehr (bis auf einen kurzen Abschnitt) nur in eine Richtung. Aus der Luft wirken beide Teile wie zwei riesige Schnörkel, aber es ist die Bergabpassage, die mit ihren eng aufeinanderfolgenden Haarnadelkurven schwieriger zu fahren ist. Von diesen gibt es 48 – eine für jeden Buchstaben des japanischen Alphabets. In den Kurven ist der Straßenrand erhöht und der Scheitelpunkt weiß gestrichelt.

Bei einer Pause oben auf dem Akechidaira-Plateau genießt man vom Aussichtspunkt einen herrlichen Rundumblick, insbesondere im Herbst, wenn die Laubfärbung phantastisch ist. Auf dem Weg nach unten lockt der See Chūzenji als nächster Stopp.

Am besten befährt man die Irohazaka Winding Road im Morgengrauen, bevor die Touristenscharen kommen, oder kurz vor Sonnenuntergang, wenn die Drift-Experimente beginnen. **DK**

- Der Kegon-Wasserfall am Rand der Straße.
- Die Serpentinenstrecke Irohazaka.

Norikura Skyline Road
Chūbu, Japan

Start Matsumoto, Nagano
Ziel Norikura, Gifu/Nagano
Länge 62 km
Art Abenteuer
Karte goo.gl/KZ3NBP

Diese Straße auf dem Berg Norikura ist wohl die höchste Straße Japans. Sie liegt so hoch, daß sich ihr letzter Abschnitt tatsächlich über den Wolken befindet. Daher gilt sie als technisches Meisterwerk.

Es ist jedoch nicht ganz einfach, zu ihrem Ausgangspunkt zu gelangen. Ab Matsumoto (mit der prächtigen Burg aus dem 16. Jahrhundert) ist die Fahrt zunächst noch recht harmlos. Man bleibt jedoch auf der 158 (nimmt also nicht die Abo-Mautstraße) und sieht sich schon bald einem Berganstieg mit 15 engen Spitzkehren gegenüber – und herrlichen Ausblicken. Auf halbem Weg gibt es eine verlockende Abzweigung … zu einer Herberge mit heißen Quellen *(onsen)*, in denen man baden kann.

Nun erreicht man den Beginn der Skyline Road, die von Mai bis Oktober geöffnet ist. Wegen der vielen Menschen, die den Norikura erklimmen möchten, ist die Menge des motorisierten Verkehrs zeitweilig begrenzt. Möglicherweise muß man sein Auto am Bahnhof Hirayukan-Takeyama parken und das letzte Stück mit dem Bus oder Taxi fahren. Auf dem Gipfel befindet man sich fast auf 2700 m Höhe – hoch genug, um die dünne Luft zu registrieren. Auf dem Weg nach oben passiert man einige Radfahrer, die hier an diesem Berg ihre Herausforderung suchen. Wer genug Energiereserven hat, wandert vom Ende der Straße noch bis auf den Gipfel hinauf – dafür benötigt man rund 40 Minuten. **DK**

Japans Romantische Straße
Chūbu, Japan

Start Ueda
Ziel Utsunomiya
Länge 274 km
Art Kultur
Info goo.gl/iFdAP5

Die Romantische Straße in Japan entstand zwar in Anlehnung an das deutsche Original, ist aber dennoch eine durch und durch japanische Ferienstraße. Sie verläuft auf ausgewählten Land- und Nationalstraßen, beginnend in Ueda nordwestlich von Tokio. Dann führt sie ostwärts durch die bergige Binnenpräfektur Gunma bis nach Utsunomiya, das für seine früh blühenden Kirschbäume bekannt ist. Dies ist eine Reise durch das traditionelle Japan, durch ein Land der *onsen* (heißen Quellen), feudalen Burgen, aktiven Vulkane und jahrhundertealten Gasthäuser *(ryokan)*. Auf der Strecke liegt auch Nikkō mit seinem zum UNESCO-Weltkulturerbe gehörenden Schrein sowie der elegante Urlaubsort Karuizawa, in dem John Lennon und Yoko Ono gerne weilten.

Erst auf den zweiten Blick realisiert man, daß die Route noch relativ ursprünglich ist. Auf den Straßen scheint die Zeit stehengeblieben zu sein. Auf einer 48 km langen Passage fährt man am Fuße des Asama entlang, Honshūs aktivstem Vulkan. Der schönste Blick auf den Gipfel bietet sich vom Onioshidashi Park bei Karuizawa.

Der beste Reisemonat ist Oktober, wenn die Sommerhitze vorüber ist und das Herbstlaub die Landschaft zum Leuchten bringt. Am besten läßt man sich einige Tage Zeit und genießt die *onsen*, etwa jene von Kusatsu und Shima, die einen wunderbar durchatmen und auftanken lassen. **BDS**

Tateyama-Kurobe-Alpenroute
Chūbu, Japan

Start Bahnstation Bijodaira, Toyama
Ziel Bahnstation Murodō, Toyama (oder Ōmachi, Nagano)
Länge 31 km
Art Abenteuer
Info goo.gl/9YBBPL

Dies ist einer der verrücktesten Roadtrips, die man unternehmen kann. Die Straße liegt hoch in den Japanischen Alpen und ist nach der Norikura Skyline Road die zweithöchste öffentliche Straße des Landes. Wegen des Schnees ist sie nur während drei Monaten geöffnet. Sogar im Hochsommer fährt man durch eine Art „Schneekorridor". Dessen Wände ragen rechts und links bis zu 15 m in die Höhe – einen Panoramablick darf man hier nicht erwarten. Die Strecke erinnert ein wenig an eine überdimensionierte Bobbahn, die man in die falsche Richtung befährt (aufwärts statt abwärts).

Doch es gibt noch mehr Besonderheiten. Wer sich für eine Busfahrt entscheidet, gelangt hinter der Bahnstation Murodō, dem Endpunkt dieses Straßenabschnitts, nach Ōmachi auf der anderen Seite des Berges. Es handelt sich dabei um keinen langen Ausflug, aber definitiv um einen außergewöhnlichen. Denn zunächst fährt man in einem Oberleitungsbus durch einen langen Tunnel, dann folgt eine kurze Fahrt mit einer Seilbahn und anschließend eine Talüberquerung mit einer Gondel. Nach einem 500 m langen Fußweg um den Kurobesee geht es wieder im Oberleitungsbus durch einen Tunnel, bevor ein anderer Bus nach Ōmachi zurückfährt. Was für ein bizarres Abenteuer! Aber es lohnt sich – nicht zuletzt wegen des Blicks auf den Berg Tateyama, der vor allem im Herbst prächtig aussieht. **DK**

❶ Auf der im Winter geräumten Straße sieht man als Autofahrer dennoch nichts anderes als Schnee.

Akashi-Kaikyō-Brücke
Kansai, Japan

① Die Akashi-Kaikyō-Brücke ist eine der höchsten und längsten Brückenbauwerke der Welt.

Start Sumaura Park, Honshū
Ziel Iwaya, Awaji
Länge 30 km
Art Kultur
Karte goo.gl/VHYida

Die Akashi-Meerenge zwischen der japanischen Insel Honshū und ihrer kleinen, südlich gelegenen Nachbarinsel Awaji war einst eine der am häufigsten benutzten und auch gefährlichsten Wasserstraßen der Welt. Hier wüten heftige Stürme: 1955 starben beim Untergang zweier Fähren 168 Menschen. Eine sichere Überquerung war notwendig.

Am 5. April 1998 feierte man die Eröffnung einer sechsspurigen Autobahnbrücke. Jeder Aspekt der Akashi-Kaikyō-Brücke ist gigantisch: mit einer Stützweite von 1991 m an der mittleren Spanne ist sie die längste Hängebrücke der Welt; die äußeren Spannen messen jeweils 960 m. Insgesamt ist sie 3,9 km lang.

Die Brücke befindet sich ein einem Erdbebengebiet. Während ihres Baus schob das Hanshin-Awaji-Erdbeben von 1995 die beiden bereits errichteten Brückentürme fast einen Meter auseinander. Dadurch mußte die Spanne länger konstruiert werden als ursprünglich vorgesehen. Die Brücke kann Stürmen mit Windgeschwindigkeiten von 286 km/h standhalten, und bei Hitze kann sie sich bis zu 2 m ausdehnen.

Für einen idealen Blick auf das imposante Bauwerk fährt man am Sumaura Park los und folgt zunächst der Küste, bevor man auf die Brücke selbst abbiegt. Die Fahrt ist zwar kurz, aber zweifellos sehr eindrucksvoll. **SA**

Eshima-Ohashi-Brücke
Chugoku, Japan

Start Matsue, Shimane
Ziel Sakaiminato, Tottori
Länge 1,8 km
Art Abenteuer
Karte goo.gl/frdWku

Dies hier ist nicht wirklich ein Roadtrip, sondern vielmehr ein ungewöhnliches Fahrerlebnis. Und zwar ein besonders aufregendes. Allein der Fakt, daß es sich um die weltweit drittgrößte Rahmenbrücke ihrer Art handelt, wird dem Abenteuer nicht gerecht.

Auf der Brücke gelangt man über den Nakaumisee von Matsue nach Sakaiminato. Die Ingenieure hatten strikte Vorgaben: Sie mußte sehr hoch sein, damit große Frachter unter ihr hindurchpaßten, und sie mußte sehr kurz sein. Das Ergebnis erinnert heute letztendlich an eine Achterbahn.

Für den Bau benötigte man rund sieben Jahre. Seit ihrer Eröffnung im Jahr 2004 wuchs ihr Bekanntheitsgrad enorm, und sie wird regelmäßig zur angsteinflößendsten Brücke Japans gewählt. Auf Fotografien sieht es aus, als führen die Autos fast senkrecht nach oben und unten. Und wenngleich die mit einem Teleobjektiv geschossenen Bilder optisch täuschen, so ist die Eshima-Ohashi-Brücke dennoch ungewöhnlich steil: 6,1 Prozent mißt die Steigung auf der Matsue-Seite, 5,1 Prozent auf der Sakaiminato-Seite.

Wer im Südwesten Japans unterwegs ist und die Eshima-Ohashi-Brücke befahren möchte, sollte für ein umfassendes Fahrerlebnis beide Richtungen ausprobieren. Allerdings ist es ratsam, die Rushhour zu umgehen – es sei denn, man wird nicht nervös, wenn man am Hang anfahren muß. **DK**

❶ Nachdem man auf die Eshima-Ohashi-Brücke eingebogen ist, gibt es keinen Weg mehr zurück.

Aso Kyūshū, Japan

Start Kokonoe, Ōita   **Ziel** Aoi-Aso-Schrein, Kumamoto   **Länge** 137 km
Art Kultur   **Karte** goo.gl/QzFBen

Dieser Wunschtrip eines jeden Vulkanbegeisterten läßt sich an einem Tag unternehmen und führt auf Japans aktivsten Vulkan auf der Insel Kyūshū.

Nach dem Start in Kokonoe fährt man auf der kurvenreichen Yamanami-Nationalstraße in südlicher Richtung über die Kuju-Hochebene, bevor man den oberen Rand eines alten Kraters erreicht. Der fast perfekt kreisförmige Kessel entstand vor 90 000 Jahren durch eine enorme vulkanische Explosion. In dem Kessel sieht man unzählige Reisfelder sowie schwelende Schlote von fünf jüngeren Vulkanen. Nun fährt man auf der malerischen Aso Skyline und auf der Milk Road (benannt nach den vielen Viehherden an den Hängen) den Kraterrand in südwestlicher Richtung entlang. Empfehlenswert ist ein Abstecher auf der Straße von Laputa, die auch als Weg zum „Schloß im Himmel" bekannt ist und das Filmstudio Ghibli zu einem Film inspirierte.

Nach vielen Kurven erreicht man Akamizu. Anschließend fährt man ostwärts an Reisfeldern vorbei und gelangt auf die Nationalstraße 111, die sich um Vulkankegel herum auf den Aso schlängelt. Gegen eine geringe Gebühr nutzt man eine Mautstraße, auf der schwefelhaltige, stinkende Dämpfe zu erleben sind. Etwas nördlich befindet sich der Aoi-Aso-Schrein als kulturelles Ende der Reise. **DIS**

❶ Der wundersame Vulkan Aso.

Nationalstraße 13 Von Luang Namtha nach Ventiane, Laos

Start Boten, Luang Namtha   **Ziel** Vientiane, Vientiane   **Länge** 628 km
Art Abenteuer   **Karte** goo.gl/WS5Zh2

Die Nationalstraße 13 von der chinesischen Grenze zur „Stadt des Mondes" über die uralte Stadt Luang Prabang ist die wichtigste Straße in Laos. Sie ist die am meisten befahrene und auch historisch interessanteste – als wesentliche Verbindung zu China sowie aufgrund ihrer Bedeutung hinsichtlich der spirituellen und kulturellen Wurzeln von Laos. Der am meisten frequentierte Abschnitt dieser Verkehrsader befindet sich zwischen Luang Prabang und Vientiane, und hier sind auch die meisten Attraktionen. Luang Prabang, einst Hauptstadt des Königreichs Lan Xang, bedeutet wörtlich „Königliches Buddhabildnis" und ist reich an buddhistischen Tempeln und Klöstern. Die Stadt gehört wegen ihrer achitektonischen, religiösen und kulturellen Schätze zum Weltkulturerbe der UNESCO.

Von Luang Prabang führt die Nationalstraße 13 durch verschlafene Dörfer und quirlige Städte ins 340 km entfernte Vientiane. Obwohl die Straße zwischen den beiden Städten asphaltiert ist, befindet sie sich in keinem guten Zustand und weist enge, scharfe Kurven auf. Fahrbahnmarkierungen fehlen. Vientiane liegt dicht an der Grenze zu Thailand, wo die Nationalstraße direkt nach Bangkok führt. Alternativ gelangt man auf der 13 ostwärts am Fluß Mekong entlang zur Grenze zu Kambodscha. **SA**

❶ Die Stadt Pakse an der Nationalstraße 13 in Laos.

Ho-Chi-Minh-Pfad Delta des Roten Flusses, Vietnam

Start Hanoi
Ziel Ho-Chi-Minh-Stadt
Länge 1609 km
Art Kultur
Info goo.gl/7QaHNk

Der Ho-Chi-Minh-Pfad war das berühmt-berüchtigte nordvietnamesische Straßennetz, auf dem das Land seine Truppen und die südvietnamesischen Verbündeten im Vietnamkrieg versorgte. Es umfaßte versteckte Wege und Tunnel durch die Dschungel von Laos, Kambodscha und Vietnam. Insgesamt war die Streckenlänge 120 000 km lang. Der Pfad trug als militärische logistische Leistung wesentlich zum Sieg Nordvietnams bei. Auf den am weitesten entwickelten Abschnitten konnten Lkw Hunderte Kilometer unter Baumkronen versteckt fahren, während Brücken teilweise so getarnt waren, daß amerikanische Bomber sie nicht sehen konnten.

Vor allem in Laos und Kambodscha hat sich der Dschungel inzwischen weite Teile der Route zurückgeholt. In Vietnam schuf die Regierung für Touristen eine befestigte Alternative von Hanoi nach Ho-Chi-Minh-Stadt (ehemals Saigon). Viele kühne Biker haben den Wunsch, die Originalroute zu fahren, aber dafür empfiehlt sich ein lokaler Guide – es gibt für den usprünglichen Pfad keine Karte, und für den Reiseverlauf spielt das Wetter eine große Rolle.

Man sieht ein Südostasien, das sich seit den 1960er Jahren kaum verändert hat – Holzhäuser auf Stelzen, umgeben von Reisfeldern und nebligen, bewaldeten Berghängen. Von seltsamen Metallteilen, die man findet, sollte man die Finger lassen – in der Region liegen noch viele Blindgänger. **SH**

Von Nha Trang nach Qui Nhon Südliche Küstenregion, Vietnam

Start Nha Trang
Ziel Qui Nhon
Länge 222 km
Art Landschaft
Karte goo.gl/V5cwSf

Als beste Verbindung zwischen diesen Küstenstädten empfehlen die meisten Reiseführer den Reunification Express – die Bahn von Ho-Chi-Minh-Stadt nach Hanoi. Aber anders als deren Strecke verläuft die Autostraße nahezu ununterbrochen entlang der Küste und führt so zu einigen der schönsten Strände des Südchinesisches Meeres.

Viele Urlaubsorte wurden inzwischen ausgebaut, vor allem im Hinblick auf westliche und japanische Touristen, aber die Entwicklungen zeigen sich dort weniger aufdringlich als bei Projekten des späten 20. Jahrhunderts. Nha Trang zum Beispiel öffnet sich Touristen jedes Urlaubsbudgets, ohne dabei sein historisches Erbe aufzugeben. Daher können Reisende Sonnenbaden, Tauchen und Schnorcheln mit der Besichtigung von Tempeln des hinduistischen Cham-Volkes aus dem 13. Jahrhundert kombinieren.

Das nördliche Ziel der Reise, Qui Nhon, war einst ein ruhiges Fischerdorf. Es entwickelte sich zwar zu einem Urlaubsort, behielt aber seinen traditionellen, vietnamesischen Charme bei. Dennoch muß ein Wort der Warnung ausgesprochen werden: die Zufahrtsstraßen befinden sich in einem erbärmlichen Zustand. Ein Reiseblogger schrieb, die Wege glichen eher einem „Schutthaufen" als einer Straße. Daher ist es ratsam, für die Tour ausreichend Zeit einzuplanen. **JP**

Von Ho-Chi-Minh-Stadt zur DMZ
Von Südosten zur Nördlichen Küstenregion, Vietnam

Start Ho-Chi-Minh-Stadt, Südosten
Ziel Ben Hai, Nördliche Küstenregion
Länge 1044 km
Art Kultur
Karte goo.gl/B3saic

Diese Reise von Ho-Chi-Minh-Stadt, bis 1976 Saigon, zur ehemals Entmilitarisierten Zone (Demilitarized Zone, DMZ) ist eine spannende Tour, um sich dem Vietnamkrieg zu widmen. Die DMZ trennte das von den USA unterstützte Südvietnam vom kommunistischen Nordvietnam. Aus einem einst bombenübersäten Weg wurde die Nationalstraße 1. Auf den ersten zwei Dritteln der Strecke sieht man nur wenige Spuren des Krieges; wer weiß, wie sehr die Dörfer in den Konflikt involviert waren, ist beeindruckt davon, wie gut sich das Land erholt hat.

Da Nang liegt an der Südseite einer Bucht und war im Krieg eine wichtige Marinebasis der Amerikaner. Heute ist die Stadt für ihre jahrtausendealten Artekfakte des hinduistischen Cham-Volkes sowie für ihre buddhistischen Schreine in den Marmorbergen südlich der Stadt bekannt. Hue am Parfüm-Fluß liegt 100 km nördlich von Da Nang und 8 km vom Südchinesischen Meer entfernt. Der Ort war während der Tet-Offensive von 1968 stark beschädigt worden. Die fast in Schutt und Asche gelegten historischen Gebäude der kaiserlichen Zitadelle hat man jedoch mittlerweile umfassend restauriert.

Die Tour endet am Ufer des Ben Hai bei der Hien-Luong-Brücke. Diese war 1967 von US-Bomben zerstört worden und ist heute ein Kriegsdenkmal. Die Nationalstraße 1 passiert den Fluß über eine neue Brücke. **JP**

❶ Die Zitadelle mit der Verbotenen Stadt in Hue, einst Vietnams Hauptstadt, ist UNESCO-Weltkulturerbe.

Wolkenpaß Mekongdelta, Vietnam

Start An Cu **Ziel** nördlich von Da Nang **Länge** 24 km
Art Abenteuer **Karte** goo.gl/GhBezl

Der Hai-Van-Paß (Wolkenpaß) war einst Teil der Nationalstraße 1 zwischen Hanoi und Ho-Chi-Minh-Stadt (ehemals Saigon). Inzwischen gibt es eine parallel verlaufende neue Straße und einen Tunnel, aber die alte Paßstraße lockt abenteuerlustige Touristen an. Jeremy Clarkson von der BBC-Serie *Top Gear* bezeichnete die Straße als ein „verlassenes Band der Perfektion". Man kann sie mit dem Auto fahren, am schönsten ist es aber mit dem Motorrad.

Die Straße schlängelt sich von den Urlaubsorten nahe An Cu rasch auf eine Höhe von 496 m. Der höchste Punkt im Annamitischen Hochland ist oft nebelverhangen, aber an klaren Tagen blickt man traumhaft auf das Südchinesische Meer.

Die Strecke folgt einer uralten Grenze: einst jener zwischen dem buddhistischen Königreich Dai Viet im Norden und dem hinduistischen Champa-Reiches im Süden, und heute zwischen zwei Klimazonen: der nassen, kalten im Norden und der warmen, trockenen im Süden.

Man sieht viele Gedenkstätten, die an Menschen erinnern, die auf dieser Route entweder bei historischen Konflikten oder durch Unfälle gestorben sind – vor allem vor Eröffnung der Parallelstrecke. Auf dem Gipfel bieten Händler, leider meist sehr aufdringlich, Snacks und Souvenirs an. **JP**

❶ Blick vom Wolkenpaß.

Tuk-Tuk-Fahrt nach Angkor Wat Siem Reap, Kambodscha

Start Siem Reap   **Ziel** Kbal Spean   **Länge** 54 km
Art Kultur   **Karte** goo.gl/ko852K

In den 1970er Jahren ermordeten die Roten Khmer unter Pol Pot über 1,5 Millionen Kambodschaner und brachten eine Hungersnot übers Land. Doch Kambodscha hat sich wieder erholt und öffnet sich heute dem Tourismus. Menschen aus aller Welt kommen hierher, um das immense kulturelle Erbe des Landes zu bestaunen, zu dem auch die Tempelanlage Angkor Wat nördlich von Siem Reap gehört.

Man kann Angkor Wat im Rahmen einer Tuk-Tuk-Fahrt ab Siem Reap erkunden. Mit dem Fahrer des Gefährts, das einer motorisierten Rikscha ähnelt, verhandelt man den Preis. Die Straße zu den Tempeln ist gerade und flach, und im Tuk-Tuk taucht man bestens in die Atmosphäre der Region ein.

Die Fahrer lassen genug Zeit, jeden Tempel zu erkunden, bevor es zum nächsten weitergeht. Zu den Höhepunkten zählen der Pyramidentempel Pre Rup von 961 und der noch ältere Tempel Phnom Bok. Auch sieht man die „Zitadelle der Frauen" Banteay Srei aus rosafarbenem Sandstein. Gegen einen kleinen Aufpreis wird man zum Fluß Kbal Spean gefahren und sieht die Götterreliefs im Felsen.

Tuk Tuks sind relativ sichere Fahrzeuge. Durch den Tourismus entwickelt sich Kambodscha schnell – daher sollte man diese Gefährte einmal selbst erleben, bevor sie nicht mehr existieren. JI

❶ Die Tempelanlage von Angkor Wat.

Tempeltour mit dem Motorrad
Phnom Penh, Kambodscha

Start Phnom Penh
Ziel Phnom Penh
Länge 1012 km
Art Abenteuer
Info goo.gl/eGKCDD

In Kambodscha besuchen die meisten Touristen den weltberühmten Tempelkomplex Angkor Wat aus dem 12. Jahrhundert. Dieser ist Teil jedes Reiseprogramms. Viele fahren in Gruppen in klimatisierten Kleinbussen von der Landeshauptstadt Phnom Penh aus zu den Tempeln.

Man kann aber auch so reisen wie die Einheimischen, sehen, was sie sehen, und sich ein wenig abseits der Touristenpfade fortbewegen. Das ermöglicht diese Motorradtour. Mit einem Offroad-Modell oder einer Reiseenduro fährt man von der Hauptstadt im Süden bis an die Grenze zu Thailand im Norden einmal durch das ganze Land. Das Gepäck wird gesondert transportiert.

Die Strecke beginnt im Mekongdelta und führt über brüchigen Asphalt, Schotterstraßen und sandige Wege durch abgelegene Dschungeldörfer und Naturschutzgebiete. Am Ende der Reise überquert man mit einer Fähre den See Tonle. Man passiert Angkor Wat, den größten Tempelkomplex der Welt, aber auch den Hindutempel Prasat Preah Vihear der Khmer, erst seit 2003 wirklich zugänglich, sowie die archäologische Stätte Koh Ker, Hauptstadt des Khmer-Reiches zwischen 928 und 944. Dank einer neu gebauten Straße ist sie heute bequem erreichbar. Nach wie vor finden dort wichtige archäologische Neufunde statt. Diese eindrucksvolle Reise wird jedem unvergeßlich bleiben. **DK**

❶ Abseits ausgetretener Touristenpfade lernt man das wahre Kambodscha kennen.

Pan-Philippinische Straße
Ilocos, Philippinen

Start Patapat-Viadukt, Luzon
Ziel Pagudpud, Luzon
Länge 12 km
Art Landschaft
Karte goo.gl/V1QwLX

Die Pan-Philippinische Straße – auch bekannt als Maharlika Highway – verbindet auf 3571 km Länge in Nord-Süd-Richtung die größten Inseln der Philippinen. Sie ist damit die längste Nationalstraße des Landes. Wer zeitlich nicht die gesamte Strecke bereisen kann, erlebt auf diesem kurzen Abschnitt im Norden eine landschaftlich sehr reizvolle Fahrt, sei es im Auto oder mit dem Motorrad.

Man startet an einem der eindrucksvollsten Orte der Straße, am Patapat-Viadukt. Über mehrere Kilometer folgt die Straße dem Küstenverlauf, zumeist auf 30 m hohen Betonpfeilern. Zur einen Seite liegt der Pazifische Ozean, zur anderen der steile Berghang mit dichter Regenwaldvegetation.

Nun gelangt man in die Philippinischen Kordilleren. Die Straße schlängelt sich kurvenreich durch den Dschungel eines exotischen Pflanzenreichs auf beiden Seiten. Ab und zu lichtet sich das Grün und man erhascht einen atemberaubend schönen Blick über den Norden der Insel Luzon.

Schließlich erreicht die Pan-Philippinische Straße auf der anderen Seite der Gebirgskette den beliebten Urlaubsort Pagudpud am Südchinesischen Meer. Hier fährt man auf von üppiger Flora gesäumten Straßen und findet einen wunderbaren, nach Westen gelegenen Sandstrand vor, an dem hohe Palmen Schutz vor der Sonne spenden und bunte Fischerboote das Auge erfreuen. **SH**

❶ Blick auf die teilweise auf hohen Betonpfeilern verlaufende Pan-Philippinische Straße.

Kennon Road
Ilocos/Kordilleren, Philippinen

Start Rosario, La Union, Ilocos, Luzon
Ziel Baguio, Benguet, Kordilleren, Luzon
Länge 37 km
Art Abenteuer
Karte goo.gl/w9RpLB

Diese Straße im Norden der Insel Luzon, die früher Benguetstraße hieß, verbindet Rosario in der Küstenebene mit Baguio in den Bergen. Sie wurde nach ihrem Erbauer benannt, Oberst Lyman Walter Vere Kennon vom United States Army Corps of Engineers. Kennon und seine Mannschaft vollendeten den Bau 1905. Mehr als 2300 Einheimische und Arbeiter aus 36 Ländern arbeiteten an dem Projekt mit, und viele von ihnen starben während der Bauarbeiten an Malaria oder stürzten in den Tod.

Es handelt sich um eine Mautstraße, aber die Gebühr ist recht gering. Nach dem Start in Rosario steigt die Straße entlang der Schlucht des Flusses Bued langsam an und bietet herrliche Blicke über die Berge und die üppige Vegetation. Wenn man sich Baguio nähert, wird die Strecke zunehmend steiler und kurvenreicher, es gibt Spitzkehren und enge Schleifen. Diese folgen dem Verlauf der Reisterrassen an den Berghängen, so daß die Natur und das von Menschenhand erstellte Bauwerk gemeinsam ein harmonisches Bild ergeben.

Die Kennon Road endet in Baguio auf 1540 m Höhe. Wegen des relativ kühlen und angenehmen Klimas wird der Ort im Sommer zur Hauptstadt des Landes. Man sollte beachten, daß die Straße während der Regenzeit gefährlich ist. Dann können die häufigen Überflutungen und Erdrutsche ein Passieren unmöglich machen. **SA**

Halsema Highway
Kordilleren, Philippinen

Start Baguio, Luzon
Ziel Bontoc, Luzon
Länge 154 km
Art Landschaft
Karte goo.gl/GHNJaO

Wenn man an einem sonnigen Tag dem Halsema Highway entlang der Reisterrassen durch die Kordilleren im Herzen der Insel Luzon folgt, scheint es nichts Schöneres auf der Welt zu geben. Das Panorama ist einzigartig: weite, grüne Täler, kleine Dörfer an den Hängen, umgeben von einem Mosaik an Feldern, und die Berge überzogen von einem Teppich aus grüner Regenwaldvegetation.

An einem regnerischen Tag ist die Empfindung etwas anders. Während und nach Wolkenbrüchen, die hier häufig sind, verwandelt sich die Straße in eine gefährliche Strecke, und die Sicht ist durch Regen und Wolken behindert. Dann zählt die Route definitiv zu einer der gefährlichsten und nicht einer der malerischsten der Welt. Sie ist zwar gut asphaltiert, ausgeschildert und mit Leitplanken geschützt, aber bei Regen werden Überflutungen, Erdrutsche und Schlammlawinen auf der steilen, kurvenreichen Strecke zur Gefahr.

Da die Route bedeutsam ist, herrscht immer Verkehr. Lkw und Busse quälen sich durch den Schlamm und quetschen sich an den bröckelnden Straßenrändern entlang. Wenn dann noch Nebel auftaucht, wird die Fahrt auf dem höchsten Highway der Philippinen definitiv zu einem Abenteuer.

Hat man allerdings Glück mit dem Wetter und den anderen Begleitumständen, erlebt man eine unvergeßliche Tour – im positiven Sinne. **SH**

Commonwealth Avenue – Der Killer Highway
Metro Manila, Philippinen

Start Quezon Memorial Circle, Quezon-Stadt, Luzon
Ziel Quirino Highway, Quezon-Stadt, Luzon
Länge 14 km
Art Abenteuer
Karte goo.gl/XuaMNN

In diesem Buch finden Sie viele gefährliche Straßen – steil einen Paß überquerend, eng an einer Schlucht entlang, quer über polare Einöde oder Vulkane und durch tiefe Dschungel und heiße Wüsten. So mag man überrascht sein, daß sich eine der weltweit gefährlichsten Straßen, offiziellen Statistiken zufolge, mitten in einer Großstadt befindet.

Die Commonwealth Avenue windet sich durch das Zentrum von Quezon-Stadt, der bevölkerungsreichsten Stadt auf den Philippinen und deren einstige Hauptstadt. Sie ist Teil des Stadtrings R7 und tagtäglich ein wichtiger Verkehrsweg für Hunderttausende Berufstätige.

Bei Polizei und Feuerwehr trägt die 14 km lange Strecke den Beinamen „Killer Highway". Dies liegt am dichten, chaotischen Verkehr. Busse, Lkw, Autos, Motorräder und Fahrräder wechseln stetig die Spuren, während von Seitenstraßen neuer Verkehr hineindrängt. Busse stoppen willkürlich, um Passagiere aufzunehmen oder aussteigen zu lassen, und Fußgänger vervollkommnen das Getümmel. Außerdem erweitert sich die Straße auf insgesamt 18 Spuren.

Hinzu kommt, daß es auf der Commonwealth Avenue keine Ampeln, Schilder oder Gullis gibt. Durch regelmäßige Überflutungen besteht die Gefahr von Aquaplaning. Und die Folgen? Offiziell passieren auf dieser kurzen Strecke jährlich über 900 Verkehrsunfälle – Vorsicht ist dringend geboten.. **SH**

❶ Die Commonwealth Avenue widersetzt sich den üblichen Verkehrsregeln von Stadtautobahnen.

Reise nach Penang
East Coast, Malaysia

Start Cameron Highlands
Ziel Penang
Länge 264 km
Art Landschaft
Info goo.gl/ONhQy

Entlang der Strecke von den Teeplantagen der kühlen, dunstigen Cameron Highlands zur Insel Penang liegen mehrere Attraktionen, aber einige von ihnen stechen besonders heraus.

In Kuala Kangsar wurde 1877 der erste (und heute noch existierende) Gummibaum in Malaysia gepflanzt; schon bald danach wurde das Land die weltweite Nummer eins der Gummierzeugung. Architektonisch eindrucksvoll sind in der Stadt die Istana Iskandariah (Residenz den Sultan von Perak) sowie die Ubudiah-Moschee.

Taiping ist der niederschlagreichste Ort der Malaiischen Halbinsel. Folglich zeigt der Botanische Garten der Stadt einen bunten Reigen an exotischen Bäumen und anderen Pflanzen. Lohnenswert ist auch ein Besuch der Tulpenfarm im benachbarten Bukit Larut. Kolam Bukit Merah ist der größte Süßwassersee in Malaysia. An seinem Ufer gibt es touristische Angebote, aber größtenteils ist die Region ein unberührter Lebensraum für zahlreiche Pflanzen, Vögel und andere Tiere.

Die Insel Penang ist klein, rund und bergig: bis zu 740 m geht es steil in die Höhe. George Town war lange eine der wichtigsten Hafenstädte Asiens. Und Batu Ferringhi an der Nordküste erfreut sich als Urlaubsort großer Beliebtheit. **JP**

○ Eine Teeplantage in den Cameron Highlands.

Von Kuala Lumpur zum Belum Forest
Central Region, Malaysia

Start Kuala Lumpur
Ziel Belum Forest Resort
Länge 467 km
Art Landschaft
Karte goo.gl/47GugB

Den Großteil dieser Reise verbringt man auf der sechsspurigen Nord-Süd-Autobahn, auf der, sobald man die Vororte der Großstadt verlassen hat, nicht viel Verkehr herrscht, aber eine großartige Szenerie zu bewundern ist. Genießen Sie die Fahrt durch die berühmten Cameron Highlands mit den malerisch anzusehenden Teeplantagen, Schmetterlingsfarmen und sanft gewellten Hügeln. Nach Ipoh nimmt man die Ausfahrt Kuala Kangsar Richtung Gerik und folgt der Ost-West-Autobahn nach Pulau Banding.

Das Ziel der Reise liegt im Herzen des größten Regenwaldes der Malaiischen Halbinsel, der zugleich der älteste der Welt ist – noch vor den Millionen Jahre später entstandenen Amazonas- und Kongoregenwäldern. Der See Temenggor, an dessen Ufer Banding liegt, entstand durch die Aufstauung des Perak für ein Wasserkraftwerk. Er bietet vielen Tieren einen Lebensraum, und man kann die Natur von speziellen Plätzen auf der Insel gut erkunden, ohne Schaden anzurichten.

Die größte Attraktion sind Elefanten und Tiger: Es gibt keine Garantie, daß man diese zu Gesicht bekommt, aber gute Chancen hat man von den Beobachtungshütten rund um die mineralischen Salzlecksteine. Das Waldreservat ist auch ein Paradies für Botaniker und Ornithologen – zu den hier zwischen August und Oktober zu sehenden Vögeln gehören allein zehn Nashornvögelarten. **JP**

West Coast Route 5 Southern Region, Malaysia

Start Johor Bahru **Ziel** Malakka **Länge** 225 km
Art Landschaft **Karte** goo.gl/THoLb4

Johor Bahru hat mehr zu bieten als seine Gebäude aus der Kolonialzeit: unzählige Museen und Konzerthallen mit Veranstaltungen von internationalem Rang sorgen für eine mannigfaltige Kulturszene. Doch dies gerät schnell in den Hintergrund, wenn man, umgeben von tropischer Bilderbuchlandschaft, auf der Straße nach Kuala Lumpur unterwegs ist. Die Nord-Süd-Autobahn verläuft als mehrspuriger Highway parallel zur Küste der Straße von Malakka.

Der größte Ort entlang der Route ist Batu Pahat etwa 100 km nach Beginn der Reise. Die weltoffene Stadt liegt am Ufer eines ruhig fließenden, gleichnamigen Flusses. Der Wohlstand der Bevölkerung entstand durch die Fisch- und Textilindustrie.

Die Hauptattraktion befindet sich 54 km weiter nördlich. Das schmucke Städtchen Muar ist vor allem bei Gastronomen und Liebhabern guten Kaffees beliebt, der hier besser sein soll als in Südamerika.

Mit dem Aufschwung von Singapur verlor die Stadt Malakka an wirtschaftlichem Einfluß, aber für den Export des in Malaysia produzierten Gummis ist sie nach wie vor bedeutsam. Im Hafen herrscht großes Treiben, während es in der Innenstadt eher ruhig zugeht, mit chinesischer Lebensart zwischen Häusern aus dem 18. und 19. Jahrhundert im dänischen und portugiesischen Stil. **JP**

❶ Sonnenaufgang in Malakka.

Von Johor Bahru nach Desaru Southern Region, Malaysia

Start Johor Bahru   **Ziel** Desaru   **Länge** 77 km
Art Landschaft   **Karte** goo.gl/CRx9vk

Auf dieser Tour lernt man auf reizvolle Art und Weise das Südende der Malaiischen Halbinsel an der Küste des Südchinesischen Meeres kennen.

Zu den architektonischen Sehenswürdigkeiten des Ausgangsortes Johor Bahru zählen der Palast Istana Besar, die Sultansresidenz Istana Bukit Serene sowie die Abu-Bakar-Moschee.

Die Stadt ist zudem das Tor zu – oder ein Satellit von – Singapur, das nur einen Kilometer entfernt jenseits der Straße von Johor liegt. Anstatt auf dem Damm zu fahren, verläuft die hier empfohlene Route auf dem vierspurigen Highway ostwärts entlang der Küste. Nach der Industriestadt Pasir Gudang gerät die Straße von Johor in unser Blickfeld. Bisher war die Meerenge nicht zu sehen. Den Fluß Johor überqueren Autos auf einer Schrägseilbrücke, deren Spanne 1,7 km mißt.

Östlich des Flusses führt die Route durch eine weite Ebene und die Stadt Bandar Penawar, bevor man Desaru erreicht. Dieser Badeort ist in den 1980er Jahren durch die Entwicklung im Tourismus fast verschandelt worden. Eine wirtschaftliche Rezession bremste den Bauboom allerdings, was der Stadt optisch guttat. Heute ist sie Anlaufort vor allem für erholungsbedürftige Einheimische und weniger für Touristen aus fremden Ländern. **JP**

❶ Hohe Ölpalmen säumen teilweise die Straße.

Von Bintulu nach Miri Sarawak, Malaysia

Start Bintulu   **Ziel** Miri   **Länge** 203 km
Art Landschaft   **Karte** goo.gl/3qeqCm

Diese Route entlang der Küste des Südchinesischen Meeres im malaiischen Bundesstaat Sarawak zeigt das Natur- und das Industrieerbe der Region gleichermaßen. Sie beginnt in Bintulu, das nicht besonders idyllisch, aber wirtschaftlich als Basis für die Offshore-Förderung von Öl und Gas bedeutsam ist.

Das nördliche Ziel der Reise verdankt seine Existenz ebenfalls der Ölindustrie: Miri wurde 1919 gegründet, als die Royal Dutch Shell in der Nähe mit Bohrungen begann. Im nachfolgenden Jahrhundert entwickelte sich aus einigen Hütten ein großes Industriezentrum, das inzwischen Stadtstatus hat.

Die Straße von Bintulu nach Miri verläuft zwischen dem Meer auf der linken und dichtem Regenwald auf der rechten Seite. Häufig sieht man Langhäuser auf Stelzen sowie Palmölplantagen. Auch erkennt man Anzeichen von Rodungen, eine der umstrittensten Aktivitäten Malaysias.

Miri ist ein idealer Ausgangspunkt, um die sechs Nationalparks der Region zu erkunden. Am bekanntesten ist Gunung Mulu mit seiner Karstlandschaft und der reich verzweigten Höhlenwelt. Im Komplex Gua Nasib Bagus befindet sich mit der Sarawak-Kammer der vermutlich weltweit größte unterirdische Raum: er ist 700 m lang, 396 m breit und an jeder Stelle mindestens 70 m hoch. **JP**

❶ Eine Ölpalmenanlage im Bundesstaat Sarawak.

Kelok Sembilan Sumatra Barat, Indonesien

Start Payakumbuh   Ziel Harau   Länge 16 km
Art Landschaft   Karte goo.gl/3TnEqt

Etwas nördlich der Stadt Payakumbuh, auf dem Weg Richtung Harau auf der indonesischen Insel Sumatra, befindet sich ein faszinierendes Stück moderne Straße – die Kelok Sembilan. Sie ersetzt eine alte dänische Kolonialstraße mit engen Spitzkehren durch eine steile Schlucht. Es heißt, durch den Neubau spare man vier Stunden Fahrzeit ein.

Eine Logik hinter den mysteriösen dreifachen S-Kurven und sechs Brücken in der Mitte der Schlucht läßt sich nur schwer erkennen. Verwundert realisiert man, wie schnell man nach Einfahren in die Schlucht schon wieder an deren Ende ist.

Das Straßensegment wurde so komplex mit Schleifen, Brücken und Überquerungen gebaut, daß es mitten im Dschungel zu einer Touristenattraktion geworden ist. Reisende versammeln sich oben an der Schlucht, um den Verkehr auf dem surreal wirkenden Straßenabschnitt zu beobachten. Geschäftstüchtige Einheimische verkaufen Snacks.

Motorrad- und Autofahrer scheinen mit viel Freude über den 2,5 km langen, gewundenen Asphalt zu gleiten. Einheimische gaben ihm den Beinamen „Kelok 9" in Anlehnung an die neun Hauptkurven. Für manche ist diese kurze Straßenpassage eine optische Täuschung, für andere die Erfüllung phantasmagorischer Straßenbaupläne. **SH**

❶ Die verschachtelte Kelok Sembilan auf Sumatra.

Kintamani – Von der Küste zum Krater
Bali, Indonesien

❶ Der Schichtvulkan Gunung Batur am Ende dieser Reise liegt in herrlicher Abgeschiedenheit.

Start Singaraja
Ziel Kraterrand des Gunung Batur, Kintamani
Länge 55 km
Art Landschaft
Karte goo.gl/mszLbi

Diese Tour gilt als die beste Motorradstrecke auf Bali, und auch für Autofahrer ist sie traumhaft schön. Man startet an der Küste nördlich von Singaraja, der zweitgrößten Stadt der Insel. Bevor man Richtung Osten aufbricht, sollte man das Hafenviertel mit seinen dänischen Kolonialgebäuden erkunden.

Einige Kilometer fährt man auf der quirligen Küstenstraße, dann biegt man landeinwärts zum Gunung Batur ab und es wird ruhiger. Während man sich zum Krater des Vulkans hinaufwindet, durchfährt man typische Ortschaften der Region. Man kommt an Jungs, die Fußball spielen, ebenso vorbei wie an Schreinen und Nelkenplantagen.

Auf jedem Kamm bietet sich ein anderer zauberhafter Blick über den Regenwald und das Tal, in dem die bunten Häuser manchmal recht abenteuerlich an den Hang gebaut sind. Ebenso reizvoll ist der Blick hinab zur Küste.

Schließlich schlängelt sich die Straße durch einen Pinienwald und passiert den bedeutenden Tempel von Puri Penulisan, den höchstgelegenen auf Bali. Er ist auch von innen zu besichtigen.

Man folgt dem Rand des Vulkankraters auf 7 km Länge, bevor man den Tempel und Markt von Kintamani erreicht. Von dort hat man einen wunderbaren Blick über den Vulkan und seinen See. Vielleicht sollte man nicht zu lange bleiben – der letzte Ausbruch fand im Jahr 2000 statt. **SH**

Küstenstraße von Amed nach Amlapura
Bali, Indonesien

Start Amed
Ziel Amlapura
Länge 39 km
Art Abenteuer
Karte goo.gl/BoOZLo

Mit dieser Route bietet sich die Möglichkeit, einen vielseitigen Einblick in das Leben auf Bali zu erhalten und zugleich einige der schönsten Küstenabschnitte der Insel zu erkunden. Die Tour entlang der Ostküste führt zum östlichen Ende der Insel und man durchquert auf dem Weg dorthin trubelige Ortschaften und üppig grünen Dschungel.

Man startet in Amed, das mit seiner reichen Unterwasserwelt samt altem Schiffswrack viele Taucher anlockt. Auch ist das Fischereiwesen hier bedeutend, und am Ufer reihen sich die traditionellen Fischerboote, die *jukung*, aneinander. Hinter Amed bevölkern überladene Mopeds und klapprige Minibusse die schmale Asphaltstraße, doch schon bald läßt der Verkehr nach. Allmählich steigt die Straße an und bietet durch Baumfenster hindurch phantastische Blicke auf die Küstenlinie. Manchmal ist man dem Abgrund recht nah, doch an den engsten Kurven gibt es Leitplanken.

Man kommt an unzähligen Straßenständen vorbei, an denen es fast alles zu kaufen gibt, von bunten Muscheln bis zu Bintang-Bier in der Flasche. Auch sollte man nach der kleinen Insel Gili Selang Ausschau halten. Sie ist Teil eines Unterwasservulkans und ebenfalls ein beliebtes Tauchrevier. Weiter geht es entlang der Küste bis nach Amlapura, dem größten Ort im Osten Balis. Zu seinen Sehenswürdigkeiten zählen die prächtigen königlichen Paläste. **SH**

❶ Balis gewundene Küste, mit Dschungel im Hintergrund und Fischerbooten, aufgereiht am Wasser.

Ozeanien

← Unterwegs im australischen Outback auf dem Stuart Highway.

Zufahrt zum Kokoda Track
NCD, Papua-Neuguinea

Start Sogeri, National Capital District
Ziel Kokoda Track, National Capital District
Länge 21 km
Art Abenteuer
Karte goo.gl/SF1IyB

In den 1890er Jahren bauten europäische Bergleute einen Track in den Wäldern Papuas, um die Yodda-Kokoda-Goldfelder auf der anderen Seite der Owen Stanley Range zu erschließen. Der alte Track wurde im Juli 1942 während des Zweiten Weltkriegs auf ganz andere Weise genutzt, als japanische Truppen an der Nordküste Neuguineas landeten und über die Insel marschieren wollten, um Port Moresby zu erobern. Ihre Absicht war es, Australien von seinen Verbündeten in den USA zu isolieren. Beide Seiten kämpften eine Reihe von Schlachten auf dem alten Kokoda Track, bevor die Japaner im November 1942 zum Rückzug gezwungen wurden.

Der alte Track ist heute ein 96 km langer, ausgewiesener Wanderweg, der über eine Schotterstraße erreicht wird. Die Route führt von Port Moresby erst nach Norden, dann nach Osten, und etwa 1,6 km nach Sogeri links auf die Schotterstraße. Sie ist bei gutem Wetter leicht befahrbar, kann aber nach Regen schnell unpassierbar werden, daher sollte man den Wetterbericht beachten. Angesichts der unvorhersehbaren Bedingungen entscheidet man sich am besten für einen Geländewagen. Der Schlamm in der Regenzeit macht aber auch den besten Offroad-Fahrern zu schaffen. Die Strecke endet am Ufer des Goldie River, kurz vor dem Einstieg des Kokoda Trails, auf dem man zu Fuß weitergehen muß. **SA**

Boranup Drive
Westaustralien, Australien

Start Boranup
Ziel Boranup Campground
Länge 18 km
Art Landschaft
Karte goo.gl/qBJXdL

Der Boranup Drive in Westaustralien bietet die Möglichkeit, ohne Geländewagen abseits ausgetretener Pfade zu fahren. Er schlängelt sich durch den majestätischen Boranup Karri Forest zum Boranup Campground in der Region des Margaret River.

Unter den Rädern befindet sich ein Weg aus dickem, roten Staub; ringsum ragen die hellen, geraden Stämme der bis zu 50 m hohen Karri-Bäume aus dem Unterholz aus Sträuchern, Farnen, Wildblumen und Pilzen empor. Das üppige, grüne Baumkronendach erstreckt sich von der Caves Road bis zur Küste im Westen.

Die Fahrt ist leicht und abgesehen von gelegentlichen Spurrillen oder einem heruntergefallenen Ast ist der Straßenbelag glatt und eben. Möglicherweise muß man entgegenkommenden Fahrzeugen Platz machen, aber das ist kein Problem. Autos mit Zweiradantrieb können die Route problemlos bewältigen, und sie ist das ganze Jahr über geöffnet. Für ein letztes Foto macht man einen kurzen Abstecher zum Boranup Lookout, wo sich ein herrliches Panorama über den Wald und das trügerisch ruhige und von Schiffswracks übersäte Wasser der Hamelin Bay im Westen bietet. Der Aussichtspunkt ist auch der Ausgangspunkt für Buschwanderungen durch den Wald. **JI**

◐ Die Straße durch den Boranup Karri Forest.

Caves Road
Westaustralien, Australien

❶ Im Jewel Cave bei Augusta gibt es einige der schönsten und leicht zugänglichsten Stalaktiten der Welt.

Start Cape Naturaliste
Ziel Cape Leeuwin
Länge 122 km
Art Landschaft
Karte goo.gl/NvqpXt

Diese Route zwischen zwei Leuchttürmen verbindet die südwestlichsten Landzungen des australischen Festlands, nahe dem Punkt, an dem der Indische Ozean zum Südlichen Ozean wird. Er führt durch den Leeuwin-Naturaliste-Nationalpark, der mehr Besucher hat als jeder andere Park Australiens.

Von der Hauptstraße aus sieht man das Meer nicht, aber das ist kein Problem, denn der Weg ist von allerlei Naturwundern gesäumt: Eukalyptuswälder, Papageien, Emus, Opossums, Kängurus und Wallabys und natürlich die Kalksteinhöhlen, nach denen die Route benannt ist. Nur einige Höhlen sind für die Öffentlichkeit zugänglich, und die schönsten von ihnen liegen südlich des Margaret River: Calgardup Cave, Moondyne Cave, Giants Cave und Lakes Cave befinden sich in der Nähe von Redgate; Jewel Cave liegt außerhalb von Augusta. Wenn die Anziehungskraft des Meeres unwiderstehlich wird, ist es nie weit weg und an mehreren Aussichtspunkten leicht zugänglich, darunter Bunker Bay (ein teurer Badeort), Gracetown (mit spektakulären, wenn auch nicht ganz stabilen Klippen und einigen der besten Wellen der Region) und Hamelin Bay, die für Schiffswracks berüchtigt ist.

Der letzte Halt vor dem südlichen Endpunkt ist die Stadt Augusta an der Mündung des Blackwood River in die Flinders Bay, wo sich im südlichen Winter Buckelwale zum Fressen tummeln. **JP**

Gibb River Road
Westaustralien, Australien

Start Kununurra
Ziel Derby
Länge 660 km
Art Abenteuer
Info goo.gl/8douIW

Die Region Kimberley im äußersten Nordwesten Australiens ist dreimal so groß wie England und bietet eine Welt aus roten Felsen, Sandsteinschluchten und 350 Millionen Jahre alten Kalksteinriffs. Es gibt Savannen und monumentale Flußsysteme, die während der Monsunzeit mit mehr als 127 cm Niederschlag gespeist werden. Diese Landschaft aus Wüste, schattigen Schluchten und Wasserfällen war einst nur den Aborigines bekannt. Heute wird sie über die Gibb River Road erschlossen.

Erst in den 60er Jahren wurde die Straße befestigt, und ihre Oberfläche wechselt zwischen glattem Asphalt und losem Schotter, der jedes Jahr am Ende der Regenzeit planiert wird. Viele Wohnmobile sind hier unterwegs, aber ein Geländewagen wird empfohlen. Die Beschilderung warnt vor Gefahren wie Bulldust (feinster Lehm), Bachübergängen und Viehquerungen. Wildnislager und Lodges bieten ebenso Übernachtungsmöglichkeiten wie Rinderfarmen, die so groß sind wie andernorts kleine Länder.

Die Wunder, die man auf dieser Reise erlebt – wie die Bell Creek Gorge mit ihren tiefen Pools und Wasserfällen, die Süßwasserkrokodile in der Windjana Gorge und die 40 000 Jahre alten Felsmalereien der Aborigines am Tunnel Creek – hinterlassen unauslöschliche Eindrücke. Diese Reise führt nicht nur durch eine Landschaft, sondern auch zurück durch die Zeit. **BDS**

Kalamunda Zig Zag
Westaustralien, Australien

Start Gipfel des Gooseberry Hill
Ziel Gipfel des Gooseberry Hill
Länge 2,9 km
Art Abenteuer
Karte goo.gl/ZRXOwM

Westaustraliens Zig Zag Scenic Drive ist eine wahre Achterbahn, die vom Gooseberry Hill National Park in der Darling Range östlich von Perth bergab führt. Sie ist weniger als 3 km lang, aber die Forststraße windet sich immer wieder um sich selbst und bildet eine Ziehharmonika aus aufregenden Serpentinen.

Die Straße war in den 1900er Jahren Teil einer Eisenbahnlinie, die Holz für Bahnschwellen den Hügel hinuntertransportieren. Die Rangierstellen, an denen die Züge die Richtung gewechselt haben, geben der Strecke ihren Namen. Wegen der steilen und schmalen Bauweise ist die Strecke eine Einbahnstraße und es gilt eine Geschwindigkeitsbegrenzung von 40 km/h. Den Anfang erreicht man über die Gooseberry Hill Road.

Vom Gipfel des Hügels kann man auf die Stadt Perth blicken. Während man den Hang durch Eukalyptusbäume hinabfährt, ändert sich die Landschaft mit jeder Kurve und bietet Ausblicke auf die Küstenebene und den Flughafen von Perth. Leider bleibt nicht viel Zeit, sich umzusehen, denn der Asphalt ist schmal und einige Kurven sind extrem eng. Es gibt zwar an den meisten Stellen Seitenstreifen, an anderen jedoch furchterregende Abhänge.

Anfang Oktober findet das Zig Zag Festival statt. Zu den Feierlichkeiten gehört die Messung der längsten Bremsspur. Zu anderen Zeiten ist der Hügel ein beliebter Picknickplatz. **JI**

Canning Stock Route — Westaustralien, Australien

Start Halls Creek, Kimberley   **Ziel** Wiluna   **Länge** 1851 km
Art Abenteuer   **Info** goo.gl/qTbRKg

Anfang des 20. Jahrhunderts hatten die Viehzüchter von West Kimberley ein Monopol auf den lokalen Rindfleischhandel. Um den freien Markt aus diesem Würgegriff zu befreien, schlug die Regierung von Westaustralien vor, eine neue Viehstraße durch die Region zu treiben und beauftragte Alfred Canning mit der Vermessung einer geeigneten Route.

Von 1908 bis 1910 errichteten Canning und seine Männer 48 Brunnen auf der Strecke und verärgerten damit die Aborigines, die die Europäer als Eindringlinge betrachteten. Die ersten kommerziellen Fahrten begannen 1910, doch die Route war unbeliebt. Aborigines zerstörten die Brunnen und verweigerten den Viehtreibern Zugang zum Wasser.

Einige Jahre lang wurde die Strecke vernachlässigt, doch 1931 nahm man den Betrieb wieder auf. Bis 1959 fanden rund 20 Viehtriebe statt. Heute ist die Straße eine beliebte, aber anstrengende Fahrt entlang der längsten historischen Viehstraße der Welt. Die sinnvolle Wahl für diesen Roadtrip ist ein robuster und gut ausgestatteter Allradler. Die Route dauert 10 bis 20 Tage. Da es nur zwei kleine Siedlungen gibt, in denen Treibstoff und andere Vorräte bezogen werden können, erfordert die Fahrt eine sorgfältige Planung und sollte nur in den kühleren Monaten durchgeführt werden. **SA**

❶ Ein Konvoi auf der Canning Stock Route.

Eyre Highway Westaustralien/Südaustralien, Australien

Start Norseman, Westaustralien   Ziel Port Augusta, Südaustralien   Länge 1658 km
Art Abenteuer   Karte goo.gl/P8NfaW

In den Jahren 1840 bis 1841 überquerte Edward John Eyre als erster Europäer die riesige Nullarbor-Ebene, eine trockene Fläche nördlich der Großen Australischen Bucht. Die moderne Fernstraße, die die Ebene durchquert, ist nach ihm benannt.

In den Jahren 1874 bis 1877 wurde der erste Weg über die Ebene angelegt, um den Bau der Ost-West-Telegraphenlinie zu ermöglichen. Er wurde nicht weiter entwickelt, bis die Regierung 1941 durch den drohenden Krieg im Pazifik gezwungen war, eine unbefestigte Straße zu bauen. Sie wurde erst 1974 vollständig asphaltiert. Das westliche Ende ist besonders flach und gerade: Zwischen Balladonia und Caiguna erstreckt sich die Straße über 146,6 km und ist damit die längste gerade Straße des Landes und die sechstlängste der Welt. Auf die Fahrbahn gemalte „Klaviertasten" markieren die vom Royal Flying Doctor Service genutzten Start- und Landebahnen. Man muß besonders in der Morgen- und Abenddämmerung auf Kamele, Emus und Kängurus achten, denn sie können dem Fahrzeug großen Schaden zufügen. Die größten Gefahren sind jedoch die Ermüdung des Fahrers, Konzentrationsverlust und die Abgeschiedenheit der anspruchsvollen Strecke durch einen der trockensten Teile Australiens. **SA**

❶ Mitten durch den Westaustralischen Busch.

Goldfields Tourist Way Westaustralien, Australien

Start Coolgardie Camel Farm   **Ziel** Kalgoorlie   **Länge** 45 km
Art Kultur   **Karte** goo.gl/q6cVvB

1892 wurde in Westaustralien Gold entdeckt. Goldgräber strömten ins Land und neue Städte wie Coolgardie und Kalgoorlie entstanden. Wenige der Männer machten ihr Glück, und als die Goldvorkommen erschöpft waren, verfielen die Städte.

Dieses industriekulturelle Erbe wurde durch einen Tourist Way gekennzeichnet und ist eine von 28 landschaftlichen oder historischen Routen, die von der Regierung Westaustraliens in den 90er Jahren entworfen wurden. Die Route, mit weißen Zahlen auf einem braunen Schild markiert, führt über das östliche Ende des Great Eastern Highway, von der Coolgardie Camel Farm, 4 km westlich von Coolgardie, nach Kalgoorlie. Coolgardie war einst eine große Bergbausiedlung, nach Perth und Fremantle die drittgrößte Stadt des Staates. Sie wurde 1892 gegründet, Kalgoorlie ein Jahr später. Auf halber Strecke befindet sich die Kurrawang Emu Farm, auf der Emu-Eier und Aborigine-Artefakte ausgestellt sind. Die Route deckt sich mit dem östlichsten Abschnitt des Golden Pipeline Heritage Trail von Perth nach Kalgoorlie, entlang der Goldfields Water Supply Scheme Pipeline, die abgelegene Gemeinden in Westaustraliens Eastern Goldfields versorgt. Dieser neue Trail wurde 2003 anlässlich des hundertjährigen Bestehens der Pipeline eröffnet. **SA**

❶ Die Geisterstadt Gwalia.

Cossack Tourist Way Westaustralien, Australien

Start Dampier   Ziel Cossack   Länge 85 km
Art Kultur   Karte goo.gl/0faHQ4

Dampier, der Startpunkt dieser Reise, ist ein wichtiger Hafen für den Export von petrochemischen Produkten, Erdgas und Eisenerz. Es war eine Insel, bis 1963 ein Straßen- und Eisenbahndamm gebaut wurde, um sie mit dem Festland zu verbinden. Auf der angrenzenden Halbinsel Burrup befinden sich Sehenswürdigkeiten der Aborigines, darunter Felszeichnungen aus der Zeit vor der letzten Eiszeit. Der umliegende Archipel von 42 Inseln ist reich an Korallen und Schwämmen und ideal für die Beobachtung von Dugongs und Walen.

Die Straße führt flach und gerade über rotbraunen Boden. Die einzige Siedlung ist Roebourne, wo es Tankstellen und Lebensmittelgeschäfte gibt.

Cossack, das Ende der Tour, wurde Mitte des 19. Jahrhunderts als Basis für Goldsucher und Perlentaucher gegründet. Es wurde nach der HMS Cossack benannt, der hölzernen Korvette, die die ersten europäischen Siedler brachte. Das Schiff war von den Briten für die russische Marine gebaut worden, aber der Ausbruch des Krimkrieges verhinderte seine Auslieferung. Bis 1900 waren die nutzbaren Goldvorkommen erschöpft, und die Perlenfischer wanderten in den 800 km entfernten Hafen von Broome ab. Cossack ist eine Geisterstadt, die weitgehend erhalten geblieben ist. **JP**

❶ Wo der Bergbau dem Tourismus gewichen ist.

Vom Uluru zum Kings Canyon Northern Territory, Australien

Start Ayers Rock **Ziel** Kings Canyon **Länge** 310 km
Art Landschaft **Info** goo.gl/OdZFKC

Uluru, auch bekannt als Ayers Rock, ist das berühmteste Naturdenkmal Australiens. Der beeindruckende Monolith liegt im Zentrum des riesigen Red Centre im Northern Territory, einem Gebiet, das von einem aufregenden Straßennetz gleichen Namens durchzogen wird. Bevor man ins Auto steigt, sollte man sich die Beine auf einem Spaziergang auf dem 10,6 km langen Weg um das berühmte Wahrzeichen vertreten.

Von hier aus führt die Route im Gegensatz zu vielen anderen in der Region auf asphaltierten Straßen durch das abgelegene zentralaustralische Outback. Es ist eine relativ gut gewartete und sichere Strecke. Nach Einbruch der Dunkelheit sind jedoch die einheimischen Wildtiere eine Gefahr, vor allem Kängurus, die plötzlich auf die Straße laufen.

Der einzige Weg führt auf der Uluru Road nach Osten zum Lasseter Highway. Nach 96 km erreicht man Curtin Springs, eine Rinderfarm in Familienbesitz, die sich über 400 000 Hektar erstreckt. Der Rest der Fahrt kann ohne Karte oder Satellitennavigation durchgeführt werden. An der Luritja Road fährt man nach Norden zum Watarrka Nationalpark und dem Kings Canyon. Die roten Sandsteinwände ragen aus dichtem Palmenwald empor und bieten 600 Tier- und Pflanzenarten einen Lebensraum. **TW**

❶ Uluru: der Ausgangspunkt dieser Reise.

Buntine Highway Northern Territory/Westaustralien, Australien

Start Willeroo, Northern Territory   **Ziel** Nicolson, Westaustralien   **Länge** 575 km
Art Abenteuer   **Karte** goo.gl/aTiRLO

Noel Buntine war während der rasanten Entwicklung Australiens in der zweiten Hälfte des 20. Jahrhunderts ein gefeierter Road-Train-Pionier und Viehtreiber. Nach seinem Tod 1994 wurde eine Strecke, die den Buchanan Highway im Northern Territory kreuzte, in Buntine Highway umbenannt. An der Kreuzung des Victoria Highway und der neuen Straße erinnert ein Granitdenkmal mit einer eingelegten Bronzetafel mit einem B Train an ihn. In seinem Namen wird zudem alljährlich in Alice Springs ein Pferderennen ausgetragen.

Der Abschnitt zwischen dem Victoria Highway und Kalkarindji durch Top Springs ist asphaltiert und einspurig, doch der Rest der Route ist unbefestigt.

Ein Fahrzeug mit hohem Radstand und Allradantrieb ist empfehlenswert. Wenn man liegenbleibt, gibt es in diesem einsamen Teil Australiens nur wenige Menschen, die helfen können. Kalkarindji ist die einzige Siedlung, beim letzten Zensus wurden 542 Einwohner gezählt. Dennoch ist die Straße bei guten Bedingungen einfach zu fahren. Nässe kann unbefestigte Abschnitte unpassierbar machen, daher sollte man sich vor der Abfahrt informieren. Die offene Landschaft ist spektakulär, mit grasbewachsenen Ebenen und braunem Gebüsch, das den ziegelroten Staub der Straße kontrastiert. **SA**

❶ Man sollte die Schilder lesen, bevor man losfährt.

Gunbarrel Highway
Northern Territory/ Westaustralien, Australien

Start Giles, Northern Territory
Ziel Carnegie Station, Westaustralien
Länge 1352 km
Art Abenteuer
Info goo.gl/OZO37k

Vermesser und Buschmann Len Beadell war einer der Pioniere des australischen Straßenbaus. Als Verantwortlicher für die Gründung der Gunbarrel Road Construction Party legte er mehr als 6000 km abgelegene Outback-Straßen an, die er „Highways" nannte. Der berühmteste ist der Gunbarrel Highway.

Mit dem Vorsatz, die Strecke „gerade wie einen Gewehrlauf" zu machen, schuf Beadell eine der rauhesten Offroad-Strecken Australiens. Sie wurde in vier Etappen von 1955 bis 1958 auf einer Ost-West-Linie errichtet, um eine Waffen-Testanlage zu versorgen, und verbindet Giles im Northern Territory mit der Carnegie Station in Westaustralien. Sie stellt die extremste Form eines Wüsten-Roadtrips dar. Eine Woche kann vergehen, bevor man ein weiteres Fahrzeug sieht, und zwischen den Tankstellen liegen 600 km. Man sollte nicht zwischen September und April und nicht ohne ausreichende Vorräte an Treibstoff, Nahrung und Wasser fahren. Sonst könnte Gunbarrel der letzte Roadtrip sein, den man macht. Für ernsthafte Offroader, deren Vorstellung von Glückseligkeit das Gefühl von tiefen Wellen unter den Rädern, von Spurrillen und Moor, tiefrotem Sand, Auswaschungen und Rinnen ist, und das alles auf einer Strecke, die auch einfach unter einer Decke aus Spinifex-Gräsern verschwinden kann, könnte dies die Straße ihrer Träume sein. **BDS**

Mereenie Loop Road
Northern Territory, Australien

Start Tylers Pass
Ziel Kings Canyon Resort
Länge 180 km
Art Abenteuer
Karte goo.gl/8qCvIQ

Die Mereenie Loop Road ist heute Teil des Red Centre Way, einem riesigen Netz von Touristenstraßen. Das unbefestigte Relikt bietet ein echtes Outback-Erlebnis, das man vor allem nach Regen oder wenn die Strecke eine Weile nicht planiert wurde am besten in einem Geländewagen angeht. Andere Mietwagen sind oft vom Fahren im Gelände ausgeschlossen.

Mit der richtigen Ausrüstung und der notwendigen Genehmigung, die tageweise für ein paar australische Dollar erhältlich ist, bietet die Route ein wunderschönes Abenteuer im Land der Aborigines. Vom Tylers Pass aus geht es in die West MacDonnell Ranges, wo man sich auf dem Land der Aborigines befindet. Das bedeutet, daß man die Straße nicht verlassen, nicht vom Weg abkommen oder gar zum Picknick anhalten darf. Vom offiziellen Haltepunkt Ginty's Lookout hat man einen herrlichen Blick über die Sanddünen und zum Carmichael Crag.

Die gewellte Oberfläche der ziegelroten Schotterstraße verläuft durch niedriges Buschwerk und über felsige Grate mit Wüsteneichen und Kurrajong-Bäumen. Skulpturen aus Autoteilen und „Reifenbäume" schmücken den Straßenrand. Wer die Gegend erkunden möchte, findet im Kings Canyon rote Felswände, die sich mehr als 100 m über dem Kings Creek erheben, wo in der geschützten Umgebung eine ungewöhnliche Flora gedeiht. **TW**

Stuart Highway – „The Track"
Südaustralien/Northern Territory, Australien

Start Port Augusta, Südaustralien
Ziel Darwin, Northern Territory
Länge 3219 km
Art Abenteuer
Info goo.gl/Zaigx5

Es gibt kaum eine bessere Möglichkeit, die Weite des australischen Outbacks zu genießen, als auf dem Stuart Highway. Mit rund 3200 km ist es eine der anspruchsvollsten Autofahrten der Welt. Die Straße, die Einheimische „The Track" nennen, ist offiziell nach John McDougall Stuart benannt, einem schottischen Entdecker, der 1862 vom Süden Australiens in den Norden reiste und dessen Route sie im Wesentlichen nachzeichnet.

Diese Fahrt kann man nicht spontan antreten, Vorbereitung und Planung sind erforderlich. Es gibt Tankstellen entlang der Strecke, aber sie sind oft 200 km voneinander entfernt, daher sollte man anhalten, wenn man kann, nicht wenn man muß, und planen, wo man die Nacht verbringen wird.

Von Port Augusta im Süden aus ist es leicht, nach den ersten hundert Meilen leerem, schimmerndem, pfeilgeradem Asphalt den Fokus zu verlieren, aber Vorsicht: Die Flying Doctors nutzen die Straße auch als Landebahn. Die Route führt durch das einsame und heiße, zentralaustralische Outback und zu abgelegenen Städten wie der Opalhauptstadt Coober Pedy. Viele der charmanten Städtchen an der Straße bieten Unterkünfte, um die Fahrt zu unterbrechen, aber man sollte nicht erwarten, viele Menschen zu sehen – Orte wie Kulgera und Glendambo haben jeweils weniger als 50 Einwohner. **TW**

❶ Der pfeilgerade Stuart Highway verbindet die Nord- und Südküste.

Moralana Scenic Drive — Südaustralien, Australien

Start Wilpena Road **Ziel** Parachilna Road **Länge** 27 km
Art Landschaft **Info** goo.gl/hY034T

Erstbesucher der australischen Wildnis werden vielleicht davon ausgehen, daß jedes Offroad-Abenteuer ein robustes Expeditionsfahrzeug erfordert. Doch der Moralana Scenic Drive beweist, daß das nicht immer der Fall ist. Diese Route ist zwar unbefestigt, aber in zweiradgetriebenen Fahrzeugen mit ausreichender Bodenfreiheit befahrbar.

Die Anstrengungen werden mit großartigen Ausblicken auf die Flinders Ranges, den Black Gap Lookout und die Wilpena Pound Range belohnt. Während die Sonne ihre Bahn über den Himmel des Outbacks zieht, wandelt sich die Farbe der Felsen von sonnengebleichtem Gelb zu tiefem Blutrot. Die Straße, die sich am Bachbett entlangschlängelt, wird von schlanken Zypressen gesäumt. Früher wurden die Bäume als Telegraphenmasten abgeholzt und auf Ochsenkarren abtransportiert. Die Cueing Yards, in denen die Ochsen gehalten wurden, kann man heute besichtigen.

Obwohl der Scenic Drive mit herkömmlichen Autos befahrbar ist, muß man das Wetter im Auge behalten, denn Regen kann die Schotteroberfläche drastisch verändern und die Straße unbefahrbar machen. Das Känguru ist ein weiteres klassisches australisches Straßenhindernis, auf das man vor allem morgens und abends achten muß. JI

❶ Die Flinders Ranges von der Straße aus gesehen.

Von Adelaide zum Barossa Valley   Südaustralien, Australien

Start Adelaide   Ziel Jacob's Creek Visitor Centre   Länge 78 km
Art Kultur   Karte goo.gl/UqocSh

Barossa in Südaustralien ist der Traum jeden Weinliebhabers. Hier gibt es über 150 Weingüter und 60 Weinkeller, von denen viele der Öffentlichkeit zugänglich sind, sowie Brauereien und Lebensmittelproduzenten, die die Gegend zu einem Paradies für alle machen, die gerne essen und trinken. Mit dem Auto oder Motorrad wird es aber noch besser.

Man verläßt Adelaide, die Hauptstadt Südaustraliens, auf der A1 Richtung Norden. Von der modernen, mehrspurigen Autobahn wechselt man auf den Northern Expressway M20 in die freie Natur. Zu beiden Seiten erstreckt sich Farmland. Die Straßen sind, wie für Australien üblich, in ausgezeichnetem Zustand.

Am besten besorgt man sich eine Karte der lokalen Weinproduzenten und stellt seinen eigenen Kurs abseits der Hauptrouten nach dem persönlichen Geschmack zusammen. Ein nützlicher Ausgangspunkt könnte das Barossa Information Centre sein. Die Route endet bei einem der bekanntesten Weinproduzenten der Region, Orlando Wines, der seine Marke Jacob's Creek in mehr als 60 Länder exportiert. Natürlich ist man nie mehr als einen Korkenwurf von Adelaide entfernt, zu dem der designierte Fahrer zurückkehren kann, sobald man die Freuden des Weingutes genossen hat.   JI

❶ Ein typischer Weinberg im Barossa Valley.

Birdsville Track Südaustralien/Queensland, Australien

Start Marree, Südaustralien   **Ziel** Birdsville, Queensland   **Länge** 517 km
Art Abenteuer   **Info** goo.gl/EWz9vm

Der in den 1860er Jahren als Viehweg eröffnete Birdsville Track verkörpert wie keine andere Straße das Outback. Jeder Australier hat von ihm gehört, aber nur wenige könnten ihn auf einer Karte finden und noch weniger werden ihn je fahren. Doch diejenigen, die es tun, sprechen von einem Initiationsritus, einer Reise durch das Herz des Kontinents.

Er verbindet den Nordosten Südaustraliens mit dem Südwesten Queenslands und führt durch die Dünenfelder und erodierten Hügel der Strzelecki Desert, die verdichteten, glasierten Steine der Sturt Stony Desert und um die Salzseen der Tirari Desert. Obwohl er von erfahrenen Offroadern als „Highway" bezeichnet wird, bleibt er für die meisten eine Herausforderung, obwohl er in gut vorbereiteten Fahrzeugen mit Zweiradantrieb befahrbar ist. Die Oberfläche besteht aus Erde und verdichteten kantigen Steinen, die beim Bremsen wenig Traktion bieten und die Reifen beschädigen können, weshalb man den Luftdruck reduzieren sollte. Man muß sich selbst versorgen. Der einzige Tankstopp befindet sich etwa auf halber Strecke am historischen Mungerannie Roadhouse, einer Oase am Ufer des Derwent Creek, in dessen Feuchtgebiet über 110 Vogelarten leben. Ein angenehmer Anblick mitten auf der legendärsten Straße des Landes. **BDS**

❶ Es gibt kaum menschliche Spuren im Outback.

Highway 1 Ring Road Südaustralien und weiter, Australien

Start Adelaide, Südaustralien   Ziel Adelaide, Südaustralien   Länge 14 500 km
Art Kultur   Karte goo.gl/NXhfHz

Australiens Ringstraße Highway 1 ist die wohl längste befahrbare Straße der Welt. Viele Webseiten sagen, daß diese Auszeichnung der 48 000 km langen Panamericana zuteil werden sollte; diese wird aber durch das Tapón del Darién unterbrochen, eine unwegsame, sumpfige, von Banditen heimgesuchte Strecke, die praktisch unpassierbar ist.

Der Highway 1, der das australische Festland umrundet, verläuft größtenteils an der Küste entlang und durch alle Landeshauptstädte; es gibt sogar einen kurzen Abstecher nach Tasmanien. Obwohl es eine durchgehende Straße ist, ist ihre Qualität sehr unterschiedlich, von mehrspurigen Asphaltstraßen bis zu verdichteten Schotterpisten.

Ausgehend von Adelaide führt der Highway 1 über den 1898 km langen Princes Highway, bevor er weiter auf dem pfeilgeraden Eyre Highway verläuft. Von Perth führt die Straße landeinwärts durch Kimberley und über Outback-Straßen nach Katherine. Der schwierigste Abschnitt ist der unbefestigte Savannah Way zwischen Darwin und Brisbane. Die Fahrbahn verbessert sich auf dem Pacific Coast Highway, der aus Cairns in Richtung Great Barrier Reef führt. Lange, aber relativ einfache Etappen von Brisbane über Sydney nach Melbourne und Adelaide führen zurück zum Ausgangspunkt. **DIS**

ℹ Hitzeflimmern auf dem langen Highway 1.

Gold Coast Scenic Byway
Queensland, Australien

❶ Die australische Gold Coast bietet sowohl Nachtleben als auch Strände, Surfen und tolle Aussichten.

Start Surfers Paradise
Ziel Surfers Paradise
Länge 320 km
Art Landschaft
Map goo.gl/7nNxjR

Diese Route ist eine brillante zweitägige Momentaufnahme des Besten der australischen Gold Coast: Strände, verschlungene Bergstraßen und Regenwald. Der erste Tag beginnt in Surfers Paradise, einer Küstenstadt etwa 40 Minuten südlich von Brisbane. Von dort folgt man der berühmten Uferpromenade durch die Küstenorte des Gold Coast Broadwater, bevor man ins Landesinnere in die Berge abbiegt. Tambourine Village ist ein interessanter erster Halt mit einer optionalen Wanderung zum Mount Tambourine. Dann geht es in den Regenwald. Kurz nach dem großartig benannten Wonglepong biegt man Richtung O'Reilly's rechts ab. Nun folgt eins der größten Fahrvergnügen in Queensland: die einspurige Straße führt in zahllosen Serpentinen im Lamington-Nationalpark, dem größten subtropischen Regenwald der Welt, steil hinauf in kühlere Luft.

Nachdem man sich entweder hier bei O'Reilly's oder wieder in Canungra ausgeruht hat, fährt man am zweiten Tag in die andere Richtung bis Springbrook Village, wo man einkehren oder den Springbrook-Nationalpark erkunden kann. Dann geht es zurück an die Küste. Auf jeden Fall sollte man am Natural Arch Halt machen, denn der Name ist Programm. Danach geht es durch reizvolle Täler, vorbei an Wasserfällen und durch hübsche Dörfer zum Meer und nach Coolangatta mit seinen beliebten Bars und Restaurants für jeden Geldbeutel. **DK**

Great Barrier Reef Drive
Queensland, Australien

Start Cairns
Ziel Cape Tribulation
Länge 140 km
Art Landschaft
Info goo.gl/SQgz27

Der Great Barrier Reef Drive, der in Cairns im tropischen Norden Queenslands beginnt und nach Norden zum Cape Tribulation führt, verläuft zwischen zwei UNESCO-Welterbestätten: dem 135 Millionen Jahre alte Daintree-Regenwald und dem Great Barrier Reef, dem größten lebenden Organismus der Welt. Die komplett asphaltierte Straße an einem der wichtigsten Küstenabschnitte Australiens führt durch die schicke Küstenstadt Port Douglas, die der ehemalige US-Präsident Bill Clinton so schätzt, und endet im saftigen Grün des wertvollsten Regenwaldes des Landes. Die Strände sind strahlend weiß und das Wasser badewannenwarm.

Das eigentliche Abenteuer beginnt jedoch mit der Autofähre über den von Krokodilen bevölkerten Daintree River, die täglich von 6.00 Uhr morgens bis Mitternacht verkehrt. Am Cape Tribulation wartet eine fast urzeitliche Welt. Man benötigt einen Allradwagen, wenn man auf dem fabelhaften Bloomfield Track, einer in den 80er Jahren gebauten Schotterstraße vom Cape Tribulation zum abgelegenen Cooktown, weiterfahren möchte.

Der Bloomfield Track kann mit seinen unbefestigten Bachfurten und steilen Bergaufstiegen nach heftigen Regenfällen unpassierbar sein, trotzdem oder gerade deshalb ist er das Sahnehäubchen einer der unverdorbensten und essentiellsten Tropentouren der Welt. **BDS**

❶ Der Great Barrier Reef Drive am Yule Point, nahe Port Douglas in Queensland.

Steve Irwin Way
Queensland, Australien

Start Glenview
Ziel Elimbah
Länge 30 km
Art Landschaft
Karte goo.gl/yl2FA4

Der australische Naturschützer Steve Irwin und seine Frau Terri wurden als „Crocodile Hunter" bekannt. Steve war mit den Kreaturen im kleinen Reptilien- und Tierpark seines Vaters in Queensland aufgewachsen und hatte keine Angst vor Krokodilen, ob groß oder klein. Er übernahm 1991 die Leitung des Parks und benannte ihn in Australia Zoo um. Tragischerweise wurde er 2006 bei den Dreharbeiten einer Unterwasserdokumentation von einem Stachelrochen getötet. Im Januar 2007 gab der Ministerpräsident von Queensland bekannt, daß die Glass House Mountain Road, die am Zoo vorbeiführt, in Steve Irwin Way umbenannt werde.

Der größte Teil dieser Route verläuft durch dichte Wälder. Neben dem Australia Zoo in Beerwah führt die malerische Straße auch zum Glass-House-Mountains-Nationalpark, dessen ungewöhnliche Felsformationen aus Vulkankegeln bestehen, die sich vor etwa 27 Millionen Jahren im Kern erloschener Vulkane gebildet haben. Die Vulkane sind allmählich erodiert und die markanten Kuppeln ragen bis zu 556 m aus der Ebene empor.

Kapitän James Cook gab den Bergen ihren Namen, als er 1770 die Küste von Queensland hinaufsegelte. Ihre markante konische Form erinnerte ihn an die riesigen Glasöfen oder Gewächshäuser seiner Heimatstadt Yorkshire in England. **SA**

❶ Die bucklige Straße im Schatten eines der Gipfel der Glass House Mountains.

Outback Way
Von Queensland nach
Westaustralien, Australien

Start Winton, Queensland
Ziel Laverton, Westaustralien
Länge 2800 km
Art Abenteuer
Info goo.gl/6nrSnV

Der Outback Way, die längste Abkürzung Australiens, besteht aus einer Reihe von Verbindungsstraßen durch die Mitte des Landes, die Winton in Queensland mit Laverton in Westaustralien verbinden. Mit einer Länge von 2800 km ist das eine gute Alternative zu den Küstenstraßen des Highway 1, aber nur, wenn man einen abenteuerlustigen Geist und einen Allradantrieb hat, denn zwei Drittel sind unbefestigt.

Trotz seiner rauhen Natur ist dies ein durch und durch moderner Roadtrip mit eigener Webseite, Smartphone-App, CO_2-Ausgleichsmöglichkeiten via PayPal und dem längsten Geocache-Trail der Welt. Das touristische Potential soll erschlossen und die Fahrbahn vollständig versiegelt werden. Derzeit fahren hier täglich nur rund 80 Fahrzeuge.

Insgesamt sieben Hauptstraßen bilden den Outback Way, der in Winton mit dem Kennedy Highway beginnt und über den Donohue-, Stuart- und Lasseter-Highway sowie die Great Central Road führt. Neben riesigen Salzseen, einheimischer Kunst, ausgedehnten Naturschutzgebieten, Wasserlöchern, Kamelen und den berühmten blutroten Boden ist natürlich Uluru das besondere Highlight der Route.

Man sollte für die vielen Sehenswürdigkeiten vier bis sieben Tage einplanen und auch wenn es Hotels gibt, sollte man unbedingt einmal zelten, um ein echtes Outback-Erlebnis zu genießen. **DIS**

Great Beach Drive
Queensland,
Australien

Start Noosa Heads
Ziel Rainbow Beach
Länge 50 km
Art Abenteuer
Info bit.ly/2C8eBnB

Möchte man die Gold Coast in Australien erkunden, kann man zwischen verschiedenen Routen wählen. Beispielsweise kann man sich auf dem Pacific Motorway M1 mit drei oder mehr Spuren in jede Richtung fortbewegen. Aber wo bleibt dabei der Spaß? Spannender ist es doch, 50 km an einem traumhaften Sandstrand die Küste hinaufzufahren?

Der Beach Highway ist eine völlig legale Straße mit dem Pazifik auf der einen und dem Great-Sandy-Nationalpark auf der anderen Seite. Man braucht eine Genehmigung und einen Geländewagen mit viel Bodenfreiheit, denn die Oberfläche kann zerfurcht sein und mehlweiche Stellen haben, die ein Rad schnell verschlingen können. Im Idealfall sollte man über Erfahrung im Gelände verfügen und bereit sein, es langsam anzugehen, denn es gilt eine strenge Höchstgeschwindigkeit von 60 km/h.

Zwischen Juli und September kann man auf dem Beach Highway sogar Wale beobachten, die auf der Suche nach wärmeren Gewässern nach Norden ziehen. Es ist unwahrscheinlich, daß es hier viel Verkehr gibt, allerdings kann man nur bei Ebbe zwei Stunden über den traumhaften Sandstreifen fahren. Keine Panik, falls das Meer den Weg abschneidet. In dem Fall fährt man einfach ins Landesinnere und kehrt über Tin Can Bay und Gympie auf dem Bruce Highway zurück. **JI**

Lamington-Nationalpark
Queensland, Australien

Start Canungra
Ziel O'Reilly's Rainforest Retreat
Länge 50 km
Art Abenteuer
Info goo.gl/9bUL7l

Der Lamington-Nationalpark liegt auf einem Plateau in der McPherson Range an der Grenze zwischen Queensland und New South Wales. In dem 206 km² großen Gebiet gibt es Regenwälder, Wasserfälle, eine beeindruckende Flora sowie eine reiche Tierwelt.

Hoch in den Bergen liegt O'Reilly's Rainforest Retreat, ein Familienbetrieb, der 1926 seine Pforten öffnete. Dorthin führt eine Straße durch den Park. Vom Gold Coast Highway fährt man zunächst nach Canungra, einem kleinen Township der Scenic Rim Region, besser bekannt als Valley of the Owls. Von hier aus ist O'Reilly's auf der Lamington National Park Road ausgeschildert, die auf einer anspruchsvollen Route aus der Stadt in die Berge führt.

Die Straße ist asphaltiert und bietet ein tolles Fahrerlebnis. Es gibt viele Serpentinen, unübersichtliche Kurven und anspruchsvolle Steigungen mit herrlicher Aussicht auf die Berge. Die gelben Warnschilder über bevorstehende Kurven sind unbedingt zu beachten. Die Straße ist nicht sehr breit, daher muß man sich die Ausweichstellen merken, falls man auf Gegenverkehr trifft. Zum Fotografieren und für einen Blick auf den Nationalpark weit unten gibt es viele Haltemöglichkeiten.

Auf dem Gipfel angekommen, bietet O'Reilly's Übernachtung mit Frühstück, ein Restaurant und ein sehr beliebtes Spa. JI

Peninsula Developmental Road
Queensland, Australien

Start Lakeland
Ziel Weipa
Länge 570 km
Art Abenteuer
Info goo.gl/MftYnE

Schaut man sich eine Karte von Australien an, sieht man oben rechts eine Landmasse, die sich Richtung Papua-Neuguinea erstreckt. Das ist die Halbinsel Cape York in Queensland, eine ausgedehnte, unberührte Wildnis mit tropischem Klima.

Von Lakeland im Südosten bis Weipa im Nordwesten verläuft die 571 km lange Peninsula Developmental Road, kurz PDR. Die Hauptverkehrsroute verbindet die Halbinsel mit dem Rest Australiens. Jahrelang war die Straße völlig unbefestigt, mit dem charakteristischen roten Sand, der die Landschaft bedeckt. Wenn es hier regnet, regnet es wirklich: über 2 m jährlicher Niederschlag spülten die Strecke bei Weipa oft weg.

Vor einigen Jahren wurde jedoch ein Bauprogramm im Umfang von über 260 Millionen australischer Dollar (160 Mio. Euro) begonnen, in dessen Rahmen auch der PDR abschnittsweise asphaltiert wird. Die Arbeiten dauern noch an, aber es gibt bereits lange befestigte Abschnitte. Diese können jedoch abrupt enden und man fährt wieder über nackte Erde. Daher muß man sich vor der Reise über die Wetterbedingungen informieren.

Doch auch auf den neuen Abschnitten sollte man sich stets vor Augen halten, daß man durch eines der letzten großen Wildnisgebiete der Erde fährt. Die richtige Vorbereitung ist für Mensch und Fahrzeug entscheidend. JI

75-Mile-Beach-Road
Queensland, Australien

Start Nord- oder Südende des Strandes, Fraser Island
Ziel Nord- oder Südende des Strandes, Fraser Island
Länge 121 km
Art Abenteuer
Info goo.gl/4XE2i8

Die vor der Südostküste von Queensland gelegene Fraser-Insel ist mit 120 km Länge und 24 km Breite die größte Sandinsel der Welt. Der Sand hat sich seit mehr als 750 000 Jahren durch die starke Meeresströmung nördlich der Küste auf dem vulkanischen Untergrund angesammelt. Im Laufe der Jahre haben die natürlich vorkommenden Mykorrhizapilze im Sand Nährstoffe freigesetzt, die Regenwälder, Eukalyptus- und Mangrovenwälder, Torfmoore und Küstenheiden gedeihen ließen. Die Insel ist Lebensraum einer Vielzahl von Vögeln, Amphibien und Reptilien, darunter auch Salzwasserkrokodile.

Für die meisten Menschen ist jedoch der Strand auf der Ostseite der Insel die Hauptattraktion. In einem Geländewagen kann man den gesamten Strand entlangfahren. Die Oberfläche ist im Allgemeinen gleichmäßig; nur wenige Unebenheiten und Vertiefungen und der eine oder andere wandernde Dingo überraschen die Unvorsichtigen.

Der Strand ist eine öffentliche Straße, so daß die Geschwindigkeitsregeln und die Gesetze zum Fahren unter Alkoholeinfluss von der örtlichen Polizei strikt durchgesetzt werden. Auch die Gezeiten sind zu beachten, da man weder bei Ebbe noch bei Flut zwei Stunden lang fahren kann und Gezeitenströmungen tiefe Schneisen in den Strand schneiden. Ansonsten kann man die Fahrt auf einer der ungewöhnlichsten Straßen der Welt genießen. **SA**

❶ Im Vordergrund dieser Luftaufnahme des Strandes stehen Autos, die sich auf die Reise vorbereiten.

Thunderbolts Way
New South Wales, Australien

Start Gloucester
Ziel Inverell
Länge 290 km
Art Landschaft
Karte goo.gl/76vocf

Die Geschichte von Frederick Wordsworth Ward, alias Captain Thunderbolt, ist eine dieser Geschichten, die man einfach nicht erfinden kann. Er war ein Pferdedieb des 19. Jahrhunderts, Räuber, Geißel der Behörden und Held des Volkes. Heute ist der Thunderbolts Way zwischen Gloucester und Inverell seinem Andenken gewidmet.

Sägewerksbesitzer Eric Carson baute den ersten Abschnitt der Route in den 1960er Jahren als Forststraße zu den herrlichen Laubwäldern des Great Divide. Mittlerweile wurde der Thunderbolts Way erweitert und vollständig asphaltiert und verläuft durch die bewaldeten Berggebiete der Ostküste Australiens. Auf der Route kann man zahlreiche Wildtiere entdecken, wie etwa Koalas, Wombats und Dingos. Entlang der besonders bei Australiens Motorradfahrern beliebten Strecke gibt es Picknickplätze und Aussichtspunkte mit herrlichen Ausblicken auf die umliegenden Wälder und Berge. Carson's Lookout ist ein passendes Denkmal für den Wegbereiter der Straße und einer der beliebtesten Haltepunkte.

Mit einer eigenen Fahrspur in jede Richtung ist es eine sichere, wenn auch nicht besonders schnelle, landschaftlich reizvolle Route. Unter den vielen Brücken befindet sich die Bundarra Bridge, eine 204 m lange Gitterkonstruktion aus Eisen, und nach zwei Drittel der Strecke kann man in Uralla eine Statue von Kapitän Thunderbolt besichtigen. **JI**

Macquarie Pass
New South Wales, Australien

Start Tullimbar
Ziel Jamberoo Mountain Road
Länge 17,7 km
Art Landschaft
Karte goo.gl/oz9e2l

Die Fahrt über den kurzen Macquarie Pass dauert nur wenige Minuten, hinterläßt aber angenehme visuelle Erinnerungen, die ein Leben lang anhalten werden. Es ist empfehlenswert, so langsam zu fahren, wie es die Zeit erlaubt, um so viel wie möglich von der Landschaft aufzunehmen.

Die Straße durchquert den Macquarie-Pass-Nationalpark auf der A48 und ist Teil einer längeren Strecke über die Illawarra Range zwischen der Stadt Robertson und der Ostküste Australiens südlich von Sydney. Es gibt nur wenige Schilder, die den Beginn des Passes markieren und vor steilen Steigungen und anderen Gefahren warnen, und es dauert nicht lange, bis die Straße zu einer ziemlichen Prüfung wird. Sie ist so schmal, daß sie an manchen Stellen keine Mittellinie hat, und einige Serpentinen sind so eng, daß längere Fahrzeuge mehrfach ansetzen müssen, um sie zu bewältigen.

Viele Abschnitte sind auf der einen Seite von Felswänden und auf der anderen Seite von steilen Abhängen flankiert, so daß man nicht mit hoher Geschwindigkeit fahren kann. Das gibt jedoch mehr Gelegenheit, die atemberaubende Landschaft zu genießen. Die meiste Zeit wird man von dichten Wäldern umgeben sein, doch ab und an lichtet sich der Wald und ermöglicht einen herrlichen Blick auf die wunderschöne Landschaft, die sich darunter erstreckt. **TW**

Kosciuszko Road
New South Wales, Australien

Start Pine Valley
Ziel Skigebiet Charlotte Pass
Länge 95 km
Art Landschaft
Karte goo.gl/sNGp9q

Es gibt viele Möglichkeiten, das Charlotte Pass Snow Resort zu erreichen. In der Snowy Mountain Region verkehren Busse, und wenn man ein wirklich einzigartiges Erlebnis möchte, kann man sogar eine Schneeraupentour machen. Falls man die Route aber selbst fahren will, nimmt man die Kosciuszko Road vom Pine Valley zum Charlotte Pass. Benannt ist der Highway nach dem höchsten Gipfel Australiens, dem 2228 m hohen Mount Kosciuszko, der wiederum seinen Namen von einem polnischen Nationalhelden des 18. Jahrhunderts erhielt.

Die Straße ist in beide Richtungen einspurig; Überholmanöver sind daher keine gute Idee, aber es ist keine grundsätzlich gefährliche Strecke. Die Straße hat allerdings zwei Gesichter. Im Sommer schlängelt sich der glatte Asphalt durch eine freundliche Heidemoorlandschaft über die Berghänge mit sicheren Seitenstreifen auf beiden Seiten; in diesen Monaten hat die Straße eine idyllische, fast hypnotische Qualität.

Im Winter ist die Fahrt insgesamt anspruchsvoller, vor allem während oder nach Schneefall. Doch irgendwie ist die Kosciuszko-Straße nie unwirtlich: sie ist das ganze Jahr über geöffnet, unabhängig von den Wetterbedingungen. Man muß nur darauf achten, daß man Schneeketten mit sich führt. Für Fahrzeuge mit Zweiradantrieb sind sie sogar gesetzlich vorgeschrieben. **JI**

❶ Der Rand der Kosciuszko Road ist mit Schneestangen markiert, die den Fahrer bei schlechter Sicht leiten.

Galston Gorge Road
New South Wales, Australien

Start Hornsby
Ziel Galston
Länge 14 km
Art Abenteuer
Karte goo.gl/Tbpsxr

Man erwartet nicht, daß ein renommierter Roadtrip so nah an einer Großstadt liegt, doch die Galston Gorge Road beginnt in den nordwestlichen Vororten von Sydney, nur 36 km vom Stadtzentrum entfernt. Die Straße ist nicht allzu lang, aber was ihr an Länge fehlt, macht sie mit Spannung mehr als wett.

Diese kurvenreiche Straße führt durch die Galston Gorge im bewaldeten Berowra Valley Regional Park. Sie umfaßt fünf Haarnadelkurven, die so eng sind, daß Fahrzeuge, die länger als 6,5 m sind, hier nicht fahren dürfen; selbst kürzere Autos müssen möglicherweise mehrfach ansetzen, um die engsten Kurven zu bewältigen. Lkw, Wohnwagen und Busse sind verboten. Die hübsche Holzbrücke über den Tunks Creek ist einspurig, so daß man warten muß, bis ein Fahrzeug die Brücke überquert hat. Bei nassem Wetter vergessen die Wasserfälle und Bäche, die entlang der Straße verlaufen, ihre Manieren und kaskadieren dramatisch über die Straße.

Angesichts all dieser Schwierigkeiten ist dies eindeutig keine Strecke für Geschwindigkeitsfreaks. Staus an den engen Kurven sind unvermeidlich, und Radfahrer tragen zusätzlich zur Stausituation bei. Mit langen Abschnitten, die sich auf der einen Seite an die Felswand schmiegen und auf der anderen Seite am Rande des Abgrunds balancieren, ist die Straße zwar atemberaubend schön, eignet sich aber nicht für nervöse Menschen. **SA**

Glowworm Tunnel Road
New South Wales, Australien

Start Lithgow
Ziel Glowworm Tunnel
Länge 36 km
Art Abenteuer
Karte goo.gl/hV5Tb4

1906 konstruierten Ingenieure einen 400 m langen Sandsteintunnel für die Newnes-Eisenbahn, die die Ölschiefergruben in diesem Teil von New South Wales versorgte. Als diese 1932 geschlossen wurden, entfernte man die Schienen aus dem Tunnel und die neuen Bewohner – blaue, biolumineszierende Larven der Pilzmücke – bezogen eine Umgebung, in der sie mühelos gediehen.

Der Tunnel liegt im Wollemi-Nationalpark, einem beliebten Ausflugsziel mit Höhlen, Schluchten und einer einzigartigen Landschaft. Er ist über eine holprige unbefestigte Straße entlang der ehemaligen Eisenbahn von Lithgow aus zu erreichen. Ein Geländewagen wird besonders nach Regenfällen dringend empfohlen. Zudem muß man auf Kängurus und Wombats sowie auf Gegenverkehr achten. Die Straße führt durch enge rote Felsspalten, dichte Vegetation und über erhöhte Böschungen durch einen ersten Tunnel, bevor sie ein Stück vor dem Eingang des Glowworm Tunnels endet. Der Abstand dient dazu, Autos und Motorräder fernzuhalten, da Abgase die empfindlichen Glühwürmchen töten würden. Vom kleinen Parkplatz nimmt man den Wanderweg durch den Tunnel, wo man die natürliche Lichtshow dieser erstaunlichen kleinen Kreaturen selbst miterleben kann. **SA**

➲ Der Straße zum Eingang des Glowworm Tunnels.

Wakehurst Parkway
New South Wales, Australien

Start North Narrabeen
Ziel Balgowlah
Länge 18 km
Art Abenteuer
Karte goo.gl/weh9KE

Tagsüber ist der Wakehurst Parkway eine harmlose Strecke zwischen North Narrabeen und Balgowlah, eine einfache und schnelle Passage, die oft als malerische Abkürzung zwischen den beiden Orten benutzt wird. Obwohl er sich durch die Wälder zum Garigal-Nationalpark schlängelt, ist es nicht die herausragende Ästhetik des Wakehurst Parkway, die ihm einen Platz im vorliegenden Buch eingebracht hat, sondern sein schauriger Ruf. Viele behaupten, daß hier nach Einbruch der Dunkelheit nicht nur Autofahrer unterwegs sind.

Der Parkway ist nicht nur als Deponie für Mordopfer bekannt, sondern gilt auch als eine der am häufigsten von Geistern heimgesuchten Straßen der Welt. Fahrer berichteten, daß sie unterwegs mehrere geisterhafte Gestalten gesehen hätten, darunter eine gespenstische Nonne in ihrer Tracht und ein weiß gekleidetes junges Mädchen namens Kelly. Der Legende nach soll Kelly in den Autos der Fahrer erscheinen, sich ihnen für einen Teil der Reise anschließen und das Fahrzeug telekinetisch von der Straße drängen, es sei denn, man sagt ihr, daß ihre Anwesenheit nicht erwünscht ist.

Andere gespenstische Figuren sind ein Pferdegespann, das über die Strecke rast, und eine geisterhafte junge Frau, die auf der Middle Creek Bridge erscheint. Dies ist weniger ein Roadtrip, als vielmehr eine motorisierte Geisterbahn. **TW**

Mount Panorama Circuit
New South Wales, Australien

Start Panorama Avenue, Bathurst
Ziel Panorama Avenue, Bathurst
Länge 6,3 km
Art Kultur
Info goo.gl/ukNjht

Der Mount Panorama Circuit, die Heimat des legendären V8 Supercar Championship Bathurst 1000, ist ein Magnet für australische Motorsportfans, die auf der kurzen, anspruchsvollen Rennstrecke 203 km westlich von Sydney jeden Oktober wilde Felgenschlachten zwischen Ford und Holden erleben.

Die während der Großen Depression der 1930er Jahre als Arbeitsbeschaffungsmaßnahme konzipierte Panoramastraße wurde schon bald vom Motorsport vereinnahmt und war 1938 Austragungsort des Grand Prix von Australien.

Außerhalb von Rennen ist die Strecke durch die bewaldeten Hänge der Bald Hills eine öffentliche zweispurige Straße. Das geheiligte Asphaltband wirkt dann mit seinen Sponsorenschildern, markierten Scheitelpunkten, Leitplanken und Boxengassenbauten etwas befremdlich. Trotz des Aussehens sollte man schnell alle Phantasievorstellungen von Heldentaten vergessen, denn hier gilt durchgehend eine strenge Geschwindigkeitsbegrenzung von 60 km/h. Aber selbst bei diesen Geschwindigkeiten dauert es nicht lange, bis man die technische Natur dieser Strecke mit ihrem berauschenden Mix aus schnellen Geraden, ständig wechselnden Höhenlagen und trügerisch engen Kurven zu schätzen lernt. **DIS**

◐ Ein Ford Mustang legt sich in die Kurve.

Weinregion Hunter Valley New South Wales, Australien

Start Cessnock   Ziel Cessnock   Länge 36 km
Art Kultur   Karte goo.gl/b8j2Q2

In Anbetracht der Tatsache, daß man auf dieser kurzen Reise die Köstlichkeiten einiger der besten Weinproduzenten Australiens probieren wird, ist es vielleicht besser, wenn man sich auf dem Beifahrersitz von jemand anderem chauffieren läßt.

Die Rundfahrt beginnt in der Stadt Cessnock in New South Wales. Auf dem vielversprechend benannten Wine Country Drive geht es nach Norden zur Hunter Valley Wine Society. Hier kann die Verkostung mit einer Reihe von Weinen aus verschiedenen Weinbergen beginnen. Wenig mehr als einen Korkenwurf entfernt liegt Peterson House, ein Champagner-Spezialist, bei dem man eine Kostprobe des prickelnden Getränks bekommen kann.

Als nächstes fährt man über die Broke Road mit einer Reihe von Weinproduzenten und verlockenden Restaurants, und weiter auf der McDonalds Road zu den McGuigan Cellars und der Hunter Valley Cheese Company. Es ist immer gut, bei einer Weinprobe etwas Käse dabeizuhaben.

Die Route führt dann über die Marrowbone Road und Mount View zurück nach Cessnock. Die Straße ist komplett asphaltiert. Es gibt viele Wegweiser und es ist generell sicher. Man durchquert die großartige australische Landschaft, aber es ist nicht die Landschaft, die man hier sucht, oder? JI

❶ Das Hunter Valley ist voller Weinberge.

Sydneys Grand Pacific Drive New South Wales, Australien

Start Royal National Park **Ziel** Shoalhaven **Länge** 140 km
Art Kultur **Info** goo.gl/a7JML

Diese Tour ist so viel mehr als eine Küstenfahrt mit atemberaubenden Meerespanoramen, es ist eine Entdeckungsreise zu einigen der größten Abenteuer, die Australien zu bieten hat: Regenwälder, schöne Strände, kleine Townships und die Metropole Sydney.

Die Naturphänomene sind Anlaß genug für diese Fahrt, aber eine von Menschenhand geschaffene Attraktion bildet den Auftakt: die prächtige 670 m hohe Sea Cliff Bridge, die sich entlang der zerklüfteten Küste schlängelt. Von dort bieten sich unzählige Möglichkeiten: Man kann die geschäftige Stadt Wollongong besuchen, in den Symbio Wildlife Park fahren, an einem der 17 Strände Wollongongs surfen oder am Kiama Blowhole Halt machen.

Die Straße beginnt hoch oben über dem Meer und bietet viele herrliche Aussichtspunkte. Die Sapphire Coast und die Hyams Coast sind zwei besondere Highlights. Letztere liegt in Shoalhaven, einem beliebten Urlaubsort mit preisgekrönten Weinbergen, prämierten Restaurants und einer fruchtbaren Landschaft. Der Grand Pacific Drive hat eine großartige Webseite, die bei der Planung des Besuchs hilft (siehe oben), und der Slogan „One drive. One ocean. Endless Experiences" faßt den Reiz dieser epischen Australienreise wunderbar zusammen. **TW**

❶ Die Sea Cliff Bridge in der Nähe des Startpunktes.

Von Sydney nach Alice Springs NSW / Northern Territory, Australien

Start Sydney, New South Wales **Ziel** Alice Springs, Northern Territory **Länge** 3314 km
Art Kultur **Karte** goo.gl/18wsOv

Wenn man ununterbrochen fahren könnte, ohne für Treibstoff, Essen, Toilettengänge oder Schlaf zu pausieren, könnte man es in 30 Stunden von Sydney nach Alice Springs schaffen. In der Realität wird es aber viel länger dauern. Eine schnelle Online-Suche zeigt, daß es viele Fragen zur Planung dieser Tour gibt: Fahrzeugauswahl, Route, benötigte Zeit usw.

Wenn man sich Zeit nehmen und die Fahrt ins Herz Australiens genießen will, sollte man mindestens zehn Tage einplanen. Auf der südlicheren der beiden beliebtesten Routen gibt es Zwischenstopps in Nyngan, Broken Hill, Port Augusta und Coober Pedy, bevor man links zum Uluru abbiegt. Von dort aus kann man zwischen einer einfachen und einer schwierigen Route durch das Red Centre Australiens nach Alice Springs wählen. Stadtmenschen könnten es jedoch vorziehen, über Canberra und Adelaide nach Süden zu fahren.

Die Fahrt selbst ist vielleicht nicht die aufregendste: Der Asphalt ist meist gerade, und der Blick nach beiden Seiten zeigt nichts als Ackerland, Busch und rote Erde. Doch hier geht es um die Orte und um die Menschen, denen man unterwegs begegnet. Und um die Möglichkeit, in Alice Springs angekommen, sagen zu können, daß man einen Roadtrip gemacht hat, von dem viele andere nur träumen. JI

❶ Das Straßenschild ist in Stein gemeißelt.

Great Alpine Road Victoria, Australien

Start Wangaratta **Ziel** Bairnsdale **Länge** 303 km
Art Landschaft **Karte** goo.gl/o3UvTv

Victoria ist berühmt für die Great Ocean Road, die sich entlang der windgepeitschten Südküste windet. So berühmt, daß eine noch längere Straße durch die Australischen Alpen 1998 in Anlehnung daran Great Alpine Road genannt wurde. Offiziell trägt die neue Straße den Namen B500 und umfaßt den ehemaligen Ovens Highway und Teile des Omeo Highway. Ihre größte Besonderheit ist, daß es Australiens höchste ganzjährig befahrbare Straße ist. Von Harrietville über den Mount Hotham nach Omeo steigt sie auf 1840 m an. Hier ist sie in den Wintermonaten meist schneebedeckt, wird aber täglich geräumt. Bei extremen Wetterbedingungen sind auf diesem Abschnitt während der angegebenen Schneemonate Schneeketten mit Diamantmuster vorgeschrieben.

Die Landschaft entlang dieser Straße ist sehr abwechslungsreich, mit fruchtbarem Ackerland und Weinbergen, üppigen Wäldern, steilen Tälern und natürlich einigen dramatischen Berggipfeln. Die Fahrt um die nördlichen Hänge des Mount Hotham und dann weiter über die Dinner Plain ist besonders schön. Die gesamte Strecke kann an einem Tag zurückgelegt werden, obwohl es entlang des Weges viele ausgezeichnete Restaurants und Cafés gibt, die zu einer Pause einladen. **SA**

❶ Die Great Alpine Road am Mount Hotham.

Great Ocean Road
Victoria, Australien

● Einige der verbliebenen Twelve Apostles am Ufer des Port-Campbell-Nationalparks.

Start Torquay
Ziel Allansford
Länge 243 km
Art Landschaft
Info goo.gl/mc2r8

Um eine Vorstellung davon zu vermitteln, wie schwierig die Great Ocean Road wirklich sein kann, sei gesagt, daß die Polizei von Victoria sie einst nutzte, um Polizisten in fortgeschrittenen Fahrtechniken auszubilden.

Die Straße wurde von australischen Soldaten gebaut, die aus dem Ersten Weltkrieg zurückkehrten, als Denkmal für ihre Landsleute, die sie in Flandern und Gallipoli begraben hatten. Sie ist damit das längste Kriegsdenkmal der Welt.

Sie verläuft vorbei an Sandstränden, durch subtropische Regenwälder und schlängelt sich entlang brüchiger Klippen. In Princetown wurde 1960 ein Teil der Straße weggespült. Leider ist Erosion eine ständige Gefahr, ebenso wie Steinschläge, so daß man auf der Hut sein muß. Ein Naturschauspiel im Port-Campbell-Nationalpark sind die Twelve Apostles, eine Reihe von Kalksteinfelsen entlang der Straße, die inzwischen ein wenig falsch benannt sind denn zum Zeitpunkt der Erstveröffentlichung des vorliegenden Buches hatten Wind- und Wassererosion ihre Zahl bereits auf acht reduziert. Aber sie sind immer noch ein phantastischer Anblick. Der höchste von ihnen ragt 50 m aus dem Wasser.

Am Tower Hill tummeln sich Koalas, Kängurus und Emus in der Mulde eines erloschenen Vulkans, und in den Otway Ranges gibt es organisierte Bootstouren zu den wilden Schnabeltieren. **JP**

South Face Road
Victoria, Australien

Start Rawson
Ziel Baw Baw Village
Länge 30 km
Art Abenteuer
Karte goo.gl/ITI9Jq

Die umstrittene South Face Road im australischen Bundesstaat Victoria durchschneidet die Wälder des Mount Baw Baw. Sie wurde in den 1990er Jahren gebaut, um bisher unzugängliche Gebiete für den kommerziellen Holzeinschlag zu erschließen, und ist wegen der negativen Umweltauswirkungen in heftige Kritik geraten. Der Boden ist anfällig für Erosion, so daß die unbefestigte Straße nicht nur durch schlechtes Wetter, sondern auch durch über die Ufer tretende Flüsse beschädigt werden kann.

Die 30 km lange Route ist eine Herausforderung. Sie steigt auf 1500 m an, und das Wetter auf dem Berg kann schnell umschlagen. Wenn die Straße naß ist, können einige Abschnitte sogar mit Allradfahrzeugen unpassierbar werden. Die Straße ist ziemlich breit, aber man muß auf fallende Äste achten. Manche der Äste sind groß genug, um einen Totalschaden am Auto zu verursachen.

Am Mount Baw Baw gibt es keine Tankstellen, daher muß man auftanken, bevor man losfährt. Die Fahrt selbst bietet phantastische Ausblicke auf den Wald, aber man muß bedenken, daß man sich die Straße mit Holztransportern und Lastwagen teilt, und im Winter sind Schneeketten unerläßlich. Auf dem Gipfel gibt es ein Skigebiet, Cafés und Lodges und die Möglichkeit, den einfacheren Weg zurück über die asphaltierte Mount Baw Baw Tourist Road zu nehmen. Jl

❶ Schneebedeckte Bäume entlang der Mount Baw Baw Tourist Road zum Skigebiet.

McKillops Road Victoria, Australien

Start Wulgulmerang **Ziel** McKillops Bridge **Länge** 27 km
Art Abenteuer **Karte** goo.gl/DBDpRG

Die McKillops Road ist ein gewaltiges Unterfangen. Die offiziell C611 genannte Strecke führt durch den Snowy-River-Nationalpark und gilt als eine der gefährlichsten Straßen Australiens. Die Oberfläche besteht aus lockerem rotem Kies und Erde und zeigt nach den allzu regelmäßigen Regenfällen einen erschreckenden Schimmer. In Anbetracht der Steinschläge und Äste auf der Fahrbahn tut man wahrscheinlich gut daran, die fast völlige Abwesenheit von Leitplanken zu ignorieren, die einen Sturz in den Abgrund verhindern könnten.

Die Straße führt um Felsvorsprünge, unübersichtliche Kurven und über filigrane Holzbrücken. An den meisten Stellen ist sie breit genug für zwei Fahrzeuge, gelegentlich verengt sie sich aber auf eine einzige Spur. Ein Allradfahrzeug ist die sinnvolle Wahl für diese Reise. Weitere wichtige Ausrüstungsgegenstände sind Äxte, Schaufeln und Seile zum Räumen umgestürzter Bäume, die oft den Weg blockieren. Trotz aller Warnungen lohnt sich die Fahrt durch die wunderschöne bewaldete Landschaft mit Blick auf den Mount Gelantipy.

Nach einem steilen Abstieg gelangt man schließlich zur McKillops Bridge, und der nahe gelegene Campingplatz lädt nach einem strapaziösen Tag zu einem Bad im Snowy River ein. **JI**

❶ Die McKillops Brücke überquert den Snowy River.

Huon Trail Tasmanien, Australien

Start Hobart   **Ziel** Cockle Creek   **Länge** 132 km
Art Landschaft   **Karte** goo.gl/6zKc7b   **Info** goo.gl/AgM4Nr

Diese Erlebnistour folgt dem Huon River von der Hauptstadt Tasmaniens durch Weinberge, Wälder und Relikte der großen Siedlungswellen, der der Aborigines in prähistorischer Zeit und der Europäer im 18. Jahrhundert. Es ist eine leichte Fahrt, die gleichermaßen reich an Landschaft und Geschichte ist.

Von Hobart geht es über die A6 nach Südwesten, 40 km durch Apfelplantagen zum Flußufer in Huonville, wo einige der Kiefern auf vorchristliche Zeit zurückgehen. Etwas weiter flußabwärts befindet sich am rechten Ufer die Stadt Franklin, wo das Wooden Boat Centre und die Bootsbauschule einen Halt wert sind. Weitere 18 km südlich liegt Geeveston, das Zentrum der Obst- und Holzwirtschaft der Region und Ausgangspunkt für Ausflüge in den Hartz-Mountains-Nationalpark. Hier gibt es viel zu entdecken, am spannendsten ist aber der Tahune Airwalk, ein 620 m langer Baumwipfelpfad, der in 50 m Höhe über dem Baumkronendach und dem Huon River schwebt.

Nahe der hübschen Stadt Dover befindet sich ein Netz von riesigen Dolomitsteinhöhlen und gleich dahinter liegt Cockle Creek, der südlichste Punkt Australiens, der normalerweise ruhig, wenn nicht gar verlassen ist, und dessen Hauptattraktionen Relikte der Aborigines und Ausblicke auf den Südlichen Ozean sind. **JP**

❶ Die Aussicht vom Tahune Forest Airwalk.

Gordon River Road
Tasmanien, Australien

Start Rosegarland
Ziel Gordon Dam
Länge 121 km
Art Landschaft
Karte goo.gl/o4JohB

Der geplante Bau der Staudämme Gordon Dam und Serpentine Dam im Südwesten Tasmaniens zur Stromversorgung des gesamten Inselstaats hat die tasmanische Wasserkraftkommission veranlaßt, die australische Regierung dringend um die Finanzierung der notwendigen Zufahrtsstraßen zu bitten.

Der Zuschuß wurde für den Bau der Gordon River Road ab Januar 1964 bewilligt.

Heute sind die Straße mit dem offiziellen Namen B61, die Dämme und die großen Stauseen attraktive Beiträge des Menschen zur immensen Naturschönheit des zum UNESCO-Welterbe zählenden Wildnisgebiets. Die Berglandschaft entlang der Straße ist wahrlich außergewöhnlich.

Die Gordon River Road beginnt in Rosegarland und führt dann nördlich des Oberlaufs des Florentine River in Richtung Tim Shea, einem Berg, der auf 952 m eine hervorragende Aussicht auf den Mount-Field-Nationalpark bietet.

Die Straße verläuft dann kurvenreich über den Frodsham Pass und vorbei am Mount Wedge und der Sentinel Range zum Gordon Dam. Der eindrucksvolle Damm ist 140 m hoch und sowohl horizontal als auch vertikal gekrümmt.

Der Damm staut den Lake Gordon, der die wichtigste Süßwasserversorgungsquelle Australiens darstellt und derzeit etwa ein Siebtel des gesamten Strombedarfs Tasmaniens erzeugt. **SA**

❶ Ein Schild weist bereits zu Beginn der Fahrt auf das Kommende hin: Gipfel und (möglicherweise) Pfützen.

Jacob's Ladder
Tasmanien, Australien

Start Blessington Road, Upper Blessington
Ziel Tasmanian Rover Ski Club Lodge, Ben Lomond
Länge 50 km
Art Abenteuer
Karte goo.gl/ZoZLtp

Die alttestamentarische Jakobsleiter im Buch Genesis ist eine Treppe zum Himmel. Doch die tapferen Seelen, die sich im tiefsten Tasmanien mit diesem Namensvetter auseinandergesetzt haben, kommen oft zu dem Schluß, daß er ein schlechtes Spiegelbild des biblischen Aufstiegs ist.

Die offiziell als C432 bezeichnete Ben Lomond Road steigt über eine Reihe von Schotter-Serpentinen stetig bis auf 1600 m an. Es gibt einige Sicherheitsbarrieren, aber an vielen Stellen gibt es nichts, was verhindern könnte, daß man vom Fahrbahnrand in die Tiefe stürzt. Rundherum erheben sich die steilen Wände des Ben Lomond, während der lose Boden unter den Reifen feucht vom Schmelzwasser und mit schmutzigen Schneewehen übersät ist. Ein zuverlässiges Allradfahrzeug mit viel Grip ist hier absolut erforderlich. Das Wetter kann sich zudem sehr schnell ändern, man sollte also in der Lage sein, Schneeketten anzulegen.

Auf dem Weg nach oben muß man darauf vorbereitet sein, den Fahrzeugen, die vom Gipfel zurückkommen, auszuweichen. Oben angekommen, wartet ein Aussichtspunkt und eine alpine Skihütte in Tasmaniens ältestem Skigebiet. Hier kann man die wunderbaren Aussichten genießen, die saubere Bergluft schnuppern und darüber sinnieren, ob Jacob's Ladder nun eine himmlische oder eine höllische Reise war. **JI**

Convict Trail
Tasmanien, Australien

Start Hobart
Ziel Port Arthur
Länge 116 km
Art Kultur
Karte goo.gl/wTzm1Z

Viele historische Stätten auf dieser Route erinnern an die Sträflinge, die im 18. Jahrhundert aus Großbritannien nach Australien transportiert wurden.

Man verläßt Hobart zunächst auf der A3 und biegt bei Cambridge links ab nach Richmond, wo sich die älteste in Betrieb befindliche Brücke, die älteste erhaltene römisch-katholische Kirche und das älteste Gefängnis Australiens befinden.

Von Richmond aus geht es nach Osten, wieder auf die A3 und dann auf den Arthur Highway (A9), der nach Süden zum Eaglehawk Neck führt, einer schmale Landenge am nördlichen Ende der Tasmanischen Halbinsel, die in der Kolonialzeit von Soldaten und Hunden bewacht wurde, um die Flucht der Sträflinge aus dem nahe gelegenen Gefängnis zu verhindern, das man nun besichtigen kann. Das sorgfältig restaurierte hölzerne Offiziersquartier ist heute ein Geschichtsmuseum. Von hier kann man den Blick über die Küste der Pirates Bay schweifen lassen. Falls Zeit bleibt, ist eine Speedbootfahrt entlang der 300 m hohen Klippen an der Küste lohnenswert.

Der Ort Port Arthur, 24 km von Eaglehawk Neck entfernt, liegt am äußersten Rand der Halbinsel. In der Altstadt gibt es Gebäude zu sehen, die von Sträflingen errichtet und erhalten wurden. Von 1830 bis 1877 waren hier mehr als 12 000 Menschen inhaftiert. Sehenswert sind auch die Convict Salt Mines am Saltwater River. **JP**

Heritage Highway
Tasmanien, Australien

❶ Die Callington Mill in Oatlands ist seit ihrer Eröffnung 1837 kontinuierlich in Betrieb.

Start Launceston
Ziel Hobart
Länge 208 km
Art Kultur
Karte goo.gl/b5UAI5

Die 1807 von Vermessungsingenieur Charles Grimes markierte Hobart Road wurde größtenteils mit Hilfe von Häftlingen gebaut. Auf der ersten Verbindung zwischen der Hauptstadt Hobart und Launceston verkehrten ab 1816 Postboten und ab 1821 Postkutschen. Die gesetzlosen „Bushranger" waren auf der Strecke so aktiv, daß die Bauern Handfeuerwaffen an ihre Pflüge banden.

Der Heritage Highway folgt der Spur von Grimes und bleibt die wichtigste Verbindung zwischen den beiden bevölkerungsreichsten Städten des kleinsten und südlichsten Bundesstaates Australiens. Er führt durch Tasmaniens und Australiens Geschichte und erinnert an die Zeit, als Tasmanien noch die britische Kronkolonie Van Diemens Land und ein Mikrokosmos alles Englischen war. Orte wie Evandale, Ross, Tunbridge und natürlich Oatlands, die Stadt mit den meisten Sandsteinbauten des Landes und der einzigen funktionierenden Lincolnshire-Mühle der südlichen Hemisphäre, bilden eine gewichtige Ader von Gemeinden und Architektur, die Tasmanien noch heute prägt.

Der zweispurige Heritage Highway, der seit langem erweitert werden soll, bietet Zugang zu allem und noch vielem mehr, etwa zu ausgedehntem Farmland sowie den ältesten und schönsten Brücken des Landes, und ist ein seltenes Fenster zu den frühen Anfängen Australiens. **BDS**

Targa Tasmania
Tasmanien, Australien

Start Launceston
Ziel Hobart
Länge 1040 km
Art Kultur
Info goo.gl/1KPYza

Die Targa Tasmania erzeugt die gleiche hochoktane Atmosphäre wie ihr Vorbild, das sizilianische Straßenrennen Targa Florio. Die eingeladenen Fahrer treiben ihre Maschinen bis an die Grenze der Belastbarkeit. Das Rennen zieht große Menschenmassen an. Beim Eröffnungsrennen im Jahr 1992 säumten 150 000 der 500 000 Einwohner Tasmaniens die Strecke. Stirling Moss, der in diesem Jahr in seinem eigenen Ford Mustang antrat, bezeichnete es als eines der größten Fahrerlebnisse seines Lebens.

Um selbst einen Eindruck von der Targa Tasmania zu bekommen, kann man sich auf den rund 40 Etappen und 2011 km des sechstägigen Langstreckenrennens austoben. Sehr empfehlenswert für leidenschaftliche Fahrer ist die 53 km lange Mount-Arrowsmith-Etappe auf dem berüchtigten Lyell Highway, den die Einheimischen 99 Bends nennen. Es ist nicht nur eine wunderbare Momentaufnahme der atemberaubenden Naturschönheiten Tasmaniens, sondern auch eine anspruchsvolle Herausforderung, da schnelle, schmale Abschnitte, unübersichtliche Kämme und trügerische Kurven in den Wäldern des Franklin-Gordon-Wild-Rivers-Nationalparks wenig Raum für Fehler lassen.

Für ein umfassenderes Erlebnis der Apple Isle kann man zahlreiche Teilstrecken der Targa Tasmania zu einem 1040 km langen Roadtrip zusammenstellen, der in Hobart beginnt und endet. **DIS**

Efate Ringstraße
Efate, Vanuatu

Start Port Vila
Ziel Port Vila
Länge 122 km
Art Landschaft
Karte goo.gl/stFQKg

Vanuatu im Südpazifik ist eines der wenigen Länder, in denen es Franzosen und Briten in der Kolonialzeit gelungen ist, ihre Rivalitäten zu beenden und die Inseln gemeinsam zu regieren. 1980 erlangten die Inseln ihre Unabhängigkeit. Vanuatu ist abgeleitet von den Worten *vanua* („Heimat") und *tu* („stehen").

Die Hauptstadt Port Vila liegt auf der runden Insel Efate, in deren Zentrum sich der Mount McDonald erhebt. Eine Ringstraße führt um die Küste, so daß man sich eigentlich nur entscheiden muß, ob man mit dem gemieteten Auto oder Roller im oder gegen den Uhrzeigersinn fahren möchte. Wenn man auf dem Roadtrip von einem Déjà-vu-Gefühl erfaßt wird, liegt das wahrscheinlich daran, daß die Insel in verschiedenen Filmen zu sehen war, darunter *Die blaue Lagune* (1980) und zahlreiche Episoden der Reality-TV-Show *Survivor* (2000).

Eine Tour um die Insel ist sehr erlebnisreich. Während des Zweiten Weltkriegs war sie eine US-Militärbasis, und die Wracks zweier Kampfflugzeuge sind immer noch in den Flachwasserzonen in der Nähe von Baofatu an der Nordspitze zu sehen. Taka Kastom in der Nähe von Taraka wirbt für sich als Kulturdorf, und Aktivurlauber können die Höhle von Valeva mit dem Kajak erkunden. Bei dieser Tour geht es aber um eine entspannte Fahrt durch ein pazifisches Inselparadies mit herrlicher Landschaft, schönen Stränden und sonnigem Himmel. **SA**

Queens Road Viti Levu, Fidschi

Start Nadi, Western Division   **Ziel** Suva, Central Division   **Länge** 208 km
Art Landschaft   **Karte** goo.gl/DARvew

Zwischen traumhaften Stränden und wild wucherndem Dschungel verläuft die Queens Road an der Südküste von Viti Levu, der größten Insel Fidschis. Variable Straßenverhältnisse (Schlaglöcher) und ein Tempolimit von 80 km/h außerhalb der Ortschaften machen die Fahrt von Nadi nach Suva zu einem dreistündigen Bummel, der Zeit gibt, die Landschaft zu genießen und das Leben in diesem Südseeparadies zu beobachten: Fischer holen ihren Fang ein, Kinder trödeln zur Schule, tropische Früchte stapeln sich auf den Märkten am Straßenrand.

Auch die Strände sind einen Halt wert. Sigatoka, etwa 64 km von Nadi entfernt, markiert den Beginn der landschaftlich reizvollen Coral Coast mit makellosen Fünf-Sterne-Resorts. Natadola Beach ist über eine Kiesstraße erreichbar und gilt als einer der schönsten Strände der Welt. Mit einem Sarong bekleidet genießt man den langen, palmengesäumten Strand, vielleicht sogar zu Pferd, und danach eine fidschianische Massage. Weitere lohnenswerte Stationen sind die Sigatoka Sand Dunes und der Pacific Harbor Markt; für einen Eindruck des Landesinneren kann man eine Jetboot-Safari durch das Sigatoka River Valley zu einigen Dörfern unternehmen. Ab Suva setzt sich die Umrundung der Insel auf der Kings Road um die Nordküste fort. **DS**

❶ Natadola Beach ist ein Urlaubsparadies.

Upolu-Panoramatour Upolu, Samoa

Start Apia, Tuamasaga   Ziel Apia, Tuamasaga   Länge 114 km
Art Landschaft   Karte goo.gl/04HNQ3

1768 taufte der französische Entdecker Louis-Antoine de Bougainville, nach dem die Wunderblume Bougainvillea benannt ist, die heutigen Samoainseln in Anerkennung der seemännischen Fähigkeiten der Einheimischen „Navigatorinseln".

Heute navigiert man meist per Karte oder Satellit, doch Upolu, die kleinere der beiden Samoainseln, ist ein Traum, den es zu erkunden gilt. Alle Touren beginnen und enden in Apia, der Hauptstadt des Landes an der Nordküste. Von hier geht es entlang der Nordostküste, vorbei an den dramatischen Falefa Falls und über den Le-Mafa-Paß, der auf 518 m Höhe einen atemberaubenden Blick über die Ost- und Südküste der Insel bietet.

Dichte Wälder, Plantagen und traditionelle Dörfer säumen den Weg zum To Sua („großes Loch"), einem Naturpool, in den man über eine steile Leiter für ein Bad hinabsteigen kann. Die Tour verläuft dann über den weißen Sand von Faofao Beach, der sich hervorragend zum Schwimmen und Mittagessen eignet, entlang der Südwestküste und zurück nach Norden über die Cross Island Road, ein weiteres baumgesäumtes Fahrabenteuer. Die Papapapaitai Falls sind definitiv noch einen Halt wert, da sie spektakulär in einen ruhenden Vulkankrater stürzen. Anschließend führt die Route zurück nach Apia. **SA**

ⓘ Ein Bus auf einem schattigen Abschnitt der Tour.

Whangarei-Panoramatour
Northland, Neuseeland

❶ Dieser ruhige Teil der Whangarei Falls versinnbildlicht die Schönheit Neuseelands.

Start Dargaville
Ziel Whangarei Heads
Länge 293 km
Art Landschaft
Karte goo.gl/9G8dpM

Diese hufeisenförmige Fahrt auf gutem, gepflegtem Asphalt führt zu den Sehenswürdigkeiten der Nordspitze der Nordinsel Neuseelands. Der Ausgangspunkt, Dargaville an der Küste der Tasmansee, ist bekannt für den längsten Strand des Landes und die riesigen Toheroa-Muscheln mit einem Durchmesser von etwa 15 cm, die allein oder in einer herzhaften, grünlichen Suppe verzehrt werden.

Der nächste Abschnitt der Route führt bergauf durch den Waipoua Forest, wo einige Kauri-Bäume schon vor der Ära der Menschheit Wurzeln geschlagen haben. Wenn die Straße den Wald verläßt, erblickt man den schönen Naturhafen Hokianga, ein von Meerwasser überflutetes Tal. Diesen Fjord überquert man mit der Fähre, bevor die Route sich zum Badeort Paihia fortsetzt. Von hier aus gibt es einen lohnenden Abstecher nach Russell. Der heute schicke Ort war einst wegen der Seeleute berüchtigt, die sich hier nach Monaten auf dem Pazifischen Ozean zu allen möglichen ruchlosen Eskapaden hinreißen ließen.

Durch üppige grüne Vegetation geht es zurück nach Whangarei. Die moderne Stadt hat eine phantastische Küste, die man auf dem speziell angelegten Heads Tourist Drive erkunden kann. Dort genießt man sowohl die Ruhe der geschützten Buchten der Region als auch die Kraft der gewaltigen Wellen an den Surfstränden. **JP**

Thermal Explorer Highway
Auckland/Waikato, Neuseeland

Start Auckland
Ziel Napier, Hawkes Bay, Waikato
Länge 457 km
Art Kultur
Info goo.gl/VQdspD

Neuseeland liegt an der Grenze der Pazifischen und der Indisch-Australischen Kontinentalplatte. Der geologische Konflikt zwischen den beiden Platten schuf zahlreiche Vulkane, Geysire, heißen Schlamm, geothermische Mineralbecken und andere beeindruckende Phänomene, die hier zu finden sind.

Eine der besten Möglichkeiten, diese Vielfalt der Natur zu genießen, ist der Thermal Explorer Highway, offiziell das nördliche Ende des New Zealand State Highway 1. Er beginnt in Auckland, Neuseelands größter Stadt mit dem höchsten polynesischen Bevölkerungsanteil der Welt. Die Stadt wurde auf einem Vulkanfeld erbaut, das die Landschaft nach wie vor prägt.

Von dort geht es in südlicher Richtung durch das Tal des Waikato River, Neuseelands längstem Fluß, hinauf nach Hamilton. Danach heizt sich der Thermal Highway erst richtig auf. Rotorua ist eines der lebendigsten geothermischen Gebiete der Welt. Der Pohutu-Geysir in Te Puia bricht etwa 20mal am Tag aus, wobei das Wasser bis zu 30 m in die Höhe sprudelt. Sein Name bedeutet „große Fontäne" in der Sprache der Maori. Weiter südlich liegt der Kratersee Lake Taupo in der Caldera eines Supervulkans, dessen Gipfel vor etwa 26 500 Jahren explodierte. Am Ende des geothermischen Abenteuers erreicht man die charmante Art-Déco-Stadt Napier, die Stadtrundgänge für Kunstinteressierte bietet. **SA**

❶ Die Bridal Veil Falls liegen nah der Straße am Pakoka River in der Waikato-Region.

Port Jackson Road
Waikato, Neuseeland

Start Colville
Ziel Port Jackson
Länge 26 km
Art Abenteuer
Karte goo.gl/YoxOwS

Die 85 km lange, abgelegene Coromandel Peninsula liegt an der Westseite der Bay of Plenty auf der Nordinsel Neuseelands und schützt den Hauraki Gulf und Auckland im Westen. Die bis zu 900 m hohe Coromandel Range zieht sich wie ein Rückgrat über die schmale, hügelige Landzunge. Gemäßigter Regenwald bedeckt den Großteil der Fläche.

Nur wenige Straßen führen die Halbinsel hinauf, eine davon verläuft entlang der zerklüfteten Westküste. Die Port Jackson Road beginnt an der Whangarei Junction am nördlichen Ende der Colville Road, nicht weit von der kleinen Stadt Colville entfernt. Von dort aus schmiegt sie sich an die Küste und den Coromandel Forest Park im Landesinneren. Auf der schmalen, kurvigen Straße gibt es nur wenige Überholstellen, also muß man zurücksetzen, um Gegenverkehr vorbeizulassen. Die Schotteroberfläche wird nach Regengüssen schlammig und rutschig und kann selbst für Allradfahrzeuge zum Problem werden. Ungesicherte, steile Klippen stürzen hinab zum Meer, so daß man diese Straße an einem stürmischen Tag vielleicht meiden sollte. Bei gutem Wetter hingegen sollte man unbedingt eine Kamera für atemberaubende Panoramen mitbringen. Wenn man die Rückfahrt nicht sofort antreten möchte, gibt es einen Campingplatz in Port Jackson sowie atemberaubende Küstenwanderwege durch die umliegende Landschaft. **SA**

Forgotten World Highway
Taranaki/Manawatu, Neuseeland

Start Stratford, Taranaki
Ziel Taumarunui, Manawatu-Wanganui
Länge 299 km
Art Landschaft
Info goo.gl/LJxzgV

Neuseelands Forgotten World Highway ist eine schöne, rauhe Straße, die nordöstlich durch die Taranaki-Region im Südwesten der Nordinsel ins King Country in der Region Manawatu-Wanganui führt. Beginnend in Stratford am Osthang des Mount Taranaki, einem aktiven, aber normalerweise friedlichen Vulkan, folgt die Straße den Konturen des Landes und führt dabei vier Gebirgssättel hinauf und hinunter. Der Highway ist, wie die Einheimischen sagen, ein bißchen „upsy downsy".

Gefährlich wird es im einspurigen „Hobbit's Hole", dem 180 m langen Moki Tunnel, und auf der unbefestigten Straße durch die Tangarakau Gorge mit den bis zu 61 m hohen Felswänden, deren rutschige Schotteroberfläche sie zu einer der unfallgefährdetsten Straßen Neuseelands macht. Der Highway verläuft über weite Strecken parallel zur in den 1920er Jahren gebauten Stratford-Okahukura-Eisenbahn. Einige Siedlungen der damaligen Bautrupps sind heute Geisterstädte. Whangamomona ist eine seltene Ausnahme. Empört über die Entscheidung der Regierung in den 80er Jahren, die örtliche Schule und das Postamt zu schließen, riefen die Bewohner die Republic of Whangamomona aus. Alle zwei Jahre im Januar findet der Republic Day statt. Bei der Veranstaltung mit Volksfestcharakter wird ein neuer Präsident gewählt – in einem Jahr war es eine Ziege, in einem anderen ein Pudel. **SA**

Surf Highway 45
Taranaki, Neuseeland

Start New Plymouth
Ziel Hawera
Länge 105 km
Art Abenteuer
Info goo.gl/Ar3qtd

Die Region Taranaki auf der neuseeländischen Nordinsel ragt auffällig nach Westen in die Tasmansee. Die exponierte, windige Küste ist berühmt für ihre Surfstrände; so berühmt, daß der New Zealand State Highway 45, der rund um die Küste verläuft, in Surf Highway umbenannt wurde.

Die Tour beginnt in New Plymouth, der Hauptstadt der Region, die von Finanzwesen, Landwirtschaft, Öl- und Gasförderung lebt. 2010 wurde sie von der Regierung als „Model Community" ausgezeichnet, daher sollte man sich anderen Verkehrsteilnehmern gegenüber zuvorkommend verhalten, während man aus der Stadt nach Süden fährt und den Meerblick auf der rechten Seite genießt.

Die meisten abenteuerlustigen Ausflügler kommen wegen der Wellen hierher. Anfänger mit wenig Zeit können am Oakura Beach Tandemsurfen. Beschließt man die ersten Unterrichtsstunde nicht stehend, erhält man sein Geld zurück.

Das Landesinnere ist landwirtschaftlich geprägt, und obwohl es keine großen geographischen Herausforderungen gibt, können Seitenwinde ein Problem für Biker werden. Der nächste Anlaufpunkt ist Cape Egmont an der westlichsten Spitze, das Captain Cook nach dem Ersten Lord der Admiralität, Earl of Egmont, benannte, als er 1769 vorbeisegelte. Von hier aus geht es gemütlich hinunter nach Hawera an der Küste der South Taranaki Bight. **SA**

❶ Die Sugar Loaf Islands bei New Plymouth mit dem Mount Taranaki in der Ferne.

Waikaremoana Road
Hawke's Bay,
Neuseeland

Start Te Urewera
Ziel Ruatahuna
Länge 39 km
Art Landschaft
Karte goo.gl/FvYQhI

Geologisch gesehen ist der Lake Waikaremoana (Maori für „See des welligen Wassers") im Osten der neuseeländischen Nordinsel noch sehr jung. Vor etwa 2200 Jahren verschloß ein gewaltiger Erdrutsch von etwa 250 m Höhe ein Tal, wodurch sich ein 54 km² großer See bildete. Das Wasser lief jedoch durch das Erdmaterial ab, bis dies Anfang der 1950er Jahre versiegelt und ein Überlauf gebaut wurde.

Auf der Waikaremoana Road, die am östlichen Ende des Sees nördlich von Te Urewera beginnt, kann man die Schönheit der abgelegenen Landschaft genießen. Von dort führt die Straße mit der offiziellen Bezeichnung State Highway 38 nach Westen entlang des Nordufers des Sees, bevor sie ins Landesinnere nach Ruatahuna abbiegt. Die Oberfläche der kurvenreichen Straße, die eher als Piste zu bezeichnen ist, besteht hauptsächlich aus Schotter, und es kann unterwegs sehr windig sein. Dafür wird man auf der Strecke nicht viel Verkehr begegnen, was gut ist, da es kaum Ausweichmöglichkeiten gibt. Die Geschwindigkeit sollte 30 km/h nicht überschreiten und bei schlechtem Licht sollte man die Scheinwerfer einschalten. Dazu muß man die vielen unübersichtlichen Kurven und umherziehende Tiere beachten. Vor allem aber sollte man die Landschaft genießen, denn der Te-Urewera-Nationalpark, den man durchquert, ist einfach spektakulär. **SA**

Cape Palliser Road
Wellington,
Neuseeland

Start Lake Ferry
Ziel Cape Palliser
Länge 39 km
Art Landschaft
Karte goo.gl/fKwI25

Die Cape Palliser Road ist gleichzeitig die Schöne und das Biest unter den Panoramatouren. Die Kombination aus Meerblicken, felsigen Klippen und gelegentlichen Erdrutschen ist ebenso faszinierend wie beunruhigend.

Die 39 km lange Straße im Süden der Nordinsel Neuseelands führt von der Lake Ferry Road entlang der südlichsten Spitze der Insel zum Leuchtturm des Lake Palliser. Die kurvenreiche Asphaltstraße befindet sich in einem allgemein guten Zustand, und obwohl sie einspurig ist und einige der Brücken sehr schmal sind, ist die gut gepflegte Strecke sicher. Sie mäandert zwischen Stränden, die sich zum türkisfarbenen Ozean erstrecken, und senkrechten, zerklüfteten Klippen. In der Nähe der Straße bei Whatarangi kommt es durch Erosion oft zu gefährlichem Steinschlag.

Während sich die Straße dem seit 1986 unbemannten, rot-weiß gestreiften Leuchtturm Cape Palliser nähert, wechselt der Fahrbahnbelag von Asphalt zu Kies. Nach Regenfällen kann es hier recht schlammig werden, was die Traktion stark reduziert. Am Leuchtturm angekommen, besteht die letzte Herausforderung darin, die 250 Stufen zur Aussichtsplattform zu erklimmen, von wo aus man einen atemberaubenden Blick über das Kap und die nahe gelegene Robbenkolonie hat. **JI**

Paekakariki Hill Road
Wellington, Neuseeland

Start Porirua
Ziel Paekakariki
Länge 21 km
Art Landschaft
Karte goo.gl/dZhusr

Vom Paekakariki Hill in Wellington nördlich des Porirua Harbour an der südwestlichsten Spitze der Nordinsel Neuseelands hat man eine hervorragende Aussicht auf die angrenzende Halbinsel und die Kapiti- oder Gold Coast im Westen. Eine kurvenreiche Straße über den Hügel bietet die Möglichkeit, diese wunderbare Landschaft zu genießen.

Die Paekakariki Hill Road beginnt an der Paremata Haywards Road, offiziell bekannt als State Highway 58, in Porirua, östlich des Hafens. Als eine der vier Städte im Großraum Wellington ist Porirua ein lebendiger Ort. Die Straße, die 1849 gebaut wurde, führt am Pauatahanui Park vorbei und nach Norden entlang des Battle Hill Farm Forest Park und des Akatarawa Forest. Ein Aussichtspunkt auf dem Gipfel ist ein perfekter Ort, um Fotos zu machen.

Von dort führt die Straße bergab und an der Station Paekakariki auf den State Highway 1, der um die gesamte Küste verläuft. Da die Paekakariki Hill Road viele Kurven aufweist, ist es wichtig, langsam und vorsichtig zu fahren. Glücklicherweise handelt es sich um eine zweispurige Strecke, so daß man sich keine Sorgen um entgegenkommende Fahrzeuge machen muß. Allerdings gibt es nur sehr wenige Leitplanken und die Gefälle am Hang können sehr steil sein, also Vorsicht auf der linken Straßenseite auf der Fahrt nach Norden. **SA**

❶ An einigen Stellen entlang der Route hat der Wind den Busch fast flach gegen den Hang geblasen.

Takarau Gorge Road
Wellington, Neuseeland

Start Makara Road
Ziel Ohariu
Länge 7,7 km
Art Abenteuer
Karte goo.gl/vDXXEw

Wellington, die Hauptstadt Neuseelands, liegt an der südwestlichen Spitze der Nordinsel. Eine ländliche und relativ unbewohnte Halbinsel schützt sie vor den schlimmsten Winden, die von der Tasmansee im Westen aufziehen. Längs über die Halbinsel verläuft die enge Takarau Gorge, einer der vielen versteckten Schätze in unmittelbarer Nähe der „coolsten kleinen Hauptstadt der Welt".

Um zur Schlucht zu gelangen, startet man im Zentrum von Wellington und fährt nach Westen durch Karori und weiter nach Norden durch Makara. Dann nimmt man die nordwärts führende Makara Road, die zum Makara Beach an der Küste führt. Die Takarau Gorge Road zweigt rechts ab. Die Straße führt entlang des Takarau River die Schlucht hinauf, und steile Felswände zu beiden Seiten sorgen für eine unvergeßlich dramatische Kulisse.

Die berauschende Fahrt ist normalerweise ziemlich sicher. Heftige Regenfälle können aber zu Überschwemmungen führen und wenn Teile der Straße unter Wasser stehen, ist sie natürlich für den Verkehr gesperrt, daher sollte man die Wettervorhersagen beobachten. Auch auf Gegenverkehr muß man achten, denn die größtenteils einspurige Straße bietet nur wenige Ausweichmöglichkeiten. Mit 7,7 km Gesamtlänge ist die Route nicht gerade lang, daher kann man sich viel Zeit nehmen und jede Minute der Fahrt genießen. **SA**

French Pass Road
Marlborough, Neuseeland

Start Rai Valley
Ziel French Pass
Länge 57 km
Art Landschaft
Karte goo.gl/pZ44XY

Der French Pass ist eine Meerenge zwischen dem Norden der Südinsel Neuseelands und einer kleinen Landmasse namens D'Urville Island. Letztere ist nach dem französischen Entdecker Jules-Sébastien-César Dumont d'Urville benannt, der die Gegend 1827 bereiste. Zwischen der Insel und dem Festland gibt es eine starke Gezeitenströmung mit mehr als acht Knoten Geschwindigkeit, die heftige Strudel und Wirbel erzeugt. Die Gewässer mögen einst mit Maori-Kanus leicht zu befahren gewesen sein, aber sie stellten offensichtlich eine Herausforderung für d'Urville dar, der zweimal auf Riffe auflief, bevor er sicher in der nahe gelegenen Admiralty Bay ankam.

All diese abgelegene Herrlichkeit ist mit dem Rest der Zivilisation in Marlborough durch einen gewundenen ländlichen Track verbunden, den man von der Opouri Road am State Highway 6 nördlich des Rai Valley erreicht. Die Route steigt auf der Ronga Road steil entlang des Rai River bergan, bevor sie in die Hügel führt. Nachdem man einen Wald durchquert hat, ändert sich der Name der Straße in Croisilles Road. Schließlich biegt man rechts auf den Hope Drive zum Dorf Okiwi Bay ab. Am östlichen Ende der Bucht führt die Straße, die nun den Namen Croisilles-French Pass Road trägt, in nordöstlicher Richtung, einem trunkenen Taumel ähnlich, die Halbinsel hinauf zum ruhigen und idyllischen Dorf French Pass. **SA**

Queen Charlotte Drive
Marlborough, Neuseeland

Start Picton
Ziel Havelock
Länge 40 km
Art Landschaft
Info goo.gl/ilAJ6q

Die Südinsel Neuseelands endet im Norden in einem Gewirr von Buchten, Inseln und zerklüfteten Halbinseln. Dieses Netzwerk aus Meeresarmen mit dem Namen Marlborough Sounds, geologisch ein Ria, besteht aus Flußtälern, die vom Ozean überflutet wurden, als das Land sank und der Meeresspiegel stieg. Die Fahrt entlang ihrer Südseite wurde beschrieben als „Fahrt durch die Sounds ohne Boot".

Der Queen Charlotte Drive beginnt im Küstenort Picton in Marlborough, Endstation der Interislander-Fähre von Wellington auf der Nordinsel. Von dort aus geht es nach Westen durch das Flachland entlang des Südufers des Queen Charlotte Sound und der sich windenden Küste durch die Shakespeare Bay, Whenuanui Bay, Ngakuta Bay und Momorangi Bay. Die Straße durchquert Linkwater, einen niedrigen, 5 km langen Sattel am Ende einer Landenge, die zum Cape Jackson und der Spitze der Südinsel führt. Ohne die Asphaltstraße wäre die Fahrt auf dem Seeweg um dieses Kap mehr als 100 km lang.

Dann erreicht man die Spitze des Pelorus Sound und nach ein paar weiteren Kurven um Cullens Point herum, wo man eine herrliche Aussicht genießt, führt die Straße in die historische Küstenstadt Havelock, dem Zuchtzentrum der neuseeländischen Grünschalmuschel, die in den Restaurants auf jede erdenkliche Weise serviert wird. **SA**

❶ Diese Luftaufnahme zeigt, wie nah die Straße an der Küste verläuft.

Karamea Highway West Coast, Neuseeland

Start Westport **Ziel** Karamea **Länge** 96 km
Art Landschaft **Karte** goo.gl/vzb87N

Manchmal ist das Reisen schöner als anzukommen, wie etwa auf dieser Tour auf dem Karamea Highway, der eigentlich nirgendwo hinführt. Die gewundene, geschwungene, asphaltierte Straße verläuft durch den Norden der Südinsel Neuseelands. Am Ende der Asphaltstrecke beginnt der beliebte Wanderweg Heaphy Track.

Die fast 70 Kurven in unterschiedlichen Schwierigkeitsgraden machen die Straße zu einem beliebten Ziel für begeisterte Biker und Autofahrer. An den steilen Abhängen vermitteln Barrieren ein Gefühl der Sicherheit. Auf dem geradlinigsten Küstenabschnitt des Karamea Highway verläuft die Straße mit einer kilometerweiten Aussicht parallel zur Tasmansee; im Landesinneren führt sie durch den Regenwald, wo im Sommer die Südinsel-Eisenholz-Bäume blühen. Nachdem man die malerischen alten Bergbaustädte Granity, Ngakawau und Hector durchquert hat, beginnt der eigentliche Fahrspaß mit dem 40 km langen Anstieg über den Karamea Bluff. Nach einer Einkehr im historischen Karamea Village Hotel für eine Portion seiner viel gepriesenen „Whitebait and Chips" zieht man die Wanderschuhe an, um ein paar Kalorien zu verbrennen und die erstaunlichen Kalksteinformationen des Oparara Basin im dichten Regenwald zu besichtigen. JI

❶ Die Straße verläuft mitten durch den Urwald.

Great Alpine Highway Canterbury/West Coast, Neuseeland

Start Christchurch, Canterbury   Ziel Greymouth, West Coast   Länge 241 km
Art Abenteuer   Info goo.gl/Q9pOyj

Die Neuseeländischen Alpen erstrecken sich über die gesamte Westküste der Südinsel. Die imposante Gebirgskette erreicht ihren höchsten Punkt auf den drei Gipfeln des Mount Cook, der mit 3724 m der höchste Berg des Landes ist. Viele Gipfel des Gebirges sind mit Schnee bedeckt und Gletscher und Seen durchziehen das gesamte Gebiet.

Ein Weg in diese wundervolle Landschaft ist der Great Alpine Highway, der in der interessanten und lebhaften Stadt Christchurch an der Ostküste der Südinsel beginnt. Von dort aus führt der State Highway 73 nach Westen über die Canterbury Plains, bevor man am monolithischen Kalksteinberg Castle Hill vorbei in die Alpen aufsteigt. Hier bieten die Straßen ein aufregendes, berauschendes Fahrerlebnis mit rasant geschwungenen Abschnitten, tiefen Felsspalten und engen Haarnadelkurven.

Die Route überquert dann den Porters Pass und Arthur's Pass Village im Nationalpark markiert den Mittelpunkt der Strecke. Hier, wo die Landschaft ganz besonders dramatisch ist, führen zahlreiche Wanderwege in die Berge. Als nächstes erreicht man den Otira Lookout mit Panoramablick über den Otira-Viadukt, auf dem es bald danach über das Tal geht. Schließlich fährt man hinab zur Küste der Tasmansee zum Ziel der Reise in Greymouth. **SA**

❶ Der Highway führt durch die Region Canterbury.

Mount Cook Road Canterbury, Neuseeland

Start Twizel   **Ziel** Mount Cook   **Länge** 64 km
Art Landschaft   **Karte** goo.gl/oXlf5S

Aoraki, oder Mount Cook, ist Neuseelands höchster Berg. Im Jahr 2014 lag der höchste seiner drei Gipfel bei 3724 m, nachdem er seit einem Bergrutsch 1991 und anschließender Erosion um 40 m geschrumpft war. Er ist Teil der Neuseeländischen Alpen, die sich über die gesamte Länge der Südinsel erstrecken und bei Bergsteigern sehr beliebt.

Wer es vorzieht, auf Rädern zu reisen, erreicht den Fuß des Berges über die Mount Cook Road, den State Highway 80. Diese reizvolle Straße beginnt in der kleinen Stadt Twizel in Canterbury, erreicht schnell das südliche Ende des Lake Pukaki und verläuft 31 km entlang des linken Ufers des Sees. Links der Straße liegt anfangs das Mackenzie-Becken und nach etwa 10 km die Ben Ohau Range. Vom Ende des Sees führt die Straße entlang des Tasman River, der von mindestens vier Gletschern gespeist wird, zum Dorf Mount Cook. Dort gibt es keinen Supermarkt und der hohe Benzinpreis der Selbstbedienungstankstelle spiegelt die Isolation des Ortes wider. Die Mount Cook Road endet nördlich des Dorfes am berühmten Hermitage Hotel, dessen luxuriöse Suiten herrliche Aussichten auf den Berg gewähren. Von hier aus können abenteuerlustige Ausflügler an einer Tour teilnehmen, um den Tasman-Gletscher hautnah zu erleben. **SA**

❶ Blick über den Lake Pukaki auf den Mount Cook.

Haast Pass Otago/West Coast, Neuseeland

Start Wanaka, Otago   **Ziel** Haast, West Coast   **Länge** 149 km
Art Landschaft   **Karte** goo.gl/iJwWMj

Die Neuseeländischen Alpen auf der Südinsel stellen mit nur drei Pässen eine ziemlich große Barriere für Reisende dar. Der wahrscheinlich schönste Paß ist der Haast Pass, der 1966 zum State Highway 6 umgebaut und erst 1995 asphaltiert wurde. Mit einer Höhe von 564 m ist er der niedrigste der drei Alpenpässe. Die Straße führt weitgehend durch nahezu unbewohnte ursprüngliche Buchenwälder.

Die Tour beginnt in Wanaka in Otago und führt auf dem State Highway 6 nach Norden über den Clutha River zum in den 1950er Jahren gebauten Lake Hawea Dam, am Westufer des Sees hinauf und über den Sattel „The Neck", an dem einst zwei Gletscher aufeinandertrafen, zum Ostufer des Lake Wanaka. Hier läßt man den See hinter sich und fährt ein weites Tal hinauf nach Makarora, dem Tor zum Mount-Aspiring-Nationalpark in West Coast, der 1964 gegründet wurde und heute zum UNESCO-Weltkulturerbe zählt. Dahinter liegt der Haast Pass, der erstmals im Januar 1863 von Goldsucher Charles Cameron überquert wurde. Julius von Haast, der ihm kurz darauf folgte, behauptete aber, der erste gewesen zu sein und gab dem Paß seinen Namen. Obwohl seine Behauptung widerlegt wurde, blieb der Name haften. Von der Paßhöhe geht es an zwei schönen Wasserfällen vorbei hinab zum Meer. **SA**

❶ Ein perfekter Ort für Wassersportler und Bergsteiger.

Lindis Pass Otago, Neuseeland

Start Cromwell **Ziel** Omarama **Länge** 109 km
Art Landschaft **Karte** goo.gl/21o3jk

Der Lindis Pass im Herzen der Südinsel ist aus mehreren Gründen berühmt. Mit 971 m ist er der höchste Punkt im Autobahnnetz der Südinsel und der zweithöchste in ganz Neuseeland. Trotz seiner Höhe gilt er aber nicht als alpiner Paß, da er im trockenen Hinterland liegt. Der Paß bildet einen Sattel zwischen den Tälern des Lindis River und des Ahuriri River; er ist Teil des State Highway 8, der Hauptverkehrsroute vom Mackenzie-Becken nach Otago.

Als eine der zehn landschaftlich reizvollsten Straßen Neuseelands ist die Strecke, die für die meisten Fahrzeugtypen zugänglich ist, ein purer Genuß. Die fast baumlosen Berge zu beiden Seiten sind mit weichen, gelblich-braunen Grasbüscheln bedeckt und sehen im Winter besonders bezaubernd aus. Im Frühjahr und Sommer sind die Hügel mit Lupinen und Butterblumen geschmückt, während sich Grasmücken, Fächerschwänze und Falken am Himmel tummeln. In der menschenleeren Landschaft gibt es nur wenige ausgewiesene Picknickplätze. Es ist nicht zu erwarten, daß man über den Paß rasen kann, denn auf der hügeligen und kurvenreichen Straße erreicht man kaum 50 km/h, so daß man gut zwei bis drei Stunden für die Fahrt einplanen sollte. Die Aussichten sind phantastisch und von der Paßhöhe aus geradezu überwältigend. **SA**

❶ Die dramatische Berglandschaft des Lindis Pass.

Von Queenstown nach Glenorchy Otago, Neuseeland

Start Queenstown **Ziel** Glenorchy **Länge** 46 km
Art Landschaft **Karte** goo.gl/OAeasb

Der S-förmige Lake Wakatipu ist einer der schönsten Seen Neuseelands und mit 75,2 km Länge auch der längste. Er ist von Bergen gesäumt, darunter auch The Remarkables an seinem südöstlichen Ufer, die eine phantastisch kurvenreiche Straße zum Gipfel als einen anspruchsvollen Abstecher bieten. Interessanterweise schwankt der Wasserspiegel des Binnensees in Queenstown alle 50 Minuten um bis zu 20 cm. Diese als Seiche bezeichnete Schwankung wird durch eine Kombination von wechselnden Temperaturen, Windgeschwindigkeiten und Atmosphärendruck verursacht. Die Maori hielten sie für den Atem eines Unterwasserriesen, da der See wie ein Riese mit angezogenen Knien aussieht.

Die Transportmöglichkeiten entlang des Sees waren auf eine dreimal wöchentlich verkehrende Fähre beschränkt, bis schließlich 1962 die Straße zwischen Queenstown am mittleren Abschnitt des Sees und Glenorchy an seinem nördlichen Ende eröffnet wurde. Die Straße, die noch bis 1998 unbefestigt war, ist ein reines Fahrvergnügen, eine landschaftlich reizvolle Achterbahnfahrt durch die Berghänge. Queenstown ist ein beliebtes Reiseziel, aber wenn man aus der Stadt heraus und um die Halbinsel herum in Richtung Glenorchy unterwegs ist, hat man die Straße weitestgehend für sich. **SA**

❶ Der Wakatipu-See liegt inmitten der Berge.

Southern Scenic Route
Otago/Southland, Neuseeland

Start Queenstown, Otago
Ziel Dunedin, Southland
Länge 608 km
Art Landschaft
Info goo.gl/pSlnJf

Neuseelands dünne Besiedlung und die weitläufige Topographie führten früher dazu, daß nur wenige den reizvollen Süden des Landes besuchten. 1985 entschied man in Tuatapere im Süden Neuseelands, das zu ändern, und schuf die Southern Scenic Route, die die schöne Gegend für Touristen aus nah und fern erschloß.

Die mit einer weißen Serpentine in einem roten Dreieck beschilderte Route verläuft in einem weiten Bogen von Queenstown zum Hafen von Dunedin. Sie beginnt am Ufer des Lake Wakatipu in der Region Otago, bevor sie in die Region Southland führt. In Five Rivers wendet sich die Straße nach Westen und in Te Anau wieder nach Süden, an der östlichen Grenze des Fiordland-Nationalparks entlang. Südlich von Tuatapere erreicht sie das Meer und führt entlang des Nordufers der Foveaux-Straße in Neuseelands südlichste Stadt, Invercargill. Dann zieht sie sich landeinwärts durch den dichten Regenwald der Catlins und schließlich parallel zur Küste Richtung Norden nach Dunedin, einer der wichtigsten Städte Neuseelands. Diese lange Strecke sollte man in aller Ruhe genießen, denn sie bietet herrliche Bergpanoramen, einsame Strände, schöne Spaziergänge, bequeme Campingplätze und reizvolle Städte in Hülle und Fülle. SA

- Queenstown ist lebhaft und entspannt zugleich.

Skippers Canyon Road
Otago, Neuseeland

Start Skippers Canyon Road
Ziel Skippers Bridge
Länge 22 km
Art Abenteuer
Karte goo.gl/Tbctpv

Die Skippers Canyon Road, die als drittgefährlichste Straße der Welt eingestuft wurde, entstand während des Goldrauschs in Neuseeland als Saumpfad, der von chinesischen Arbeitern aus dem Schiefergestein gehauen wurde. Lokale Bergleute bauten die Strecke Ende des 19. Jahrhunderts zu einer befahrbaren Straße aus, eine technische Meisterleistung, die einen viel besseren Zugang zu den goldreichen Kiesbetten des Shotover River ermöglichte.

Heute ist die Straße bei Touristen beliebt, aber aufgrund steiler Steigungen, losem Schotter, enger Kurven und ständiger Steinschlaggefahr nichts für schwache Nerven. Ein Allradfahrzeug wird dringend empfohlen, und die Versicherung des Mietwagens wird nicht für eventuelle Schäden aufkommen. Auf langen Etappen ist die Strecke nur einspurig. Trifft man auf andere Automobil-Abenteurer, muß man daher bis zu 3 km rückwärts fahren, um eine Ausweichmöglichkeit zu finden.

Ein Stück weiter liegt Skippers Point, eine Goldgräber-Geisterstadt, in der man einen Boxenstopp einlegen und sich im Goldwaschen versuchen kann. Das unbestrittene Highlight dieser Route ist jedoch die Skippers Bridge, eine 96 m lange, holzgedeckte einspurige Brücke, die 100 m über den Stromschnellen des Shotover River schwebt. **DIS**

➲ Die Skippers Canyon Road bei Queenstown.

Crown Range Road
Otago, Neuseeland

Start Queenstown
Ziel Wanaka
Länge 68 km
Art Abenteuer
Karte goo.gl/kywRF8

Zwei Straßen verbinden das idyllische Queenstown am Lake Wakatipu mit dem ebenso malerischen Lake Wanaka. Die längere führt durch die Kawarau Gorge und Cromwell, die kürzere und aufregendere über die Crown Range. Ihr höchster Punkt liegt auf 1076 m am Crown Saddle, wo eine Bronzetafel sie als höchste Asphaltstraße Neuseelands bezeichnet. Doch diese angebliche „Tatsache" ist nicht ganz korrekt, denn die Straße ist der höchste asphaltierte Paß – ein signifikanter Unterschied.

Von Queenstown fährt man auf den State Highways 6A und 6 nach Osten, dann biegt man an der Arrow Junction links in die Crown Range Road ein. Kurz darauf wird man mit einer Reihe brutaler Haarnadelkurven konfrontiert – lediglich ein kleiner Vorgeschmack auf den kommenden Spaß.

Auf der nächsten Etappe erklimmt man zuerst die fruchtbare Crown Terrace und dann den Crown Saddle, von wo aus man einen herrlichen Ausblick hat. Die Straße folgt dann dem Cardrona Creek, der in den Cardrona River mündet. Asphalt und Wasser schlängeln sich gemeinsam durch ein grünes Tal nach Cardrona, das in den 1860er Jahren Schauplatz eines großen Goldrausches war. An den Ufern des Flusses sind Reste von Goldgräbercamps zu sehen. Schließlich führt die Straße hinunter zum Ferienort Wanaka, einer kleinen Stadt mit großstädtischer Infrastruktur und Atmosphäre. **SA**

The Remarkables Otago, Neuseeland

Start Frankton   Ziel The Remarkables, Skigebiet   Länge 18 km
Art Abenteuer   Karte goo.gl/VP3577

Es gibt zwei Thorien, wie The Remarkables zu ihrem Namen gekommen sind. Eine besagt, der lokale Forscher Alexander Garvie habe in den Jahren 1857 und 1858 herausgefunden, daß sie eine von nur zwei Bergketten der Welt sind, die direkt von Norden nach Süden verliefen, die andere, daß es an der Art und Weise liegt, wie sie im rötlichen Glanz des neuseeländischen Sonnenuntergangs aussehen.

Die Remarkables Road beginnt südlich von Frankton am Highway 6, der Kingston Road, und steigt durch zahlreiche Kurven stetig bergan, bevor sie durch scharfe Haarnadelkurven die Nordseite des Berges hinauf zum Double Cone Skigebiet auf 2319 m führt. Bei Kilometer 4 und 6 gibt es zwei phantastische Aussichtspunkte über den Shotover River, die man sich nicht entgehen lassen sollte.

Der im Sommer lose, staubige Schotter der stellenweise steilen Straße kann unangenehm wellig werden, und nur an den gefährlichsten Abschnitten gibt es einige wenige Sicherheitsgeländer. Nach einem Schneefall wird die Strecke erst recht tückisch, und man benötigt Schneeketten. Verkehrsschilder auf dem Weg nach oben weisen in der Regel darauf hin, wenn Ketten an zwei- oder vierradgetriebenen Fahrzeugen angebracht werden müssen. Ein bemerkenswerter Roadtrip. **SA**

❶ Die kurvenreiche Straße hinauf zu The Remarkables.

Straße zum Treble Cone Otago, Neuseeland

Start Glendhu Bay   **Ziel** Treble Cone Ski Area   **Länge** 9 km
Art Abenteuer   **Karte** goo.gl/pB7Nby

Der 2088 m hohe Treble Cone in den Neuseeländischen Alpen ist das größte Skigebiet der Südinsel. Es zeichnet sich durch einen Höhenunterschied von 700 m aus. Zudem gibt es hier die längste Piste der Region, und die längste Seilbahn der Welt befördert die Skifahrer nach oben.

Wer sich weniger für Wintersport interessiert, findet sein Abenteuer auf der Zufahrtsstraße zum Treble Cone, einer der höchstgelegenen Straßen Neuseelands. Sie beginnt in der Glendhu Bay, am südwestlichen Ende des Lake Wanaka, folgt der Wanaka-Mount Aspiring Road, die um den Süden des Sees und dann nach Westen verläuft, wo sie den Motapu River überquert. Weiter Richtung Norden führt eine Linkskurve zunächst zum Treble Cone Skigebiet und dann in einer Reihe von scharfen Haarnadelkurven den Berg hinauf.

Schließlich gelangt man zu einem Parkplatz, von wo aus zwei Skilifte die Skifahrer und Snowboarder zu ihren Pisten bringen. An diesem Punkt befindet man sich auf 1250 m Höhe, mit herrlichem Blick auf den Lake Wanaka und den ebenso beeindruckenden Mount Aspiring. Die Straße ist unbefestigt, steil und sehr windig. Es gibt nur wenige Geländer, daher ist beim Fotografieren äußerste Vorsicht geboten. **SA**

❶ Die exponierte und windgepeitschte Straße.

Milford Road
Southland, Neuseeland

Start Te Anau
Ziel Milford Sound
Länge 121 km
Art Kultur
Info goo.gl/goP056

Das Fiordland am südwestlichen Ende der Südinsel ist ein Land schneebedeckter Berge, tiefer Seen und ozeanüberfluteter Täler. Die Wasserfälle gehören zu den höchsten der Welt, die Seen zu den tiefsten Neuseelands. Die wilde und nasse Region ist nahezu unbewohnt, was sie für einen Roadtrip umso attraktiver macht.

Ein guter Ausgangspunkt ist die Stadt Te Anau, die neben dem zweitgrößten See Neuseelands geradezu winzig wirkt. Von hier aus führt der State Highway 94 entlang der Ostküste nach Norden zum 29 km entfernten Te Anau Downs, durch das Eglinton Valley weiter zu den Ufern von Lake Gunn und Lake Fergus und über einen Sattel auf den Gipfel des Hollyford Valley. Die Straße erreicht ihren höchsten Punkt am Homer Tunnel. Der 1954 eröffnete Granittunnel ist mit 1270 m der zweitlängste Straßentunnel Neuseelands. An seinem anderen Ende taucht man am Kopf des Cleddau Valley auf und steigt von dort langsam zum Milford Sound ab. Rudyard Kipling bezeichnete das Gewässer, das als eines der schönsten Reiseziele der Welt gilt, als achtes Weltwunder. Fans der Filmtrilogie *Der Herr der Ringe* (2001–2003) könnten hier den Fangornwald wiedererkennen, da mehrere Szenen hier gedreht wurden. **SA**

Bergab durch die Wolken auf der Milford Road.

Index der Straßen nach Länge

1–19 km

Straße	Seite
24-zig	826
A5 Frankfurt–Darmstadt	500
Alte Straße nach Sumba	335
Alto de l'Angliru	564
Am Ufer des Lake Washington	65
Autostrand von Muzhappilangad	805
Avenida 9 de Julio	322
Axenstraße	531
Baku City Circuit	778
Baobaballee	758
Baskenland Küstenstraße	566
Bergstraße nach Dizin	779
Bergstraße nach Monte Verde	720
Bergstraße zum Dschabal Hafit	773
Black Mountain-Paß	444
Black-Taxi-Touren durch Belfast	367
Boranup Drive	886
Bucharest Ring	669
Bugak Skyway	846
Buttertubs Pass and the Yorkshire Dales	410
Buynovsko-Schlucht	673
Calanches de Piana	488
Cape Wrath	388
Carretera Ma-1131	582
Cat and Fiddle Road	414
C'était un rendez-vous	459
Chapman's Peak Drive	748
Charles Street in Baltimore	209
Chluse-Paßstraße	522
Circuit d'Ain-Diab	721
Circuit de Monaco	486
Circuit de Pau-Ville	456
Circuit de Reims-Gueux	462
Circuito di Ospedaletti	599
Col de la Croix-Morand	465
Col du Chaussy	469
Commonwealth Avenue – Der Killer Highway	875
Conor Pass	378
Die letzte Fahrt von Bonnie und Clyde	161
Discover Gibraltar	580
Dundrod Circuit	368
Durch Rom mit dem Fiat 500	622
El Mirage	89
Eshima-Ohashi-Brücke	865
Fig Tree Drive	261
Flexenpaß	540
Furkapaß – *Goldfinger*-Verfolgungsjagd	526
Galston Gorge Road	910
Gap of Dunloe	375
Goldeck Panoramastraße	549
Gorge de l'Aude	473
Gorges de la Restonica	488
Grödnerjoch	607
Großer Öchenikseee	550
Guoliang-Tunnelstraße	830
Hakone-Mautstraße	859
Healy Pass	379
Hiram Bingham Highway	287
Jeep-Safari zum Natural Pool	276
Jerma-Schlucht	653
Kalamunda Zig Zag	889
Karavomylos	676
Kelok Sembilan	881
Kotsifou-Schlucht	688
Kunshan-Tunnelstraße	837
Landschaftsroute Atlanterhavsvegen (Atlantikstraße)	350
Las Vegas Strip Byway	99
Le Mans	452
Lombard Street und Vermont Street	76
Luční hora	642
Macquarie Pass	908
Manama-Rundtour	771
Mission Hills Drive	844
Mortirolopaß	604
Mount Panorama Circuit	912
Mt. Washington Auto Road	192
North Coast Road	266
Ötztaler Gletscherstraße	545
Pan-Philippinische Straße	873
Panoramastraße Oberaar	520
Panoramastraße zur Burg Orava	643
Paso de Los Caracoles	314
Passage du Gois	452
Passo San Boldo	617
Pico do Arieiro	584
Pitve–Zavala Fire Road and Tunnel	650
Puerto de las Palomas	578
Puerto de Velefique	576
Rest and Be Thankful	396
Rio-Niterói-Brücke	291
Riverhurst Ice Crossing	43
Roßfeld-Panoramastraße	515
Route de Presles	466
Royal Footsteps Along the Kona Coast	241
Ruta de los Volcanes	561
Sani-Paß	756
Schipkapaß	672
Seven Mile Bridge	229
Shafer Canyon Trail	108
Sintra to Praia das Maçãs	593
Spa-Francorchamps	493
Strada Cristo Redentore di Maratea	632
Strada del Monte San Simeone	621
Strada della Forra	601
Strada Provinciale 227 di Portofino	599
Straße nach Alt-Thera	686
Straße über dem Wassery	829
Straße zu den Fairy Meadows	788
Straße zum Himmel	822
Straße zum Kehlsteinhaus	516
Straße zum Leuchtturm am Cap de Formentor	583
Straße zum Treble Cone	947
Straße zur Fontana Amoroza	691
Strubklamm	547
Tai Mo Shan Road	835
Tail of the Dragon am Deals Gap	178
Takarau Gorge Road	934
Taroko-Schlucht	839
Teufelstreppe	813
The Remarkables	946
Tour zur Wolfsschanze	638
Trois-Rivières Rennstrecke	48
Ufer des Loch Naver	388
Umbrailpaß	600
Vojak	647
Von Aristi nach Papingo	677
Von Bad Schandau nach Hohnstein	511
Von Chora Sfakion nach Anopolis	689
Von Holmes Chapel nach Alderley Edge	412
Von Kallikratis nach Kapsodasos	687
Von Masca nach Santiago del Teid	556
Von Tai Tam zum Shek O Beach	834
Wakehurst Parkway	912
Yaza Htarni Road	841
Yoho Valley Road	34

20–39 km

Straße	Seite
Acadia All-American Road	199
Aizhai-Straße	830
Akashi-Kaikyō-Brücke	864
Applecross Pass	387
Ashley River Road	223
Assietta-Kammstraße	597
Baidarskie-Paß	699
Bain's-Kloof-Paß	751
Bandai-Azuma Skyline	856

Barra Ring Road	380	Hermann Wine Trail	155	Pico de las Nieves	559
Bergstraße nach Lahic	777	Hong Kong's Country Parks	834	Pikes Peak Highway	134
Bergstraße nach Schemschak	781	Inseltour von Jaffna nach Nainativu	811	Piva-Schlucht	651
Black Hills Needles Highway	141	Jim Clark Memorial Rally	400	Port d'Envalira	553
Bourne Identity Verfolgungsjagd	459	Kahekili Highway	236	Port Jackson Road	930
Bwlch y Groes	440	Karerpaß	608	Red Rock Canyon Loop	100
Cape Palliser Road	932	Kaunertaler Gletscherstraße	544	Red Rock Scenic Byway	114
Carretera a Urique	245	Kennon Road	874	Rodovia Graciosa	293
Carretera de Sa Calobra	582	Klausenpaß	531	Rohuküla–Heltermaa Ice Road	693
Carretera GC-210	560	Kolli Hills Road	806	Route 1249	842
Carretera GC-60 zum Roque Nublo	558	Kolob Terrace Road	107	Route de Combe Laval	471
Cerro Chacaltaya	303	Küstenstraße von Amed nach Amlapura	883	Route de la Trace	264
Cerro de la Muerte	272			Rugova-Schlucht	660
Chain of Craters Road	240	Lacul Negovanu	661	Schutzhütte Fodara Vedla	612
Cheddar Gorge	427	Lake Minnewanka Scenic Drive	41	Serra do Rio do Rastro	297
Christoffel Nationalpark	277	Lavazèjoch	611	Silvretta-Hochalpenstraße	541
Chuckanut Drive	61	Lawdar-Paß	771	Skippers Canyon Road	945
Clarence Drive	747	Lettland im Kalten Krieg – Geführte Tour	695	South Face Road	919
Clinton Road	209			Spa	420
Clue de Barles	481	Lissabon und die Küste von Estoril	592	Staller Sattel	542
Coffee Lovers' Loop	273	Llanberis-Paß	437	Steve Irwin Way	904
Col d'Izoard	479	Lysevegen	351	Straße von Hongrin	518
Col de l'Iseran	468	Macau-Autotour	832	Straße zum Sally Gap	374
Col de la Bonette	480	Maltatal	550	Sunset Boulevard	88
Col de Tende	485	Mangartstraße	645	Svalvogarvegur (622)	330
Col de Turini	482	Masaryk-Ring	642	Sveti Jure	649
Col du Pillon	519	McKillops Road	920	Swartberg-Paß	746
Colle Fauniera	596	Martelltal	610	Tal Mireb	772
Colonial Parkway	215	Mont Ventoux	477	Tallimäki-Virojoki-Straße	364
Cotahuasi Cañon	288	Moralana Scenic Drive	898	Tateyama-Kurobe-Alpenroute	863
Cullasaja River Gorge	221	Nächtliche Busfahrt durch New York	184	Teufelstreppe	443
Desfiladero de La Hermida	565	Nemrut Dag	705	The Wine Road from Alba to Barolo	597
Die Old Coast Road von Big Sur	78	Newport Loop Ocean Drive	205	Thousand Islands Parkway	46
Die Straße der tausend Kurven	574	Nord-Ost-Schleife	845	Tigersprung-Schlucht	825
Evo Triangle	441	Nufenenpaß	525	Tikjda-Paß	727
Fernpaß	543	Nürburgring Nordschleife	502	Torre, Serra da Estrela	591
Flüelapaß	534	Oberalppaß	537	Transbucegi	668
Forcella Lavardet	618	Ocmulgee–Piedmont Scenic Byway	224	Transrarau	664
Formentera entdecken	581	Oesterdam	495	Tscherek-Schlucht und Blauer See	716
Fuji Subaru Line	858	Ofenpaß	535	Valley of Fire Highway	100
Gumpenpaß	609	Orgow-Station auf dem Aragaz	708	Vom Diamond Head zum Makapuu Point	231
Giant's Causeway Coast	365	Osado Skyline	856		
Glow Worm Tunnel Road	910	Paekakariki Hill Road	933	Von Anfo zum Manivapaß	604
Gorges du Cians	478	Pali Highway	232	Von Benidorm nach Guadalest	575
Gospel-Paß	443	Pangani Küstenstraße	739	Von Horncastle nach Louth	417
Gotthardpaß	532	Panoramastraße von Solčava	646	Von Mo i Rana zum Arctic Circle Raceway	342
Grimselpaß	522	Panoramica delle Vette	622		
Großglockner-Hochalpenstraße	549	Pasagshak Bay Road	29	Von Niedzica nach Kamienka	640
Hahntennjoch High Mountain Pass	541	Passo del Bocco	600	Von Perdikaki nach Patiopoulo	679
Hakusan Shirakawa-gō Weiße Straße	857	Passo del Cason di Lanza	620	Von Peso da Régua nach Pinhão	587
Hardknott Pass und Wrynose Pass	405	Pescara Circuit	627	Von Portimão nach Fóia	595

Index der Straßen nach Länge

Von Puri nach Konark	807
Von São Marcos da Serra nach Monchique	594
Von Sondrio zum Bacino di Campo Moro	605
Von St. Ives nach St. Just	423
Wabash River Scenic Byway	171
Waikaremoana Road	932
Weinregion Hunter Valley	914
Wiege der Industriellen Revolution	448
Wolkenpaß	870
Zillertaler Höhenstraße	544
Zufahrt zum Kokoda Track	886

40–59 km

Albulapaß	538
Balcón de la Rioja	569
Bayburt D915	702
Brontë Country	411
Cambrian Mountains	441
Camino a Los Yungas, Nordteil	304
Carretera a Punta Allen	250
Collpani-Paß	303
Cotopaxi Vulkanstraße	281
Durch die Norfolk Broads	419
Durch London mit dem Mini Cooper	434
Entlang der Ufer des Windermere	402
Fast & Furious 6 – Teneriffa Movie Tour	557
French Pass Road	934
Gänsegeier-Route	633
Gaviapaß	602
George Washington Memorial Parkway	216
Goldfields Tourist Way	892
Gorges du Verdon	478
Great Beach Drive	905
Großer Speikkogel	551
Hangzhou-Bucht-Brücke	836
Highway 60 Corridor	45
Hochpyrenäen - Von Vielha zum Nationalpark Aigüestortes	572
Hocking Hills Scenic Byway	172
Höhlenkloster Dawit Garedscha	707
Küstenstraße der Halbinsel Hengchun	840
Küstenstraße nach Kamiros Skala	685
Insel Krk	648
Irohazaka Winding Road – Perfekt zum Driften	860
Jabal Sabir	770
Jacob's Ladder	923
Jebal Jais	774
Jezerski Vrh	656
Khardung La	791
Kintamani – Von der Küste zum Krater	882
Kotor-Serpentine	655
Kuhio Highway	230
Kuş-Yuvasi-Paß	703
La Carretera del Vi	575
Lake Pontchartrain Causeway	160
Lamington-Nationalpark	906
Landschaftsroute Andøya	338
Langada-Paß	681
Leeward Highway	266
Lenguas del Cochuna	320
Malojapaß	603
Martha's Vineyard – *Der weiße Hai*	195
Militärstraße R115	373
Mount Desert Island	200
Nassau entdecken	255
Newfound Gap	218
Nördliches Hongkong	833
Öresundbrücke	360
Orientale Sarda	633
Östliche Pyrenäen	573
Painters' Trail	420
Parnass	680
Pico del Veleta	579
Przełęcz Przysłup-Paß	640
Queen Charlotte Drive	935
Quintessential New England	192
Rim Rock Drive	130
Route de Gentelly	476
Route de la Traversée	262
Route du Cidre	450
Rund um den Skadarsee	656
San-Bernardino-Paß	536
Sanddünen des Sossusvlei	742
Schlemmer-Route	49
Slea Head Drive	376
Snowdon-Rundtour	439
St. Lawrence River Scenic Route	47
Stilfserjoch	615
Straße nach Lysebotn	347
Straße zum Møns Klint	352
Sustenpaß	524
Tara-Schlucht	658
Three Level Zigzag	809
Timmelsjoch	546
Tschegem-Wasserfälle	714
Tuk-Tuk-Fahrt nach Angkor Wat	871
Túneles de Taninga	320
Vom Jungmi zum Homyeong-See	847
Von Banning nach Idyllwild	77
Von Castries zur Marigot Bay und nach Sulphur Springs	265
Von Fiscal nach Escalona	570
Von Jauljibi nach Madkote	801
Von Kastoria zum Prespasee	682
Von Kotor nach Sveti Stefan	654
Von Lagos zum Kap St. Vincent	594
Von Moffat nach Selkirk	399
Von Moshi zum Marangu-Tor	739
Von Paro nach Thimphu	817
Von Queenstown nach Glenorchy	941
Von Žabljak nach Suvodo	657
Wadi An Nakhr	776
Winnats Pass und Peak District	416
Woodward Avenue Automotive Heritage Trail	170
Zhongnanshan-Tunnel	820

60–79 km

18-Kurven-Straße	812
49-Mile Drive	85
Amalfitana	629
Apache Trail	117
Arlbergpaß	539
Bergstraße	499
Bicaz-Klamm – Höllenschlund	665
Blumentour durch die Bollenstreek	494
Bonneville Speedway	110
Bullitt – Verfolgungsjagd	80
Camino a Caranavi–Coroico Canyon	301
Carretera al Roque de los Muchachos	554
Carretera de Iruya	318
Carretera de Tupiza a Quiriza	307
Carretera de Yungay	282
Chiniak Highway	24
Col de Vergio	489
Crown Range Road	945
Cuesta del Lipán – Ruta Nacional 52	317
Diamondback Loop	219
Durch die Ardennen	491
Elan Valley	442
Elgar Route	419
Exmoor-Küstenstraße	426
Flaming Gorge National Scenic Byway	105
Grand Bahama Jeep Safari	254
Grand Teton Loop	126
Hamakua Heritage Corridor Drive	237
Heritage Roads	846

Idyllischer Süden von Korfu	674	**80–99 km**		Von Madaba nach Al-Karak	766	
Inselhopping Lake Champlain	190	Abano-Paß in Tuschetien	706	Von San Marcos zum Guadalupe River State Park	148	
Jersey-Rundtour	449	Ansob-Rundtour	783			
Kaldadalsvegur (550)	334	Bermuda entdecken	260	Von Tragöß nach Birkfeld	552	
Kamehameha V. Highway	233	Cherohala Skyway	177			
Kinnaur Road	799	Cohutta Chattahoochee Scenic Byway	225	**100–124 km**		
Laerdaltunnel	349			75-Mile-Beach-Road	907	
Lago del Sambuco und Lago del Narèt	533	Cossack Tourist Way	893	Alberta Highway 40 – Kananaskis Trail Segment	42	
Landschaftsroute Havøysund	340	Cotswold Edge	421			
Landschaftsroute Rondane	351	Deutsche Weinstraße	504	Amish Country's Scenic Byway	173	
Litauische Küste und Kurische Nehrung	697	Dr. Nicholas Liverpool Highway	263	Antrim Coast Road	366	
M5	652	El Camino del Rio	148	Araniko Highway	814	
Malta entdecken	636	Going-to-the-Sun Road	120	Ardennenoffensive	492	
Marsimik La	794	Gower-Halbinsel	446	Beartooth Highway	124	
Morača-Schlucht	658	Großer St. Bernhard	527	Bergstraße von Taif	768	
Mount Cook Road	938	Hummingbird Highway	269	Bertha Benz Memorial Route	508	
Nationalpark Cabo de Gata-Níjar	577	Jalori-Paß	798	Bodmin Moor und North Cornish Coast	422	
Norikura Skyline Road	862	Karamea Highway	936			
Panoramastraße Lietvedentie	362	Kemaliye Taş Yolu	704	Brandywine	206	
Panoramastraße zum Ätna	634	Kosciuszko Road	909	Camino a Los Yungas, Südteil	300	
Road to the Isles	380	Kunjirap-Paß	790	Carretera del Cañon del Pato	285	
Rodovia Daniel Brüning	295	Küstenstraße von Michoacá	248	Cascade Lakes Scenic Byway	68	
Roof of England	403	Lake Placid Ironman Oval	184	Catskill Mountains Scenic Route 30	183	
Route des Grands Crus	463	M1 – Malawis Autobahn	736	Caves Road	888	
Rucâr-Bran-Paß	666	Ma'aleh HaRoma'im	766	Cloud Peak Skyway Scenic Byway	127	
Rund um den Viadukt von Millau	472	Mahé Inseltour	758	Colorado River Headwater Byway	132	
Rund um die Insel Cozumel	251	Meghri-Paß	710	Convict Trail	923	
Rundreise durch den Norden von Pembrokeshire	436	Midlands Tick	417	Côte d'Azur	475	
		Moki Dugway	108	Côte d'Opale	457	
Schwarzwaldhochstraße	505	Mulholland Drive und Highway	84	Dead Horse Point Scenic Byway	103	
Serra do Corvo Branco	296	*Nur noch 60 Sekunden*	83	Die Ufer des Lake Tahoe	77	
Simplonpaß	528	Parque Nacional Sierra Nevada	278	*Duell* – Sierra Highway	82	
Snake Pass und Peak District Moorlandschaft	413	Paso del Condo	307	E69 zur Nordspitze Europas	340	
		Road to Hana	235	Efate Ringstraße	925	
Stagecoach Trail	167	Route der Tempelritter	474	Gordon River Road	922	
Strada Statale 64 Porrettana	624	Route des Crêtes	460	Große Dolomitenstraße	616	
Strecke der Isle of Man TT	400	Rundtour Korfu Stadt und Pantokrator	675	Historic Columbia River Highway	72	
Targa Florio und Piccolo circuito delle Madonie	635			Höga Kusten	355	
		Ruta Provincial 31	324	Isle of Wight	431	
TF-21 – Wo die Erde den Himmel berührt	555	Salar de Uyuni	308	JFK Assasination Tour	150	
Trampolín del Diablo	275	Seen und Berge des Nordens	404	Kittatinny Ridge Loop	208	
Vom Titisee nach Bad Krozingen	506	Selma to Montgomery March Byway	180	Küste von Carmarthenshire und Pembrokeshire	445	
Von Adelaide zum Barossa Valley	899	Serra da Leba Paß	734			
Von Alnwick nach Lindisfarne	408	Spirit Lake Memorial Highway	66	Küste von Connecticut	202	
Von Barmouth nach Welshpool	438	Steinbeck Country	87	Lamayuru-Kloster	797	
Von Chacas nach Shilla	283	Straße nach Bachtschyssaraj	700	Landschaftsroute Senja	336	
Von Chania nach Paleochora	687	Talimena National Scenic Byway	157	Landschaftsroute Sognefjellet	346	
Von Johor Bahru nach Desaru	879	Turquoise Trail	135	Landschaftsroute Trollstigen	348	
Von La Paz nach Zongo	298	Utvandrarnas väg (Auswandererstraße)	359	Lincoln Heritage Scenic Byway	176	
Vrontados-Bergstraße	684	Via Chiantigiana	624	Lindis Pass	940	
Zoji La-Paß	792	Von Invergarry zur Isle of Skye	386	Litchfield Hills Loop	203	

Index der Straßen nach Länge | 953

Index der Straßen nach Länge

Loch Fyne und Loch Awe	395	Durch die Weingebiete Napa und Sonoma	84	Rigaer Bucht und Kap Kolka	694
Malt Whisky Trail in Speyside	390	Eifel	497	Ring of Kerry	377
Maya-Ruinen	270	El Hierro	554	Ruta 24 (Atacama-Wüste)	312
Milford Road	948	Elsäßer Weinstraße	461	Samaná Highway	258
Mohawk Native American Trail	196	Flatruetvägen	353	Sea-to-Sky Highway Route	32
Monti Sibillini-Rundreise	626	Gray Creek Pass	34	Skyline Drive	214
Monument Valley	112	Great Barrier Reef Drive	903	Spreetshoogte-Paß	743
New Forest-Rundreise	429	Haast Pass	939	State Highway 49	806
Old King's Highway	194	Highland Perthshire	385	Vier-Hauptstädte-Tour	699
Panamakanal	275	Hochland von Abessinien	732	Von den Bergen zur Meerenge	62
Pilgerroute	464	Huon Trail	921		
Poldark Country	424	Im Herzen der Highlands	384	**175–199 km**	
Riviera dei Fiori –		Insel der 33 Strände	684	Acceso a La Rinconada	289
Ligurische Küstenstraße	598	Kau Scenic Byway	239	Cherokee Foothills Scenic Highway	222
Ruta 265	316	Küste des Golfs von Kalifornien	242	Fahrt in die Adirondacks	182
Schlachtfelder der Somme –		Lough Corrib	372	Georgische Heerstraße	716
Circuit du Souvenir	458	Moteng-Paß	755	Gold Belt Tour Scenic Byway	135
Schlösser von Zemgale	696	Neusiedler See	553	Kintyre-Halbinsel	393
Splügenpaß	538	Nicaragua-Tour	270	Kirchen auf Zypern	692
Surf Highway 45	931	Old Canada Road Scenic Byway	202	Küstenstraße ER101	585
Tenontie-Straße	361	Old Military Road	398	La Rumorosa	243
TF-28 – Die vergessene Straße	556	Panoramafahrt von Xinduqiao		Mereenie Loop Road	896
Thomas Hardy's Wessex	425	nach Danba	823	Nordkalotte (Dach Europas)	343
Tour de Corse	490	Silver State Classic Challenge	102	Panoramastraße um die Isle of Mull	394
Trail of the Mountain Spirits	137	*Skyfall*-Tour	397	Paso Ticlio	286
Trail Ridge Road	131	Songköl	784	Pompeji, Herculaneum und Paestum	630
Transfăgărășan	662	Spiti-Tal	801	Ringstraße um Jeju	848
Tsoi-Pede	715	Südtiroler Weinstraße	613	Rund um den Genfer See	517
Upolu-Panoramatour	927	Sydneys Grand Pacific Drive	915	Rustaq-Rundreise	775
Vale of York	411	Transalpina	663	Straße der Vulkane	280
Vardenyats-Paß und Sewansee	709	Ufer des Loch Ness	389	Tizi n'Tichka-Pa	722
Victorian Heritage Trail in Royal Deeside	391	Von Forres nach Alford	390	Uruguay-Tour	327
Vom Prespasee zum Ohridsee	671	Von Globe nach Show Low	116	Von Estremoz über Évora nach Sines	588
Von Dschibuti zum Assalse	733	Von Panagia nach Skoulli	690		
Von Ioannina nach Meteóra	679			**200–249 km**	
Von Kigali nach Musanze	735	**150–174 km**		Alabamas Coastal Connection	
Westliche Algarve	589	Antikes Griechenland	682	Scenic Byway	179
White Rim Trail	109	Auf der Weinroute aus dem		Ardnamurchan-Halbinsel	393
Wiltshire und Stonehenge	428	Film *Sideways*	86	Autopista Durango–Mazatlán	246
		Bighorn Scenic Byway	126	Bergstraße nach Tschalus	781
125–149 km		Chinook Scenic Byway	64	Bicentennial Highway	104
A1A Scenic and Historic Coastal		Circuit des Remparts	455	Biker-Frühstückstour	753
Byway	228	Gordon Bennett Route	374	Denali Highway	22
Am Hadrianswall	407	Halsema Highway	874	Der Chicago-Roadtrip der	
Aso	866	Im Land der Amish People	207	*Blues Brothers*	166
Auf den Spuren von Billy the Kid	136	Joshua Tree National Park	79	Djúpvegur (61)	331
Cherokee Hills Byway	145	La Ruta Minera	573	*Game of Thrones*	368
Circuit d'Auvergne	471	Landschaftsroute Hardanger	344	Garden Route	750
Coal Heritage Trail	213	Landschaftsroute Varanger	339	Geronimo Trail Scenic Byway	137
Door County Coastal Byway	164	London–Brighton	435	Grand Loop Road im	
Duncan Hines Scenic Byway	175	National Highway 1D	794	Yellowstone-Nationalpark	128

Straße	km
Great Alpine Highway	937
Great Ocean Road	918
Haines Highway	29
Harriet Tubman Byway	210
Heritage Highway	924
Icefields Parkway	40
Isle of Skye	383
Jelep La und die Seidenstraße	810
Karkonosze (Riesengebirge)	638
Louisiana Bayou Byway	162
Mauritius	760
Mount Rainier	63
Mount Rushmore und die Badlands	140
North Shore Scenic Drive	151
Outer Banks National Scenic Byway	220
Pacific Coast Highway	74
Panemunė	698
Queens Road	926
Revelstoke und Lake Louise	36
Rodovia Presidente Dutra	291
Römerstraßen und -ruinen	482
Ruta 11	309
Ruta Panorámica	259
Sawtooth Range Scenic Drive	96
Seward Highway	23
SH8 – Albanische Riviera	670
Strandtour	812
The Trip	406
Tizi n'Test-Paß	721
Turkus Schärenweg	364
Twisted Sisters Ranch Road Loop	149
Utah's Scenic Byway 12	106
Von Bintulu nach Miri	880
Von Dhaka nach Mahasthangarh	815
Von Keylong nach Kishtwar	793
Von Maskat nach Sur	776
Von Nha Trang nach Qui Nhon	868
Von Triest in die Dolomiten	620
West Coast Route 5	878
Western Skies Scenic Byway	154

250–299 km

Straße	km
Appalachian Range Route	52
Blumenstraße durch das Namaqualand	745
Bras d'Or Lakes Scenic Drive	58
Cabot Trail	56
Dadès- und Todra-Schluchten	724
Daniel Boone Memorial Trail	222
Deutsche Vulkanstraße	501
Drâa-Tal – Von Agdz nach M'hamid	725

Straße	km
Evangeline Trail	53
Florida Keys Scenic Highway	227
Forgotten World Highway	930
Frontier Military Historic Byway	144
Hamaland	495
Hells Canyon Scenic Byway	69
Highway 10	768
Highway 60 – Straße der Patriarchen	765
Historisches Apulien	631
James-Dean-Memorial-Tour	83
Japans Romantische Straße	862
Journey Through Hallowed Ground National Scenic Byway	211
Luxor-al-Hurghada Road	731
Maloti-Drakensberg-Route	754
Northwest Passage Scenic Byway	97
Pacific Marine Circle Route	31
Picos de Europa-Rundtour	562
Reise nach Penang	877
Revolutionary Road Tour	197
Riviera des Schwarzen Meeres	713
Rogue–Umpqua Scenic Byway	69
Romantisches Belgien	491
Ruta Tepehuana	247
Schwedische Odyssee	357
Sunrise Trail	55
Thunderbolts Way	908
Top of the Rockies Scenic Byway	133
Von Assuan nach Abu Simbel	731
Von Biarritz nach Bordeaux	455
Von Chungungo nach Conay	314
Von Shimla nach Manali	797
Whangarei-Panoramatour	928

300–349 km

Straße	km
Acadian Coastal Drive	52
Am Fuße des Kilimandscharo	738
Balaton	644
Baskenland-Rundfahrt	567
Burgenstraße	508
Costa Rica-Tour	272
Dead Sea Highway (Jordanien)	767
Deutsche Uhrenstraße	507
El Espinazo del Diablo	244
Gold Coast Scenic Byway	902
Golden Circle	332
Great Alpine Road	917
Halbinsel Valdés	324
Hohenzollernstraße	509
Indischer Ozean	740
Irish Loop	50

Straße	km
London–Bath	435
Mid-Wales Roller Coaster	447
Mountain Maryland Scenic Byway	212
Northwoods	165
Route Napoléon	483
Rund um den Vättersnee	358
Salmon River Scenic Byway	95
Trail of the Ancients	112
Vom Uluru zum Kings Canyon	894
Von Lidoga nach Wanino	855

350–399 km

Straße	km
Atlantic Highway 1	201
Big Bend Scenic Byway	228
Carretera Transandina	321
Chesapeake Wine Trail	210
Death Valley Highway	91
Eine wahre Geschichte	154
Fundy Coastal Drive	51
Katar-Tour	772
Küstenstraße von Santa Catarina	294
Malawi-See	736
Mississippi Blues Highway	162
Nationalstraße 7	848
Romantische Straße	515
Route der normannischen Abteien	451
Ruta 3, Tierra del Fuego	327
San Juan Skyway	129
Tour durch Albanien	669
Vermont's Main Street	191
Vildmarksvägen (Wildnisstraße)	354

400–499 km

Straße	km
Chilcotin–Bella Coola Highway	33
Coquihalla/Highway Thru Hell	35
Dead Sea Highway (Israel)	764
Deutsche Alpenstraße	513
Goldener Ring	712
Hawaii Belt Road	238
Highway 49 – Der Gold Rush Trail	81
Highway Empty Quarter	769
International Selkirk Loop	59
Küstenlinie des Vänersees	356
Landschaftsroute Helgelandskysten	342
Leh-Manali-Highway	795
Lighthouse Route	55
Pazifik-Küstenstraße	311
Route 50 – Die einsamste Straße Amerikas	101
Route der Industriekultur	498
Scenic 7 Byway	156

Index der Straßen nach Länge

Skelettküste	741	
Sturgis Rally Black Hills Loop	143	
Taiwans Ostküste	838	
The Italian Job – Charlie staubt Millionen ab	529	
Thermal Explorer Highway	929	
Türkische Riviera (Türkisküste)	701	
Viking Trail	49	
Von der Serra da Estrela zur Küste	590	
Von Fiambalá nach Copiapó	319	
Von Kuala Lumpur zum Belum Forest	877	

500–599 km

Adriatische Küstenstraße	648
Angst und Schrecken in Las Vegas	92
Birdsville Track	900
Blue Ridge Parkway	217
Buntine Highway	895
Deutsche Märchenstraße	500
Grand Canyon Scenic Loop	115
James Bond 007: Ein Quantum Trost – Verfolgungsjagd	619
Ostseeküste	496
Parks Highway	25
Pazifikküste am Tatarensund	852
Peninsula Developmental Road	906
Richardson Highway	27
Skandinaviens Königsstraße	363
Star-Wars-Wüste	729
Tarim-Fernstraße	820
Von Petropawlowsk nach Kljutschki	853

600–699 km

Carretera Transandina	279
Die Ufer des Lake Michigan	169
Durch die Guadalupe Mountains	139
Gibb River Road	889
Golden Circle	30
James W. Dalton Highway	26
Mae Hong Son	843
Makran-Coastal-Highway	786
Oregon Pacific Coast Highway	71
Piratentour	257
Nationalstraße 13	867
Nordlichtroute	361
Route des Grande Alpes	469
Southern Scenic Route	942
Straße zum Mount-Everest-Basislager	828
Tibbitt Winter Ice Road	38
Tour durch die Tschechische Republik	641
Von Mumbai nach Goa	803

700–799 km

Cascade Loop	60
Das Beste von Andalusien	580
Indiens Goldenes Dreieck	803
Lewis and Clark Trail Highway	67
Natchez Trace Parkway	163
Native American Scenic Byway	142
Tee-Pferde-Straße von Yunnan nach Tibet	824
Vom Glacier-Nationalpark zum Yellowstone-Nationalpark	122
Wapusk Trail	45

800–899 km

Beaujolais Run	430
Entlang der Atlantikküste	568
Great Lakes Seaway Trail	186
Great River Road	166
Hokkaidō entdecken	855
North Coast 500	382
Parks Route	44
Route 62	752
Ruta de la Plata	579
Volcanic Legacy Scenic Byway	73
Waterfall Highway	38

900–999 km

Estland-Rundtour	693
Giro di Sicilia	636
Ice Run auf dem Baikalsee	850
Minnesota Great River Road	152
Praires Historical Tour	43
Roadtrip für Musikfreunde	176
Safaritour in Botswana	744

1000–1499 km

Bentley Blue Train Races	484
Carretera Austral	315
Carretera Central	253
Ein ausgekochtes Schlitzohr	226
Gunbarrel Highway	896
Hringvegur (Ringstraße)	333
La Grande Boucle Moto	467
Le Jog	425
Motorradtour durch Weißrussland	700
National Road	212
Quer durch Ungarn	644
Route 66 – Central	146
Route 66 – East	168
Route 66 – West	118
Straße der Romanik	512

Targa Tasmania	925
Tempeltour mit dem Motorrad	872
Texas Forts Trail	150
Trail of Tears	181
Vier-Oasen-Tour	730
Von Ho-Chi-Minh-Stadt zur DMZ	869

1500–1999 km

Auf den Spuren von F. Scott Fitzgerald	204
Blauer Weg	344
Canning Stock Route	890
Carretera Federal 1	244
Eyre Highway	891
Ho-Chi-Minh-Pfad	868
In der Rikscha von Mumbai nach Chennai	804
Karakorum-Highway	786
Libysche Küstenstraße	729
Little Miss Sunshine	138
M32 – Aral-Highway	782
Mille Miglia	606
Nebraska – Der Film	121
Pamir-Highway	785
Rund um Havanna	253
Von Urumtschi zum Kanas-See	818

2000–3999 km

Auf den Spuren von Robert M. Pirsig	153
Grand Trunk Road	816
Kolyma-Trasse	853
La Carrera Panamericana	248
Liège–Brescia Rally	493
Margeritenroute	352
Nationalstraße 219	819
Outback Way	905
Road Trip – Der Film	187
Ruta 5	310
Seidenstraße am Schwarzen Meer	683
Stuart Highway – „The Track"	897
Thelma & Louise	159
UFO Trail	92
Von Sichuan nach Tibet	827
Von Sydney nach Alice Springs	916
Wild Atlantic Way	370

4000–9999 km

Cannonball Run	188
Easy Rider	94
Entlang der Baikal-Amur-Magistrale (BAM)	854
Mongol Rally	430

Motorradstraße „Pan Germania"	510	**10 000–35 000 km**		
Old Spanish Trail	230	Che Guevaras *Diarios de motocicleta*	323	
On the Road – Jack Kerouac	189	Der ultimative amerikanische Roadtrip	119	
Oregon National Historic Trail	198	*Die Reise mit Charley*	190	
Rain Man Roadtrip	174	London to Cape Town Rally	432	
Ruta Nacional 40	326	*Long Way Round*	433	
Straße nach Anabar	850	Ringstraße Highway 1	901	
Transamazônica	290	Von St. Petersburg nach Wladiwostok	711	
Trans-Canada Highway	37			
Trans-Sahara Highway	726	**variabel**		
		Kentucky Bourbon Trail	175	

Mitarbeiter

Simon Adams ist ein leidenschaftlicher Autofahrer und Formel-1-Kenner. Viele Touren in diesem Buch ist er bereits selbst gefahren, die restlichen möchte er so bald wie möglich unternehmen. Adams lebt in Brighton, England.

Mike Gerrard ist ein preisgekrönter britischer Journalist, der sich vor allem den Themen Reisen und Spirituosen widmet. Gemeinsam mit seiner Frau lebt er zeitweise in den USA und entdeckte dort seine Liebe zu Roadtrips. Auf ihrer Webseite veröffentlichen sie aktuelle Infos zu ihrer Lieblingsroute in den USA, dem Pacific Coast Highway.

Simon Heptinstall hielt einst den Rekord, 12 Länder an einem einzigen Tag bereist zu haben. Als der Rekord gebrochen wurde, ging das für Simon nicht mit rechten Dingen zu. Er schrieb für *Top Gear* und publiziert heute Artikel über Reisen und Motorsport.

David Kelly ist Journalist und war Herausgeber einer eigenen Zeitschrift. Anstatt zu fliegen, setzt er sich viel lieber ans Steuer eines Mietwagens, wenn er einige freie Tage vor sich hat. Auf diese Weise hat er die Bundesstaaten in Nordamerika bereits ausgiebig kreuz und quer bereist.

Carol King schreibt als Journalistin und Redakteurin für Zeitschriften, Webseiten und Buchprojekte über Reisethemen. Sie liebt den Blick durch die Windschutzscheibe, sei es auf dem Weg in die Rocky Mountains, zum Ätna oder in die argentinische Pampa.

Jerry Ibbotson ist Schriftsteller, Autor und ehemaliger BBC-Reporter. Er schwärmt für gute Straßen, seitdem er mit 16 Jahren zum ersten Mal auf einem Moped saß. Eine seiner Lieblingstouren führt durch die North York Moors in England nach Whitby – hier verläuft die Straße kilometerlang durch die Wildnis, nur eine geheime Radarstation verstellt einmal den Blick.

Jake Primley schreibt unter seinem echten Namen und diversen Pseudonymen für Lexika und Sammelwerke. Beruflich und privat ist er viel durch Europa und Nordamerika gefahren und hat, anders als viele seiner Landsleute, dabei niemals Angst verspürt. Vielleicht läßt Mut manche Gefahr gar nicht erst erkennen.

Darryl Sleath bloggt seit über zehn Jahren über seine Reiseabenteuer. Er schreibt für verschiedene Zeitschriften und produzierte einige Kurzfilme über die Helden des Motorsports. Auch widmet er sich vergessenen Rennstrecken. Der bekennende Mini- und MG-Fan kämpft in seiner knappen Freizeit gegen den Rost und andere Zipperlein an seiner britischen Oldtimerflotte.

Dorothy Stannard kam in den 1990er Jahren auf den Geschmack von Roadtrips, als sie Reiseführer schrieb und auch herausgab. Durch ein fremdes Land zu fahren, mit einer Straßenkarte auf dem Armaturenbrett und heißer Luft, die durch das offene Fenster weht, ist für sie nach wie vor wahnsinnig verlockend. Ihr Lieblingstrip? Der Tizi n'Test im Hohen Atlas in Marokko.

Barry Stone lebt in Sydney, Australien, und schreibt über zahlreiche Themen – von Militärgeschichte über Sportskandale bis zum Neolithikum. Und welche Strecke ist für ihn als Reisejournalist seine Lieblingstour? Natürlich die Ringstraße Hringvegur in Island.

Tom Webster widmet sich von London aus als Journalist, Herausgeber und Moderator der Welt des Automobils. So kann er sich glücklich schätzen, mit verschiedensten Autos bereits zahlreiche der interessantesten und schönsten Routen in Europa gefahren zu sein.

Bildnachweise

2 Patrice Latron / Corbis Documentary / Getty Images **20** Edwin Verin / Alamy Stock Photo **22** Natphotos / Getty Images **23** Lucas Payne / Getty Images **24** Design Pics Inc / Alamy Stock Photo **25** Design Pics Inc / Alamy Stock Photo **26** All Canada Photos / Alamy Stock Photo **27** Design Pics Inc / Alamy Stock Photo **28** Ray Bulson / Alamy Stock Photo **30** imageBROKER / Alamy Stock Photo **31** Chris Cheadle / Alamy Stock Photo **32** mikecranephotography.com / Alamy Stock Photo **33** All Canada Photos / Alamy Stock Photo **35** Douglas Lander / Alamy Stock Photo **36** Michael Wheatley / Alamy Stock Photo **37** John E Marriott / Alamy Stock Photo **39** All Canada Photos / Alamy Stock Photo **40** Anna Gorin / Getty Images **41** All Canada Photos / Alamy Stock Photo **42** All Canada Photos / Alamy Stock Photo **44** Terrance Klassen / Alamy Stock Photo **46** Christoph Fischer / Alamy Stock Photo **47** All Canada Photos / Alamy Stock Photo **48** Newzulu / Alamy Stock Photo **50** Barrett & MacKay / Getty Images **51** Ron Erwin / Getty Images **53** Rolf Hicker Photography / Alamy Stock Photo **54** Phil Degginger / Alamy Stock Photo **56** Cliff Nietvelt / Getty Images **57** Yves Marcoux / Getty Images **58** Barrett & MacKay / Getty Images **59** All Canada Photos / Alamy Stock Photo **60** KarenMassier / Getty Images **61** Marjorie McBride / Alamy Stock Photo **62** Westend61 / Getty Images **63** Onest Mistic / Getty Images **64** Ronald Greer / Alamy Stock Photo **65** Terry Donnelly / Alamy Stock Photo **66** Glenn Van Der Knijff / Getty Images **67** Linda Lantzy / Alamy Stock Photo **68** Gaertner / Alamy Stock Photo **70** Morey Milbradt / Alamy Stock **71** Patrick Morisson / Alamy Stock Photo **72** Michael Matti / Alamy Stock Photo **73** Bruce Shippee / EyeEm / Getty Images **75** James O'Neil / Getty Images **76** David Wall / Alamy Stock Photo **78** GJGK Photography / Alamy Stock Photo **79** Sergey Borisov / Alamy Stock Photo **80** Photo 12 / Alamy Stock Photo **81** Danita Delimont / Alamy Stock Photo **82** AF archive / Alamy Stock Photo **85** Michele Falzone / Alamy Stock Photo **86** Everett Collection Inc / Alamy Stock Photo **87** Don Smith / Getty Images **88** Ian Dagnall / Alamy Stock Photo **89** trekkerimages / Alamy Stock Photo **90** armaroli stefano / Alamy Stock Photo **91** David Kelly **93** Education Images/UIG / Getty Images **94** Sky Noir Photography by Bill Dickinson / Getty Images **95** Witold Skrypczak / Getty Images **96** David R. Frazier Photolibrary, Inc. / Alamy Stock Photo **97** George Ostertag / Alamy Stock Photo **98** Yaacov Dagan / Alamy Stock Photo **99** Rowan Romeyn / Alamy Stock Photo **101** Lee Rentz / Alamy Stock Photo **102** Allan Baxter / Getty Images **103** Dan Leffel / Robert Harding **104** Witold Skrypczak / Getty Images **105** Emily Riddell / Getty Images **106** Danita Delimont / Alamy Stock Photo **107** Gary Crabbe / Enlightened Images / Alamy Stock Photo **109** Edwin Verin / Alamy Stock Photo **111** Mint Images – Paul Edmondson / Getty Images **113** Henk Meijer / Alamy Stock Photo **114** akg-images / De Agostini / L. Romano **116** Morey Milbradt / Alamy Stock Photo **117** Kerrick James / Alamy Stock Photo **118** Henk Meijer / Alamy Stock Photo **119** Planet Observer / Getty Images **120** Janice and Nolan Braud / Alamy Stock Photo **121** Atlaspix / Paramount Pictures / Alamy Stock Photo **122** Mark Miller Photos / Getty Images **123** Philippe Sainte-Laudy Photography / Getty Images **125** NiCK / Getty Images **127** Charles Wollertz / Alamy Stock Photo **128** Connie Fitzgerald / Alamy Stock Photo **129** Alan Copson / Getty Images **130** Danita Delimont / Getty Images **131** Maciej Bledowski / Alamy Stock Photo **132** Tom Uhlman / Alamy Stock Photo **133** Stock Connection Blue / Alamy Stock Photo **134** JOE KLAMAR / Staff / Getty Images **136** Buddy Mays / Alamy Stock Photo **138** Everett Collection Inc / Alamy Stock Photo **139** Rob Greebon / Alamy Stock Photo **140** RooM the Agency / Alamy Stock Photo **141** Dan Leeth / Alamy Stock Photo **142** Prisma by Dukas Presseagentur GmbH / Alamy Stock Photo **143** Posnov / Getty Images **144** Tom Bean / Alamy Stock Photo **145** RGB Ventures / SuperStock / Alamy Stock Photo **147** Matthew Richardson / Alamy Stock Photo **149** Andre Babiak / Alamy Stock Photo **151** Susan Dykstra / Design Pics / Getty Images **152** Stock Connection Blue / Alamy Stock Photo **153** Mark Miller Photos / Getty Images **155** Don Smetzer / Alamy Stock Photo **156** David R. Frazier Photolibrary, Inc. / Alamy Stock Photo **157** John Elk / Getty Images **158** Henk Meijer / Alamy Stock Photo **159** MGM/Pathe/Kobal/REX/Shutterstock **160** John Zada / Alamy Stock Photo **161** Bob Pardue – South Central / Alamy Stock Photo **163** Rhonda Stansberry / Getty Images **164** Elena Kovalevich / Getty Images **165** Ilene MacDonald / Alamy Stock Photo **167** Don Smetzer / Alamy Stock Photo **168** age fotostock / Alamy Stock Photo **169** Linda Johnsonbaugh lighthouses / Alamy Stock Photo **170** Mark Scheuern / Alamy Stock Photo **171** Cathy Melloan / Alamy Stock Photo **172** Trigger Image / Alamy Stock Photo **173** dmac / Alamy Stock Photo **174** Car Culture / Getty Images **177** Universal Images Group North America LLC / Alamy Stock Photo **178** Mark Scheuern / Alamy Stock Photo **179** David Kelly **180** Wiskerke / Alamy Stock Photo **181** Andre Jenny / Alamy Stock Photo **182** Marcus Baker / Alamy Stock Photo **183** Frank Spinelli / Getty Images **185** Cultura RM Exclusive/Christoffer Askman / Getty Images **186** Tony Shi Photography / Getty Images **187** Pictorial Press Ltd / Alamy Stock Photo **188** Stephen St. John / Getty Images **189** Moviestore collection Ltd / Alamy Stock Photo **191** Daniel Dempster Photography / Alamy Stock Photo **193** Jon Bilous / Alamy Stock Photo **194** Maremagnum / Getty Images **195** Loop Images Ltd / Alamy Stock Photo **196** Roy Rainford / robertharding / Getty Images **197** Tetra Images / Getty Images **198** Matt Anderson Photography / Getty Images **199** Colleen Miniuk-Sperry / Alamy Stock Photo **200** Michael Hudson / Alamy Stock Photo **201** Doug van Kampen, van Kampen Photography / Getty Images **203** Alan Copson / Getty Images **204** Danita Delimont / Getty Images **205** Viktor Posnov / Alamy Stock Photo **206** Dennis Govoni / Getty Images **207** Michele Burgess / Getty Images **208** Songquan Deng / Alamy Stock Photo **211** Richard T. Nowitz / Getty Images **213** Don Smetzer / Alamy Stock Photo **214** Design Pics Inc / Alamy Stock Photo **215** L. Toshio Kishiyama / Getty Images **216** Mark Reinstein / Contributor / Getty Images **217** Sean Pavone / Alamy Stock Photo **218** Dennis Cox / Alamy Stock Photo **219** Richard Ellis / Alamy Stock Photo **220** Mary Liz Austin / Alamy Stock Photo **221** Pat & Chuck Blackley / Alamy Stock Photo **223** Ellisphotos / Alamy Stock Photo **224** Amy White & Al Petteway / Getty Images **225** Natalia Ganelin / Getty Images **226** Silver Screen Collection / Contributor / Getty Images **227** NATUREWOLRD / Alamy Stock Photo **229** Blaine Harrington III / Alamy Stock Photo **231** Leigh Anne Meeks / Alamy Stock Photo **232** Steven L. Raymer / Contributor / Getty Images **233** Steven Greaves / Getty Images **234** Christopher Price / Alamy Stock Photo **235** © Sergi Reboredo / Bridgeman Images **236** Amit Basu Photography / Getty Images **237** Christopher Stewart / Alamy Stock Photo **238** Westend61 / Getty Images **239** Sunny Awazuhara- Reed / Design Pics / Getty Images **240** Chuck Pefley / Alamy Stock Photo **241** Vaughn Greg / Getty Images **242** Logan Havens / Alamy Stock Photo **243** ZUMA Press Inc / Alamy Stock Photo **245** age fotostock / Alamy Stock Photo **246** Brian Overcast / Alamy Stock Photo **247** Matt Mawson / Getty Images **249** RacingOne / Contributor / Getty Images **250** © Iztok Alf Kurnik – www.iztokkurnik.com / Getty Images **251** Simon Lowthian / Alamy Stock Photo **252** age fotostock / Alamy Stock Photo **254** Walter Bibikow / Getty Images **255** Pola Damonte via Getty Images / Getty Images **256** age fotostock / Alamy Stock Photo **257** Anthony Pidgeon / Alamy Stock Photo **258** Westend61 / Getty Images **259** Bryan Mullennix / Getty Images **260** Connie Coleman / Getty Images **261** M.Sobreira / Alamy Stock Photo **262** Hervé Champollion / akg-images **263** George H.H. Huey / Alamy Stock Photo **264** Walter Bibikow / Getty Images **265** Michael Lawrence / Getty Images **267** Folio Images / Alamy Stock Photo **268** Upperhall Ltd / robertharding / Getty Images **271** Jane Sweeney / Getty Images **273** Stefano Paterna / Alamy Stock Photo **274** David Coleman / Alamy Stock Photo **276** Judy Waytiuk / Alamy Stock Photo **277** Greg Vaughn / Alamy Stock Photo **278** Keren Su / Getty Images **279** Ricardo Ribas / Alamy Stock Photo **280** Rob Francis / Alamy Stock Photo **281** John Coletti / Getty Images **282** Alex Robinson / Getty Images **283** Mark Green / Alamy Stock Photo **284** Westend61 GmbH / Alamy Stock Photo **286** J.Enrique Molina / Alamy Stock Photo **287** Chris Pancewicz / Alamy Stock Photo **288** cicloco / Alamy Stock Photo **289** Jan Sochor / Alamy Stock Photo **290** Stock Connection Blue / Alamy Stock Photo **292** Paulo Fridman / Contributor / Getty Images **294** DircinhaSW / Getty Images **295** Micael Bergamaschi / Getty Images **296** Pulsar Images / Alamy Stock Photo **297** Michael Fritzen / Alamy Stock Photo **299** Christophe Boisvieux / Getty Images **300** George Philipas / Alamy Stock Photo **301** imageBROKER / Alamy Stock Photo **302** Ashley Cooper pics / Alamy Stock Photo **305** imageBROKER / Alamy Stock Photo **306** Simon Montgomery / robertharding / Getty Images **308** Benedicte Desrus / Alamy Stock Photo **309** Navè Orgad / Alamy Stock Photo **310** Mark Green / Alamy Stock Photo **311** Jesse Kraft / Alamy Stock Photo **313** Sara Winter / Alamy Stock Photo **315** Novarc Images / Alamy Stock Photo **316** imageBROKER / Alamy Stock Photo **317** Nilton Sergio Ramos Quoirin / Getty Images **318** Yvan Travert / akg-images **319** pura vida / Getty Images **321** Panther Media GmbH / Alamy Stock Photo **322** Blaine Harrington III / Alamy Stock Photo **323** United Archives GmbH / Alamy Stock Photo **325** Emiliano Rodriguez / Alamy Stock Photo **326** Pulsar Images / Alamy Stock Photo **328** Stelian Porojnicu / Alamy Stock Photo **330** imageBROKER / Alamy Stock Photo **331** Mummi Bjarni / Getty Images **332** incamerastock / Alamy Stock Photo **333** subtik / Getty Images **334** Arco Images GmbH / Alamy Stock Photo **335** Niall Benvie / Alamy Stock Photo **337** Yuriy Brykaylo / Alamy Stock Photo **338** ROBERTO BENZI / Alamy Stock Photo **339** Hemis / Alamy Stock Photo **341** lucapierro / Getty Images **343** Cultura Creative (RF) / Alamy Stock Photo **345** Norimages / Alamy Stock Photo **346** Westend61 GmbH / Alamy Stock Photo **347** Erlend Haarberg / Getty Images **348** Kjersti Joergensen / Alamy Stock Photo **349** David Robertson / Alamy Stock Photo **350** daitoZen / Getty Images **353** Johner Images / Alamy Stock Photo **354** Biederbick&Rumpf / Getty Images **355** Zoonar GmbH / Alamy Stock Photo **356** Hans-Peter Merten / Getty Images **357** robertharding / Alamy Stock Photo **358** Photography by David Thyberg / Getty Images **359** Agencja Fotograficzna Caro / Alamy Stock Photo **360** Cultura RM / Alamy Stock Photo **362** Esa Hiltula / Alamy Stock Photo **363** Inga Leksina / Alamy Stock Photo **365** Chris Hill/National Geographic Creative / Bridgeman Images **366** scenicIrland.com / Christopher Hill Photographic / Alamy Stock Photo **367** Radharc Images / Alamy Stock Photo **369** Dennis Frates / Alamy Stock Photo **370** © Sergi Reboredo / Bridgeman Images **371** Andrea Pistolesi / Getty Images **372** Gareth Mccormack / Getty Images **373** mika / Alamy Stock Photo **375** Peter Zoeller / Getty Images **376** kevers / Alamy Stock Photo

377 nagelestock.com / Alamy Stock Photo **378** Davidaltonphotography.com / Alamy Stock Photo **379** Hemis / Alamy Stock Photo **381** RooM the Agency / Alamy Stock Photo **382** Stephen Dorey / Alamy Stock Photo **383** Michael Walters 4 / Alamy Stock Photo **384** Alistair Petrie / Alamy Stock Photo **385** Schottland / Alamy Stock Photo **386** JOHN BRACEGIRDLE / Alamy Stock Photo **387** Michael Carver / Getty Images **389** Andreas Strauss / LOOK-foto / Getty Images **391** JOHN BRACEGIRDLE / Alamy Stock Photo **392** Gary Cook / robertharding / Getty Images **394** Macduff Everton / Getty Images **395** Julian Elliott Photography / Getty Images **396** Findlay / Alamy Stock Photo **397** Image by Peter Ribbeck / Getty Images **398** Chris leachman / Alamy Stock Photo **399** Rod Sibbald / Alamy Stock Photo **401** REUTERS / Alamy Stock Photo **402** steve harling / Alamy Stock Photo **403** Heather Athey / Alamy Stock Photo **404** tim gartside travel / Alamy Stock Photo **405** Jon Sparks / Alamy Stock Photo **406** CW Images / Alamy Stock Photo **407** VisitBritain/Rod Edwards / Getty Images **409** Neil McKay / Alamy Stock Photo **410** James Green Tourism / Alamy Stock Photo **412** eli pascall-willis / Alamy Stock Photo **413** JuliusKielaitis / Shutterstock.com **414** shoults / Alamy Stock Photo **415** Photos by R A Kearton / Getty Images **416** richard wheeler / Alamy Stock Photo **418** Helen Hotson / Alamy Stock Photo **421** DBURKE / Alamy Stock Photo **422** Kevin Britland / Alamy Stock Photo **423** David Chapman / Alamy Stock Photo **424** Paul Felix Photography / Alamy Stock Photo **426** travelib prime / Alamy Stock Photo **427** joe daniel price / Getty Images **428** akg-images / Bildarchiv Steffens **429** Paul Biggins / Alamy Stock Photo **431** Paul Brown / Alamy Stock Photo **432** REUTERS / Alamy Stock Photo **433** Peter Macdiarmid / Contributor / Getty Images **434** marc zakian / Alamy Stock Photo **436** Liquid Light / Alamy Stock Photo **437** Exhibit A / Alamy Stock Photo **438** Stephen Sykes / Alamy Stock Photo **439** Pearl Bucknall / Alamy Stock Photo **440** Thomas Stankiewicz / LOOK-foto / Getty Images **442** RooM the Agency / Alamy Stock Photo **444** © Chinch Gryniewicz / Bridgeman Images **445** Michael Charles / Alamy Stock Photo **446** Photo by Anthony Thomas / Getty Images **447** Image by Rob Funffinger / Getty Images **448** David Kelly **449** Laurel / Alamy Stock Photo **450** Tony Roddam / Alamy Stock Photo **451** David Kelly **453** Goddard Automotive / Alamy Stock Photo **454** David Kelly **456** Oksana Mitiukhina / Alamy Stock Photo **457** Ellen van Bodegom / Getty Images **458** Allan Hartley / Alamy Stock Photo **460** Kirill Rudenko / Getty Images **461** Hiroshi Higuchi / Getty Images **462** CJM Photography / Alamy Stock Photo **463** Dennis K. Johnson / Getty Images **464** loren file / Alamy Stock Photo **465** ROUSSEL IMAGES / Alamy Stock Photo **466** Patrice Latron / Getty Images **467** imageBROKER / Alamy Stock Photo **468** Claudio Giovanni Colombo / Shutterstock.com **470** FORGET Patrick/SAGAPHOTO.COM / Alamy Stock Photo **472** Kord.com / Getty Images **473** M. Gebicki / Getty Images **474** JAUBERT French Collection / Alamy Stock Photo **475** Valery Trillaud / Getty Images **476** Cephas Picture Library / Alamy Stock Photo **477** Yvan Travert / akg-images **479** Sandro Bisaro / Getty Images **480** David Madison / Getty Images **481** Hemis / Alamy Stock Photo **483** Idealink Photography / Alamy Stock Photo **484** Duncan Shaw / Getty Images **485** aerial-photos.com / Alamy Stock Photo **487** Julian Finney / Staff / Getty Images **489** Andrew Gunners / Getty Images **490** Jon Ingall / Alamy Stock Photo **492** Maurice Savage / Alamy Stock Photo **494** Sara Winter / Alamy Stock Photo **496** Manfred Gottschalk / Alamy Stock Photo **497** blickwinkel / Alamy Stock Photo **498** Eike Maschewski / Getty Images **499** Heinz Wohner / LOOK-foto / Getty Images **501** Photo by Ela2007 / Getty Images **502** neil denham / Alamy Stock Photo **503** LOOK Die Bildagentur der Fotografen GmbH / Alamy Stock Photo **504** imageBROKER / Alamy Stock Photo **505** Arco Images GmbH / Alamy Stock Photo **506** Ursula Sander / Getty Images **507** Hale-Sutton Europe / Alamy Stock Photo **509** Boris Jordan Photography / Getty Images **510** dpa picture alliance / Alamy Stock Photo **511** Danita Delimont / Getty Images **512** Werner Otto / Alamy Stock Photo **513** imageBROKER / Alamy Stock Photo **514** Westend61 / Getty Images **516** mauritius images GmbH / Alamy Stock Photo **517** robertharding / Alamy Stock Photo **518** By Alain Rumpf (www.aswisswithapulse.tumblr.com) / Getty Images **519** Andre Jenny / Alamy Stock Photo **521** Panther Media GmbH / Alamy Stock Photo **523** Jorg Greuel / Getty Images **524** Desmo996 / Alamy Stock Photo **525** Prisma by Dukas Presseagentur GmbH / Alamy Stock Photo **526** Fedor Selivanov / Alamy Stock Photo **527** Kiko Alvarez / Alamy Stock Photo **528** Universal Images Group North America LLC / DeAgostini / Alamy Stock Photo **529** © 2017 Automobili Lamborghini S.p.A. **530** Christoph Rueegg / Alamy Stock Photo **532** AGF Srl / Alamy Stock Photo **533** De Agostini / G. Berengo Gardin / Getty Images **534** imageBROKER / Alamy Stock Photo **535** Tupungato / Alamy Stock Photo **536** Mimmo Lobefaro / Alamy Stock Photo **537** Westend61 / Getty Images **539** Prisma by Dukas Presseagentur GmbH / Alamy Stock Photo **540** mauritius images GmbH / Alamy Stock Photo **542** MARKA / Alamy Stock Photo **543** blickwinkel / Alamy Stock Photo **545** WestEnd61/REX/Shutterstock **546** Zoonar GmbH / Alamy Stock Photo **547** imageBROKER / Alamy Stock Photo **548** Buero Monaco / Getty Images **551** F Pritz / Getty Images **552** Westend61 GmbH / Alamy Stock Photo **555** Wilmar Photography / Alamy Stock Photo **557** Ian Watt / Alamy Stock Photo **558** Mikhail Lavrenov / Alamy Stock Photo **559** imageBROKER / Alamy Stock Photo **560** Julio Lopez Saguar / Getty Images **561** Artur Debat / Getty Images **562** Tim Graham / Getty Images **563** Ashley Cooper / Alamy Stock Photo **564** Steve Thomas / Alamy Stock Photo **565** age fotostock / Alamy Stock Photo **566** age fotostock / Alamy Stock Photo **567** Matteo Colombo / Getty Images **568** Photo Tan Yilmaz / Getty Images **569** Pictures Colour Library / Alamy Stock Photo **571** Stefano Politi Markovina / Getty Images **572** Pep Roig / Alamy Stock Photo **574** Prisma by Dukas Presseagentur GmbH / Alamy Stock Photo **576** I. Glory / Alamy Stock Photo **577** Albert Engeln / Getty Images **578** David Kelly **581** STOCKCONCEPTS / Alamy Stock Photo **583** Pep Roig / Alamy Stock Photo **584** Sueddeutsche Zeitung Photo / Alamy Stock Photo **585** ullstein bild / Contributor / Getty Images **586** Fotisto Pizoto / Getty Images **587** Paulo Dias Photography / Getty Images **588** Mikehoward 1 / Alamy Stock Photo **589** Cro Magnon / Alamy Stock Photo **590** Cro Magnon / Alamy Stock Photo **591** Vítor Ribeiro / Alamy Stock Photo **592** Cahir Davitt / Getty Images **593** Andre Gonzalves / Getty Images **595** Krystyna Szulecka Photography / Alamy Stock Photo **596** Homer Sykes / Alamy Stock Photo **598** imageBROKER / Alamy Stock Photo **601** imageBROKER / Alamy Stock Photo **602** roibu / Alamy Stock Photo **603** mauritius images GmbH / Alamy Stock Photo **605** imageBROKER / Alamy Stock Photo **606** Maremagnum / Getty Images **607** imageBROKER / Alamy Stock Photo **608** Maremagnum / Getty Images **609** dpa picture alliance / Alamy Stock Photo **610** imageBROKER / Alamy Stock Photo **611** robertharding / Alamy Stock Photo **612** AGF / Contributor / Getty Images **613** imageBROKER / Alamy Stock Photo **614** robertharding / Alamy Stock Photo **615** thipjang / Getty Images **616** robertharding / Alamy Stock Photo **617** RealyEasyStar/Maurizio Sartoretto / Alamy Stock Photo **618** David Kelly **619** Frankreichsco Riccardo Iacomino / Moment / Getty Images **621** David Kelly **623** Stephen Bisgrove / Alamy Stock Photo **625** Zoonar GmbH / Alamy Stock Photo **626** mit freundlicher Genehmigung von Jeffrey D. Walters / Getty Images **627** GP Library Limited / Alamy Stock Photo **628** Paul Chauncey / Alamy Stock Photo **629** **Hervé** Champollion / akg-images **630** funkyfood London – Paul Williams / Alamy Stock Photo **631** TaniaL / Alamy Stock Photo **632** Vito Arcomano Photography / Alamy Stock Photo **634** Alexander Nikiforov / Alamy Stock Photo **635** Rainer W. Schlegelmilch / Contributor / Getty Images **637** Travel Ink / Getty Images **639** Philipp Dase / EyeEm / Getty Images **641** Sylvain Sonnet / Getty Images **643** Panther Media GmbH / Alamy Stock Photo **645** mbbirdy / Getty Images **646** Ziga Radsel / EyeEm / Getty Images **647** blickwinkel / Alamy Stock Photo **649** Hackenberg-Photo-Cologne / Alamy Stock Photo **650** Travelfile / Alamy Stock Photo **651** Witold Skrypczak / Getty Images **652** Bosnia Road M5 Praca Valley 1, Julian Nitzsche, https://commons.wikimedia.org/wiki/File:Bosnia_Road_M5_Praca_Valley_1.jpg, https://creativecommons.org/licenses/by-sa/3.0/deed.en **653** Witold Skrypczak / Getty Images **654** Douglas Pearson / Getty Images **655** JTB Photo / Contributor / Getty Images **657** Oleksii Leonov / Alamy Stock Photo **659** YuPhoto / Alamy Stock Photo **660** andrewj / Stockimo / Alamy Stock Photo **661** Opreanu Roberto Sorin / Alamy Stock Photo **662** Gabriela Insuratelu / Alamy Stock Photo **663** Stelian Porojnicu / Alamy Stock Photo **664** Gabriela Insuratelu / Alamy Stock Photo **665** Serghei Starus / Alamy Stock Photo **667** Marek Zuk / Alamy Stock Photo **668** Stelian Porojnicu / Alamy Stock Photo **670** Yuriy Brykaylo / Alamy Stock Photo **671** Photo by Ivan Vukelic / Getty Images **672** bg-photography / Alamy Stock Photo **673** Witold Skrypczak / Getty Images **674** Hans-Georg Roth / Getty Images **675** AGF / Contributor / Getty Images **676** Cristina Fumi / Alamy Stock Photo **677** Danita Delimont / Alamy Stock Photo **678** Adonis Villanueva / Alamy Stock Photo **680** PANAGIOTIS KARAPANAGIOTIS / Alamy Stock Photo **681** Peter Eastland / Alamy Stock Photo **683** Jean-Philippe Tournut / Getty Images **685** Ingolf Pompe 20 / Alamy Stock Photo **686** JHeinimann / Alamy Stock Photo **688** akg-images / De Agostini / Archivio J. Lange **689** Hercules Milas / Alamy Stock Photo **690** jp uyttersprot / Getty Images **691** robertharding / Alamy Stock Photo **692** Kirill Makarov / Alamy Stock Photo **694** Richard Bradley / Alamy Stock Photo **695** Kerin Forstmanis / Alamy Stock Photo **696** Franz Marc Frei / Getty Images **697** Franz Marc Frei / Getty Images **698** Frauke Scholz / Getty Images **701** Ali Kabas / Alamy Stock Photo **702** Izzet Keribar / Getty Images **703** Anna Ivanova / Alamy Stock Photo **704** Images & Stories / Alamy Stock Photo **705** age fotostock / Alamy Stock Photo **706** Hackenberg-Photo-Cologne / Alamy Stock Photo **707** Nicolas De Corte / Alamy Stock Photo **708** Florian Neukirchen / Alamy Stock Photo **709** Tim E White / Getty Images **710** Oleksandr Rupeta / Alamy Stock Photo **711** Aaron Huey / Getty Images **712** Boris Stroujko / Alamy Stock Photo **713** dpa picture alliance / Alamy Stock Photo **714** ITAR-TASS Photo Agency / Alamy Stock Photo **715** imageBROKER / Alamy Stock Photo **717** Anton Starikov / Alamy Stock Photo **718** jbdodane / Alamy Stock Photo **720** Henryk Kotowski / Alamy Stock Photo **722** robertharding / Alamy Stock Photo **723** E.Westmacott / Alamy Stock Photo **724** JAM WORLD IMAGES / Alamy Stock Photo **725** Hemis / Alamy Stock Photo **726** OneOff Travel / Alamy Stock Photo **727** FAROUK BATICHE / Stringer /Getty Images **728** Hans Georg Roth /Getty Images **730** imageBROKER / Alamy Stock Photo **732** Archivio World 5 / Alamy Stock Photo **733** Kazuyoshi Nomachi / Getty Images **734** jbdodane / Alamy Stock

Bildnachweise

Photo **735** AfriPics.com / Alamy Stock Photo **737** travelpixs / Alamy Stock Photo **738** by Marc Guitard / Getty Images **740** F1online digitale Bildagentur GmbH / Alamy Stock Photo **741** nick baylis / Alamy Stock Photo **742** Davide Guidolin / Alamy Stock Photo **743** Manfred Gottschalk / Getty Images **744** F1online digitale Bildagentur GmbH / Alamy Stock Photo **745** Marie Jeffsell / Alamy Stock Photo **746** frans lemmens / Alamy Stock Photo **747** Gallo Images / Alamy Stock Photo **748** Jason Edwards / Getty Images **749** Siegfried Layda / Getty Images **750** robertharding / Alamy Stock Photo **751** Graham Bartholomew / Getty Images **752** Hein von Horsten / Getty Images **753** Dori Moreno / Getty Images **754** PHOTOBYTE / Alamy Stock Photo **755** Bob Gibbons / Alamy Stock Photo **756** Edwin Remsberg / Getty Images **757** Novarc Images / Alamy Stock Photo **759** Simon Hathaway / Alamy Stock Photo **761** Michele Falzone / Alamy Stock Photo **762** View Stock / Getty Images **764** Leonid Andronov / Alamy Stock Photo **765** Eddie Gerald / Alamy Stock Photo **767** Dario Bajurin / Alamy Stock Photo **769** Fedor Selivanov / Alamy Stock Photo **770** © Santiago Urquijo / Getty Images **773** Moments of Life / Getty Images **774** DEA / ARCHIVIO J. LANGE / Contributor / Getty Images **775** Patrick Dieudonne / robertharding / Getty Images **777** Kasia Nowak / Alamy Stock Photo **778** ALLSTAR Picture Library / Alamy Stock Photo **779** Tibor Bognar / Alamy Stock Photo **780** Bergstraße nach Tschalus – ninara_02, ninara, https://en.wikipedia.org/wiki/Road_59_(Iran)#/media/File:Chalus_road_-_ninara_02.jpg, https://creativecommons.org/licenses/by/2.0/ **782** robertharding / Alamy Stock Photo **783** REUTERS / Alamy Stock Photo **784** Ivan Vdovin / Alamy Stock Photo **785** Bjorn Holland / Getty Images **787** travelib asia / Alamy Stock Photo **788** National Geographic Creative / Alamy Stock Photo **789** Feng Wei Photography / Getty Images **790** Idealink Photography / Alamy Stock Photo **791** age fotostock / Alamy Stock Photo **792** TAUSEEF MUSTAFA / Stringer / Getty Images **793** Grant Dixon / Lonely Planet Images / Getty Images **795** Idris Ahmed / Alamy Stock Photo **796** Roland and Sabrina Michaud / akg-images **798** Bhaven Jani / Alamy Stock Photo **799** Vivek Sharma / Alamy Stock Photo **800** Image Source / Getty Images **802** David Clapp / Photolibrary / Getty Images **804** james cheadle / Alamy Stock Photo **805** RESOLUTION/Balan Madhavan / Alamy Stock Photo **807** Partha Pal / The Image Bank / Getty Images **808** Dinodia Photos / Alamy Stock Photo **810** Dinodia Photos / Alamy Stock Photo **811** nandana de silva / Alamy Stock Photo **813** Matthew Williams-Ellis Travel Photography / Alamy Stock Photo **814** PRAKASH MATHEMA / Stringer / Getty Images **815** Dinodia Photos / Alamy Stock Photo **816** robertharding / Alamy Stock Photo **817** Richard l'Anson / Lonely Planet Images / Getty Images **818** TAO Images Limited / Alamy Stock Photo **819** Xinhua / Alamy Stock Photo **821** wulingyun / Moment / Getty Images **822** pkul / Shutterstock.com **823** Winters Zhang / Moment / Getty Images **824** Prasit Rodphan / Alamy Stock Photo **825** Blake Kent / Design Pics / Getty Images **826** Xinhua / Alamy Stock Photo **827** Sino Images / Getty Images **828** Philip Game / Alamy Stock Photo **829** Xinhua / Alamy Stock Photo **831** yunzen liu / 360cities.net / Getty Images **832** Manfred Gottschalk / Alamy Stock Photo **833** Ian Trower / Alamy Stock Photo **835** Bob Henry / Alamy Stock Photo **836** REUTERS / Alamy Stock Photo **837** View Stock / Getty Images **838** Henry Westheim Photography / Alamy Stock Photo **839** Sean Sprague / Alamy Stock Photo **840** Sunrise@dawn Photography / Moment Open / Getty Images **841** Taylor Weidman / Stringer / Getty Images **842** Panithan Fakseemuang / Moment / Getty Images **843** Jack Barker / Alamy Stock Photo **844** RooM the Agency / Alamy Stock Photo **845** parasola.net / Alamy Stock Photo **847** Image Republic Inc. / Alamy Stock Photo **849** robertharding / Alamy Stock Photo **851** Cultura Creative (RF) / Alamy Stock Photo **852** Gribov Andrei / Alamy Stock Photo **854** Ilaxa_RUS / Shutterstock.com **857** Yoshitsugu Nishigaki/Sebun Photo / amana images / Getty Images **858** Chris Willson / Alamy Stock Photo **859** Hakone-Mautstraße_20140412-1, PekePON, https://commons.wikimedia.org/wiki/File:Hakone_Turnpike_20140412-1.jpg, https://creativecommons.org/licenses/by/4.0/ **860** Christopher Kei Baron Moriyama, CK Photography / Moment / Getty Images **861** The Asahi Shimbun / Getty Images **863** The Asahi Shimbun / Getty Images **864** Sean Pavone / Alamy Stock Photo **865** The Ashasi Shimbun / Getty Images **866** JTB Photo / Universal Images Group / Getty Images **867** Julian Nieman / Alamy Stock Photo **869** Ivan Vdovin / Alamy Stock Photo **870** Leonid Serebrennikov / Alamy Stock Photo **871** Ashit Desai / Moment / Getty Images **872** Santi Sukarnjanaprai / Moment / Getty Images **873** Carlo Caseserano / EyeEm / Getty Images **875** Friedrich Stark / Alamy Stock Photo **876** akg-images / Pictures From History **878** Chaichan Ingkawaranon / Alamy Stock Photo **879** Green Stock Media / Alamy Stock Photo **880** age fotostock / Alamy Stock Photo **881** Robertus Pudyanto / Stringer / Getty Images **882** foodfolio / Alamy Stock Photo **883** robertharding / Alamy Stock Photo **884** Andrew Jones / Getty Images **887** Australian Scenics / Photolibrary / Getty Images **888** domonabike / Alamy Stock Photo **890** John Hay / Lonely Planet Images / Getty Images **891** Taras Vyshnya / Alamy Stock Photo **892** © HADI ZAHER / Moment Open / Getty Images **893** Australian Scenics / Photolibrary / Getty Images **894** Hans-Peter Merten / The Image Bank / Getty Images **895** David Wall / Alamy Stock Photo **897** Andrew Jones / Moment / Getty Images **898** David Foster / Alamy Stock Photo **899** Mark A. Johnson / Alamy Stock Photo **900** Ingo Oeland / Alamy Stock Photo **901** LOOK Die Bildagentur der Fotografen GmbH **902** redbrickstock.com / Alamy Stock Photo **903** David Wall / Alamy Stock Photo **904** Travel Pictures / Alamy Stock Photo **907** Michael Runkel / robertharding / Getty Images **909** Iconsinternational.Com / Alamy Stock Photo **911** Stephanie Jackson / Alamy Stock Photo **913** graham jepson / Alamy Stock Photo **914** Australian Scenics / Photographer's Choice RF / Getty Images **915** Mike Berceanu / Photolibrary / Getty Images **916** Eric Nathan / Alamy Stock Photo **917** Bernard van Dierendonck/ LOOK-foto / Getty Images **918** David Noton Photography / Alamy Stock Photo **919** Australian Scenics / Photolibrary / Getty Images **920** Iconsinternational.Com / Alamy Stock Photo **921** Ray Warren Australia / Alamy Stock Photo **922** JONATHAN AYRES / Alamy Stock Photo **924** jackie ellis / Alamy Stock Photo **926** vario images GmbH & Co.KG / Alamy Stock Photo **927** Peter Hendrie / Lonely Planet Images / Getty Images **928** Hardyuno / Alamy Stock Photo **929** Danita Delimont / Gallo Images / Getty Images **931** David Wall / Alamy Stock Photo **933** David Wall / Alamy Stock Photo **935** David Wall / Alamy Stock Photo **936** Tim Cuff / Alamy Stock Photo **937** Matthew Micah Wright / Lonely Planet Images / Getty Images **938** Zoonar GmbH / Alamy Stock Photo **939** Manon van Os / Alamy Stock Photo **940** Tom Blachford / Cultura Creative (RF) / Alamy Stock Photo **941** Rachel Stewart – rsnz photography / Getty Images **943** Ramiro Torrents / Getty Images **944** Tim Gerard Barker / Lonely Planet Images / Getty Images **946** Piter Lenk / Alamy Stock Photo **947** Matthew Scott / Alamy Stock Photo **949** Rolf_52 / Alamy Stock Photo

Danksagungen

An erster Stelle danke ich Philip Cooper und Ruth Patrick von Quintessence dafür, daß sie mir ihr Vertrauen schenkten, dieses Buchprojekt zu leiten. Bei Carol King möchte ich mich vor allem für ihre Geduld, ihre Ermutigung und ihre Detailtreue bei den abschließenden Korrekturdurchgängen bedanken.

Großer Dank gilt natürlich dem Team hervorragender Autoren, die die Roadtrips auf der ganzen Welt beschrieben haben, insbesondere den *1001-Routiniers* Barry Stone und Simon Heptinstall, die mich wesentlich unterstützten. Doch mein besonderer Dank gebührt meiner Frau Jennifer und meinen Kindern Anwen und Harry – sie ertrugen meine griesgrämigen Phasen nach langen Nachtschichten mit viel Liebe und versorgten mich literweise mit Tee.